Bernd J. Madauss
Handbuch
Projektmanagement

SCHÄFFER
POESCHEL

Bernd J. Madauss

Handbuch Projektmanagement

Mit Handlungsanleitungen
für Industriebetriebe,
Unternehmensberater und Behörden

5., überarbeitete und erweiterte Auflage

1994
Schäffer-Poeschel Verlag Stuttgart

Verfasser:

Bernd J. Madauss
»Business Manager« bei der Société Européenne des Satellites,
Schloß Betzdorf, Luxembourg (seit 1990)
Leiter der Hauptabteilung »Programm–Administration« im Unternehmensbereich
Kommunikationssysteme und Antriebe der Messerschmitt-Bölkow-Blohm GmbH in
Ottobrunn bei München (1976–1989)
Professor for International Management an der Pacific States University, Los Angeles (seit 1986)
Lehrbeauftragter an der Universität der Bundeswehr München, Neubiberg (seit 1980)
Project Control Manager bei der European Space Vehicle, Launcher Development Organisation,
Paris (1968–1973).

1. Auflage 1984
2. Auflage 1984
3. Auflage 1990
4. Auflage 1991
5. Auflage 1994

Die Deutsche Bibliothek – CIP-Einheitsaufnahme

Madauss, Bernd:
Handbuch Projektmanagement : mit Handlungsanleitungen für
Industriebetriebe, Unternehmensberater und Behörden / Bernd
J. Madauss. – 5., überarb. und erw. Aufl. – Stuttgart : Schäffer-
Poeschel, 1994

ISBN 3-7910-0694-0

Gedruckt auf chlorfrei gebleichtem, säurefreiem und alterungsbeständigem Papier

ISBN 3 7910 0694 0

© 1994 Schäffer-Poeschel Verlag für Wirtschaft · Steuern · Recht GmbH

Satz: Typobauer Filmsatz GmbH, Ostfildern
Druck: Franz Spiegel GmbH, Ulm
Printed in Germany

Schäffer-Poeschel Verlag Stuttgart
Ein Tochterunternehmen der Verlagsgruppe Handelsblatt und der Spektrum Fachverlage GmbH

Geleitwort

Die außerordentlichen technologischen Fortschritte der vergangenen hundert Jahre stehen zum großen Teil im Zusammenhang mit der intensiven Erkenntnisvertiefung der spezialisierten Wissenschaftler und der Fachingenieure. Planmäßig angewandte Forschung und Entwicklung führten zu immer besseren Verfahren bei der Nutzung der Naturgesetze im Dienste der Menschheit. Die Fortschritte haben denjenigen, die sich in den Räumen moderner Technologien – vor allem der Industriegesellschaften – befinden, teilweise einen paradiesisch anmutenden Lebensstandard beschert.

In den letzten Jahren nun, fast möchte man sagen vor einem Höhepunkt des Zuwachses all dieser Errungenschaften, müssen wir zunehmend erkennen, daß die auf fundiertem Fachwissen beruhenden Fortschritte uns mit einer bisher nicht klar genug vorausgesehenen, wohl auch anfangs nicht wahrzunehmen wollenden Größe konfrontieren, nämlich mit dem Phänomen der Wachstumsgrenzen. In allen Bereichen sind Grenzen der Machbarkeit erkennbar. Rohstoffe werden allmählich knapp. Lebensräume sind von Zerstörung bedroht, Forschungsergebnisse erreichen die Grenzen ethischer Wertvorstellungen und so manch ein von Technikern erzieltes Ergebnis wird in seiner Gesamtheit nicht mehr als eine für die Menschheit segensreiche Erfindung angesehen, obwohl es zu Fortschritten in Teilbereichen führt. Niemand wird leugnen, daß moderne EDV-Anlagen oder die sich schnell verbreitenden Roboter nützliche Instrumente für die Menschheit sind. Andererseits, und auch das ist eine Tatsache, ergeben sich aus diesen Entwicklungen erhebliche sozialpolitische Probleme für unsere Gesellschaft.

Seit langem bin ich der Meinung, daß wir uns an einem Wendepunkt der bisherigen Denkrichtung befinden und dem Spezialistentum eine neue Dimension hinzufügen müssen. Eine Dimension, durch die ein Gleichgewicht und mehr Harmonie zwischen den einzelnen Fachbereichen zum Wohle dieser Erde erreicht wird. Diese läßt sich sehr verständlich mit der von mir, meinen Mitarbeitern gegenüber seit über 25 Jahren wiederholten Forderung ausdrücken, mehr in Gesamtsystemen zu denken, vor allem bei der Suche nach Aufgabenstellungen. Die von dem Kybernetiker Nobert Wiener geforderte Zusammenarbeit von Forschern verschiedener Disziplinen ist ein dringendes Gebot der heutigen Zeit.

Allerdings befinden wir uns in einem Dilemma, denn unsere Hochschulen und Betriebe klammern die Arbeit interdisziplinärer Teams immer noch weitgehend aus. Die Studenten an der Universität wie auch die Praktiker im Betrieb sind nach Fachdisziplinen geordnet und damit viel zu streng voneinander getrennt. Ingenieure, Juristen und Betriebswirte können nach Erhalt ihres Diploms oftmals kaum noch allgemeinverständlich miteinander kommunizieren; auch werden am zukünftigen Arbeitsplatz allzu enge Kontakte weitgehend vermieden. Selbst Fachleute einer Sparte, zum Beispiel Ingenieure untereinander haben oft Verständigungsschwierigkeiten.

Die heutige Zeit verlangt anderseits aber mit Nachdruck, daß wir bei allen zukünftigen Entwicklungen das von Leibniz geforderte Kalkül der Vernunft beherzigen und deshalb der interdisziplinären Zusammenarbeit ein gewisser Vorrang eingeräumt wird. Denn uns allen ist gerade in jüngster Zeit klar geworden, wie technologisch hochwertige Industrieprodukte oft mehr auf Ablehnung als auf Zustimmung stoßen. Die Entwicklung moderner Kernkraftwerke ist hierfür ein anschauliches Beispiel. Die Konzipierung neuer Industrieprodukte zwingt deshalb zu besseren Gemeinschaftslösungen, bei denen außer technologischen Zielsetzungen auch allgemeine Ziele der Gesellschaft, wie zum Beispiel höchstmögliche Sicherheit, Umweltschutz, Sparsamkeit bei der Verwendung von Rohstoffen und öffentlichen Mitteln und die Einhaltung ethischer

Wertvorstellungen, beachtet werden müssen. Um dies im Sinne eines Gemeinschaftszieles optimal zu erreichen, ist folgende Forderung von Wiener in bezug auf die interdisziplinäre Zusammenarbeit gerade für unsere heutige Zeit richtungsweisend: »Alle müssen gewohnt sein zusammenzuarbeiten, mit den geistigen Gewohnheiten des anderen vertraut sein und die Bedeutung eines neuen Vorschlages eines Kollegen erkennen, bevor er vollkommen formuliert ist«

Interdisziplinäre Zusammenarbeit ist ein wesentlicher Grundgedanke der Systemtechnik, den sich die Luft- und Raumfahrtindustrie schon sehr früh auf ihre Fahnen geschrieben hat. In viel extremerem Maße wie in anderen Industriezweigen waren Produkte der Luft- und Raumfahrt auf systemtechnische Analysen angewiesen, da man, für jedermann sichtbar, an Durchführbarkeitsgrenzen stieß. Alles was am Boden ohne allzugroße Probleme funktionierte, muß im Weltall zum Beispiel unter extremen Gewichts- und Volumenbegrenzungen wartungslos zuverlässig arbeiten. Am Beispiel der Raumfahrt wird interdisziplinäre Zusammenarbeit am klarsten demonstriert. Der Bau eines bemannten Raumfahrzeuges kommt der Schaffung eines Miniaturplaneten gleich, auf dem ähnliche Lebensbedingungen wie auf der Erde herrschen müssen. Die an der Entwicklung eines solchen Systems beteiligten Wissenschaftler, Ingenieure, Biologen, Mediziner, Astrophysiker, usw. müssen sich im Interesse der gemeinsamen Zielsetzung zu einem gut funktionierenden interdisziplinären Team zusammenschließen, dessen Hauptaufgabe die Optimierung des Systems ist. Man hatte jedoch sehr bald erkannt, daß die Entwicklung so komplexer Systeme eine Erweiterung des Aufgabenspektrums erforderlich machte. Experten für die Funktionssicherheit, Wissenschaftler, Juristen und Controller sind inzwischen ebenfalls ein Bestandteil derartiger Teams. Die Leitung interdisziplinärer Arbeits- oder Projektgruppen wird in zunehmendem Maße Projektingenieuren übertragen, die mit Unterstützung der ihnen zur Verfügung stehenden Mannschaft für die Systemoptimierung und Projektrealisierung verantwortlich sind. Es ist meine feste Überzeugung, daß die Erkenntnisse und das Know-how der Luft- und Raumfahrt auf den Gebieten des modernen Projektmanagements, der Systemtechnik und die erfolgreiche Führung interdisziplinärer Arbeitsgruppen für unser Land ein wertvolles Potential darstellen. Ich habe meine Mitarbeiter immer wieder mit Erfolg aufgefordert, ihr erworbenes Wissen auf Fachtagungen, Seminaren und an den Universitäten weiterzugeben und hoffe sehr, daß sich die interdisziplinäre Denkweise zum Nutzen unseres Volkes weiter durchsetzt. Es ist mir eine besondere Freude, daß einer meiner früheren Mitarbeiter, Bernd Madauss, der unter anderem an dem deutsch-amerikanischen Sonnensondenprojekt HELIOS mitarbeitete, seine Erfahrungen auf dem Gebiet des Projektmanagements nun der Öffentlichkeit weitergibt. Besonders hervorzuheben ist die von Herrn Madauss vorgenommene, organisatorische Gleichstellung der einzelnen Projektmanagement-Disziplinen, wie zum Beispiel Systemtechnik, Qualitätssicherung und Projektkontrolle, wodurch die Erreichung optimaler Projektziele erst ermöglicht wird. Von besonderer Bedeutung ist meines Erachtens auch die systematische Behandlung der einzelnen Projektphasen und die damit verbundene Betrachtung der Lebenszykluskosten. Das von Madauss geschaffene Buch behandelt das Thema Projektmanagement als Gesamtheitslehre und zielt auf die Lösung von Aufgabenstellungen durch interdisziplinäre Projektgruppen ab. Bei dieser Veröffentlichung handelt es sich um einen wertvollen Beitrag, den die Projektmanagement-Fachleute, aber auch Neulinge der verschiedenen Studienzweige, die sich für die Methoden und Verfahren des Projektmanagements interessieren, unbedingt lesen sollten.

Ich wünsche dem Autor viel Erfolg mit diesem Buch und hoffe, daß es zur Bereicherung in Wissenschaft und Praxis auf diesem neuen Gebiet beiträgt.

München im August 1983   *Ludwig Bölkow*

Vorwort zur 1. Auflage

Bei der Realisierung von industriellen und öffentlichen Projekten der achtziger Jahre handelt es sich in zunehmendem Maße um die Lösung von systemtechnischen Aufgaben, denn es gibt kaum noch ein Produkt in unserer Gesellschaft, das einerseits nicht selbst als komplexes System zu betrachten und nicht gleichzeitig aber auch mit anderen Systemen verkettet ist. Ganz gleich, ob es sich dabei um die Errichtung eines neuen Krankenhauses, einer Kraftwerksanlage oder um die Entwicklung eines Flugzeuges oder eines neuen Verkehrssystems handelt, die Vorhaben stellen aufgrund ihrer besonderen Aufgabenstellung komplexe Systeme in sich selbst dar und haben, da es sich in der Regel um offene Systeme handelt, eine direkte Beziehung (gegenseitige Einflußnahme) zu ihrer Umgebung, das heißt zu anderen Systemen.

Aber erst in der jüngsten Vergangenheit haben Systembetrachtungen eine besonders große Bedeutung für die Gesellschaft erlangt. Viel deutlicher als je zuvor wird allen heute bewußt, wie sehr die einzelnen Bereiche des Lebens untereinander zusammenhängen; sie sind gewissermaßen zu einem Globalsystem miteinander verschachtelt und es entsteht der spürbare Eindruck, daß die Welt kleiner und enger geworden ist. Die praktischen Auswirkungen dieser Entscheidung sind jedermann bestens bekannt, wenn es darum geht, eine neue Straße, eine Fabrik oder eine kommunale Anlage zu errichten. Neue Vorhaben lassen sich nur noch dann ohne Schwierigkeiten realisieren, wenn sie sich möglichst problemlos in das sie umgebende Gesamtsystem integrieren lassen.

Der dem Zeitgeist dieser Epoche entsprechende Begriff *Lebensqualität* zielt auf die Erreichung optimaler Lebensbedingungen hin. Das lange Zeit genutzte Wort Lebensstandard mußte der neuen Vokabel weichen, da es mit erheblichen Mängeln behaftet war. Der Begriff Lebensstandard hatte nämlich die bedingungslose Verbesserung der Lebensverhältnisse, jedoch ohne Einbeziehung der Wechselwirkungen zur Umwelt zum Ziel. Aber alles hat seinen Preis, so auch die ständige Verbesserung des Lebensstandards. Unangenehme »Feedback«-Erscheinungen, zum Beispiel das Problem der Gewässerverschmutzung machen sich deutlich bemerkbar. Es muß also darauf hingearbeitet werden, daß mehr Lebensqualität, sofern sie nicht nur als Floskel oder politisches Schlagwort in Erscheinung treten soll, durch systemtechnische Methoden und Verfahren, in denen regelungstechnische Prozesse *(closed loop reactions)* im Vordergrund stehen, erreicht wird.

Vor allem die Größe und die Komplexität heutiger Projekte erfordert mehr denn je eine frühzeitige und gründliche Planung. Dabei sind alle wichtigen Einflußfaktoren in den Planungsprozeß mit einzubeziehen, und es muß eine dynamische, das heißt steuerungsorientierte Projektleitung eingeführt werden, um den Nutzen von neuen Entwicklungs- und Bauvorhaben besser als bisher auf die Bedürfnisse der heutigen Gesellschaft abzustimmen. Die Erfüllung der Forderung nach systemtechnischen Lösungen, die bereits im Planungsstadium, also lange vor der Produktion oder der Errichtung von technischen Systemen (Großbauten, Flugzeuge, usw.) auf interdisziplinäre Lösungsansätze hinzielt, muß heute mehr denn je entsprochen werden, um zu verhindern, daß neue Systeme mehr Schaden als Nutzen mit sich bringen. In diesem Zusammenhang ist auch die zeitorientierte Betrachtungsweise von allergrößter Bedeutung, da sich der Nutzen eines neuen Systems im Rahmen einer Langzeitbetrachtung oftmals ganz anders darstellt als bei einer Gegenwartsbetrachtung.

Bei der Realisierung großer und komplexer Vorhaben muß zukünftig deshalb mehr als bisher auf Methoden und Verfahren des System- und Projektmanagements zurückgegriffen werden, eine Forderung auf die der Flugzeugbaukonstrukteur und Mitbegründer des größten deutschen Luft-

und Raumfahrtkonzerns, der Messerschmitt-Bölkow-Blohm GmbH, Dr. Ludwig Bölkow, immer wieder hingewiesen hat. Bölkow hat dies mit der Forderung *Im Ganzen denken* ausgedrückt und hat das Image des Unternehmens als führende Systemfirma entscheidend geprägt.

Mit diesem Buch ist die Absicht verbunden, dem Leser die Methoden und Verfahren des Projektmanagements komplexer Systeme sowie interdisziplinäres Denken im Projekt in seiner ganzen Breite und Vielfältigkeit vorzustellen. Dies führte zwangsläufig dazu, daß die Themen manchmal nicht in der Ausführlichkeit und Tiefe behandelt werden konnten, wie sie der jeweilige Spezialist für sein Teilgebiet benötigt. Dies mußte aber im Interesse der angestrebten Zielsetzungen dieses Buches, nämlich das Aufgabengebiet des Projektmanagement als Gesamtlehre darzustellen, bewußt in Kauf genommen werden. In diesem Zusammenhang wird auf das umfangreiche Literaturverzeichnis der einzelnen Kapitel verwiesen, das dem Interessenten Hinweise auf vertiefende Literatur vermittelt.

Bei der Aufbereitung des Buchmaterials stand die Anwendbarkeit der beschriebenen Methoden und Verfahren in der Praxis im Vordergrund. Gleichzeitig werden jedoch auch die theoretischen Hintergründe eingehend erörtert und die entwicklungsgeschichtlichen Zusammenhänge des Projektmanagements beschrieben. Die Breitbandigkeit des Projektmanagements zwingt zu einer gleichrangigen Behandlung aller projektrelevanten Themen aus Betriebswirtschaft und Technik, was ein weiteres Hauptanliegen dieses Buches ist. Das Buch richtet sich im wesentlichen an zwei Hauptgruppen, die Projektmitarbeiter der industriellen und behördlichen Praxis, die ihr Wissen weiter vervollständigen wollen, und an Schüler und Studenten, die sich auf managementorientiertes Berufsleben vorbereiten möchten.

Meine Arbeitskollegen aus dem Hause Messerschmitt-Bölkow-Blohm GmbH, Herrn Professor Victor Billig, bin ich für die vielen wertvollen Anregungen aus Theorie und Praxis und die ausführliche Begutachtung des Manuskriptes zu diesem Buch zu besonderem Dank verpflichtet. Ferner bedanke ich mich bei Herrn Dr. rer. pol. Norbert Thom von der Universität zu Köln für die kritische Prüfung der einzelnen Kapitel. Für die stilistische Überarbeitung des Buches danke ich Frau Birgit Neubacher herzlich und für die Schreibarbeit des umfangreichen Manuskriptes ist Frau Elisabeth Meinhardt vielmals zu danken.

Bad Aibling, im August 1983   *Bernd J. Madauss*

Vorwort zur 3. Auflage

Die dritte Auflage dieses Buches stellt im wesentlichen eine Aktualisierung der ansonsten inhaltlich unverändert gebliebenen Kapitel II bis XV dar. Dadurch konnte die Struktur der Vorauflagen des Buches beibehalten werden.

Das Werk wurde jedoch durch Zusätze erweitert, erstens durch Hinzufügung von Kapitel XVI »Internationales Projektmanagement«, um der zunehmenden Internationalisierung und der damit verbundenen Erschwernis Rechnung zu tragen. Zweitens wurden zwei Anhänge hinzugefügt. Anhang 3 zeigt eine Anleitung zur Planung und Überwachung unter Verwendung der Arbeitswertanalyse, und in Anhang 4 ist das Modell eines Fortbildungskurses für Projektmanagement wiedergegeben.

Bad Aibling, im Mai 1989   *Bernd J. Madauss*

Vorwort zur 5. Auflage

Die fünfte Auflage dieses Buches wurde in seiner Grundstruktur nicht verändert aber wo immer notwendig inhaltlich aktualisiert. Durch die Hinzufügung zusätzlicher Kapitel wurde das Buch jedoch erweitert; Kapitel XVII: Projektmanagement – Implementation im Betrieb; Kapitel XVIII: Projektmanagement – Software. Außerdem wurde der Anhang durch folgende zwei Beiträge ergänzt; Anhang 1: Projektdefinition und Anhang 5: Managementkonzept eines Anlagenprojektes. Die Reihenfolge der Anhänge wurde durch die Ergänzungen geringfügig verändert.

Trier, im April 1993   *Bernd J. Madauss*

Inhaltsübersicht

Inhaltsverzeichnis

Kapitel III: Managementkrisen bei der Projektabwicklung ... 39

Kapitel IV: Der Lebenszyklus eines Projektes 63

Kapitel V: Grundsätze der Projektorganisation 85

Kapitel VIII: Produktsicherung im Projekt

Kapitel IX: Projektplanung und -überwachung

Kapitel X: Kostenschätzmethodik   251

Kapitel XI: Informationsmanagement im Projekt . . . .

Kapitel XII: Dokumentations- und
Konfigurationsmanagement im Projekt . . . .

Kapitel XIII: Vertragsmanagement im Projekt 335

Kapitel XIV: Wettbewerb und Angeboterstellung 353

Kapitel XV: Projektpersonal 385

Kapitel XVI: Internationales Projektmanagement 407

Kapitel XVII: Projektmanagement – Implementation im Betrieb

Kapitel XVIII: Beschaffung und Implementation von Projektmanagement – Software 461

Anhang

Abbildungsverzeichnis

Kapitel I:
Einleitung

Die Abwicklung von Projekten im industriellen und behördlichen Bereich stellt die Verantwort-lichen vor eine ständig schwieriger werdende Aufgabe. Aber insbesondere die Bestrebungen nach technologisch und wirtschaftlich optimalen Projektergebnissen, die im industriellen Bereich durch die Gesetze des Wettbewerbs erzwungen werden und im behördlichen Bereich im Interesse der Gesellschaft anzustreben sind, sowie die Forderung nach Einbindung der Umweltbedingungen in den Projektprozeß, verstärken den Ruf nach einem effizienten und systemorientierten Projekt-management. Die kontinuierliche Verbesserung und Verbreitung des Projektmanagements in Deutschland ist von größter Bedeutung für die Wirtschaft unseres Landes. Projektmanagement und Systemtechnik sind dabei auf das engste miteinander verbunden.

Die Methoden und Verfahren des Projektmanagements sind hervorragend dazu geeignet, Großvorhaben von Industrie und Behörden mit Projektcharakter in die richtigen Bahnen zu lenken. Die Stärke des Projektmanagements liegt in der ausgeprägten produkt- und zielorientier-ten Arbeitsweise, die zu systemtechnischer Denkweise und interdisziplinärer Zusammenarbeit führt.

Projektmanagement ist eine ausgesprochene Führungsaufgabe, die, um erfolgreich zu sein, einen entsprechenden Stellenwert in projektorientierten Firmen und Ämtern haben sollte. Pro-jektleiter sind der verlängerte Arm der Geschäftsleitung, und sie müssen deshalb mit entsprechen-den Vollmachten und Kompetenzen ausgestattet werden. Projektmanagement ist vor allem aber auch eine kreative Aufgabe und nicht, wie oftmals angenommen, eine reine Verwaltungstätigkeit. Für das Projektmanagement trifft nachfolgende Aussage von J.-J. Servan Schreiber (Die amerika-nische Herausforderung) in ganz besonderem Maße zu: »Das Management ist schließlich die schöpferischste aller Künste. Es ist die Kunst der Künste; denn es ist die Kunst, Talente richtig einzusetzen.«

Die Kapitelauswahl dieses Buches reflektiert die Vielseitigkeit der Projektmanagementthema-tik. Die Leitung eines Projektes ist am ehesten mit der Führung eines Geschäftes zu vergleichen, was dazu führt, daß der Projektleiter auch das gesamte Aufgabenspektrum zur Projektabwicklung verantwortlich wahrnehmen muß. Die Funktionen Planung und Überwachung und Kostenschät-zung gehören genauso dazu wie Systemtechnik, Vertragsmanagement und Angebotserstellung. Selbstverständlich kann der Projektleiter, genau wie der Leiter eines Unternehmens, diese Aufga-ben nicht allein und ohne eine entsprechende fachliche Unterstützung durchführen. Aus diesem Grunde muß er entsprechende Fachleute, zum Beispiel Planungs- und Überwachungsexperten, professionelle Kostenschätzer und erfahrene Systemtechniker mit in sein Team aufnehmen. Die übergeordnete Verantwortung liegt jedoch beim Projektleiter.

In Kapitel II wird die Bedeutung des Projektmanagements für Industrie und Behörden sowie die geschichtliche Entwicklung in den USA und in Westeuropa detailliert beschrieben. In diesem Kapitel wird darüber hinaus auf die Wichtigkeit des systemtechnischen Denkansatzes für das Projektmanagement hingewiesen sowie auf die bei großen Unternehmen notwendigen Dezentra-lisierungsprozesse, die sich durch den Projektmanagement-Gedanken beschleunigen lassen. Pro-jektmanagement als Mittler zwischen dem Firmenmanagement und der Entwicklungsabteilung ist ein weiteres wichtiges Thema dieses Kapitels. Es wird dann auf die Bedeutung der Luft- und Raumfahrt als Wegbereiter neuer Managementkonzepte und die Notwendigkeit zum Projekt-management bei internationalen Behörden hingewiesen. Daß Projektmanagement nicht kompliziert, sondern möglichst einfach sein soll, ist die Schlußaussage dieses Kapitels, denn gerade Kleinunternehmen schrecken ja häufig vor den schwierig erscheinenden Methoden und Verfahren des Projektmanagements zurück, da sie in der Vergangenheit meistens nur im Zusammenhang mit Großprojekten eingesetzt wurden. Am Ende dieses Kapitels wird die Frage gestellt: Was ist ein Projekt? Die ausführliche Antwort hierzu findet der Leser in Anhang 1 zu diesem Buch.

Die Problematik von Managementkrisen bei der Abwicklung von Projekten ist in Kapitel III beschrieben. »Aus Fehlern lernen« heißt der erste Abschnitt, womit zum Ausdruck gebracht werden soll, daß es hier nicht um die auf Sensation beruhende Anprangerung von gemachten Fehlern geht, sondern um die aus Fehlverhalten resultierende Einsicht zum Umdenken. In den letzten drei Dekaden hat in vielen Bereichen ein Wandel in der Aufgabenstellung stattgefunden, was für die Abwicklung komplexer Systemvorhaben in besonderem Maße zutrifft. Der Blick in den Abgrund (Projektkrisen) soll die Sinne für neue und bessere Wege schärfen, denn es gilt zu verhindern, daß industrielle und behördliche Entscheidungsträger zukünftig aufgrund von Mißerfolgserlebnissen auf die Verwirklichung von notwendigen Großprojekten verzichten. Projektkrisen drücken sich zum Beispiel durch mangelnde Termin- und Kostentreue, hohe Folgekosten und Organisationsschwierigkeiten innerhalb des Projektes oder mit anderen Partnern aus, und davon sind auch internationale Projektvorhaben nicht verschont.

Die Planung eines Projektes ist mit einer Projektion in die Zukunft gleichzusetzen, denn am Anfang steht nur die Idee eines Produktes, das es vorher noch nicht gegeben hat. Alles ist neu. In Kapitel IV wird der Projektablauf von A bis Z (*from cradle to grave*), der als iterativer und auf Lernen ausgerichteter Prozeß zu verstehen ist, grundlegend behandelt. Auf die verschiedenen Projektphasen und ihre unterschiedliche Bedeutung und Aufgabe im Projektlebenslauf sowie auf die wichtigsten Projektmeilensteine und Entscheidungspunkte wird im einzelnen eingegangen. Am Ende dieses Kapitels werden die Phasen-Ablaufpläne, das road-map-Konzept, detailliert beschrieben.

Die in Kapitel V beschriebenen Grundsätze zur Projektorganisation stellen ein Projektmanagement-Zentralthema dar. Projektleitung und Projektbüros, Projektorganisation im Betrieb und Projektmanagement im Rahmen industrieller Kooperation sind die Hauptabschnitte dieses Kapitels. Die nachfolgenden Kapitel sind mit diesem Kapitel eng verflochten, indem auf die beschriebenen Organisationsgrundsätze Bezug genommen wird. Aufgabe, Verantwortung und Vollmacht des Projektleiters, das Projekt-Schlüsselpersonal, die Matrixorganisation, Projektmanagement im Rahmen von Kooperation und mehrstufige Projektorganisationen sind weitere Hauptthemen dieses Kapitels.

Auch die Aufgaben des Managements müssen sorgfältig geplant werden und dürfen nicht dem Zufall überlassen bleiben. In Kapitel VI werden Wege zur systematischen Planung des Managements im Projekt aufgezeigt. Am Ende dieses Kapitels sind acht Checklisten der wichtigsten Managementpläne zusammengefaßt. Zum Schluß wird auf das in Anhang 5 wiedergegebene Managementkonzept eines Anlagenprojektes verwiesen.

Die Bedeutung der Systemtechnik im Projektmanagement zieht sich wie ein roter Faden durch dieses Buch. In Kapitel VII werden die systemtechnischen Prozesse im Projekt detailliert beschrieben. Systemtechnik ist nicht nur eine generelle Denkweise, sondern auch eine im Projektmanagement fest verankerte Managementdisziplin. Das systemtechnische Management im Projekt ist für die Analyse und Spezifizierung des Systems verantwortlich. Hauptthemen dieses Kapitels sind: der systemtechnische Regelkreis, Spezifizierungsprozesse, Systemüberprüfungen (reviews) und die Überwachung der technischen Leistung des Systems.

Qualität beeinflußt die Wirtschaftlichkeit des Systems, dies könnte als Losung für den Inhalt von Kapitel VIII bezeichnet werden. Denn nicht allein die bloße Funktion ist für den Betreiber eines Systems von Bedeutung, sondern auch die Frage nach der Zuverlässigkeit und davon abgeleitet die Verfügbarkeit und Sicherheit des Systems. Ausführungen zur Produzenten-Haftung ist ein weiterer Bestandteil dieses Kapitels.

In Kapitel IX sind die Methoden und Verfahren der Projektplanung und -überwachung zusammengefaßt. Ein geschichtlicher Rückblick auf die Entwicklungen in den USA und Westeuropa auf diesem Gebiet sowie Ausführungen über die Bedeutung moderner Planungs- und Überwachungsmethoden für das Projektmanagement sind den ersten beiden Abschnitten zu entnehmen. Dem Thema Planungsinstrumente und ihr Einsatz ist ein besonders ausführlicher Abschnitt gewidmet. Aufbauend hierauf werden dann die Methoden der Projektüberwachung im Hinblick auf eine integrierte Betrachtungsweise (Technik, Termine, Kosten) vertiefend geschildert. In Anhang 4 ist eine Anleitung zur Planung und Überwachung unter Verwendung der Arbeitswertanalyse wiedergegeben.

Der Kostenrahmen ist für jedes Projekt eine wichtige Größe, denn ohne finanzielle Mittel läßt sich kein Projekt durchführen. Kapitel X ist dem Thema Kostenschätzmethodik gewidmet. Im ersten Abschnitt wird auf die Bedeutung der Kostenanalysen hingewiesen, und es werden drei Großprojekte (Olympiazeltdach und Reaktorprojekte SNR 300 und THTR 300) und ihr Kostenverhalten analysiert. In den folgenden zwei Abschnitten werden dann verschiedene Kostenschätzmethoden und ihre Anwendbarkeit sowie das EDV-gestützte Kostenschätzmodell PRICE der Firma General Electric vorgestellt. Zum Schluß dieses Kapitels wird auf die Bedeutung der Kosten als Entwurfsparameter (design-to-cost/life-cycle-cost) und auf effiziente Verfahren zur Kostenreduzierung hingewiesen.

Informationen sind der Lebensnerv eines Projektes. Die Projektleitung aber auch die einzelnen Projektmitarbeiter müssen schnell und ausführlich über wichtige Ereignisse im Projekt Bescheid wissen. In Kapitel XI werden die gängigen Informations- und Berichterstattungssysteme im Projekt beschrieben.

Projekte durchlaufen oftmals langfristige Zeiträume, bis es zur Herstellung der ersten Hardware kommt. Die Produkte dieser Zeiträume sind Dokumente – Dokumente, in denen die Planungen des zukünftigen Projektes detailliert erfaßt sein müssen. Kapitel XII beschreibt die Verfahren und Methoden eines systematischen Dokumentations- und Konfigurationsmanagements.

Bei Projekten, bei denen der Projektträger (Auftraggeber) und der Realisator (Auftragnehmer) nicht identisch sind, kommt es zur Auftragsvergabe des Projektes durch den Auftraggeber an den Auftragnehmer. Bindeglied zwischen den Partnern ist der Projekt-Vertrag. In Kapitel XIII werden die Grundprinzipien des Vertragsmanagements (Vertragsarten, Preisgestaltung, usw.) beschrieben.

Der Vergabe eines Projektauftrages geht in der Regel ein Wettbewerb voraus. In Kapitel XIV werden die Methoden und Verfahren zur Erstellung von Ausschreibungsunterlagen (Auftraggeber) und Angeboten (Auftragnehmer) detailliert beschrieben. Im nächsten Abschnitt wird dann auf die Prinzipien der Angebotsauswertung eingegangen, und am Schluß dieses Kapitels werden Fragen zum Thema Gewinnchancen diskutiert.

In Kapitel XV werden die Probleme des Projektpersonals behandelt. Motivation, ein Schlüssel zum Erfolg, lautet die Überschrift des ersten Abschnittes. Projektmanagement ist ein gangbarer Weg zu mehr Motivation. Verantwortung und Anerkennung lassen sich im Projekt leichter erreichen als sonst im Betrieb. In den folgenden Abschnitten wird auf das Problem der fehlenden Projektmanagement-Schulung eingegangen, und in Anhang 6 ist das Modell eines Fortbildungskurses für Projektmanagement aufgezeigt. Führungsanspruch, Führungsstil, Überwindung von

Personalengpässen und die Probleme des Personalabbaus nach dem Projektende sind weitere Themen dieses Kapitels.

Die Abwicklung internationaler Projekte unterscheidet sich methodisch nicht von der Abwicklung nationaler Projekte. Internationale Projekte bringen jedoch eine Reihe von Erschwernissen mit sich, die der Projektleitung ein erhöhtes Maß an Managementkönnen abverlangt. Im Kapitel XVI sind Beispiele zum Projektmanagement multinationaler Gemeinschaftsvorhaben sowie die Besonderheiten und Erschwernisse bei der Abwicklung internationaler Projekte wiedergegeben. Zum Abschluß wird am Beispiel des Satellitenvorhabens ASTRA internationales Projektmanagement in den jeweiligen Anwendungsfällen (Planung, Ausschreibung, Angebotserstellung, Realisierung und Betrieb) im Detail beschrieben.

Die Implementation von Projektmanagement im Betrieb stellt eine besondere Schwierigkeit dar, da vor allem erhebliche Organisationshürden zu überwinden sind. Dieser Problematik ist Kapitel XVII gewidmet. Im Mittelpunkt des Kapitels stehen die Themen Organisations- und Personalentwicklung, Mitarbeitermotivation und die hiermit im Zusammenhang stehende stufenweise Einführung von Projektmanagement im Betrieb.

Im letzten Kapitel dieses Buches, Kapitel XVIII, wird das Thema Projektmanagement-Software behandelt. Der Autor versucht allerdings nicht eine Software-Empfehlung auszusprechen, sondern möchte auf die Schwierigkeiten der Auswahl und Implementation von PM-Software aus der Sicht des Praktikers hinweisen und zeigt Ansätze zur Problemlösung auf.

Der Autor hat den Anhang im Inhalt und in seiner Reihenfolge neu organisiert. Zu Beginn (Anhang 1) wurde der grundsätzlichen und ausführlichen Definition des Begriffs Projekt Rechnung getragen. Danach folgt in Anhang 2 eine Zusammenstellung aller im Buch verwendeten Begriffe sowie deren Bedeutung und Anhang 3 enthält ein vollständiges Abkürzungsverzeichnis.

Die Planungs- und Überwachungsrichtlinie in Anhang 4 ist eine wichtige Ergänzung zu Kapitel IX und das Managementkonzept in Anhang 5 ist als wichtige Anregung für Projektmanager des Anlagenbaus zu sehen und stellt ein Praxisbeispiel dar. Im Anhang 6 ist das Modell eines umfassenden Fortbildungskurses für alle Bereiche des Projektmanagements wiedergegeben.

Anhang 7 und 8 ergänzen das Buch durch ein Personen- und Stichwortverzeichnis.

Kapitel II:
Die Bedeutung des Projektmanagements für Industrie und Behörden

8. Internationale Behörden können auf Projektmanagement nicht verzichten
   Verfolgung gleicher Ziele und Teilung des Arbeitsaufwandes und der erforderlichen Kosten
   Sand im internationalen Getriebe
   Finanzierung und Mittelrückfluß
   Währungsprobleme
   Organisatorische Abstimmung nationaler und internationaler Behörden
   Unterschiedlicher Technologiestand der Partnerländer
   Verwendung nationaler und internationaler Anlagen

9. Neuzeitliche Methoden und Verfahren müssen nicht kompliziert sondern einfach sein
   KISS: Keep it simple stupid
   Ansätze zur Vereinfachung

10. Was ist ein Projekt? – Begriffsdefinition

Die Vokabel-Projektmanagement ist aus dem heutigen Geschäftsleben von Industrie und Behörden nicht mehr wegzudenken. Das hängt sicherlich einmal damit zusammen, daß sowohl von der Industrie als auch von der öffentlichen Hand in zunehmendem Maße Vorhaben und Aufgaben realisiert werden, die im Vergleich zu früheren Tätigkeiten einen eindeutigen Projektcharakter, so zum Beispiel eine hohe Komplexität haben. Andererseits kann man davon ausgehen, daß das Lehnwort Projektmanagement, ähnlich wie zum Beispiel die Bezeichnung Systemtechnik, oftmals auch nur als Schlagwort Verwendung findet, ohne daß wirklich Projektmanagementmethoden eingeführt wurden. Für die Bezeichnung Projektmanager, oder sinngemäß Projektleiter, trifft diese Feststellung im gleichen Maße zu, denn, obwohl die Abwicklung industrieller sowie öffentlicher Vorhaben mit eindeutigem Projektcharakter im Interesse wirtschaftlich optimaler Gesichtspunkte die Implementation zeitgemäßer und effizienter Managementkonzepte verlangt, wird diese notwendige Maßnahme häufig genug umgangen. Stattdessen findet man dann zwar ein dem Namen nach richtig bezeichnetes, aber in der Praxis nicht funktionierendes Projektmanagement vor. Oft genug resultieren hieraus die bis an die Öffentlichkeit getragenen Projektpannen (s. a. Kapitel III).

Die Entwicklung, Erprobung und Implementation besserer Managementkonzepte zur Abwicklung von Projekten ist für unsere Gesellschaft im Interesse unserer Wettbewerbsfähigkeit auf dem nationalen und internationalen Markt eine zwingende Notwendigkeit. Aufgrund der ständig steigenden Komplexität neuzeitlicher Produkte und der schnell fortschreitenden Internationalisierung von Projekten sind wir gezwungen, effizientere Managementmethoden einzusetzen.

1. Projektmanagement – ein revolutionärer Gedanke

Warum Projektmanagement?

In zunehmendem Maße sehen Behörden und Unternehmen sich heute mit dem Problem konfrontiert, Aufgaben durchzuführen, die einen eindeutigen Projektcharakter haben. *Es sind einmalig durchzuführende Vorhaben, die durch eine zeitliche Befristung, besondere Komplexität und eine interdisziplinäre Aufgabenstellung zu beschreiben sind.* Die Erkenntnis, daß für derartige Tätigkeiten die Einführung des Projektmanagements vorteilhaft ist, setzt sich jedoch erst langsam durch. Das hat im wesentlichen zwei Gründe: Einmal sind die Projektmanagement-Methoden nicht genug bekannt und verbreitet, und zum anderen führt die konsequente Einführung von Projektmanagement-Verfahren zu organisatorischen Veränderungen, die nicht immer gerne hingenommen werden und manchmal auch zu einem völligen Durcheinander der traditionellen Stab-/Linienorganisation führen.

Der in den letzten Jahrzehnten eingetretene Strukturwandel unserer Gesellschaft hat es mit sich gebracht, daß sowohl die Industrieproduktion als auch öffentliche Bauvorhaben immer komplexer wurden. Dies führte zu einer größeren Annäherung der Fachbereiche zueinander und zu mehr interdisziplinärer Tätigkeit. Die Abwicklung neuzeitlicher Vorhaben verlangt deshalb in immer stärkerem Maße die von Bölkow geforderten »Ganzheitsentwürfe«, die allein zu optimalen Systemlösungen führen können. [1] Aus diesem Grunde muß bereits bei der Grundsteinlegung eines neuen Projektes die gleichrangige Einschaltung sämtlicher Fachbereiche gewährleistet sein. Mit Hilfe des Projektmanagements ist die Steuerung einer auf »optimale Lösung« hinzielenden Funktion, am besten zu erreichen.

Während die Fachbereiche eines Unternehmens den jeweiligen Spezialistenstandpunkt vertreten, besteht die Aufgabe des Projektmanagements im wesentlichen in der Integration der Einzellösungen zu einem systemoptimalen Gesamtentwurf. Aus dieser Sicht ist Projektmanagement nicht nur als eine administrative Aufgabe, sondern durchaus als eine kreative Funktion anzusehen und muß einen dementsprechend hohen Stellenwert bei den Unternehmen und Behörden erhalten. Kutscherer schreibt hierzu: »Beim Projektmanagement handelt es sich um eine Arbeitsform, die auf Anpassungsfähigkeit, Schlagkraft und Innovationsfähigkeit ausgerichtet ist«. [2] An dieser Stelle sei darauf hingewiesen, daß das Aufgabengebiet des Projektmanagers im Grunde natürlich auch eine Spezialistentätigkeit ist, denn die für ihn häufig benutzte Bezeichnung »Generalist« schließt eine Spezialistenarbeit nicht aus. Seine Spezialkenntnisse sind jedoch weniger im traditionellen Fachbereich zu suchen, sondern im Bereich der Integration von interdisziplinären Teilaufgaben zu einer höheren Ebene, der Systemebene. In den nachfolgenden Kapiteln IV bis XIV wird auf die Arbeitsweise des Projektmanagements detailliert eingegangen.

Projektmanagement kann organisatorische Instabilität bewirken

Projektmanagement ist ein neuer und revolutionärer Gedanke, der bei Betrieben und Behörden oftmals zu ernsthaften Konflikten führt, sofern man versucht, ihn in die Praxis umzusetzen. Wie läßt sich dies erklären? Die Hauptursachen hierfür sind:

– Erstens, Projekte sind Vorhaben mit definiertem Anfang und Abschluß, die durch die Merkmale *zeitliche Befristung, Komplexität* und *relative Neuartigkeit* gekennzeichnet sind, [3] und
– zweitens setzen sie wegen ihres interdisziplinären Charakters eine vorübergehende organisatorische Änderung und damit verbunden auch eine Neufestlegung der Machtverhältnisse im Unternehmen voraus.

Beide Faktoren führen, zumindest vorübergehend, zu einer organisatorischen Instabilität oder anders ausgedrückt, ein Projekt ist ein betrieblicher Unruheherd. Dies bedarf einer weiteren Erklärung. Organisatorische Veränderungen sind für ein Unternehmen im Prinzip nicht neu. Die Übernahme zusätzlicher Aufgaben, Betriebsvergrößerungen oder Fusionen ziehen zum Beispiel organisatorische Maßnahmen nach sich. Die Unternehmensleitung ist in der Regel jedoch bemüht, so schnell wie möglich wieder eine organisatorische Stabilität herzustellen. Das heißt, der Betrieb oder die Behörde erstellt ein neues Organisationskonzept, in dem sich jeder Mitarbeiter; von der Ausführungsebene bis zur Geschäftsleitung, wiederfinden kann.

Projekte lassen sich wegen ihres interdisziplinären Charakters jedoch nur schlecht in die traditionelle Stab-/Linienorganisation fest verankern. In der Linie untergebracht, können sie nur schwer interdisziplinär bearbeitet werden, da die Mitarbeiter dann parteiisch und nicht mehr neutral sind und im Stab untergebracht, fehlt den Verantwortlichen meistens das erforderliche Durchsetzungsvermögen gegenüber den Fachbereichen. Es muß also ein Weg eingeschlagen werden, der dem Projektcharakter besser entspricht, auch wenn damit eine vorübergehende Instabilität der Organisation in Kauf genommen werden muß (s. a. Kapitel V). Der frühere NASA Direktor James Webb hat in seinem Buch *Space Age Management* zum Ausdruck gebracht, daß die NASA organisatorische Instabilitäten bis zu einem gewissen Grade bewußt in Kauf genommen hat, um so genügend Manövrierfähigkeit zur Projektdurchführung zu erlangen. [4]

Projektleitung als verlängerter Arm der Geschäftsleitung

Vollrath schreibt: »Projekte werden immer dann ins Leben gerufen, wenn ein größeres Vorhaben den normalen betrieblichen Ablauf sprengt. Fast immer sind in solchen Fällen mehrere Abteilungen eines Unternehmens betroffen, die innerhalb einer Projektorganisation interdisziplinär zusammenarbeiten«. [5] Beabsichtigt ein Unternehmen oder eine Behörde eine Projektaufgabe durchzuführen, so ist zu entscheiden, wer für die Durchführung verantwortlich zu machen ist. Die Hauptverantwortung liegt in jedem Fall bei der Geschäftsleitung. Sie verfügt auch über die notwendigen Vollmachten und übernimmt übergeordnet das mit der Aufgabe verbundene unternehmerische Risiko.

Unter der Voraussetzung, daß eine Firma oder Behörde mehrere Projektaufgaben gleichzeitig realisiert, ergibt sich die Notwendigkeit zur Aufgabendelegation an eine hierfür geeignete Organisation. Bei interdisziplinären Aufgaben bietet sich als vernünftigste Lösung die Einschaltung einer Projektgruppe an. Dem nominierten Projektleiter muß jedoch in jedem Fall die volle Verantwortung für das Projekt sowie das erforderliche Maß an Vollmachten übertragen werden. Nur so ist eine optimale Projektabwicklung gewährleistet. Die Kontrollspanne des Projektleiters sollte so groß sein, daß er die interdisziplinären Arbeiten in der jeweils geforderten Bandbreite planen und überwachen kann. Der Projektleiter muß seine Aufgaben entsprechend den vorgegebenen Zielen der Geschäftsleitung durchführen und stellt gewissermaßen deren verlängerten Arm dar. In Abbildung II-1 ist dies am Beispiel einer Matrixanordnung veranschaulicht.

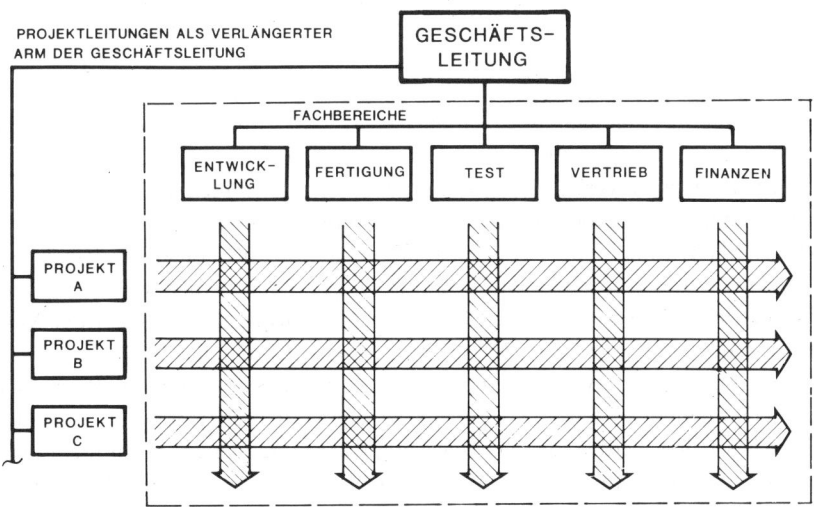

Abb. II-1: Der verlängerte Arm der Geschäftsleitung

In vielen Fällen führt die Einführung von Projektgruppen zu den eingangs geschilderten organisatorischen Instabilitäten, da die Geschäftsleitung überlagernd zur vertikalen Stoßrichtung der Fachbereiche eine neue Dimension, die horizontale Stoßrichtung der Projektgruppen installiert hat. Die hieraus resultierende Neuverteilung der Machtverhältnisse führt zu schweren Konflikten im Unternehmen. Es ist deshalb wichtig, daß vor der Einführung einer derartigen organisatorischen Maßnahme bei allen Beteiligten ein entsprechendes Verständnis und genügend Einsicht für die neuen Gegebenheiten entwickelt wurde (s.a. Kapitel V). Adamowsky schreibt im Hinblick auf neue Organisationsformen, wie sie das Projektmanagement anbietet, folgendes: »Die Organisation der Fachgebiete funktioniert zu einem hinreichenden Grad der Zufriedenheit, solange der Faktor Zeit keine wesentliche oder gar bestimmende Rolle spielt. Die Gegenwart ist jedoch durch einen schnellen Wechsel der Bedingungen des Wirtschaftslebens gekennzeichnet.«[6]

2. Geschichtlicher Rückblick

Der Grundgedanke des Projektmanagements

Die Durchführung großer Vorhaben ist nicht nur eine Erscheinung der Neuzeit. Aus der Geschichte sind uns bereits große Projekte, wie zum Beispiel der Bau der Pyramiden oder die Chinesische Mauer bekannt. In der jüngeren Geschichte stellen der Panama- und Suezkanal vergleichbar gigantische Vorhaben dar. Aber auch die Errichtung des Eiffelturms zur Weltausstellung in Paris kann in die Reihe großer Projekte der Weltgeschichte mit aufgenommen werden. Sehr oft wurden große Vorhaben auch im Rahmen militärischer Zielsetzungen realisiert, zum Beispiel der Aufbau großer Kriegsflotten in den verschiedenen geschichtlichen Epochen. Die Realisierung all dieser Vorhaben setzte ohne Zweifel ein wirkungsvolles Management voraus.

Webb schreibt in seinem Buch *Space Age Management*, daß die Realisierung sehr großer Vorhaben während des 2. Weltkrieges die Regierungsstellen der USA vor besonders schwierige Probleme stellte: »Wir mußten im Rahmen der allgemeinen Aufrüstung sehr große und komplexe Spezialaktivitäten einleiten, um komplizierte und eilige Arbeiten erledigen zu können, was mit den existierenden und eingeführten Organisationsmethoden jedoch nicht möglich war.«[7] Insbesondere das 1941 begonnene *Manhattan Engineering District Project,* die Entwicklung der ersten Atombombe, erforderte aufgrund der enormen Verflechtung von Wissenschaftlern und Ingenieuren aus Universitäten, Industrie und Regierung völlig neue Organisationsstrukturen. Webb führt ferner aus, daß die Durchführung der schwierigen Aufgaben von keiner der damals existierenden staatlichen Stellen optimal möglich war. Die angestrebte Lösung war eine selbständige Spezialorganisation oder eine autonome Organisation im Rahmen einer bereits bestehenden Regierungsstelle.

Der Grundgedanke des modernen Projektmanagements geht auf die großen Vorhaben der USA während des 2. Weltkrieges zurück. Webb spricht in diesem Zusammenhang von »*Prototypes for Tomorrow*« und beschreibt anschaulich wie der Grundgedanke des Projektmanagements auch im Rahmen des 1947 begonnenen *Marshal Plan Projektes* eine wichtige Rolle spielte und sich bis zu den später eingeleiteten NASA-Vorhaben fortsetzte. Markante Meilensteine der Projektmanagement-Geschichte nach dem 2. Weltkrieg waren die Realisierung des Polaris-Programms, die Großprogramme der US-Luftwaffe und das Apollo-Programm der NASA. Eng verbunden mit diesen Programmen waren die später auch in Deutschland bekannt gewordenen Managementsysteme *Phased Project Planning* (NASA), Systems Program Management (USAF), PERT (US NAVY), usw. Die umfangreichste Projektmanagement-Dokumentation, die richtungsweisend für alle späteren Projektmanagement-Entwicklungen werden sollte, war das unter der Leitung von General Schriever 1966 herausgegebene und aus mehreren Bänden bestehende Luftwaffen-Projektmanagementkonzept (Systems Program Management) mit der Bezeichnung AFSCM 375.[8] Die 375-Serie galt als Standardwerk des modernen Projektmanagements. Die NASA hat parallel dazu, aber unter Einbeziehung der USAF-Erfahrungen, eigene Konzepte entwickelt. Im Rahmen des Apollo-Programms hat die NASA die Projektmanagement-Konzepte kontinuierlich weiterentwickelt und eine umfangreiche Dokumentation, bestehend aus Handbüchern, Prozeduren und Vorschriften, erstellt.

Auf der Basis der Erfahrungen der USAF, US-Navy und der NASA entstanden in den sechziger und siebziger Jahren in den USA eine Fülle von Publikationen zum Thema Projektmanagement, was dazu beitrug, daß der Projektmanagement-Grundgedanke sich auf viele Industriezweige ausbreitete.

Das Projektmanagement Institut (PMI), der Nordamerikanische Fachverband für Projektmanagement mit Sitz in Philadelphia, USA, veröffentlichte 1983 ein Dokument mit dem Titel »Project Management Body of Knowledge (PMBOK)« um dadurch eine Ausbildungsgrundlage für zukünftiges Projektpersonal zu schaffen.[9] Die revidierte PMBOK-Ausgabe wurde am 1. September 1988 zur offiziellen Grundlage für Diplomierungsprüfungen und für die Überprüfung formeller Graduierungs-Ausbildungsprogramme in den USA verwendet.

Projektmanagement in Europa

Auch in Europa hatte man schnell erkannt, daß die in den USA neu entwickelten Managementkonzepte zur Abwicklung von Projekten erhebliche Vorteile mit sich bringen. Vor allem die internationalen Organisationen ELDO, ESRO und NATO übernahmen die Managementmethoden der USA ganz oder teilweise. Insbesondere aber die Nachfolgeorganisation von ELDO und ESRO, die ESA, die im Rahmen des Spacelab-Projektes auf enge Zusammenarbeit mit der NASA angewiesen war, wendete viele der ursprünglich bei der NASA entwickelten Projektmanagement-Methoden an. Die Luftwaffe der Bundesrepublik Deutschland übernahm verschiedene Systeme der USAF, so zum Beispiel das Supply-, Maintenance- und Operations Management. Der Methoden-Transfer hat sich aber darüberhinaus auch auf die Industrie positiv ausgewirkt (s.a. Kapitel II, 7).

Parallel zur Verbreitung des Projektmanagement-Gedankens durch Industrieverbindungen haben Projektmanagement-Vereinigungen und -Interessengruppen zu einer weiteren Verbreitung beigetragen. Besonders hervorzuheben ist in diesem Zusammenhang die internationale Projektmanagement-Vereinigung *INTERNET* mit Sitz in Zürich. In vielen Ländern wurden darüber hinaus nationale Projektmanagement-Gesellschaften gegründet, die international durch INTERNET zusammengefaßt sind. In Deutschland haben Interessenten die *Gesellschaft für Projektmanagement (GPM)* mit Sitz in München gegründet. Die GPM hat sich die Förderung des Projektmanagement-Gedankens zum Ziel gesetzt und führt diesbezügliche Schulungsprogramme durch (s.a. Kapitel XV).

Die GPM hat außerdem eine Vielzahl von Veröffentlichungen zu aktuellen Themen des

Projektmanagements vorgenommen, so zum Beispiel 1989 das »Handbuch Projektmanagement«.[10].

3. Projektmanagement und Systemtechnik als Denkansatz – der integrale Blick

Neue Perspektiven

Das Neue beim Projektmanagement liegt in der integralen Denkweise. Projektmanagement und Systemtechnik sind dabei eng miteinander verknüpft. Die Systemtechnik steht gewissermaßen im Zentrum des Projektmanagements, da auch sie ganzheitliches Denken voraussetzt. Mit den Worten Bölkows ausgedrückt bedeutet Systemtechnik: »Im Ganzen denken«.[11] Projektmanagement stellt jedoch eine weitere Integrationsstufe dar, in der zum Beispiel die Denkrichtungen des Ingenieurs (Systemtechnik), des Betriebswirts (Controlling) und des Juristen (Vertragsabwicklung) im Interesse eines gemeinsamen Zieles, nämlich dem Projektziel, zu einer einheitlichen Denkrichtung vereinigt werden. Die Gedanken von Weizsäckers, der in seinem Buch »Der Garten des Menschlichen« die Bedeutung des integralen Blicks im Zusammenhang mit der religiösen, der naturwissenschaftlichen und der gesellschaftlichen Sichtweise hervorhebt, gelten sinngemäß auch für das Projektmanagement, indem er zum Ausdruck bringt: »Eine erste Schulung des integralen Blicks kann darin bestehen, jeweils in den Sprachen der anderen (beiden) Denkweisen zu sagen, was die Phänomene von dort gesehen, bedeuten.«[12] Projektmanagement als Denkansatz eröffnet völlig neue Perspektiven in der Betriebsführung.

Durch Projektmanagement breitbandiger denken

Die Übernahme neuzeitlicher Projektmanagementmethoden, insbesondere in Verbindung mit den Erkenntnissen der Systemtechnik, ist in allen Bereichen unserer Gesellschaft, wo es zum Beispiel um öffentliche Bauvorhaben, Industrieprojekte oder Aufgaben in sozialen Bereichen geht, zu empfehlen. *Die Kraft des Projektmanagements resultiert aus der zielgerichteten Denkweise in Verbindung mit dem Integrationsgedanken. Anders ausgedrückt, sämtliche Teammitglieder (Projektleiter, Fachspezialisten, Systemtechniker, Qualitätskontrollexperten, Juristen, Controller usw.) haben das gleiche Ziel vor Augen und ziehen an einem Strang. Die interdisziplinäre Gruppe kann darüber hinaus breitbandiger als eine einseitig orientierte Gruppe denken und zum Beispiel mögliche Einflußnahmen auf Nachbargebiete (andere Gemeinden, Umwelt usw.) besser beurteilen, hat aber gleichzeitig auch größere Fähigkeiten, Einzelergebnisse im Interesse eines optimalen Gesamtergebnisses durch einen Integrations- und Optimierungsprozeß zusammenzufügen.*

Die jeweiligen Fachspezialisten, nämlich Ingenieure, Chemiker, Soziologen, usw. sitzen also gemeinsam mit dem Projektpersonal in einem Boot. Es ist selbstverständlich, daß die Auswahl der Fachspezialisten von der Art des Vorhabens abhängt. Hierzu folgendes Beispiel:

Projekt-/Vorhabenart	Fachspezialisten
– Technische Produkte	Ingenieure, Physiker, usw.
– Terrestische Forschungen	Geologen, Meteorologen, usw.
– Wirtschaftshilfe	Wirtschaftler, Soziologen, usw.
– Medizinische Projekte	Mediziner, Sanitätspersonal, usw.

4. Projektmanagement – eine bedeutende Zukunftsaufgabe für Industrie und Behörden

Durch Dezentralisierung am Schauplatz des Geschehens

Welche Bedeutung hat das Projektmanagement zukünftig für Industrie und Behörde? Diese Frage ist sicherlich nicht leicht zu beantworten. Trotzdem wird hier der Versuch unternommen, bisherige Erfahrungen und Tendenzen auf die Zukunft zu übertragen. In einer Zeit, in der Zusammenschlüsse und Fusionen von Unternehmen immer öfter vorkommen, kann das Projektmanagement in idealer Weise den Zentralisierungsbestrebungen der sich kontinuierlich vergrößernden Organisationen durch partielle Dezentralisierung ein entsprechendes Gegengewicht entgegenbringen (s. a. Kapitel V-2), denn die Verantwortung und Entscheidung im Unternehmen muß aus Kompetenzgründen immer häufiger dezentral vorgenommen werden. Obwohl Systemaufgaben, wie zum Beispiel die Entwicklung von Flugzeugen, Kraftwerksanlagen und Verkehrssystemen wegen ihrer Komplexität einerseits nur von Firmen mit einer dementsprechenden Größenordnung und der dazu erforderlichen Infrastruktur abgewickelt werden können, besteht andererseits auch gleichfalls die Notwendigkeit, viele Aufgaben, wie zum Beispiel die Leitung eines Projektes, dezentral abzuwickeln, da der Geschäftsführer eines Großunternehmens, in dem neben der Realisierung vieler Mittel- und Kleinprojekte gleichzeitig mehrere Großprojekte bearbeitet werden, selbst kaum in der Lage ist, projektrelevante Sachentscheidungen zu treffen. Die Projektleitungen handeln stellvertretend für ihn. Hierzu ein Zitat von Servan-Schreiber: »Die Dezentralisierung verlegt die Entscheidungsgewalt so nah wie möglich an den Schauplatz des Geschehens.«[13]

Zentralisierung kontra Dezentralisierung

Viele Firmen haben in der Vergangenheit eine starke Vergrößerung erfahren, da sie nur so in der Lage waren, komplexe Systeme zu realisieren, denn es müssen ja kompetente und genügend starke Fachbereiche mit einem entsprechenden Know-How-Potential vorhanden sein, um Systemaufgaben lösen zu können. Auch zur Entwicklung eines modernen Flugzeuges benötigt man eine ganz bestimmte Firmengröße, die allein das erforderliche Potential an Wissenschaftlern, Ingenieuren und Technikern für die Entwicklung und Produktion garantieren kann. Bölkow hat das einmal so ausgedrückt: »Wenn man nur genügend intelligente Menschen zusammenarbeiten läßt, erreicht deren Intelligenz eine *kritische Masse*, die automatisch zu einer Kettenreaktion kreativer Leistungen führt.«[14]

Die kontinuierliche Vergrößerung von Wirtschaftsunternehmen bringt jedoch als Nebenerscheinung eine ständig zunehmende Zentralisierung und Bürokratisierung mit sich, denn »Je größer der Betrieb ist, desto mehr muß das Zusammenwirken rational organisiert werden«.[15] Andererseits führt eine zu starke Zentralisierung und die damit verbundene Bürokratisierung aber auch zu erheblichen Problemen. Zunehmende Komplexität neuzeitlicher Produkte verlangt systemtechnische Entscheidungen, die nur noch dezentral, nämlich am Ort des Geschehens, sinnvoll getroffen werden können. Eine Überzentralisierung führt außerdem zu einer zu starken Bevormundung und individuellen Einengung der Arbeitsebene und so zur Entfremdung vieler Mitarbeiter zur Unternehmensleitung. »Die Entfremdung als Wesen der industriellen Arbeit erreicht im modernen Großbetrieb ihre höchste Form.«[15]

Der Geschäftsführer des bayerischen Arbeitskreises Ingenieure und Naturwissenschaftler in der Industrie, Anton Hauser, kritisiert einen deutschen Elektrokonzern wie folgt: »Eine zu große Verwaltung, zu viele Manager und zu viele Hierarchiestufen führen u. a. dazu, daß an wichtigen Entscheidungen zu viele Menschen mit unterschiedlichen Interessen beteiligt sind.«[16] Die Mitarbeiter einer Firma müssen jedoch ihren Einfluß auf die Geschehnisse des Unternehmens wiedererkennen, was zu mehr Verbundenheit zwischen den Mitarbeitern und der Unternehmensleitung und dadurch zu besseren Leistungen führt. Das heißt, jeder Betriebsangehörige muß erkennen können, daß seine persönliche Leistung einen direkten Einfluß auf die Leistungsfähigkeit des Unternehmens hat und daß Apathie und Resignation in ihrer Summe zur Schwächung seines Betriebes führen.

Die Unternehmen müssen im Interesse einer größeren Leistungsfähigkeit deshalb bemüht sein, das geistige Potential ihrer Mitarbeiter besser zu nutzen. Großunternehmen, aber auch Mittel- und Kleinbetriebe, sind heute mehr denn je dazu gezwungen, neben der zentralen Führung dezentral geführte Arbeits- und Projektteams einzurichten, die über die notwendige Sachkenntnis verfügen und denen eine gewisse Autonomie eingeräumt wird. »Die Dezentralisierung setzt Verständnis dafür voraus, daß die Gesamtheit guter Entscheidungen für ein Unternehmen und für die ganze Welt wertvoller ist als Entscheidungen, die ein zentrales Organ trifft und kontrolliert.«[17] Dezentralisierung, verbunden mit Autonomie, führt zu einem größeren Verantwortungsbewußtsein und mehr Engagement der Mitarbeiter, da so am ehesten an das Unternehmerbewußtsein jedes Einzelnen, vergleichbar mit den Verhältnissen eines Selbständigen, appelliert wird.

Wie läßt sich das Verhältnis zwischen Zentralisierung und Dezentralisierung stabilisieren? Ohne Zweifel haben die meisten Unternehmen im Zuge der Betriebsvergrößerung und Produktdiversifizierung bereits Dezentralisierungsmaßnahmen eingeleitet. Großunternehmen sind meistens divisional nach Produktbereichen und/oder Standorten gegliedert, die häufig nach Profit-Center-Gesichtspunkten geführt werden. Reicht dies jedoch bereits aus, um die Ausführungsebene zur Genüge in den Entscheidungsprozeß mit einzubeziehen? Oder ist eine weitere Dezentralisierung erforderlich? Bei eingehender Betrachtung vieler Großunternehmen fällt auf, daß Unternehmensbereiche und Standorte schon lange die Größenordnung eines Betriebes mit oftmals mehreren tausend Mitarbeitern erlangt haben, und es wurde nur eine weitere Zentrale, nämlich die Unternehmensbereichsleitung, installiert, jedoch nicht tief genug dezentralisiert (s. a. Kapitel V,2).

Gleichgewicht der Kräfte

»Die Dezentralisierung kann nur dann von Erfolg sein, wenn die leitenden Kräfte einsehen, daß sie die Befugnisse, die sie den ihnen unterstellten Mitarbeitern übertragen haben, nicht für sich selbst behalten können.«[17] Die Entwicklung und Produktion eines neuzeitlichen Produktes, wie zum Beispiel eine moderne Werkzeugmaschine, ist nicht mehr nach den Gesichtspunkten eines einzigen Fachbereiches abzuwickeln. Dazu bedarf es heute eines interdisziplinären Teams von Maschinenbau- und Elektroingenieuren, Software-Spezialisten, Qualitätssicherungsexperten und Marketing- und Finanzfachleuten, deren Einzelergebnisse im Interesse eines optimalen Gesamtproduktes durch erfahrene Systemtechniker und Projektleiter integriert werden.

Da Unternehmen in der Regel keine Einzelergebnisse sondern Endprodukte, wie zum Beispiel eine Werkzeugmaschine, ein Flugzeug oder eine Kraftwerksanlage, verkaufen, kommt dem Bereich, der die Interessen des optimal gestalteten Endproduktes vertritt, eine besondere Bedeutung zu. Die Projektleitung in Verbindung mit den Systemtechnikern ist so zum wichtigen und direkten Vertreter der Geschäfts- oder Bereichsleitung geworden. Geht man davon aus, daß Industriebetriebe in der Regel nicht nur ein einziges sondern viele Produkte gleichzeitig realisieren, so ist leicht einzusehen, daß die Projektleitungsfunktionen und systemtechnischen Aufgaben nicht gleichzeitig durch die Geschäftsleitung oder Bereichsleitungen wahrgenommen werden können, sondern hierfür kompetente und mit Vollmachten ausgestattete Projektleitungen einzusetzen sind.

Aber genau dieser Schritt, nämlich die Einführung autonomer, mit Vollmachten ausgestatteter dezentraler Projektgruppen, führt immer wieder zu erheblichen Problemen, da sehr viele Unternehmen dieser *Neuverteilung der Macht* zutiefst mißtrauen. Tatsächlich handelt ein mit Vollmachten ausgestatteter Projektleiter wie ein Kleinunternehmer. Dementsprechend häufig wird dieses Konzept auch unterlaufen. Der Projektleiter erhält oftmals nur einen viel zu geringen Teil der erforderlichen Vollmachten. Maßgebend sind nach wie vor die zentral gesteuerten Fachbereiche aber nicht die produktorientierten Projektleiter. Das führt dann unweigerlich zu Mißerfolgen und Frustrationen im Projektgeschäft. So werden Projektaufgaben oftmals ganz offiziell nicht einer kompetenten Projektleitung unterstellt, sondern in Einzeltätigkeiten und -kompetenzen zerlegt.

Ein wirkliches Gleichgewicht der Kräfte zwischen den zentralen und dezentralen Funktionen einer Firma oder Organisation kann nur dann erreicht werden, wenn neben einer starken strategieorientierten Firmenleitung auf der Arbeitsebene technologisch und administrativ kompetente und bevollmächtigte Arbeits- oder Projektgruppen installiert sind. Bernhard zitiert Pascale und Athos (The Art of Japanese Management) und empfiehlt: »Die Organisationsstrukturen werden eher breit, dezentral ausgelegt, mit wenig zentralen Funktionen und mit wenig hierarchischen Stufen, um einen möglichst direkten Informationsfluß in beiden Richtungen zu ermöglichen. Zur Integration der selbständig arbeitenden operativen Einheiten dienen Matrixbeziehungen ...«[18] Bölkow forderte die führenden Herren der Firma Messerschmitt-Bölkow-Blohm GmbH, München, in seiner Ansprache anläßlich seines siebzigsten Geburtstags, in der er auf die Bedeutung von Ganzheitsentwürfen einging, auf: »Geben Sie Ihren Mitarbeitern die notwendige *lange Leine*. Je höher man selbst im Management steht, desto weniger Zeit und Substanz bleibt für solche gestalterische Arbeiten.«[1]

Abschließend läßt sich feststellen, daß beide Bestrebungen, Zentralisierung, die bei der Geschäftsführung zusammenläuft, und Dezentralisierung, die in ihrer untersten Ebene bei Arbeits-

---

A) *WICHTIGE VORTEILE DER ZENTRALISIERUNG*
   - Alle Vollmachten liegen bei der Geschäftsleitung
   - Einheitliche Strategien, Prozeduren und Entscheidungen
   - Alle Informationen gehen an die Geschäftsleitung
   - Minimierung der Duplikation von Funktionen
   - Reduzierung der Gefahr, daß sich Firmenaktivitäten verselbständigen
   - Detaillierte/umfangreiche Kontrollprozeduren nicht erforderlich
   - Starkes Top-Management-Team

B) *WICHTIGE VORTEILE DER DEZENTRALISIERUNG*
   - Delegation von Entscheidungen
   - Entlastung des Top-Managements
   - Entwicklung von Generalisten
   - Förderung der Zusammenarbeit (Teamgeist)
   - Produktspezialisierung
   - Höhere Effizienz des Managements durch größere Nähe am Schauplatz

---

Abb. II-2: Vorteile von Zentralisierung und Dezentralisierung (Terry, 1977)

und Projektgruppen endet, in Einklang gebracht werden müssen (s.a. Kapitel V,2). Die Vorteile der Zentralisierung und Dezentralisierung sind in Abbildung II-2 zusammengefaßt.[19]

Projektmanager an der langen Leine

Den Mitarbeitern, wo immer möglich, die lange Leine zu geben, ist für die heutige Zeit wichtiger denn je. Aus dieser Denkweise resultiert eine erhebliche Zunahme an Kreativität und Verantwortungsbewußtsein bei den Mitarbeitern, eine dringende Notwendigkeit für moderne Unternehmen. Projektleiter, deren Grundeinstellung die eines Geschäftsführers sein sollte, müssen an der langen Leine geführt werden. Nur so können sie und ihre Teams die geforderten Leistungen im Interesse der Firma erbringen. Probleme, die mehrere Fachbereiche gleichzeitig betreffen, lassen sich durch dezentral operierende Projektgruppen schneller lösen, als dies sonst möglich wäre. Sie arbeiten ähnlich wie ein Kleinbetrieb und verfügen deshalb über mehr Flexibilität. »Der Vorteil kleiner Unternehmen ist ihre Flexibilität.«[20] Allerdings sollte auch die lange Leine in ihrer absoluten Länge begrenzt sein. In anderen Worten ausgedrückt, die Geschäftsleitung muß selbstverständlich über geeignete Methoden zur Überwachung der Projektleitungen verfügen.

Die Zusammenarbeit mit den Fachbereichen ist zwar nicht immer unproblematisch, aber durchaus zur Zufriedenstellung aller Beteiligten möglich. Ein in der Literatur oft zitiertes Verfahren ist die Matrixorganisation (MO). »Das Hauptcharakteristikum der MO besteht aus dem ihr zugrunde liegenden zweilinigen Leitungssystem.«[21] Obwohl die MO im Vergleich zu anderen Projekt-Organisationsformen häufig kritisiert wird und ihre Implementation oft an dem hartnäckigen Widerstand traditionsverbundener Fachbereiche scheitert, so stellt sie doch eine optimale Lösung zur Durchführung von komplexen Projekten dar, denn einerseits müssen die Unternehmen ihr, bei den Fachbereichen gespeichertes Know-How erhalten und weiterentwickeln, gleichzeitig müssen jedoch die Projektabteilungen auf dieses Wissen zurückgreifen können, um im

Interesse des jeweiligen Projektes den besten Nutzen daraus zu ziehen. Zwischen den Fachbereichen und den Projektabteilungen ist deshalb eine ausgewogene Balance herzustellen (s. a. Kapitel V, 2). Grochla und Thom führen hierzu Folgendes aus: »... bietet die MO folglich einen Ansatzpunkt zur Lösung des grundlegenden organisatorischen Dilemmas, nämlich zugleich die Kontinuität und Zielstrebigkeit in der Erfüllung von Daueraufgaben zu sichern und Reagibilität gegenüber veränderten oder neuen Aufgaben zu erreichen.«[21]

Deutsche Unternehmen, Behörden und Ämter werden auf die konsequente Einführung des Projektmanagements zukünftig nicht verzichten können. Dabei darf es nicht bei einem Lippenbekenntnis bleiben, sondern es müssen ganz bewußt organisatorische Änderungen in Kauf genommen werden, um den zukünftigen Projektleitern das erforderliche Mandat zur Realisierung komplexer Systemaufgaben mit allen Konsequenzen zu erteilen. Martin schreibt: »... ein Projektmanager, der zu 51 Prozent gute Entscheidungen trifft, ist bereits erfolgreich.«[22] Setzt man dies als Maßstab für zukünftige Projektleiter voraus, so dürfte es nicht allzu schwer fallen, Projektleiter in den eigenen Reihen zu finden.

5. Systemmängel durch Projektmanagement beizeiten ausmerzen [23]

Frühzeitige Begutachtung der Lebenszykluskosten

Modernes Projektmanagement hilft Systemmängel beizeiten auszumerzen. Von der Kenntnis dieser Instrumente profitieren alle Unternehmen. Bei der Entwicklung neuer technischer Systeme spielen die Kosten heute die entscheidende Rolle. Insbesondere bei Großprojekten der Energietechnik sowie der Luft- und Raumfahrt wird immer häufiger erkennbar, daß sich schon aus Finanzierungsgründen nicht alles technisch Machbare durchführen läßt. Vielmehr ist in der Regel abzuwägen, wie ein angestrebtes Ziel im vorgegebenen Kostenrahmen optimal verwirklicht werden kann. Diesem Zweck dient die frühzeitige Begutachtung der Lebenszykluskosten (LZK), *»life cycle costs«,* die neben den Entwicklungskosten auch die Bau- und Betriebskosten umfassen sowie in manchen Fällen noch die Kosten zur Systembeseitigung am Ende des Lebenszyklus. Ohne derartige Begutachtung kann es zu katastrophalen finanziellen Fehlentwicklungen kommen, für die manche Großprojekte überaus anschauliche Beispiele liefern; s. a. X. 4.

Die LZK müssen aber auch deshalb frühzeitig geprüft werden, weil für den späteren Nutzer eines Projektes ja nicht nur der *Kaufpreis* (einschließlich Entwicklungsaufwand), sondern auch die späteren Betriebskosten wichtig sind. Jedes Projekt durchläuft während seines Lebenszyklus verschiedene Phasen, die in der Luft- und Raumfahrt wie folgt gegliedert werden: Konzeptauswahl, Systemdefinition, Entwurf und Entwicklung, Fertigung, Betrieb und Wartung (s. a. Kapitel IV, 3). Wichtig ist dabei, daß Konzept- oder Systemfehler nicht in die Entwicklungs- oder gar Bauphase verschleppt werden, wo schon Hardware im Spiel ist, da es sonst unweigerlich zu kostentreibenden Änderungsmaßnahmen kommt.

Mit dem Konzept werden die Weichen für alle folgenden Projektphasen gestellt. Ist das Projektziel beispielsweise die bessere Nachrichtenverbindung zwischen zwei Städten oder Ländern, so bieten sich mehrere Alternativen an: Kabelverbindung, Richtfunkstrecken, Satellitenfunk. Jede dieser Alternativen muß bereits konzeptionell auf ihre Übertragungskapazität und -qualität ihre

Ausbaufähigkeit und ihre Wirtschaftlichkeit hin geprüft werden, um das künftige System kostenmäßig optimieren zu können.

Auf die Konzeptauswahl folgt die Systemdefinition, in der unter anderem folgende Aufgaben gelöst werden müssen: Erstellung endgültiger und realistischer Spezifikationen; Definition der Schnittstellen und Verantwortlichkeiten im System; Identifikation von Risikobereichen; Darstellung von Ablaufalternativen; Auswahl der besten Gesamtlösung; Formulierung realistischer Fertigungs- und Betriebskonzepte; Erstellung realistischer Termin- und Kostenpläne; Entwurf von Vertragskonzepten (zum Beispiel Festpreis- oder Prämienverträge). Aus dieser Auflistung ergibt sich bereits eindeutig, wie groß bei mangelhafter Systemdefinition die Gefahr ist, kostentreibende Faktoren in die Entwicklungs- und Fertigungsphase zu verschleppen oder dort unbeabsichtigt neuzuschaffen. Überspezifikation und Hang zu technischem Perfektionismus bilden die nächsten Klippen im Projektablauf. Dabei ist durchaus verständlich, daß der künftige Nutzer eines Projekts diesen Neigungen erliegt, erwartet er doch für die eingesetzten Mittel eine möglichst große Leistung, aber leider ohne Rücksicht auf die implizierten Kosten.

In den letzten Jahren wurden jedoch gerade aus wirtschaftlichen Erwägungen erhebliche Anstrengungen unternommen, um Überspezifikationen für Luft- und Raumfahrtgerät möglichst zu vermeiden, um den Kostenrahmen nicht zu sprengen. In den USA hat sich seit Abschluß des Apollo-Programms ein Verfahren mit der Bezeichnung *Design to Cost (DTC)* eingebürgert, das dazu dient, mögliche Entwicklungslösungen in den frühen Projektphasen unter Einbeziehung von Kostenvorgaben zu planen und solange Optimierungen durchzuführen, bis technisch und finanziell der beste Weg gefunden ist. So wies zum Beispiel Lockheed in einer 1975 im Auftrag der US-Raumfahrtbehörde NASA durchgeführten Studie auf zehn verschiedene wichtige Möglichkeiten hin, durch Änderung der Programmvorschriften des Auftraggebers die Kosten maßgeblich zu verringern.[24] Im Rahmen des von Boeing verwirklichten Raumsondenprojekts *Mariner* führten diese Empfehlungen tatsächlich zu Einsparungen von 10,3 Prozent der Gesamtkosten und bei dem von RCA gebauten *Atmospheric Explorer* von 10,64 Prozent (s. a. Kapitel X,5).

Sparsame Satellitenstarts ohne Sicherheitsrisiko

Obwohl Luft- und Raumfahrtgerät sehr teuer ist, und zum Beispiel der vorzeitige Ausfall eines Satelliten einen extremen finanziellen Verlust darstellt, wurden in jüngster Zeit auch in Westeuropa verschiedene Untersuchungen dazu durchgeführt, wie sich durch Einsparung eines Testmodells die Projektkosten senken ließen.

MBB (heute DASA) prüfte zum Beispiel im Auftrag der Europäischen Raumfahrtbehörde ESA Alternativkonzepte zu einem herkömmlichen Satellitenstart, bei denen auf je eines der beiden üblichen Testmodelle verzichtet wurde.[25] Dabei ergaben sich Sparmöglichkeiten zwischen 11,7 und 20 Prozent der gesamten Projektkosten ohne wesentliche Gefährdung der Betriebssicherheit des Satelliten. Zu vergleichbaren Ergebnissen kam 1978 die Firma Dornier System (heute DASA) im Rahmen einer Studie für das Bonner Forschungsministerium, in der es ebenfalls um die Aufwandsoptimierung bei Satelliten- und Spacelab-Experimenten ging.[26]

Den nächsten kritischen Kostenpunkt stellt die Projektdokumentation dar. Ausreichende Dokumentation ist vor allem bei Großprojekten nötig, die nicht allein von einem Unternehmen verwirklicht werden können. Dazu gehört die ganze Palette der Anforderungen, Spezifikationen, Pläne, Prozeduren, Berichte, Abnahmedokumente, dann Handbücher, Vertragsunterlagen sowie Zeichnungen und Listen. Von der Qualität dieser Dokumente hängt die wirtschaftliche Zukunft eines Projekts zweifellos stark ab. Doch bei überhöhten Dokumentationsanforderungen steigen die Kosten erheblich, und in den letzten Jahren erhielt die Industrie bei der Durchführung von Großprojekten der Luft- und Raumfahrt von ihren staatlichen Auftraggebern vielfach Dokumentationsauflagen, die zu nicht sachdienlichen Kostenüberschreitungen führten. Der Trend zu überhöhter Dokumentationsanforderung als Nebenprodukt der *Perfektionierung* des Managements in den Firmen ist unverkennbar.

In den USA begann die Suche nach dem optimalen Dokumentationsaufwand schon Anfang der siebziger Jahre. So kam ein NASA-Bericht von 1973 zu dem Schluß, daß die wahren Dokumentationskosten nicht einwandfrei feststellbar seien, denn die ausgewiesenen Kosten von ein bis vier Prozent der Gesamtkosten umfaßten nur die Schreib- und Vervielfältigungsarbeiten. Wird der in anderen Posten (Projektmanagement, Systemtechnik, Qualitätssicherung) verborgene Dokumentationsaufwand hinzugerechnet, dürften die wahren Kosten eher bei 15 Prozent liegen. Als Gegenmaßnahme hat die Industrie den staatlichen Auftraggebern empfohlen, sich bei der Dokumentation künftig auf aktuelle industrieinterne Berichtsverfahren zu beschränken und Umfang und Auflage dieser Publikationen so klein wie möglich zu halten. Mikroverfilmung und Versand nur auf Anforderung könnten die Berichtsreduktion technisch ergänzen.

Richtige Reaktion rasch herbeiführen

Als letzter Kostenverursacher »*cost driver*« seien verspätete Projektentscheidungen genannt. Die Aufgabe des Managements besteht in der intelligenten Reaktion auf Veränderungen, formulierte der frühere US-Verteidigungsminister und spätere Weltbankpräsident Robert McNamara einmal.[27] In jedem Projektablauf gibt es immer wieder unverhoffte Veränderungen, auf die rasch und richtig reagiert werden muß, soll das Ziel nicht gefährdet werden. Wird nicht von Anfang an ein eindeutiges Verfahren festgelegt, nach dem die zur richtigen Reaktion nötigen Entscheidungen möglichst rasch herbeigeführt werden können, resultieren schon aus der bloßen Verzögerung unnötige hohe Mehrkosten.

Um die Projektentscheidungen zu beschleunigen, muß vor allem vereinbart werden, ob der Auftraggeber, die Firmenleitung, die Projektleitung, ein Teammitglied oder ein Unterauftragnehmer das Sagen hat. Im Rahmen dieser Vereinbarungen sollten Unterschriftsregelungen eingeführt werden, die eine ad hoc Mittelfreigabe ermöglichen.

6. Projektmanagement – Mittler zwischen Firmenmanagement und Entwicklungsabteilung [28]

Entwickler als kreativer Problemlöser

Die Marktforderungen, die vom Firmenmanagement an den Entwickler weitergegeben werden müssen, führen häufig zu Einengungen des Entwicklers und stehen der Kreativität negativ gegenüber. Dies geschieht besonders dann, wenn das Management Marktwünsche ohne Einschaltung des Entwicklers bei der Zieldefinition als Forderung an die Entwickler weitergibt. Um dies zu vermeiden, sollte der Entwickler so früh wie möglich am Planungsprozeß beteiligt werden, um so die Kreativität des Entwicklers nicht nur zur Lösung des technischen Problems allein, sondern auch des technisch/administrativen Problems heranzuziehen. Das Projektmanagement kann die Aufgabe des Mittlers zwischen dem Firmenmanagement und dem Entwickler am besten übernehmen.

Der Entwickler der heutigen Zeit muß mehr denn je kreativer Problemlöser sein, da die Nachfrage des Marktes nach immer neueren und wohl auch besseren aber auch preisgünstigeren Produkten ständig wächst. Dabei hat sich das Kräftespiel des Marktes vom nationalen teilweise auf den internationalen Markt verschoben.

Es ist bekannt, daß viele Produkte der Massengüterindustrien bereits fest in japanischer Hand sind. Dieser Konkurrenzdruck zwingt auch bei uns zu mehr Rationalisierung auf der einen Seite, aber auf der anderen Seite auch zu mehr schöpferischer Tätigkeit des Entwicklers. Wir sollten diesen Wettbewerb als eine Herausforderung und nicht als eine unfaire Attacke ansehen, denn unsere Firmen haben gegenüber der japanischen Industrie eine Reihe natürlicher Vorteile, zum Beispiel niedrigere Transportkosten, keine Zollschranken, traditionelle Märkte, usw.

Die Erwartungen des Managements: Kreativität in vorgegebener Zeit

Industriefirmen, die heute ihre Produkte am Markt noch erfolgreich verkaufen, müssen gleichzeitig schon dafür sorgen, daß sie auch morgen noch mit Erfolg am Markt bestehen können. Das heißt, die Zukunft muß schon heute auf dem Reißbrett existieren. Der Entwickler steht hier im Mittelpunkt des Geschehens. Von ihm wird erwartet, daß er neue Ideen hat und diese schöpferisch in die Praxis umsetzt. Das Firmenmanagement setzt das als selbstverständlich voraus und wählt dementsprechend das Personal aus. In Anbetracht der internationalen Marktsituation erwartet das Management jedoch mehr, nämlich Kreativität innerhalb geplanter Zeitabstände und rationales Vorgehen bei der Materialauswahl.

Das Management eines Unternehmens, das für die technische und wirtschaftliche Führung verantwortlich ist, erwartet vom Entwickler ein Höchstmaß an schöpferischer Tätigkeit, um im Wettbewerb mit anderen gleichrangigen aber konkurrierenden Firmen Vorteile zu erlangen. Zwischen dem Firmenmanagement und dem Chefkonstrukteur besteht darüber in aller Regel volle Übereinstimmung, und nicht selten stehen die Entwickler der im Wettbewerb stehenden Firmen in einem ganz persönlichen Wettbewerb zueinander. In der Luftfahrtindustrie ist es z.B. der Stolz eines jeden Entwicklers, an dem Flugzeugprojekt zu arbeiten oder gearbeitet zu haben, das dann auch zur Vollendung gelangt und vom zukünftigen Betreiber (Fluggesellschaft/Luftwaffe) als das beste Flugzeug ausgewählt wird. In den USA kann man noch heute beobachten, wie ganze Heerscharen von Entwicklungsingenieuren und Konstrukteuren bei der Projektvergabe an eine bestimmte Firma ihren bisherigen Wohn- und Lebensraum aufgeben, um dem Projekt zu folgen. Dies geschieht nicht nur aus finanziellen, sondern auch aus Karrieregründen. Über die Motivation dieser Ingenieure besteht kein Zweifel. Sie nehmen sogar Unannehmlichkeiten wie Wohnungsänderung und das Einleben an einem neuen Arbeitsplatz in Kauf, nur um dabei sein zu können. Kurz, die Begeisterungsfähigkeit der Entwicklungsmannschaften ist in der Regel sehr groß und somit auch die Bereitschaft zur schöpferischen Tätigkeit, vorausgesetzt, die Firma ist in der Lage, ihnen ein interessantes und herausforderndes Ziel und die nötige Anerkennung zu geben.

Die zeitliche Eingrenzung durchzuführender Entwicklungstätigkeiten wird dagegen nicht selten als ein Kreativitätshemmnis empfunden. Wohl fast alle Entwickler haben Erfahrung mit dem Übel der zeitlichen Eingrenzung der von ihnen durchzuführenden kreativen Tätigkeiten. Das Management erwartet also ein Höchstmaß an kreativer Tätigkeit im Rahmen zeitlicher Begrenzungen; das heißt, Managementforderung nach schöpferischer Tätigkeit, die der Konkurrenz überlegen ist und gleichzeitig Erfüllung dieser Aufgabe in vorgegebener, meist sogar kürzester Zeit, so daß die Neuschöpfung (neues besseres Produkt) noch vor dem Konkurrenzprodukt auf den Markt kommt.

Entwicklungsingenieure stehen immer wieder vor dem Problem der Materialauswahl und würden im Interesse der Qualität des von ihnen entwickelten Produktes allzu gern das beste zur Verfügung stehende Material verwenden. Das Firmenmanagement verlangt von ihnen jedoch oft, daß das wirtschaftlichste oder sogar billigste Material verwendet wird, um so die Herstellkosten möglichst niedrig zu halten. Dies stellt sehr häufig einen krassen Widerspruch zum schöpferischen Empfinden des Entwicklers dar. So sehr die Forderungen des Managements nach billigerem Material gerechtfertigt sein mögen, so ist der Entwickler jedoch ganz persönlich davon betroffen, da er sich mit dem neuentwickelten Projekt identifiziert und auch genau weiß, daß das Urteil seiner Fachkollegen über seine schöpferischen Fähigkeiten direkt und/oder indirekt mit der Qualität der von ihm konstruierten Produkte in Verbindung steht.

Erwartung des Entwicklers: Klare Ziele und schöpferische Freiheit

Eine der Hauptforderungen des Entwicklers ist die Vorgabe von klaren und erreichbaren Zielen sowie die erforderliche Freiheit zur schöpferischen Tätigkeit. Diese Forderungen stehen nicht selten im Widerspruch zu den Forderungen des Managements, woraus häufig Konflikte entstehen.

Die Festlegung klarer und erreichbarer Entwicklungsziele ist von besonderer Bedeutung, da der Entwickler sich mit seiner kreativen Arbeit identifiziert und dementsprechend empfindlich auf Änderungen, die eventuell eine wochenlange schöpferische Tätigkeit überflüssig machen, reagiert. Es ist eine Tatsache aus der Praxis, daß ursprünglich erfolgreiche Entwicklungsteams nach monatelanger Beschäftigung ohne ein klares Ziel nicht mehr kreativ einsetzbar waren. Wahrscheinlich hängt dies damit zusammen, daß die prinzipiell sensiblen Entwickler in Ermangelung eines meßbaren Erfolgserlebnisses ihr Selbstwertgefühl vorübergehend verloren.

Entwickler nehmen für sich ein gewisses Maß an schöpferischer Freiheit in Anspruch. Dieser Anspruch ist grundsätzlich gerechtfertigt, da er sachlich begründbar ist. Hierzu bedarf es aber erst einer Definition der schöpferischen Freiheit des Entwicklers: Freiheit des Entwicklers (a) bezüglich der Zeit, in der er die Entwicklungstätigkeiten durchführt (das heißt ohne strenge Terminvorgabe, da Ideen nicht auf Befehl und zu jeder Tageszeit, zum Beispiel morgens, mittags, abends oder nachts) erzeugt werden können, (b) bezüglich der Auswahl des Materials und der Produktionsmethoden, sowie (c) bezüglich der Informationsbeschaffung.

Der Anspruch der schöpferischen Freiheit des Entwicklers im oben beschriebenen Sinne ist grundsätzlich gerechtfertigt, da Kreativität nicht auf Wunsch oder Befehl erzeugt werden kann, sondern auf der Basis der Begabung, des Wissens und der persönlichen Freiheit des Entwicklers sich ganz plötzlich, oftmals sogar per Zufall, einstellt. Die Forderung des kreativen Entwicklers nach schöpferischer Freiheit zielt auch darauf ab, daß ihm ein möglichst breiter Spielraum zur Entfaltung seiner Persönlichkeit eingeräumt wird.

Gibt es eine Kontroverse Management/Entwickler?

In aller Regel gibt es diese Kontroverse. Allerdings wird die Kontroverse Management/Entwickler je nach Qualität des Betriebsklimas, der Firmenorganisation und abhängig vom Firmenprodukt mehr oder weniger heftig ausgetragen. Es ist wohl auch nicht möglich, die Erwartungen beider Parteien derart zu harmonisieren, daß kein Gegensatz mehr bestünde. Ein gewisses Maß an gegensätzlicher Erwartungshaltung ist andererseits wohl sogar erforderlich, um den Optimierungsprozeß zwischen dem, was das Management erwartet (das heißt maximale Kreativität, usw.) und den Erwartungen des Entwicklers (das heißt klare Zielsetzung und schöpferische Freiheit) in Gang zu halten. Ein gegensätzliches Verständnis entsteht oft in folgenden Punkten:

☐ Höchstmaß an Kreativität unter zeitlicher Begrenzung,
☐ Einsatz preiswerter/billiger Materialien und Herstellverfahren,
☐ Forderungen nach Klarheit der Zielsetzung
☐ Forderungen nach schöpferischer Freiheit.

Diese Liste ist sicherlich noch erweiterungsfähig, reicht für die nachfolgende Diskussion aber völlig aus.

Problemlösung durch Projektmanagement

Lassen sich die Probleme zwischen dem Management und dem Entwickler lösen? Die gegensätzliche Erwartungshaltung zwischen dem Management und dem Entwickler beruht prinzipiell nicht auf einer oft vermuteten gegensätzlichen Geisteshaltung zwischen den Technikern einerseits und den Managern andererseits, sondern resultiert vielmehr aus der harten Marktforderung, die von außen an das Management herangetragen wird und die dann oft ohne Erläuterung an den Entwickler weitergeleitet werden. Diese Forderung stößt beim Entwickler naturgemäß auf Widerstand, da sie dem Prinzip der schöpferischen Freiheit nicht entspricht. Hier erhebt sich der Verdacht, daß es sich im Grunde um ein häufig vorkommendes Kommunikationsproblem handelt. Vom Management sollte deshalb der Versuch unternommen werden, den Entwickler so früh wie möglich in den Management-Entscheidungsprozeß mit einzubeziehen, um durch die Mitverantwortung des Entwicklers ein stärkeres Engagement für administrative Probleme (Kosten/Zeit) zu erreichen.

Die Methoden und Verfahren des modernen Projektmanagements bieten eine besonders gute Möglichkeit zur Konfliktlösung zwischen dem Management und dem Entwickler. Die vom Markt an die Industrie herangetragenen Forderungen sind meistens nicht direkt in die Sprache des Entwicklers übersetzbar, sondern bedürfen der genauen Analyse durch ein Projektteam in dem alle relevanten Funktionen wie zum Beispiel Produktentwicklung, Produktsicherung (Qualitätskontrolle) und Fertigungssteuerung zusammengefaßt sind. Dabei steht der Entwickler im Mittelpunkt des Geschehens. Gleichzeitig kann er zusammen mit den Kollegen der Paralleldisziplinen zur Lösung des Gesamtproblems beitragen und ist an der Festlegung von Detailzielen beteiligt. Er übernimmt Mitverantwortung und ist in der Lage, die Forderungen, die zum Termin- und Kostendruck (das heißt Einschränkung der schöpferischen Freiheit) führen, besser zu verstehen. Kreativität unter zeitlicher und finanzieller Begrenzung wird nun zum gemeinsamen Ziel erklärt und erzeugt Motivation zur Lösung der Aufgabe durch den Entwickler. Anders ausgedrückt, der

Entwickler hat in dieser Konstellation eine weitaus größere Aufgabe und Verantwortung als bisher üblich, was dazu führt, daß er motiviert wird, sein kreatives Leistungsvermögen auf die Gesamtzielsetzung zu konzentrieren und nicht nur auf den Teilbereich der Entwicklung.

In der Luft- und Raumfahrtindustrie ist es schon seit langem zur Routine geworden, daß der Entwickler im Rahmen des Projektmanagements schon frühzeitig an dem Planungsprozeß teilnimmt und somit an der Festlegung von Detailzielen beteiligt ist. Luft- und Raumfahrtprojekte werden normalerweise nach folgenden Phasen abgewickelt: Konzeptauswahl, Systemdefinition, Entwurf und Entwicklung, Fertigung, Betrieb und Wartung (s.a. Kapitel IV, 3). Insbesondere während der ersten beiden Phasen findet eine ständige Iteration zwischen den Marktforderungen (Management), der Produktidee (Management/Entwickler) und Entwicklungsvorschlag (Entwickler) statt.

Bei der detaillierten Planung der oben genannten Phasen ist ebenfalls auf die speziellen Belange des Entwicklers besonders einzugehen. Der Planer muß wissen, daß Neuentwicklungen oft von Rückschlägen betroffen sind, vor allem dann, wenn es sich um völliges Neuland handelt. »Der erfinderische Prozeß läuft nicht geradlinig schematisch ab, sondern beinhaltet Irrwege, Rückschläge, Sprünge und ratlosen Stillstand.«[29]

7. Luft- und Raumfahrt als Wegbereiter neuer Managementkonzepte

Völlig neue Wege gehen

Die Entwicklungen im modernen Projektmanagement sind richtungsweisend bei der Lösung komplexer Systemaufgaben und gleichzeitig Wegbereiter neuer Management- und Organisationskonzepte bei den Behörden und der Industrie. Die Luft- und Raumfahrt nimmt in diesem Prozeß häufig die Rolle eines Wegbereiters ein, so zum Beispiel bei der Entwicklung des oft zitierten Konzepts der Matrixorganisation.[30] Die Luft- und Raumfahrt war von je her eine Branche mit hohem Innovationsgrad. Extreme Projekt- und Systemziele forderten immer wieder zu technologischen und administrativen Pionierleistungen heraus. Technologisch insbesondere deshalb, weil das Kunststück zu vollbringen war, Geräte herzustellen, die über lange Zeiträume hinweg fehlerfrei funktionieren mußten, ohne daß sie in diesen Zeiträumen gewartet oder ausgetauscht werden konnten. Bei modernen Nachrichtensatelliten geht man zum Beispiel davon aus, daß sie über eine Zeitspanne von über zehn Jahren unter Weltraumbedingungen voll funktionsfähig bleiben und während dieser Zeit natürlich auch nicht gewartet oder repariert werden. Auf der anderen Seite müssen derartige Spitzenleistungen unter sehr strengen Gewichts- und Raumbegrenzungen erbracht werden, da die zur Verfügung stehenden Transportgeräte, zum Beispiel die ESA-Trägerrakete *Ariane* oder die NASA-Trägerrakete *Thor Delta* nur eine begrenzte Nutzlastkapazität haben. Andererseits ist es auch eine Frage der Wirtschaftlichkeit, da größere Nutzlasten, die zum Beispiel NASA's Space Shuttle befördern könnte, dementsprechend teuer sind.

Die Erreichung derart extremer technologischer Ziele erforderte völlig neue Managementkonzepte in den Bereichen Systemtechnik, Produktsicherung, Termin- und Kostenmanagement, Dokumentations- und Konfigurationskontrolle, Organisation usw. Es war eine absolute Notwendigkeit, die alteingefahrenen Gleise zu verlassen und völlig neue Wege zu gehen (s. a. Kapitel II,2). Dabei wurden auch Fehler gemacht. Einige Managementverfahren stellten sich als zu detailliert und umständlich heraus. Schwierigkeiten ergaben sich vor allem auch bei der Übertragung von erprobten Methoden auf kleinere Vorhaben und Nicht-Raumfahrtprojekte. In den meisten Fällen ist es aber gelungen, das erworbene Know-How im Bereich des Projektmanagements mit Erfolg auf andere Gebiete zu übertragen. Die Firma Messerschmitt-Bölkow-Blohm GmbH, Ottobrunn (Unternehmensbereich Raumfahrt), hat zum Beispiel erfolgreich an folgenden Management-Know-How-Transfers teilgenommen[31]:

– 1977: Managementunterstützung der Regierung von Venezuela bei der Installation einer Stadt-schnellbahn für Caracas;
– 1978: Managementunterstützung eines deutschen Industriekonsortiums zur Entwicklung der Magnetschwebebahn;
– 1978: Managementunterstützung einer großen deutschen Industriefirma zur Entwicklung von Kernkraftwerken;
– 1979: Managementunterstützung eines deutschen Industriekonsortiums zur Entwicklung eines Sonnenturmkraftwerkes;
– 1980: Managementunterstützung eines deutschen Industriekonsortiums aus dem Schiffbau.

»... die Raumfahrt hat die Technik in atemberaubendem Tempo vorangebracht. Kaum eine andere technische oder wissenschaftliche Disziplin kann Vergleichbares vorweisen. Eine Reihe von Bereichen profitieren unmittelbar davon und auch die wirtschaftlichen Auswirkungen sind allseits sichtbar.«[32]

ESA Projekte führten zu Management- und Organisationsverbesserungen

»Eine Milliarde Dollar: Dies ist der Betrag, den die europäischen Regierungen zwischen 1966 und 1977 für internationale Weltraumprogramme ausgegeben haben.«[33] Die Investition wurde von den damals zehn Mitgliedsländern der europäischen Weltraumorganisation ESA, nämlich Belgien, Dänemark, Frankreich, Deutschland, Italien, der Niederlande, Spanien, Schweden, der Schweiz und Großbritannien aufgebracht. 1978 wurde von der Louis-Pasteur-Universität, Straßburg, im Auftrag der ESA eine Studie durchgeführt, um die Frage nach der Rentabilität der Weltraumfor-schung zu untersuchen. Dabei wurden vier Kategorien detailliert betrachtet:

(1) Technologischer Nutzen,
(2) Wirtschaftlicher Nutzen,
(3) Verbesserungen im Bereich Management und Organisation und
(4) Verbesserungen der Produktivität.

Die Studiengruppe führte für jede Kategorie eine Wirtschaftlichkeitsanalyse zur Quantifizierung des Nutzens durch. Der ermittelte Nutzen, bezogen auf die Gesamtsumme aller Ausgaben, ist wie folgt (Werte in Milliarden Dollar):

$$\frac{\text{Nutzen}}{\text{Ausgaben}} = \frac{2,260}{1,000} = 2,260$$

Für die dritte und hier besonders interessante Kategorie, *Management und Organisation,* die vor allem die Managementfunktionen der Industriefirmen betrifft, wurde ein wirtschaftlicher Nutzen von 16,9 Prozent des oben genannten Gesamtnutzens, das heißt 382 Millionen DM, ermittelt. »Man kann daraus schließen, daß Raumfahrtaufträge starke positive Auswirkungen auf die Industrie haben. Sie verbessern nicht nur ihre Wettbewerbsfähigkeit, sondern auch ihre fachliche Kompetenz – und dieser Nutzen schlägt sich in jeder Hinsicht in den Betrieben nieder; in ihrer Organisation und in der Qualität des Personals«[33]. Das Durchsickern des Projektmanagement-Know-Hows der Raumfahrt auf andere Branchen ist für die deutsche Wirtschaft von großem Interesse.

NASA Studie: Übertragung von Managementtechniken der Luft- und Raumfahrt auf andere Bereiche festgestellt

Milliken und Morrison führten 1971 im Rahmen der Universität von Denver, Colorado, für die NASA eine Untersuchung mit dem Thema *»Anwendung der Managementtechniken von Luft- und Raumfahrt für die Wirtschaftsunternehmen und Behörden«* durch.[30] Die Ergebnisse sind in einem zweihundertseitigen Bericht zusammengefaßt. Es wurden insgesamt fünfundzwanzig Managementtechniken auf ihre Anwendbarkeit für andere Bereiche überprüft, darunter Verfahren wie Systemanalyse, Systemtechnik, Wertanalyse, Matrixorganisation, Konfigurationsmanagement, Informationssysteme, Leistungsbewertungsmethoden, usw.

Beide Autoren weisen in ihren Ergebnissen ausdrücklich darauf hin, daß die Übertragung von erprobten Managementmethoden der Luft- und Raumfahrt auf andere Branchen nur dann funktioniert, wenn sie den jeweiligen Gegebenheiten sorgfältig angepaßt werden. Der Schwerpunkt liegt bei der intelligenten Übertragung, da sonst mehr Schaden als Nutzen entstehen kann; Fingerspitzengefühl ist unbedingt erforderlich. Es wurde festgestellt, daß bis 1971 von den untersuchten fünfundzwanzig Managementmethoden erst 56 Prozent auf andere Branchen übertragen werden konnten. Die Autoren begründeten dies mit dem relativen Neuheitsgrad der Methoden und der typischen Zeitverzögerung von Technologieübertragungsprozessen. Sie zitieren in diesem Zusammenhang den stellvertretenden NASA-Direktor George E. Mueller, der zum Ausdruck brachte, daß die ständige Abwanderung von Mitarbeitern der Luft- und Raumfahrtbranche in andere Industriezweige automatisch zu einer Know-How-Übertragung führt. Es wurde auch festgestellt, daß einige Firmen bereits ähnliche Methoden, wie sie in der Luft- und Raumfahrtindustrie üblich sind, anwenden. Allerdings waren diese Verfahren nicht so weit entwickelt wie die vergleichbaren Methoden der Luft- und Raumfahrt. In der Zusammenfassung weisen die Autoren auf zwei für die Methodenübertragung wichtige Punkte hin:

(1) Die Methode muß erkennbar besser als bisherige Verfahren sein und

(2) es muß sich ein Manager finden, der bereit ist die neue Technik auszuprobieren; zum Beispiel ein Mann, der aus der Luft- und Raumfahrt kommt und die Methode bereits kennt oder der bereit ist, ein kalkulierbares Risiko zu übernehmen.

Sonnensonde HELIOS: Managementfortschritte der deutschen Industrie

Das 1969 begonnene HELIOS-Projekt, ein bilaterales Projekt zwischen der Bundesrepublik Deutschland und den Vereinigten Staaten von Nordamerika, hatte zwei Hauptzielsetzungen:[34]

- Die erfolgreiche Erfüllung der wissenschaftlichen Mission, das heißt Erforschung der Sonne durch Annäherung bis zu ⅓ der mittleren Entfernung Erde–Sonne
und
- Zugewinnung von managerialem und technologischem Know-How für die deutsche Industrie.

Die erste Sonde wurde 1974 und die zweite Sonde 1976 gestartet. Beide Geräte erfüllten das Missionsziel hundertprozentig. Die Erfüllung des ersten Hauptzieles ist anhand des erfolgreichen Einsatzes beider Sonden nachgewiesen. Wie aber kann die Erfüllung des zweiten Hauptzieles nachgewiesen werden?

HELIOS wurde für die deutsche Luft- und Raumfahrtindustrie tatsächlich zu einem wichtigen Meilenstein. Die im Zeitraum 1969 bis 1976 eingesetzten modernen Managementmethoden und -verfahren, wichtiger noch, die in der Zeit erlernte Denkweise, prägte zu einem ganz erheblichen Maße das Bild des heutigen Unternehmensbereichs Raumfahrt der Firma Messerschmitt-Bölkow-Blohm GmbH (MBB). Gleichzeitig wurde aber auch die Managementmethodik der Unterauftragnehmer positiv beeinflußt.

Neben der Erarbeitung von besseren Prozeduren und Vorschriften wurde mit dem Projekt HELIOS aber gerade auch in die einzelnen Mitarbeiter investiert, die ihr Wissen als Know-How-Träger noch heute weit über die Grenzen von MBB hinaus weitergeben. Hierzu einige Beispiele: Fünf ehemalige HELIOS-Mitarbeiter bekleiden heute Führungsaufgaben bei der Europäischen Raumfahrtagentur ESA und geben auf diesem Wege ihr Wissen wirkungsvoll weiter. Eine große Anzahl des ehemaligen HELIOS-Personals ist heute mit wichtigen Aufgaben bei MBB befaßt; Projekte wie der Forschungssatellit EXOSAT und die Nachrichtensatelliten INTELSAT V und der erste deutschfranzösische direktsendende Fernsehsatellit TV-SAT/TDF-1, wurden maßgeblich von ehemaligen HELIOS-Mitarbeitern abgewickelt. Einige Mitarbeiter der HELIOS-Kernmannschaft bekleiden heute leitende Aufgaben in anderen Unternehmensbereichen. Der damalige HELIOS-Projektleiter wurde Ressortleiter für MBBs Satellitenentwicklung, der Leiter der HELIOS-Systemtechnik leitete mehrere Jahre den MBB-Zentralbereich Entwicklung, und wurde anschließend Leiter des MBB-Unternehmensbereichs Raumfahrt, der Planungs- und Überwachungsmanager von HELIOS wurde Projektleiter eines modernen Verkehrsprojektes, und der Leiter der Abteilung Termin- und Leistungsüberwachung übernahm 1976 die Hauptabteilung Zentrale Projektüberwachung im Unternehmensbereich Raumfahrt.

Diese Beispiele beweisen, daß die HELIOS-Schule ein wichtiger Meilenstein für die Firma MBB aber auch für die mit MBB zusammenarbeitenden Firmen war. Dies trifft insbesondere auch für die Führungsmannschaft des Auftraggebers zu. Der damalige HELIOS-Projektleiter beim Auftraggeber avancierte zum Beispiel zum Projektleiter des Spacelab-Vorhabens und Ressortleiter für die bemannte Raumfahrt bei der Firma ERNO-Raumfahrttechnik (heute DASA). Einige ehemalige HELIOS-Mitarbeiter führen regelmäßig interne aber auch externe Management-Seminare sowie Universitätsvorlesungen durch. Ebenso haben ehemalige HELIOS-Mitarbeiter des öfteren Management-Beratungsaufgaben bei Fremdfirmen wahrgenommen. Zusammenfassend kann bestätigt werden, daß das Sonnensondenprojekt HELIOS einen wichtigen Beitrag zur Know-How-Verbreitung moderner Managementtechniken bei MBB und darüber hinaus für die Bundesrepublik Deutschland geleistet hat.

Die Übertragung von Projektmanagement-Know-How auf andere Bereiche hat bereits begonnen

Die Erbringung eines Nachweises darüber, daß das Projektmanagement-Know-How der Raumfahrt für die Entwicklung technischer Serienprodukte nutzbar zu machen ist, war die Aufgabenstellung eines vom Autor im März 1981 gehaltenen Vortrages im Rahmen einer Tagung beim Batelle-Institut in Frankfurt.[31] Anhand von sieben Thesen wurde ein Weg zur möglichen Know-How-Übertragung aufgezeigt. Es ist wichtig, daß die Raumfahrt-Managementmethoden nicht direkt übernommen, sondern der jeweiligen Situation angepaßt werden. Schließlich wurde festgestellt, daß die Know-How-Übertragung bereits eingeleitet ist. An einigen typischen Beispielen wurde dies im Detail erläutert. Besonders hervorzuheben ist das 1977 vom Bundesminister für Forschung und Technologie herausgegebene Handbuch für kommunales Projektmanagement, deren Verfasser die drei deutschen Raumfahrtfirmen Dornier System GmbH, ERNO-Raumfahrttechnik GmbH und Messerschmitt-Bölkow-Blohm GmbH sind.[35]

Die sieben vertretbaren Thesen und die dazugehörigen Erläuterungen sind hier wiedergegeben.

Erste These: Entwicklungsprojekte der Raumfahrt, zum Beispiel die Entwicklung von Trägerraketen, Satelliten, Weltraumstationen, usw., sind prinzipiell mit großen und komplexen industriellen Entwicklungsvorhaben des Anlagenbaus, der Meerestechnik, usw. vergleichbar.

Zweite These: Bei der Abwicklung von Entwicklungsvorhaben der europäischen Raumfahrt sind jedoch projektspezifische Randbedingungen zu beachten:
– Hoher technischer Innovationsgrad, d.h. Forderung extrem hoher technischer Leistungen und Zuverlässigkeiten.
– Harte Terminforderungen, da meistens feste und aus wissenschaftlichen Gründen nicht verschiebbare Starttermine, sogenannte Startfenster; vorliegen.
– Beteiligung vieler, nationaler und internationaler Organisationen, Firmen und Institutionen am Projekt; daraus resultiert die Forderung zur Optimierung des Work-Sharings.
– Existenz von etablierten nationalen und internationalen Auftraggeberorganisationen, die unterschiedliche Management-Methoden/anforderungen an die Industrie vorschreiben.
– Die meisten Firmen sind feste industrielle Konsortialbindungen eingegangen, was die Auftragsvergabe oft erschwert.

Dritte These: Um den projektspezifischen Randbedingungen Rechnung tragen zu können, ist eine besonders effiziente und dynamische Vorgehensweise erforderlich. Daraus resultiert der Einsatz besonders effizienter Managementkonzepte wie zum Beispiel:
– Projektorientierte Organisationsstrukturen mit Matrixbeziehungen im Unternehmen.
– Erteilung technisch/administrativer Vollmachten an den Projektleiter. Er ist für die Auswahl des technischen Konzeptes, den Gesamtentwurf des Systems, die Auswahl des Unterauftragnehmers und der Lieferanten, usw. voll verantwortlich.
– Bereitstellung eines schlagkräftigen Projektteams, d.h. eine geübte Projektmannschaft und erfahrenes Schlüsselpersonal.
– Anwendung besonders effizienter und erprobter Managementmethoden. Zum Beispiel: Eine phasenorientierte Planung, Projektstrukturpläne, Netzplantechniken, wirkungsvolle Kosten-

Schätzmethoden, Make-or-Buy-Entscheidungskonzepte, Konfigurationskontrollmethoden, Review-Techniken, Funktionssicherheitsanalysen, Trade-Off-Techniken, usw.

Vierte These: Die Bereitschaft und Einsicht zur Anwendung effizienter Managementtechniken ist bei Raumfahrtvorhaben verhältnismäßig groß, da Erfahrungen vorliegen, aus denen hervorgeht, daß das Gelingen einer Mission, z. B. ein auf mehrere Jahre ohne Reparaturmöglichkeiten ausgelegter Nachrichtensatellit oder eine bemannte Raumstation, in erheblichem Maße von der Qualität des Projektmanagements, d.h. von dem Führungs- und Steuerungsverhalten der Projektleitung, abhängt.

Fünfte These: Die in der Raumfahrt auf dem Gebiet des Projektmanagements gesammelten Erfahrungen lassen sich unbedingt auch auf andere Industriezweige übertragen. Hierzu einige Beispiele[30]:
- Entscheidungsanalysen
- Technologievorhersage
- Systemtechnik
- Zuverlässigkeitsanalysen
- Wertanalysen
- Projektmanagement-Grundsätze
- Matrixorganisation
- Industrieverträge mit Vertragsprämien-/Strafen
- Firmenbewertungsmethoden
- Management-Informations-Systeme
- Netzplantechniken
- Konfigurationsmanagement
- Produktsicherungsmethoden.

Fabian schreibt in diesem Zusammenhang: »Es wäre aber durchaus zu überlegen, ob man nicht als Industriestaat auch für die Regierungsarbeit zu neuen Organisationsformen vorstoßen sollte, die sich an bewährte Managementtechniken von Großbetrieben orientieren. Die meisten übergeordneten Arbeiten der Regierung gehen derart stark in fast alle Resorts ein, daß eine Organisationsstruktur, wie sie dem modernen Projektmanagement entspricht, angebracht ist.«[36]

Sechste These: Die effiziente Übertragung von Management Know-How der Raumfahrtindustrie auf andere Bereiche schließt eine einfache Übernahme der Methoden aus. Vielmehr ist eine maßgeschneiderte Anpassung der Methoden vonnöten. Typische Probleme bei der Know-How-Übertragung sind:
- Der Einsatz neuer Methoden ist meistens mit zusätzlichem Aufwand verbunden, und es ist deshalb auf die Verhältnismäßigkeit der Mittel zu achten.
- Beim Anwenden neuer Techniken und Methoden ist eine Implementations- und Anpassungsphase vorzusehen, um den maßgeschneiderten Einsatz, d.h. die genaue Abstimmung auf die Erfordernisse, und eine rechtzeitige Schulung des Anwenderpersonals sicherzustellen.
- Es ist die Verträglichkeit mit bereits bestehenden Systemen, z. B. Systeme aus dem betriebswirtschaftlichen Bereich zu prüfen; ggf. können schon vorhandene Teilsysteme mit einbezogen werden.
- Oft wird übersehen, daß die Einführung eines neuen Systems unter Verwendung eines neuen Begriffs, insbesondere bei Verwendung der englischen Sprache, unnötig ist, da das Verfahren in

anderer Form und unter anderer Bezeichnung bereits existiert und unter Umständen bereits seit Jahren mit Erfolg angewendet wird.

– Die erfolgreiche Übertragung von Raumfahrt-Management-Methoden und -Know-How ist nur dann gegeben, wenn vergleichbare Voraussetzungen geschaffen werden; z.B. straffe Managementdiszipin, konsequente Einhaltung der einmal vorgesehenen Planungslogik, systematische Statuskontrolle, usw.

Siebte These: Die Übertragung von Management Know-How der Raumfahrt auf andere Industriezweige hat bereits begonnen. Beispielhafte Ansätze zur Übertragung/Verbreitung von Management Know-How in Deutschland sind:

– Gründung des Arbeitskreises Management (AKM) im Juni 1969:
Am 14. 9. 67 hat das Bundesministerium für Forschung und Technologie (BMFT) ein Projektmanagement-Symposium veranstaltet. Bei der Abschlußbesprechung zu diesem Symposium hat der damalige Leiter der Abteilung für Weltraumforschung im BMFT, Ministerialdirektor Dipl.-Ing. Max Maier, die Gründung des AKM mit dem Ziel, Empfehlungen für das Projektmanagement größerer Entwicklungsvorhaben für die Auftraggeberseite und die Auftragnehmerseite zu erarbeiten, angeregt. Der AKM hat sich bemüht, ein den europäischen und insbesondere den Verhältnissen in der Bundesrepublik Deutschland angepaßtes Projekt-Management-System zu erarbeiten und nicht einfach amerikanische Management-Vorstellungen, -Praktiken und -Prinzipien zu übernehmen. 1977 wurde dann eine Broschüre mit dem Titel *Empfehlungen zum Management von Großprojekten* veröffentlicht.[37]

– Herausgabe des Handbuchs *Kommunales Projektmanagement*:
Dieses Handbuch wurde von den Firmen Dornier System GmbH, Friedrichshafen, ERNO-Raumfahrttechnik GmbH, Bremen, und Messerschmitt-Bölkow-Blohm GmbH, Ottobrunn (die hier genannten Firmen gehören heute zur DASA) gemeinsam erstellt und 1977 vom Bundesminister für Forschung und Technologie (BMFT) herausgegeben.[35] Die in dem Buch vorgeschlagenen Verfahren des Projektmanagements werden beispielsweise in der Luft- und Raumfahrtindustrie seit Jahren erfolgreich angewendet. Das Handbuch soll die gewonnenen Erkenntnisse aufzeigen und einen Bezug zur kommunalen Praxis herstellen. Das Handbuch bietet Vorschläge für eine effiziente Planung und straffere Durchführung von Projekten in der Kommunalverwaltung. Den gemachten Vorschlägen liegen Erfahrungen der Luft- und Raumfahrtindustrie zugrunde.

– Industrieberatungen durch Raumfahrtfirmen:
Die Firma MBB, Unternehmensbereich Raumfahrt, hat, wie eingangs bereits erwähnt, in den letzten Jahren mehrmals Aufgaben zur Know-How-Übertragung wahrgenommen. Die Firmen Dornier System und ERNO Raumfahrttechnik waren ebenfalls mit Aufgaben zum Management-Know-How-Transfer befaßt.

– Seminarhandbuch »Planung und Überwachung von Forschungs- und Entwicklungsprojekten – Mit Beiträgen aus der Raumfahrttechnik«:[38]
Das vom Autor 1978 herausgegebene Seminarhandbuch faßt in übersichtlicher Form moderne Methoden und Verfahren der Planung und Überwachung von FuE-Projekten unter Hinzufügung von vielen praktischen Beispielen aus der Raumfahrtindustrie zusammen. Die vorgestellten Methoden wurden in der Praxis erprobt und darüber hinaus bei der Abwicklung von Nicht-Raumfahrtprojekten eingesetzt. Das 1981 erneut aufgelegte Seminarhandbuch diente als Basis von mehreren erfolgreich durchgeführten Industrieseminaren, und war auch Grundlage dieses Buches.

8. Internationale Behörden können auf Projektmanagement nicht verzichten

Verfolgung gleicher Ziele und Teilung des Arbeitsaufwandes und der erforderlichen Kosten

Viele internationale Vorhaben, bei denen es sich nicht um Routineaufgaben handelt, lassen sich ihrer Art nach eindeutig als Projekte einstufen. Die Hauptgründe, Projekte im internationalen Rahmen durchzuführen, sind wie folgt[39]:

– Verfolgung gleicher Programmziele,
– Teilung des Arbeitsaufwandes und der erforderlichen Kosten,
– Beteiligung vieler, vor allem auch kleiner Länder an großen Projekten,
– gegenseitige Technologieunterstützung und
– optimale Auslastung der nationalen und internationalen Anlagen und Kapazitäten.

Am Beispiel der Raumfahrt sollen hier einige gemeinsame Zielsetzungen beschrieben werden. Die Europäische Raumfahrtorganisation ESA in Paris, die für die Entwicklung, den Bau und den Betrieb des Weltraumlabors SPACELAB, der Trägerrakete ARIANE und einer Reihe wissenschaftlicher und kommerzieller Nachrichtensatelliten verantwortlich ist, verwaltete 1979 ein Gesamtbudget von 1,4 Milliarden DM, wovon 25,6 Prozent, 360 Millionen DM, durch die Bundesrepublik Deutschland aufzubringen war.[40] Die am 20. August 1971 gegründete und in Washington ansässige internationale Organisation für die Entwicklung, den Bau und den Betrieb von kommerziell verwendbaren Nachrichtensatelliten, INTELSAT, ist zur Zeit mit der Installation mehrerer INTELSAT-VI-Satelliten und mit der Entwicklung einer Folgegeneration, INTELSAT-VII, beschäftigt. Der INTELSAT-Organisation sind inzwischen über 100 Länder beigetreten, unter anderem auch die Bundesrepublik Deutschland. Die nationale Luft- und Raumfahrtorganisation der USA, NASA, hat in der Vergangenheit eine ganze Reihe bilateraler Vorhaben abgewickelt. Aber auch die Bundesrepublik Deutschland führte einige bilaterale Raumfahrtprojekte durch, von denen die deutsch-amerikanische Sonnensonde HELIOS und der deutschfranzösische experimentelle Nachrichtensatellit SYMPHONIE von besonderer Bedeutung waren. Gemeinsam entwickelten die Bundesrepublik Deutschland und Frankreich den direktsendenden Fernsehsatelliten TV-SAT/TDF-1, der es den deutschen und französischen Fernsehzuschauern ermöglichen sollte, Fernsehbilder direkt aus dem All zu empfangen. Nach einer Panne des ersten Satelliten (TV-SAT 1) konnte im August 1989 der zweite Satellit (TV-SAT 2) in Betrieb genommen werden.

Sand im internationalen Getriebe

Insbesondere die Durchführung internationaler sowie bilateraler Projekte setzt ein sehr effizientes und schlagkräftiges Projektmanagement voraus, um Pannen wie sie im Rahmen der ELDO-Projekte auftraten zu verhindern (s.a. Kapitel III,6), denn durch nationale Interessen, kulturelle Unterschiede, usw. kann es schnell zu sehr viel Sand im Getriebe kommen. Gerade bei internationalen Projekten, bei denen Sprachbarrieren noch ein weiteres Hemmnis darstellen, muß eine Projektleitung installiert werden, die alle projektrelevanten Vorgänge so sachlich und unpolitisch wie möglich abwickelt. Der zweite Generalsekretär der ELDO, M. Aubinière, äußerte sich 1970 in seiner Antrittsrede vor den ELDO-Mitarbeitern wie folgt: »..., in der Vergangenheit führten viele Mitarbeiter hier im Hause neben technischen Argumenten auch immer wieder die Politik im Munde. Ich möchte Sie nun darauf hinweisen, daß sie zukünftig nur noch rein technisch handeln und argumentieren dürfen. Sämtliche, politischen Fragen sind allein durch mich zu lösen oder zu beantworten.«[41] Diese Aussage hatte für die Mitarbeiter der ELDO eine große Signalwirkung, denn das aus sechs Nationen bestehende internationale Team konnte sich nun sachgerechter auf die eigentlichen Probleme konzentrieren.

Trotzdem gibt es bei internationalen Projekten noch eine Reihe schwerwiegender Probleme, deren Lösung nicht immer einfach ist; s.a. XVI.3. Hierzu eine Übersicht:

– Finanzierung und Mittelrückfluß
– Währungsprobleme
– Organisatorische Abstimmung nationaler und internationaler Behörden
– Unterschiedlicher Stand der Technologie in den einzelnen Ländern
– Verwendung nationaler und/oder internationaler Anlagen
– Projekt-Entscheidungen.

Finanzierung und Mittelrückfluß

Ein wichtiger Faktor der Projektdurchführung ist die Finanzierung. Bei internationalen und bilateralen Projekten wird dieser Punkt noch durch die Frage nach dem Mittelrückfluß erweitert. Finanzieren zum Beispiel mehrere Länder ein Projekt zu gleichen Teilen, so wird von den beteiligten Ländern erfahrungsgemäß ein Mittelrückfluß proportional zur Einzahlung erwartet. Das heißt, das von den beteiligten Ländern geschaffene gemeinsame Projektbüro (zum Beispiel die ESA) muß versuchen, die nationalen Industriefirmen nach Möglichkeit mit Aufträgen im Werte der eingezahlten Beträge zu versorgen. Dies stellt die Projektleitung vor die schwierige Aufgabe, bei der Auftragsvergabe nicht nur nach technischen und finanziellen Gesichtspunkten, sondern auch nach den Forderungen der geographischen Aufgabenverteilung vorzugehen. Die Abwicklung internationaler Projekte wird darüberhinaus erfahrungsgemäß durch den Anspruch der Mitgliedsländer auf technologisch anspruchsvolle Aufgabenpakete und dem gleichzeitigen Zwang nach kostenoptimalen Lösungen erschwert. Bei der Anzahl der in Frage kommenden Firmen spielen deshalb die Faktoren beste Technik, günstigste Kosten und beste geographische Projektvergabe, eine maßgebliche Rolle. Vandenherkhove schreibt hierzu: »Die geographische Verteilung stellt ohne Zweifel ein Problem dar, unter gewissen Voraussetzungen ist dies Problem jedoch zufriedenstellend zu lösen.«[39] Die ESA löste dieses Problem wie folgt:

– Durch die Festlegung einer Bandbreite, nach der der Rückfluß erfolgen muß,
– durch die Vielseitigkeit der ESA Programme und
– durch die Tatsache, daß der hundertprozentige Ausgleich nicht bei jedem Projekt erfolgen muß.

Vandenherkhove schreibt weiter: »Tatsächlich ist unser Ziel nur, daß jedes Land nicht weniger als 70 Prozent der ihm aufgrund des Proporzes zustehenden Gesamtsumme aller Projektaufträge erhält, die durch die ESA in den letzten acht Jahren vergeben wurden. Dies gibt der ESA die Flexibilität bei der Auswahl der jeweils besten Firmen.«[39] Der Rückflußkoeffizient der damals zehn Mitgliedsländer der ESA, das heißt das Verhältnis Rückfluß/Einzahlung, hat sich im Zeitraum von 1965 bis 1977 für alle Länder um den Wert 1,0 eingependelt (s.a. Kapitel XVI, 3)[42].

Währungsprobleme

Bei der Abwicklung internationaler oder bilateraler Projekte, bei der industrielle Auftragsvergaben über die Landesgrenzen hinweg erfolgen, ist die Festlegung einer Leitwährung zu empfehlen, um die verschiedenen Auftragspakete miteinander vergleichen zu können. Die Verschiebung der Wechselkurse stellt aber ein besonderes Problem dar. Das Kursrisiko kann bei Abschlüssen in einer Fremdwährung von den Firmen oft nicht übernommen werden. Die Industrieverträge werden deshalb häufig in der Landeswährung der betreffenden Firma abgeschlossen und das Kursrisiko durch die Regierungen übernommen. Im Rahmen des Gesamtbudgets erfolgt dann eine Ausgleichszahlung der Regierungen untereinander unter Einbeziehung der Veränderung ihrer Beitragszahlungen nach Einführung eines neuen Wechselkurses.

Die europäische Weltraumagentur ESA hat zur Überwachung ihrer Programme eine zu den einzelnen Währungen im ganz bestimmten Verhältnis stehende Ersatzwährung, nämlich die sogenannte Verrechnungseinheit, eingeführt, um den ständig schwankenden Wechselkursen eine für einen gewissen Zeitraum stabile Leitwährung entgegenzusetzen. Eine Rechnungseinheit der ESA (RE), die englische Bezeichnung ist Accounting Unit (AU), ist für das Jahr 1989 mit ca. 2,00 DM (Mittelwert) gleichzusetzen. Ein ähnlicher Effekt wird durch die Benutzung des ECU erzielt.

Organisatorische Abstimmung nationaler und internationaler Behörden

Bei der Abwicklung internationaler Projekte müssen oftmals unterschiedlich organisierte Behörden und Industriefirmen der einzelnen Mitgliedsländer eng zusammenarbeiten. Es empfiehlt sich deshalb, daß man die nationalen Institutionen für bestimmte Projekte einer übergeordneten internationalen Behörde unterstellt. Für die Entwicklung, den Bau und den Betrieb der gemeinschaftlichen europäischen Raumfahrtprojekte wurde aus diesem Grunde die European Space Agency (ESA) gegründet, der seit 1989 dreizehn europäische Mitgliedsländer angehören. Die in Paris ansässige ESA unterhält folgende Unterorganisationen:

- das European Space Research and Technology Centre (ESTEC) in Noordwijk, Holland,
- das European Space Operations Centre (ESOC) in Darmstadt, Deutschland, und
- das European Space Research and Information Centre (ESRIN) in Frascati, Italien.

Außerdem unterhalten die meisten Mitgliedsländer noch ihre nationalen Raumfahrtbehörden, zum Beispiel den CNES (Centre National d'Etudes Spatiales) in Frankreich und die DARA (Deutsche Agentur für Raumfahrtangelegenheiten) in Deutschland. Bei der Zusammenarbeit von internationalen und nationalen Behörden an einem gemeinschaftlichen Projekt muß ein klares Managementkonzept ausgearbeitet werden, das die Aufgaben und Kompetenzen aller Beteiligten eindeutig regelt. Abate geht auf die diesbezügliche negative Erfahrung bei der Entwicklung der europäischen Trägerrakete Europa I/II wie folgt ein: »... die Mitgliedsländer der ELDO traten bei der Durchführung des Anfangsprogramms in zweifacher Hinsicht auf, einmal als übergeordnete Ratsmitglieder der ELDO, und dann als im Auftrag der ELDO handelnde nationale Auftraggeber der Industrie«[43] (s.a. Kapitel III,6).

Bei internationalen Projekten spielt die organisatorische Verknüpfung der jeweiligen Projektpartner eine besonders große Rolle. Die Aufgabe, Verantwortlichkeiten und Vollmachten aller

Teilnehmer, der Auftraggeber, Auftragnehmer und Unterauftragnehmer, sind eindeutig und unmißverständlich festzulegen. Hauptansprechpartner zwischen den beteiligten Institutionen und Firmen ist der jeweilige Projektleiter. Zur Verbesserung der Kommunikation zwischen den internationalen und nationalen Projektbüros empfiehlt sich die in Kapitel V,3 beschriebene spiegelbildliche Organisation der einzelnen Projektteams, wonach der Projektverantwortliche einen mit gleichen Kompetenzen ausgestatteten Ansprechpartner hat (s.a. Abbildung V-16). Ferner muß bei der Abwicklung internationaler Projekte darauf geachtet werden, daß einheitliche Richtlinien und Prozeduren, nach denen alle Projektbeteiligten vorzugehen haben, erstellt werden.

Unterschiedlicher Technologiestand der Partnerländer

Eine Besonderheit bei internationalen Vorhaben ist der oft sehr unterschiedliche Stand der Technik; s.a. Kapitel III. 6 (Analyse der ELDO-Problematik).

Verwendung nationaler und internationaler Anlagen

Europa besitzt eine Reihe nationaler und internationaler Anlagen zum Test von Raumfahrtgeräten. Die nationalen Anlagen wurden im Rahmen nationaler Raumfahrtprogramme eingerichtet und werden für die Durchführung nationaler oder internationaler Projekte benutzt. Die größten Testanlagen dieser Art befinden sich bei der ESTEC in Holland, der IABG in Deutschland und dem CST in Frankreich. 1976 wurden die Anlagen dieser drei Zentren 616 mal zur Durchführung von umfangreichen Testprogrammen für ESA-Projekte benutzt. Die optimale Auslastung der verschiedenen europäischen Testanlagen zur Durchführung europäischer Raumfahrtprojekte hängt von einer Reihe von Faktoren ab, die sich wie folgt zusammenfassen lassen [44]:

– Anlagenkapazität: Zum Beispiel die Anlagengröße und ihre Leistungsfähigkeit.
– Anlagenauslastung: Diese geht aus dem Belegungsplan hervor. Heffels schreibt, daß ein Belegungsplan, der eine jährliche Auslastung über 60 % ausweist, unrealistisch ist, da dann nicht mehr genügend Zeitreserven für unvorhersehbare Fälle und Reparaturen zur Verfügung stehen.
– Benutzung nur einer Testanlage pro Projekt: Werden unterschiedliche Testanlagen für ein Projekt eingesetzt, zum Beispiel für die Versuchsmuster Anlage A, für die Prototypen Anlage B und für die Fluggeräte Anlage C, so sind die Testergebnisse wegen der unterschiedlichen Anlagenkalibrierung nicht mehr oder nur sehr schwer miteinander vergleichbar.
– Zeit- und Kostenersparnis bei Anwendung nur einer Anlage: Bei der Benutzung nur einer Anlage können Testzeit und -kosten infolge der geringeren Transporte der Testhardware und der Testelektronik eingespart werden.
– Optimale Auslastung aller europäischen Anlagen: Durch die optimale Auslastung der europäischen Testanlagen wird verhindert, daß Neuinvestitionen vorgenommen werden, solange es in Europa noch Kapazitätsreserven gibt.

9. Neuzeitliche Methoden und Verfahren müssen nicht kompliziert, sondern einfach sein

KISS: Keep it simple stupid

In der Vergangenheit ist oft der Eindruck entstanden, Projektmanagement ist aufwendig und kompliziert und für Kleinvorhaben deshalb nicht anwendbar. Dies trifft jedoch nicht zu. Es ist allerdings schwierig, neuzeitliche Methoden, die meist im Zusammenhang mit Großprojekten entwickelt wurden, im richtigen Maßstab auf kleine und mittelgroße Projekte oder auf Vorhaben anderer Branchen zu übertragen. Vom Bundesminister für Forschung und Technologie wurde deshalb bereits 1977 ein Handbuch zur Planung und Durchführung von Projekten mit dem Titel *Kommunales Projektmanagement* herausgegeben, das den kommunalen Institutionen vereinfachte Projektmanagementmethoden der Luft- und Raumfahrtindustrie anbietet.[35] 1983 veröffentlichte die Deutsche Vereinigung zur Förderung der Weiterbildung von Führungskräften (Wuppertaler Kreis) e. V. ein vom Bundesministerium für Wirtschaft gefördertes Buch mit dem Titel »Projektmanagement in Mittelbetrieben«.[45] Den Hauptautoren Groth, Erbslöh, Hugelshofer und Strombach gelang es hervorragend die gängigen Projektmanagement-Methoden in einfacher und verständlicher Form darzustellen.

Für das Projektmanagement unserer Tage gilt der Grundsatz, der für viele Disziplinen gelten sollte: *Keep it simple stupid (KISS);* in anderen Worten, auch komplizierte Zusammenhänge sollten nicht unnötig kompliziert, sondern so einfach wie möglich dargestellt und beschrieben werden. Gerade bei einer so vielseitigen Disziplin wie dem Projektmanagement ist Einfachheit ein unbedingtes Gebot.

Ansätze zur Vereinfachung

Viele neue Methoden des Projektmanagements wurden in den USA entwickelt und dann als Importware bei uns eingeführt. Oftmals entstand bereits durch die englische Sprache der Eindruck, daß es sich um ein kompliziertes Verfahren handeln müsse, zumal einige Managementsysteme mit einem englischen Namen bei uns kein entsprechendes Gegenstück hatten, so zum Beispiel das Konfigurationsmanagement (configuration management). Dieses wichtige Managementinstrument hat in der Vergangenheit zu vielfacher Verwirrung geführt, obwohl einige wichtige Funktionen des Konfigurationsmanagements in Deutschland durchaus, wenn auch unter einer anderen Bezeichnung, bekannt sind. So ist die in Deutschland bekannte Zeichnungskontrolle, das heißt die numerische Erfassung und Änderungskontrolle von technischen Zeichnungen, ein wichtiger Bestandteil des Konfigurationsmanagements. Das amerikanisch geprägte Konfigurationsmanagement bezieht jedoch die gesamte technische Dokumentation, das heißt Spezifikationen, Bauvorschriften, usw., mit in die Erfassung und den Änderungsprozeß mit ein. Gerade bei sehr komplexen Systemen, wie zum Beispiel bei der Entwicklung eines modernen Kampfflugzeuges oder einer Kraftwerksanlage, kommt dem Änderungsprozeß eine besonders große Bedeutung zu, da Änderungen bekanntlich Geld kosten. Der Änderungsprozeß und die damit verbundenen Überwachungsverfahren sind dann auch Hauptgegenstand des Konfigurationsmanagements (s. a. Kapitel XII, 2).

Um die zeitgemäßen Projektmanagement-Methoden jedoch im Interesse einer höheren Managementeffizienz möglichst rasch zu verbreiten, ist es dringend erforderlich, schlagwortähnliche Managementbegriffe allen Projektmitarbeitern in ihrer Ursprungsform und grundsätzlichen Einfachheit zu verdeutlichen. Das ist unter anderem auch ein Hauptanliegen dieses Buches. In den nachfolgenden Kapiteln wird deshalb der Versuch unternommen, die maßgeblichen Projekt-Managementmethoden in einfacher Weise darzustellen.

10. Was ist ein Projekt? – Begriffsdefinition

Projekte sind Vorhaben mit definiertem Anfang und Abschluß, die durch die Merkmale zeitliche Befristung, Einmaligkeit, Komplexität und Neuartigkeit gekennzeichnet sind; kurz: ein Projekt ist ein außergewöhnliches Vorhaben. Eine detaillierte Begriffsdefinition ist im Anhang 1 dieses Buches wiedergegeben.

Quellen zu Kapitel II

1 Dr. Ludwig Bölkow 70 Jahre, in: MBB Aktuell 7/8–82, S. 3
2 Kutscherer; A.: Ist Projektmanagement und Organisationsentwicklung auch für mittlere Unternehmen wirtschaftlich und effizient? Battelle-Tagungsband, Management von Entwicklungsprojekten, Frankfurt 26./27. März 1981, S. 91.
3 Grochla, Erwin (Hrsg.): Handwörterbuch der Organisation, C. E. Poeschel Verlag Stuttgart, 1980, S. 1960.
4 Webb, James, F.: Space Age Management, McGraw-Hill Book Company, New York, N. Y., 1969, S. 3.
5 Vollrath, Klaus: Die Chance es besser zu machen: Projektmanagement, in: Management + Seminar, 3/81.
6 Adamowsky, Siegmar: Die zweite organisatorische Revolution, in: Rationalisierung 19. Jg. 1968–5, S. 100.
7 Vgl. Quelle 4, S. 35.
8 USAF: System Program Management Procedures, in: AFSCM 375, Mai 1966.
9 PMI: Projekt Management Body of Knowledge (PMBOK), Drexel H., Pennsylvania, 1987
10 Reschke Hasso, u.a.: Handbuch Projektmanagement, Verlag TÜV Rheinland GmbH, Köln, 1989
11 Bölkow, Ludwig: Systemtechnik heißt Verhalten vorhersehen, in: VDI-Nachrichten Nr. 26, 25. 06. 82, S. 28.
12 Von Weizsäcker; Carl Friedrich: Der Garten des Menschlichen, Carl Hanser Verlag München, 1977, S. 19.
13 Servan-Schreiber; J.-J.: Die amerikanische Herausforderung, Hoffmann und Campe Verlag, Hamburg, 1968, S. 266.
14 »MBB die Vielzweckschmiede der Nation«, in: GEO, April 1982, S. 85 und 99.
15 Mellerowicz, Konrad: Betriebswirtschaftslehre der Industrie, Rudolf Haufe Verlag Freiburg 1981, Band I, 7. Auflage, S. 26/27.
16 Siemens-Ingenieure opponieren: Die Krise von morgen ist vorprogrammiert, in: Handelsblatt v. 16. 03. 1982.
17 L. 13, S. 267.
18 Bernhard, Alfred: Japanisches Management – eine Kurzdiagnose, in: Management-Zeitschrift 20, 51(1982 Nr. 3, S. 106.
19 Terry, George R.: Principles of Management, Richard D. Irwin, Inc. Homewood, Illinois, 7. Auflage, 1977, S. 279.

20 Güthe, Joachim: Small is beautiful, in: Blick durch die Wirtschaft v. 15. 06. 1982.

21 Grochla, Erwin und Thom, Norbert: Die Matrix-Organisation, Chancen und Risiken einer anspruchsvollen Strukturierungskonzeption, in: ZFBF-Kontaktstudium 29 (1977), S. 192.

22 Martin, Charles C.: Project Management – How to Make it Work, Amacom, 1976, S. 49.

23 Madauss, Bernd-Joachim: Nach Plan an der Katastrophe vorbei, in: Industriemagazin, März 1982.

24 Low Cost Programm Practices for future NASA Space Programs – Final Report, Vol. II, LMSC-D 469858, 12/1975.

25 MBB: EXOSAT Study, Optimisation of Planning – Final Report, ESRO Tender AO/557, MBB 1974.

26 Siemann, Hartmut und Wagner; Hans: Studie zur Aufwandsoptimierung bei Satelliten- und Spacelab-Experimenten, Dornier System, Friedrichshafen, 1978.

27 L. 13, S. 94.

28 Madauss, Bernd-Joachim: Kreativität unter Kosten- und Zeitdruck?, Konstruktion & Design, Februar 1982.

29 Schubert, Johannes: Kreativität in der Großindustrie, Vortragsmanuskript von der Tagung der Evangelischen Akademie in Tutzing, 17. 11. 1979.

30 Milliken, J. Gordon and Morrison, Edward J.: Aerospace Management Techniques: Commercial and Governmental Applications, Denver Research Institute – University of Denver Colorado, 1971.

31 Madauss, Bernd-Joachim: Nutzung des Projekt-Managements aus der Raumfahrt für die Entwicklung technischer Serienprodukte, Tagungsband zum Thema ›Management von Entwicklungsprojekten‹, Battelle-Institut e. V., Frankfurt am Main, 26./27. März 1981.

32 Horn, Peter: Luft- und Raumfahrt in Europa, in: Süddeutsche Zeitung vom 18. Mai 1982.

33 Wirtschaftlicher Nutzen von ESA-Aufträgen, ESA Brochure BR-02, Oktober 1979.

34 MBB: HELIOS-Sonnensonde-Endbericht, Forschungs- und Entwicklungsvertrag QC-90–00 VP 6/70,1976.

35 BMFT: »Kommunales Projektmanagement«, Deutscher Gemeindeverlag, Bonn, 1977.

36 Fabian H.: Gedanken zur Politik eines Industriestaates, in: MBB-Bericht (nicht veröffentlicht), 1972.

37 AKM: Empfehlungen zum Management von Großprojekten, 1977.

38 Madauss, Bernd-J.: Planung und Überwachung von Forschungs- und Entwicklungsprojekten – Mit Beiträgen aus der Raumfahrttechnik, AIB-Fachliteratur; Gerberstr. 3b, 8202 Bad Aibling, 1978/81.

39 Vandenkerkhove, J. A.: The Experience of ESRO in Managing International Space Projects, 3rd Orbital International Laboratory Symposium, Konstanz, 5–6 Oktober; 1970 (Proceedings).

40 Bundeshaushaltsplan 1979.

41 Madauss, Bernd-J., Besprechungsteilnehmer.

42 Palacios J.: Quelques aspects de la Politique Industrielle de l'ESA, in: ESA-Bulletin, Nr. 12.

43 Abate, T.: Problems of Management of ELDO's Initial Programme, Sciences et Industries Spatiales 1/2, 1966.

44 Heffels, K. H.: Major Spacecraft Hardware Testing in Europe, in: ESA-Bulletin Nr. 10,1977.

45 Groth, Rainer; u.a.: Projektmanagement in Mittelbetrieben, Deutscher Instituts-Verlag, Köln, 1983.

Kapitel III:
Managementkrisen
bei der Projektabwicklung

1. Aus Fehlern lernen
   Der Steuerzahler als Controller
   Wandel in der Aufgabenstellung
   Mangelnde Schulung
   Interdisziplinäre Managementschulen fehlen

2. Mangelnde Kosten- und Termintreue – ein ernstes Problem für die Wirtschaft
   Kostenexplosion bedroht die Volkswirtschaft
   Kollaps im Jahr 2054
   Nur die Spitze des Eisbergs
   Verbesserung der Kosten- und Termintreue

3. Folgekosten, und wer bezahlt sie?
   Folgekosten fünfzehnfach
   Bedeutung der Folgekostenbetrachtung für die Wirtschaft
   Transparenz der Lebenszykluskosten

4. Wohin mit der Projektorganisation – Hilfe durch die Matrix?
   Projektmanagement – eine Außenseiterrolle
   Zwang zur Neuorientierung

5. Die ARGE ohne Steuermann – das Dilemma bei der Abwicklung komplexer Großprojekte
   Wer steuert die ARGE?
   Hilfe durch den Federführer
   Zwang zum Ganzheitsentwurf
   Industrielle Verantwortung
   Firmenvergrößerung durch Fusionen

6. Internationale Projekte im Sog der Politik – die Tragödie der ELDO
   Probleme, Krisen, Dauerkrisen, Projektkatastrophen
   Programm nach elf Entwicklungsjahren eingestellt
   Zur Geschichte der ELDO
   Europas Raketenentwicklung ein totales Tohuwabohu
   Analyse der ELDO-Problematik
   Aus den schlechten Erfahrungen gelernt.

In diesem Kapitel werden die Ursachen von Problemen, die in der Vergangenheit bei der Abwicklung von Projekten auftraten, analysiert, um aus den gemachten Fehlern für die Zukunft zu lernen. Es fällt auf, daß die Kosten- und Termintreue bei fast allen Projekten ein besonders großes Problem darstellt. Im gleichen Maße, und oftmals ist dies die Ursache von Kosten- und Terminabweichungen, treten immer wieder Probleme bei der Projektorganisation auf, firmeninterne Projektteams, aber auch Arbeitsgemeinschaften sind oft nur mangelhaft organisiert, was immer wieder zu erheblichen Problemen führt. Bei internationalen Projekten werden diese Probleme manchmal noch durch politische Randbedingungen erschwerend überlagert. Krisen im Projektmanagement haben ihre Ursache häufig auch in der unzureichenden Vorbereitung und Ausbildung des Projektpersonals. Die hier zusammengefaßten Beispiele geben einen Querschnitt häufig gemachter Managementfehler, die in der Vergangenheit zu Krisen führten.

Die Aufzählung typischer Managementpannen in diesem Kapitel darf nicht als Anprangerung von Mißständen gesehen werden, sondern soll der Sensibilisierung für dieses wichtige Thema dienen. Es ist gewissermaßen ein Blick in den Abgrund, der zur Handlung auffordert. *Aus Fehlern lernen* ist das Ziel dieses Kapitels. In diesem Zusammenhang darf auch nicht unerwähnt bleiben, daß die diagnostizierten Fehler im Projektmanagement unter keinen Umständen als Verurteilung der Verantwortlichen anzusehen ist. Projektmanagement ist eine schwierige Aufgabe, und gemachte Fehler sollten im Lichte »lesson learned« gesehen werden.

1. Aus Fehlern lernen

Der Steuerzahler als Controller

Immer häufiger wird in der Öffentlichkeit über Unzulänglichkeiten bei der Abwicklung großer Projekte diskutiert. Der Bürger, der in der Vergangenheit am Projektgeschehen öffentlicher Vorhaben kaum interessiert war, da ihm einerseits sicherlich Informationen sowie auch die nötige Sachkenntnis fehlten, und er andererseits wohl auch der Meinung war, daß alles in guten Händen liegt, nimmt plötzlich Anteil. Wie läßt sich dies erklären? Ohne an dieser Stelle auszuschließen, daß die populärwissenschaftlichen Kenntnisse sowie das Demokratieverständnis des Durchschnittsbürgers zugenommen haben, resultiert die Zunahme öffentlicher Diskussionen zu einem wesentlichen Teil sicherlich aus der Tatsache, daß viele Großprojekte aber auch kleinere kommunale Projekte in letzter Zeit für jedermann sichtbar regelrecht entgleisen. Die gesteckten Projektziele wurden nicht oder nur nach jahrelangen Verzögerungen erreicht, und die geplanten Kosten um ein Vielfaches überschritten. Die absolute Größenordnung der Projektkosten, die oft einen erheblichen Prozentsatz des zur Verfügung stehenden Budgets des Bundes, Landes oder der Gemeinde einnehmen, zwingt den Steuerzahler regelrecht, in die Rolle des Controllers zu schlüpfen.

Die Bürger sind naturgemäß weniger an detaillierten technischen Erläuterungen zur jeweiligen Projektproblematik interessiert, da dies ja andererseits auch ganz spezielles Fachwissen voraussetzt, sondern vielmehr an »*top management-Informationen*« darüber, wie es weitergehen soll. Denn,

obwohl einerseits die im Projekt aufgetretenen Probleme, die zu erheblichen Termin- und Kostenüberzügen führten, im Detail erklärbar sein mögen, so bleibt doch ein erhebliches Maß an
Mißtrauen in die Projektleitungen bestehen, und man fragt sich, ob die Technik wohl noch nicht
ausgereift war, die Ziele zu weit gesteckt waren, die Termin- und Kostenschätzungen völlig
daneben lagen oder schlicht das Management versagte. Was bleibt, ist ein erhebliches Mißtrauen in
die Führungseigenschaften der beteiligten Behörden und Industriefirmen.

Projektentgleisungen sind allerdings nicht nur auf den öffentlichen Sektor begrenzt, sondern
durchaus auch im privaten Bereich der Industrie zur Genüge bekannt, obwohl dies keine unmittelbare Bedeutung für die Bevölkerung hat, da es sich um das ganz private Risiko des Unternehmens
handelt. Sicherlich werden die Mehrkosten jedoch später auf die Produkte umgelegt und treffen so
doch den kleinen Mann von der Straße, und in einigen Fällen muß die Firma, zum Nachteil der
Firmenbelegschaft, Konkurs anmelden, was durchaus auch zur Belastung einer breiteren Bevölke-
rungsschicht führen kann, wenn man in diesem Zusammenhang an das Arbeitslosenproblem
denkt.

Wandel in der Aufgabenstellung

Sind Managementkrisen bei der Abwicklung von Projekten, und darum handelt es sich in der Tat,
symptomatisch für unsere Zeit? Und wie läßt sich daran etwas ändern? Wie aus den nachfolgenden
Ausführungen dieses Kapitels hervorgeht, liegt die Erklärung für die Vielzahl der auftretenden
Managementkrisen bei der Projektabwicklung in der mangelnden politischen, organisatorischen,
betriebswirtschaftlichen und systemtechnischen Bewältigung begründet. Denn, was oberflächlich
betrachtet als ein sträfliches Versagen der staatlichen Institutionen oder der Industrie aussieht, stellt
sich bei gründlicher Betrachtung als Teil einer allgemeinen Strukturkrise unserer Gesellschaft
heraus, die vor allem wohl im schnellen Wandel unserer Zeit zu suchen ist.

Viele Ämter, Behörden und Industriebetriebe haben in den letzten Jahrzehnten einen erheblichen Wandel in ihrer Aufgabenstellung erfahren müssen, ohne daß im gleichen Tempo für die
Verbesserung der Managementmethoden und einer entsprechenden Personalschulung gesorgt
werden konnte. Im Bereich des Projektmanagements trifft dies in ganz besonderem Maße zu.
Bundesbehörden, die traditionell für nationale Belange zuständig waren, sind heute mit der
Abwicklung internationaler Projekte konfrontiert. Aber auch die Aufgaben der Gemeindeämter
wurden zusehends komplexer und erfordern deshalb bessere Projektleitungsmethoden, was man
sich an dem Beispiel eines modernen Schwimmbades leicht klarmachen kann. Die Inangriffnahme
neuzeitlicher Industrieprojekte setzt zudem ein besonders hohes Maß an systemtechnischen und
managerialen Kenntnissen und Erfahrungen voraus, um dies im Rahmen wirtschaftlich vertretba-
rer Grenzen abwickeln zu können. Viele Industrieprojekte werden außerdem aus den verschiedensten Gründen in industriellen Arbeitsgemeinschaften durchgeführt, ohne daß hierfür adäquate
Organisationsformen entwickelt wurden.

Mangelnde Schulung

Ein weiterer Hauptgrund für derzeitige Managementkrisen im Projektbereich ist in der mangelnden Vorbereitung und Schulung des zukünftigen Projektpersonals zu suchen. Servan-Schreiber zitiert den früheren Verteidigungsminister der USA, Robert McNamara, hierzu wie folgt: »Europa ist ... besonders schwach in der Ausbildung in Betriebsführung und Management.«[1] Es besteht einerseits bei vielen Firmen, Ämtern und Behörden wenig Einsicht zur Notwendigkeit einer entsprechenden Schulung, und andererseits bietet der Markt dem Interessenten zur Zeit auch nur ein recht mageres Schulungsangebot an. Mangelnde Einsicht zur Schulung resultiert in den meisten Fällen aus der Tatsache, daß die Firmen- oder Amtsleitungen die Projektarbeit nicht als ein spezielles Aufgabengebiet, wofür auch spezielle Kenntnisse erforderlich sind, anerkennen. Im Gegenteil, man geht oft davon aus, daß jede erfahrene Führungskraft auch automatisch ein Projekt führen kann. Viele der zur Zeit in der Bundesrepublik Deutschland zum Thema Projektmanagement angebotenen Seminare sind andererseits nicht geeignet, um den dringend benötigten Bedarf an Projektpersonal zu sichern, da es sich fast immer um Einführungsseminare von zwei bis drei Tagen handelt. Dies resultiert wieder aus der Haltung der Firmen- und Amtsleitungen, die für längere aber gründlichere Schulungen kaum zu gewinnen sind. Einige deutsche Großunternehmen haben inzwischen jedoch ein- bis zweiwöchentliche firmeninterne Schulungsprogramme entwickelt, die für den dort notwendigen Nachwuchs sorgen sollen; s.a. XV.2.

Interdisziplinäre Managementschulen fehlen

Auch von den deutschen Universitäten wurde das Thema Projektmanagement bisher nicht intensiv genug aufgegriffen. Dies dürfte darin begründet liegen, daß es sich bei dem Thema Projektmanagement um eine interdisziplinäre Ausbildung handelt, bei der Ingenieure und Betriebswirtschaftler viel enger als bisher zusammenarbeiten müssen. Ferner müßte sich die Ausbildung auch an diejenigen richten, die bereits seit zehn oder mehr Jahren als Ingenieure oder Wirtschaftler im Berufsleben stehen und durch ein Zusatz- oder Aufbaustudium die nötige Qualifikation für Aufgaben im Projektmanagement erlangen wollen – eine nicht-traditionelle Aufgabe für unsere Universitäten (s.a. Kapitel XV,2).

2. Mangelnde Kosten- und Termintreue – ein ernstes Problem für die Wirtschaft

Kostenexplosion bedroht die Volkswirtschaft

Wenn Kostenüberschreitungen in Milliardenhöhe bekannt werden, so hat dies noch immer eine schockierende Wirkung, obwohl mancher sich wohl schon an derartige Nachrichten gewöhnt haben mag. Aber Projektüberzüge in Milliardenhöhe, wie sie in Deutschland in der Vergangenheit im Zusammenhang mit der Realisierung von Großbaustellen, Kernkraftwerken und Flugzeugbauprojekten bekannt geworden sind, führen automatisch zur Nachdenklichkeit, da ihre Größenordnung im Staatshaushalt nicht mehr als Stelle hinter dem Komma abgetan werden kann und die

Frage, wieviel die Volkswirtschaft noch verkraftet, ohne ernstlich Schaden zu leiden, sich von selbst stellt. Kosten- und Terminüberschreitungen sind allerdings nicht nur eine Erscheinung der heutigen Zeit, sondern eine unangenehme Begleiterscheinung der Menschheit, die, wie Tauber schreibt, uns schon aus der Antike bekannt ist: »Das wohl klassischste im wahrsten Sinne des Wortes ist die Akropolis, die erst dann fertiggestellt werden konnte als die Athener zur Finanzierung der Restbaukosten kurzerhand in Delos die Kriegskasse des Attischen Bundes plünderten.«[2] Grün erwähnt, daß der im Jahre 1927 fertiggestellte Nürburgring, der mit 2,5 Millionen Mark veranschlagt war, letztlich 14 Millionen Mark kostete.[3] Wirkt das für uns nicht beruhigend? Handelt es sich vielleicht sogar um ein Phänomen, mit dem man einfach leben muß?

Wie eingangs schon erwähnt, geht es hier aber nicht nur um die theoretische abstrakte Betrachtung von Budgetüberschreitungen, sondern um die daraus resultierenden bedrohlichen Auswirkungen auf die Volkswirtschaft. Dabei ist es unerheblich, ob die Summe der Überschreitungen aus Einzelprojekten oder einigen wenigen Großprojekten resultiert. Hierzu nochmals Grün: »Die öffentliche Diskussion der Kostenzielverfehlung hat die Aufmerksamkeit auf ein beachtliches Dilemma gelenkt. Einerseits wurden gerade bei neuartigen Projekten die für die Inangriffnahme des Projektes maßgeblichen Sollkosten häufig um ein Vielfaches überschritten. Andererseits wären viele der heute als notwendig akzeptierten Einrichtungen nicht geschaffen worden, wenn man das Ausmaß der Kostensteigerungen vor der Projektgenehmigung gekannt hätte.« Grün zitiert in diesem Zusammenhang den Wiener Bürgermeister Gratz, der die gigantische Kostenexplosion beim Wiener Allgemeinen Krankenhaus (7,5-fache Kostensteigerung, Grün 1977) mit folgender Feststellung kommentiert: »Aber ohne die nahezu selbstmörderische Bereitschaft so zu handeln, wäre seit 1945 nicht die Hälfte von dem realisiert worden, was tatsächlich verwirklicht worden ist.« Funktioniert dieses Verfahren aber auch zukünftig noch? Es ist wohl als sicher anzunehmen, daß eine durch kontinuierliche Komplexitätserhöhung hervorgerufene allgemeine Kostensteigerung neuzeitlicher Produkte, die dann noch durch Kostensteigerungen infolge eines mangelhaften Projektmanagements überlagert wird, für die Wirtschaft langfristig nicht tragbar ist.

Kollaps im Jahr 2054

In diesem Zusammenhang ist eine Betrachtung von Augustine interessant.[4] Nach seinen Untersuchungen hat sich seit den Gebrüdern Wright (1911) bis zur Einführung von Hochleistungskampfflugzeugen der Stückpreis pro Flugzeug in den USA in jeweils zehn Jahren um den Faktor vier erhöht. Vergleicht man diesen Trend mit der extrapolierten Entwicklungskurve des Verteidigungsbudgets der USA, so die überzeichnete Aussage von Augustine, reicht das Verteidigungsbudget im Jahr 2054 nur noch für den Kauf eines einzigen Flugzeuges, das sich die Luftwaffe und die Marine außerdem noch teilen müßten. Wenn die Gültigkeit dieser Aussage in ihrer absoluten Wahrheit für das Jahr 2054 auch fraglich sein mag, so stellt die überall erkennbare Tendenz zur Kostensteigerung aufgrund höherer Produktkomplexität, ohne daß Kostensteigerungen infolge Inflation dabei berücksichtigt werden, für die Wirtschaft doch ein ernstes Problem dar. Um so mehr fallen natürlich auch Kostenüberschreitungen aufgrund ungenauer Kostenvorhersagen und mangelhaftem Management ins Gewicht, denn sie stellen ja eine weitere, unvorhersehbare Verteuerung des Produktes dar, vor allem dann, wenn die ursprünglichen Planwerte wie zum Beispiel beim Olympia-Zeltdach, den deutschen Kernkraftwerkanlagen in Kalkar und Schmehausen und einigen Flugzeugbauprojekten um ein Vielfaches überschritten werden.

| Projekt | Kostenentwicklung | | | |
	PK/PB	IK/PB	KÜ	Bezug
1. Olympia-Baumaßnahmen	500/67	2.000/72	300	a.
2. Reaktorprojekt THTR 300	710/72	4.300/82	506	b.
3. Reaktorprojekt SNR 300	1.700/72	6.500/82	282	c.
4. Kampfflugzeug Tornado (fly-away-price pro Flugzeug)	15/70	35/79	133	d.

Bezug:
a. Prof. Dr. A. Schub, Literaturzusammenstellung vom 27. 1. 1983.
b. Handelsblatt vom 11. und 20. 10. 1982.
c. Der Spiegel 17/81; Handelsblatt vom 7. und 13. 9. 1982; VDI-Nachrichten vom 17. 9. 1982.
d. Deutscher Bundestag, Drucksache Nr. 9/1465 vom 12. 3. 1982 (Anhang Nr. 1).

Erklärungen:
PK = Plankosten in Millionen DM
IK = Istkosten in Millionen DM
PB = Preisbasis (1966, 72, usw.)
KÜ = Kostenüberzug (%)

$$\frac{IK - PK}{PK} \times 100$$

Die genannten Kostenüberzüge (KÜ) enthalten einen hohen Anteil inflationsbedingter Erhöhungen (s. a. Kapitel X, 1).

Abb. III-1: Kostenüberschreitungen verschiedener Projekte im Vergleich

Nur die Spitze des Eisbergs

Nun läßt sich aber vermuten, daß die in der Öffentlichkeit diskutierten Kostenprobleme nur die Spitze des Eisbergs darstellen und es sich nur um die spektakulärsten Fälle handelt. In der Tat sind Termin- und Kostenüberschreitungen auch für die Gemeinden, Firmen und Privathaushalte nichts unbekanntes. Man begegnet diesem Problem fast überall in unserer Gesellschaft. Dabei erhebt sich jedoch die Frage, in welchem Verhältnis die Abweichungen – gemeint sind die Budgetüberschreitungen – zum Basisplanwert stehen. Würde es sich zum Beispiel um eine regelmäßig auftretende Überschreitung handeln, so könnte man diese bereits in der Budgetplanung berücksichtigen. So einfach ist es jedoch nicht, denn die Termin- und Kostenabweichungen zwischen den Plan- und Istwerten streuen ganz erheblich. In Abbildung III-1 sind Kostenüberschreitungen verschiedener Projekte miteinander verglichen. Eine Gesetzmäßigkeit ist hier jedoch nicht erkennbar. Dafür sind wohl drei Hauptgründe anzuführen: einmal hängt das Abweichungsverhältnis von der Güte der Schätzung ab, zum zweiten von der Managementqualität, und drittens sind externe, nicht beeinflußbare Faktoren, zum Beispiel Streiks, Baustopps, Inflation, usw., oft für Kosten- und Terminüberzüge verantwortlich. Zu berücksichtigen ist auch die Phase in der das jeweilige Projekt sich gerade befindet, denn für ein Fertigungsprojekt ist naturgemäß eine genauere Kostenschätzung möglich als für ein FuE-Projekt.

Wurde aus Unwissenheit oder Taktik von vornherein zu wenig in Ansatz gebracht, so kann die Rechnung letztlich nicht aufgehen. Ferner sind die implementierten Überwachungsmechanismen und das Führungsverhalten von entscheidender Bedeutung für die Kosten- und Termintreue. So ist vom Management unbedingt darauf zu achten, daß keine Projektänderungen implementiert werden, für die keine finanzielle Deckung vorhanden ist. Hierzu der frühere Bundesforschungsminister von Bülow: »Die hohen Kosten technischer Spitzengeräte, auf die die moderne Grundlagenforschung angewiesen sei, machen neben der wissenschaftlichen Risikobereitschaft auch hervorragende Managementqualitäten erforderlich, damit es zu einer wirksamen Kostenkontrolle komme.«[5]

Am unberechenbarsten und am wenigsten einer Gesetzmäßigkeit unterworfen sind alle externen, vom Projekt nicht oder nur geringfügig zu beeinflußenden Faktoren, wie zum Beispiel Streiks, unerwartete Kostensteigerungen und bei Auslandsgeschäften Verschiebungen der Währungsparitäten. Die Verzögerungen, die aus Genehmigungsverfahren resultieren, sind zwar grundsätzlich planbar und zu einem gewissen Grade auch vom Projekt beeinflußbar (eine gut vorbereitete Projektdokumentation ist hier sicherlich von großem Nutzen), andererseits unterliegen sie aber doch dem Zeitrhythmus einer projektexternen Organisation.

Verbesserung der Kosten- und Termintreue

Die Verbesserung der Kosten- und Termintreue ist im Interesse unserer Wirtschaft von vorrangiger Bedeutung. Finanzielle und terminliche Projektkatastrophen, wie sie in der Vergangenheit leider all zu häufig vorkamen, müssen unbedingt verhindert werden. Hierzu wären folgende Maßnahmen vordringlich:

(1) Verbesserung der Schätzmethoden (s. a. IX.3 und X.2)
   – Durchführung von Projektanalysen:
     So wie zu jedem Projekt Vorstudien gehören, so ist es im Interesse zukünftiger Projekte dringend erforderlich, abgeschlossene Projekte zu analysieren. Die finanzielle und terminliche Entwicklung abgeschlossener Projekte ist dabei im Zusammenhang mit der Projektgeschichte und den detaillierten technischen Ereignissen zu sehen. Da Abschlußberichte jedoch nicht kostenlos erstellt werden können, besteht beim jeweiligen Projektträger jedoch meistens nicht die Einsicht, diese notwendige *Investition in die Zukunft* vorzunehmen. Trotzdem sollten staatliche und industrielle Projektbüros dieser Aufgabe in Zukunft mehr Beachtung schenken. Die Firma Messerschmitt-Bölkow-Blohm GmbH (MBB) in München erhielt zum Beispiel nach Beendigung des Sonnensondenprojekts HELIOS im Jahre 1976 von ihrem Auftraggeber, der Deutschen Forschungs- und Versuchsanstalt für Luft- und Raumfahrt e. V. (DFVLR), den Auftrag, einen Abschlußbericht zu erstellen, um die Erfahrungen aus diesem Vorhaben (lessons learned) für die Zukunft festzuhalten.[6] Der Bericht faßt die Erfahrungen aus den Bereichen Management und Technik übersichtlich zusammen und enthält darüber hinaus im Kapitel »Referenzdaten und Statistik« die wesentlichsten Projektdaten.
   – Entwicklung zeitgemäßer Schätzprozeduren:
     Das Schätzen von Terminen und Kosten kann man nicht dem Zufall überlassen, denn bei jeder Schätzung, seien es Kosten oder Termin, erhebt sich die wichtige Frage »wie gut ist die Schätzung«. Viele öffentliche Auftraggeber erwarten deshalb bei der Einreichung eines Angebotes, daß nicht nur ein Endtermin sowie der ermittelte Gesamtpreis genannt werden, sondern das zusätzlich auch angemessene Detaillierungen sowie Aussagen über die

Glaubwürdigkeit oder Qualität der geschätzten Einzelkosten (cost credibility) vorliegen. Natürlich kann die Qualität der Schätzung für die Einzelposten unterschiedlich sein. Sie hängt im wesentlichen jedoch von folgenden Faktoren ab:

☐ von der Kenntnis des Produktes,

☐ der Erfahrung des Schätzers,

☐ dem zur Verfügung stehenden Datenmaterial und

☐ der zur Verfügung stehenden Zeit.

Für jeden Schätzvorgang (Termine und Kosten) ist im Interesse einer besseren Schätzqualität nach ganz bestimmten Regeln vorzugehen, wie dies in IX.3 und X.2 detailliert erläutert ist.

(2) Verbesserung der Managementqualität

Die Managementqualität steht in einem unmittelbaren Zusammenhang mit der Termin- und Kostentreue, und mangelnde Managementqualität führt leicht zu ungewollten Überzügen. Nicht immer ist dieser Zusammenhang sichtbar, aber er läßt sich anhand einiger Beispiele leicht erklären. Die meisten Probleme beginnen schon ganz am Anfang. Jedes Projekt hat einen eigenen Lebenszyklus (s.a. Kapitel IV), und in der ersten Phase, der Konzeptphase, werden oftmals die unbedingt notwendigen Maßnahmen, nämlich Auswahl eines klaren Konzeptes, Ausführung von Verträglichkeitsstudien (feasibility analysis) und Formulierung einer eindeutigen Zielsetzung, nicht gründlich genug wahrgenommen, denn nach Abschluß der Konzeptphase muß ein transparentes Basiskonzept (baseline concept) vorliegen, worauf alle weiteren Schritte aufbauen. Bei Vernachlässigung dieser wichtigen Maßnahme werden Grundsatzprobleme, wie zum Beispiel die Standortfrage für ein Bauvorhaben oder die Stromversorgung für ein Satellitenprojekt (Sonnenzellen oder Isotopenbatterie), in die nachfolgende Definitionsphase transferiert, was dann zu Termin- und Kostenüberschreitungen der Folgephasen führen kann. Die konsequente Projektabwicklung nach vorher festgelegten Phasen (s.a. Kapitel IV) ist ein wesentlicher Schritt zur Verbesserung der Managementqualität.

Eine weitere, häufig feststellbare Managementschwäche bei der Abwicklung von Projekten liegt im Bereich der Projektorganisation begründet. Bei vielen Vorhaben wird diesem Komplex entweder nicht genug Beachtung geschenkt, oder es werden Kompromisse geduldet, die den eingesetzten Projektleitern das effiziente Durchführen der erforderlichen Aufgaben unmöglich machen. Die in den nachfolgenden Abschnitten geschilderten Probleme sind hierfür symptomatisch. Unklarheiten bei der Erteilung von Verantwortung und Vollmachten sowie der organisatorischen Eingliederung der Projektleitung führen unweigerlich zu Terminverzögerungen und Kostenüberschreitungen. Die Beachtung der in Kapitel V geschilderten Grundsätze zur Projektorganisation führt dagegen zu verbesserter Managementqualität.

3. Folgekosten, und wer bezahlt sie?

Folgekosten fünfzehnfach

Die Frage nach den Folgekosten wird in den letzten Jahren immer dringlicher gestellt. Mögen die Entwicklungs- und Beschaffungskosten für neue Vorhaben oftmals bereits schockierend wirken, so ist das Thema der Folgekosten noch um ein Vielfaches gravierender. Was ist darunter zu verstehen? Folgekosten oder Folgelasten sind die Ausgaben, die dem Betreiber einer neuerworbenen Anlage bei der Nutzung entstehen, zum Beispiel die Personalkosten für das Betreiben der Anlage, Material- und Treibstoffkosten sowie die Kosten für Erhaltung und Wartung. Mit zunehmender Komplexität neuzeitlicher Produkte steigen auch die Folgekosten ganz erheblich.

Die Auswertung einer Zehnjahresstatistik des Bundeswehrbeschaffungsamtes über die Gesamtheit des Wehrmaterials der Bundeswehr ergab eine Kostenrelation von 1:3:6 für Entwicklung, Beschaffung und Nutzung.[7] Das heißt, wenn man für die Entwicklung eines neuen Waffensystems bereits zum Beispiel die enorme Summe von einer Milliarde DM ausgeben muß, so ist mit zusätzlichen Produktionskosten von drei und Nutzungskosten von sechs Milliarden DM zu rechnen, also insgesamt kostet das Programm dann zehn Milliarden DM. Das oben genannte Verhältnis von 1:3:6 ist selbstverständlich von der Seriengröße abhängig und stellt hier nur einen Durchschnittswert für die Gesamtheit des Wehrmaterials dar. Die genannte Größenordnung ist aber fast deckungsgleich mit den Budgetangaben des US-Verteidigungsministeriums für 1979: Entwicklung = 1, Beschaffung = 2,6 und Nutzung = 6,2.[8] Das Verhältnis kann, bezogen auf ein bestimmtes Projekt, jedoch noch höhere Werte erreichen, da die Beschaffungs- und Nutzungskosten serienabhängig sind. Die ermittelten Werte für ein deutsches Kampfpanzerprojekt liegen zum Beispiel bei 1:5:15, ein angeblich üblicher Wert für hochkomplexe Verschleißsysteme.[7]

Das Problem der Folgekostenbetrachtung beschränkt sich jedoch nicht nur auf Bereiche wie zum Beispiel der Wehrtechnik oder des Flugzeugbaus, sondern betrifft in zunehmendem Maße auch die öffentlichen Einrichtungen. »Die laufend anfallenden und bei einzelnen Projekten beträchtlichen Folgeausgaben öffentlicher Investitionen können nämlich den Spielraum für investive Aktivitäten einengen«.[9]

Bedeutung der Folgekostenbetrachtung für die Wirtschaft

Die Folgekostenbetrachtung ist von weittragender Bedeutung für zukünftige Projekte. Anfang der sechziger Jahre führte das US-Verteidigungsministerium das Konzept zur Betrachtung von Lebenszykluskosten (life cycle cost) ein.[10] Zielsetzung war die Betrachtung eines Projektes aus der Sicht des Eigentümers (ownership consideration), der bei der Bestellung eines neuen Produktes die Entwicklungs-, Beschaffungs- und Folgekosten gleichrangig betrachten muß. Diese Betrachtung ist mit der Denkweise eines Pkw-Käufers vergleichbar, der nicht nur den Pkw-Kaufpreis, sondern auch die Unterhaltskosten, zum Beispiel Treibstoff, Wartung, Garagenkosten, usw. mitbetrachtet. Es hatte sich nämlich herausgestellt, daß Beschaffungs- und Folgekosten die ursprünglichen Entwicklungskosten um ein Vielfaches überschritten und das Verteidigungsbudget erheblich belasteten. Untersucht man das US-Verteidigungsbudget von 1979, so ergibt sich das bereits genannte Bild[8]:

– Forschung und Entwicklung (1,0)	9,92 %
– Beschaffung (2,6)	25,56 %
– Folgekosten (6,2)	61,11 %
– sonstige Kosten	3,41 %
	100,00 %

Die Betrachtung der Lebenszykluskosten erhält einen besonderen Stellenwert, wenn man folgende Überlegung anstellt: Erstens, der Lebenszyklus für moderne Technologieprojekte, zum Beispiel für Kampfflugzeuge, beträgt ca. dreißig Jahre; 10 Jahre Entwicklung, 5–10 Jahre

Beschaffung und hierzu überlappend 15 Jahre Nutzung. Zweitens, die bestimmenden Parameter für die Beschaffungs- und Folgekosten werden weitgehendst in den Frühphasen des Projektes festgelegt; nach Abschluß der Definitionsphase sind bereits 85 Prozent aller Parameter festgelegt (s.a. Abb. X-14). Den US-Firmen wurde deshalb zur Auflage gemacht, neben der Kostenschätzung für die Forschung und Entwicklung auch eine Schätzung für die Beschaffungs- und Folgekosten zu erstellen. Es wurden besondere Verfahren entwickelt, um die kostentreibenden Faktoren (cost drivers) herauszustellen, um möglichst früh gezielte Kostenreduktionsmaßnahmen einleiten zu können. Der Grund war, bereits in der Entwicklungsphase alles erdenklich mögliche zu unternehmen, um die Kosten für die Beschaffung und Folgekosten möglichst gering zu halten, um so die Budgets für zukünftig notwendige Entwicklungen nicht zu verstopfen. Unter Berücksichtigung der eingangs zitierten Verhältniszahlen von 1:2,6:6,2 ist einzusehen, daß die auftraggebenden Dienststellen des US-Verteidigungsministeriums durchaus bereit waren, einer Erhöhung der Entwicklungskosten zugunsten erheblich niedriger Folgekosten zuzustimmen (s.a. Kapitel X,4).

Transparenz der Lebenszykluskosten

Die Betrachtung der Lebenszykluskosten ist von gravierender Bedeutung für zukünftige Vorhaben. Auch in Deutschland gibt es hierfür bereits ernsthafte Signale. Aber nicht immer ist die Ermittlung der gesamten Lebenszykluskosten ein einfaches Unterfangen, da die Folgekosten unter Umständen gar nicht als Kosten, die mit dem Projekt in Zusammenhang stehen, erkannt werden. Ausgangspunkt für jede Lebenszykluskostenbetrachtung ist deshalb die Definition des Lebenszyklus (s.a. Kapitel IV). Es ist wichtig, daß die einzelnen Projektphasen genau definiert und inhaltlich beschrieben werden. Erst auf dieser Grundlage ist es möglich, bereits im Frühstadium eines Projektes Kostenvorhersagen für alle Phasen vorzunehmen. Genau so wichtig ist aber auch das Herauskristallisieren von Kosteneinflußfaktoren, um den Entwicklern ein Instrument zur Kostenreduktion in die Hand zu geben (s.a. Kapitel X,4).

4. Wohin mit der Projektorganisation – Hilfe durch die Matrix?

Projektmanagement – eine Außenseiterrolle

»Der Projektleiter befindet sich in den Unternehmen und Verwaltungen noch immer in einer Außenseiterrolle; er paßt nicht in die klassische Stab-Linien-Organisation.«[11] Tatsächlich haben die meisten Projektmanager bis heute bei ihren Dienstherren keinen festen Stammplatz gefunden. Sie hängen oft buchstäblich in der Luft, günstigenfalls arbeiten sie in Stabsabteilungen oder sind zum Beispiel an unterschiedlichen Plätzen der Entwicklungsabteilung integriert. Die Fälle, in denen eine Firma oder Behörde die Projektabteilungen ab einer bestimmten Größenordnung als eigenständigen Organisationszweig eingeführt hat, sind noch relativ selten. Selbst bei den Firmen, die ausschließlich oder fast ausschließlich von Projekten leben, findet die konsequente Einführung eines Organisationsbereichs *Projektabwicklung oder Projektmanagement*, der auch mit den erforderlichen Vollmachten, Verantwortlichkeiten und Personal ausgestattet ist, wenig Anklang. Hierfür gibt es verständliche Gründe, handelt es sich doch um die Neuverteilung der Machtverhältnisse. Traditionell ist die Macht in einem Unternehmen nach einzelnen Fachbereichen wie zum Beispiel Entwicklung, Produktion, Vertrieb und Finanzen aufgeteilt. Fachentscheidungen werden im jeweiligen Fachbereich getroffen und übergeordnete Entscheidungen durch die Firmenleitung. Aber in der heutigen Zeit funktioniert dieses Modell nur noch schlecht.

Zwang zur Neuorientierung

In dem Maße, wie sich die Aufgaben der Industrie und der Behörden geändert haben, muß auch das Management geändert werden. Traditionell waren die meisten Industrieunternehmen mit der Herstellung von Gütern ihrer Branche beschäftigt, Baufirmen mit der Erstellung von privaten und öffentlichen Gebäuden und Behörden mit der Durchführung von Dienstleistungen ihres Bereiches. Der Grad der Neuerungen vollzog sich früher in relativ langsamen Schritten und vor allem nur im Bereich der jeweiligen Branche. Selbstverständlich führte eine Firma, die zum Beispiel Werkzeugmaschinen herstellte, parallel zur laufenden Serie Entwicklungsarbeiten zur Verbesserung der Produktionslinie durch. Die Neuerung stellte jedoch im Prinzip meistens nur eine relativ einfache Verbesserung im Branchenbereich dar. Aber auch in anderen Bereichen, wie dem Hoch- und Tiefbau oder bei den Behörden, war eine sehr starke Branchengebundenheit selbstverständlich. Es gab keine oder nur wenige Überschneidungen. Die wenigen bestehenden Nahtstellen, zum Beispiel zwischen den Maschinenbauern und den Elektrotechnikern bei der Installation einer Pumpanlage, waren relativ einfach und überschaubar. Das heißt, man konnte industrielle Aufgaben mit relativ geringem Managementaufwand durchführen. Die Bauarbeiter erstellten das Fundament, die Maschinenbauer lieferten und montierten die Pumpe und die Elektriker den E-Motor sowie die dazugehörige Verkabelung und gegebenenfalls eine Schalttafel. Die beauftragten Abteilungen waren die Konstruktions-, Maschinenbau- und Elektroabteilungen und der Bautrupp. Die Situation ist hier sicherlich stark vereinfacht dargestellt, spiegelt jedoch die traditionelle Arbeitsweise vieler Industriebetriebe wider. Analog war die Arbeitsweise anderer Industriebereiche und bei den Behörden. Das Firmen- oder Behördenmanagement konnte auf erfahrene Fachbereiche zurückgreifen, die aufgrund ihrer klaren und eindeutigen Aufgabenstruktur relativ einfach zu überwachen waren. Ferner standen der Geschäftsleitung kompetente Dienstleistungsbereiche, wie zum Beispiel die Finanz- und Einkaufsabteilung, zur Verfügung.

Es ist klar erkennbar, daß in einer derartigen Firmenkonstellation der oder die Geschäftsführer auch gleichzeitig das Aufgaben- oder Projektmanagement mit wahrgenommen haben. Wurden die Aufgaben zu umfangreich, so wurden entsprechende Stabsabteilungen eingesetzt oder die Assistenten mit Koordinierungsaufgaben betraut. Die hier geschilderte Praxis zur Leitung eines Geschäftes stellte sehr lange sicherlich eine ideale Führungskonzeption dar.

Der in den letzten Jahrzehnten in den Industriestaaten verstärkt eingetretene Strukturwandel zwingt jedoch zur Neuorientierung. An dieser Stelle ist eine kurze Analyse des eingetretenen Strukturwandels wichtig. In wohl fast allen Bereichen der Industrie, des Baugewerbes und der Behörden ist ein neues Aufgabenverständnis erkennbar. Die Baubehörden können nicht mehr wie früher fachbezogene Entscheidungen fällen, sondern sind mehr denn je gezwungen, sich mit anderen Behörden, zum Beispiel der Umweltbehörde, vor einer Entscheidung auseinanderzusetzen. Industriebetriebe geraten hoffnungslos ins Hintertreffen, wenn sie nicht den Gedanken der Systemtechnik, der zum Beispiel die mechanischen, elektrischen und elektronischen Gesichtspunkte vereinigt, anwenden. Aber auch bei neuen Bauvorhaben zeigt sich, wie notwendig es ist, bautechnische Gesichtspunkte mit denen anderer Disziplinen abzustimmen, bevor die ersten Grundmauern erstellt werden. Was ist jedoch der Kern dieser leicht nachprüfbaren Kurzanalyse? Die Fachbereiche sind näher zusammengerückt, haben mehr Nahtstellen zueinander bekommen und sind stärker voneinander abhängig geworden. Der Verknüpfungsgrad ist erheblich gestiegen. Eine moderne Werkzeugmaschine ist nicht mehr wie früher im wesentlichen ein Maschinenbau- sondern gleichzeitig ein Elektronikprodukt. Besser ausgedrückt, die moderne Werkzeugmaschine ist ein elektromechanisches System, bestehend aus mechanischen, elektrischen und elektronischen Untersystemen und der dazugehörigen Software. Bei der Entwicklung eines solchen Systems kommt es darauf an, die Untersystementwicklungen zu einem optimalen System zu integrieren, was erhebliche systemtechnische Führungsaufgaben abverlangt; s.a. VII.1. Es wird bereits jetzt klar, daß diese Führungsaufgabe in ihrer ganzen Komplexität keinem der oben genannten Fachbe- reiche zugeordnet werden kann. Traditionell gibt es hierfür keinen Stammplatz. In der Praxis ergeben sich jedoch noch weitere Verknüpfungspunkte. Das oben genannte Produkt Werkzeug- maschine muß rechtzeitig, qualitätsgerecht und kostengünstig hergestellt werden, will man sich am Markt behaupten; s.a. VIII.2. Daraus resultieren weitere hautenge Nahtstellen, zum Beispiel zum Marketing, zum Produktionsmanagement, zur Qualitätssicherung und zur Kosten- und Finanzabteilung. Diese Abteilungen dürfen jedoch nicht nur passive Kontrollaufgaben erfüllen, sondern müssen als aktive Partner mit in das Projektteam hinein integriert werden. Im Frühsta- dium sind bereits Marketing-, Qualitäts-, Produktions- und Kostenanalysen durchzuführen. Erst dann ist das Projektteam komplett! Es muß jedoch geführt werden.

Spätestens jetzt ist zu entscheiden, wer die Projektleitung und somit die schwierige Aufgabe zur Integration der oben geschilderten technisch-administrativen Arbeiten wahrnehmen soll. Letztlich läuft diese Aufgabe an einem Punkt, nämlich dem Unternehmer oder Geschäftsführer zusammen. Er war, wie eingangs bereits erwähnt, traditionell schon immer oberster Projektleiter. Da er nicht mehrere Projekte gleichzeitig führen kann, muß er zwangsläufig befähigte Manager zur Führung der Projekte einsetzen; s.a. Abb. II-1. Die Matrixorganisation stellt nach Abwägung aller Vor- und Nachteile den besten Kompromiß zur Integration von Projektteams in ein Unternehmen dar (s.a. V,2).

5. Die ARGE ohne Steuermann – das Dilemma bei der Abwicklung komplexer Großprojekte

Wer steuert die ARGE?

Am Rande deutscher Großbaustellen findet man häufig Hinweistafeln, aus denen zu entnehmen ist, daß der Auftrag von einer Arbeitsgemeinschaft, kurz ARGE genannt, durchgeführt wird. Die meist recht respektablen Firmennamen, die zur ARGE gehören, sind ebenfalls genannt, dazu ihr spezielles Aufgabengebiet an dem betreffenden Projekt. Die beteiligten Firmen sind meistens erfahrene Unternehmen in den Bereichen Tiefbau, Hochbau, Elektrifizierung, usw. Im Bereich industrieller Projekte haben sich ähnliche Spielregeln entwickelt. So werden zum Beispiel viele Forschungs- und Entwicklungsaufträge des Bundes in Arbeitsgemeinschaften abgewickelt.

Bei der Entwicklung eines neuen Verkehrs- oder Nachrichtensystems werden zum Beispiel aus

Proporzgründen die in Frage kommenden Firmen aus der Elektro- oder Verkehrsbranche beteiligt. Die Reihe derartiger Beispiele ließe sich beliebig fortsetzen. Was ist nun das Hauptmerkmal einer solchen ARGE? Das wesentliche ist bereits durch die Bezeichnung *Arbeitsgemeinschaft* ausgedrückt. Firmen, die zur gleichen Zeit an einem Projekt tätig sind, schließen sich zwecks besserer Arbeitsabstimmung und Koordination zu Arbeitsgemeinschaften zusammen. Zur reibungslosen Zusammenarbeit ist es erforderlich, daß die ARGE-Partner ihre Aufgabengebiete und Nahtstellen zueinander möglichst genau definieren, um Unstimmigkeiten zu vermeiden. Genau so wichtig sind Terminabsprachen zwischen den Partnern. Wer aber steuert die ARGE? Wer ist für das Gesamtsystem verantwortlich?

Die Abwicklung technologisch einfacher und konventioneller Gemeinschaftsprojekte setzt sicherlich nur relativ geringe Steuerungsmechanismen voraus, die entweder durch den Auftraggeber des Vorhabens selbst oder durch ein hinzugezogenes Architektur- oder Ingenieurbüro wahrgenommen werden können. Wer aber übernimmt die Steuerung einer ARGE bei technologisch komplexen Projekten, bei denen die auftretenden Probleme meist zu erheblichen finanziellen Konsequenzen führen?

Hilfe durch den Federführer

An dieser Stelle ist es wichtig, den angesprochenen managerialen Steuerungsvorgang etwas genauer zu analysieren. Es läßt sich feststellen, daß Projekte, die durch eine ARGE durchgeführt werden, im Gegensatz zu Vorhaben, die ein einziges Unternehmen realisiert, nicht automatisch ein gemeinsames Management haben. Hier handelt es sich in der Tat um ein Management-Gap; ganz im Gegensatz zur Hauptauftragnehmerlösung, bei der eine Firma den Gesamtauftrag übernimmt und gegebenenfalls Unteraufträge vergibt. Es muß also ein Weg zur Lösung der Führungslosigkeit gefunden werden.

Ohne auf Einzelheiten einzugehen, bietet sich die Möglichkeit eines gemeinsamen ARGE-Managements an. Gleichzeitig muß jedoch Klarheit darüber bestehen, daß ein funktionierendes, das heißt, ein mit Vollmachten versehenes ARGE-Management die Einzelinteressen der ARGE-Firmen beeinträchtigen kann. Dies ist auch bereits der entscheidende Punkt, warum die oben genannte Lösung meistens nicht realisiert wird. Die Probleme beginnen oft schon mit der Besetzung des ARGE-Managementbüros. Fragen wie: welche Firma stellt den ARGE-Projektleiter, und welche Vollmachten darf der Projektleiter haben, usw. sind oft nur schwer zu lösen. Es darf in diesem Zusammenhang nicht vergessen werden, daß die Interessen der einzelnen Firmen, die bei einem anderen Projekt vielleicht sogar Konkurrenten sind, bei einem starken ARGE-Management erheblich fremdbestimmt werden und daß unter Umständen die Konkurrenz auf das eigene Geschäft einen ungünstigen Einfluß ausüben könnte. Diese Gründe sind durchaus verständlich.

Im Interesse des durchzuführenden Projektes ist jedoch die Lösung eines starken ARGE-Managements unbedingt zu favorisieren, da nur so eine optimale Systemlösung erreicht werden kann; s.a. V.3. Aus der gegensätzlichen Interessenslage zwischen Projekt- und Firmensicht ergibt sich ein eindeutiger Konflikt. Geht man davon aus, daß die unbefriedigende Abwicklung eines Großprojektes letztlich aber für das Image der beteiligten Unternehmen schädlich ist, so ist langfristig eine zufriedenstellende Lösung, die auf ein verstärktes System- oder Projektmanagement hinzielt, anzustreben. Bei vielen Gemeinschaftsprojekten entschließt man sich deshalb zum sogenannten Federführerkonzept. Das heißt, unter Zustimmung aller beteiligten Unternehmen übernimmt eine der beteiligten ARGE-Firmen zusätzlich die Rolle des *Federführers*. Dieser Firma obliegt dann die schwierige Aufgabe, die bei den einzelnen Firmen durchzuführenden Arbeiten zu koordinieren, wobei die Koordinationsaufgabe jedoch einer weiteren Präzision im Hinblick auf die damit eingeräumten Vollmachten und Verantwortlichkeiten bedarf. Denn in vielen Fällen ist die Koordinationsaufgabe nur auf das Zusammentragen von freiwillig zur Verfügung gestellten Informationen beschränkt, enthält aber keinerlei Steuerungsrechte. Das bedeutet, das Recht zur Kontrolle und Entscheidung auf Projektebene liegt nach wie vor bei den einzelnen ARGE-Firmen. Sind die Unternehmen in einzelnen Punkten uneins, so kommt es zwangsläufig immer wieder zu projektschädlichen Kompromissen, ohne daß der Federführer steuernd eingreifen kann. Diese Situation läßt sich recht gut mit einem Schiff ohne Steuermann vergleichen.

Zwang zum Ganzheitsentwurf

Was sind nun die Probleme, die immer wieder zu solchen Verhaltensweisen führen? Traditionell waren Industrie- und Baufirmen meistens in der Lage, Großprojekte wie zum Beispiel die Errichtung einer Kraftwerksanlage, die Entwicklung eines Flugzeuges oder die Planung und den Bau einer öffentlichen Einrichtung zum Beispiel eines Krankenhauses, selbständig durchzuführen. Die Unternehmen führten derartige Vorhaben aus eigener Initiative (Flugzeugbau), im Auftrage einer Versorgungsfirma (Kraftwerkanlage) oder einer öffentlichen Behörde (Krankenhaus) durch. Die Kompetenz der Firmen war unbestritten, da es sich, um bei den oben genannten Beispielen zu bleiben, schwerpunktmäßig um spartenbezogene Aufgaben handelte, nämlich: Anlagenbau, Flugzeugbau und Hochbau. Wo immer notwendig, wurden Unterlieferanten eingeschaltet, die Führung lag jedoch eindeutig bei einem einzigen Unternehmen.

Zwei Faktoren haben die Situation in den letzten Jahrzehnten wesentlich verändert: Die Projektgröße und die Komplexität neuzeitlicher Vorhaben. Viele Großprojekte haben ein derartig großes finanzielles Volumen angenommen, daß ein einziges Wirtschaftsunternehmen heute aus Kapazitäts-, Kapital- und Risikogründen kaum dazu in der Lage ist, die Aufgaben allein durchzuführen. Bei staatlichen Vorhaben wird darüber hinaus oftmals zur Auflage gemacht, daß aus Proporzgründen mehrere nationale und oft auch internationale Unternehmen paritätisch an dem Projekt beteiligt werden. Man will so sicherstellen, daß ein möglichst breit verteilter Mittelrückfluß gewährleistet ist. Man spricht in diesen Fällen oftmals auch von dem *Gießkannenprinzip*.

Die stark gestiegene Projektkomplexität ist ein weiterer Grund, warum Firmen mehr und mehr dazu übergehen, Großvorhaben im Rahmen einer Firmengemeinschaft abzuwickeln. Am Beispiel der Entwicklungsarbeiten für ein modernes Kampfflugzeug soll die Situation hier etwas genauer untersucht werden. Im Gegensatz zu früheren Flugzeugen, bei denen die aerodynamischen Gesichtspunkte, das heißt die Flugeigenschaften, absolut im Vordergrund standen, spielen heute zwei weitere Faktoren eine gleichrangige bedeutende Rolle, nämlich die Triebwerkskonzeption und die elektronische Ausrüstung. Das heißt, die leistungsoptimale Auslegung eines modernen Kampfflugzeuges ist völlig gleichrangig von der aerodynamischen, triebwerkstechnologischen und elektronischen Grundkonzeption sowie der Abstimmung dieser drei Faktoren aufeinander abhängig. War es früher so, daß die eigentlichen Flugzeugbauer ein Flugzeug im wesentlichen nach den aerodynamischen Gesichtspunkten konzipierten und dann die Triebwerke sowie die hydraulischen und elektrischen Ausrüstungsgegenstände zukauften, so kommt es heute unbedingt darauf an, bereits im Frühstadium eines Flugzeugprojektes den Entwurf nach systemtechnischen Gesichtspunkten, bei denen eine Ganzheitslösung im Vordergrund steht, anzustreben. »Die Fortschritte in der Technik der letzten zwanzig Jahre erfordern immer wieder (solche) Ganzheitsentwürfe«, sagt Flugzeugkonstrukteur Bölkow.[12] Vergleicht man nun andere Vorhaben, wie zum Beispiel den Kraftwerksbau oder den Bau von modernen Krankenhäusern, mit der Situation im Flugzeugbau, so ist eine ähnliche Tendenz erkennbar. Auch diese Projekte haben in den letzten zwanzig Jahren aufgrund einer stark verfeinerten Infrastruktur in ihrer Komplexität stark zugenommen. Auch hier empfiehlt sich deshalb die Vorhabenabwicklung nach systemtechnischen Gesichtspunkten. Fazit: Der Federführer muß im Interesse einer systemoptimalen Projektlösung auch das Mandat zur Projekt- und Systemführung erhalten, da sonst der Projekterfolg stark in Frage gestellt ist.

Industrielle Verantwortung

Wie auch immer die Interessen der an einem Großprojekt beteiligten Unternehmen gelagert sein mögen, das Problem, Großprojekte nach technologischen und wirtschaftlich optimalen Gesichtspunkten abzuwickeln, muß gelöst werden. Diese Aufgabe kann und darf im Interesse der Industrie weder durch staatliche oder halbstaatliche Organisationen noch durch befähigte Ingenieurbüros übernommen werden, da sie mit so wichtigen unternehmerischen Gesichtspunkten wie der industriellen Verantwortung und Risikobereitschaft einhergeht. Man muß sich nur darüber im klaren sein, daß sich das Verhältnis Projektgröße und -komplexität zur durchschnittlichen Firmengröße in den letzten Jahren stark verschoben hat und daraus die notwendigen Schlüsse ziehen.

Arbeitsgemeinschaften müssen zukünftig in wesentlich stärkerem Maße als bisher wie ein wirtschaftliches Unternehmen geführt werden. Hierzu bieten sich mehrere erprobte Möglichkeiten an:

- Eine ARGE mit einem starken Federführerkonzept,
- Gründung eines Industriekonsortiums und Einführung einer starken Konsortialleitung oder
- Gründung einer Managementfirma.

Weitere Einzelheiten hierzu sind in Kapitel V,3 beschrieben.

Firmenvergrößerung durch Fusionen

In den Vereinigten Staaten von Nordamerika sieht die Situation dagegen etwas anders aus. Dort können die großen Flugzeugbaufirmen zum Beispiel noch den Hauptauftrag für ein von der Regierung vergebenes Flugzeugprojekt ganz allein übernehmen. Sie verfügen, im Gegensatz zu deutschen Firmen, über mehr Kapital und Kapazitäten und sind außerdem bei der Personalrekrutierung und -entlassung flexibler als deutsche Unternehmen. Viele deutsche Firmen haben in der Vergangenheit jedoch fusioniert und verfügen so ebenfalls über eine wesentlich größere Kapital- und Kapazitätsbasis. So ist zum Beispiel das zur Daimler-Benz AG gehörende Unternehmen Deutsche Aerospace AG (DASA), mit Sitz in München, ein Produkt mehrerer Fusionsschritte und vereinigt das Know-how und die Entwicklungs- und Produktionsstätten von den ehemals bekannten Flugzeugbaufirmen, die mit den Namen der Flugzeugbaupioniere Dornier, Heinkel, Messerschmitt, Junkers, Fokke, Wulff, Bölkow, Blohm und Siebel verbunden sind. In diesem

Zusammenhang sollte man jedoch auch nicht die Probleme übersehen, die mit einer Fusion verbunden sind (s. a. Kapitel XVI, 1).

6. Internationale Projekte im Sog der Politik – die Tragödie der ELDO

Probleme, Krisen, Dauerkrisen, Projektkatastrophen

In zunehmendem Maße befassen Behörden und Industrie sich mit der Durchführung internationaler Geschäfte. Dies resultiert im Bereich staatlicher Vorhaben aus der Notwendigkeit, sich die enormen Kosten, die mit der Realisierung von Großprojekten, wie zum Beispiel dem Airbusprojekt, dem Weltraumlabor Spacelab oder dem NATO-Projekt Tornado verbunden sind, zu teilen. »National wird die Forschung für moderne Verteidigung praktisch unbezahlbar.«[13]

Neben den allgemein bekannten Problemen, die bei internationalen Geschäften auftreten, wie zum Beispiel die Unterschiede in der Gesetzgebung, dem Steuerrecht, der Sprache und den allgemeinen Gepflogenheiten, unterliegen multinationale aber auch bereits bilaterale Regierungsprojekte oftmals in besonders hohem Maße den politischen Einflüssen der auftraggebenden Länder. Die politisch-technologische Tragödie der ELDO (European Space Vehicle Launcher Development Organisation) zeigt am krassesten, wohin unausgereifte Managementlösungen, gemischt mit politischem Eigennutz, führen können, nämlich von Problemen zu vorübergehenden und dann zu dauerhaften Krisen, die letztlich in technologische und finanzielle Projektkatastrophen enden. Aber auch die Nachfolgeorganisation, die heutige ESA (European Space Agency), bleibt von den politischen Strömungen der heute dreizehn europäischen Mitgliedsländer nicht unberührt. Sie kann sich wegen der erheblich besseren managerialen Bedingungen jedoch weitaus überzeugender als die ELDO gegenüber den Mitgliedsländern behaupten.

Am Beispiel des traditionalen Flugzeugsprojekts der NATO, dem Tornado, ist ebenfalls nachweisbar, wie politische Uneinigkeit die Managementeffizienz vermindert.[14] Selbst bei bilateralen Projekten erschweren eifersüchtiges politisches Verhalten oftmals eine sachlich vernünftige Projektabwicklung. Manchmal stellt bereits die Klärung der Standortfrage für das gemeinsame Projektbüro eine unüberwindliche Hürde dar oder führt mindestens zu Projektverzögerungen. Am Beispiel der ELDO-Tragödie soll die Problematik internationaler Projektabwicklungen veranschaulicht werden, und es ist nur zu hoffen, daß ähnliche Fehler nicht wiederholt werden.

Programm nach elf Entwicklungsjahren eingestellt

»Der Wahn ist kurz, die Reu ist lang«, dieses Schillerzitat benutzte der Verband der internationalen und europäischen Beamten zur Umschreibung der Situation anläßlich der auf der fünfundsechzigsten Ratstagung vom 25. Mai 1973 beschlossenen Liquidation des Trägerprogramms EUROPA II und gab in Erinnerung dieses Stücks europäischer Geschichte einen dreisprachigen Sonderbrief heraus.

Die Trägerrakete EUROPA II hätte eine Nutzlast von 200 kg in ein 36 000 km hohe geostationäre Kreisbahn bringen sollen. Die ELDO und die im Rahmen dieser Organisation durchgeführten Entwicklungsarbeiten für die europäische Satellitenträgerrakete waren gerade elf Jahre alt, und schon war alles wieder beendet. Presseberichte, wie *»EUROPA II kommt ins Deutsche Museum«* oder *»Europas Raketenentwicklung ein totales Tohuwabohu«* begleiteten das Ende von EUROPA II und der in Paris ansässigen ELDO. Die erste Stufe des geplanten Fluges F 12 der Trägerrakete EUROPA II wurde dem Deutschen Museum in München gestiftet und lag seit 1973 über zehn Jahre, von der Autobahn Salzburg–München aus gut sichtbar, auf dem Fluggelände der Bundeswehr in Neubiberg bei München und wird in dem Austellungsgelände des Deutschen Museums in Schleißheim bei München ausgestellt.

Wie konnte das passieren? Waren die Europäer nicht in der Lage, ein so kompliziertes Gerät wie eine Trägerrakete zu entwickeln? Hatten Engländer, Franzosen und Italiener andererseits nicht hervorragende Flugzeuge entwickelt? Auch in der Bundesrepublik Deutschland konnte man Flugzeuge bauen, und kam nicht die Raketenentwicklung zu einem großen Teil ohnehin aus Deutschland? Fragen wie diese wurden den an der Raketenentwicklung der ELDO beteiligten Mitarbeitern immer wieder gestellt. Wie läßt sich der Entwicklungsfehlschuß, der allein die Bundesrepublik bis 1972 über 600 Millionen DM kostete, erklären? Handelt es sich am Ende um ein Managementproblem?

Zur Geschichte der ELDO

Aufgrund eines Anfang 1962 von England und Frankreich gemachten Vorschlags zur Gründung einer europäischen Organisation für die Entwicklung einer Trägerrakete für den Start von friedlichen Zwecken dienenden Satelliten wurde die ELDO ins Leben gerufen. Gründungsmitglieder waren Australien, Belgien, die Bundesrepublik Deutschland, Frankreich, Italien, die Niederlande und das Vereinigte Königreich (England). Bereits vor Gründung der ELDO wurde mit den Arbeiten am ELDO-Initialprogramm, d.h. der Entwicklung der vom Versuchsgelände in Wommera (Australien) zu startenden Trägerrakete mit der Bezeichnung EUROPA I begonnen, mit der eine Nutzlast von ca. 1 t in eine niedrige, kreisförmige Bahn in etwa 300 km Höhe gebracht werden sollte. Bis 1970 wurden mehrere Versuchsstarts zur Erprobung der dreistufigen Trägerrakete vorgenommen, aber das Zusammenspiel der drei Stufen klappte nicht.[15] Die erste Stufe (Blue Streak) wurde von England, die zweite Stufe (Coralie) von Frankreich und die dritte Stufe mit dem Namen Astris wurde von der Bundesrepublik Deutschland entwickelt.

Später wurde dann entschieden, die australische Startbasis zugunsten der günstigeren äquatorialen Startanlage in Französisch Guayana aufzugeben, und man beschloß gleichzeitig, die Entwicklung des vierstufigen Trägers EUROPA II, mit dem bis zu 200 kg Nutzlast in eine 36 000 km hohe geostationäre Umlaufbahn gebracht werden sollten, um erdsynchrone Nachrichtensatelliten starten zu können. Durch den äquatorialen Start (Guayana liegt fast am Äquator) konnte die Nutzlastkapazität bei östlichen Abschüssen aufgrund des Erddrehgewinns erheblich erhöht werden.

Die ersten drei Flüssigkeitsstufen wurden von der Trägerrakete EUROPA I übernommen, und die vierte Stufe, ein Feststoff-Perigäumsmotor wurde zusätzlich von Italien entwickelt. Der erste Probeschuß mit der irreführenden Bezeichnung F 11 war aus technologischer Sicht zwar kein totaler Fehlschlag, erreichte die gewünschte Umlaufbahn jedoch nicht.

Aufgrund eines Fehlers in der Steuerungselektronik mußte die Rakete frühzeitig zerstört werden. Die Bezeichnung F 11 wurde aus den Flugbezeichnungen F 1 bis F 10 für EUROPA I abgeleitet und vermittelte in der Öffentlichkeit den Eindruck, daß das elfte Gerät nun auch noch nicht funktionierte. In Wirklichkeit handelte es sich aber um EUROPA II, F 1, ein wichtiger public-relations-Gesichtspunkt, der der Öffentlichkeit nicht klar gemacht wurde. Der für 1973 geplante Folgeschuß F 12 wurde aufgrund der Beschlüsse zur Einstellung des ELDO-Trägerraketenprogramms dann nicht mehr durchgeführt.

1969 begann die ELDO, aufbauend auf eine Anzahl vorher durchgeführter Industriestudien parallel zur EUROPA I/II-Entwicklung, mit den Vorarbeiten für ein neues und moderneres Trägerraketenprogramm mit der Bezeichnung EUROPA III, mit dessen Hilfe ein 750 kg schwerer Nachrichtensatellit in die geostationäre Umlaufbahn gebracht werden sollte. Hier sollten erstmals hochenergetische Treibstoffe, wie sie bisher nur in den USA im Rahmen des Apollo-Programms zur Anwendung kamen, verwendet werden. Vorgesehen war eine Oberstufe mit kryogenem Treibstoff, d.h. Verwendung von flüssigem Wasserstoff und Sauerstoff, deren Handhabung besonders hohe Anforderungen an die Planer stellte. Die Entwicklung sollte nach fünf Testflügen Mitte 1980 abgeschlossen sein, und der erste operationelle Schuß war für 1985 vorgesehen. Hierfür war ein Entwicklungsbudget von 470 Millionen Verrechnungseinheiten, 1972 entsprach eine Verrechnungseinheit ca. einem US Dollar, sowie eine 20-prozentige Planungsreserve vorgesehen. Mit der Einstellung der ELDO-Aktivitäten wurde auch das EUROPA III-Programm gestrichen. Kurze Zeit später wurde aufgrund französischer Initiative, aufbauend auf die vorliegenden Vorentwicklungsergebnisse von EUROPA III die europäische Trägerrakete ARIANE unter Führung der französischen nationalen Raumfahrtbehörde CNES (Centre National d'Etudes Spatiales) in das Programm der neu gegründeten europäischen Raumfahrtbehörde ESA eingebracht. Inzwischen werden ARIANE-Trägerraketen durch die in der Nähe von Paris ansässige internationale Firma ARIANESPACE mit großem Erfolg vermarktet.

Europas Raketenentwicklung ein totales Tohuwabohu

Schelte für ELDO, so lautete nur einer der vielen Presseberichte nach dem im Juli 1972 erfolgten Fehlschuß der ersten in Französisch Guayana gestarteten EUROPA II-Rakete. Die Stuttgarter Nachrichten vom 18. Juli 1972 führten weiter aus: »Die letzte Europa-Rakete zerplatzte, weil in Südamerika eine englische Firma in die deutsche Stufe Elektronik eingebaut hatte, ohne sich genug um die Erdung zu kümmern. Nach dem Fehlschlag sagte ein Techniker der europäischen Raketengemeinschaft ELDO: *Passen Sie auf, jetzt sind wir wieder schuld. Ich traue mich schon gar nicht mehr nach Hause.* Er behielt recht. Wenig später meinte der ELDO-Verwaltungschef Renzo di Carrobi, man sollte doch den ganzen Kram hinschmeißen. In diesen Tagen hat sich nun auch der Bundeswissenschaftsminister von Dohnanyi für das Hinschmeißen ausgesprochen«. Im gleichen Bericht wird ferner festgestellt: »In Wahrheit ist Europas Raketenentwicklung ein totales Tohuwabohu, bei dem die einen nicht wissen was sie wollen, und die anderen nicht, was sie dürfen.« In dieser Presseausgabe wurde die politisch begründete Managementproblematik der europäischen Trägerraketenentwicklung sehr treffend zusammengefaßt. Die nachfolgende Analyse gibt hierzu einige Hinweise.

Analyse der ELDO-Problematik

Wie konnte es zu der oben erwähnten Fehlentwicklung kommen? Waren die Europäer tatsächlich unfähig, eine eigene Trägerrakete zu entwickeln? Oder handelte es sich vielmehr um ein Management- und Führungsproblem, dessen Wurzeln tief in der europäischen Politik verankert waren? Die vorher bereits zitierte Zeitung Stuttgarter Nachrichten vom 18. Juli 1972 schreibt hierzu sehr treffend: »In dieser Situation auf die ELDO zu schimpfen, ist eine *Haltet-den-Dieb*-Methode, die von der politischen Schuld ablenken soll.« Und an anderer Stelle heißt es: »Diesen Zustand jedoch haben die Minister und Diplomaten zu verantworten, die sich heute dafür aussprechen, die EUROPA-Rakete sterben zu lassen. Sie haben die ELDO weder mit Rechten ausgestattet, die ein sinnvolles Arbeiten ermöglichen, noch ihr eine feste Aufgabe gesetzt. Raketenbau, sagte ein Kenner einmal, war für Europas Regierungen stets eine Art von Alibi, ein mildtätiges Beschäftigungsprogramm für die eigene Industrie, mit dem man sich edel und technisch fortschrittlich zugleich fühlen konnte.«

Ein Blick in die im März 1962 von den sieben Ländern Australien, Belgien, die Bundesrepublik Deutschland, Frankreich, Italien, die Niederlande und das Vereinigte Königreich ratifizierte ELDO-Konvention zeigt deutlich den Geburtsfehler dieser Organisation. Dort heißt es: »Die Organisation soll im Rahmen ihrer Aktivitäten die gemeinsame Entwicklung von einschlägigen Techniken in den Mitgliedstaaten fördern und die Mitgliedstaaten ›auf deren Ersuchen‹ unterstützen, die im Rahmen ihrer Tätigkeit entwickelten Techniken zur Anwendung zu bringen.«[16] Hiermit war die Ohnmacht der ELDO bereits besiegelt, denn ihre Aufgabe war eindeutig die eines Koordinators ohne Vollmachten. Die Mitgliedstaaten hatten sich gegen unliebsame Eingriffe der ELDO durch die Einschränkung *»auf deren Ersuchen«* abgesichert. Im Artikel 6 (1) der Konvention wird dann ausdrücklich darauf hingewiesen, daß die Industrieverträge zur Durchführung des Initialprogramms durch die einzelnen Staaten nach den dort üblichen Verfahren abzuschließen sind. Der langjährige Programmdirektor des ELDO-Initialprogramms (EUROPA I), Brigadier Abate, schreibt schon 1966 hierzu: »Gesamtprojektkontrolle des ELDO-Anfangsprogramms soll daher ohne die Zustimmung der Gruppe betrieben werden, welche die Aufträge vergibt.«[17]

Die hilflose Stellung der ELDO wird besonders deutlich, wenn man sich das in Abbildung III-2 gezeigte Organisationsschema vor Augen hält. Abate geht auch auf diesen Punkt ein und erwähnt den Dualismus der sieben ELDO-Mitgliedstaaten, die bei der Durchführung des Initialprogramms in zweifacher Hinsicht auftraten, nämlich übergeordnet als Mitglieder des ELDO-Rats und gleichzeitig als die nationalen auftraggebenden Institutionen. Unter dieser Prämisse konnte die ELDO das ohnehin nur mangelhaft vorbereitete Raketenprogramm nicht unter ihre Kontrolle bringen und sich nicht den nationalen Machteinflüssen entziehen. Servan-Schreiber führt hierzu folgendes aus: »Am Beispiel der ELDO hat sich gezeigt, wie eine Zusammenarbeit konföderativen Typs aussieht. Das Hauptmerkmal dieses Organisationstyps besteht darin, daß Entscheidungen nur durch einstimmigen Beschluß der Mitglieder getroffen werden können. Daher sind die gemeinsamen Institutionen auf ein Sekretariat beschränkt, dessen Befugnisse sich lediglich auf gewisse Durchführungsmethoden erstrecken, aber auf keine einzige der großen Entscheidungen. Solche Institutionen beschließen wenig, langsam und schlecht.«[18]

Weitere Probleme resultieren aus dem unterschiedlichen Entwicklungsstand der Partnerländer. Bei Beginn der Entwicklungsarbeiten brachten England und Frankreich ihre weit vorangeschrittenen Raketenstufen in das Programm ein. Dies führte zu erheblichen Problemen, die man folgendermaßen zusammenfassen kann[19]:

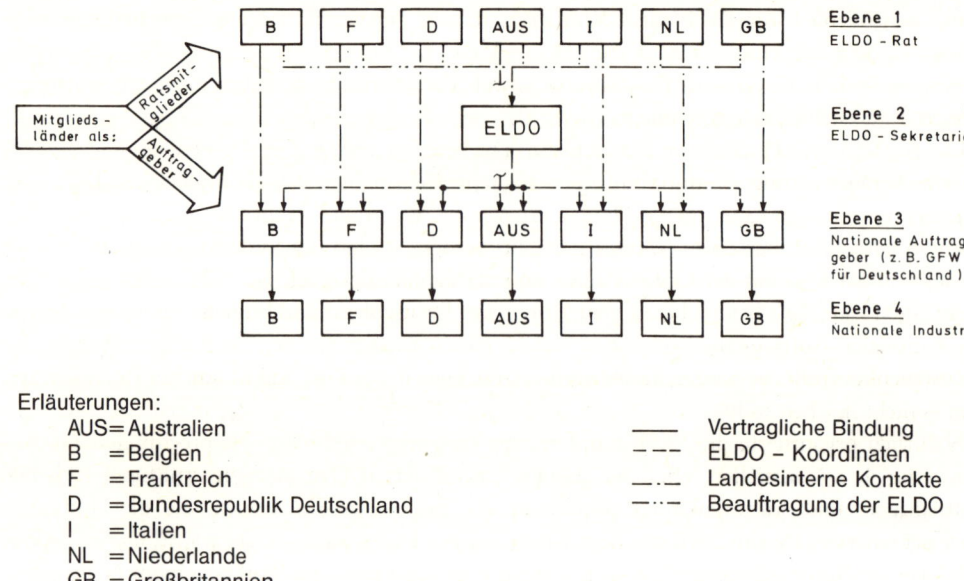

Erläuterungen:
    AUS = Australien
    B   = Belgien
    F   = Frankreich
    D   = Bundesrepublik Deutschland
    I   = Italien
    NL = Niederlande
    GB = Großbritannien

    —— Vertragliche Bindung
    — —— ELDO – Koordinaten
    —·— Landesinterne Kontakte
    —··— Beauftragung der ELDO

Abb. III-2: Organisatorische Stellung der ELDO

– Unterschiedliche Terminsituation; das heißt erhöhter Termindruck auf die deutschen und italienischen und Terminplanausdehnungen bei den englischen Firmen, was (a) zu ungünstigen Planungsüberlappungen und (b) zu Auslastungsschwierigkeiten der Teams führte.
– Mangelhafte Nahtstellendefinition; die beiden Unterstufen befanden sich bereits in der Hardwarephase, und Nahtstellenabstimmungen mit den noch zu entwickelnden Oberstufen und Elektronikkomponenten wurden deshalb meistens zu deren Lasten, das heißt, nicht immer systemoptimal vorgenommen.
– Nichtoptimaler Systementwurf; die zum großen Teil schon fertiggestellten Stufen *Blue-Streak* und *Coralie* verhinderten eine optimale Auslegung des Gesamtsystems.

Die mangelhafte Nahtstellendefinition und -kontrolle war letztlich wohl das größte Management-Problem bei der Entwicklung der Trägerraketen EUROPA I und II, denn war die Entwicklung der einzelnen Stufen fest in nationaler Hand, so oblag der machtlosen ELDO im Rahmen ihres Koordinationsauftrags die schwierige Aufgabe des Systemmanagements und die Nahtstellenkontrolle für die Gesamtrakete, und das war eine echte und vor allem sehr wichtige Managementaufgabe.

Allerdings lassen sich Nahtstellen nur dann vernünftig koordinieren, wenn man auch über die nötigen Vollmachten verfügt. Wie konnte es sonst passieren, daß, wie oben erwähnt, eine englische Firma in die deutsche Stufe Elektronikgeräte einbauen konnte, ohne das Problem der Erdung zufriedenstellend zu lösen. Wessen Verantwortung war dies nun? Gehörte es zur Aufgabe der englischen oder der deutschen Firma? Hier lag ein typisches Nahtstellenproblem vor.

Bei erfolgreich abgeschlossenen Projekten wurde die Aufgabe der Nahtstellenkontrolle deshalb meist auch zu einer sehr wichtigen Projektmanagementaufgabe erhoben. Hierfür gibt es den Begriff Nahtstellenmanagement. Beim Apolloprogramm der NASA war sogar eine große US-

Firma ausschließlich für das Nahtstellenmanagement verantwortlich. Eine Grundregel neuzeitlichen Projektmanagements besagt zum Beispiel, daß bei Integrationsprozessen von Untersystemen in ein System die Garantie für das einwandfreie Funktionieren desselben im Verantwortungsbereich des Systembeauftragten liegt.

Lag der Schwarze Peter also in Deutschland? Die beteiligten deutschen Firmen lehnten natürlich jegliche Verantwortung ab, und die Lage war tatsächlich auch weitaus komplizierter. Die zuvor genannte Grundregel kann nur implementiert werden, wenn die Verantwortlichkeiten und Vollmachten eindeutig über einen Vertrag geregelt werden, so daß der Systemverantwortliche sich vorher von der Qualität der Untersysteme und der Problemlosigkeit der Nahtstellen zueinander überzeugen kann. Die beiden beteiligten Firmen aus Deutschland und England, die vertraglich an ihre nationalen Auftraggeber gebunden waren, hatten dagegen keinen eindeutigen Auftrag zur Nahtstellenkontrolle, sie hingen diesbezüglich tatsächlich in der Luft. Ein klassischer Fall dafür, wie man es nicht machen sollte.

Natürlich organisierte die ELDO andererseits trotzdem regelmäßig Besprechungen zur Abstimmung von Nahtstellen, aber die überaus komplizierten Organisationsstrukturen zwischen Auftraggeber und Auftragnehmer führten in der Tat oft zu Situationen, die die Stuttgarter Nachrichten vom 18. Juli 1972 mit dem Satz »die einen wissen nicht was sie wollen, und die anderen nicht, was sie dürfen« umschrieb. So konnte es zum Beispiel passieren, daß bei einem Nahtstellengespräch zwischen der von Deutschland zu entwickelnden dritten Stufe für EUROPA II und der Startanlage in Guayana folgende Parteien an einem Tisch saßen, ohne daß die übergeordneten Zuständigkeiten und Verantwortlichkeiten eindeutig geklärt waren: Die ELDO als Europas Raketenkoordinator ohne Vollmachten, die von mehreren europäischen Luft- und Raumfahrtfirmen ins Leben gerufene Firma SETIS (Société Européenne d'Etude et d'Integration des Systèmes Spatiaux), die eigens gegründet wurde, um die ELDO bei ihrem Amt der Systemkoordination zu unterstützen, die aber auch nur Empfehlungen aussprechen konnte, die französische nationale Raumfahrtbehörde CNES, die für die Starteinrichtungen in Guayana verantwortlich war und nicht der ELDO, sondern dem zuständigen französischen Ministerium unterstand, die deutsche nationale Raumfahrtbehörde GFW (Gesellschaft für Weltraumforschung mbH), die ebenfalls nicht durch ein Vertragsverhältnis an die ELDO gebunden, sondern im Auftrag des zuständigen deutschen Ministeriums der Auftraggeber für die deutsche Industrie war, und die zuständige deutsche Industrie, d.h. die Firmen Bölkow KG in Ottobrunn und ERNO Raumfahrttechnik GmbH in Bremen, die ihrerseits durch die Arbeitsgemeinschaft ASAT (Arbeitsgemeinschaft Satellitenträger) vertreten wurden. Unter diesen Umständen war es wirklich schwierig, ein so kompliziertes Gerät wie eine Trägerrakete zu entwickeln, und man muß den verantwortlichen Technikern ein Kompliment machen, daß sie es überhaupt so weit gebracht haben, was ihnen später von einer mit europäischen und amerikanischen Experten besetzten Untersuchungskommission auch eindeutig bestätigt wurde.

Aus den schlechten Erfahrungen gelernt

Der Abbruch der im Dezember 1972 beschlossenen und im Mai 1973 eingeleiteten europäischen Trägerraketenentwicklung hat Europa um fast 10 Jahre zurückgeworfen und bis 1973 gaben die Europäischen Raketenbauer fast zwei Milliarden DM umsonst aus. Die Uneinigkeit der Europäer manifestierte sich zu diesem Zeitpunkt durch die Brüsseler Ministerratsbeschlüsse zugunsten von drei Spezialprogrammen (special programmes), nämlich: das von den Deutschen favorisierte Spezialprogramm SPACELAB (ein bemanntes Raumlabor, das erstmals 1983 mit dem amerikanischen Space Shuttle hochgeschossen wurde), das von den Engländern gewünschte Spezialprogramm MAROTS (eine Generation von Nachrichtensatelliten) und das von den Franzosen angestrebte Spezialprogramm ARIANE (eine mehrstufige Trägerrakete, die heute, zwanzig Jahre nach dem ELDO-Kollaps, den Europäern das Gefühl der Selbstsicherheit in Sachen Raketentechnik wiedergibt). Die nach einer zweijährigen Übergangsphase neu gegründete europäische Raumfahrtagentur ESA ist neben dem europäischen Basisprogramm (Entwicklung wissenschaftlicher Satellitenprojekte) auch für die drei Spezialprogramme zuständig.

Die Westeuropäer haben aus den schlechten Erfahrungen des ELDO-Dilemmas gelernt, das ist keine Frage und muß auch klar bestätigt werden. Die Projekte der ESA waren bisher erfolgreich, und es ist keine Übertreibung zu behaupten, daß die ESA auch über die nötige Erfahrung zum Management komplexer internationaler Vorhaben verfügt, was für die Abwicklung zukünftiger Großprojekte wie die Weltraumstation COLUMBUS und die vergrößerte Europäische Trägerrakete ARIANE V von großer Bedeutung ist.

Die ESA ist 1975 offiziell an die Stelle der beiden 1962 gegründeten Organisationen ELDO und ESRO (European Space Research Organisation) getreten und hat ihren Hauptsitz in Paris. Die heute dreizehn Mitgliedsländer sind Belgien, Dänemark, Frankreich, die Bundesrepublik Deutschland, Irland, Italien, Holland, Norwegen, Österreich, Spanien, Schweden, Schweiz und das Vereinigte Königreich (England). Die ESA unterhält zur Durchführung ihrer diversen Aufgaben Einrichtungen in Holland (das European Space Technology Centre – ESTEC), in Italien (das European Research and Information Centre – ESRIN) und in Deutschland (das European Space Operations Centre – ESOC).

Quellen zu Kapitel III

1 Servan-Schreiber, J.-J.: Die amerikanische Herausforderung, Hoffmann und Campe Verlag Hamburg, 1968, S. 96.
2 Tauber, Christian H.: Kostengünstigeres Bauen: Durch vorausschauende Planung lassen sich die Baukosten besser in den Griff bekommen, in: Handelsblatt vom 9./10. 07. 1982.
3 Grün, Oskar: Beiträge zur Projektorganisation; Heft 3: Kosten und Kostenrechnung in der Projektorganisation, Wien, 1977, DBW Depot 78–3-3, S. 3, 2 (C. E. Poeschel Verlag Stuttgart).
4 Augustine, Norman R.: Augustine's Laws and Major System Development Programs, in: Astronautics & Aeronautics, 4/80, S. 36.
5 BMFT-Mitteilungen 4/82, S. 74.
6 MBB: Helios Sonnensonde-Endbericht, Forschungs- und Entwicklungsauftrag QC-90–00 VP 6/70, 1976
7 Bethke, Rodin: Moderne Materialerhaltung für Flugkörpersysteme, Wehrtechnik 3/81.
8 Seldon, M. Robert: Life Cycle Costing: A Better Method of Government Procurement, Westview Press, Boulder Colorado, 1979, S. 2.
9 Lenk, Reinhard und Lang, Eva: Herstellungskosten und Folgekosten öffentlicher Investitionen, IFO-Institut für Wirtschaftsforschung e. V., München, 1981.
10 Life Cycle Procurement Guide, Joint AFSC/AFLC Commanders' Working Group on Life Cycle Cost, ASD/ACL, PAFB, Ohio 45 433, July 1976.
11 Hegi, Othmar: Projekt-Management, ein Fremdkörper in der Stab-Linien-Organisation, aus: Projekt-Management, Systemtechnische Grundlagen und Beispiele aus der Praxis, Band 1, Verlag Industrielle Organisation, Zürich 1972.
12 MBB die Vielzweckschmiede der Nation, in: GEO, April 1982, S. 85.

13 Tiede, Heinz: Waffenbrüder, in: Capital 7/82, S. 136.

14 Köppl, J. Bruno: Probleme des multinationalen Rüstungsmanagements und deren Auswirkungen auf die Verteidigungsfähigkeit der NATO-Staaten unter dem Aspekt der wachsenden sowjetischen Bedrohung, Donau-Verlag, Straubing-München, 1979.

15 Ruppe, Harry O.: Die grenzenlose Dimension Raumfahrt, Econ Verlag, Düsseldorf-Wien, 1980, Band 2, S. 128.

16 Convention for the Establishment of a European Organisation for the Development and Construction of Space Vehicle Launchers, London 29. März 1962.

17 Abate, Arthur T.: Problems of Management of ELDO's Initial Programs, Sciences et Industries Spatiales 1/2, 1966.

18 Vgl. Quelle 1, S. 185.

19 Madauss, Bernd-J.: Projektmanagement bei internationalen Vorhaben, aus Projektmanagement (Saynisch u. a.), Oldenbourg-Verlag, München-Wien, 1977, S. 412.

Kapitel IV:
Der Lebenszyklus eines Projektes

Die effiziente Abwicklung eines Projektes setzt eine klare und eindeutige Zieldefinition, eine gründliche Ablaufplanung sowie die Anwendung wirkungsvoller Steuerungsverfahren voraus. Nur so läßt sich zwischen den gestellten Projektanforderungen und den zur Verfügung stehenden Investitionsmitteln ein Gleichgewicht herstellen (s. a. Abbildung IV-1). Die Einhaltung dieses Gleichgewichts ist von großer Bedeutung für die Entscheidungsträger eines Projektes. Eine sich anzeigende Instabilität des Gleichgewichts erfordert entweder die Korrektur der Projektanforderungen, die Neufestlegung der Investitionsmittel oder eine Veränderung beider Faktoren.

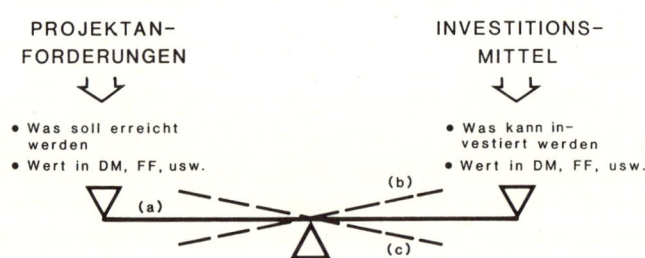

PROJEKTAN-   INVESTITIONS-
FORDERUNGEN   MITTEL

• Was soll erreicht   • Was kann in-
  werden   vestiert werden
• Wert in DM, FF, usw.   • Wert in DM, FF, usw.

(a) Gleichgewicht: Die auf der Grundlage der Projektanforderungen geschätzten Kosten stehen mit den vorgesehenen Investitionsmitteln im Gleichgewicht.
(b) Ungleichgewicht: Höhere Investitionsmittel sind erforderlich *oder* die Projektanforderungen müssen reduziert werden.
(c) Ungleichgewicht: Weniger Investitionsmittel sind erforderlich *oder* die Projektanforderungen können erhöht werden.

Abb. IV-1: Angestrebtes Gleichgewicht zwischen den Projektanforderungen und dem Mitteleinsatz

Die Balance zwischen dem *was erreicht werden soll* und dem *was investiert werden kann* ist zum Beginn eines Projektes jedoch relativ schwer herzustellen, da die Umsetzung der Projektanforderungen in eine klare finanzielle Aussage, *Wert in DM, FF usw.*, noch relativ ungenau ist. Die Transformation der Projektanforderungen in Planwerte (Kosten und Termine) ist am Projektanfang noch von relativ großen Ungenauigkeiten behaftet und läßt sich erst während des Projektablaufes verbessern.

Die Durchführung eines Projektes ist also von vornherein mit großen Risiken behaftet, da niemand in der Lage ist, das gewünschte Ergebnis (Projektanforderung) im Rahmen eines festgesetzten finanziellen und terminlichen Limits zu garantieren. Das liegt in der Projektnatur begründet. Mit zunehmender Komplexität des Projektes steigt auch das unternehmerische Risiko. Wie aber läßt sich das Risiko eingrenzen?

Eine gründliche Planung und Überwachung (s. a. nachfolgende Kapitel), sind für die Risikoeindämmung von äußerster Wichtigkeit. Genau so wichtig ist es jedoch, daß die verschiedensten Managementmethoden auch zum richtigen Zeitpunkt zur Anwendung kommen, denn nur so haben sie eine optimale Wirkung. Methoden, die am Anfang des Projektes wichtig sind, haben zu einem späteren Zeitpunkt oftmals keine Wirkung mehr; das gleiche gilt für die umgekehrte Situation. Um den richtigen Weg einschlagen zu können, muß der Ablauf eines Projektes, der *Lebenszyklus,* genau bekannt sein. Jedes Projekt durchläuft einen ganz bestimmten Weg, der in einzelne Phasen unterteilbar ist. Saynisch schreibt hierzu: »Der Projektablauf mit seinen Lebensphasen wird als eine auf Lernen ausgerichtete sequentielle Entscheidungsprozedur aufgefaßt.«[1] In diesem Kapitel werden die Prinzipien und Anwendungsmodalitäten der Lebenszyklus-Betrachtung detailliert erörtert.

1. Der Lebenszyklus – ein iterativer Prozeß

Das richtige Maß

Die Laufzeit eines Projektes kann je nach Aufgabenstellung, Größe und Komplexität eines Vorhabens einen Bearbeitungszeitraum von einigen Wochen bis zu mehreren Jahren betragen. Besonders große und komplexe Projekte, wie zum Beispiel die Entwicklung, der Bau und die Inbetriebnahme eines neuen Flugzeugtyps, beanspruchen unter Umständen sogar einen Zeitraum von über zwanzig Jahren. In jedem Falle muß am Anfang des Projektes aus den Projektanforderungen eine klare und eindeutige, für alle Projektbeteiligten verständliche Zieldefinition abgeleitet werden. Auf der Basis dieser Zieldefinition ist dann im nächsten Schritt eine gründliche Ablaufplanung, aus der die einzelnen Arbeitsschritte zu entnehmen sind, zu erstellen. Die Ablaufplanung wiederum stellt dann die Managementgrundlage zur Projektsteuerung dar. Die hier geschilderten Maßnahmen sind im Grunde genommen selbstverständlich, werden in der Praxis jedoch oft nicht gründlich genug durchgeführt. Dafür gibt es zwei Hauptgründe! Bei kleinen Projekten sind die Verantwortlichen oft der Meinung, daß sich der Planungsaufwand nicht lohnt, *die Betreffenden wissen schon was zu tun ist*, und bei Großprojekten wird oft die Ansicht vertreten, daß eine gründliche Planung im Frühstadium wegen der vielen noch zu erwartenden Änderungen zu früh ist, *es ändert sich ja doch noch alles*.

Die hier geschilderten Argumente entsprechen durchaus der Wahrheit und stellen die Erfahrung vieler Projektmitarbeiter dar, denn allzu oft wurde der Versuch unternommen, zum sehr frühen Zeitpunkt zu detaillierte Planungsmethoden anzuwenden, zum Beispiel die Netzplantechnik, die aber erst zu einem späteren Zeitpunkt wichtig gewesen wäre. In anderen Fällen wurde der Versuch unternommen, bei Kleinprojekten aufwendige Verfahren einzuführen, zum Beispiel der Einsatz eines Projektstrukturplans, obwohl eine Aufgabengliederung anhand einer einfachen Liste ausgereicht hätte. Ähnliche Beispiele ließen sich beliebig fortsetzen. Es ist also ganz offensichtlich schwierig zu entscheiden, welche Managementmethode zu welchem Zeitpunkt anzuwenden ist.

Aus der Vogelperspektive gesehen

Die Aufgabe ist nur durch eine systematische schrittweise Vorgehensweise lösbar. Bei einer übergeordneten Betrachtungsweise aus der Vogelperspektive, dem *top-down approach*, läßt sich feststellen, daß der Ablauf eines Projektes nach einem ganz bestimmten Zyklus abläuft und daß sich die Aufgaben, und damit auch die Personalqualifikation, ständig verändern. Zur besseren Erläuterung dieser Feststellung sei hier ein Projekt in seiner vollen Länge, das heißt vom Beginn der Konzeption bis zur Indienststellung, betrachtet. Zum Projektbeginn sind konzeptionelle Projektstudien und Verträglichkeitsanalysen durchzuführen, an die sich dann detaillierte Definitions- und Spezifikationsarbeiten anschließen. Erst jetzt kann mit der Entwicklungstätigkeit, die in der Erstellung von reproduzierbaren Prototypen endet, begonnen werden. Im nächsten Schritt erfolgt dann die Serienproduktion, gefolgt von der Indienststellung. Die beschriebenen Projektschritte, die Phasen, sind die Grundbausteine des Lebenszyklus eines Projektes und setzen wegen des sehr unterschiedlichen Tätigkeitsspektrums auch eine gänzlich unterschiedliche Mitarbeiterstruktur und einen differenzierten Einsatz von Methoden und Verfahren voraus.

Die Gliederung eines Projektes in einzelne Projektphasen hat für große und komplexe Projekte eine besondere Bedeutung, da am Anfang des Projektes nicht über das Vorhaben als Ganzes entschieden werden muß, sondern im ersten Schritt nur über die erste und dann über die zweite Phase, usw. Die Vorphasen sind im Vergleich zu den teurer werdenden Folgephasen keine allzu große finanzielle Bürde. Das Projekt wird gewissermaßen in kleine Scheibchen geschnitten, und man tastet sich behutsam an die Probleme heran. Durch die disziplinierte Einhaltung dieser Systematik wird verhindert, daß man mit den personal- und materialintensiven Phasen beginnt, bevor die verhältnismäßig billigen Vorphasen ordnungsgemäß abgeschlossen wurden. Manch einer mag dem entgegenhalten, daß dieses Verfahren zu unerträglichen Terminverzögerungen führt, wenn man zum Beispiel für die beabsichtigte Einführung eines neuen Systems im ungünstigsten Falle erst mehrere Konzept- und/oder Definitionsphasen absolvieren muß, bevor die richtige Wahl getroffen und der Startschuß für die eigentliche Entwicklung gegeben werden kann. Aus dem Zahlenverhältnis für die Kosten der einzelnen Phasen (s.a. Abbildung IV-2) läßt sich jedoch ableiten, daß es durchaus vertretbar ist, mehrere Konzepte gleichzeitig zu betrachten, während eine prinzipielle Änderung in den späteren Phasen zu verhängnisvollen Mehrkosten führen würde.

An die Situation langsam herantasten

Die eingangs gestellte Frage nach dem Gleichgewicht zwischen den Projektanforderungen und den vorgesehenen Investitionsmitteln stellt sich nun etwas anders. Man muß sich an die absoluten Werte erst langsam herantasten. Bei einem kleinen und/oder einfachen Vorhaben über einige hunderttausend DM kann man durch eine gründliche Aufgabenbeschreibung und der darauf aufbauenden Kostenschätzung relativ schnell einen Vergleich mit dem vorgesehenen Budget (Investitionskosten) herstellen. Bei großen und komplexen Vorhaben muß jedoch iterativ vorgegangen werden. Im ersten Ansatz wird aufgrund der Projektanforderungen eine relativ grobe Kostenschätzung vorgenommen (s.a. Abb. X-2) und diese mit den vorgesehenen Investitionsmitteln in Einklang gebracht. Im Zuge des kontinuierlichen Phasenfortschritts werden dann auf der Basis weiter vorangetriebener Studien detaillierte Kostenschätzungen erstellt und diese dann ebenfalls mit den geplanten Mitteln (Budgets) abgestimmt.

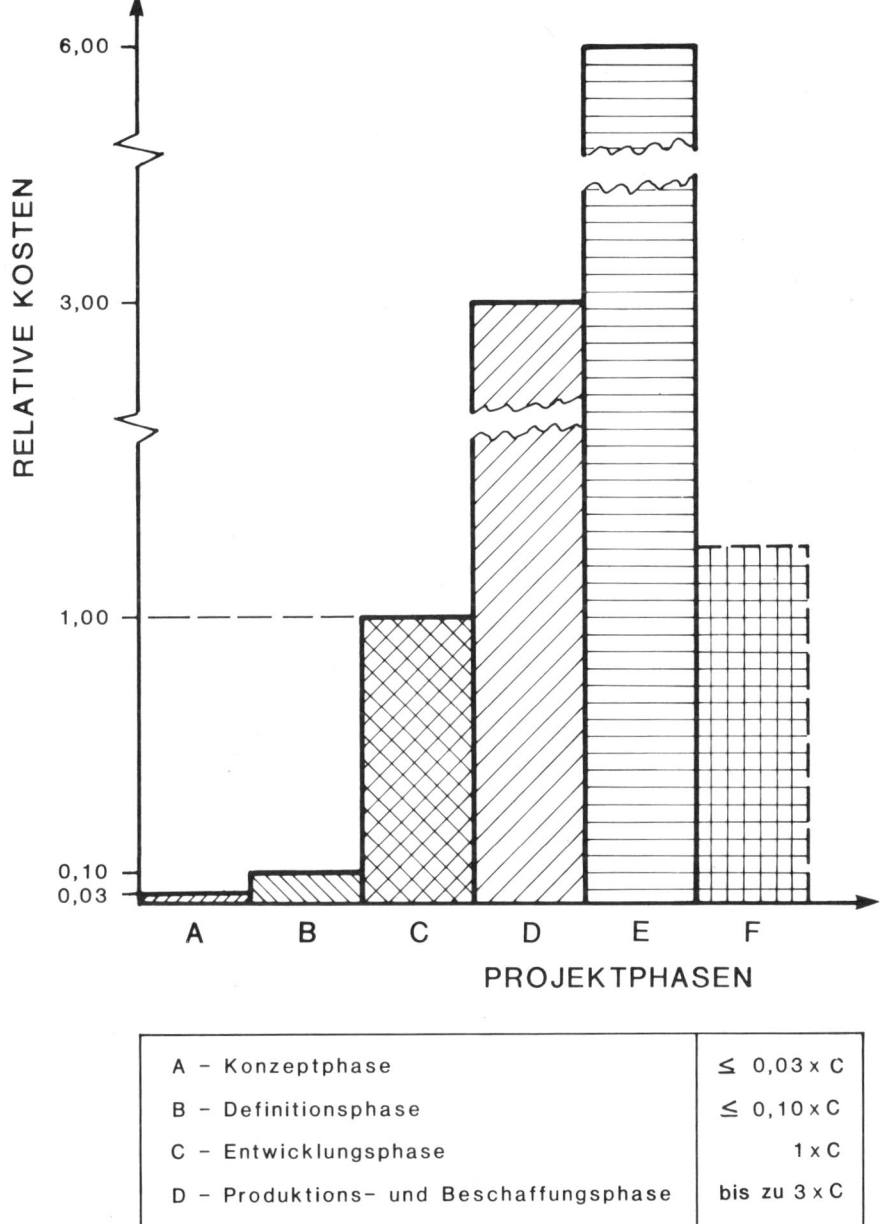

A – Konzeptphase	≤ 0,03 x C
B – Definitionsphase	≤ 0,10 x C
C – Entwicklungsphase	1 x C
D – Produktions- und Beschaffungsphase	bis zu 3 x C
E – Betriebs- und Wartungsphase	}bis zu 6 x C
F – Aussonderungsphase	

Anmerkungen : Die hier dargestellten Kostenverhältnisse
fußen auf Erfahrungswerte (s.a. Kapitel III, 3. und Kapitel X, 5)
sind jedoch für jedes Projekt unterschiedlich. Bezugsgröße
sind die Kosten der Entwicklungsphase (C).

Abb. IV-2: Relativer Kostenvergleich der einzelnen Projektphasen

2. Projektablauf von A bis Z

Projektbeginn und –ende oft diffus

Projekte sind Vorhaben mit definiertem Anfang und Abschluß; s.a. Anhang 1. Obwohl diese Definition trivial und absolut zutreffend ist, sind Anfang und Ende in der Praxis aber nicht immer klar erkennbar. Manch ein Vorhaben beginnt diffus und endet dementsprechend. Die Bedeutung, ein Projekt so gründlich wie möglich von A bis Z zu erfassen, kann jedoch nicht klar genug unterstrichen werden. Es ist von großer Wichtigkeit, sämtliche Elemente eines Vorhabens klar und deutlich zu ermitteln, um eine Gesamt-Investitionsbetrachtung vornehmen zu können. Oft werden für ein zukünftiges Projekt schon sehr früh richtungsweisende Studien durchgeführt, die zum Zeitpunkt des offiziellen Projektbeginns manchmal bereits fast wieder vergessen sind. Sie gehören aber finanziell, und was noch wichtiger ist, vom Gesamtbild her eindeutig zum zukünftigen Projekt. Das Projektende hat fast noch eine viel wichtigere Bedeutung für die Beurteilung der Projektgeschehnisse. Ist das Projektende, nach dem Motto »Ende offen« nicht klar faßbar, so sind auch die Projektkosten aller Einzelaufgaben nicht eindeutig zu ermitteln. Erst mit dem eindeutigen Projektende kann man endgültig eine Antwort auf die Frage *hat sich das Projekt gelohnt* geben, denn nun ist man sicher, daß das Projekt nicht durch weitere Kosten belastet wird, und einer Gewinn- und Verlustrechnung steht nichts mehr im Wege.

Was bedeutet dies nun in den Begriffen der Betriebswirtschaft? Wie kann man denn am besten beurteilen, ob sich ein Projekt finanziell gelohnt hat? Oder in anderen Worten wie sieht es mit dem Return on Investment (ROI) aus? Hier gibt es ohne Zweifel verschiedene Gesichtspunkte. Der Fabrikant wird die Investitionskosten für die Produktentwicklung mit den aus dem Verkauf des Produktes langfristig erzielten Gewinnen vergleichen. Bei Projekten der öffentlichen Hand erlangt jedoch die Betrachtung der gesamten Lebenszykluskosten (life cycle cost) eine zunehmende Bedeutung, indem die späteren Betriebskosten ebenfalls mitbetrachtet werden. Beim Fabrikanten beinhaltet A bis Z die Konzept-, Definitions-, Entwicklungs-, Produktions- und Vertriebskosten. Die nachfolgenden Betriebs- und Wartungskosten hat der Käufer des Produkts zu tragen. Die öffentliche Hand, das heißt Behörden und Ämter des Bundes, der Länder und der Gemeinden muß jedoch neben den Beschaffungskosten eines Produktes auch die Betriebs- und Wartungskosten, die bei neuzeitlichen Produkten wesentlich höher als die Beschaffungskosten sein können, mit einbeziehen. In diesem Falle enthält A bis Z eine weitere Komponente, die Folgekosten für den Betrieb und die Wartung. Die Kostenbetrachtung aus der Sicht des Besitzers (ownership consideration) setzt einen neuen Maßstab für die Beurteilung des Projekterfolges (s.a. Kapitel X, 4 und XVI, 4).

Phasen und Meilensteine grenzen Unsicherheit ein

Die Schaffung klarer Anfangs- und Endpunkte ist eine Grundvoraussetzung für ein gut funktionierendes Projektmanagement. Der Lebenszyklus eines jeden Produktes läßt sich im Prinzip in folgende Projektphasen gliedern:

A: Konzeptformulierung
B: Projekt-/Systemdefinition
C: Forschung und Entwicklung (FuE)

D: Produktion und Beschaffung

E: Betrieb und Wartung

F: Aussonderung

Diese Projektphasen sind durch die entsprechenden Abschluß-Meilensteine exakt begrenzt. Jedes neue und zum Zeitpunkt der Projektidee noch nicht existierende Produkt muß bis zum endgültigen Projektabschluß, das heißt bis zur Aussonderung des Systems, den in Abbildung IV-3 gezeigten Lebenszyklus durchlaufen. Erst durch Betrachtung der Projektphasen als gemeinsames Ganzes läßt sich eine echte ROI-Betrachtung vom Standpunkt des Projektträgers oder Besitzers aus (ownership consideration) durchführen (s.a. Abbildung IV-4).

Die Gliederung eines Projektes in die bereits erwähnten Projektphasen entspricht auch der unterschiedlichen Verantwortlichkeit im Unternehmen. So ist es denkbar, daß ein Unternehmen die Verantwortung für das Gesamtprojekt in entsprechende Projektphasen unterteilt, die Gesamtverantwortung jedoch in der Hand einer gemeinsamen Gesamtprojektleitung beläßt. Der Grund für diese Maßnahme ist in der erforderlichen Spezialisierung einerseits und in der Notwendigkeit einer Gesamtsteuerung andererseits begründet. Die Notwendigkeit zur Gesamtsteuerung setzt sich bei großen und komplexen Projekten, die sich nicht selten über mehrere Dekaden erstrecken, allerdings erst langsam durch, da man erst in jüngster Zeit die enorme Bedeutung und Einflußnahme der Frühphasen auf die Folgephasen erkannte (s.a. Kapitel X, 4). Die organisatorische Eingliederung der Gesamt-Projektleitung in die Unternehmensorganisation wird in Kapitel V, 2 beschrieben.

Nicht immer ist ein Unternehmen jedoch für alle Projektphasen zuständig. Herstellerfirmen sind oft nur bis zur Produktion mit einem Artikel befaßt, und der Betrieb/Wartung obliegt dem Betreiber. Diese Situation trifft zum Beispiel auf die Kraftfahrzeugindustrie zu. Mit dem Verkauf der produzierten Produkte und einer Garantieübernahme endet die Projektverantwortung der Herstellerfirma. Der Käufer ist für den Betrieb und die Wartung selbst zuständig. Die Entwicklung und Produktion (Errichtungsphase) stellen für den zukünftigen Betreiber eine Investition dar, und er erhofft, durch die erzielten Gewinne die Anschaffungs- und Betriebskosten decken und einen entsprechenden Gewinn erwirtschaften zu können. Diesbezügliche Investitionsentscheidungen werden aus der Sicht des Betreibers durch entsprechende Investitionsrechnungen gestützt. Die Betrachtung der Lebenszykluskosten (LZK), die im wesentlichen auf die Optimierung der Gesamtprojektkosten bei langfristigen Programmen, zum Beispiel der Einführung eines neuen Kraftwerks, abzielt, ist in diesem Zusammenhang als ein effizientes Managementverfahren für große und komplexe Systeme anzusehen und zielt auf die System-Einflußnahme in den Frühphasen des Projektes ab (s.a. Kapitel X, 4). Die präzise Identifikation des gesamten Lebenslaufes eines Projektes (Anfang und Ende der einzelnen Phasen) ist dazu unerläßlich.

3. Planung der Projektphasen

Phasenkonzepte

In Paragraph 2 wurde auf die Bedeutung der genauen Definition des Projekt-Lebenszyklus hingewiesen, um die integrale Verantwortung für sämtliche Projektphasen (*end-to-end responsibility*) in einem Punkt zusammenlegen zu können. Im zweiten Schritt sind dann die einzelnen

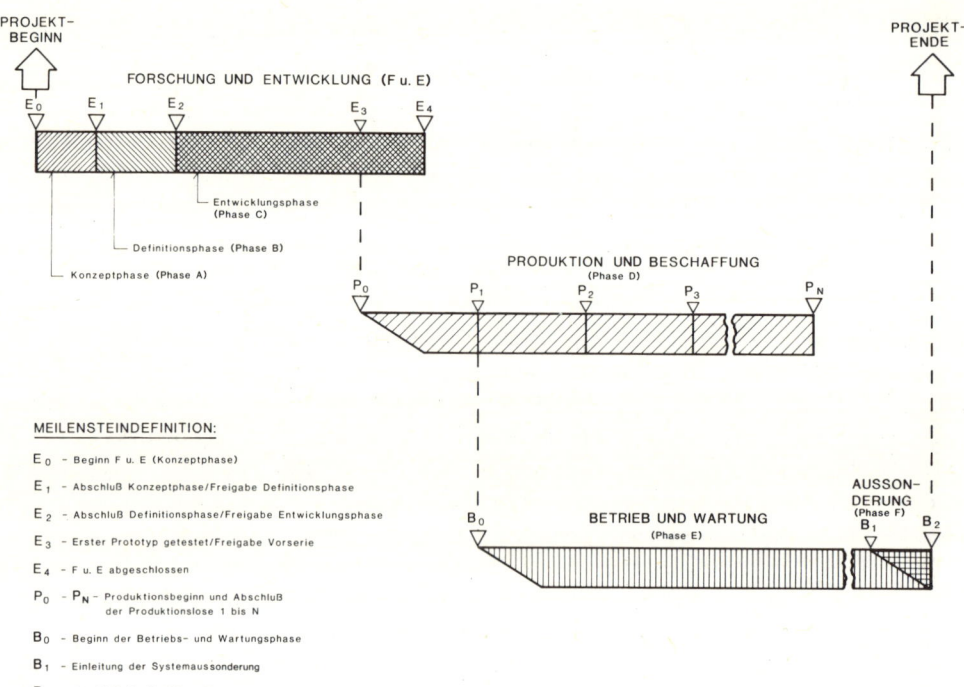

Abb. IV-3: Projekt-Lebenszyklus

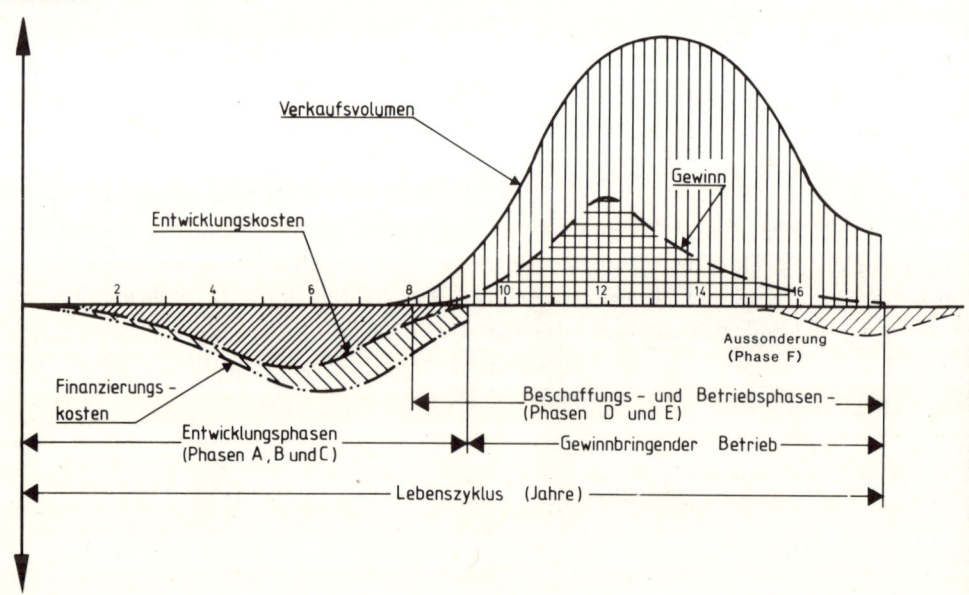

Abb. IV-4: ROI-Betrachtung eines Projektes

Projektphasen sowie die Hauptmeilensteine eines Projektes zu bestimmen (s. a. Abbildung IV-3). Schließlich ist dann der Ablauf jeder einzelnen Phase detailliert vorauszuplanen.

Die Festlegung der Projektphasen ist für die verschiedenen Branchen nicht einheitlich, baut im Prinzip jedoch auf die in Abbildung IV-3 vorgenommene Grobgliederung auf. Für Forschungs- u. Entwicklungsprojekte, bei denen es zu keiner Serienproduktion kommt, wird allerdings oft ein leicht modifiziertes (gekürztes) Phasenkonzept verwendet. Wird zum Beispiel nur ein Prototyp oder eine Kleinserie hergestellt, so entschließt man sich meist zur Zusammenlegung der Entwicklungs-, Produktions- und Betriebsphase. Dies ist zum Beispiel bei der Entwicklung von Forschungssatelliten oder Reaktorprototypen der Fall. Werden dagegen Verkehrs- oder Militärflugzeuge beschafft, Beispiele sind das Verkehrsflugzeug *Airbus* und die Militärflugzeuge *Transall* und *Tornado,* von denen mehrere hundert Flugzeuge produziert werden, so beinhaltet der Lebenszyklus sehr ausgeprägte Produktions- und Betriebsphasen. Insofern unterscheiden sich zum Beispiel die Phasenkonzepte der NASA und des US-Verteidigungsministeriums, aber auch die Phasenkonzepte der ESA und des deutschen Verteidigungsministeriums (BMVg). Die ESA und die NASA führen in der Regel nur FuE-Projekte und Kleinserien durch, während die Verteidigungsministerien der Bundesrepublik Deutschland und der USA meistens Projekte mit großen Serien abwickeln. Saynisch hat die verschiedenen Phasenkonzepte miteinander verglichen und gegenübergestellt (s. a. Abbildung IV-5). [2]

Für FuE-Projekte ohne Großserie sind die in der Praxis erprobten Phasenkonzepte der NASA und der ESA bevorzugt einzusetzen. [3, 4] In beiden Fällen wird der Lebenszyklus in vier Phasen gegliedert (s. a. Abbildung IV-6). [5] Nachfolgend sind die Aufgaben und Personalqualifikationen für diese Phasen detailliert beschrieben:

Phase A: Verträglichkeits- und Konzeptstudien (Konzeptphase; s. a. Abb. IV-9.)
– *Aufgabe und Bedeutung:* In dieser Phase werden Systemkonzepte untersucht, die Möglichkeiten zur Machbarkeit und Erfüllung der Kundenwünsche studiert und die Verträglichkeiten des Systems mit anderen Systemen/Umgebung analysiert. Gleichzeitig werden in dieser Phase erste Zeit- und Kostenpläne sowie Managementkonzepte erstellt. Die Phase A wird mit einem Abschlußbericht, bestehend aus der Systemspezifikation und den vorläufigen Ablauf- und Kostenplänen, beendet und dient der Vorbereitung und Entscheidung zur Einleitung der Folgephase (Phase B).
– *Erforderliche Qualifikation der Phase-A-Mitarbeiter:* Vorwiegend handelt es sich um Studienpersonal. Die Mitarbeiter der Phase A sollten über ein großes Allroundwissen verfügen und müssen selbstverständlich über den Technologiestand sowie die sich in der Entwicklung befindlichen Neuerungen Bescheid wissen. Sie stellen die unmittelbare Verbindung zu Universitäten und Forschungsinstituten einerseits und zu den zukünftigen Nutzern andererseits her. Der Einfluß auf maßgebliche Außenstellen ist nicht zu unterschätzen. Ideenreichtum und Kompetenz der Phase-A-Mitarbeiter prägen das Firmenbild und erlauben Einflußnahme auf zukünftige Vorhaben. Die Mitarbeiter dieser Phase müssen deshalb auch gute Verkäufer im Sinne neuer aber brauchbarer und realistischer Ideen sein. Zusammenfassend läßt sich sagen, daß die Teams der Phase A in der Regel mit systemtechnischen Spitzenkräften (Physiker und Ingenieure) und projektspezifischen Fachexperten (Ingenieure, Chemiker, Mathematiker, usw.) besetzt sind. Mitarbeiter aus den Bereichen Project Control und Produktsicherung werden ebenfalls zur Mitarbeit herangezogen, stehen jedoch noch nicht im Vordergrund des Geschehens. Ein wichtiger Trend ist allerdings schon in der Konzeptphase zu beobachten: Der zukünftige Nutzer möchte zur Beurteilung der ersten technischen Entwürfe so früh wie möglich auch glaubwür-

Organisation	Jahr	Phasen (in Reihenfolge)
ZAGG DAUNZER	1974/76	VORSTUDIE · HAUPTSTUDIE · DETAILSTUDIE · SYSTEMBAU · SYSTEM-EINFÜHRUNG · SYSTEM-AUSSERDIENSTSTELLUNG
BMVG (WEHRTECHNIK)	1971	PHASENVORLAUF · KONZEPT-PHASE · DEFINITIONS-PHASE · ENTWICKLUNGS-PHASE · BESCHAFFUNGS-PHASE · NUTZUNGS-PHASE · —
US AIR FORCE	1964	CONCEPTUAL PHASE · DEFINITION PHASE · ACQUISITION PHASE · OPERATIONAL PHASE · —
ESRO* (SATELLITEN)	1973	CONCEPTUAL DEVELOPMENT · FEASIBILITY ASSESSMENT · DEFINITION PREPERATORY · SYSTEM DEFINITION · DEVELOPMENT · DESIGN AND DEVELOPMENT · ACQUISITION · OPERATION · —
NASA (ALT)	1968	(PRE-PHASE EFFORT) · PRELIMINARY ANALYSIS (A) · DEFINITION (B) · DESIGN (C) · DEVELOPMENT OPERATION (D) · —
NASA (NEU)	1971	STUDY (A) · FEASIBILITY AND SYSTEM DEFINITION (B) · EXECUTION (C/D) · —
GFW (DEFVLR)	1971	MISSIONS- u. KONZEPTSDEF. · PROJEKT-DEFINITION · ENTWURFS-DEFINITION · ENTWICKLUNG UND OPERATION · —
WIM	1973	PROBLEM-PHASE · KONZEPT-PHASE · DEFINITIONS-PHASE · ENTWICKLUNGS-PHASE · FERTIGUNGS-PHASE · NUTZUNG · —
AKM	1969	PROJEKT-VORBEREITUNG · KONZEPTION · DURCHFÜHRUNGSPLANUNG · AUSWAHL HAUPTAUFTRAGNEHMER · DEFINITION · ENTWICKLUNG u. DETAILKONSTR. · PROTOTYPEN · SERIENREIFMACHUNG · NULL SERIE VORBEREITUNG VORSERIE (1 / 2 / 3) · EINSATZ UND BETRIEB · —
PHILIPS	1973	(PRE-DEVELOPMENT) · SYSTEM CONCEPT · DEFINITION · DEVELOPMENT PREPARATION · DETAILED DESIGN · PROTOTYP · SERIAL PRODUCTION · INSTALLATION · OPERATION · —

* heute ESA   1 VORSERIE   2 VORBEREITUNG HAUPTSERIE   3 HAUPTSERIE

Abb. IV-5: Vergleich verschiedener Phasenkonzepte (Saynisch, 1979)

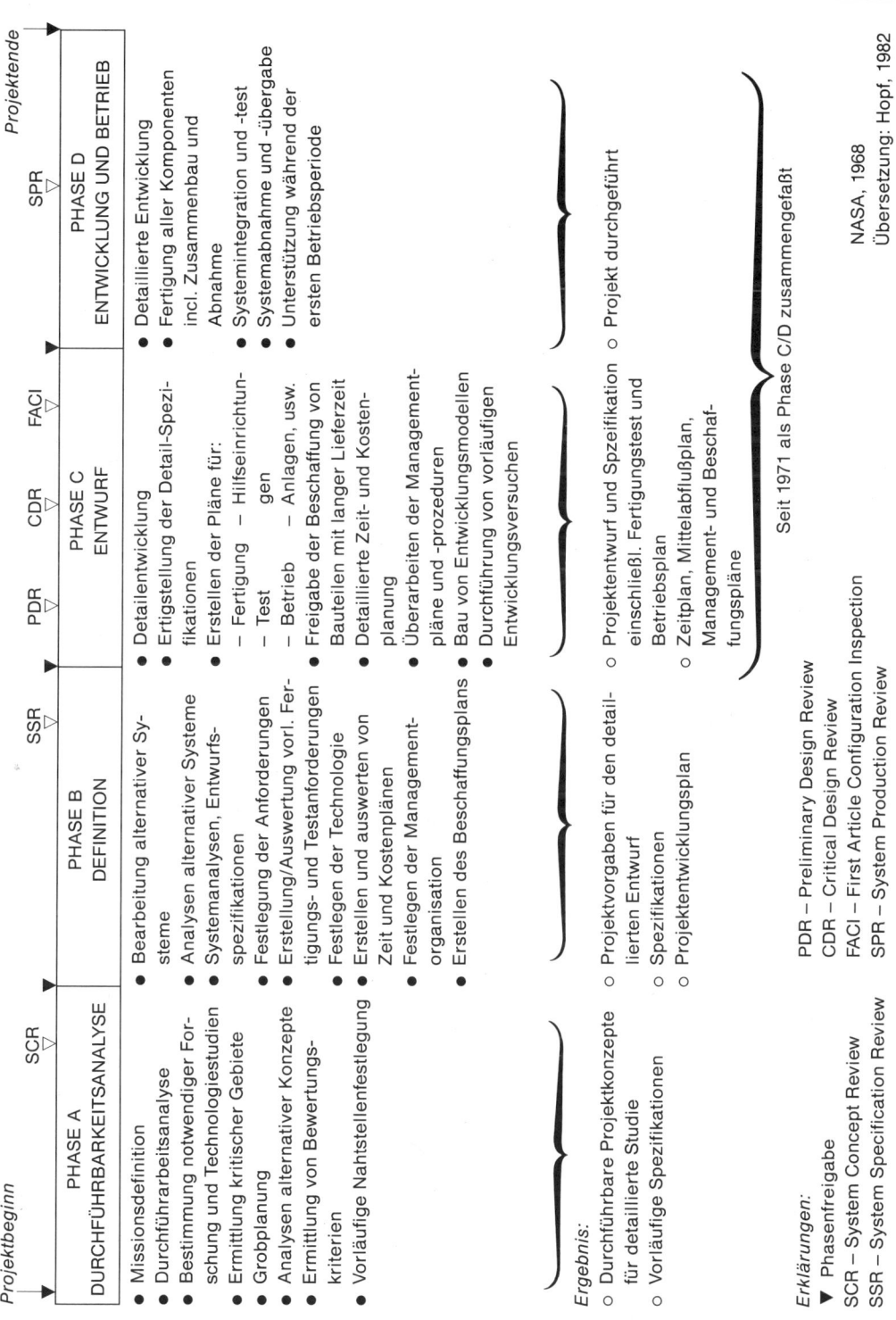

Abb. IV-6: Phasenkonzept der NASA

dige Kosten haben. Diese Kostenanalysen können jedoch nicht allein von einem Kaufmann durchgeführt werden. Vielmehr handelt es sich hierbei um eine interdisziplinäre Aufgabe, die sowohl kaufmännisches wie auch technisches Wissen/Erfahrung voraussetzt.

Phase B: Definitionsarbeiten (Definitionsphase; s.a. Abb. IV-10)
— *Aufgabe und Bedeutung*: Auf der Grundlage der Ergebnisse aus Phase A (Konzeptauswahl) wird in Phase B das Projekt/System (Satellit, Bodenstationen, Kraftwerk, usw.) technisch gegliedert, definiert und detailliert geplant. In dieser Phase werden die Baugruppen des Systems genau beschrieben und die Entwicklungsmaßnahmen vorgeplant. Außerdem wird in dieser Phase auch untersucht, inwieweit bereits auf dem Markt vorhandene Bauelemente mitverwendet werden können. Weitere wichtige Aufgaben der Phase B sind die Identifikation von kompetenten Entwicklungs- und Lieferfirmen und die Erstellung verbindlicher Termin-, Kosten-, Organisations- und Managementpläne für die in der Folgephase durchzuführende Produktentwicklung. Phase B endet mit abgeschlossenen Planungsunterlagen (Einzelspezifikationen, verbindlichen Termin- und Kostenplänen und ausgereiften Managementkonzepten) für die Vorbereitung und Entscheidung zur Einleitung der Folgephase (Phase C oder C/D).
— *Erforderliche Qualifikation der Phase-B-Mitarbeiter*: Die geforderte Qualifikation der Mitarbeiter für Phase B ist prinzipiell die gleiche wie für Phase A. So sind es häufig auch die gleichen Teammitglieder, die vorher die Phase A durchgeführt haben. Andererseits wird bei den Tätigkeiten zur Phase B jedoch bereits eine praxisorientiertere Einstellung erwartet, und aus diesem Grunde wird die Phase B sehr oft von Ingenieuren, die vorher Entwicklungsarbeiten durchgeführt haben, geleitet. Zusammengefaßt läßt sich sagen, die Personalrekrutierung für Phase B ist größtenteils noch mit erfahrenen Projektmitarbeitern aus Phase A zu besetzen, wobei die Leitungsfunktion aber oft schon in Händen von Ingenieuren mit C/D Erfahrung liegt. Der Einsatz von Project Control- und Produktsicherungspersonal sowie Vertragsjuristen ist in dieser Phase wichtig.

Phase C/D: Entwicklungs- und Fertigungsphase; s.a. Abb. IV-11 und IV-12
Bei Projekten ohne Serienproduktion werden die Phase C (Entwicklung u. Prototypenproduktion) und D (Fertigung einschließlich Probebetrieb) wegen der ohnehin starken Überlappung und aus Kostenersparnisgründen oft zu einer gemeinsamen Phase, der Phase C/D zusammengelegt (s.a. Abb. IV-7).
— *Aufgabe und Bedeutung:* Im Gegensatz zu den Phasen A und B handelt es sich hier um eine hardwareorientierte Phase. Im Vordergrund steht die spezifikationsgerechte Erstellung eines Produkts im Rahmen vorgegebener Termin- und Kostengrenzen. In dieser Phase müssen Konstruktions- und Laborarbeiten durchgeführt und aufbauend auf diesen Ergebnissen Fertigungs-, Integrations- und Testarbeiten abgewickelt werden, an denen sich dann die Aufgaben für den Probebetrieb anschließen. Diese Phase endet mit der Ablieferung und funktionsfähigen Übergabe des vereinbarten Endproduktes (oder Endprodukte) zum vereinbarten Termin.
— *Erforderliche Qualifikation der Phase C/D-Mitarbeiter:* Die Mitarbeiter der Phase C/D (Physiker, Ingenieure, Wirtschaftler und Juristen) unterscheiden sich von den studienorientierten Mitarbeitern der Phase A und B im wesentlichen durch die stark ausgeprägte Orientierung zur Hardware. Gesichtspunkte der Fertigung, Integration und Test sowie Termine und Kosten stehen in dieser Phase naturgemäß im Vordergrund. Generell läßt sich folgendes zur personellen Besetzung für die Phase C/D aussagen: Gesucht sind Ingenieure, Physiker, Wirtschaftler und Juristen

mit speziellen Kenntnissen in Systemtechnik, Qualitätssicherung, Konstruktion (Labor), Fertigung, Integration u. Test, Project Control, Vertrags- und Finanzmanagement, Logistik und Organisation. Eine klare Abgrenzung zwischen Mitarbeitern der Phase B und C/D ist nicht möglich und auch nicht sinnvoll; d. h. oft wechseln Mitarbeiter von Phase B zu Phase C/D.

Für die Abwicklung serienorientierter Projekte entwickelte die US-Luftwaffe (USAF) 1966 unter der Leitung von General B. A. Schriever das wohl vollständigste und detaillierteste Phasenkonzept.[6] Die Konzepte der NASA und der USAF sind jedoch prinzipiell miteinander vergleichbar; allerdings weist das Konzept der USAF explizit eine Betriebsphase aus. Für die Abwicklung deutscher Rüstungsgüter wurde 1971 von dem damaligen Verteidigungsminister und späteren Bundeskanzler Helmut Schmidt ein Rahmenerlaß zur Neuordnung des Rüstungsbereiches veröffentlicht, in dem unter anderem das Phasenkonzept für den Verteidigungsbereich der Bundesrepublik Deutschland festgelegt wurde. Das Phasenkonzept des BMVg unterscheidet sich von dem Konzept der USAF nur unwesentlich (s.a. Abbildung IV-5). Das BMVg sieht folgende Phasen für den Projektablauf vor[7]:

— Phasenvorlauf
— Konzeption
— Definition
— Entwicklung
— Beschaffung
— Nutzung

Für die Bauindustrie beschreibt Schub vier Phasen und ordnet diesen die Leistungsphasen der Ingenieure und Architekten (HAOI/1977), wie folgt zu[8]:

Phasen der Bauindustrie nach Schub	Leistungsphasen der Ingenieure und Architekten nach HAOI/1797
— Konzeption	— Grundlagenermittlung — Vorplanung
— Konstruktion	— Entwurfsplanung einschließlich Genehmigungsplan — Ausführungsplan
— Vorbereitung	— Ausschreibung — Vergabe
— Ausführung	— Objektüberwachung und -betreuung

Für alle nachfolgenden Betrachtungen wird in diesem Buch das Phasenkonzept der Raumfahrt verwendet (s.a. Abbildung IV-7).[9] In diesem Phasenkonzept sind auch die typischen Hauptmeilensteine eines Entwicklungsprojektes definiert.

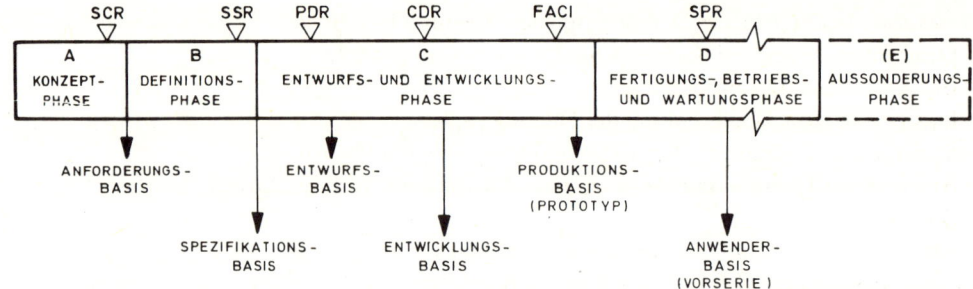

SCR – System Concept Review
System-Konzeptüberprüfung

SSR – System Specification Review
System-Spezifikationsüberprüfung

PDR – Preliminary Design Review
Vorläufige Entwurfsüberprüfung

CDR – Critical Design Review
Kritische Entwurfsüberprüfung

FACI – First Article Configuration Inspection
Konfigurationsinspektion der ersten
Produktionseinheit

SPR – System Production Review
System-Produktionsüberprüfung

Abb. IV-7: Phasenkonzept der Raumfahrt

Lebenszyklus und Projektentscheidungen

Die Einführung eines neuen Systems, zum Beispiel ein neues Flugzeug oder eine neue EDV-Anlage, setzt oftmals enorme Mittel zur Finanzierung des Vorhabens voraus. Oesterer schreibt in diesem Zusammenhang: »Die Abwicklung großer Projekte stellt sowohl hinsichtlich ihres finanziellen als auch ihres zeitlichen Umfangs für den Generalunternehmer ein erhebliches Risiko dar... Die Entscheidung muß also unter Risiko getroffen werden, das heißt, unter Inkaufnahme der Möglichkeit eines Fehlschlagens des Vorhabens.«[10] Es ist deshalb selbstverständlich, daß der Besteller (öffentliche aber auch private Auftraggeber) zur Eindämmung des Risikos einen gestaffelten, das heißt phasenweisen Projektablauf mit der Möglichkeit nach Abschluß jeder Phase eine *go/no-go-Entscheidung* treffen zu können, bevorzugt. Ein Blick auf den Kostenvergleich der einzelnen Phasen (s.a. Abbildung IV-2) macht deutlich, wie relativ gering das Risiko zur Freigabe der Frühphase (Konzept und Definition) im Vergleich mit den kostenintensiven Folgephasen (Entwicklung, Produktion und Betrieb) ist. Bei öffentlichen Projekten muß der Entscheidungsprozeß zur Projektfortführung außerdem in Übereinstimmung mit dem Freigabeprozeß der Haushaltsmittel erfolgen.

Basierend auf einer 1977 vom US-Verteidigungsministerium (Department of Defense – DoD) herausgegebenen Vorschrift zur Bearbeitung großer Systeme werden die nachfolgenden vier entscheidungsträchtigen Projektmeilensteine wegen ihrer großen Bedeutung für die Projektabwicklung in Verbindung mit Abb. IV-7 beschrieben[11]:

Meilenstein »0«: Projektinitiierung – Beginn Phase A
– Festlegung der Projekterfordernisse (Anforderungen)
– Budgetfreigabe (Konzeptphase)
– Entscheidung zur Durchführung der Konzeptphase

Meilenstein »I«: Freigabe der Definitionsphase – Beginn Phase B
– Demonstration der untersuchten Konzepte (Konzeptauswahl)
– Budgetfreigabe (Definitionsphase)
– Entscheidung zur Durchführung der Definitionsphase
Meilenstein »II«: Freigabe der Entwicklungsphase – Beginn Phase C
– Abschluß der Definitionsphase (detaillierte Auswertung: Technik, Kosten, Termine)
– Budgetfreigabe (Entwicklungsphase)
– Entscheidung zur Durchführung der Entwicklungsphase
Meilenstein »III«: Freigabe der Folgephasen – Beginn Phase D
– Abschluß der Entwicklungsphase (Testauswertung)
– Budgetfreigabe (Folgephasen)
– Entscheidung zur Durchführung der Folgephasen.

Die Ergebnisse der Meilensteine I bis III sind zur Überprüfung dem Beschaffungs-Überprüfung-sausschuß für die Verteidigung *(Defence System Acquisition Review Council – DSARC)* vorzulegen. Das DSARC entscheidet dann über die mögliche Weiterführung.[12] Der hier beschriebene Entscheidungsprozeß anhand meßbarer Ergebnisse (Meilensteine I bis III) ist selbstverständlich nicht nur für den militärischen Bereich sehr wichtig, sondern auch für jedes neu zu entwickelnde zivile Produkt. Im militärischen Bereich haben sich die in der Vergangenheit gemachten Fehler aufgrund der enormen Projektgröße nur besonders dramatisch ausgewirkt. Die einzelnen Phasen müssen durch Hauptmeilensteine voneinander getrennt werden, und vor Beginn der Folgephase ist das Ergebnis der Vorphase genau zu analysieren. Der Besteller muß auch technisch in der Lage sein, das Vorhaben gegebenenfalls ohne allzu große Verluste abzubrechen.

Phasenüberlappungen

Allzuoft laufen die einzelnen Phasen in der Praxis ineinander über, was leicht zu erheblichen Mehrkosten und allergrößten Problemen bei Entscheidungen führt. Die Bundestagsabgeordnete Traupe sagt hierzu: «Die Beschaffung des Waffensystems beginnt oft mit einem vorläufigen Produktionsstand. Gleichzeitig wird massiv weiterentwickelt. Die zuerst gebauten Waffen werden dann nach zwei oder drei Jahren auf den endgültigen Entwicklungs- und Konstruktionsstand umgestellt. Auch ein Laie begreift, daß das zusätzliches Geld kostet.»[13]
    Phasenüberlappungen sollten im Prinzip grundsätzlich vermieden werden. Allerdings gibt es Ausnahmen, die eine kontrollierte Phasenüberlappung rechtfertigen, um die oft prekäre Termin-situation etwas zu entschärfen. Phasenüberlappungen sind in folgenden Bereichen möglich und zur Vermeidung von Mehrkosten oftmals auch notwendig:

Phase B/Phase C:
– Frühzeitige Materialbeschaffung (zum Beispiel: Bauteile mit extrem langen Lieferzeiten)
– Vorentwicklung kritischer Projektbereiche (zum Beispiel: Erschließung neuer Technologien)
Phase C/Phase D:
– Bei Zusammenlegung der Phasen C und D für FuE-Projekte (keine Serienproduktion)
– Einleitung einer Kleinserie nach Fertigstellung des ersten Prototypen (Fertigungsvorbereitung und Materialbestellung).
Phase D/Phase E:
Die Produktions (D)- und Betriebsphase (E) verlaufen optisch zwar parallel (s. a. Abbildung IV-3),

zerlegt man beide Phasen jedoch nach den einzelnen Geräten/Losen, so ist eine sequentielle Anordnung leicht erkennbar.

Phasenüberlappungen sind in jedem Fall besonders sorgfältig zu planen. Die Hauptmeilensteine (s.a. Abbildung IV-7) dürfen durch nichts beeinflußt werden. Kommt es zu Überlappungen zwischen den einzelnen Phasen, so ist die Überlappung präzise zu identifizieren. In Abbildung IV-8 ist dies an einem Beispiel erläutert. Bei der frühzeitigen Materialbestellung handelt es sich im Prinzip um eine klar abzugrenzende Maßnahme, die in der Regel auch finanziell nicht allzu sehr ins Gewicht fällt. Wird das Projekt zum Beispiel frühzeitig abgebrochen, so ist man nur relativ geringfügige Verpflichtungen eingegangen. Ähnlich verhält es sich bei der vorgezogenen Entwicklung besonders kritischer Bauteile. Es ist nur wichtig, daß man derartige Maßnahmen (geringfügige Phasenüberlappungen) zu Ausnahmeregelungen macht und die Überlappung technisch, finanziell und terminlich exakt plant und eingrenzt.

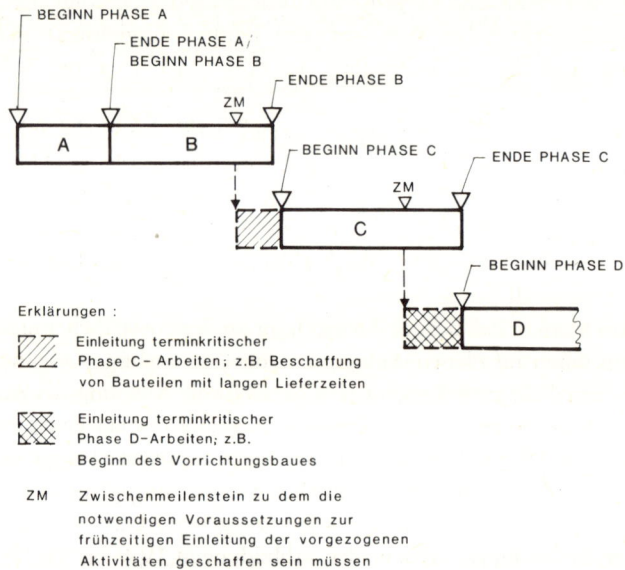

Abb. IV-8: Möglichkeiten der Phasen-Überlappung

Das road-map-Konzept

Vor Beginn einer Reise mit dem PkW oder dem Fahrrad zu einem ganz bestimmten Ziel, dessen Straßenverbindung man jedoch nicht kennt, ist der Griff zu einer entsprechenden Landkarte eine Selbstverständlichkeit. Will man das Ziel auch noch möglichst schnell und ohne große Umwege erreichen, so ist zur Identifikation der optimalen Streckenverbindung ein genaues Studium der Straßenkarte vonnöten. Ganz ähnlich verhält es sich sinngemäß bei dem Versuch, ein Projektziel möglichst rasch und kostenoptimal zu erreichen. Auch hierfür benötigt man eine Straßenkarte *(road map)* bzw. einen detaillierten Projektfahrplan (Phasen-Ablaufplan). Die Gliederung eines Projektes in einzelne Phasen ist nur der erste Schritt hierzu. Im zweiten Schritt sind nun die

Hauptstationen jeder Phase einzeln festzulegen. Auch erfahrene Projektmitarbeiter können oft nicht auf Anhieb Auskunft darüber geben, welche Hauptaufgaben in den einzelnen Phasen durchzuführen sind. Dies trifft insbesondere für die Frühphasen eines Projektes (Konzeption, Definition und Entwicklung) zu. Die Vorgänge der späteren Phasen (Produktion und Betrieb), die oft auch als Hardware-Phasen bezeichnet werden, sind den meisten Ingenieuren in der Regel besser bekannt, da es sich um allgemeinverständlichere Aufgaben wie zum Beispiel Fertigung, Zusammenbau, Test, usw. handelt. Trotzdem sollte hier, wie auch für die Frühphasen, schon zum Beginn des Projektes ein detaillierter Phasen-Ablaufplan erstellt werden, der den Phasenablauf exakt definiert. Dieser Phasen-Ablaufplan, der nicht mit der später zu erstellenden, detaillierten Projekt-Ablaufplanung zu verwechseln ist (s. a. Kapitel IX, 3), beschreibt in logischer Reihenfolge die notwendigen Prozesse der betreffenden Phase und schafft den notwendigen Orientierungsrahmen für alle zukünftigen Maßnahmen. Der *Phasen-Ablaufplan* ist eine weitere Verfeinerung der jeweiligen Phase und am besten in Form eines Flußdiagrammes darzustellen. Er beschreibt die Vorgehensstrategie jeder Phase, und aus ihm muß die logische Reihenfolge der einzelnen Projektmaßnahmen eindeutig hervorgehen. So wird zum Beispiel ausgedrückt, daß eine detaillierte Kostenschätzung erst nach der Verabschiedung des PSP und der entsprechenden Spezifikation erfolgen kann.

Die USAF und die NASA haben die Bedeutung eines planvollen Phasenablaufes schon frühzeitig erkannt und für die Durchführung ihrer Projekte detaillierte Phasen-Ablaufpläne erstellt. In beiden Fällen wurden aufgrund der Erkenntnis, daß die Phasenabläufe für technologisch ähnliche Vorhaben weitgehendst identisch sind, standardisierte Ablaufpläne entwickelt.[3, 6] Die internationale Firma SETIS erstellte 1971 ein Standard-Ablaufkonzept für die Entwicklung der europäischen Trägerrakete Europa III (heute Ariane).[14]

Es ist sicherlich ein Manko, daß bei der Abwicklung großer europäischer und deutscher Vorhaben in der Praxis nur selten auf Phasen-Ablaufpläne, die eine wichtige Orientierungshilfe für alle Projektmitarbeiter darstellen, zurückgegriffen wird. Es ist die Meinung des Autors, daß Phasen-Ablaufpläne eine wichtige Voraussetzung für das Verständnis der einzelnen Projektmaßnahmen darstellen und bei keinem Projekt fehlen sollten. Sie zeigen an, welche Hauptaufgabe wann und in welcher Ausführlichkeit durchzuführen ist und stellen darüber hinaus eine ideale Checkliste für die Projektleitung dar. Auf der Basis der dem Autor vorliegenden USAF- und NASA-Unterlagen [3,6], sowie eigener Erfahrungen, sind in den Abbildungen IV-9 bis IV-12 (s. S. 81–84) vier standardisierte Ablaufpläne für die in Abbildung IV-7 gezeigten Haupt-Projektphasen wiedergegeben. Die gezeigten Phasen-Ablaufpläne sind als ein Vorschlag zur Entwicklung branchenspezifischer Phasen-Ablaufpläne anzusehen und können im Rahmen der Zielsetzung dieses Buches nur richtungsweisenden Charakter haben, stellen jedoch hinsichtlich ihrer Detaillierung und Projektbezogenheit noch keine ausreichende Projektunterlage dar.

Quellen zu Kapitel IV

1 Saynisch, Manfred: Grundlagen des phasenweisen Projektablaufes, aus Saynisch, Schelle, Schub-Projektmanagement, R. Oldenbourg Verlag, München-Wien, 1979, S. 33.

2 Saynisch, Manfred: Phasenweiser Projektablauf bei Entwicklungsvorhaben, aus Saynisch, Schelle, Schub-Projektmanagement, R. Oldenbourg Verlag, München-Wien, 1979, S. 103.

3 NASA: Phased Project Planning Guidelines, NASA-Dokument NHB 7121.2, August 1968.

4 Stoewer, H.: The Phasing of Technological Developments, in: ESA Bulletin Nr. 27, August 1981.

5 Vgl. Quelle 3, S. 2–4 (übersetzt von H. Hopf, MBB, 1982).

6 USAF: System Program Management Procedures, USAF-Dokument AFSCM 375–4, 31. Mai 1966.

7 BMVg: Neuordnung des Rüstungsbereiches, 10. März 1971, S. 23.

8 Schub, Adolf: »Phasenweiser Projektablauf bei Bauvorhaben«, aus Saynisch, Schelle, Schub-Projektmanagement, R. Oldenbourg Verlag, München-Wien, 1979, S. 69.

9 Hopf, Hans-Dieter und Madauss, Bernd-J.: »Projektmanagement in Forschung und Entwicklung«, GPM Industrie-Seminar (MBB-Bericht UR-471–81 Ö), 11.-13. 2. 1981.

10 Oesterer; Dieter: »Die Bewertung von Großprojekten nach ihrem technischen und wirtschaftlichen Risiko«, Wiss. Ber. AEG-Telefunken 50 (1977) 4/5, S. 146.

11 DoD: »Major System Acquisitions«, DoD-Dokument DoDD-5000.1, 18. Januar 1977.

12 Gaffney R. L.: »A Parametric Analyst Faces Reality«, Astronautical Systems Division (ASD/ACCX), April 1981.

13 Traupe: Plenarprotokoll des Deutschen Bundestages 9/138 vom 14. 12. 1982, S. 8643.

14 Häuser, H.: »Europa III Development Tools – Road Map«, SETIS-Dokument NT/D3/71.090, 18. Juni 1971.

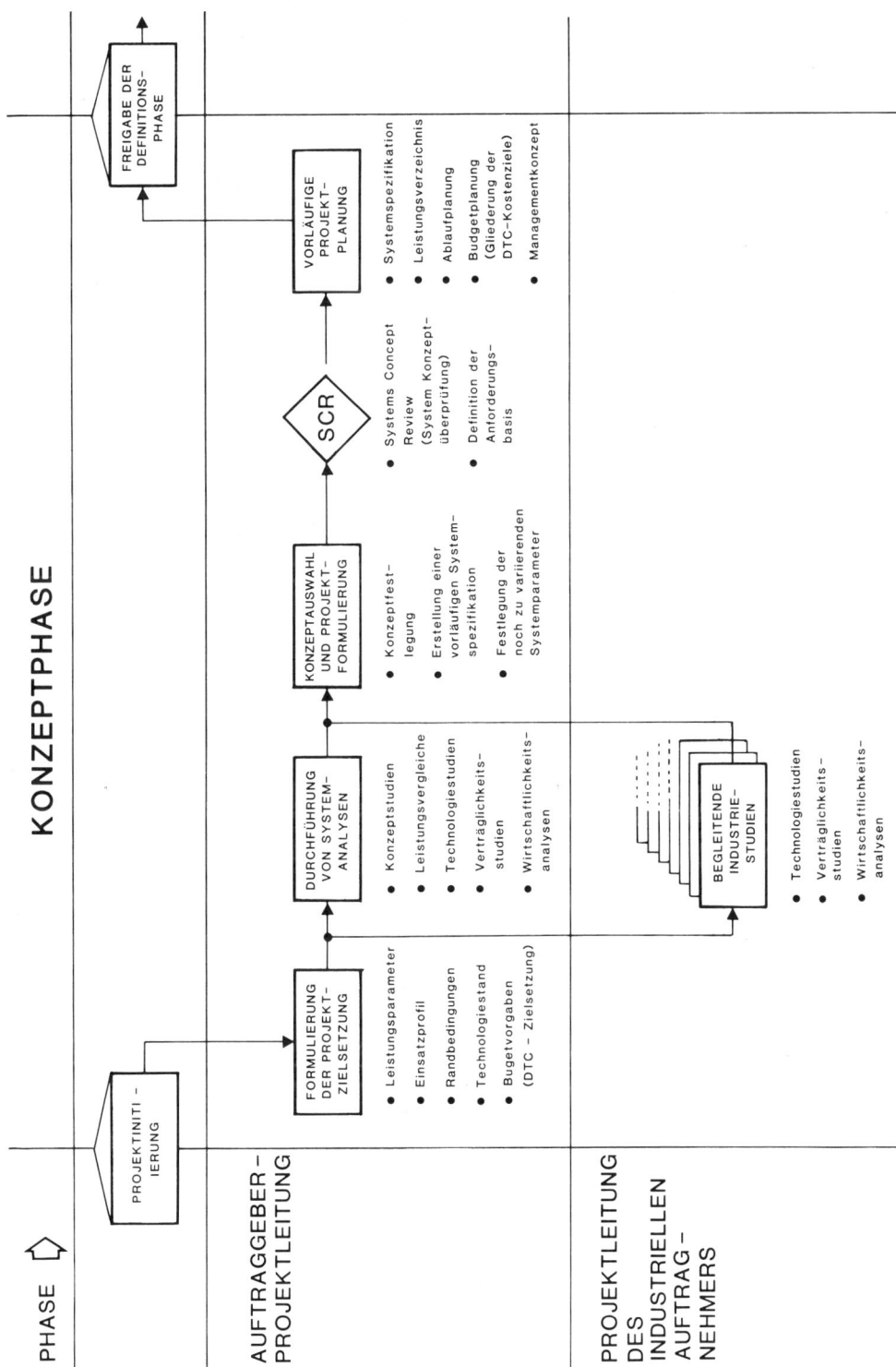

Abb. IV-9: Ablaufplan für die Konzeptphase

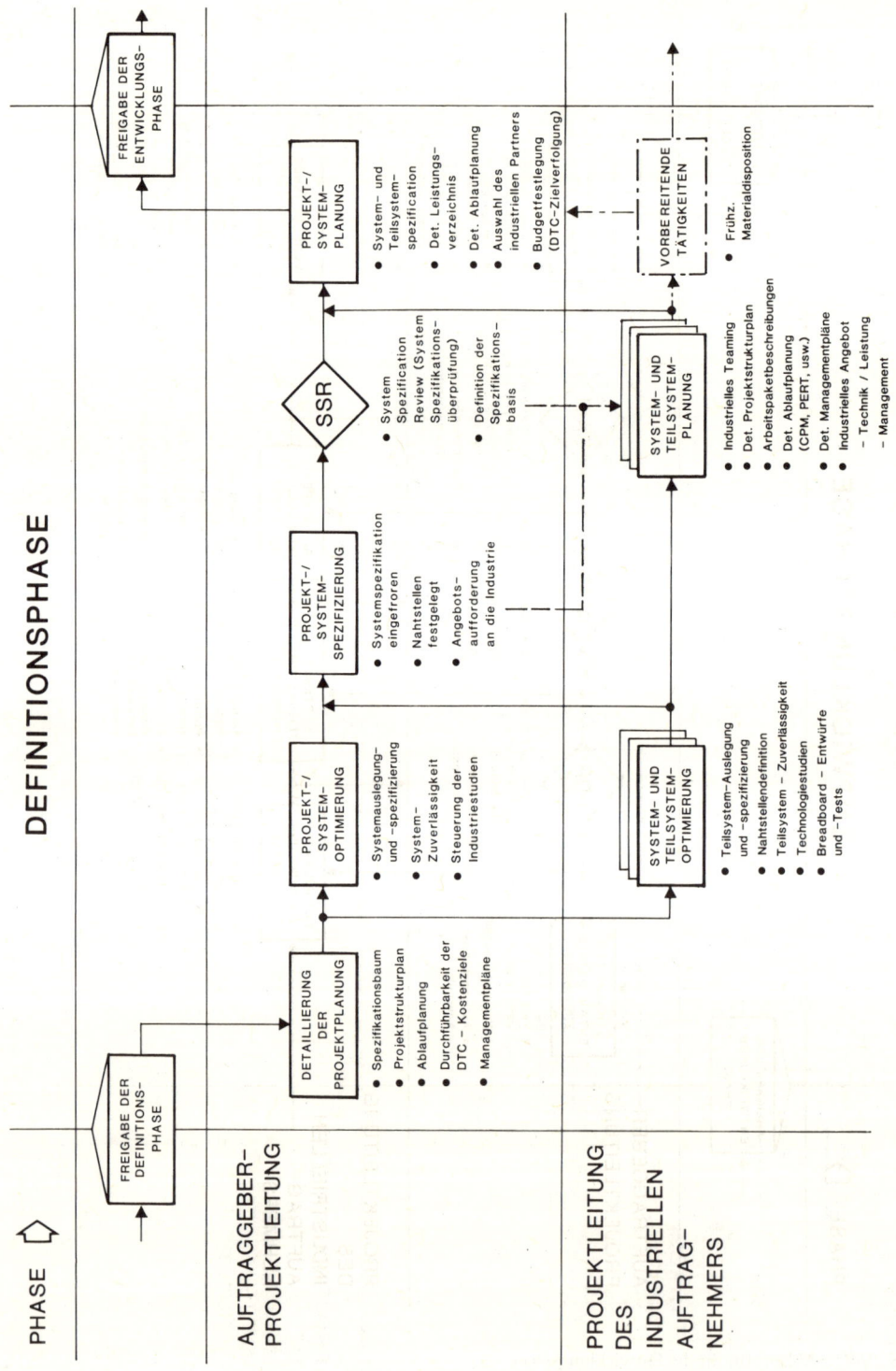

Abb. IV-10: Ablaufplan für die Definitionsphase

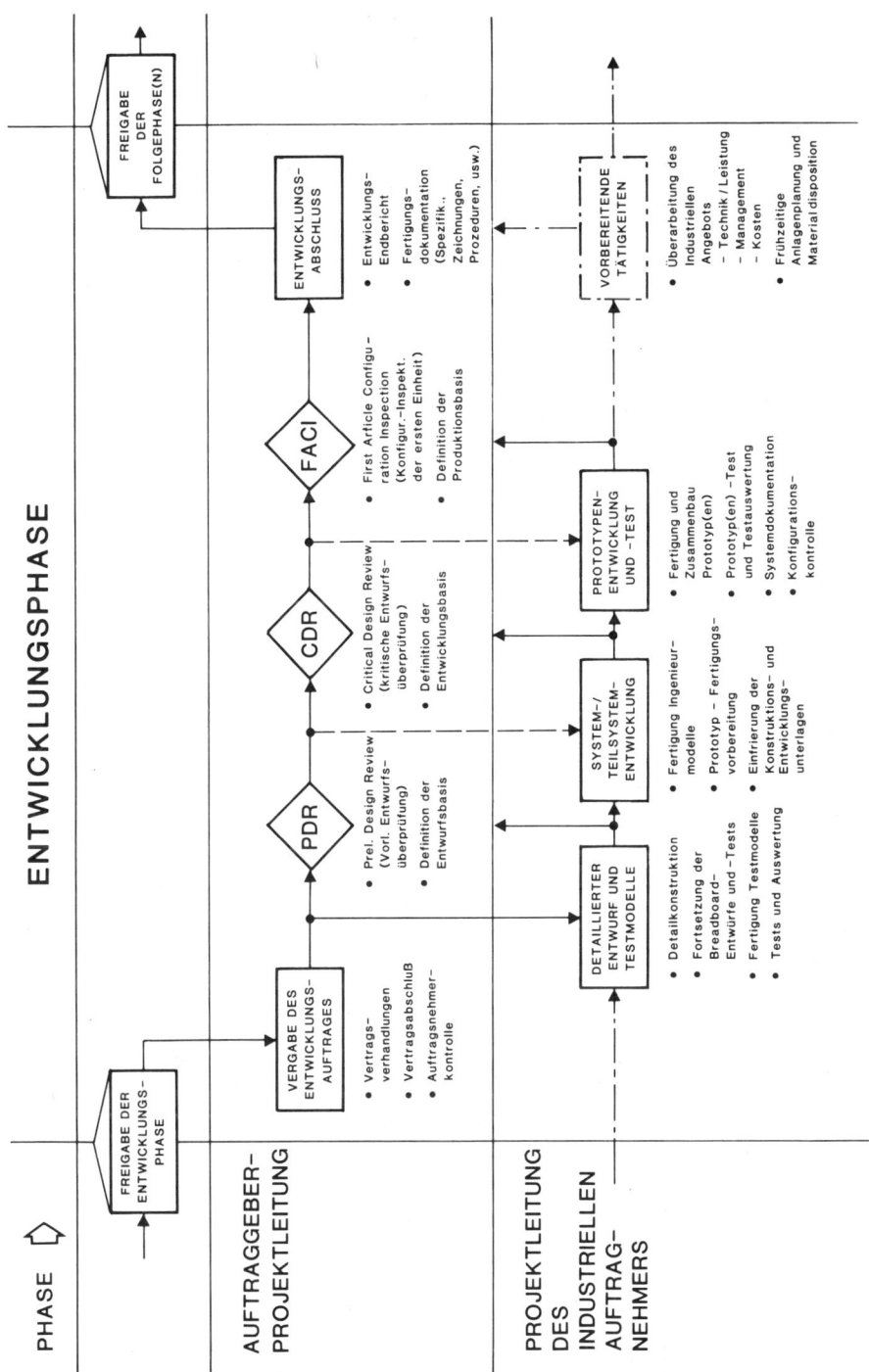

Abb. IV-11: Ablaufplan für die Entwicklungsphase

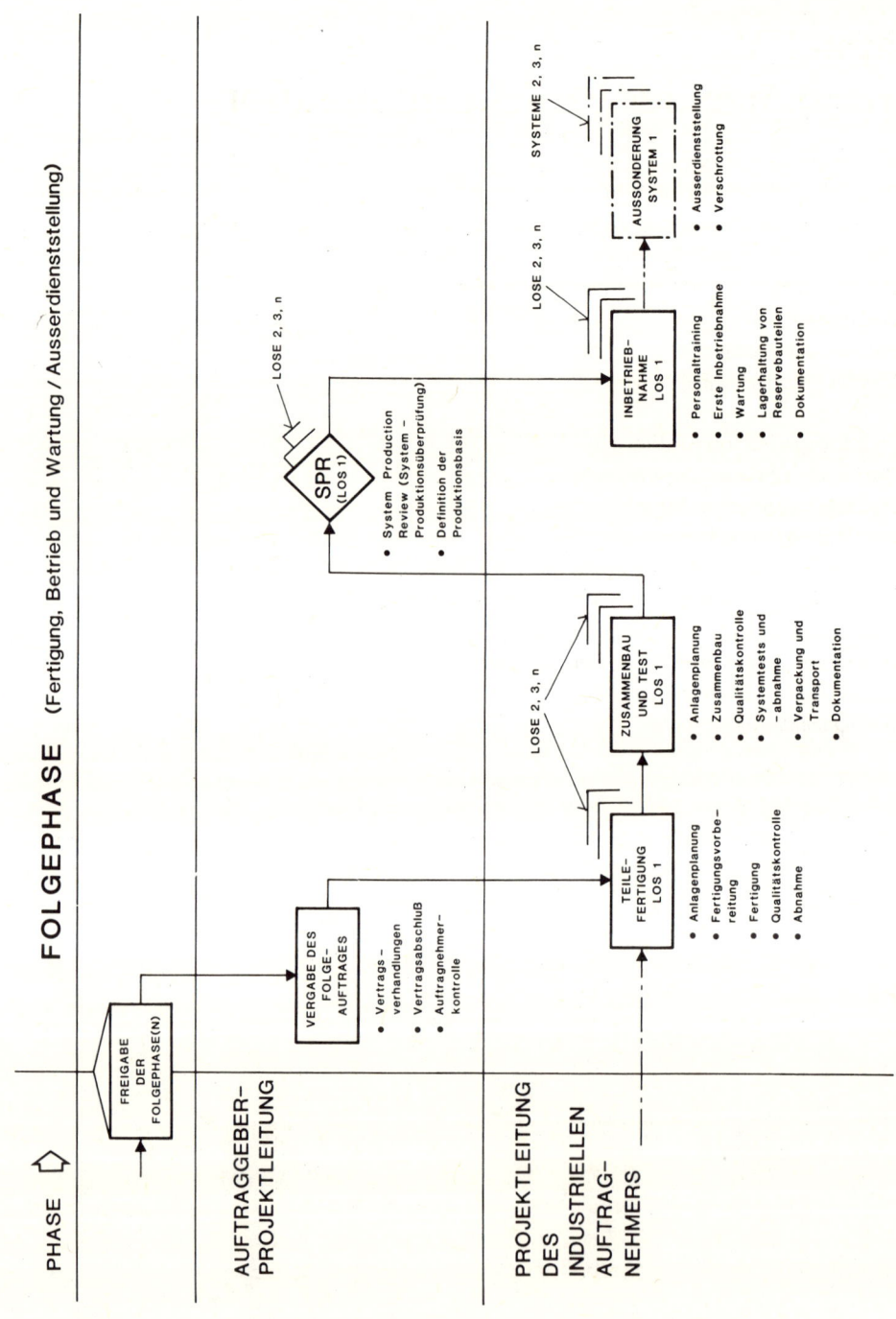

Abb. IV-12: Ablaufplan für die Fertigungs- und Betriebsphase

Kapitel V:
Grundsätze der Projektorganisation

1. Projektleitung und Projektbüro
   Aufgabe, Verantwortung und Vollmacht des Projektleiters: »Wie ein Firmenchef«
   Managementfunktionen im Projekt
   Das Projektteam und seine Organisationsstruktur
   Schlüsselpersonal
   Projekt- und Teamgröße
   Organisatorische Veränderungen

2. Projektorganisation im Betrieb
   Betriebliche Organisationsstrukturen
   Projektmanagement im Betrieb
   Das Matrix-Projektmanagement

3. Projektmanagement im Rahmen industrieller Kooperationen
   Notwendigkeit für Gemeinschaftsprojekte
   Projektmanagement im Rahmen einer Kooperation
   Mehrstufige Projektorganisation
   Internationale Kooperationen

Die Durchführung von Aufgaben, die zu einem gemeinsamen Ziel gehören und für dessen Erledigung mehrere Personen gleichzeitig erforderlich sind, setzt im Interesse eines möglichst reibungslosen Ablaufes neben der Ablaufplanung eine organisatorische Gliederung der Gesamtaufgabe in Teilaufgaben voraus. Hierzu eine Aussage von Dale: »Wenn zwei oder mehr Menschen für dasselbe Ziel zusammenarbeiten, muß jeder Beteiligte wissen, welchen Teil der Gesamtarbeit er übernehmen soll.«[1] In der deutschen Organisationslehre ist der Begriff Organisation in die Komplexe Aufbau- und Ablauforganisation unterteilt. »Während im anglo-amerikanischen Schrifttum unter Organisation weitgehend aufbauorganisatorische Aspekte abgehandelt werden, geht die deutsche Organisationslehre bei der Behandlung organisatorischer Phänomene von der Trennung in eine Aufbau- und Ablauforganisation aus.«[2] Die Projektorganisation ist eine wichtige aufbauorganisatorische Konzeption.

Die Implementation einer straffen Projektorganisation, aus der die Zuständigkeiten, Verantwortlichkeiten und Vollmachten der beteiligten Organisationen (Firmen, Institute, usw.) und/oder Mitarbeiter klar und eindeutig hervorgeht, kann in ihrer Bedeutung nicht hoch genug bewertet werden. Viele Projekte scheitern nicht etwa an mangelnder fachlicher Kompetenz der am Projekt beteiligten Mitarbeiter, sondern an dem organisatorischen Durcheinander. Die rechtzeitige Implementation eines wirkungsvollen Organisationskonzeptes, verbunden mit der Nominierung entsprechenden Schlüsselpersonals, und der klaren Festlegung von Zuständigkeiten, Verantwortlichkeiten und Vollmachten, ist deshalb eine wichtige Voraussetzung für die erfolgreiche Projektabwicklung. Die Durchführung von Projekten durch mehrere Firmen oder Organisationen setzt auch eine klare organisatorische Regelung der inter-industriellen Beziehungen voraus.

Jeder aufbauorganisatorischen Maßnahme sollte eine klare Analyse der durchzuführenden Funktionen und Aufgaben vorausgehen um sicherzustellen, daß nur solche Organisationseinheiten geschaffen werden, die sich eindeutig aus der Funktionsanalyse ergeben. Es ist auch darauf zu achten, daß die organisatorischen Nahtstellen sinnvoll und klar definiert sind. Die Eingliederung der Projektorganisation in das Konzept der Firmenorganisation und die Sicherstellung eines möglichst harmonischen Zusammenspiels zwischen der Projekt- und der Linienorganisation ist von besonderer Wichtigkeit für den Organisationsplaner.

Zur Verdeutlichung der Aussagen dieses Kapitels wird in vielen Fällen auf Großvorhaben Bezug genommen. Das bedeutet jedoch nicht, daß die beschriebenen Methoden und Verfahren für Kleinprojekte nicht anwendbar sind. Sie sind sehr wohl anwendbar, so muß z.B. auch bei Kleinprojekten die Verantwortung eindeutig geregelt sein. Vereinfacht ausgedrückt läßt sich sagen, bei kleineren Projekten muß der Projektleiter die PM-Aufgaben ganz oder zum größten Teil selbst wahrnehmen, während bei Großprojekten dafür Spezialisten zur Verfügung stehen.

1. Projektleitung und Projektbüro

Aufgabe, Verantwortung und Vollmacht des Projektleiters: »Wie ein Firmenchef«

Die Aufgabe und Verantwortung des Projektleiters läßt sich wie folgt definieren: »Erreichung des vorher spezifizierten Projektzieles im vorgegebenen Kosten- und Terminrahmen.«[3] Diese Aufgaben- und Verantwortungsdefinition umfaßt das gesamte Spektrum zur Projektdurchführung, das heißt der Projektleiter ist sowohl für die technische als auch für die administrative Abwicklung des Projektes voll verantwortlich – eine Verantwortung, die mit der eines Geschäftsführers prinzipiell vergleichbar ist. Jede Aufgabenteilung, zum Beispiel in die Bereiche Technik und Wirtschaft, führt zwangsläufig zur Effizienzminderung, da technische Entscheidungen in den meisten Fällen wirtschaftliche, und wirtschaftliche Entscheidungen ebensooft technische Konsequenzen nach sich ziehen. Der Steuerungs- und Entscheidungsprozeß eines Projektes sollte deshalb gesamtheitlich und durch eine Person vorgenommen werden.

Vergleicht man die Aufgabe und Verantwortung eines Projektleiters mit der eines Firmenleiters, so muß dem Projektleiter neben der wirtschaftlichen unbedingt auch die technische Verantwortung übertragen werden. Erst die Synthese aus technologisch-wirtschaftlichen Parametern kann zu betriebswirtschaftlich optimalen Ergebnissen führen. Mellerowicz schreibt: »Der Industriebetrieb ist mehr als jeder andere Betrieb eine Synthese von Technik und Wirtschaft. Beide können voneinander nicht getrennt werden; in ihrer gegenseitigen Abhängigkeit bestimmen sie die Gestaltung des Industriebetriebes, wobei sie beide ihren Gesetzen folgen ...«[4] Für das Aufgabengebiet des Projektleiters ist die Zusammenfassung beider Bereiche eine Grundvoraussetzung zum Erfolg. In der Praxis wird dies jedoch noch oft genug übersehen oder sogar verhindert. McKinley weist auf die Notwendigkeit zur Verschmelzung von kaufmännischem und technischem Wissen zur Erreichung von mehr Innovation hin und führt aus: »Ein neues Verhältnis zwischen Technikern und Geschäftsleuten ist notwendig, denn bislang bilden sie noch zwei klar voneinander abgegrenzte Gruppen mit unterschiedlichen professionellen Interessen.«[5]

Die Erfahrungen der Luft- und Raumfahrt haben gezeigt, daß Organisationsformen, die dem Projektleiter und seinem Team beide Elemente, Technik und Wirtschaft, gleichzeitig in die Hand geben, effizientes Projektmanagement erst ermöglichen. Hierzu nochmals McKinley: »Es ist die Verschmelzung von technischem und kaufmännischem Sachverstand, die das Brachliegen von exzellent ausgebildeter und hochbezahlter wissenschaftlicher Arbeitskraft verhindern und die Innovation auf dem Markt vorantreiben wird.«[5]

Um diese schwierige Aufgabe meistern zu können, muß der Projektleiter mit ausreichenden Vollmachten und Kompetenzen ausgestattet sein, die sich wie folgt zusammenfassen lassen[3]:

– Planung, Leitung und Kontrolle der technischen Aufgabenstellung,
– Auswahl von Unterauftragnehmern und Lieferanten,
– Planung, Freigabe und Kontrolle der Projektkosten,
– Termin-Ablaufplanung und -kontrolle,
– Implementation einer funktionsfähigen Projektorganisation und
– Auswahl des Schlüsselpersonals.

Es ist ein organisatorischer Grundsatz, daß die dem Projektleiter übertragenen Aufgaben, Verantwortungen und Vollmachten in einem Gleichgewicht zueinander stehen. Es wäre ganz und gar unzweckmäßig, wenn der Projektleiter zwar die volle Verantwortung für die Durchführung eines

Projektes hätte, ihm andererseits jedoch die oben genannten Vollmachten ganz oder teilweise entzogen wären. Einschränkend muß jedoch gesagt werden, daß der Projektleiter sich selbstverständlich im Rahmen der Regeln und Richtlinien des Unternehmens, in dem er tätig ist, bewegen muß. Darunter ist zu verstehen, daß Randbedingungen, wie zum Beispiel das allgemein gültige Kostenkontrollsystem, Organisationsvorschriften und grundlegende Maßgaben der technischen Abteilungen, vom Projektleiter selbstverständlich anzuerkennen und einzuhalten sind (s. a. V,2).

Managementfunktionen im Projekt

Die Festlegung der notwendigen Projektfunktionen, ist eine wichtige Voraussetzung zum Aufbau der Organisationsstruktur. Wie im vorangegangenen Abschnitt bereits beschrieben, ist die Projektleitungsfunktion in ihrer Summe als eine integrierende Tätigkeit mit der Zielrichtung zur Gesamtheitslösung anzusehen. Hieraus resultiert, daß der Projektleiter in erster Linie ein Integrator oder Generalist mit entsprechenden Führungseigenschaften sein sollte und nicht so sehr ein technischer oder administrativer Fachspezialist.[6] Allerdings ist in diesem Zusammenhang darauf hinzuweisen, daß natürlich auch das Aufgabengebiet des Projektmanagements als eine Spezialistentätigkeit, die nämlich darin besteht, die verschiedenen Teilaufgaben auf einer höheren Ebene (Projekt- und Systemebene) miteinander optimal zu verknüpfen, anzusehen ist. Mit den Worten Koelle's läßt sich sagen: »Projektmanagement ist primär die Kunst, die gewünschte Arbeit durch Menschen innerhalb der versprochenen Zeit und der zur Verfügung stehenden Mittel mit Erfolg durchzuführen.«[7]

Obwohl dem Projektleiter im Interesse größtmöglicher Effizienz die volle Verantwortung für die technische und wirtschaftliche Abwicklung übertragen werden sollte, kann andererseits von ihm nicht die volle Beherrschung aller zum Projekt gehörenden Wissensgebiete vorausgesetzt werden. Er muß deshalb auf Experten der entsprechenden Fachgebiete zurückgreifen. Wichtige Entscheidungen sind jedoch nach Abwägung aller technischen und wirtschaftlichen Projektaspekte allein vom Projektleiter zu treffen. Bei großen und komplexen Projekten wird der Projektleiter zur Lösung seiner Aufgaben deshalb entsprechende Spezialisten aus den verschiedensten Fachbereichen auswählen und diese vorübergehend in das Projektteam aufnehmen.

Die Projektaufgabe ist zweckmäßigerweise in Einzelfunktionen aufzugliedern, die wiederum eine in sich geschlossene Aufgabe darstellen und für die ein entsprechender Projektmitarbeiter auch die Verantwortung übernehmen kann. Dies setzt in jedem Einzelfall eine gründliche Analyse der erforderlichen Funktionen voraus, und das Ergebnis der Analyse wird für verschiedene Projekte unterschiedlich sein, denn für ein Forschungs- und Entwicklungsprojekt sind z. B. andere Funktionen wahrzunehmen als für ein Produktions- oder Dienstleistungsprojekt. Bei der Abwicklung großer und komplexer Vorhaben der Luft- und Raumfahrt in Europa und den USA hat sich zum Beispiel die Gliederung der Projektaufgabe nach folgenden Funktionen bewährt[6]:

– Planung und Überwachung/Project Control,
– Qualitätssicherung/Quality Assurance,
– Systemtechnik/Systems Engineering,
– Unterauftragnehmerkontrolle/Subcontractor Control,
– Fertigungssteuerung/Manufacturing Control,
– Integration und Test/Integration and Test,
– Pre-operationeller Betrieb/Pre-Operations.

Für ein karitatives Hilfsprogramm in einem Katastrophengebiet wären dagegen folgende Projektfunktionen denkbar[8]:

- Koordination im Hauptquartier,
- Presseinformation,
- Finanzkontrolle und Administration,
- Hilfsmaßnahmen,
- Logistik und Transport,
- Baumaßnahmen,
- Verbindungsburo.

Die Gliederung nach Projektfunktionen muß nach logischen und vor allem praktikablen Gesichts-
punkten vorgenommen werden, so daß den einzelnen Funktionen entsprechende Verantwortlich-
keiten zuzuordnen sind. So wäre es zum Beispiel falsch, die Aufgaben Qualitätssicherung und
Systemtechnik in eine Hand zu legen, da es sich um gänzlich unterschiedliche Funktionen handelt.
Die Systemtechnik ist vorwiegend eine kreative Entwicklungsaufgabe, während es sich bei der
Qualitätssicherung in stärkerem Maße um eine Überwachungsfunktion handelt.

Bei der Definition der Projektfunktionen genügt es in der Regel nicht, nur die Hauptbegriffe
festzulegen. Es ist wichtig, daß eine weitere Detaillierung in Teilfunktionen vorgenommen wird,
um die Verantwortlichkeiten präziser vornehmen zu können. Am Beispiel der Projektfunktion
Planung und Überwachung (Project Control) wird nachfolgend die in der Raumfahrt übliche
Detailgliederung wiedergegeben[3]:

(1) Projektadministration;
  - Informationsmanagement,
  - Vertragsmanagement,
  - Pflichtenheft.
(2) Ablaufplanung und -überwachung;
  - Projektstrukturplan und Arbeitspaketbeschreibungen,
  - Terminpläne,
  - Statuskontrolle,
  - Leistungsbewertung,
  - Berichterstattung.
(3) Kostenplanung und -überwachung;
  - Personal- und Kostenpläne,
  - Zahlungspläne,
  - Arbeitsfreigabe,
  - Kostenkontrolle,
  - Berichterstattung.
(4) Konfigurations- und Dokumentationskontrolle;
  - Dokumentationsgliederung,
  - Dokumentationskontrolle,
  - Konfigurationsüberwachung,
  - Ablage und Verteilung,
  - Berichterstattung.

Das Projektteam und seine Organisationsstruktur

Projektmanagement ist eine interdisziplinäre Aufgabenstellung, die bei größeren und komplexen Vorhaben nur durch ein Team effizient abgewickelt werden kann. Martin führt hierzu aus: »Ein komplexes Projekt erfordert ein Team von sehr unterschiedlichen Mitarbeitern und Abteilungen ... Der Projektleiter muß über einen Führungsstil verfügen, der für alle akzeptabel ist.«[9] Ähnlich äußert sich auch Vollrath, indem er sagt: »Teamarbeit ist die adäquate Arbeitsorganisation für die Abwicklung von Projekten.«[10]

Die Teamstärke hängt wesentlich von der Projektgröße und -komplexität ab. Es ist zwar grundsätzlich richtig, wenn man versucht, das Projektteam so klein wie möglich zu halten, um so den Kostenaufwand für das Projektmanagement zu minimieren, andererseits ist es jedoch äußerst unwirtschaftlich, wenn wichtige Managementfunktionen vernachlässigt werden. Projektmanagement ist eine Steuerungsfunktion und wenn ein Projekt, gleich welcher Größe und Komplexität, mangels ausreichender Steuerkraft schlecht geführt wird, so sind die Projektverluste oft wesentlich größer als der zu erbringende finanzielle Aufwand für eine angemessenere Projektleitung. Die Fälle erschreckend kleiner Projektgruppen zur Leitung sehr großer und komplexer Projekte sind in der heutigen Praxis leider sehr häufig. Die in der Literatur oft vertretene Meinung, Projektteams sollten sehr klein sein, das heißt, auf einige wenige Mitarbeiter begrenzt bleiben, ist deshalb im Grundsatz verkehrt. Richtig dagegen ist, das Managementteam muß angemessen besetzt werden, so daß die definierten Funktionen lückenlos und fachmännisch erledigt werden können. Auch bei Kleinvorhaben mit begrenztem Finanzvolumen muß der Projektverantwortliche zur Durchführung seiner Aufgaben über entsprechende Mittel (Stunden/Geld) verfügen.

Gleichzeitig ist aber auch darauf zu achten, daß das Projektteam nicht unverhältnismäßig groß wird, denn auch hierfür gibt es Beispiele. Völlig unwirtschaftlich wäre eine Situation, bei der die Projektleitung ähnlich stark besetzt ist, wie die mit der Facharbeit betrauten Abteilungen.

Die bisherigen Betrachtungen verdeutlichen bereits, daß es auf das richtige Verhältnis zwischen Projekt- und Fachbereich ankommt (s.a. Abbildung V-1). Das exakte Verhältnis läßt sich aber nicht pauschal festlegen und ist von den unterschiedlichsten Faktoren, wie zum Beispiel der Projektart, Firmenstruktur, usw. abhängig. Komplexe und innovative Forschungs- und Entwicklungsprojekte (FuE-Projekte), bei denen zum Beispiel das systemtechnische Aufgabengebiet sehr ausgeprägt ist, setzen ein größeres Projektteam als ein Produktionsprojekt voraus (s.a. nachfolgenden Abschnitt Projekt- und Teamgröße).

Die Aufgabenteilung zwischen den Projekt- und Fachabteilungsteams setzt eine klare Definition und Abgrenzung der Einzelaufgaben voraus. Vom Projektteam sind zum Beispiel keinesfalls detaillierte Entwurfs- und Entwicklungsarbeiten, die entsprechendes Spezialwissen voraussetzen, auszuführen. Aufgabe des Projektteams ist vielmehr die Planung, Steuerung und Integration aller Projektarbeiten im Hinblick auf die zügige Erreichung des Projektziels und unter Einbindung aller wichtigen Projektparameter, wie zum Beispiel: Systemtechnik, Qualität, Sicherheit, Termine, Kosten, Umweltschutz, usw. Hieraus läßt sich ableiten, daß die Projektmannschaft zur Erfüllung der ihr gestellten Ziele nicht nur aus Administratoren bestehen kann. Die bereits angesprochenen Projektparameter müssen durch entsprechende Experten, die im Projektteam fest eingebunden sind, verantwortet und geleitet werden. Es ist nicht ausreichend, daß die Firma über entsprechende Fachleute in anderen Abteilungen verfügt. Dem Projektleiter muß vielmehr für die Dauer des Projektes entsprechendes Personal zur Seite gestellt werden, das genau wie er die Interessen des jeweiligen Projektes vertritt. Eine optimale Aufgabenteilung zwischen dem Projekt- und Fachbereich sollte, wie in Abbildung V-2 gezeigt, funktionsbezogen vorgenommen werden.

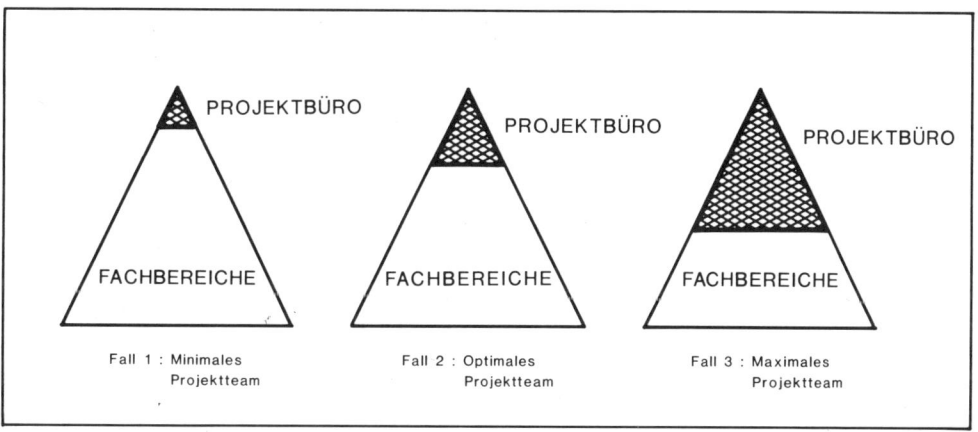

Abb. V-1: Relative Projekt-Teamstärke (Projekt/Fachbereich)

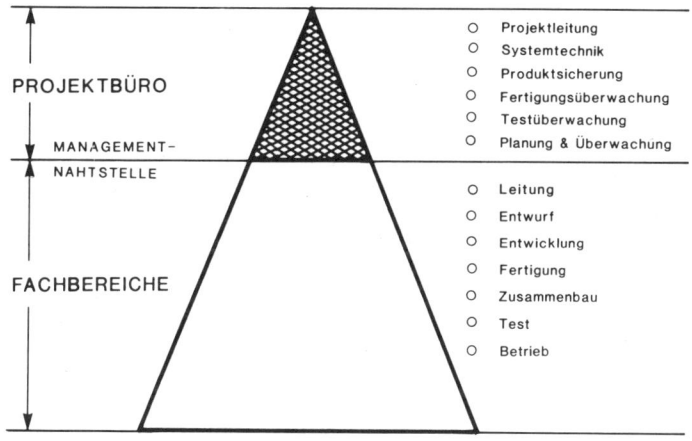

Abb. V-2: Funktionsbezogene Aufgabenteilung zwischen dem Projekt und den Fachbereichen

Das Projektteam (Projektbüro) ist einerseits zwar mit einer adäquaten Fachkompetenz auszustatten, um eine technisch-wirtschaftliche Projektsteuerung überhaupt wahrnehmen zu können, sollte andererseits jedoch nicht über eigene Fachbereichskapazitäten verfügen. Die Schnittstelle zwischen dem Projektbüro und den Fachbereichen ist in jedem Fall klar und eindeutig festzulegen. In der Praxis kommt es aber gerade hier immer wieder zu Problemen, da die Festlegung dieser Schnittstelle den Projekt- und Fachbereichsmitarbeitern meistens allergrößte Schwierigkeiten bereitet. Es wird sehr oft einfach nicht erkannt, daß die Aufgaben des Projektteams im Gegensatz zu den Aufgaben der Fachbereiche nicht ausführungsorientiert, sondern planungs- und überwachungsorientiert sind (s. a. Abbildung V-2). Nachfolgend sind die typischen Aufgaben des Projektbüros und der Fachbereiche einander gegenübergestellt:

Projektbüro	Fachbereiche
– Zielsetzung	– Entwurf und Konstruktion
– Erstellung von Projektplänen	– Mathematische Modelle
– Systemanalysen und -auslegung	– Analysen (Struktur, Thermodynamik, usw.)
– Funktionssicherheitsanalysen	– Laborentwicklungen
(Gesamtsystem)	– Musterbau
– Erstellung von Spezifikationen	– Fertigungsplanung
– Erstellung von Pflichtenheften	– Fertigung
– Terminplanung und -kontrolle	– Qualitätskontrolle
– Kostenplanung und -kontrolle	– Testplanung
– usw.	– Funktionstests
	– Zusammenbau/Integration
	– Vorrichtungsbau
	– usw.

Zusammenfassend läßt sich sagen, daß dem Projektbüro bzw. der Projektleitung sämtliche Aufgaben, die nicht von einem einzigen Fachbereich abzudecken sind, automatisch zufallen. In anderen Worten, das Projektbüro wirkt als Integrationsklammer im Dienste des Projektziels.

In Abbildung V–3 ist das Konzept einer Projektorganisation für ein großes FuE-Projekt wiedergegeben.[6] Der Projektleiter, der für die erfolgreiche Abwicklung des Vorhabens verantwortlich ist, muß im Interesse der optimalen Abstimmung/Integration aller Projektparameter die zentralen Funktionen wie zum Beispiel Planung und Überwachung (Project Control), Qualitätssicherung (resp. Produktsicherung), Systemtechnik, usw. schwerpunktmäßig in entsprechende Organisationseinheiten zusammenfassen. Wie bereits erwähnt, muß die Festlegung der Projektorganisation jedoch auf der Basis einer detaillierten Untersuchung zur Feststellung der notwendigen Projektfunktionen beruhen. Außerdem ist, wie in Abbildung V–3 gezeigt, nach Möglichkeit eine Feingliederung der Projektorganisation vorzunehmen, um den genauen Aufgabeninhalt der jeweiligen Organisationseinheit zu kennen. Die Erstellung von entsprechenden Stellenbeschreibungen ist in jedem Falle zu empfehlen (s.a. Schlüsselpersonal). Bei Kleinprojekten ist nach dem gleichen Schema zu verfahren, die einzelnen Funktionen sind jedoch in Personalunion vom Projektleiter wahrzunehmen. Oftmals verhält es sich sogar so, daß der Projektleiter neben seiner Projektaufgabe auch gleichzeitig Fachaufgaben wahrnimmt. Spezialthemen wie z.B. Qualitätssicherung müssen jedoch von entsprechenden Spezialisten abgearbeitet werden.

Schlüsselpersonal

Die Erstellung und Implementierung eines funktionsfähigen Projekt-Organisationsplans ist ein wichtiger Schritt für die effiziente Projektabwicklung. Genauso wichtig ist aber die richtige personelle Besetzung des Projektteams. Vor allem bei der Auswahl des Schlüsselpersonals, das heißt bei der Besetzung der Führungspositionen (Projektleitung, Planung und Überwachung, Produktsicherung, Systemtechnik, usw.) ist größte Sorgfalt erforderlich. Ausbildung, praktische Erfahrung und die Fähigkeit zur Teamarbeit sind die ausschlaggebendsten Faktoren bei der Besetzung der Top-Positionen der Projektleitung. Die Praxis zeigt immer wieder, daß die Managementinstrumentarien allein nicht ausreichen, ein Projekt erfolgreich abzuwickeln. Die richtige

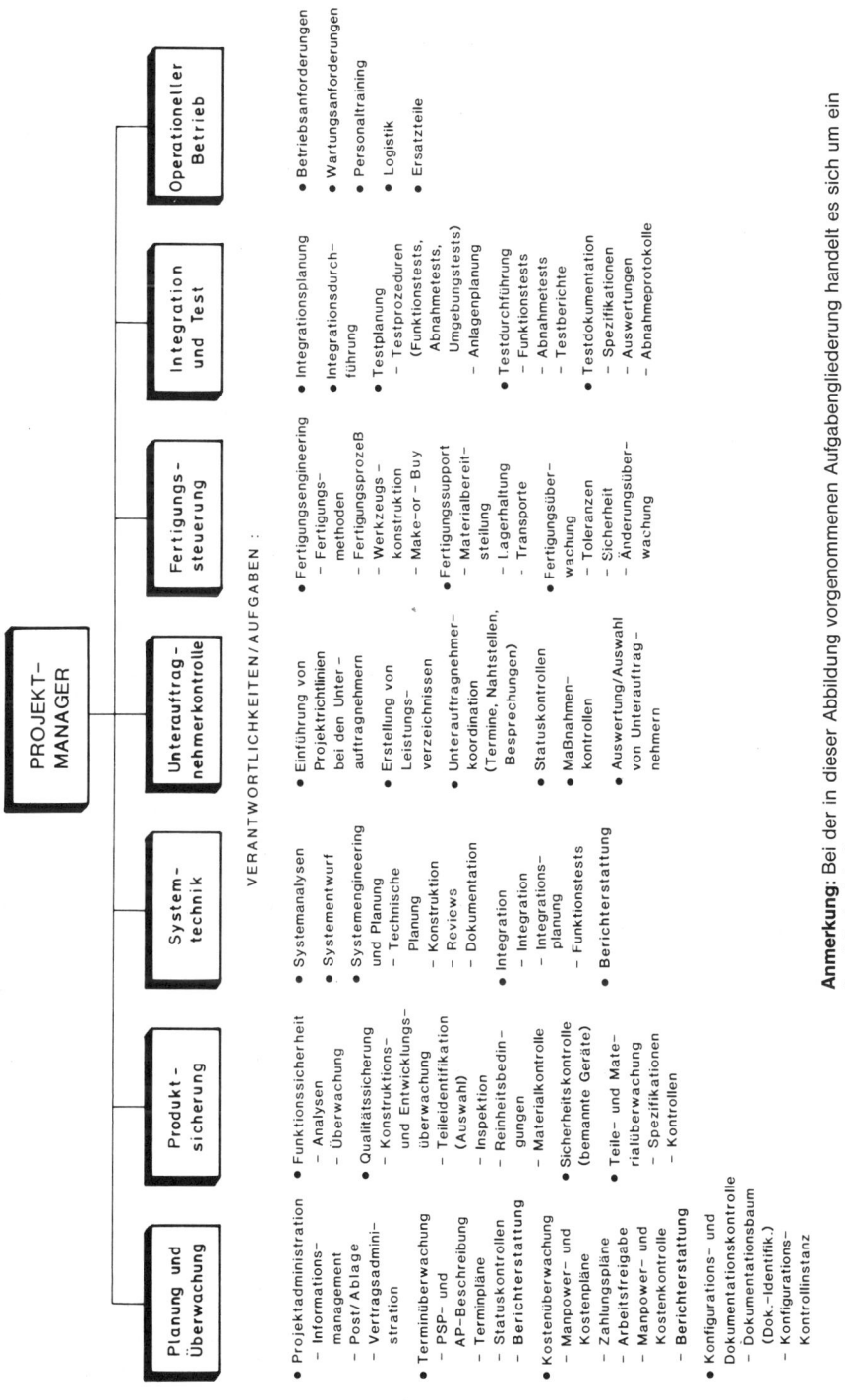

Abb. V-3: Typische Projektorganisation, im FuE-Bereich

personelle Besetzung, das heißt die sorgfältige Auswahl des Schlüsselpersonals, ist von allergrößter Bedeutung für den Projekterfolg.

Die Nominierung des Projektleiters bereitet oft die allergrößten Schwierigkeiten, denn er muß sowohl von den Technikern als auch von den Administratoren und Wirtschaftlern im Projekt und in den Fachbereichen gleichermaßen akzeptiert werden. Seine Integrationsfähigkeit ist neben einer ausgewogenen Sachkenntnis in allen Projektbereichen (Planung und Überwachung, Systemtechnik, usw.) und guten Führungseigenschaften eine notwendige Voraussetzung, ein Projekt zu leiten. Im Projektgeschehen kommt es immer wieder zu Konflikten, die sachlich und im Interesse des Projektes zu klären sind. Die Integrationsfähigkeit muß ausreichen, um Zielkonflikte, zum Beispiel ein Termin-/Kostenproblem, im Sinne einer optimalen Projektlösung auszugleichen. Seine Sachkenntnisse dürfen nicht einseitig, zum Beispiel nur technisch orientiert sein, sondern müssen die wirtschaftlichen und administrativen Bereiche mit einschließen. Das heißt natürlich nicht, daß er zum Beispiel ein Top-Planungsfachmann sein muß. Seine Führungseigenschaften müssen, wie bei jedem Manager; motivierend und darüber hinaus teamfördernd sein. Diese Prämissen sollten bei der Auswahl des Projektleiters unbedingt beachtet werden.

Die in der Literatur manchmal vertretene Ansicht, daß der Projektleiter im wesentlichen nur Administrator sein sollte und von der Technik (der sachlichen Aufgabenstellung des Projektes) nicht allzuviel verstehen muß, ist sicherlich nicht richtig. In der Praxis kann man immer wieder erleben, wie es zu technisch-orientierten Auseinandersetzungen kommt, zu deren Lösung (Kompromiß) in erster Linie technisch-wirtschaftliche Argumentationen gehören. So werden die Projektleiter in der Praxis tatsächlich in der Regel aus den technischen Bereichen rekrutiert. Eine typische Entwicklung sieht so aus, daß ein Techniker mit guten Spezialkenntnissen, zum Beispiel im Bereich der Elektronik, und darüber hinausgehenden gutem technischem Allgemeinwissen, zum Beispiel aus den Bereichen Mechanik und Test, zum Systemingenieur avanciert und darauf aufbauend mit der Führung eines kleineren Projektes betraut wird. Der erfolgreiche Abschluß eines kleineren Vorhabens ist dann die Plattform für größere Projektleitungsaufgaben. Eine begleitende Projektleiterschulung, die zukünftigen Projektleitern neben dem *training-on-the job* das nötige Wissen über Aufgaben der Projektadministration (Vertrag, Finanzmanagement, Project Control, usw.) und Führungsverhalten vermittelt, ist sicher zu empfehlen. Viele Firmen führen dementsprechende Kurse durch.[11] (s. a. Kapitel XV, 2).

Die Besetzung der zweiten Projektleitungsebene mit entsprechendem Schlüsselpersonal (s. a. Abbildung V-3), wie es für Großprojekte notwendig ist, ist ebenfalls von entscheidender Bedeutung für den Projekterfolg. Auch die Inhaber dieser Positionen müssen Integrations- und Führungsaufgaben wahrnehmen und die Fähigkeit zur Teamarbeit mitbringen. Ihr Karriereverlauf ähnelt dem des Projektleiters sehr stark. Es handelt sich in der Regel um Mitarbeiter mit einer fundierten Ausbildung (Ingenieure, Betriebswirte, usw.) und längerer praktischer Erfahrung in einem Spezialgebiet. Für viele Techniker ist die Mitarbeit im Projektteam die Voraussetzung, um später selbst einmal ein Projekt zu leiten. Bei der Auswahl des Schlüsselpersonals der zweiten Ebene muß der Projektleiter ein ganz entscheidendes Mitspracherecht haben. Es wäre eine nicht zu vertretende Praxis, wenn die Teamzusammensetzung in einer autokratischen Vorgehensweise von einer anderen Stelle, zum Beispiel der Personalabteilung, vorgenommen würde, denn der Projektleiter ist auf gute Zusammenarbeit, die nicht allein von der Fachkompetenz, sondern auch von der Teamzusammensetzung und dem *team spirit* abhängt, angewiesen. Ein nachweislich erfolgreicher Projektleiter aus der deutschen Luft- und Raumfahrtindustrie hat das einmal so ausgedrückt: *Ein Team von Spitzenleuten garantiert nicht automatisch den größten Erfolg vielmehr kommt es auf die richtige Zusammensetzung des Teams an!* Natürlich muß in der Praxis auf die Gegebenheiten (Personalverfügbarkeit) Rücksicht genommen werden. Voraussetzung ist aber ein Personalgespräch zwischen allen maßgeblichen Stellen und die Mitwirkung des Projektleiters.

Vorbereitend sind vom Projektleiter entsprechende Stellenbeschreibungen zu erstellen, aus denen die Aufgaben, Verantwortlichkeiten und Kompetenzen des zukünftigen Stelleninhabers eindeutig zu entnehmen sind. Nachfolgend ist die Stellenbeschreibung für den PC-Manager (Planung – Überwachung; s.a. Kapitel IX.) eines FuE-Projektes als ein Beispiel aus der Praxis wiedergegeben[6]:

(1) Aufgaben und Verantwortlichkeiten des PC-Managers:
Der PC-Manager ist primär für die Planung und Überwachung des Projektablaufs, des Mitteleinsatzes und der Kostenkontrolle verantwortlich. Die Planung und Überwachung des Projektablaufs, der Einsatzmittel und der Kosten liegen in einer Hand. Ausgehend von der Vertragsbasis, sind die Planungsunterlagen zu erstellen, auf deren Grundlage dann die Arbeitsfreigaben vorzunehmen sind. Der Überwachungsprozeß beinhaltet die Funktionen, Statusermittlung, Abweichungsanalyse und Einleitung von Korrekturmaßnahmen. Zusätzlich sind folgende Aufgaben vom PC-Manager auszuführen: allgemeine Projektadministration, Dokumentations- u. Konfigurationskontrolle und Unterauftragnehmerüberwachung; s.a. Abb. V-4.

(2) Kompetenzen des PC-Managers:
Um die beschriebenen PC-Aufgaben und Verantwortlichkeiten wirkungsvoll wahrnehmen zu können, ist der PC-Manager mit den hierfür erforderlichen Kompetenzen auszustatten. Der PC-Manager ist den Projektfunktionen der zweiten Managementebene (Systemtechnik, Produktsicherung, Test, usw.) gleichgestellt (s.a. Abbildung V-3). Kompetenzen des PC-Managers sind:
– Auswahl von qualifiziertem PC-Personal,
– Mitspracherecht bei Termin-, Kosten- und Vertragsverhandlungen,
– Weisungsbefugnis im PC-Bereich.

(3) Organisatorische PC-Nahtstellen:
Bei der Durchführung der genannten PC-Aufgaben sind vom PC-Manager projektinterne und -externe Nahtstellen zu kontrollieren. Die projektinternen Nahtstellen beziehen sich im wesentlichen auf die Gebiete Planung und Überwachung und deren diesbezügliche Koordinationsaufgaben. Der PC-Manager muß z.B. in Zusammenarbeit mit den Leitern der Systemtechnik und Qualitätssicherung die jeweils erforderlichen PC-Inputs (Planungsunterlagen und Statusberichte) in der vorgeschriebenen Form und termingerecht erstellen. Projektexterne manageriale Nahtstellen sind zu folgenden Abteilungen wahrzunehmen:
– Rechnungswesen/Finanzabteilung,
– EDV/Software-Abteilung,
– Andere Projekte (zum Beispiel Anlagenbelegung),
– Zentrale Planung (Standardmethoden, usw.).

(4) Qualifikation des PC-Managers:
Um die PC-Aufgabe als integrale Managementfunktion wahrnehmen zu können, ist diese Stelle entweder mit einem Techniker; der über entsprechend gute kaufmännische Kenntnisse verfügt, oder mit einem Projektkaufmann, mit einem entsprechend guten technischen Verständnis, zu besetzen. Ein kombiniertes oder technisch-wirtschaftliches Doppelstudium ist für diese Tätigkeit von Vorteil. Der Stelleninhaber sollte darüber hinaus über entsprechende

praktische Erfahrung verfügen und mindestens über einen längeren Zeitraum als Planer und/oder Projektkaufmann in einem Projekt selbständig gearbeitet haben. Zusammenfassend muß der PC-Manager folgende Eigenschaften nachweisen können:

- Gute technische und wirtschaftliche Kenntnisse,
- Kreativität/Ideenreichtum,
- Organisationskenntnisse,
- Verantwortungsbewußtsein,
- Einfühlungsvermögen/Team-Erfahrung,
- Flexibilität/Anpassungsfähigkeit,
- Kritikfähigkeit,
- Blick für die Gesamtsituation.

Das hier wiedergegebene Beispiel einer Stellenbeschreibung für den PC-Manager (Leiter Planung und Überwachung) beruht auf Erfahrungen der Raumfahrtindustrie. In Abbildung V-4 sind die typischen PC-Aufgaben in tabellarischer Form wiedergegeben.

In Ergänzung zur Stellenbeschreibung des PC-Managers sind nachfolgend die Standard-Stellenbeschreibungen der ESA für den Planungsingenieur und Projektkaufmann (dritte Managementebene) wiedergegeben.[12]

(1) Planungsingenieur (Schedule Control Manager):

Die Qualifikation des Planungsingenieurs sollte wie folgt beschaffen sein:

(a) Grundsätzliche Kenntnisse über die allgemeinen Projektvorgänge; d.h. der Projektplaner eines technischen Projektes muß z.B. über die allgemeinen ingenieurmäßigen Vorgänge im Projekt Kenntnisse besitzen, um in Zusammenarbeit mit den für die Technik verantwortlichen Projektmitarbeitern einen Projektablaufplan aufstellen und verfolgen sowie diesbezügliche Planungsbesprechungen leiten zu können.

(b) Gründliche Kenntnisse der einschlägigen Planungs- und Überwachungsmethoden:

- Erstellung von Projektstrukturplänen (PSP),
- Abfassung von Arbeitspaketbeschreibungen,
- Aufstellung von Ablaufplänen,
  □ Netzplanerstellung,
  □ Balkenplanerstellung,
  □ Meilensteindefinition,
- Durchführung von Fortschrittskontrollen,
- Leitung von Planungs- und Projektstandbesprechungen und Berichterstattung,
- Handhabung gängiger Planungssoftware (s.a. IX-14),
c) Prinzipielle Kenntnisse des Aufgabengebietes des Projektkaufmanns.

(2) Projektkaufmann (Cost Control Manager):

Die Qualifikation des Projektkaufmanns sollte wie folgt beschaffen sein:

(a) Detaillierte Kenntnisse in der kaufmännischen Projektabwicklung; das heißt:

- Mitarbeit bei der Erstellung von Projektstrukturplänen,
- Erstellung detaillierter Personal-Einsatzpläne,
- Erstellung detaillierter Kostenpläne,
  □ Erfassung der Mengenansätze in Übereinstimmung mit den Projektablaufplänen,
  □ Umsetzung der Mengenansätze in Kosten unter Anwendung der betrieblich festgesetzten Kostensätze (Stundensatz, usw.),

PC-Aufgaben	Erläuterungen

PC-PRIMÄRAUFGABEN
 	
● Planungsüberwachung
Schedule Control
 	
  - Projektstrukturplan (PSP/WBS)
  - Arbeitspaketbeschreibung
  - Ablaufplanung
  - Planungs-Statuskontrolle
  - Leistungskontrolle
  - Berichterstattung
 	
● Kostenüberwachung
Cost Control
 	
  - Personaleinsatzplanung
  - Kostenplanung
  - Mittelabflußplanung
  - Arbeitsfreigabe
  - Personal/Kosten-Status-
    kontrolle
  - Berichterstattung
	Die hier aufgeführten PC-Primäraufgaben stellen die Haupttätigkeit des PC-Teams dar.
	
	Der PC-Manager muß die Qualifikation zur Bearbeitung der nebenstehenden Bereiche besitzen. Bei größeren Projekten, bei denen dem PC-Manager ein entsprechendes Team zur Verfügung steht, empfiehlt sich die Aufgabenteilung nach den Hauptbereichen:
	
	- Planungsüberwachung und
	- Kostenüberwachung
	
	PC = _Project Control_ = Planung und
	                Überwachung
	PSP = Projektstrukturplan = WBS
	WBS = _Work Breakdown Structure_ = PSP
	WPD = _Work Package Description_

ERWEITERTE PC-AUFGABEN
 	
● Allgemeine Administration
General Administration
 	
  - Vertragsadministration
  - Leistungsverzeichnis
  - Zusatzleistungen
  - Prämiensystem
  - Informationssysteme
    . Datenmanagement
    . Kontrollräume
    . Berichtswesen
 	
● Dokumentations- und Konfigurationsüberwachung
Documentation and Configuration Control
 	
  - Klassifikation der Projekt-
    dokumentation
    . Dokumentationsbaum
    . Spezifikationsbaum
    . Nummernsystem
  - Basisdokumentation
  - Projektreviews
  - Konfigurationsänderungen
 	
● Unterauftragnehmerüberwachung
Subcontractor Control
 	
  - U/AN-Auswahl
  - U/AN-Leistungsverzeichnis
	Mit der Durchführung der erweiterten PC-Aufgaben wird das PC-Team in der Regel aus organisatorischen und/oder finanziellen Gründen beauftragt. Die Aufgaben können vom PC-Leiter jedoch nur dann wahrgenommen werden, wenn er über entsprechende Erfahrungen verfügt.
	
	- Es ist vorteilhaft, die hier zusammengefaßten administrativen Tätigkeiten durch das PC-Team durchführen zu lassen, da die hier aufgeführten Einzelaufgaben in einem engen Zusammenhang mit den o.g. Primäraufgaben stehen.
	
	- Für die Bearbeitung der Dokumentations- und Konfigurationskontrolle bieten sich mehrere organisatorische Lösungen an:
	
	(1) als eine Unterfunktion der Qualitätssicherung
	(2) als eine Unterfunktion der PC-Aufgabe
	(3) als eigenständige Hauptfunktion des Projekt-Managements.
	
	- Nur in seltenen Fällen ist das PC-Team für die Unterauftragnehmerkontrolle zuständig.
	
	U/AN = Unterauftragnehmer

Abb. V-4: Typische PC-Aufgaben (Madauss, 1978/81)

- Mittelabflußplan,
- Arbeitsfreigabe, die in Übereinstimmung mit den erstellten Planungsunterlagen erfolgen muß,
- Durchführung von Personal/Kosten-Statuskontrollen (Soll/Ist-Vergleich),
- Endkostenrechnung (Cost to Completion),
- Berichterstattung (Personal- und Kostenstand).

(b) Kenntnisse des Rechnungswesens:
- Rechnungstellung und -prüfung,
- Bestandsbeurteilung und -bewertung,
- Zahlungsverkehr,
- Umsatzanalysen,
- Kostenträgerprüfung,
- Umbuchungen.

(c) Prinzipielle Kenntnisse des Aufgabengebietes des Projektplaners.

Projekt- und Teamgröße

Die Frage nach dem finanziellen Ansatz für die Projektleitung bzw. der Größe des Projektteams (Projektbüro) ist nicht leicht zu beantworten und läßt sich vor allem nicht verallgemeinern. Wie in Abbildungen V-1 und V-2 bereits angedeutet, kommt es auf die richtige Teamstärke im Verhältnis zum Gesamtprojekt und somit auch zum Fachbereich an. Verhältniszahlen allein helfen hier nicht weiter, denn es ist leicht einzusehen, daß ein FuE-Projekt weitaus managementintensiver ist als zum Beispiel ein Produktionsprojekt. Es kommt in erster Linie auf die Definition der Managementinhalte, die Komplexität, den Neuheitsgrad und wohl auch auf die Branche an. Bei der Entwicklung von Raumfahrtprojekten sind Managementkosten des industriellen Hauptauftragnehmers von zehn Prozent vom Gesamtprojektvolumen zum Beispiel keine Seltenheit. Dabei muß man jedoch berücksichtigen, daß die Managementteams zur Entwicklung eines Satelliten neben den rein administrativen Arbeitsgruppen auch die Teams für Systemtechnik, Qualitätssicherung, usw. mit einschließen; das Projektteam verrichtet nicht nur administrative sondern auch systemtechnische Aufgaben (s. a. Abbildung V-3). Werden die systemtechnischen Aufgaben dagegen, wie dies in der Praxis zum Nachteil eines effizienten Projektmanagements manchmal der Fall ist, in den einzelnen Fachbereichen bearbeitet, so fallen die diesbezüglichen Kosten selbstverständlich nicht im Zusammenhang mit der zentral operierenden Projektleitung, sondern verteilt auf die einzelnen Fachbereichs-Arbeitspakete an. In den nachfolgenden Betrachtungen wird zum besseren Verständnis jedoch von der in Abbildung V-3 gezeigten Organisationsstruktur ausgegangen.

Bei jeder Projektabwicklung sind die in Abbildung V-3 gezeigten Managementfunktionen in gleicher oder abgewandelter Form wahrzunehmen. Handelt es sich jedoch um ein sehr kleines Projekt, zum Beispiel von einigen hunderttausend DM, so sind die Funktionen Planung und Überwachung, Produktsicherung, Systemtechnik, usw. zwar ebenfalls wahrzunehmen, aber der Projektleiter verfügt nicht über die Mittel, entsprechende Spezialisten zu bezahlen. Der Projektleiter ist aus finanziellen Gründen gehalten, einen Teil der Aufgaben in Personalunion wahrzunehmen, und für spezielle Aufgaben, zum Beispiel für die Kostenüberwachung und die Vertragsabwicklung, Spezialisten zeitweise heranzuziehen. Diese Feststellung ist deshalb wichtig, weil Projektleiter kleiner Vorhaben manchmal den Fehler begehen keinen bzw. einen zu großen Ansatz für Projektmanagement vorzusehen. Beides ist falsch und führt zu Problemen.

Projektmanagement sollte in keinem Fall zum Selbstzweck werden. Kleinstvorhaben (einige tausend DM), die im Rahmen einer Fachabteilung abzuwickeln sind, verfügen oftmals über keine organisatorisch ausgewiesene Projektleitung. Das Vorhaben wird in solchen Fällen durch den die Facharbeit verrichtenden Mitarbeiter simultan auch geleitet, und der Bearbeiter kann nur einige Stunden für Leitung und Verwaltung beanspruchen. In solchen Fällen muß der Leiter der Projektaufgabe sämtliche Funktionen (Projektleitung und Facharbeit) unter Umständen selbst ausführen. Erst bei Vorhaben, die mehrere Arbeitspakete, einen bestimmten Auftragswert und/oder mehrere Fachbereiche einschließen, ist eine Projektleitung im Sinne dieses Buches gerechtfertigt. Der Projektleitungsaufwand hängt im wesentlichen von folgenden Faktoren ab:

(1) Projektspezifische Parameter:
   – Branche (Bauindustrie, Anlagenbau, usw.)?
   – Projektart (FuE, Produktion, usw.)?
   – Projektgröße (Auftragsvolumen)?
   – Projektkomplexität (interdisziplinär oder im Rahmen einer Disziplin)?

(2) Auftragskonditionen:
   – Interner/externer Auftraggeber?
   – Mehrstufige Projektorganisation (Unterauftragnehmer)?
   – Management im Rahmen eines Firmenkonsortiums?
   – usw.

(3) Spezielle Managementanforderungen:
   – Organisationsstruktur (Funktionsspektrum)?
   – Planungsdetaillierung?
   – Überwachungszyklus (wöchentlich, monatlich)?
   – Berichterstattung (Häufigkeit, Verteiler)?
   – usw.

Hierzu ein praktisches Beispiel für ein Großprojekt: Die Firma General Electric führte 1970 im Auftrag des Bundesministeriums für Bildung und Wissenschaft (BMBW), heute BMFT, eine Managementstudie für das Europäische Trägerraketenprogramm Europa III (heute Ariane) durch und machte in diesem Zusammenhang auch einen Vorschlag für die Teamstärke des ELDO-Projektbüros (Auftraggeber). Für die Programmleitung wurden 153 direkte Mitarbeiter veranschlagt.[13] Die Personalstärke wurde auf der Basis der nachfolgenden Haupt-Projektparameter, den maßgeblichen Vorhabenskonditionen und den speziellen Managementanforderungen ermittelt:

(1) Projektspezifische Parameter:
   – Raumfahrtprojekt,
   – FuE-Vorhaben,
   – Projektvolumen ca. 2 Milliarden DM,
   – Zeitplan ca. 10 Jahre,
   – Technologisch komplexes Vorhaben (Entwicklung kryogener Systeme).

(2) Vorhabenskonditionen:
  – Mehrstufige Projektorganisation (Auftraggeber; Hauptauftragnehmer; Unterauftragneh-
    mer und Lieferanten),
  – Kooperation mit nationalen Behörden.

(3) Spezielle Managementanforderungen (Managementfunktionen):
  – Projektleitung (einschließlich Project Control, Dokumentationskontrolle, usw.),
  – Qualitätssicherung (Gesamtsystem),
  – Vertragsmanagement (Firmen aus sechs Nationen),
  – Systemintegration,
  – Systemtechnik für Stufen, Nutzlastverkleidung, Geräteteil, Bodentestgeräte und Startein-
    richtung.

Der finanzielle Aufwand für das Auftraggeber-Projektmanagementbüro (Europa III – Programmleitung) betrug ca. 9 Prozent der Gesamtprogrammkosten, ein hoher aber durchaus üblicher Wert für komplexe Entwicklungsvorhaben.

Organisatorische Veränderungen

So wünschenswert eine unveränderliche Projektorganisation einerseits auch sein mag, in der
Projektpraxis ist sie fast unmöglich. Im Gegenteil, organisatorische Änderungen werden oft bereits
von Anfang an fest eingeplant. Um dies besser zu verstehen, ist ein Blick auf den Projektlebenszyklus und die einzelnen Projektphasen (s.a. Kapitel IV) hilfreich. Die völlig unterschiedlichen
Aufgabenstellungen auf dem langen Weg von der Konzeptphase bis zur Produktions- und/oder
Betriebsphase zwingen zu organisatorischen Änderungen. Jeder Organisationsänderung muß
jedoch stets eine eingehende Funktionsanalyse vorausgehen.

In Abbildung V-5 ist dies an mehreren Beispielen erläutert. Die Projektorganisation für Phase A
(Konzeptphase) entspricht den Zielsetzungen und durchzuführenden Hauptfunktionen dieser
Phase: (1) – Systemanalyse und (2) – Kostenanalyse. Die Besetzung des PC-Managements ist in
dieser Phase meistens noch nicht erforderlich; der Projektleiter führt diese Funktion gegebenenfalls
in Personalunion und mit Unterstützung von teilabgestellten Termin- und Kostenkontrollexper-
ten durch.

Während der Definitionsphase (Phase B) ist die Projektorganisation aufgrund des erweiterten
Aufgabenspektrums bereits um etliche Funktionen zu erweitern: (3) – Project Control Management, (4) – Konfigurationskontrolle, (5) – Produktsicherung, (6) – Systemtechnik (vorher Systemanalysen) und (7) – Integrationsleitung. Die hier genannten zusätzlichen Funktionen wurden als
Einzelaufgaben zum Teil bereits in Phase A bearbeitet, hatten jedoch noch nicht die Bedeutung
einer eigenständigen Projektfunktion im Organisationsplan. Andere Funktionen dagegen, in
diesem Beispiel die Kostenanalyse (2), entfallen in den Folgephasen ganz bzw. werden im Rahmen
anderer Hauptfunktionen weiter bearbeitet.

In der Phase C erfolgt der Übergang von reiner Papierarbeit (Analysen, Entwurf, usw.) zu
hardwarebezogenen Tätigkeiten (Fertigung und Test von Laborgeräten und Prototypen). Dies
schlägt sich erneut in der Projektorganisation nieder: (8) – Konfigurationskontrolle (wegen der
Bedeutung der Konfigurationskontrolle in dieser Phase wird das Konfigurations-Kontrollteam
oftmals zu einer Hauptprojektfunktion aufgewertet), (9) – Fertigungskoordination (im Hinblick

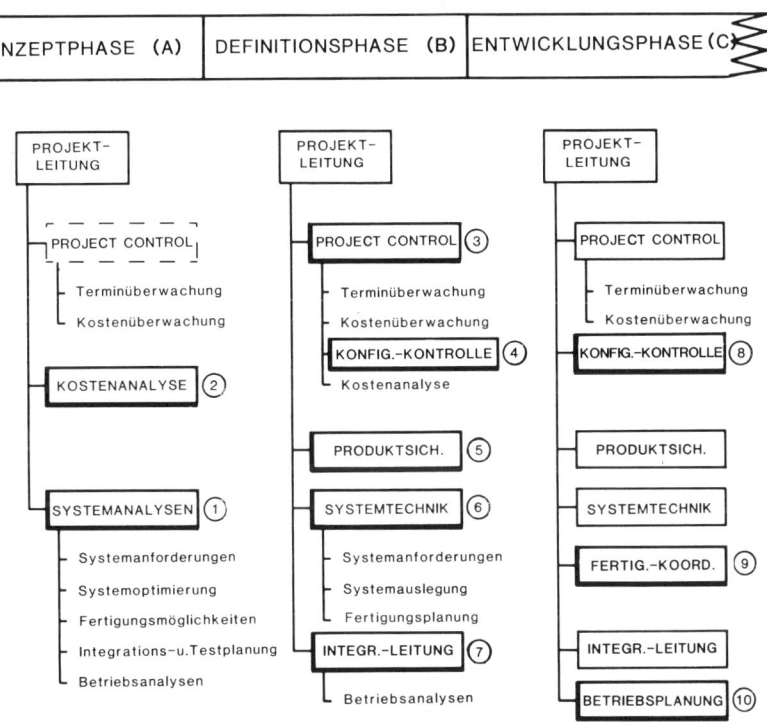

Abb. V-5: Typische Organisationsänderungen während der Projektphasen

auf die notwendigen Fertigungsvorbereitungen wird diese Organisationseinheit eingeführt) und (10) – Betriebsplanung (um den notwendigen Planungen für den späteren Betrieb den notwendigen Nachdruck zu verleihen, wird diese Organisationseinheit eingerichtet).

2. Projektorganisation im Betrieb

Betriebliche Organisationsstrukturen

In jedem Betrieb sind zur Erreichung des Betriebsziels ganz bestimmte Funktionen durchzuführen, die bei größeren Unternehmen zwangsläufig zur Spezialisierung führen. Dale schreibt hierzu: »Der Unterschied (zwischen Groß- und Kleinbetrieben) liegt darin, daß in dem kleineren die Spezialisierung geringer ist und eine Person sich verschiedener Funktionen annehmen kann.«[14] Typische Funktionen eines Industrieunternehmens sind:

– Forschung u. Entwicklung (FuE),
– Einkauf,
– Produktion,
– Marketing/Verkauf,

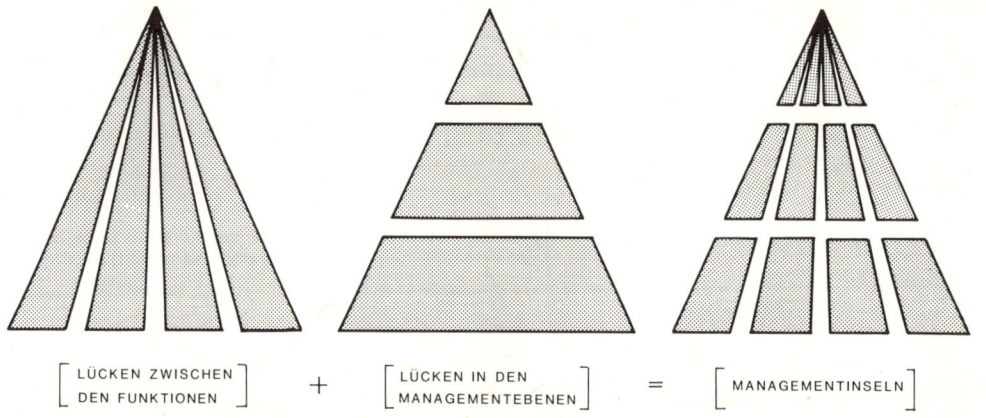

Abb. V-6: Prinzip der Firmenstrukturierung nach Funktionen und Hierarchieebenen (Terry, 1977)

– Finanzmanagement,
– Personalwesen.

Bei größeren Unternehmen liegt die Bildung von diesbezüglichen Organisationseinheiten, durch die die betriebliche Gesamtaufgabe in die speziellen Aufgabengebiete (Funktionen) segmentiert wird, auf der Hand. Es kommt zu einem Dezentralisierungsprozeß. Der Firmenchef muß sich nicht mehr selbst, das heißt von zentraler Stelle aus, um jede Einzelheit kümmern, sondern läßt die diversen Betriebsaufgaben dezentral durch Spezialisten bearbeiten. Bei ihm laufen nur noch die Fäden pyramidal zusammen. Großunternehmen mit mehreren hundert oder mehreren tausend Mitarbeitern sind aufgrund der komplexen Aufgabenstellung jedoch dazu gezwungen, neben der Strukturierung des Unternehmens nach funktionalen Gesichtspunkten zusätzlich eine hierarchie- und verantwortungsorientierte Strukturierung vorzunehmen. Dadurch wird das gesamte Aufgabenspektrum eines Großunternehmens in überschaubare und kontrollfähige Organisationseinheiten aufgegliedert; s.a. Abbildung V-6.[15]

Die erforderlichen Hierarchiestufen eines Unternehmens hängen prinzipiell von dem durchschnittlichen Verhältnis der Mitarbeiterzahl pro Organisationseinheit ab. Ist das durchschnittliche Verhältnis zwischen dem Leiter einer Organisationseinheit und seinen Mitarbeitern (Kontrollspanne) bekannt, so läßt sich das Verhältnis zwischen der Mitarbeiterzahl und den Hierarchiestufen leicht ermitteln; s.a. Abbildung V-7. Hat die mittlere Kontrollspanne zum Beispiel ein Verhältnis von 1:7 und beschäftigt das Unternehmen 400 Mitarbeiter; so sind exakt drei Hierarchiestufen ausreichend, während für 2800 Mitarbeiter eine vierstufige Firmenhierarchie erforderlich wäre. In der Praxis ist jedoch davon auszugehen, daß es aufgrund von unterschiedlichen Schwerpunkten im Unternehmen auch zu unterschiedlichen Hierarchiestufen kommt. In einem Industriebetrieb sind naturgemäß wesentlich mehr Mitarbeiter in den Bereichen FuE und Produktion beschäftigt als zum Beispiel in den Bereichen Marketing und Finanzmanagement. Folglich wird es in einigen Bereichen zu einer stärkeren und in anderen Bereichen wiederum zu einer geringeren Hierarchiebildung kommen.

Der Dezentralisierungsprozeß kann sich bei Großunternehmen jedoch nicht nur auf die Strukturierung nach funktionalen und hierarchie-orientierten Gesichtspunkten beschränken. Terry defi-

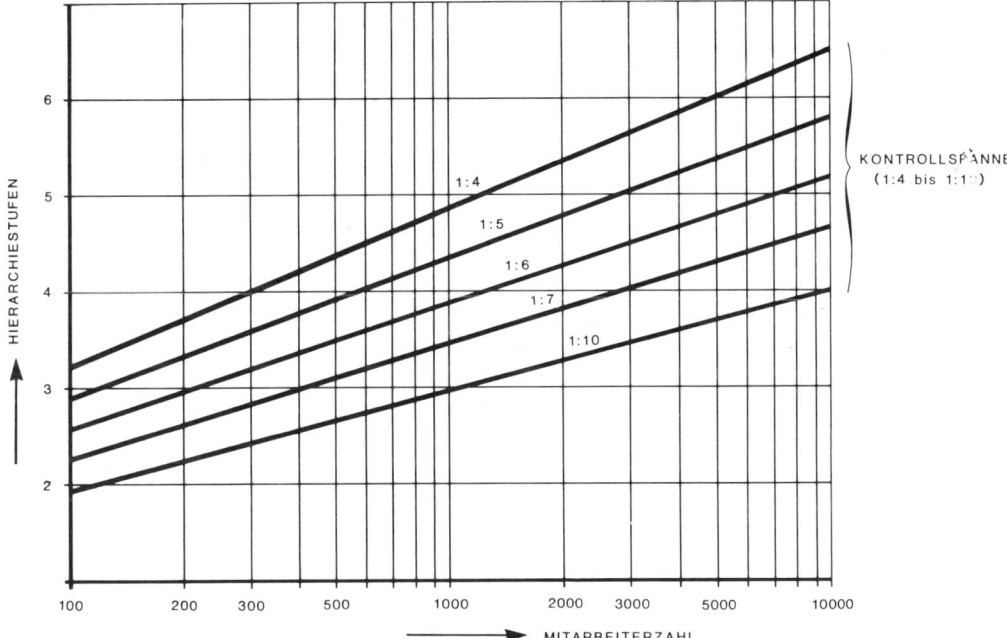

Abb. V-7: Ermittlung der Hierarchiestufen

niert sieben Kategorien, nach denen ein Unternehmen sinnvoll gegliedert (dezentralisiert) werden kann[15]:

(1) Gliederung nach Funktionen:
   (a) Die Gliederung nach Funktionen ist normalerweise sowohl an der Unternehmensspitze wie auch in der untersten Organisationsebene üblich (Terry).
   (b) Beispiele (Autor):
      – Forschung u. Entwicklung (FuE),
      – Einkauf,
      – Produktion,
      – usw.
(2) Gliederung nach Produkten:
   (a) Diese Gliederung ist bei Unternehmen mit unterschiedlichen Produktgruppen aufgrund des erforderlichen speziellen Branchenwissens sehr häufig (Terry).
   (b) Beispiel (Autor):
      – Flugzeuge,
      – Hubschrauber,
      – Satelliten,
      – usw.
(3) Gliederung nach Standorten:
   (a) Die Gliederung des Unternehmens nach Standorten kann aus verschiedenen Gründen erfolgen: Vorhandene Kapazitäten (Anlagen, Know-How, usw.), günstige Lohnkosten, Marktsegmentierung, usw. (Terry).

(b) Beispiele (Autor):
  - Berlin,
  - München,
  - Paris,
  - usw.

(4) Gliederung nach Auftraggeber (Besteller):

(a) Zur Verbesserung der Wettbewerbschancen kann eine diesbezügliche organisatorische Reflexion (Spezialisierung) nützlich sein (Terry).

(b) Beispiele (Autor):
  - Nationale Behörden (BMFT, BMVg, usw.),
  - Internationale Behörden (ESA, NATO, usw.),
  - Private Auftraggeber,
  - usw.

(5) Prozeßorientierte Gliederung:

(a) Die prozeßorientierte Unternehmensgliederung bietet sich vor allem dann an, wenn Arbeitsprozesse aus wirtschaftlichen oder technologischen Gründen in eigenständigen Organisationseinheiten vorteilhaft zusammengefaßt werden können (Terry).

(b) Beispiele (Autor):
  - Metallverarbeitende Produktion,
  - Montagewerk,
  - Testbetrieb,
  - usw.

(6) Projektorientierte Gliederung (task force):

(a) Die Gliederung nach Projekten setzt den Einsatz autonomer Projektteams, die selbst über einen kleinen Stab mit Experten, die über das notwendige Wissen verfügen, voraus. Projektteams (task force-Gruppen) sind in der Regel relativ klein und nach Erledigung der Aufgabe wieder aufzulösen (Terry).

(b) Beispiele (Autor):
  - Pkw-Entwicklung (FuE),
  - Errichtung einer neuen Produktionsanlage,
  - Untersuchung eines neuen Antriebssystems,
  - usw.

(7) Matrixorientierte Gliederung:

(a) Die Matrixorganisation, die auch als Gitterwerkorganisation bekannt ist, hat sich als brauchbare Antwort zur Lösung ständig komplexer und größer werdender Vorhaben (Projekte), für dessen Realisierung flexiblere und vor allem systemtechnisch orientierte Organisationsstrukturen zwingend erforderlich sind, bewährt (Terry).

(b) Beispiele (Autor):
  - FuE-Projektteam (Hubschrauberentwicklung), das zur Erfüllung der Projektaufgabe auf Fachbereiche (Aerodynamik, Konstruktion, usw.) zurückgreift,
  - Anlagen-Projektleitung (Kraftwerksanlage), die mit Unterstützung der Fachbereiche (Turbinenbau, Starkstrombereich, usw.) das Projekt abwickelt,
  - Studienleitung (Sonnenturmkraftwerk), die in Zusammenarbeit mit den Fachbereichen (Thermodynamik, Hydromechanik, usw.) eine Systemanalyse für ein modernes Solarkraftwerk durchführt,
  - usw.

Die von Terry definierten Gliederungskonzepte großer Unternehmen sind selbstverständlich nicht notwendigerweise alle gleichzeitig anzuwenden. In Abbildung V-8 ist das Organisationsschema eines Großunternehmens, bei dem sämtliche, von Terry definierten Dezentralisierungsformen zur Anwendung kommen, wiedergegeben.

Viele deutsche Großunternehmen haben in der Vergangenheit im Zuge der Betriebsvergrößerung (Steigerung des Umsatzes, Vergrößerung der Produktpalette und Personalaufbau) bereits mehrere Dezentralisierungsprozesse realisiert. Dies trifft vor allem für die von Terry definierten Dezentralisierungsmaßnahmen 1 bis 5 zu. Schwierigkeiten treten jedoch häufig bei der Implementation des Projektgedankens im Rahmen der Matrixorganisation, das heißt der Schritte 6 und 7, auf. Die Projektleitungen sind noch immer allzu oft hoffnungslos unterbesetzt und nicht mit den nötigen Vollmachten ausgestattet. Dabei resultiert gerade aus der Schaffung von schlagkräftigen Projektteams (task force Gruppen) der Erfolg für ein Unternehmen. Projektteams sind am besten prädestiniert, losgelöst von den notwendigen Sachzwängen der Fachbereiche, Neuland zu erschließen. Vor allem die Entwicklung neuer und komplexer Systeme zwingt zum Projektmanagement; s. a. II.1.

Projektmanagement im Betrieb

»Der Projektleiter befindet sich in den Unternehmungen und Verwaltungen noch immer in einer Außenseiterrolle; er paßt nicht in die klassische Stab-Linien-Organisation.«[16] Diese von Hegi 1972 getroffene Feststellung ist auch zwanzig Jahre später leider immer noch allzu wahr. Die organisatorische Eingliederung des Projektmanagements in die Organisationsstruktur stößt bei vielen Betrieben auf erhebliche Widerstände und führt dadurch oft zu Konflikten. Dabei kommt es in der Praxis häufig zu zwei völlig gegensätzlichen Entwicklungen. In einigen Unternehmen kann sich das Projektmanagement aus dem Stabsstellendasein nicht befreien, und in anderen Unternehmen kommt es zu Mammut-Projektgebilden, die auch selbst vor der Einverleibung von Fachbereichen nicht Halt machen. In beiden Fällen treten immer wieder ernste Konflikte zwischen den Projektleitungen und den Fachbereichen auf. Die in Stabs-Abteilungen angesiedelten Projektleitungen verfügen meistens nicht über die notwendigen Vollmachten und Mitarbeiter, um ein Projekt wirkungsvoll steuern zu können, und es kommt sehr rasch zur Frustration und Resignation bei den Projektleitern. Die im Vergleich zur Projektleitung überproportional starken Fachreiche (s. a. Abbildung V-1, Fall 1) können sich aufgrund des fachlichen Übergewichts meistens erfolgreich behaupten, was oft jedoch nicht im Interesse eines optimalen Systems (technisches Produkt) liegt. Im zweiten Fall, bei dem die Projektleitung überproportional stark ausgeprägt ist und völlig autonom handeln kann, werden die Anliegen der Fachbereiche den Projektinteressen völlig untergeordnet, was langfristig zur Demontage der auf Know-How-Bestand ausgerichteten Fachbereiche führen kann (s. a. Abbildung V-1, Fall 3).

Eine wesentliche Konfliktursache bei der Einführung neuzeitlicher Projektmanagement-Konzepte resultiert aus der unterschiedlichen Interessenlage zwischen den Projekt- und Fachbereichen. Fachbereiche verfolgen im Gegensatz zu Projektbereichen naturgemäß Langfristziele und sichern dadurch den Bestand des Unternehmens. Sie sind die Träger des Firmen-Know-Hows und die Garanten für Kontinuität und Fortschritt in Forschung u. Entwicklung, Produktion und anderen Bereichen. Die Demontage ihrer Kompetenz führt langfristig zur Minderung der Wettbewerbsfähigkeit eines Unternehmens.

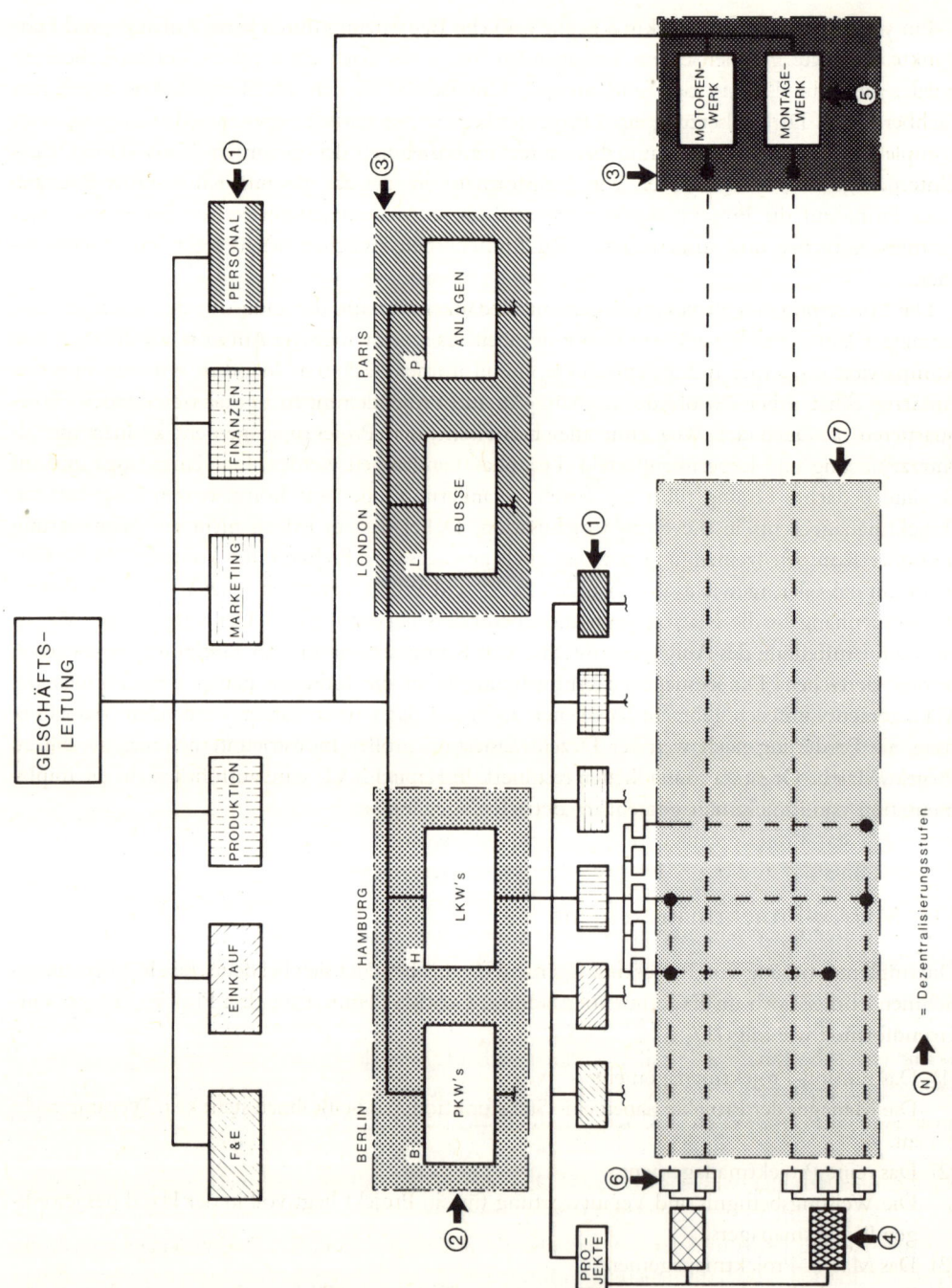

Abb. V-8: Mögliches Organisationsschema eines Großunternehmens in dem die von Terry definierten sieben Dezentralisierungsstufen realisiert sind

Ein wesentliches Projektmerkmal ist die zeitliche Begrenzung durch klare Anfangs- und Endpunkte. Projekte gleichen einem aufgehenden Stern, der nach einer relativ kurzen Lebenszeit wieder verglüht. Dies ist der fundamentale Unterschied zu den auf Beständigkeit angelegten Fachbereichen. Die Zielsetzung eines Projektes liegt in der zeitlich befristeten Bewältigung einer komplexen Aufgabe (Systemaufgabe) unter Einbeziehung des gesamten Know-Hows eines Unternehmens. Projekte wirken wie Transformatoren, die das gesamte Know-How-Potential einer Firma auf die Projektaufgabe umsetzen. Diese Analogie impliziert die Bedeutung einer partnerschaftlichen und ausgewogenen Zusammenarbeit zwischen den Projekt- und Fachbereichen.

Die Forcierung des Projektmanagement-Gedankens ist für die Industrie der achtziger und neunziger Jahre ohne Zweifel ein Gebot der Zeit. Es ist eine logische Antwort auf die steigende Komplexität moderner Industrieprodukte, die in immer stärkerem Maße zu systemtechnischen Ansätzen führt. Aber sowohl der zaghafte Ansatz, Projektleitungen in Stabsabteilungen einzuquartieren, als auch der Weg zum alles beherrschenden Projektmanagement können nur als Kurzzeitlösung und Experimentierfeld (Lernphase) angesehen werden. Eine langfristige und auf Bestand bedachte Lösung führt zur festen Verankerung eines mit Kompetenzen ausgestatteten Projektmanagements in die Firmenorganisation. Dabei darf es jedoch nicht zur Eliminierung und/oder Kompetenzeinengung der historisch gewachsenen Fachbereiche kommen. Es ist vielmehr auf ein Gleichgewicht zwischen den Fach- und Projektbereichen hinzuarbeiten. In diesem Zusammenhang ist die Matrixorganisation besonders hervorzuheben. Der vorgezeigte Weg ist eine faire Aufteilung des Aufgabenzuwachses der Kompetenzen und der Einflußnahme zwischen beiden Bereichen. Die gestiegenen Anforderungen an die Industrie haben neue Formen des Managements mit sich gebracht, aus denen aufgrund der immer stärker werdenden Spezialisierung die Forderung nach weiterer Dezentralisierung großer Industrieunternehmen bis hin zu Projekt/Matrix-Organisationseinheiten resultiert. In Kapitel XVII wird ausführlich auf die Implementation von Projektmanagement im Betrieb eingegangen.

Das Matrix-Projektmanagement

Die Implementierung von Projektmanagement-Teams befindet sich bei deutschen Industrieunternehmen immer noch im Experimentierstadium. Grochla definiert die drei Projektmanagement-Grundformen wie folgt[17]:

(1) Das Einfluß-Projektmanagement:
    Die Manager der Projekte haben eine Stabsfunktion, das heißt ihnen steht kein Weisungsrecht zu.
(2) Das reine Projektmanagement:
    Die Weisungsbefugnis und Verantwortung für ein Projekt liegt voll in der Hand des jeweiligen Projektmanagers.
(3) Das Matrix-Projektmanagement:
    Das Matrix-Projektmanagement ist durch eine Teilung der Weisungsbefugnisse gekennzeichnet.

In Abbildung V-9 sind die von Grochla definierten Organisationskonzepte für das Projektmanagement (PM) und ihre Eingliederung in die Firmenorganisation wiedergegeben.

In dem Bestreben nach einem möglichst optimalen Aufgaben- und Kompetenzausgleich zwi-

1. EINFLUSS - PROJEKTMANAGEMENT

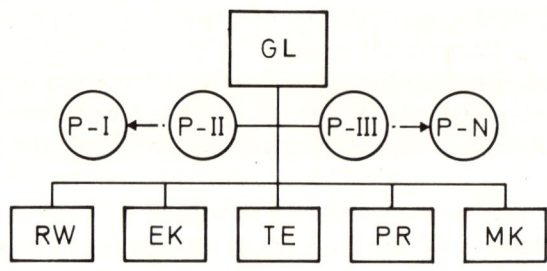

2. REINES PROJEKTMANAGEMENT

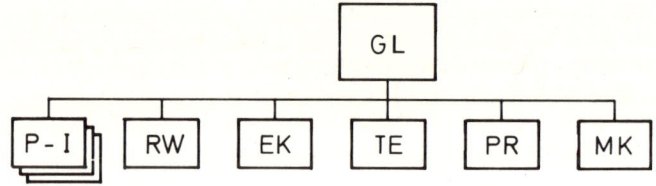

3. MATRIX - PROJEKTMANAGEMENT

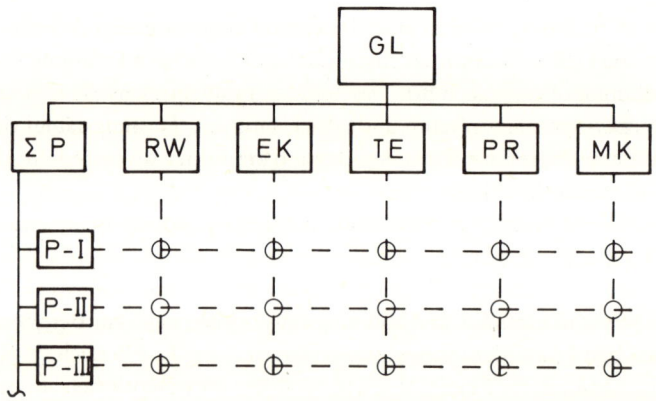

Erklärungen:

GL= Geschäftsleitung , RW = Rechnungswesen , EK = Einkauf , TE = Technische Entwicklung

PR= Produktion , MK = Marketing , P-I,II,III, usw. = Projekte I,II,III, usw., Σ P = Programmleitung

Abb. V-9: Organisationskonzepte für das Projektmanagement (Grochla, 1980)

schen den traditionellen Fachbereichen und den Projektleitungen zeichnet sich als gangbarster Weg das Matrix-Projektmanagement ab. Das Aufgaben- und Kompetenz-Splitting läßt sich mit der Matrixorganisation (Dezentralisierungsstufe 7; Terry)[15] am besten verwirklichen. Die Matrixorganisationsform ist ein logischer Schritt zum Multi-Projektmanagement unter optimaler Einbeziehung der Fachbereichskapazitäten für alle Projekte. Selbstverständlich setzt das Matrix-Management eine erhöhte Kooperationsbereitschaft aller involvierter Mitarbeiter voraus. Projektprioritäten sind oftmals Anlaß für Konflikte zwischen den Fach- und Projektbereichen, die in vielen Fällen nur unter Einschaltung der Geschäftsleitung zu lösen sind. In diesem Zusammenhang sei hier darauf hingewiesen, daß sowohl die Projektleitungen als auch die Fachbereiche dem gleichen Unternehmensziel dienen, dessen oberster Repräsentant der Geschäftsleiter ist. Warteschlangenprobleme sind deshalb in sachlicher Form von der Geschäftsleitung unter Einbeziehung aller Beteiligten im Sinne eines optimalen Unternehmensziels zu lösen. Die Abgrenzung zwischen beiden Bereichen kann wie folgt umschrieben werden:

(1) Fachbereich:
   − Konzentration und Ausbau des Fachwissens,
   − Einsatz des Know-Hows für Projektaufgaben.
(2) Projektbereich:
   − Zielorientiertes Projektmanagement,
   − Systemorientierte Anwendung/Einbringung (Transformation) des Fach-Know-Hows in die Projekte.

Zwischen beiden Bereichen muß es zu einer fairen und ausgewogenen Arbeits- und Kompetenzteilung kommen, die in ihrer Summe zu einer möglichst optimalen Erfüllung des Unternehmensziels und Motivation des Personals führt. Das heißt, es muß einerseits die Leistung des Unternehmens durch Projekte optimal verkauft und gleichzeitig die Leistungsfähigkeit auch langfristig erhalten werden. Beide Faktoren sichern den Bestand der Firma am besten. In Abbildung V-10 ist dies an einem Bild verdeutlicht.[18]

Die Einführung der Matrixorganisation stößt in der Praxis jedoch oft auf erhebliche Implementationsschwierigkeiten, da sie eine Einflußteilung zwischen den traditionellen Fachbereichen und den Projektabteilungen voraussetzt. Die Projektleitungen, die man auch als verlängerten Arm der Geschäftsleitung betrachten kann (s.a. Abbildung II-1), stoßen in ihrem Bestreben nach systemoptimalen Lösungen häufig auf den Spezialistenwiderstand der Fachbereiche. Dieser Konflikt, der sich in den Knotenpunkten der Matrix abspielt, resultiert im wesentlichen aus der gegensätzlichen Interessenslage. Dies bedarf einer eingehenden Erläuterung. Die Fachbereiche, zum Beispiel die Aerodynamiker im Flugzeugbau, sind tendenziell an einem strömungstechnisch optimal ausgelegten Flugzeug (Pfeilform) interessiert, während der Zellenkonstrukteur zum statisch sicheren aber gewichtsüberdimensionierten Flugzeugrumpf tendiert. Die Konzipierung eines optimalen Systems zwingt jedoch zu Kompromissen. Traditionell gelang es dem Entwicklungsleiter jedoch meistens, den notwendigen Kompromiß herzustellen. Mit zunehmender Systemkomplexität neuzeitlicher Projekte ist die Bandbreite, der zur Systemoptimierung heranzuziehenden Parameter jedoch enorm gewachsen, so daß neben den entwicklungsrelevanten Einflußgrößen in erhöhtem Maße zusätzliche, interdisziplinäre Faktoren aus den Bereichen Produktion, Test, Produktsicherung (Qualitätssicherung), Logistik, Betrieb, Vertrieb, Finanzierung, usw. eine große Rolle spielen. Ein allein vom Entwicklungsstandpunkt als optimal bezeichnetes System ist unter Einbeziehung der Produktions- und Betriebsfaktoren unter Umständen nicht mehr mit dem Prädikat *optimal* zu versehen (s.a. Kapitel X,4: *Lebenszykluskosten*).

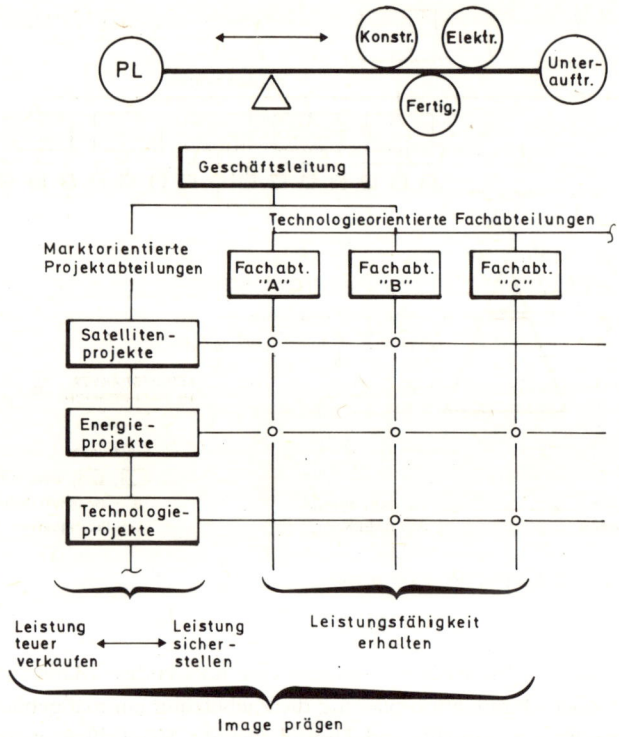

Abb. V-10: Managementgleichgewicht durch Matrixorganisation

Die Abwicklung komplexer Projekte (Systemvorhaben) setzt die Einbeziehung eines sehr breit gestreuten fachspezifischen Wissenspektrums (sehr oft wird sogar die Fachkompetenz des eigenen Unternehmens gesprengt, und es müssen Unterauftragnehmer oder Partnerfirmen mit eingeschaltet werden) und die Abstimmung all dieser Faktoren aufeinander voraus. Aufgrund der Breitbandigkeit komplexer Systemvorhaben wird es nämlich immer schwieriger; komplexe Projekte durch einzelne Fachbereiche allein abwickeln zu lassen, was dann dazu führt, die nächst höhere Integrationsstufe, die Geschäftsleitung, einzuschalten. Wird in einem Unternehmen zum Beispiel nur ein einziges Großprojekt abgewickelt, so ist der Fall denkbar, daß der Geschäftsführer auch gleichzeitig Projektleiter ist (s.a. Abbildung V-9; Version 2 – reines Projektmanagement). Sind in einem Unternehmen jedoch mehrere Projekte gleichzeitig abzuwickeln, so muß die Geschäftsleitung die Projektmanagementaufgaben zur Entlastung seiner eigenen Person delegieren. Traditionell wurden oftmals entsprechende Stabsstellen mit der stellvertretenden Projektführung beauftragt (s.a. Abbildung V-9; Version 1 – Einfluß-Projektmanagement). Die Matrix-Konfiguration ist ein logischer Schritt, den verlängerten Arm der Geschäftsleitung aus dem Stabsstellenmilieu in das Linienmanagement zu transferieren (s.a. Abbildung II-1).

Die Erscheinungsformen der Matrixorganisation sind in der Praxis nicht einheitlich. Neben den Projekten, die sämtliche Fachbereichsparten überdecken, gibt es in vielen Firmen selbstverständlich auch fachbereichsbezogene Projekte, zum Beispiel reine FuE-Projekte oder Fertigungsprojekte. In solchen Fällen kann die Eingliederung des Projektmanagements im FuE-Bereich sinnvoll sein. Da

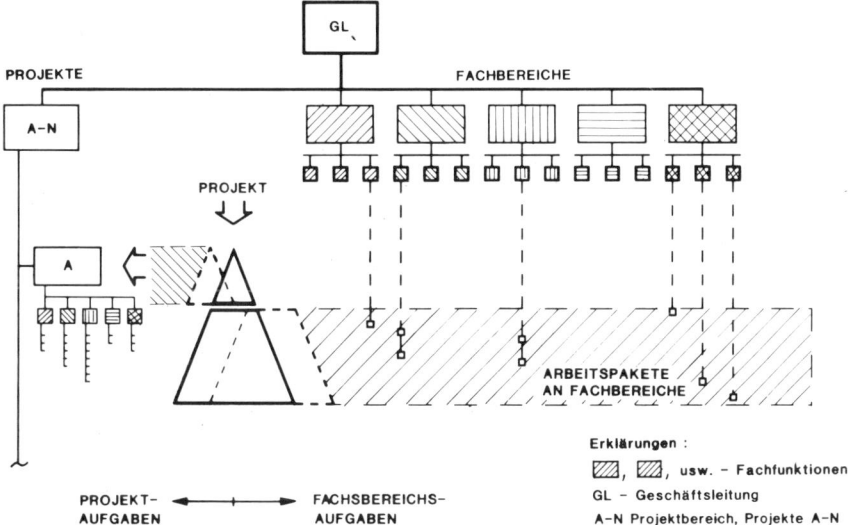

Abb. V-11: Kreuzungspunkte in der Matrixorganisation

Projektmanagement kein Selbstzweck ist, sondern eine notwendige Maßnahme zur Projektabwicklung, sollte bei jeder Organisationsplanung die Zielsetzung ein maßgebliches Kriterium für
die Organisationsstruktur sein. Grochla und Thom haben die Möglichkeiten zur Einführung von
verschiedenen Matrixorganisationsformen in einem Aufsatz von 1977 detailliert beschrieben.[19]

Um den reibungslosen Projektablauf im Rahmen der Matrixorganisation zu gewährleisten, muß
die Managementnahtstelle zwischen dem Fach-und Projektbereich klar definiert werden (s.a.
Abbildung V-2). Der Projektabteilung (Projektbüro) obliegt prinzipiell die systemtechnische
Planung und Überwachung (Steuerung) des gesamten Projektvorhabens. Projektseitig sind des-
halb in erster Linie Spezifikationen, Pläne, Leistungsbeschreibungen (Lasten- bzw. Pflichtenhefte),
Richtlinien und Prozeduren zu erstellen und aufeinander abzustimmen. Diese Unterlagen sind in
möglichst enger Kooperation mit den betroffenen Fachbereichen vorzubereiten, da an dieser Stelle
der Übergang der Verantwortung und Kompetenz an die betroffenen Fachbereiche erfolgt. Die
Kreuzungspunkte in der Matrixorganisation werden in der Praxis durch detaillierte Arbeitspaket-
Unterlagen (Spezifikationen, Leistungsbeschreibungen und Termin- und Kostenpläne) definiert
(s.a. Abbildung V-11). Eine wichtige Voraussetzung bei der Festlegung der Nahtstellendokumente
(Arbeitspaket-Unterlagen) ist die beidseitige Akzeptanz, da es im Interesse einer effizienten Projektabwicklung an dieser Stelle zu einer verbindlichen innerbetrieblichen Abmachung kommen
muß; s.a. Anhang 4. In vielen Firmen wird die Verbindlichkeit durch das betriebliche Auftragswe-
sen gewährleistet. Beide Parteien (Projekt- und Fachbereich) vereinbaren durch den Projekt-/
Arbeitsauftrag den Leistungsumfang, Termine und Kosten.

   Die Einführung der Matrixorganisation stellt eine für alle Beteiligten akzeptable Kompromißlösung dar, denn die nach Grochla definierten Projektmanagement-Grundformen des Einfluß-
Projektmanagements und des reinen Projektmanagements sind langfristig doch mit erheblichen
Mängeln behaftet. Grochla und Thom schreiben hierzu: »Die projektorientierte MO (Matrixorganisation) erscheint als wirkungsvolle Lösung, falls das Unternehmen sich in einer verhältnismäßig

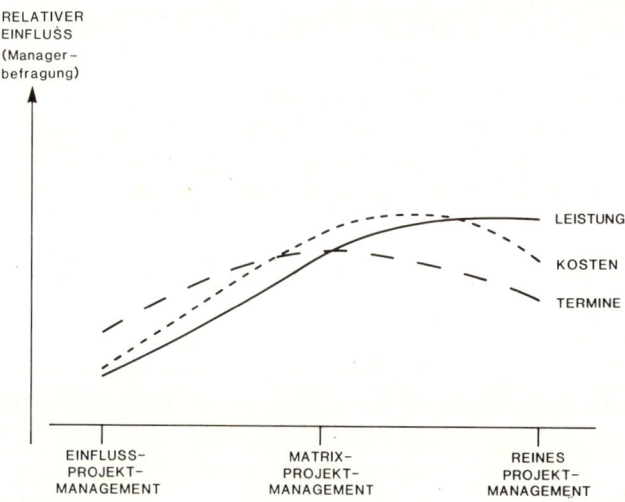

Abb. V-12: Relative Projektmanagement-Kontrollspanne bei unterschiedlichen Organisationsformen (Thamhain, Wilemon, 1977)

dynamischen Umwelt behaupten muß.«[19] Da die Matrixorganisation den Kompromiß anstrebt und dieser sicherlich nicht immer gelingt, wird natürlich auch die Matrixorganisation immer wieder mehr oder weniger heftig kritisiert. McCarthy schreibt deshalb auch ganz richtig: »Die Einführung der Matrixorganisation ist kein Allheilmittel, und Konflikte zwischen den Projekt- und Fachbereichen werden auch weiterhin ständig auftreten.«[20] In diesem Zusammenhang ist ein weiteres Argument von besonderer Bedeutung. Projekte haben per Definition einen eindeutigen Anfang und ein genauso eindeutiges Ende. Wie aber sind die Probleme des Personalauf- und abbaus zu regeln? Mit der Matrixorganisation läßt sich auch dieses Problem etwas leichter lösen, indem erstens von vornherein keine Mammut-Projektteams entstehen und zweitens für eine bessere Personal-Übergangslösung innerhalb der Matrix gesorgt ist.

Ein weiterer Kritikpunkt ist das Argument, daß die Managementeffizienz in der Matrixorganisation durch die Kompromißbereitschaft (Aufgaben- und Kompetenzteilung zwischen den Fachbereichen und der Projektleitung) stark beeinträchtigt ist. Der Projektleiter muß zum Beispiel Mitarbeiter in sein Team integrieren, die ihm nicht direkt unterstehen. Thamhain und Wilemon sind nach einer Befragung von 68 Projektleitern jedoch zu dem Schluß gekommen, daß die Managementeffizienz, das heißt die Steuerungsmöglichkeiten durch den Projektleiter, im Rahmen der Matrixorganisation fast die gleiche ist wie im reinen Projektmanagement (s. a. Abbildung V-12). Sie schreiben dazu: »Die ausgewerteten Daten zeigen jedoch, daß Projektleiter in Matrixorganisationen fast die gleiche Kontrolle über das Fachbereichspersonal haben wie Projektleiter im reinen Projektmanagement.«[21] Sie kommen ferner zu dem Schluß, daß die Effizienz der Projektmanager sehr viel mehr vom Führungsstil und den Arbeitsbedingungen abhängt.

3. Projektmanagement im Rahmen industrieller Kooperationen

Notwendigkeit für Gemeinschaftsprojekte

Immer mehr Projekte werden im Rahmen industrieller Kooperationen abgewickelt. Die Gründe hierfür sind sicherlich vielfältig, lassen sich jedoch im wesentlichen wie folgt zusammenfassen:

(1) Projektgröße:

Das Auftragsvolumen sprengt die Kapazität eines einzelnen Unternehmens (Personal, Maschinen, Anlagen, usw.).

(2) Projektkomplexität:

Neuzeitliche Projekte setzen aufgrund ihrer enormen Komplexität oft interdisziplinäre Arbeitsteams (Baufachleute, Maschinenbauer; Elektro- und Elektronikspezialisten, EDV-Fachleute, usw.). voraus, die ein einzelnes Unternehmen nur selten allein zur Verfügung stellen kann.

(3) Projektfinanzierung:

Viele Großprojekte, vor allem schlüsselfertige Bauvorhaben (*turn-key contracts*), müssen vom Hersteller bzw. dessen Bank ganz oder teilweise vorfinanziert werden. Ein einzelnes Unternehmen kann jedoch oftmals nicht die erforderlichen Bürgschaften und Garantien beibringen.

(4) Projektrisiko:

Die Projektabwicklung ist mit einem erhöhten Risiko verbunden, das bei Großvorhaben nur von wenigen Unternehmen allein getragen werden kann.

(5) Auflagen des Bestellers:

In vielen Fällen werden vom Besteller Auflagen gemacht, nach denen ganz bestimmte Unternehmen an dem Projekt partizipieren müssen. Hierzu zwei Beispiele:

– Ausländische Auftraggeber schreiben aus monetären Gründen oftmals die Einschaltung heimischer Firmen vor (zum Beispiel bei Montagearbeiten im Lande).

– Bei internationalen staatlichen Vorhaben steht das Proporzdenken sehr stark im Vordergrund. Die das Projekt finanzierenden Länder erwarten deshalb meistens, daß durch Einschaltung nationaler Unternehmen ein Mittelrückfluß entsprechend ihrer Projektbeiträge garantiert wird.

Die hier aufgeführten Gründe zwingen, jeder für sich allein, oft zur gemeinschaftlichen Projektabwicklung. Das heißt, Firmen, die sich für die Abwicklung eines Vorhabens bewerben wollen, auf die eine oder mehrere der soeben geschilderten Charakteristiken zutrifft, sind dazu gezwungen, sich mit einem oder mehreren entsprechenden Partnern für die Projekt-Zusammenarbeit zusammenzuschließen.

Projektmanagement im Rahmen einer Kooperation

Zwang zur Effizienz. Die Management- und Organisationsgrundsätze zur Abwicklung eines Projektvorhabens im Rahmen einer Kooperation sind prinzipiell die gleichen wie für ein firmeninternes Projekt. Auch Kooperationsprojekte müssen nach den üblichen betriebswirtschaftlichen Grundsätzen, das heißt kosteneffizient, abgewickelt werden. In vielen Fällen zwingt das wettbewerbsbedingte Preisdiktat zu entsprechenden Verhaltensweisen. Aber auch staatliche, internationale Vorhaben folgen diesem Grundsatz, wenn auch einzuräumen ist, daß die Abwicklung aufgrund von kulturellen Barrieren zu einigen Schwierigkeiten und auch Mehrkosten führen kann. Es ist aber sicherlich nicht so, daß die Internationalisierung von Projekten, wie Ruppe schreibt (Ruppe zitiert Finke vom Bundesministerium für Forschung und Technologie), »bei den Teilnehmerstaaten die Gesamtkosten eines Projektes gleich denen sind, die auftreten würden, wenn es von einem Staat durchgeführt würde, multipliziert mit $\sqrt{n}$.«[22] Diese Aussage wird durch die ESA-Erfahrung (heute dreizehn Mitgliedstaaten) widerlegt. Durch die Einführung eines straffen Projektmanagements und klarer Organisationsstrukturen können auch Gemeinschaftsaufgaben kosteneffizient abgewickelt werden. In diesem Zusammenhang kann auch auf das internationale Vorhaben »ASTRA« als positives Beispiel verwiesen werden; s. XVI.4.

Work sharing und industrielle Organisation. Grundlage jeder Kooperation ist die Aufteilung der Arbeitspakete untereinander; das *work sharing.* Die vorgenommene Arbeitsteilung ist ein wichtiger Indikator für die Etablierung einer wirkungsvollen industriellen Organisation. Die Gliederung eines Projektes in Teilprojekte (Arbeitsteilung) führt in der Praxis jedoch häufig zu Managementkrisen (s. a. Kapitel III,5), da die Industriepartner sich oft nicht auf ein gemeinsames und firmenneutrales Projektbüro (System-Projektleitung) einigen können. Grundsätzlich bieten sich hierzu jedoch zwei Lösungen an:

– ein von der Firmengemeinschaft etabliertes gemeinsames Projektbüro oder
– die Beauftragung eines Unternehmens mit der System-Projektleitung.

Beide Organisationsformen sind in Abbildung V-13 gegenübergestellt. Der Begriff System-Projektleitung wurde in diesem Zusammenhang gewählt, um die besondere Stellung und die übergeordnete systemorientierte Führungsaufgabe der gemeinsamen Projektleitung zu unterstreichen.

Im ersten Fall müssen die beteiligten Firmen entsprechend ihres industriellen Anteils Management-Fachpersonal für die gemeinsame System-Projektleitung bereitstellen. Die Aufgaben und Kompetenzen der System-Projektleitung sind genauestens festzulegen, und die abgestellten Mitarbeiter der einzelnen Firmen müssen für die Zeit der Abstellung voll die Interessen der System-Projektleitung wahrnehmen. Dies ist ein wichtiger Grundsatz, da sonst das Systemziel gefährdet ist. In vielen Fällen führt dies natürlich zu personellen Konflikten, da der abgestellte Mitarbeiter nach Erfüllung seiner Aufgabe in die Stammfirma zurückkehren muß und zur Vermeidung zukünftiger Schwierigkeiten in seiner Firma systemrelevante Entscheidungen, die gegen die Interessen des eigenen Unternehmens zu treffen sind, nur ungern unterstützt. Aus diesem Grunde sollten sich die Industriepartner von vornherein auf eine gemeinsame Charta einigen, die die Arbeit der System-Projektleitung stark versachlicht. Firmenpolitische Interessen sollten von der System-Projektleitung ferngehalten und gegebenenfalls durch einen Projektausschuß, in dem die Firmenleitungen paritätisch vertreten sind, wahrgenommen werden.

Der Projektausschuß sollte in regelmäßigen Zeitabständen und gegebenenfalls auch ad hoc tagen, um die Projektrichtlinien für die gemeinsame System-Projektleitung zu bestimmen. Es ist jedoch unbedingt zu vermeiden, daß der Projektausschuß in die Tagesroutine der System-Projektleitung eingreift, zum Beispiel direkte Verhandlungen mit dem Auftraggeber ohne Einschaltung des gemeinsamen Projektleiters führt. Aber auch ein anderer häufig gemachter Fehler sollte unbedingt vermieden werden, nämlich die halbherzig vorgenommene Installation einer System-Projektleitung. In vielen Fällen besteht die sogenannte System-Projektleitung in der Realität nicht. Die Mitglieder der System-Projektleitung bleiben weiterhin an ihrem Arbeitsplatz und treffen sich

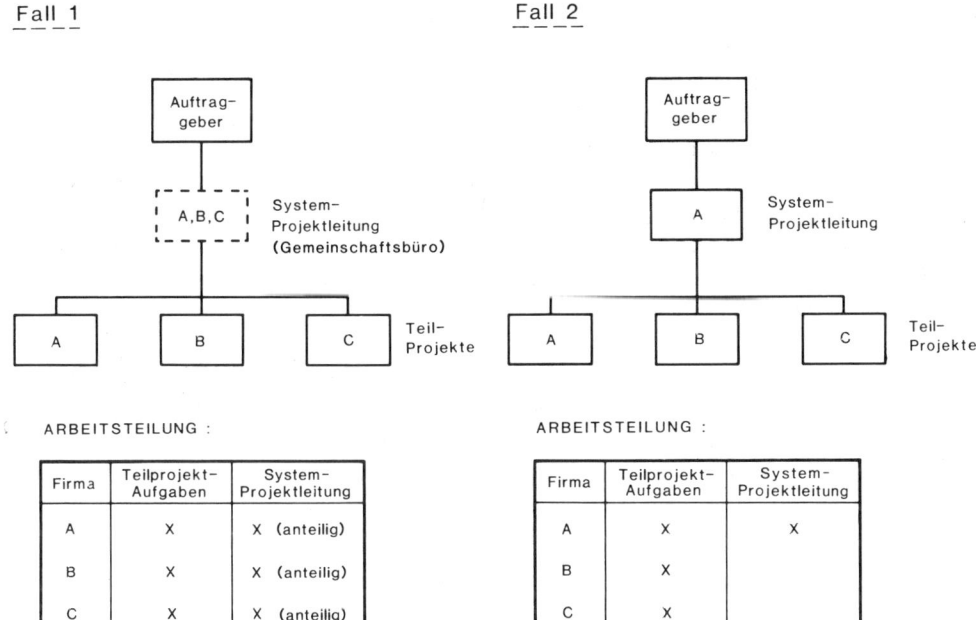

Abb. V-13: Formen der industriellen Projektzusammenarbeit

nur zu regelmäßigen Besprechungen. Die System-Projektleitung muß aber die Interessen des Systems (Gesamtprojekt) wahrnehmen und sollte deshalb nach Möglichkeit auch geographisch, das heißt als eigenständiges Team in einem separaten Bürokomplex und wenn möglich sogar von den Stammhäusern getrennt sein. Eine andere Lösung ist die zentrale Unterbringung der System-Projektleitung in einem geschlossenen Bürokomplex bei einer der Stammfirmen.

Die ARGE. In vielen Fällen handelt es sich bei der gemeinsamen Projektdurchführung um einen Zusammenschluß in Form einer Arbeitsgemeinschaft (ARGE) oder eines Konsortiums. Die ARGE stellt dem Prinzip nach eine Interessengemeinschaft ohne rechtsverbindlichen Charakter im Sinne des bürgerlichen Rechts dar, das heißt die ARGE-Partner gehen gegenüber dem Auftraggeber Einzelabmachungen (Verträge) ein. Dies bedeutet, daß das gemeinsame Projektbüro (System-Projektleitung) kein eigentliches Weisungsrecht gegenüber den Partnerfirmen hat, da die Vertragsvollmachten nicht bei der System-Projektleitung liegen. Die System-Projektleitung ist zum großen Teil auf freiwillige Auskünfte der Partnerfirmen angewiesen. Da ihr wichtige Kontrollmöglichkeiten entzogen sind, zum Beispiel die Kostenkontrolle, wird die System-Projektleitung trotz ursprünglich guter Absichten während des Projektablaufes aufgrund der Konfliktzunahme des Projektalltages meistens zu einem administrativen Vollzugsorgan degradiert. Der Firmenegoismus ist meistens stärker als der gemeinsam getragene Gedanke (Systementwurf), der Rücksichtnahme bei der Durchsetzung firmenspezifischer Forderungen voraussetzt. Hiervon zeugen viele Beispiele aus der Praxis (s.a. Kapitel III, 5).

Das Konsortium. Die Abwicklung von Kooperationsprojekten hat in vielen Fällen aber gerade die Schaffung eines Systems zum Ziel, und dies setzt eine straffe und effiziente System-Projektleitung und die gemeinsame Haftung aller Projektpartner voraus. Hier bietet sich die Projektabwicklung im Rahmen eines Konsortiums an, da das Konsortium als Gesellschaft des bürgerlichen Rechts angesehen und fast ausnahmslos in die Rechtsform einer BGB-Gesellschaft gekleidet werden kann. Hierzu Delorme und Hoessrich: »Voraussetzung für das Entstehen einer Gesellschaft des bürgerlichen Rechts ist der Abschluß eines Gesellschaftsvertrages, beim Konsortium auch Konsortialvertrag oder Konsortialvereinbarungen genannt.«[23] Die Konsortialgeschäfte setzen in der Regel den Abschluß eines Konsortialvertrages sowie eines Außenvertrages mit dem Kontrahenten voraus; Steinrücke definiert den Inhalt des klassischen Konsortialvertrages wie folgt[24]:

- den Zweck der Konsortialbildung,
- die Namen der Mitglieder,
- die Konsortialanteile (Quoten) der Mitglieder,
- die Eigentumsverhältnisse,
- die Vertretung der Konsorten,
- die Geschäftsführung des Konsortiums,
- die Pflichten und Rechte der Konsorten (insbesondere die Haftungsverhältnisse und die Gewinnbeteiligung) und
- die Beendigung des Konsortiums.

Die Vertretung der Konsorten nach außen, zum Beispiel gegenüber dem Auftraggeber, muß mit der Geschäftsführung des Konsortiums nicht identisch sein. So kann zum Beispiel die gemeinsame System-Projektleitung (s. a. Abbildung V-13; Fall 1) oder ein einzelnes Unternehmen des Konsortiums (Systemfirma) das Konsortium nach außen vertreten, während die Gesellschafter des Konsortiums die Aufgaben der Geschäftsführung wahrnehmen und dadurch eine Kontrollfunktion über die Außenvertretung (Projektleitung/Systemfirma) haben.

Die Managementfirma. Für die Durchführung von komplexen Vorhaben (Systemaufträge) bietet sich eine weitere Form der Zusammenarbeit an, nämlich die Gründung einer gemeinsamen Firma (Managementfirma); s. a. Abb. XVI-2. Die Managementfirma tritt gegenüber dem Kontrahenten (Auftraggeber) als Generalunternehmer auf und wird dessen Vertragspartner. Gleichzeitig sind jedoch Verträge mit den Unterauftragnehmern (Eigentümer der Managementfirma) zu schließen. Es ist keine Frage, daß auch diese Lösung gegenüber dem klassischen Generalunternehmer-Konzept (s. a. Abbildung V-13; Fall 2), eine Kompromißlösung darstellt. Die Unterverteilung des Auftrages wird in der Regel nach den Firmen-Beteiligungsquoten vorgenommen. Die Projektleitung (Vertreter gegenüber dem Auftraggeber) muß auch in diesem Fall nicht mit der Geschäftsführung der Managementfirma identisch sein.

Das Generalunternehmer- oder Hauptauftragnehmerkonzept. Ganz ohne Frage bietet das Generalunternehmer- oder Hauptauftragnehmerkonzept (s. a. Abbildung V-13; Fall 2) die besten Voraussetzungen für ein starkes und kompetentes Projektmanagement; s. a. Abb. XVI-4. Der Generalunternehmer trägt die volle Verantwortung und das Unternehmerrisiko für das Vorhaben und ist deshalb auf eine kompetente und schlagkräftige Projektführung angewiesen. Im Gegensatz zur Projektleitung im Rahmen einer Kooperation können die Unterauftragnehmer nach Wettbewerbsregeln ausgewählt werden. Dadurch erfolgt die Auswahl der Unterauftragnehmer in wesentlich stärkerem Maße nach den Gesichtspunkten des freien Marktes: *beste Technik und/oder niedrigste Kosten.*

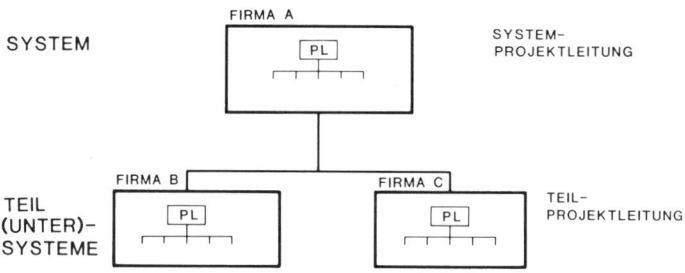

Abb. V-14: Prinzip der mehrstufigen Projektorganisation

Mehrstufige Projektorganisation

Sind an der Durchführung eines Projektes mehrere Institutionen oder Firmen beteiligt, so führt dies industrieseitig zur Einführung einer mehrstufigen Projektorganisation. In Abbildung V-14 ist eine einfache Form einer mehrstufigen Projektorganisation wiedergegeben. Dabei läßt sich zwischen zwei Organisationsbereichen unterscheiden:

– der äußeren Projektorganisation (industrielle Organisation) und
– der inneren Projektorganisation; s. Abb. V-3.

Die äußere Projektorganisation ist durch die industrielle Zusammenarbeit (industrial relationship) definiert; die Verbindungslinien zwischen den Firmen A und B und den Firmen A und C, bestimmen das industrielle Außenverhältnis (Vertragsverhältnis). Hauptgesprächspartner sind die nominierten Projektleiter PL_A: PL_B und PL_A: PL_C. Die Gestaltung der inneren Projektorganisation obliegt den einzelnen Firmen A bis C, sollte jedoch möglichst identisch sein.

Die Realisierung von Großprojekten setzt häufig die Beteiligung von vielen Institutionen und Industrieunternehmen voraus, die entsprechend ihrer Beteiligung und Verantwortung in einem mehrstufigen Hierarchieverhältnis zueinander stehen. Die Strukturierung der äußeren Projektorganisation hängt zu einem großen Teil von der Aufgabenteilung und der Gliederung des Projektstrukturplans (PSP) ab. Der PSP, der normalerweise in seinem Aufbau weitgehendst dem Systemgesichtspunkt folgt, definiert die einzelnen Hierarchiestufen: Programm, Projekt, System, Untersystem, usw. (s.a. Kapitel IX, 3). Die innere Projektorganisation der beteiligten Firmen sollte möglichst identisch, d.h. spiegelbildlich angeordnet sein.

Am Beispiel des Apollo-Programms läßt sich dies am besten erklären. Die Managementverantwortung für das Apollo-Programm und für die einzelnen Projekte (Trägerrakete, Mondlandefahrzeug, usw.) lag bei der NASA (Auftraggeber) und die Verantwortung für die einzelnen Systeme, Untersysteme, usw. bei der Industrie; die äußere Projektorganisation für das Apollo-Programm ist in Abbildung V-15 wiedergegeben.[25] Die in Abbildung V-15 gezeigte äußere Projektorganisation für das Apollo-Programm wurde nach dem Systemprinzip aufgebaut. Bei der Apollo-Programmleitung im NASA-Hauptquartier in Washington D. C. liefen sämtliche Fäden aus den Projektbüros in Houston, Texas (Mondfluggerät und Missionskontrolle), Huntsville, Alabama (Trägerrakete) und dem Kennedy Space Center, Florida (Start- und Bodenanlagen) zentral zusammen. Die innere Projektorganisation der Programmleitung in Washington D. C. war neben dem Programmleiter mit folgenden Schlüsselpositionen besetzt:

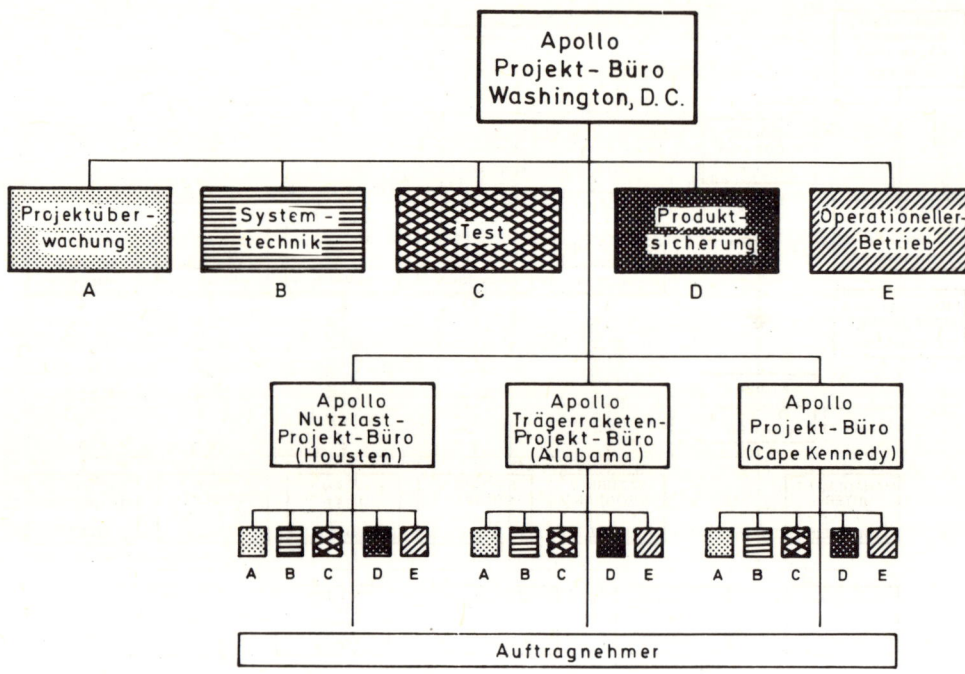

Abb. V-15: Programm-/Projektorganisation des Apollo-Programms

- Program Control (Programm-/Projektüberwachung),
- System Engineering (Systemtechnik),
- Test,
- Reliability & Quality (Produktsicherung),
- Operations (Flugbetrieb).

Bei der Festlegung der inneren Projektorganisation für die untergeordneten NASA-Zentren in Houston, Huntsville und dem Kennedy Space Center entschloß man sich für eine spiegelbildlich angelegte Organisationsstruktur (s.a. Abbildung V-15). Die beteiligten Industriefirmen, führten ihrerseits ebenfalls eine spiegelbildlich angeordnete innere Projektorganisation ein.

Das Konzept der spiegelbildlich angelegten Organisationsstrukturen schaffte in allen Projekt-ebenen Ansprechpartner, die prinzipiell mit gleichen Funktionen und Vollmachten ausgestattet waren. Der Systems Engineering Manager der NASA-Programmleitung hatte dadurch zum Beispiel direkte Ansprechpartner bei den drei NASA-Zentren und den Industriefirmen, die nach gleichen Richtlinien und Vorschriften ihre Funktionen ausführten. Parallel zu den offiziellen Kontakten zwischen den einzelnen Projektbüros, die von den jeweiligen Projektleitern wahrge-nommen wurden, fand nun ein täglicher informeller Informationsaustausch zwischen den Funk-tions-Managern (Project Control, Systems Engineering, usw.) statt; s.a. Abbildung V-16; [26]. Das Aufgabengebiet der Projektleitungen war einfach zu komplex, um den täglich notwendigen Informationsaustausch nicht auf direktem Wege zuzulassen. Selbstverständlich waren dabei die gültigen Managementrichtlinien einzuhalten, das heißt Entscheidungsprozesse konnten nur unter Einschaltung der jeweiligen Projektleiter durchgeführt werden. Bilstein führt das Prinzip der spiegelbildlichen Anordnung der inneren Projektorganisation im Apollo-Programm »The Mirror

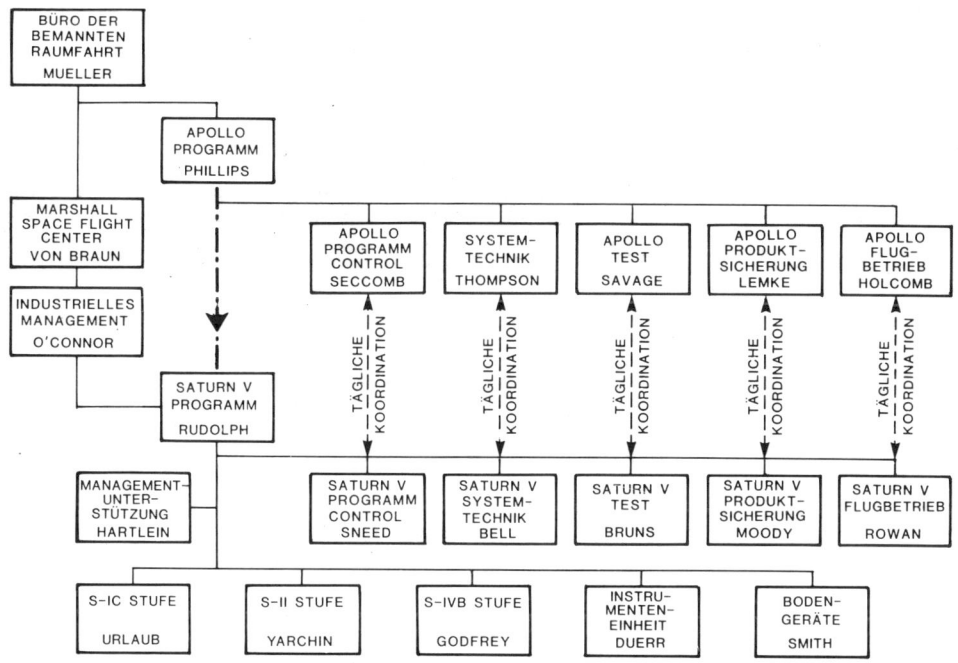

Abb. V-16: Kommunikationsvorteile durch eine spiegelbildliche innere Projektorganisation am Beispiel des Apollo-Programms

Image Concept« auf den NASA-Direktor für die bemannte Raumfahrt George E. Müller zurück und führt aus, daß man die zuvor genannten fünf Standardfunktionen (Program Control, Systems Engineering, usw.) in NASA-Kreisen inoffiziell auch nach dem Erfinder dieses Konzeptes (G. E. Müller) mit *GEM-Boxes* bezeichnete.[26]

Das Konzept der spiegelbildlichen Organisationsstruktur wurde inzwischen auch bei europäischen Vorhaben praktiziert. Es ist in jedem Fall von Vorteil, wenn der Auftragnehmer seine interne Projektorganisation mit der seines Auftraggebers abstimmt. Selbst dann, wenn nur einige Managementfunktionen deckungsgleich sind, lohnt sich im Interesse einer besseren Kommunikation eine spiegelbildliche mehrstufige Projektorganisation.

Internationale Kooperationen

Internationale Kooperationsvorhaben sind heute an der Tagesordnung und nehmen ständig an Bedeutung zu. In vielen Fällen handelt es sich um eine industrielle Zusammenarbeit, bei der über die Ländergrenzen hinweg Verträge geschlossen werden. Das Verhältnis der äußeren Projektorganisation (*industrielle Organisation*), gestaltet sich genauso wie bei jeder nationalen Zusammenarbeit. Bei der Vertragsgestaltung sind jedoch die jeweiligen nationalen Rechtsnormen zugrunde zu legen; s.a. XVI.

Durch die Schaffung einer gemeinsamen internationalen Behörde, zum Beispiel der ESA,

NATO, usw., sind die Voraussetzungen für eine klare und eindeutige äußere Projektorganisation nach dem Pyramidialprinzip gegeben. Häufig sind internationale Projekte aus den verschiedensten Gründen jedoch ohne Schaffung einer übergeordneten internationalen Behörde (Dachorganisation) abzuwickeln. Es ist wohl keine Frage, daß diese Form der Projektabwicklung in Ermangelung einer zentralen System-Projektleitung zu schwerwiegenden Problemen führen kann und deshalb nach Möglichkeit vermieden werden sollte. Für die Entwicklung des deutsch-französischen Direktfernsehsatelliten TV-SAT/TDF-1 implementierten beide Regierungen deshalb ein gemeinsames Projektbüro in München.

Es gibt jedoch Ausnahmen, bei denen ein gemeinsames Projektbüro auf Auftraggeber-Ebene nur schwer zu implementieren ist. Bei der Durchführung des Sonnensondenprogramms HELIOS einigten sich die Regierungen von Deutschland und den USA auf eine Aufgabenteilung, die es ermöglichte, auf ein gemeinsames System-Projektbüro zu verzichten. Ausschlaggebend dafür war, daß

- die Aufgabenteilung (Deutschland/USA) keine systemkritischen Nahtstellen hatte und
- deutsche und amerikanische Ingenieure sich ständig im Rahmen einer fest etablierten gemeinsamen Arbeitsgruppe konsultierten.

Unter dieser Prämisse war eine effiziente Auftraggeber-Zusammenarbeit möglich. Die Aufgabenteilung sah prinzipiell zwei eigenständige Systeme vor, auf deutscher Seite die Entwicklung eines Satellitensystems und auf amerikanischer Seite die Bereitstellung einer Trägerrakete, der Startanlagen und die Durchführung des Starts. Die Nahtstelle Satellit/Trägerrakete, die neben dem Austausch von technischen Unterlagen auch Anpassungstests vorsah, war klar definiert und relativ einfach zu handhaben. Die Schaffung der gemeinsamen Helios-Arbeitsgruppe *(Helios Joint Working Group)*, als ständiges Managementinstrument war eine tragende Säule der deutsch-amerikanischen Kooperation. Die Beschreibung dieser Form der Zusammenarbeit, die übrigens auch für die Kooperation der ESA und NASA im Spacelab/Space Shuttle-Vorhaben gewählt wurde, zeigt einen gangbaren Weg zur Kooperation zwischen einzelnen Nationen, wenn relativ unabhängige Systeme, quasi parallel zueinander, entwickelt werden und die Nahtstellen klar und eindeutig definiert werden können.[27] Arbeiten zwei oder mehrere Nationen jedoch gemeinsam an einem System, so ist, wie im Falle von TV-SAT/TDF-1, die Implementation einer gemeinsamen System-Projektleitung zur Vermeidung von Mißerfolgen unerläßlich (s.a. Kapitel VXI, 2).

Quellen zu Kapitel V

1 Dale Ernest: Management, Econ-Verlag, 1972, S. 147.
2 Kosiol, Erich: Aufbauorganisation, in: Handwörterbuch der Organisation. Hrsg. von E. Grochla, C. E. Poeschel Verlag, Stuttgart, 2. Aufl., 1980, Sp. 180.
3 Madauss, Bernd-J.: Grundsätze der Projektorganisation bei Forschungs- und Entwicklungsprojekten in: MBB-Bericht UR-476/81 Ö, 1981.
4 Mellerowicz, Konrad: Betriebswirtschaftslehre der Industrie, Rudolf Haufe Verlag, Freiburg, 1981, S. 23.
5 McKinley, John K.: Durch Verschmelzung von kaufmännischem und technischem Wissen zu mehr Innovation, in: Handelsblatt, 21. 9. 1982.
6 Madauss, Bernd-J.: Planung und Überwachung von FuE-Projekten, in: AIB-Fachliteratur; Gerberstr. 3b, 83043 Bad Aibling, 1978/81, S. II-8.
7 Koelle, Hans-Hermann: Projekt-Management, Vorlesungsmanuskript, TU-Berlin.

8 Madauss, Bernd-J.: State of the Art Project Management, Vorlesungsmanuskript (nicht veröffentlicht), PSU/EAP Los Angeles/Markt Endorf, 1981.

9 Martin, Charles C.: Project Management, AMACOM, 1976, S. 44.

10 Vollrath, Klaus: Projektmanagement in: Management + Seminar, 3/1981.

11 Madauss, Bernd-J.: Ergebnisbericht des ersten Praxisseminars – Planung und Überwachung von FuE-Projekten, MBB-Bildungsprogramm (RW11), 12. 6. 1978.

12 Gehriger; Helmut: Planning and Control for European Space Satellite Projects, ESRO-Dokument SP-70, Juli 1972.

13 General Electric, BMBW Europa III Management Study, GE Contract 1P6, 21. September 1970, S. 1–29.

14 Vgl. Quelle 1, S. 279.

15 Terry, George R.: Principles of Management, Richard D. Irwin, Inc. Homewood, Illinois, 1977, S. 268–274.

16 Hegi, Othmar: Projekt-Management, ein Fremdkörper in der Stab-Linien-Organisation, aus: Projekt-Management, (systematische Grundlagen und Beispiele aus der Praxis), Band 1, Verlag Industrielle Organisation, Zürich, 1972, S. 77.

17 Grochla, Erwin: Projektmanagement – Organisatorische Gestaltungsmöglichkeiten, ZfU-Management-seminar; Zürich, November 1980, S. 4.

18 MBB, Ergebnisprotokoll des Führungskräftekolloquiums – Raumfahrtbereich, Juli 1977.

19 Grochla, Erwin und Thom, Norbert: Die Matrix-Organisation – Chancen und Risiken einer anspruchs-vollen Strukturierungskonzeption, in: zfbf-Kontaktstudium 29 (1977), S. 195.

20 McCarthy, Jr. John F.: Matrix Management for Aerospace 2000, NASA Technical Memorandum 81509, Mai 1980.

21 Thamhain, Hans J. und Wilemon, David L.: Leadership Effectiveness in Program Management, in: IEEE Transactions on Engineering Management, Vol. EM-24, No. 3, August 1977, S. 102.

22 Ruppe, Harry O.: Die grenzenlose Dimension Raumfahrt, Econ Verlag, Düsseldorf-Wien, 1980, Band 2, S. 699.

23 Delorme, Hermann und Hoessrich, Hans-Joachim (herausgegeben von Möhring und Rittershausen): Konsortial- und Emmissionsgeschäft, Fritz Knapp Verlag, Frankfurt a. M., 2. Auflage, 1971, S. 11, 12.

24 Steinrücke, Bernhard: Neubearbeitung von Scholze Herbert, Das Konsortialgeschäft der deutschen Banken, Duncker & Humbolt, Berlin, 2. Auflage, 1973, S. 9–11

25 NASA: NASA-Apollo Program Management, Band 1 bis 5, Dez. 1967.

26 Bilstein, Roger E.: The Saturn Management Concept, NASA-Bericht CR-129029, 1. Juni 1974.

27 Yardly, John F.: Role of Spacelab in the Space Transportation System, in: Journal of the British Interplanetary Society, Vol. 30, S. 43–46, 1977.

Kapitel VI:
Managementplanung

Der Begriff *Managementplanung* wird im deutschen Sprachgebrauch kaum verwendet und in seiner Bedeutung oft auch nicht verstanden. Wortverbindungen wie zum Beispiel Terminplanung, Kostenplanung und Personalplanung sind dagegen bekannte und für jedermann verständliche Bezeichnungen. In der angelsächsischen, ganz besonders aber in der amerikanischen Management-Fachwelt ist das Wort Managementplanung jedoch ein gut eingeführter Begriff. Das Wort *Planung* wird dort, seiner ursprünglichen Bedeutung entsprechend, viel umfassender und gehaltvoller verstanden, zum Beispiel auch im Bereich des Managements und der Organisation. Man geht ganz selbstverständlich davon aus, daß auch Managementvorgänge gründlich vorbereitet, das heißt, geplant werden müssen.

Es ist nicht übertrieben, wenn man behauptet, daß viele Managementprobleme ursächlich mit mangelnder Managementplanung in Zusammenhang stehen. Es ist immer wieder eine Überraschung festzustellen, wie große Projekte begonnen werden, ohne daß man sich zu Projektbeginn über die Managementvorgänge im einzelnen Klarheit verschafft hatte. Management ist jedoch keine einfache, sondern eine sehr komplizierte Funktion, und für das Projektmanagement trifft dies in ganz besonderem Maße zu. Es muß von Anfang an Klarheit darüber bestehen, *wer, was, wie, wann* und *wo* zu erledigen hat. Arbeits-, Organisations- und Ablaufpläne schaffen für alle am Projekt beteiligten technischen und administrativen Mitarbeiter die notwendige Klarheit. Managementpläne sind der Leitfaden des Projektmanagements und für Großprojekte von besonderer Bedeutung.

1. Vermeidung von Unklarheiten durch Managementplanung

Die fünf W-Fragen

Die fünf Fragen, »*Wer, Was, Wie, Wann* und *Wo* erledigt?« sind der Grundsatz zur Managementplanung. Jede Frage muß so früh wie möglich für jeden Organisations-/Arbeitsbereich eindeutig geklärt sein. Der Managementplan oder die Managementpläne, bei Großprojekten wird die Erstellung eigenständiger Managementpläne für jeden Organisationsbereich empfohlen, muß zu jedem der oben genannten fünf Fragen eine genaue Antwort geben können. Dadurch werden Unklarheiten und Kompetenzstreitigkeiten von vorneherein weitgehendst vermieden. Wie notwendig die Erstellung von Managementplänen im Frühstadium eines Projektes ist, erkennt man meistens schon aus der Schwierigkeit, die beim Erstellen der Pläne in Zusammenhang mit der Festlegung der managerialen Nahtstellen auftritt.

Identifikation der benötigten Managementpläne

Bei dem Vorhaben, die Managementaktivitäten eines Projektes vorauszuplanen, ist es wichtig, daß systematisch vorgegangen wird. So empfiehlt es sich zum Beispiel, zum Projektbeginn oder zum Beginn einer Projektphase eine Aufstellung der zukünftig zu erstellenden Managementpläne vorzunehmen. Diese Aufstellung, die vorzugsweise in Form eines Planungsbaumes durchzuführen ist (s. a. Abbildung VI-I), beginnt übergeordnet mit dem *Gesamt-Projektplan*, in dem die wichtigsten Projektziele sowie die Zusammenfassungen und Aufgaben der untergeordneten Einzel-Managementpläne beschrieben sind. An dieser Stelle sei nochmals darauf hingewiesen, daß je nach Größe und Komplexität des Projektes zu entscheiden ist, ob die verschiedenen Pläne als Einzeldokumente erstellt werden sollen oder zu einem Gesamtdokument mit entsprechender Kapitelgliederung zusammengefaßt werden können. Bei sehr kleinen Projekten reichen oft einige wenige Seiten für die gesamte Managementplanung aus, während für Großprojekte die Erstellung von Einzelplänen vorteilhaft ist.

Die Festlegung der zu erstellenden Projektpläne unterhalb des übergeordneten Projektplans (s. a. Abbildung VI-I) setzt eine gründliche Analyse der wesentlichsten Projektfunktionen voraus. Es gilt der Grundsatz, daß für jede eindeutig identifizierbare und in sich abgeschlossene Managementfunktion die Erstellung eines eigenständigen Managementplans oder entsprechenden Kapitels erforderlich ist. Dabei kann es durchaus vorkommen, daß eine Organisationseinheit für zwei oder mehrere Projektpläne gleichzeitig die Verantwortung hat. Umgekehrt sollten jedoch niemals zwei Organisationseinheiten für einen gemeinsamen Plan zuständig sein. Kommt es zu Überschneidungen in der Zuständigkeit, so ist der entsprechende Plan auf zwei Bereiche aufzuteilen. Hierzu ein Beispiel: Liegen die Managementfunktionen der Dokumentations- und Konfigurationskontrolle in einer Hand, so kann die Zusammenfassung des Dokumentations- und Konfigurationsmanagementplans zu einem einzigen Dokument sinnvoll sein; es ist jedoch nicht zwingend notwendig. Werden das Dokumentations- und Konfigurationsmanagement dagegen durch zwei getrennte Organisationseinheiten geleitet, so sollten auch zwei getrennte Pläne oder Kapitel erstellt werden.

Implementation der Managementpläne

Die offizielle Implementation der Managementpläne ist für das Projekt eine äußerst wichtige Maßnahme, denn sie schreiben den Managementprozeß verbindlich vor. Die Implementation muß mit dem Hauptterminplan zeitlich abgestimmt, und vom Projektleiter vorgenommen werden. Durch die Freigabe der Managementpläne durch den Projektleiter ist der Implementationsprozeß abgeschlossen. Selbstverständlich unterliegen die Managementpläne wie alle anderen Projektdokumente dem Änderungswesen (s. a. Kapitel XII, 1), und sie sind der jeweiligen Projektsituation anzupassen.

2. Managementplan-Inhalte und Bewertungskriterien

Managementplan-Inhalte

Bei der Erstellung der Managementpläne empfiehlt es sich, vorher entsprechende Szenarien zu erstellen, um eine einheitliche Strukturierung der Pläne zu erreichen. In den USA wurde im Rahmen des Apollo-Programms von der NASA ein spezielles Verfahren entwickelt, bei dem die Dokumente, in diesem Falle die Managementpläne, vor ihrer Erstellung genau spezifiziert werden. Dieses Verfahren ist unter dem Begriff *Document/Data Requirements Description (DRD)*

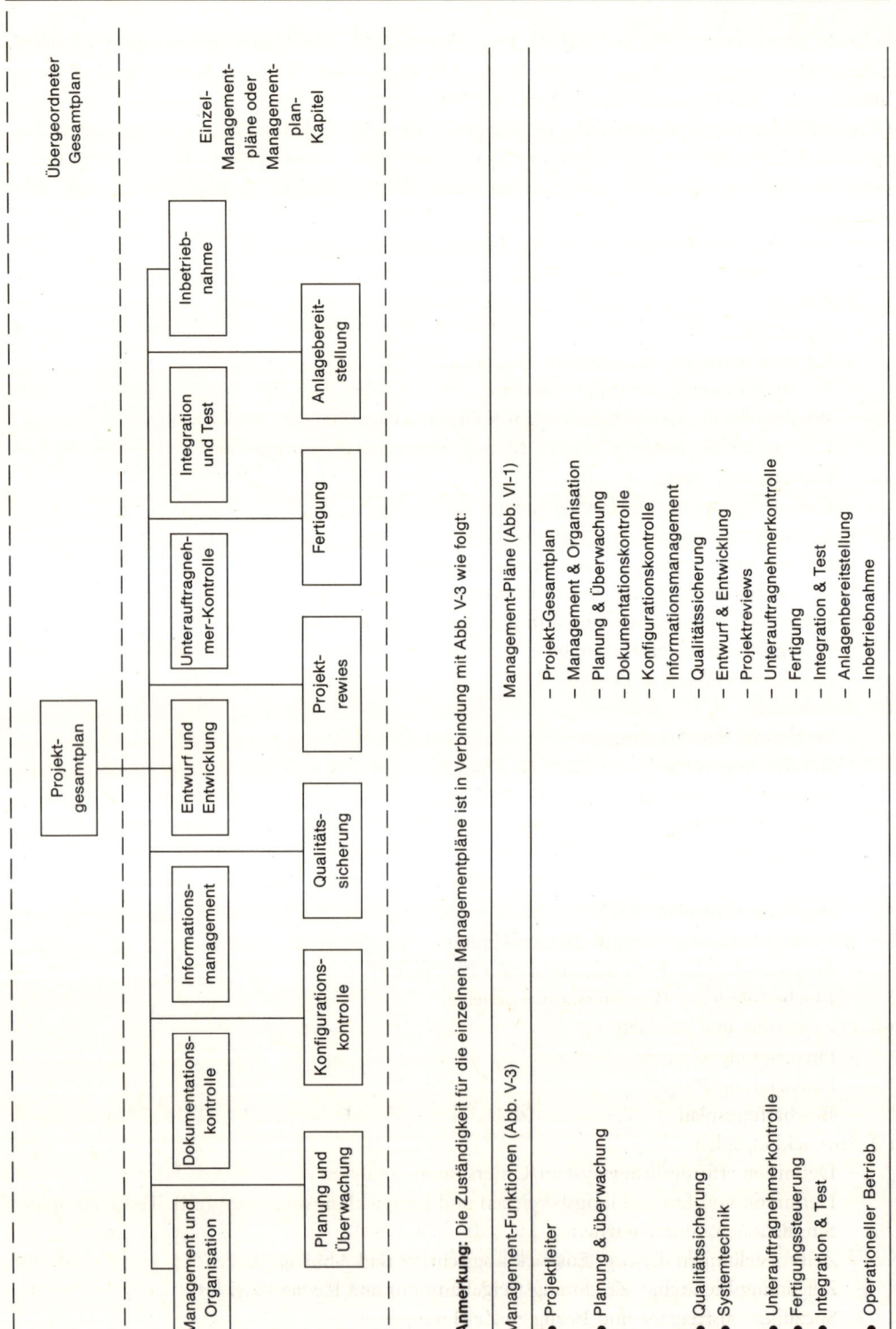

Abb. VI-1: Beispiel eines Planungsbaumes

Anmerkung: Die Zuständigkeit für die einzelnen Managementpläne ist in Verbindung mit Abb. V-3 wie folgt:

Management-Funktionen (Abb. V-3)

- Projektleiter
- Planung & überwachung

- Qualitätssicherung
- Systemtechnik
- Unterauftragnehmerkontrolle
- Fertigungssteuerung
- Integration & Test
- Operationeller Betrieb

Management-Pläne (Abb. VI-1)

- Projekt-Gesamtplan
- Management & Organisation
- Planung & Überwachung
- Dokumentationskontrolle
- Konfigurationskontrolle
- Informationsmanagement
- Qualitätssicherung
- Entwurf & Entwicklung
- Projektreviews
- Unterauftragnehmerkontrolle
- Fertigung
- Integration & Test
- Anlagenbereitstellung
- Inbetriebnahme

bekannt geworden (s. a. Kapitel XII, 1). Im Rahmen der Entwicklungsarbeiten für das Europäische Raketenprogramm *EUROPA-III* (heute ARIANE) wurde 1970 im Auftrag des Bundesministeriums für Bildung und Wissenschaft (BMBW), heute BMFT, von der amerikanischen Firma
General Electric eine Managementstudie erarbeitet, die unter anderem Dokumentations-Anforderungsbeschreibungen für die wichtigsten Managementpläne enthält.[1] Die 1970 erstellte Managementstudie kann auch heute noch als ein wertvolles Dokument zur Konzipierung eines Pro-
jektmanagement-Systems angesehen werden. In Anlehnung hieran ist die nachfolgende Gliederung eines typischen Projektmanagement-Gesamtplans wiedergegeben:

(1) Einleitung
  – Projektziele
  – Kurzbeschreibung des gesamten Projektes
  – Kurzbeschreibung der Projektphasen
  – Wiedergabe des Gesamtterminplans (Hauptmeilensteine)
  – Hinweis auf die untergeordneten Managementpläne (Planungsbaum)
  – Referenzdokumente
  – Einführung der nachfolgenden Kapitel, (2) bis (9)
(2) Projektleitung
  – Firmen- und Projektorganisation (übergeordnet)
  – Projektorganisation, Verantwortlichkeit und Funktionen
  – Industriebeteiligungen/Unterauftragnehmer und Lieferanten
  – Projektdirektiven und -strategien
  – Projekt-Reviews und Berichte
(3) Arbeitsplan
  – Technische Anforderungen
  – Randbedingungen
  – Erforderliche Anlagen
  – Systemgliederung
  – Untersysteme
  – Technische Entwicklungsarbeiten
  – Projektstrukturplan (PSP)
  – Zusammenfassende Leistungsbeschreibung
  – Projektablaufplan/Flußdiagramm oder Netzplan
  – Beschreibung der Berichterstattungsebenen
(4) Finanzierung und Beschaffung
  – Finanzierungskonzept
  – Finanzierung/Phase
  – Beschaffungsplan
(5) Entwicklungsplan
  – Definition erforderlicher System/Untersystem-Analysen
  – Definition von Entwicklungsbereichen und Entwicklungsstrategien (z. B. Testphilosophie,
    Simulationen, Studien, usw.)
  – Zeitvorstellungen der o. g. Entwicklungsschritte und Abhängigkeiten
  – Zeichnungshierarchie, Zeichnungsfreigabemodus und Review-Zyklus
  – Spezifikationsfreigabe und Bezug zu Zeichnungen
  – Identifikation von kritischen Bereichen

- Rolle der Projektleitung bei der Systemintegration – technische Direktiven
- Entwurfsdokumentation und Freigabemodus
- Beschreibung der Änderungsüberwachung

(6) Integrierter Testplan
- Zusammenfassung des gesamten Testprogramms
- Identifikation der Testmodelle (Labormuster und Prototypen)
- Zeitplanung der Testprogramme
- Definition der Testkategorien:
  □ Entwicklungstests: Material, Komponenten und Untersysteme vor Abschluß der Entwurfsarbeiten
  □ Qualifikationstests: Hardwaretests auf allen Systemebenen, um zu demonstrieren, daß der Entwurf/Konstruktion die Spezifikationsanforderungen erfüllt.
  □ Abnahmetests: Hardwaretests aller Systemebenen, um zu demonstrieren, daß die Hardware entwurfsgerecht erstellt wurde.

(7) Qualitätssicherung (QS)
- Definition der wichtigsten QS-Anforderungen
- Liste der anzuwendenden QS-Vorschriften
- ggf. Heraushebung von speziellen QS-Anforderungen
- Zeitplanung des QS-Programms
- QS-Verantwortlichkeit der Projektleitung
- Prozedur der QS-Berichterstattung
- Bauteile- und Materialvorschriften

(8) Inbetriebnahme
- Betriebsplanung und Definition der erforderlichen Anlagen
- Beschreibung der Personal-Trainingspläne und die dazugehörende Zeitplanung
- Definition der einzuführenden Standardprozeduren und -pläne

(9) Dokumentation
- Identifikation der erforderlichen Gesamtdokumentation
- Dokumentationsgliederung
- Definition der Verantwortlichkeit für die Erstellung und Freigabe aller Dokumente
- Beschreibung der Dokumentationskontrolle.

Managementplan-Checklisten

In der Praxis kommt es immer wieder vor, daß die Projektleitung die Erstellung von Managementplänen zwar durchsetzen kann, die Qualität der Pläne jedoch nicht immer ausreichend ist. Um jedoch zu erreichen, daß die Managementpläne nach einem einheitlichen Schema erstellt werden und auch die wesentlichen Aussagen enthalten, empfiehlt es sich, entsprechende Checklisten zu erstellen. In Anlehnung an die 1970 von der Firma General Electric erstellte Managementstudie sind nachfolgend typische Checklisten für einige der in Abbildung VI-1 identifizierte Managementpläne wiedergegeben.[1]

(1) Projektmanagement-Gesamtplan
- Enthält der Plan eine zusammenfassende Beschreibung des Projekts/Systems; technische Anforderungen, Randbedingungen, erforderliche Anlagen, usw.?

- Beschreibt der Plan die einzelnen Untersysteme, Hilfsanlagen, usw.?
- Sind die Kurzbeschreibungen der verschiedenen untergeordneten Einzel-Managementpläne (s. a. Abb. VI-1) enthalten?
- Beschreibt der Plan die Beziehungen zu den untergeordneten Managementplänen?
- Enthält der Plan Hinweise auf Managementstrategien, -methoden, -prozeduren und Berichte?
- Ist in dem Plan der Hauptlieferumfang definiert?
- Zeigt das Dokument den übergeordneten Projektstrukturplan (PSP)?
- Enthält der Plan den Gesamt-Terminplan einschl. der Hauptmeilensteine?
- Zeigt der Plan die Aufgabenverteilung aller beteiligten Firmen/Abteilungen (besonders wichtig bei Arbeitsgemeinschaften und internationalen Vorhaben)?
- Enthält der Plan Flußdiagramme, Netzwerke und andere graphische Darstellungen zur Simplifizierung und Erklärung der Einzelvorgänge?
- Zeigt der Plan Inhalte, Struktur und Verantwortlichkeiten der wichtigsten nachgeschalteten Planungsdokumente?
- Beschreibt der Plan das Berichterstattungssystem für den technischen, terminlichen und finanziellen Fortschrittsbericht?
- Beschreibt der Plan die Techniken für die Autorisierung und Freigabe von Budgets?
- Wurden die wichtigsten Lieferungen (end items) gründlich definiert und aufgelistet?
- Sind die wichtigsten Liefertermine mit den Vorgaben in Übereinstimmung?
- Wurden alle Hauptarbeitselemente und -aktivitäten identifiziert und aufgelistet?
- Wurden sämtliche Planungsabhängigkeiten definiert und aufgezeigt?
- Sind die Schätzungen für den Personaleinsatz, Material, Anlagen, usw. angemessen und komplett?
- Wurden ausreichende Reserven für evtl. auftretende Probleme vorgesehen?

(2) Management und Organisation
- Enthält der Plan die Organisationsstrukturen der Firma, des Projektbüros und ggf. anderer beteiligter Firmen sowie die Organisationsnahtstellen?
- Sind in dem Plan die Organisationsanforderungen an die Unterauftragnehmer spezifiziert?
- Enthält der Plan detaillierte Beschreibungen der Organisationsverantwortlichkeiten?
- Ist das Schlüsselpersonal in der Organisationsstruktur identifiziert?
- Ist in dem Plan die Erfahrung und Qualifikation des Schlüsselpersonals beschrieben?
- Definiert der Plan die Aufgabengebiete, die durch die im Organigramm gezeigten Stellen wahrzunehmen sind?
- Wurden sämtliche wahrzunehmenden Funktionen des Projektbüros abgedeckt?
- Beschreibt der Plan die Rolle speziell einzurichtender Überwachungsgremien (Councils, Boards, Committees)?
- Enthält der Plan die wichtigsten Projektstrategien?

(3) Planung und Überwachung/Project Control
- Beschreibt der Plan die Hauptprinzipien der Projektüberwachung?
- Ist in dem Plan das Basis-Planungskonzept beschrieben?
- Beschreibt der Plan, wie Projekt- und Arbeitsfreigaben vorzunehmen sind?
- Erklärt der Plan, wie Statusüberwachungen und -bewertungen durchzuführen sind?
- Ist im Plan beschrieben, wie Planabweichungen schnell erkannt werden können?

- Beschreibt der Plan, wie Korrekturmaßnahmen eingeleitet werden?
- Spezifiziert der Plan die Anforderungen für ein Planungs- und Überwachungszentrum (Großprojekte)?
- Beschreibt der Plan die Kontrollprozeduren für Termine und Kosten?
- Sind in dem Plan Prozeduren zur Leistungsmessung beschrieben (Termine, Kosten, Technik)?
- Enthält der Plan Berichterstattungsprozeduren (Status, kritischer Pfad/Bereich, Probleme)?
- Beschreibt der Plan, wie Statusbesprechungen durchzuführen sind (Tagesordnung, Termine, Protokolle, usw.)?
- Enthält der Plan Informationen zum Review-Konzept?
- Weist der Plan auf die Verwendung von Standardformaten und -symbolen hin?

(4) Dokumentationskontrolle
- Beschreibt der Plan, wie die Dokumentationsanforderungen festgelegt sind?
- Ist im Plan die Methode zur Dokumentationsablage und -identifikation festgelegt?
- Spezifiziert der Plan den Einsatz formeller Dokumentationslisten und Dokumentations-Inhaltsbeschreibungen?
- Ist im Plan beschrieben, wo die Inhaltsbeschreibungen einzusehen sind, sofern sie nicht Teil des Planes sind?
- Beschreibt der Plan die Methoden zur Überprüfung der Dokumente um sicherzustellen, daß die gelieferten Dokumente mit den vorher festgelegten Inhaltsbeschreibungen übereinstimmen?
- Enthält der Plan eine Beschreibung zur Vervielfältigung und Verteilung der Dokumente?
- Sind im Plan die Nahtstellen zu anderen Organisationseinheiten (z.B. Zentraldienste) beschrieben?
- Definiert der Plan die Methoden, nach der die Dokumente identifiziert, geändert, kontrolliert und freigegeben werden?
- Ist im Plan ein Dokumentationsmanagement oder -manager identifiziert?

(5) Konfigurationskontrolle
- Sind in dem Plan die Konfigurationskontrollanforderungen enthalten?
- Beschreibt der Plan die Vorgehensweise bei der Erstellung der Basis-Konfiguration (Baseline) sowie die zugehörige Änderungskontrolle?
- Beschreibt der Plan, welche physikalischen und funktionellen Charakteristiken in der Basis-Konfiguration enthalten sind?
- Enthält der Plan die Prozeduren zur Erstellung der Konfiguration für die System-, Entwurfs-und Produktanforderungen?
- Beschreibt der Plan die zugehörigen Review-Techniken und Dokumentationspakete, die zu überprüfen sind?
- Beschreibt der Plan das Änderungskontrollverfahren für die Basis-Konfiguration?
- Enthält der Plan eine Prozedur zur Kontrolle aller EDV-Programme für Hardware und Betriebsprogramme?
- Ist im Plan beschrieben, wie Konfigurationsabweichungen gehandhabt werden?
- Beschreibt der Plan die Prozeduren zur regelmäßigen Konfigurationserfassung?
- Ist in dem Plan der nominierte Konfigurationsmanager genannt?

(6) Unterauftragnehmerkontrolle
- Beschreibt der Plan die grundlegenden Methoden zur Unterauftragnehmerkontrolle?
- Enthält der Plan die Prozeduren zur Make-or-buy-Entscheidung?
- Sind in dem Plan die Überprüfungsprozeduren zur Unterauftragnehmerauswahl enthalten?
- Sind in dem Plan Alternativen aufgezeigt für den Fall, daß ein/mehrere Unterauftragnehmer ausgetauscht werden muß/müssen?
- Ist in dem Plan festgelegt, wie die Projektstrukturpläne (PSP) der Unterauftragnehmer in den Gesamt-PSP integriert werden?
- Beschreibt der Plan das für alle Unterauftragnehmer anzuwendende PSP-Nummernsystem?
- Beschreibt der Plan, wie der Hauptauftragnehmer die Projektkontrollgruppen der Unterauftragnehmer steuert und integriert (z.B. die Überprüfungs- und Abnahmeprozeduren, Termin- und Kostenkontrolle, Berichterstattung, usw.)?
- Ist im Plan die Prozedur zur Überwachung der Qualitätskontrollmethoden der Unterauftragnehmer diskutiert?
- Ist im Plan beschrieben, wie der Hauptauftragnehmer die Entwicklungsarbeiten bei den Unterauftragnehmern koordiniert?
- Sind im Plan Vorkehrungen zur Fertigungskoordination zwischen den Produktionsstätten des Haupt- und der Unterauftragnehmer getroffen worden?
- Sind die Integrations- und Abnahmetätigkeiten beim Haupt- und den Unterauftragnehmern aufeinander abgestimmt und im Plan beschrieben?
- Welche Vorkehrungen zum ständigen Kontakt zwischen Haupt- und Unterauftragnehmern wurden getroffen, und sind sie im Plan beschrieben?
- Wurden Regeln zur frühzeitigen Beendigung des Vertragsverhältnisses zwischen Haupt- und Unterauftragnehmern getroffen und im Plan beschrieben?
- Hat der Hauptauftragnehmer eine Organisationseinheit und/oder eine Person mit der Unterauftragnehmerkontrolle betraut und dies im Plan festgelegt?

(7) Fertigungskoordination
- Beschreibt der Plan sämtliche Fertigungstätigkeiten?
- Sind im Plan die Fertigungsorganisation, die durchzuführenden Funktionen und Verantwortlichkeiten (projektseitig und im Fertigungsbereich) beschrieben?
- Sind die von der Entwicklung zur Verfügung zu stellenden Unterlagen (Spezifikationen und Zeichnungen) präzise aufgelistet und mit Terminen versehen?
- Sind im Plan die produktionsbegleitenden Ingenieuraufgaben beschrieben (z.B. Herstellbarkeitsuntersuchungen, Werkzeugentwicklung, Material- und Prozesskontrolle und Arbeitsvorbereitung)?
- Ist im Plan ein integrierter Hardware-Ablauf (alle beteiligten Firmen/Abteilungen) und der zugehörige Terminplan beschrieben?
- Sind im Plan die Werkstattprozeduren gründlich beschrieben, um sicherzustellen, daß die betreffende Firma über die notwendigen Anlagen, Hilfsmittel und erfahrene Mitarbeiter verfügt?
- Sind die Materialbeschaffungs- und Kontrollprozeduren hinreichend beschrieben?
- Wurden Vorkehrungen zur Überarbeitung und Reparatur während des Produktionsprozesses getroffen und im Plan beschrieben?
- Enthält der Plan eine Liste aller zu produzierenden Gegenstände?

    – Sind die Produktionsgesichtspunkte zur *Make-or-buy*-Entscheidung im Plan beschrieben?
    – Ist im Plan beschrieben wie die betreffende Firma die Produktionsvorgänge geplant hat und die Kostenkontrolle vornehmen wird?
    – Ist im Projekt ein Fertigungsmanager/-koordinator nominiert?

(8) Anlagenkoordination
    – Beschreibt der Plan bereits existierende und/oder neu zu beschaffende Anlagen, die für das betreffende Projekt bereitgestellt werden können?
    – Sind im Plan Meilensteine für die Anlagenbereitstellung genannt?
    – Sind im Plan Richtlinien für die beteiligten Firmen/Organisationen enthalten, aus denen hervorgeht, welche Produktions-, Test- und Betriebsanlagen benötigt werden?
    – Enthält der Plan, falls erforderlich, ein Anlagen-Errichtungsprogramm, einschließlich möglicher Modifikationsaktivitäten bereits bestehender Anlagen?
    – Sind die Anlagenbeschaffungs-/Bereitstellungsmaßnahmen auch kostenmäßig gründlich erfaßt?
    – Sieht der Plan Prozeduren zur Anlagenbelegung vor; um Konflikte mit anderen Projekten zu vermeiden?
    – Enthält der Plan Alternativlösungen?
    – Ist im Plan festgelegt, wer projektseitig für die Anlagenkoordination verantwortlich ist?

3. Managementkonzept eines Anlagenprojektes

Die Realisierung eines komplexen Anlagenprojektes setzt den Einsatz wirkungsvoller und erprobter Managementverfahren voraus. In Anhang 5 zu diesem Buch ist ein typisches Managementkonzept für ein Anlagenprojekt wiedergegeben.[2]

Quelle zu Kapitel VI

1 »BMBW Management Study for EUROPA III – Final Report«, in: GE Contract 1 P 6, 21. September 1970
2 Madauss Bernd: Konzeptentwurf zur Planung und Steuerung des SNQ-Projektes, 1984 (nicht veröffentlicht)

Kapitel VII:
Systemtechnik im Projekt

Die Realisierung industrieller und öffentlicher Projekte in unserer Zeit zielt vorwiegend auf systemtechnische Lösungen hin. Auch bei Vorhaben, bei denen die Begriffe System oder Systemtechnik nicht explizit verwendet werden, ist aus der Zielsetzung oft leicht zu erkennen, daß es sich im Prinzip doch um die Realisierung von Systemen handelt. Systemtechnik und Projektmanagement sind deshalb eng miteinander verknüpft. Die Errichtung einer Fabrikhalle, eines Kraftwerkes oder einer öffentlichen Einrichtung, wie zum Beispiel ein modernes Schwimmbad, setzen heute mehr denn je systemtechnische Denkansätze voraus. Hierzu Kappel und Schwarz: »Es ist kaum zu übersehen, daß das »systemare Denken« nicht nur die Wissenschaft, sondern darüber hinaus auch »das tägliche Leben« in gewissem Sinne verändert hat.«[1]

Systemtechnische Forschungen haben ihren Ursprung in den USA, und ihr Beginn läßt sich auf die in den vierziger Jahren entwickelten Methoden der Kybernetik und Systemtheorie zurückführen. Blanchard und Fabrycky verstehen die vierziger Jahre als den Übergangszeitpunkt vom Maschinen- zum Systemzeitalter.[2]

Die rasch steigende Komplexität heutiger Industrieprodukte und staatlicher Vorhaben macht den Einsatz systemtechnischen Gedankengutes immer notwendiger. Die Systemtechnik, identisch mit dem englischen Begriff *Systems Engineering,* muß als fester Bestandteil des industriellen und öffentlichen Projektmanagements angesehen werden. Organisatorische Lösungsmöglichkeiten zur Integration des systemtechnischen Teams in die Projektmannschaft sind in Kapitel V, 1 beschrieben (s. a. Abb. V-3).

1. Systemtechnische Prozesse im Projekt

Die black-box-Betrachtung

Die Systemtechnik löst Aufgaben prinzipiell durch eine globale Betrachtungsweise, indem eine Sache gewissermaßen aus der alles überblickenden Vogelperspektive betrachtet wird, um dann weiter ins Detail vorzustoßen. Diese Vorgehensweise ist in der Literatur auch als *top-down-approach* bekannt. Im ersten Schritt wird das gesamte System, zum Beispiel eine neu einzurichtende Datenbank, als *black box,* die eine spezifizierte Aufgabe zu erfüllen hat und mit ihrer Umwelt zusammenarbeiten muß, betrachtet. Beim ersten Schritt ist es noch nicht erforderlich, die *black box* zu zerlegen und ihre Einzelteile zu betrachten. Vielmehr müssen im ersten Schritt die Hauptparameter des Datenbank-Systems analysiert und festgelegt werden. Erst im zweiten Schritt erfolgt dann die Gliederung des Systems (black box) in Untersysteme. Im Falle der Datenbank wären zum Beispiel folgende Untersysteme denkbar: Datenerfassung, Speicherung, Datenausgabe und Datenbankmanagement. Bis zu diesem Zeitpunkt ist es noch nicht erforderlich, detailliert auf eventuell zu verwendende Baugruppen, wie zum Beispiel EDV-Anlagen, EDV-Programme, Terminals, usw. einzugehen. Diese Betrachtung ist späteren Schritten vorbehalten. Im Gegenteil, derart detaillierte Betrachtungen können im Frühstadium eines Projektes sogar den Blick für das Ganze verstellen.

In der Systemtechnik wird zwischen geschlossenen und offenen Systemen unterschieden. Geschlossene Systeme sind dadurch gekennzeichnet, daß sie mit ihrer Umgebung in keiner oder keiner nennenswerten Wechselwirkung stehen. Eine hermetisch abgeriegelte und am Meeresboden ruhig verharrende Taucherkugel ist hierfür ein anschauliches Beispiel. Die Vorgänge im Inneren der Taucherkugel haben kaum einen Einfluß auf das sie umgebende Wasser, und die Umgebung (Wasserdruck, Kälte, usw.) hat umgekehrt ebenfalls kaum einen Einfluß auf das Innenleben der Taucherkugel. In Abbildung VII-1 ist die Wirkungsweise eines geschlossenen Systems am Beispiel einer Taucherkugel wiedergegeben. Durch den Druckbehälter und eine ausreichende Wärmeisolation ist das System Taucherkugel von fast jeglicher Kommunikation mit der Umgebung abgeschlossen. Offene Systeme stehen dagegen in einer ständigen Wechselwirkung mit ihrer Umgebung. Informationen, Energie und/oder Materie dringen in das System ein oder verlassen das System. So handelt es sich zum Beispiel bei den Lebewesen unserer Erde um offene Systeme, was sich am anschaulichsten durch den Ein- und Ausatmungsprozeß verdeutlichen läßt. Tatsächlich handelt es sich jedoch auch bei den meisten als geschlossen angesehene Systeme um Systeme, die eine geringfügige Wechselwirkung mit ihrer Umgebung haben. Ernst von

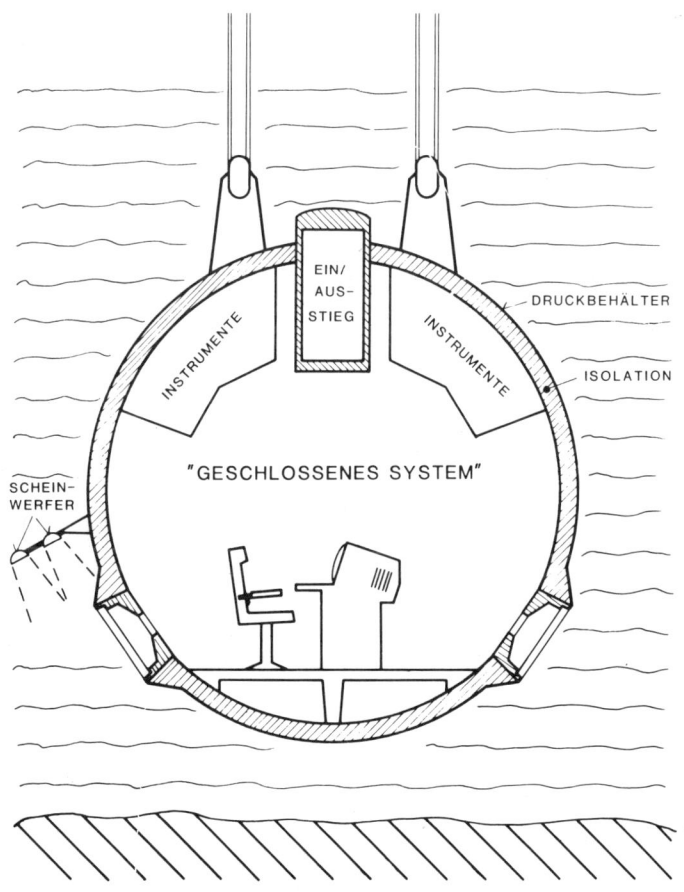

Abb. VII-1: Die Taucherkugel als geschlossenes System

Weizsäcker schreibt zum Beispiel: »Streng genommen scheint es abgeschlossene Systeme überhaupt nicht zu geben . . .«[3] Auch bei der in Abbildung VII-1 gezeigten Taucherkugel kommt es zu einer geringfügigen Wechselwirkung mit der Umgebung; allerdings ist diese Wechselwirkung, zum Beispiel ein geringfügiger Wärmefluß oder die Strahlungsenergie des Beobachtungsscheinwerfers, für eine kurzfristige Betrachtung zu vernachlässigen.

In den meisten Fällen handelt es sich bei technischen Systemen, zum Beispiel einem Kraftwerk, einer Datenbank oder einem Raumfahrzeug, um offene Systeme. Dabei stellen die gewollten Wechselwirkungen mit der Umwelt, das heißt die geplanten Inputs und Outputs, wichtige Entwurfsgrößen dar, zum Beispiel die solare Energiezufuhr bei einem Satellitensystem (Input) und die Informationsübertragung vom Satelliten zur Bodenstation (Output); s.a. Abbildung VII-2. Daneben kommt es meistens jedoch zu einer zusätzlichen, ungewollten Wechselwirkung mit der Umwelt, zum Beispiel zur Aufheizung des Satelliten auf der sonnenzugewandten und zur Auskühlung auf der sonnenabgewandten Seite. Bei der Auslegung eines Systems sind deshalb nicht nur die gewollten Input-/Outputgrößen, sondern zusätzlich auch die ungewollten Wechselwirkungen in das Kalkül mit einzubeziehen. Dieser Grundsatz sollte bei der Auslegung eines Systems grundsätzlich befolgt werden.

In der Vergangenheit erschien die Betrachtung der ungewollten Wechselbeziehung eines Systems mit der Umwelt oftmals nicht bedeutungsvoll genug. Aus diesem Grunde wurden viele Systeme ohne ausreichende Input-/Outputbetrachtung entwickelt. Die Entstehungsgeschichte des Verbrennungsmotors ist hierfür ein sehr anschauliches Beispiel, denn die Abgase des Verbrennungsmotors stellen eine Outputgröße dar, die erst in jüngster Zeit, nämlich im Zusammenhang mit der Problematik zunehmender Umweltverschmutzung, eine erhöhte Aufmerksamkeit erregen und zum Katalysator in Verbindung mit bleifreiem Benzin führten. Während man bei der Dampfmaschine im Interesse größerer Wirtschaftlichkeit bewußt ein möglichst geschlossenes System anstrebte – durch besondere Isolationsmaßnahmen versuchte man die Wärmeabstrahlung (ungewollter Ouput) zu verhindern – wurde das System des Verbrennungsmotors, unter Vernachlässigung der späteren Folgen, am Auspuff ganz bewußt weit geöffnet. Die für ein Satellitensystem lebensnotwendige systemare Input-/Outputbetrachtung ist ein richtungsweisendes Denkmodell für die notwendige Systembetrachtung technischer Produkte unserer Zeit. Dies trifft für eine Kraftwerksanlage genau so zu wie für eine Datenbank, ein Fahrzeug und ein Verkehrsflugzeug. Genaue Kenntnis der Wechselwirkungen eines Systems mit der Umwelt, die, wie wir heute wissen, als ein globales System angesehen werden kann, ist eine Voraussetzung für die Auslegung von technischen Systemen.

Die hier stark simplifiziert vorgenommene black-box-Betrachtung, eine anerkannte Methode der Systemtechnik, mag trivial anmuten, ist jedoch für die Realisierung komplexer Systeme der einzig gangbare Weg, was im folgenden näher erläutert werden soll. Die Entwicklung und der Bau großer und komplexer Systeme, wie Kraftwerksanlagen, Flugzeuge, Stadien, Krankenhäuser, Datenbanken, usw., setzt voraus, daß bei jedem Schritt erst einmal alle Zusammenhänge genauestens analysiert werden, bevor zur nächsten Stufe übergegangen wird. Um bei der Datenbank zu bleiben, im ersten Schritt kommt es nur darauf an, die Hauptparameter, wie zum Beispiel Speicherkapazität, Zugriffsmöglichkeiten, Datensicherung, Ausbaufähigkeit des Systems, Mitbenutzung oder Anschluß an bereits bestehende Datenbanken, Datenaufbereitung (tabellarisch, graphisch, usw.), Standort der Datenbank und Bedienungspersonal zu analysieren. Erst wenn diese Parameter durch eine erste Systemanalyse zufriedenstellend aufeinander abgestimmt sind, sollte der zweite Schritt, nämlich die Verfeinerung der Analyse auf Unter- bzw. Teilsystemebene

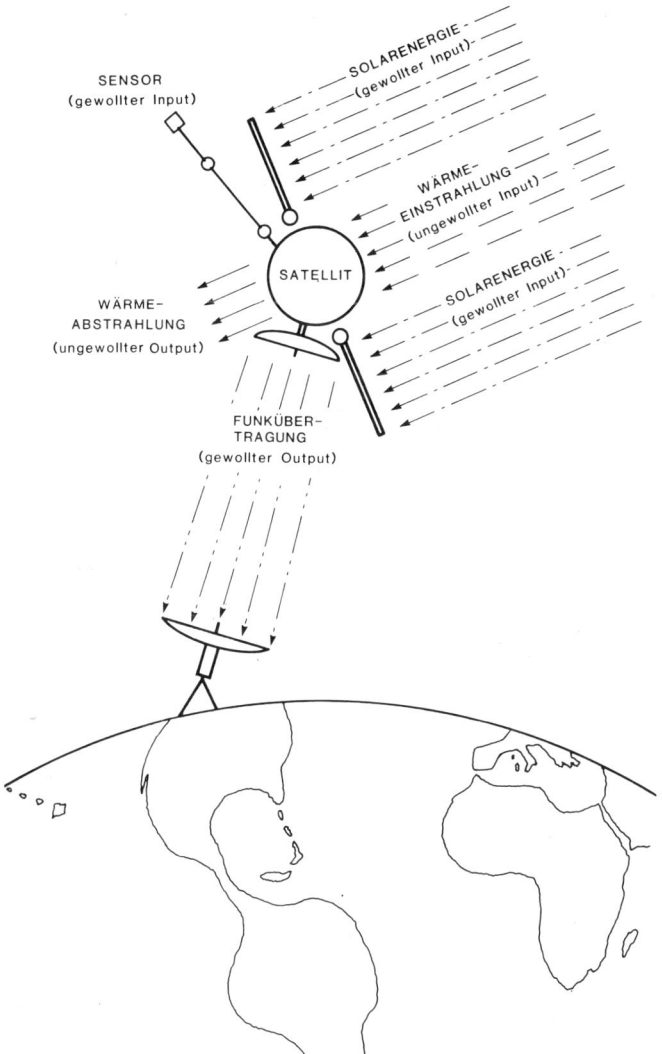

Abb. VII-2: Input-/Outputgrößen eines Satellitensystems

eingeleitet werden. Mögliche Folgeschritte sind nach dem gleichen Schema schrittweise vorzunehmen.

Der Hauptvorteil dieser Vorgehensweise ist in der unbefangenen Fragestellung nach Lösungsmöglichkeiten zu einer bestimmten Anforderung oder Funktion zu sehen. So läßt sich zum Beispiel die Anforderung nach einer Warentransportmöglichkeit zwischen zwei Orten durch verschiedene Systeme lösen: durch Lastwagen, Zugverbindungen, Flugzeuge oder Schiffe. Die zu untersuchenden Parameter hierfür sind:

(1) Transportanforderungen:
 – Menge,

– Art des Transportgutes,
– geforderte Schnelligkeit.

(2) Infrastruktur:
– Straßenzustand,
– vorhandene Flugplätze,
– vorhandene Schiffsstraßen,
– Zustand des Bahnnetzes.

(3) Vorhandene/auszubauende Transportkapazität:
– Lkws,
– Flugzeuge,
– Schiffe,
– Züge.

(4) Termin- und Kostengrenzen.

Im ersten Schritt ist wiederum eine black-box-Untersuchung in der ersten Ebene durchzuführen. Aufbauend auf die Transportanforderungen, der vorhandenen Infrastruktur und Transportkapazität sowie den vorgegebenen Termin- und Kostengrenzen ist das günstigste System auszuwählen. Es ist leicht einzusehen, daß zu diesem Zeitpunkt eine detaillierte Analyse, zum Beispiel über die Verladungsmöglichkeiten per Schiff, zu früh wäre, da sich unter Umständen bei der übergeordneten Analyse noch herausstellen kann, daß die Ware per Schiff nicht schnell genug transportiert werden kann.

Eine ganz ähnliche Situation würde auftreten, wenn die Forderung nach einem neuen Waffensystem sofort mit der Entwicklung eines Flugzeuges beantwortet würde, ohne daß zuerst weitere Möglichkeiten, zum Beispiel der Einsatz eines Raketensystems, in Erwägung gezogen würde.

Die Systemanalyse hat aber noch einen weiteren hervorstechenden Vorteil. *Die black-box-Betrachtung schafft die Voraussetzungen zu einer einfachen Kommunikation zwischen den verschiedensten Disziplinen.* Die das System betreffenden Fragen werden gewissermaßen in einer allgemein verständlichen Sprache auf einen Nenner gebracht. Die am Projekt beteiligten Experten unterschiedlicher Disziplin begegnen sich auf der Systemebene in einer allgemein verständlichen Sprache; es bestehen Berührungspunkte oder besser gesagt Nahtstellen. Die Fachdisziplinen tragen ihr spezielles Wissen pyramidial verdichtet an das System heran. Es ist Aufgabe des Systemtechnikers, die Einzeldisziplinen im Dienste eines optimalen Systems aufeinander abzustimmen.

Der systemtechnische Regelkreis

Das Projektmanagement hat die Aufgabe, ganz bestimmte Ziele in einem zeitlich und finanziell begrenzten Rahmen möglichst effizient abzuwickeln. Im Mittelpunkt des Projektmanagements steht allgemein die Projektaufgabe, die je nach Branche variiert. Bei Industrievorhaben ist es in der Regel ein technisches Produkt, das eine ganz bestimmte Funktion ausführen soll und das zum Projektanfang nur als Idee existiert. Im Sinne der Systemtechnik kann das zukünftige Produkt (Projektziel) als ein System betrachtet werden, zum Beispiel als ein Transportsystem, ein Nachrichtensystem oder ein Fertigungssystem. Das angestrebte System läßt sich in Teilsysteme (oder

Untersysteme), Teil-Teilsysteme, usw. mit entsprechenden Teilfunktionen gliedern (s. a. Abbildung VII-3). Der Systembegriff ist dabei nicht allein auf physisch identifizierbare Systeme oder Untersysteme (Baueinheiten) begrenzt, sondern beinhaltet auch imaginäre Systeme, wie zum Beispiel Funktionen, die ebenfalls Bestandteil eines Gesamt-Systems sein können. Bei nicht-industriellen Projekten, zum Beispiel bei einem karitativen Hilfsprogramm, läßt sich der systemtechnische Ansatz ebenfalls anwenden, obwohl es sich bei derartigen Projekten naturgemäß in weit geringerem Maße um hardwareorientierte Teilsysteme handelt.

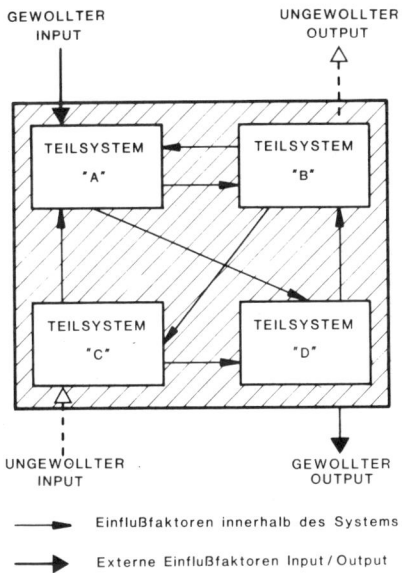

Abb. VII-3: Interne und externe Einflußnahmen des Systems

Das zukünftige Produkt (Projektziel) kann allgemein als offenes System angesehen werden, da eine Wechselwirkung mit der Umgebung fast immer gegeben ist, woraus eine äußere Regelkreisbetrachtung resultiert. Für ein neu zu errichtendes Kernkraftwerk oder eine zu installierende Raketenstartanlage wird dies besonders deutlich. Neben den sachbezogenen Verknüpfungen, das heißt, die Integration des neuen Systems mit bereits existierenden Systemen, zum Beispiel der Anschluß des Kernkraftwerkes an das bestehende Energienetz, ergeben sich aber auch Verknüpfungen zu so globalen Systemen wie zum Beispiel unserer Umwelt (s. a. Abbildung VII-4). Ähnliche Vorgänge sind aus fast allen Bereichen des modernen Lebens bekannt, obwohl sie allerdings erst in jüngster Zeit einer systematischeren Analyse unterzogen werden. Die Vernetzung offener Systeme mit ihrer Umgebung sowie die Untersuchung der gegenseitigen Einflußnahmen und Rückkopplungen zwischen den Systemen ist eine wichtige Aufgabe der Systemtechnik im Projekt. Vester schreibt hierzu: »Die Realität ist nun mal kein unzusammenhängender Themenkatalog, sondern immer ein Netz von Rückkopplungen und verschachtelten Regelkreisen. [4] Tatsächlich sind schon zum Projektbeginn sämtliche Einflußparameter eines neuen Systems in einer Regelkreisbetrachtung einzubringen. In den Worten der Praxis ausgedrückt, müssen in der Frühphase des Projektes (Phase A) umfangreiche Systemanalysen durchgeführt werden, um die Verträglichkeit des Systems (der black-box) mit seiner Umgebung zu untersuchen; s. a. Abb. IV-9. In anderen Worten die Planer eines neuen Projektes müssen sämtliche Auswirkungen des Systems auf die Umgebung und den daraus resultierenden feed-back auf das geplante System genauestens analysieren. Dies ist für die neunziger Jahre von ganz besonders großer Bedeutung, da sich die gegenseitige Beeinflussung der Systeme nicht allein auf technologische Parameter beschränkt, sondern mehr und mehr auch ökologische, wirtschaftliche und soziologische Parameter mit einschließt. In der Luft- und Raumfahrt hatte man die Bedeutung der gegenseitigen Einflußnahme, das heißt den Rückkopplungseffekt, schon recht früh erkannt, da man aufgrund der Gewichts- und Volumenbegrenzungen die Auswirkungen von irgendwelchen Maßnahmen anhand von überraschenden feed-backs sofort spürte. Bemannte Raumfahrzeuge sind im wahrsten Sinne des Wortes Mini-Planeten. So verfügen sie zum Beispiel über ein eigenes Energieversorgungssystem, ein eigenes Umweltsystem (Beatmung und Temperaturregelung), usw. Sie sind deshalb ein ideales Studienobjekt für systemtechnische Prozesse.

Neben dem äußeren Regelkreis eines Systems zur Umgebung kommt es selbstverständlich auch zu Regelkreisprozessen innerhalb des Systems. Im Falle einer Kernkraftanlage besteht das System zum Beispiel aus den Teilsystemen Reaktoranlage, Turbosätze, Dampfkessel, Kreisläufe, Leitanlagen, usw. (s. a. Abbildung VII-4). Auch zwischen den Teilsystemen kommt es zu einer gegenseitigen Einflußnahme mit feed-back-Reaktionen, das heißt, es besteht ein innerer Regelkreis. Sämtliche Teilsysteme sind miteinander verknüpft und Maßnahmen, die in einem Teilsystem getroffen werden, können die Funktion anderer Teilsysteme beeinflussen. Zwischen dem äußeren und inneren Regelkreis besteht kein prinzipieller Unterschied. Abhängig vom jeweiligen Standpunkt könnte man auch von Regelkreisen im Makro- und Mikrosystembereich sprechen.

Systemtechnische Prozesse bedingen ein Höchstmaß an interdisziplinärer Zusammenarbeit, um die Regelkreisfunktionen, das heißt, die objektive Behandlung aller Einflußparameter so exakt wie möglich

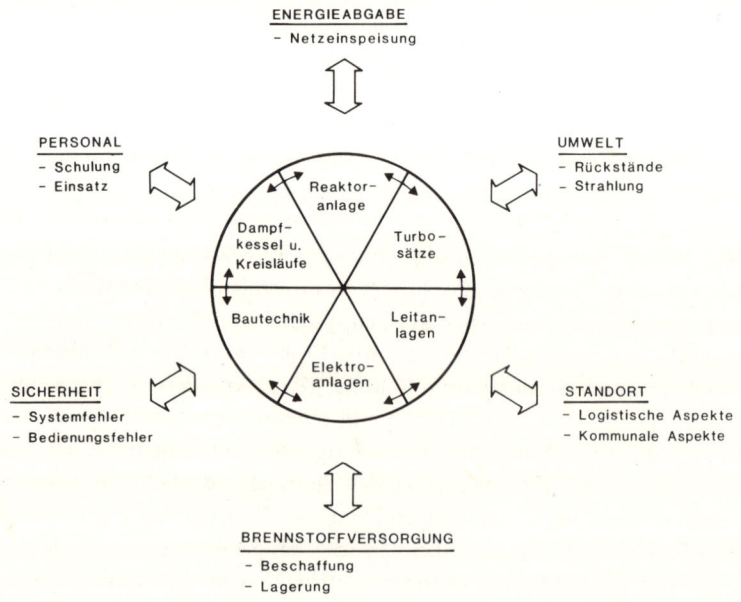

Abb. VII-4: Interne und externe Einflußfaktoren eines Kernkraftwerkes

wahrnehmen zu können. Ropohl schreibt in diesem Zusammenhang: »Die ökotechnischen und soziotechnischen Interdependenzen gerade bei Großprojekten erzwingen in Zukunft die Mitwirkung von Chemikern, Biologen, Stadtplanern, Psychologen, Soziologen, Verwaltungsfachleuten, Juristen, usw.«[5] In der Praxis war die Realisierung dieser Forderung bisher jedoch mit einigen Schwierigkeiten verbunden, da bisher selten Organisationsformen gefunden wurden, die eine derartige Zusammenarbeit gewährleisten. Ropohl führt dann auch aus: »Die Notwendigkeit interdisziplinärer Zusammenarbeit wird heute kaum noch in Frage gestellt; meist treten jedoch erhebliche Schwierigkeiten auf, wenn man mit diesem Prinzip in der Praxis ernst machen will.[5]

Ein Grund dafür mag das von Ropohl bemängelte Fehlen von allgemein verwendbaren Denk- und Verständigungswerkzeugen sein. Hinzu kommt aber sicherlich auch ein organisatorisches Problem, denn echte Zusammenarbeit setzt den Willen zur gemeinsamen Lösung eines Problems voraus, der sich am besten durch Teamarbeit realisieren läßt. Der Luft- und Raumfahrtindustrie fiel aufgrund ihrer besonderen Aufgabenstellung auch hier wiederum eine Pionierrolle zu, denn die Entwicklung von Hochleistungsflugzeugen, aber ganz besonders die bemannte Raumfahrt, setzte schon frühzeitig den Einsatz interdisziplinärer Teams, zum Beispiel unter Einbeziehung von Medizinern und Biologen voraus. Das Apollo-Projektteam, das für die Entwicklung der Mondlandefähre verantwortlich war, konsultierte natürlich nicht nur gelegentlich einen Luftfahrtmediziner, sondern band die Projektfunktion »*medizinische Betreuung*« als Schlüsselposition fest in das Projektteam mit ein. Dies war ein entscheidender Schritt, um eine Gemeinschaftslösung herbeizuführen. Die notwendige Regelkreisfunktion wurde durch diese Maßnahme analog der Teamarbeit zwischen Ingenieuren und Kaufleuten geregelt. Überträgt man dieses Modell auf Großprojekte in Deutschland, so wird man die von Ropohl erwähnten Disziplinen zukünftig mehr als bisher in die Projektmannschaft mit einbinden müssen.

Der eine oder andere wird wohl befürchten, daß die Projektleitung dadurch zu einem nicht beschlußfähigen Instrument degradiert wird, und sicherlich ist es auch schwierig, mehrere und oft gegensätzliche Ansichten unter einem Hut zu vereinigen, das heißt, nach Abwägung aller Einflußparameter (Regelkreissimulationen) einen gemeinsamen Nenner zu finden. Aber es sollte hier nicht unerwähnt bleiben, daß Probleme nicht dadurch gelöst werden, daß wichtige Einflußparameter des Regelkreises (zum Beispiel Fluglärm, Strahlungsgefahren, usw.) in der Planungsphase unterschlagen werden, um dann in der Betriebsphase als unumstößliches Faktum ans Tageslicht zu kommen. Die jüngste Geschichte hat uns die Folgen von zu spät in Erscheinung getretenen Einflußparametern im Zusammenhang mit deutschen Großprojekten sehr eindrucksvoll veranschaulicht. Die dann eintretende Diskussion ist meistens nicht mehr sachlich oder wird im politischen Umfeld geführt. Aus diesem Grunde sollte der Projektleiter über ausreichende und vor allem über ausgewogene Kenntnisse aller infrage kommenden Fachdisziplinen verfügen, um bei gegensätzlichen Ansichten der Fachexperten einen systemoptimalen Kompromiß herbeizuführen.

Die Luft- und Raumfahrtindustrie löst viele ihrer Probleme, indem systemtechnische Lösungen im Planungsstadium durch Simulationsprogramme (Regelkreisbetrachtungen) untersucht wurden. Ein gutes Beispiel hierzu sind Störfall- und Zuverlässigkeitsanalysen, aber auch Simulationsprogramme zur Lärmbekämpfung (Drosselung des Triebwerklärms). Im Vordergrund all dieser Simulationen steht das Systemverhalten des Flugzeuges, das heißt, die äußeren und inneren Regelmechanismen (Flugzeug/Umgebung und Flugzeug/Teilsysteme). Durch Simulationen wird das Systemverhalten getestet. Man ist dabei versucht, das gesamte Spektrum der Einflußnahmen abzudecken, um die Sensibilität des Systems kennenzulernen. Die Simulationsergebnisse sind wichtige Basisdaten für die Auslegung des zu entwickelnden Systems.

Systemtechnische Analysen verlaufen grundsätzlich nach den Regelkreis-Prinzipien. Ausgehend von den Soll-Vorgaben, den System-Inputs, führt das systemtechnische Team den System-analyse-Prozeß durch und vergleicht die erzielten Ergebnisse mit den Sollvorgaben. Ropohl definiert in Anlehnung an einen typischen Regelkreis aus der Technik den Regelkreis für die Projektarbeit, der sich auch auf die Funktionen der Systemtechnik anwenden läßt (s. a. Abbildung VII-5). [6] Nachfolgend sind die systemtechnischen Regelkreisvorgänge detailliert beschrieben:

(1) Projektmanagement

Von der Projektleitung werden die Soll-Vorgaben an die Systemtechnik weitergegeben. In der Praxis handelt es sich dabei um die Systemanforderungen, zum Beispiel um die Leistungsvor-gaben, Sicherheitsvorschriften, Gewichts- und Volumengrenzen, Umwelt- und Standortvor-schriften, usw.

(2) Leitung Systemtechnik

Die systemtechnische Leitung, eine wichtige Unterfunktion der Projektleitung (s. a. Abb. V-3), stellt das Haupt-Regelorgan in dem systemtechnischen Regelkreis dar. Von hier aus werden die Soll-Vorgaben an die Einzelteams weitergegeben und die erzielten Ergebnisse mit den Soll-Vorgaben verglichen. Soll/Ist-Abweichungen sind auf ihre Bedeutung hin zu über-prüfen und in Entscheidungen umzusetzen. Abweichungen können einerseits zu Änderungen der Soll-Vorgaben führen, was jedoch einen Eingriff auf den übergeordneten Management-Regelkreis, s. Pt. (1), zur Folge hat und andererseits Neuvorgaben an das Systemteam (3) bewirken.

(3) Systemteam

Zur Bearbeitung der systemtechnischen Aufgabenstellung ist ein entsprechendes Team bereit-zustellen, das die systemtechnischen Gesichtspunkte voll vertreten kann. Das heißt, auch auf dieser Ebene kann bereits der Einsatz eines interdisziplinären Teams erforderlich sein.

(4) Systemanalysen

An dieser Stelle sind von dem Systemteam detaillierte Systemanalysen durchzuführen, die folgende Einzeluntersuchungen enthalten können:
– Verträglichkeitsstudien (System/Umgebung, System/Machbarkeit, usw.),
– Leistungsanalysen (Systemkonfiguration/Leistung, System/Teilsysteme, usw.),
– Störfall- und Zuverlässigkeitsanalysen (System/Störgrößen, System/Zuverlässigkeit, usw.),
– Fertigungsanalysen (System/Fertigungstechnologie, System/Materialbeschaffung, usw.),
– Kostenanalysen (System/Entwicklungskosten, System/Lebenszykluskosten, usw.).
Die Untersuchungen sind selbstverständlich in enger Zusammenarbeit mit anderen Projekt-teams durchzuführen und schließen umfangreiche Parameteranalysen ein. Es sind vor allem auch externe Einflußgrößen (Störgrößen) in die Untersuchung mit einzubeziehen. Der oft erhobene Einwand, daß externe Einflußgrößen noch nicht absolut bekannt sind, lassen sich durch Parameterstudien, indem Störfaktoren in einer bestimmten Bandbreite durch Annah-men simuliert werden, ideal lösen. Das heißt, man kennt die Auswirkungen in Abhängigkeit von angenommenen Einflußfaktoren bereits lange vor dem Bekanntwerden der absoluten Werte, die dann später einfließen können.

(5) Berichterstattung

Die Ergebnisse der Systemanalysen (4) sind in übersichtlicher Form zusammenzufassen, und die Ergebnisse sind in Berichtsform an die Leitung der Systemtechnik weiterzuleiten. In der

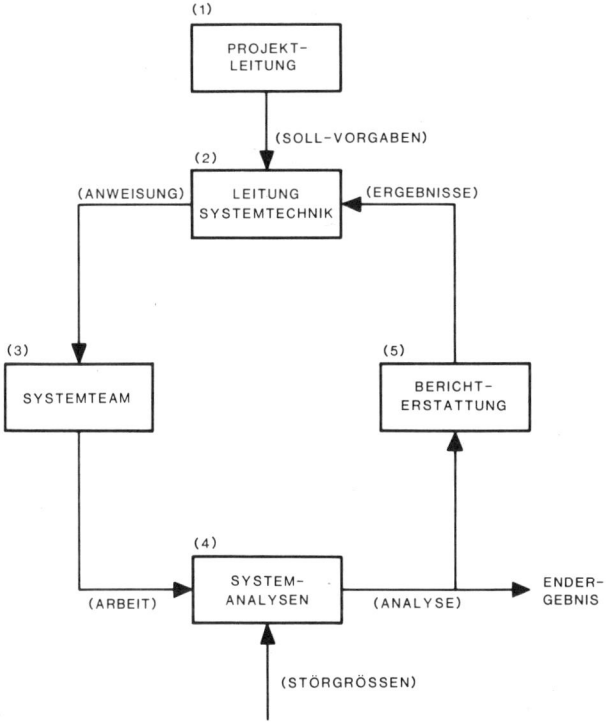

Abb. VII-5: Systemtechnischer Regelkreis

Praxis handelt es sich meistens um technische Berichte (TB's), die über ein Dokumentationssystem (s.a. XII.1) erfaßt werden.

Der in Abbildung VII-5 gezeigte Regelkreis wird in der Praxis meistens mehrfach durchlaufen, bis ein ausgewogenes Endergebnis, zum Beispiel die Systemspezifikation, vorliegt (s.a. Abb. IV.9 und IV.10.).

Systemtechnische Anwendungen im Projektmanagement

Die Realisierung von Projekten hängt heute in weit größerem Maße von externen Einflußfaktoren ab, als dies noch vor einigen Jahren der Fall war. Technologische Projekte, die in der Regel als offene Systeme angesehen werden können, müssen bereits im Planungsstadium mit ihrer Umwelt, das heißt mit externen Systemen, sorgfältig vernetzt werden, um nicht als plötzlicher Störfaktor in Erscheinung zu treten. Das heißt, im Frühstadium eines Projektes (zum Beispiel in der Konzeptphase; s.a. Kapitel IV) sind bereits Verträglichkeitsstudien durchzuführen, um die Wechselwirkungen (Input-/Outputgrößen) des zu schaffenden Systems mit der Umwelt oder anderen technischen Systemen genauestens zu analysieren. Dabei spielen nicht allein technische und wirtschaftliche Faktoren eine Rolle, sondern mehr und mehr auch politische, ökologische und soziologische

Parameter. Die Entwicklung und Implementation von Mikroprozessoren ist hierfür ein anschauliches Beispiel. Henning schreibt in diesem Zusammenhang: »Das systemtechnische Arbeiten am Projekt kennt heute neben der technischen die ökonomische, politische, soziologische und ökologische Dimension.[7] Die ungewollten Input-Output-Faktoren, zum Beispiel die sich einstellenden Arbeitsplatzveränderungen bei der Einführung von Mikroprozessoren in der Industrie und bei den Behörden, müssen mit gleicher Akribie untersucht werden, wie die gewollten Wechselwirkungen.

Der strategischen Dimension systemtechnischer Denkansätze im Rahmen des Projektmanagements ist eine besonders hohe Bedeutung beizumessen, denn nur durch die konsequente Einleitung systemtechnischer Prozesse im Konzeptstadium, das heißt in der frühesten Phase eines Projektes (s.a. Kapitel IV), kann ein größtmögliches Maß an Harmonisierung zwischen dem *Neuen System* und seiner Umgebung gewährleistet werden. Die Aufgabenstellung der Phase A (Konzeptphase) ist im wesentlichen in der Ausführung von System-Verträglichkeitsstudien zu sehen. In dieser Phase werden, ausgehend von der Systemanforderung und unter Einbeziehung der Randbedingungen, Systemanalysen durchgeführt, die die optimale Auslegung des Systems zum Ziel haben. Die Forderung nach einer optimalen Auslegung des Systems bezieht sich einerseits auf das System selbst (maximale Effizienz des Systems) und andererseits auf die Wechselwirkung mit der Umwelt (Input-/Outputbeziehungen). Bei der Auslegung eines neuen Verkehrsflugzeuges (Flugzeugsystem) sind zum Beispiel die systeminternen Parameter des Systems (Aerodynamik, Antrieb, usw.) mit den externen Faktoren (Flugaufkommen, Tarifpolitik, Fluglärm, usw.) abzustimmen. Das heißt, auf der Basis der am Anfang der Konzeptphase festgelegten Projektanforderungen und Randbedingungen (Inputs) ist ein systemoptimales Flugzeugkonzept (Output) zu entwickeln (s.a. Abbildung VII-6). Ausgehend von den festgelegten Projektanforderungen sowie den gegebenen Randbedingungen sind die verbleibenden freien Parameter nach den Prinzipien des Regelkreises (s.a. Abbildung VII-5) derart aufeinander abzustimmen, daß unter Einhaltung der Vorgaben (Anforderungen und Randbedingungen) ein optimales Konzept angeboten werden kann. Selbstverständlich kommt es in der Praxis oftmals auch zu Rückkopplungen, die die Anforderungen und Randbedingungen ebenfalls beeinflussen. So kann zum Beispiel die ursprünglich festgelegte Flugzeugkapazität (Anforderung) oder das zur Verfügung stehende Material (Randbedingung) selbst mit in den Analyseprozeß (Optimierung) mit einbezogen werden. Dies trifft insbesondere für technologische Spitzenprojekte zu. So bezogen in der jüngsten Vergangenheit viele Großprojekte die rasch voranschreitende Mikrominiaturisierung in den Entwicklungsprozeß mit ein. In anderen Fällen kam es noch während des Entwicklungsprozesses zu Änderungen der Randbedingungen. So zum Beispiel bei der Errichtung von Kernkraftwerken, für die erhöhte Auflagen der Reaktorsicherheit noch im Zuge der Projektabwicklung eingeführt wurden.

Die Vorzüge der systemtechnischen Denkweise im Projekt sind vor allem in der simulationsähnlichen Vorgehensweise zu sehen. Das heißt, lange bevor es zur Schaffung von in Beton und Eisen gegossene Fakten kommt, lassen sich die Verhaltensweisen neuer Systeme, einschließlich der Auswirkungen auf die Umwelt, noch in der Papierphase untersuchen, und es bleibt noch genügend Zeit, notwendige Veränderungen des Systems einzuleiten.

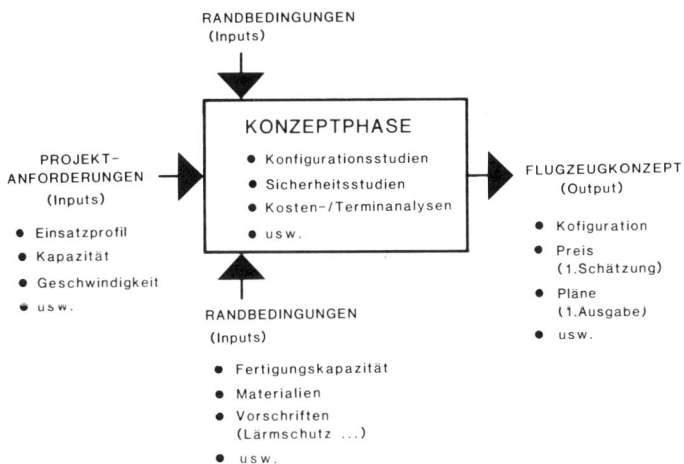

Abb. VII-6: Systemtechnische Prozesse bei der Projektkonzipierung

2. Spezifizierungsprozesse im Projekt

Die Systemspezifikation

Die Realisierung eines Projektes beginnt mit der Projektzielsetzung, die durch einen Anforderungskatalog manifestiert wird bzw. werden sollte. Zu diesem Zeitpunkt ist das zukünftige System in seiner Konfiguration noch nicht festgelegt, sondern es sind nur die Anforderungen, die an das zukünftige System gestellt werden, bekannt. Im Rahmen der Konzeptphase wird das zukünftige System unter Einbeziehung der vorgegebenen Randbedingungen formuliert (s.a. Abb. IV-9). Das Ergebnis der Konzeptphase ist in der Konzeptdokumentation, bestehend aus vorläufigen Planungsunterlagen und einer vorläufigen Systemspezifikation, festzuhalten. Die Herausgabe der Systemspezifikation (erste/vorläufige Ausgabe) ist ein wichtiger Meilenstein in der Projektgeschichte. In ihr wird das zukünftige System verankert, und es wird ein wichtiger Bezugspunkt für alle nachfolgenden Tätigkeiten geschaffen. Die Systemspezifikation ist das übergeordnete Referenzdokument für die systemtechnische Auslegung des Gesamtsystems und ein wichtiger Bestandteil der Entwicklungsverträge (s.a. Kapitel XIII,2).

Mit der Herausgabe der Systemspezifikation (erste/vorläufige Ausgabe) wird ein neues System gewissermaßen ins Leben gerufen. Die Systemspezifikation beschreibt schon in der Papierphase (am Übergang von der Konzept- zur Definitionsphase), wie das zukünftige System beschaffen sein soll. Mit ihr sind auch bereits die Wechselwirkungen (Input-/Outputgrößen) zur Umwelt festgelegt. Typische Inhalte der Systemspezifikation sind[8]:

– Hauptkriterien der technischen Zielsetzung,
– Definition der Systemanforderungen,
– Entwicklungs-/Produktionsbasis,
– Funktions- und Leistungsanforderungen,
– Untersystem-Nahtstellen.

Die Gliederung einer Systemspezifikation wird in Anlehnung an das Dokument MIL-STD-490 wie folgt vorgeschlagen[9]:

(1) Übersicht
(2) Referenzdokumente
(3) Anforderungen
    (a) Systemdefinition
        – Generelle Beschreibung
        – Systemaufgabe
        – Systemdiagramm
        – Nahtstellendefinition
        – Einzubeziehende, existierende Baugruppen
        – Betriebs- und Organisationskonzepte
    (b) Charakteristiken
        – Leistungscharakteristik
        – Physikalische Charakteristik
        – Zuverlässigkeit
        – Wartungsanforderungen
        – Verfügbarkeit des Systems
        – Systemeffizienz
        – Umgebungsbedingungen
        – ggf. Transportierbarkeit
    (c) Entwurf und Konstruktion
        – Materialien, Bearbeitung und Einzelteile
        – Elektromagnetische Strahlung
        – Produktidentifikation
        – Arbeitsausführung
        – Austauschbarkeit der Bauteile
        – Sicherheitsanforderungen
        – Human Engineering
    (d) Dokumentation (Spezifikationen, Zeichnungen, usw.)
    (e) Logistik
        – Wartung
        – Lagerhaltung
        – Anlagen und Geräte
    (f) Personal und Schulung
        – Personal (Qualifikation, Anzahl usw.)
        – Schulung (Zeit, Ort, usw.)
(4) Qualitätssicherung
    (a) Generelle Beschreibung
        – Testverantwortlichkeit
        – Spezialtests und Prüfungen
    (b) Qualitätskontrollen
(5) Liefervorschriften (Verpackung, Transport, usw.)
(6) Anmerkungen
(7) ggf. Anlagen.

In der Projektpraxis wird die rechtzeitige Verabschiedung der Systemspezifikation oftmals dadurch erschwert, daß die einzelnen Spezifikationsbereiche noch nicht endgültig festgelegt werden können.

Im Interesse eines zügigen Projektablaufes sollte jedoch auf eine vorläufige Ausgabe der Systemspezifikation nach Abschluß der Konzeptphase bestanden werden, auch dann, wenn in einigen Bereichen mit noch nicht völlig gesicherten Daten gearbeitet werden muß. Durch die Verabschiedung einer vorläufigen Ausgabe der Systemspezifikation wird den Projektmitarbeitern ein Orientierungsrahmen gegeben, der für die nachfolgenden Schritte von ausschlaggebender Bedeutung ist. In diesem Zusammenhang ist auch zu bedenken, daß es sich ja noch nicht um die endgültig verabschiedete Systemspezifikation handelt. Während der Definitionsphase (Phase B; s. a. Abb. IV-10) werden die systemtechnischen Prozesse ja fortgesetzt, und in diesem Zusammenhang wird auch die Systemspezifikation endgültig verabschiedet bzw. eingefroren.

Die Systemspezifikation bildet von Anfang an den Orientierungsrahmen für die Termin- und Kostenplanung. Schon im Frühstadium (Phasen A und B; s. Kapitel IV) ist der Projektträger, das heißt die auftraggebende Behörde oder Firma an einer möglichst exakten Termin- und Kostenvorhersage interessiert. Änderungen der Systemspezifikation haben deshalb auch eine direkte Auswirkung auf die Termin- und Kostenprognosen. Über diesen Zusammenhang, dem Leistungs-, Termin- und Kostendreieck, muß sich das Projektteam von vorneherein voll im Klaren sein; s. a. IX.5. Oft führt aber gerade diese Kenntnis zu einer zögernden Haltung bei der Verabschiedung der Systemspezifikation. Obwohl diese Haltung im Grunde verständlich ist, denn die einmal genannten Kosten für ein Projekt werden in Ermangelung der Grundkenntnisse über die Gesetzmäßigkeiten des Projektablaufes von vielen Menschen als Verpflichtung angesehen, so muß doch auf die Notwendigkeit einer beherzten Haltung bei der Verabschiedung der Systemspezifikation hingewiesen werden.

Bei den Behörden, aber auch bei der Industrie, muß sich zukünftig mehr als bisher die Erkenntnis durchsetzen, daß es sich bei den Frühphasen des Projektes (Phasen A und B; s. a. Kapitel IV) im Prinzip um Analysephasen handelt, die darauf angelegt sind, ein optimales System unter Einbeziehung und Abwägung aller Einflußfaktoren zu entwerfen. Das technische Ziel, das durch die Systemspezifikation ausgedrückt wird, steht dabei den Termin- und Kostengrößen gegenüber; s. a. Abb. IV-1. Diese drei Faktoren bilden neben den vorgegebenen Randbedingungen (feste Vorgaben) die Hauptparameter des Iterationsprozesses in den Frühphasen während des Projektes. Die rechtzeitige Herausgabe der Systemspezifikation während dieses Prozesses leitet die Einschnürung aller freien Parameter ein, an dessen Ende (Ende der Definitionsphase) die endgültige Verabschiedung der Systemspezifikation einschließlich der Planungsunterlagen (Termine, Kosten, usw.) steht (s. a. Abb. VII-7).

Das Spezifikationssystem

Die Systemspezifikation eines Projektes stellt das übergeordnete und zentrale technische Dokument technologischer Vorhaben dar. In ihr sind die Hauptdaten des geplanten Systems zusammengefaßt. Die Systemspezifikation ist das Haupt-Bezugsdokument für alle systemtechnischen Bereiche im Projekt und dient als Referenzdokument für die Termin- und Kostenplanung. Darüber hinaus stellt sie die Basis für Vertragsverhandlungen dar (s. a. XIII.2.). Der Projektleitung

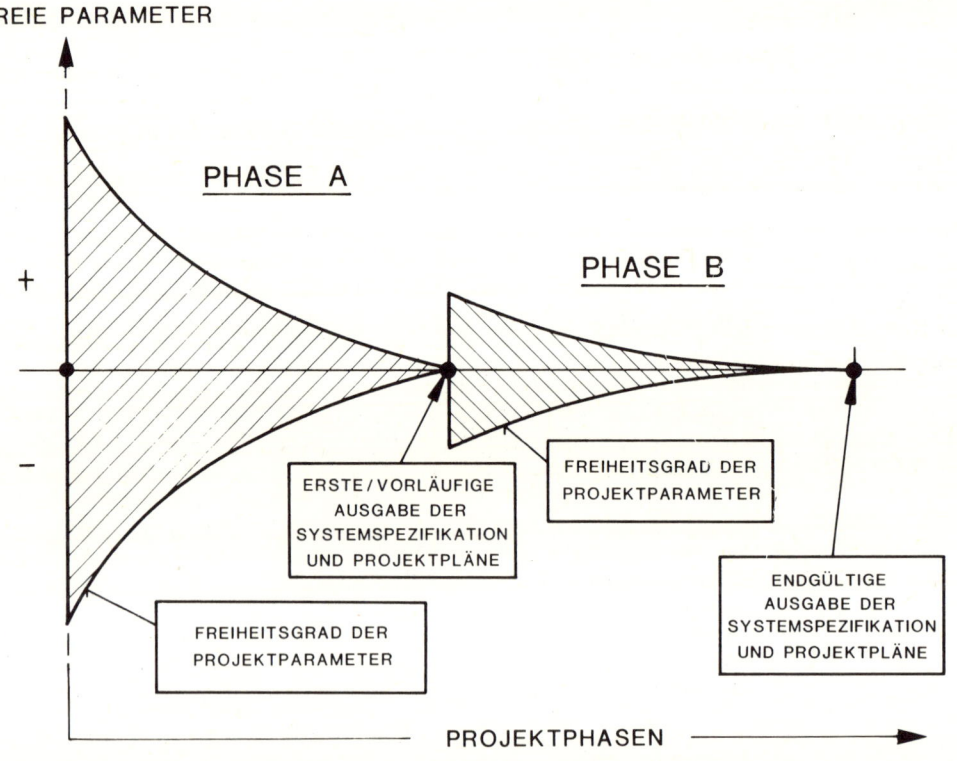

FREIE PARAMETER

PHASE A

PHASE B

+

−

ERSTE/VORLÄUFIGE
AUSGABE DER
SYSTEMSPEZIFIKATION
UND PROJEKTPLÄNE

FREIHEITSGRAD DER
PROJEKTPARAMETER

FREIHEITSGRAD DER
PROJEKTPARAMETER

ENDGÜLTIGE
AUSGABE DER
SYSTEMSPEZIFIKATION
UND PROJEKTPLÄNE

PROJEKTPHASEN

Abb. VII-7: Flexibilität bei der Spezifizierung eines Systems in Abhängigkeit von der Projektphase

dient die Systemspezifikation neben den Haupt-Projektplänen als ein Top-Steuerungsinstrument für den Projektablauf.

Neben der Spezifizierung des Gesamtsystems ist es bei größeren Projekten aus managerialen Gründen jedoch erforderlich, daß die Teilbereiche des Systems individuell und im Detail spezifiziert werden. Die Systemspezifikation stellt dabei die Spitze der Spezifikationspyramide dar. Das US-Verteidigungsministerium hat die Spezifikationstypen wie folgt definiert[10]:

Typ A –   Systemspezifikation
Typ B –   Entwicklungsspezifikation
            B1 – Hauptbauteile
            B2 – Kritische Bauteile
            B3 – Unkomplizierte Bauteile
            B4 – Anlagen/Transport
            B5 – EDV-Programme
Typ C –   Produktspezifikationen
            C1 – Hauptbauteile
            a) Funktionen
            b) Fabrikation
            C2 – Kritische Bauteile
            a) Funktionen

b) Fabrikation
C3 – Unkomplizierte Bauteile (Fabrikation)
C4 – Bauteile aus dem Lager
C5 – EDV-Programme
Typ D –   Ablaufspezifikationen
Typ E –   Materialspezifikationen.

Die Anwendung der Spezifikationstypen A bis E im Verlauf der verschiedenen Projektphasen läßt sich aus Abbildung VII-8 entnehmen.[10] Die Erstellung der Spezifikationen erfolgt in der jeweils vorausgehenden Phase. Wie vorher schon erwähnt, wird die Systemspezifikation bereits während der Konzeptphase erstellt (vorläufige Ausgabe), um sie in der Definitionsphase bereits als Referenzdokument zu verwenden.

SPEZIFIKATIONSTYPEN	Anwendung in Projektphasen:		
	B) Definition	C) Entwicklung	D) Produktion
A. Systemspezifikation	X	X	
B. Entwicklungsspezifikationen			
B1. Hauptbauteile		X	
B2. Kritische Bauteile		X	
B3. Einfache Bauteile		X	
B4. Anlagen		X	
B5. EDV-Programme		X	
C. Produktionsspezifikationen			
C1. Hauptbauteile			
a. Funktion			X
b. Produktion			X
C2. Kritische Bauteile			
a. Funktion			X
b. Produktion			X
C3. Einfache Bauteile			X
C4. Anlagen			X
C5. EDV-Programme			X
D. Fertigungsspezifikation			X
E. Materialspezifikation			X

Quelle: MIL-S-83490

Abb. VII-8: Spezifikations-Anwendungsmatrix (MIL-S-83490)

Die von der Europäischen Raumfahrtagentur ESA erstellte Gliederung des Spezifikationssystems, ist nachfolgend wiedergegeben[11]:

(1) Systemspezifikation
Diese Spezifikation enthält die Funktions- und Leistungsanforderungen sowie die Entwurfskriterien für die Entwicklung, den Test und die Produktion des kompletten Systems.
(2) System-Anforderungsspezifikationen
Hier werden in Ergänzung zur Systemspezifikation die Anforderungen einer speziellen Disziplin, zum Beispiel die Umgebungsbedingungen, Sicherheitsanforderungen, usw. beschrieben.
(3) Unter-(Teil-) Systemspezifikationen
Die Untersystem-(Teilsystem-) Spezifikationen enthalten die Funktions- und Leistungsanforderungen sowie die Entwurfskriterien für die Entwicklung der Hauptbauteile (Teilsysteme) des Systems.

(4) Geräte-Spezifikationen
     Diese Spezifikationen enthalten die Anforderungen für die Erstellung/Beschaffung von einzel-
     nen Geräten.
(5) Nahtstellen-Spezifikationen
     In den Nahtstellen-Spezifikationen sind die Anforderungen für die Nahtstellen zwischen den
     Teilsystemen festgehalten.
(6) Testspezifikationen
     In den Testspezifikationen werden die Anforderungen für die einzusetzenden Testmethoden
     festgehalten. Testspezifikationen sind jedoch nur dann zu erstellen, wenn es sich um besondere
     Testanforderungen handelt; andernfalls sollten die Testanforderungen als Teil der System-
     bzw. Teilsystemspezifikation mit aufgenommen werden.

Das Zusammenwirken der Spezifikationen (1) bis (6) sowie die daraus resultierende Hierarchie
lassen sich am besten in Form eines Spezifikationsbaumes (specification tree) darstellen (s. a.
Abbildung VII-9). Die Spacelab Systemspezifikation wird zum Beispiel in der zweiten Ebene
durch fünf Nahtstellen-Spezifikationen (Interface Control Documents – ICDs) und in der dritten
Ebene durch zehn System-Anforderungs-Spezifikationen (System Requirements-SR-Spezifika-
tionen) ergänzt. In den Ebenen 4, 5 und 6 sind dann die Teilsystem- (Subsystem – SS) und Geräte-
(Equipment – EQ)-Spezifikationen für das Spacelab-Projekt wiedergegeben. [12]

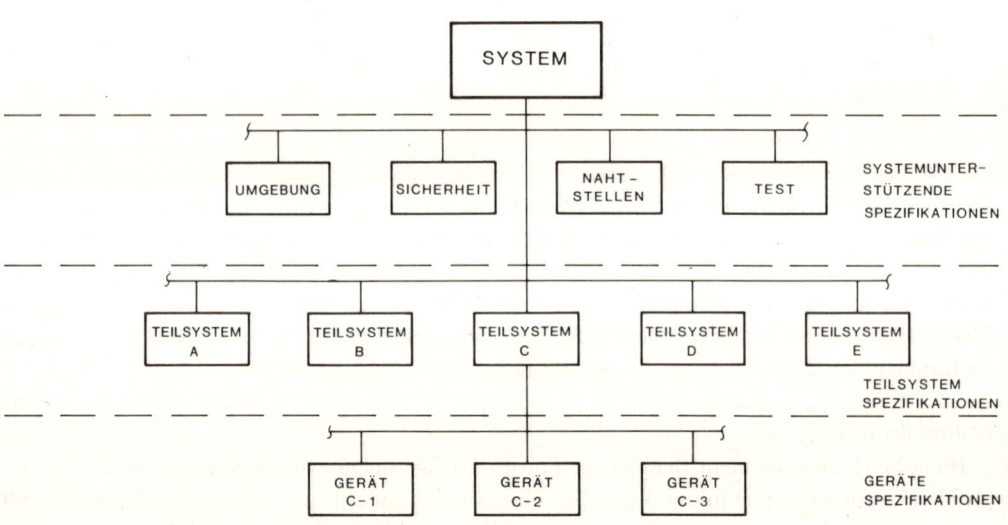

Abb. VII-9: Beispiel eines Spezifikationsbaumes

Bedeutung der Nahtstellenspezifikation

Die Nahtstellen- bzw. Schnittstellenüberwachung ist bei großen und komplexen Projekten eine
wichtige Managementaufgabe (s. a. Kapitel III, 6). Wie aus Abbildung VII-3 ersichtlich ist, sind die
Teilsysteme eines Systems mehr oder weniger stark miteinander vernetzt. Die gegenseitige Beein-

flussung der Teilsysteme eines Systems, die an den Nahtstellen zwischen den jeweiligen Teilsystemen als Output-Inputparameter identifiziert werden können, ist zum Beginn des Projektes (Phasen A und B) oftmals Bestandteil detaillierter Systemanalysen. Dabei geht es um die genaue Festlegung der Begrenzungslinien und Definition der Nahtstelle. Das Endergebnis dieses Prozesses ist die Nahtstellenspezifikation. Bei technischen Nahtstellen kann es sich um mechanische oder elektrische Nahtstellen handeln, aber auch um Software-Verknüpfungen. Typische Nahtstellen sind zum Beispiel[11]:

(1) Mechanische Nahtstellen
   - Abmessungen
   - Gewichte
   - Schwerpunktlagen
   - Befestigungspunkte
   - Freiräume und Toleranzen
   - Wärmeübergänge
   - usw.
(2) Elektrische und elektronische Nahtstellen
   - Leistung
   - Spannung
   - Signalcharakteristik
   - Schalter
   - Steckkontakte
   - Verkabelung
   - Erdung
   - usw.

Die Nahtstellenspezifikation stellt sicher, daß die einzelnen Teilsysteme exakt zueinander passen. Wird zum Beispiel ein Schiff gebaut, so müssen die Schiffbauer bei der Erstellung des Motorenfundaments die genauen Abmessungen (Nahtstellen) der Schiffsmaschine kennen, um den paßgerechten Einbau derselben zu gewährleisten. Bei Großprojekten, an denen viele Firmen gleichzeitig beschäftigt sind, ist dies besonders wichtig. So muß zum Beispiel eine in England gefertigte Elektronikbox eines Satellitensystems mechanisch wie auch elektrisch bzw. elektronisch bei der Endmontage in Deutschland in das System hundertprozentig hineinpassen. Beispiele dieser Art lassen sich beliebig fortsetzen. Je größer und komplexer das System ist, um so wichtiger wird das Nahtstellenmanagement.

Billig beschreibt an einem Beispiel der Europa I-Trägerrakete wie ein einfaches Schnittstellenproblem zur Katastrophe führen kann. So führte das fehlende »J« im italienischen Alphabet 1969 zur Panne des achten Raketenstarts der Europa I Rakete.[13] Die Steckerkontakte zwischen der in Deutschland gefertigten dritten Stufe und der aus Italien kommenden Nutzlastverkleidung wurden beidseitig alphabetisch durchnumeriert. Das unterschiedliche Alphabet, das heißt das fehlende »J«, führte zu dem verhängnisvollen Fehler; s. a. III.6.

In der Praxis werden die Nahtstellen zwischen zwei Teilsystemen einerseits in den jeweiligen Teilsystem-Spezifikationen festgehalten, so daß die Anschlußstellen der Teilsysteme mechanisch und/oder elektrisch völlig deckungsgleich sind; anschauliche Beispiele sind mechanische Befestigungs- und Verbindungspunkte sowie elektrische Steckerkontakte. Andererseits empfiehlt sich bei Projekten mit einer großen Anzahl von Teilsystemen die zusätzliche Einführung spezieller Nahtstellenspezifikationen (den sogenannten Interface Control Documents – ICDs), in der die Nahtstellen zwischen den Teilsystemen zentral erfaßt sind. Bei Großprojekten ist darüber hinaus der Einsatz eines speziellen Nahtstellenmanagements zu empfehlen, um die während des Entwicklungsprozesses auftretenden Nahtstellenänderungen besser überwachen zu können. Dreger definiert die wichtigsten Aufgaben des Nahtstellenmanagements wie folgt:

(1) Lokalisierung der Schnittstellen,
(2) Sicherstellung der Verträglichkeit der an den Nahtstellen beteiligten Randelemente (die kardinale Aufgabe der Systemintegration) und
(3) Nahtstellenüberwachung, so daß die Nahtstellen von allen Beteiligten eingehalten und gegen eigenmächtige Manipulationen gesichert werden.«[14]

Bei der Projektdurchführung sind die Nahtstellen vertraglich festzulegen. Dabei ist jedoch zu berücksichtigen, daß zur Vermeidung von Problemen an der Nahtstelle zwischen zwei Systemen, Teilsystemen, usw., entsprechende Freiräume (Margins) vorgesehen werden. So sollte zum Beispiel die Energieabgabe einer Stromversorgungseinheit (die eine Seite der Nahtstelle) in der Frühphase der Entwicklung mit einem höheren Wert angesetzt werden als der Wert für die Energieabnahme an der Verbraucherseite (die zweite Seite der Nahtstelle); s.a. Abb. IX-36. Dieser Freiraum gibt der Projektleitung die Möglichkeit, aufkommende Engpässe gegebenenfalls rechtzeitig auszugleichen.

3. Systemüberprüfungen

Konzeption und Verfahren

Systemüberprüfungen sind ein wichtiges Instrument des modernen Projektmanagements. Im Zusammenhang mit den Großprojekten der Luft- und Raumfahrt der USA wurden in den sechziger Jahren wirkungsvolle Überprüfungsverfahren (review procedures) entwickelt, um den erfolgreichen Projektabschluß sicherzustellen. Die Idee dabei war, den technischen Entwicklungsstand bei Erreichung ganz bestimmter Meilensteine einer vollständigen Überprüfung (Review) zu unterziehen. Aus diesem Grunde werden entlang der einzelnen Projektphasen (s.a. Kapitel IV, Abbildung IV-7) besondere Überprüfungsmeilensteine (Review Milestones) eingeführt. Diese Meilensteine sind so anzuordnen, daß der Abschluß ganz bestimmter Entwicklungsschritte mit diesen Meilensteinen übereinstimmt. Das heißt, die Review-Meilensteine sind zeitlich so festzulegen, daß sie mit dem Abschluß der Systemspezifizierung, der Entwurfsarbeiten, usw. übereinstimmen. Typische Review-Meilensteine sind[15]:

SCR: System Concept Review (System-Konzeptüberprüfung)
SSR: System Specification Review (System-Spezifikationsüberprüfung)
PDR: Preliminary Design Review (Vorläufige Entwurfsüberprüfung)
CDR: Critical Design Review (Kritische Entwurfsüberprüfung)
FACI: First Article Configuration Inspection (Konfigurationsinspektion der ersten Produktionseinheit)
SPR: Systems Production Review (System-Produktionsüberprüfung).

In der Praxis werden die hier genannten Review-Meilensteine oftmals durch projektspezifische Überprüfungsmeilensteine ergänzt.

Die in den USA entwickelten Überprüfungsmethoden wurden Ende der sechziger Jahre von der europäischen Luft- und Raumfahrtindustrie übernommen. Die Idee, die jeweiligen Entwicklungsschritte in regelmäßigen Zeitabständen einer Überprüfung zu unterziehen, ist jedoch im Prinzip nicht neu. Neu ist hingegen die mit dem Verfahren verbundene Methodik und Disziplin. Zeiss schreibt hierzu: »Damit wäre aber eigentlich keinerlei neue Vorgehensweise in den Entwicklungsbereichen verbunden, denn solche Besprechungen sind natürlich in allen Industriezweigen seit jeher üblich.«[16]

In der NASA-Spezifikation SP-6502 wird der Zweck von Überprüfungen wie folgt definiert: »Der Zweck ist, wo immer möglich, die Produktverbesserung und durch Formalisierung des Überprüfungsablaufes sowie einer gründlichen Dokumentation die Garantie für das Management des Auftragnehmers und des Auftraggebers, daß ein auf das Projektziel bezogener optimaler Entwurfsvorschlag ausgewählt wurde.«[17] Die Firma Arthur D. Little kommt in einer Studie für die ESA über Reviewtechniken zu dem Schluß, daß das meiste Wissen über die gängigen Überprüfungsmethoden hauptsächlich in der Luft- und Raumfahrtindustrie vorzufinden ist, und daß andere Industrien die Reviewmethoden der Luft- und Raumfahrt wahrscheinlich kopiert haben.[18] In dieser Studie wird vorgeschlagen, daß die ESA für den Reviewprozeß Standardprozeduren und eine einheitliche Terminologie schaffen müßte, um sicherzustellen, daß die ESA- und Industrie-Projektleiter zukünftig mehr als bisher eine einheitliche Sprache sprechen.[19]

Review-Meilensteine und ihre zeitliche Zuordnung

Review-Meilensteine sind inhaltlich und zeitlich in Übereinstimmung mit dem Entwicklungsablauf eines Projektes einzuplanen. Wie in Abbildung IV-7 (Kapitel IV) gezeigt, sind die Review-Meilensteine so festzulegen, daß die zum Abschluß kommenden Entwicklungsschritte vor der endgültigen Festlegung (Einfrierung) der zum jeweiligen Entwicklungsschritt gehörenden Basisdokumentation noch einer Überprüfung unterzogen werden können. In Anlehnung an die US-amerikanische Managementpraxis ist die Schaffung von phasenorientierten Basisdokumenten, zum Beispiel die Anforderungsbasis, Spezifikation, usw., äußerst empfehlenswert (s. a. Abbildung IV-7). Dadurch werden die einzelnen Entwicklungsschritte klar und eindeutig abgeschlossen, und die Folgeschritte können darauf aufbauend zielbewußt eingeleitet werden.

Das Einfrieren der jeweiligen Basisdokumentation (Baseline Documentation) setzt den erfolgreichen Abschluß der vorausgehenden Überprüfung voraus. Aber nicht immer führt ein angesetztes Review zur Verabschiedung der Basisdokumentation. Fehlende oder noch nicht vollständig abgeschlossene Unterlagen müssen bei dem jeweiligen Review identifiziert werden und führen zu ad-hoc anzusetzenden Sonderaktionen. Erst nach Abschluß dieser Sonderaktionen kann die entsprechende Basisdokumentation freigegeben werden. Die Abhaltung von Überprüfungen hat aber auch den Sinn, gravierende Mißstände, zum Beispiel eklatante Nahtstellenprobleme aufzudecken. In extremen Fällen kann es deshalb auch zur Wiederholung des Reviews kommen. Die Tolerierung von Mißständen bzw. der unsaubere Abschluß der Review-Meilensteine führt in der Regel stets zu Problemen in den teuren Folgephasen.

Implementation des Review-Konzepts

Das Review-Konzept eines Projektes besteht aus einer Serie von Überprüfungen (s. a. Abbildung IV-7), die auf verschiedenen Projektebenen vorgenommen werden können, das heißt, Entwurfsüberprüfungen (PDR und CDR) können zum Beispiel sowohl auf System-, Teilsystem- als auch auf Geräteebene durchgeführt werden. Dabei ist jedoch sicherzustellen, daß die Ergebnisse der unteren Review-Ebene in den Reviewprozeß der nächst höheren Ebene mit einfließen (s. a. Abbildung VII-10). Die Hauptmaßnahmen des Reviewprozesses sind wie folgt[17]:

(1) Zusammenstellung des Review-Teams
(2) Festlegung der Verantwortlichkeiten und Vollmachten des Review-Teams und seines Vorsitzenden
(3) Einschaltung des Auftraggebers
(4) Festlegung der Review-Frequenz
(5) Spezifizierung der Review-Inputdaten
(6) Spezifizierung der Review-Outputdaten
(7) Folgeaktionen.

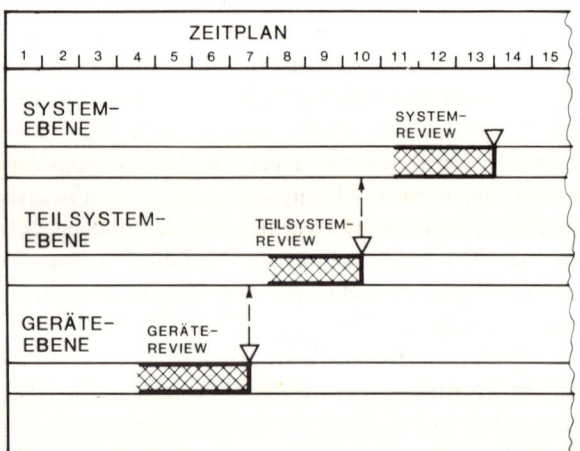

Abb. VII-10: Review-Integrationsprozeß

Um die einzelnen Review-Ziele erfolgreich erfüllen zu können, sollte das Review-Team eine kollektive technische Kompetenz haben, die größer ist als die des Entwicklers, dessen Unterlagen überprüft werden. In dem NASA-Dokument SP-6502 wird hierzu ausgeführt: »Falls es diesen kollektiven Vorteil nicht gibt, so wird das Review-Programm kaum erfolgreich sein.«[20] In dem gleichen NASA-Dokument werden folgende Vorschläge zur Besetzung des Review-Teams gemacht:

(1) Einsatz permanenter Review-Fachleute,
(2) Rekrutierung von Spezialisten,
(3) Beschäftigung von Stabsmitarbeitern oder Beratern,
(4) Kombination der Lösungen (1) bis (3).

Die Zusammensetzung des Review-Teams hängt sicherlich sehr stark von den Gegebenheiten des jeweiligen Unternehmens ab. In der Praxis wird man versucht sein das Review-Team möglichst mit permanenten Review-Fachleuten des Projektbereichs zu besetzen und je nach Art des Reviews und des Produktes werden firmeninterne oder firmenexterne Spezialisten für eine bestimmte Zeit hinzugezogen. Nachfolgend ist die Review-Teamzusammensetzung nach einem Vorschlag der NASA wiedergegeben.[15]

(1) *Permanente Review-Teammitglieder:*
 – Projektleiter/Ausschußvorsitzender
 – Leiter Systemtechnik
 – Leiter Qualitätssicherung
 – Fertigungsleiter
 – Testleiter
 – Leiter Zuverlässigkeit
 – Leiter Vertragsmanagement
 – Vertreter des Auftraggebers

(2) *Unterstützende/hinzugezogene Review-Teammitglieder:*
 – Wartungsexperten
 – Wertanalyse-Experten
 – Beschaffungs-Experten
 – Sonstige.

Die Projektleitung ist für die Schaffung eines Review-freundlichen Klimas verantwortlich und muß entsprechendes Personal, die erforderliche Vorbereitungszeit, usw. für jedes Review bereitstellen. Für jedes Review (SCR, SSR, PDR, usw.) ist rechtzeitig ein entsprechendes Team zusammenzustellen und ein Vorsitzender zu ernennen. Der Review-Vorsitzende, der für die Definition der Inputdaten, der Review-Ablaufplanung, usw. verantwortlich ist, muß von der Projektleitung mit der erforderlichen Verantwortung und den nötigen Vollmachten ausgestattet werden. So muß das Review-Team zum Beispiel die Möglichkeit haben, in technisch problematischen Bereichen Nachforschungen zur Behebung von Mißständen einzuleiten bzw. Alternativvorschläge zur Diskussion zu stellen.

Die Einschaltung des Auftraggebers in den Review-Prozeß ist erforderlich und wünschenswert.[17] Erforderlich, um den Auftraggeber davon zu überzeugen, daß die gewählte Vorgehensweise zum Erfolg führt, und wünschenswert, um ihm Gelegenheit zu geben, steuernd einzugreifen. Die Teilnahme des Auftraggebers ist besonders in den Frühphasen des Projektes sehr wichtig, da er während dieser Zeit in ganz besonderem Maße seine Erfahrungen von anderen Projekten mit einfließen lassen kann.

Die Planung des Review-Konzeptes sollte so früh wie möglich in die Gesamt-Projektplanung mit einbezogen werden. Die Frage nach der Review-Frequenz, das heißt, bei welchen Meilensteinen und auf welcher Ebene die Reviews durchzuführen sind, ist nicht immer leicht zu beantworten. Die Bedeutung des Projektes und die Komplexität des Systems sind entscheidende Faktoren für die Festlegung der Review-Frequenz. Es ist leicht einzusehen, daß ein komplexes System mehr Überprüfungszyklen erfordert als ein weniger komplexes System, und zwar nicht nur wegen der größeren Anzahl von Systemelementen, sondern vor allem auch wegen der steigenden Nahtstellenproblematik. Für jeden Überprüfungsvorgang ist ein detaillierter Review-Ablaufplan auszuarbeiten, aus dem die Zeiten für die Vorbereitungen der Ausschußsitzung und den Folgearbeiten zu entnehmen sind. In Anlehnung an den von Herman vorgeschlagenen Review-Ablaufplan ist hier ein typischer Review-Ablauf wiedergegeben[21]:

Funktionsinhalte	Funktionsträger
Vorbereitung:	
(1) Erstellung des Review-Ablaufplans einschließlich der Input-Anforderungen	Projektleiter/Review-*Vorsitzender*
(2) Vorlage der Review-Inputs (Daten/Dokumente)	*Projekt-/Fachbereiche*
(3) Vor-Auswertung der Review-Inputs (Erstellung eines Fragenkatalogs)	*Review-Team*
Ausschußsitzung	
(4) Vorstellung der Review-Inputs	*Projekt-/Fachbereiche*
(5) Bewertung der techn. Unterlagen und Aufstellung eines Maßnahmenkatalogs	*Review-Team*
(6) Verabschiedung des Maßnahmenkatalogs	*Review-Vorsitzender*
Folgearbeiten:	
(7) Veröffentlichung des Maßnahmenkatalogs	*Projektleiter*
(8) Erstellung des Review-Berichts	*Review-Vorsitzender*
(9) Nacharbeiten	Betroffene Projekt-/*Fachbereiche*
(10) Endüberprüfung und Erstellung des Abschlußberichts	Review-Team/Review-Vorsitzender/ *Projektleiter*

Der Review-Ablaufplan (1) sollte allen Beteiligten so früh wie möglich bekannt sein. Die Hauptdaten sind meistens Bestandteil des Projekt-Gesamtterminplans. Jedoch ca. vier Monate vor der Review-Ausschußsitzung ist ein detaillierter Review-Ablaufplan, einschließlich der Input-Anforderungen an alle Beteiligten (Review-Team und Projekt-/Fachbereiche) zu verteilen. Die Inputs (2) sollten dem Review-Team ca. 15 Tage vor der Ausschußsitzung vorliegen, um eine entsprechende Vor-Auswertung (3) einige Tage vor der Ausschußsitzung abschließen zu können. Die einzuplanende Zeit für die Ausschußsitzung selbst (4) bis (6) kann bei Großprojekten bis zu einer Woche betragen, bei kleineren Projekten reichen jedoch meistens ein bis zwei Tage aus. Im einzelnen hängt die vorzusehende Zeit von den zu überprüfenden Teilsystemen und der Qualität der Review-Inputs ab. Die Folgearbeiten sind zeitlich nur im Zusammenhang mit dem Maßnahmekatalog einplanbar. Allerdings sollten auch hier folgende Richtwerte als Maßstab gelten: Der Maßnahmenkatalog (7) sollte innerhalb einer Woche nach dem Review bekannt sein, der Review-Bericht (8) innerhalb von zwei bis drei Wochen nach dem Review veröffentlicht sein, und die Nacharbeiten (9) sowie die Endüberprüfung und die Erstellung des Abschlußberichts (10) sollten nicht mehr als ein bis zwei Monate in Anspruch nehmen. Bei der Festlegung dieser Termine sollte beachtet werden, daß Terminverzögerungen des Review-Prozesses einen Einfluß auf den Projekt-Gesamtterminplan haben.

Die Review-Inputs (technische Dokumentation), die dem Review-Team zur Verfügung zu stellen sind, unterscheiden sich bezüglich ihres Inhaltes für den jeweiligen Review-Meilenstein (SCR, SSR, PDR, usw.) entsprechend des technischen Entwicklungsstandes. Für die System-Konzeptüberprüfung (SCR) sind im wesentlichen die System-Anforderungsunterlagen und der Entwurf der Systemspezifikation einzureichen, während es bei den Entwurfsüberprüfungen (PDR und CDR) insbesondere um die Vorlage von Entwurfsunterlagen (Detailspezifikationen,

Blockschaltbilder, Zeichnungen, usw.) geht. Nachfolgend ist ein typisches Dokumentationspaket (Input) für den Entwurfs-Überprüfungsprozeß (PDR/CDR) wiedergegeben[15]:

Technische Daten
 (1) Gerätebeschreibung
 (2) Spezifikationen, Zeichnungen und Skizzen
 (3) Logikdiagramme (für elektrische und hydraulische Geräte)
 (4) Betriebskonzept des Gerätes im System
 (5) Leistungsanforderungen
 (6) Bauteileliste
 (7) Detailzeichnungen für jede Sonderanfertigung
 (8) Testdaten für Bauteile und Komponenten
 (9) Toleranzanalysen
 (10) Entwurfsalternativen
 (11) Entwicklungs-Terminplan
 (12) Problembereiche
 (13) Bekannte Entwurfsmängel
 (14) Betriebsbeschreibungen
 (15) Technische Informationen für Handbücher und Betriebsvorschriften

Projektdaten
 (1) Systemtechnische Aspekte
 (2) Projekt-Gesamtterminplan
 (3) Betriebsplan
 (4) Wartungsplan
 (5) Testanforderungen
 (6) Lager- und Transportanforderungen
 (7) Trainingsprogramm für Wartungspersonal
 (8) Trainingsprogramm für Betriebspersonal

Zuverlässigkeitsdaten
 (1) Zuverlässigkeitsanforderungen
 (2) Wartungsanforderungen
 (3) Service-Anforderungen
 (4) Sicherheitsanforderungen (Safety)
 (5) Zuverlässigkeits-Istwerte während des Gerätetests
 (6) Redundanzanalyse
 (7) Zuverlässigkeitsanalyse (Reliability)
 (8) Sicherheitsanalyse (Safety)
 (9) Zuverlässigkeits-Vorhersagen
 (10) Vergleich Vorhersage/Anforderung
 (11) Fehlerrate der Komponenten und Bauteile
 (12) Bauteileauswahl
 (13) Testanforderungen.

Das Vorliegen vollständiger Unterlagen (Inputs) ist für die erfolgreiche Review-Durchführung von großer Bedeutung. Aus diesem Grunde sollten entsprechende Checklisten vorbereitet werden, um die Vollständigkeit der Review-Inputs prüfen zu können. In Abbildung VII-11

Fragen	Ja	Nein	Nicht Zutreff.
1. Enthält die Spezifikation sämtliche Auftraggeberanforderungen?			
2. Erfüllt der Entwurf sämtliche Funktions- anforderungen?			
3. Berücksichtigt der Entwurf sämtliche Umgebungsbedingungen (Temperatur, Vibration, Korrosion, usw.)?			
4. Wurden vorhandene Informationen ähnlicher Entwürfe überprüft und mit einbezogen?			
5. Wurden, wo immer möglich, Standard- Bauteile verwendet?			
6. Sind die geforderten Toleranzen in der Produktion einzuhalten?			
7. Führt der Entwurf zu optimalen Installationsbedingungen?			
8. Führt der Entwurf zu optimalen Wartungsbedingungen?			
9. Wurde eine gründliche Wertanalyse durchgeführt?			
10. Wurden sämtliche Sicherheitsvor- kehrungen berücksichtigt?			

Abb. VII-11: Typische Checkliste für Entwurfsüberprüfungen

ist eine typische Review-Checkliste wiedergegeben. [22] Die Review-Outputs müssen im wesentlichen folgende Aufgaben erfüllen:

– Schaffung einer technischen Basis, die dem Management des Auftraggebers und des Auftragnehmers die Gewißheit gibt, daß die Entwicklung in den richtigen Bahnen verläuft, und
– die Voraussetzungen zur Einleitung von Korrekturmaßnahmen.

Systemüberprüfungen (Reviews) sind im Prinzip wichtige Entscheidungspunkte für die Projektleitung. Die gründliche Analyse des technischen Entwicklungsstandes schafft die Basis für fundierte Entscheidungen. Die Output-Dokumentation muß folgende Einzelheiten enthalten [15, 17]:

– Review-Organisation (permanentes Review-Team),
– Eine komplette Liste aller Review-Teilnehmer,
– Vorliegendes Input-Material,
– Entscheidungen während des Reviews,
– Aktionsliste (Verantwortung für Aktionserfüllung und Terminvorgabe),
– Terminplan für Folgeaktionen.

Die Überwachung der Folgeaktionen ist von außerordentlicher Bedeutung für den erfolgreichen Abschluß des jeweiligen Reviews. Langfristige Terminverschleppungen bedeuten eine Aufweichung des Review-Ergebnisses und haben mit Sicherheit einen negativen Einfluß auf den Gesamt-Terminplan des jeweiligen Projektes.

4. Systemtechnisches Management

Komplexe Probleme in Angriff nehmen

Systemtechnik als Managementfunktion im Projekt ist hierzulande noch eine Seltenheit. Auch dann, wenn die Einsicht zur systemtechnischen Arbeitsweise vorhanden ist, fehlt es oft genug an den notwendigen organisatorischen Maßnahmen. Die Implementierung der systemtechnischen Managementfunktion in die Projektorganisation ist eine wichtige Voraussetzung, um systemtechnische Aufgaben zufriedenstellend lösen zu können. Haberfellner schreibt hierzu: »SE (Systemtechnik) ist ein Weg, komplexe Probleme in Angriff zu nehmen und deren Lösung zu organisieren.«[23] Wie in Abbildung V-3 (Kapitel V) gezeigt, stellt die systemtechnische Aufgabe eine wichtige Managementfunktion der Projektleitung dar. Haberfellner beantwortet die Frage ›Warum ist SE (Systemtechnik) überhaupt notwendig?‹ wie folgt: »Die ständig wachsende Komplexität in allen Bereichen macht es in zunehmendem Maße schwieriger bzw. sogar unmöglich, die Übersicht über einen komplexen Sachverhalt zu gewinnen und zu bewahren. Wegen der engen Verflechtung von Problemen ist aber eine ganzheitliche Betrachtungsweise zwingend notwendig. Teilprobleme, die miteinander zusammenhängen, dürfen nicht mehr isoliert behandelt werden, wenn nicht der Erfolg des Ganzen, also das reibungslose Zusammenspiel aller Elemente in Frage gestellt werden soll.«[23] Die wichtigsten systemtechnischen Aufgaben lassen sich wie folgt zusammenfassen[24]:

- Systemanalysen
- Systemspezifikation
- Systementwurf
- Technische Planung und Kontrolle
  - □ Systemtechnische Planung
  - □ Konstruktionsüberwachung
  - □ Review-Überwachung
  - □ Technische Leistungsüberwachung
  - □ Konfigurationskontrolle (s.a. Kapitel XII, 2)
  - □ Technische Dokumentation
- Systemintegration
  - □ Integrationsplanung
  - □ Integrationsausführung
- Systemtests
  - □ Entwicklungstests (Simulationen, Funktionsprüfungen, usw. – Entwicklungsmodelle)
  - □ Qualifikationstests (Funktionsprüfungen, Umgebungstests, usw. – Prototypen)
  - □ Abnahmetests (Funktionsprüfungen, Umgebungstests, usw. – Seriengeräte)
- Systemtechnische Berichterstattung.

Technische Leistungsüberwachung

Die technische Leistungsüberwachung (*Technical Performance Control – TPC*) stellt eine sinnvolle Ergänzung zur Termin- und Kostenüberwachung dar. Erst mit Hilfe einer funktionierenden technischen Leistungsüberwachung kann eine integrierte Projektüberwachung erfolgreich durchgeführt werden. Das Prinzip der technischen Leistungsüberwachung ist in Kapitel IX, 5, im Zusammenhang mit der integrierten Projektüberwachung im Detail beschrieben.

Konfigurationsüberwachung

Das Einfrieren der Basisdokumentation nach vorher festgelegten Entwicklungsschritten (s. a. Abbildung IV-7) setzt ein striktes Konfigurations-Überwachungssystem voraus. Die jeweils neu geschaffene Basis *(Baseline)* stellt für die Folgezeit die absolute technische Bezugsgröße dar. Änderungen bzw. Abweichungen von der Basis *(Baseline Changes)* können nur dann vorgenommen werden, wenn die daraus resultierenden Auswirkungen (technisch, terminlich und finanziell) vorher geprüft und die Änderung durch den Änderungsausschuß genehmigt wurde. Die Grundprinzipien des Konfigurations-Überwachungsmanagement sind in Kapitel XII, 2 detailliert beschrieben.

Industrielle Systemtechnik in Deutschland

Der Verein Deutscher Ingenieure (VDI) führte zusammen mit der Deutschen Gesellschaft für Luft- und Raumfahrt (DGLR) und der Gesellschaft für Qualität vom 24. bis 26. September 1981 eine Arbeitstagung zum Thema *Industrielle Systemtechnik* durch.[25] Der Gemeinschaftsausschuß Industrielle Systemtechnik (GIS) übertrug das Gesamtthema folgenden sechs Arbeitsgruppen:

(1) Öffentlichkeitsarbeit,
(2) Anforderungsprofil Systemingenieur,
(3) Systemtechnische Aus- und Weiterbildung von Fachingenieuren,
(4) Systemtechnische Aus- und Weiterbildung in Verwaltung und nichttechnischem Management,
(5) Systemtechnische Erfordernisse für Auftraggeber,
(6) Systemtechnische Erfordernisse für Auftragnehmer.

Der VDI faßte die Zwischenergebnisse wie folgt zusammen: »Sie enthalten die klare Aussage, daß die Anwendung systemtechnischer Vorgehensweisen eine Notwendigkeit modernen Industriemanagements ist, um auch in Zukunft im internationalen Wettbewerb – ganz besonders im Hinblick auf die Konkurrenzsituation zu Japan und den Vereinigten Staaten von Amerika – technologisch bestehen zu können.«[25] Die Einzelergebnisse lassen sich wie folgt zusammenfassen:[25]:

(1) Öffentlichkeitsarbeit.

(2) Anforderungsprofil Systemingenieur:
   – die Ausbildung zum Systemingenieur muß auf einer soliden Grundausbildung zum Ingenieur aufbauen,
   – Grundkenntnisse in verschiedenen Kooperationstechniken,
   – Volks- und betriebswirtschaftliche Grundkenntnisse,
   – Beherrschung mindestens einer Fremdsprache,
   – Grundkenntnisse über Prognoseverfahren,
   – Überwachungs- und Steuerungsgrundkenntnisse,
   – Beherrschung systemtechnischer Planungs- und Managementmethoden.

(3) Systemtechnische Aus- und Weiterbildung von Fachingenieuren:
  - Ingenieure aller Fachrichtungen müssen in die Denkweisen der Systemtechnik eingeführt und über Möglichkeiten und Zusammenhänge der Arbeitsmethoden informiert werden,
  - Elemente der systemtechnischen Methoden sollen bereits vor dem Vorexamen angesprochen werden,
  - Die Vertiefung der erworbenen Kenntnisse muß gegen Ende des Studiums durch eine mindestens einsemestrige Pflicht-Lehrveranstaltung über Grundlagen der Systemtechnik für alle Ingenieure erfolgen,
  - Es muß auf die volkswirtschaftliche Bedeutung der Methoden und Verfahren der Systemtechnik hingewiesen werden,
  - Einbindung der Systemtechnik in das Förderungsprogramm für Führungskräfte in den Unternehmen.

(4) Systemtechnische Aus- und Weiterbildung in Verwaltung und nichttechnischem Management:
  - Oft sind technische und kaufmännische Problemstellungen nur ganzheitlich zu lösen,
  - Es müssen bei allen Beteiligten eines Projektes (z.B. auch bei den beteiligten Betriebswirten, Kaufleuten, Juristen, usw.) systemtechnische Kenntnisse vorausgesetzt werden,
  - Erlernung systemtechnischer Grundkenntnisse im Verlauf einer allgemeinen Universitäts/Fachhochschulausbildung,
  - Berufsbegleitende Weiterbildung,
  - Arbeitstreffen zwischen Technikern und Nicht-Technikern,
  - Training *on-the-job*.

(5) Systemtechnische Erfordernisse für Auftraggeber:
  - Systemdenken, eine Voraussetzung für die Inangriffnahme von Großprojekten, erfordert interdisziplinäres Handeln,
  - Die Systemtechnik bietet geeignete Hilfsmittel, Projekte effizienter abzuwickeln,
  - Technische Vorhaben sind zukünftig mit systemtechnischer Methodik in Angriff zu nehmen,
  - Schwergewicht muß eine analytisch fundierte Planung sein,
  - Entscheidungen müssen auf der Basis systematisch vorbereiteter Kriterien getroffen werden.

(6) Systemtechnische Erfordernisse für Auftragnehmer:
  - Systemtechnik, um das erforderliche Wissen überschaubar und damit für Entscheidungen zugänglich zu machen,
  - Berücksichtigung systemtechnischer Belange vor allem dort, wo die Grenzen finanzieller und technologischer Leistungsfähigkeit erreicht werden,
  - Systemtechnisch sinnvolle Vorkehrungen im Hinblick auf Organisation, Motivation, Schulung und Methodeninstrumentarium.

Quellen zu Kapitel VII

1 Kappel, Rolf und Schwarz, Ingo A.: Systemforschung 1970–1980, Vandenhoeck&Ruprecht, Göttingen, 1981, S. 27.
2 Blanchard, Benjamin S. und Fabrycky, Wolter J.: Systems Engineering and Analysis, Prentice-Hall, Inc., Englewood Cliffs, New Jersey, 1981, S. 11.
3 Von Weizsäcker, Ernst: Offene Systeme I, Ernst Klett Verlag, Stuttgart, 1974, S. 10.

4 Vester Frederic: Überlebenschance für Wirtschaft und Gesellschaft, in: Management-Zeitschrift zfo 51 (1982) Nr. 2, S. 89.

5 Ropohl, Günter: Systemtechnik-Grundlagen und Anwendung, Carl Hanser Verlag, München-Wien, 1975, S. 7.

6 Vgl. Quelle 5, S. 16.

7 Henning, Th.: Kann die·Kraftwerksplanung mit Hilfe der Systemtechnik verbessert werden?, VGB Kraftwerkstechnik 60, März 1980, S. 164.

8 Miller, Dale Eugene: Managing a Contract (Project) Specification System for Satellite Projects, in: Project Management and Project Control, 10th ESRO Summer School, Frascati, Sept. 1972 (ESRO SP-90), S. 129.

9 DoD: Military Standard-Specification Practices, MIL-STD-490, 30. 10. 1968, Anlage I.

10 DoD: Military Specification – Specifications, Types and Forms, MIL-S-83490, 30. 10. 1968.

11 ESA (ESRO): Uniform Project Specification – Format, Content, and Control, QRA4, Issue I, 30. 5. 1972.

12 Sperling, F. B.: The Spacelab System Verification Programme – A Powerful Engineering-Management Tool, in: ESA Bulletin Nr. 26, S. 64.

13 Billig, Victor: Space Project Management, Politics and International Cooperation, in Industrial Cooperation, Verlag TÜV Rheinland, 1989

14 Dreger Wolfgang: Systemtechnik – Eine neue Disziplin oder eine Systematisierung von Banalitäten?, in: Siegener Hochschulblätter, 3 (1980) Heft 1, S. 37–54, Universität GH Siegen.

15 NASA: Design Review Requirements, SR-QUAL-66–1, 20. Januar 1966.

16 Zeiss, Chr. H.: Design Review bei Gemeinschaftsprojekten – Beispiel Nachrichtensatellit Symphonie, VDI-Berichte Nr. 307, 1978, S. 29.

17 NASA: Elements of Design Review for Space Systems, NASA-Dokument SP-65o2, 1967, S. 3.

18 Little, Arthur D.: A comparative Study on Project Review Techniques, Final Report, ESA-Contract Nr. 4846/81/NL/PP (SC), 1983, S. 3.

19 Vgl. Quelle 18, S. 5

20 Vgl. Quelle 17, S. 5

21 Hermann, J. J.: Entwurfsüberprüfungen für Satelliten und Raumsonden, VDI-Berichte Nr. 192, 1973.

22 Jacobs, Richard M.: Implementing Formal Design Review, Proceedings of the 1967 Annual Symposium on Reliability, Washington D. C., Januar 1967, S. 124.

23 Haberfellner, Reinhard: Systems Engineering (SE) – Eine Methode zur Lösung komplexer Probleme, in: Z0, 7/73, S. 373–374.

24 Madauss, Bernd-J.: Planung und Überwachung von Forschungs- und Entwicklungsprojekten, AIB-Fachliteratur; Gerberstr. 3b, 83043 Bad Aibling, 1978/81, S. II-8.

25 VDI: Der VDI-Gemeinschaftsausschuß »Industrielle Systemtechnik (GIS)« stellt sich vor; Anlage: Empfehlungen zur Aus- und Weiterbildung, Vorgehensplan zur Öffentlichkeitsarbeit, Düsseldorf, 11. April 1983.

Kapitel VIII:
Produktsicherung im Projekt

1. Produktsicherung als Managementfunktion
   Aufgaben und Funktionen
   Produktsicherungs-Maßnahmen bereits in den Projekt-Frühphasen einleiten
   Verankerung der Produktsicherung in das Projektmanagement-Team
   Produktsicherungs-Dokumentation am Beispiel der ESA

2. Qualität beeinflußt die Wirtschaftlichkeit des Systems
   Qualitätssicherung und ihr Stellenwert für das System
   Zuverlässigkeit des Systems
   Verfügbarkeit des Systems
   Produzenten-Haftung und Sicherheit
   Produktsicherungs-Kosten: Qualität, Verfügbarkeit, Sicherheit, Kosten

Der Wert industrieller Produkte läßt sich nicht allein nach Leistungs- und Schönheitsmerkmalen bemessen, sondern schließt die im allgemeinen Verständnis mit dem Begriff Qualität umschriebene Eigenschaft mit ein. Der Käufer eines Pkws geht zum Beispiel in der Regel von diesen drei Gesichtspunkten aus, die er in Übereinstimmung mit dem Preis abwägt. Bei dem Leistungsverhalten des Fahrzeugs (Kapazität, Geschwindigkeit, Beschleunigung, usw.) kann es sich einerseits um notwendige (Minimalforderung) und andererseits um zusätzliche, wünschenswerte (Extras) Leistungseigenschaften handeln. In beiden Fällen ist jedoch eine direkte Relation zwischen Leistung und Preis herzustellen. Ganz ähnlich verhält es sich mit der Produktschönheit, denn auch sie hat ihren Preis. Obwohl das Schönheitsattribut bei einer Reihe von Industrieprodukten, zum Beispiel bei Fabrikanlagen, sicherlich keine unmittelbare Rolle spielt, so kommt es bei Gütern der Konsumindustrie jedoch auch ganz erheblich auf Schönheit bzw. eine gewisse Stil- oder Geschmacksrichtung an. Die Qualität eines Produktes ist für den Käufer eines Produktes von ganz besonderer Bedeutung, denn hiervon hängt die reibungslose und sichere Benutzung (Verfügbarkeit, Sicherheit, usw.) weitgehendst ab. Aber auch die Produktqualität steht mit den Anschaffungskosten (Kaufpreis) in unmittelbarem Zusammenhang, denn auch Qualität kostet Geld.

Der hier verwendete Begriff Produktsicherung faßt die Elemente Qualität und die mit der Produktqualität in engem Zusammenhang stehenden Eigenschaften, Zuverlässigkeit, Instandhaltbarkeit und Sicherheit zusammen. Thomann beschreibt Produktsicherung wie folgt: »Eine moderne Methode zur wirtschaftlichen Sicherstellung der Qualität, Zuverlässigkeit, Instandhaltbarkeit und Sicherheit von komplexen technischen Systemen.«[1] Vorsorglich sei an dieser Stelle darauf hingewiesen, daß der in diesem Kapitel verwendete Begriff Produktsicherung mit dem Begriff Qualitätssicherung identisch ist. In diesem Zusammenhang wird auch auf die internationale Norm ISO 9000 verwiesen, auf die in diesem Kapitel an entsprechender Stelle eingegangen wird.

1. Produktsicherung als Projektmanagement-Funktion

Aufgaben und Funktionen

Unter dem Begriff Produktsicherung lassen sich folgende Aufgaben und Funktionen zusammenfassen:

- Qualitätsüberwachung,
  - □ Anforderungen
  - □ Inspektionen
  - □ Qualitätsüberprüfungen
  - □ Qualitätskontrolle
  - □ Entwurfssicherung
- Materialauswahl,

- □   Auswahl
- □   Bewertung
- □   Lagerung
- Zuverlässigkeit,
  - □   Analysen
  - □   Trade-offs
  - □   FMECA bzw. FMEA
  - □   Tests
- Verfügbarkeit,
- Instandhaltbarkeit (Wartbarkeit),
- Sicherheit (Safety)
  - □   Sicherheitsaspekte
  - □   Sicherheitsüberprüfungen
  - □   Fertigungsprozeduren.

Der Oberbegriff »Produktsicherung« zielt dabei auf die sichernde Erstellung des jeweiligen Produktes unter Zugrundelegung von zum Beispiel Qualitäts-, Zuverlässigkeits- und Sicherheitszielen hin. Produktsicherung ist als eine integrale Gesamtfunktion zu verstehen und nicht eine simple Addition der Einzelfunktionen, denn Qualität, Zuverlässigkeit, Instandhaltung, usw. sind eng miteinander verknüpft.

Obwohl Qualität, Zuverlässigkeit und Sicherheit eines Produktes für den Hersteller schon immer ein wichtiges Aushängeschild waren und der potentielle Käufer diesen Merkmalen für die Kaufentscheidung sicherlich auch früher schon eine erhebliche Bedeutung beimaß, so steckt die Zuverlässigkeitsforschung und mit ihr die Quantifizierbarkeit und oftmals auch das Verständnis für die stets wichtiger werdenden Faktoren Verfügbarkeit, Instandhaltbarkeit, Sicherheit, usw. in vielen Industriezweigen immer noch in den Kinderschuhen. Thomann schreibt in diesem Zusammenhang: »Aber mit der wachsenden Komplexität technischer Systeme trat die Bedeutung von Zuverlässigkeit (Reliability), Instandhaltbarkeit (Maintainability) und Verfügbarkeit (Availability) in den Vordergrund.«[1] In der amerikanischen Literatur spricht man in diesem Zusammenhang auch von den »ilities«! Thomann weist im Zusammenhang mit der ständig an Bedeutung gewinnenden Produkthaftung ebenfalls auf die Wichtigkeit der Sicherheitsaspekte hin, die wiederum aufs engste mit der Zuverlässigkeit gekoppelt sind.

Aber erst in den fünziger Jahren begann man in den USA im Rahmen der Entwicklungsprogramme für moderne Waffensysteme mit der Schaffung mathematisch fundierter Zuverlässigkeitskonzepte. Juran und Gryna schreiben: »Beginnend in den fünfziger Jahren kam es zu einer Bewegung, die Zuverlässigkeit, Verfügbarkeit, Instandhaltbarkeit, usw. zu quantifizieren.«[2] Sie weisen in diesem Zusammenhang auf den Wandel der Zeit hin; ging es früher zum Beispiel um die Herstellung einer Kolbenpumpe, von Gartenwerkzeugen oder eines Fahrrads, so handelt es sich bei modernen Produkten um komplizierte elektronische Geräte, Rechner oder gar Kernreaktoren. In Abbildung VIII-1 sind die Eigenschaften traditioneller und moderner Produkte nach einer Ausarbeitung von Juran und Gryna gegenübergestellt.[2]

PRODUKTASPEKTE	TRADITIONELLE PRODUKTE	MODERNE PRODUKTE
Einfachheit:	Einfach, statisch	Komplex, dynamisch
Präzision:	Niedrig	Hoch
Notwendigkeit zur Austauschbarkeit:	Limitiert	Extensiv
Kurz- oder langlebige Güter:	Hauptsächlich kurzlebige Güter	Hauptsächlich langlebige Güter
Benutzungsumgebung:	Natürlich	Unnatürlich
Produktkenntnis des Nutzers:	Hoch	Niedrig
Gesundheitseinflüsse, Sicherheit, usw.:	Selten wichtig	Oftmals wichtig
Folgekosten für den Benutzer:	Keine oder sehr niedrig	Oft höher als der Anschaffungspreis
Lebenszeit einer Produktionskonstruktion:	Lang: Dekaden, manchmal Jahrhunderte	Kurz: weniger als eine Dekade
Wissenschaftliche Fundierung der Entwicklung:	Weitgehendst empirisch	Weitgehendst wissenschaftlich
Vorgaben für Zuverlässigkeit, Wartbarkeit, usw.:	Vage: bestmögliche Berücksichtigung	Quantifiziert
Produktvolumen:	Normalerweise hoch	Meist niedrig
Häufigste Fehlerursache:	Produktionsfehler	Entwurfsschwächen

Abb. VIII-1: Eigenschaften traditioneller und moderner Produkte (Juran und Gryna, 1980)

Produktsicherungs-Maßnahmen bereits in den Projekt-Frühphasen einleiten

Die Zuverlässigkeit eines Systems ist ein wichtiger wirtschaftlicher Faktor (s. a. Kapitel VIII,2). Juran und Gryna führen aus, daß man die in den fünfziger Jahren bei militärischen Elektronikgeräten auftretenden kostspieligen Ausfälle ursprünglich Produktions- und Inspektionsfehlern zuschrieb, dann jedoch eines besseren belehrt wurde, denn das Hauptproblem lag im Entwurf begründet.[3] Gryna fand nämlich heraus, daß für mittlere bis hochkomplexe Produkte die Fehlerursache wie folgt begründet war:

- Entwurf   40 %
- Fertigung   30 %
- Einsatz   30 %.

Das heißt, bereits im Entwurfsstadium müssen die Entwickler die Produktsicherungsziele berücksichtigen. Thomann drückt das so aus: »Da die Qualität, Zuverlässigkeit, Instandhaltbarkeit und Sicherheit präventiv in das Produkt hineinentwickelt werden müssen, fallen die maßgebenden Tätigkeiten zur Produktsicherung in die ersten Projektphasen.«[1] Typische Zuverlässigkeitsaufgaben in den Projekt-Frühphasen sind zum Beispiel:

- Festlegung des System-Zuverlässigkeitsziels,
- Aufteilung des Zuverlässigkeitsziels auf die Teilsysteme, Geräte, Bauteile, usw.,
- Zuverlässigkeitsanalysen und -vorhersagen (analysis and prediction),
- Fehlermöglichkeiten und ihre Auswirkungen (Fehlerbaumanalysen),
- Identifikation von kritischen Bauteilen, Materialien und Prozeduren,
- Vorauswahl von Bauteilen und Lieferanten.

Verankerung der Produktsicherung in das Projektmanagement-Team

Produktsicherungsaspekte müssen präventiv in das Produkt bzw. System hineinentwickelt werden. Aus diesem Grunde muß das projektspezifische Produktsicherungs-Team als fester Bestandteil in die Projektmanagement-Mannschaft mit aufgenommen werden (s. a. Abb. V–3). In der Praxis kommt es im Zusammenhang mit diesem Punkt immer wieder zu Meinungsverschiedenheiten. Vielerorts ist man der Meinung, daß das für ein Projekt zuständige Produktsicherungs-Team (in Deutschland meist als Qualitätskontroll-Team bekannt) nicht dem Projektleiter unterstellt werden sollte, um so seine Unabhängigkeit gegenüber der Projektleitung zu wahren. Dabei handelt es sich jedoch ganz offensichtlich um ein Mißverständnis, denn die Verankerung des Produktsicherungs-Experten in die Projektmannschaft bedeutet ja nicht, daß er in seiner Facharbeit behindert werden soll. Andererseits bewirkt die Einbindung des Produktsicherungs-Teams in die Projektmanagement-Mannschaft für die Betroffenen ein wesentlich größeres Verständnis für die Projektbelange, wenn es darum geht, projektoptimale Lösungen zu schaffen. Es ist auch selbstverständlich, daß die Produktsicherungs-Fachleute durch die Einbindung in das Projektmanagement-Team nicht automatisch ihre Identität verlieren und weiterhin für die Berücksichtigung der gängigen Auflagen und Vorschriften von TÜV, VDE, usw. verantwortlich sind. Da sie als Teammitglieder dem Entwicklungsingenieur schon im Entwurfsstadium gewissermaßen über die Schulter sehen und beraten und dadurch Mitverantwortung übernehmen, fällt ihnen nicht die unangenehme Aufgabe des kontrollierenden Polizisten zu, der einen abgeschlossenen Entwurf begutachtet und gegebenenfalls zurückweist, denn das ist tatsächlich die Aufgabe der entsprechenden Aufsichtsbehörden. Aufgabe der Produktsicherungs-Experten im Projekt ist es hingegen, unter Berücksichtigung der Projektzielsetzung, die Aspekte der Produktsicherung, einschließlich aller behördlichen Auflagen aufwandsoptimal in das Projekt zu implementieren.

Das Produktsicherungs-Personal eines Unternehmens ist firmenorganisatorisch in der Regel in einem entsprechenden Fachbereich zusammengefaßt. Dieser Fachbereich ist meistens gleichermaßen für die Betreuung der Entwicklungs- und Projektteams wie auch für die Qualitätskontroll-maßnahmen in der Produktion zuständig. *Bei der Durchführung von Großprojekten empfiehlt sich die vorübergehende Abstellung der Produktsicherungs-Experten an das Projekt, da es so am besten zu der bereits erwähnten interdisziplinären Zusammenarbeit zwischen den Entwicklern, Wirtschaftlern und Produktsiche-rungs-Fachleuten kommt.* Im Konfliktfall müssen die Produktsicherungs-Experten jedoch das Recht haben, über ihre Fachbereichsleitung Unterstützung anzufordern. Seghezzi unterstreicht die Notwendigkeit interdisziplinärer Zusammenarbeit mit folgenden Worten : »Um auch die Nichtspezialisten und insbesondere die Führungskräfte in eine günstigere Lage zu versetzen, müßten die Betriebswirtschafts- und die Qualitätslehre enger zusammenarbeiten und gemeinsam einige schwierige Hindernisse beseitigen.[4]

An dieser Stelle wird auf die Internationale Norm ISO 9000 hingewiesen. In dieser Norm sind die Nachweisforderungen von Qualitätssicherungssystemen (QS) festgelegt, die vom Lieferanten/ Unterauftragnehmer bei der Entwicklung und Realisierung einzuhalten sind.

»ISO 9000 ist ein Leitfaden zur Auswahl und Anwendung der Normen ISO 9001 bis ISO 9004«.[5] Nachfolgend ist eine genaue Bezeichnung der Normen ISO 9000 bis ISO 9004 wiedergegeben:

– ISO 9000   Leitfaden zur Auswahl und Anwendung der Normen zu Qualitätsmanagement, Elementen eines Qualitätssicherungssystems und zu Qualitätssicherungs-Nachweisstufen.

- ISO 9001   Qualitätssicherungssysteme; Qualitätssicherungs-Nachweisstufe für Entwicklung und Konstruktion, Produktion, Montage und Kundendienst.
- ISO 9002   Qualitätssicherungssysteme; Qualitätssicherungs-Nachweisstufe für Produktion und Montage.
- ISO 9003   Qualitätssicherungssysteme; Qualitätssicherungs-Nachweisstufe für Endprüfungen.
- ISO 9004   Qualitätsmanagement und Elemente eines Qualitätssicherungssystems; Leitfaden.

Produktsicherungs-Dokumentation am Beispiel der ESA

Die Europäische Raumfahrtagentur ESA, Nachfolgerin der Organisation ELDO und ESRO, befaßt sich seit Anfang der sechziger Jahre mit der Entwicklung von komplexen Raumfahrtgeräten, bei denen die Aspekte der Produktsicherung eine besonders gravierende Rolle spielen, denn ein Fehler im System bedeutet meistens Totalausfall des Raumfahrtgeräts und somit den Verlust der gesamten Mission. Bei Raumfahrtentwicklungen handelt es sich aber meist um recht teure Vorhaben, und Fehlschlüsse oder nicht funktionierende Satelliten bedeuten einen enormen finanziellen Verlust. Im Falle der bemannten Raumfahrt (Apollo- und Space Shuttle-Programm) ist darüber hinaus das Risiko des Personenschadens damit verbunden (Beispiel: Shuttle-Katastrophe 1986). Zuverlässigkeit und Sicherheit haben bei Raumfahrtprojekten deshalb einen sehr hohen Stellenwert. Die Raumfahrttechnik hat die Schwierigkeiten die mit der Zuverlässigkeit verbunden sind, durch umfangreiche Testprogramme und Simulationen weitgehendst überwunden. Moderne Nachrichtensatelliten funktionieren über Jahre hinaus ohne jegliche Wartung fehlerfrei in ihrer Umlaufbahn. Besteller von Fernsehsatelliten gehen heute von einer Lebenszeit im Orbit von über zehn Jahren aus. Auch die von der deutschen Firma MBB entwickelte Sonnensonde HELIOS-A (ein wissenschaftlicher Satellit), die 1974 in die Umlaufbahn um die Sonne geschossen wurde, funktionierte auch nach zehn Jahren noch einwandfrei. Aufgrund der guten Erfolge bei der Entwicklung von Satellitensystemen ging man Anfang der siebziger Jahre dazu über, auch die Prototypen, die ursprünglich nur für Testzwecke am Boden benutzt wurden, nach Vollendung des Testprogramms ebenfalls als vollwertige Satelliten zu benutzen. Das bedeutete eine erhebliche Kosteneinsparung (s. a. Kapitel X, 5).

Die Erfolge der Raumfahrtindustrie auf dem Gebiet der Zuverlässigkeit hochkomplexer Systeme gehen zu einem großen Teil auf die Systematik der Behandlung von Produktsicherungs-Aspekten zurück. Produktsicherung, die bei Raumfahrtvorhaben fest in das Projektmanagement-Konzept eingebunden ist (s. a. Abb. V-3), hat hier eine große Bedeutung. Die Europäische Raumfahrtagentur ESA hat in den vergangenen zwölf Jahren einige richtungsweisende Standardvorschriften entwickelt, die Capella und von Högen wie folgt zusammengefaßt haben [6, 7]:

PSS-01—00 Produktsicherungs(PS)-Basisanforderungen (basic requirements for product assurance);

PSS-01—10 PS-Management;

PSS-01—20 Qualitätssicherung (quality assurance);

PSS-01—30 Zuverlässigkeit (reliability);

PSS-01—40 Sicherheit (safety);

PSS-01—50 Instandhaltbarkeit und Verfügbarkeit (maintainability and availability);

PSS-01–60 Komponentenauswahl (component selection);
PSS-01–70 Material- und Bearbeitungsauswahl
(material and process selection);
PSS-01–80 Qualitätssicherung der Software;
(software quality assurance).

2. Qualität beeinflußt die Wirtschaftlichkeit des Systems

Qualitätssicherung und ihr Stellenwert für das System

Immer mehr technische Produkte sind als komplexe Systeme zu verstehen, für die ein bestimmtes Maß an Qualität eine Grundvoraussetzung für die reibungslose, das heißt für einen gewissen Zeitraum unterbrechungsfreie und sichere Benutzung ist. Die unterbrechungsfreie, also die tatsächlich verfügbare Benutzungszeit eines Systems (Produkts) ist ein wirtschaftlicher Faktor. Ein Fahrzeug oder eine im Haushalt oder im Industriebetrieb benutzte Maschine, die nicht über einen längeren Zeitraum unterbrechungsfrei einsetzbar ist, läßt sich nicht wirtschaftlich nutzen. Die Qualitätssicherung (Sicherstellung eines Mindestmaßes an Qualität) nimmt deshalb einen hohen Stellenwert bei der Schaffung eines neuen Systems ein. Seghezzi schreibt in diesem Zusammenhang: »..., denn Qualität heißt in einem marktwirtschaftlichen System *Eignung eines Projektes für die Verwendung* oder *Erfüllung des Kundenbedürfnisses*.«[4]

Aus der Qualität eines Systems lassen sich Rückschlüsse auf die Zuverlässigkeit *(reliability)* und daraus ableitend auf die Verfügbarkeit *(availability)*, Wartbarkeit *(maintainability)*, und Sicherheit *(safety)* ableiten. Der populäre Begriff »Qualität«, den Juran und Gryna mit *fitness for use* (geeignet für den Gebrauch) bezeichnen[8], stellt eine wichtige Größe für jedes System dar, aus der sich dann die zuvor genannten Eigenschaften ableiten lassen.

Zuverlässigkeit des Systems

Mit dem Begriff Zuverlässigkeit wird ausgedrückt, mit welcher Chance das System bzw. Produkt fehlerfrei funktionieren wird. Für hoch komplexe Systeme, wie zum Beispiel eine moderne Satellitenträgerrakete, die sich aus einigen Millionen Einzelteilen zusammensetzt, kann bei dem heutigen Stand der Technik eine Zuverlässigkeit (R) von über neunzig Prozent $(R \rightarrow 0{,}9)$ angesetzt werden, das heißt, die Chance, daß die Rakete ihr Ziel nicht erreicht, ist gleich bzw. kleiner als zehn Prozent $(1\text{-}R \leq 0{,}1)$. In der Raumfahrttechnik ist die Erreichung von hohen Zuverlässigkeitswerten bei sämtlichen Bauteilen von ganz besonders großer Bedeutung, da bereits das Versagen eines kleinen Bauteils zum Scheitern der gesamten Mission führen kann; technische Pannen aber bedeuten hohe finanzielle Verluste. Eine Zuverlässigkeit von 90 Prozent bedeutet, daß man für neun erfolgreiche Starts zehn Trägerraketen einschließlich ihrer Nutzlast einplanen muß, und für die Ermittlung der Gesamtkosten eines Raketensystems deshalb folgende Gleichung anwenden kann:

$$K_{ES} = \frac{1}{R_S} \, K_{PS} = \frac{1}{0,9} \, K_{PS} = 1,\overline{11} \, K_{PS}$$

K_{ES} = Effektive Kosten des Raketensystems
K_{PS} = Nominelle Kosten des Raketensystems (Anzahl der Starts × Kosten für die Rakete u. Startvorbereitungen)
R_S = Zuverlässigkeit des Raketensystems

Daraus resultiert, daß eine Zuverlässigkeit von 90 Prozent die Kosten des Raketensystems um ca. 11 Prozent erhöht. Unter der Annahme, daß bei dem Raketensystem sämtliche Bauteile in Serie geschaltet sind, errechnet sich die Zuverlässigkeit des Gesamtsystems wie folgt:[9]

$$R_S = R_1 \times R_2 \ldots \times R_n$$

R_S = Zuverlässigkeit des Raketensystems
R_1–R_n = Zuverlässigkeit der Teilsysteme, Geräte oder Bauteile.

Hieraus läßt sich erkennen, daß die Zuverlässigkeit eines Systems die Summe der in Reihe geschalteten Einzelsysteme (Geräte, Bauteile) und stets kleiner als die kleinste Einzelzuverlässigkeit ist; Beispiel: $0,999 \times 0,999 \times 0,8 = 0,79840008$. Das schwächste Glied in der Kette stellt also ein besonders gravierendes Problem dar. In der Vergangenheit hat es einige anschauliche Beispiele hierzu gegeben. Nachdem der Start eines Satelliten glückte und in der Umlaufbahn zuerst einwandfrei funktionierte, fiel nach einigen Tagen das an Bord befindliche Magnetbandgerät zur Registrierung wissenschaftlicher Daten aus, und die viele Millionen DM teure Mission war gescheitert. In anderen Fällen führten fehlerhafte Steckkontakte zu Totalausfällen einer Trägerrakete, und der erste Wettersatellit Meteosat, der die Wetterkarte der deutschen TV-Anstalten aktualisierte, hielt nur knapp ein Jahr, dann fiel ein wichtiges Bauteil (Widerstand) aus, und die deutschen Fernsehanstalten mußten sich bis zum Einsatz von Meteosat 2 mit Ersatzbildern von einem amerikanischen Satelliten behelfen. Die Funktionssicherheit (R) ist selbstverständlich auch eine Funktion der Zeit (t), auf die an dieser Stelle jedoch nicht näher eingegangen werden soll.

   Die Beispiele aus der Raumfahrt eignen sich besonders gut, um die Wichtigkeit der Zuverlässigkeit zu demonstrieren. Aus diesen Beispielen geht deutlich hervor, welch enorme Bedeutung die Zuverlässigkeit jedes einzelnen Bauteils für die Gesamtzuverlässigkeit des Systems hat. Die Produktion der Bauteile (Widerstände, Kondensatoren, integrierte Schaltkreise, usw.) setzt dementsprechend hohe Qualitätsnormen bei der Entwicklung, Herstellung und Auswahl (Test) der Teile voraus.

   Nun kann in der Praxis jedoch davon ausgegangen werden, daß nicht jeder Fehler eines Bauteils sofort zum Totalausfall des Systems führt. Vielmehr ist es die Aufgabe der Zuverlässigkeitsingenieure darauf zu achten, daß entsprechende Redundanzen vorgesehen werden, die beim Ausfall eines Teilsystems, Gerätes oder Bauteils die Funktion übernehmen. In der Luft- und Raumfahrttechnik werden fast alle Teilsysteme redundant ausgeführt. So steht dem Flugzeugführer nach Ausfall der elektrischen und hydraulischen Steuerung immer noch ein mechanisches Steuerungssystem zur Verfügung. Auch die Astronauten von Apollo 13 hatten nach der Explosion von zwei Brennstoffzellen immer noch eine Brennstoffzelle für den Notbetrieb zur Verfügung. Andererseits läßt sich das Redundanzkonzept jedoch auch nicht beliebig großzügig auslegen, denn auch Redundanz kostet Gewichtsreserven und Geld.

   Bei vielen Systemen führt mangelnde Zuverlässigkeit nicht, wie im Falle von schnellen Fahrzeugen, Flugzeugen, Raketen, usw., automatisch zu Katastrophen. Beim Ausfall des Systems wird eine entsprechende Reparatur eingeleitet, und zwischenzeitlich muß auf die Funktion des Systems verzichtet bzw. ein Reservegerät in Betrieb genommen werden. Allerdings führt der häufige Ausfall eines Systems zu erhöhten Kosten und es ist unter Umständen dann nicht mehr wirtschaftlich einsetzbar, einmal durch den Ausfall (Verkürzung der Betriebszeit) und zweitens durch die anfallenden Reparaturkosten.

Verfügbarkeit des Systems

Die Verfügbarkeit des Systems ist für den Nutzer eine äußerst wichtige Kennzahl, denn aus ihr läßt sich die Wirtschaftlichkeit direkt ableiten. Die Verfügbarkeit drückt nämlich aus, zu wieviel Prozent der Betriebszeit der Nutzer eine Maschine betreiben kann. Ein System (Werkzeugmaschine, EDV-Anlage, Fahrzeug, usw.), das zum Beispiel nach jeweils zehn Stunden Betriebszeit ausfällt, um dann nach weiteren zehn Stunden Reparatur (Ausfallzeit) erst wieder zur Verfügung zu stehen, wäre sicherlich äußerst unwirtschaftlich. Die Verfügbarkeit läge nämlich bei 50 Prozent.

Die operationelle Verfügbarkeit eines Systems (V), eine wichtige Kennzahl für die Bestimmung der Lebenszykluskosten (s.a. Kapitel X, 4), ist wie folgt definiert[10]:

$$V = \frac{BZ}{BZ + AZ} \quad \text{oder}$$

$$V = \frac{GZ - AZ}{GZ}$$

BZ = Operationelle Betriebszeit (up time)
AZ = gesamte Ausfallzeit (down time)
GZ = Gesamt-Betriebszeit des Systems (BZ + AZ)

In diesem Zusammenhang sind der mittlere Ausfallabstand, das heißt die mittlere nutzbare Zeit zwischen den Fehlern (mean-time-between-failure) und die mittlere Ausfallzeit (mean-down-time) als wichtige Kenngrößen zu erwähnen, da sich aus ihnen die operationelle Verfügbarkeit des Systems im Detail ableiten läßt[11, 12]:

$$v = \frac{MTBF}{MTBF + MDT}$$

MTBF = mittlerer Ausfallabstand (mean-time-between-failure)
MDT = mittlere Ausfallzeit (mean-down-time)
BZ = $z \times$ MTBF
AZ = $z \times$ MDT
z = Anzahl der Ausfälle
V = $\frac{v \cdot z}{z} = v$

Die gesamte operationelle Betriebszeit (BZ) stellt ein Vielfaches des mittleren Ausfallabstandes (z × MTBF) und die gesamte Ausfallzeit (AZ) ein gleich großes Vielfaches der mittleren Ausfallzeit (z × MDT) dar (s.a. Abbildung VIII-2).

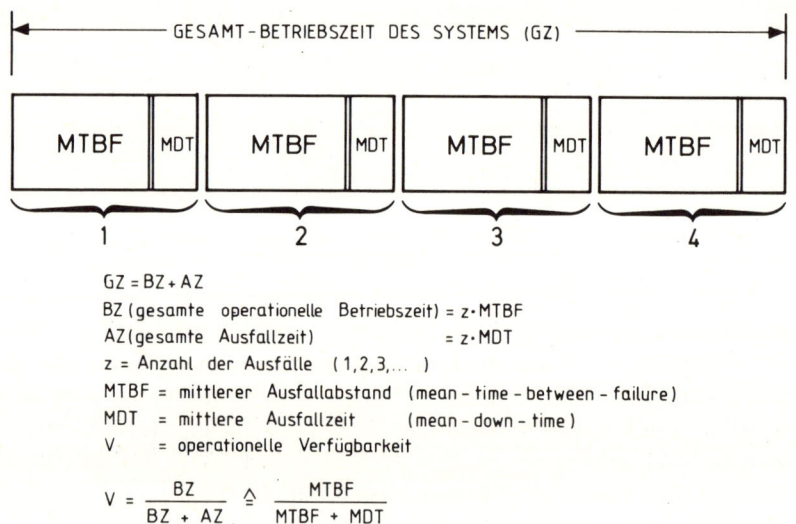

GZ = BZ + AZ
BZ (gesamte operationelle Betriebszeit) = z·MTBF
AZ (gesamte Ausfallzeit)   = z·MDT
z = Anzahl der Ausfälle (1,2,3,...)
MTBF = mittlerer Ausfallabstand (mean – time – between – failure)
MDT = mittlere Ausfallzeit   (mean – down – time)
V   = operationelle Verfügbarkeit

$$V = \frac{BZ}{BZ + AZ} \triangleq \frac{MTBF}{MTBF + MDT}$$

Abb. VIII-2: Ermittlung der operationellen Gesamt-Betriebszeit eines Systems

Bei einem System mit einer Gesamt-Betriebszeit (GZ) von 100 000 Stunden, das im Mittel nach jeweils 900 Stunden operationeller Betriebszeit für 100 Stunden ausfällt, ergibt sich folgende operationelle Verfügbarkeit:

$$v = \frac{900}{900 + 100} = 0,9 \text{ (90 Prozent)}$$

Hieraus läßt sich folgende operationelle Gesamt-Betriebszeit (BZ) ableiten:

$$BZ = GZ \times V = 100000 \times 0,9 = 90000 \text{ Stunden.}$$

Es ist eindeutig, daß die zeitliche Verlängerung des Faktors MTBF und/oder die zeitliche Verkürzung des Faktors MDT für die operationelle Verfügbarkeit (V) direkt verantwortlich sind. Ein Idealzustand wäre dann erreicht, wenn es zu keinem Fehler (das heißt Systemausfall) kommen würde.

Der Faktor MTBF steht in direkter Beziehung zur Zuverlässigkeit (R) der Systembauteile, nämlich:[13]

$$MTBF = \frac{1}{\lambda}$$

λ = Fehlerrate

$$\lambda = \frac{1 - R}{t}$$

t = Zeit (Stunden)
R = Zuverlässigkeit

Bei einer Festlegung von t = 1 Stunde ergibt sich folgende Beziehung zwischen MTBF und R [14]:

MTBF	R
5	0,82
10	0,90
20	0,95
100	0,99

Das heißt, durch die hypothetische Erhöhung der Zuverlässigkeit (R.) auf 1 , die in der Praxis jedoch nicht realisierbar ist, käme es zu einer Fehlerrate von Null und somit zu einer unendlich hohen MTBF (MTBF = ∞). Durch die Erhöhung der Zuverlässigkeit kann also der mittlere Ausfallabstand (MTBF) maximiert werden. Allerdings ist zu bedenken, daß auch die Erhöhung der Zuverlässigkeit nicht kostenlos erfolgen kann. Die Entwicklungen der Luft- und Raumfahrt zeigen deutlich die Machbarkeitsgrenzen, denn das Streben nach hoher, das heißt gegen 1 tendierender Zuverlässigkeit ist teuer und im Extremfall unbezahlbar.

Produzenten-Haftung und Sicherheit

Der Produzent eines auf den Markt gebrachten Produktes haftet für Schäden, die nachweislich im Zusammenhang mit dem Fehlverhalten des Systems stehen und nicht auf Bedienungsfehler zurückzuführen sind. Thoma schreibt hierzu: »Haftbar ist jeder, der ein defektes oder Schaden zufügendes Produkt auf den Markt bringt, wodurch eine Verletzung oder Beschädigung hervorgerufen wird«, und Brendl definiert Haften sowie Produzentenhaftung wie folgt: »Haften bedeutet – Einstehen müssen –, Produzentenhaftung (PH) für die Folgen von Produkt- und Instruktionsfehlern, die der eigene Herrschaftsbereich zu verantworten hat.«[15, 16] Anschauliche Beispiele der Produzentenhaftung sind Verkehrsunfälle, die auf Produktionsfehler bei der Reifenherstellung zurückzuführen sind, oder Flugzeugunfälle, die aus Konstruktionsfehlern resultieren (Beispiel: DC 10 – Frachtluke).

Brendl schreibt zur Bedeutung der Produzentenhaftung: »Die weltweite Verschärfung der Produzentenhaftung hat eine Risikodimension erreicht, die einer wachsenden Zahl von Unternehmungen grundlegende Maßnahmen abverlangt ... Die PH-Verschärfung ist Ausdruck eines umfassenden gesellschaftlichen Bedingungswandels«.[16] Das heißt, die Hersteller komplexer Systeme müssen schon im Entwicklungsstadium darauf bedacht sein, die Zuverlässigkeit und Sicherheit zukünftiger Systeme zu maximieren.

Im Bereich der Luft- und Raumfahrt hat das Sicherheitsdenken einen besonders hohen Stellenwert, denn technisches Versagen kommt in diesem Industriezweig häufig einer Katastrophe gleich. In der Vergangenheit wurde die Sicherheit von Luft- und Raumfahrtgeräten enorm verbessert. Eine absolute Absicherung gegen Unfälle ist jedoch aus wirtschaftlichen Erwägungen nicht möglich, da ein mit solchen Sicherheitsanforderungen ausgelegtes Flugzeug keine Gewichts- und Platzreserven mehr für Passagiere oder sonstige Nutzlasten übrig ließe. Man muß also ein mit den technischen Möglichkeiten und den wirtschaftlichen Voraussetzungen gut ausbalanciertes Restrisiko in Kauf nehmen. Dieser Grundsatz ist auf sämtliche Bereiche unseres Lebens übertragbar und sollte auch bei der Diskussion über Reaktorsicherheit nicht vergessen werden. Brendl führt in

diesem Zusammenhang aus: »In einer sich verändernden, arbeitsteiliger werdenden Welt unvoll-
kommener Menschen gibt es stets Rest-Risiken.«[16]

Bei der Realisierung des Apollo-Programms wurde alles erdenklich Mögliche getan, um die
Astronauten sicher zum Mond und dann wieder zur Erde zurückzubringen. Man war hier bereit,
für die Sicherheit des Systems, bestehend aus Mondrakete, den Mondlandegeräten sowie einer
Vielzahl von Bodenstationen, besonders viel zu investieren, war sich andererseits jedoch über ein
verbleibendes Restrisiko im klaren.

Obwohl Pannen bei technischen Produkten (Fahrzeuge, Flugzeuge, Maschinen, Kraftwerksanlagen, usw.) auch zukünftig nicht vermeidbar sind, muß doch alles getan werden, um die Sicherheit unter wirtschaftlich vertretbaren Gesichtspunkten zu maximieren. Dazu sind Sicherheitsanalysen sowohl im Hinblick auf Fehlermöglichkeiten und deren Verhinderung als auch zur Fehlerbe-
kämpfung erforderlich. Die Luft- und Raumfahrtindustrie hat auf diesem Gebiet in der
Vergangenheit besonders eindrucksvolle Erkenntnisse gewonnen und verzeichnete ihre vorerst
eindrucksvollsten Erfolge mit dem Apollo-Programm, Space Shuttle und dem modernen Flugzeugbau. Analysemodelle und Simulationstechniken spielen dabei eine große Rolle.

Produzenten-Haftung sollte im Prinzip wie ein wirtschaftliches Problem behandelt werden,
indem Sicherheitsrisiken zur Abwendung von finanziellen Schäden für den Produzenten weitgehendst eingedämmt werden. Brendl schreibt in diesem Zusammenhang: »Die Art und Weise, wie
eine Unternehmung mit ihren PH-Risiken umgeht, wird inzwischen von amerikanischen Wag-
nisfinanzierern schon als Kriterium herangezogen, um dessen Fähigkeit zu beurteilen, seine Zukunft überhaupt erfolgversprechend gestalten zu können.«[16] Das Problem der System-Sicher-
heit ist aufs engste mit der System-Zuverlässigkeit verknüpft und diese wiederum mit der Qualität
des Entwurfs (Redundanz, usw.) und der verwendeten Bauteile. »Vorbeugende Sicherheit heißt
vorausdenken und vorinvestieren«, schreibt Brendl.[17] Folgt man der Kausalitätskette Qualität,
Zuverlässigkeit, Sicherheit, Produzenten-Haftung, so ist leicht einzusehen, daß zwischen Qualität
und Produzenten-Haftung ein direkter Zusammenhang besteht und dementsprechende Wirt-
schaftlichkeitsbetrachtungen (economical trade-offs) lohnend sein können.

Produktsicherungs-Kosten: Qualität, Verfügbarkeit, Sicherheit, Kosten

Die Parameter Qualität, Verfügbarkeit, Sicherheit und Kosten sind eng miteinander verknüpft,
denn die Verfügbarkeit und Sicherheit eines Systems hängen von der Zuverlässigkeit und somit
primär von der Qualität des Systems ab, und zwischen Qualität und Kosten besteht ebenfalls ein
direkter Zusammenhang. Gegenüberzustellen sind also die Kosten für die Erzeugung von Qualität
und die Verluste, die durch Nicht-Qualität anfallen, denn Nicht-Qualität bedeutet eingeschränkte
Verfügbarkeit (Reparaturkosten und geringere Nutzung/Einnahmen) und/oder technisches Risiko (Produzenten-Haftung).

Zu berücksichtigen sind in diesem Zusammenhang auch die Kosten für Nacharbeiten, Ausschuß
und Garantieverpflichtungen, die Crosby für viele Firmen mit achtzig Prozent der Qualitätskosten
beziffert.[18] Crosby geht dabei davon aus, daß diese Firmen mehr als zehn Prozent des Umsatz-
volumens für Qualität aufwenden, hält jedoch vier Prozent, die sich wie folgt zusammensetzen,
für maximal vertretbar:

– Nacharbeiten   0,6 % des Umsatzes
– Ausschußarbeiten   0,4 % des Umsatzes

- Garantiekosten   0,5 % des Umsatzes
- Qualitätskontrollkosten   2,5 % des Umsatzes.

Die von Crosby genannten Kosten, die sicherlich nur für ganz bestimmte Industriezweige der Massengüterindustrie gelten, geben keine Auskunft über die erforderlichen Kosten für den gesamten Produktsicherungs-Prozeß eines Projektes, das heißt für Qualitätssicherungsmaßnahmen (Entwurf und Produktion), Zuverlässigkeitsanalysen und -kontrollen, usw. eines Systems. Die Kosten für die Produktsicherung eines Systems stehen in enger Beziehung zur Komplexität desselben und sind auf die Parameter Verfügbarkeit und Sicherheit abzustimmen. Burbridge beziffert die Produktsicherungskosten für Raumfahrtprojekte (Größenordnung ca. 200 bis 500 Millionen DM) auf sieben bis elf Prozent der Gesamt-Projektkosten.[19]

Quellen zu Kapitel VIII

1 Thomann, Adolf: Ist Ihr Wissen (über Produktsicherung) noch io?, in: Management-Zeitschrift io, 51 (1982), Nr. 5, S. 203.

2 Juran, J. M. und Gryna, Frank M. (Jr.): Quality Planning and Analysis, McGraw-Hill Book Company, N. Y., 1980, S. 168.

3 Vgl. Quelle 2, S. 170.

4 Seghezzi, Hans Dieter: Eine integrierte Qualitätssicherung ist Bestandteil der Unternehmensführung, in: Management-Zeitschrift io, 51 (1982) Nr. 4, S. 158.

5 DIN: ISO 9001, Mai 1987, S. 1.

6 Capella, A. J. S. und von Högen, M.: The ESA Product Assurance Specification System, Proceedings of 2nd ESA Product Assurance Symposium, ESTEC, 10–12 November 1981, S. 14.

7 Von Högen, M.: The New Product-Assurance Documentation System, ESA Bulletin Nr. 31, S. 101.

8 Vgl. Quelle 2, S. 1.

9 Dombrowski, Edgar: Einführung in die Zuverlässigkeit elektronischer Geräte und Systeme, AEG-Telefunken, 1970, S. 46.

10 Hickey, Leo J.: Measuring Operational Availability, Logistics Spectrum, Sommer 1973, S. 21.

11 Vgl. Quelle 2, S. 199.

12 VDI-Richtlinie 4004, Blatt 4 (Entwurf), Mai 1982.

13 Vgl. Quelle 9, S. 53.

14 Vgl. Quelle 2, S. 208.

15 Thoma, W: Product Liability: Present Status, Trends and Preventive Measures, Proceedings of 2nd ESA Product Assurance Symposium, ESTEC (Noordwijk, Holland) 11–12 November 1981, S. 32.

16 Brendl, Erich: Der Produzenten-Haftung gewachsen sein: Ein Maßnahmen-Programm, in: Management-Zeitschrift io 51 (1982) Nr. 5, S. 209.

17 Vgl. Quelle 16, S. 212.

18 Crosby, Philip B.: Qualität kostet weniger, 3. Auflage, 1979, Alfred Holz, Lichtenberger Str. 27, 7141 Großbottwar 3.

19 Burbridge, Keith: Low Cost Program Practices for Future NASA Space Programs, Final Report, Volume II, Appendix, NASA-Bericht CR-143657, Engineering Memorandum LCPP-6, S. 30.

Kapitel IX:
Projektplanung und –überwachung

1. Project Control im geschichtlichen Rückblick
   Integrierte Betrachtungsweise nicht problemlos!
   Das Planungs- und Überwachungssystem des US-Verteidigungsministeriums: C/SCSC
   Project-Control-Entwicklungen der NASA
   Project-Control-Prozeduren der European Space Agency (ESA)
   1965: deutsche Firma wickelt internationales Satellitenprojekt nach PC-Standards der NASA ab
   Project-Control-Entwicklungen in Deutschland

2. Bedeutung der Projektplanung für das Management
   Planung erfordert Phantasie und Vorstellungsvermögen
   Definition von Projektzielen
   Warum Planungen fehlschlagen können

3. Planungsinstrumente und ihr Einsatz
   Ein ganzes Arsenal moderner Planungsinstrumente
   Projektstrukturplan (PSP)
   Termin- und Ablaufplanung
   Kosten- und Einsatzmittelplanung

4. Methoden der Projektüberwachung
   Bedeutung der Projektüberwachung
   Projekt- und Arbeitsfreigabe
   Projekt-Fortschrittskontrolle
   Action-Item-Kontrolle
   Kostenüberwachung

5. Integrierte Projektüberwachung
   Das Leistungsdreieck
   Task Performance Control
   Technische Leistungsüberwachung
   Trendanalysen

6. Project Control-Management
   Implementation des PC-Managements
   Aufgaben und Kompetenzen des PC-Managements
   – vertraue, aber prüfe nach!

Die Planung und die darauf aufbauende Überwachung sind zwei sehr wichtige Aufgaben des Projektmanagements. Beide Funktionen sind prinzipiell zwar voneinander zu trennen, andererseits jedoch so eng miteinander verknüpft, daß eine zusammengefaßte Ausübung des Aufgabenkomplexes »*Planung und Überwachung*« unbedingt notwendig ist. Die Planung eines Projektes ist ja nur der allererste und noch unvollendete Schritt zur Projektsteuerung. Planung ist eine Projektion in die Zukunft und sie ist deshalb mit all den Mängeln, die einer Prognose üblicherweise anhaften, belastet. Sie bedarf deshalb einer ständigen Iteration durch Hinzufügung neuer Erkenntnisse, die über den Überwachungsprozeß an sie herangetragen werden. Der einmal erstellte Plan muß durch fortwährende Neuplanung, dem *up-dating,* auf dem Laufenden gehalten werden; das führt dann zur dynamischen Planung. Gehriger definiert Planung wie folgt: »Planen heißt durch Vorausschau ein gedankliches Modell der Zukunftsabwicklung erstellen und die Anforderungen und Mittel durch Kontemplation und Analyse so aufeinander abstimmen, daß sich das geistige Konzept des Vorhabens als machbare, schriftlich festgelegte Ordnung beschließen und rationell verwirklichen läßt«.[1]

Der auf der Planung aufbauende Überwachungsvorgang ist in drei Aufgabenblöcke teilbar, dem Erfassen der aktuellen Daten (Ist-Stand), dem Vergleichen dieser Daten mit der Planungsbasis (Abweichungsanalyse) und die Festlegung von Schlußfolgerungen, zum Beispiel die Einleitung von Korrekturmaßnahmen (Managemententscheidungen).

Planung und Überwachung nimmt im Projektmanagement eine Schlüsselrolle ein. Im internationalen Sprachgebrauch ist die kombinierte Funktion *Planung und Überwachung* unter dem Begriff *Project Control (PC)* bekannt und eingeführt. [2] Control wird in diesem Zusammenhang als Oberbegriff des Planungs- und Überwachungsvorganges im Sinne von Steuerung verstanden und der Planungsanteil als dazu notwendig vorausgesetzt. Wegen der kürzeren Schreibweise wird auch die englische Bezeichnung *Project Control* in diesem Buch häufig verwendet.

1. Project Control im geschichtlichen Rückblick

Integrierte Betrachtungsweise nicht problemlos!

Die Aufgabe Project Control (PC) ist eine wichtige Funktion des Projektmanagements und erfolgreiche Projektmanager reihen diese Funktion in gleicher Rangordnung wie zum Beispiel die Systemtechnik, Produktsicherung und Unterauftragnehmerkontrolle ein. In dem Begriff *Project Control* zeitgemäßer Prägung sind die Planungs- und Überwachungsprozesse für die technisch-terminlichen Vorgänge im Projekt und gleichzeitig auch die für die Projektabwicklung erforderlichen Arbeitsmittel und Kosten als integraler Bestandteil vereinigt. Die integrierte Betrachtungsweise von technischer Leistung, Terminen und Kosten ist der Kern des Project-Control-Denkens.

Die diesbezügliche Fachliteratur schwappt förmlich über von theoretischen Betrachtungsweisen zur Integration dieser drei Faktoren, aber nur selten sind wirkliche Erfolge nachweisbar. Dafür gibt es eine ganze Reihe von Gründen. Die wichtigsten Gründe sind jedoch:

– Mangelhafte Einbettung des PC-Teams in die Projektorganisation
– inkompetente personelle Besetzung des PC-Postens und
– der Versuch, die Integration der technisch-administrativen Parameter auf sehr abstrakter und theoretischer Basis durchzuführen.

Es ist von ausschlaggebender Bedeutung, daß das PC-Team ein fester Bestandteil des Managementteams ist, und die zur Überwachung notwendigen technisch-administrativen Informationen (Termine, Kosten, technische Leistung) direkt und ohne Zwischenstufe aus dem Projektteam erhält und andererseits Informationen auf gleichem Wege zurückgibt. Die organisatorische Einbettung des PC-Teams sollte bei Großprojekten wie in Abbildung V-3 gezeigt erfolgen.

Die personelle Besetzung des PC-Teams bereitet oft schwerwiegende Probleme, da die PC-Tätigkeit direkt im Schnittpunkt zwischen den technischen und kaufmännischen Projektaufgaben liegt. So erhebt sich auch immer wieder die Frage, ob der PC-Manager/-Verantwortliche nun ein Techniker (Ingenieur) oder besser ein Kaufmann oder Betriebswirt sein sollte. Die PC-Aufgabe verlangt von dem Stelleninhaber Kompetenz in beiden Richtungen. Der PC-Manager sollte deshalb über ausreichende Erfahrungen in der Technik, aber auch im kaufmännischen und betriebswirtschaftlichen Bereich verfügen. Wegen der geforderten doppelseitigen Erfahrung sollte der zukünftige Project Controller im Idealfall über ein Doppelstudium und praktische Erfahrungen auf beiden Arbeitsgebieten verfügen. Bei dem zukünftigen Project Controller sollte es sich aber mindestens um einen technisch oder kaufmännisch ausgebildeten Mitarbeiter mit ausreichenden, in der Praxis erworbenen Erfahrungen des zweiten Wissensgebietes handeln (s.a. Kapitel XV,2).

In der Vergangenheit wurden viele Versuche unternommen, die Faktoren *Leistung, Termine, Kosten* mit Hilfe relativ formalistischer, fast möchte man sagen vollautomatischer Methoden zu integrieren. Diese Vorgehensweise führte jedoch nicht zu den gewünschten Erfolgen. Die im Zusammenhang mit der PERT-Entwicklung eingeführte PERT-Cost-Methode, lange Zeit als das zukünftige Leistungsbewertungssystem gefeiert, hatte keinen praktisch nachweisbaren Erfolg. Ein wesentlicher Grund hierfür war wohl die zu abstrakt und auch zu detailliert vorgenommene Vorgehensweise. Der PERT- bzw. Netzplan ist auf exakter Terminierung und Bestimmung des kritischen Pfades ausgelegt, während Projektkostenpläne auch diejenigen Kosten erfassen müssen, die nicht unmittelbar durch eine im Netzplan verankerte Aktivität nachweisbar sind.

Das Planungs- und Überwachungssystem des US-Verteidigungsministeriums: C/SCSC

Im Juni 1966 veröffentlichte das Air Force Systems Command (AFSC) der US-Luftwaffe eine Spezifikation zur integrierten Kosten- und Terminüberwachung, die später unter der Bezeichnung *Cost/Schedule Control System Criteria (C/SCSC)* bei den Luftwaffendienststellen und der Industrie, die sich mit Großprojekten der Luftwaffe befaßte, eingeführt wurde [3] und im Dezember 1967 übernahmen das US-Verteidigungsministerium (Department of Defense – DoD) diese Spezifikation für die Abwicklung aller Militärprojekte und führte die Spezifikation als DoD-Direktive 7000.2 ein.[4]

Bereits in den fünfziger Jahren wurde in den USA aufgrund katastrophaler Kosten- und Terminüberzüge bei Verteidigungsprojekten die Frage nach besseren Managementmethoden sehr deutlich an die verantwortlichen DoD-Manager herangetragen.[4] Besonders ärgerlich für die

DoD-Verantwortlichen war die Tatsache, daß viele dieser Überzüge viel zu spät bekannt geworden waren, so daß kaum noch ein Handlungsspielraum für Programmänderungen übrig blieb, außer durch zusätzliche Finanzierungen die Programme doch noch zum Abschluß zu bringen. Die öffentliche Kritik forderte zur Entwicklung eines adäquaten Management-Informationssystems und zur besseren Unterrichtung des DoD auf.

In dieser Zeit wurde unter anderem auch das Planungssystem *PERT* entwickelt, das später eine sehr große Verbreitung in den USA und in Europa erfuhr. PERT, *Program Evaluation* and *Review Technique*, wurde 1958 von der US-Navy im Rahmen des Polaris-Missile-Projekts entwickelt. In diesem Zusammenhang wurden auch die Grundkonzepte zur systematischen Projektstrukturierung erstellt. Hier entstanden auch die Begriffe *Work Breakdown Structure (WBS)* und *Work Package (WP)*, die im deutschen Sprachraum später als *Projektstrukturplan (PSP)* und *Arbeitspaket (AP)* bekannt wurden.[5] Die Definition von Arbeitspaketen auf der untersten PSP-Ebene stellte die Basis für eine effiziente Planung und Überwachung von Projektaufgaben dar.

Um das Kosten- und Terminbewußtsein zu verbessern, führte der frühere Verteidigungsminister der USA, Robert S. McNamara, 1961 eine neue Waffenbeschaffungsstrategie ein, die zwei Hauptziele verfolgte[3]:

(1) Direkte Abstimmung der verschiedenen Pläne und ihrer Waffensystemanforderungen auf die nationalen Sicherheitsziele der USA; hieraus entstand der Fünfjahresplan für die Verteidigung und die Forderung nach besseren Vergleichen (trade-offs) zwischen konkurrierenden Waffensystemen.
(2) Beschaffung der notwendigen Waffensysteme in Übereinstimmung mit den erwarteten Terminen und technischen Leistungsanforderungen zu den möglichst niedrigsten Kosten.

Es war klar, daß diese Ziele ein besonders effizientes Managementsystem voraussetzen. Als Antwort auf die von McNamara gesetzten Ziele wurde deshalb die C/SCSC-Spezifikation entwickelt, in der so bekannte Verfahren wie zum Beispiel PERT, das WBS-Konzept und die Earned Value-Methode integriert wurden. Die C/SCSC-Spezifikation wurde zu einem wichtigen Bestandteil des von McNamara im August 1966 eingeführten *Resource Management Systems (RMS)*, das als DoD-Directive 7000.1 für alle Programme des US-Verteidigungsministeriums eingeführt wurde.

In der C/SCSC-Spezifikation werden fünf Kriterien behandelt[6]:
– *Organisation:* Definition der vertraglichen Aufgaben und Festlegung der Aufgabenverantwortlichkeit.
– *Planung und Budgetierung:* Planen, Terminieren, Budgetieren und Arbeitsfreigabe.
– *Datenerfassung:* Erfassung der aktuellen Termine und Kosten für Personal und Material.
– *Analyse:* Vergleich der geplanten und aktuellen Termine und Kosten und Durchführung von Varianzanalysen.
– *Revision und Hochrechnung:* Änderungskontrolle und Endkostenrechnung.

Diese Spezifikation (kurz: C-Spec.) kann als Grundlagendokument für modernes Projektmanagement angesehen werden. Die Erschaffung der C/SCSC-Spezifikation zielte auf ein wasserdichtes Management ab. Im ersten Schritt wurde auf die Erstellung einer systematisch angelegten Arbeitsorganisation hingearbeitet. Die Erstellung eines Projektstrukturplans (PSP) und die Festlegung von klaren Verantwortlichkeiten für jedes Arbeitspaket im Organisationsplan schaffte die Grundvoraussetzungen für ein effizientes Projektmanagement (s.a. Kapitel IX, 3).

Abgeleitet aus dem PSP kann nun der *Planungs- und Budgetierungsprozeß* eingeleitet werden, dessen erster Schritt in der Erstellung einer Arbeitspaketbeschreibung besteht (s.a. Abb. IX-7). In der nächsten Stufe sind die Ablauf- und Kostenpläne zu erstellen, die gemeinsam am PSP und/oder Arbeitspaket zu orientieren sind und auf dessen Basis eine gezielte Arbeitsfreigabe möglich ist. Die sorgfältig erstellten Planungsunterlagen, Termine und Kosten sind die Grundlage für ein systematisches Erfassen von Ist-Daten, die dann im Analyseprozeß mit den Plandaten verglichen werden, um so Planabweichungen frühzeitig erkennen zu können.

Das letzte Kriterium der C-Spec behandelt den Änderungsprozeß sowie die Prinzipien der Endkostenrechnung. Projektmaßnahmen, die eine Veränderung der Termin- und/oder Kostenbudgets mit sich bringen, sind gründlich zu erfassen und den betreffenden PSP-Elementen und Arbeitspaketen zuzuordnen. Gleichzeitig sind daraus resultierende Neuplanungen oder Planungsänderungen einzuleiten. Von besonderer Bedeutung ist die Integration von Kosten- und Termindaten. Ein wichtiges Verfahren der Projektüberwachung ist unter anderem die regelmäßige Kostenhochrechnung »*Estimated Cost at Completion*«, die ein wichtiger Bestandteil der C-Spec ist (s. a. Kapitel IX, 4 und Anhang 4).

Die Einführung der C-Spec kann als wichtiger Meilenstein des modernen Projektmanagements angesehen werden. Die mit dieser Spezifikation eingeführten Verfahren haben entscheidend zur Verbesserung der Projektplanungs- und Überwachungsmethodik beigetragen. Einige in diesem Zusammenhang implementierten Verfahren, wie zum Beispiel die obligatorische Einführung von Projektstrukturplänen zum Projektbeginn oder die Prinzipien der integrierten Termin- und Kostenüberwachung haben auch in Europa zu weiteren Erfolgen bei der Projektüberwachung geführt.

In mehreren US-Studien wurde nachgewiesen, daß die Einführung der C-Spec zur qualitativen Verbesserung des Projektmanagements bei den Behörden und der Industrie in den USA geführt hat.[3, 4, 7] Strach schreibt: »Die bedeutendste Einführung war das Earned-Value-Konzept«[7] und Wright hebt besonders hervor, daß man nicht versuchte, den industriellen Partnern detailliert vorzuschreiben, welche Systeme sie anzuwenden hätten, sondern nur, welche Informationen zur Verfügung zu stellen waren.[4] So konnten die Firmen ihre eigenen Planungs- und Überwachungssysteme und EDV-Programme (software) entwickeln oder vorhandene Systeme und/oder Programme verbessern. Es war nur sicherzustellen, daß die Information entsprechend der C-Spec aufbereitet wurde.

Project-Control-Entwicklungen der NASA

Ganz ohne Zweifel war und ist die NASA neben dem US-Verteidigungsministerium auch heute noch der Schrittmacher im modernen Projektmanagement. Die entwickelten Project-Control-Methoden der NASA überzeugen nicht nur durch bestechende Logik und Praktikabilität, sondern sind darüber hinaus hervorragend dokumentiert und vor allem immer wieder in der Praxis erprobt worden. Insbesondere im Entwicklungssog des Apollo-Programms wurden besonders effiziente PC-Techniken entwickelt.

1962 gab die NASA das *PERT and Companion Cost System*-Handbuch heraus, das im gleichen Jahr vom US-Verteidigungsminister Robert S. McNamara als gemeinsame Planungsrichtlinie für die Armee, Marine, Luftwaffe und DoD-Dienststellen freigegeben wurde.[8] Die NASA hatte, aufbauend auf die seit 1958 bei der NAVY begonnenen PERT-Entwicklungen einen wichtigen Meilenstein bei der Schaffung neuzeitlicher Managementsysteme erreicht. Das PERT-Handbuch der NASA wurde zum Ausgangspunkt vieler nachfolgender PC-Entwicklungen und diesbezüglicher Veröffentlichungen.

Das Apollo-Programm der NASA, dessen Zielsetzung die Landung von Menschen auf dem Mond war, ist ja nicht nur eine technologische Pionierleistung, sondern ebenso eine Meisterleistung modernen Projektmanagements gewesen. Die extremen Forderungen an das *Termin-Kosten-Leistungs*-Dreieck zwangen die Verantwortlichen der NASA zur ständigen Perfektionierung der PC-Methodik. Mitte der sechziger Jahre entstanden deshalb eine Reihe hervorragender Apollo-Dokumente der NASA, mit denen neue Dimensionen im Bereich des Project Control geschaffen wurden.

Das 1965 herausgegebene *Program Scheduling and Review Handbook* kann als ein wichtiger Schritt des Syntheseprozesses zwischen detaillierten PERT-Netzplänen und den für das Top-Management notwendigen simplifizierten Balkenplandiagrammen angesehen werden.[9] Ein Jahr später gab die NASA ein weiteres wichtiges Handbuch mit dem Titel *Project Management Information and Control System (MICS)* heraus, dessen Inhalt richtungsweisend für die später so populär gewordenen *Management-Informations-Systems (MIS)* war.[10]

Bestrebungen, die terminlichen, finanziellen und technischen Projektparameter als integrale Einheit betrachten zu können, beschäftigten auch die NASA-Verantwortlichen sehr. Zu diesem Thema sind zwei maßgebliche Dokumente entstanden, das Apollo-Dokument *PERT & Cost Correlation Technique (PACCT)* in dem Termine und Kosten auf der Ebene von Arbeitspaketen integriert werden und das zweibändige, sowie EDV-gestützte NASA-Dokument *Forecasts and Appraisals for Management Evaluation (FAME)*, das sich insbesondere mit der Entwicklung, Auswertung und Korrelation von Projekttrends (Termin-, Kosten- und Technikindices) beschäftigt; s. a. IX 5.[11, 12]

Die bahnbrechenden Entwicklungen der NASA auf dem Gebiet der Project-Control-Methodik wurden in enger Fühlungnahme mit den an den diversen Projekten beteiligten Industriefirmen vorgenommen, und sehr viele Neuerungen der NASA stammen ursprünglich aus Industriestudien. Der ständige Dialog zwischen der NASA und der Industrie machte es möglich, neue Verfahren schnell und äußerst breitbandig in der industriellen Praxis zu testen, wo immer möglich zu verbessern und brauchbare Prozeduren relativ schnell zu verbreiten. Viele Methoden wurden rasch auch auf Industriezweige, die nicht mit der NASA zusammenarbeiteten, übertragen. Durch mannigfaltige Publikationen partizipierte auch das Ausland an den PC-Entwicklungen der NASA.

Project Control-Prozeduren der European Space Agency (ESA)

Anfang der sechziger Jahre, etwa fünf Jahre nach dem Sputnik-Start, dem ein Jahr später der amerikanische Explorersatellit folgte, begannen auch die westeuropäischen Staaten, sich ernsthaft für Raumfahrtprojekte zu interessieren. Neben nationalen standen vor allem zwei internationale Projektziele im Vordergrund: die Europarakete, die durch die *European Space Vehicle Launch Development Organisation (ELDO)* entwickelt und gebaut werden sollte, sowie Forschungssatelliten und -raketen, die von der *European Space Research Organisation (ESRO)* herzustellen waren. Beide Organisationen wurden 1962 gegründet und nach mehreren Krisen 1975 zur *European Space Agency (ESA)* vereinigt.

Es war von vornherein klar, daß die westeuropäischen Raumfahrtentwicklungen zwar unabhängig von den US-Programmen geplant wurden, andererseits jedoch auf den Entwicklungen in den USA aufbauten. Die erste Stufe der Europarakete, die englische *Blue Streak* war zum Beispiel in Anlehnung an die amerikanische *Atlas* entwickelt worden und genauso äugte man bei der Satellitenentwicklung auf die Vorhaben der USA. Besonders kritische Bauteile mußten und müssen meistens auch heute noch in den USA beschafft werden.

Ähnliches geschah auch auf dem Gebiet des Managements, der Planung und Überwachung. Amerikanische Fachveröffentlichungen sowie Managementprozeduren der Regierungsstellen und Industriefirmen waren eine willkommene Grundlage für die eigene Managementkonzeption. Insbesondere die Unterlagen der NASA stellten eine ständige Stimulanz für die Entwicklung eigener Methoden und Verfahren dar, obwohl das von europäischen Managern nicht allzugerne zugegeben wurde.

Die ELDO führte 1963, also gleich zum Beginn der Projektarbeiten für die Europarakete, die in den USA entwickelte Netzplantechnik als Project-Control-Instrument ein.[13,14] Die Netzplantechnik wurde bei der ELDO zur Projektüberwachung und darüberhinaus als Management-Informationssystem verwendet. 1970 erstellte die ELDO ein Planungshandbuch, in dem die Prozeduren der Planungskontrolle festgeschrieben waren und noch im gleichen Jahr wurde eine Standardvorschrift für die industrielle Projektkontrolle des EUROPA I/II-Programms herausgegeben.[15, 16]

Bei der Schwesterorganisation ESRO wurde ebenfalls emsig an der Schaffung einheitlicher PC-Richtlinien gearbeitet und eine erste Veröffentlichung zu diesem Thema erschien 1972 von Gehriger mit dem Titel: *Planning and Control for European Space Satellite Projects* [17] Diese Arbeit kann als die vollständigste Arbeit zum Thema Project Control zu dieser Zeit angesehen werden. In ihr waren bereits die Grundideen der 1977 von der ESA veröffentlichten *Standard PC-Requirements* verankert.[18, 19, 20, 21]

Von 1975 bis 1977 entwickelte die 1975 gegründete ESA, auf der Basis der bei der ELDO und der ESRO gesammelten Erfahrungen und in enger Zusammenarbeit mit der westeuropäischen Raumfahrtindustrie, eine Project-Control-Standarddokumentation. Dabei war man sich darüber im klaren, daß die anzuwendenden Methoden und Prozeduren für Klein-, Mittel- und Großprojekte in Umfang, Tiefe und Detail unterschiedlich sein müssen. So wurde zuerst die PC-Dokumentation für Großprojekte erstellt, wobei nochmals nach Definitionsstudien und Entwicklungs- und Produktionstätigkeiten unterschieden wurde.[18, 19] Nachdem man dann die Kriterien für die Bezeichnung Groß-, Mittel- und Kleinprojekte festgelegt hatte, wurden die PC-Richtlinien für mittelgroße Projekte und Kleinprojekte entwickelt.[20, 21] Die 1977 von der ESA herausgegebenen Standard-PC-Richtlinien können als ein besonders hervorzuhebender Beitrag zur Standardisierung in Europa angesehen werden und sind nicht nur für Raumfahrtprojekte, sondern auch für andere Industriezweige anwendbar.

1965: deutsche Firma wickelt internationales Satellitenprojekt nach PC-Standards der NASA ab

Die Firma Junkers Flugzeug- und Motorenwerke (JFM), München, heute zur DASA gehörend, gewann 1965 die Ausschreibung für die Entwicklung des dritten Europäischen Forschungssatelliten der ESRO (heute ESA), den HEOS-Satelliten. HEOS war der erste durch eine deutsche Firma auf internationalem Terrain gewonnene Satellitenauftrag, mit dessen Verwirklichung ein wesentlicher Schritt zur Gewinnung des notwendigen technischen und managerialen Know-how's für zukünftige Satelliten-Entwicklungen der Firma MBB (heute DASA) geschaffen wurde. Planmäßig wurde der HEOS-Satellit im Dezember 1968 in seine vorgesehene Umlaufbahn geschossen und funktionierte viele Jahre einwandfrei. Bei der Realisierung dieses Vorhabens wurden ganz konsequent die neuesten, bei der NASA entwickelten Methoden und Verfahren angewendet und die Termin- und Kostenüberwachung lag von Anfang an in einer Hand. Um JFM in kürzester Zeit zu einem kompetenten Partner werden zu lassen, entschloß sich die Geschäftsleitung zur Erwerbung des notwendigen Management-Know-hows durch einen amerikanischen Berater. Die Firma Lockheed Missiles & Space Corporation (LMSC), eine Firma, die maßgeblich an der Verbesserung der Managementmethoden der USA mitgewirkt hatte, wurde deshalb für einen Übergangszeitraum in das Projektteam mit eingebunden. Dadurch wurde sichergestellt, daß die deutschen Kollegen in kürzester Zeit, durch Training-on-the-Job, in die Lage versetzt wurden, ein so kompliziertes Vorhaben technisch exzellent und im Rahmen der finanziellen und terminlichen Grenzen abzuwickeln.

Mit der Realisierung des HEOS-Projektes hatte man bewiesen, daß die in den USA entwickelten Project-Control-Verfahren auch in Deutschland mit Erfolg anzuwenden sind. [22] Allerdings hatte die HEOS-Projektleitung auch ganz konsequent die Ratschläge der LMSC-Berater befolgt und ein autarkes, starkes und technisch kompetentes Projektmanagement implementiert, in dessen Rahmen das Project-Control-Team eine maßgebliche Rolle spielte. Die Frage nach der Richtigkeit des Vorgehens wurde durch die Erfolge mit dem HEOS-Projekt beantwortet. Das Urteil lautete: Technik exzellent, Kosten nicht überschritten und Termine eingehalten. Die Mitarbeiter der HEOS-Mannschaft waren von Erfolg gekrönt und für neue, größere Aufgaben motiviert.

Unmittelbar im Anschluß an das HEOS-Projekt wurde zwischen der Regierung der Bundesrepublik Deutschland und der USA die Realisierung des Sonnensondenprojektes HELIOS beschlossen, dessen Primärziel es war, einen Satelliten zur Erforschung der Sonne bis auf ein Drittel der mittleren Entfernung Sonne-Erde an die Sonne heranzubringen. Die Aufgabenstellung war wissenschaftlich interessant, wegen der großen Entfernung und starken Sonnennäherung technologisch äußerst kompliziert und stellte eine Herausforderung an die Managementleistungen der deutschen Industrie dar. Die deutsche Regierung verband mit diesem Projekt ein Sekundärziel »... den Fortschritt der deutschen Industrie auf managerialem und technologischem Sektor (zu fördern)«. [23]

Nicht zuletzt aufgrund der HEOS-Erfolge wurde der Regierungszuschlag für das HELIOS-Projekt 1969 an die Firma MBB vergeben, die aufgrund der Fusion zwischen den Firmengruppen Messerschmitt, Bölkow und Blohm die HEOS-Mannschaft übernahm. Das HELIOS-Kernteam bestand aus HEOS-Mitarbeitern. Ähnlich dem HEOS-Prinzip wurde auch für HELIOS eine ziel- und erfolgsorientierte Projektleitung implementiert, bei der die Project-Control-Mannschaft, oder wie es hier nun hieß *Project Operations«*, eine bedeutende Rolle spielte. Kosten und Termine lagen in einer Hand. HELIOS ging ebenfalls als ein äußerst erfolgreiches Projekt in die kurze Raumfahrtgeschichte Deutschlands ein. In diesem Zusammenhang können weitere erfolgreich durchgeführte MBB-Projekte wie der Forschungssatellit COS-B, der deutsch-französische Nachrichtensatellit Symphonie oder das im November 1983 gestartete Großprojekt Spacelab, das von der Firma MBB/ERNO (heute DASA) entwickelt wurde, genannt werden. Bei all diesen Projekten konnte MBB nachweisen, daß die Firma über die notwendige Managementqualifikation verfügt, um internationale Projekte erfolgreich durchzuführen. Project Control stand bei all diesen Projekten stets im Vordergrund des Geschehens, oft allerdings auch in der direkten Schußlinie, denn die PC-Aufgabe ist mit erheblicher Projektverantwortung verbunden.

Project Control-Entwicklungen in Deutschland

Der Erfolgsnachweis bei der Abwicklung internationaler Raumfahrtprojekte ist Anlaß genug, die erprobten PC-Methoden auch auf Industriezweige Deutschlands, die die PC-Methoden bisher noch nicht eingesetzt haben, zu übertragen, denn mit den Problemen der Kosten- und Termintreue hapert es überall. Im Handelsblatt vom 31. 8. 1982 war zu lesen, »Der Controller amerikanischer Prägung hat sich bislang in deutschen Unternehmen nicht so recht durchsetzen können«. Diese Aussage trifft sicherlich auch für die Funktion Project Control zu. Zwar wurden bei vielen Ämtern und Industriefirmen die Methoden der Netzplantechnik eingeführt, aber nur selten als integraler Bestandteil moderner Project-Control-Verfahren. In Deutschland gilt meistens immer noch die Regelung, daß der Planer im Bereich der Technik mitarbeitet und die Kostenüberwachung durch den kaufmännischen Bereich wahrgenommen wird. Eine wirkungsvolle PC-Tätigkeit setzt jedoch den Einsatz eines integrierten PC-Teams, das die Aufgaben der Terminplanung und -kontrolle und die Aufgaben der Kostenplanung und -kontrolle als einheitliches Ganzes ansieht, voraus; die organisatorische Trennung der PC-Aufgabe in Termin- und Kostenverfolgung erschwert die Projektabwicklung ganz erheblich.

Erfreulicherweise faßt der Begriff *Project Control* und, was wichtiger ist, auch die PC-Denkweise, auch in Deutschland langsam Fuß. In Deutschland wird vorwiegend der Begriff Project Controling verwendet, der inhaltlich jedoch dem Begriff Project Control entspricht. Immer mehr deutsche Firmen gehen dazu über, neuzeitliche PC-Methoden für die Abwicklung ihrer Projekte einzusetzen. Insbesondere bei der Realisierung internationaler Vorhaben, bei denen Kooperationen mit ausländischen Partnern schon zur Selbstverständlichkeit gehören, ist dies der Fall. Saynisch beschreibt zum Beispiel das bei MAN für ein großes internationales Verkehrsprojekt eingeführte Projektmanagement-System, bei dem die Funktion Project Control eine wichtige Rolle spielte.[24] Dem MAN-PC-Team wurden laut Saynisch folgende Aufgaben übertragen:

- Planung und Fortschrittskontrolle,
- Kostenkontrolle,
- Leistungsüberwachung,
- Konfigurationskontrolle,
- Dokumentationskontrolle,
- Nahtstellenmanagement.

2. Bedeutung der Projektplanung für das Management

Planung erfordert Phantasie und Vorstellungsvermögen

Das Wort *Planung* wird sowohl als eigenständiger Begriff, wie auch in der Wortkombination häufig verwendet. So gibt es z.B. die Haushaltspläne der Regierung, Geschäftspläne, Fahrpläne, Reisepläne, Stadtpläne, usw., um nur einige Verwendungsarten aufzuzählen. Bei Planungsprozessen jeglicher Art handelt es sich stets um die Vorbereitung zukünftiger Schritte und Vorgehensweisen. Planung setzt in jedem Fall Phantasie und Vorstellungsvermögen voraus. Dies trifft für die Erstellung eines Bauplanes für ein Haus genauso zu wie für die Entwicklungsplanung eines technischen Systems.

Die Aufstellung eines Planes basiert in erheblichem Maße auf Erfahrungen der Vergangenheit. Bei der Erstellung eines Bauplanes greift der Architekt auf frühere Projekte zurück und bei der Entwicklung von Industrieprodukten beziehen sich die Techniker ebenfalls auf vorher bereits realisierte Vorhaben. Wird jedoch ein völlig neues Projekt in Angriff genommen, ein neuer Gebäudetyp oder ein neues Raumfahrtgerät, so werden an den Planer erhöhte Anforderungen gestellt, denn er kann nur noch bedingt auf frühere Erfahrungen zurückgreifen. Die gesammelten Erfahrungen lassen sich zwar teilweise noch extrapolieren, führen jedoch trotzdem häufig zu größeren Fehlannahmen. Es wird oftmals nicht in ausreichendem Maße berücksichtigt, daß Neuland-Projekte aufgrund fehlenden Know-hows besonders gründlich geplant werden müssen und gleichzeitig Alternativkonzepte zu entwickeln sind.

Im Zusammenhang mit der Abwicklung großer Forschungs- und Entwicklungsprojekte im Bereich der Luft- und Raumfahrt, die einen erheblichen Teil des öffentlichen Haushaltes der USA beanspruchten, wurden in den letzten zwanzig Jahren besonders wirkungsvolle Planungsmethoden entwickelt, die vor allem folgende Aspekte besonders berücksichtigen:

(1) Genaue Definition des Projektzieles,
(2) Erarbeitung analytischer Planungsunterlagen,
    – Ablauflogik
    – Planungsalternativen
    – Optimierung des Einsatzes von Ressourcen
(3) Planungsflexibilität,
    – Ständige Revidierung der Ablauflogik entsprechend dem neuesten Stand
    – Einbeziehung von Zieländerungen und deren Auswirkungen auf das Projekt.

Definition von Projektzielen

Grundvoraussetzung bei jeder Planung ist die Definition von klaren und eindeutigen Zielen, da jedes Projekt einen ganz bestimmten Zweck zu erfüllen hat. Eine Trägerrakete wird mit einem ganz bestimmten Ziel entwickelt, genau wie ein neues Auto. Das Ziel, ein neues Auto zu entwickeln, ist in der Regel mit dem erhofften besseren Absatz, der Ausnutzung einer Marktchance, begründet. Die Entwicklung einer Trägerrakete hat primär die Schaffung eines Transportsystems für Raumfahrtnutzlasten zum Ziel, kann daneben aber zusätzlich durch den Zugewinn von technologischem und managerialem Know-how begründet sein. Es ist sehr wichtig, die Zielsetzung eines Projektes einschließlich möglicher Sekundärziele genau festzulegen.

Mit der Festlegung eines Gesamt-Projektzieles ist ein erster wichtiger Schritt für ein Projekt vollzogen, es ist gewissermaßen die Grundsteinlegung. Es ist wichtig, das einmal gesetzte Gesamtziel in weitere, überschaubare Unterziele zu gliedern, woraus die ersten Planungsschritte resultieren. Hierzu folgendes Beispiel:

Ein Land, mehrere Länder oder eine Organisation beabsichtigen, ein globales Nachrichtensystem für das ganze Land, Länder, usw. einzurichten und geben folgende Randbedingungen bekannt:

– Städte A, B und C sind mit »X« Nachrichtenkanälen für eine bestimmte Anzahl von Fernseh- und Telefonkanälen zu verbinden.

- Das System muß erweiterungsfähig sein.
- Das System muß bei Anlageausfällen, Interferenzen gegenüber anderen Systemen und Bedienungsfehlern weitgehendst störungsfrei arbeiten können.
- Die bestehenden Nachrichteneinrichtungen sind mit einzubeziehen.
- In drei bis fünf Jahren sollen Probebetrieb und Personaltraining beginnen und ein Jahr später muß das System den Betrieb teilweise aufnehmen können.
- Der Auftrag soll nach den Regeln des freien Wettbewerbs an eine Industriefirma vergeben werden.

Um die gestellte Aufgabe lösen zu können, muß das Globalziel jedoch erst in folgende Teilbereiche, die Projektphasen (s. a. Kapitel IV), gegliedert werden:

Phase A: Durchführung einer Konzeptstudie mit dem Ziel, festzustellen, welches System unter Berücksichtigung sämtlicher Randbedingungen zur Nachrichtenermittlung in Frage kommt; zum Beispiel;

- ein Kabelsystem,
- ein System mit Relaisstationen,
- ein Nachrichtensatellitensystem oder
- ein gemischtes System.

Bei der Durchführung der Konzeptstudie sind sämtliche Parameter aus der Technik, zum Beispiel die Qualität, Lebensdauer, Wartung, usw. und dem kommerziellen Bereich, Entwicklungskosten, Betriebskosten, usw. zu berücksichtigen und ihre Einflußnahme auf die verschiedenen Systeme ist detailliert zu analysieren; s. a. Abb. IV-9.

Phase B: Definition des Projektes mit dem Ziel, sämtliche Systeme und Subsysteme detailliert zu spezifizieren und präzise Pläne zu erarbeiten; s. a. Abb. IV-10.

Phase C: Entwicklung des spezifizierten Systems mit dem Ziel, das Gesamtsystem qualifizieren zu können; s. a. Abb. IV-11.

Phase D: Produktion und Installation des Systems, Aufnahme des operationellen Betriebs und Übergabe des Gesamtsystems an den Auftraggeber; s. a. Abb. IV-12.

Die hier genannten Ziele lassen sich während des Projektablaufes in weitere Detailziele untergliedern. Jedes Ziel, auch das der untersten Ebene, muß als meßbares Endprodukt ausgewiesen werden können. Für die Festlegung von Projektzielen, gleich welcher Ebene, sollten deshalb folgende Kriterien berücksichtigt werden:

(1) Jedes definierte Ziel muß durch ein Endprodukt (Dokument, Soft- oder Hardware) identifizierbar sein. Das Endprodukt ist genau zu spezifizieren und muß in jedem Fall kontrollfähig sein. Hierzu einige Beispiele:
  - *Bericht.* Kontrollmethode ist die Inhaltsprüfung; Vergleich des gewünschten und tatsächlich erbrachten Ergebnisses.

- *Review*. Kontrollmethode ist die Prüfung des Projektergebnisses zu einem bestimmten Zeitpunkt; d.h. Vergleich der spezifizierten und erbrachten Leistung.
- *Gerätefunktion*. Kontrollmethode ist der Abnahmetest; Vergleich der spezifizierten und erbrachten Leistung.

(2) Der für das definierte Ziel gesetzte Zeitrahmen ist eindeutig festzulegen (Terminschranke).

(3) Die für die Zielerfüllung erforderlichen Abhängigkeiten (Nahtstellen) und Vorgaben (Inputs) sind eindeutig festzulegen.

Die sorgfältige Festlegung von Projektzielen ist eine wichtige Vorarbeit für die danach zu erstellende, detaillierte Projektplanung. Projektmeilensteine lassen sich direkt aus den vorher festgelegten Projektzielen ableiten.

Warum Planungen fehlschlagen können

Es muß jedoch darauf hingewiesen werden, daß Planungen sehr häufig fehlschlagen, weil entscheidende Grundvoraussetzungen, zum Beispiel eine ausreichende fachliche Erfahrung des Planers oder die für die Planung notwendigen Informationen, fehlen. Dale hat in seinem Buch »Management« fünf typische Verhaltensweisen von Planern zusammengefaßt, die oft zu Planungsfehlschlägen führen. Nachfolgend sind die von Dale beschriebenen Fehler wiedergegeben [25]:

- *Dem Planer fehlt die genaue Kenntnis der Firma.*
- *Der Planer geht nicht realistisch an die Sache heran.*
- *Der Planer neigt dazu, den Tatsachen hinterherzurennen, statt ihnen voraus zu sein.*
- *Der Planer neigt dazu, lieber Entschuldigungen zu erfinden, als Irrtümer zu verbessern.*
- *Der Planer plant kurzfristig.*

Bei der Abwicklung von Projekten spielt der Informationsfluß eine besonders große Rolle. Ein Planer ohne Information kann trotz großer Erfahrung nur wenig zum Projektgeschehen beitragen. In der Praxis kommt es leider immer wieder vor, daß der Planer sowohl organisatorisch wie auch räumlich nicht genügend in das (bzw. die) Projektteam(s) integriert ist. Aber gerade das ist für eine erfolgversprechende Planung im Interesse eines optimalen Informationsflusses (real time feedback) eine Grundvoraussetzung. Die Projektplanung muß zur Vermeidung von Fehlschlägen, wie in Abbildung V-3 gezeigt, fest in das Projektteam eingebunden sein. Dadurch erhält der Planer Rechte, aber auch Pflichten und Verantwortung. In der Vergangenheit war oft der Trend festzustellen, daß der Planer dem Projekt als Berater, ohne Rechte und Pflichten, zur Verfügung steht. Der erfolgreiche Planer sollte sich sein Brot jedoch in keinem Fall nach der Stabsstellendevise verdienen. Er gehört bei Projekten einer gewissen Größenordnung mit Haut und Haaren ins Projekt und zwar organisatorisch wie auch räumlich. Ist er darüber hinaus noch erfahren, so kann es kaum noch zu Planungsfehlschlägen kommen.

3. Planungsinstrumente und ihr Einsatz

Ein ganzes Arsenal moderner Planungsinstrumente

Dem Projektleiter der neunziger Jahre steht im Prinzip ein ganzes Arsenal moderner Planungsinstrumente zur Verfügung. Allerdings sieht er sich immer wieder vor folgende Fragen gestellt:

- Welche Instrumente gibt es (Überblick),
- wo gibt es sie und wo kann ich darüber etwas nachlesen (Literatur),
- wie kann ich sie für mich nutzbar machen (Beratung),
- ist der EDV-Einsatz zu empfehlen (Software) und
- welcher Planungsaufwand ist für ein gegebenes Projekt gerechtfertigt (Implementation)?

In den vergangenen zwanzig bis dreißig Jahren wurde eine Vielzahl sehr wirkungsvoller Planungsinstrumente entwickelt, deren Verbreitung zum Teil weltweit erfolgte, zum Beispiel die *Netzplantechnik*. Andere Instrumente, zum Beispiel das *Action Item Control System,* wurden nur wenig bekannt. In vielen Fällen fand auch eine natürliche Auslese statt, so daß Instrumente, die anfangs sehr erfolgversprechend waren, doch sehr schnell wieder in der Versenkung verschwanden, zum Beispiel das PERT-Cost-System. Die Projektmanager von heute lassen sich außerdem kaum noch durch Planungsneuheiten bluffen, sofern es sich nicht um in der Praxis erprobte und wirklich brauchbare Verfahren handelt.

Die Projektleitungen sind heute mehr denn je auf den Einsatz funktionsfähiger und in der Praxis erprobter Planungsmethoden angewiesen. Die Zeiten des Experimentierens gehören der Vergangenheit an, denn heute kann sich kaum noch ein Projektleiter den Luxus des Experimentierens leisten. Die Anwender müssen davon überzeugt sein, daß die angebotenen Planungsmethoden für sie von Nutzen sind. Nachfolgend sind die wichtigsten Projekt-Planungsmethoden zusammengefaßt:

(1) Projektstrukturplan (PSP)
  - Gliederungsstruktur
  - PSP-Inhaltsbeschreibung
  - Technische Charakteristik
  - Arbeitspaketbeschreibungen
(2) Termin- und Ablaufplanung
  - Meilensteinpläne
  - Balkenplankonzepte
  - Netzpläne
(3) Personaleinsatz- und Kostenplanung
  - Personaleinsatzpläne
  - Kostenpläne
  - Mittelabflußpläne
  - Finanzierungspläne.

Für die meisten der hier genannten Planungsmethoden, insbesondere für die Termin- und Kostenplanung, haben sich die damit befaßten Firmen entsprechende Softwarepakete beschafft. Darüberhinaus bietet eine Vielzahl von Beratungsfirmen den Unternehmen, die sich mit der Durchführung von Projekten befassen, entsprechende Softwarepakete an. Wenn in den nachfolgenden Ausführungen nicht ausführlich auf den Software-Einsatz eingegangen wird, dann nicht weil der Autor diesem Thema nicht genügend Bedeutung beimißt, sondern allein aus der Tatsache heraus, daß das Hauptanliegen dieses Buches in der gleichrangigen Behandlung aller Planungs- und Überwachungsmethoden zu sehen ist und der Leser in erster Linie zur kritischen Überprüfung seines Standpunktes angeregt werden soll. Der sinnvolle Einsatz von rechnergestützten Hilfsmitteln ist zwar wichtig und notwendig (s. a. Kap. XVIII), wird in diesem Zusammenhang jedoch als ein Sekundärproblem angesehen.

Projektstrukturplan (PSP)

Schaffung von Transparenz. Vor allem große und komplexe Projekte, wie sie besonders im Bereich der Forschung und Entwicklung vorkommen, deren Laufzeit nicht selten mehrere Jahre in Anspruch nimmt und an deren Fertigstellung eine Vielzahl von Firmen, Institutionen und Mitarbeitern beteiligt sind, bedingen aus Gründen eines effizienten Managements eine Gliederung des Projekts in einzelne Bauphasen, Segmente, Baugruppen, Funktionen, Arbeitspakete, usw. In anderen Worten, diese Projekte sind sinnvoll zu strukturieren, um die erforderliche Transparenz zur Planung und Ablaufkontrolle des Vorhabens sicherzustellen. Ein wirkungsvolles Instrument hierzu ist der Projektstrukturplan (PSP), der im englischen Sprachbereich mit Work Breakdown Structure (WBS) definiert ist. Er ermöglicht die klare Zuordnung von Firmen, Institutionen und Spezialistengruppen zu den jeweiligen Projektelementen, für die diese im jeweiligen Fall verantwortlich sind.

Für die technische Planung ist die Gliederung eines Projektes nach Funktionen oder einzelnen Baugruppen deshalb so bedeutungsvoll, weil die Bearbeitung der einzelnen Projektbereiche meistens von sehr verschiedenen Spezialisten, Spezialistenteams und bei größeren Projekten oft auch von verschiedenen Firmen durchzuführen ist. Der PSP schafft Transparenz! Hierzu zwei Beispiele:

1. Beispiel: Studienprojekt
(a) Projektziel: Studie für ein neues Massenverkehrssystem
(b) Hauptaufgaben:
  – Studie des Passagieraufkommens
  – Untersuchung möglicher Antriebsanlagen
  – Energieversorgungsanalyse
  – Tarifkonzept
  – Investitionsplanung
  – Studienleitung.

2. Beispiel: Entwicklung eines Raketenantriebs
(a) Projektziel: Entwicklung einer neuen Antriebsanlage
(b) Hauptaufgaben:
  – Systementwurf
  – Komponentenentwicklung
    □ Brennkammer
    □ Turbine

    □ Pumpe
    □ Treibstoffversorgung
    □ Stellmotoren
   − Zusammenbau und Test
   − Aufbau von Testanlagen
   − Qualitätssicherung
   − Projektleitung.

Die Funktions- oder Systemgliederung, wie sie sich aus den technischen Gesichtspunkten ergibt, und wie sie aus der logischen Vorgehensweise für die Bearbeitung einer komplexen Aufgabe resultiert, sollte bei der Erstellung eines Projektstrukturplans (PSP) stets Pate stehen. In anderen Worten, die Gliederung des PSP sollte soweit wie möglich der natürlichen Gliederung eines Systems entsprechen. An dieser Stelle soll nicht unerwähnt bleiben, daß die Projektstrukturierung auch für Kleinvorhaben wichtig ist und nicht vergessen werden sollte. Allerdings handelt es sich bei Kleinvorhaben in den meisten Fällen nicht um komplizierte Strukturen, sondern um ein einfaches Gliederungskonzept, z. B. in Form einer Tabelle.

Systemgliederung und Projektstrukturplan. Worin liegt nun der Unterschied zwischen einer reinen Systemgliederung und dem Projektstrukturplan? Die Antwort ist einfach: in der Zielsetzung! Dient die reine Systemgliederung in erster Linie dem Ziel, das Gesamtsystem, zum Beispiel eine Maschine oder ein Bauvorhaben, in seine einzelnen Untersysteme oder Baugruppen zu gliedern, so daß die Ingenieure oder Architekten ihre Arbeitsunterlagen (Spezifikationen und Zeichnungen) dementsprechend strukturieren können, so dient der PSP eindeutig dem Ziel, ein integrales Instrument für das Projektmanagement zu schaffen. Die Projektleitung, die ja nicht nur für die rein technische, sondern auch für die wirtschaftliche und administrative Projektabwicklung zuständig ist, verbindet mit dem PSP eine weitaus breiter angelegte Zielsetzung.

So gesehen ist der PSP die logische Fortsetzung der im Frühstadium eines Projektes erstellten Systemgliederung, jedoch auf einer höheren Integrationsebene, nämlich der Projektleitungsebene. Die in der Konzeptphase eingeleitete und zum Beginn der Definitionsphase vervollständigte Systemgliederung ist eine wichtige Voraussetzung für die Erstellung des PSP. In Abbildung IX-1 sind die typischen Entwicklungsschritte des PSP an einem Beispiel wiedergegeben. [2]

Bei der Entwicklung des PSP darf nicht vergessen werden, daß es sich um ein Managementinstrument handelt. Der PSP ist in der englischsprachigen Literatur als *Work Breakdown Structure (WBS)* bekannt, eine Bezeichnung, die am besten mit Arbeitsgliederungsstruktur zu übersetzen ist. In Deutschland setzte sich jedoch der in der DIN-69900 beschriebene Begriff Projektstrukturplan durch. [26] Man kann jedoch davon ausgehen, daß beide Begriffe inhaltlich identisch sind. Im Gegensatz zu den spärlichen Ausführungen in der 1974 herausgegebenen DIN-69900 wurde in den USA 1968 im Rahmen der MIL-Standard-Serie eine umfangreiche Richtlinie zur Erstellung von Projektstrukturplänen (Work Breakdown Structures) herausgegeben. [27] Aber auch die NASA gab im Rahmen ihrer Aufgaben eine detaillierte Richtlinie zur Erstellung von Projektstrukturplänen heraus. [28] Bei der Abwicklung der großen Regierungsprogramme in den USA hatte man die Bedeutung der richtigen Projektstrukturierung klar erkannt. Auch dort war es vorher immer wieder zu sehr unterschiedlichen Strukturierungskonzepten gekommen. Die Projektstrukturpläne waren wie eine Systemgliederung aufgebaut, was dazu führte, daß wichtige Projektaufgaben, wie zum Beispiel die Systemtests und das Projektmanagement nicht en bloc zuzuordnen waren und andere Gliederungskonzepte sahen nur Funktionen oder Aufgaben vor, aber keine Hardware, was ebenfalls zu Problemen führte. So kam es dort, wie man es bei uns heute noch oft erleben kann, zu

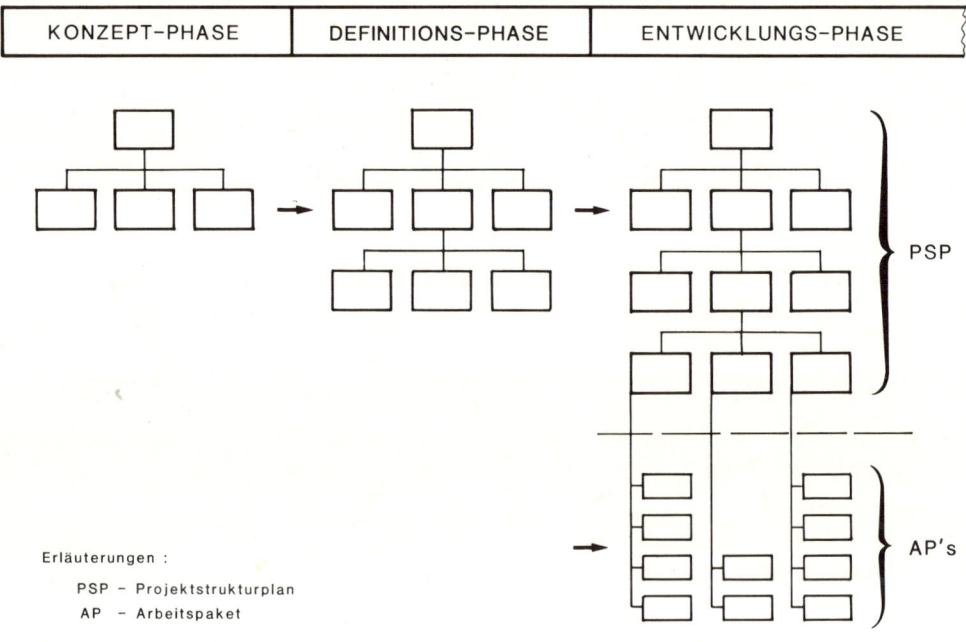

KONZEPT–PHASE   DEFINITIONS–PHASE   ENTWICKLUNGS–PHASE

PSP

AP's

Erläuterungen :

PSP – Projektstrukturplan
AP – Arbeitspaket

Abb. IX-1: PSP-Entwicklungsschritte

dem Meinungsstreit darüber, ob der PSP hardware- oder funktionsorientiert aufgebaut werden soll. Projektmitarbeiter, die sich mit der PSP-Erstellung auführlich befaßt haben, kennen dieses Problem.

Die Erstellung eines PSP setzt sehr viel praktische Erfahrung voraus, und wer sich mit der PSP-Erstellung befaßt, sollte nie der Meinung sein, daß er die Lösung im Detail von vorneherein kennt, denn es gibt, wie Burbridge sagt: »... keinen besten Weg, den PSP zu organisieren«. [29] Der PSP muß vielmehr nach fest verankerten Regeln schrittweise und in engem Kontakt mit den Projektbeteiligten aufgebaut werden. Wird der PSP mit der Zielsetzung, daß er ein wirkliches Managementinstrument werden soll, entwickelt, so ist die Frage, ob der PSP hardware- oder funktionsorientiert aufzubauen ist, nicht mit einem eindeutigen ja oder nein zu beantworten. In den allermeisten Fällen wird es sich bei einem PSP für die Entwicklungsphase um eine gemischte Struktur handeln. Sehr oft ist der PSP wie in Abbildung IX-2 gezeigt, im Kern hardwareorientiert, enthält flankierend dazu aber ebenfalls funktionsorientierte PS-Elemente. Der von Madauss und Orye nach diesen Prinzipien 1971 festgelegte PSP für die im Rahmen der Europäischen Organisation zur Entwicklung von Trägerraketen ELDO, zu entwickelnde Trägerrakete Europa III sah in den Hauptebenen folgende PSP-Elemente vor [30]:

(1) Projektmanagement (ELDO-Sekretariat)
    – Projektadministration
    – Project Control
    – Konfigurationskontrolle
    – Systemtechnik
(2) Systemtechnische Integration (Industrie)
    – Systemanalyse und Systementwurf

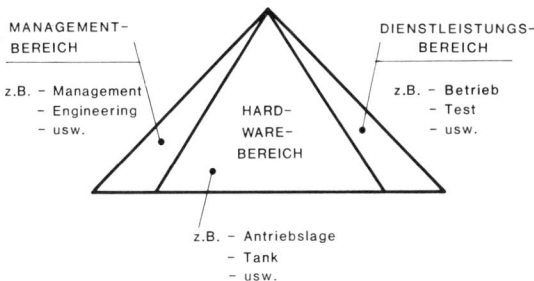

Abb. IX-2: Hauptbereiche des PSP

- Nahtstellenkontrolle
- Testmanagement
- Qualitätssicherung
- Spezielle Studien
(3) Entwicklung der Trägerrakete (Industrie)
- Erste Stufe
- Zweite Stufe
- Zwischenstufe
- Elektronisches System
- Geräteabteil (Steuerung, usw.)
- Nutzlastverkleidung
- Bodengeräte
- Integrierte Testanlage
- Zusammenbau und Test
- Testanlagen
(4) Starteinrichtungen (ELDO und Industrie)
(5) Startdurchführung, (ELDO/CNES).

In dieser Gliederung ist die Vermischung von hardware- und funktionsorientierten PSP-Elementen deutlich erkennbar. Dieser PSP war eindeutig ziel- bzw. aufgabenorientiert. Neben dem Hauptziel, der Entwicklung der Trägerrakete (hardwareorientierte Systemgliederung), waren weitere wichtige Ziele zu erfüllen, nämlich die Aufgabe des Projektmanagements, die systemtechnische Integration, die Bereitstellung der Starteinrichtungen und letztlich die Durchführung der Starts.

Der PSP als zentrales Managementinstrument. Der PSP stellt das für alle Projektbereiche und -beteiligten gemeinsame Rückgrat dar. Der PSP dient im wesentlichen folgenden Zwecken:

(1) *Gliederung der technisch/administrativen Planungsunterlagen*
- *Spezifikationen:* In der Definitionsphase sind die Projektspezifikationen für das Gesamtsystem und sämtliche Untersysteme zu erstellen. In diesem Zusammenhang ist, in Übereinstimmung mit dem PSP, ein Spezifikationsbaum (hierarchische Gliederung der Spezifikationen) festzulegen (s.a. Abbildung VII-9)
- *Leistungsverzeichnisse:* Die durchzuführenden Projekttätigkeiten sind in den jeweiligen Lei-

stungsverzeichnissen (Pflichtenheft) der beteiligten Firmen festzulegen. Durch die Zuordnung der Firmenverantwortlichkeiten zum PSP ist eine Kopplung der Leistungsverzeichnisse zum PSP gegeben.

- *Terminpläne:* Die zu erstellenden Terminpläne sind so zu strukturieren, daß eine Übereinstimmung mit dem PSP gewährleistet ist (s. a. Abbildung IX-10).
- *Kostenpläne:* Die Gesamtprojektkosten sind entsprechend dem PSP zu gliedern, so daß die geplanten Kosten in jeder PSP-Ebene pro PSP-Element und in der untersten Ebene pro Arbeitspaket klar und eindeutig definiert sind. Eine weitere Untergliederung nach Kostenarten (Personal-, Material-, EDV- und Fremdleistungskosten, usw.) und Zeitintervallen ist pro PSP-Element oder pro Arbeitspaket vorzunehmen (s. a. Abbildung IX-18).

(2) *Projekt-Fortschrittskontrolle*

Die Projekt-Fortschrittskontrolle basiert auf den in (1) genannten Planungsunterlagen. Durch die eindeutige Zuordnung der technisch/administrativen Planungsunterlagen zum PSP ist eine integrierte Fortschrittskontrolle (Leistung/Termine/Kosten) gewährleistet. In regelmäßigen Intervallen (wöchentlich/monatlich/vierteljährlich) ist der Projektstand (d.h. technisch, terminlich, finanziell) durch einen Soll/Ist-Vergleich zu ermitteln (s. a. IX.4).

(3) *Berichterstattung*

Die Qualität der Berichterstattung im Projekt hängt ganz wesentlich von der Möglichkeit der Informationszusammenfassung ab. Detailinformationen der untersten Projektebenen sind entsprechend der PSP-Gliederung hierarchisch nach oben hin zu verdichten, so daß Management-Gesamtberichte auf der Ebene des Gesamtprojektes ohne Informationsverlust möglich sind; (s. a. XI.2).

(4) *Dokumentationsgliederung*

Die Bedeutung einer gut geführten Projektdokumentation sollte nicht unterschätzt werden. Aus diesem Grunde ist so früh wie möglich ein Dokumentationssystem einzurichten, dessen eindeutige Zuordnung zum PSP (d.h. erforderliche Projektdokumente pro PSP-Element) von größter Bedeutung ist. D.h. der Dokumentationsschlüssel (Nummernsystem) sollte mit dem PSP-Kode gekoppelt sein (s. a. XII.1).

(5) *Industrielles work-sharing*

Aufbauend auf den PSP sind die Arbeitsanteile des Projektes (PSP-Elemente und/oder Arbeitspakete) auf die partizipierenden Firmen und Abteilungen der beteiligten Unternehmen aufzuteilen.

(6) *Aufbau von Projektdatenbanken*

Anhand des PSP können Erfahrungswerte (technische, terminliche und finanzielle) in speziell zu erstellenden Datenbanken für zukünftige Projekte festgehalten werden.

Standard PSP. Mit fortschreitender Erfahrung bei der PSP-Erstellung wurde in vielen Branchen der Ruf nach standardisierten Projektstrukturplänen immer stärker. Dies hatte vor allem folgende Gründe:

- Schaffung einer Einheitsstruktur für die Projektauswertung (Nachkalkulation und Vergleichbarkeit der Projekte) und
- Bereitstellung einer Standardstruktur für zukünftige Projekte (Vermeidung von teuren Neuentwicklungen – das Rad muß nicht immer wieder neu erfunden werden).

Die Europäische Raumfahrtagentur ESA gab aus diesem Grunde 1979 eine Industriestudie in Auftrag, bei der das in Abbildung IX-3 gezeigte PSP-Konzept entwickelt wurde.[31, 32] Diese Struktur zeichnet sich insbesondere dadurch aus, daß bestimmte Funktionen, wie zum Beispiel

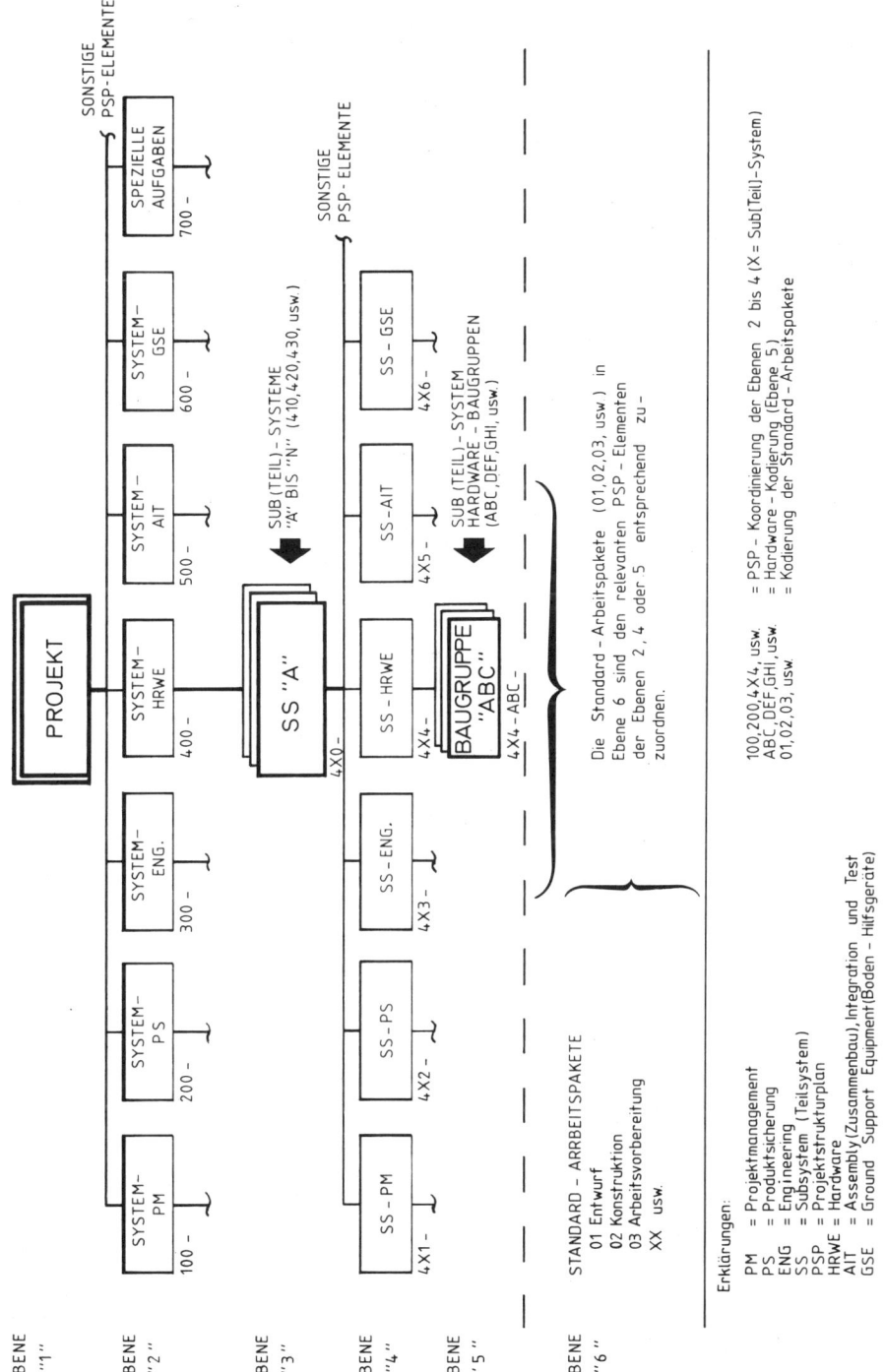

Abb. IX-3: Standard PSP der ESA

Projektmanagement, Produktsicherung und Systemtechnik, die in den verschiedenen PSP-Ebenen mehrfach wiederkehren können, spiegelbildlich angeordnet sind (Modularkonzept). In Ergänzung zu der PSP-Gliederung wurde ein detaillierter PSP-Nummernschlüssel entwickelt, aus dem die einzelnen PSP-Kennzeichnungen für die standardisierten Hardwareelemente, Arbeitspakete und Firmenkurzzeichen zu entnehmen sind. Bevor die ESA sich 1979 zur Festlegung eines standardisierten Konzeptes entschloß, untersuchte sie über fünfzig verschiedene PSP-Konfigurationen auf ihre Verwendbarkeit.[33] Die PSP-Konfigurationen ließen sich in folgende drei Grundkonfigurationen zusammenfassen:

– Konfiguration I: Hardware-/Firmenorientierter PSP,
– Konfiguration II: Hardware-/Funktionsorientierter PSP,
– Konfiguration III: Funktions-/Testmodellorientierter PSP.

Um zu einem fairen Ergebnis zu kommen, wurden die drei Konfigurationen anhand nachfolgender Managementkriterien auf ihre Brauchbarkeit geprüft[33]:

– Management und Organisation,
– Terminplanung und -überwachung,
– Kostenplanung und -überwachung,
– Produktsicherung, Dokumentations- und Konfigurationskontrolle,
– Vertrags- und Beschaffungsmanagement,
– Systemtechnik und Testkoordination.

Das quantitative Ergebnis dieser Studie ist in Abbildung IX-4 wiedergegeben. Konfiguration II, das in Abbildung IX-3 gezeigte PSP-Konzept, wurde als die am besten geeignete PSP-Konfiguration für zukünftige ESA-Projekte ausgewählt.[33]

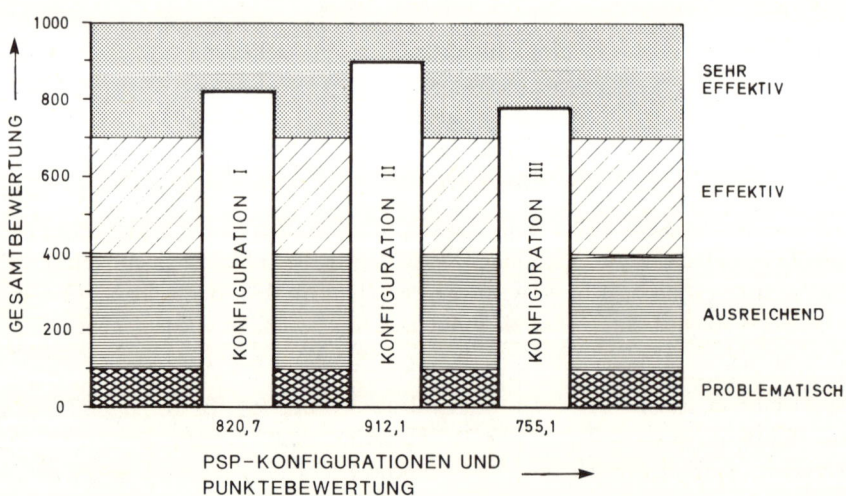

Abb. IX-4: PSP-Studienergebnis der ESA

1982 wurde von einer deutschen Großfirma ein sehr ähnliches, standardisiertes PSP-Konzept für die Errichtung von Kernkraftwerken erstellt, deren Hauptelemente hier wiedergegeben sind[34]:

- Projektmanagement (Funktion),
- Qualitätssicherung (Funktion),
- Planung Gesamtanlage (Funktion),
- Anordnungsplanung (Funktion),
- Maschinentechnik (Hardware),
- Leittechnik (Hardware),
- Starkstromtechnik (Hardware),
- Bautechnik (Hardware),
- Baustelle/Montage/Inbetriebnahme (Hardware/Funktion).

Die Airbus-Industrie entwickelte für den Airbus-Nachfolger A320 1982 ebenfalls einen standardisierten PSP der dem PSP-Konzept der ESA (s. a. Abbildung IX-3), aber auch dem Gliederungsvorschlag für Kernkraftwerke weitgehendst entspricht[35] und 1982/83 führte MBB im Auftrag des BMFT eine PSP-Studie für die deutsche Schiffbauindustrie durch, in der unter anderem ebenfalls die PSP-Philosophie der ESA Pate stand.[36]

PSP-Ebenen. Bei Großprojekten erfolgt die PSP-Gliederung meistens in mehreren Ebenen, wie dies am Beispiel des Apollo-Programms nachfolgend gezeigt ist[37]:

- Programm (Apollo)	Ebene 1
- Projekte (Trägerrakete, usw.)	Ebene 2
- Systeme (Stufen 1, 2, n, usw.)	Ebene 3
- Untersysteme (Antrieb, usw.)	Ebene 4
- Unter-Untersysteme (Triebwerk, usw.)	Ebene 5
- Komponenten (Düse, usw.)	Ebene 6

Die Europäische Organisation zur Entwicklung von Trägerraketen ELDO (heute ESA), führte für die Abwicklung des Vorhabens EUROPA III (heute Ariane) 1971 folgende PSP-Ebenen ein[30]:

- Programm/Projekt	(Europa III)	Ebene 1
- Systeme	(Stufen, usw.)	Ebene 2
- Untersysteme	(Antriebsanlage, usw.)	Ebene 3
- Baugruppen	(Triebwerk, usw.)	Ebene 4
- Bauteile	(Brennkammer, usw.)	Ebene 5.

Den Hardwareelementen des PSP waren, wie eingangs bereits erwähnt, selbstverständlich auch Hauptfunktionen zugeordnet. In Abbildung IX-5 ist der aus dieser Philosophie abgeleitete PSP für das Ariane-Vorhaben (Ebenen 1 bis 4) wiedergegeben.[38] An dem Beispiel eines Großprojektes aus dem Bereich Verkehrstechnik wird die PSP-Gliederung wie folgt wiedergegeben:

- Projekt (Schnellbahnsystem)	Ebene 1
- Phasen (Definition, usw.)	Ebene 2
- Systeme (Fahrzeug, usw.)	Ebene 3
- Untersysteme (Antrieb, usw.)	Ebene 4
- usw.	

In Abhängigkeit von der jeweiligen Projektgröße und -komplexität ist eine Gliederung in mehrere Ebenen zu empfehlen. In diesem Zusammenhang sollte nicht unerwähnt bleiben, daß aber auch eine zu detaillierte PSP-Gliederung unbedingt zu vermeiden ist, denn ein zuviel an Details ist oftmals nur belastend. Die PSP-Entwicklung muß stufenweise erfolgen und der Detaillierungsnotwendigkeit angepaßt werden.

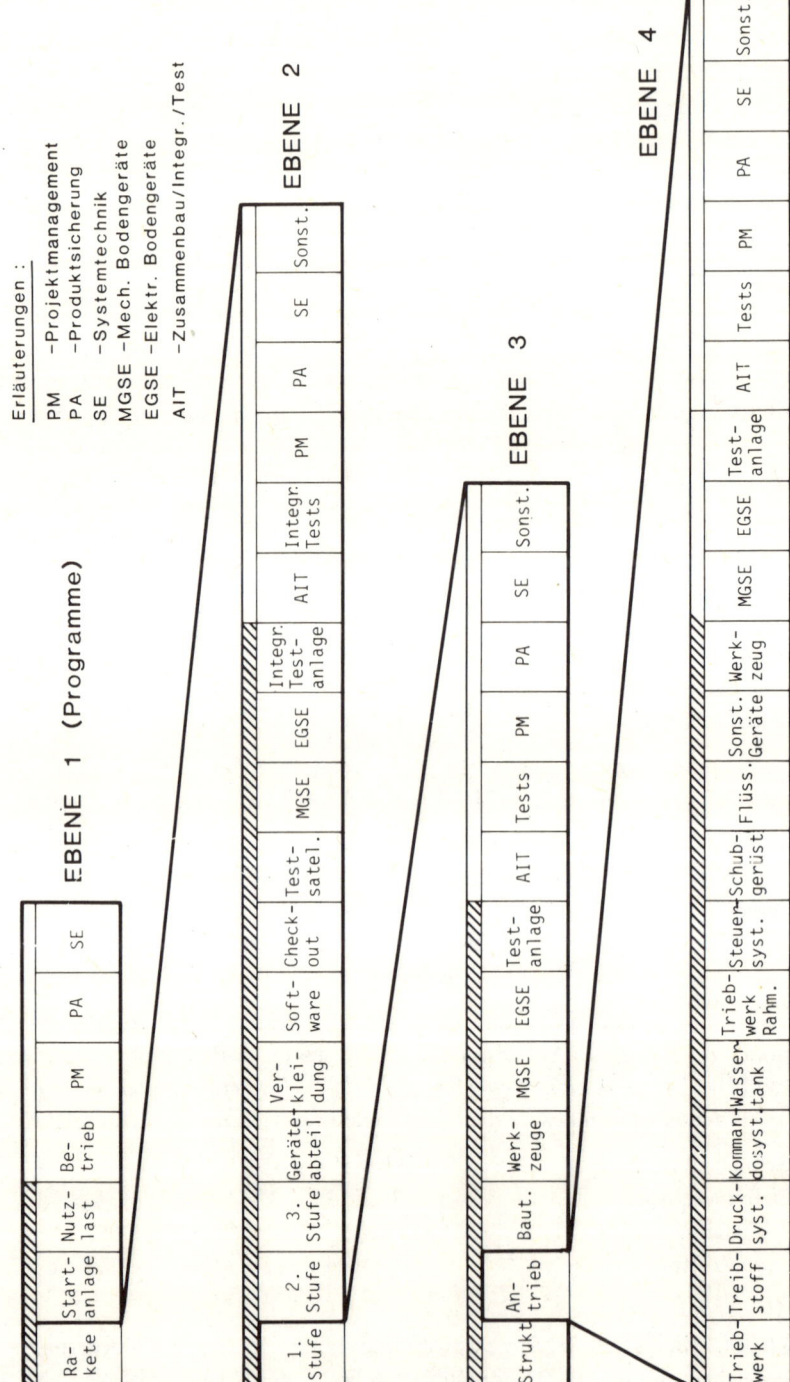

Abb. IX-5: PSP-Konzept der ARIANE-Trägerrakete

PSP-Inhaltsverzeichnis. Bei der Entwicklung eines PSP kommt es immer wieder vor, daß die am Projekt beteiligten Mitarbeiter den einzelnen PSP-Elementen gedanklich unterschiedliche Inhalte zuordnen. Liegt die PSP-Erstellung sogar einige Monate oder Jahre zurück, so werden die PSP-Inhalte oft völlig unterschiedlich interpretiert. So kann es dann passieren, daß der Auftragnehmer für ein bestimmtes PSP-Element andere Vorstellungen hat als der Auftraggeber. Manch ein Konflikt ist dadurch bereits vorprogrammiert. Die Firma McDonnell Douglas führte zur »Vermeidung derartiger Probleme im Rahmen des Space Shuttle Programms 1971 erstmals ein detailliertes PSP-Inhaltsverzeichnis *(WBS Dictionary)* ein.[39] Dieses Prinzip wurde inzwischen von einigen Behörden (zum Beispiel von der NASA und ESA) und Industriefirmen übernommen. In Ergänzung zu dem PSP-Inhaltsverzeichnis hat es sich in der Praxis bewährt, die technischen Leistungsdaten für die Hardwareelemente des PSP ergänzend zum PSP-Leistungsverzeichnis ebenfalls übersichtlich zusammenzufassen.[40]

Beide Dokumente, das PSP-Inhaltsverzeichnis und die Liste der technischen Charakteristiken für die Hardwareelemente des PSP, sind als Ergänzungsunterlagen zum PSP ideal geeignet, um mehr Transparenz in die Projektabwicklung zu bringen. Das PSP-Inhaltsverzeichnis ist in Übereinstimmung mit dem Leistungsverzeichnis (s. a. Kapitel XIII, 2), sowie der Liste der technischen Charakteristiken und in Übereinstimmung mit der Spezifikation (s. a. Kapitel VII, 2) zu erstellen. Die Erstellung beider Unterlagen mag für den Leser als zusätzliche Belastung erscheinen. Es darf jedoch nicht vergessen werden, daß die Abwicklung großer Projekte ein Höchstmaß an Transparenz erfordert und der PSP als ein wichtiges Informations- und Kontrollinstrument anzusehen ist. Der erhöhte Planungsaufwand, der in der sorgfältigen Erstellung der PSP-Unterlagen steckt, stellt eine lohnende Investition für die Definition von Arbeitspaketen und die Erstellung der Ablauf- und Kostenplanung sowie für die darauf aufbauende Überwachung dar.

Arbeitspakete. Erst nach der vollständig abgeschlossenen Entwicklung des PSP kann mit der Definition von Arbeitspaketen begonnen werden. Jedes Arbeitspaket (AP) stellt im Gegensatz zu den Endprodukt-orientierten PSP-Elementen (Hardware oder Funktionen) eine echte Aufgabe im Sinne von Arbeit dar.[2] Typische Arbeitspakete sind:

- Entwurf,
- Konstruktion,
- Fertigung,
- Zusammenbau,
- Test,
- Analyse,
- usw.

Arbeitspakete sind die Aufgaben, die von einer Abteilung einer Firma eigenständig durchgeführt werden können. Die Entwicklung und Herstellung eines Motors kann in der Regel zum Beispiel nicht von einer einzigen Abteilung durchgeführt werden, sondern setzt die Beteiligung mehrerer Abteilungen (Konstruktions-, Fertigungs- und Testabteilung) voraus. Die Aufteilung des Endprodukторientierten PSP-Elements *Motorenentwicklung* nach den soeben genannten Arbeitspaketen ist deshalb sinnvoll. Die Festlegung der Arbeitspakete muß im konkreten Fall in Übereinstimmung mit der Firmenorganisation erfolgen und kann hier nur schematisiert wiedergegeben werden. Abbildung IX-6 zeigt die Zuordnung der Arbeitspakete zum PSP.

Nach Festlegung sämtlicher Arbeitspakete (AP) müssen die AP-Aufgaben und -Ergebnisse detailliert festgelegt werden. Die Summe aller Arbeitspakete stellt den gesamten Leistungsumfang eines Projektes dar. Aus diesem Grunde kommt der AP-Beschreibung eine besonders große

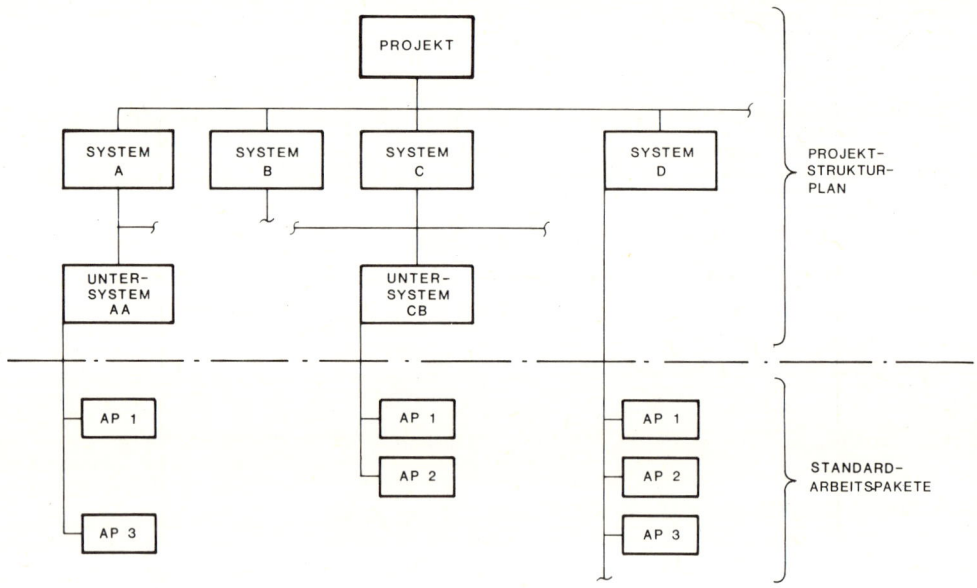

Abb. IX-6: Arbeitspaket-Identifikation im PSP

Bedeutung zu. Man kann den AP-Verantwortlichen die Festlegung der AP-Inhalte nicht allein überlassen, da die Projektleitung dann nicht sicher wäre, daß sie das bekommt, was zur Erfüllung des Gesamtprojektzieles erforderlich ist. AP-Beschreibungen, die einer Mini-Leistungsbeschreibung gleichen, müssen in enger Abstimmung mit der Projektleitung erstellt werden. Sie sind gewissermaßen das Bindeglied zwischen der Projektleitung und den Fachabteilungen (s. a. Abb. V-11). Auf der Basis von AP-Beschreibungen werden detaillierte Termin- und Kostenpläne erstellt. In Abbildung IX-7 ist ein in der Praxis entwickeltes Formblatt für AP-Beschreibungen wiedergegeben.[2]

PSP und Projektorganisation. In der Praxis kommt es oft zu Mißverständnissen zwischen dem PSP und der Projektorganisation. Beide Strukturen sind in der Tat Organisationsinstrumente, dienen jedoch unterschiedlichen Zielen. Der PSP dient der Ablauforganisation (was ist zu machen) und der Organisationsplan der Aufbauorganisation (wer muß es machen).

Die Differenzierung zwischen Organisation und PSP ist äußerst wichtig. Die NASA weist in ihrem PSP-Handbuch ausdrücklich auf diese Problematik hin und schreibt vor: »Der PSP darf nicht als Organigramm verwendet werden«.[28] Die im PSP gezeigten Hierarchiestufen sind mit den Ebenen der Organisationsstruktur nicht identisch, auch dann nicht, wenn Ähnlichkeiten bestehen.

Es muß gewährleistet sein, daß für jedes PSP-Element und für jedes Arbeitspaket eine verantwortliche Stelle, *aber nur eine Stelle,* im Organigramm zuständig ist. Andererseits kann eine Organisationseinheit natürlich für mehrere PSP-Elemente und/oder Arbeitspakete gleichzeitig zuständig sein[41] (s. a. Abbildung IX-8).

PSP-Kodierung. Die klare und eindeutige Identifikation der einzelnen PSP-Elemente und Arbeitspakete führt zur Festlegung eines PSP-Nummernsystems. Da viele Projektdokumente einen direkten Bezug zum PSP haben, erhält die PSP-Kodierung eine besondere Bedeutung. Im Bestreben nach einer integrierten Projektüberwachung wird der PSP, wie eingangs bereits erwähnt,

```
┌─────────────────────────────────────────────────┬──────────────────────────┐
│  ARBEITSPAKET – BESCHREIBUNG                    │ Blatt      von           │
├─────────────────────────────────────────────────┼──────────────────────────┤
│ Projekt:                      Phase:            │ PSP-Nr.-                 │
├─────────────────────────────────────────────────┼──────────────────────────┤
│ AP-Titel:                                       │ Bearbeiter:              │
│ Auftraggeber:                                   │                          │
│ Sub-System:                                     │                          │
│ AP-Start (Datum):                               │                          │
│ AP-Ende (Datum):                                │ Ausgabe-                 │
│ AP-Verantwortlicher:                            │ datum:                   │
├─────────────────────────────────────────────────┴──────────────────────────┤
│ 1. Leistungsbeschreibung (ggf. Zusatzblatt verwenden):                      │
│                                                                             │
│                                                                             │
│                                                                             │
│                                                                             │
│                                                                             │
├─────────────────────────────────────────────────────────────────────────────┤
│ 2. Anzuwendende Dokumente (genaue Bezeichnung):                             │
│                                                                             │
│                                                                             │
├──────────────────────────────────────────┬──────────────────┬─────────────┤
│ 3. Erforderliche Zulieferungen (Hardware  │    Lieferant     │   Datum     │
│    oder Dokumente)                        │ (intern / extern)│             │
│                                           │                  │             │
├───────────────────────────────────────────┴──────────────────┴─────────────┤
│ 4. AP-Ergebnisse (Hardware- und/oder Dokumente):                           │
│                                                                             │
├─────────────────────────────────────────────────────────────────────────────┤
│ 5. AP-Genehmigung/Freigabe                                                  │
│    Sub-System Ingenieur:                                                    │
│    Project Controller/Projektkaufmann:  _____             │
│    Projektleiter:                                                           │
│                          Name    /   Unterschrift   /   Datum               │
├─────────────────────────────────────────────────────────────────────────────┤
│ 6. Anlagen                                                                  │
│    a. Terminplan (o Balkenplan, o Meilensteinliste, o PERT Diagramm)        │
│    b. Kostenplan                                                            │
│    c. Sonstiges                                                             │
└─────────────────────────────────────────────────────────────────────────────┘
```

Abb. IX-7: Standard Arbeitspaket-Beschreibung

zunehmend als zentrales Managementinstrument eingesetzt. Über den PSP-Nummernschlüssel als integrierenden Projektkode lassen sich andere Kodierungen, zum Beispiel die Dokumentationsnummern, der Kostenschlüssel (Auftragsnummer) oder die Gerätebezeichnung (Typenschild) vereinigen. Will man dies, im Gegensatz zur simplen Durchnumerierung, im Interesse einer effizienten Projektüberwachung erreichen, so setzt die Festlegung des PSP-Nummernschlüssels eine gründliche Analyse der Anforderungen voraus. Erfahrungen aus der Praxis haben jedoch gezeigt, daß es kaum möglich ist, einen universellen PSP-Nummernschlüssel zu entwerfen, der alle Projektbelange voll erfüllt. Das ist auch nicht nötig. Es reicht völlig aus, wenn Teile des PSP-Kodes, wie in Abbildung IX-9 gezeigt, mit den übrigen Kodierungen, zum Beispiel für die Dokumentation, Kostenkontrolle, usw. teilweise in Übereinstimmung gebracht werden können.

Die ESA hat 1979 im Rahmen einer detaillierten Studie zur PSP-Standardisierung ebenfalls detaillierte Untersuchungen zur Festlegung des PSP-Nummernschlüssels durchgeführt. Die ESA-Lösung sieht den Aufbau der PSP-Kodierung in vier Hauptblöcken vor:

- Haupt-PSP-Gliederung (3-stellig),
- Hardwaregliederung (3-stellig),
- AP-Kode (2-stellig),
- Firmen-/Länderkode (2-stellig).

Mit der Unterteilung in die zuvor genannten vier Gruppen wird den unterschiedlichen Forderungen an die PSP-Kodierung entsprochen. Die Hardwaregliederung folgt in vielen Firmen speziellen Regeln, die nicht immer den PSP-Gesichtspunkten voll entsprechen. In der Kraftwerkindustrie führte die Firma BBC 1973 zum Beispiel den Kraftwerk-Strukturplan (KS) ein, bei dem es sich im wesentlichen um eine Hardwaregliederung handelte.[42] Der KS wurde dann später in den neuerstellten PSP für Kernkraftwerke integriert.[34] Die ESA hat aus einem sehr ähnlichen Grunde die bereits existierenden Hardwaregliederungen für Satellitensysteme in den standardisierten PSP integriert. Für die Identifikation von Arbeitspaketen entwarf die ESA einen zweistelligen AP-Kode und legte gleichzeitig entsprechende Standard-Arbeitspakete fest. Im letzten Schritt wurde ein zweistelliger Kode für die Firmen-/Länderidentifikation eingeführt.

Termin- und Ablaufplanung

Anlehnung an den PSP. Die Termin- und Ablaufplanung ist ein sehr wichtiges Instrument zur Projektsteuerung, da bei gründlicher Planung in ihr die zeitlich aufeinander abgestimmten Einzeltätigkeiten übersichtlich und kontrollfähig zusammengefaßt sind. Sie bildet außerdem die Grundlage für eine detaillierte Kosten- und Mitteleinsatzplanung. Die Erstellung der Termin- und Ablaufpläne ist in enger Anlehnung an den PSP und auf der Basis der AP-Beschreibungen vorzunehmen. Genau wie der Aufbau des PSP ist auch die Erstellung der Termin- und Ablaufpläne nur in einzelnen Schritten möglich. Das heißt, der Detaillierungsgrad der Planungsunterlagen für die Entwicklungs- und Produktionsphase ist in den Frühphasen des Projekts (Konzept- und Definitionsphase) langsam zu erhöhen, so daß am Ende der Definitionsphase (Phase B) eine komplette und detaillierte, den Leistungsverzeichnissen entsprechende Planung vorliegt.

Die Erstellung der Termin- und Ablaufpläne eines Projektes sind im Interesse einer effizienten Projektüberwachung in Übereinstimmung mit dem PSP zu strukturieren. In anderen Worten, die erstellten Planungsunterlagen müssen es dem Benutzer ermöglichen, für die PSP-Elemente aller PSP-Ebenen einschließlich der einzelnen AP's die relevanten Planungsdaten zu entnehmen. Aus diesem Grunde ist eine Synchronisierung der PSP- und Planungsebenen unbedingt anzustreben, was jedoch nicht bedeutet, daß parallel zu jeder PSP-Ebene oder für jedes Arbeitspaket ein eigener Plan zu erstellen ist. Stevenson hat dies am Beispiel der ELDO-Trägerraketenentwicklung (Europa I/II) verdeutlicht, indem er den sechs PSP-Ebenen die drei Planungsebenen Gesamtplan (ELDO-Ebene), Systemplan (Länderebene) und Detailplan (Firmenebene) zuordnet (s.a. Abbildung IX-10)[15]; die Verdichtung der Europa I/II-Detailpläne zu Systemplänen und dann zu dem ELDO-Gesamtplan ist in Abbildung IX-11 gezeigt.[43]

PROJEKTSTRUKTURPLAN

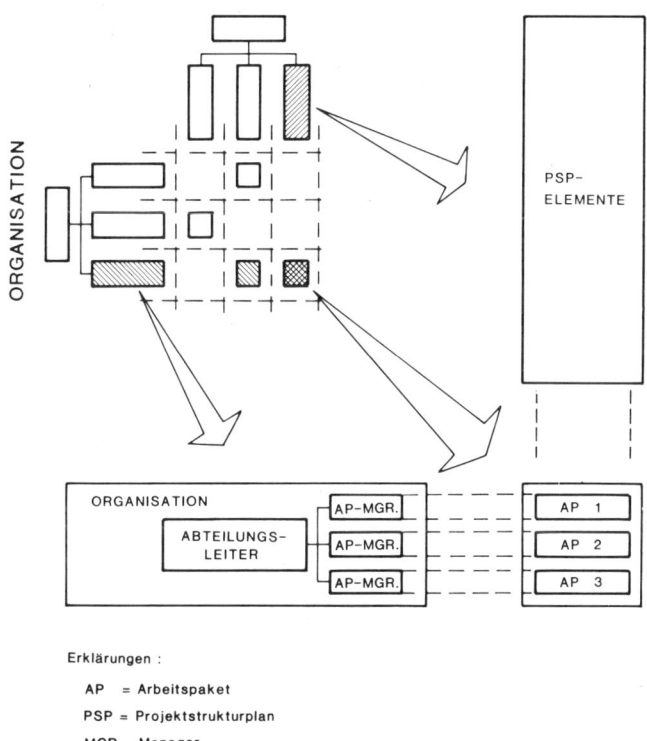

Erklärungen :

AP = Arbeitspaket

PSP = Projektstrukturplan

MGR = Manager

Abb. IX-8: Zusammenhang zwischen PSP und Organisationsdiagramm

Die direkte Zuordnung der Termin- und Ablaufpläne zum PSP ermöglicht bei gleicher Zuordnung der Kostenpläne, den Brückenschlag zwischen Termin- und Kostenplanung, was eine Grundvoraussetzung für die in IX.5 beschriebene integrierte Leistungsüberwachung ist. Aber auch zwischen der PSP-Inhaltsbeschreibung und der technischen Charakteristik für Hardwareelemente einerseits und dem Terminplan andererseits ist bei systematischer Zuordnung der Termindaten zu den PSP-Elementen und den AP's eine direkte Bezugnahme möglich. Die direkte Beziehung ist für eine realistische Planung äußerst wichtig, da der Planer bei der Erstellung des Plans aus der Inhaltsbeschreibung und den Arbeitspaketen, die Mini-Leistungsbeschreibungen darstellen, und der technischen Charakteristik, die ein Konzentrat der Spezifikation sind, die nötigen Planungsinputs erhält.

Die planerische Vorbereitung von Großprojekten basiert in der Regel nicht nur auf einer einzigen Planungsmethode. In vielen Fällen werden die Termin- und Ablaufpläne auf der Basis von Balkenplänen erstellt, die vielen Planern und vor allem den Projektleitern am angenehmsten sind. Dem Top-Management, das heißt, der Geschäftsleitung oder dem Auftraggeber reichen oft schon einige Meilensteininformationen aus, um über das Projekt grob Bescheid zu wissen. Für die beteiligten Projekt- und Fachbereiche sollten dagegen sehr detaillierte Balkenpläne und/oder Netzpläne erstellt werden, aus denen sich der Zusammenhang der Projektabläufe im einzelnen

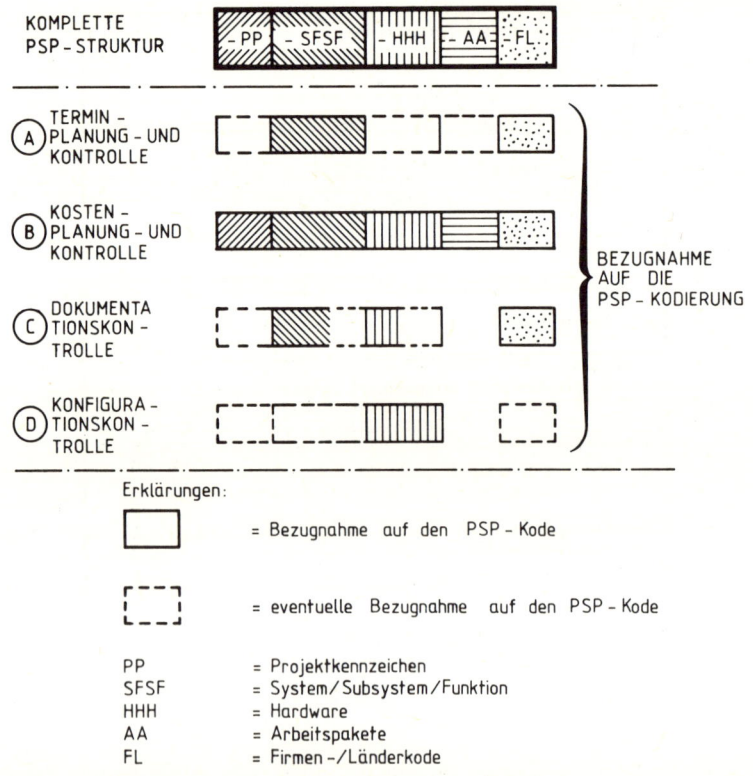

KOMPLETTE
PSP - STRUKTUR

- PP   - SFSF   - HHH   - AA   - FL

Ⓐ TERMIN -
PLANUNG - UND
KONTROLLE

Ⓑ KOSTEN -
PLANUNG - UND
KONTROLLE

Ⓒ DOKUMENTA
TIONSKON -
TROLLE

Ⓓ KONFIGURA -
TIONSKON -
TROLLE

BEZUGNAHME
AUF DIE
PSP - KODIERUNG

Erklärungen:

▢ = Bezugnahme auf den PSP - Kode

⌐ ¬ = eventuelle Bezugnahme auf den PSP - Kode

PP	= Projektkennzeichen
SFSF	= System/Subsystem/Funktion
HHH	= Hardware
AA	= Arbeitspakete
FL	= Firmen-/Länderkode

Abb. IX-9: Benutzung des PSP-Kodes als zentrales Nummernsystem

ableiten läßt.[2] Bei Großprojekten wird manchmal auch der Versuch unternommen, die detaillierten Netzpläne zu Summennetzplänen zusammenzufassen, was jedoch mit relativ viel Aufwand verbunden ist und meistens nicht zur Zufriedenheit gelingt.[44] Bei vielen Projekten wird auf detaillierte Netzpläne überhaupt verzichtet und nur ein Summennetzplan erstellt. Allgemein läßt sich hierzu sagen, daß die Auswahl der Planungsmethoden sowohl von der Größe und Komplexität des Projektes, als auch von der Erfahrung des Planers abhängt.

Der Balkenplan. Der Balkenplan ist wohl das am meisten verbreitete Planungsinstrument, um Projektabläufe in ihrem zeitlichen Ablauf darzustellen. Gehriger schreibt hierzu: »Bis in die sechziger Jahre wurden Projekte fast ausschließlich mit Termintabellen und Balkendiagrammen geplant und überwacht und auch heute noch sind dies in zahlreichen Unternehmen und öffentlichen Institutionen die vorherrschenden Planungs- und Überwachungsmethoden.«[1] Der Balkenplan wird von planungsunkundigen Mitarbeitern ohne große Vorkenntnisse sofort verstanden und erfährt dadurch eine besonders große Akzeptanz; jeder Mitarbeiter ist selbst in der Lage, einen einfachen Balkenplan ohne Schulung und Einweisung anzufertigen. In Abbildung IX-12 ist ein typischer Projekt-Balkenplan aus der Praxis wiedergegeben.[45]

Die Möglichkeit, einen Balkenplan mit relativ einfachen Mitteln durch Projektmitarbeiter herstellen zu lassen, die nicht über große Planungserfahrung verfügen, führt aber auch leicht zu Planungsnachlässigkeiten. Insbesondere dann, wenn der Balkenplan nicht durch detaillierte Pläne

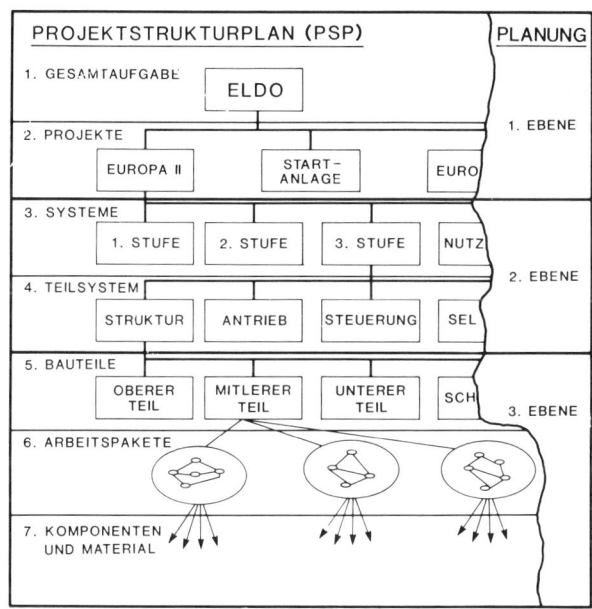

Abb. IX-10: Synchronisierung der PSP- und Planungsebenen (ELDO)

untermauert wird, muß an den Balkenplan eine besonders hohe Anforderung und vor allem ein hoher Genauigkeitsmaßstab angelegt werden. Durch schnell und nicht im Detail erstellte Balkenpläne werden wichtige Einzelheiten oft übergangen, was zur Folge hat, daß illusionäre Termin- und Ablaufpläne entstehen. Das wiederum führt zu unrealistischen Planungen, die vor allem auch eine negative Auswirkung auf die terminplanbezogenen Kostenpläne haben. Ein weiteres Manko des Balkenplans ist im Fehlen einer präzisen Ablauflogik zu sehen. Hierzu Gehriger: »Diese Darstellungsmethoden (Termintabellen und Balkendiagramme) sind jedoch mit schwerwiegenden Mängeln behaftet. Abhängigkeiten und Interdependenzen der einzelnen Vorgänge (Prozesse, Tätigkeiten) werden von ihnen weder gebührend berücksichtigt, noch adäquat widergespiegelt.«[1] Viele Praktiker sind deshalb dazu übergegangen, in einer Synthese zwischen Netz- und Balkenplan die erstellten Balkenpläne zu vernetzen. Der vernetzte Balkenplan ist zwar kein Ersatz für den Netzplan, stellt jedoch oft eine brauchbare Kompromißlösung dar.

Von allergrößter Bedeutung für die Erstellung des Balkenplans ist die Einführung kontrollfähiger Meilensteine. Das heißt, der Balkenplan darf nicht nur horizontal angeordnete Balken enthalten, sondern ist durch kontrollfähige Meilensteine zu komplettieren. Dies ist ganz besonders auch für die spätere Kontrolle des Plans sehr wichtig, da nun konkret nach dem Erfüllungsstand eines Meilensteins gefragt werden kann. Die NASA führte aus diesem Grunde spezielle Symbole zur Identifikation von Meilensteinen in Balkenplänen ein, die sich in der Praxis sehr bewährt haben[9] (s. a. Abbildung IX-13).

Netzplanung. Der Netzplan kann wohl als das präziseste aller Planungsinstrumente angesehen werden und ist besonders für große und komplexe Vorhaben von sehr großem Nutzen. Wille u. a. schreiben in diesem Zusammenhang: »Die Darstellung des Projektablaufes in einem Netzplan bietet nach unseren Erfahrungen folgende Vorteile:

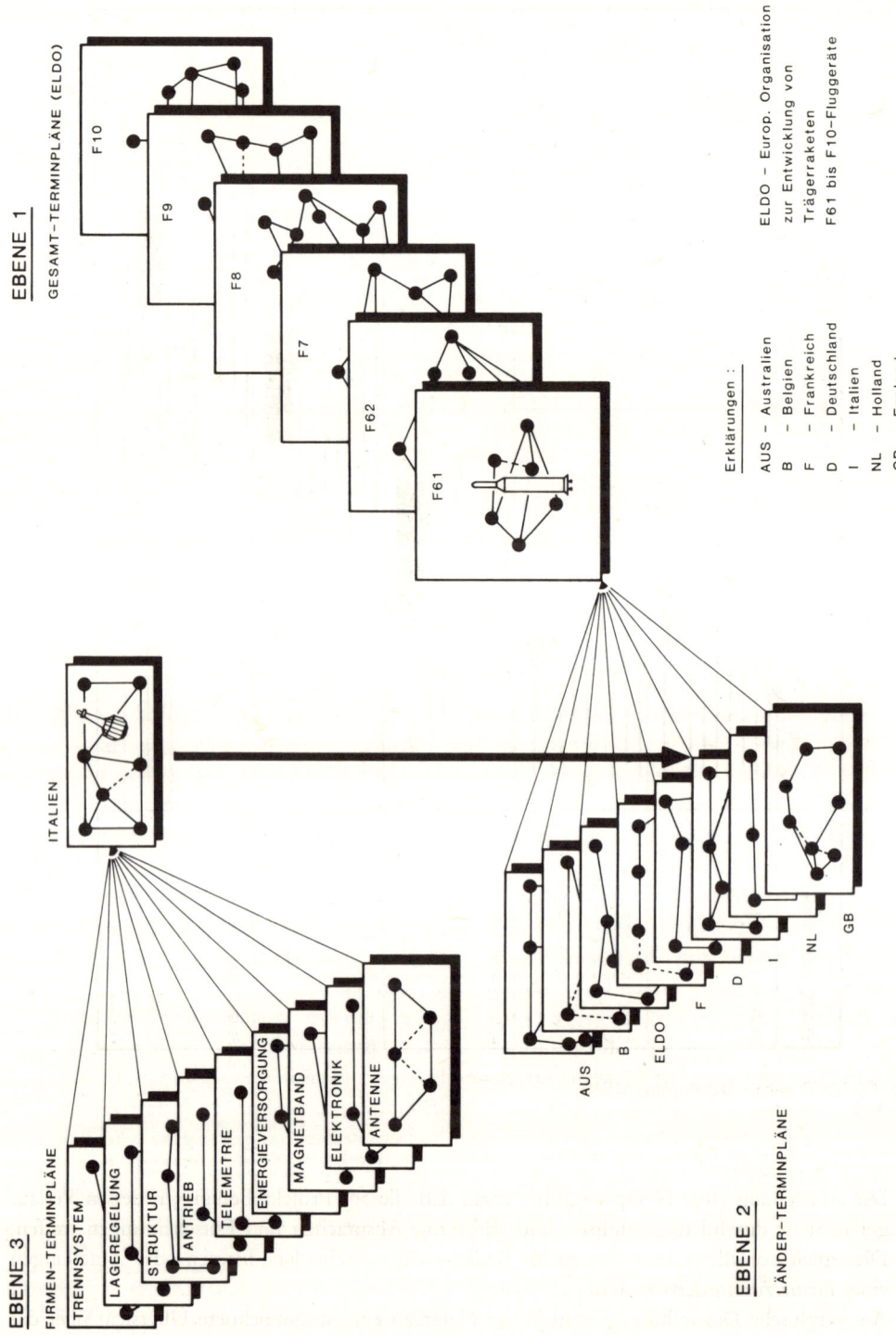

Abb. IX-11: Verdichtung von Projektplänen am Beispiel der EUROPA I/II-Trägerrakete (Stevenson)

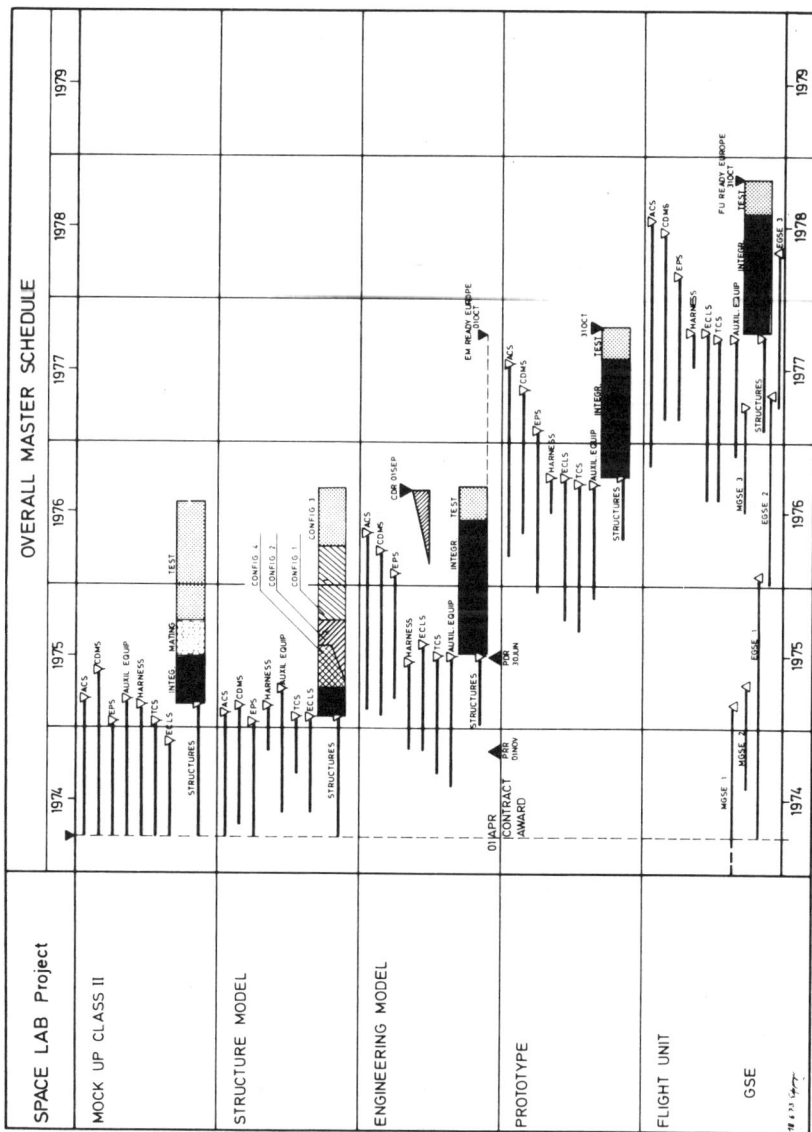

Abb. IX-12: Typischer Balkenplan (MBB)

(1) Die Aufstellung eines Netzplans führt dazu, daß alle am Projekt Beteiligten dessen Verlauf genauestens durchdenken müssen und frühzeitig Absprachen und Entscheidungen treffen. Dies spielt vor allem dann eine große Rolle, wenn verschiedene Firmen oder Abteilungen einer Firma zusammenarbeiten.

(2) Als graphische Darstellung vermittelt der Netzplan eine ausgezeichnete Übersicht über das Projekt und ermöglicht es, den geplanten Projektablauf für alle Beteiligten anschaulich zu fixieren.

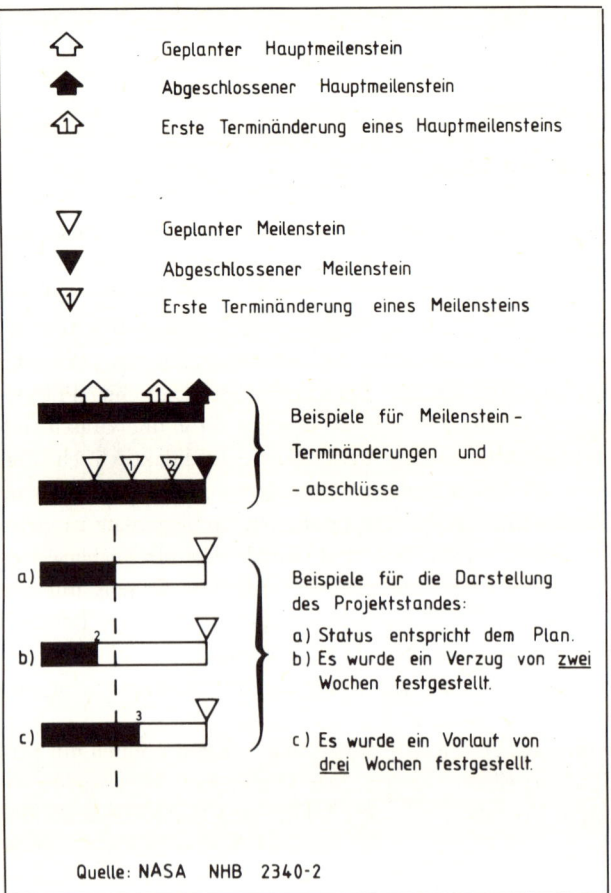

Abb. IX-13: Meilensteinsymbole der NASA

(3) Die unter (1) und (2) genannten Vorteile erleichtern die Kontrolle über die Vollständigkeit der Planung.«[46]

Die beiden Europäischen Raumfahrtorganisationen ELDO (Raketenentwicklung) und ESRO (Satellitenentwicklung), die 1975 zu einer gemeinsamen Organisation, der ESA, fusionierten, setzten schon kurz nach ihrer Gründung im Jahr 1962 die Netzplantechnik als wichtiges Kontrollinstrument ein. Hierzu der Autor: »Das bestehende Planungs- und Fortschrittsüberwachungssystem der ELDO beruhte auf der Netzplantechnik.«[14] Gehriger veröffentlichte 1972 eine Project-Control-Spezifikation, aus der hervorgeht, daß die Netzplantechnik auch das zentrale Instrument zur Termin-und Ablaufplanung der ESRO war.[17] Nach erfolgter Fusion zur neuen Europäischen Raumfahrtagentur ESA wurde auf der Grundlage der gemeinsamen Erfahrungen und in enger Zusammenarbeit mit der Luft- und Raumfahrtindustrie Europas eine für Europa richtungsweisende Project-Control-Dokumentation erstellt.[18—21] Die Erfahrungen der ELDO und ESRO bei der Projektsteuerung von multinationalen Großvorhaben mit Hilfe der Netzplantechnik, haben sich in dieser Dokumentation manifestiert.

Netzpläne können nach verschiedenen Verfahren erstellt werden. Die bekanntesten Techniken sind die

- Critical Path Method (CPM),
- Program Evaluation and Review Technique (PERT) und die
- Metra-Potential-Methode (MPM).

In Deutschland wird bevorzugt die PERT-Methode (Ereignisknotennetzplan) oder die MPM (Vorgangsknotennetzplan) eingesetzt, während international wohl die CPM-Methode (Vorgangspfeile) weiter verbreitet ist. Alle drei Methoden führen bei richtiger Handhabung aber zu vergleichbar guten Ergebnissen. Da in der Vergangenheit viele Publikationen zum Thema Netzplantechnik erschienen sind, wird in diesem Buch darauf verzichtet, auf weitere Einzelheiten der Netzplantechnik, wie zum Beispiel die Berechnung des kritischen Pfades, einzugehen. 1982 erschien die Neuauflage des Buches *Netzplantechnik* von Groh und Gutsch, auf die hier besonders hingewiesen wird.[47] Die dritte Auflage dieses Buches ist didaktisch sehr logisch aufgebaut und für Neulinge sowie für Praktiker äußerst empfehlenswert. Es ist interessant geschrieben und deshalb wohl auch für das Selbststudium gut geeignet. Im Gegensatz zu vielen anderen Büchern zum Thema Netzplantechnik setzen Groh und Gutsch sich erfreulicherweise vor allem mit den Anwenderproblemen in der Praxis auseinander und nicht so sehr mit netzplantheoretischen Abhandlungen. Besonders hervorzuheben ist auch die gleichrangige Behandlung der zuvor genannten Netzplanmethoden. Übersichtliche Graphiken und die Einbeziehung von Balkenplänen, die auf der Basis von Netzplänen erstellt werden, geben dem Leser eine optimale Chance, das Thema zu verstehen.

Große Netzpläne mit einigen hundert Netzplanaktivitäten können nur noch sehr schwer und umständlich von Hand berechnet werden. Der Einsatz von Netzplan-Rechenprogrammen ist deshalb eine unbedingte Voraussetzung. Seit Einführung der Netzplantechnik entwickelten die großen EDV-Firmen sehr leistungsfähige Programme zur Berechnung von Netzplänen. Pläne mit mehreren tausend Netzplanaktivitäten lassen sich in wenigen Minuten berechnen, was natürlich nicht gleichbedeutend mit der Zugriffszeit zu den Daten ist. Das Projekt Management Institute (PMI) stellte nach einer durchgeführten Umfrage 1980 eine Übersicht der gängigsten CPM-Netzplanprogramme in den USA zusammen.[48] Für die neununddreißig betrachteten CPM-Programme wurden 26 typische Anwendekriterien zusammengestellt, um Interessenten die Programmauswahl zu erleichtern. Für den deutschsprachigen Raum gaben Dworatschek und Hayek im Rahmen der GPM-Publikationsreihe 1987 (Neuauflage 1992) einen »Marktspiegel Projektmanagement Software heraus, in dem auf über 300 Seiten die zum Zeitpunkt angebotene Planungs-Software für PC's sowie Mini- und Großrechner katalogisiert, besprochen und bewertet wurde; s.a. Kapitel XVIII.[49] Die Bewertung erfolgte auf der Basis von 607 Einzelkriterien und -merkmalen hinsichtlich der angebotenen Leistungen, der notwendigen Geräteausstattung (Hardware) und der Wirtschaftlichkeit der Programme (Kosten/Nutzen). Der Interessent hat die Möglichkeit, anhand von Einzeldatenblättern detaillierte Informationen einzuholen. In Abb. IX-14 sind die untersuchten Software-Programme für Netzplantechnik mit Informationen über den Lieferanten und Beschaffungspreis tabellarisch zusammengefaßt.

Der Einsatz der Netzplantechnik hat in der Vergangenheit aber auch oft zu viel Kritik geführt. Hierfür gibt es viele Gründe, die wesentlichsten sind jedoch:

- Der Netzplan ist zu detailliert, was in einem hohen Kontrollaufwand resultiert (zu viele Aktivitäten).

Programm	Vertriebsgesellschaft	Preis (DM, 1992)

A. Personal Computer

Programm	Vertriebsgesellschaft	Preis
ARTEMIS 7000 (PC)	Lucas Management Systems GmbH	17.000,–
ARTEMIS PRESTIGE	Lucas Management Systems GmbH	ab 12.265,–
ARTEMIS SCHEDULE PUBLISHER	Lucas Management Systems GmbH	3.960,–
CA-SUPERPROJEKT	Computer Associates GmbH	3.900,–
DPS-Diamant	Dornier GMBH	9.000,–
MONTE CARLO	INTEC GmbH	auf Anfrage
MINIPLUS	ACOS GmbH	ab 5.000,–
ON TARGET	Symantec Deutschland GmbH	999,–
OPEN-PLAN	Welcom Software Technology Corp.	9.425,–
PARADE	INTEC GmbH	auf Anfrage
PC-PROMAN	Hoffmann Industrieberatung GmbH	5.600,–
PLUS.EINS	ACOS GmbH	ab 19.000,–
PMW	Hoskyns Group GmbH	4.800,–
POWERPROJECT	Management & Software im Bauwesen GmbH	2.000,–
PROJEKT OUTLOOK	COMPWARE GmbH	780,–
PRIMAVERA	INTEC GmbH	16.000,–
PROFESSIONAL	PSDI Deutschland GmbH	ab 5.000,–
PROJECT/X	PSDI Deutschland GmbH	ab 15.000,–
PROMIS	COMPWARE GmbH	6.980,–
PROWIS (incl. GRANEDA GRAFIK)	PROIMA GmbH	ab 14.500,–
PS5	Scitor GmbH	2.490,–
SIPRO/X	Siemens/Nixdorf AG	ab 1.900,–
TIME LINE 5.0	Symantec Deutschland GmbH	2.622,–
VIEWPOINT	Informatik-Beratung Bartsch-Beuerlein	6.450,–

B. Mini-/Großrechner

Programm	Vertriebsgesellschaft	Preis
ARTEMIS 9000	Lucas Management Systems	ab 145.000,–
CPCS	CINCOM Systems	auf Anfrage
DPS_TOPAS	Dornier GmbH	ab 10.000,–
FOCMAN	Information Builders Deutschland GmbH	auf Anfrage
GRANEDA PROFESSIONAL	Netronic Software GmbH	ab 5.000,–
INTEPS-GPI	Dr. Ing. Klaus Brankamp	ab 65.000,–
PPS3-HOST	IABG	ab 60.000,–
PPSS	PLANTA Projektmanagement Systeme GmbH	ab 9.000,–
PROJECT/2	PSDI Deutschland GmbH	ab 30.000,–
PROMAN	Hoffmann Industrieberatung GmbH	auf Anfrage
SAP-PMS	SAP Aktiengesellschaft	auf Anfrage
SINET	Siemens/Nixdorf AG	ab 10.000,–
TERMIKON	RRP Reul, Reinking Programmsysteme GmbH	auf Anfrage

Abb. IX-14: Verfügbare Netzplantechnik-Software in Deutschland (Stand 1992) [49]

– Der Netzplan wird zu abstrakt aufgebaut und deshalb von den Anwendern (Technikern, Kaufleuten, usw.) nicht verstanden.
– Die Netzplanaktivitäten sind nicht kontrollfähig, was zu unrealistischen Plänen führt.
– Die Rechner-Ergebnisse versteht nur der Planer, woraus ein Vertrauensverlust in die Planung resultiert.
– Bei der Benutzung von Großrechnern treten starke Verzögerungen bei der Bereitstellung der Ergebnisse auf (EDV-Zugriffszeit), was zu Verärgerungen der Projektleitung führt; ein Problem, daß durch den vermehrten PC-Einsatz heute weitgehend entfällt.

Die übergroße Netzplandetaillierung ist vor allem ein Problem, das Netzplan Neulingen sehr leicht passiert. Im übertriebenen Eifer, möglichst jede Detailaktivität bis hin zu Tagesaktionen im Netzplan zu verankern, hat sich schon so manch ein Planer hoffnungslos verzettelt. Eine zu große Anzahl von Aktivitäten, die aufgrund ihres Details außerdem einem sehr starken Änderungsprozeß unterliegen, führen dazu, daß der Planer den Dingen zu sehr hinterherläuft. Während eines NASA-Hearings wurde einem Projektmanager der Industrie, der für ein wichtiges Apollo-Subsystem verantwortlich war, die Frage gestellt: Warum haben Sie 1963 und 1964 das PERT-System eingeführt, es 1966 dann wieder abgeschafft, ein Jahr später ein weiteres PERT-System eingeführt, um dies dann erneut abzuschaffen? Der Angesprochene faßte zusammen: »Ich glaube, wenn wir alles noch mal machen müßten, so würden wir ganz bestimmt PERT einsetzen, aber bestimmt nicht bis zu dem Detail, wie wir es versuchten und ich denke auch, daß wir zusätzlich viel früher Balkenpläne einführen würden, denn die verstehen die Leute leichter.«[50] Von Wasielewski führte 1974 im Rahmen der Deutschen Gesellschaft für Operation Research (DGOR) bei elf deutschen Großunternehmen eine Umfrage durch, um die Beantwortung folgender Fragen zu ermöglichen[51]:

(1) Läßt sich aus den Kosten eines Projektes auf die zweckmäßige Größe des Netzplans schließen?
(2) Wie fein werden Netzpläne in verschiedenen Wirtschaftszweigen aufgegliedert?
(3) Welche Feinheit der Aufgliederung halten praxiserfahrene Fachleute in ihrem Gebiet für angemessen?
(4) Lassen sich zahlenmäßige Bereiche für
    – Unterplanung,
    – Überplanung und
    – angemessene Planung
    – mit Netzplänen angeben?

Von Wasielewski erhielt von 57 Projekten, bei denen die Netzplantechnik eingesetzt wurde, vollständige Daten zur Beantwortung der vier Fragen. Obwohl der Vergleich der 57 Netzpläne, wie von Wasielewski ausführt, aufgrund der schwachen Repräsentanz einiger Industriezweige keine breite Verallgemeinerung der Ergebnisse erlaubt, liefert die Umfrage jedoch wertvolle Aufschlüsse zu den zuvor genannten vier Fragen. Die Untersuchung bestätigt, daß trotz auftretender Schwankungen sich die Zahl der Netzplanaktivitäten eindeutig mit steigenden Projektkosten erhöht. Ausgehend von ca. 70 Aktivitäten pro 1 Million DM Projektvolumen (Mittelwert) steigt die Anzahl der Aktivitäten bei einer zehnfachen Vergrößerung des Projektvolumens etwa um den Faktor 6 (s.a. Abbildung IX-15). Entsprechend der Einstufung der Netzpläne in die drei Gruppen

(A) Angemessene (wirtschaftliche) Detaillierung,
(N) zu niedrige Detaillierung und
(H) zu hohe Detaillierung,

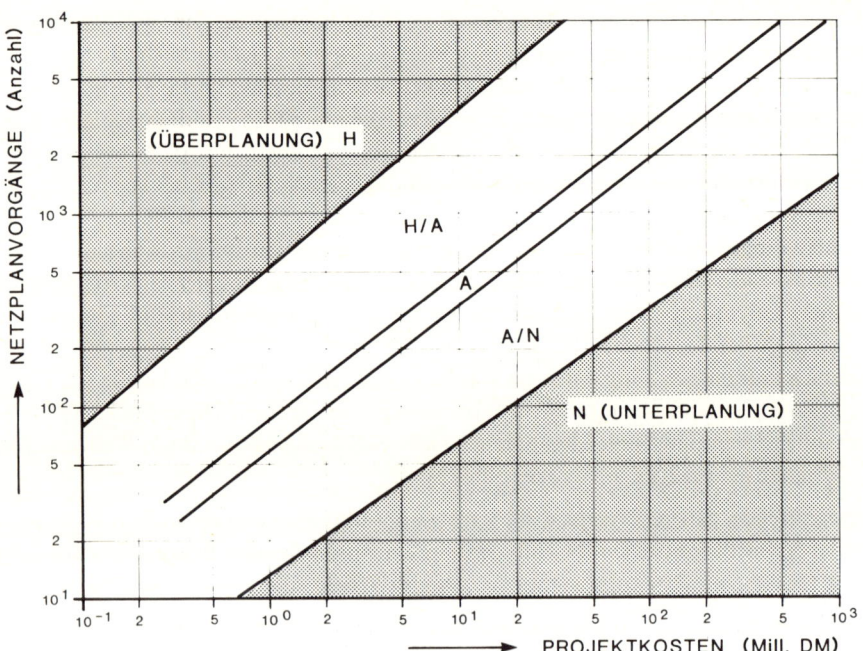

Abb. IX-15: Netzplanaufwand (Zahl der Aktivitäten im Verhältnis zu den Projektkosten, in Millionen DM; von
Wasielewski, 1974)

konnten Grenzen der Überplanung (H-Netzpläne) und Unterplanung (N-Netzpläne) gezogen
werden.

Oft werden Netzpläne sehr abstrakt und wenig realitätsbezogen aufgebaut. Gründe hierfür
sind:

– daß der Planer die Projektzusammenhänge nicht genau genug kennt und deshalb zu allgemeinen Planungsstatements Zuflucht nimmt und

– daß der Planer oder die Projektmitarbeiter das Projekt gar nicht gründlich genug analysiert
haben und deshalb unklar definierte, abstrakte und kaum oder nicht kontrollfähige Aktivitäten
festlegen.

Es ist sehr wichtig, daß der Planer bei der Erstellung der Netzpläne nur Aktivitäten berücksichtigt,
die auch kontrollfähig sind. Der Autor schreibt im Zusammenhang mit der Abwicklung des
Satellitenprojekts HEOS dazu: »In Zusammenarbeit mit der Projektleitung erarbeitete man folgende Richtlinien zur Sicherung einer funktionsfähigen und realistischen PERT-Planung:

– Der Netzplan darf nur für eine Überwachung geeignete, d.h. kontrollierbare Tätigkeiten bzw.
Ereignisse enthalten. Das bedeutete, daß nach Beendigung einer Tätigkeit ein überwachbares,
dem vorher spezifizierten Zustand entsprechendes Produkt vorzuliegen hatte. Bei dem überwachbaren Produkt konnte es sich beispielsweise um ein gefertigtes oder geprüftes Satellitenteil
(Hardware), einen Bericht, eine Zeichnung, usw. (Dokument) handeln.

– Jeder definierten Tätigkeit ist eine verantwortliche Abteilung zuzuordnen. Entsprechend dem
HEOS-A-Organigramm waren die Tätigkeiten den verantwortlichen Arbeitsgruppen oder
Firmen zuzuordnen.

– Der Grad der Detaillierung der Tätigkeiten ist so zu bestimmen, daß eine ausreichende Programmüberwachung gewährleistet ist, der zentrale Netzplan jedoch nicht überladen wird. Es war zu vermeiden, daß untergeordnete Tätigkeiten, wie zum Beispiel betriebsinterne Abläufe, in den Netzplan mit aufgenommen würden. Andererseits war es jedoch unbedingt erforderlich, eine Detaillierung bis zur Komponentenebene vorzunehmen, um ganz bestimmte, für das Projekt kritische Programmpunkte erfassen zu können.

– Zwischenverbindungen (Interfaces) der Teilnetze sind besonders zu definieren. Bestehende Zwischenverbindungen der Teilnetze, die die Lieferungen von Informationen oder Bauteilen, usw. (Soft- und Hardware) von einer Firma oder Abteilung zu einer anderen Arbeitsgruppe festlegten, waren durch eine Meilensteinvernetzung zu kennzeichnen, um eine übersichtliche Abgrenzung aller Zwischenverbindungen zu erhalten.

– Bei der Definition der Tätigkeiten ist von einer einheitlichen, für alle beteiligten Firmen und Abteilungen gleichermaßen gültigen Terminologie auszugehen. Diese Maßnahme zwang zu einer einheitlichen und bindenden Sprache nach vorausgegangener Begriffsklärung, wodurch Mißverständnisse vermieden werden sollten.«[52]

Um sicherzustellen, daß der Netzplan alle wichtigen Tätigkeiten enthält, sollte der Planer sich eine entsprechende Prüfliste erstellen. Nachfolgend ist ein entsprechendes Beispiel wiedergegeben[2]:

– Sind sämtliche Projektüberprüfungen im Plan gezeigt?
– Ist sichergestellt, daß alle Projektüberprüfungspunkte im Plan logisch verknüpft sind?
– Ist für jedes Untersystem eine Konstruktionsphase vorgesehen?
– Sind Testpläne und -prozeduren gezeigt?
– Sind Anlagenmodifikationen berücksichtigt?
– Sind Zulieferungen von Unterauftragnehmern identifiziert?
– Sind Informationen über Bauteile mit langen Lieferzeiten enthalten?
– Sind die wichtigsten Werkzeugerstellungsphasen im Plan enthalten?
– Sind alle Planungsnahtstellen definiert?
– Sind Konstruktionsfreigaben im Plan gezeigt?

Wie eingangs bereits erwähnt, ist die Software-Benutzung bei großen Netzplänen eine unbedingte Voraussetzung. Aber auch in diesem Zusammenhang muß mit Maß und Ziel vorgegangen werden. Gehriger schreibt hierzu sehr treffend: »Es wurden teure Operations Research-Spezialisten eingestellt, die sich ausgeklügelte Computerprogramme beschafften, damit Rechenanlagen für Stunden blockierten und zentnerweise Netzplanausdrucke, die niemand verstand, erstellten.«[1] Solche Auswüchse sind in der Praxis unbedingt zu vermeiden, sonst kommt es dann eines Tages zu Aussprüchen wie (Gehriger): *»To hell with the arrows and circles brigade!«*

Andererseits ist die sinnvolle, das heißt maßvolle Anwendung von Management-Software natürlich ein Gebot der Stunde. Nicht zuletzt um durch Planung auch Kosten zu sparen. Aber die Einsparung darf nicht durch teure Netzplanarbeiten vermindert werden. Zerega führt aus, daß die NASA-Budgetkürzungen Anfang der siebziger Jahre bewirkten, die Planungsteams stark zu kürzen, was dazu führte, daß die Netzplantechnik zum Teil zu den Akten gelegt wurde; zurück zu den Balkenplänen![53] Um dies jedoch zu vermeiden, untersuchte die NASA 1971 den Einsatz von verbesserten EDV-Programmen. Als Konsequenz daraus konnte der Planungsservice der NASA dann, trotz Personalkürzung, mit gleicher Qualität weitergeführt werden.

Die Netzplantechnik stellt bei richtiger Anwendung, einer Anwendung mit Maß und Ziel, durchaus ein hervorragendes Planungsinstrument für die Projektsteuerung dar. Hierzu nochmals ein Plädoyer von Gehriger: »Die Netzplantechnik bringt die Projektteilnehmer einander näher, sie ist ihre gemeinsame Sprache und ermöglicht einen Dialog auf gemeinsamen Nenner. Dies ist besonders bei international verflochtenen Projekten wichtig. Mit Hilfe eines Computers ermöglicht ein realistischer Netzplan dem Projektmanager verschiedene Entscheidungen zu simulieren und so deren Einflüsse auf das Projekt sichtbar zu machen, bevor die endgültige Entscheidung gefällt wird«.[1]

Projektmeilensteine. Die Definition von Projektmeilensteinen ist in Ergänzung zu den zuvor beschriebenen Planungstechniken (Balkenplanung und Netzplantechnik) ein wirkungsvolles Verfahren zur Ergebniskontrolle. Die in einem Netzplan oder Balkenplan ausgedrückten Tätigkeiten sagen ja nur aus, daß ganz bestimmte Arbeiten auszuführen sind, jedoch nichts über die Ergebnisse. In der Netzplantechnik wird im Prinzip zwar zwischen Vorgängen (Tätigkeiten) und Ereignissen (Ergebnissen) unterschieden, oftmals allerdings in zu abstrakter Form. Erst durch die Definition von kontrollfähigen Projektmeilensteinen, die sowohl in den Balkenplänen wie den Netzplänen fest verankert werden, erhalten die Netz- und Balkenpläne einen erhöhten Realitätsbezug. Die Definition von Meilensteinen oder Schlüsselereignissen muß so erfolgen, daß eine wirkungsvolle Erfolgskontrolle möglich ist (s. a. Abb. IX-13). Die Kontrollfähigkeit eines Meilensteins ist aber nur dann gegeben, wenn mit Abschluß des Meilensteins ein inhaltlich und qualitätsmäßig prüfbares Endprodukt, zum Beispiel ein spezifiziertes Hardware-Bauteil, ein Dokument (Spezifikation, Plan, Zeichnung, usw.) oder ein Softwareprogramm (EDV-Programm mit Anwenderbeschreibung), vorliegt. Daneben sind aber auch Projekt und/oder Arbeitsfreigaben, zum Beispiel die Freigabe für ein Arbeitspaket, Planungsnahtstellen zwischen den einzelnen Termin- und Ablaufplänen und Systemüberprüfungen (s. a. Kapitel VII, 3) wichtige Projektmeilensteine. Meilensteine lassen sich nach folgenden Kriterien definieren:

(1) Start- und Abschlußereignisse (Freigaben und Endprodukte):
   – Gesamtprojekt (Projektbeginn und -ende),
   – Projektphasen (Phasenbeginn und -ende),
   – Teilprojekte/Untersysteme (Beginn und Ende),
   – Arbeitspakete (Beginn und Ende),
   – usw.
(2) Test- und Lieferereignisse (Test abgeschlossen und/oder Produkt abgeliefert):
   – Hardware,
   – Dokumentation,
   – EDV-Software.
(3) Planungsnahtstellen (wesentliche Planungsverknüpfungen zu anderen Plänen).
(4) Projektüberprüfungen (s. a. Kapitel VII, 3):
   – Anforderungsüberprüfungen,
   – Entwurfsüberprüfungen,
   – Abnahmeüberprüfungen.

Die einzelnen Meilensteine eines Projektes haben für die Projektleitung jedoch nicht die gleiche Bedeutung. Es gibt sehr wichtige und weniger wichtige Meilensteine. Eine Gruppierung der Meilensteine entsprechend ihrer Bedeutung ist bei Großprojekten deshalb sehr zu empfehlen. Hier hat sich die Gliederung der Projektmeilensteine in einzelne Meilensteinebenen, die zum Beispiel nach der Überwachungszuständigkeit festgelegt werden, sehr bewährt. Danach wären nach Meilensteinebenen gestaffelte Meilensteinlisten zu erstellen, die dann den einzelnen Zuständigkeiten zuzuordnen sind. Nachfolgend ist das Meilensteinkonzept für ein Großprojekt aus der Praxis wiedergegeben[54]:

Meilensteine der Ebene 1:
Vom Auftraggeber zu kontrollierende Meilensteine

Meilensteine der Ebene 2:
Vom Hauptauftragnehmer zu kontrollierende Meilensteine

Meilensteine der Ebene 3:
Von den Unterauftragnehmern und AP-Verantwortlichen zu kontrollierende Meilensteine.

Nachfolgend ist die Meilensteinliste der vom Auftraggeber zu kontrollierenden Meilensteine (Ebene 1) des HELIOS-Projektes wiedergegeben [55]:

1. Feststellung des Vibrationseinflusses auf die Experimente,
2. Verfügbarkeit des Telekommunikationssystems (mit Bodenausrüstung) für erste Verträglich-keitstests,
3. Erster erfolgreicher Nachweis der Antennenausrichtung auf einem rotierenden Körper,
4. Verfügbarkeit des thermischen Modells (S2) für thermische Tests,
5. Abschluß aller Funktionstests an den Ingenieurmodellen (einschließlich Experimente),
6. Abschluß aller Entwicklungstests,
7. Abschluß der Prototyp-Integration,
8. Abschluß der Prototyp-Tests (in Deutschland),
9. Erstes Fluggerät startbereit,
10. Zweites Fluggerät startbereit.

Für Firmen- und Projektmanager ist die Einführung von Meilenstein-Kontrolllisten ein ideales Steuerungsinstrument. Ohne auf Einzelheiten im Netz- oder im Balkenplan eingehen zu müssen, können sie anhand der Meilensteintabellen über den Projektstand informiert werden. Bei der Erstellung und Kontrolle der Meilensteinlisten sollten, wo immer möglich, natürlich entsprechende PC-Programme eingesetzt werden. Neuzeitliche PC-Programme sollten die integrierte Erstellung von Netz- und Balkenplänen einschließlich detaillierter Meilensteinlisten ermöglichen.

Bedeutung der Zeitschätzung. Die Zeitschätzung ist eine sehr verantwortungsvolle Aufgabe des Projektmanagements. Sehr oft werden zum Projektbeginn in Zusammenarbeit mit dem Fachbereich Annahmen getroffen, die später dann nicht einzuhalten sind. Dies resultiert nicht selten aus der Leichtfertigkeit, mit der dem Problem der Zeitschätzung begegnet wird. In vielen Fällen steht die Zeitschätzung am Ende einer langen Kette von Projekt-Vorbereitungtätigkeiten und zum Schluß müssen schnell Terminannahmen getroffen werden. Die für die Zeitschätzung herangezogenen Ingenieure sind oft nicht auf diese Tätigkeit vorbereitet und verfügen meistens auch nicht über diesbezügliche Erfahrungen aus der Vergangenheit. Es ist kein Wunder, daß die Terminplanung unter solchen Voraussetzungen oft weit neben der Realität liegt. Die Termin- und Ablaufplanung ist aber ein wichtiges Fundament für die Kostenschätzung und die Festlegung von verbindlichen Vertragsterminen. Zu enge, aber auch zu weit gefaßte Termine erhöhen die Kosten. Im ersten Fall sind Planungsänderungen und als Konsequenz daraus Kostenänderungen die Folge und im zweiten Fall gilt: *Zeit ist Geld.* Bei Nichteinhaltung der Termine sind darüberhinaus Vertragsstrafen die Regel. Außerdem kommt noch ein psychologisches Moment hinzu. Ein Mangel an Glaubwürdigkeit führt zur Disziplinlosigkeit, da man Terminangaben aufgrund schlechter Erfahrungen keinen Glauben mehr schenkt und mehr und mehr ignoriert. Einer sorgfältigen Terminschätzung ist deshalb eine möglichst große Aufmerksamkeit zu schenken.

Eine wichtige Voraussetzung um zu soliden Terminschätzungen zu kommen, ist die Aufstellung detaillierter Ablauflogiken. Wie zuvor bereits erwähnt, sind Netzpläne eine ideale Basis für die

Planung. Hat man erst die genaue Ablauflogik erstellt und Einzeltätigkeiten identifiziert, so ist bereits eine gute Voraussetzung für eine solide Terminschätzung gegeben. Durch die klare Zuordnung der Aktivitäten zum PSP und den Arbeitspaketen ist auch die Verantwortlichkeit festgelegt. Mit Hilfe eines erfahrenen Planers kann nun detailliert analysiert werden, welcher Zeitraum zur Erledigung der Tätigkeit erforderlich ist. Erfahrungen aus der Vergangenheit sollten selbstverständlich mit herangezogen werden und Zuschläge für Unvorhergesehenes sind ebenfalls zu empfehlen. Leider werden nur selten diesbezügliche Terminanalysen aus vergangenen Projekten erstellt. In Abbildung IX–16 ist eine Terminanalyse des HELIOS-Projektes wiedergegeben, aus der die Gegenüberstellung der Plan- und Ist-Termine eindeutig hervorgeht.[55] Im Zusammenhang mit der Netzplantechnik wurde das Verfahren der Drei-Zeiten-Schätzung eingeführt, in dem der Schätzer aufgefordert wurde, die *optimistische, wahrscheinliche und pessimistische* Zeit zu schätzen. Miller hat hierzu folgende Definition formuliert:

– *Optimistische Zeit (t_o):* Schätzung der kürzestmöglichen Zeit, die zur Durchführung einer Tätigkeit benötigt wird – eine Zeit, die nur dann erzielt wird, wenn man außergewöhnliches Glück hat und *alles auf Anhieb klappt*.
– *Wahrscheinliche Zeit (t_w):* Schätzung der Zeit, die normalerweise zur Durchführung einer Tätigkeit benötigt wird – eine Zeit, die bei mehrmaliger, voneinander abhängiger Wiederholung derselben Tätigkeit immer wieder benötigt wird.
– *Pessimistische Zeit (t_p):* Schätzung der längsten Zeit, die für die Durchführung einer Tätigkeit benötigt wird – eine Zeit, die nur bei außergewöhnlichem Pech gebraucht wird. Sie sollte die Möglichkeit anfänglicher Fehler oder gar neuen Beginnens einschließen, aber nicht beeinflußt sein durch Dinge wie Katastrophenfälle, Streiks, Ausfall der Energieversorgung, es sei denn, daß diese Risiken mit der Tätigkeit direkt verbunden sind.«[56]

Die Ermittlung der mittleren Zeit (t_m) kann entsprechend der Beta-Verteilung nach folgender Formel erfolgen:

$$t_m = \frac{t_o + 4 \times t_w + t_p}{6}$$

Dieses Verfahren wurde in der Vergangenheit jedoch relativ selten angewendet. Die Begründung dafür dürfte einmal in dem relativ großen Schätzaufwand liegen und zum anderen darin, daß die Anwendung der Netzplantechnik in der Vergangenheit in vielen Branchen zurückging. Die Drei-Zeiten-Schätzung kann jedoch auch ohne Anwendung der Netzplantechnik sinnvoll eingesetzt werden und sollte deshalb nicht völlig zu den Akten gelegt werden.

Die Planungsanalyse für ein neues Projekt sollte neben der detaillierten Zeitschätzung auch eine Analyse der terminkritischen Projektbereiche enthalten. Die Analyse terminkritischer Projektbereiche läßt sich am besten mit Hilfe der Netzplantechnik erreichen. Anhand des Netzplanes lassen sich die kritischen Pfade eindeutig bestimmen. Wurde der Netzplan mit Hilfe eines EDV-Programms berechnet, so können die kritischen Pfade erster, zweiter, dritter und n-ter Ordnung leicht ausgedruckt und analysiert werden. Die Analyse der terminkritischen Projektbereiche setzt aber auch voraus, daß Vorsichtsmaßnahmen und Alternativpläne erstellt werden; es ist nicht damit getan, terminkritische Bereiche nur aufzuzeigen. Geplante Gegenmaßnahmen, die im Notfall eingeleitet werden, können zum Beispiel sein:

– Bereitstellung eines zweiten Teams,
– Einplanung von Überstunden und gegebenenfalls auch Wochenendarbeiten,
– Vorziehen besonders kritischer Aufgaben,

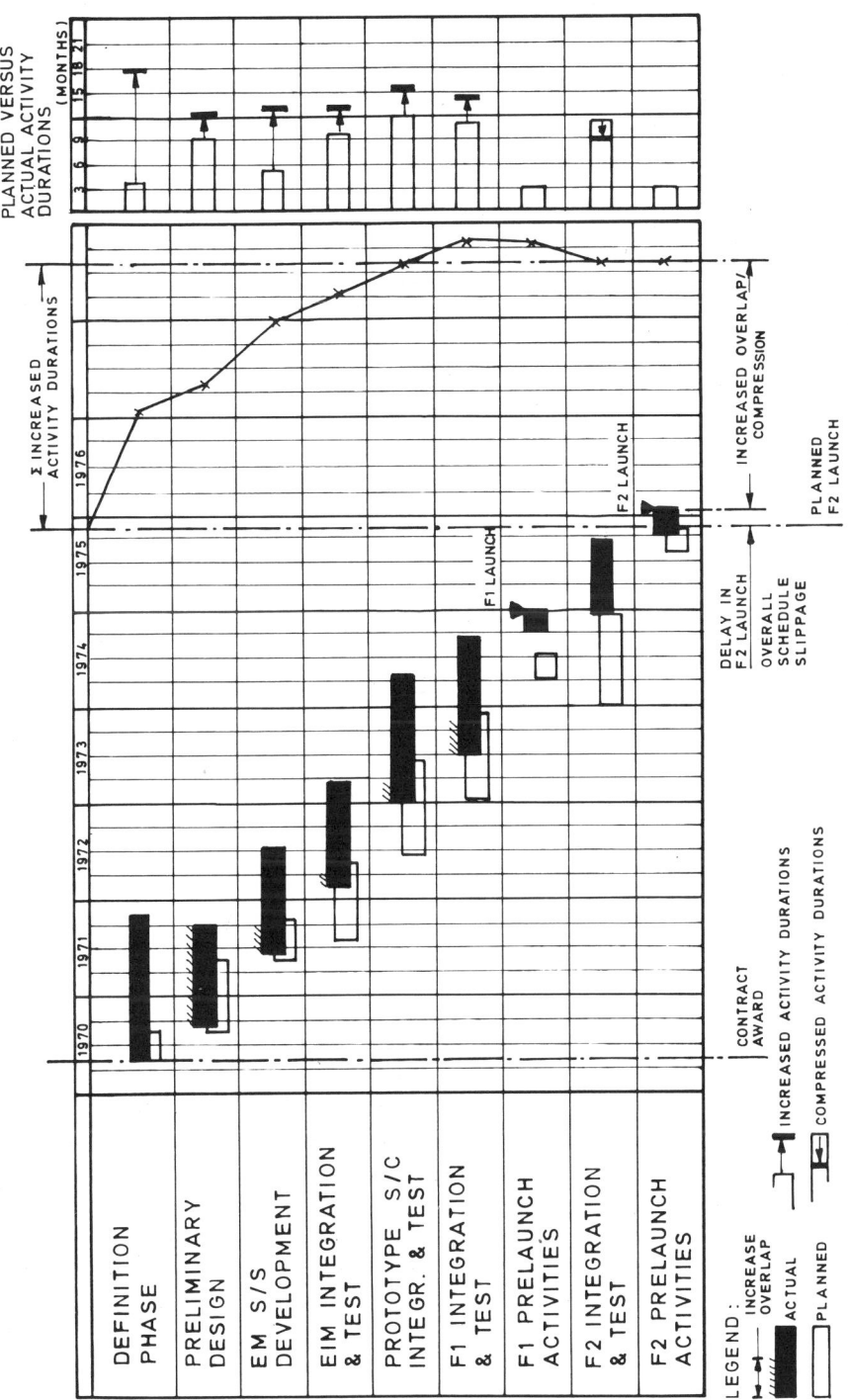

Abb. IX-16: HELIOS-Terminanalyse (MBB)

– Einleitung von Parallelarbeiten,
– usw.

Die Analyse kritischer Bereiche und die rechtzeitige Einplanung von Gegenmaßnahmen ist deshalb so wichtig, weil Terminengpässe, sofern sie rechtzeitig bekannt sind, oft durch relativ einfache und verhältnismäßig kostengünstige Gegenmaßnahmen überwunden werden können, während die Nichtabstellung von Terminengpässen infolge von Standzeiten großer Teams oder Maschinen dann oft zu enormen Kostenüberschreitungen führt. Oft verhindert die rechtzeitige Überwindung von Terminengpässen auch die Pflicht zur Zahlung von Vertragsstrafen durch verspätete Lieferung. Eine realistische Terminschätzung und Analyse der terminkritischen Bereiche ist für die Abwicklung eines Projektes von allergrößter Bedeutung.

Kosten- und Einsatzmittelplanung

Lebenszykluskosten. Bei der Projektdurchführung stehen drei Parameter im Vordergrund des Geschehens: die zu erbringende technische Leistung, die Termin- und Ablaufplanung und die notwendigen Kosten. Oft sind die Termin- und/oder Kostenschranken die ausschlaggebenden Kriterien für die Einleitung, Durchführung oder Einstellung eines Projektes. Der Kosten- und Einsatzmittelplanung kommt deshalb eine ganz besondere Bedeutung zu. Für die geplante Realisierung eines Projektes ist die wirtschaftliche Beurteilung des Vorhabens zu einem möglichst frühen Zeitpunkt äußerst wichtig und deshalb sind die Einsatzmittel und Kosten für

– Konzepterstellung,
– Definition,
– Forschung und Entwicklung (FuE),
– Herstellung/Beschaffung,
– Betrieb/Wartung und
– Außerdienststellung

so rechtzeitig wie möglich zu ermitteln (s.a. Kapitel IV und X). In Abbildung IX-17 ist der zeitliche Anfall der Lebenszykluskosten (LZK), gezeigt (s.a. Abbildung IV-3). Die Definition der Kosten für die in Abbildung IX-17 gezeigten LZK-Elemente ist wie folgt:

– Konzept (Phase A), Definition (Phase B) und FuE (Phase C): Die Kosten für diese Phasen sind einmalige nicht wiederkehrende Kosten, die in der englischsprachigen Literatur mit *non-recurring costs* bezeichnet werden.
– Herstellung/Beschaffung (Phase D) und Betrieb/Wartung (Phase E): Bei den Kosten für die Phasen D und E handelt es sich, mit Ausnahme der Anlagenbeschaffung, um pro Produktionseinheit ständig wiederkehrende Kosten den *recurring costs*.
– Außerdienststellung (Phase F): Wird die Phase F in das Projekt mit einbezogen, so sind die anfallenden Kosten ebenfalls als *recurring costs* zu betrachten und dem Produkt zuzuschlagen.

AP- und Gesamtkostenplan. Anhand des Projektstrukturplans (PSP) ist für jede Projektphase (Phasen A bis E) zum Phasenbeginn ein detaillierter Kosten- und Einsatzmittelplan zu erstellen. Der Kostenschätzprozeß, der in Kapitel X ausführlich beschrieben ist, soll hier deshalb nicht im einzelnen behandelt werden. Vielmehr wird an dieser Stelle im Zusammenhang mit dem Terminplan der Aufbau der Kosten- und Einsatzmittelplanung behandelt. Der Kosten- und Einsatzmittelplan

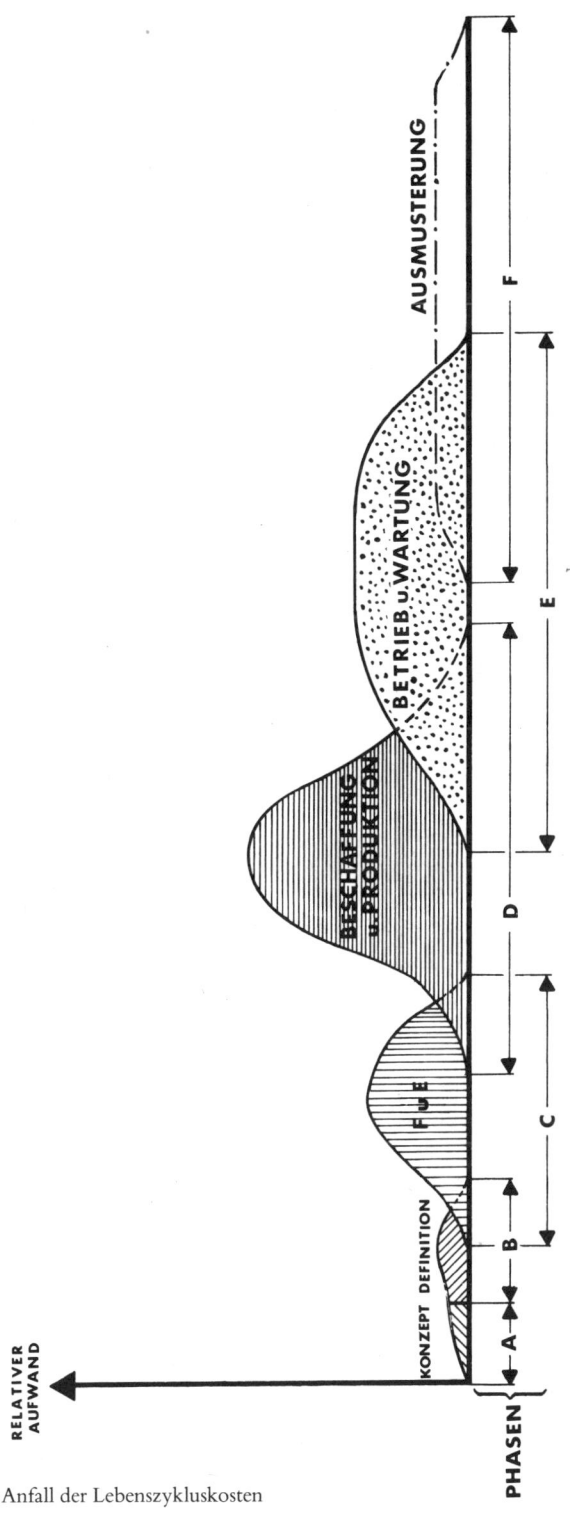

Abb. IX-17: Zeitlicher Anfall der Lebenszykluskosten

ARBEITSPAKET PERSONAL– UND KOSTENPLAN

AP–TITEL:

AP–REF.:

PROJEKT

ANGEBOTS–AUFF.–Nr.   Währung:

Ausgabedatum:

KATEGORIE

Zeitperioden nach Auftragsvergabe   (Mannstunden)

PERSONALAUFWAND   Stunden
- Management & Administration
- Systemtechnik
- Zeichnungserst. u. Dokum.
- Andere
- Fertigung

Gesamt–Personalaufwand

PERSONALKOSTEN   Stunden-satz   LC   AU
- Management & Administration
- Systemtechnik
- Zeichnungserst. u. Dokum.
- Fertigung
- Andere

Gesamt–Personalkosten

SONSTIGE KOSTEN
- Material
- Interne Spezielle Anlagen
- Interne Zulieferungen
- Externe Spezialgeräte
- Externe Dienstleistungen
- Reisen
- Verpackung & Transport
- Andere

Gesamt Sonstige Kosten

Gesamtkosten (LC)

Gesamtkosten (AU)

Anmerkungen: – Es sind Standard–Stundensätze, einschl. aller Zuschläge aber ohne Gewinn u. Risikozuschläge zu verwenden
       – LC = Individuelle Währung
       – AU = Verrechnungseinheit   (entspr. ca. 1 US $)

Abb. IX-18: Beispiel eines Arbeitspaket-Kostenplans der ESA

ist die Grundlage für die spätere Kostenkontrolle und in Verbindung mit der Termin- und Ablaufplanung die Grundlage für die integrierte Leistungskontrolle.

Die unterste Ebene des PSP ist das Arbeitspaket (s. a. Abbildung IX-6). Auf dieser Ebene sind detaillierte Kostenschätzungen vorzunehmen, die dann entsprechend der jeweiligen PSP-Ebenen zu verdichten sind. Der in Abbildung IX-18 gezeigte Arbeitspaket-Kostenplan zeigt vertikal die einzelnen Kostenarten (Personal-, Material-, Rechnerkosten, usw.) und horizontal die zeitliche Kostenaufteilung, z. B. nach Monaten oder Quartalen. Der AP-Kostenplan stellt das kleinste Element der Projekt-Kostenplanung dar. Werden die gesamten AP-Kostenpläne eines Projektes anhand des PSP's verdichtet, so erhält man auf jeder PSP-Ebene entsprechende Kostenpläne, die den geplanten Kosten- und Mitteleinsatz in der jeweiligen Ebene widerspiegeln. Auf Projekt-, System-, Untersystem-, … und AP-Ebene steht dem Projekt dadurch eine exakte Kosten- und Einsatzmittelplanung zur Verfügung. Für Großprojekte ist in jedem Fall der Einsatz von entsprechender Software anzustreben, da vor allem Änderungen sonst in eine aufwendige Rechentätigkeit ausarten. Auf der Basis der detaillierten Kostenpläne können nun die Mittelabfluß-, Zahlungs- und Finanzierungspläne sowie für das Unternehmen die Auslastungsplanung erstellt werden.

Das finanzielle Angebot. Bei fremdfinanzierten Projekten ist neben der Kostenplanung auch ein Finanzplan zu erstellen. Das finanzielle Angebot eines Projektes basiert im wesentlichen auf der im Detail erstellten Kostenplanung. Allerdings ist im finanziellen Angebot durch Hinzufügung des zu erwirtschaftenden Gewinns der Projektpreis die maßgebliche Größe. Die im Gesamt-Kostenplan eines Projektes zusammengefaßten Kosten repräsentieren nur die finanziellen Mittel, die notwendig sind, um die geplante Projektleistung (Durchführung von Projekttätigkeiten), den erforderlichen Mittelverbrauch (Material, Zukaufteile, usw.), sowie die allgemeinen Dienstleistungen der Firma (Administration und Verwaltung) zu finanzieren. Firmengewinne sind in den ermittelten Projektkosten in der Regel noch nicht enthalten (s. a. Abb. XIV-1).

Im finanziellen Angebot sind folgende Aspekte besonders zu berücksichtigen:

- Preisgestaltung,
- Gewinnzuschlag,
- Zahlungsmodus,
- Finanzierung,
- Preissteigerungen.

Die Preisgestaltung ist für die Abwicklung eines Projektes von allergrößter Bedeutung. Der Unternehmer geht bei Festpreisen zum Beispiel ein ungleich größeres Risiko ein als bei Kostenerstattungspreisen und wird den Gewinnzuschlag, sowie eventuelle Kostenreserven stark von der Preisgestaltung abhängig machen. Auf das Thema der Preisgestaltung wird in Kapitel XIII besonders eingegangen. Der Zahlungsmodus ist für den Projektleiter ein äußerst wichtiger Faktor, da die Einnahmen-Ausgabenrechnung für das Projekt durch den Zahlungsplan stark beeinflußt wird. Werden Zahlungen zum Beispiel jährlich oder erst nach Abschluß ganz bestimmter Meilensteine vorgenommen, so sind zur Zahlung zwischenzeitlicher Verpflichtungen (Gehälter; Materialbeschaffung, Zulieferung, usw.) entsprechende Fremdmittel zu beschaffen, woraus in Ergänzung zu den Projektkosten Geldbeschaffungskosten anfallen. Diese sind in der Gesamtfinanzplanung selbstverständlich zu berücksichtigen. Völlig anders sieht die Situation in den Fällen aus, in denen das Projekt die monatlich angefallenen Kosten sofort (entsprechend Anfall) abrechnen kann. Staatliche Auftraggeber räumen den industriellen Auftragnehmern bei technologisch komplexen Vorhaben die mit einem besonders großem Risiko behaftet sind oft die Möglichkeit eines Selbstkostenerstattungspreises (SKE) und eine monatliche Abrechnung ein.

Die Finanzierung großer und komplexer Projekte ist oft ein weiteres Problem, mit dem Projektleiter und die Finanzabteilungen projektbearbeitender Firmen konfrontiert werden. Die Projektfinanzierung steht in engem Zusammenhang mit dem schon erwähnten Zahlungsmodus. Gerade bei schlüsselfertigen Bauvorhaben *(turn-key-contracts)* enthält der ausgewählte Hersteller (Auftragnehmer) bei Vertragsabschluß oft nur eine Anzahlung (zum Beispiel 20 Prozent des Auftragsvolumens) und der gesamte Kaufpreis (100 – 20 = 80 Prozent) wird bei Projektübergabe (nach Abnahme), oftmals sogar abzüglich einer Restzahlung, die erst nach einer längeren Garantiezeit (zum Beispiel: Abnahme plus 1 Jahr) verrechnet wird, bezahlt. Derart langfristige Projektfinanzierungen, die sich oft über mehrere Jahre hinziehen, erfordern ganz erhebliche Finanzierungskosten. In diesem Zusammenhang sind oft jedoch noch weitere Punkte zu beachten, so zum Beispiel die Kreditsicherung bei Auslandsgeschäften (Bürgschaften) und auftretende Währungsschwankungen.

Preissteigerungen sind eine weitere Plage der Projektleitung, die im Finanzangebot zu berücksichtigen sind. Jedes Preisangebot kann nur zu den zum Zeitpunkt der Kostenschätzung gültigen Stunden- und Materialsätzen verbindlich ermittelt werden. Die Preisentwicklung des folgenden oder der folgenden Jahre kann für kein Land mit absoluter Sicherheit vorausgesagt werden. Besteht der Kunde aber auf einen absoluten Festpreis *(firm-fix-price)*, so muß auf dem veranschlagten Preis, der auf der Preisbasis des Jahres, in dem die Kosten-/Preisschätzung vorgenommen wurde (Jahr t_o), ein entsprechender Inflationszuschlag, hinzugerechnet werden. In solchen Fällen liegt das Risiko der inflationsbedingten Kostensteigerung jedoch voll beim Auftragnehmer. Erhöht sich der in Ansatz gebrachte Inflationszuschlag, so ergeben sich entsprechend hohe Verluste beim Auftragnehmer. Viele Auftragnehmer sind jedoch nicht ohne weiteres bereit, ein solches Risiko auf sich zu nehmen. Insbesondere bei großen und langfristigen, internationalen Projekten, bei denen, wie es die jüngste Geschichte deutlich gezeigt hat, die Inflationsrate einerseits und die Wechselkursschwankungen andererseits zu nur schwer kalkulierbaren Faktoren werden, muß sich der Auftragnehmer entsprechend absichern. In vielen derartigen Fällen wird zwischen dem Auftraggeber und dem Auftragnehmer deshalb ein Festpreis mit einer Eskalations- bzw. Preisgleitklausel vereinbart, um inflationsbedingte Preissteigerungen gesondert abrechnen zu können. Hoss beschreibt die Standardformel für die Inflationsanpassung für ESA-Projekte wie folgt[57]:

$$P_N = P_o(a + b \times G_N/G_O + c \times M_N/M_O)$$

Darin bedeuten:

P_N = revidierter Preis für das Abrechnungsjahr oder den Abrechnungszeitpunkt N.

P_O = vereinbarter Preis im Vertragsjahr.

a = nicht inflationierter Preisanteil; von Hoss für ESA-Projekte mit 10 % (= 0,1) beziffert.

b = Preisanteil für Gehälter; von Hoss für ESA-Projekte mit 60 % (= 0,6) beziffert.

c = Preisanteil andere direkte Kosten, z. B. Material, Zulieferungen, usw.; von Hoss für ESA-Projekte mit 30 % (= 0,3) beziffert.

G_N/G_O = Gehaltsindex.

M_N/M_O = Material Index.

Die ESA verwendet für die Bundesrepublik Deutschland in der Regel den vom Statistischen Bundesamt in Wiesbaden festgelegten Gehalts- und Materialindex.

In den verschiedenen Branchen werden aufgrund unterschiedlicher Aufgaben zwar Eskalationsgleichungen in leicht abgewandelter Form verwendet, das Grundprinzip ist aber mit der Formel von Hoss eindeutig beschrieben. Zur Vermeidung von Risiken aufgrund von Wechselkursschwankungen bietet sich als sicherste Lösung an, eine vertragliche Regelung zu treffen, nach der das Projekt in der eigenen Landeswährung angeboten und auch abgerechnet wird. Alternativ hierzu sind Angebote in stabilen Fremdwährungen oder Versicherungsabschlüsse gegen Kursschwankungen üblich; s. a. II.8.

4. Methoden der Projektüberwachung

Bedeutung der Projektüberwachung

Die Rolle des Managements liegt im intelligenten Reagieren auf Veränderungen, so lautet ein Zitat von dem ehemaligen US-Verteidigungsminister Robert McNamara.[58] Auf das Gebiet der Projektüberwachung übertragen bedeutet dies, der Projektleiter oder eine durch ihn bevollmächtigte Person des Projektteams, zum Beispiel der Project Controller muß auf der Basis vorher erstellter Pläne auf meßbare Projektveränderungen so reagieren, daß das einmal gesteckte Projektziel unter Einsatz geringster Mittel erfüllt wird. Man kann diesen Vorgang recht gut mit der Wirkungsweise eines Regelkreises vergleichen. In Abbildung IX-19 sind die Hauptelemente der Projektüberwachung und die Reihenfolge der aufeinander folgenden Aktionen des Managementregelkreises graphisch dargestellt.[2] Nachfolgend die Erläuterung der einzelnen Regelkreisstufen:

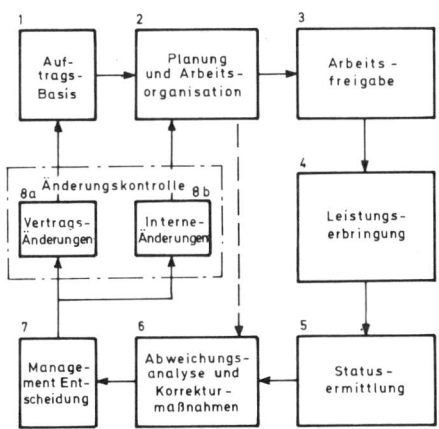

Abb. IX-19: Hauptelemente des Überwachungsregelkreises

Stufe 1: Erstellung der Vertragsbasis.
Die Vertragsbasis, in der die Projektziele anhand der Systemspezifikation, dem Pflichtenheft, der Haupt- bzw. Ecktermine und der Projektkosten verankert sind, ist das Fundament für jeden Managementprozeß. Projektänderungen werden an der Vertragsbasis gemessen.

Stufe 2: Planung und Arbeitsorganisation.
Auf der Basis der vertraglich festgelegten Projektziele sind detaillierte Pläne und eine detaillierte Arbeitsorganisation aufzubauen. In der Regel werden die Planungsunterlagen (PSP, AP-Beschreibungen, Termin- und Ablaufpläne und Kostenpläne) bereits in der Angebotsphase erstellt, und

nach Abschluß des Vertrages (Absichtserklärung, Vorvertrag oder Hauptvertrag) auf den neuesten Stand gebracht und endgültig verabschiedet.

Stufe 3: Arbeitsfreigabe.
Die Arbeitsfreigabe ist gewissermaßen der offizielle Anfang des regelmäßigen Überwachungsprozesses. Um zu verhindern, daß Arbeiten ohne Autorisation begonnen werden, muß ein wirkungsvolles Freigabeverfahren eingeführt werden. Motto: *Wo keine Freigabe vorliegt kann es auch nicht zu Überzügen kommen!*

Stufe 4: Arbeitsdurchführung.
Die Durchführung von Projektarbeiten sollte in allen Ebenen und von allen Beteiligten auf klaren und eindeutigen Planungsunterlagen und in Verbindung mit einer offiziellen Arbeitsfreigabe erfolgen.

Stufe 5: Leistungsmessung.
In regelmäßigen, meist monatlichen Abständen erfolgt die Leistungsmessung (Arbeitsfortschritt, Mittelverbrauch und Änderungen).

Stufe 6: Abweichungsanalyse und Korrekturmaßnahmen.
Die gemessene Leistung (Stufe 5) kann nun unter Bezugnahme auf die Planung und Arbeitsorganisation (Stufe 2) analysiert werden. Planungsabweichungen sind zu identifizieren und ihre Auswirkungen auf das angestrebte Projektziel müssen bewertet werden. Gegebenenfalls sind entsprechende Korrekturmaßnahmen zu definieren und an das Management weiterzuleiten.

Stufe 7: Managemententscheidung.
Die aus der Abweichungsanalyse resultierenden und an das Management als Vorschlag weitergeleiteten Korrekturmaßnahmen sind vom Management in Planungsänderungen umzusetzen oder gegebenenfalls auch abzulehnen. Die Managemententscheidung ist als aktives Stellorgan im Managementregelkreis zu betrachten. In der Praxis veranlaßt die Projektleitung oftmals eine weiterführende Analyse, um die Auswirkungen geplanter Entscheidungen besser beurteilen zu können.

Stufe 8: Änderungen.
Bei der Einleitung von Änderungen sind zwei Maßnahmen möglich,
– Vertragsänderungen und
– projektinterne Änderungen.

Zeigt die Abweichungsanalyse (Stufe 6), daß die festgestellten Abweichungen durch projektexterne Einflüsse, zum Beispiel durch vom Auftraggeber kontrollierte Nahtstellen (verspätete Beistellung von Maschinen, usw.) verursacht wurden, so wird dies normalerweise zu vertraglichen Änderungen (Stufe 8a) führen. Projektintern verursachte Abweichungen führen in der Regel zu internen Änderungen (Stufe 8b). Durch die vom Management eingeleiteten Änderungen ist der Management-Regelkreis geschlossen.

Der Regelmechanismus oder Steuerungsvorgang eines Projektes läßt sich sehr anschaulich mit der Lenkung eines Pkw vergleichen [2] (s.a. Abbildung IX-20). In vielen Fällen scheitert die wirkungsvolle Projektsteuerung daran, daß die für den Steuerungsprozeß benötigten Informationen nicht in der nötigen Transparenz vorliegen. Die vorliegenden Planungsdaten sind tatsächlich sehr oft nicht klar genug gegliedert, oft nur unzureichend präzise definiert, oder sehr lückenhaft fertiggestellt. Ein weiteres Problem resultiert aus der mangelhaften Leistungsmessung und unklar gefaßten

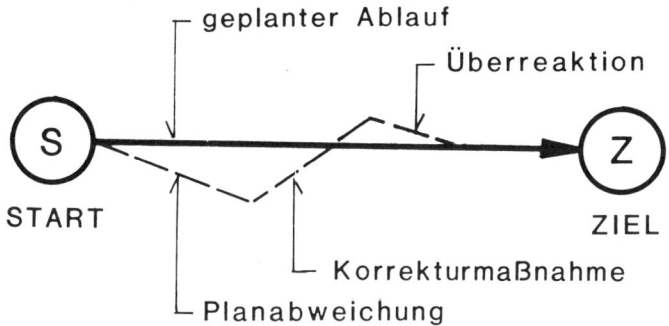

Abb. IX-20: Prinzip der Projektsteuerung

Abweichungsanalyse. Aber noch ein weiterer Faktor ist für die effiziente Projektüberwachung (Steuerung) von allergrößter Bedeutung, nämlich die Reaktionszeit. Die Schnelligkeit des Überwachungsprozesses, das heißt, die Zeit vom Bekanntwerden einer Abweichung (Stufen 5 und 6) bis zur Änderungsimplementation (Stufe 8), ist ein entscheidender Faktor für die Effizienz der Projektüberwachung. Auch hier ist die Analogie mit der Lenkung eines Pkw's sehr eindrucksvoll. Allzulange Reaktionszeiten sind in beiden Fällen problematisch. Ein in den Graben gefahrenes Fahrzeug (oder Projekt) ist nur mit großen Kraftanstrengungen wieder herauszubekommen. Die Bedeutung schnellen Handelns ist in Abbildung IX-21 eindrucksvoll demonstriert.[12] Wird ein auftretendes Problem rechtzeitig erkannt und die erforderliche Korrekturmaßnahme (Gegensteuerung) rechtzeitig eingeleitet, so lassen sich im Gegensatz zur verspätet eingeleiteten Korrekturmaßnahme bei gleichbleibender Projektleistung Zeit und/oder Kosten sparen.

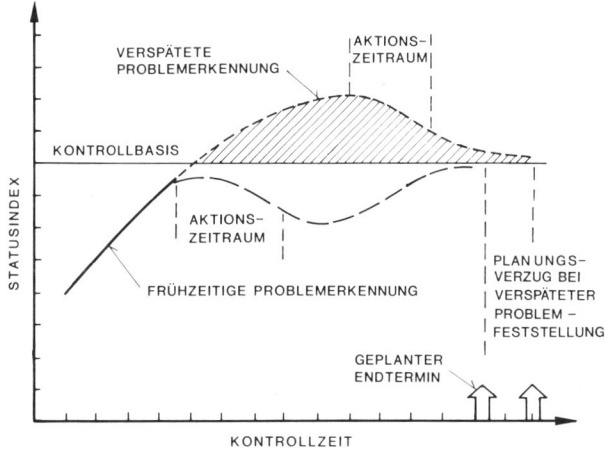

Abb. IX-21: Bedeutung der Reaktionszeit für die Projektüberwachung (NASA)

Projekt- und Arbeitsfreigabe

Eine wirkungsvolle Projektüberwachung kann nur auf der Basis detaillierter und vollständiger Planungsunterlagen, wie sie in Paragraph 3 detailliert beschrieben und zusammengestellt sind, erfolgen. Eine weitere wichtige Voraussetzung für die effiziente Projektüberwachung ist die Steuerung der Projekt- und Arbeitsautorisation. Entsprechend der Planvorgaben sind für das gesamte Projekt, für einzelne PSP-Elemente, Arbeitspakete, Lose und/oder Tätigkeiten Arbeitsfreigaben einzeln zu erteilen. Darüber hinaus kann eine weitere Unterteilung der Freigabe nach zeitlichen Gesichtspunkten erfolgen, zum Beispiel bei besonders langfristigen Arbeitspaketen. Dabei ist entweder eine zeitliche Abgrenzung möglich, oder eine Abgrenzung nach Meilensteinen.[59] Abhängig von der Art des Projektes (Komplexität, usw.), der Vertragsart (SKE-Preis, Festpreis, usw.) und den vorgesehenen Kontrollen (AP-Kontrolle, Meilensteinkontrolle, usw.) ist auch der Detaillierungsgrad der Projekt-/Arbeitsautorisation und die Zuständigkeit für die Freigabe festzulegen. Bei mittleren oder großen Projekten ist deshalb unbedingt ein Arbeits-Autorisationsplan aufzustellen, aus dem die einzelnen Freigaben und die Zuständigkeiten für die Freigaben klar erkennbar sind. Die Aufstellung und Einführung eines derartigen Freigabeplans stellt sicher, daß die am Projekt beteiligten oder für das Projekt eingeplanten Teams/Auftragnehmer die vorgesehenen Tätigkeiten rechtzeitig (d.h. planmäßig) und entsprechend ihrer Notwendigkeit aufnehmen. So läßt sich zum Beispiel verhindern, daß Tätigkeiten zu früh angefangen und somit unnötige Kosten verursacht werden. In Abbildung IX-22 ist ein typischer Freigabeplan (ATP-Schedule) wiedergegeben, aus dem übersichtlich hervorgeht, wann die einzelnen Freigaben (Authority to Procede – ATP) für die Projektteams, die beteiligten Abteilungen der Firma und der Unterauftragnehmer vorzunehmen sind.

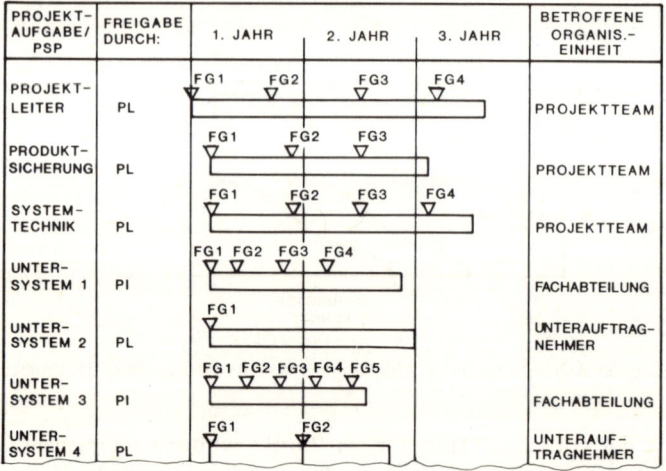

Abb. IX-22: Beispiel eines Freigabeplans

Für die Aufnahme der Projektarbeiten innerhalb einer Firma ist eine Mittelfreigabe für das Gesamtprojekt oder für Teilabschnitte des Projektes zu erwirken. Nach diesem Schritt kann die Projektleitung eine weitere Arbeitsfreigabe und -verteilung mittels »Projektaufträgen« für die PSP-Elemente vornehmen. Eine Steuerung der Arbeitspakete sowie der Einsatzmittel erfolgt in den meisten Firmen durch den Arbeitsauftrag, der eine weitere Aufteilung des Projektauftrags darstellt. Darüber hinaus werden alle Tätigkeiten des Arbeitsauftrages über spezielle Formblätter für die Stundenabrechnung, Materialbestellung, Reisekosten, usw. gesteuert und auf der Basis von Kostenkategorien erfaßt. Bei der Feststellung der Auftragsnummer sollte nach Möglichkeit so verfahren werden, daß das firmeninterne Projekt-Nummernsystem mit der PSP-Numerierung weitgehendst in Übereinstimmung gebracht wird.

Die Freigaben für Unterauftragnehmer werden in der Regel in den Verträgen mit den Unterauftragnehmern fixiert, und spezielle Einzelheiten der Freigabeprozedur können in dem Leistungsverzeichnis beschrieben werden. Der Freigabemodus für Unterauftragnehmer hängt wesentlich von der Vertragsart, Projektlänge und Komplexität des Projektes ab. Die Arbeitsfreigabe für Unterauftragnehmer-Aktivitäten durch den Haupt-Auftragnehmer ist ebenfalls von Bedeutung, um auch dort zu vermeiden, daß Tätigkeiten zu früh eingeleitet werden.

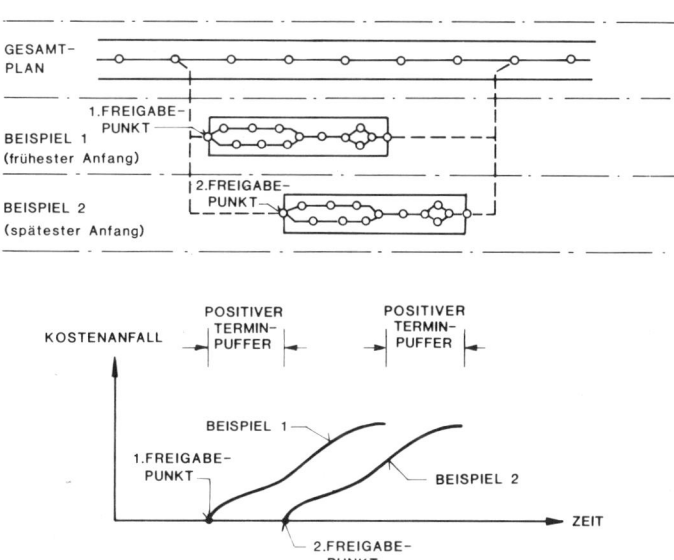

Abb. IX-23: Festlegung der Arbeitsfreigaben in Abhängigkeit von der Pufferanalyse des Projektplans

Bei der Analyse des kritischen Pfades für ein Projekt wird ganz allgemein Gewicht auf die Untersuchung der negativen oder fast negativen Puffer gelegt, um die Endtermine des Projektes sichern zu können (s.a. Kapitel IX.3). Für die effiziente Einsatzsteuerung eines Projektes ist aber gerade auch die Analyse der positiven Puffer von Bedeutung, um die Arbeitsfreigaben optimal festlegen zu können. Sind für einige Projektbereiche zum Beispiel große positive Planungspuffer bekannt, so wird der Projektleiter bemüht sein, die Freigaben nicht zum frühestmöglichen, sondern erst zu einem späteren Zeitpunkt zu legen[2] (s.a. Abbildung IX-23). Das Beispiel zeigt, daß unter Berücksichtigung des positiven Puffers die Freigabe terminlich herausgeschoben wird und dadurch der Mittelabflußplan/Zahlungsplan verbessert werden kann. Das heißt, das notwendige Kapital zur Projektdurchführung ist erst später bereitzustellen und kann zwischenzeitlich gewinnbringend angelegt werden. Allerdings ist in diesem Zusammenhang zu erwähnen, daß bei vielen Projekten derartige Betrachtungen nicht durchgeführt werden, da man der planerischen Aussage über die positive Analyse nicht traut, derart detaillierte und glaubwürdige Planungen gar nicht vorliegen oder andere Gesichtspunkte, wie zum Beispiel Team-Auslastungsfragen, entscheidender sind.

Projekt-Fortschrittskontrolle

Die regelmäßige Ermittlung des terminlichen Projektstandes ist eine wichtige Maßnahme der Projektleitung zur erfolgreichen Projektüberwachung. Auf der Grundlage vorher erstellter und freigegebener Pläne ist deshalb der Projektfortschritt zu messen, und zwar auf der unteren Planungsebene des Projekts. Die Kontrollmethode hängt von der Art und Beschaffenheit der vorliegenden Pläne ab. Netzpläne stellen die genauere Grundlage für die Fortschrittskontrolle dar, während die Fortschrittskontrolle anhand von Balkenplänen und Meilensteinlisten Spielraum für Ungenauigkeiten läßt.

Bei der Ermittlung des Projektstatus anhand von Netzplänen ist regelmäßig (d.h. wöchentlich, monatlich, usw.) festzustellen, welche Tätigkeiten angefangen, abgeschlossen oder noch in Arbeit sind und ob sie im Rahmen der geplanten Zeit abgeschlossen werden können. Im Anschluß an die Statusermittlung ist eine erneute Planungsanalyse vorzunehmen, um den Einfluß der gemeldeten Verzögerungen auf das Gesamtprojekt feststellen zu können. Gegebenenfalls sind Korrekturmaßnahmen einzuleiten, um das gesetzte Projektziel doch noch im zeitlich gesetzten Rahmen zu erreichen. Änderungen des Netzplans (zum Beispiel der Logik oder der geschätzten Zeiten) sind ebenfalls zu erfassen, da sie einen Einfluß auf den/die Endtermin(e) haben können. Nachfolgend ist ein typischer Änderungsbericht wiedergegeben:

Änderungsbericht vom 1. 5. 8x (Time Now)

Aktivität	Geschätzte Zeitdauer	Änderung
3–4	4,0	Tätigkeit geändert
6–3	0,0	Scheinaktivität entfällt
6–4	–	neu: 0,0 – (Scheinaktivität)
7–8	13,0	*neue Zeitschätzung* 14,0

In Abbildung IX-24 ist ein verschlüsselter Status-Änderungsbericht, wie er beim EUROPA III-Programm verwendet wurde, wiedergegeben.[14] Für die Verschlüsselung von PERT-Berichten wurden bei der ELDO nachfolgende Kodierungen verwendet.

A *(Add)* Addition einer neuen Tätigkeit oder eines neuen Ereignisses, z.B.:
/A/2356/2357/0-A SYST-T/020//
/A/4560/START MFG//

N *(New)* Hinzufügung einer Einzelinformation, wie z.B. ein Plandatum oder den Berichtskode einer im Netzplan bereits geführten Tätigkeit oder Ereignisses; z.B.:
/N/2100/LATEST SCHEDULE/020470//
/N/4312/4313/ST-4//

C *(Change)* Veränderung von Einzelheiten, wie z.B. die Zeitschätzung, den Berichtskode oder die Beschreibung einer Tätigkeit oder eines Ereignisses; z.B.:
/C/2357/2358/TEST-EVALUATION//
/C/4800/ST-4//
/C/1658/1667/040//

R *(Remove)* Entfernung einer gespeicherten Einzelinformation, wie z.B. ein Plandatum oder den Berichtskode, einer im Netzplan geführten Tätigkeit oder Ereignisses; z.B.:
/R/4800/LATEST SCHEDULE 250370//
/R/3547/ST-3//

D *(Delete)* Löschen einer Tätigkeit oder eines Ereignisses; z.B.:
/D/2356/2380//
/D/4550//

```
                        5-11-1969
        ATTENTION: MR. MADAUSS, CENTRAL PLANNING AND PROGRESSING
        ---------------------------------------------------------
        LIQUID HYDROGEN WORK OCTOBER/NOVEMBER PART TIME NOW 3-11-69
        NL. TNO1, TNO 4, TNO 6, TNO 7.
            1.  /12/13/COMPLETE/101069//
                /210/211/COMPLETE/171069//
                /407/408/COMPLETE/081069//
                /408/409/COMPLETE/081069//
                /408/410/COMPLETE/081069//
                /409/411/COMPLETE/091069//
                /410/414/COMPLETE/091069//
                /411/412/COMPLETE/101069//
                /414/412/COMPLETE/101069//
                /412/413/COMPLETE/311069//
                /512/513/COMPLETE/101069//
                /513/514/COMPLETE/241069//

            2.  /13/14/STARTED/131069//
                /211/212/STARTED/201069//
                /408/409/STARTED/081069//
                /408/410/STARTED/081069//
                /409/411/STARTED/091069//
                /410/414/STARTED/091069//
                /411/412/STARTED/101069//
                /414/412/STARTED/101069//
                /412/413/STARTED/131069//
                /413/426/STARTED/031169//
                /513/514/STARTED/131069//

            3.  /13/14/TIME TO COMPLETE/2.0//
                /211/212/TIME TO COMPLETE/0.3//
                /413/426/TIME TO COMPLETE/2.0//

        IR. J.A. KNOBBOUT, CENTRAL TECHNICAL INSTITUTE TNO - DELFT.
```

Abb. IX-24: Beispiel eines Status-/Änderungsberichts (ELDO)

Die Einführung von Planungsänderungen hat, wie bereits erwähnt, in der Regel Einfluß auf den Projektablauf und ist deshalb durch eine Änderungsanzeige, die von der Projektleitung oder durch eine vom Projektleiter ernannte Stelle/Person zu genehmigen ist, in die Planung mit aufzunehmen.

Die Ermittlung des exakten Projektstatus anhand von Balkenplänen und Meilensteinlisten ist weitaus schwieriger als anhand von Netzplänen, da bei Balkenplänen und Meilensteinlisten aufgrund der globaleren Darstellung der Planungssituation keine detaillierten Referenzgrundlagen vorliegen mit deren Hilfe eine quasi–digitale Auskunft über den Status (d.h. Aktivitätenanfang und -fertigstellung, usw.) einzuholen ist. Auf Balkenplänen beruhende Statusberichte sind mehr subjektiver Natur oder, anders ausgedrückt, nur Schätzungen des aktuellen Projektstatus. Etwas übertrieben, aber den Sachverhalt genau treffend, läßt sich das typische Vokabular der Projektmitarbeiter und dessen passende Übersetzung wiedergeben, wie es bei Planungsberechnungen, die nicht auf der Basis detaillierter Netzpläne basieren, häufig verwendet wird [2]:

Typische Aussagen	Wahrheitsgemäße Übersetzung
– Es ist geplant, die Arbeit zu beginnen.	– Es ist zu früh, um sagen zu können, wann die Arbeit begonnen werden kann.
– Die Arbeit begann am ...	– Einige Mitarbeiter kontierten auf das Projekt ab ...
– Die Lieferung des letzten Teils ist geplant für ...	– Es ist unmöglich, fertigzuwerden vor dem ...
– Die Lieferung steht kurz bevor.	– Es ist immer noch nicht so weit.
– Die Arbeit war fertig. Die Ergebnisse machen aber weitere Untersuchungen in dieser Sache notwendig.	– Es hat nicht funktioniert.

Es ist andererseits jedoch durchaus möglich, auf der Basis gut definierter Meilensteine präzise Statusaussagen zu treffen, wie das an nachfolgendem Beispiel demonstriert wird:

– *Meilensteindefinition:* Abnahmetest der ABC-Anlage entsprechend Testspezifikation XYZ
– *Ursprünglich geplantes Fertigstellungsdatum:* 15. 5. 1983
– *Statusberichte:*

Stichtag	Voraussichtliche Fertigstellung	Terminschlupf
1. 01. 83	16. 05. 83	+3 Wochen
1. 02. 83	30. 05. 83	+1 Woche
1. 03. 83	13. 06. 83	-1 Woche

Das gewählte Beispiel weist deutlich auf eine Terminverschlechterung hin. Entsprechend Abbildung IX-19 wäre in diesem theoretischen Fall bereits nach der Statusermittlung vom 1. 2. 83 eine Managementaktion erforderlich gewesen, um der sich anzeigenden Verschlechterung der Terminsituation wirkungsvoll entgegenzuwirken.

Nach möglichst genauer Erfassung des Projektstatus ist eine erneute Planungsanalyse und die Ermittlung des neuen kritischen Pfades oder Bereiches vorzunehmen, die wiederum am besten auf der Basis von Netzplänen durchführbar ist. Die ermittelten neuen Zeiten sind in Zusammenarbei mit den technischen Abteilungen anhand der Basisplanung auf Verträglichkeit zu prüfen, das heißt, es ist der Einfluß der neuen Daten auf die Fertigstellung des Projekts und auf den Personaleinsatz zu ermitteln. Bei der Pufferanalyse sind die kritischen Pfade genau zu untersuchen, besonders hinsichtlich der geschätzten Zeiten für Tätigkeiten, die auf dem kritischen Pfad liegen, und deren Verknüpfungen. Durch die Verlegung einer Abhängigkeit oder die Ausschöpfung eventuell eingebauter Terminreserven läßt sich ein negativer Puffer häufig eliminieren.

Auf der Basis der regelmäßig durchgeführten Planungsanalysen sind in Zusammenarbeit mit den am Projekt beteiligten Teams Planungsreviews durchzuführen, bei denen der Ist-Stand mit der Planung (Soll) verglichen wird, um gegebenenfalls Planungskorrekturen einzuleiten. Planungskorrekturen können nur im Zusammenhang mit anderen Projektparametern, wie zum Beispiel den technischen Auswirkungen und der Kostensituation, betrachtet werden (s.a. IX, 5). Ein Beispiel für eine Statusübersicht anhand eines Balkenplans mit kontrollfähigen Meilensteinen (s.a. Abb. IX-13) ist in Abbildung IX-25 wiedergegeben. Die Planungsreviews sind in regelmäßigen Abständen, zum Beispiel wöchentlich, 14tägig, aber mindestens monatlich durchzuführen. Insbesondere die strikte Verfolgung *(Tracking)* von ausgewählten Meilensteinen ist für eine zukunftsorientierte Planungsüberwachung von allergrößter Bedeutung. Termin-Trendcharts klären auch den gleichgültigsten und ungläubigsten Manager über sich anbahnende Terminprobleme schnellstens auf.

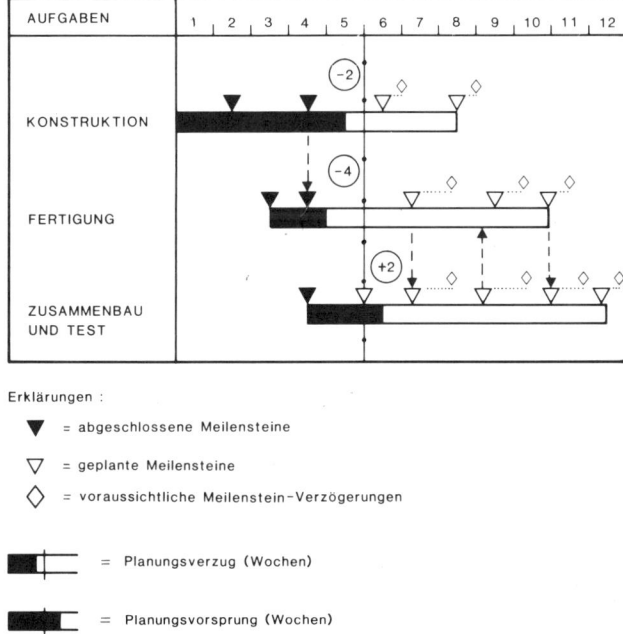

Abb. IX-25: Beispiel einer monatlichen Statusübersicht (ELDO)

Aber erst nach einer mehrmonatigen Berichterstattungsperiode zeigt sich bei vielen Projekten die Terminkatastrophe an. Nicht selten stimmen die ersten Planungsanalysen optimistisch, und selbst dann, wenn der Termin des ersten Meilensteins bereits nicht mehr eingehalten werden kann, werden die nachfolgenden Meilensteine in Anbetracht der noch verbleibenden Restzeit bis zur geplanten Fertigstellung oft zu optimistisch dargestellt (s. a. Abbildung IX-26). Der Einwand, daß die als Beispiel dargestellte Situation im zweiten Drittel von Abbildung IX-26 aufgrund von detaillierten Netzplananalysen hätte vermieden werden können, ist nicht absolut richtig, da genügend praktische Erfahrungen vorliegen, in denen auch Netzpläne durch unrealistische Zeitkürzungen, Überlappungen und Logikänderungen dem oft vorherrschenden Wunsch- und Zweckdenken entsprechend angepaßt werden. Allein das Termin-Trenddiagramm zeigt mit unbestechlicher Deutlichkeit und für alle leicht erkennbar die sich anbahnende Terminmisere an. Trenddiagramme stellen ein Top-Managementinstrument dar, denn auch hier gilt: *Zeit (Terminüberzug) ist (bedeutet) Geld.*

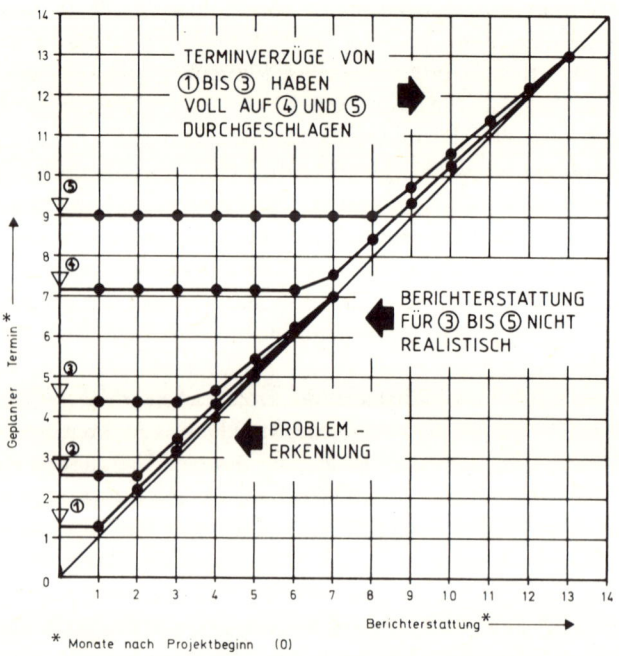

Abb. IX-26: Frühzeitige Problemerkennung anhand eines Termin-Trenddiagramms

Action-Item-Kontrolle

Neben der regulären Planung bietet sich für die detaillierte Kontrolle von *ad hoc* definierten Aktionen, die nicht im Plan vorgesehen waren und die kurzfristig zu erfüllen sind, das Action-Item (AI)-Kontrollsystem an. Die definierten Aktionen müssen verständlich und kontrollfähig sein und sollen nicht bereits im Plan vorgesehene oder selbstverständliche betriebsübliche Tätigkeiten darstellen. Das AI-Kontrollsystem hat sich bei der Abwicklung von Projekten als äußerst nützlich erwiesen. Die Einführung ist einfach und der Erfolg sehr wirkungsvoll. Besonders dringliche Aktionen, die im Interesse des Projektfortschrittes schnellstmöglich zu erledigen sind, bisher aber in keiner Planung erfaßt waren, werden als projektnotwendige Zusatzaktion definiert. Hierzu ein Beispiel aus der Praxis:

- Während der wöchentlichen Statusbesprechung wird festgestellt, daß bei der Prototypenherstellung unter Laborbedingungen ständig unzulässige Toleranzprobleme bei hoch-präzisen Paßteilen auftreten.
- Die Experten kommen einheitlich zu dem Schluß, daß dies aufgrund von zeitweiligen Temperaturunterschieden, die durch Störungen in der Klimaanlage entstehen, hervorgerufen wird.
- Die daraus resultierende Maßnahme lautet: Überholung/Reparatur der Klimaanlage während der folgenden Woche, in der die Prototypenfertigung aufgrund von geplanten Umrüstarbeiten ohnehin unterbrochen wird.

Die hier geschilderte Situation hat in der Industrie sicherlich viele Parallelfälle. Aber nicht immer werden dringende Aktionen wie die hier geschilderte Überholung oder Reparatur der Klimaanlage mit dem nötigen Nachdruck und der erforderlichen Terminkonsequenz abgewickelt und es entstehen unnötige Terminverzögerungen im Projekt. Die beschriebene Maßnahme erfordert unter Umständen die sofortige Einleitung von Bestellaktionen für Ersatzteile und Wochenendarbeiten der Laborverantwortlichen. Ersatzteile müssen notfalls per Kurier vom nächstgelegenen Lager beschafft werden. Vergleicht man die entstehenden Kosten für die Sonderaktion mit den zusätzlich entstehenden Kosten für Terminverzögerungen im Projekt, so ist eine Verzögerung der Reparaturaktion um nur ein bis zwei Tage (die Arbeit eines Spezialisten am Wochenende) aus wirtschaftlicher Sicht oft nicht zu verantworten. Die Verzögerung eines bekannten deutschen Satellitenprojektes um nur einen Tag wurde in der Endphase mit 50 000 DM bemessen. Dem Autor sind andere Fälle bekannt, bei denen die Verhinderung von Verzögerungen um nur wenige Tage eine ad hoc angesetzte Dienstreise in die USA rechtfertigte, um ein dringend benötigtes Bauteil, dessen Beschaffung in Europa nicht möglich war, bei befreundeten Firmen in den USA aufzutreiben.

An dieser Stelle sei nochmals an den Charakter der Projektarbeit erinnert: Oberstes Gebot ist die Erfüllung des Projektziels zu den geringstmöglichen Mitteln. Das AI-Kontrollsystem ist in diesem Sinne zu sehen und erhält seine besondere Bedeutung durch die Häufigkeit von einzuleitenden Sonderaktionen. Die hier geschilderten praktischen Beispiele, die extreme Situationen darstellen, sollen die Bedeutung des AI-Kontrollsystems symbolisieren. In der Alltagsarbeit sind es in der Regel sehr viel weniger spektakuläre Fälle, die das AI-Register füllen. Aber auch die vielen kleinen Aktionen sind mit Vehemenz zu verfolgen und nicht auf die lange Bank zu schieben. Es ist immer wieder ein erstaunliches Erlebnis aus der Praxis, festzustellen, wie dringende Aktionen, wenn sie nur mit Nachdruck verfolgt werden, sich durch einen erhöhten Einsatz noch am gleichen Tag erledigen lassen, während sie bei einer weniger konsequenten Terminkontrolle sich oft noch über Tage hinziehen. Diese Feststellung dient keinesfalls der Unterstellung, daß sich dringende Arbeiten nur dann erledigen lassen, wenn der Projektleiter erhöhten Druck ausübt. Das würde nicht dem Image eines guten Projektmanagements entsprechen. Sie soll nur unterstreichen, daß die Annahme einer realistischen Terminvorgabe aufgrund der Erkenntnis über die Bedeutung der eigenen Tätigkeit als Glied in der Terminkette (kritischer Pfad) oft dazu führt, daß man sich einen Ruck gibt und versucht, die angefangene Tätigkeit noch am gleichen Tag zu erledigen. Der nächste Tag bedeutet Neuanfang, oft Neuorientierung, um wieder zum gleichen Punkt von gestern zu kommen und die Routine des neuen Tages verleitet vielfach zu erneuter Verschiebung.

Ein institutionalisiertes AI-Kontrollsystem sollte deshalb bei keinem Projekt fehlen. Insbesondere bei Großprojekten ist es eine Notwendigkeit. Die Definition von Aktionen muß aber nach gewissen Regeln ablaufen. Aktionen werden meistens bei der Abhaltung von regelmäßigen Statusbesprechungen, zum Beispiel bei den wöchentlich stattfindenden Fortschrittsbesprechungen, Reviews oder anderen Zusammenkünften definiert. Festzulegen sind:

PROJEKT	WÖCHENTL. STATUSPROTOKOLL	DATUM

Teilnehmer: _____   Bespr.-Leiter: _____

Verteiler: _____

Allgemeines: _____   Protokoll: _____

① AI-Kontrolle

(1.1) Bestehende Aktionen: (1.2) Neue Aktionen:

Abb. IX-27: Beispiel eines AI-Protokolls

– die Aktion, einschließlich einer detaillierten Beschreibung,
– die Terminvorgabe und
– der *Actionee,* das heißt der Aktionsnehmer.

In Abbildung IX-27 ist ein in der Praxis verwendetes AI-Protokollformat wiedergegeben.[2] Die bei der Festlegung von Aktionen zu beachtenden Regeln sind wie folgt:

– Die Aktionen sind klar und eindeutig zu beschreiben. Sie müssen realistisch und machbar sein.
– Die ad hoc festgelegten Aktionen dürfen nicht Aktivitäten ersetzen oder wiederholen, die ohnehin im offiziellen Terminplan enthalten oder dort zu ergänzen sind.
– Die Aktionen sollten keine langfristigen Aktivitäten sein, denn dann gehören sie ebenfalls in den Terminplan.
– Routinetätigkeiten, zum Beispiel die Erstellung des monatlichen Statusberichtes, sind keine festzulegenden Aktionen, sie sind im Managementplan festgelegt oder sollten dort festgelegt werden. Die Vergabe von Aktionen setzt die Akzeptanz durch den Aktionsnehmer voraus. Anonym festgelegte Aktionen (Überraschung für den Actionee) werden meistens direkt oder indirekt abgelehnt. Der Aktions-Termin muß realistisch sein.
– Die Erfüllung der festgelegten Aktionen muß regelmäßig, zum Beispiel wöchentlich, überwacht werden.

Die systematische Überwachung der festgelegten Aktionen ist von ausschlaggebender Bedeutung für die Einführung eines AI-Kontrollsystems. Werden Action Items zwar festgelegt aber nicht verfolgt, so ist es um das ganze AI-Kontrollsystem schlecht bestellt. Die festgelegten Aktionen werden in kürzester Zeit nicht mehr ausgeführt und das System schläft ein. Um eine erfolgreiche Implementierung des AI-Kontrollsystems zu garantieren, sollten folgende Maßnahmen von der Projektleitung vorgenommen werden:

(1) *Nominierung eines Projektmitarbeiters zur Überwachung der Action Items* (AI): Sofern der Projektleiter diese Aufgabe nicht selbst wahrnimmt, kann er sie zum Beispiel dem Project Control Manager oder dem Projektplaner übertragen.

(2) *Führung einer AI-Kontrolliste:* Die Aktionen sind in der Reihenfolge ihrer Festlegung zu numerieren (AI-0001, AI-0002, usw.) und in einer AI-Kontrolliste festzuhalten. Die AI-Kontrolliste enthält eine genaue AI-Beschreibung, den Namen des Actionee (Aktionsnehmer), sowie das geplante Fertigstellungsdatum. Bei der Festlegung des Actionees sollte, wenn immer möglich, eine Person und nicht eine Abteilung benannt werden.

(3) Regelmäßige *Überprüfung der AI:* In regelmäßigen Intervallen ist der AI-Status zu überprüfen. Aktionen, die erfolgreich beendet wurden, sind zu schließen *(closed Action Items)* und für offene Action Items, die nicht termingerecht abgeschlossen wurden, sind neue Termine oder besondere Maßnahmen (zum Beispiel Einschaltung der Geschäftsleitung, usw.) einzuleiten.

Bei der AI-Überprüfung sollten folgende Punkte besondere Beachtung finden:

– Die regelmäßige AI-Überprüfung ist am zweckmäßigsten im Zusammenhang mit den turnusmäßigen Projektbesprechungen vorzunehmen.

– Der für die AI-Kontrolle verantwortliche Project Controler oder Projektplaner muß an den turnusmäßigen Projektbesprechungen teilnehmen.

– Die Schließung eines AI's muß nachweisbar sein. Zum Beispiel durch Zitierung eines Berichts, einer Mitteilung, eines Abnahmeprotokolls, usw.

Bei kleineren Projekten bereitet es keine Schwierigkeiten, wenn der Verantwortliche für die AI-Kontrolle die Überwachung durch Führung eines Logbuches oder einer logbuchähnlichen AI-Kontrolliste vornimmt. In vielen Fällen ist dies die wirtschaftlichste Methode zur AI-Kontrolle. Bei Großprojekten oder Projekten mit vielen Standorten ist jedoch schnell der Punkt erreicht, bei dem der Einsatz eines entsprechenden EDV-Programms zweckmäßig ist. Die Kontrollfähigkeit der AIs ist dabei stets im Auge zu behalten. Eine AI-Schwemme ist in jedem Falle zu vermeiden.

Kostenüberwachung

Neben der Fortschritts-Kontrolle stellt die Kontrolle der Kosten einen weiteren wichtigen Pfeiler der Projektüberwachung dar. Dabei kommt es auf eine möglichst schnelle und regelmäßige Erfassung der pro Arbeitspaket angefallenen Ist-Kosten an, die dann mit den für den kontrollierten Zeitraum geplanten Kosten zu vergleichen sind, um Abweichungen vom Plan sofort feststellen zu können (s. a. Abbildung IX-28). Bei der gleichzeitigen Kontrolle der eingegangenen Verpflichtungen (Obligo) ergibt sich das in Abbildung IX-29 gezeigte Bild. Es ist erkennbar, daß zum Zeitpunkt t' die kumulierten Ist-Kosten (IK_t) unter den kumulierten Plan-Kosten (PK_t) liegen, während das Ist-Obligo (IO_t) zum Zeitpunkt t' größer ist als das kumulierte Plan-Obligo (PO_L) und die Summe $IK_t + IO_t$ geringfügig unterhalb der Summe $PK_t + PO_t$ liegt. Der Kosten-Überwachungszyklus sollte möglichst kurz gehalten werden, um Planungsabweichungen rasch erkennen und Korrekturmaßnahmen schnellstens einleiten zu können. Da die Kostenkontrolle sinnvollerweise in Übereinstimmung mit dem betrieblichen Rechnungswesen durchzuführen ist und die Betriebsabrechnung deutscher Unternehmen in der Regel auf monatlicher Basis erfolgt, ist für die Kostenkontrolle im Projekt ebenfalls ein monatlicher Kontrollzyklus anzustreben.

Konsequenterweise sollte dann auch der Kostenplan eines Arbeitspaketes (AP-Kostenplan, s. Abbildung IX-18) in monatliche Teilabschnitte gegliedert sein. Der Projektkaufmann *(Cost Controller)* ist so in der Lage, die aus der monatlichen Kostenträgerrechnung ermittelte Projektbelastung, zum Beispiel Personal-, Material- und Reisekosten, mit den geplanten Kosten für den

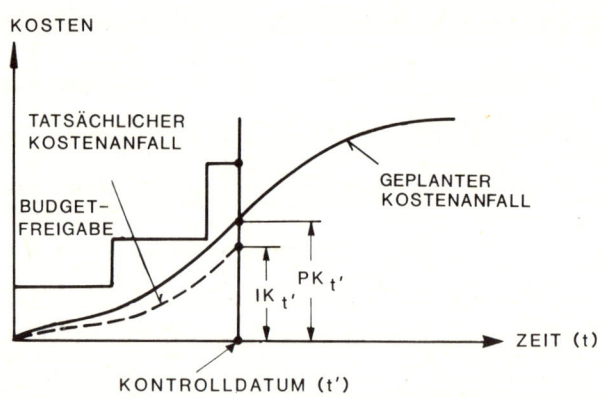

Abb. IX-28: Kosten-Soll/Ist-Vergleich

betreffenden Monat zu vergleichen. Für die Überwachung des Obligostandes ist prinzipiell ähnlich vorzugehen. Bei der Feststellung von Kostenüberzügen ist zuerst zu untersuchen, ob ein tatsächlicher Überzug oder eine eventuelle Fehlbuchung vorliegt. Projektbelastungen sind im Prinzip nur auf der Basis der Planungsunterlagen und einer vorher erteilten Freigabe (s. a. Projekt- und Arbeitsfreigabe) möglich. Vom Projektleiter und dem Projektkaufmann freigegebene innerbetriebliche Projekt- und Arbeitsaufträge und Bedarfsmeldungen sind die detaillierten Freigabeinstrumentarien für Projektmittel. Trotzdem kommt es aufgrund falsch verwendeter Projektnummern, Gleichgültigkeit oder Absicht von Zeit zu Zeit immer wieder zu Fehlbuchungen, die vom Projektkaufmann ggf. rückgängig zu machen sind; es muß umgebucht werden. Nach vorgenommener Säuberung des Kostenträgers läßt sich nun ein echter Soll/Ist-Vergleich vornehmen. Tendentielle Kostenüberschreitungen sind der Projektleitung unverzüglich mitzuteilen.

Die Erfassung der angefallenen Personalkosten spielt bei Forschungs- und Entwicklungsprojekten eine ganz besondere Rolle, da FuE-Projekte in der Regel sehr personalintensiv sind. Oft entfallen bis zu 80 Prozent oder mehr der Gesamtkosten auf den Personaleinsatz, während nur ca. 20 Prozent der Kosten für die Beschaffung von Material und Zukaufteilen sowie auf Reise-, Miet- und sonstige Kosten entfallen. Die Personalkosten, die im direkten Verhältnis zum Stundenanfall stehen (Stunden × Stundensatz = Personalkosten), haben eine unmittelbare Beziehung zum Projektablaufplan. Bei der Schätzung der Personalkosten sind deshalb primär die nach Kostenkategorien aufgeschlüsselten Stunden eines Arbeitspaketes zu ermitteln. Da die Personalstunden in einem so direkten Verhältnis zu den im Ablaufplan für ein Arbeitspaket vorgesehenen Aktivitäten stehen, ist für eine schnelle Kostenübersicht in vielen Fällen eine simplifizierte Kostenkontrolle durch Herstellung einer einfachen Beziehung Tätigkeit (Leistung) zum geplanten Personaleinsatz (Mann-Monate) wie in Abbildung IX-30 an einem Beispiel gezeigt, möglich. Die Kontrolle der verwendeten Stundensätze soll sich in diesem Zusammenhang nur auf die richtige Verwendung der Stundensätze pro Abteilung erstrecken, da die Festlegung des Stundensatzes nicht Aufgabe des Überwachungsteams ist.

Die Ermittlung der gesamten Ist-Kosten eines Projektes für einen bestimmten Monat wird durch Aufsummierung der Ist-Kosten in dem betroffenen Zeitraum (aufgelaufene Ist-Kosten aller Arbeitspakete) erreicht. Um bei Überzügen schnell die Ursachen analysieren zu können, sollte nicht nur eine schlichte Aufsummierung der Ist-Kosten als Gesamtsumme, sondern eine nach

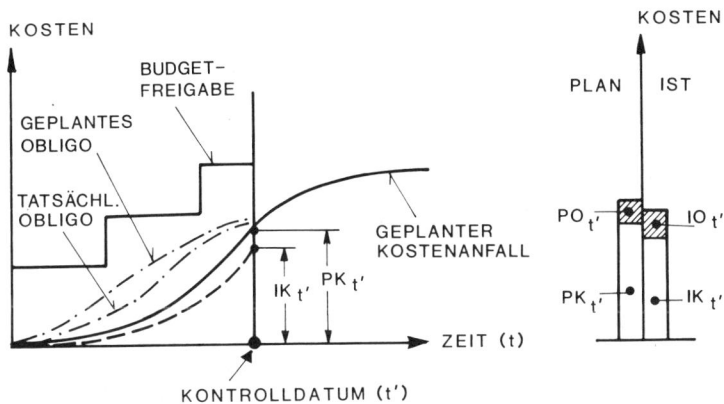

Abb. IX-29: Kumulativer Kosten/Obligo-Soll/Ist-Vergleich

ZEIT	PLANUNG AM 1.1.								STATUSKONTROLLE AM 1.6.							
	MONATE								MONATE							
AP's	1	2	3	4	5	6	7	8	1	2	3	4	5	6	7	8
PERSONALKATEGORIEN KONSTR.	2 KONSTRUKT.	3	2	Σ7					2 KONSTRUKT.	2	3	3	Σ10	ZEITPUNKT DER STATUS-KONTROLLE		
HERST.			3 HERSTELLUNG	4	4	2	Σ13				2	4	4	1	Σ15	
TEST					1 TEST	2	1	Σ4	Σ4	0,5	1,5	1,5	0,5			
KONSTR.	2	3	2						2	2	3	3				
HERST.			3	4	4	2					2	4	4	4	1	
TEST					1	2	1					0,5	1,5	1,5	0,5	
GESAMT	2	3	5	4	5	4	1		2	2	5	7	4,5	5,5	2,5	0,5
	= 24								ANGEFALLEN (20,5)+ REST (8,5)							
									= 29							

Abb. IX-30: Simplifiziertes Kosten-Kontrollschema auf der Basis von Mann-Monaten

Kostenkategorien (Personal, Material, usw.) gegliederte Aufsummierung erfolgen. So ist es dem Projektkaufmann aufgrund einer nach Kostenkategorien gegliederten Ist-Kosten-Darstellung leichter möglich, die Ursachen für Kostenüberzüge zu analysieren. An einem einfachen Beispiel (s. a. Abbildung IX-31) läßt sich demonstrieren, wie ein 10prozentiger Kostenüberzug, bei Betrachtung der Kostenkategorien, sich schnell lokalisieren läßt. Der gezeigte 125prozentige Überlauf für die Zukaufteile kann als die Ursache der Kostenüberschreitung identifiziert werden, während bei den übrigen Kostenkategorien nur unerhebliche Abweichungen vorkommen, die für die Kostenkontrolle keine Rolle spielen. Zum besseren Verständnis sind die Werte in Abbildung IX-31 idealisiert dargestellt. Aber auch bei dem 125prozentigen Überlauf für Zukaufteile kann sich unter Umständen schnell herausstellen, daß es sich nur um einen scheinbaren Überzug handelt, da

| | SOLL/IST-VERGLEICH | | ABWEI-CHUNGS-ANALYSE | BEURTEILUNG |
	GEPLANT	IST		
– PERSONAL	70	72	–2	geringer Über-zug (~3%)
– MATERIAL	12	10	+2	17% Einsparung
– ZUKAUFTEILE	8	18	–10	125% Überzug
– FREMDLEISTUNGEN	2	1	+1	50% Einsparung
– MIETEN	3	3	—	—
– REISEN	5	6	–1	20% Überzug
– usw.	—	—	—	
GESAMT	100	110	–10	Insgesamt 10% Überzug

Abb. IX-31: Detaillierte Kostenanalyse (Beispiel)

die den Überzug verursachenden Kosten (125 Prozent) laut Plan erst für den folgenden Monat vorgesehen sind, für die eine Deckung vorliegt.

Eine möglichst objektive Beurteilung der Ist-Kostenentwicklung setzt jedoch die Betrachtung der kumulativen Soll/Ist-Analysen (s.a. Abb. IX-28 und IX-29) voraus. Erst anhand von über einen längeren Zeitraum durchgeführten Soll/Ist-Vergleichen läßt sich die Tendenz zu Kosten-überzügen erkennen. Die beim Soll/Ist-Vergleich ermittelten Abweichungen vom Plan, das heißt Kostenunter- oder -überschreitungen, sind im Interesse einer Gesamtbeurteilung der Projektsitua-tion darüber hinaus mit der Terminsituation (Termin-Unter- oder -Überschreitungen) und dem technischen Leistungsstand zu vergleichen (s.a. integrierte Projektüberwachung).

5. Integrierte Projektüberwachung

Das Leistungsdreieck

Die objektive Beurteilung des Projektstandes ist auf eine integrierte Betrachtungsweise der Para-meter Technik (Leistung), Termine und Kosten angewiesen. Steht dagegen nur einer der drei Parameter im Blickpunkt der Untersuchung, also isoliert von den beiden anderen, so kommt es leicht zu einseitigen und nicht optimalen Projektentscheidungen. Dies läßt sich an dem nachfol-genden stark vereinfachten Beispiel leicht erklären.

— Bei einem Flugzeugbauteil wird im Entwicklungsstadium ein Gewichtsüberzug von 10 Prozent festgestellt.
— Aufgrund des vertraglich festgelegten Systemgewichts würde die 10prozentige Gewichtserhö-hung (Leistungseinbuße) zu einer Vertragsstrafe von *100 TDM* führen.
— Das Management entscheidet sich deshalb für eine Gewichts-Reduktionsmaßnahme (Konstruk-tions- und Materialänderungen).
— Die Reduktionsmaßnahme zieht aber ebenfalls Kosten nach sich; nämlich 70 TDM für die Neukonstruktion und Beschaffung des neuen Materials und 50 TDM für die aus der Gewichts-

Reduktionsmaßnahme resultierende Vertragsstrafe für einen 3monatigen Terminverzug. Gesamtmehrkosten *120 TDM.*

- Erst eine erneute Analyse zeigt den günstigsten Weg auf. Es wird ein 5prozentiges Gewichts-Reduktionsprogramm eingeleitet: Vertragsstrafe für den Gewichtsüberzug 100/2 = 50 TDM, Mehrkosten für die erheblich leichter zu erreichende 5prozentige Gewichtsreduktion = 20 TDM und Einholung der durch die Reduktionsmaßnahme entstandenen Terminverzüge durch Überstundenarbeit = 15 TDM. Gesamtkosten *85 TDM.*

Entsprechend diesem Beispiel sollte jede wesentliche Projektveränderung auf ihre dreidimensionale Auswirkung hin überprüft werden. So sind zum Beispiel die beim Soll/Ist-Vergleich ermittelten Kostenabweichungen, das heißt Kostenunter- oder -überschreitungen, mit der aktuellen Terminsituation, den Terminunter- oder -überschreitungen und dem zum Zeitpunkt der Kontrolle erreichten technischen Leistungsstand zu vergleichen, um eine Gesamtbeurteilung des Projekts zu ermöglichen. Der Projektleiter steht ständig vor der Aufgabe, die unterschiedlichen Projektparameter aus den Bereichen Technik, Kosten und Termine nicht für sich allein, sondern als Ganzes zu betrachten oder zu bewerten. Dabei ist es häufig problematisch, die unterschiedlichen Faktoren miteinander zu vergleichen, und der Projektleiter befindet sich deshalb oft in der Situation, daß er nur schwer einen Bezug zwischen den einzelnen Parametern herstellen kann. Die nachfolgenden Betrachtungen sind deshalb unter folgender Prämisse zu sehen: »Eine relativ grobe Korrelation von unterschiedlichen Projektparametern durch eine gewisse Systematik ist besser als eine einfache, unsystematische Abschätzung der Verhältnisse.«[11] Die Bestrebungen, das Leistungsdreieck *Termine, Kosten, Technik* in Zahlen zu fassen, hat zu zwei grundlegenden Prozeduren geführt, der aufgabenorientierten Leistungsüberwachung (*Tast Performance Control*) und der technisch orientierten Leistungsüberwachung (*Technical Performance Control*). Bei der Task Performance Control handelt es sich um die Überwachung des Erfüllungsstandes der im Leistungsverzeichnis spezifizierten Leistung, während es sich bei der Technical Performance Control um die Überwachung der in der Spezifikation beschriebenen technischen Leistungsvorgaben handelt.

Task Performance Control

Unbedingte Voraussetzung für die Durchführung einer integrierten Leistungskontrolle ist die Verknüpfung der Kostenplanung mit der Terminplanung. Das heißt, für jedes Arbeitspaket wird eine technische Leistungsbeschreibung, eine darauf abgestimmte Terminplanung und ein detaillierter Kostenplan erstellt. Die Erfassung der Ist-Daten für Termine und Kosten muß dabei so gesteuert werden, daß eine eindeutige Zuordnung sichergestellt ist. Der Projektstrukturplan steht dabei im Mittelpunkt des Geschehens. Die Verwendung des gemeinsamen PSP-Nummernschlüssels sowohl für die Termin- wie auch für die Kostenkontrolle ist Voraussetzung für die gemeinsame Zuordnung der Termin- und Kostenüberwachung und der daraus resultierenden Leistungsbewertung.

Wird bei regelmäßig durchgeführten Statusüberwachungen festgestellt, daß die angefallenen Kosten (Ist-Kosten) ziemlich genau den geplanten Kosten entsprechen, so sollte dies nicht dazu führen, daß die Projektleitung den Tagesordnungspunkt Kostenstand, in der Annahme, es wurde nicht mehr Geld ausgegeben als geplant war und somit sei alles in Ordnung, mit Befriedigung abhakt. Der Schein trügt. Selbst Kostenunterschreitungen, die leicht zum Jubilieren verleiten, sind noch keine eindeutige Aussage über den integrierten Termin/Kosten-Status und oftmals weniger durch Sparsamkeit als durch fehlende Mitarbeiter zum Projektbeginn begründet. Zur Beurteilung des Kostenstandes in bezug auf die erbrachte Leistung ist eine weitere Größe, der Terminstand, mit einzubeziehen. Die beiden Projektparameter Ist-Kosten und Ist-Termin haben als gemeinsame Bezugsgröße das geplante Budgetprofil. Wie in Abbildung IX-32 gezeigt, dient das Budgetprofil (schwarz ausgezogene S-Kurve) als Referenz zur Bewertung der Kosten über- und -unterschreitungen und der Arbeitswertbestimmung. Unter der Voraussetzung, daß die erstellte Termin- und Kostenplanung, einschließlich des Budgetprofils, das Ergebnis solider und detaillierter Planungsanalysen ist, kann davon ausgegangen werden, daß jedem Zeitintervall, wie in Abbildung IX-32 gezeigt, ein fester Arbeitswert zuzuordnen ist. Ist die Zeit- und Ablaufplanung darüber hinaus mit kontrollfähigen Meilensteinen versehen, so läßt sich, wie in Abbildung IX-33 gezeigt, eine Arbeitswert-Zuordnung zu einzelnen Meilensteinen verwirklichen.[60] In diesem Zusammenhang wird auch auf Abb. A 4–5 (Anhang 4) verwiesen.

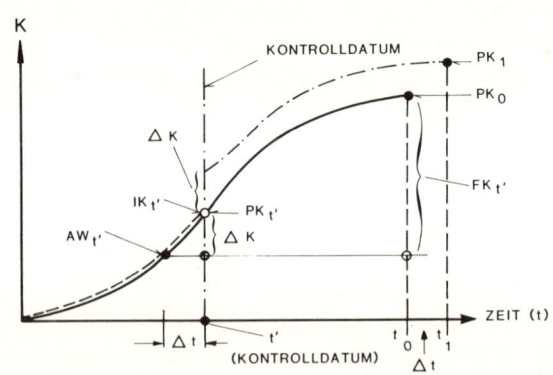

Abb. IX-32: Signalisierung von möglichen Termin- und Kostenüberzügen

Die Leistungsbewertung zielt also in erster Linie auf den Vergleich der Ist-Kosten (IK) mit dem geschaffenen Arbeitswert (AW) ab. Die Ermittlung des Arbeitswertes ist jedoch nur anhand der Plankostenkurve im Verhältnis zum Terminstand möglich. Wird zum Zeitpunkt des Kontrolldatums zum Beispiel festgestellt, daß die angefallenen Kosten (Ist-Kosten) den geplanten Kosten (Sollkosten) entsprechen, andererseits jedoch ein Planungsrückstand besteht, so wird bereits ein Kosten- und Terminüberzug signalisiert (s.a. Abbildung IX-32 und Anhang 4: Richtlinie zur Planung und Überwachung unter Verwendung der Arbeitswertanalyse).

Die Ermittlung der noch erforderlichen Kosten bis zur Fertigstellung des Projektes (FK) *cost to completion* ist anhand des aktuellen Planungsstatus vorzunehmen, indem, wie in Abbildung IX-32 gezeigt, von den ursprünglich geplanten Gesamtkosten (PK$_O$ der bis zum Stichtag t' erzielte Arbeitswert (AW$_t$) in Abzug gebracht wird:

$$FK_t = PK_o - AW_t$$

Bei dieser Betrachtungsweise wird jedoch davon ausgegangen, daß das Projekt ab t' (s.a. Abbildung IX-32) planmäßig verläuft. Oft sind zu diesem Zeitpunkt jedoch bereits signifikante Planabweichungen bekannt und es empfiehlt sich deshalb eine völlig neue Abschätzung der Fertigstellungskosten (FK$_t$). Die Hochrechnung der Projektkosten (PK$_t$) zum Stichtag t' erfolgt nach folgender Gleichung:

$$PK_t = FK_t + IK_t$$
$$= PK_o - AW_t + IK_t$$

Nur dann, wenn der zum Zeitpunkt t' geschaffene Arbeitswert (AW_t) den zum gleichen Zeitpunkt gemessenen Ist-Kosten (IK_t) entspricht, $AW_t = IK_t$, wird für das Projekt kein Überzug angezeigt. Die Einführung von speziellen Indizes zur Messung der Projektparameter *Kosten*, *Termin und Leistung* kann langfristig zu einem wichtigen Diagnoseinstrument zur Früherkennung von sich anbahnenden Projektproblemen werden. In Abbildung IX-34 ist ein Beispiel einer Projekt-Fieberkurve wiedergegeben. Die Definition der drei wichtigsten Indizes zur Projekt-Kontrolle ist wie folgt:

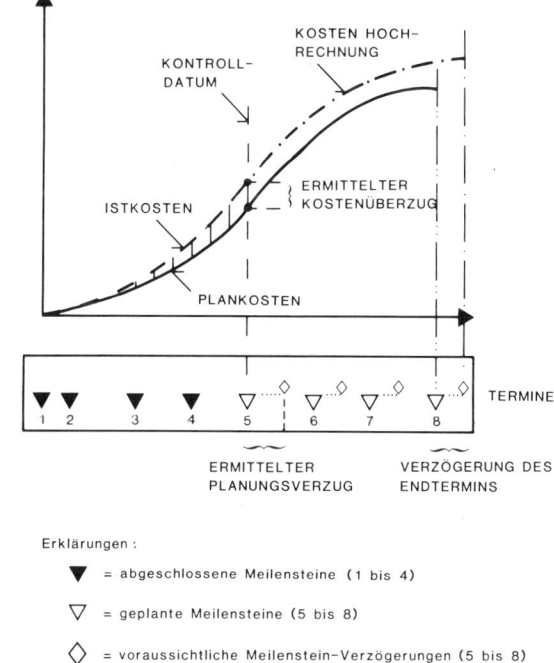

Abb. IX-33: Arbeitswert-Zuordnung zu einzelnen Meilensteinen

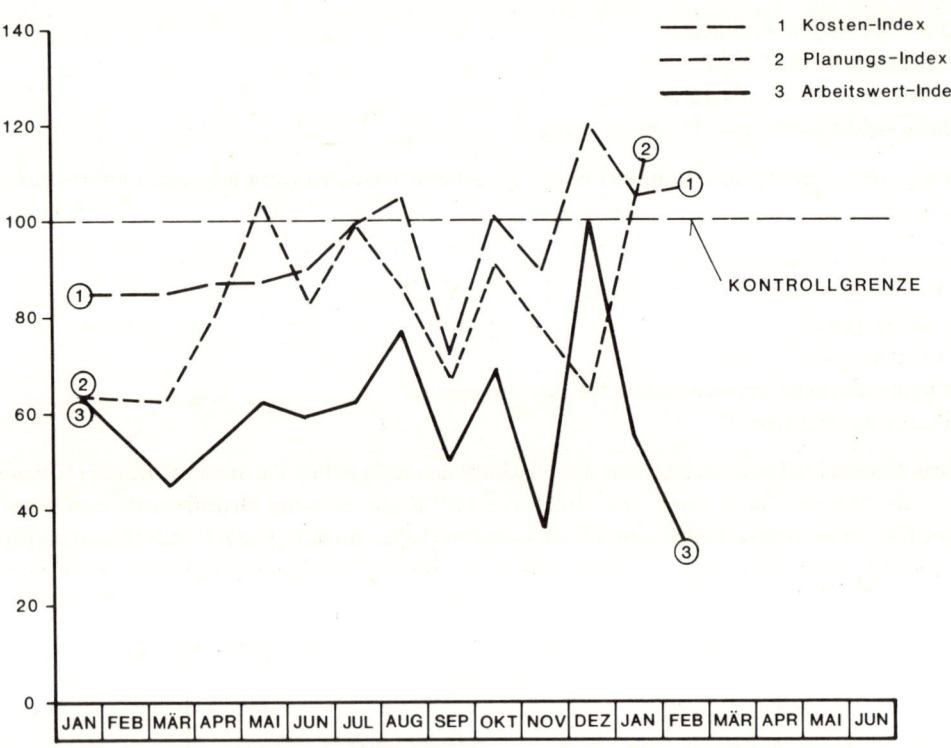

Abb. IX-34: Beispiel einer Projekt-Fieberkurve

– Kostenindex = Plankosten (PK)/Ist-Kosten (IK),
– Planungsindex = Status (t' − Δt)/Stichtag (t'),
– Leistungsindex = Arbeitswert (AW)/Ist-Kosten (IK).

Technische Leistungsüberwachung

Die technische Leistungsüberwachung oder *Technical Performance Control (TPC)* ist ein System zur kontinuierlichen Demonstration und Voraussage des aktuellen oder erwarteten Erfüllungsstandes von ausgewählten technischen Zielen/Vorgaben eines Systems, Untersystems, usw. und soll die Projektleitung in die Lage versetzen, bei auftretenden Problemen zeitlich richtig zu reagieren. [61] Typische TPC-Parameter sind z.B. das Systemgewicht, Missionsdauer, Flugbahn, Durchmesser, Leistungsaufnahme, usw. Die Überwachung aller in der Systemspezifikation aufgeführten Werte wäre jedoch zu aufwendig und würde deshalb nicht den gewünschten Erfolg bringen. Deshalb werden meistens nur einige besonders wichtige Parameter ausgewählt. Die Auswahl von Parametern für eine regelmäßige Kontrolle der technischen Leistungsdaten hängt von verschiedener Faktoren ab. Folgende Kriterien sind dabei von Bedeutung:

– Vertragliche Forderungen,
– Missionskritische Daten,
– Kritische Entwicklungsparameter,
– Schlüsseldaten für einen Prämienvertrag.

Für jede der ausgewählten Parameter ist ein spezielles Kontrollblatt mit folgenden Informationen anzulegen:

– Parameterbezeichnung,
– Auswahlkriterium,
– PSP-Referenz,
– Spezifikationsreferenz,
– Organisatorische Verantwortung für den Parameter,
– Parameter-Statusprofil.

Wie in Kapital IX.3 beschrieben, sind die verschiedenen technischen Parameter (*Technical Characteristics*) des Systems, Subsystems, usw. durch den PSP-Kode eindeutig identifizierbar und können deshalb leicht zu Vergleichsanalysen mit anderen Projektparametern, wie z. B. den Kosten und den Projektterminen herangezogen werden. Ähnlich wie für die Verfolgung der Termin-, Kosten- und

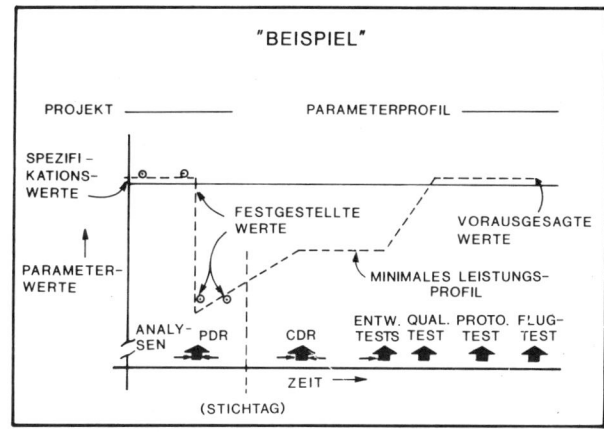

Abb. IX-35: Typisches TPC-Profil

Leistungsparameter ist für die Kontrolle der technischen Parameter ebenfalls die Bildung von Indizes vorteilhaft. In Abbildung IX-35 ist ein typisches Beispiel eines TPC-Statusprofils wiedergegeben. In Ergänzung zu dem in Abbildung IX-35 gezeigten TPC-Statusprofil ist in Abbildung IX-36 ein praktisches Beispiel eines TPC-Leistungsdiagrammes für die Energieversorgung eines europäisches Satellitenprojektes gezeigt. [62]

Trendanalysen

Trendanalysen sind ein wichtiges Instrument für die erfolgreiche Projektsteuerung, da die rechtzeitige Feststellung eines negativen Trends bereits zu einem frühen Zeitpunkt warnend auf einen Mißstand hinweist, woraufhin dann rechtzeitig Korrekturmaßnahmen eingeleitet werden können (s.a. Abb. IX-26). Abbildung IX-37 zeigt am Beispiel der *Mercury Capsule*, wie das Gewicht ständig anstieg und ein Trend zu einem gleichbleibenden Gewicht erst zu einem sehr späten Zeitpunkt angezeigt wurde, was zu erheblichen Problemen bezüglich der Trägerkapazität (Atlasrakete) führte.[50]

Die Bedeutung von Trendanalysen wird im Zusammenhang mit der in Abbildung IX-38 gezeigten Situation völlig klar, da die Trendanalyse bereits zu einem frühen Zeitpunkt auf einen drohenden Konflikt hinweist. Aus dieser Abbildung geht hervor, daß zur Vermeidung eines Konflikts, in diesem Fall handelte es sich um einen Gewichtskonflikt, umgehend Maßnahmen einzuleiten sind. Wie wird nun eine Trendanalyse erstellt? Die Schaffung einer exakten mathematischen Methode ist in der Regel nur schwer möglich, da in der Praxis nur selten genügend Meßpunkte, die für die Aufstellung einer Gesetzmäßigkeit des Kurvenverlaufes (Regressionsanalyse) erforderlich sind, vorliegen. Hält man sich jedoch eine Situation wie in Abbildung IX-39 gezeigt vor Augen, so ist es nicht schwer, den Trend im Sinne einer worst-case-Analyse zu ermitteln, der die Situation, wie sie im Monat neun dargestellt ist, anzeigt.

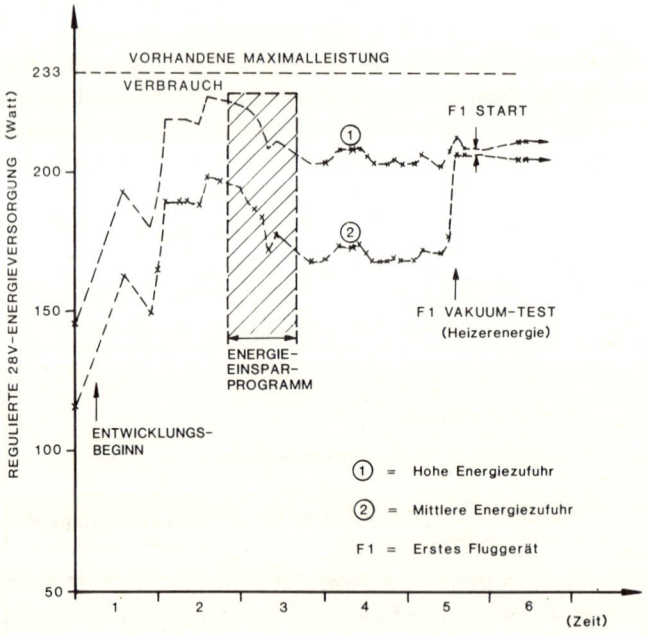

Abb. IX-36: Praktisches Beispiel eines TPC-Leistungsdiagramms für die Energieversorgung eines Satellitenprojektes (MBB)

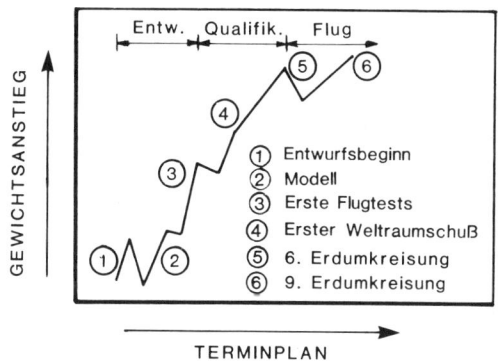

Abb. IX-37: Gewichts-Chronologie der Mercury-Raumkapsel (NASA)

6. Project Control-Management

Implementation des PC-Managements

Die Projekt Control (PC)-Aufgabe ist eine wichtige Schlüsselfunktion des modernen Projekt-managements und, wie in Abbildung V-3 gezeigt, organisatorisch in die zweite Projekt-Führungs-ebene einzureihen. In der PC-Aufgabe werden die Einzelfunktionen Planung und Überwachung einerseits und die Fachdisziplinen Termine und Kosten andererseits zu einer Gesamtfunktion zusammengefaßt. Das Neue an dem PC-Gedanken ist, daß man nicht nur versucht, die Planung und Überwachung von Terminen und Kosten durch die bloße Gegenüberstellung von Termin- und Kostendaten als integrales Ganzes zu betrachten, sondern von vornherein eine entsprechende Organisationseinheit schafft, bei der die Leistungsüberwachung (Performance Control) im Vor-dergrund steht.

Traditionell mochte es ausreichen, wenn dem Projektleiter ein Kaufmann und ein Planer zur Seite standen. Der Projektleiter mußte dann die notwendige Synthese zwischen den technischen

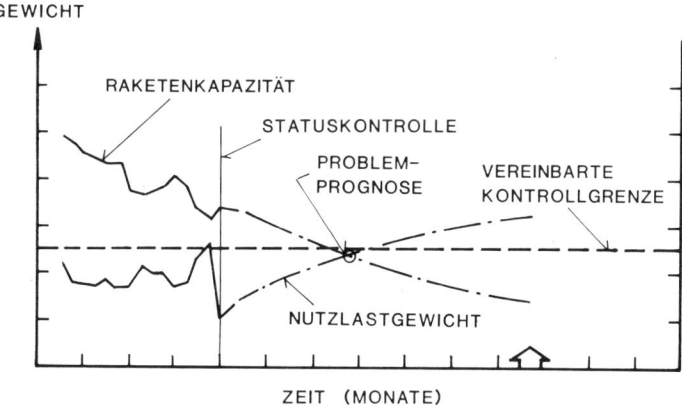

Abb. IX-38: Frühzeitige Aufdeckung von Konfliktsituationen (NASA)

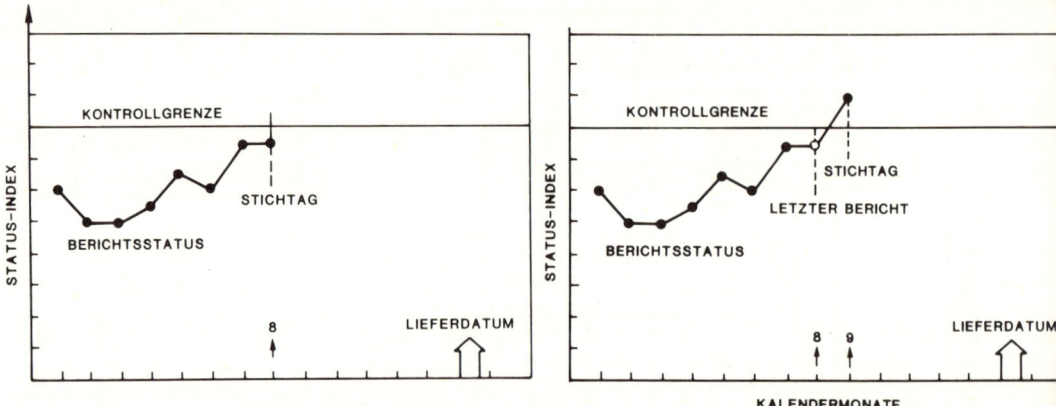

Abb. IX-39: Trendanalyse – Worst Case-Betrachtung (NASA)

Planungsdaten und den betriebswirtschaftlichen Informationen selbst herstellen. Oftmals war dem Projektleiter aber sogar die Kompetenz für die finanzielle Projektsteuerung entzogen, was zwangsweise zu unausgewogenen Entscheidungen führen mußte, denn technische Entscheidungen bewirken in der Regel eine finanzielle Einflußnahme, die oftmals allerdings nicht sofort, sondern erst mit einer gewissen Zeitverschiebung in Erscheinung tritt. Adamowsky schreibt bereits 1968: »Tatsache ist jedoch, daß in der Praxis wirtschaftliche Entscheidungen zu einem erheblichen Teil von Menschen mit ingenieurmäßiger Ausbildung getroffen werden, während viele ausgebildete Kaufleute sich lediglich als manuelle Datenverarbeitungstechniker betätigen.«[63] Die Verflechtung von technischen, terminlichen und finanziellen Einflußparametern bei der Realisierung großer und komplexer Projekte der heutigen Zeit ist eine unbedingte und wohl auch unbestreitbare Notwendigkeit, um steuernd in das Projektgeschehen eingreifen zu können. Dieser auf Fakten beruhende Sachzwang führt zur Implementation des Project Control Managements.

Aufgaben und Kompetenzen des PC-Managements – vertraue, aber prüfe nach!

Dem PC-Management obliegt primär die Aufgabe und Kompetenz, den terminlichen und finanziellen Ablauf eines Projektes zu planen und zu überwachen. Dafür muß entsprechend qualifiziertes Fachpersonal, Project Controller, Planer und Projektkaufleute, bereitgestellt und eingesetzt werden. In Abbildung IX-40 ist der Planungs- und Überwachungsprozeß anhand der zu erstellenden Planungs- und Überwachungspakete, wie er in diesem Kapitel, Paragraph 3 bis 5, detailliert beschrieben ist, zusammengefaßt wiedergegeben. Der Überwachungsprozeß steht unter dem Motto: *Vertraue, aber prüfe nach.*[64] In der Praxis werden dem PC-Management neben den originären PC-Aufgaben (Termine und Kosten) in zunehmendem Maße zusätzliche Funktionen übertragen, zum Beispiel die Dokumentations- und Konfigurationsüberwachung, die das Aufgabengebiet des PC-Managements noch erheblich erweitern (s. a. Abbildung V-4).

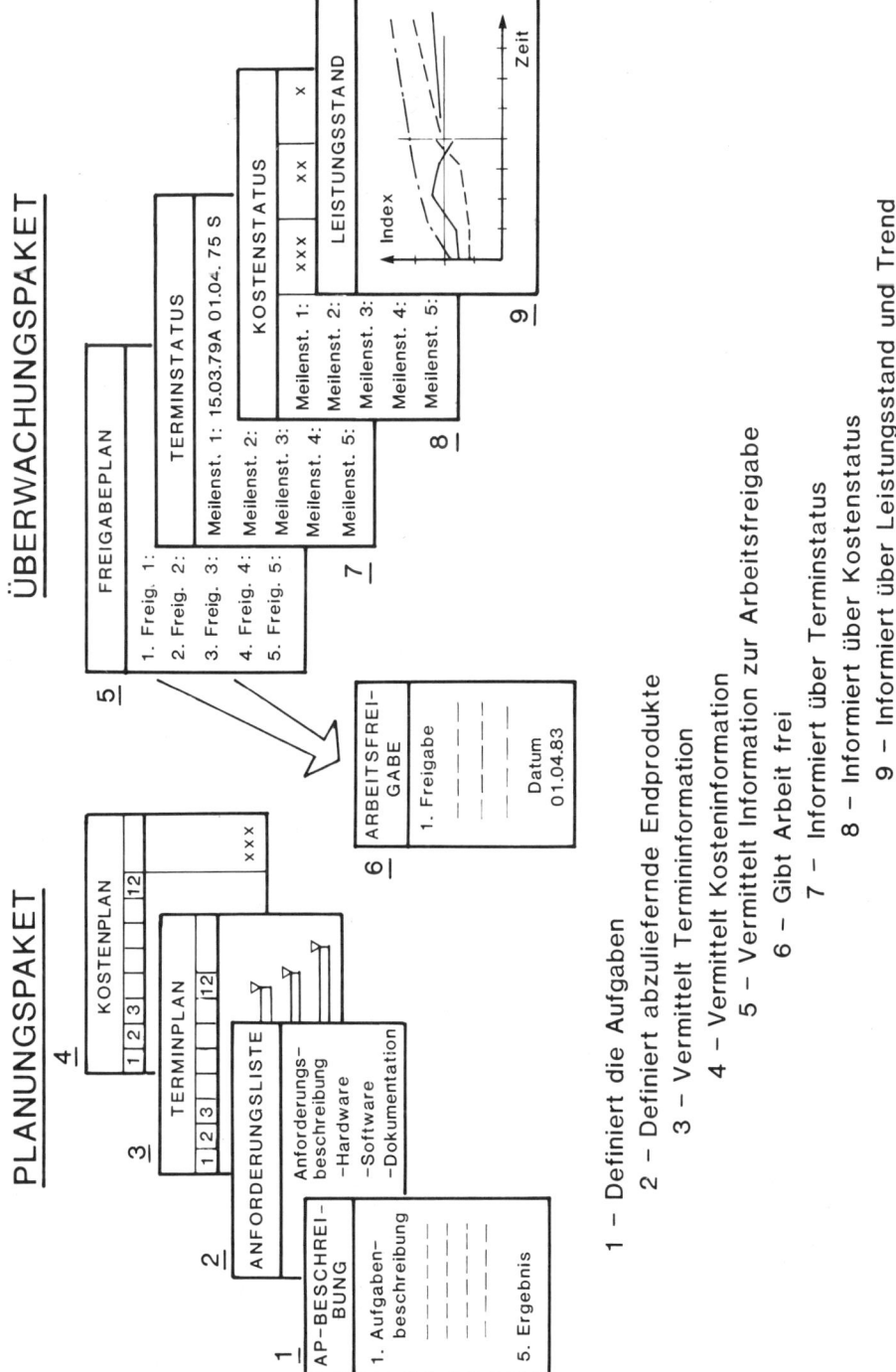

Abb. IX-40: Übersicht über die typischen Planungs- und Überwachungsinstrumente

Quellen zu Kapitel IX

1 Gehriger, Helmut: Überblick über die Netzplantechnik als zentrales Steuerungsinstrument, ZFU Managementseminar, Zürich, 1980, S. 1, 27, 29.

2 Madauss, Bernd-J.: Planung und Überwachung von Forschungs- und Entwicklungsprojekten, AIB-Fachliteratur, Gerberstr. 3b, Bad Aibling, 1978/82.

3 Ostdik, Marion A. und Estes, Richard T.: Cost/Schedule Control System Criteria: An Analysis of Managerial Utility, Thesis, Air Force Institute of Technology, Report Nr. SLSR-15−75B, 1975.

4 Wright, Donald, D.: Cost/Schedule Control Criteria: A Case Study, (Thesis) Air Force Institute of Technology, Report Nr. SLSR-65−71B, 1971.

5 DIN 69900.

6 DoD: Performance Measurement for Selected Acquisitions, DoD-Instruction 7000.2, 1977.

7 Starch, Stephan: The Use of Cost and Schedule Data by Program Managers under C/SCSC, Study Project Report, Defense Systems Management School, Program Management Course Class 75−1, 1975.

8 DoD/NASA: DoD and NASA Guide PERT/Cost, 1962.

9 NASA: Program Scheduling and Review Handbook, NHB 2330.1, 1965, S. 31.

10 NASA: OSSA/OART Project Management Information and Control System-MICS, NHB 2340.2, 1966.

11 NASA: PERT & Cost Correlation Technique (PACCT), SC006−003−1A, 1966, S. 13.

12 NASA: Forecasts and Appraisals for Management Evaluation, SP6009, S. 1−6.

13 Stevenson, Ian: The Use of Critical Path Analysis Methods in the European Space Vehicle Launcher Development Organisation, BMWF Symposium für Projektmanagement, 1968.

14 Madauss, Bernd-J.: Die Netzplantechnik im Einsatz zur Projektüberwachung und als Management-Informationssystem bei der europäischen Organisation zur Entwicklung von Trägerraketen, in: Astronautik, 2/1970, S. 88.

15 ELDO: Procedures Manual for ELDO Planning and Progressing System, CPPS, 1970 (Draft).

16 ELDO: Project Control Procedures Europa I/II, CPP 100, 1970.

17 Gehriger, Helmut: Planning and Control for European Space Satellite Projects, ESRO SP70, 1972.

18 ESA: Project Control Requirements and Procedures − Systems Definition, ESA PSS-32, 1977.

19 ESA: Project Control Requirements and Procedures − System Development and Production ESA PSS-33, 1977.

20 ESA: Project Control Requirements and Procedures − Medium-size Contracts, ESA PSS-38, 1977.

21 ESA: Project Control Requirements and Procedures − Small Contracts, ESA PSS-39 1977.

22 Madauss, Bernd-J.: Erfahrungen mit dem PERT-Planungsverfahren beim Satellitenprojekt HEOS-A, in: Luftfahrttechnik + Raumfahrttechnik, 7/8, 1968.

23 MBB: HELIOS-Sonnensonde-Endbericht, Forschungs- und Entwicklungsvertrag QC-90−00 VP 6/70, 1976.

24 Saynisch, Manfred: Project Management System for a Large International Project (a real case), Proceedings of the 7th INTERNET World Congress, 1982.

25 Dale, Ernest: Management, Econ-Verlag, Düsseldorf, 1972, 5.335.

26 DIN-Norm 69900.

27 Military Standard: Work Breakdown Structures for Defense Material Items, MIL-STD-881, 1. November 1968.

28 NASA: Handbook for Preparation and Implementation of Work Breakdown Structure, NASA-Dokument NHB 5610.1, August 1971.

29 Burbridge, Keith, Final Report: Low Cost Program Practices for Future NASA Space Programs, LMSC-Report D469858, Band II, LCCP17, 1975, S. 15.

30 Madauss, Bernd-J. und Orye, Raimond: Guideline for the Establishment of the Europa III Work Breakdown Structure and Work Package Plan, ELDO-Dokument EIII/PC01−6o/BM, 11. Juni 1971.

31 ESA. General Instructions for the Establishment of Standardised Work Breakdown Structures for Technological Projects, ESA PSS-44 (Draft), Dezember 1979.

32 ESA: Requirement Specification for Preparation and use of a Standardised Phase C/D Work Breakdown Structure for Satellite Projects, ESA PSS-53 (Draft), Dezember 1979.

33 Madauss, Bernd J.: Management Advantages of the Standard Work Breakdown Structure proposed by

the European Space Agency for Space Satellite Projects – Master Thesis, MBB-Bericht UR-446/80 Ö, 17. Juli 1980.

34 Arbeitskreis Projektstruktur. Vereinheitlichung und Rationalisierung des Engineering im Kraftwerksbau Juni 1982, (nicht veröffentlicht).

35 Airbus Industrie. Industrial Feasibility Study A32o, Al/P N 082 (Buch 5), 3. Februar 1982.

36 Hopf, Hans-Dieter und Madauss, Bernd-J.: Schiff der Zukunft – Gliederung für das Transportsystem Schiff, MBB-Bericht, UR-61 1/83, 1983.

37 Vgl. Quelle 10, S. 6–1

38 CNES: Ariane Programme – Work Breakdown Structure, CNES-Dokument SM-1–20, 28. 12. 1973.

39 McDonnel, Douglas: Space Shuttle System – Phase B Study Final Report, MDC-Bericht E0308, Teil III-1, 30. Juni 1971.

40 NASA: Standard Data Requirements Descriptions, NASA-Dokument MF002M, 1969.

41 Vgl. Quelle 6

42 BBC: Kraftwerk-Strukturplan – KS, August 1973.

43 Stevenson, Ian: L'Analyse de Reseau, in: ESRO/ELDO Bulletin, August 1968, S. 15.

44 NASA: NASA PERT in Facilities Project Management, NASA-Dokument NPC 101–3, März 1965, S. 15.

45 MBB: Spacelab Phase 2 Report, MBB-Bericht SL73/11, Band II, Teil 1, 1970, S. 11.

46 Wille, H./Gewald, K. und Weber, H. D.: Netzplantechnik, R. Oldenbourg Verlag München-Wien, 1972.

47 Groh, Helmut und Gutsch, Roland W: »Netzplantechnik« – Eine Anleitung zum Projektmanagement für Studium und Praxis, VDl-Verlag, Düsseldorf, 1982, S. 127.

48 Project Management Institute: »Survey of CPM Scheduling Software Packages and related Project Control Programs«, PO. Box 43, Drexel Hill, Pennsylvania 19026, USA, 2. Januar 1980.

49 Dworatschek, S. und Hayek, A.: Marktspiegel Projektmanagement Software, Verlag TÜV Rheinland, 3. Auflage, 1992.

50 NASA: Apollo Program Management – Staff Study for the Subcommittee on NASA Oversight», July 1969, S. 46.

51 Von Wasielewski E.: Vergleich des Aufgliederungsgrades verschiedener Netzpläne« Mitteilung an die Mitglieder der DGOR – Arbeitsgruppe Netzplantechnik und Projektmanagement, 17. 12. 1974.

52 Vgl. Quelle 22, S. 174

53 Zerega, James E.: Down and Up with PERT at Goddard«, in: Astronautics & Aeronautics, 2/76, S. 65.

54 MBB: Spacelab-Angebot, Band II«, April 1974.

55 Vgl. Quelle 23, S. V-16.

56 Miller, Robert W.: Zeit-Planung und Kosten-Kontrolle durch PERT R.V Decker's Verlag, G. Schenck, Hamburg–Berlin, 1967, S. 51.

57 Hoss, G.: The Role of Price – Revisions Formulare in ESA Contracts, in: ISPA-News, Nr. 2, Spring 1980, S. 9.

58 Servan-Schreiber, J. J.: Die amerikanische Herausforderung, Hoffmann und Campe Verlag, Hamburg, 1968, S. 94.

59 MBB: Meßsystem Temes-Angebot, April 1975.

60 Expenditure Profiles», SSCAG-Arbeitsgruppe, Brief von Mr. L. J. Taube, Rockwell International, 7. April 1981.

61 Miller, A. E.: Technical Performance Measurement Guidelines for a compliant System, in: GE-Report (ohne Nr. und Ausgabedatum).

62 MBB: Projekt COS-B, Monthly Progress Report, Nr. 12, 1973.

63 Adamowsky, Siegmar: Die zweite organisatorische Revolution, in: Rationalisierung 19. Jg. 1968–5, S. 102.

64 Sprichwörtliche russische Redewendung; Büchmann, Georg: Geflügelte Worte, Verlag Ullstein, Frankfurt/M. -Berlin-Wien, 33. Auflage, 1981, S. 353.

Kapitel X:
Kostenschätzmethodik

1. Bedeutung der Kostenanalyse
   Abgeschlossene Projekte auswerten
   Das Olympia-Zeltdach
   Reaktorprojekte SNR 300 und THTR 300
   Kostenanalysen abgeschlossener Projekte erhöhen die Qualität der Kostenschätzung
   Die Kosten-Datenbank für Kosteninformationen

2. Kostenschätzmethoden
   Prognose – eine schwierige Kunst
   Schätzmethoden und ihre Anwendung
   Detaillierte Kostenschätzungen auf der Basis von Arbeitspaketen
   Parametrische Kostenschätzungen
   Schätzgenauigkeit

3. EDV–gestützte Kostenschätzmodelle der Firma General Electric (GE)
   Kostenschätzung unter Zeitdruck
   Die Grundidee der GE-PRICE-Modelle
   PRICE im Einsatz bei der Firma Messerschmitt-Bölkow-Blohm GmbH
   Wie funktioniert PRICE-H?

4. Kosten als Entwurfsparameter
   Systemvergleiche unter Einbeziehung der Kosten
   Design-to-cost: Kosten als Entwurfsparameter
   Betrachtung der Lebenszykluskosten

5. Effiziente Verfahren zur Kostenreduzierung
   Jagd auf »nice-to-have-Konzepte«
   Neuentwicklungen unter DTC- und LZK-Bedingungen
   Der Lebenszyklus
   Effektive Maßnahmen zur Reduktion der Lebenszykluskosten
   Identifikation signifikanter Kostenverursacher – die Suche nach den cost drivers
   Entwicklung effizienter Maßnahmen zur LZK-Reduzierung

Bei der Realisierung eines Projektes stehen drei Gesichtspunkte im Vordergrund: die zu erbringende Leistung, die voraussichtlichen Termine und die für das Vorhaben erforderlichen Mittel. Die Kostenschätzung und vor allem die Schätzgenauigkeit gewinnen dabei immer mehr an Bedeutung, da die Kostentreue in der Vergangenheit immer wieder Anlaß zu Kritik gab. Insbesondere bei der Realisierung öffentlicher Vorhaben drangen in den letzten Jahren immer wieder Meldungen über Kostenüberzüge an die Öffentlichkeit, bei denen neben anderen Faktoren auch die Qualität der Kostenschätzung stets in Frage gestellt wurde (s.a. Kapitel III,2). Hudock führt in diesem Zusammenhang drei typische Beispiele an, die häufig zu schlechten Schätzungen führen[1]:

(1) Übertriebener Optimismus bei der Kostenschätzung, welcher sehr häufig aus der Härte des Wettbewerbs resultiert. Es ist deshalb mehr Realismus erforderlich, und bei der Auftragsvergabe ist die Vertrauenswürdigkeit der Kostenschätzung zu berücksichtigen.
(2) Änderungen während der Entwicklungs- und Produktionsphase. Daraus resultiert die Forderung nach besserer Definition, Eliminieren von *schönen* und *wünschenswerten* aber nicht notwendigen Forderungen, Verstärkung der Konfigurationskontrolle und Durchführung von Änderungen nur nach vorausgegangener korrekter Kostenschätzung (s.a. Kapitel XII,2).
(3) Ungenügende Identifikation von Risikobereichen.

Im Interesse besserer wirtschaftlicher Ergebnisse muß die Kostenschätzung zukünftig systematischer und mit mehr Methodik durchgeführt werden. Neuere und verfeinerte Methoden müssen dabei zur Anwendung kommen und die betroffenen Projektmitarbeiter müssen besser als bisher auf diese Aufgabe vorbereitet werden. Darüber hinaus müssen abgeschlossene Projekte zukünftig gründlicher als bisher analysiert und ausgewertet werden.

1. Bedeutung der Kostenanalyse

Abgeschlossene Projekte auswerten

Die Kostenanalyse ist eine wichtige Voraussetzung für die Kostenschätzung. In dem Kosten-Analyse-Handbuch der US-Army wird zum Ausdruck gebracht, daß die Kostenanalyse und die Kostenschätzung zwar eng miteinander verbunden sind, aber grundsätzlich zwei unterschiedliche Prozesse darstellen.[2] Kostenanalyse bedeutet, Kostendaten bereits abgeschlossener Projekte zu überprüfen und auszuwerten, um daraus spätere Kostenvergleiche und die Bestätigung von Schätzungen vornehmen zu können. Die Kostenschätzung ist dagegen eine Vorhersage über die wahrscheinlich anfallenden Kosten zur Durchführung einer ganz bestimmten, neuen Aufgabe. Der Prozeß der Kostenanalyse beinhaltet die Überprüfung und Auswertung von Kosteninformationen aller in einem Unternehmen durchgeführten Projekte. Als Grundlage dienen Angebote, Kostenberichte sowie die Ergebnisse vorgenommener Nachkalkulationen.

Die Kostenanalyse ist eine sehr interessante und aufschlußreiche Aufgabe, die sich in der Praxis jedoch oft als sehr problematisch herausstellt, da der Zugriff zu brauchbarem Datenmaterial meistens sehr schwierig ist. Es ist vor allem wichtig, daß die Kostenanalyse nicht nur nach rein buchhalterischen Gesichtspunkten, sondern in Verbindung mit der Entwicklungsgeschichte des Projektes vorgenommen wird. Änderungen in der Projektzielsetzung und der Planung müssen hierbei besonders berücksichtigt werden. Wurden solche Veränderungen jedoch nicht gründlich genug vom Projekt dokumentiert, so gestaltet sich die Kostenanalyse äußerst schwierig und die Ergebnisse sind meist nicht sehr zuverlässig.

Nachfolgend wird der Versuch unternommen, die Ursachen für die im ersten Moment spektakulär erscheinenden Kostenüberzüge der Großprojekte *Olympia-Zeltdach,* und die Reaktorprojekte *SNR 300* und *THTR 300* im Zusammenhang mit ihrer Entwicklungsgeschichte zu betrachten. Denn erst wenn man die Entwicklungsgeschichte kennt, läßt sich auch die Kostenentwicklung besser beurteilen. Was oberflächlich betrachtet als spektakulärer Kostenüberzug erscheinen mag, stellt sich bei einer genauen Analyse oft ganz anders dar. Die vorgenommene Untersuchung der durch Kostenüberzüge ins Rampenlicht geratenen Projekte, ist als eine Betrachtung im Sinne *lessons learned* zu verstehen. Es wurde versucht herauszufinden, was zu den Kostensteigerungen führte, zum Beispiel Änderungen des Projektziels, Bauverzögerungen, inflationsbedingte Steigerungen, usw., um hieraus Rückschlüsse für die Zukunft zu ziehen. Die zur Verfügung stehenden Unterlagen (Publikationen) waren nicht vollständig genug, um eine detaillierte Analyse durchführen zu können, was im Rahmen dieses Buches aber auch nicht beabsichtigt war. Die folgenden Betrachtungen sollten jedoch die Projektverantwortlichen großer Vorhaben dazu ermuntern, nach Abschluß ihres Projektes auf der Basis ihres detaillierten Wissensstandes und unter Einbeziehung aller relevanten Parameter eine Kostenanalyse bzw. projektorientierte Nachkalkulation durchzuführen, um zukünftigen Projektleitern und ihren Teams bessere Informationen für ihre Kostenschätzungen zu hinterlassen.

Das Olympia-Zeltdach

Das Olympia-Zeltdach in München wurde laut Grün mit 20 Millionen DM veranschlagt und kostete nach seiner Fertigstellung das 8,6 fache, nämlich 171 Millionen, während sich die Kosten für 14 weitere Olympiabauten im Vergleich dazu nur um das 1,9 fache erhöhten.[3] Die von Grün verwendeten Zahlen basieren allerdings zum großen Teil auf Presseinformationen. Da für die hier vorgenommene Betrachtung der Absolutwert jedoch unerheblich ist, werden eventuelle Ungenauigkeiten bewußt in Kauf genommen. Grün führt folgende Kosteneinflußgrößen für das Zeltdach auf:

(1) Alle Olympiabauvorhaben einschließlich das Zeltdach betreffende Faktoren:
  – Preisentwicklung auf dem Baumarkt, Lohnerhöhungen,
  – Menge des Fertigungsprogrammes,
  – späte Gründung der Olympia Baugesellschaft,
  – Parallelität von Planung und Bauausführung,
  – Winterbaumaßnahmen,
  – keine verbindlichen Raum- und Funktionsprogramme; Notwendigkeit von Neubauten statt Provisorien,
  – Bauauflagen,
  – Trennung von Architekt und Bauleitung,

– keine Einschaltung der nacholympischen Nutzer,
– mangelnde kaufmännische Repräsentanz, Übergewicht des Bauausschusses,
– Fluktuation im Projektmanagement und in den Aufsichtsorganen,
– erste Kostenschätzung war zu grob,
– Einrichtung der Position *Unvorhergesehenes* in der Kostenplanung.

(2) Nur das Zeltdach betreffende Faktoren:
– fehlende Anbieterkonkurrenz,
– neue technische Notwendigkeiten; keine Möglichkeit, auf Erfahrungen mit konventionellen Bauwerken zurückzugreifen; technische Pionierleistung ersten Ranges – im Wiederholungsfalle würde das Projekt höchstens die Hälfte kosten,
– mangelhafte Kostenplanung – wenn die Kostenschätzung exakt gewesen wäre, hätte man anders disponiert,
– mangelhafte Entscheidungsorganisation.

Es wäre durchaus verständlich, wenn dem Leser die von Grün aus Zeitungsberichten zusammengestellten Kosteneinflußgrößen nicht als stichhaltige Begründung für eine 8,6fache Kostensteigerung ausreicht. Eine gründliche Analyse müßte deshalb vom Bauträger, in diesem Fall von der Olympischen Baugesellschaft (OBG), kommen. Grün zitiert hierzu eine Eigenauskunft der OBG, die für Analysezwecke im Sinne von *lessons learned* jedoch ebenfalls kaum ausreicht:

– Veränderung der ursprünglichen Konzeption durch den Architekten,
– unrealistische Kostenschätzung,
– zeitdruckbedingte Unmöglichkeit auf Alternativen auszuweichen,
– verzögerte Erstellung der Planungsunterlagen,
– Schwierigkeiten bei der Wahl der Dacheindeckung.

Aussagekräftiger wären zum Beispiel Detailinformationen über bautechnische Veränderungen, Auskünfte zur Dacheindeckung, usw., um darauf aufbauend eine Kostenanalyse durchführen zu können. Interessant ist im Zusammenhang mit den Zeltdachkosten folgende Aussage von Grün: »Stark vereinfacht könnte man hier von einem extremen Beharren auf dem Leistungsziel sprechen, das trotz erheblicher Bedenken hinsichtlich seiner Kostenwirkungen nicht wesentlich reduziert wurde.«[3] Schub führt hierzu folgendes aus: «Bei der Errichtung der Olympiabauten handelte es sich primär um eine Grundsubstanz (zweckdienliche Baumaßnahme), in einigen Fällen, wie zum Beispiel dem Zeltdach jedoch um eine Ergänzungssubstanz (Sonderwünsche berücksichtigende Baumaßnahme) und/oder Geltungssubstanz« (Prestigebetonte Baumaßnahme).[4] Das Olympia-Zeltdach war letztlich zum Symbol der Olympischen Spiele in München und somit wohl auch zum Prestigeprojekt geworden – *koste es was es wolle*. Dabei ist eine prestigeorientierte Zielsetzung keinesfalls zu verurteilen. In jedem Falle ist jedoch eine detaillierte, auf Fakten beruhende und zugänglich gemachte Kostenanalyse von einiger Bedeutung für zukünftige Projekte.

Reaktorprojekte SNR 300 und THTR 300

Die Reaktorprojekte SNR 300 (Schneller Brüter) mit Standort in Kalkar und THTR 300 (Thorium-Hochtemperaturreaktor) mit Standort in Schmehausen sind ein weiteres Beispiel für die Problematik hoher Kostenüberzüge. In der Presse konnte man dazu lesen: »Der Bundesdeutsche Reaktorbau ruiniert die Staatsfinanzen.«[5] Tatsächlich sieht die Situation nicht rosig aus, wenn man die ursprünglich geplanten Kosten mit der Situation einige Jahre später vergleicht. Die für den THTR 300 Anfang der siebziger Jahre veranschlagen Kosten von 710 Millionen DM haben sich bis 1982 versechsfacht und wurden zu diesem Zeitpunkt mit 4,3 Milliarden DM veranschlagt. Gleichzeitig hat sich der Fertigstellungstermin von den ursprünglich veranschlagten fünf Jahren nach Arbeitsaufnahme auf 14 Jahre verlängert. Ähnlich sieht die Situation beim SNR 300 aus, dessen Kosten von 1,7 (Plankosten) auf 6,5 Milliarden DM (geschätzter Ist-Stand, 1982) um das 3,8 fache gestiegen sind und bei dem eine Bauzeit-Verzögerung von ca. 7,5 Jahren eintrat.

Die erheblichen Termin- und Kostenüberschreitungen beider Reaktorprojekte haben aufgrund ihrer Dimensionen eine besondere Signalwirkung. In der Süddeutschen Zeitung war unter dem Titel »Ein Strompfennig für Schmehausen«? zu lesen: »Die Kosten und die Zeitpläne müßten für den Hochtemperaturreaktor – gleiches gilt für den Schnellen Brüter in Kalkar – soweit fixiert werden, daß die bisher geübte Praxis des *Ende offen* aufhört.«[6] Offensichtlich ist man nicht sicher, daß nicht noch weitere Termin- und Kostenüberzüge dazu kommen werden. Hierzu nochmals die Süddeutsche Zeitung: »Beide Objekte werden noch Milliarden verschlingen, wobei man in Düsseldorf ebenso wie in Bonn gelernt hat, den Kostenschätzungen der Hersteller und künftigen Betreiber nicht mehr zu glauben.« Das Bundeskabinett hat in seiner Sitzung vom 17. 2. 1982 zum Thema Projektfinanzierung SNR 300 unter Punkt 3 folgenden Beschluß gefaßt: »Die Bundesregierung fordert alle Beteiligten auf, alle Anstrengungen zu unternehmen, den Zeit- und Kostenrahmen für die Errichtung des SNR 300 einzuhalten.«[7] Im Zusammenhang mit der im März 1982 unerwartet angemeldeten Kostenerhöhung von 1 Mrd. DM für den THTR 300 betonte der damalige Bundesminister von Bülow vor dem Deutschen Bundestag: »..., daß für die staatliche Förderung von Projekten dieser Dimension das Engagement der Wirtschaft von erheblicher Bedeutung sei.«[8] Die Wirtschaftszeitung »Blick durch die Wirtschaft« führt aus: »Die Ausgaben für Reaktorentwicklung dürften für 1983 noch steigen, weil die gegenwärtigen Planzahlen von den Errichtungskosten der Prototypenreaktoren in Kalkar und Schmehausen ausgehen, die nicht mehr realistisch sind.«[9] Die Entscheidungsträger für die Projekte THTR 300 und SNR 300 stehen wahrhaftig vor einem schwerwiegenden Problem, da sowohl die Weiterführung, als auch der oft diskutierte Abbruch beider Projekte weitere Milliarden kosten würde.

In diesem Zusammenhang sei kurz auf die ELDO-Tragödie hingewiesen (Kapitel III, 6). 1972 wurden die Entwicklungsarbeiten für die ELDO-Trägerrakete EUROPA I/II wegen mehrerer Fehlschüsse und zu hoher Kosten von englischer und deutscher Seite eingestellt. Unmittelbar danach entstand, aufbauend auf den Entwicklungsarbeiten für EUROPA III, unter der Führung Frankreichs das Trägerraketenprogramm ARIANE, an dessen Finanzierung sich Deutschland im Rahmen der ESA maßgeblich beteiligte. Mit erheblicher Verspätung verfügt Europa nun doch noch über einen Träger. Der hier geschilderte Fehler sollte im Energiebereich nicht wiederholt werden.

Hierzu ein richtungsweisendes Zitat des ehemaligen Bundesministers für Forschung und Technologie, von Bülow: »Wir kämpfen Schulter an Schulter mit Nordrhein-Westfalen, um einen Abbruch des Projektes in Schmehausen zu vermeiden.«[10] Im Hinblick auf das Projekt SNR 300 war zu lesen: »Der Brütertechnologie kommt weiterhin eine Schlüsselrolle für die Kernenergie zu. Sie ist für unsere zukünftige Energiesicherung erforderlich. Und nicht zuletzt ist mit diesem Projekt auch nachzuweisen, daß die deutsche Industrie leistungsfähig genug ist, komplexe Großtechnologien in überschaubaren Zeit- und Kostenrahmen sicher und funktionsfähig fertigzustellen und damit international konkurrenzfähig zu bleiben.«[7]

Der Weg-nach-vorn ist im Interesse der Allgemeinheit sicherlich der richtige Weg. Allerdings sollte er mit einer gründlichen Analyse der gemachten Fehler einhergehen. Die Frage hier lautet, woher kommen die enormen Kostenüberzüge, wer ist für sie verantwortlich und am wichtigsten, wie lassen sich solche Fehler zukünftig vermeiden? Ein kurzes Pressestudium gibt bereits einigen Aufschluß über die Hauptursachen der enormen Überzüge und die zu ergreifenden Maßnahmen:

– *Süddeutsche Zeitung* – Ein Strompfennig für Schmehausen (E. Behrens): »..., daß der schier undurchdringliche Dschungel der Genehmigungsbehörden in Düsseldorf und Bonn, der Gutachter bei TÜV und Reaktorsicherheitskommission, der Hersteller und Betreiber unter Kontrolle gebracht wird, daß man endlich den Mut aufbringt, auch in der Öffentlichkeit und den Grünen zum Trotz zu bekennen, daß bei jeder Technik seit der Erfindung des Rades ein Restrisiko nicht auszuschließen ist, daß jedes Streben nach größtmöglicher Sicherheit und Rechtsschutz an eine Grenze stößt.«[6]
– *Handelsblatt:* »Die gewaltigen und auf den ersten Blick verwirrenden Kostensteigerungen gehen ganz überwiegend auf einen Faktor zurück: auf die Verzögerungen beim Bau beider Anlagen – wie immer sich Ursachen und Schuld an diesen Verzögerungen verteilen mögen ... Daß Lohnkosten, Kreditzinsen u. a. für solche Zeiträume kräftig zu Buche schlagen, ist klar ..., daß etwa 60 % der gesamten Errichtungskosten auf Preissteigerungen entfallen.«
– *Frankfurter Allgemeine Zeitung* – Kostentreiber am Atomkraftwerk (K. Broichhausen): »Die Mehrkosten, daran gibt es keinen Zweifel, hängen hauptsächlich mit diesen Auflagen zusammen ... Aus ihrem finanziellen Kollaps ist an erster Stelle die Lehre zu ziehen, daß das Genehmigungsverfahren ohne Einbußen an Sicherheit vereinfacht und in seinem Ablauf besser kontrolliert wird.«[12].
– *Der Spiegel* – Der Koloß von Kalkar (W. Meyer-Larsen): »Als 1973 der Bau begann, hatte der Brüter-Entwurf noch nicht die geringste Ähnlichkeit mit dem gegenwärtigen ... Außerdem verlangten die Behörden, nun habe der Brüter eine sichere Schale gegen das Risiko eines Flugzeugabsturzes zu tragen. Das Bild des vorher runden Kalkar-Reaktors begann dem eines eckigen U-Boot-Bunkers aus dem Zweiten Weltkrieg zu ähneln.«[13]
– *Der Spiegel:* »*Keiner von uns allen,* gesteht ein hoher Ministerialbeamter des Bonner Forschungsministeriums, *blickt angesichts von bisher 50 Teilgenehmigungen voll durch.*«[5]

Aus diesen Berichten ist klar erkennbar, daß die enormen Kostenüberzüge der Projekte THTR 300 und SNR 300 im wesentlichen auf die durch das Genehmigungsverfahren verursachten Terminverzögerungen und baulichen Veränderungen hervorgerufen wurden und es wäre äußerst unverantwortlich, die Schuld für Kostenüberschreitungen allein beim Hersteller zu suchen. Nach einer Untersuchung der Arbeitsgemeinschaft Kearny und Motor Columbus wurden zur Entschärfung von Terminengpässen die ursprünglich vorgesehenen vier Teilerrichtungsgenehmigungen im Laufe des Projektes in 15 Teil-Teilerrichtungsgenehmigungen unterteilt.[14] In diesem Bericht wird ferner festgestellt, daß die Vor- und Durchlaufzeiten der letzten Teil-Teilerrichtungsgenehmigungen fünf bis acht Jahre betrugen, was durch den langfristigen Iterationsprozeß bei der Gutachtenerstellung, an dem Antragsteller, Hersteller, Gutachter und Behörden beteiligt werden, verursacht wurde, was auf ein äußerst schwerfälliges Auftraggebermanagement schließen läßt.

Aus den bisherigen Schilderungen läßt sich bereits vermuten, daß es sich bei den Kernkraftprojekten THTR 300 und SNR 300 im Grunde um ein generelles Managementproblem handelt. Die Abwicklung technologisch komplexer Systeme, zum Beispiel Vorhaben aus der Luft- und Raumfahrt und der Reaktorindustrie, setzt im Interesse eines planvollen Projektablaufes den Einsatz effizienter Managementmethoden voraus. Hierzu gehören unter anderem eine wirkungsvolle Projektorganisation beim Auftraggeber wie auch bei den Auftragnehmern, der Einsatz zeitgemäßer Planungs- und Überwachungsmethoden, die Verwendung systemtechnischer Verfahren und neuzeitlicher Methoden zur Produktsicherung sowie eine effiziente Dokumentations- und Konfigurationskontrolle. Madauss und Fleckenstein führen hierzu aus: »Erst die Schaffung funktionsfähiger Organisationsstrukturen ermöglichte (in der Luft- und Raumfahrt) die Implementation neuer und effizienter Managementmethoden. Bei einem Vergleich der Situation zwischen dem Reaktorbau und der Luft- und Raumfahrt fällt folgendes auf:

(1) Die Organisationsstrukturen zwischen Auftraggeber und Auftragnehmer sind im Reaktorbau nicht klar und eindeutig genug dargelegt.
(2) Mehrere Institutionen/Personen, zum Beispiel der TÜV oder Gutachter, können auf die Reaktor-Baumaßnahmen Einfluß nehmen, ohne selbst in das Auftragnehmermanagement fest eingebunden zu sein und so auch Gesamtverantwortung mittragen zu müssen.
(3) Im deutschen Reaktorbau fehlen eindeutige Managementrichtlinien. Dies trifft vor allem aber auch im Bereich Reaktorsicherheit zu.«[15]

Über die Problematik beim Projekt SNR 300 wird auch im Bonner Energie-Report geschrieben: »Der tiefere Grund für die gegenwärtige Situation des SNR 300 ist ein Mangel an Planungssicherheit auf praktisch allen Teilbereichen des Projekts ... Der SNR 300 ist – um ein Bild zu gebrauchen – ein Großbau, bei dem ständig die Baupläne geändert werden, wobei erschwerenderweise das Recht zur Bauplanänderung von einer Vielzahl von Personen – den unabhängigen Gutachtern, Sachverständigen und Behörden – wahrgenommen wird.«[16] Der Kearny/Motor Columbus-Bericht kommt darüber hinaus zu dem Schluß, daß das BMFT über keine geeigneten Instrumente für eine adäquate Projektbeeinflussung verfügte und andererseits eine übergeordnete Instanz fehlte, die bei Zielkonflikten zwischen den Beteiligten und bei übergreifenden Problemen kurzfristig Entscheidungen herbeiführen und erforderliche Maßnahmen durchsetzen konnte.[14]

Der von Madauss und Fleckenstein vorgebrachte Organisationsvorschlag für Reaktorprojekte, wie zum Beispiel THTR 300 und SNR 300, sieht eine klare und pyramidial gegliederte Organisationsstruktur des Auftraggebers, des Auftragnehmers sowie dessen Unterauftragnehmer und die eindeutige Einbindung der maßgeblichen Bundesbehörden und Gutachter in das Auftraggebermanagement vor (s. a. Abbildung X-1).[15] Außerdem muß die Organisation des Auftraggebers und Auftragnehmers bei Entwicklungsprojekten zukünftig personell erheblich verstärkt werden, um rasch zu treffende Entscheidungen selbständiger vornehmen zu können. Auch der Kearny/Motor Columbus-Bericht empfiehlt die Erhöhung der Personalkapazität der zuständigen Stellen beim BMFT und Hauptauftragnehmer.[14] Im Kearny/Motor Columbus-Bericht wird ferner ausgeführt: «Damit das Management aller Beteiligten Institutionen ... frühzeitig Maßnahmen zur Kostensenkung einleiten kann, bedarf es

— der Einführung eines geeigneten Kosteninformationssystems, das periodisch Informationen über den Gesamtprojektstand und die voraussichtlichen Gesamtkosten liefert;
— eines phasenorientierten Systems zur Ingenieuraufwandsplanung und -kontrolle;
— der Zentralisierung aller Terminplanungs- und -überwachungsaufgaben innerhalb der Gesamtprojektleitung.«[14]

Zukünftig wird es auch unbedingt erforderlich sein, neue Bau- und Sicherheitsvorschriften vor ihrer Einführung erst einmal auf ihre Wirkung und die resultierenden Mehrkosten hin zu überprü-

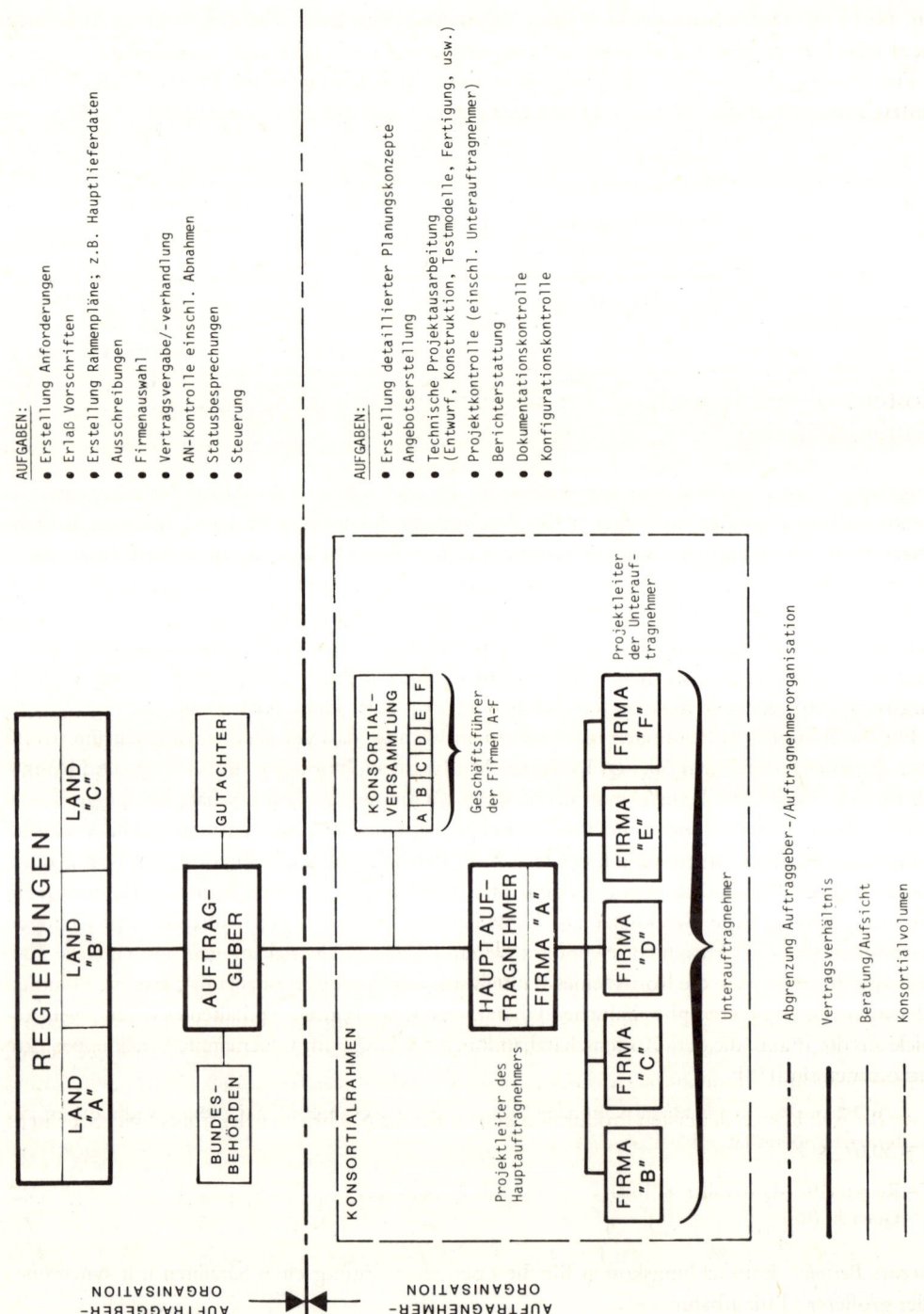

AUFGABEN:
- Erstellung Anforderungen
- Erlaß Vorschriften
- Erstellung Rahmenpläne; z.B. Hauptlieferdaten
- Ausschreibungen
- Firmenauswahl
- Vertragsvergabe/-verhandlung
- AN-Kontrolle einschl. Abnahmen
- Statusbesprechungen
- Steuerung

AUFGABEN:
- Erstellung detaillierter Planungskonzepte
- Angebotserstellung
- Technische Projektausarbeitung (Entwurf, Konstruktion, Testmodelle, Fertigung, usw.)
- Projektkontrolle (einschl. Unterauftragnehmer)
- Berichterstattung
- Dokumentationskontrolle
- Konfigurationskontrolle

REGIERUNGEN

LAND "A"   LAND "B"   LAND "C"

GUTACHTER

AUFTRAG-GEBER

BUNDES-BEHÖRDEN

KONSORTIAL-VERSAMMLUNG
A | B | C | D | E | F
Geschäftsführer der Firmen A-F

KONSORTIALRAHMEN

HAUPTAUF-TRAGNEHMER FIRMA "A"

Projektleiter des Hauptauftragnehmers

FIRMA "B"   FIRMA "C"   FIRMA "D"   FIRMA "E"   FIRMA "F"

Projektleiter der Unterauf-tragnehmer

Unterauftragnehmer

Abgrenzung Auftraggeber-/Auftragnehmerorganisation

Vertragsverhältnis

Beratung/Aufsicht

Konsortialvolumen

AUFTRAGGEBER-ORGANISATION

AUFTRAGNEHMER-ORGANISATION

Abb. X-1: Organisationsvorschlag für den SNR 300-Reaktor

fen. Nicht jede Sicherheitsvorschrift führt automatisch zu einem sehr viel mehr an Sicherheit, meist jedoch zu erheblichen Mehrkosten; hundertprozentige Sicherheit ist unbezahlbar!

Eine Analyse der von 1972 bis 1982 entstandenen Mehrkosten für das Projekt SNR 300 (fast fünfzig Prozent entfallen allein auf Preissteigerungen) ist nachfolgend wiedergegeben:[14]

Sachkosten	29 %
Ingenieurkosten	13 %
Preisgleitung	46 %
Bauherrnkosten	12 %
Gesamtmehrkosten	10 %

Kostenanalysen abgeschlossener Projekte erhöhen die Qualität der Kostenschätzung

Sorgfältige Kostenanalysen von abgeschlossenen Projekten liefern dem Kostenschätzer die notwendigen Informationen zur sicheren Kostenschätzung zukünftiger Projekte. Auch die Kostenschätzung neuer und sehr komplexer Systeme steigt in ihrer Qualität, wenn man auf Erfahrungsmaterial zurückgreifen kann. In den meisten Fällen bestehen derart neue Systeme nämlich zum großen Teil aus bereits existierenden Komponenten, oder es können Analogien zu ähnlichen Bauteilen hergestellt werden. Eine detaillierte Kostenanalyse ist deshalb von allergrößter Bedeutung für die Zukunft. Aus diesem Grunde ist es für Behörden und Firmen äußerst wichtig, langfristig entsprechende Kosteninformationen in Form einer Datenbank anzulegen.

Für die zukünftigen Planungen ist es außerdem wichtig, daß vor allem auch Erfahrungswerte über die zu entwickelnden oder zu bauenden Hardwareteile vorliegen. In der Luft- und Raumfahrtindustrie der USA bedient man sich deshalb seit langem spezieller Schätzgleichungen, nach denen sich die Entwicklungs- und Produktionskosten eines Bauteils in Abhängigkeit von ganz bestimmten Parametern ermitteln lassen (s. a. X.2). Batchelder u. a. erstellten 1969 im Rahmen der Rand-Corporation ein Dokument mit dem Titel »*An Introduction to Equipment Cost Estimating*«, in dem einige wesentliche Grundsätze zur Kostenschätzung anhand von Kostenschätzgleichungen beschrieben sind.[17] Hier heißt es unter anderem: »Viele Schätzgleichungen sind einfache Formeln, die anzeigen, daß die Kosten eines Bauteils sich direkt proportional zum Gewicht, Volumen oder irgendeiner anderen physikalischen Charakteristik des Bauteils verhalten.« Hierzu zwei Beispiele aus der Praxis, die dem Kostenschätzhandbuch der USAF für unbemannte Satellitenprojekte entnommen sind[18]:

Erstes Beispiel: Kosten der ersten Produktionseinheit für die Nachrichtenelektronik eines Satelliten:
$$Y = 30,67 \times X$$

Y = Kosten (1979-US-Dollar × 1000)
X = Gewicht (lbs)

Zweites Beispiel: Entwicklungskosten für die Energieversorgung eines Satelliten mit synchroner oder größerer Umlaufbahn:
$$Y = 2098,95 + 0,03401 \, X^{0,93}$$

Y = Kosten (1979-US-Dollar × 1000)
X = Gewicht (lbs) × Max. Leistung (Watt)

Ähnlich simple Kostenschätzgleichungen, die in der amerikanischen Literatur unter der Bezeichnung *Cost Estimation Relationship (CER)* bekannt wurden, beschreibt Beltramo für Hubschrauber und Flugzeuge; hieraus zwei weitere Beispiele.[19]

Erstes Beispiel: Produktionskosten für den Flugzeugrumpf:
$$C = 2060 \times W^{0,766} \times Q^{-0,218}$$

C = Gesamtkosten für Q Einheiten (1975-US-Dollar)
W = Gewicht (Ibs)
Q = Produktionseinheiten

Zweites Beispiel: Produktionskosten der Flughydraulik:
$$C = 54,4 \times W \times Q^{-0,0896}$$

C = Gesamtkosten für Q Einheiten (1975-US-Dollar)
W = Gewicht (Ibs)
Q = Produktionseinheiten.

Kostenschätzgleichungen bzw. CERs eignen sich besonders gut zur Kostenschätzung während der Frühphasen eines Projektes. Die detaillierte Kostenanalyse von bereits abgeschlossenen Projekten ist für die Aufstellung von CERs deshalb besonders wichtig. Das bereits zitierte Kostenschätzhandbuch der USAF hält für den professionellen Kostenschätzer von Satellitenprojekten eine größere Sammlung von Kostenschätzgleichungen bereit. Bei der Benutzung dieser Gleichungen müssen jedoch die Randbedingungen genau beachtet werden. Die Kostenschätzgleichungen sind nur dann anwendbar, wenn die Charakteristik des neu zu entwickelnden oder zu produzierenden Geräts mit der Charakteristik derjenigen Geräte übereinstimmt, die für die Aufstellung der CER-Gleichungen Pate standen.

Die Aufstellung von Kostenschätzgleichungen ist selbstverständlich nicht auf den Raumfahrtbereich beschränkt, sondern bietet sich praktisch für viele Bereiche an: Die Angabe von kg-Preisen ist letztlich ja auch in Deutschland üblich. Nur sind die Angaben oft recht ungenau, solange man nicht wenigstens nach Produktgruppen und sonstigen Charakteristiken unterscheidet. So liegt der Pkw-kg-Preis für ein Fahrzeug der Luxusklasse natürlich wesentlich höher als für ein Kleinfahrzeug. Der Kostenanalysator muß bei der Entwicklung von CER-Gleichungen (Regressionsanalysen) deshalb besonders sorgfältig vorgehen. Batchelder u.a. weisen auf diese Problematik besonders eindringlich hin und führen aus: »Gewichtsänderungen allein führen nicht immer zu Kostenänderungen und oft sind zusätzliche Variable mit einzubeziehen.«[17] Sie erläutern dies an einem praktischen Beispiel, indem sie für zehn verschiedene Flugzeug-Funksprechgeräte die Kosten, das Gewicht, die Ausgangsleistung und die Frequenz gegenüberstellen, aber zu keiner brauchbaren, allgemeingültigen Kostenschätzgleichung in Abhängigkeit von einem der Faktoren kommen. Erst die Einteilung der Geräte in die Frequenzfamilien VHF, UHF und HF erlaubt die Ableitung von drei unterschiedlichen, aber simplen linearen Kostenschätzgleichungen.

Ganz allgemein läßt sich sagen, daß die auf einen ganz speziellen Fall, zum Beispiel auf eine Baugruppenfamilie zugeschnittenen Kostenschätzgleichungen den etwas globaler gehaltenen Universalgleichungen, wie sie Anfang der siebziger Jahre in der Literatur für die Kostenvorhersage ganzer Systeme erschienen, wegen ihrer größeren Genauigkeit vorzuziehen sind. Allerdings wird in den USA seit dem Ende der siebziger Jahre von vielen Firmen der Versuch unternommen, die teilweise sehr präzisen CER-Gleichungen in Kostenschätzmodellen zusammenzufassen. Das wohl bekannteste und am weitesten verbreitete Kostenschätzmodell wurde von der Firma RCA (später GE) entwickelt und unter dem Namen PRICE vertrieben (s. a. Kapitel X.3).

Die Kosten-Datenbank für Kosteninformationen

Aus den vorangegangenen Ausführungen wird klar, daß die Auswertung abgeschlossener Projekte in ihrer Bedeutung steigt, wenn der Analyseprozeß sich nicht nur auf die Projektebene beschränkt, sondern auch einzelne Hardwareelemente, das heißt, die einzelnen Komponenten des Systems erfaßt. Entsprechend dem Projektstrukturplan (s. a. Kapitel IX.3) sollten sämtliche Elemente der unteren Ebenen identifiziert und hinsichtlich ihrer Kosten detailliert analysiert werden. Firmen, aber auch staatliche Behörden, sind gut beraten, wenn sie dieser Aufgabe eine besondere Bedeutung beimessen. Unmittelbar nach Projektabschluß ist dies am besten möglich, da die für die Analyse benötigten Informationen zu diesem Zeitpunkt meistens noch relativ leicht aufzufinden sind und bei Unklarheiten noch Interviews mit den Projektbeteiligten durchgeführt werden können. Der Analysator wird meistens rasch feststellen, daß die dokumentierten Zahlen oft einer weiteren Erläuterung bedürfen, denn Projektänderungen und gelegentlich auch Fehlbuchungen erschweren eine objektive und für die Kostendatenbank brauchbare Nachkalkulation oftmals ganz erheblich. Das »Cost Analysis Handbook« der amerikanischen Armee schreibt vor, daß, wie eingangs bereits erwähnt, neben den Kostendaten selbstverständlich auch Informationen zur Charakterisierung der jeweils analysierten Baueinheit festzuhalten sind. [2] Danach sind die Informationen in vier Gruppen zu gliedern:

(1) *Produktcharakterisierung:* Beschreibung des Bauteils, einschließlich aller technischen und physikalischen Charakteristiken.
(2) *Terminplan:* Hauptmeilensteine, Ablaufplan und Liefertermine.
(3) *Aufwendungen:* Zusammenfassung sämtlicher Aufwendungen für Entwicklung, Test, Fertigung und Betrieb des in 1. beschriebenen Bauteils (Mengen und/oder Kosten).
(4) *Zusatzinformationen:* Beschreibung der ausgewerteten Mengen-/Kostenunterlagen; handelt es sich um Ist- oder Angebotskosten; unter welchen Vertragsbedingungen wurde das Projekt abgewickelt (Festpreis, Selbstkostenerstattung, usw.)?

Die Europäische Weltraumagentur ESA hat damit begonnen, eine Datenbank für Satellitenbauteile aufzubauen, die technische und finanzielle Daten für die System-, Untersystem-, Bauteile- und Einzelteilebene erfassen soll. [20]

2. Kostenschätzmethoden

Prognose – eine schwierige Kunst

Das Schätzen von Kosten ist als eine Prognose der zu erwartenden Ausgaben für ganz bestimmte Vorgänge anzusehen. Aber sowohl in dem Wort Schätzen als auch in dem Wort Prognose steckt bereits eine große Unsicherheit. Es ist eine Binsenweisheit, daß man sich selbstverständlich verschätzen kann, das heißt, man hat entweder zu hoch oder zu niedrig geschätzt. Ganz ähnlich verhält es sich bei einer Prognose, die eine Vorhersage aufgrund von Schätzungen darstellt. C. F. von Weizsäcker schreibt: »Wirtschaftsprognose ist, wie jede Prognose, eine eminent schwierige Kunst.« [21]

Aus diesem Grunde haben viele Menschen aber auch eine tiefe Abneigung gegenüber Schätzungen und versuchen, die Aufforderung zu einer Schätzung zu umgehen. Dies ist insbesondere immer dann der Fall, wenn es sich um eine Schätzung handelt, die auf tönernen Füßen steht, denn aus Erfahrung wissen die meisten Menschen, daß ein einmal ausgesprochener Schätzwert sie in irgendeiner Weise verpflichtet, auch dann, wenn sie auf den geringen Wissensstand ausdrücklich hingewiesen haben. Man kann beobachten, daß jemand, der zu einer schnellen Schätzung über einen Vorgang, den er nicht genau kennt, aufgefordert wird, instinktiv auf Zeitgewinn aus ist, um mehr Hintergrundinformationen zu sammeln.

Um eine qualifizierte Schätzung vornehmen zu können, benötigt man entsprechende Hintergrundinformationen über den jeweiligen Vorgang, genügend Zeit zur Schätzung und Erfahrungswerte aus der Vergangenheit. Dadurch unterscheidet sich eine Schätzung vom Raten. Selbstverständlich fallen auch die Erfahrung des Schätzers und die verwendete Schätzmethodik schwer ins Gewicht. Aber selbst unter den allergünstigsten Bedingungen bleibt eine Schätzung was sie ist, nämlich eine Schätzung. Die geschätzten Kosten für ein Projekt sagen mit einer gewissen Wahrscheinlichkeit voraus, wieviel das Projekt kosten wird. Nicht vorhersehbare Probleme in der Entwicklung und inflationsbedingte Steigerungen lassen sich zwar ebenfalls abschätzen, in ihrer tatsächlichen Auswirkung jedoch nicht exakt vorhersagen. Andere, externe, die Kosten eines Projektes beeinflussende Faktoren, zum Beispiel Streiks und Baustopps, können dagegen kaum vorausgesagt werden.

Unter diesen Randbedingungen muß jede Kostenschätzung für ein Projekt gesehen werden. Oft hat man jedoch den Eindruck, daß der einmal genannte Schätzwert als eine absolute Projektverpflichtung angesehen und auch so gehandhabt wird. Dies führt dann häufig zu unliebsamen Spannungen zwischen dem Projekt und dem für die Finanzierung verantwortlichen Projektträger. Um jedoch jedes Mißverständnis zu vermeiden, wird hier ausdrücklich darauf hingewiesen und das ist das Hauptanliegen dieses Abschnitts, daß das Projektteam bemüht sein sollte, eine qualifizierte Kostenschätzung abzugeben, die zu einer möglichst sicheren Aussage der zu erwartenden Kosten führt und Risikobereiche sollten von vornherein klar und eindeutig identifiziert werden. Es ist dagegen verhängnisvoll, wenn das Projektteam zur Vermeidung von unliebsamen Rechenschaftsberichten über Projektüberzüge bereits unangemessene Angstzuschläge mit in die Schätzung einbringt und damit die Wettbewerbschancen verschlechtert. Durch die Einbindung des Projekts in den Verkaufs- und Wettbewerbsprozeß lassen sich solche Handlungen am besten vermeiden.

Bei Festpreisen sind natürlich in Absprache mit der Geschäftsleitung Projektreserven für unvorhergesehene Probleme vorzusehen und der Vertrag ist nach Möglichkeit so abzufassen, daß die vom Projekt nicht beeinflußbaren Faktoren, wie zum Beispiel inflationsbedingte Preissteigerungen, nicht dem Projekt angelastet werden. Eine effiziente Projektüberwachung hilft darüber hinaus, Abweichungen von den Schätzwerten frühzeitig zu erkennen, aus der dann die notwendigen Gegenmaßnahmen zur Vermeidung von Projektverlusten abzuleiten sind (s.a. Kapitel IX.4).

Es soll an dieser Stelle auch nicht verschwiegen werden, daß die Projektkosten oft wissentlich oder unwissentlich viel zu niedrig angesetzt werden: wissentlich unter der Prämisse, *erst einmal das Projekt beginnen, die fehlenden Kosten werden später nachgefordert,* und unwissentlich *aufgrund totaler Unterschätzung der Projektaufgaben.* In beiden Fällen kommt es meistens zu sehr ernsten Projektkatastrophen, die nicht nur die Allgemeinheit schwer belasten und manchmal auch zum Projektabbruch führen, sondern auch dem Image der beteiligten Firmen und Behörden schweren Schaden zufügen.

Schätzmethoden und ihre Anwendung

Bei der Schätzung der Kosten für die Entwicklung und Herstellung eines neuen Produkts kann man sich prinzipiell unterschiedlicher Methoden bedienen. Das wohl bekannteste und auch am meisten verwendete Verfahren ist die detaillierte Schätzmethode, bei der für bestimmte Aufgaben oder Tätigkeiten die erforderlichen Mengen, wie zum Beispiel die erforderlichen Ingenieur- und Fertigungsstunden, die Materialmengen und der Maschineneinsatz abgeschätzt und dann mit den im Unternehmen vorgeschriebenen Kostensätzen und Zuschlägen multipliziert werden. Die detaillierte Schätzmethode setzt jedoch voraus, daß bereits eine ausführliche Projektgliederung und -planung erstellt wurde, aus der die zu erledigenden Projektaufgaben eindeutig und detailliert hervorgehen. Aber genau das ist das Problem in den frühen Projektphasen, in denen noch keine detaillierten Planungsunterlagen vorliegen und auch noch nicht vorliegen können, da das Projekt konzeptionell noch nicht ausgereift und definiert ist. Jeder Versuch, auf der Grundlage unvollständiger Planungsunterlagen detaillierte Kostenschätzungen vorzunehmen, wird deshalb zu wenig realistischen Ergebnissen führen. Außerdem ist der relativ große Aufwand einer detaillierten Kostenschätzung zu diesem Zeitpunkt nicht gerechtfertigt.

Der Entscheidungsträger für ein neues Projekt, der in vielen Fällen nicht nur über den Beginn des betreffenden Projekts, sondern oft auch über alternative Vorhaben zu entscheiden hat, benötigt aber gerade in den Frühphasen möglichst zuverlässige Kosteninformationen, auf denen er seine Entscheidungen basieren kann. Pfohl und Wübbenhorst weisen auf das Dilemma zwischen frühzeitiger Entscheidung und mangelhaftem Informationsstand hin: »Das allgemeine Dilemma besteht nun darin, daß zu Anfang des Lebenszyklus die wichtigsten Entscheidungen getroffen werden müssen, der Informationsstand aber am geringsten ist.«[22] In frühen Projektphasen muß deshalb auf Methoden zurückgegriffen werden, die zwar keine sehr präzisen Kostenprognosen gewährleisten, andererseits aber auf die zum Projektbeginn bereits festgelegten Projektparameter, wie zum Beispiel Systemgewicht, Geschwindigkeit, Leistung, usw. angesetzt werden können. Wildemann spricht deshalb von einer »... wirtschaftlich zweckmäßigen Prognosegenauigkeit«, und Seldon führt im Zusammenhang mit der Betrachtung der Lebenszykluskosten eines Projekts sinngemäß aus: »Ist eine Kostenschätzung 50 Prozent höher als die andere, so ist dies von erheblicher Bedeutung für eine Entscheidung, während ein Unterschied von 20 Prozent nur dann als bedeutungsvoll zu betrachten ist, wenn es sich um eine fundierte Schätzung und um ein konventionelles Projekt mit solidem Hintergrund handelt; Unterschiede unterhalb von 20 Prozent sollten vor einer Entscheidung erst sorgfältig untersucht werden.«[23, 24]

Die verschiedenen Methoden, nach denen eine Schätzung vorgenommen werden kann, haben Jones und Niebisch wie folgt zusammengefaßt:[25]

(1) Beurteilungsmethoden/Judgemental Methods.
  - Expertenmeinungen/Expert Opinion,
  - Qualifizierte Mutmaßungen/Educated Guess,
  - Abschätzung der Größenordnung/Rough-Order-Of-Magnitude (ROM),
  - Erfahrungswerte/Empirical,
  - Analogien/Analogy.
(2) Parametrische Methoden/Parametric Methods.
  - Kostenschätzbeziehungen/Cost Estimating Relationships (CERs),
  - Statistisch/Statistical,
  - Wahrscheinlichkeit/Probabilistic,

– Mathematische Modelle/Mathematical Models.
(3) Detaillierte Methoden/Detailed Methods.
    – Arbeitspakete/Work Packages,
    – AV-Schätzungen/Industrial Engineering,
    – Andere detaillierte Schätzungen/Grass-Roots.

Die Entscheidung darüber, welche Schätzmethoden im konkreten Fall zur Anwendung gelangen
sollen, hängt ganz wesentlich von der Projektphase, in der man sich gerade befindet und somit
vom Kenntnisstand über das Projekt ab. Im Vor-Projektstadium, also noch vor der Konzeptphase
(s. a. Kapitel IV), werden erste Kostenvorstellungen oft auf der Basis von Beurteilungen, zum
Beispiel Expertenmeinungen und Abschätzungen der Kosten-Größenordnung, entwickelt. Spätestens mit Beginn der Konzeptphase sollten jedoch, parametrische Schätzmethoden zur Anwendung gelangen. Der Einsatz detaillierter Methoden läßt sich normalerweise erst in der zweiten
Hälfte der Definitionsphase einleiten, da erst dann ausreichende Planungsunterlagen, zum Beispiel
Spezifikationen, Arbeits- und Ablaufpläne und der Projektstrukturplan vorliegen. Das Kostenangebot für die nachfolgende(n) Phase(n), das normalerweise am Ende der Definitionsphase zu
erstellen ist, wird üblicherweise auf der Basis detaillierter Kostenschätzungen erstellt. In Abbildung
X-2 ist eine Tabelle wiedergegeben, die detailliert Aufschluß über die Anwendungsmöglichkeiten,
Anwendungsgebiete und Begrenzungen der Schätzmethoden gibt. In der Praxis empfiehlt es sich,
die parametrische und detaillierte Kostenschätzmethode, für eine gewisse Zeit konkurrierend
zueinander anzuwenden. Insbesondere im Zusammenhang mit den in den letzten Jahren stark
verbesserten Kostenschätzmodellen (s. a. Kapitel X.3), bietet sich für die Projektleitung mehr und
mehr die Möglichkeit an, zum Zweck projektinterner Kostenüberprüfungen, den detaillierten
Kostenschätzungen eine parametrisch ermittelte Kostenschätzung entgegenzusetzen. Die parametrischen Schätzmethoden, die in der englischsprachigen Literatur auch mit *»top-down-estimation«*
bezeichnet werden und die detaillierten Schätzmethoden, die in der Literatur oft als *»bottom-up-
estimation«* Eingang finden, sind zwei sich ergänzende Methoden.

Detaillierte Kostenschätzungen auf der Basis von Arbeitspaketen

Detaillierte Kostenschätzungen sind nur auf der Basis abgeschlossener Planungsunterlagen sinnvoll. Als Voraussetzung müssen der Projektstrukturplan (PSP) bis zur untersten Ebene gegliedert
und Arbeitspakete (APs) definiert sein (s. a. Abbildung IX-6). Im nächsten Schritt sind als Vorbereitung für die Kostenschätzung Arbeitspaketbeschreibungen zu erstellen (s. a. Abb. IX-7), die
gewissermaßen als Mini-Leistungsverzeichnis anzusehen sind und auf dessen Basis dann in Verbindung mit dem Terminplan (s. a. Abb. IX-12) die zur Erledigung der AP-Aufgabenstellung notwendigen Mengensätze, zum Beispiel Stunden und Material, geschätzt werden können. AP-
Beschreibungen sollten für die Kostenschätzung mindestens folgende Informationen enthalten:

– Aufgabenbeschreibung,
– benötigte Informationen zur Durchführung der Aufgaben und
– AP-Ergebnisse.

Ferner sind für die detaillierte Kostenschätzung Termin- und Ablaufpläne sowie technische Unterlagen, zum Beispiel Spezifikationen, die den zu erstellenden Artikel technisch definieren, erforder-

SCHÄTZMETHODEN UND IHRE ANWENDUNG

KRITERIEN / METHODEN	ANWENDUNGS-VORAUSSETZUNGEN	ANWENDUNGSGEBIETE	ANWENDUNGSBEGRENZUNG (NICHT EMPFEHLENSWERT)
I. JUDGEMENT • EXPERT.-MEINUNG • EDUCATED GUESS • ROM	• EXPERTEN/ERFAHRUNG • GROBE PRODUKTDEFINITION • ANALOGIE-MATERIAL	• FRÜHSTADIUM • SITUATIONEN O.RISIKO • UNABHÄNGIGE CROSS-CHECKS (GRÖSSENORD-NUNG) • BUDGETSCHÄTZUNGEN	• SUBJEKTIV • UNDEFINIERTE GENAUIGKEIT • NICHT VERWENDBAR FÜR DET. PREISVERHANDLUNG
II. PARAMETRISCH • CER • STATISTIK • MODELLE • KOSTENFORMEL	• HISTORISCHE DATEN • REGRESSIONSANALYSEN • CER-MATERIAL	• KONZEPTVERGLEICHE • BUDGETPLANUNG • ANGEBOTSAUSWERTUNG • UNABHÄNGIGE CROSS-CHECKS	• EXTRAPOLATION VON DATEN-BANKEN U. MODELLEN OFT SCHWIERIG (FALLS DEF.FEHLT) • SCHÄTZGENAUIGKEIT FRAGLICH
III. DETAILLIERT • AP-SCHÄTZUNG • AV-SCHÄTZUNG • KOSTENFORMEL	• ZEITPLANUNG (PERT,usw.) • SOW u. SPEZIFIKATION • DETAILL. TECHN. MATERIAL • PREISANGEBOTE	• SITUATIONEN m.h. RISIKO • PREISVERHANDLUNGEN	• TEUER u. ZEITAUFWENDIG (NICHT IM FRÜHSTADIUM EINSETZEN) • GERINGE FLEXIBILITÄT • KANN ZU KOSTENSTEIGERUNG FÜHREN (FALLS ZU DETAILL.)

Erklärungen: AP = Arbeitpaket   ROM = Rough Order of Magnitude
AV = Arbeitsvorbereitung   PERT = Program Evaluation and Review Technique
CER = Cost Estimation Relationship   SOW = Statement of Work

Abb. X-2: Schätzmethoden und ihre Anwendung (Jones/Niebisch, 1975)

lich. Auf der Basis der nun vorliegenden Unterlagen ist der erfahrene Projektingenieur in der Lage, die erforderlichen Mengenansätze abzuschätzen.

In den meisten Fällen findet nun allerdings eine Arbeitsteilung statt. Der Ingenieur schätzt die benötigten Mengen, die vom Kaufmann dann mit den firmenüblichen Kosten- und Zuschlagsätzen multipliziert und zu den Gesamtkosten für ein Arbeitspaket zusammengefaßt werden (s. a. Abb. IX-18). Bei vielen Projekten liegt die Gesamtverantwortung zur Kostenschätzung beim Projektkaufmann, der die Schätzungen in Zusammenarbeit mit den Technikern durchführt und dann auf der Grundlage von Erfahrungswerten interne Kostenüberprüfungen vornimmt. Der Projektkaufmann sollte deshalb neben einer guten kaufmännischen Ausbildung auch über technische Grundkenntnisse verfügen. Ein diesbezügliches Doppel- oder Aufbaustudium ist in jedem Falle von Vorteil. Es ist selbstverständlich, daß er auch über gute Kenntnisse des Rechnungswesens seiner Firma verfügen muß. Jeder Projektkaufmann sollte sich außerdem von Zeit zu Zeit an der Analyse abgeschlossener Projekte beteiligen, um für zukünftige Aufgaben über entsprechende Schätzerfahrungen zu verfügen. Vor allem bei Großprojekten geht man mehr und mehr dazu über, die einzelnen Projektmitarbeiter in einem Team zu integrieren, oft sogar unter der Maßgabe, daß die Mitarbeiter in einem gemeinsamen Bürokomplex zusammengezogen werden. Unter solchen Voraussetzungen kommt es meistens sehr schnell zu echter Teamarbeit, bei denen gerade auch Mitarbeiter mit unterschiedlicher Ausbildung, zum Beispiel Ingenieure und kaufmännisch ausgebildete Projektmitarbeiter eng zusammenarbeiten und ihre Erfahrungen austauschen (s. a. Kapitel XV).

Die für ein Arbeitspaket geschätzten Mengen und die daraus ermittelten Kosten bzw. Preise werden in der Praxis zu einem Kostenplan für das Arbeitspaket zusammengefaßt. Der AP-Kostenplan stellt die Grundlage für die später vorzunehmende Kostenkontrolle dar (s. a. Kapitel

IX.4). Um eine aussagefähige Kostenkontrolle vornehmen zu können, müssen zwei Grundbedingungen erfüllt sein. Die geschätzten Kosten müssen nach den einzelnen Kostenkategorien, die sich aus den Mengensätzen errechnen lassen und nach ihrer zeitlichen Verteilung aufgeschlüsselt werden. Die Festlegung der Kostenkategorien muß in Übereinstimmung mit dem Rechnungswesen des jeweiligen Unternehmens erfolgen und es kann an dieser Stelle deshalb kein einheitliches, für alle Projekte gültiges Schema präsentiert werden. Nachfolgend die festgelegten Kostenkategorien für ESA-Projekte[26]:

(1) Personalkosten:
  – Management und Administration,
  – Entwicklung,
  – Konstruktion,
  – Fertigung,
  – Test,
  – Andere (ggf. festlegen).
(2) Sonstige Kosten:
  – Material,
  – EDV-Benutzung,
  – Anlagenmiete,
  – Zukaufteile,
  – Externe Dienstleistungen,
  – Reisen,
  – Verpackung und Transport,
  – Andere (ggf. festlegen).

Die Festlegung der Kostenkategorien muß in jedem Fall in Übereinstimmung mit der jeweils üblichen Kostenstruktur erfolgen, so daß den einzelnen Kategorien die im Hause üblichen Stunden- und Zuschlagssätze eindeutig zugeordnet werden können. Werden in einem Unternehmen zum Beispiel für die einzelnen Abteilungen Misch-Stundensätze zur Kostenkalkulation verwendet, so ist es unter Umständen zweckmäßig, unter der Hauptkategorie *Personalkosten* die einzelnen in Frage kommenden Abteilungen aufzuführen. In anderen Unternehmen kann es zum Beispiel üblich sein, den Stundensatz nach Junior- und Senioringenieuren zu unterscheiden, was bei der Festlegung der Kostenkategorien zu berücksichtigen ist.

Die zeitliche Aufschlüsselung der Kosten sollte dem Kostenkontrollzyklus entsprechen. Erfolgt die Kostenkontrolle zum Beispiel monatlich, so ist auch eine monatliche Kostengliederung erforderlich. Eine vierteljährliche Kostengliederung wäre in einem solchen Fall nicht ausreichend. Einschränkend ist jedoch auszuführen, daß die Kosten für Arbeitspakete, die laut Terminplan erst in zwölf oder mehr Monaten begonnen werden, nicht unbedingt sofort in monatliche Intervalle aufgeschlüsselt werden müssen. Hier empfiehlt es sich, vorerst eine viertel- oder halbjährliche Aufteilung vorzunehmen und diese dann später, bei größerem Wissensstand, auf die meist monatliche Kontrollspanne weiter aufzuschlüsseln.

In Abbildung IX-18 ist ein typisches Beispiel eines ESA AP-Kostenplans wiedergegeben. In diesem AP-Kostenplan ist vertikal die detaillierte Aufschlüsselung der Personal- und Kostenkategorien vorgesehen und horizontal die zeitliche Aufteilung. Die Parsonalkosten können durch simple Multiplikation der Stunden mit den zugehörigen Stundensätzen ermittelt werden. Nach Möglichkeit sollte es sich dabei um Bruttostundensätze, das heißt um Stundensätze, die bereits mit den betriebsinternen Zuschlägen beaufschlagt wurden, handeln. Dies hat den Vorteil, daß der

Projektkaufmann in der Lage ist, auf Arbeitspaketebene eine Vollkostenrechnung durchzuführen. Es besteht dann sogar die Möglichkeit, durch Hinzufügung des Gewinnzuschlages eine Preisaussage auf Arbeitspaket-Ebene vorzunehmen. Aus der horizontalen Gliederung sind die Kosten pro Zeitintervall zu entnehmen. Dies ist eine wichtige Voraussetzung für die spätere Kosten- und Leistungskontrolle (s.a. Kapitel IX.4 und 5). Außerdem ist die zeitliche Aufschlüsselung der Kosten eine ideale Grundlage zur Entwicklung des Mittelabflußplans.

Parametrische Kostenschätzungen

Kostenschätzung ist Vorhersage aufgrund von Erfahrung. Zur Kostenschätzung sind deshalb die persönliche Erfahrung des Schätzers und eine hinreichend detaillierte Datenbank eine unabdingbare Voraussetzung. Bei parametrischen Kostenschätzungen spielt adäquates Datenbankmaterial eine besonders große Rolle. Die Anwendung von Kostenschätzbeziehungen bzw. CERs (s.a. Kapitel X.1) setzt nämlich voraus, daß zwischen dem Bauteil, für das eine top-down-Kostenschätzung erstellt wird und den Referenzbauteilen, die für die CER-Entwicklung herangezogen wurden, auch eine Analogie besteht. In anderen Worten, es muß erst einmal die verwandtschaftliche Beziehung gefunden werden. In Abbildung X-3 ist in diesem Zusammenhang ein Beispiel aus einer CER-Datenbank zur Ermittlung der Kosten für ein Satelliten-Nachrichtensystem wiedergegeben.[18] Durch die Angabe von Gewichtsgrenzen ist der Gültigkeitsbereich der CERs beschrieben. Obwohl das Gewicht als kostenbestimmender Parameter wohl am bekanntesten ist, werden jedoch oft auch andere Parameter für eine CER-Gleichung verwendet. Nachfolgend sind die typischsten Kosteneinflußparameter wiedergegeben:

- Gewicht (kg)
- Quantität (Stck)
- Leistung (W)

- Frequenz (Hz)
- Geschwindigkeit (km/h)
- usw.

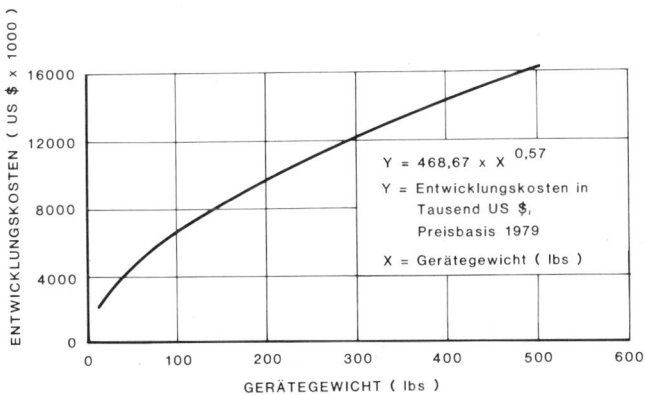

Referenzprojekte: ATS-F; ATS M/G; ATS S/G (D,E); ATS S/S (B,C); DSCS II; FLTSATCOM; GPS I; I-3; I-4; IDCSP (DSCS I); IDCSP/A; MARISAT; NATO III; SYNCOM; TACSAT

Abb. X-3: CER für die Entwicklungskosten eines Satelliten-Nachrichtensystems

In den USA hat die parametrische Kostenschätzmethodik in den letzten zwanzig Jahren erheblich an Bedeutung gewonnen, einmal weil sie in den Frühphasen der Projekte die einzig brauchbare, zur Verfügung stehende Methode ist und zweitens, weil sie in den Folgephasen mehr und mehr als unabhängige Schätzmethode zur Überprüfung von detaillierten Kostenschätzungen eingesetzt wird. Die US-Armee spricht bei der detaillierten Schätzmethode von der Basiskostenschätzung *Base line Cost Estimate (BCE)* und bei der parametrischen Schätzmethode von der unabhängigen parametrischen Kostenschätzung *Independent Parametric Cost Estimate (IPCE)*.[27] Die IPCE-Informationen werden mit einem speziellen Format, dem Format DD 2089, aus dem die physikalischen und technischen Daten des Bauteils hervorgehen, erfaßt. Starrett, der Direktor der Preisüberprüfungsagentur für militärische Aufträge der USA, führt in einem 1982 veröffentlichten Artikel aus, daß die *Defense Contract Audit Agency (DCAA)* sich nun entschlossen hat, zukünftige Preisverhandlungen auf der Basis von IPCEs durchzuführen.[28] Er weist ferner darauf hin, daß die Auftragnehmer folgende sechs Kriterien bei zukünftigen Angeboten berücksichtigen müssen:

(1) Die verwendeten Kostenschätzbeziehungen (CERs) müssen logisch aufgebaut sein!
(2) Die benutzten CER-Informationen müssen verifizierbar, d.h. nachprüfbar sein!
(3) Zwischen den benutzten Parametern muß ein ausreichender statistischer Zusammenhang bestehen!
(4) Die verwendeten CERs müssen zutreffend und genau sein!
(5) Die verwendeten parametrischen Schätzsysteme (z.B. CERs oder ein EDV-gestütztes Kostenschätzmodell) müssen leicht überprüfbar sein!
(6) Vor Einreichung eines Angebotes sollte komplette Übereinstimmung mit den oben genannten Kriterien bestehen!

1979 schlossen sich in den USA unter der Leitung des Industrial Engineers und ehemaligen RCA-Mitarbeiters Franc Freimann, der das wohl bekannteste Kostenschätzmodell (RCA-PRICE) entwickelte, mehrere Ingenieure und Betriebswirte zusammen und gründeten 1980 den internationalen Verein für parametrische Analysen, der *International Society of Parametric Analysts (ISPA)*. Im Vordergrund standen Entwicklungen parametrischer Kostenschätzmodelle, Risikoanalysen, Lebenszykluskosten und *Design-to-Cost-Methoden*. Die ISPA (ISPA Business Office, PO. Box 1056, Germantown, MD 20874, USA), verfügt inzwischen über ca. 800 Mitglieder, davon etwa zehn Prozent aus Europa, und führt jährlich einen einwöchigen Kongreß durch.

Mit der fortlaufenden Verfeinerung parametrischer Kostenschätzmethoden und der Verfügbarkeit leistungsfähiger EDV-Anlagen lag die Entwicklung von EDV-gestützten Datenbanken und Kostenschätzmodellen auf der Hand. In den USA verfügen fast alle Großfirmen der Luft- und Raumfahrt über dementsprechende hauseigene Programme. Aber auch die Behörden haben sich mit Kostenschätzmodellen und/oder Datenbanken ausgerüstet. Während die meisten Datenbanken und Kostenschätzmodelle nur für ganz bestimmte Produktgruppen einsetzbar sind, hat sich die Firma RCA seit Anfang der siebziger Jahre mit Erfolg der Entwicklung eines universellen Kostenschätzmodells gewidmet. Seit 1975 sind die von RCA entwickelten Kostenschätzmodelle auf dem Markt. RCA-PRICE Systems (heute GE PRICE Systems) bietet folgende Modelle an:

– *PRICE-H:* Ein Modell zur Ermittlung der Hardwarekosten einzelner Bauteile,
– *PRICE-L:* Ein Modell zur Ermittlung der Lebenszykluskosten eines Projektes,
– *PRICE-M:* Ein Modell zur Ermittlung der Kosten für Bausteine der Mikroelektronik,

– *PRICE-S:* Ein Modell zur Ermittlung der Kosten für EDV-Software,
– *PRICE-SL:* Ein Modell zur Ermittlung der Kosten für EDV-Software-Lebenszykluskosten.

Die Kostenschätzmodelle werden von über fünfzig Firmen und mehr als zwanzig Behörden der USA, darunter auch das US-Verteidigungsministerium, die Marine, die Luftwaffe, das Heer und die NASA, angewendet. In Europa wenden Behörden und Firmen ebenfalls die PRICE-Kostenschätzmodelle mit Erfolg an. Die Generalvertretung für PRICE-Modelle in der Bundesrepublik Deutschland ist die Firma ›PRICE Systems‹ der General Electric Deutschland in Frankfurt/Main, Praunheimer Landstr. 50. Ein besonderer Vorzug der EDV-gestützten Kostenschätzmodelle liegt in der Schnelligkeit. Selbst komplizierte technische Änderungen können in kürzester Zeit, oft in Minutenschnelle, auf ihre finanziellen Auswirkungen hin überprüft werden. Eine detaillierte Beschreibung über die Wirkungsweise der PRICE-Kostenschätzmodelle ist in X.3 wiedergegeben. Franc Freimann, der Initiator der PRICE-Programme bei RCA (heute GE) gründete Anfang der achtziger Jahre ein Unternehmen zur Entwicklung von Kostenschätzmodellen. Das von ihm entwickelte Konkurrenzprodukt »FAST« wird von der Firma PRIMETIME (8, Valley Forge Executive Mall, Wayne, PA 19087) vertrieben und ist PC kompatibel.

Schätzgenauigkeit

Jeder, der beruflich mit Kostenschätzungen zu tun hat, weiß, daß eine Kostenschätzung allein oft noch nicht genug aussagt und, sofern möglich, durch Zusatzinformationen über die Genauigkeit und/oder Vertrauenswürdigkeit der vorgenommenen Kostenschätzung ergänzt werden sollte. Gerade bei der Durchführung von Kostenstudien ist die Untersuchung der Schätzgenauigkeit zur Erhärtung der Aussage oft sehr wichtig. Aber auch bei Vertragsverhandlungen und der damit verbundenen Preisgestaltung spielt die Kenntnis über die Genauigkeit der Kostenschätzung eine große Rolle. So wäre es zum Beispiel ein zu großes Risiko, für Projekte oder Projektbereiche, für die Kostenschätzungen mit zweifelhafter Genauigkeit bzw. geringer Vertrauenswürdigkeit vorliegen, einen Festpreis abzuschließen, es sei denn, es werden entsprechende Rücklagen in den Festpreis mit einbezogen.

Nun steht andererseits natürlich auch fest, daß die Schätzgenauigkeit phasenabhängig ist, das heißt, die Schätzungen, die zum Beginn des Projekts durchgeführt werden, sind normalerweise wesentlich ungenauer als diejenigen Schätzungen, die nach Abschluß der Definitionsphase vorliegen. Dies hängt bei Entwicklungsprojekten vor allem auch mit den vielen Unbekannten zusammen, die gerade am Anfang eines Projektes noch nicht gut genug abzuschätzen sind. Augustine spricht in diesem Zusammenhang von zwei verschiedenen Unsicherheitskategorien, die eine Plage für fast jedes Projekt darstellen: die »bekannten Unbekannten« und die »unbekannten Unbekannten«.[29] Er schreibt dazu, daß man die bekannten Unbekannten, zum Beispiel die genaue Bodenbeschaffenheit der Mondoberfläche an der Stelle, wo die erste Apollo-Landung stattfinden sollte, noch relativ gut in der Planung berücksichtigen konnte. Die zweite Unsicherheitskategorie, der unbekannten Unbekannten, ist dagegen nicht identifizierbar und im voraus einzuplanen, aber ihre Existenz läßt sich nach dem Schema einer Versicherungsstatistik vorhersagen. Augustine führt hierzu das Beispiel von Apollo XII an, bei der ein Blitzschlag kurz nach dem Start zum Mond die Rakete traf und folgert: Irgendwie schlägt in jedem großen Projekt der Blitz einmal irgendwo ein; es kann zwar nicht vorhergesagt werden, wo er einschlägt, sicher ist nur, daß er einschlagen wird.[29] Gemeint sind die immer wieder, oft aus heiterem Himmel, eintretenden Projektpannen. Augustine hat zwischen 1962 und 1976 achtunddreißig Großprojekte der USA ausgewertet und zieht daraus den Schluß, daß es bei den analysierten Projekten nicht zu Kostenüberzügen gekommen wäre, wenn man die ursprünglich geschätzten Kosten mit dem von ihm entwickelten Korrekturfaktor, der die unbekannten Unbekannten bereits berücksichtigt, multipliziert hätte. Der von Augustine herausgefundene Korrekturfaktor, mit dem jede Schätzung multipliziert werden sollte, ist wie folgt definiert[29]:

$$Korrekturfaktor = (1 + \frac{0,8}{1 + 8t^3})$$

t = F u. E-Terminstand (0 = Beginn, 1 = hundertprozentiger F u. E-Abschluß)

Das heißt, die am Anfang des Vorhabens geschätzten Kosten für das Gesamtprojekt müßten, um realistisch zu sein, laut Augustine mit 1,8 multipliziert werden und die am Ende der Entwicklungsphase vorgenommene Hochrechnung ist immerhin noch mit fast zehn Prozent zu beaufschlagen. Vergegenwärtigt man sich der öffentlichen, aber auch privaten Projekte mit enormen Kostenüberzügen in der Bundesrepublik Deutschland, so erscheint der oben genannten Korrekturfaktor eher noch zu niedrig zu sein. Das Problem der Schätzgenauigkeit ist mit dem von Augustine vorgeschlagenen Korrekturfaktor natürlich noch nicht aus der Welt geschafft. Es ist auch nicht die Absicht des Autors, die Gleichung von Augustine, die nur für einen ganz bestimmten Bereich in den USA gültig sein kann, dem Leser als Patentrezept anzubieten. Die Untersuchung von Augustine beschreibt jedoch in hervorragender Weise, mit welchen Problemen Projektmitarbeiter in der Praxis fertig werden müssen. Am Projektbeginn ist es aufgrund der vielen bekannten und unbekannten Unbekannten, um mit den Worten von Augustine zu sprechen, sehr schwer, eine exakte Kostenschätzung vorzunehmen. Mit parametrischen Schätzmethoden kann man das Problem zwar besser in den Griff bekommen, aber es bleibt auch dann aufgrund des noch nicht ausgereiften Konzeptes eine mehr oder weniger große Unsicherheit in der Schätzgenauigkeit bestehen.

Ideal ist es, wenn der Kostenschätzer der Kostenprognose für das betreffende Bauteil, Arbeitspaket, usw., neben den geschätzten Kosten einen Wertmaßstab über die Güte oder Vertrauenswürdigkeit der Schätzung mitgibt. Um das Vertrauen in die Schätzung ausdrücken zu können, bedarf es aber einer detaillierten Analyse darüber, wie es zu dem geschätzten Wert gekommen ist. Die Bestimmung der Vertrauenswürdigkeit in eine Kostenschätzung hängt von mehreren Faktoren ab. Die wichtigsten Faktoren sind[30]:

(1) Schätzkonditionen:
  – Schätzzeit (zur Verfügung stehende Zeit),
  – Schätzteam (erfahren, teilweise erfahren, unerfahren),
  – Voraussetzungen (wirtschaftliche Bedingungen: Stundensätze, erwartete Preissteigerungen, Gewinnansätze, usw.),
  – Annahmen (vom Projekt, Betrieb, usw. getroffene Annahmen).
(2) Art des Produktes:
  – Stand der Technik (eingeführte und bekannte, neue, nur wenig bekannte oder völlig neue,
  – bisher unbekannte Technologie),
  – Produktionserfahrung (vorhanden, teilweise vorhanden, nicht vorhanden).
(3) Produktbeschreibung:
  – Spezifikationsstatus (vorhanden, teilweise vorhanden, nur Grobdaten vorhanden),

– Zeichnungsstatus (vorhanden, teilweise vorhanden, nur im Entwurf vorhanden).

(4) Schätzmethoden und Vergleichsdaten:
– Methoden (detaillierte oder parametrische Schätzmethoden),
– Vergleichsdaten (vorhanden, teilweise vorhanden, nicht vorhanden).

Mit Hilfe dieser Faktoren läßt sich ein Schema zur Beurteilung der Vertrauenswürdigkeit aufbauen. In Abbildung X-4 ist an einem Beispiel aus der Praxis ein Schema zur Ermittlung der Vertrauenswürdigkeit für eine vorgenommene Kostenschätzung wiedergegeben. In Verbindung mit den dort aufgeführten Kriterien wurden drei Ebenen der Vertrauenswürdigkeit, *Niedrig, Mittel und Hoch* definiert. Die Schätzung jedes bereits definierten Bauteils ist dann entsprechend dem in Abbildung X-4 gezeigten Schemas mit einem Kennzeichen (N, M, H) für die Vertrauenswürdigkeit der Schätzung zu versehen. Im nächsten Schritt sollte versucht werden, die drei Ebenen der Vertrauenswürdigkeit nun mit einer aus der Erfahrung gewonnenen Schätzgenauigkeit in Verbindung zu bringen. Das bedeutet, daß entsprechend dem in Abbildung X-4 gezeigten Beispiel Bauteile mit einer hohen Vertrauenswürdigkeit in die Schätzung (hier Klasse H) mit einer Schätzgenauigkeit von zum Beispiel $\pm$ 5 Prozent des Nominalwertes behaftet sind. In anderen Worten, wurden für ein Bauteil nominal 100 DM geschätzt, so kann dieser Wert aufgrund von unvorhergesehenen Ereignissen jedoch noch zwischen 95 und 105 DM schwanken. Analog ist für die Schätzkategorien M und N zu verfahren. An dieser Stelle sei erwähnt, daß statistische Verfahren zur Ermittlung der Schätzgenauigkeit, sofern sie fundiert sind, eine brauchbare Ergänzung zur Kostenprognose darstellen.

Vertrauen in die Schätzung	SCHÄTZKONDITIONEN		
	Schätzzeit	Produktkenntnis	Schätzmethode
HOCH	angemessen lang	hervorragend (Expertenwissen liegt vor)	erprobte Methode vorhanden
MITTEL	gerade ausreichend	teilweise vorhanden (Expertenwissen teilweise vorhanden)	teilweise sind Methoden vorhanden
NIEDRIG	zu kurz	nicht vorhanden (kein Expertenwissen)	keine Methoden vorhanden

Abb. X-4: Schema zur Ermittlung der Schätzgenauigkeit

Das Verteidigungsministerium der Bundesrepublik Deutschland hat 1971 eine Richtlinie herausgegeben, nach der die geschätzten Kosten bzw. der Preis für ein Projekt oder den Teilbereich eines Projektes mit einer speziellen Kennung zu bezeichnen ist, aus der klar hervorgeht, wie der jeweilige Preis (Kosten) ermittelt wurde.[31]

3. EDV-gestützte Kostenschätzmodelle der Firma General Electric (GE)

Kostenschätzung unter Zeitdruck

Erfahrene Projektleiter und Projektkaufleute kennen das Problem, in kürzester Zeit für ein neues Projekt detaillierte und vor allem möglichst richtige Kostenschätzungen abzugeben, denn der zukünftige Auftraggeber hat für die Angebotserstellung meistens zu wenig Zeit vorgesehen. Das führt dann regelmäßig zu Hauruckaktionen bei der Erstellung des Kostenangebots, das bekanntlich erst nach Abschluß der technischen Angebotsunterlagen angefangen werden kann. Die Qualität des Kostenangebots hängt aber ganz wesentlich von der Kenntnis des Produkts, der Erfahrung des Schätzers und des ihm zur Verfügung stehenden Datenmaterials vorhergegangener Projekte sowie von der zur Verfügung stehenden Zeit ab. Rücksprachen mit Fachabteilungen und Unterauftragnehmern fallen deshalb oftmals äußerst knapp aus. So kann es dann leicht passieren, daß wichtige Details vergessen und Fakten unterschätzt werden. Verlangt der Auftraggeber daneben noch, daß die Kosten sehr detailliert aufgeschlüsselt werden, so kann der Projektkaufmann oftmals den Wald vor lauter Bäumen nicht mehr sehen. Andererseits verbessert sich die Qualität der Kostenschätzung nicht unbedingt durch größere Detaillierung, das ist bei Fachleuten bekannt. Jedoch ist das Bestreben nach mehr Qualität bei der Kostenschätzung sehr groß. Insbesondere bei Festpreisverträgen, die zukünftig auch bei Entwicklungsaufträgen des Bundes erhöht zur Anwendung kommen sollen, spielt aber die Qualität der Kostenschätzung eine äußerst große Rolle![32] Und Zeit? Die Zeit zur Kostenschätzung wird auch zukünftig äußerst knapp bemessen sein.

Unsere nationalen und internationalen Konkurrenten bestimmen das Tempo – wer zuerst kommt, mahlt zuerst oder »Wer zu spät kommt, den bestraft das Leben« [Gorbatschow, 1989]. Spätestens nun wird klar, wie wichtig es ist, über ein Instrument zu verfügen, mit dem Kostenschätzungen schneller und genauer durchzuführen sind.

Die Grundidee der GE-PRICE-Modelle

»Die Grundidee und Philosophie der PRICE-Modelle ist, daß sie universell einsetzbar und leicht zu bedienen sind und gleichzeitig den schnellen Zugriff garantieren«, Franc R. Freimann.[33]

In den sechziger Jahren entwickelte die Firma RCA (heute GE) auf der Basis von in der Praxis erworbenen Erkenntnissen ein universelles Rechenmodell zur Kostenschätzung von Hardware-Baugruppen. Im Prinzip wurden die in der US-Industrie schon seit längerem verwendeten Cost Estimation Relationships (CER's) (s.a. Abbildung X-3) zu einem Kostenschätzmodell vereinigt. Der Hauptinitiator dieses Modells, der frühere RCA-Mitarbeiter Franc Freimann, der sich schon seit 1957 mit dieser Aufgabe befaßt hatte, führte als einheitlichen Maßstab zur Beurteilung und Klassifizierung von Hardware-Produkten eine Skala ein, indem er für die Fertigung den weithin gebräuchlichen Begriff Komplexität mit Werten von 0 bis 10,000 vorsah. Dabei unterschied er grundsätzlich in zwei Kategorien, der Entwicklungskomplexität sowie der Fertigungskomplexität (s.a. Abb. X-8 und X-10).

Dann wurde eine Unterscheidung nach folgenden Produktkategorien vorgenommen: Bodengeräte, bewegliche Geräte, Luftfahrtgeräte, Raumfahrtgeräte und Geräte für die bemannte Raumfahrt. Bodengeräte erhielten die Kennzahl 1 und Geräte der bemannten Raumfahrt die höchste Kennzahl, nämlich 2,5. Für die restlichen Kategorien wurden Kennzahlen zwischen 1 und 2,5 festgelegt. Damit war die Grundlage zur Bewertung von unterschiedlichen Systemanforderungen (specification level) geschaffen.

Will man nun eine PRICE-Rechnung für ein Hardware-Teil durchführen, so müssen im wesentlichen folgende Daten bereitgestellt werden: Seriengröße, Anzahl der Prototypen, Gewicht, Volumen, Plattform (Systemanforderung), Fertigungskomplexität, Entwicklungskomplexität sowie Start- und Endtermine für Entwicklung und Produktion. Weitere Faktoren können wahlweise hinzugefügt oder vom Programm ermittelt werden. In Abbildung X-5 ist das PRICE-Eingabeblatt für die Basisdaten zur Berechnung der Hardwarekosten wiedergegeben.[34]

Mitte der siebziger Jahre entschied sich RCA zur Vermarktung des PRICE-Modells zur Schätzung von Hardwarekosten und ergänzte dieses Modell später durch das Modell PRICE-S zur Ermittlung von Softwarekosten und PRICE-L zur Ermittlung von Lebenszykluskosten. Inzwischen werden die PRICE-Modelle von über siebzig US-Firmen und Behörden wie zum Beispiel NASA, NAVY und USAF erfolgreich eingesetzt. In Europa wird PRICE vom britischen und schwedischen Verteidigungsministerium, der nationalen französischen Raumfahrtbehörde CNES, der europäischen Raumfahrtorganisation ESA und einem Dutzend Luft- und Raumfahrtfirmen sowie mehreren Elektronikunternehmen angewendet.

PRICE im Einsatz bei der Firma Messerschmitt-Bölkow-Blohm GmbH

Die Firma Messerschmitt-Bölkow-Blohm GmbH (MBB) in München (heute DASA) wendet das PRICE-Hardwaremodell seit 1979 an.[35] Die Ergebnisse waren zuerst nicht so recht überzeugend, da zum Beispiel die Zuordnung der passenden Komplexitätsfaktoren erhebliche Probleme bereitete. Andererseits wirkte die Komplexität aber direkt auf die Kosten, denn die Komplexität ist ein wichtiger Kosten-Einflußfaktor. Erfolgreiches Rechnen mit PRICE setzt nämlich voraus, daß man über einen Zeitraum von einigen Monaten Kalibrierungsarbeiten durchgeführt hat. Während einer mehrmonatigen Vorbereitungszeit wurden von MBB abgeschlossene Projekte ausgewertet, indem man dem Modell die angefallenen Kosten abgeschlossener Projekte eingab und Rückwärtsläufe durchführte. Das Ergebnis sind dann nicht Kosten, sondern Komplexitätsfaktoren. ECIRP-Läufe, PRICE-Rückwärts, sind eine Grundvoraussetzung für brauchbare PRICE-Analysen.

An dieser Stelle soll auf eine häufig gestellte Frage pauschal geantwortet werden: PRICE ersetzt nicht die herkömmlichen Methoden zur Kostenschätzung und darf auch nicht als Konkurrenz hierzu angesehen werden. PRICE ist vielmehr ein zusätzliches Schätzinstrument, mit dem die Genauigkeit der herkömmlichen Kostenschätzungen beurteilt werden kann. Darüber hinaus ist PRICE sehr gut in Frühphasen des Projektes, lange vor Erstellung einer Spezifikation oder eines Pflichtenheftes, einsetzbar. Außerdem kann man mit PRICE in Minutenschnelle, das heißt Online, Kosteneinflußgrößen untersuchen.

Ein erfahrener PRICE-Analysator kann, wie schon erwähnt, für ein Bauteil, ein Untersystem, aber auch für ein ganzes System oder Projekt innerhalb weniger Minuten eine komplette Kostenanalyse durchführen. Mit der richtigen Beantwortung von etwa 20 bis 30 technischen Fragen kann der Analysator das PRICE-Programm füttern und in wenigen Minuten das Ergebnis abfragen. Die benötigten Rechenzeiten sind verhältnismäßig kurz, so daß die EDV-Betriebskosten nicht allzu sehr ins Gewicht fallen.

Um mit dem Programm umgehen zu können, aber was noch wichtiger ist, um das ganze

PRICE Input Data Worksheet **Basic Modes** File name: *LILBK* Sheet *1* of _____

PRICE 84 (This <u>must</u> be used only as the first line of the <u>file</u>.)

Title: *NAVIGATION SYS. MIL. SPEC. (STANDARD RUN)*   Date: *7/1/81*

General A	Production Quantity QTY *250*	Prototypes PROTOS *10*	Weight (lbs) WT *113*	Volume (ft³) VOL *2.5*	MODE *1*	1 E/M ITEM 2 MECHANICAL ITEM 6 MODIFIED ITEM 7 ECIRP 10 DESIGN TO COST
General B	Quantity/Next Higher Assembly QTYNHA *1*	NHA Integration Factors Electronic INTEGE *1.0*	Structural INTEGS *1.0*	Specification Level PLTFM *1.8*	Year of Economics YRECON	Year of Technology YRTECH
Mechanical/ Structural	Structure Weight WS *60*	Manufacturing Complexity MCPLXS *5.6*	New Structure NEWST *.7*	Design Repeat DESRPS *.2*	Equipment Classification MECID	Mechanical Reliability MREL
Electronics	Electronics Weight/ft³ WECF *45*	Manufacturing Complexity MCPLXE *7.9*	New Electronics NEWEL *.3*	Design Repeat DESRPE *.4*	Equipment Classification CMPID	Electronic Reliability EREL
Development	Development Start DSTART *681*	1st Prototype Complete DFPRO *882*	Development Complete DLPRO *683*	Engineering Complexity ECMPLX *C*	Tooling & Test Equip. DTLGTS	Prototype Activity PROSUP
Production	Production Start PSTART *683*	First Article Delivery PFAD *C*	Production Complete PEND *586*	Cost·Process Factor CPF *.9*	Tooling & Test Equip. PTLGTS	Rate/Month Tooling RATOOL
Actual Cost Data (Mode 7 only)	Average Unit AUCOST	Production Total PTCOST	Prototypes PRCOST	Development Total DTCOST		
Additional Data (Mode 10 only)	Electronic Volume Fraction USEVOL	Structural Weight/ft³ WSCF	Target Cost TARCST			

Notes: *CONDUCT ADDITIONAL STUDIES TO DETERMINE EFFECT OF ESCALATION (INFLATION) AND TO VALIDATE DEVELOPMENT AND PRODUCTION SCHEDULES AND LEARNING CURVE.*

GC 1613 6/80   Note: Inputs in shaded area are optional.   **RCA**

Abb. X–5: PRICE-Eingabeblatt (GE)

Gebiet der Kostenanalyse mit PRICE zu beherrschen, muß vorher ein vierzehntägiger Schulungskurs bei der Firma GE PRICE Systems absolviert werden. Hier wird dem zukünftigen Analysator neben der Beherrschung des Programms vor allem der Blick für den Ansatz einer erfolgreichen Analyse beigebracht, denn oft, das ist Kostenschätzern ja gut bekannt, ist es mit dem Zahlenmaterial abgeschlossener Projekte nicht allzugut bestellt. Daten sind entweder nicht detailliert genug vorhanden oder völlig anders gegliedert als es der Analysator benötigt. Probleme dieser Art führen oft dazu, daß der Analysator die Flinte frühzeitig ins Korn wirft. Das soll aber verhindert werden und deshalb geht die PRICE-Schulung auf diesen Punkt auch ganz besonders ein. Zum Abschluß des Lehrgangs wird von den Teilnehmern in einem Test erwartet, daß sie auf der Grundlage von einigen wenigen Angaben, zum Beispiel Fotos und Skizzen, die Kosten für ein komplettes Radargerät mit PRICE ermitteln können.

Wie funktioniert PRICE-H?

PRICE-H, das Programm zur Berechnung von Hardwarekosten, ist das erste von GE entwickelte und auf dem freien Markt vertriebene Kostenschätzmodell. Wie bereits erwähnt, wurde das Schätzmodell auf der Basis vieler einzelner und in der Praxis erprobter CER's entwickelt. Die mathematischen Gleichungen der von GE PRICE-Systems verwendeten CER's sind aus leicht erklärlichen Gründen nicht vollständig veröffentlicht und das EDV-Programm für PRICE-H, gleiches gilt für PRICE-L und PRICE-S, kann nicht käuflich erworben, sondern nur gemietet werden. Für die Benutzung des Programms ist dies jedoch nicht von Bedeutung, da jeder Anwender das Schätzmodell durch eine sorgfältige Kalibrierung seinen eigenen Belangen anpassen kann.

Zum besseren Verständnis des Programms ist in Abbildung X-6 das PRICE-H-Ergebnisblatt gezeigt.[34] Im stark umrandeten Bereich sind die für eine Rechnung typischen Ergebnisse wiedergegeben, während im nicht umrandeten Bereich erklärende Zusatzdaten, die Eingabewerte und einige vom Programm errechnete Parameter erscheinen. Die Rechenergebnisse sind in Form einer Matrix aufgeschlüsselt. Horizontal sind die Kosten nach Entwicklung (Development) und Produktion (Production) gegliedert und vertikal nach den Hauptgruppen Ingenieurleistungen (Engineering) und Fertigung (Manufacturing). Vertikal sind die Kosten für die beiden genannten Hauptgruppen wie folgt detailliert:

(1) Ingenieurleistungen (K_{IL}):
 - Zeichnungsaufwand (K_{ZA}),
 - Entwurf (K_{EW}),
 - Systemtechnik (K_{ST}),
 - Projektmanagement (K_{PM}),
 - Dokumentation (K_{DO}).

(2) Fertigung (K_{FT}):
 - Produktion (K_{PR}),
 - Prototypen (K_{PT}),
 - Werkzeuge und Testgeräte (K_{WT}).

Die Ermittlung der Entwicklungskosten mit dem Kostenschätzmodell PRICE-H beginnt, wie in Abbildung X-7 gezeigt, mit der Bestimmung des Zeichnungsaufwandes.[34] Der Zeichnungsauf-

```
                          - - - PRICE 84 - - -
                             ELECTRONIC  ITEM

         DATE 01-JUL-81            TIME 16:49         FILENAME:  LILBK
                                    (381099)

    NAVIGATION SYS. MIL. SPEC.  (STANDARD RUN)     7/1/81

      PRODUCTION QUANTITY      250     UNIT WEIGHT   113.00   MODE            1
      PROTOTYPE QUANTITY      10.0     UNIT VOLUME     2.50   QUANTITY/NHA    1

    UNIT PROD COST    42.00    COST PROCESS FACTOR     0   MONTHLY PROD RATE  11.45
   ┌──────────────────────────────────────────────────────────────────────────┐
   │ PROGRAM COST($ 1000)       DEVELOPMENT      PRODUCTION      TOTAL COST      │
   │   ENGINEERING                                                              │
   │     DRAFTING                    200.            40.            241.         │
   │     DESIGN                      742.           120.            862.         │
   │     SYSTEMS                     124.             -             124.         │
   │     PROJECT MGMT                209.           703.            911.         │
   │     DATA                         60.           248.            308.         │
   │       SUBTOTAL(ENG)            1335.          1111.           2447.         │
   │                                                                            │
   │   MANUFACTURING                                                            │
   │     PRODUCTION                    -          10500.          10500.         │
   │     PROTOTYPE                  1216.             -            1216.         │
   │     TOOL-TEST EQ                122.           155.            278.         │
   │       SUBTOTAL(MFG)            1338.         10655.          11993.         │
   │                                                                            │
   │       TOTAL COST              2673.         11767.          14440.         │
   └──────────────────────────────────────────────────────────────────────────┘

    DESIGN FACTORS      ELECTRONIC MECHANICAL    PRODUCT DESCRIPTORS
      WEIGHT              53.000*    60.000       ENGINEERING COMPLEXITY  1.225*
      DENSITY             45.000     24.000*      PROTOTYPE SUPPORT       1.0
      MFG. COMPLEXITY      7.900      5.600       PROTO SCHEDULE FACTOR   0.250*
      NEW DESIGN           0.300      0.700       ELECT VOL FRACTION      0.471*
      DESIGN REPEAT        0.400      0.200       PLATFORM                1.8
      EQUIPMENT CLASS     *****      *****        YEAR OF TECHNOLOGY      1981*
      ENGINEERING CHANGES 0.045*     0.014*       RELIABILITY FACTOR      1.0
      INTEGRATION LEVEL    1.0        1.0         MTBF(FIELD)              121*

    SCHEDULE            START           FIRST ITEM          FINISH
      DEVELOPMENT       JUN 81  ( 15)   AUG 82   ( 10)      JUN 83    ( 25)
      PRODUCTION        JUN 83  ( 14)   JUL 34*  ( 22)      MAY 86    ( 36)

    SUPPLEMENTAL INFORMATION
      YEAR OF ECONOMICS        1981*        TOOLING & PROCESS FACTORS
      ESCALATION                0.0           DEVELOPMENT TOOLING       1.00*
      T-1 COST                 92.48*         PRODUCTION TOOLING        1.00*
      AMORTIZED UNIT COST      47.07*         RATE TOOLING                 0
      DEV COST MULTIPLIER       1.00*         PRICE IMPROVEMENT FACTOR  0.900
      PROD COST MULTIPLIER      1.00*         UNIT LEARNING CURVE       0.884*

    COST RANGES          DEVELOPMENT     PRODUCTION        TOTAL COST
      FROM                  2355.          10051.            12406.
      CENTER                2673.          11767.            14440.
      TO                    3130.          14170.            17300.
```

Abb. X-6: PRICE-Ausgabeformat (GE)

wand (Anzahl der Werkstattzeichnungen) bildet den Grundansatz für die Ermittlung der Entwicklungskosten, da sämtliche der zuvor genannten Kostenkategorien hierzu in einer bestimmten
Beziehung stehen.

Die Entwicklungskosten K_E setzen sich wie folgt zusammen:

[1] K_E $= K_{IL} + K_{FT}$

[2] K_{IL} $= K_{ZA} + K_{EW} + K_{ST} + K_{PM} + K_{DO}$

[3] K_{FT} $= K_{PT} + K_{WT}$ (entwicklungsbezogene Fertigungskosten; K_{PR} entfällt).

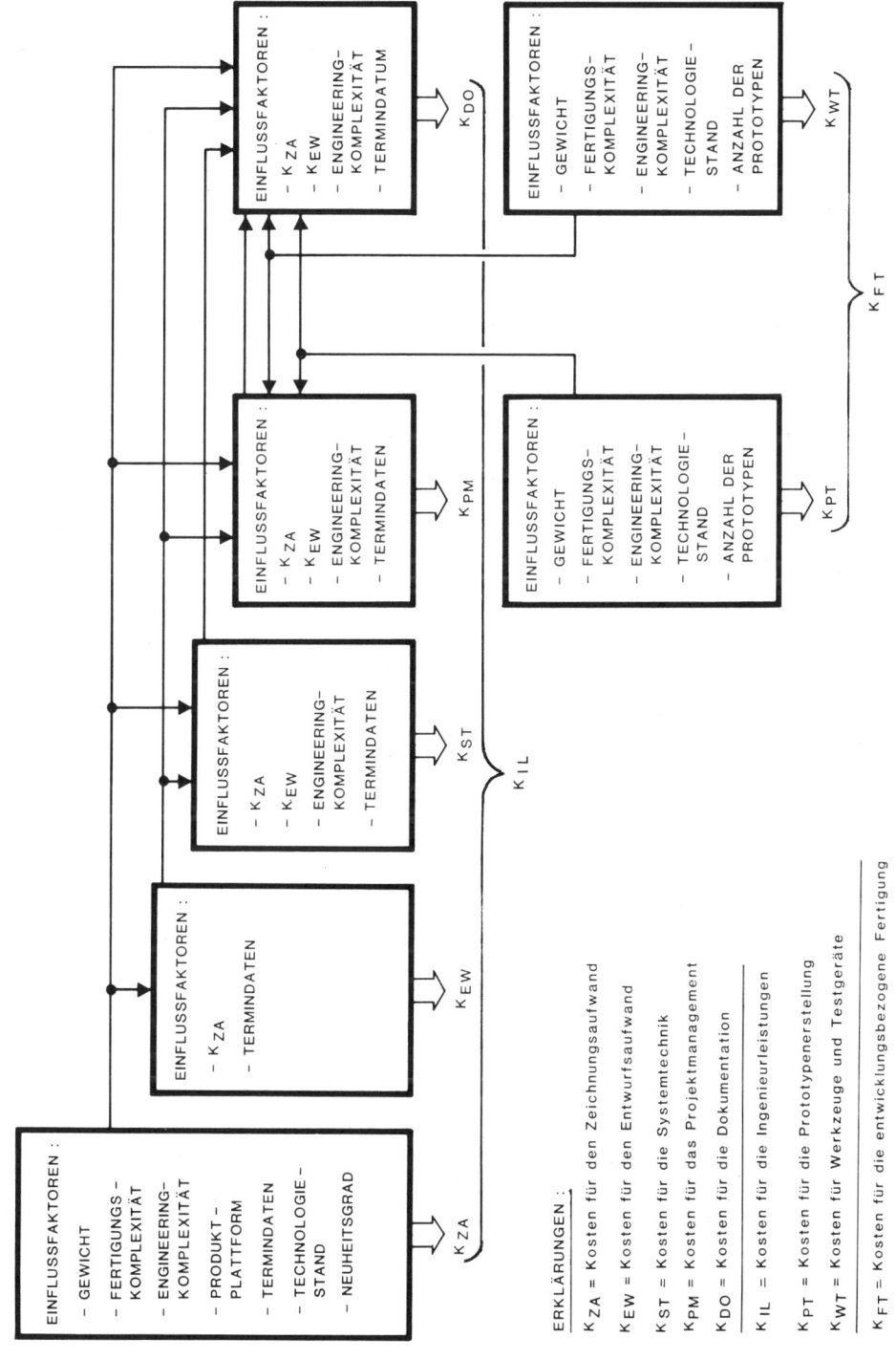

Abb. X-7: PRICE-Berechnungsschema für die Entwicklungskosten (GE)

[4] K_{ZA} $= PL \times EK \times AZ \times AE \times KA$

[5]   PL (Produktplattform): Die Produktplattform *(Specification level)*, die dem Schätzmodell mitteilt, wo das Bauteil eingesetzt wird, ist wie folgt definiert:

– Bodengeräte (z. B. Werkzeugmaschine)	1,0
– Mobile Geräte (z. B. Fahrzeug oder Schiff)	1,4
– Fluggeräte (z. B. Flugzeuge, Hubschrauber)	1,7–1,8
– Raumfahrtgeräte (z. B. Satelliten)	2,0
– Geräte der bemannten Raumfahrt (z. B. Space Shuttle)	2,5

Hieraus ist zu erkennen, daß zwischen einem Bodengerät und einem Gerät der bemannten Raumfahrt ein Verhältnis von 1:2,5 besteht. Dies ist jedoch nicht der einzige Faktor, der die gravierenden Kostenunterschiede zwischen Boden- und Raumfahrtgeräten erklärt.

[6]   *EK (Entwicklungskomplexität):* Die Entwicklungskomplexität (engineering complexity), ebenfalls ein wichtiger Faktor zur Bestimmung der Kosten für den Zeichnungsaufwand, hängt von zwei Parametern ab: dem Schwierigkeitsgrad der Entwurfsaufgabe und der Erfahrung des eingesetzten Personals. Wie in Abbildung X-8 gezeigt, kann die Entwicklungskomplexität zwischen 0,2 und 3,1 variieren. Im ersten Fall handelt es sich um eine einfache Modifikation eines existierenden Entwurfs und das Konstruktionsteam ist sehr erfahren. Im zweiten Fall handelt es sich um eine bisher nicht durchgeführte Neuentwicklung, bei der neue Materialien und Verfahren zu entwickeln sind und dem ein Team mit nur geringer Erfahrung gegenübersteht. Die Entwicklungskomplexität steht über die nachfolgende Gleichung mit dem Entwicklungs-Terminplan und der Fertigungs-Komplexität in einer engen Beziehung:

[7]   EK $= \dfrac{ETP}{1,3 \times FK^{1,1}}$

ETP   = Entwicklungsterminplan (in Monaten vom Entwicklungsbeginn bis zur Fertigstellung des ersten Prototypen)

FK   = Fertigungskomplexität (s. a. Abbildung X-10)

In Abbildung X-9 ist eine Graphik wiedergegeben, aus der der Praktiker anhand der oben genannten Formel für die Entwicklungskomplexität und auf der Basis des Terminplans sehr schnell feststellen kann, ob die festgelegte Entwicklungskomplexität in einem realistischen Verhältnis zum Terminplan steht. [36]. In der Praxis ist man leicht dazu geneigt, einen relativ günstigen, das heißt niedrigeren Wert für die Entwicklungskomplexität festzulegen, der dann jedoch aufgrund der realistischen Angaben für den Terminplan oft als zu optimistisch angesehen werden muß.

[8]   *AZ (Anzahl der Zeichnungen):* Die Anzahl der zu erstellenden Zeichnungen (Durchschnittsgröße) wird nach folgender Gleichung ermittelt:

AZ $= \dfrac{SG^{0,7} \times FK^{3,7}}{145}$

SG   = Systemgewicht (Lbs)

FK   = Fertigungskomplexität (s. a. Abbildung X-10)

Das Systemgewicht dürfte in den meisten Fällen bekannt oder leicht zu ermitteln sein. Wesentlich schwieriger ist die Festlegung der Fertigungskomplexität (manufacturing complexity). Die Firma GE entwickelte entsprechende Tabellenwerte, wobei zwischen mechanischen und elektronischen Bauteilen zu unterscheiden ist (s. a. Abbildung X-10). Ganz wesentlich ist jedoch, daß der zukünftige Benutzer die Tabellenwerte nur als ungefähre Größenordnung betrachtet und von Anfang an bemüht sein sollte, durch Kalibrierungsrechnungen seine eigenen Erfahrungswerte zu ermitteln.

[9]   *AE (durchschnittliche Arbeitseinheiten pro Zeichnung):* Die durchschnittliche Anzahl von Arbeitseinheiten zur Fertigstellung einer Zeichnung wird aus der Plattform abgeleitet. Es ist leicht erklärlich, daß eine Zeichnung für ein Flugzeug aufgrund größeren Aufwandes für die Zeichnungskontrolle, usw. auch

mehr Arbeitseinheiten zur Erstellung einer werkstattgerechten Zeichnung benötigt. Von GE werden folgende Richtwerte genannt [33]:

- Bodengeräte: 8 Arbeitseinheiten
- Mobile Geräte: 10 Arbeitseinheiten
- Fluggeräte: 15 Arbeitseinheiten
- Raumfahrtgeräte: 25 Arbeitseinheiten

[10]   *KA (Kosten pro Arbeitseinheit):* Eine Arbeitseinheit ist mit drei Mannstunden definiert, woraus sich der Stundenaufwand pro Zeichnung errechnen läßt.

[11] K_{EW} (Entwurfsaufwand) = $K_{ZA} \times V$
     K_{ZA} = s. Gleichung [4]
     V   = Verhältnis Entwurf/Zeichnungsaufwand
         = $\dfrac{ETP^{0,3}}{0,7}$
     ETP   = s. Gleichung [7]

[12] K_{ST} (Systemtechnik) = $(K_{ZA} + K_{EW}) \times F_{ST}$
     K_{ZA} = s. Gleichung [4]
     K_{EW} = s. Gleichung [11]
     F_{ST} = ST-Faktor
         = $\dfrac{0,65 \times EK^2}{ETP^{0,67}}$
     EK   = s. Gleichung [7] und Abbildung X-8
     ETP   = s. Gleichung [7]

[13] K_{PM} (Projektmanagement) = $(K_{ST} + K_{FT}) \times F_{PM}$
     K_{ST} = s. Gleichung [12]
     K_{FT} = entwicklungsbedingte Fertigungskosten
     F_{PM} = PM-Faktor
         = $\dfrac{0,4 \times EK^2}{ETP^{0,67}}$
     EK   = s. Gleichung [7] und Abbildung X-8
     ETP   = s. Gleichung [7]

[14] K_{DO} (Dokumentation) = $(K_{ST} + K_{FT} + K_{PM}) \times F_{DO}$
     K_{ST} = s. Gleichung [12]
     K_{FT} = entwicklungsbedingte Fertigungskosten
     K_{PM} = s. Gleichung [13]
     F_{DO} = DO-Faktor
         = $\dfrac{0,16 \times EK^2}{EZP^{0,67}}$
     EK   = s. Gleichung [7] und Abbildung X-8
     ETP   = s. Gleichung [7].

Die hier zusammengefaßten wesentlichsten PRICE-H-Einflußparameter sind in der Praxis je nach Bedarf durch weitere Parameter, zum Beispiel dem Technologiestand (Jahr der Technologie), dem Neuheitsgrad der Entwicklung (in Prozent von 100), der Entwurfswiederholung (Anzahl der Wiederholungsteile, in Prozent), Anzahl der vorgesehenen Prototypen, usw. zu überlagern.

EXPERIENCE OF PERSONNEL / SCOPE OF DESIGN EFFORT	Extensive experience, with similar type designs. Many are experts in the field, top talent leading effort.	Normal experience, engineers previously completed similar type designs	Mixed experience, some are familiar with this type of design, others are new to job	Unfamiliar with design, many new to job
Simple modification to an existing design	.2	.3	.4	.5
Extensive modifications to an existing design	.6	.7	.8	.9
New design, within the established product line, continuation of existing state of art	.9	1.0	1.1	1.2
New design, different from established product line. Utilizes existing materials and/or electronic components	1.0	1.2	1.4	1.6
New design, different from established product line. Requires in-house development of new electronic components, or of new materials and processes	1.3	1.6	1.9	2.2
Same as above, except state of art being advanced or multiple design path required to reach goals	1.9	2.3	2.7	3.1

Abb. X-8: Definition der Entwicklungskomplexität (GE)

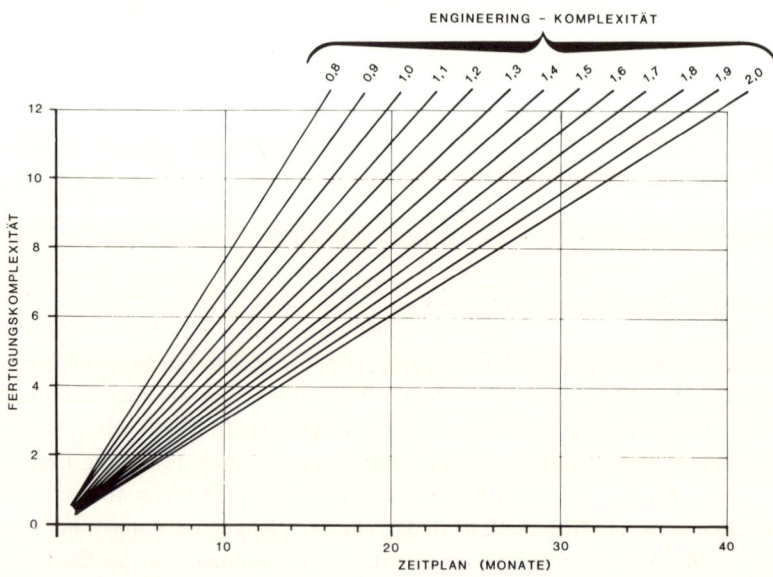

Abb. X-9: Zusammenhang zwischen der Fertigungs- und Entwicklungskomplexität in Abhängigkeit vom Terminplan (Hopf)

Wie in Abbildung X-7 gezeigt, stellt die Ermittlung der Kosten für den Zeichnungsaufwand die Primärgröße für die Entwicklungskosten dar. Bei der Entwicklung des PRICE-H-Programms ging man davon aus, daß die Menge der benötigten Werkstattzeichnungen den gesamten Entwicklungsaufwand definiert. Die restlichen Entwicklungskosten, das heißt die Kosten für Entwurfs- und Systemarbeiten sowie für die Projektleitung und Projektdokumentation, stehen in einem ganz bestimmten Verhältnis zu den Kosten für die Erstellung der Werkstattzeichnungen (Zeichnungsaufwand). In Abbildung X-7 ist dieser Zusammenhang klar ersichtlich dargestellt.

Schließt die Entwicklung die Erstellung von Prototypen mit ein, so fallen zusätzliche Kosten für die Prototypenerstellung sowie Kosten für Werkzeuge und Testgeräte an. Die Herstellung von Prototypen, Werkzeugen und Testgeräten hat, wie in Abbildung X-7 gezeigt, selbstverständlich ebenfalls einen Einfluß auf die Kosten für die Projektleitung und die Projektdokumentation.

In Abbildung X-11 ist das Flußdiagramm für die Ermittlung der Produktionskosten wiedergegeben. Wie in Abbildung X-6 gezeigt, fallen in der Produktionsphase auch noch Zeichnungs-, Entwurfs- und Systemkosten an. Diese Kosten resultieren prinzipiell aus den in der Praxis niemals ganz vermeidbaren technischen Änderungen. Der Änderungsaufwand (Engineering Changes) wird im PRICE-H-Programm aus statistischen Erfahrungswerten abgeleitet. Eine eventuelle Überlappung der Entwicklungsphase mit der Produktionsphase beeinflußt die Änderungskosten aufgrund noch einfließender Entwicklungsergebnisse je nach Überlappungsgröße ganz erheblich.

Die Produktionskosten werden von folgenden Faktoren maßgeblich beeinflußt:

- Systemgewicht,
- Fertigungskomplexität,
- Technologiestand,
- Produktionsquantität,
- Lernkurve,
- Terminschranken.

4. Kosten als Entwurfsparameter

Systemvergleiche unter Einbeziehung der Kosten

Systemvergleiche in den frühen Projektphasen können in ihrer Bedeutung nicht hoch genug eingeschätzt werden, denn der zukünftige Systembetreiber möchte ja nicht nur irgendein System, sondern das *beste System* kaufen. In der Fachwelt spricht man von *system-trade-offs,* bei denen man die günstigste Kombination von Untersystemen, Baugruppen und Komponenten herausfinden möchte, die zur optimalen Leistung des Systems führt. Seit einigen Jahren wird das Streben nach dem technisch besten System jedoch zusätzlich sehr stark von der Überlegung kostenoptimaler Lösungen begleitet, denn technisch ist heute vieles möglich, andererseits stößt man schnell auf finanzielle Grenzen. Kostenoptimal, was heißt das, geringste Kosten oder angemessene Kosten? In diesem Zusammenhang sind zwei Verfahren besonders zu erwähnen: Die *Life-Cycle-Cost (LCC)-*Betrachtung und die *Design-To-Cost (DTC)-*Methode; die Sprache verrät bereits die Herkunft beider Verfahren.

● Mechanische Fertigungskomplexität

Equipments	Typical Examples	WSCF	1.0 Ground	1.4 Mobile	1.8 Airborne	2.0 Space	2.5 Manned Space
Antennas	Small, Spiral, Horn, Flush, Parabolic	4	4.75	5.39	5.64	6.55-7.04	6.92-7.44
	Scanning Radar 10-40' Wide	8	5.3	5.4	5.5	–	–
	Phased Arrays (Less Radiators)	6-8	5.9	6.2	6.4	7.0	7.2
Engines & Motors	Automobile - 100 to 400 H.P.	25-35	–	4.30	–	–	–
	Turbo-Jet (Prime Propulsion)	25-35	–	–	6.6-7.9	–	–
	Rocket Motors	14-15	–	–	6.1-6.5	6.4-7.3	7.2-8.2
	Electric Motors	75-100	4.47	5.08	5.3	5.4-6.3	5.4-6.3
Drive Assemblies	Machined Parts, Gears, etc.	7-10	5.11-5.24	5.5	5.8	–	–
	Mechanisms w/Stampings (Hi Prod)	12	3.33-3.73	–	–	–	–
Microwave Transmission	Waveguide, Isolators, Couplers,	11-20	5.4-5.6	5.4-5.6	5.5-5.7	5.5-5.9	5.5-5.9
	Stripline Circuitry	9	5.7	5.8	5.9	6.0	6.1
Optics	Good (Commercial)	70-90	5.1	5.4	6.3	6.7	7.3
	Excellent (Military)	70-90	5.4	5.8	7.3	7.8	8.0
	Highest (Add 0.1 per 10% Yield)	70-90	5.9	6.8	8.0	8.3	8.5
Ordnance Fuze	Automated Production	14-20	–	4.3-4.65	4.3-4.65	–	–
	Small Production-Min. Tooling	14-20	–	5.11-5.33	5.11-5.33	–	–
Servo	Mech Drive & Coupling Networks	65-75	5.63	5.63-5.7	5.7-6.26	5.7-6.86	5.7-6.86
Tools	Machine Tools	25-30	4.45-4.52	–	–	–	–
Printed CKT Cards (Boards Only)	Paper Phenolic	83	4.1-4.3	4.1-4.3	4.1-4.3	4.1-4.3	4.1-4.3
	Glass Expoxy, Double Sided (Add 0.2 for 3 Layers & 0.05 for Addn'l) Add 0.1 for Plated-Thru Holes	110	5.3	5.3	5.3	5.3	5.3
Cabling	Multiconductor w/MS Connectors	40	4.9	5.0	5.0	5.1	5.2
	Same w/ Hermetically Sealed Connectors	40	5.1	5.2	5.2	5.3	5.3
Battery	Lead Acid	68-125	4.47	4.49	4.61	4.8-5.4	4.9-5.5
	Nickel Cadmium	75	5.39	5.83	6.73	7.63	8.38
Gyro	Inertial Platform Type	79	6.01	6.56	6.8	6.9-9.1	7.0-9.4
Laser Module			7.6	8.5	9.4		

● Elektronische Fertigungskomplexität

Electronic Equipment Description	Types of Components	1.0 Ground	1.4 Mobile	1.8 Airborne	2.0 Space	2.5 Manned Space
ANALOG:	Discretes	6.264	6.857	7.854	9.597	10.063
	IC's	6.415	6.950	8.090	9.780	10.098
Receivers, OP Amps, Audio, Video,	LSI	6.742	7.274	8.267	9.894	10.184
RF, Servo Drive, etc.	Hybrids	6.919	7.451	8.446	10.076	10.365
	VLSI	7.096	7.629	8.626	10.259	10.547
DIGITAL:	Discretes	6.032	6.742	7.820	9.309	9.710
	IC's	6.182	6.888	7.940	9.420	9.857
Gates, Registers, Buffers,	LSI	6.474	7.174	8.232	9.564	9.963
Counters, etc.	Hybrids	6.648	7.348	8.411	9.743	10.144
	VLSI	6.823	7.523	8.590	9.924	10.325
DISPLAY WITH CRT:	Discretes	5.920	6.681	7.662	8.871	9.664
	IC's	6.094	6.824	7.771	9.008	9.801
TV, Terminals, Radar Consoles,	LSI	6.410	7.139	8.087	9.184	9.936
Test Units, etc.	Hybrids	6.582	7.312	8.262	9.361	10.113
	VLSI	6.755	7.486	8.438	9.537	10.290
DISPLAY NO CRT:	Discretes	5.801	6.535	7.638	8.841	9.527
	IC's	6.000	6.681	7.727	8.985	9.638
L.E.D.'s, Liquid Crystal, Indicators,	LSI	6.300	7.000	8.019	9.165	9.744
Controls, etc.	Hybrids	6.473	7.173	8.197	9.344	9.924
	VLSI	6.648	7.348	8.375	9.524	10.104
TRANSMITTER:	Discretes	6.470	7.218	8.090	9.692	10.252
	IC's	6.650	7.368	8.245	9.813	10.369
TV, Radar, Communications,	LSI	6.801	7.516	8.397	9.930	10.481
NAV AIDS, Laser, etc.	Hybrids	6.979	7.695	8.579	10.112	10.664
	VLSI	7.158	7.874	8.761	10.296	10.848
POWER SUPPLIES:	Discretes	5.391	5.978	6.941	7.527	8.494
	IC's	5.548	6.289	7.196	7.642	8.602
	LSI	5.678	6.415	7.368	7.971	8.732

Abb. X-10: Definition der Fertigungskomplexität (GE)

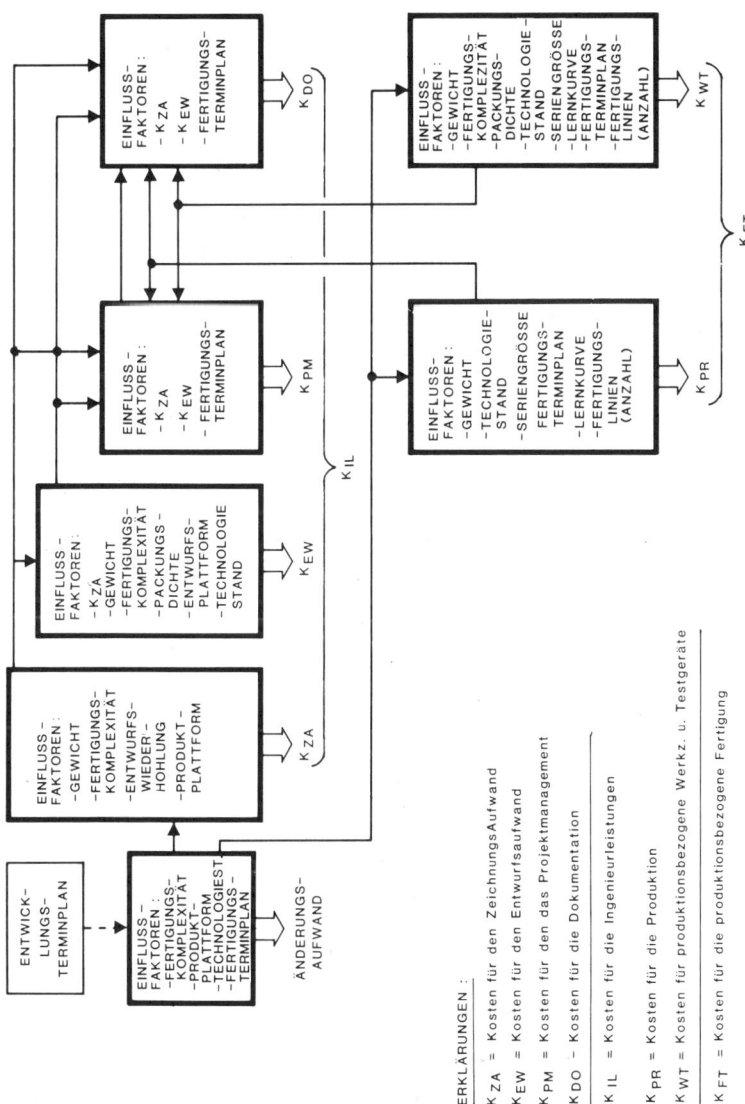

Abb. X-11: PRICE-Berechnungsschema für die Produktionskosten (GE)

Bereits Anfang der sechziger Jahre entstand in den USA der LCC-Gedanke (deutsch Lebenszy-kluskosten-LZK), da man erkannt hatte, daß bei der Beschaffung von großen Systemen nicht nur die Höhe der Forschungs- und Entwicklungskosten zu beurteilen waren, sondern in zunehmen-dem Maße auch die Folgekosten, d.h. die Kosten für die Produktion und den Betrieb. In anderen Worten, ein System mit relativ niedrigen FuE-Kosten führt nicht unbedingt zu den niedrigsten Gesamtkosten eines Vorhabens. Bethke hat hierzu Verhältniszahlen veröffentlicht, die die Bedeu-tung der LZK-Betrachtung besonders drastisch veranschaulichen (s.a. Kapitel III.3). Hier wird ausgesagt, daß die Beschaffungskosten im Falle A dreimal und im Fall B fünfmal so hoch liegen wie die Entwicklungskosten, und für die Nutzungskosten ergeben sich sogar Verhältnisse von 1:6 und 1:15.[37] Hieraus wird klar erkennbar, welche Bedeutung LZK-Betrachtungen und rechtzeitig eingeleitete Kostenreduktionsmaßnahmen der Folgephase für den Besteller eines Systems haben.

Bei der DTC-Methodik wird im Gegensatz zu herkömmlichen Vorgehensweisen, bei denen die Kosten das Ergebnis bestimmter technischer Prämissen sind, ein vom Markt diktiertes Kostenziel vorgegeben, dem die technische Konzeption anzupassen ist. Bei Ausschreibungen unter DTC-Gesichtspunkten gilt nicht mehr die Devise *»den Zuschlag erhält der, der bei gleichem technischem Niveau das günstigste finanzielle Angebot abgibt«*, sondern *»den Zuschlag erhält der, der bei festgesetztem Kostenrahmen die beste Technik offeriert«*. Im Rahmen der DTC-Methodik werden Kosten zum Entwurfsparameter aufgewertet. Nach der Denkweise *»get the most for the money«* werden die angestrebten Kostenziele der einzelnen Baugruppen eines Systems mit den erzielten technischen Parametern, wie z. B. Leistung, Gewicht, Volumen, Zuverlässigkeit, MTBF, usw., ständig verglichen und iteriert.

Der Einsatz beider Methoden (LCC und DTC) setzt jedoch voraus, daß man über ein Instrument verfügt, mit dem eine einfache und schnelle Handhabung des benötigten umfangreichen Datenmaterials möglich ist. Die in den letzten Jahren entwickelten Kostenschätzmodelle, wie zum Beispiel PRICE (s. a. Kapitel X.3), sind dafür ideal geeignet.

Design-to-Cost: Kosten als Entwurfsparameter

»Design-to-Cost (DTC) ist kein neues Konzept; es wurde von vielen Produzenten für kommerzielle Produkte bereits erfolgreich angewendet.«[38] Tatsächlich mußte die Massengüterindustrie aufgrund des direkteren Kontakts zum Markt schon immer in besonders starkem Maße darauf bedacht sein, nur das zu konstruieren, was auch verkauft werden konnte, das heißt, der Konstrukteur mußte bei der Entwicklung neuer Produkte die Kosten als wichtigen Parameter stets mit einbeziehen. Bei vielen Großprojekten, vor allem im Bereich der Wehrtechnik, wurde dieser Grundsatz aufgrund der ständig steigenden technologischen Anforderungen in der Vergangenheit jedoch oft vernachlässigt, was teilweise zu exzessiven Kostensteigerungen führte. Nun ist einerseits natürlich klar, daß erhöhte Anforderungen auch erhöhte Kosten nach sich ziehen. Dieser Zusammenhang läßt sich auch durch die DTC-Methode nicht aus der Welt schaffen und dort, wo erhöhte Anforderungen unbedingt erforderlich sind, muß dafür entsprechend bezahlt werden. Die DTC-Methode ist jedoch immer dann sinnvoll einsetzbar, wenn man im Rahmen eines begrenzten Budgets ein Projekt realisieren muß aber gleichzeitig sicherstellen möchte, daß man das bestmögliche Produkt für die bereitgestellten Mittel erhält. Dieses Ziel wird dadurch erreicht, daß die geplante Leistungsfähigkeit des zu entwickelnden Produkts in einem ständigen Iterationsprozeß mit den zur Verfügung stehenden Kosten und dem Terminplan in Einklang gebracht wird. Die Kosten werden so zu einem wichtigen Entwurfsparameter.

Das US-Verteidigungsministerium veröffentlichte 1975 eine Direktive zur Anwendung der DTC-Methodik, in der die Vorschriften und Richtlinien zur Einführung der DTC-Methoden bei der Abwicklung von Regierungsprojekten festgehalten sind; die wichtigsten Vorschriften des DTC-Konzepts sind folgende [39]:

– Das DTC-Konzept sieht vor, daß die Kosten während der Entwicklungsphase als Entwurfsparameter anzusehen sind und schafft eine Kostendisziplin, die bis zur Beschaffungs- und Betriebsphase fortzusetzen ist.
– Für jedes Projekt sind Kostenziele des gesamten Lebenszyklus festzulegen und in die Haupt-

Projektphasen, Entwicklung, Beschaffung und Betrieb zu untergliedern. Die Kostenziele sind bei fortschreitender Systemdefinition in feste Kosten-Vorgaben umzuwandeln, wonach das System zu entwickeln und die Kosten zu kontrollieren sind.

– Während der Entwicklung sind die Kosten-Vorgaben und die Einhaltung der Soll-Werte mit der gleichen Rigorosität zu überwachen, wie die Einhaltung der technischen Leistungsziele. Zur Sicherstellung möglichst niedriger Kosten für den gesamten Lebenszyklus sind kontinuierlich Systemvergleiche (Leistung, Kosten und Termine) durchzuführen.

– Die festgelegten Kosten-Vorgaben, gegen die der Entwurf in der Entwicklungsphase ausgelegt wurde, sind in die Folgephasen zu übertragen. Die Produktionskosten sind entsprechend den Kosten-Vorgaben für die Produktion straff zu kontrollieren.

– Nach Einführung des Systems sind die Kosten für Personal, Ersatzteile, Nacharbeiten, usw. im Vergleich mit den festgesetzten Kosten-Vorgaben für die Betriebsphase zu überwachen.

Die DTC-Methoden sollten so früh wie möglich eingeführt werden, am besten bereits bei Projektbeginn, das heißt in der Konzeptphase; s. a. Abb. IV-9. Dabei ist jedoch zu beachten, daß die Einführung von DTC-Methoden in ein Projekt keine zusätzlichen DTC-Manager oder DTC-Teams voraussetzt; das DTC-Management ist als integraler Bestandteil des bereits existierenden Managements anzusehen und betrifft jeden, der mit der Entwicklung zu tun hat.[38] Die Verwendung von DTC-Methoden schafft keine neuen Posten. Es handelt sich vielmehr um eine neue Denkweise. Ein Vergleich zwischen der in der Vergangenheit angewendeten Beschaffungsprozedur und der DTC-Beschaffungsphilosophie ist wie folgt am besten zu beschreiben[30]:

(1) Herkömmliche Beschaffungsprozedur – *Feste Systemanforderungen und variable Kosten:*
   – Anpassung des Entwurfs an die Anforderungen,
   – Kostenermittlung entsprechend dem Entwurfsaufwand,
   – Auftragnehmerauswahl erfolgt hauptsächlich nach Kostengesichtspunkten (niedrigster Preis).

(2) DTC-Beschaffungsprozedur – *Feste Kosten und variabler Systementwurf:*
   – Bester Entwurf in Relation zu den vorgegebenen Kosten,
   – Auftragnehmerauswahl erfolgt hauptsächlich nach Leistungsgesichtspunkten (bester Entwurf).

Breadly definiert Design-to-Cost so: *»Provide the most for the money (best buy)«* oder *»Eliminate the gold plating«*.[40]

Die Einführung der DTC-Methode setzt ein gemeinsames Vorgehen des Auftraggebers und Auftragnehmers voraus. In der Regel legt der Auftraggeber im ersten Schritt aufgrund von Voruntersuchungen das DTC-Kostenziel fest. Es gibt verschiedene Methoden, das DTC-Kostenziel festzuschreiben; hierzu einige Beispiele aus dem FuE-Bereich[41]:

– Die Kosten des Systementwurfs sollen ... DM nicht überschreiten,
– die Kosten für die Entwurfsarbeiten sollen ... Prozent des erwarteten Gesamtpreises nicht überschreiten, oder
– der Entwurfsaufwand darf ... Mannstunden nicht überschreiten.

Das vom Auftraggeber vorgegebene DTC-Kostenziel ist im zweiten Schritt vom Auftragnehmer auf die Hauptelemente des Projektes und/oder die beteiligten Unterauftragnehmer aufzugliedern. Im nächsten Schritt sind Kostenstudien zur Überprüfung der Realisierbarkeit der vorgegebenen DTC-Kostenziele durchzuführen. Als Ergebnis dieser Kostenstudien sind im vierten Schritt für sämtliche Hauptbaugruppen des Systems detaillierte Kosten-Vorgaben festzulegen, die sich dann im Kostenplan für das Projekt niederschlagen. Auf der Basis dieser Vorgaben erfolgt dann die integrierte Kosten/DTC-Verfolgung. Die einzelnen Implementationsschritte für ein typisches DTC-Programm sind in Abbildung X-12 detailliert beschrieben.

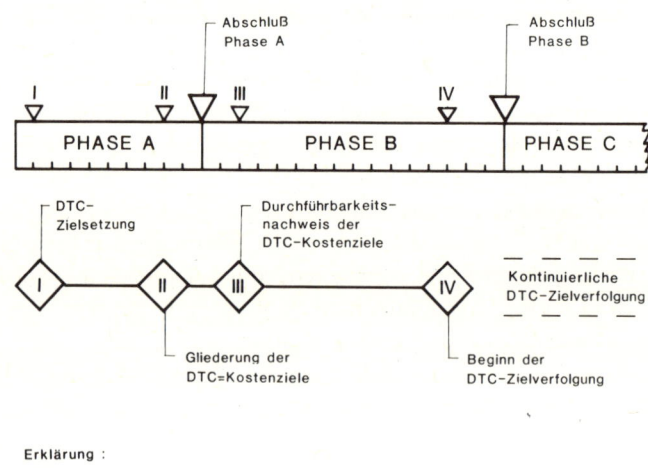

Abb. X-12: DTC-Implementationsplan

Auch in Europa wird seit einigen Jahren der Versuch unternommen, Kosteneinsparungen durch die Einführung von DTC-Methoden zu erreichen. In der Tat kann die DTC-Denkweise, verbunden mit der bewußten Implementation der notwendigen Maßnahmen, zu besseren wirtschaftlichen Ergebnissen führen. Der Unternehmensbereich »Zivilflugzeuge« der Firma MBB (heute DASA) setzt seit 1978 zum Beispiel bei der Airbus-Produktion DTC-Methoden ein. »Seit 1978 in der Entwicklung der A310 angewandt, trägt der neue Denkansatz jetzt sichtbare Früchte... Design to Cost spart pro A310 3000 Fertigungsstunden.«[42] 1981 führten auch die Europäische Weltraumorganisation ESA und die französische nationale Raumfahrtbehörde CNES erstmals DTC-Verfahren ein. Die vom CNES entwickelte DTC-Richtlinie für das Trägerraketenprogramm Ariane sieht eine stufenweise Implementation vor.[43] Im ersten Schritt sind die DTC Ziele in einem sogenannten *Functional Charges Book* als Referenz für den Auftraggeber (CNES) und die Auftragnehmer (Industriefirmen) festzuhalten. In den Folgeschritten sind die DTC-Vorgaben dann zu verfeinern und sämtliche Änderungen der primären DTC-Ziele sind in dem Functional Charges Book fortzuschreiben.

Betrachtung der Lebenszykluskosten

Die Lebenszykluskosten (LZK) eines Systems lassen sich als die Gesamtkosten, die für die Entwicklung, die Beschaffung (Produktion) und den Betrieb eines Systems erforderlich sind, definieren. (s. a. Abbildung IX-17).[44] In den letzten Jahren ist die LZK-Betrachtung (Life Cycle Cost (LCC)

Consideration) für viele Projekte nun stark in den Vordergrund getreten. Warum? In immer stärkerem Maße sind es nicht mehr die Entwicklungs- und Beschaffungskosten, die den Besitzer einer neuen Maschine, Anlage oder Großeinrichtung Kopfschmerzen verursachen, sondern vor allem die neben den einmaligen Investitionskosten (Entwicklung/Beschaffung) bleibenden Folgelasten bzw. Betriebskosten für Bedienung, Wartung, Reparatur, usw. Mit zunehmender Komplexität neuzeitlicher Systeme sind auch die Betriebskosten enorm in die Höhe geschnellt. Wie eingangs bereits erwähnt, sind für ein deutsches Hochleistungswaffensystem bereits extreme Verhältnisse von 1:5:15 für die Anteile Entwicklung, Beschaffung und Betrieb eine Tatsache.[37] Aber das Phänomen extrem hoher Betriebskosten ist nicht nur ein Problem von Forschungs- und Rüstungsprogrammen. Auch die Käufer von Industrieprodukten und deutsche Gemeinden sind von diesem Problem gerade in letzter Zeit besonders stark betroffen. Stapel schreibt zum Beispiel im Zusammenhang mit einer Betrachtung zum günstigeren Kauf eines Kompressors: »Immerhin können die Energie- und Betriebskosten (einschließlich Wartung) eines Industrieverdichters im Laufe seines Lebens den ursprünglichen Kaufpreis beträchtlich überschreiten.«[45] Ähnliche Erfahrungen kann natürlich auch jeder Pkw-Käufer machen, wenn er die verschiedenen Pkw-Angebote nicht nur hinsichtlich ihres Anschaffungspreises, sondern auch in bezug auf die Betriebskosten untersucht. Lenk und Lang weisen nach, daß die Folgeausgaben bei kommunalen Verwaltungsgebäuden für das Jahr 1979 durchschnittlich 47,5 Prozent der Investitionsausgaben von 1978 betrugen.[46] Obwohl es sich bei diesen Informationen grundsätzlich nicht um neue Erkenntnisse handelt, so überrascht die Höhe der Folgelasten andererseits doch ganz erheblich. Die Verteidigungsbudgets vieler Länder sind aufgrund der hohen Betriebskosten für neue Waffensysteme derart in Anspruch genommen, daß zunehmend weniger Mittel für Neuentwicklungen zur Verfügung stehen. Coble schreibt: »Wir werden ständig daran erinnert, daß die Betriebskosten zwei von drei Dollar, die für die Verteidigung eingeplant wurden, verschlingen«[47] (s.a. Abbildung X-13).

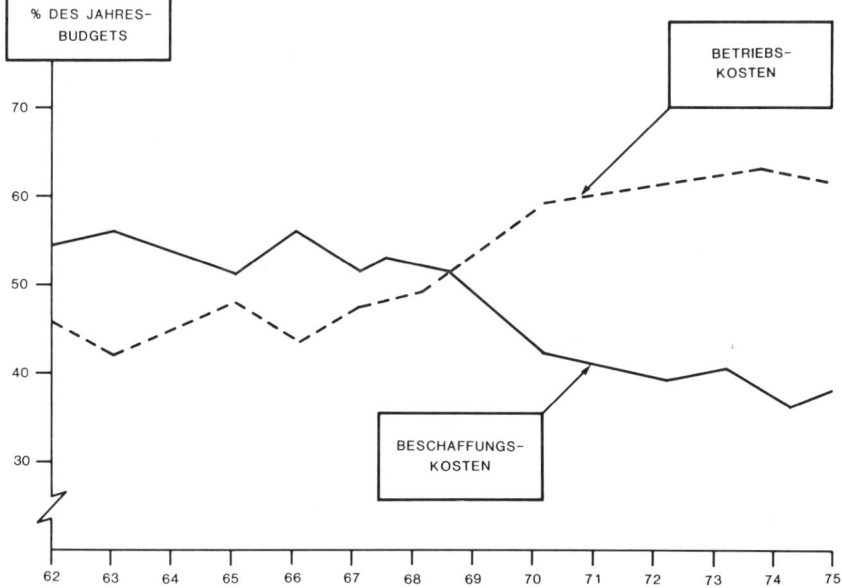

Abb. X-13: AFSC-Budgetentwicklung (Coble)

Vor einigen Jahren wurde nun auch in Europa die Diskussion zum Thema Lebenszykluskosten aufgegriffen, denn auch bei uns erreichen die Betriebskosten, wie eingangs bereits erwähnt, immer extremere Werte. Aber nur langsam setzt sich die Erkenntnis durch, daß die Beeinflussung der Kosten für die Betriebsphase in den frühen Phasen am größten ist. Die von Coble gezeigte Graphik (s. a. Abbildung X-14) macht dies besonders deutlich.[47] Nach Abschluß der Konzeptphase sind laut Coble bereits 70 Prozent der Betriebskosten festgelegt. Zu ähnlichen Ergebnissen kommt Blanchard, der bei Abschluß der Konzeptphase einen Wert von 66 Prozent angibt.[48] Das bedeutet, daß nach Beendigung der Konzeptphase nur noch ca. 30 Prozent der oft erst nach mehreren Jahren anfallenden Betriebskosten zu beeinflussen sind, der Rest ist bereits eingefroren bzw. festgelegt.

Aber genau das ist ein wesentlicher Teil der Problematik. Zum besseren Verständnis muß man sich hierzu den Projektablauf einmal klar vor Augen halten. Die Entwicklung eines modernen Kampfflugzeuges nimmt zum Beispiel mindestens zehn Jahre in Anspruch und ganz am Anfang der Entwicklung wird das Konzept festgelegt. Nach der erfolgreich abgeschlossenen Entwicklung wird dann die Produktion/Beschaffung eingeleitet und mit der Auslieferung des Flugzeuges kommt dann die Betriebsphase zum Tragen. Zwischen der Konzeptfestlegung und der Betriebsphase eines modernen Kampfflugzeuges liegen also mindestens zehn Jahre. Nicht selten passiert es deshalb, daß man die Probleme der Betriebsphase in der Konzeptauslegung nicht genügend berücksichtigt. Dafür gibt es sicherlich viele Gründe. Oft erscheint den Verantwortlichen der Konzeptphase die Problematik der Betriebsphase einfach zu weit entfernt, als daß sie sich über die Dinge, die in zehn bis zwanzig Jahren passieren werden, so frühzeitig Gedanken machen. Dabei handelt es sich ohne Zweifel auch um ein psychologisches Problem, das sicherlich viele Politiker, deren Amt von vierjährigen Wahlperioden abhängt, beeinflußt. Oft können Manager, Techniker oder Politiker sich durch die Lösung von Tagesproblemen besser profilieren, als durch weitsichtige Projektanalysen. Letztere aber sind im Interesse möglichst optimaler Betriebskonzepte bereits im Frühstadium des Projektes erforderlich.

Cook schreibt zum Beispiel, daß folgende Logistik-Tätigkeiten im Hinblick auf eine optimal ablaufende Betriebsphase bereits in der Konzeptphase durchzuführen sind[49]:

(1) Logistik-Engineering:
  – Entwicklung vorläufiger Logistikkonzepte,
  – Analyse der vorläufigen Logistikanforderungen,
  – Identifikation der Logistikaktivitäten für die gesamte Projektlaufzeit.
(2) Systemerhaltung:
  – Entwicklung vorläufiger Systemerhaltungskonzepte,
  – Entwicklung vorläufige Kriterien zur Systemerhaltung,
  – Teilnahme an Vergleichsstudien über Gewicht, Zuverlässigkeit und Systemsicherheit.
(3) Instandhaltung (Entwicklung eines vorläufigen Instandhaltungskonzeptes).

Der frühzeitige Beginn dieser Arbeiten ist deshalb so wichtig, weil die Entwicklungsingenieure die Informationen rechtzeitig in die einzelnen Spezifikationen und Entwurfsunterlagen einfließen lassen müssen. Wird dies jedoch versäumt, oder überläßt man die Dinge dem Zufall, so legen die Entwicklungsingenieure ihre Entwürfe ohne Berücksichtigung der Belange für die Betriebsphase fest und das Betriebskonzept muß auf die, durch den Entwickler festgelegten Bedingungen, aufbauen. Das aber kann teuer werden!

Blanchard weist in seinem Buch *Design and Manage to Life Cycle Cost* auf die Wichtigkeit des LZK-Verständnisses hin.[48] Oft werden, wie er sagt, ganz wesentliche Bereiche der LZK am

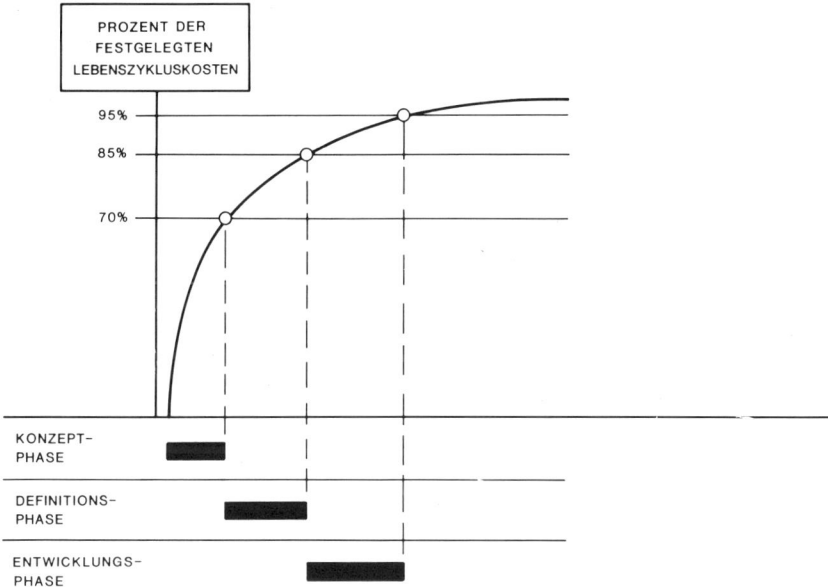

Abb. X-14: Frühzeitige LZK-Festlegung (Coble)

Anfang des Projektes völlig übersehen – man sieht nur die Spitze des Eisberges. Laube führt in diesem Zusammenhang aus: »In der Vergangenheit haben wir nun alle häufig den Fehler gemacht, die Kosten eines Projektes statisch und partiell zu betrachten, das heißt, wir haben die Kosten immer nur in der Phase oder sogar nur in dem Haushaltsjahr gesehen, in dem sich das Projekt gerade befand.«[50] Laube weist außerdem auf den oft gemachten Fehler – *sparen am falschen Ende* – hin, indem er sagt: »Je weniger Geld für Entwicklung und Beschaffung ausgegeben wird, desto höher werden zwangsläufig die Materialerhaltungskosten! Je höher die Materialerhaltungskosten werden, desto weniger Geld bleibt für Entwicklung und Beschaffung übrig! Wir müssen den Mut und die Einsicht haben, diesen Teufelskreis zu durchbrechen!« Aus der von Earles herausgegebenen LZK-Formelsammlung sind die wichtigsten Kostenelemente zur Ermittlung der Lebenszykluskosten wie folgt zusammengefaßt[51]:

$$LCC = C_1 + C_2 + C_3$$

LCC = Lebenszykluskosten
C_1 = Forschung und Entwicklung (FuE):
  – Entwicklungsteams
  – Werkzeuge und Vorrichtungen
  – Prototypenfertigung
  – Dokumentation
  – Test und Auswertung
  – Projektmanagement
  – Training
  – Anlagen

C_2 = Beschaffung
- Produktion
- Werkzeuge und Vorrichtungen
- Änderungskosten
- Anlagen
- Abnahmetests
- Projektmanagement
- Dokumentation
- Installation
- Training
- Ersatzteile

C_3 = Betrieb und Wartung
- Personal
- Materialverbrauch
- Wartung
- Modifikation
- Betrieb.

5. Effiziente Verfahren zur Kostenreduzierung

Jagd auf »nice-to-have-Konzepte«

Die Entscheidungen zur Durchführung eines Projektes sind mit der Höhe der zu erwartenden Kosten eng verknüpft. Bei der Entwicklung neuer technischer Systeme nimmt der Faktor »Kosten« einen immer breiteren Platz ein. Da den technischen Möglichkeiten zur Perfektion kaum noch Grenzen gesetzt sind, stellen die zur Verfügung stehenden Mittel oftmals die Grenze der Möglichkeiten dar. Insbesondere bei der Realisierung von Großprojekten im Bereich von Forschung und Entwicklung ist schnell erkennbar, daß aus Gründen der Finanzierung nicht alles technisch Machbare durchführbar ist. Vielmehr ist abzuwägen, wie ein technisches Ziel unter Hinweglassung aller schönen und wünschenswerten aber teuren Extras, wie sie der Ingenieur bei Nichtbeachtung von Kostengrenzen gerne anbieten würde, doch noch im vorgegebenen Kostenrahmen erreicht werden kann. Bei den Entwicklungen von Luft- und Raumfahrtgeräten in den USA wird seit einigen Jahren systematisch Jagd auf sogenannte »nice-to-have-Konzepte« gemacht, um teure, wünschenswerte Entwurfsvorschläge auf billigere, ausreichende Lösungen zu reduzieren. Im Zeichen der allgemein zunehmenden Budgetknappheit ist dies eine bedeutende volkswirtschaftliche Maßnahme. Insbesondere bei sehr komplexen Vorhaben – ein Trend unserer Zeit – ist die Suche nach kostengünstigen Lösungen von allergrößter Bedeutung.

Ehrlenspiel führt aus: »Das Kostensenken ist eine immer wichtiger werdende Aufgabe in jedem Unternehmen. Kosten lassen sich am ehesten in den Bereichen beeinflussen, in denen sie festgelegt werden.«[52] Der von Ehrlenspiel vorgeschlagene Ansatz trifft genau ins Schwarze, denn der Entwicklungsingenieur und der Konstrukteur haben bei der Kostenbeeinflussung eine Schlüsselposition inne. Sie sind für 60 bis 70 Prozent des beeinflußbaren Anteils der Herstellkosten verantwortlich.[52] Ehrlenspiel schreibt hierzu ferner: »Bei den gegebenen technischen Möglichkeiten des Unternehmens gibt es einen, aber bisher leider unbekannten Grenzwert für die Herstellkosten eines Produktes (ideale Herstellkosten).« Ohne Zweifel beeinflußt der Entwickler darüber hinaus ebenfalls die Folgekosten für Wartung und Betrieb, die für viele Projektträger inzwischen zu einer drückenden Last geworden sind (s. a. X.4).

In den USA nahmen sich die Auftraggeber des Staates für Luft- und Raumfahrtprojekte dieser Thematik in besonderem Maße an. Die Firma Lockheed Missiles & Space Company (LMSC) führte 1975 im Auftrag der NASA eine besonders gründliche Studie zur Identifizierung von Kostenreduktionsmaßnahmen unter der Prämisse *Vermeidung überspitzter Anforderungen* durch.[53] Wichtige Vorschläge dieser Studie sind in den nachfolgenden Abschnitten wiedergegeben.

Auch in Europa wurden in der Vergangenheit Studien zur Kostenreduktion bei Luft- und Raumfahrtvorhaben eingeleitet. Die Firma MBB (heute DASA) führte zum Beispiel 1974 im Auftrag der Europäischen Raumfahrtagentur ESA eine Studie zur Kostenreduktion für das Satellitenprojekt EXOSAT durch und die nationale französische Raumfahrtorganisation CNES leitete 1978 für das ARIANE-Programm eine Kostenreduktionsmaßnahme ein.[54, 55]

Kostenreduktionsmaßnahmen sollten so früh wie möglich eingeleitet werden. Es hat sich bewährt, derartige Maßnahmen in regelmäßigen Abständen, zum Beispiel im Zusammenhang mit den durchzuführenden *Design Reviews* durchzuführen (s. a. Kapitel VII.3). In der Luft- und Raumfahrt gibt es hierzu eine Analogie, nämlich die regelmäßigen Gewichts-Reduktionsmaßnahmen, denn Gewichte wie auch Termine und Kosten unterliegen einer schleichenden Inflation. Durch regelmäßig eingeleitete Reduktionsmaßnahmen – Zwang zum Abspecken – werden Zusammenhänge, die sonst nicht klar genug ans Tageslicht kommen, aufgedeckt. Die einzuleitenden Maßnahmen zur Kostenreduktion (analog Gewichtsreduktion) setzen einen in der Regel als positiv zu bewertenden Kosten-Nutzen-Analyseprozeß in Gang.

Neuentwicklungen unter DTC- und LZK-Bedingungen

Die Betrachtung der Gesamt-Projektkosten bzw. der Lebenszykluskosten (LZK) für ein neu zu entwickelndes System ist zur Vermeidung von Fehlentwicklungen so früh wie möglich einzuleiten, da für den zukünftigen Kunden nicht nur die Kosten für die Anschaffung, das heißt Entwicklung und Bau, sondern auch die Kosten für die spätere Nutzung (Betrieb) von Bedeutung sind (s. a. Kapitel X.4).

Bei der Design-to-Cost (DTC)-Philosophie wird daher davon ausgegangen, daß die Kosten als Entwurfsfaktor anzusehen sind. Durch die Kostenbegrenzung wird der Entwickler dazu gezwungen, kostengünstige Lösungen, wie zum Beispiel den Einsatz von Einheitsbaugruppen und Normteilen, Rationalisierung im Projekt und niedrige Produktions- und Betriebskosten, neben den technischen Projektzielen als weiteres Projektziel bewußt anzustreben. Die frühzeitige Betrachtung der Lebenszykluskosten, das heißt Entwicklungs-, Bau- und Betriebskosten, ist zur Verhinderung von katastrophalen Fehlentwicklungen besonders wichtig.

Ausgehend von der DTC-Philosophie und der Betrachtung der Lebenszykluskosten werden, unter Einbeziehung der besonderen Erfahrungen der Luft- und Raumfahrtindustrie, nachfolgend effektive Maßnahmen zur LZK-Reduzierung diskutiert. Der Autor kann auf praktische Erfahrungen aus dem Forschungs- und Entwicklungsbereich zurückgreifen und versucht darüber hinaus, die engen Beziehungen zwischen den einzelnen Projektphasen (Entwicklung, Fertigung und Betrieb) und die daraus resultierende starke Beeinflussung der Projektphasen durch die jeweilige Vorphase besonders zu unterstreichen.

Der Lebenszyklus

Jedes Projekt durchläuft von seinem Beginn (Zieldefinition) bis zu seinem Ende (Endprodukt) einen ganz bestimmten Lebenszyklus, *life cycle,* der in einzelne Projektphasen aufteilbar ist (s. a. Kapitel IV). Jede Phase schließt mit konkreten Ergebnissen ab und stellt dadurch die Einleitung der Folgephasen sicher. Der Projektabschluß ist durch das Endprodukt der letzten Phase definiert. Es kann sich dabei um Hardware, das heißt Geräte, Anlagen, usw., Dokumente, zum Beispiel Bauunterlagen, Handbücher, usw., und/oder Dienstleistungen, wie Betrieb, Wartung, usw. handeln. Die zu erreichenden Meilensteine der einzelnen Phasen sind im Interesse einer effizienten Projektdurchführung möglichst genau zu definieren. Die Präzisierung der Meilensteine für die Hardware-Phasen C und D erfolgt schrittweise im Rahmen der Durchführung der Anfangsphasen A und B, deren Hauptzielsetzung die Projektkonzeption und -definition ist.

Die Bedeutung der Projektabwicklung in sequentiell angeordneten Projektphasen ist vor allem in der Ausschaltung unnötiger Risiken zu sehen. Die Einhaltung der vorgegebenen Reihenfolge des Projekt-Lebenszyklus, das heißt die gestaffelte Durchführung der Projektphasen, Konzeptauswahl, Systemdefinition, usw. gibt die größtmögliche Garantie, daß katastrophale Systemfehler, wie zum Beispiel Unverträglichkeiten im elektronischen Bereich, frühzeitig erkannt und behoben werden. Die Übertragung derartiger Fehler in die späteren, relativ teuren Projektphasen C und insbesondere D führt meist zu kostspieligen Abhilfemaßnahmen, da bereits Hardware zu ändern ist. Zum besseren Verständnis ist in Abbildung IV-2 das relative Verhältnis der Kosten für die einzelnen Phasen A bis F entsprechend ihrer Größenordnung wiedergegeben. Ein allgemein gültiger quantitativer Kostenvergleich ist hier jedoch nicht möglich, da dies von verschiedenen Parametern, wie zum Beispiel der Projektart, Seriengröße, usw. abhängig ist.

Effektive Maßnahmen zur Reduktion der Lebenszykluskosten

Der Einsatz von effektiven Maßnahmen zur Reduzierung der Projektkosten ist grundsätzlich in jeder Phase (A bis F) möglich. Aus der prinzipiell angedeuteten Kostengegenüberstellung in Abbildung IV-2 geht jedoch hervor, daß Kostenreduktionsmaßnahmen für die Phasen C bis F von besonderer Bedeutung für die Reduktion der LZK sind. Effektive Kosten-Reduktionsmaßnahmen sind deshalb so früh wie möglich einzuleiten. Das heißt eine Maßnahme, die in Phase C bis F wirken soll, ist nach Möglichkeit schon in Phase A und/oder B vorzubereiten oder einzuleiten. Es ist sogar im Interesse einer kostensparenden Projektlösung zu empfehlen, die Mittel für die frühen Phasen gegebenenfalls zu erhöhen, um effektive Maßnahmen zur Kostenreduzierung für die teureren Folgephasen rechtzeitig einzuleiten.

Der Einsatz effektiver Maßnahmen zur Reduktion der LZK ist in folgenden Schritten vorzunehmen:

— Identifikation signifikanter Kostenverursacher (cost drivers),
— Entwicklung effektiver Maßnahmen zur Kostenreduzierung und
— Einführung der Kostenreduktionsmaßnahmen.

Identifikation signifikanter Kostenverursacher – die Suche nach den cost drivers

Unter Kostenverursacher, den sogenannten *cost drivers,* sind hier jene technischen und/oder administrativen Projektfaktoren zu verstehen, die die LZK maßgeblich beeinflussen. Die Identifikation dieser Faktoren ist ein wichtiger Schritt zur Kostenreduzierung. Nachfolgend sind zehn typische Kostenverursacher genannt. Diese Liste kann jedoch nur als ein Beispiel angesehen werden, da die tatsächlichen Kostenverursacher eines Projektes projektspezifisch zu ermitteln sind:
   Mangelhafte Konzeptformulierung,
- Mangelhafte Projektdefinition,
- Überspezifikation,
- Neigung zu technischem Perfektionismus,
- Verspätete Einführung von Änderungen,
- Übermäßige Dokumentationsanforderungen,
- Ungenügender Gebrauch von Standardkonstruktionen und -geräten,
- Verspätete Projektentscheidungen,
- Vorgabe unrealistischer Plantermine,
- Mangelhafte Leistungskontrolle.

Entwicklung effizienter Maßnahmen zur LZK-Reduzierung

Nach der Identifikation der Kostenverursacher ist im zweiten Schritt nach effektiven Maßnahmen zur Reduzierung der LZK zu suchen. Obwohl an dieser Stelle keine konkreten Maßnahmen für den Einzelfall vorgeschlagen werden können, sind nachfolgend fünf praktische Beispiele zur Kostenreduktion wiedergegeben. Der Autor bezieht sich dabei auf persönliche Erfahrungen aus dem FuE-Bereich und auf Veröffentlichungen.

(1) Ausreichende Konzeptformulierung.
Die Konzeptfestlegung stellt in der Regel eine Grundsatzentscheidung für das zu entwickelnde System und somit einen wichtigen Ausgangspunkt für alle weiteren Entwicklungsschritte dar. Zu diesem Zeitpunkt werden prinzipiell die Weichen für alle nachfolgenden Schritte gestellt. Die Konzeptphase (Phase A; s.a. Abb. IV-9) schließt bei korrekter Durchführung mit der Formulierung eines klaren Konzeptes ab und beinhaltet folgende Einzeltätigkeiten:[56]

- Entwicklung von Projektzielen,
- Durchführung von Verträglichkeitsstudien,
- Identifikation von Forschungs- und Technologieanforderungen,
- Entwicklung von Projekt-Gesamtplänen (Termine, Kosten, usw.),
- Durchführung von Vergleichsanalysen (Trade-Offs),
- Identifikation vorteilhafter und unvorteilhafter Entwicklungsfaktoren.

Eine mangelhaft durchgeführte oder nicht eindeutig abgeschlossene Konzeptphase trägt infolge Transformierung ungeklärter Probleme in die kostenintensiveren Folgephasen häufig zu Erhöhungen der LZK bei.
   Verzögerungen oder Mehrkosten zwecks zusätzlicher Parallelarbeiten in der Phase A zugunsten

einer besseren Konzeptlösung vor Beginn der personal- und kostenintensiveren Folgephasen kann deshalb zu Kostenersparnissen des Gesamtprojektes führen. Dies wird um so verständlicher, wenn man sich das Grobverhältnis der Kosten der Phase A zur Phase C, wie nachfolgend dargestellt, vor Augen hält, (s.a. Abbildung IV-2):

$$\frac{\text{Kosten der Phase A}}{\text{Kosten der Phase C}} \leqq 0{,}03*$$

(2) Ausreichende Projektdefinition.

Nach der Konzeptauswahl kommt der Definitionsphase (s.a. Abb. IV-10) eine besondere Bedeutung zu, da folgende Bedingungen vor Beginn der Entwurfs- und Entwicklungsphase (Phase C) unbedingt eingehalten werden müssen [57]:

- Erstellung endgültiger und realistischer Spezifikationen,
- Definition aller Nahtstellen und Verantwortlichkeiten,
- Identifikation von Risikobereichen,
- Darstellung von Systemvergleichen und Alternativen,
- Auswahl der besten Gesamtlösung,
- Formulierung realistischer Fertigungs- und Betriebskonzepte,
- Erstellung realistischer Termin- und Kostenpläne,
- Schaffung der Voraussetzungen für zukünftige Fest- und/oder Prämienverträge.

Eine mangelhaft durchgeführte oder nicht klar abgeschlossene Definitionsphase trägt infolge Transformierung ungeklärter Probleme in die wesentlich kostenintensiveren Folgephasen meistens zu erheblichen Erhöhungen der Gesamt-Projektkosten bei. Verzögerungen oder Mehrkosten zwecks zusätzlicher Parallelarbeiten in der Phase B zugunsten einer gründlicheren Projektdefinition vor Beginn der erheblich personal- und kostenintensiveren Folgephasen kann deshalb zu Kostenersparnissen des Gesamtprojekts führen. Dieses Argument läßt sich durch die Gegenüberstellung der Kosten der Phase B mit den Kosten der Phase C, wie nachfolgend dargestellt, verdeutlichen.

$$\frac{\text{Kosten der Phase B}}{\text{Kosten der Phase C}} \leqq 0{,}1*$$

(3) Vermeidung von Überspezifikation und technischem Perfektionismus.

Bei der Auslegung technischer Systeme besteht die Neigung zur Überspezifikation, da der zukünftige Betreiber bestrebt ist, für die eingesetzten Mittel eine möglichst große Leistung zu erreichen. Nicht selten werden jedoch auch überspitzte Bauvorschriften nur deshalb verwendet, da man der Einfachheit halber auf vorhandene Unterlagen zurückgreift. In der Luft- und Raumfahrtindustrie waren die Systemanforderungen aus Gründen der besonders extremen Situation, zum Beispiel im Bereich der bemannten Raumfahrt, in der Vergangenheit besonders ausgeprägt.

In den letzten Jahren wurden aus wirtschaftlichen Erwägungen jedoch erhebliche Anstrengungen unternommen, die allgemein gängigen Bauvorschriften für Luft- und Raumfahrtgeräte wo immer möglich, zu vereinfachen oder den Erfordernissen gezielt anzupassen, um so eine etwaige Überspezifikation zu vermeiden. In den USA wurden aus diesem Grunde seit Beginn der siebziger Jahre gezielt Vorschriften zur Kostenreduktion erstellt.

---

* Erfahrungswert aus der Raumfahrt [30]

Der neue Slogan hieß *Design-To-Cost,* womit gemeint war, das technische Konzept eines Systems den vorgegebenen Kosten anzupassen.[38, 39] (s.a. X.4)

Mit Beginn der siebziger Jahre wurden im Bereich der Luft- und Raumfahrt der USA zunehmend Untersuchungen zur Kostenreduktion in Verbindung mit der Minimierung der Systemanforderungen durchgeführt. In einer 1975 im Auftrag der NASA durchgeführten Studie der Firma Lockheed Missiles & Space Company (LMSC) wird detailliert auf die Möglichkeit der Kostenreduktion durch Abänderung (Anforderungsreduktion) zehn maßgeblicher Programmvorschriften des Auftraggebers eingegangen.[53] Die vorgeschlagenen Änderungen führten beim Projekt *Mariner Venus Mercury* das 1973 von der Firma Boeing realisiert wurde, zu einer Reduktion der Gesamtkosten von 10,3 Prozent und für das Projekt *Atmospheric Explorer,* das von der Firma Radio Corporation of America (RCA) entwickelt wurde, zu einer Reduktion der Gesamtkosten von 10,6 Prozent (s.a. Kapitel II.5). In Abbildung X-15 sind die vorgeschlagenen Reduktionsmaßnahmen und deren finanzielle Auswirkungen (Prozent vom Nominalwert) der oben genannten Programmvorschriften wiedergegeben.

Die Entwicklung von Luft- und Raumfahrtgeräten ist sehr teuer, und Systemfehler, zum Beispiel der frühzeitige Ausfall eines Satelliten in der Umlaufbahn, stellen einen extremen finanziellen Verlust dar. Die traditionelle Entwicklungsphilosophie für Raumfahrtsysteme folgte deshalb relativ konservativen Gesichtspunkten, z.B. größtmögliche Redundanz und Durchführung eines ausführlichen Testprogramms, um ein Maximum an Missionserfolg zu erreichen.

In den letzten Jahren wurden auch in West-Europa eine Reihe von Untersuchungen zur Reduzierung der herkömmlichen Systemanforderungen durchgeführt, um nach Möglichkeiten zur Kostenreduzierung zu suchen. Eaton beschreibt den erfolgreichen Abschluß eines europäischen Satellitenprojektes, das auf der Basis einer reduzierten Modell- und Testphilosophie entwickelt wurde und bezeichnet dieses Konzept als die »Good-Enough-Philosophie«, die den *Design-To-Cost-*Vorstellungen entspricht.[58]

Die deutsche Firma MBB (heute DASA) erstellte im Auftrag der Europäischen Weltraumagentur ESA eine Studie zur Reduktion der Gesamt-Projektkosten auf der Basis einer modifizierten Modell- und Testphilosophie.[54] In dieser Studie wurde unter Einbeziehung einer Risikoanalyse ein Kostenvergleich zwischen dem herkömmlichen Nominalkonzept (Option I) und zwei Alternativversionen (Optionen II und III), bei denen je ein Testmodell eliminiert wurde mit den in Abbildung X-16 zusammengefaßten Ergebnissen durchgeführt.

Das Ergebnis dieser Studie bestätigt, daß das in der USA schon seit längerer Zeit erprobte kostensparende Entwicklungskonzept, bei dem das Satelliten-Qualifikationsmodell (QM) zugleich als Fluggerät (FM) verwendet wird (in der Literatur ist diese Vorgehensweise unter den Bezeichnungen »Proto/Flight-Concept« oder »Qual/Flight Concept« bekannt) zu erheblichen Kostenreduktionen, im oben genannten Fall bis zu 20 Prozent, führte, ohne die Betriebssicherheit des Satelliten zu gefährden. Eine anschließend durchgeführte Risikoanalyse zeigte, daß das Proto/Flight-Konzept (Option III) ähnlich wie das klassische Modellkonzept (Option I) auf mögliche Störfaktoren reagiert (maximal fünf Prozent Kostensteigerung), während das zweite Modellkonzept (Option II) von derartigen Störfaktoren wesentlich stärker (bis zu 10 Prozent) beeinflußt wurde.

1978 wurde von der deutschen Firma Dornier System GmbH (heute DASA) im Auftrag des Bundesministeriums für Forschung und Technologie (BMFT) eine Studie zur Aufwandsoptimierung bei Satelliten- und Spacelab-Experimenten erstellt, die zu vergleichbaren Ergebnissen gelangte.[59]

Auftraggebervorschrift/ ● Vorgeschlagene Reduktionsmaßnahme(n)	Kostenreduktion ✱	
	Projekt A	Projekt B
(1) Vorschriften zur Funktionssicherheit ● Typenreduktion bei den Bauteilen ● Reduktion von Demonstrationstests zur Funktionssicherheit	33	38
(2) Vorschrift zur Qualitätskontrolle ● Eliminierung formeller Materialvorschriften ● Simplifizierung der Qualitätskontrolle ● Reduzierung der Berichterstattung ● Reduzierung der Inspektionsbestimmung	52	55
(3) Inspektionsvorschrift ● Inspektion nur der höchstmöglichen Ebene ● Minimierung der Inspektionspunkte	47	35
(4) Lötvorschrift für elektr. Kontakte ● Eliminierung der NASA-Abnahmen für vom Auftragnehmer durchgeführte Lötstellen	46	60
(5) Verpackungsvorschrift ● Eliminierung der gesamten Vorschrift (Ersatz durch Detailvorschr. im Leistungsverz.)	33	25
(6) Testmethoden ● Reduzierung der Testzeiten ● Reduzierung der Vorschriften für Röntgentests ● Reduzierung von Testwiederholungen ● Spezifizierung der Minimalforderungen	16	16
(7) Konfigurationsmanagement ● Eliminierung der Los-Verfolgbarkeit ● Simplifizierung des Nummernsystems	43	25
(8) Methoden für Umgebungstests ● Eliminierung des Thermaltests im Vakuum für das Gesamtsystem ● Minimierung von Testwiederholungen ● Reduzierung der Testzeiten	56	62
(9) Vorschrift zur Austauschbarkeit von Bauteilen ● Bauteilestandardisierung ● Anwendung von Standard-Bauunterlagen	50	40
(10) Zeichnungsvorschrift ● Reduktion der Kopienanzahl ● Simplifizierung d. Zeichnungskontrollvorschr.	40	40

✱ Prozent vom geschätzten Nominalwert (Kosten) des Arbeitspaketes.
Projekt A – Mariner Venus Mercury 1973 (Boeing)
Projekt B – Atmospheric Explorer (RCA).

Abb. X-15: LMSC-Studienergebnisse

(4) Vermeidung überhöhter Dokumentationsanforderungen.

Für die reibungslose Projektabwicklung ist ein gewisses Maß an Projektdokumentation unbedingt erforderlich, insbesondere dann, wenn es sich um Projekte einer bestimmten Größenordnung und Komplexität handelt und die Abwicklung nicht mehr von einer Firma/Organisation allein durchgeführt werden kann (s. a. Kapitel XII). So sehr aber einerseits ein angemessenes Maß an Projektdokumentation unbedingt erforderlich ist, da die wirtschaftliche Situation eines Projektes ganz wesentlich von der Qualität der Projektplanung und -dokumentation abhängt, ist andererseits aber auch die Gefahr überhöhter Dokumentationsanforderungen, die dann wiederum zu erheblichen Kostensteigerungen führen kann, sehr groß. Insbesondere bei der Durchführung großer Projekte im Bereich der Luft- und Raumfahrt wurden der Industrie in der Vergangenheit von den staatlichen auftraggebenden Behörden eine Reihe von Auflagen gemacht, die zu erhöhten, nicht sachdienlichen Kosten im Bereich der Dokumentationserstellung führten. Bei neutraler Beurtei-

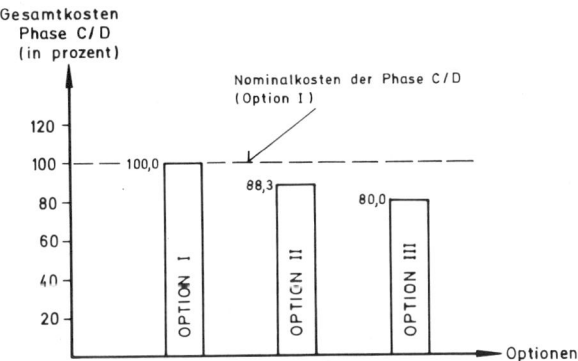

Erklärungen:
- Option I: Nominalkonzept mit klassischer Modell- und Testphilosophie, d.h. Untersystem-Testmodelle, System-Testmodelle (Engineering Model – EM, Qualification Model – QM and Flight Model – FM) und Ersatzteile.
- Option II: Wie Option I aber Kombination der Testmodelle EM und QM zu einem einzigen E/QM-Testmodell.
- Option III: Wie Option I aber Kombination der Testmodelle QM und FM zu einem einzigen Q/FM Test- und Flugmodell.

Abb. X-16: Kostenvergleich verschiedener Projektoptionen

lung der Sachlage kann diese Entwicklung jedoch nicht als Vorwurf gegenüber den Behörden verwendet werden, da der allgemein feststellbare Trend zu überhöhten Dokumentationsanforderungen (Überspezifikation) ein Nebenprodukt der Managementperfektionierung ist. Vielmehr sollte die feststellbare Entwicklung zu überhöhten Dokumentationsanforderungen den Anstoß zu Verbesserungen, das heißt zu adäquaten Dokumentationsanforderungen führen.

In den USA begann die Suche nach einem optimaleren Dokumentationsaufwand Anfang der siebziger Jahre, unmittelbar nach dem Auslauf des Apollo-Programms. In einem entsprechenden NASA-Bericht von 1973 wurden die Ergebnisse einer Arbeitsgruppe zur Kostenauswertung von in der Vergangenheit durchgeführten Projekten zusammengefaßt.[60] Dabei wurde festgestellt, daß die wahren Kosten für die Projektdokumentation nicht einwandfrei identifizierbar waren, denn bei den klar ausgewiesenen Kosten von ein bis vier Prozent handelte es sich nur um die Kosten für die Schreib- und Vervielfältigungsarbeiten. Weitere Kosten für den Dokumentationsaufwand sind in anderen Posten, wie zum Beispiel dem Projekt-Management, der Systemtechnik, der Qualitätssicherung mit enthalten. Bei genauer Untersuchung aller Anteile kam man auf einen Betrag von bis zu fünfzehn Prozent der Gesamt-Projektkosten für die Erstellung von Projektdokumentation, wobei im Durchschnitt drei Prozent auf die Vervielfältigung und Verteilung entfielen, (s.a. Kapitel II.5).

Eine in diesem Zusammenhang durchgeführte Fragebogenaktion führte zu folgenden Vorschlägen zur Kostenreduktion:

- Die Dokumentations-Verteilungsliste ist häufig zu umfangreich (Verteilung nach dem Gießkannenprinzip) und sollte so klein wie möglich gehalten werden ohne dabei Informationen für wichtige Empfänger (z.B. Entscheidungsträger) zurückzuhalten. Ferner wurde angeregt, standardisierte Verteilerlisten zu verwenden, die Mikroverfilmung zu intensivieren und eine Reihe von Dokumenten, die in der Industrie erstellt werden, nur auf besondere Anforderung dem Auftraggeber zuzuschicken.
- Die Auftraggeber sollten mehr wie bisher auf industrieinterne Berichtsverfahren zurückgreifen und nicht in jedem Fall ein neues Verfahren auferlegen.

– Die Auftraggeber sollten die angeforderten Dokumente in bezug auf ihre Bedeutung kritisch untersuchen, da viele Dokumente, zum Beispiel Berichte, häufig nur Vergangenheitsdaten enthalten, die für die Projektabwicklung nicht mehr relevant sind.

– Häufig fallen durch die Verzögerungen des Auftraggebers beim Freigabeprozeß erhöhte Kosten an und es wird deshalb ein effizienteres Freigabeverfahren gefordert.

(5) Beschleunigung von Projektentscheidungen.

»Die Rolle des Managements liegt im intelligenten Reagieren auf Veränderungen«, so lautet ein Zitat von Robert McNamara, wiedergegeben in dem Buch »Die amerikanische Herausforderung« von J. J. Servan-Schreiber. [61] Dies trifft im besonderen Maße für das Projektleben zu, bei dem auf mannigfaltige und häufig ad hoc auftretende Veränderungen intelligent, das heißt schnell und richtig zu reagieren ist, will man das Projektziel nicht gefährden. In den meisten Fällen erfordern Veränderungen im Projekt eine Entscheidung, da sie eine Abweichung vom geplanten Zustand darstellen. Jeder Entscheidungsprozeß setzt deshalb eine detaillierte, der Tragweite entsprechende Analyse der Projektvorgänge sowie eine Vorhersage der möglichen Auswirkungen auf das Vorhaben voraus. Der dafür erforderliche Aufwand ist nicht selten Anlaß zu Entscheidungsverzögerungen, insbesondere dann, wenn mehrere Stellen daran beteiligt sind und der Informationsfluß zwischen den verschiedenen Partnern mangelhaft ist. In diesem Zusammenhang wird hier eine Erkenntnis aus dem Helios-Projekt als direktes Zitat wiedergegeben: »Die Vorteile des Hauptauftragnehmer-Konzeptes, wie es beim Projekt HELIOS benutzt wurde, werden noch dadurch erhöht, daß man den Hauptauftragnehmer verantwortlich macht für die Durchführung aller notwendigen speziellen Aktionen, die den Erfolg des Projektes sicherstellen. Diese Festlegung kann jedoch in Verbindung mit einem Entwicklungsvertrag mit Höchstpreisbegrenzung für den Hauptauftragnehmer zu untragbarem Risiko führen, es sei denn, der Auftraggeber stimmt unmittelbar Kosten zu, die für Tätigkeiten zur Lösung von Problemen durchgeführt werden müssen, aber außerhalb des Verantwortungsbereiches des Auftragnehmers liegen. Systemverbesserungen, denen der Auftraggeber zustimmt, sollten auch zu Preisanpassungen führen. Für den Fall, daß die Verantwortung für die Tätigkeit umstritten ist, sollte der Vertrag ein Billigungsverfahren in zwei Schritten vorsehen:

1 – Selbstkosten
2 – Gewinn-Festlegung.

Schritt 1 räumt den größten Teil des Risikos aus und erlaubt dem Auftragnehmer eine beherztere Haltung. Schritt 2 kann später gelöst werden, wobei darauf zu achten ist, daß der technische Ablauf der Tätigkeit nicht beeinflußt werden darf.«[62]

Quellen zu Kapitel X

1 Hudock, R. R: The National Scene – DOD sets New Policy on Weapon Acquisition, in: Astronautics and Aeronautics, August 1970.
2 Army Material Command: Cost Analysis Handbook, Januar 1968.
3 Grün, Oskar: Beiträge zur Projektorganisation, Heft 3: Kosten und Kostenrechnung in der Projektorganisation, Wien, 1977, DBW-Depot 78–3-3 (C. E. Poeschel Verlag Stuttgart).
4 Telefongespräch Schub/Madauss, 24. 6. 1982 (Telefonnotiz).
5 Der Spiegel Nr. 14/1982, S. 50.

6 Süddeutsche Zeitung vom 4. 6. 1982.

7 BMFT-Mitteilungen 3/82, S. 64, S. 65.

8 BMFT-Mitteilungen 5/82, S. 93.

9 Blick durch die Wirtschaft vom 10. 9. 1982.

10 BMFT-Mitteilungen 7–8/82, S. 137.

11 Handelsblatt vom 9. 9. 1982, S. 5.

12 FAZ vom 5. 7. 1982.

13 Der Spiegel Nr.43/1981, S. 42.

14 Arbeitsgemeinschaft A. T. Kearney GmbH und Motor Columbus AG: Studie über die Ursachen für die Kostensteigerungen und Bauzeitverzögerungen beim SNR 300, September 1982.

15 Madauss, Bernd-J. und Fleckenstein, Hubert: Systemtechnische Betrachtung zum Kernkraftwerk Schneller Brüter – SNR 300 (Bundestagsvorlage), MBB-Bericht Z-7/Ö, April 1982.

16 Bonner Energie-Report, 3. Januar 1982, S. 10.

17 Batchelder, C. A./Boren, H. E./Campbell, Jr. H. G./Dei Rossi, J. A. und Large, J. R: An Introduction to Equipment Cost Estimating, The Rand Corporation, Memorandum RM-6103-SA, Dezember 1969, S. 33, 34.

18 Unmanned Spacecraft-Cost Model – Fifth Edition, ST-TR-81–45, USAF, Juni 1981, S. V-29, V-40.

19 Beltramo, Michael N.: The Use of System Level Cost Estimating Relationships to Establish initial Design-to-Cost Targets for Rotorcraft, Fixed Wing and Hybrid Aircraft, SAWE-Paper No. 1225, Mai 1978.

20 ESA Satellite Data Bank (SATELDATA); Cost Analysis Division ESA/ESTEC, März 1982.

21 Von Weizsäcker, Carl Friedrich: Wege in die Gefahr; Carl Hanser Verlag, München 1976, S. 47.

22 Pfohl, Hans-Christian und Wübbenhorst, Klaus L.: Zum Konzept der Lebenszykluskosten, Technische Hochschule Darmstadt – Arbeitspapiere Fachgebiet Betriebswirtschaftslehre, Darmstadt 1982, S. 32.

23 Wildemann, Horst: Kostenprognosen bei Großprojekten, C. E. Poeschel Verlag, Stuttgart, 1982, S. 160.

24 Seldon, M. Robert: Life Cycle Costing: A Better Method of Government Procurement, Westview Press, Inc., Boulder, Colorado, 1979, S. 248.

25 Jones, Ray D. und Niebisch, Klaus: Cost Estimating Techniques, INTERNET Expert Seminar on Cost Control in Project Control, Zürich, 1975.

26 ESA: Project control requirements and procedures for major procurement actions, Phase C/D, ESA-Dokument PSS-33, Januar 1977.

27 Department of the Army Pamphlet, No. 11–2, Mai 1976.

28 Starrett, Charles O., Jr.: Parametric Cost Estimating – An Audit Perspective, in: ISPA Journal of Parametrics, Vol. I, No. 4, Frühjahr 1982, S. 3.

29 Augustine, Normann R.: Augustine's Laws and Major System Development Programs, in: Astronautics & Aeronautics, April 1980, S. 36.

30 Madauss, Bernd-J.: Planung und Überwachung von Forschungs- und Entwicklungsprojekten, AIB Fachliteratur, Gerberstr. 3b, Bad Aibling, 1978/82, S. III-54, 56, 10.

31 Der Bundesminister für Verteidigung: Verwendung einheitlicher Preisbegriffe, WII3-Az.: 76–10–00, Bonn, 9. Juni 1971.

32 Der Bundesminister für Verteidigung, Rüstungserlaß Rülll4-Az.: 78–60–40–01, Bonn, 19. 2. 1982.

33 RCA-PRICE-Systems: PRICE an automated Parametric Cost Estimating/Predicting Family of Models, GC 1614,1979.

34 RCA-PRICE-Systems: Users Manual for PRICE Hardware Model, 1981.

35 MBB: PRICE – Modell zur Kostenschätzung im Test bei MBB – Größte Erfahrungen derzeit bei UR, MBB Aktuell/Intern, 1/83, S. V.

36 Madauss, Bernd-J. und Hopf, Hans-Dieter: MBBs Experience with PRICE Hardware Model, MBB-Bericht UR-570/82Ö, 14–16 September 1982.

37 Bethke, Rodin: Moderne Materialerhaltung für Flugkörpersysteme, in: Wehrtechnik 3/81, S. 74.

38 Department of the Army, the Navy, and the Air Force: Joint Design-to-Cost Guide – Life Cycle Cost as a design Parameter, 15. Oktober 1977, S. 2, 35.

39 Department of Defense: Design to Cost, DoD-Directive Nr. 5000.28, 23. Mai 1975.

40 Bradley, Fred E.: Design to Cost, McDonnel-Douglas Astronautics Company N75 20414,1975.

41 BFH Parametrics: DTC Proposal Inputs, Brief von Keith Burbridge an MBB, 5. 12. 1981.

42 MBB: Design-to-Cost spart pro A310 3000 Fertigungsstunden, in: MBB-Aktuell, 12/1981, S. 4.

43 CNES: Programme Ariane – Design to Cost, SM-0.80, 29. Juli 1981.

44 Ostwald, Phillip R.: Cost Estimating for Engineering and Management, Prentice Hall Inc., Englewood Cliffs, New Jersey, 1974.

45 Stapel, Arnold: »Kosten für Kompressor vor Kauf abschätzen, in: Handelsblatt, 28. 7. 1982.

46 Lenk, Reinhard und Lang, Eva: Herstellkosten und Folgelasten öffentlicher Investitionen, Ifo-Institut für Wirtschaftsforschung e. V., München, 1981, Band I, S. 216.

47 Coble, Fred W.: LCC Analysis, A Must for Designing Affordable Systems, RCA PRICE Systems, Hollywood, 1981.

48 Blanchard, Benjamin S.: Design and Manage to Life Cycle Cost, M/A Press, Portland, Oregon, 1978.

49 Cook, Ward H.: Logistics Planning for Phased Programs, Logistics Spectrum, Frühjahr 1973, S. 4.

50 Laube, Gerd: Kostenprobleme in der Nutzungsphase von Waffensystemen, Wehrtechnik-Seminar, Bonn 7. 4. 1981.

51 Earles, Marry Eddins: Factors, Formulas, and Structures for Life Cycle Costing, Edding-Earles, 89 Lee Drive, Concord, Mass. 01742, 1978/81.

52 Ehrlenspiel, K./Kiewert, A./Lindemann, U.: Produktkosten senken – eine Aufgabe der Konstruktion, Konstruktion Nr. 30, 1978.

53 LMSC: Low Cost Program Practices for Future NASA Space Programs, LMSC-Bericht D469858, 1975.

54 MBB: EXOSAT Study (Optimisation of Planning) – Final Report, ESRO Tender A0/557, MBB, 1974.

55 CNES: Cost Reduction – An ARIANE Production Phase Objective, Bericht DLA/RC No. 536, 1978.

56 NASA: Phased Project Planning (PPP) Guideline, NHB 7121.2, 1968.

57 USAF: System Program Office Manual, 375–5, 1964.

58 Eaton D.: ISEE B – A Minimum-Model Project, in: ESA Bulletin Nr. 12, 1979.

59 Siemann H./Wagner, H.: Studie zur Aufwandsoptimierung bei Satelliten- und Spacelabexperimenten, Dornier System GmbH Friedrichshafen, 1978.

60 NASA: Historical Costs Panel – Report to the NASA Space Cost Evaluation Program, 1973.

61 Servan Schreiber, J.-J.: Die amerikanische Herausforderung, Hoffmann und Campe Verlag, Hamburg, 1968, S. 94.

62 MBB: Helios-Sonnensonde-Endbericht, Forschungs- und Entwicklungsauftrag QC-90–00 VP 6/70, 1976.

Kapitel XI:
Informationsmanagement im Projekt

Die Effizienz des Projektmanagements hängt ganz erheblich von der Art und Weise ab, wie Informationen im Projekt verarbeitet werden. Projektarbeit, die fast immer unter Zeitdruck abgewickelt wird, läßt sich nur dann optimal planen und steuern, wenn sichergestellt ist, daß notwendige Projektinformationen möglichst rasch und in verständlicher und übersichtlicher Form an die richtigen Empfänger weitergeleitet werden. Informationen sind nicht zuletzt eine wichtige Voraussetzung für Entscheidungen, und Projektleiter und ihre Teams müssen im Vergleich zu gleichrangigen Abteilungen oft überproportional viele Entscheidungen treffen. Martin führt aus: »Ein guter Projektmanager trifft bedeutend mehr Entscheidungen als ein normaler Manager in der gleichen Organisationsebene.«[1] Für stark interdisziplinäre und technologisch komplexe Projekte ist die rasche Informationsbearbeitung von besonderer Bedeutung. Dies wird verständlich, wenn man bedenkt, daß die Abwicklung derartiger Vorhaben meistens unter Beteiligung mehrerer Betriebe und/oder Institutionen erfolgt. Am Beispiel des Apollo-Programms, an dem zur Spitzenzeit über 400000 Ingenieure, Techniker, Wissenschaftler und Manager der NASA, der Industrie und der Universitäten beteiligt waren, kann man sich die Bedeutung des Informationsmanagements im Projekt am besten klarmachen. Auftretende Entwicklungsprobleme in einem untergeordneten Teilbereich großer Projekte, die eine direkte Auswirkung auf das Gesamtprojekt haben, verlangen oft sofortige Maßnahmen der Projektleitung, um eine Gefährdung des Projektzieles, des Endtermins oder Kostenüberschreitungen durch rechtzeitig eingeleitete Maßnahmen zu verhindern. Dazu sind präzise Informationen über die technischen Zusammenhänge, die Termine und Kosten des gegenwärtigen Zeitpunktes notwendig. Die Informationsqualität steht in einem unmittelbaren Zusammenhang mit der Aktualität. Servan Schreiber definiert dies so: »Das Revolutionäre in der neuen Art der Informationsweitergabe liegt darin, daß man Ideen (Informationen) in vernünftiger Weise rechtzeitig verwenden kann.«[2]

Obwohl große Raumfahrtvorhaben sicherlich in besonders starkem Maße auf ein gutes Informationssystem angewiesen sind, so treffen die Grundprinzipien des Informationsmanagements, wie es hier beschrieben wird, jedoch für jedes Projekt zu. Ohne Frage dürften Entwicklungsprojekte der Kernkraftindustrie und Projekte des Anlagenbaues einen ähnlich großen Informationsbedarf haben. Aber auch kleinere Vorhaben einzelner Unternehmen sind auf wirkungsvolle Informationssysteme angewiesen. Doch allzuoft wird auf die systematische Informationsverarbeitung in der Annahme, die Beteiligten werden das Notwendige schon wissen, leider verzichtet, was dann zu schwerwiegenden Projektproblemen führt. »... Die Fragen, wer, wen, warum, wann, worüber und wie zu unterrichten hat, erfordern klare und allgemein verbindliche Antworten in Form organisatorischer Regelungen.«[3] Auch eine zu breit gestreute aber nicht zielgerichtete Information nützt wenig, da der Empfänger den ihn betreffenden Teil oft nicht erkennt oder notwendige Aktionen deshalb nicht einleitet, weil er annehmen kann, daß eine andere Stelle sich bereits darum kümmert.

Informationsmanagement im Projekt ist eine ernst zu nehmende Aufgabe der Projektleitung. Allerdings sollte streng darauf geachtet werden, daß die eingesetzten Mittel und Verfahren der Projektart, -größe und -komplexität entsprechen. Das Informationssystem muß nicht teuer sein; Disziplin und Klarheit ist die erste Voraussetzung; auf die Verhältnismäßigkeit der Mittel zu achten, ist oberstes Gebot.

1. Projekt-Informationssysteme

Bedeutung formeller und informeller Informationen

Der Aufbau und die Installation eines Projekt-Informationssystems ist den jeweiligen Bedürfnissen anzupassen. Zuerst ist jedoch festzustellen oder festzulegen, *Wer Welche* Informationen *Wann* an *Wen* weitergeben muß oder kann. Der Begriff Information soll hier im Sinne einer Definition von Wahl verstanden werden: »Information wird definiert als die Vermittlung und Verwertung des Wissens, das ein Aufgabenträger im speziellen Falle haben muß, um eine definierte Aufgabe erfüllen zu können.«[4]

Es ist wichtig, daß schon beim Projektbeginn die formellen Informationswege festgelegt werden, und zwar unter Einbeziehung der Organisationsstruktur und der durch den Projektleiter festgelegten Verantwortungs- und Kompetenzbereiche. Dadurch wird der unbedingt notwendige Pflicht-Informationsaustausch im Projekt weitgehendst sichergestellt. In diesem Zusammenhang ist zu erwähnen, daß man bestrebt sein sollte, die formellen Informationswege soweit wie möglich den informellen Informationskanälen anzupassen, da die informelle Informationsbeziehung oft ein realistisches Bild der nicht zu unterschätzenden zwischenmenschlichen Beziehungen im Projekt, zum Beispiel Freundschaften, Bekanntschaften, usw. widerspiegelt.[5]

Die Informations-Sender/Empfängerbeziehung läßt sich nach folgenden Kriterien ordnen:

(1) Informationen, auf die keine Reaktion der(s) Empfänger(s) erfolgen muß,

(2) berichterstattende Informationen,
  – die aufgrund von Empfängernachfragen übermittelt werden oder
  – bei der die Empfänger zu Reaktionen (zum Beispiel Kommentaren) aufgefordert werden,

(3) anweisende Informationen, auf die in jedem Fall eine Reaktion erfolgen muß.

Es ist selbstverständlich, daß im Projekt ganz allgemein über das Projekt informiert werden sollte. »Information ist (aber) nicht nur eine sachlich begründete Voraussetzung für die Funktionsfähigkeit eines Betriebes, sonder befriedigt auch ein wesentliches Grundbedürfnis des Menschen.«[3] Die Projektmitarbeiter haben ein Recht auf allgemeine Informationen, auch wenn es nicht unmittelbar mit ihrem Arbeitsgebiet zusammenhängt. Die vernünftige Informationsweitergabe über die Gesamtzusammenhänge des Projektes, zum Beispiel Informationen zum Projektziel, fördert die Zusammenarbeit ganz erheblich.

Allgemeine Information soll hier als Informationsangebot an einen ganz bestimmten Empfängerkreis angesehen werden, auf die jedoch keine unmittelbare Reaktion des Empfängers erwartet wird. Das allgemeine Informationsangebot hat jedoch noch eine weitere Komponente, nämlich das Informieren über Sachvorgänge an Empfänger, von denen man vermuten kann, daß sie die Information eventuell benötigen und gegebenenfalls auch darauf reagieren, das heißt zur Sache etwas beitragen. So ist es allgemein üblich, daß zielgerichtete Hausmitteilungen nicht allein an den Hauptadressaten, sondern *Zur Kenntnis* auch noch an weitere Empfänger geschickt werden. Der Informationssender wird immer dann zu diesem Mittel greifen, wenn er Zusammenhänge zu anderen Mitarbeitern oder Abteilungen vermutet. In gewissen Grenzen ist eine derartige Informationsverbreitung auch sinnvoll, denn sie hilft Nahtstellen abzudecken.

Allerdings sollte man sich davor hüten, allzuviel Information breitflächig zu verteilen in der Hoffnung, die Verantwortlichen werden schon reagieren. Sehr breit gestreute Informationen sind wie die unsere Briefkästen ständig überflutenden Postwurfsendungen. Die Empfänger fühlen sich nicht mehr direkt angesprochen und reagieren auf derartige Informationen meistens gar nicht.

Untersucht man den Grund für breitflächig verteilte Informationen, so stellt sich meistens rasch heraus, daß zu diesem Mittel immer nur dann gegriffen wird, wenn die Zuständigkeiten im Projekt nicht eindeutig geklärt sind. Häufig versucht der betreffende Verfasser sich durch eine breitflächig verteilte Mitteilung gegen eventuelle Vorwürfe abzusichern. Im Interesse eines effizienten Informationsmanagements ist die zielgerichtete Information *(need to know)*, bei der der Sender den Empfänger direkt anspricht und zu Reaktionen (Actions) herausfordert, der breitgestreuten Information, die kaum zu direkten Reaktionen führt, vorzuziehen.

Berichterstattende Informationen, die aufgrund von Empfängernachfragen übermittelt werden, zum Beispiel die Antwort auf die Frage des Projektleiters an einen Mitarbeiter nach dem Arbeitsfortschritt, sind von vornherein zielgerichtet, da sie ja eine Frage beantworten. Der entgegengesetzte Informationsweg ist die Formulierung einer Frage durch den Informationssender, indem er den Empfänger zu einer Beantwortung/Reaktion auffordert. Anweisende Informationen, auf die in jedem Fall eine Reaktion erfolgen muß, spielen im Projekt eine besondere Rolle, da sie im Regelfall den Gehalt einer Entscheidung beinhalten.

Informationsarten

Der Projektleitung stehen folgende Informationsarten zur Verfügung[5]:

(1) Verbale Informationen
 – Einzelgespräche
 – Vortrag beim Projektleiter
 – Besprechungen – regelmäßig und/oder ad hoc
 – Vorträge – intern oder extern
(2) Schriftliche Informationen
 – Mitteilungen
 – Protokolle
 – Statusberichte
 – Zwischen- und Abschlußberichte
 – Veröffentlichungen.

Die Entscheidung darüber, welche Informationsart zur Anwendung kommen soll, hängt von den jeweiligen Bedürfnissen oder Anforderungen der beteiligten Institutionen und Mitarbeiter sowie von der Größe, Art und Komplexität des Projektes ab. Oft sind jedoch sämtliche Informationsarten im Spiel. Die nachfolgenden Beispiele zeigen, wie sie bei verschiedenen Projekten schwerpunktmäßig eingesetzt werden[5]:

– Für große und komplexe Projekte spielt der Einsatz schriftlicher Information, einschließlich der schriftlichen Festhaltung der wesentlichsten Punkte von Gesprächen, Vorträgen, usw. eine besondere Rolle.
– Ebenso wird man bei Projekten mit externen Auftraggebern oder industriellen Partnern die schriftliche Informationsweitergabe bevorzugen.
– Bei firmeninternen oder kleineren Projekten wird man dagegen die verbale Information der aufwendigeren und unflexibleren schriftlichen Informationsweitergabe vorziehen.

Informationsaustausch im Projekt vollzieht sich in jedem Fall zu einem ganz großen Teil in verbaler Form. Vor allem die vielen, bereits erwähnten, informellen Gespräche sind es, die den so enorm wichtigen Beitrag zum Teamgeist erbringen. Während schriftliche Informationen eine gewisse Verbindlichkeit darstellen, und kein Projekt, auch ein Kleinprojekt, nicht ganz auf sie verzichten kann, wird Zusammenarbeit am besten durch das tägliche Gespräch gefördert. Gerade bei interdisziplinären Gruppen spielt dies eine besonders große Rolle. In der Raumfahrtindustrie ist es deshalb üblich, die Projektmitarbeiter größerer Vorhaben in einem gemeinsamen Bürokomplex unterzubringen. So werden Techniker, Planer, Finanzfachleute usw. interdisziplinär, das heißt Tür an Tür, untergebracht. Der verbale Informationsaustausch hat dadurch an Qualität enorm zugenommen. Sitzen zum Beispiel ein Projektplaner (Ingenieur) und Projektkaufmann in einem gemeinsamen Büro, so kommt es zwangsläufig zu einer verbesserten Kommunikation, da sich im Laufe der Zeit eine Wissensübertragung einstellt. Selbstverständlich läßt sich dieser Prozeß noch durch spezielle Schulungsmaßnahmen der Beteiligten verbessern.

Informationsträger

Bei der verbalen und schriftlichen Informationsweitergabe im Projekt ist es oftmals wichtig, daß neben den üblichen Informationsträgern, zum Beispiel Brief, Telefon und Telex, auf modernere Verfahren zurückgegriffen wird. Wie eingangs bereits erwähnt, hängt die Informationsqualität sehr stark von ihrer Aktualität ab. Gerade im Projekt müssen oft möglichst schnelle Informationsträger verwendet werden.

Die am häufigsten verwendeten Informationsträger sind:

- Telefon,
- Telex,
- Telefax,
- Brief,
- Bericht,
- Besprechung.

Ferner wird auf folgende Informationsträger, deren Einsatz nur bei Großprojekten Verwendung findet, verwiesen:

- Kontrollräume,
- Tele- und Videokonferenzen,
- Teletext-Einrichtungen.

Auf die Informationsträger Telefon, Telex und Brief soll hier nicht weiter eingegangen werden, da sie das Standardinstrumentarium jedes Unternehmens sind. Das Erstellen von Berichten ist ein weiteres sehr wichtiges Projekt-Informationsinstrument, das jedoch bereits eine systematische Vorgehensweise verlangt. Berichte sollten nicht unkoordiniert und planlos erstellt werden, so daß sie plötzlich gewissermaßen als Überraschung erscheinen, sondern zu einem von der Projektleitung vorgegebenen Schema passen (s. a. Kapitel XI.2).

Ebenso sollten regelmäßig stattfindende und ad hoc angesetzte Besprechungen, die ebenfalls als wichtiges Projekt-Informationsinstrument anzusehen sind, nach bestimmten Richtlinien ablaufen und in keinem Fall ohne Tagesordnung beginnen und ohne Besprechungsprotokoll abgeschlossen werden. Beides, Tagesordnung und Protokoll, lassen sich gegebenenfalls sehr schnell und unbürokratisch, zum Beispiel handschriftlich, erstellen. Es kommt leider immer wieder vor, daß weder die Besprechungspunkte und -ziele, noch die Besprechungsergebnisse oder von bestimmten Mitarbeitern durchzuführende Maßnahmen oder Aktionen klar genug formuliert und festgelegt werden, was dann oft dazu führt, daß weiterhin Unklarheiten über wichtige Dinge besteht (s. a. Kapitel XI.3).

Bei der Durchführung großer und komplexer Projekte und Vorhaben, an denen viele Partner beteiligt sind, zum Beispiel internationale Projekte, kommt man mit den bisher üblichen Informationsträgern nicht mehr aus. Die seit einigen Jahren sich im Einsatz befindlichen Fernkopiereinrichtungen (Telefax) haben den bisher üblichen Informationsträgern eine neue Dimension hinzugefügt. So kann man zum Beispiel in einigen Minuten eine komplizierte Tabelle oder Zeichnung zwischen München und Los Angeles austauschen, ein Vorgang, der sonst einige Tage in Anspruch nehmen würde. Die Installation von speziellen Projekt-Kontrollräumen mit dementsprechenden graphischen Displays stellt eine weitere Bereicherung des Projekt-Informationssystems dar, da sie ein Maximum an Transparenz schaffen. Als letzte Komponente ist den hier genannten Informationsträgern die Telekonferenz hinzuzufügen, ein Verfahren, das die NASA zur Reduzierung von Reisekosten bei der Realisierung des Apollo-Programms einführte. Im Rahmen des Space Shuttle-Programms, an dem die Europäer mit dem Spacelab beteiligt waren, wurde dieses System auf Europa erweitert. So besteht zum Beispiel eine Telekonferenzverbindung zwischen der NASA in Huntsville, Alabama, dem ESA-Technologiezentrum ESTEC in Holland und dem industriellen Hauptauftragnehmer für das Spacelab-Projekt MBB/ERNO in Bremen (s. a. Kapitel XI. 4).

2. Berichterstattung im Projekt

Berichterstattung nach geordneten Richtlinien

Die Berichterstattung im Projekt kann als eines der wichtigsten Managementinstrumentarien angesehen werden. Die vom Projektleiter und seinem Team vorzunehmende Projektsteuerung ist auf ein gut funktionierendes Berichtswesen angewiesen, denn ohne genaue Kenntnis der Zusammenhänge ist keine Entscheidung möglich. Berichterstattung muß organisatorisch vor allem von unten nach oben, aber auch umgedreht und horizontal erfolgen. Darüberhinaus müssen die Berichte regelmäßig oder entsprechend eines Plans und in verständlicher Form beim Empfänger eintreffen. Eine zufällig ankommende und vom Empfänger nicht voll verstandene Information ist zeitlich nicht einzuordnen und unter Umständen völlig wertlos. Die Berichterstattung im Projekt muß deshalb nach geordneten Richtlinien ablaufen.
Die Berichterstattung läßt sich nach folgenden Gesichtspunkten gliedern:

- Berichtsfluß,
- Berichtsinhalte,
- Berichtshäufigkeit.

Anders ausgedrückt, es ist festzulegen, wer, wem, worüber, wann berichten muß. Der Berichtsfluß ist in jedem Fall mit der Organisationsstruktur und den definierten Zuständigkeiten in Übereinstimmung zu bringen. Am Beispiel der in Kapitel V besprochenen Organisationsstruktur eines Projektes (s. a. Abbildung V-3) ist der Berichtsfluß eindeutig festgelegt. Dabei ist jedoch zu beachten, daß Informationen nicht nur an die nächst höhere Stelle zu richten sind, sonder auch in horizontaler Richtung die Nachbarbereiche direkt erreichen sollten, um den lateralen Informationstausch zu beschleunigen.

Die Berichtsinhalte richten sich selbstverständlich nach den Aufgabengebieten der entsprechenden Stelleninhaber. Der Project Controller wird zum Beispiel über den Termin- und Kostenstatus berichten, während der Systemtechniker über den technischen Status berichten muß. Die Berichtsinhalte sollten so abgefaßt werden, daß die Aussagen in Verbindung zur Planung stehen, etwaige Abweichungen klar herausgestellt und daraus entstehende oder zu erwartende Probleme angesprochen werden.

Die Frage nach der Berichtshäufigkeit ist nicht allgemein zu beantworten, sondern hängt ganz entscheidend von folgenden Faktoren ab:

– Art des Projektes (FuE, Produktion, usw.),
– Vertragsbedingungen (bei extern finanzierten Projekten),
– Informationsart (Terminstatus, Action Item, usw.) und
– Informationsbedeutung (Fehlerbericht, Personalstand, usw.).

Es ist verständlich, daß ein komplexes Entwicklungsprojekt einen kürzeren Berichtszyklus voraussetzt als zum Beispiel ein weniger komplexes Produktionsvorhaben. Im ersten Fall ist der Projektleiter auf möglichst rasche Informationen angewiesen, um sehr schnell auf die im Entwicklungsbereich üblichen Änderungen reagieren zu können. Bei extern finanzierten Projekten, das sind Projekte mit einem externen Auftraggeber, ist die Projektleitung in der Regel dazu verpflichtet, das Auftraggebermanagement regelmäßig über den Projektstand zu informieren. Bei Forschungs- und Entwicklungsprojekten besteht oft die vertragliche Verpflichtung, in kurzen Intervallen, zum Beispiel vierzehntägig oder monatlich, über den technischen, terminlichen und finanziellen Projektstand zu berichten.

Informationen über den Finanzstatus eines Projektes sind in fast allen Unternehmen nur im monatlichen Zyklus abzurufen, da dies in den meisten Fällen der Rhythmus des Rechnungswesens ist. Die monatliche Basis ist eine eindeutige Voraussetzung für die Berichterstattung. Informationen über den Terminstatus werden in der Regel ebenfalls monatlich, manchmal jedoch auch vierzehntägig oder wöchentlich erfaßt und an die Projektleitung weitergegeben. In besonders kritischen Situationen, wie dies bei Forschungs- und Entwicklungsprojekten oft der Fall ist, kann es sogar notwendig werden, für einzelne Projektbereiche auf eine tägliche Berichterstattung zurückzugreifen. Ein Beispiel hierfür sind die Installations- und Vorbereitungstätigkeiten für den Start einer Satellitenträgerrakete oder terminkritische Arbeiten auf Baustellen. In diesem Zusammenhang ist jedoch auch zu erwähnen, daß die Berichtssequenz in anderen Situationen durchaus auf einen längeren z. B. vierteljährlichen Zyklus festgelegt werden kann.

In Ergänzung zur regelmäßigen Berichterstattung sind zwei zusätzliche Maßnahmen dringend zu empfehlen, die Verpflichtung der Projektmitarbeiter, in Ausnahmesituationen innerhalb von einem Tag einen Ausnahmebericht an die Projektleitung zu schicken, und die Abhaltung regelmäßiger Statusbesprechungen. Der Ausnahmebericht kann formlos sein, sollte aber als solcher gekennzeichnet werden und nur in Ausnahmesituationen benutzt werden. Regelmäßig durchgeführte Statusbesprechungen, vor allem dann, wenn sie in Verbindung mit schriftlichen Berichten durchgeführt werden, sind in Ergänzung zur schriftlichen Berichterstattung ein ausgezeichnetes Informationsinstrument (s. a. Kapitel XI.3).

Möglichst schnelle Informationsweitergabe

Die möglichst schnelle Informationsweitergabe ist für die Projektleitung von großer Bedeutung. Richtige Entscheidungen können nur auf der Basis von aktuellen Informationen getroffen werden, das heißt, der Projektleiter muß die jeweilige Situation und die möglichen Konsequenzen erst einmal richtig beurteilen können, bevor er die entsprechende Entscheidung trifft. Der Idealzustand wäre im Prinzip dann erreicht, wenn sämtliche Informationen ohne Zeitverzögerung erfaßt und weitergegeben werden könnten. Da dies jedoch technisch kaum möglich ist und aus finanziellen Überlegungen auch nicht vertreten werden kann, ist die Informationserfassung und -weitergabe in vorher festgelegten Berichtszyklen zu empfehlen. Zur Vermeidung von Mißverständnissen sei hier darauf hingewiesen, daß es heute zwar möglich ist, mit Hilfe vernetzter EDV-Anlagen Informationen sofort zu verarbeiten und weiterzugeben, andererseits das hier angesprochene Problem jedoch etwas anders gelagert ist. Projektinformationen stehen meistens nicht in voller Transparenz zur Verfügung, sondern müssen von den jeweils Verantwortlichen erst beurteilt und dann in eine aussagefähige Information umgewandelt werden. Dieser Vorgang ist aufwendig und führt deshalb zur Einführung fester, der jeweiligen Situation und Betriebsart angepaßter Berichtszyklen.

Integrierte Berichterstattungssysteme

»Die regelmäßige Berichterstattung von Statusinformationen an die Projektleitung ist zu einem festen Bestandteil im modernen Projektmanagement geworden.«[6] Für Projekte mit einer mehrstufigen Projektorganisation oder einem externen Auftraggeber, Unterauftragnehmern und Lieferanten ist regelmäßige Berichterstattung besonders wichtig, und deshalb sollten schon zum Projektbeginn der Berichtsfluß, die Berichtsinhalte sowie die Berichtshäufigkeit im Rahmen der Vertragsverhandlungen festgelegt werden. Außerdem muß bei mehrstufigen Projekten daran gedacht werden, daß detaillierte Informationen zu Top-Management-Informationen sinnvoll zusammengefaßt werden können.

1966 entwickelte die NASA ein Informationssystem, das unter der Bezeichnung *Project Management Information and Control System (MICS)* als Handbuch herausgegeben wurde.[7] In diesem Handbuch wurden die Ziele, Prozeduren und Formate des neu erschaffenen, integrierten Berichtssystems festgelegt. Das von der NASA erschaffene Verfahren MICS hat in den nachfolgenden Jahren für die Entwicklung der auch in Europa heiß diskutierten Management-Informationssysteme (MIS) Pate gestanden. Die im Rahmen von MICS eingeführte Berichterstattungsmethodik hat sich in der amerikanischen und europäischen Luft- und Raumfahrtindustrie langsam durchgesetzt. Der Unternehmensbereich Raumfahrt der US-Firma General Electric gab 1969 unter dem Titel *Program Appraisal and Review System (PAR)* eine firmeninterne Vorschrift zur Projektbeurteilung und -überprüfung heraus, in der wesentliche Elemente von MICS übernommen wurden.[8] 1975 wurde dieses Verfahren von der Firma Messerschmitt-Bölkow-Blohm GmbH (MBB), Unternehmensbereich Raumfahrt (heute DASA), übernommen und dort als regelmäßiges Berichtssystem installiert.[9]

Der Hauptvorteil eines integrierten Berichterstattungs- oder Informationssystems, zum Beispiel MICS oder PAR, liegt in der zielgerichteten Zusammenführung aller Projektparameter in ein einziges Berichtspaket. Der Projektleiter und sein Team, aber auch die Geschäftsleitung und gegebenenfalls der externe Auftraggeber bekommen ein Instrument in die Hand, das Aufschluß über sämtliche Projektbereiche gibt. Am Beispiel des PAR-Berichtspakets seien hier die typischen Berichtsinhalte beschrieben:

(1) *Titelblatt und Hauptprojektdaten (1 Seite)*
   - Projektbezeichnung
   - Auftraggeber (intern oder extern)
   - Auftragsnummer
   - Vertragsart (Festpreis, Kostenerstattung, usw.)
   - Auftragsdauer (Beginn und Ende)
   - Auftragsvolumen (Vertragswert)
   - Aufstockung (beantragt, genehmigt)
   - Terminstatus (planmäßig, Verzug)
   - Kostenhochrechnung (Endkosten)
   - Berichtsstatus (Datum)
   - Datum der Berichterstellung
   - Berichterstellung durch ...

(2) *Projektorganisation (1−2 Seiten)*
   Wiedergabe der zum Zeitpunkt gültigen Projektorganisation einschließlich der Nahtstellen zum Auftraggeber, Unterauftragnehmern und firmeninternen Abteilungen, ferner Informationen über das Schlüsselpersonal und deren Hauptaufgaben.

(3) *Konfigurationsbeschreibung des technischen Systems (2−3 Seiten)*
   Hier ist das eigentliche Produkt, zum Beispiel die Hardware, kurz zu beschreiben und durch Konfigurationsskizzen, Explosionszeichnungen oder Funktionsdiagramme darzustellen. In der Kurzbeschreibung müssen die Aufgabenstellung, technischen Anforderungen, Hauptdaten (zum Beispiel Abmessung, Leistung und Gewicht), Entwurfsalternativen und Projektrisiken wiedergegeben werden.

(4) *Wichtige Ereignisse (1 Seite)*
   In diesem Blatt sind die wichtigsten Ereignisse der letzten zwei und der zukünftigen drei Monate zusammenzufassen, zum Beispiel der Stand der wichtigsten Meilensteine, Arbeitsresultate, stattgefundene und geplante Arbeitsbesprechungen und durchgeführte Planungsmodifikationen.

(5) *Kritische Probleme (1−2 Seiten)*
   Hier sind gegenwärtige oder erwartete Probleme sowie deren Einflüsse auf Kosten, Termine und technische Leistung zu beschreiben. Die daraus resultierenden Aktionen, die entweder bereits eingeleitet wurden oder noch einzuleiten sind, sowie erwartete Entscheidungen durch die Geschäftsleitung sind ebenfalls aufzuführen.

(6) *Aktions-Übersicht (1 Seite)*An dieser Stelle sind Stellungnahmen, Ergebnisse und Erledigungsvermerke zu den in der Vergangenheit definierten Aktionen (Action Items) aufzuführen.

(7) *Projektstrukturplan (1 Seite)*
   Wiedergabe der oberen Ebenen des Projektstrukturplans (PSP).

(8) *Projekt-Ablaufplan (1−2 Seiten)*
   Hier ist der Haupt-Terminplan einzufügen, aus dem sowohl die geplanten wie auch die

tatsächlich erreichten Termine sowie eine Terminabweichungsanalyse zu ersehen sein müssen.

(9) *Projektkosten (1–2 Seiten)*

Auf diesen Seiten sind die bis zum Berichtszeitpunkt angefallenen Stunden und Kosten den geplanten Werten gegenüberzustellen. In Verbindung mit der Terminanalyse (8) sind ebenfalls die Ergebnisse der Endkostenrechnung *(Cost-to-Completion)* sowie eventuelle Vorschläge zu möglichen Einsparungen wiederzugeben.

(10) *Integrierte Termin-/Kostenanalyse (1 Seite)*

Auf der letzten Seite ist eine Leistungsanalyse, das heißt ein Vergleich zwischen der Termin- und Kostensituation, vorzunehmen.

Das hier beschriebene PAR-Berichtspaket hat einen Seitenumfang von ca. 10 bis 15 Seiten. In Abbildung XI-1 ist eine Graphik des PAR-Berichts der Firma General Electric wiedergegeben.[8]

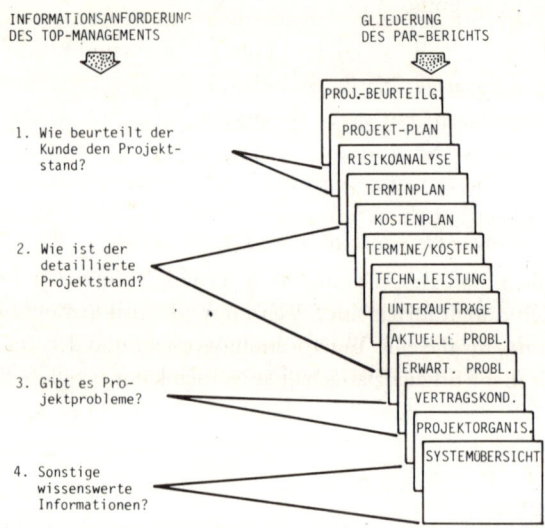

Abb. XI-1: PAR-Berichtspaket (General Electric)

Die regelmäßige Erstellung eines PAR-ähnlichen Berichtspaketes ist selbstverständlich mit einigem Aufwand verbunden, obwohl die meisten Unterlagen nur dann neu zu erstellen sind, wenn Änderungen vorliegen. Für Großprojekte ist die Einführung eines derartigen Informationssystems deshalb in jedem Fall zu empfehlen. Bei kleineren Projekten ist dagegen ein weniger umfangreiches Informationssystem ausreichend; das beschriebene PAR-System kann dabei als Richtlinie zum Entwurf eines einfacheren Systems dienen. In diesem Zusammenhang wird auf die regelmäßige Berichterstattung (Monthly Project Control Report) im Rahmen des ASTRA Projektmanagements verwiesen; s. XVI.4.

3. Projektbesprechungen

Schneller Informationsaustausch durch Projektbesprechungen

Regelmäßig und ad hoc angesetzte Arbeitsbesprechungen sind ein wichtiger Informationsträger für den Projektablauf. Die Hauptvorteile liegen im schnellen Informationsaustausch, der sofortigen Reaktionsmöglichkeit und dem persönlichen Kontakt aller Besprechungsteilnehmer. Erkennbare Probleme können sofort analysiert werden. Da der Zeitaufwand und der damit verbundene Kostenaufwand für Besprechungen oft sehr groß ist, sollte jede Arbeitsbesprechung gründlich vorbereitet werden. Dazu gehört vor allem die Vorlage einer Tagesordnung, die Festlegung des Teilnehmerkreises, Ernennung des Besprechungsleiters und die Abfassung eines Besprechungsprotokolls. Durch die sorgfältige Festlegung des Teilnehmerkreises lassen sich unnötige Teilnahmen und so auch unnötige Personal- und gegebenenfalls auch Reisekosten vermeiden.

Projektbesprechungen haben einen ganz unterschiedlichen Charakter. Während es bei Statusbesprechungen im Prinzip um die Bekanntgabe über den Stand der Dinge geht oder, anders ausgedrückt um das Feststellen von Fakten, sind Entwicklungs- und Konstruktionsbesprechungen dagegen sehr viel mehr innovativer Natur. Statusbesprechungen lassen sich deshalb auch wesentlich einfacher zeitlich begrenzen. Ein gutes Beispiel ist hierfür die in Abbildung XI-2 gezeigte Standardtagesordnung der NASA zur Überprüfung des Programmstatus aller Großvorhaben durch die NASA-Direktion.[7] Darin wird dem Apollo-Programm nur ganze fünf Minuten eingeräumt, um über den technischen, terminlichen und finanziellen Programmstatus zu berichten.

Es ist selbstverständlich, daß Besprechungen zur Lösung technischer Probleme nicht in einer vergleichbar kurzen Zeit durchführbar sind. Allerdings gilt auch hier der Grundsatz, daß eine gut vorbereitete Besprechung, für die eine Tagesordnung vorliegt und der Teilnehmerkreis sorgfältig ausgewählt wurde, mit mehr Effizienz abgehalten werden kann.

Statusbesprechungen

Statusbesprechungen stellen eine besondere Projektbesprechungsform dar. Wie bereits erwähnt, besteht das Hauptziel von Statusbesprechungen in der Erfassung des jeweiligen Projektstatus und die Weitergabe dieser Information an die Projektleitung. Das Projektmanagement wird über die erbrachte technische Leistung und die Termin- und Kostensituation im Vergleich zu den Plandaten informiert (s.a. IX.4). Die Bedeutung regelmäßiger Statusbesprechungen kann hier nicht stark genug unterstrichen werden. Aber gleichzeitig kommt es auch auf die Qualität der durchzuführenden Statusbesprechungen an. Viele derartige Besprechungen werden leider ohne die nötigen Voraussetzungen abgehalten. Es kommt immer wieder vor, daß keine oder nur mangelhaft detaillierte Projektpläne vorliegen und die Statusaussagen oftmals völlig unzulänglich sind. Die Frage nach dem Stand der Dinge wird nicht selten mit der immer wiederkehrenden Standard-Antwort »alles verläuft planmäßig« beantwortet. Bei genauer Betrachtung liegen dann meistens aber keine gültigen Pläne vor, und der Projektstand ist auch nicht im Detail bekannt (s.a. IX.4).

Es ist leicht einzusehen, daß der Projektleiter auf der Basis derartig unklarer Informationen keine echte Projektsteuerung durchführen kann. Die Informationen über den Projektstand müssen in jedem Fall eindeutig quantifiziert und transparent dargestellt werden. Statusbesprechungen sollten

VORMITTAG		NACHMITTAG	
	Minuten		Minuten
8:30 Eröffnung	5	12:55 Bemannte Flugexperimente	20
8:35 Forschungsverträge	20	Direktor (Eröffnung)	5
Programme	10	Experimente	10
Administration	10	Gemini-Apollo-Status	5
8:55 Programmüberprüfung	60	13:15 Mond-/Planetenforschung	80
Direktor (Eröffnung)	10	Direktor (Eröffnung)	10
FuE-Budget	10	Surveyer	10
Allgemeines Budget	10	Lunar Orbiter	20
Management Systeme	10	ALSEP	10
Anlagen	10	Voyager	10
Beschaffung	10	Mariner 67	10
9:55 Bioforschung	45	Mariner 69	10
Direktor (Eröffnung)	15	14:35 Anwendungsprojekte	75
Biosatellit	20	Direktor (Eröffnung)	15
Planetare Quarantäne	10	ATS-Projekt	10
10 40 Physik und Astronomie	90	Nachrichtensatelliten	5
Direktor (Eröffnung)	10	Tiros-Projekt	10
OSO-Projekt	15	Nimbus-Projekt	15
Apollo-Anwendung	5	Geodetik-Projekte	10
OAO-Projekt	5	Apollo-Anwendung	10
OGO-Projekt	15	15:50 Trägerraketen & Antriebe	60
IMP/RAE/ISIS/AE	10	Direktor (Eröffnung)	12
Explorers- u. Forschungsrakete	20	Scout-Rakete	12
Pionier-Projekt	10	Delta-Stufe	12
12:10 Mittagessen		Agena-Stufe	12
		Centaur-Stufe	12
		16:50 Ende	

Quelle: NASA NHB 2340.2

Abb. XI-2: Standardtagesordnung zur Überprüfung des Programmstatus aller NASA-Großvorhaben (NASA)

deshalb auf der Basis vorher vorliegender Statusberichte abgehalten werden (s.a. XI.2). Statusberichte stellen gewissermaßen die Grundlage für die Statusbesprechung dar. Vorzuschlagen ist ein in der Praxis erprobtes Verfahren, bei dem der Statusbericht einige Tage vor der stattzufindenden Statusbesprechung verteilt wird. Die im Statusbericht aufgezeigten Fakten, zum Beispiel der Terminstand im Vergleich zum ursprünglichen Terminplan und eventuell aufgetretene Terminprobleme, stellen eine vernünftige und vor allem stark versachlichte Besprechungsgrundlage dar.

Apollo-Projektüberprüfungen

Die NASA war sich beim Apollo-Programm von Anfang an darüber im klaren, daß eine effiziente Kommunikation zwischen dem Hauptquartier in Washington, der Programmleitung in Huntsville, Alabama, und den beteiligten Industriefirmen nur durch die Einrichtung von regelmäßig abzuhaltenden Projektüberprüfungs-Besprechungen zu realisieren war.[10] Diese Besprechungen dienten dem direkten Austausch von technischen und administrativen Informationen. Die Ergebnisse der regelmäßig durchgeführten Projektüberprüfungen, die mit einer ständigen Auswertung der Kosten-, Termin-Leistungsdaten einherging, stellten die Programmstärken und -schwächen klar ersichtlich heraus. Tägliche, wöchentliche und monatliche firmeninterne Besprechungen, an denen NASA-Mitarbeiter häufig teilnahmen, waren die Basis für Projektüberprüfungen in der Industrie. Die NASA führte im eigenen Haus regelmäßig folgende Projektüberprüfungen (reviews) durch[11]:

— tägliche Besprechungen des Apollo-Managements in den einzelnen Zentren,
— monatliche Programmüberprüfungen durch das Apollo-Programmbüro in Washington,
— monatliche Programm-Statusüberprüfung durch den Managementbeirat unter der Leitung des Direktors für bemannte Raumfahrt, Mr. George E. Mueller,
— monatliche Programmüberprüfungen durch den stellvertretenden Direktor der NASA und
— jährliche Programmüberprüfungen durch den Direktor der NASA.

Wernher von Braun schreibt hierzu: »Wir meinen, daß dieser Erfolg (Apollo) etwas mit unserer Überprüfungsprozedur zu tun hat – speziell mit der Einführung des Managementbeirates unter der Leitung von George E. Mueller.«[12]

Das Ergebnisprotokoll

Projektbesprechungen dienen keinem Selbstzweck, sondern haben eine ganz bestimmte Aufgabe zu erfüllen, eine Aufgabe, die im Zusammenhang mit der Tagesordnung klar und eindeutig definiert sein muß. Folglich sollten Projektbesprechungen dann auch nicht ohne ein Ergebnisprotokoll abgeschlossen werden. Gemeint ist jedoch nicht ein Wortprotokoll, sondern ein Protokoll, in dem die Besprechungsergebnisse und einzuleitenden Maßnahmen und Aktionen zusammengefaßt sind.

Es ist von großem Vorteil, wenn das Besprechungsprotokoll noch während der Besprechung erstellt und den Beteiligten sofort vorgelesen wird (ggf. handschriftlich), um Korrekturen an Ort und Stelle einzufügen und das Protokoll unmittelbar verabschieden zu können. Insbesondere bei Besprechungen mit anderen Unternehmen, Auftraggebern, usw. können so die Besprechungsergebnisse sogleich festgelegt und durch die Protokollunterzeichnung von den jeweiligen Besprechungsleitern eine gewisse Verbindlichkeit erlangen. Nun ist es natürlich keine Frage, daß man gelegentlich gerade dies vermeiden möchte, um sich bei schwerwiegenden Entscheidungen vorher noch intern abzustimmen. In solchen Fällen wird das Protokoll zwar keine festen Abmachungen zum Inhalt haben, sondern die verbindliche Zusage die betreffende Entscheidung innerhalb eines bestimmten Zeitraumes herbeizuführen.

Mag die Besprechungs-Protokollpflicht für viele Leser dieses Buches eine Selbstverständlichkeit sein, so ist in der Praxis doch immer wieder feststellbar, daß zeit- und kostenaufwendige Besprechungen abgehalten werden, ohne daß ein konkretes Ergebnis erreicht wurde. Zugegeben, gerade in Besprechungen, in denen sehr konträre Ansichten aufeinanderprallen, läßt sich auf den ersten Blick oft kein klares Ergebnis herauskristallisieren. Immerhin hat der Besprechungsleiter jedoch die Pflicht, die Besprechung so zu steuern, daß die Gegensätze klar formulierbar sind und Maßnahmen zur Problemlösung festgelegt werden. So läßt sich verallgemeinern, daß die Ergebnisprotokollierung in jedem Fall wichtig ist, auch dann, wenn Uneinigkeit besteht, denn durch das Protokoll werden eventuelle Probleme transparent gemacht und gleichzeitig dokumentiert. Projektarbeit ist fast immer sehr stark termin- und kostenlimitiert und deshalb von Besprechungsergebnissen stark abhängig. Schlechtgeleitete und nicht protokollierte Projektbesprechungen tragen oft zu erheblichen Projektproblemen bei.

4. Neuzeitliche Informationssysteme

Das Projektkontroll- und Informationszentrum

Bei der Abwicklung großer Projekte, wie zum Beispiel dem Mitlitärflugzeug TORNADO oder dem Raumlabor SPACELAB, hat sich die Einrichtung eines Kontroll- und Informationszentrums, in dem alle Projektinformationen zusammenlaufen, bewährt. Aber auch bei Vorhaben, die nicht die Dimension der oben genannten Projekte haben, ist die Einrichtung derartiger Zentren zu empfehlen. Es besteht ja auch die Möglichkeit, daß ein Unternehmen ein derartiges Kontroll- und Informationszentrum für mehrere Projekte gleichzeitig oder für das ganze Unternehmen einsetzt. Die Firma MBB/ERNO in Bremen (heute DASA) hat zum Beispiel im Rahmen der SPACE-LAB-Entwicklung ein derartiges Zentrum installiert, das aber schon lange auch für andere Projekte verwendet wird.

Die Grundidee eines derartigen Projektkontroll- und Informationszentrums ist sicherlich nicht neu und zum Beispiel in militärischen Kommandozentralen üblich. Wohl fast jeder Manager wird insgeheim schon einmal an die Einführung eines Informationssystems gedacht haben, wenn er in einem üblicherweise karg ausgestatteten Konferenzraum saß und ihm ganz bestimmte, für die Besprechung wichtige Informationen entweder nicht zur Verfügung standen, oder die ihm zur Verfügung stehenden Unterlagen nicht für jedermann sichtbar oder übersichtlich aufbereitet waren. Dieser sicherlich oft auftauchende Gedanke führt direkt zum Projektkontroll- und Informationszentrum. Die Wichtigkeit eines derartigen Zentrums steht in unmittelbarem Zusammenhang mit der Schnelligkeit, mit der Entscheidungen vom Management zu treffen sind. Bilstein schreibt hierzu: »Die als Programm- und Kontrollzentrum bekannte Informations-Spezialeinrichtung diente dem Projektmanagement für die Saturn V-Rakete der NASA, als Mittelpunkt für sämtliche Programmentscheidungen.«[13]

Die NASA hatte schon früh erkannt, wie wichtig es ist, die von allen Programmbereichen zusammenfließenden unterschiedlichen Informationen, zum Beispiel Kosten, Termine, technische Parameter, Organisationsgesichtspunkte, usw., zu einer Gesamtaussage zusammenzufassen. Das war wohl auch der Hauptgrund, derartige Kontroll- und Informationszentren bei der NASA einzurichten. In dem von Wernher von Braun freigegebenen Apollo Management-Handbuch für das Marshall Space Flight Center (MSFC) in Huntsville wird ausgeführt: »Das Apollo Programm-Kontrollzentrum vermittelte dem Management einen integrierten und ins Detail gehenden Einblick in die Kosten, Terminsituation, technische Leistung und den auf die Plandaten bezogenen Programmstatus.«[14] Der Mittelpunkt des Informations- und Kontrollzentrums ist der Kontrollraum. Die Grundrisse eines typischen NASA-Kontrollraums sind in Abbildung XI-3 wiedergegeben.[13] Dem Kontrollraum ist eine entsprechende Infrastruktur, bestehend aus Projektionseinrichtungen, Telefon-, Telex- und Telefaxeinrichtungen, Arbeitsräume, usw. zugeordnet. In diesem Zusammenhang sei erwähnt, daß selbstverständlich auch die EDV-Vernetzung eine bedeutende Rolle zur Datenaufbereitung spielt.

Bilstein führt die 1965 entwickelten hoch modernen NASA-Kontrollräume, die unter anderem auch mit TV- und Telekonferenzeinrichtungen ausgerüstet sind, auf die 1956 eingeleitete Entwick-

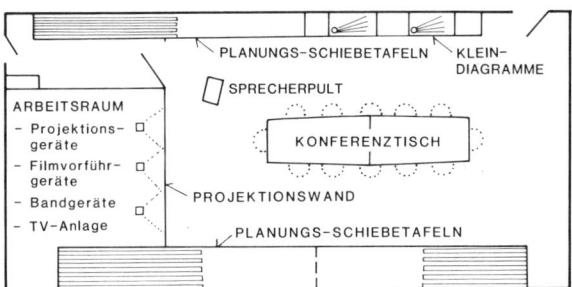

Abb. XI-3: Grundriß des NASA-Kontrollraums (NASA)

lung des Polaris-Managementzentrums zurück.[13] Anfang 1959, so Bilstein, entwickelte die Firma Boeing mehrere Kontrollräume, und 1965 erhielt sie von der NASA den Auftrag, eine fortschrittliche Management-Kontrollraum-Einrichtung für das NASA-Entwicklungszentrum MSCF in Huntsville zu entwickeln. Hieraus entstand dann das bereits zitierte Apollo Programm-Kontrollzentrum.

Überbrückung von Entfernungen

An der Realisierung großer Projekte, wie zum Beispiel die Entwicklung von Flugzeugen oder die Errichtung von Kraftwerken, usw., sind in den meisten Fällen viele Firmen gleichzeitig beschäftigt. Aber sicherlich ist dies nicht nur auf sehr große Projekte beschränkt. Tatsächlich werden ja auch kleinere Vorhaben, auch Studien, in immer stärkerem Maße von Firmenkooperationen abgewickelt. Aus diesem Grunde sind Dienstreisen heute mehr denn je an der Tagesordnung, und das bedeutet einen großen Zeit- und Kostenaufwand.

Am Apollo-Programm waren 12500 Firmen aus 47 US-Staaten und zeitweise über 400000 Menschen beschäftigt, und alle Aufgaben waren in höchstem Grade voneinander abhängig. Als Konsequenz resultierte hieraus eine Fülle von Dienstreisen. Eine ähnliche Situation haben wir in Europa zum Beispiel beim Bau des AIRBUSSES und der Raumstation.

Die NASA führte deshalb in den sechziger Jahren für das Apollo-Programm die Telekonferenz als wichtige Neuerung ein, die vor allem bei Statusbesprechungen und sonstigen Routinezusammenkünften sinnvoll einsetzbar war. Wetmore schreibt schon 1969: »Boeing hat 250 Menschen in einer einzigen Konferenz zusammengeführt, ohne daß sie ihren Bürokomplex in Seattle, Cape Kennedy, New Orleans, Houston, Huntsville und Washington D. C. verlassen mußten; Boeing realisierte dies durch eine von Huntsville gesteuerte Telekonferenz.«[15] Die seinerzeit bei der NASA und den Vertragsfirmen installierten Telekonferenz-Einrichtungen verfügten über fest installierte Deckenmikrophone, die eine einwandfreie und unkomplizierte Übertragung garantierten. Die ursprünglich installierten TV-Einrichtungen wurden wegen ihrer hohen Kosten – sie waren wegen der geforderten hohen Bandbreite fünfmal so hoch wie die Tonverbindung – jedoch nur wenig eingesetzt.

Es ist jedoch anzunehmen, daß aufgrund besserer und billigerer Übertragungstechniken (Satelliten und Glasfaser) zukünftig auch Videokonferenzen eine große Rolle spielen werden. Anläßlich der Internationalen Funkausstellung 1983 in Berlin, führte die Deutsche Bundespost der Öffentlichkeit die Möglichkeiten eines Videokonferenz-Dienstes vor. Hierzu die Deutsche Bundespost: »Die Deutsche Bundespost sieht Videokonferenzen als die geschäftliche Anwendungsform des allgemeinen Bildfernsprechens an und beabsichtigt hierzu ein öffentliches, vermitteltes, digitales Netz zu errichten«[16]. Inzwischen sind Videokonferenzen ein fester Bestandteil des Dienstleistungsangebots der Deutschen Bundespost.[17] Lass faßt dann auch treffend zusammen: »Videokonferenz ist Kommunikation mit Weitblick.«[18]

Die Kosten für die Videokonferenz-Anlagen und die Übertragungswege sind allerdings immer noch hoch, wodurch eine allzu schnelle Verbreitung von Videokonferenzen verhindert wird.[19] Trotzdem erfreuen sich Videokonferenzen wachsender Beliebtheit vor allem im Bereich der Luft- und Raumfahrtindustrie. Der größte Vorteil von Videokonferenzen ist für die Firma Boing die zeitliche und somit auch die finanzielle Ersparnis der Reisezeiten ihrer Ingenieure.[19] Firmen wie Satellite Network Systems (SNS), St. Paul, Minnesota, bieten heute weltweit Videokonferenzanlagen (Business Television) an. Hierzu SNS: »The concept of business television is the use of live, interactive video communications as a management tool«.

An dieser Stelle wird darauf hingewiesen, daß das Prinzip der Telekonferenz auf der Basis einfacher Telefonanlagen, die miteinander verbunden sind, in den USA weit verbreitet ist. Die sich an verschiedenen Standorten befindenden Gesprächspartner sind zur gleichen Zeit telefonisch miteinander verbunden.

Das Konferenztheater

Die sich als zweckmäßig herausgestellte Telekonferenz-Prozedur sieht vor, daß die Gesprächsteilnehmer sich ihre Berichte oder Präsentationsunterlagen einige Tage vorher zuschicken und Tageslichtfolien hiervon in beiden Konferenzräumen simultan auf Tageslichtprojektoren projizieren. Die bei der NASA installierten Kontrollräume haben an einem Ende des Raumes drei Projektionstafeln (s.a. Abbildung XI-3), auf die die jeweiligen Graphiken durch in einem Nebenraum installierte Projektoren gezeigt werden können. In den USA spricht man in diesem Zusammenhang von einem Konferenztheater. Der Vorteil von zwei oder drei simultan eingeschalteten Tageslichtprojektoren besteht darin, daß man zwei oder drei sich gegenseitig beeinflussende Faktoren, zum Beispiel technische, terminliche oder finanzielle Parameter, gleichzeitig zeigen kann und die Zusammenhänge so besser versteht.

Die Abhaltung einer Telekonferenz setzt selbstverständlich eine erhöhte Disziplin voraus. Wetmore führt hierzu aus, daß Teilnehmer, die eine Frage stellen oder einen Kommentar abgeben, sich vorher durch Namens- und Ortsangabe identifizieren müssen.[15] Er fügt hinzu, daß die vorbereiteten Graphiken bereits zu einer bestimmten Disziplin zwingen.

Als eine unmittelbare Ergänzung zur Telekonferenz muß das heute auch in der Bundesrepublik bereits weit verbreitete Fernkopieren (Telefax) gesehen werden. Im Zusammenhang mit einer Telekonferenz können dadurch schnell Ergänzungsfolien zugeschickt werden und diese in beiden Besprechungsräumen simultan projiziert und dann besprochen werden.

Sicherlich wird die soeben geschilderte Prozedur zur Telekonferenz in Europa vielfach wohl noch als Zukunftsmusik und als nur in Verbindung mit Großprojekten anwendbar verstanden. Andererseits stehen uns selbstverständlich die technologischen Möglichkeiten zur Telekonferenz zur Verfügung; dies beweist das bereits zitierte SPACELAB-Projekt der Firma MBB/ERNO, und

Zeit und Kosten sparen müssen wir alle. In vielen Fällen wäre es sicherlich eine Investitionsrechnung wert, um festzustellen, in welch kurzer Zeit sich die Anschaffungskosten amortisiert hätten. Abschließend sei nochmals darauf hingewiesen, daß die Einrichtung von Telekonferenzanlagen ihren Hauptsinn in der Abhaltung von Routinebesprechungen hat und selbstverständlich nicht ausschließt, daß man sich wie bisher üblich zu Projektbesprechungen an verschiedenen Orten trifft. Gerade bei mehrtägigen, stark innovativen Projektbesprechungen, zum Beispiel wenn sich mehrere Ingenieure zur Diskussion einer neuen Entwicklung treffen, ist es sicherlich weniger sinnvoll, die Telekonferenz-Methode einzusetzen.

Quellen zu Kapitel XI

1 Martin, Charles C.: Project Management – How to make it work, AMACOM, 1976, S. 49.
2 Servan-Schreiber, J.-J.: Die amerikanische Herausforderung, Hoffmann und Campe Verlag, Hamburg, 1968, S. 107.
3 Arbeitsberichte des Ausschusses für soziale Betriebsgestaltung bei der Bundesvereinigung der Deutschen Arbeitgeberverbände – Information für die Betriebsleitung Nr. 6, Oktober 1979, S. 2.
4 Wahl, Manfred P.: Grundlagen eines Management-Informationssystems, Luchterhand Verlag, 1969, S. 123.
5 Madauss, Bernd-J.: Planung und Überwachung von Forschungs- und Entwicklungsprojekten, AIB Fachliteratur, Gerberstr. 3b, Bad Aibling, 1978/81, S. VI-3/VI-4.
6 Vgl. Quelle 5, S. VI-11.
7 NASA: OSSA/OART Project Management Information and Control System (MICS), NASA Handbook 2340.2, 1966.
8 General Electric, Space Division, Program Appraisal and Review System (PAR), August 20, 1969.
9 MBB: Programm Appraisal and Review, RW 1–75/6, 1975.
10 NASA: NASA-Apollo Program Management, Vol. I, Dezember 1967, S. 4–29.
11 Vgl. Quelle 10, S. 4–31.
12 Committee on Science and Astronautics: Apollo Program Management Staff Study for the Subcommittee on NASA Oversight of the Committee on Science and Astronautics, VS House of Representatives, Ninety-First Congress, First Session, Serial C, Juli 1969, S. 10.
13 Bilstein, Roger E.: The Saturn Management Concept, NASA-Bericht CR-129029, Juni 1974, S. 37.
14 NASA: NASA-Apollo Program Management, Vol. III, Dezember 1967, S. 4–15.
15 Wetmore, Warren C.: Boeing Network Cuts Apollo Work Costs, Aviation Week and Space Technology, 10. Februar 1969, S. 43.
16 Deutsche Bundespost: Videokonferenz – Eine neue Form der geschäftlichen Kommunikation, Landespostdirektion Berlin, Juli 1983.
17 Deutsche Bundespost: Videokonferenz – Zentraler Reservierungsplatz (ZRP) für Videokonferenzen, Fernmeldeamt 1, FeV/ZRP, Venloer Str. 156, Köln, Tel. 0130/0180.
18 Lass, Günther Winfried: Videokonferenzen kontra Jet und Untercity, Info-Dienst Neue Medien, Dezember 1988, S. 54ff.
19 Nordwall, Bruce D.: Aerospace Companies Capitalize On Benifits of Videoconferencing, Aviation Week & Space Technology, January 1, 1990, S. 53.

Kapitel XII:
Dokumentations- und
Konfigurationsmanagement im Projekt

Die Durchführung von Projekten ist immer mit der Erstellung einer mehr oder weniger umfangreichen Projektdokumentation, bestehend aus Spezifikation, Plänen, Prozeduren, Zeichnungen,
usw. verbunden. Man kann sagen, die Anfangsphasen eines Projektes, in der noch keine oder nur
in begrenztem Umfang Hardwarearbeiten durchgeführt werden, sind im wesentlichen darauf
ausgerichtet, Dokumente zu produzieren. Oder anders ausgedrückt, sind bei technologischen
Vorhaben die späteren Phasen zum Beispiel stark hardwareorientiert, so sind die Endprodukte der
Frühphasen meist dokumentationsorientiert. Allein die Tatsache, daß die Mitarbeiter großer
Vorhaben oftmals gleich mehrere Jahre nur damit verbringen müssen, das zukünftige Projekt zu
Papier zu bringen, unterstreicht bereits die Bedeutung des Dokumentations- und Konfigurationsmanagements. So kann es dann passieren, daß ein großes Ingenieurteam mehrere Jahre
intensiv an der Vorbereitung eines neuen Projektes arbeitet, die Ergebnisse mangels guter Doku-
mentierung am Ende jedoch nicht als präziser Vorschlag, sondern in diffuser Form und ohne daß
man ein klares Konzept erkennen kann, vorliegen. Die Fälle äußerst mangelhafter Dokumentie-
rung sind leider nicht selten. Ein internationales Unternehmen, das mit der Durchführung einer
von der öffentlichen Hand finanzierten Großanlage in Milliardenhöhe betraut war, bestätigte dies
in einem Schreiben vom Mai 1982 so: »... Wir können an dieser Stelle jedoch nur nochmals darauf
hinweisen, daß... beim (... .-Projekt) keine *Übersichtsliste* für die Projektdokumentation...
existiert.«[1]

Erfahrene Projektleute wissen um die Zusammenhänge zwischen einem guten Dokumenta-
tions- und Konfigurationsmanagement und den Kosten eines Projektes. Schon bei der Grundsteinlegung eines neuen Vorhabens geht man ja von ganz bestimmten Voraussetzungen (Zielsetzungen)
aus, aufgrund derer dann erste grobe Kostenschätzungen vorgenommen werden (s.a. Abb. IV-9).
Diese Ausgangsbasis ist bereits genauestens zu dokumentieren, um Änderungen der Basis und ihre
finanziellen Auswirkungen festzuhalten. Genau an diesem Punkt setzt das Dokumentations- und
Konfigurationsmanagement, das anfangs unter Umständen vom Projektleiter persönlich wahrgenommen wird, ein. Durch das Dokumentationsmanagement wird außerdem sichergestellt, daß
die sich im Umlauf befindenden Dokumente und ihr Ausgabestatus sowie der Verteilerschlüssel
erfaßt und kontrolliert werden. Das heißt, über eine Dokumentations-Übersichtsliste kann man
sich zu jedem Zeitpunkt einen Überblick über alle zum Projekt gehörenden und offiziell herausgegebenen Dokumente, die Änderungen dazu und wer sie erhalten hat, beschaffen.

Bei dem mit dem Dokumentationsmanagement eng verknüpften Konfigurationsmanagement
geht es um die kontinuierliche Erfassung der mit den Projektkosten aufs engste verbundenen
Baukonfiguration des jeweiligen Produktes. So manch ein Besteller wünscht sich anfangs ein
einfaches Produkt, mit dem er ganz bestimmte Kostenvorstellungen verbindet. Die Olympischen
Spiele 1972 in München, die ursprünglich unter dem Motto *einfache Spiele* standen und mit ca. 500
Millionen DM veranschlagt waren, letztlich aber annähernd zwei Milliarden DM kosteten, sind
hierfür sicherlich ein anschauliches Beispiel, denn der Besteller hält sich oft nicht an seine ursprünglichen Absichten, und aus den einfachen Spielen werden dann weniger einfache und konsequenterweise auch *teure Spiele*.[2] Dieser Vorgang ist bei technischen Produkten ganz ähnlich. Es ist
deshalb Aufgabe des Konfigurationsmanagements, Änderungen der Basiskonfiguration in Zusammenarbeit mit den jeweiligen Projektspezialisten auf ihre Notwendigkeit und die terminlichen
und finanziellen Auswirkungen hin genauestens zu analysieren, um der schleichenden Inflation

von oft sehr teuren aber nicht immer notwendigen technischen Extras rechtzeitig und effizient entgegenzuwirken.

1. Dokumentationsmanagement

Bedeutung des Dokumentationsmanagements

Es ist wichtig, daß sämtliche Dokumente, der Dokumentationsstatus und die Verteilung von Dokumenten systematisch und regelmäßig erfaßt werden. Damit wird sichergestellt, daß alle Projektpartner rechtzeitig mit den jeweils benötigten und auf dem neuesten Stand gehaltenen Dokumenten versorgt werden und die geplanten Projektarbeiten auf der Basis adäquater Dokumentationsunterlagen durchgeführt werden können.

Die Hauptaufgaben der Dokumentationskontrolle für die Planung, Implementation und Überwachung der administrativen und technischen Projekttätigkeiten lassen sich folgendermaßen zusammenfassen:

- Identifikation der Dokumentationsart,
- Festlegung von Dokumentationsanforderungen,
- Dokumentations-Nummernsystem,
- Dokumentationsfreigabe und -verteilung,
- Überwachung des Dokumentationsstatus (Änderungsdienst)
- Archivieren.

Durch die Wahrnehmung dieser Tätigkeiten wird sichergestellt, daß die richtigen Dokumente zum richtigen Zeitpunkt an die richtigen Empfänger geleitet werden. Die Bedeutung dieser Aussage kann man sich an einem Beispiel leicht klarmachen. Für die Errichtung einer großen Industrieanlage sind oft mehrere tausend Einzeldokumente zu erstellen, freizugeben und zu verteilen. Viele dieser Dokumente müssen jedoch während des Projektablaufs mehrfach geändert werden, und das bedeutet, daß die sich im Umlauf befindenden Dokumente durch neue ersetzt oder mit Austauschblättern versehen werden müssen; denn was passiert, wenn an verschiedenen Stellen mit unterschiedlichen Ausgaben gearbeitet wird, kann man sich ja leicht vorstellen: es paßt buchstäblich nichts mehr zusammen.

Identifikation der Dokumentenart

Schon in den frühen Projektphasen muß man sich darüber Klarheit verschaffen, welche Dokumente für die Projektabwicklung erforderlich sind und welche Bedeutung diese Dokumente für das Projekt haben. Ferner ist festzulegen, wer für die Erstellung der jeweiligen Dokumente zuständig ist und wie das Freigabeverfahren funktionieren soll. Die gründliche Planung dieser Vorgänge verhindert, daß wichtige Maßnahmen dem Zufall überlassen bleiben.

Eine erste wichtige Maßnahme zur Identifikation und Klassifikation der Projektdokumente ist die Festlegung der verschiedenen Dokumentenarten. Damit wird eine grundsätzliche Übersicht über die Verschiedenartigkeit der Projektdokumente geschaffen. Hierzu eine Liste typischer Dokumentenarten[3]:

- Anforderungen,
- Vorschriften,
- Spezifikationen,
- Pläne,
- Prozeduren,
- Berichte,
- Abnahmedokumente,
- Handbücher,
- Vertragsunterlagen,
- Zeichnungen.

Diese Dokumentenarten lassen sich weiter nach ihrem speziellen Verwendungszweck untergliedern, was an den nachfolgenden Beispielen demonstriert wird:

(1) Spezifikationen (s. a. Kapitel VII.2):
    - Systemspezifikation,
    - Entwurfsspezifikation,
    - Fertigungsspezifikation,
    - Test- und Abnahmespezifikation,
    - Nahtstellenspezifikation,
    - usw.
(2) Pläne (s. a. Kapitel VI.1):
    - Projektplan,
    - Managementplan,
    - Kontrollplan (Konfiguration, Zeit, Kosten, usw.),
    - Finanzplan,
    - Entwicklungsplan,
    - Testplan,
    - Anlagenplan,
    - usw.

In der Praxis hat sich die Darstellung der Dokumentenarten in graphischer Form bewährt, da den Projektmitarbeitern dadurch ein besserer Überblick gegeben wird (s. a. Abbildung XII-1).

Festlegung von Dokumentationsanforderungen

Die Identifikation der Dokumentationsarten ist nur der erste Schritt zur Festlegung der notwendigen Projektdokumentation. Sie stellt eine Grobgliederung dar und dient als Orientierungshilfe. Die Festlegung der Dokumentationsanforderungen baut auf die Artenbestimmung auf und ist in enger Zusammenarbeit mit dem Entwicklungsmanagement vorzunehmen. Für jedes im Projektstrukturplan (PSP) definierte Projektelement ist die erforderliche Projektdokumentation zu bestimmen (s. a. Kapitel IX.3). Anders ausgedrückt, in Zusammenarbeit mit dem jeweiligen Verantwortlichen für ein PSP-Element oder ein Arbeitspaket ist festzulegen, welche Spezifikationen, Pläne, Zeichnungen, usw. für seine Arbeit erforderlich sind.

Für die Erstellung von Dokumentationsanforderungen entwickelte die Firma General Electric im Auftrag der NASA ein besonders wirkungsvolles Verfahren, das unter dem Begriff »Data

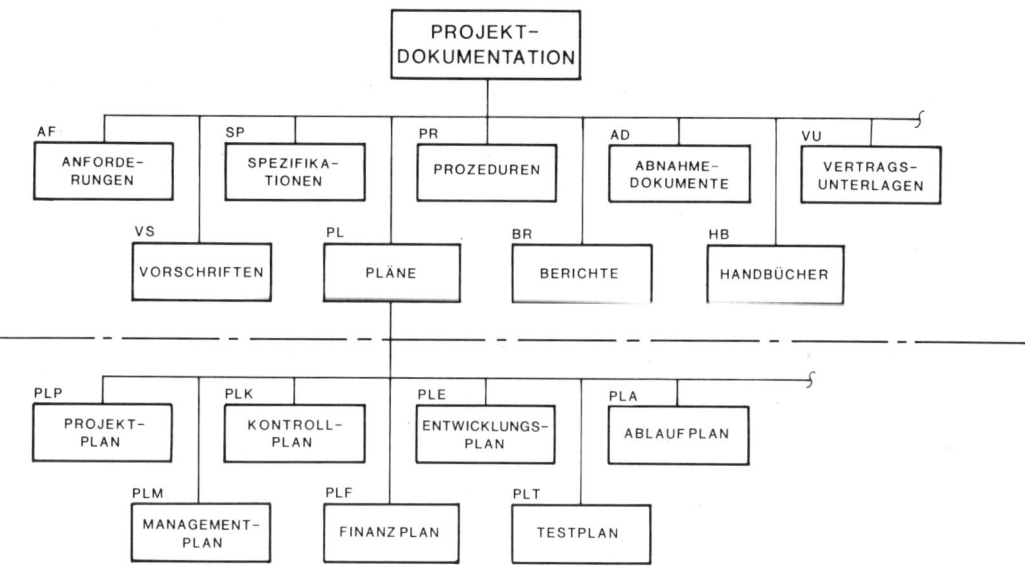

Abb. XII-1: Beispiel eines Dokumentationsbaums

Requirements« bekannt wurde. Data Requirements, warum und wozu? Wie eingangs bereits erwähnt, ist die Durchführung von Projekten stets mit der Schaffung einer ausführlichen Projektdokumentation verbunden. Spezifikationen, Pläne, Prozeduren, Zeichnungen, usw. sind eine wichtige Voraussetzung für den erfolgreichen Abschluß eines Projektvorhabens. Für Forschungs- und Entwicklungsprojekte trifft dies in ganz besonderem Maße zu. Sind an dem Projekt außerdem mehrere Abteilungen oder Firmen beteiligt, so ist die Präzisierung der Dokumentationsanforderungen (Data Requirements) von besonderer Bedeutung.

Ein praktisches Instrument zur Dokumentationserfassung ist die Dokumentations-Anforderungsliste, die in der englischsprachigen Literatur als *Data Requirements List (DRL)* bekannt wurde. Die Dokumentations-Anforderungsliste sollte folgende Informationen enthalten:

- Dokumentationsbezeichnung (Titel),
- Dokumentationsnummer,
- Ersteller des Dokuments (Firma/Abteilung),
- geplante Ausgabedatum (ggf. Meilenstein),
- geplanter Verteiler.

Die Dokumentations-Anforderungsliste, die nicht mit der später zu erstellenden Dokumentationsüberwachungsliste zu verwechseln ist, stellt ein wichtiges Projekt-Planungsinstrument dar und hat die gleiche Bedeutung wie die Hardware-Lieferliste eines Projektes. Bei Studien und Entwicklungsprojekten ohne Herstellung von Hardware-Bauteilen stellt sie eine wichtige Übersichtsliste der Endprodukte des Vorhabens dar. Anders ausgedrückt, das Endprodukt einer Studie, das letztlich nur aus Dokumenten besteht, läßt sich anhand der Dokumentations-Anforderungsliste hervorragend beschreiben. In vielen Fällen wird die Dokumentations-Anforderungsliste ganz oder zum Teil Bestandteil des Vertrages (s. a. XIII.2).

In Ergänzung zu der Dokumentations-Anforderungsliste ist die Dokumentations-Anforderungsbeschreibung zu sehen, die in der englischsprachigen Literatur unter der Bezeichnung *Data Requirements Description (DRD)* oder Data Requirements Specification bekannt wurde. Die Erstellung von Dokumentations-Anforderungsbeschreibungen ist für die Projektleitung von außerordentlicher Bedeutung. Durch sie wird sichergestellt, daß der Dokumentationsinhalt dem entspricht, worauf es der Projektleitung ankommt. Die Wichtigkeit dieses Instrumentes sollte nicht unterschätzt werden. Durch eine Dokumentationsanforderung, zum Beispiel die Erstellung eines Project Control Plans, jedoch ohne klare und eindeutige Angabe des Inhaltes, wäre die Projektleitung vor Überraschungen nicht sicher. Der Plan könnte Informationen enthalten, die nicht ausreichend sind (zu wenig), den eigentlichen Sachverhalt nicht treffen (am Problem vorbeigehen), die aktuelle Situation nicht ansprechen (zu allgemein gehalten sind) oder zu umfangreich sein (zu viele Details enthalten). Eine bessere Methode ist die genaue Planung der zu erstellenden Dokumente, indem eine detaillierte Dokumentations-Anforderungsbeschreibung erstellt wird. Der Leser sollte in diesem Zusammenhang bedenken, daß die Erstellung von detaillierten Plänen, Spezifikationen, usw. für große und komplexe Projekte oftmals mehrere Monate in Anspruch nimmt und mehrere Personen gleichzeitig beschäftigt. Die Entwicklungsphase ist, wie bereits erwähnt, oftmals ausschließlich auf die Erstellung von Dokumenten ausgerichtet. Eine genaue Planung der Dokumente, das heißt, die Erstellung von Anforderungsbeschreibungen, lohnt sich deshalb. Um bei dem gewählten Beispiel des Project Control Plans zu bleiben, müßte die Projektleitung für den Kontrollplan mindestens folgende Vorgaben erstellen:

(1) *Zweck des Dokuments:* Bereitstellung von Prozeduren, Techniken, Richtlinien und Beispielen für die Planung, Überwachung und Beurteilung des Projekts.

(2) *Verantwortliche Organisation:* Project Control Management.

(3) *Bezugnahme zu anderen Plänen:* Projektplan, Managementplan, Projektstrukturplan, Haupttermin- und Ablaufplan und Finanzplan.

(4) *Referenzen:* Planungshandbuch der Firma, Organisationsanweisung der Firma, usw.

(5) *Erstellungsinstruktionen:*

    (a) Einleitung
    Kurzzusammenfassung der Arbeitsweise des Plans und wie die Projektanforderungen zur Projektplanung und -überwachung erfüllt werden.

    (b) Planungs-Anforderungen
    Interpretation der gestellten Anforderungen.

    (c) Vorgeschlagene Planungs-Strategie
    Hier ist die Planungs-Strategie detailliert und umfassend zu beschreiben, zum Beispiel die einzelnen Funktionen zur Früherkennung von Problemen, Trendanalysen und wie Korrekturmaßnahmen eingeleitet werden.

    (d) Planungs-Aufgaben
    Beschreibung der einzelnen Aufgaben und ihre Zusammenfassung zu einer integrierten Aussage:
    – Planungs-Zentrum,
    – Terminüberwachung,
    – Kostenüberwachung,
    – Integrierte Leistungsmessung,
    – Kontrolle der Unterauftragnehmer.

    (e) Berichterstattung:
    – Berichtsinhalte,

  – Wöchentlicher und monatlicher Statusbericht,
  – Vierteljahresberichte,
  – Andere Berichte.

In den USA, aber zum Teil auch schon in Europa hat sich die Methode der Dokumentations-Anforderungsbeschreibung insbesondere bei der Abwicklung von Forschungs- und Entwicklungsprojekten als nützlich erwiesen und inzwischen auch durchgesetzt.

Der modulare Aufbau sowohl der Dokumentations-Anforderungsliste, als auch der Anforderungsbeschreibung erleichtert die Einführung von Änderungen ganz erheblich. Mit der Einführung dieses Systems tritt jedoch noch ein anderer positiv zu bewertender Effekt ein. Bereits bestehende Anforderungsbeschreibungen lassen sich nämlich leicht für ein neues Projekt wiederverwenden. Oft sind nur geringfügige Änderungen erforderlich. Die NASA hat aus diesem Grunde schon frühzeitig entsprechende Standards entwickelt. 1970 standen der NASA bereits ca. 1800 Standard DRD's zur Verfügung. Im gleichen Jahr wurde von der NASA ein DRD-Handbuch veröffentlicht, in dem 274 standardisierte Dokumentations-Anforderungsbeschreibungen (DRD's) angeboten werden.[4] Die NASA bezifferte die Erstellung einer neuen DRD zu dem Zeitpunkt mit durchschnittlich mehr als 500 US-Dollar und schlug vor, durch Anwendung von Standard-DRD's Kosten zu sparen.

Dokumentations-Nummernsystem

Eine effiziente Dokumentationskontrolle setzt ein wirkungsvolles Dokumentations-Nummernsystem voraus, was man sich bei einem Dokumentationsumfang von mehreren tausend Unterlagen für ein Großprojekt leicht vorstellen kann. Die in der Praxis oft gemachten Fehler gehen in zwei entgegengesetzte Richtungen. Die einen wenden ein extrem einfaches, nur aus einer Zählnummer bestehendes System an, das allerhöchstens zur Archivierung geeignet ist, und die anderen erfinden einen universellen Superkode, der für die Praxis zu kompliziert ist. Beide Fehler sollten jedoch unbedingt vermieden werden.

Das Dokumentations-Nummernsystem sollte grundsätzlich drei Bedingungen erfüllen:

– Schaffung eines Ordnungssystems,
– einmalige Identifikation eines Dokuments und
– Identifikation des Dokumentationsstatus.

Die Schaffung eines Ordnungssystems ist für die Festlegung von Suchkriterien der Projektdokumente besonders wichtig. Will man sich zum Beispiel einen Überblick über die vorhandenen Spezifikationen schaffen oder wissen, wieviel Pläne der Auftraggeber erstellt hat, so läßt sich diese Übersicht anhand von Sortierkriterien und mit Hilfe eines Sortierprogramms leicht feststellen. Die in der Praxis am häufigsten verwendeten Sortierkriterien lassen sich wie folgt zusammenfassen:

– Dokumentenart (s.a. Abbildung XII-1)
– Dokumentationsersteller, z.B. Firma oder Autor, Abteilung,
– PSP-Zuordnung (s.a. Abbildung IX,9).

Der in Abbildung XII-2 an einem Beispiel gezeigte neunstellige Kode für das Ordnungssystem läßt sich noch wesentlich verkürzen, wenn kürzere Einzelkodes verwendet werden. In der Praxis reichen folgende Kodelängen meistens aus: Dokumentenart = 2 bis 3 Zeichen; Firmenkode = 1 bis

2 Zeichen; PSP = 3 bis 4 Zeichen; Gesamtlänge = 6 bis 9 Zeichen. Die Abkürzungen für die Dokumentenart sind für jedes Projekt meistens neu festzulegen. Falls zutreffende Normen bestehen, zum Beispiel DIN oder hausinterne Festlegungen, so sollten sie natürlich Verwendung finden. Bei Großprojekten empfiehlt es sich, die beteiligten Firmen mit einem Kode oder Kurzzeichen zu versehen, das dann auch für die Kennzeichnung des Dokumentationserstellers verwendet werden kann. Die PSP-Zuordnung setzt nicht voraus, daß die volle Länge des PSP in die Dokumentationsnummer übernommen wird, vielmehr sollte sich die PSP-Zuordnung nur auf die unbedingt notwendigen Ebenen des PSP beziehen. Meistens reichen drei bis vier PSP-Ebenen für die Zuordnung aus.

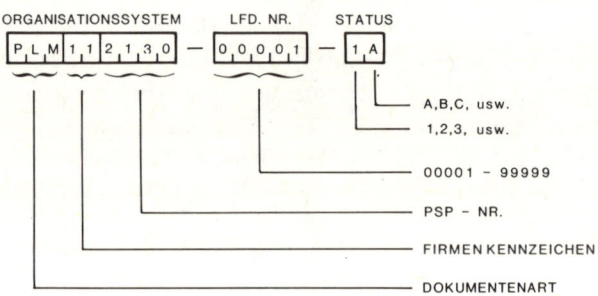

Abb. XII-2: Dokumentationsschlüssel (Beispiel)

Die einmalige Identifikation eines Dokuments durch eine fortlaufende Numerierung (s. a. Abbildung XII-2) ist in der Praxis sehr wichtig. Einmal wird dadurch sichergestellt, daß mehrfach erscheinende Dokumente mit dem gleichen Ordnungssystem, zum Beispiel monatlich erscheinende Statusberichte, klar und eindeutig voneinander zu unterscheiden sind. Außerdem lassen sich die durch Schreibfehler im Ordnungssystem entstehenden Verwechslungen durch die Kontrolle über die laufende Nummer, die in einem Logbuch, einschließlich der Kennzeichnungen des Ordnungssystems, festgehalten ist, leicht aufklären. Ein weiterer Vorzug der laufenden Numerierung ergibt sich aus dem Vorteil, daß man bei Zitaten nicht die gesamte Dokumentationsnummer angeben muß, sondern nur die laufende Nummer. Der Leser kann die gesamte Dokumentationsnummer dann aus einer entsprechend sortierten Dokumentationsliste entnehmen.

Am Ende des Dokumentations-Nummernsystems ist der jeweilige Dokumentenstatus anzuzeigen. In der Regel handelt es sich um einen zweistelligen Kode (s. a. Abbildung XII-2). Die erste Stelle gibt Aufschluß über die Ausgabe, zum Beispiel Ausgabe 1, 2, 3, usw., und die zweite Stelle bezeichnet den Änderungsstand innerhalb einer Ausgabe, zum Beispiel A, B, C, usw. Im Falle einer Neuausgabe, zum Beispiel Ausgabe 2, wird Ausgabe 1 ungültig. Änderungen der Neuausgabe (Ausgabe 2) werden dann erneut durch den Änderungsindex, beginnend mit A, bezeichnet.

Anschließend sei noch darauf hingewiesen, daß das Dokumentations-Nummernsystem eines Projektes nicht die in vielen Firmen vorhandenen Nummernsysteme (zum Beispiel das Zeichnungsnummernsystem) oder andere Normungen völlig außer acht lassen sollte. Es ist vielmehr eine Anpassung oder Fusion der Nummernsysteme Projekt/Firma erforderlich. Bei Gemeinschaftsprojekten läßt es sich aufgrund der verschiedenen firmeninternen Nummernsysteme oft nicht vermeiden, daß Proktdokumente einerseits eine einheitliche projektspezifische Dokumentationsnummer erhalten, und gleichzeitig, gewissermaßen als Übersetzung, die firmeninterne Dokumentationsnummer.

Dokumentationsfreigabe und -verteilung

Jedes offizielle und in der Dokumentationsliste geführte Dokument muß durch die Projektleitung vor seiner Verteilung freigegeben werden. Die Bedeutung der einzelnen Dokumente ist im Dokumentationsbaum ihrer Hierarchie entsprechend festzulegen. Der Freigabemodus wird der Dokumentationshierarchie in den meisten Fällen angepaßt, das heißt, es wird eine Regelung getroffen, nach der festgelegt wird, welche Dokumentengruppe durch die Projektleitung und welche Dokumente durch nachgeschaltete Organisationseinheiten freigegeben werden. Dabei gilt folgender Grundsatz: Ruft die Einführung der Änderung eines untergeordneten Dokuments keine Änderungen eines übergeordneten Dokuments hervor, so ist die zuständige Organisationseinheit zur Freigabe des Dokuments befugt. Ergeben sich durch den Vorgang jedoch Änderungen eines übergeordneten Dokuments, so ist die übergeordnete Organisationseinheit einzuschalten.

Viele Dokumente müssen vor ihrer Freigabe noch von mehreren Stellen geprüft werden. Zum Beispiel müssen Fertigungsspezifikationen in der Regel vor ihrer Freigabe durch das Fertigungsmanagement noch durch die begleitende Qualitätskontrolle geprüft werden. Der Prüfungs- und Freigabemodus ist für die einzelnen Dokumente detailliert und eindeutig festzulegen.

Neben den offiziellen Dokumenten, die in Übereinstimmung mit der Dokumentationsanforderungsliste erstellt werden, gibt es meistens noch eine ganze Anzahl inoffizieller Projektdokumente, die nur Informationscharakter haben. Hierzu zählen zum Beispiel spezielle Berichte und Analysen. Die Erstellung dieser nicht vorgeplanten Dokumente stellt eine sinnvolle Ergänzung der offiziellen Dokumente dar. Sie haben den Sinn, ganz bestimmte Vorgänge oder Situationen zu dokumentieren und müssen deshalb auch unbedingt durch das Dokumentations-Nummernsystem (Dokumentenart, Verfasser, PSP-Zuordnung und fortlaufende Nummer) erfaßt werden. Allerdings bedürfen inoffizielle Dokumente nicht der Freigabe und der Statuskontrolle. Ihr Informationsgehalt wird sich gegebenenfalls in einem der offiziellen Dokumente niederschlagen.

Die Verteilung der Projektdokumente sollte man nicht dem Zufall überlassen und auch nicht nach dem Gießkannenprinzip vornehmen. Die zufällige Verteilung hat zur Folge, daß Mitarbeiter von wichtigen Arbeitsunterlagen keine Kenntnis haben, und die breitbandige Verteilung, führt einerseits oft zum Überdruß über die große Papierflut und kostet andererseits unnötig viel Geld. Da jedes offizielle Dokument, wie in der Anforderungsbeschreibung ausgedrückt, einem ganz bestimmten Zweck dient und über vorhergeplante Informationen verfügt, läßt sich der Verteiler meistens auch eindeutig festlegen. Die gezielte Dokumentationsverteilung hat außerdem den Vorteil, daß die Empfänger sich direkt angesprochen fühlen. In einem einzigen Fall ist die breitgestreute Verteilung jedoch angebracht, nämlich bei der Verteilung der Dokumentations-Statusliste. Diese sollte nach Möglichkeit allen Projektmitarbeitern zugestellt oder zumindest leicht zugänglich gemacht werden.

Die Dokumentationsabteilung des Projektes ist für die Festlegung des Verteilerschlüssels, der in Abstimmung mit der Projektleitung erfolgen muß, zuständig. In der Praxis hat sich neben der individuellen Verteilung die Festlegung von Standard-Verteilerlisten bewährt. Es ist selbstverständlich, daß die Dokumentationsabteilung die Verteilung von Dokumenten überwacht, so daß jederzeit feststellbar ist, wer welches Dokument erhalten hat.

Überwachung des Dokumentationsstatus

Die Überwachung des Dokumentationsstatus ist in ihrer Bedeutung eine nicht zu unterschätzende Funktion, denn was passiert, wenn der Dreher in der einen Werkstatt seine Arbeiten nach einem alten Zeichnungssatz durchführt und sein Kollege in einer anderen Abteilung oder Firma das Gegenstück mit einem geänderten Zeichnungssatz bearbeitet, kann sich jeder vorstellen. Die Teile passen dann nicht mehr zusammen. Ähnlich verhält es sich bei den Spezifikationen, Plänen, Testvorschriften, usw. Die Dokumentationsabteilung muß also streng darüber wachen, daß nur die jeweils gültigen Dokumente im Umlauf sind.

Die Änderung eines bereits freigegebenen Dokuments kann nur über einen Änderungsantrag vollzogen werden. Die beantragte Änderung ist von der Dokumentationsabteilung in Zusammenarbeit mit den betroffenen Projektbereichen hinsichtlich der daraus resultierenden Konsequenzen abzustimmen, bevor sie offiziell vollzogen werden kann. Wird dem Änderungsantrag zugestimmt, so ist die Änderungsanzeige den Dokumentationsinhabern unverzüglich mitzuteilen. Jede vorgenommene Änderung ist über den jeweiligen Änderungsindex identifiziert. Ist die Änderung einfacher Natur, zum Beispiel die Änderung einer einzigen Zahl in dem betreffenden Dokument, so wird dies in der Änderungsmitteilung mitgeteilt, und der Dokumentinhaber hat die Aufgabe, sein Dokument zu berichtigen. Bei komplizierteren Änderungen empfiehlt sich die Verteilung von Austauschblättern. In Fällen, wo die Änderung fast das ganze Dokument betrifft, kann die Neuausgabe des Dokuments angebracht sein.

In regelmäßigen, zumeist monatlichen Abständen sollte die Dokumentationsabteilung die Dokumentations-Statusliste veröffentlichen, aus der der gerade gültige Dokumentationsstatus für alle Projektarbeiter ersichtlich ist. Bei der Statusermittlung ist nach folgenden Situationen, in denen sich das Dokument gerade befindet, zu unterscheiden:

– Vorhanden und in Gebrauch,
– In Vorbereitung,
– Wird gerade geprüft,
– Wird gerade geändert.

2. Konfigurationsmanagement

Eine Methode zur aktuellen und präzisen Systemdokumentation

Um sicherzustellen, daß das entwickelte oder gebaute System oder Produkt in seiner Konfiguration dem tatsächlich gewünschten System entspricht, muß die Projektleitung ein striktes Konfigurations-Überwachungssystem einführen. Das Konfigurationsmanagement ist einerseits sehr eng mit dem Dokumentationsmanagement (Kapitel XII.1), technisch sehr eng mit der Systemtechnik (Kapitel VII.4) und der Produktsicherung (Kapitel VIII) und andererseits sehr eng mit der Projektüberwachung (Kapitel IX) verknüpft. Es gibt deshalb mehrere Möglichkeiten, das Konfigurationsmanagement in die Projektleitung einzugliedern. Die Erkenntnisse der jüngsten Vergangenheit zeigen jedoch, daß es am sinnvollsten ist, das Konfigurationsmanagement entweder im Zusammenhang mit dem Dokumentationsmanagement unter der Leitung des Project-Control-Managers einzugliedern oder als eigenständige Hauptfunktion der Projektleitung direkt zu unterstellen. Die Projektgröße und -komplexität sind hierfür entscheidende Kriterien (s.a. Abb. V–4).

In der Direktive 5010.19 des US-Verteidigungsministeriums ist das Konfigurationsmanagement wie folgt definiert: »Konfigurationsmanagement ist eine Disziplin, die mit der Hilfe von technischen und administrativen Überwachungsmethoden

(1) die funktionellen und physikalischen Charakteristiken von Systemen, Untersystemen und Bauteilen identifiziert,

(2) Änderungen der Charakteristiken verfolgt und

(3) den Änderungs- und Implementationsstatus festhält.«[5]

Laine schreibt in diesem Zusammenhang schon 1966 sinngemäß: »Wie können der Besteller und der Entwickler eines Produktes bei Tausenden von technischen Änderungen, die andererseits bei der Entwicklung komplexer Systeme normal sind, sicher sein, daß das Endprodukt tatsächlich dem entspricht, worauf man sich geeinigt hatte? Diese neue Disziplin (Konfigurationsmanagement), eine Methode zur aktuellen und präzisen Dokumentation, ist darauf angelegt, dies sicherzustellen.«[6]

Die Aufgabe des Konfigurationsmanagements läßt sich in drei Funktionen gliedern:

- Konfigurations-Identifikation,
- Konfigurations-Überwachung,
- Konfigurations-Statusermittlung.

Die Methoden und Verfahren des Konfigurationsmanagements wurden in den USA Anfang der sechziger Jahre entwickelt. Schriever, General der US-Luftwaffe, veröffentlichte 1964 im Rahmen der AFSCM-Handbücher für das Systems Management, die auch als die 375-Serie bekannt wurden, unter der Bezeichnung *Configuration Management during Definition and Acquisition Phases,* eine der umfassendsten Unterlagen zum Konfigurationsmanagement.[7] Im August 1969 veröffentlichte die NASA das Saturn Configuration Management Manual und 1970 das Apollo Configuration Management Manual.[8, 9] Beide Unterlagen basieren auf den Erfahrungen des Apollo-Programms und gelten heute auch als wichtige Standardwerke zur Konfigurationskontrolle. Auf der Grundlage dieser Unterlagen haben fast alle großen Firmen der Luft- und Raumfahrt in den USA ihre eigenen hausinternen Handbücher zu diesem Thema erstellt.

Auch in der Europäischen Luft- und Raumfahrt stellt das Konfigurationsmanagement ein wichtiges Instrument bei der Projektabwicklung dar. Die ELDO (heute ESA) veröffentlichte 1972 im Rahmen des Trägerraketenprogramms EUROPA III (Ariane-Vorgänger) eine Anweisung zum Konfigurationsmanagement, und die ESRO (heute ESA) gab 1973 ein Anforderungsdokument zur Konfigurationskontrolle heraus.[10, 11] 1985 veröffentlichte Saynisch das wohl umfassendste Werk zu diesem Thema im deutschsprachigen Raum.[12]

Konfigurations-Identifikation

Die Grundlage jeder erfolgversprechenden Konfigurations-Überwachung ist die Identifikation der Konfigurationsbasis, und diese kann nur schrittweise im Verlauf der einzelnen Projektphasen bestimmt werden. In Übereinstimmung mit der in Kapitel IV vorgenommenen Phasengliederung (s. a. Abbildung IV-7) ist die Festlegung der Konfigurationsbasis, wie von der US-Luftwaffe als auch von der NASA vorgeschlagen, in folgenden drei Schritten sinnvoll:[7, 9]

(1) Identifikation der Projekt-/Systemanforderungen,

(2) Identifikation der Entwurfsanforderungen und

(3) Identifikation der Produktionsanforderungen.

Wie in Abbildung XII-3 gezeigt, sollten die Projekt-/Systemanforderungen am Beginn der Definitionsphase festgelegt und in der ersten Ausgabe der Systemspezifikation verankert sein. Die Festlegung der Projekt-/Systemanforderungen ist ein wichtiger Bezugspunkt für alle weiteren Arbeiten. An diesem Punkt setzt die Konfigurations-Identifikation ein.

Solange die Systemspezifikation nicht eingefroren und verabschiedet ist, hängen alle wesentlichen Parameter in der Luft, und der Beginn der Entwicklungsarbeiten ist kaum zu verantworten. In der Praxis sieht es jedoch oft so aus, daß die Verabschiedung der Systemspezifikation oft an nur ein paar wenigen Daten hängt. Sie ist sozusagen zu neunundneunzig Prozent fertig, kann aber noch nicht verabschiedet werden. Dieses Problem läßt sich im Interesse des Fortgangs der Arbeiten in vielen Fällen durch eine vorübergehende Ausklammerung dieser Daten mit dem Hinweis »*Wird noch definiert*« *(to be defined – TBD)*, lösen. Oft wird die noch nichtfreigegebene Systemspezifikation auch als *vorläufiges Dokument* herausgegeben. Beide Wege sollten jedoch nur für eine kurze Zeit und äußerst selten beschritten werden. Oft kann man in der Praxis beobachten, daß die Freigabe der Systemspezifikation aus Angst vor einer frühzeitigen Festlegung verzögert wird. In Anbetracht der aus dieser Haltung oftmals resultierenden Projektverzögerungen und Kostenerhöhungen ist eine beherztere Haltung bei der Freigabe anzuraten. Spätere, durch rechtzeitiges Einfrieren eventuell vorzunehmende Änderungen der Systemspezifikation sind meistens zwar ebenfalls mit Mehrkosten verbunden, aber im Vergleich mit den Kostensteigerungen, die durch Verzögerungen hervorgerufen werden, in der Regel geringer.

Am Ende der Definitionsphase sollten sämtliche Entwurfsanforderungen exakt identifiziert und in entsprechende Untersystem-Spezifikationen gefaßt sein (s.a. Kapitel VII.2). Auf der Basis dieser Spezifikationen ist der detaillierte Entwurf der Untersysteme und deren Komponenten vorzunehmen. Die Festlegung der Produktionsanforderungen ist erst nach Abschluß der wesentlichsten Entwicklungsarbeiten und der Auswertung der Ergebnisse von Prototypentests möglich. Die oben bereits erwähnten Untersystem-Spezifikationen sind durch die Produktionsanforderungen entsprechend zu erweitern. Die einschlägigen Vorschriften der US-Luftwaffe und der NASA sehen deshalb von vornehrein die Aufteilung der Untersystemspezifikationen in zwei Teile vor: Teil I: Entwurfsanforderungen und Teil II: Produktionsanforderungen (s.a. Abbildung XII-3).[7, 9]

Eine wichtige Maßnahme zur einwandfreien Identifikation der Konfigurationsbasis ist die Festlegung eines Spezifikationsbaumes, in dem sämtliche Spezifikationen, einschließlich ihrer hierarchischen Zuordnung erkennbar sind. In Abbildung VII-9 ist ein typischer Spezifikationsbaum gezeigt. Technische Zeichnungen und Stücklisten sind ebenfalls Bestandteil der Konfigurationsbasis und unterliegen deshalb ebenfalls der Konfigurations-Identifikation.

Konfigurations-Überwachung

Die kontinuierliche Überwachung der einmal festgeschriebenen Konfigurationsbasis ist eine äußerst wichtige Managementmaßnahme, die in ihrer Bedeutung nicht hoch genug anzusetzen ist, denn hier geht es ums Geld. Viele Projekte geraten aufgrund von unkontrollierten Änderungen der Konfigurationsbasis finanziell ins Schlingern. Firmen haben oft das Problem, daß ihre Projekt-

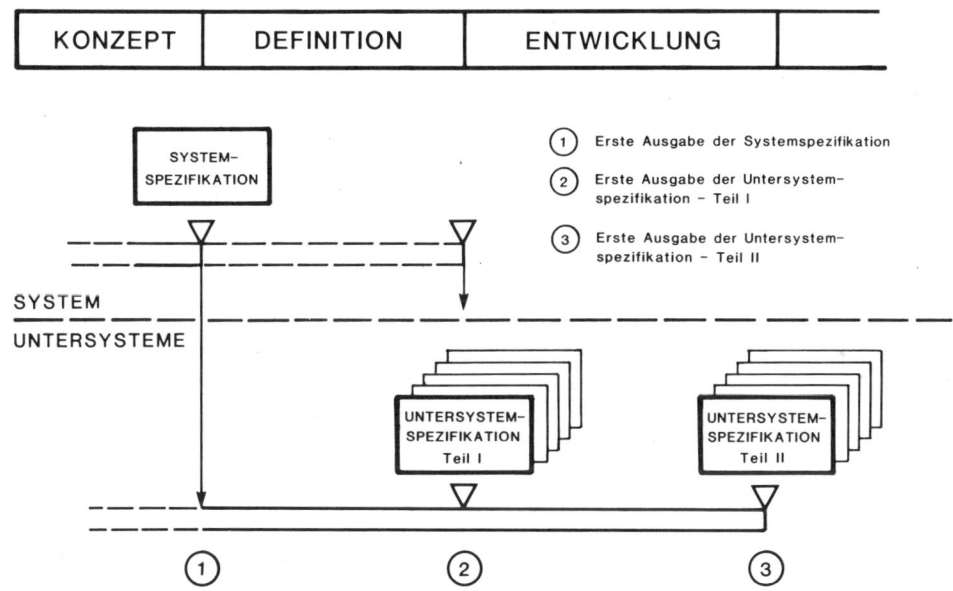

Abb. XII-3: Schritte zur Festlegung der Konfigurationsbasis

ingenieure in Zusammenarbeit mit den Ingenieuren des Auftraggebers aufgrund neuer Ideen Entwurfsänderungen annehmen oder vorschlagen und einleiten, ohne daß diese Änderungen bezüglich ihrer terminlichen und/oder finanziellen Auswirkungen auf das Projekt bewertet, offiziell erfaßt und von der Projektleitung freigegeben wurden. Änderungen der Konfigurationsbasis, und das weiß jeder private Bauherr eines Hauses besonders gut, sind in den meisten Fällen mit zusätzlichen Kosten verbunden. Die neue Idee, mag sie auch noch so gut sein, muß mit der Konfigurationsbasis abgestimmt und vor ihrer Implementierung von der Projektleitung als eine Änderung hierzu freigegeben werden.

Die Überwachung der Konfigurationsbasis setzt mit der Freigabe der Systemspezifikation zum Beginn der Definitionsphase ein. Um eine technische Änderung vornehmen zu können, muß folgender Prozeß durchlaufen werden[13]:

− Begründung zur Erfordernis der technischen Änderung,
− Festlegung der Änderungsklasse durch denjenigen, der die technische Änderung beantragt,
− Erstellung eines Antrages für eine technische Änderung,
− Einreichung des Änderungsantrages an den Auftraggeber,
− Überprüfung des Antrages auf die daraus resultierenden Konsequenzen,
− Annahme/Ablehnung oder Reklassifizierung der technischen Änderung und
− Implementation der technischen Änderung.

Durch die Beibringung einer Begründung zur gewünschten technischen Änderung soll verhindert werden, daß Änderungen allzu leichtfertig vorgenommen werden. Viele gewünschte Änderungen lassen sich oft in die Gruppe *Schön zu haben, für die Aufgabe jedoch nicht unbedingt erforderlich* einreihen. Die Festlegung von Änderungsklassen, wie sie in der Military Standard der USA, Nr. 480, definiert sind, ist eine wichtige Voraussetzung zur Einordnung von technischen Änderungen entsprechend ihrer Bedeutung für das System.[13] Das Dokument Nr. 480 sieht zwei Klassen vor, technische Änderungen der Klasse I und der Klasse II. Technische Änderungen sind immer dann der Klasse I zuzuordnen, wenn dadurch die in der Systemspezifikation verankerte Konfigurationsbasis in Gestalt, Nahtstelle oder Funktion *(form, fit or function)* betroffen ist. Alle technischen Änderungen, die nicht der Klasse I zuzuordnen sind, zum Beispiel reine Dokumentenänderungen oder Hardwareänderungen, die keinen Einfluß auf das System haben, sind der Klasse II zuzuordnen.

Änderungen der Systemspezifikation und die damit im Zusammenhang stehenden Systemzeichnungen sind als technische Änderungen der ersten Ebene anzusehen, da sie einen Einfluß auf alle im Spezifikationsbaum zusammengefaßten Untersystemspezifikationen haben können (s. a. Abbildung XII-3). Die Änderungsüberwachung der Systemspezifikation obliegt deshalb in jedem Fall dem Auftraggeber des Projektes. Für die Änderungsüberwachung von Spezifikationen und Zeichnungen der Untersystem- und Komponentenebenen ist in der Regel der beauftragte Auftragnehmer zuständig. Dabei ist jedoch zu beachten, daß technische Änderungen der Untersysteme und Komponenten nur dann vom Auftragnehmer genehmigt werden können, wenn es sich um Änderungen der Klasse II handelt. Stellt sich jedoch heraus, daß eine Untersystemänderung der Klasse II Auswirkungen auf die Systemspezifikation hat, so ist der Änderungsantrag Klasse II in einen, vom Auftraggeber zu prüfenden Klasse I-Änderungsantrag umzuwandeln.

Technische Änderungen haben Auswirkungen auf die Funktionsfähigkeit und die Qualität des Produkts-, den Terminplan, die Kosten und den Vertrag. Jeder Änderungsantrag muß deshalb neben der Änderungsbeschreibung und -begründung vor allem auch eine Analyse der technischen Konsequenzen, die aus der Änderung resultieren, einschließlich der Termin-, Kosten- und Vertragsauswirkungen enthalten. Die Beurteilung von technischen Änderungen durch die jeweilige Projektleitung des Auftraggebers oder Auftragnehmers setzt die Einschaltung eines Änderungsausschusses *(change control board)* voraus, in dem die maßgeblichen Experten zur Beurteilung von Technik, Qualität, Terminen, Kosten und Vertrag vertreten sind. Der Änderungsausschuß ist deshalb mit folgenden Personen zu besetzen:

(1) Leitung des Änderungsausschusses,
   – Projektleiter oder
   – Leiter Systemtechnik (Stellvertreter).
(2) Ständige Ausschußmitglieder,
   – Leiter Systemtechnik,
   – Leiter Produktsicherung,
   – Leiter Planung und Überwachung,
   – Leiter Vertragsmanagement,
   – Leiter Konfigurationsmanagement (Protokoll).
(3) Zusätzliche Ausschußmitglieder (je nach Bedarf),
   – Leiter Fertigungsmanagement,
   – Leiter Integrations- und Testmanagement,
   – Leiter operationeller Betrieb,
   – Andere.

Die Einberufung des Änderungsausschusses sollte in regelmäßigen Zeitabständen und bei Bedarf ad hoc erfolgen.

Neben der Möglichkeit, technische Änderungen über den Weg des formellen Änderungsantrags vorzunehmen, sind in der Praxis Regelungen üblich, die eine vorübergehende Abweichung von der Spezifikation im Interesse eines zügigen Projektablaufs zulassen, ohne daß eine generelle Änderung des Systems vorgenommen wird. Hierbei handelt es sich um zwei Verfahren:

– die Genehmigung von Bauabweichungen in speziellen Fällen *(deviations)* und
– die Genehmigung von eingetretenen Bauabweichungen *(waivers)*.

Im ersten Fall handelt es sich um das Ersuchen, von der Spezifikation abweichen zu dürfen, um zum Beispiel durch die Verwendung eines anderen, nicht spezifizierten aber gleichwertigen Materials oder Fertigungsprozesses den Terminplan einhalten zu können. Im zweiten Fall, die Erteilung von waivers, geht es darum, eingetretene Fertigungsabweichungen dahingehend zu prüfen, ob die Abweichung toleriert und das Bauteil vom Auftraggeber trotz Spezifikationsabweichung abgenommen werden kann. Beide Verfahren dienen dem Zweck, minimale Abweichungen und ihre Auswirkungen auf das Gesamtsystem im Interesse eines schnellen Projektfortschrittes unbürokratisch zu prüfen und gegebenenfalls zuzulassen, ohne daß die Basisanforderungen geändert werden. Damit wird ausgedrückt, daß geringfügige Abweichungen in bestimmten Fällen zwar toleriert, aber nicht als grundsätzliche technische Änderung für die folgenden Produktionslose anerkannt werden. Vorübergehende Abweichungen sind sorgfältig und gewissenhaft durch den hierfür einzusetzenden Material-Überprüfungsausschuß *(material review board)* auf ihre Auswirkungen hin zu prüfen.

Konfigurations-Statusermittlung

Jeder Entwicklungsprozeß wird von einer Vielzahl von Änderungen begleitet. Gerade bei großen und komplexen Projekten, an denen nicht selten viele Firmen gleichzeitig tätig sind, ist die genaue Erfassung des Änderungsstatus besonders wichtig. Die Dokumentation über den Konfigurationsstatus muß systematisch erfolgen, so daß die identifizierte Konfigurationsbasis und die freigegebenen Änderungen hierzu jederzeit eindeutig feststellbar sind. Ferner muß die Projektleitung in regelmäßigen Abständen über den Konfigurationsstatus unterrichtet werden. Dies ist mit den bekannten Methoden zur Überwachung des Dokumentationsstatus am besten zu erreichen (s. a. XII.1).

Quellen zu Kapitel XII

1 Schreiben eines internationalen Großunternehmens vom Mai 1982.
2 Olympische Milliarden-Spirale, in: Süddeutsche Zeitung, München 23. 12. 1974.
3 Madauss, Bernd-J.: Planung und Überwachung von Forschungs- und Entwicklungsprojekten, AIB-Fachliteratur, Gerberstr. 3b, 8202 Bad-Aibling, 1978/81, S. V-2.
4 NASA. Data Requirement Descriptions, Dokument DM002–001–1, März 1970.
5 Department of Defense, Directive 5010.19, S. 2.
6 Laine, Morton J.: Configuration Management, Space/Aeronautics, Vol. 46, Nr. 6, November 1966, S. 74.
7 USAF: Configuration Management during Definition and Acquisition Phases, AFSCM 375–1, Juni 1964.
8 NASA: Saturn Configuration Management Manual, MM8040.10, August 1969.
9 NASA: Apollo Configuration Management Manual, NHB8040.2, Januar 1970.
10 ELDO: Configuration Management Functions and Preliminary Requirements – EUROPA III, Dokument 20.02.00/1, März 1972.
11 ESRO: Configuration Management Requirements, QRA-06, Juli 1973.

12 Saynisch, Manfred: Konfigurationsmanagement – Entwurfssteuerung, Dokumentation, Änderungswesen, TÜV Rheinland, Köln 1984.
13 Configuration Control – Engineering Changes, Deviations and Waivers, MIL-STD-480, Oktober 1968.

Kapitel XIII:
Vertragsmanagement im Projekt

Der Initiator und der Realisator eines Projektes müssen nicht identisch sein, denn oft fehlen dem Projektträger (Initiator) ganz oder teilweise die notwendigen Erfahrungen und Kapazitäten, um ein geplantes Projekt selbst realisieren zu können. In derartigen Fällen ist er gezwungen, eine externe Institution (Firma, Organisation, usw.) ganz oder teilweise mit der Abwicklung des Vorhabens zu beauftragen. Hierzu ist es notwendig, daß der Projektträger, bzw. Auftraggeber, einen entsprechenden Auftrag oder mehrere Aufträge an eine in Frage kommende Institution oder Institutionen, bzw. Auftragnehmer, vergibt. Kommt es zu einer Auftragsvergabe, so ist zwischen den Partnern (Auftraggeber/Auftragnehmer) eine entsprechende vertragliche Regelung, in der die gegenseitigen Rechte und Pflichten festgehalten werden, zu treffen. Auftraggeber (bzw. Kunde) und Auftragnehmer werden so zu Vertragspartnern.

1. Verträge als Bindeglied zwischen den Partnern

Vertragsarten und Preisgestaltung

Sinn der Vertragsschließung ist es, die Lieferungen und Leistungen des Auftragnehmers einerseits und die Vergütungen und gegebenenfalls Beistellungen durch den Auftraggeber andererseits festzuschreiben. Der Vertrag stellt das Bindeglied zwischen den Projektpartnern dar. In ihm sind die Rechte und Pflichten beider Parteien, sowie die juristischen Regelungen (anzuwendendes Recht, schiedsrichterliche Verfahren, Verstöße, Rücktrittsklauseln, usw.) festgelegt.

Projekte, insbesondere aber jene aus Forschung und Entwicklung, stellen für die Kosten- bzw. Preisermittlung ein ganz besonderes Problem dar, da die Abschätzung der erwarteten Kosten stets mit einer mehr oder weniger großen Unsicherheit behaftet ist. Dies resultiert vor allem aus der mangelnden Vorhersagegenauigkeit für Aufgaben, die in der Zukunft liegen. Die beim Vertragsabschluß vorliegenden Pläne (Abläufe, Termine usw.) stellen im Idealfall eine fundierte, das heißt eine auf Erfahrung mit ähnlichen Vorhaben der Vergangenheit beruhende Konzipierung der möglichen Vorgänge, dar. Auf der Basis dieser Pläne werden Aufwandsschätzungen (Personaleinsatz, Materialmengen, Maschinenstunden, usw.) vorgenommen. Im Gegensatz zur serienmäßigen Herstellung von Massengütern nach normativen Gesichtspunkten birgt jedes Projekt aufgrund seines Neuheitengrades ein natürliches Planungsrisiko, denn kein Projekt gleicht dem anderen.

Forschungs- und Entwicklungsprojekte beinhalten aufgrund ihres innovativen Charakters ein besonders hohes Planungsrisiko. Aus diesem Grunde ist für Neulandprojekte die in Kapitel IV beschriebene Phasenplanung eine unbedingte Voraussetzung. Im Zuge der Vorbereitungsphasen (Konzept- und Definitionsphase) werden die planerischen Voraussetzungen für einen fundierten Kostenschätzprozeß (s. a. Kapitel X) geschaffen. Es ist jedoch festzuhalten, daß die für ein Projekt vorgenommene Kostenschätzung als eine mit Fehlern behaftete Prognose angesehen werden muß, was für die Preisgestaltung von allergrößter Bedeutung ist.

Bei der Preisgestaltung für ein Projekt kommen im Prinzip zwei Preis-Grundtypen in Frage, der *Festpreis* und der *Selbstkostenpreis*. Die Bevorzugung fester Preise ist ein wesentlicher Preisbildungsgrundsatz der Verordnung über die Preise bei öffentlichen Aufträgen,[1] das heißt bei öffentlichen Aufträgen ist, wo immer möglich, eine Festpreisvereinbarung anzustreben. Bei langfristigen Verträgen sind Preisvorbehalte in Form von Preisgleitklauseln (s. a. Kapitel IX.3) möglich. Selbstkostenpreise, die auf die angemessenen Kosten des Auftragnehmers abgestellt werden müssen, dürfen nur ausnahmsweise vereinbart werden;[2] Ausnahmebegründungen sind: eine mangelnde Feststellbarkeit des Preises und ein eingeschränkter Wettbewerb. Bei öffentlichen Aufträgen unterliegen Selbstkostenpreise jedoch der Preisprüfung.

Die Festlegung des zur Anwendung kommenden Preistyps im Projekt hängt von verschiedenen Voraussetzungen ab. Nachfolgend sind einige typische Preistypen sowie deren Anwendungskriterien zusammengefaßt:[3]

1. *Festpreise*
(a) Absoluter Festpreis (Firm Fixed Price – FFP)
   Voraussetzungen:
   – Gut definierte Spezifikationen und Leistungsverzeichnisse;
   – Realistische Kostenschätzungen;
   – Adäquater Wettbewerb;
   – Gut begründete Kosten- oder Preisdaten, die einen Preisvergleich gestatten.
(b) Festpreis mit Preisgleitklausel (Fixed Price with Escalation)
   Voraussetzungen:
   – Unstabile Markt- oder Lohnverhältnisse;
   – Langfristverträge;
   – Sonst wie (a).
(c) Festpreis mit Prämienklausel (Fixed Price with Incentive)
   Voraussetzungen:
   – Fälle, in denen eine Schätzunsicherheit und die Möglichkeit zur Kostenreduktion und/oder Leistungssteigerung besteht;
   – Sonst wie (a).
(d) Festpreis mit Neufestsetzungsregelung (Fixed Price with Redetermination)
   Voraussetzungen:
   – Falls ein realistischer Preis nur für die Frühphasen jedoch nicht für spätere Zeitabschnitte festgelegt werden kann;
   – Für die Frühphase gilt (a).

2. *Selbstkostenpreise*
Selbstkostenpreis-Grundformen sind: Selbstkostenpreis, Selbstkostenrichtpreis und Selbstkostenerstattungspreis (SKE). Typische Formen des Selbstkostenerstattungspreises sind:
(a) Selbstkostenerstattungspreis (Cost Reembursement Price)
   Voraussetzungen:
   – Die Vereinbarung eines Selbstkostenerstattungspreises ist vom öffentlichen Auftraggeber nur dann gestattet, wenn die Preisermittlung anders nicht möglich ist.
   – Eine Leistungsgarantie durch den Auftragnehmer ist nicht gegeben.
   – Kosten, die die vereinbarte Obergrenze überschreiten, sind nicht erstattungsfähig.
   – Die Kosten sind offenzulegen und werden aufwandsgerecht erstattet.
(b) Selbstkostenerstattungspreis (SKE) mit Festgewinn (Cost Plus Fixed Fee – CPFF)
   Voraussetzungen:

- Bei Aufträgen, deren Leistungsverzeichnis zum Projektbeginn noch nicht vollständig bekannt ist. Eventuelle spätere Aufstockungen führen nicht automatisch zu einer Gewinnerhöhung.
- Sonst wie (a).

(c) Selbstkostenerstattungspreis (SKE) mit Prämienregelung (Cost Plus Incentive Fee – CPIF)
  Voraussetzungen:
  - Vorhaben, bei denen eine Prämienregelung zu Effizienzverbesserungen der Projektabwicklung führen kann. Wo immer möglich sollten Prämienanreize zur Verbesserung der technischen Leistung, der Termineinhaltung und Kostenersparnis geschaffen werden. Umgekehrt führen Leistungsverschlechterungen natürlich zu Vertragsstrafen.
  - Sonst wie (a).

3. *Sonstige Kosten-/Preisregelungen*
(a) Zuwendungen (Cost Sharing)
  Voraussetzungen:
  - Ein förderungsfähiges Projekt, das durch den Auftraggeber ganz (100 %) oder teilweise (< 100 %) gefördert wird.
  - Die Kosten sind offenzulegen.
(b) Zeit- und Materialverträge (Time and Material Contracts)
  Voraussetzungen:
  - Zeitlich begrenzte Personal- und/oder Materialbeistellung zu vereinbarten Kosten/Preisen (Stunden-/Materialsätze).
  - Die Kosten sind offenzulegen.

Die Entscheidung darüber, welcher Preistyp zur Anwendung gelangen soll, ist sehr stark von der Projektart und -phase abhängig. Forschungs- und Entwicklungsprojekte mit einem hohen Innovationsgrad werden zum Beispiel häufig nach dem SKE-Muster abgewickelt, während Produktionsprojekte vorwiegend im Festpreis vergeben werden. So werden aber auch Studien in den Frühphasen des Projektes, aufgrund des relativ geringen Risikos für beide Vertragspartner, bevorzugt unter Festpreiskonditionen vergeben. In der Vergangenheit haben viele Projekte, die unter SKE-Bedingungen abgewickelt wurden, zu besonders exzessiven Kostenüberzügen geführt, da der Auftragnehmer nur wenige Anreize zur Kostenminimierung hatte. Eine Alternative zum SKE ist der SKE mit einer Prämienregelung, der dem Auftragnehmer entsprechende Prämien im Fall von Einsparungen verspricht. Es besteht eine zunehmende Tendenz, auch Entwicklungsaufgaben mehr und mehr unter Festpreisbedingungen (Festpreis mit Preisgleitklausel; s. a. IX.3 »Kosten- und Einsatzmittelplanung«) abzuwickeln. Das Bundesministerium für Verteidigung (BMVg) hat dies in einem Erlaß vom 19. 2. 1982 auch für Entwicklungsaufträge des Rüstungsbereiches angekündigt. [4] Die Europäische Raumfahrtagentur ESA ist ebenfalls dazu übergegangen, Entwicklungsprojekte unter Festpreisbedingungen abzuwickeln. Es sollte jedoch berücksichtigt werden, daß die Festlegung eines Festpreises auch eine präzise Aufgabenbeschreibung (Spezifikationen und Pflichtenhefte) bedingt. Oftmals ist dies jedoch nur für Teile des Projektes möglich. Aus diesem Grunde sollte mehr als bisher von einer differenzierten Preisgestaltung Gebrauch gemacht werden, das heißt, für Projektbereiche, für die sichere Kostenschätzungen vorliegen, können Festpreise und für besondere Risikobereiche Selbstkostenerstattungspreise mit oder ohne Prämienregelungen vereinbart werden. Die späteren Projektphasen (Produktion und operationeller Betrieb) können dagegen vorzugsweise unter Festpreisbedingungen oder im Rahmen von Zeit- und Materialverträgen abgewickelt werden. In Abbildung XIII-1 ist das Prinzip einer unterschiedlichen Preisgestaltung für die verschiedenen Projektphasen erläutert.

FFP	FFP/FP+	FP+/CPFF/CPIF	FP+/FFP
PHASE A	PHASE B	PHASE C	PHASE D-F

FFP – Firm Fixed Price
    (Absoluter Festpreis)
    FP+ – Fixed Price with Escalation
        (Festpreis mit Preisgleitklausel)
        CPFF – Cost Plus Fixed Fee
            (Selbstkostenerstattungspreis mit Festgewinn)
            CPIF – Cost Plus Incentive Fee
                (Selbstkostenerstattungspreis mit Prämienregelung)

Abb. XIII-1: Anwendung verschiedener Preistypen in den verschiedenen Projektphasen

Peeters und in't Veld weisen im Zusammenhang mit ESA Projekten daraufhin, daß es fast unmöglich ist eine Firma (Auftragnehmer) zu finden die bei high-tech-Projekten mit langen Laufzeiten bereit ist das finanzielle Risiko eines FFP's zu übernehmen und man greift deshalb in solchen Situationen meist auf CPFF- oder CPIF-Regelungen zurück.[5] Sie erläutern dies mit folgender Gleichung:

$$P = BF + S(TC-AC)$$

P   = profit (absoluter Gewinn)
BF   = basic fee (Basisgewinn)
S   = sharing ratio (Risikoteilung)
TC   = target cost (Zielkosten)
AC   = actual cost (tatsächliche Kosten)

Danach ist »S« die ausschlaggebende Größe zur Festlegung der Vertragsart (CPFF, FFP oder CPIF):

$S = 0$ (die Firma übernimmt kein Risiko)   →CPFF
$S = 1$ (die Firma übernimmt das volle Risiko)   →FFP
$0 < S < 1$ (die Firma beteiligt sich am Risiko)   →CPIF

Festpreis oder Selbstkostenerstattungspreis mit Prämienregelung

Neben der Festpreisregelung stellt der Selbstkostenerstattungspreis (SKE) mit Prämienregelung, der in der englischsprachigen Literatur unter dem Begriff *Cost Plus Incentive Fee (CPIF)* bekannt ist, für Forschungs- und Entwicklungsprojekte mit erheblichen Risikobereichen eine brauchbare Alternative in der Vertragsgestaltung dar. Kahn schreibt, daß die Europäische Raumfahrtagentur ESA zum Beispiel, wo immer möglich, Festpreisverträge anstrebt und in Fällen, wo es nicht sofort zu einer Festpreisregelung kommt, bemüht ist, eine Höchstpreisregelung *(ceiling price)* vorsieht, um daraus dann so früh wie möglich einen Festpreis abzuleiten, eine Regelung, die dem deutschen Preisrecht entspricht. Erst wenn man sich aufgrund erhöhten Risikos auch nicht auf einen Höchstpreis einigen kann, kommt eine Form des Selbstkostenpreises in Frage.[6] Kahn führt weiter aus, daß ein Festpreis bzw. eine vorübergehende Höchstregelung immer dann angebracht ist, wenn das Projektrisiko mit einiger Sicherheit determinierbar und nicht mehr als ca. zehn bis fünfzehn Prozent des Auftragvolumens beträgt. Darüber hinaus führt eine Festpreisregelung außerdem zu einem einfacheren Projektmanagement, bei dem Auftraggeberinterventionen beim Auftragnehmer weitgehendst ausgeschlossen sind.[6]

Für Projekte mit einem großen oder nicht klar bestimmbaren technologischen Risiko ist eine Festpreisregelung nicht sinnvoll. Der Auftragnehmer wäre gezwungen, sehr große Risikozuschläge vorzusehen oder von der Auftragsbearbeitung gänzlich Abstand zu nehmen. In derartigen Fällen ist eine Selbstkostenpreisregelung vorzuziehen, obwohl dies, hervorgerufen durch die notwendige größere Kostentransparenz und Einflußnahme durch den Auftraggeber, zwangsläufig zu einem höheren Projektmanagement-Aufwand führt. Selbstkostenpreise, speziell der Selbstkostenerstattungspreis (SKE), verleiten, wie die Praxis beweist, jedoch leicht zu erhöhten Ausgaben, da es keinen wirklichen Anreiz zur Kostenminimierung gibt, denn die angefallenen Kosten – soweit sie aufwandsgerecht angefallen sind – werden dem Auftragnehmer ja einschließlich aller vereinbarten Zuschläge und Gewinne ersetzt und ein eventueller Mehraufwand ist für das Unternehmen im Prinzip sogar günstiger, da zusätzliche Gewinne erzielt werden. Es sollte in diesem Zusammenhang aber nicht der Eindruck entstehen, daß der SKE zu unehrlichen Handlungen verleitet, das wäre falsch. Richtig ist hingegen, daß der SKE nicht im gleichen Maße wie der Festpreis zu einer wirtschaftlich effizienten Denkweise motiviert und aus diesem Grunde nur in Ausnahmefällen, zum Beispiel bei Vorhaben, für die eine genaue Kostenschätzung aufgrund eines hohen Neuheitsgrades und großer Risikobereiche nicht möglich ist, zur Anwendung kommen sollte.

Unter dem Gesichtspunkt der Wirtschaftlichkeit, sind in den Frühphasen des Projektes (Konzept- und Definitionsphase; s. a. Kapitel IV) intensive Kostenstudien durchzuführen, um qualifizierte Kostenschätzungen sowie eine möglichst definitive Aussage zur Schätzgenauigkeit abgeben zu können. Auf der Basis relativ genauer Kostenschätzungen bietet sich neben dem Festpreis der SKE mit Prämienregelung (Cost Plus Incentive Fee – CPIF) als brauchbare Alternative an. In den USA gingen die nationalen Auftraggeber (Luftwaffe, NASA, usw.) aufgrund der enormen Kostenüberzüge bei SKE-Verträgen schon Mitte der sechziger Jahre zu CPIF-Regelungen über. Durch CPIF-Verträge, im weiteren Prämienverträge genannt, soll erreicht werden, daß der Auftragnehmer durch die Beteiligung an den eventuellen Mehrkosten bzw. Einsparungen alles in seinen Möglichkeiten stehende unternimmt, um die Projektkosten so gering wie möglich zu halten. Wurde ein Projekt zum Beispiel mit zehn Millionen DM veranschlagt und eine nominelle Gewinnspanne von fünf Prozent vereinbart, so würde der Auftragnehmer nach Projektabschluß und einem Kostennachweis von zum Beispiel genau zehn Millionen DM, 10,5 Millionen DM abrechnen können. Fallen jedoch weniger oder mehr Kosten an, so wird der Auftragnehmer entsprechend der jeweils festgelegten Beteiligungsformel an den eingesparten bzw. zusätzlichen Kosten beteiligt. Hierzu folgender Modellfall:

(1) *Grunddaten des Prämienvertrags*
    Zielkosten   10,0 MDM
    Nominalgewinn (5 %)   0,5 MDM
    Kostenbeteiligung des Auftragnehmers (AN)   10,0 %

(2) *Beispiel I*

Zielkostenüberschreitung (+ 20%)

Kostenanfall	12,0 MDM
Nominalgewinn	0,5 MDM
Kostenbeteiligung des AN (2 MDM X 10%)	0,2 MDM
Realgewinn des AN (0,5 – 0,2)	0,3 MDM

(3) *Beispiel II*

Zielkostenunterschreitung (- 20%)

Kostenanfall	8,0 MDM
Nominalgewinn	0,5 MDM
Kostenbeteiligung des AN (2 MDM X 100/0)	0,2 MDM
Realgewinn des AN (0,5 + 0,2)	0,7 MDM

Aus diesem Modellfall geht hervor, daß der Auftragnehmer (Kostenbeteiligung 10 Prozent) bei Kostenüberschreitungen sich mit 10 Prozent an den Mehrkosten beteiligt und damit seinen Nominalgewinn entsprechend reduziert bzw. bei Kostenunterschreitungen an der Kosteneinsparung mit zehn Prozent partizipiert und seinen Nominalgewinn dementsprechend erhöhen kann.

Es ist leicht zu erkennen, daß die festgelegte Beteiligungsformel (Auftraggeber-/Auftragnehmerbeteiligung) für die Wirksamkeit des Auftragnehmerverhaltens von ausschlaggebender Bedeutung ist. Wird die Auftragnehmerbeteiligung zu niedrig angesetzt, so ist die Motivation zur Mitteleinsparung trotz Gewinnabstrichen oftmals nicht wirksam genug, zum Beispiel dann, wenn der Auftragnehmer aufgrund von Auslastungsproblemen bereit ist, zugunsten der Personalbeschäftigung Gewinnverluste ganz oder teilweise hinzunehmen. Das heißt, der Beteiligungsschlüssel (Auftraggeber/Auftragnehmer) muß sorgfältig ausgewählt werden. In Abbildung XIII-2 sind in Anlehnung an eine Arbeit von Kahn vier Beteiligungsmodelle detailliert erläutert.[6] Fall A) sieht eine 15prozentige (85/15) und Fall B) eine 30prozentige (70/30) Auftragnehmerbeteiligung an den Kostenüber- und -unterschreitungen vor. Im Fall C) wurde eine zweistufige Beteiligungsformel festgelegt. Danach ist der Auftragnehmer mit 15 Prozent an den Einsparungen (85/15) und mit 30 Prozent an den Kostenüberschreitungen (70/30) beteiligt. Fall D) zeigt ebenfalls eine Stufenregelung, nämlich 85/15 bei Kosteneinsparungen und 60/40 bei Kostenüberschreitungen, aber zusätzlich die Einführung einer neutralen Zone. Kahn schreibt hierzu: »Es ist manchmal angemessen, den Auftragnehmer bei Kostenüberschreitungen aufgrund von technischen Ungewißheiten nicht sofort an den Mehrkosten zu beteiligen, sondern eine neutrale Zone einzuführen.«[6] Kahn führt zu dem bei der ESA verwendeten Verfahren weiter aus, daß bei Überschreitungen der Nominalkosten in die neutrale Zone hinein nur die angefallenen Kosten jedoch ohne Gewinnzuschlag erstattet werden. Die neutrale Zone sollte zwischen fünf und zehn Prozent der Nominalkosten liegen. Kommt es jedoch zu Kostenüberschreitungen über den Bereich der neutralen Zone hinaus, so sind entsprechend des Beispiels in Abbildung XIII-2 (Fall D) 40 Prozent vom Auftragnehmer aufzubringen.

Die Festlegung der Kostenbeteiligungsformel hängt sehr stark von der Qualität der Kostenschätzung, der Art des Vorhabens und der Qualifikation des Auftragnehmers ab und sollte deshalb für jedes Projekt individuell und unter Berücksichtigung aller Faktoren erfolgen. In diesem Zusammenhang ist auch auf die in der Praxis übliche Festlegung von Gewinnober- und -untergrenzen hinzuweisen. Eine derartige Regelung könnte im Extremfall eine Verdopplung des Nominalgewinns (maximal) oder eine hundertprozentige Gewinneinbuße (minimal) beinhalten.

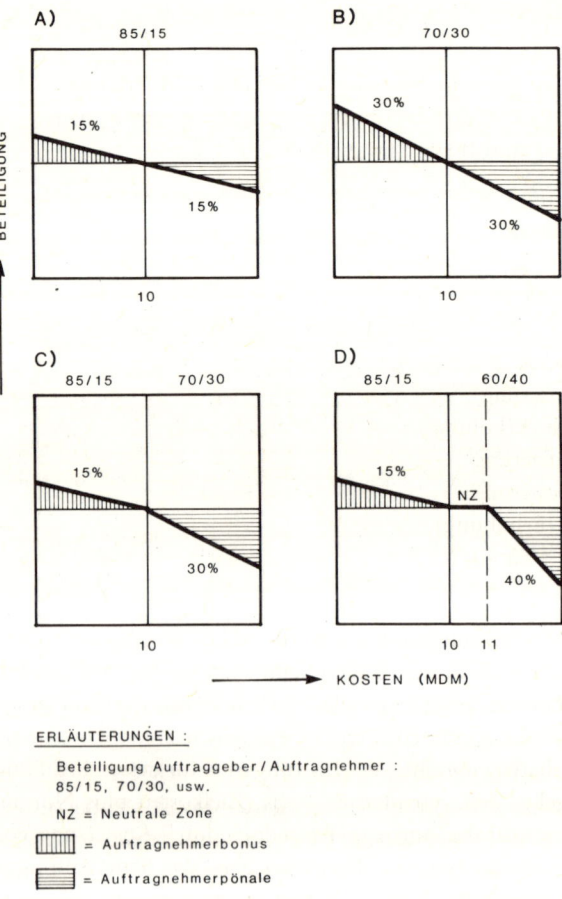

Abb. XIII-2: Beteiligungsmodell für Prämienverträge (Kahn)

Die Bestimmung der Gewinnober- und -untergrenzen legt den Bereich der flexiblen Gewinnerwirtschaftung (Prämien oder Strafen) eindeutig fest. Eine über den genannten Bereich hinausgehende Regelung ist nicht im Sinne eines Prämienvertrages, da größere Kostenabweichungen anzeigen, daß die Zielkosten nicht realistisch genug geschätzt waren. In diesem Zusammenhang ist nämlich auch zu bedenken, daß eine durch drastische Kostenunterschreitung erzielte Gewinnmaximierung den Verdacht einer bedenklichen Begünstigung des Auftragnehmers aufkommen läßt und andererseits eine exzessive Kostenüberschreitung beim Auftragnehmer zu Verlusten führen kann, die er nicht mehr allein zu tragen in der Lage ist, was im schlimmsten Fall zur Gefährdung der Projektzielsetzung führt. Eine Prämienregelung ist nur im Zusammenhang mit einer fundierten Schätzung der Zielkosten *(target costs)* und einer vernünftigen Prämienbandbreite (d.h. Festlegung vernünftiger maximaler und minimaler Gewinne) sinnvoll.

Leistungsprämien

Unter Leistungsprämien versteht man die Festsetzung von Prämien, die dem Auftragnehmer einen besonderen Anreiz zur Verbesserung seiner Leistung (performance) geben sollen. Typische Leistungsparameter sind zum Beispiel:

(1) Terminplanerfüllung:
   - Projektfertigstellung,
   - Lieferdaten,
   - Entwicklungsmeilensteine,
   - usw.
(2) Technische Parameter:
   - Gewicht (Reduzierung),
   - Geschwindigkeit (Erhöhung),
   - Volumen (Reduzierung),
   - Funktion (Verbesserung),
   - Zuverlässigkeit (Erhöhung),
      Qualität (Verbesserung),
   - usw.

Sinn der Festlegung von Leistungsprämien ist die Maximierung der zu erbringenden Leistung. Analog zur Ermittlung der Zielkosten stellen beim Vertragsabschluß von Entwicklungsprojekten auch die Leistungsparameter aufgrund vieler noch unbekannter Probleme und Risiken und in Übereinstimmung mit den veranschlagten Kosten einen erreichbaren Kompromiß dar. Beide Vertragspartner vereinbaren ein nominales Leistungsziel, für dessen Erfüllung durch den Auftragnehmer der Auftraggeber den vereinbarten Preis (Zielkosten plus Nominalgewinn) zu zahlen bereit ist. Gleichzeitig schafft der Auftraggeber jedoch durch Aussetzung von Prämien besondere Anreize zur Leistungsverbesserung in den Bereichen, die dem Auftraggeber wünschenswert erscheinen, dessen Erfüllung der Auftragnehmer bei Vertragsabschluß jedoch nicht garantieren kann. Umgekehrt enthalten viele Verträge aber auch entsprechende Vertragsstrafen für den Fall, daß es zu einer Leistungsverschlechterung kommt. In diesem Zusammenhang ist jedoch zu erwähnen, daß die Leistungsminderung natürlich auf untere Grenzen stößt. Wird für ein zu entwickelndes Fahrzeug zum Beispiel eine Zielgeschwindigkeit von 200 km/h vorgeschrieben und eine Erhöhung dieser Geschwindigkeit ohne Obergrenze als wünschenswert betrachtet, so kann die Untergrenze zum Beispiel mit 195 km/h festgelegt sein und eine weitere Verschlechterung zur Abnahmeverweigerung durch den Auftraggeber führen. Oft ist aber auch eine nicht benötigte oder gewünschte Leistungsverbesserung, zum Beispiel die Gewichtsminderung eines Bauteils über den bezeichneten Minimalwert hinaus nicht unbedingt prämienfähig. Zum Beispiel dann, wenn für den Auftraggeber kein erkennbarer Nutzen daraus resultiert, denn die Bemessung der Leistungsprämie sollte unmittelbar im Zusammenhang mit dem für den Auftraggeber erzielten Nutzen stehen. Führt die frühzeitige Beendigung eines Projektes oder die Erhöhung der Leistung des Produktes zu einem meßbaren Nutzen für den Auftraggeber, so sollte dieser Nutzen als Maßstab für die Prämienbemessung dienen. Umgekehrt sollte die Bemessung von Vertragsstrafen ebenfalls dem tatsächlich eingetretenen Schaden des Auftraggebers angepaßt sein und keine fiktive Größe darstellen. Selbstverständlich müssen Leistungsprämien auch im Rahmen einer vertretbaren Größenordnung zum Auftragswert stehen. Sie sollten zum Beispiel nicht über die Größenordnung des vereinbarten Gewinns hinausgehen, denn der Sinn der Leistungsprämie ist, Anreize zu schaffen, jedoch nicht die Abdeckung von Risiko oder die Erwirtschaftung von zusätzlichen Gewinnen.

Für ein europäisches Satellitenprojekt wurde folgende Prämienregelung festgelegt[7]:

- Zielkosten (Z_K):   XYZ Mill. DM
- Nominalgewinn (G_{nom}): $7\% = 0,07\ Z_K$
- Maximalprämie (P_{max}): $G_{nom} = 0,07\ Z_K$
- Maximalstrafe (S_{max}): $G_{nom} = 0,07\ Z$

Hieraus resultiert, daß der Nominalgewinn (G_{nom}) im günstigsten Fall verdoppelt ($G_{nom} + P_{max} = 0,14\ Z_K$) und im ungünstigsten Fall für Vertragsstrafen aufs Spiel gesetzt werden kann ($G_{nom} - S_{max} = 0,0\ Z_K$).

Nach diesem Schema konnte der Auftragnehmer unter idealen Bedingungen den Nominalgewinn (7%) verdoppeln und mußte im schlechtesten Fall auf jeglichen Gewinn verzichten. Die mögliche Prämie bzw. Strafe wurde nach den Hauptparametern Kosten:Planung:Technik (0,35:0,35:0,3) gegliedert und entsprach den besonderen Gegebenheiten dieses Projektes und stellt keine allgemein gültige Regelung dar. Bei Festpreisverträgen würde die Kostenprämie zum Beispiel entfallen und ein eventuelles Prämiensystem sich nur auf die Planung und kritische technische Parameter beziehen. Der interessierte Leser dieses Abschnittes wird auf folgende Publikationen besonders hingewiesen: a) NASA Incentive Contracting Guide[8] und DoD Incentive Contracting Guide.[9]

2. Projektverträge und ihr Aufbau

Modulare Vertragsgliederung

Der Projektvertrag, das Bindeglied zwischen dem Auftraggeber und dem Auftragnehmer, ist das Haupt-Bezugsdokument zwischen den Partnern. In ihm sind die Leistungen und Verpflichtungen beider Parteien sowie die juristischen Regelungen festgelegt. Die Abfassung des Projektvertrages setzt die Zusammenarbeit von Juristen, Technikern, Managern und Betriebswirten, usw. voraus, da er nicht nur rein juristische Klauseln enthält, sondern vor allem auch technische, manageriale und betriebswirtschaftliche Fakten.

Die Abfassung des Projektvertrages bringt es mit sich, daß Juristen, Techniker, Manager, Betriebswirte, usw. ihre jeweiligen Standpunkte an geeigneter Stelle in das Vertragswerk einbringen. Dabei zeichnet sich jedoch ab, daß es günstig ist, die von den zuvor genannten Spezialisten vertretenen Sachbereiche in zusammengefaßter Form an bestimmten Stellen des Vertrages einzugliedern. Dies führt zu einem modularen Vertragsaufbau. Insbesondere bei größeren Vorhaben aus dem Forschungs- und Entwicklungsbereich sind ausführliche Spezifikationen und Pflichtenhefte in den Vertrag mit einzubeziehen, um eine eindeutige Vertragsbasis zu erzielen. Der modulare Vertragsaufbau, der die wesentlichen juristischen Regelungen (den vertraglichen Überbau) in den Vordergrund stellt und bei dem die detaillierten technischen Unterlagen in der Anlage enthalten sind, hat sich in der Praxis bewährt. Schwierig zu handhaben und oftmals auch sehr verwirrend ist dagegen eine Vertragsgliederung, bei der technische, juristische, betriebswirtschaftliche und manageriale Fakten durcheinandergewürfelt werden. »Die modulare Gliederung von Vertragsunterlagen hat den Vorteil, daß die jeweiligen Spezialisten unabhängig voneinander Verhandlungen führen können, ohne daß das gesamte Team gleichzeitig verhandeln muß«[10]. Das heißt, die einzelnen Vertragselemente können getrennt voneinander durch die jeweiligen Spezialisten bearbeitet werden und erst bei der Gesamtzusammenstellung und -verhandlung der Vertragsunterlagen kommen sämtliche Spezialisten zusammen, um das Vertragsdokument gemeinsam zu verabschieden. Nach diesem Prinzip könnte ein Projektvertrag wie folgt gegliedert werden [10, 11]:

Hauppteil des Vertrages:
(1) Definitionen
(2) Lieferungen und Leistungen (Bezug zum Pflichtenheft)
(3) Preis und Zahlungsbedingungen
(4) Allgemeine Vorkehrungen (anzuwendende Regeln, Sprache, usw.)
(5) Spezielle Garantien
(6) Gesetzliche Vorkehrungen (anzuwendendes Gesetz, Steuern und Zölle, Rücktrittsrecht, usw.)
(7) Projektdurchführung (generelle Konditionen, Aufgabenübertragung, Unterauftragnehmer, usw.)
(8) Projektabnahme
(9) Sonstige Konditionen (Patente, Lizenzen, usw.)
usw.

Anlagen zum Vertrag
(1) Leistungsverzeichnis (Pflichtenheft)
    – generelle Anforderungen
    – Lieferungen und Leistungen
    – Projektleitung
    – Termine
    – Projektdokumentation
    – usw.
(2) Systemspezifikation (s. a. Kapitel VII.2)
(3) Sonstige (spezielle Anlagen entsprechend der jeweiligen Erfordernisse).

Das Leistungsverzeichnis

Das Leistungsverzeichnis (Pflichtenheft), das in der englischsprachigen Literatur unter der Bezeichnung *Statement of Work (SOW)* oder *Work Statement* bekannt ist, ist neben der Produkt- oder Systemspezifikation ebenfalls ein wichtiger Bestandteil des Projektvertrages. Die Spezifikation drückt aus, *wie* das Endprodukt des Projektes aussehen und wie es funktionieren soll, während das Leistungsverzeichnis Informationen darüber enthält, *was* der Auftragnehmer *wann* und gegebenenfalls auch *wo* und *wie* erledigen muß. Anders ausgedrückt, das Leistungsverzeichnis beschreibt sämtliche Aufgaben und Pflichten des Auftragnehmers, die er im Rahmen des Projektvertrages übernehmen muß. Diese Beschreibung ist jedoch nicht so zu verstehen, daß sämtliche Einzeltätigkeiten, die der Auftragnehmer durchzuführen hat, zum Beispiel einzelne Aktivitäten, im Leistungsverzeichnis zu beschreiben sind. Vielmehr sind nur die Hauptaufgaben und -pflichten sowie die abzuliefernden Endprodukte zu beschreiben (Liste), während die Details den einzelnen Planungsunterlagen zu entnehmen sind. Bei der Erstellung des Leistungsverzeichnisses sollten folgende Richtlinien befolgt werden[12]:

– *Vermeidung von Mißverständnissen.* Es ist eine genaue Beschreibung der Aufgaben und Verpflichtungen sowie der Lieferartikel des Auftragnehmers und eine klare Abgrenzung zum Auftraggeber erforderlich. Beistellungen des Auftraggebers (Customer Furnished Equipment – CFE) sind ebenfalls exakt festzulegen.
– *Verwendung klarer Formulierungen.* Zum Beispiel: »Der Auftragnehmer wird den XYZ-Test durchführen« und nicht »Ein XYZ-Test wird durchgeführt«.
– *Klare Definition von Lieferungen.* Es reicht nicht aus, nur die Aufgaben und Pflichten zu beschreiben, sondern es müssen auch Lieferungen der Hard-/Software und Dokumente (s.a. XII.1) sowie die exakten Zeitpunkte der Liefertermine sowie der Lieferort genauestens beschrieben werden; ein wirkungsvolles Instrument ist die Liste der zu liefernden Teile (Deliverable Items List – DIL). Ferner sind auch die Lieferbedingungen festzulegen (Free on Board (FOB); Cost Insurance, Freight (CIF); usw.).
– *Einbeziehung vorhandener Prozeduren.* Es muß auf vorhandene und anzuwendende Prozeduren Bezug genommen werden.
– *Vermeidung von Überspezifikationen und Mehrfachnennungen.* Eine zu detaillierte Aufgabenbeschreibung (dies ist den detaillierten Arbeitspaketbeschreibungen (s.a. Kapitel IX.3) vorbehalten) ist unbedingt zu vermeiden. Ebenso sind Mehrfachnennungen, zum Beispiel die Nennung eines Termins an verschiedenen Stellen, zu verhindern. Wichtige Daten (zum Beispiel Termine) sollten aus Gründen einer effizienten Änderungskontrolle möglichst nur einmal zusammengefaßt an zentraler Stelle genannt sein. In den einzelnen Kapiteln kann dann auf diese Stelle Bezug genommen werden.
– *Einbeziehung von Referenzdokumenten.* An zentraler Stelle des Leistungsverzeichnisses ist auf einzubeziehende Referenzdokumente Bezug zu nehmen.

Das Leistungsverzeichnis läßt sich ähnlich der Vertragsgliederung modular aufbauen. Der Vorteil des modularen Aufbaus liegt auch hier in der unabhängigen Bearbeitung des Leistungsverzeichnisses durch die verschiedenen Spezialisten. Die modulare Gliederung des Leistungsverzeichnisses kann wie folgt vorgenommen werden[13, 14, 15]:

Hauptteil des Leistungsverzeichnisses
(1) Übersicht
(2) Projektziele
(3) Generelle Anforderungen
(4) Aufgaben
    – Projektleitung
    – Entwicklung
    – Produktion
    – Test
    – usw.
(5) Dokumentation
(6) Lieferungen (Dokumentation, Hardware, Software)

Anlagen (Beispiele)
(1) Anzuwendende Dokumente (Liste)
(2) Dokumentationsanforderungen (Liste der zu liefernden Dokumente: Dokument, Nr., Lieferdatum)

(3) Dokumentationsanforderungsbeschreibungen (s.a. Kapitel XII.1)
(4) Hardwarelieferungen (Liste der zu liefernden Artikel und Lieferdaten)
(5) Softwarelieferungen (Liste der zu liefernden Programme, Lieferdaten)
(6) Beistellungen durch den Auftraggeber (Liste der Beistellungen, Ort und Datum)
(7) Projektstrukturplan (s.a. Kapitel IX.3)
(8) Haupt-Termindaten (Liste der wichtigsten Meilensteine einschließlich ihrer Termine).

3. Vertragsmanagement

Vertragsverhandlungen

Eine wichtige Aufgabe des Vertragsmanagements ist das Verhandeln von Verträgen. Dabei kommt es immer wieder zu schwerwiegenden Fehlern weil Grundregeln der Verhandlungsführung verletzt werden. »Es geht doch bei jeder Vertragsverhandlung immer wieder um Be- oder Mißachtung gewisser Grundregeln, die den Verlauf und Ergebnis entscheidend beeinflussen.«[16] Hat der Kunde (Auftraggeber) zwischen mehreren Anbietern auszuwählen so wird er bemüht sein eine Rangliste, beginnend mit dem besten Angebot, aufzustellen um bereits eine Vorauswahl treffen zu können. In XIV.4 ist ein Verfahren der Angebotsbewertung an einem praktischen Beispiel erläutert. Die zuvor genannte Rangliste ist auch als *short list* bekannt, wobei der Begriff *short list* bereits darauf hinweist, daß nicht alle Angebot in die engere Wahl kommen.

Man kann den Verhandlungsprozeß prinzipiell in folgende drei Stufen einteilen:

(1) Zusammenstellung von Fakten;
(2) Durchführung von Vorverhandlungen;
(3) Durchführung der Abschlußverhandlungen und Festlegung von Abmachungen.

Aus der Sicht des Kunden basiert die Zusammenstellung von Fakten im wesentlichen auf den vorliegenden Angeboten und den dazugehörenden Bewertungsergebnissen für diejenigen Anbieter die das erste Ziel, nämlich auf die *short list* zu kommen, erreicht haben. »Ohne gewissenhafte Vorbereitung kann der Verhandlungsführer, sei er als Mitarbeiter des Unternehmens oder als freiberuflich Beauftragter tätig, die ihm gestellte Aufgabe nicht erfüllen«.[17] Der Kunde wird versucht sein, die vorliegenden Angebote miteinander zu vergleichen und immer dort wo er größere Mängel entdeckt, diese durch Nachbesserungen (Zusatzinformationen bzw. zusätzliche Zugeständnisse der Anbieter) auszugleichen. Hat er dann das Ziel, daß zwei oder mehrere Angebote technisch, administrativ (Management und Organisation) und vertraglich in vergleichbarer Güte vorliegen, erreicht, so kann er sich in die Verhandlungsschlacht stürzen, wo es vor allem um Preise, Termine und Konditionen geht. Die gründliche Vorbereitung der Ausschreibungsunterlagen (s.a. XIV.2) ist ein erster Schritt des Kunden, um dieses Ziel zu erreichen. Schritt zwei ist die sorgfältige Auswahl (s.a. XIV.4) und im dritten Schritt sind dann die zuvor genannten Nachbesserungen vorzunehmen.

Die Anbieter sollten auf diesen Prozeß ebenfalls gut vorbereitet sein. Einmal dadurch, daß sie die im Ausschreibungspaket enthaltenen Kundenwünsche möglichst genau analysieren und in ihrem Angebot darauf eingehen (s.a. XIV.3). Letzteres heißt natürlich nicht, daß alle Wünsche bedingungslos erfüllt werden müssen. Zumal ein Kundenwunsch ja auch unerfüllbar sein kann bzw. nur in Verbindung mit sehr hohen Kosten erfüllbar ist. Ist das Angebot abgeliefert, so beginnt oft sehr schnell das Frage- und Antwortspiel, d.h. die zuvor genannte Nachbesserung. Der Kunde benötigt klärende Zusatzinformationen und besteht manchmal aber auch auf weitere Zugeständnisse. Diese Nach-Angebotsphase ist oftmals genauso wichtig wie die Angebotsphase selbst und die Anbieter sind gut beraten, während dieser Phase qualifiziertes Personal im *stand-by* zu haben. Natürlich ist stets abzuwägen, welche Zugeständnisse gemacht werden können und vor allem zu welchem Preis. Will man aber dabei sein und bleiben so muß dieser Prozeß durchgehalten werden.

Wie in XIV.2 beschrieben sollte so früh wie möglich ein Vertragsentwurf (Mustervertrag) erstellt werden, auf dessen Basis die Vertragsverhandlungen dann geführt werden. Vielfach wird bei Projekten vom Kunden im Rahmen der Ausschreibung ein Mustervertrag mitgeliefert, zu dem dann Stellung zu nehmen ist. Meins sagt in diesem Zusammenhang: »Bevor das Vertragsgespräch mit der Gegenseite stattfindet, sollte ein Vertragsentwurf vorliegen« und er führt ergänzend hierzu aus: »Es liegt auf der Hand, welche Vorteile sich ergeben, wenn der Entwurf von der eigenen Seite erarbeitet wird«.[18]

Fast immer stehen Projekte unter einem mehr oder weniger großen Zeitdruck. Der Kunde wird deshalb versucht sein, die ersten zwei oder drei Anbieter, die auf der *short list* stehen in die engere Wahl zu nehmen und zu Vorverhandlungen einladen. Mit Blick auf Abbildung XVI-5 würden die Firmen A und B sicherlich zu Vorverhandlungen eingeladen werden. Durch die zuvor beschriebene Zusammenstellung von Fakten im Bezug auf die technischen, administrativen und juristischen Vertragsbestandteile (s.a. XIV.2), ist festzuhalten:

a) wo man sich bereits einig ist,
b) wo man der Meinung ist, Kompromisse zu erzielen und
c) wo man gegenteiliger Meinung ist.

Dadurch soll erreicht werden, daß man sich konsequent mit den Punkten b) und c) befaßt und die bereits verabschiedeten Bereiche nicht mehr zur Diskussion stellt. Meins empfiehlt in diesem Zusammenhang die Einhaltung folgender Grundsätze[19]:

(1) Kein Wiederaufrollen einmal zugestandener Positionen,
(2) Kein widerspüchliches Verhalten und
(3) Kein Verstoß gegen die Gebote der Fairness.

In der Praxis und in Verbindung mit den üblichen zeitlichen Engpässen sieht es häufig so aus, daß Kompromisse erzielt werden und zum Schluß dann einige wenige Meinungsverschiedenheiten bestehen bleiben, die dann entweder dazu führen können, daß der Kunde weitere Verhandlungsrunden mit der Konkurrenz führt bzw., daß die unüberwindlich scheinenden Gegensätze im Zusammenhang mit der Preisverhandlung behandelt werden. Die Verhandlung von Preisen, Zahlungsmodalitäten, Vertragsstrafen und Liefergarantien sollte erst im Anschluß an die erzielten Ergebnisse der Verhandlungen über technische, administrative und juristische Details erfolgen. Hierzu nochmals ein Zitat von Meins: »... über das Geld spricht man am besten zuletzt«.[20]

Mit den Ergebnissen der Vorverhandlungen, die nicht selten parallel mit zwei oder mehreren Firmen gleichzeitig geführt werden, ist dann vom Kunden die Abschlußverhandlung einzuberufen. Zu diesem Zeitpunkt werden die konkurrierenden Firmen häufig zu einer letzten Preisreduktion *(best and final)* aufgefordert, die für die Endauswahl ausschlaggebend sein kann. Bei Gemeinschaftsprojekten (Konsortialprojekte) führt die Preisreduktion nach außen oftmals zu einer konsortialinternen Kostenreduktion, bei der alle Beteiligten eine prozentuale Reduktion *(royal cut)* vornehmen müssen.

Die Abschlußverhandlung wird aus Zeitgründen oftmals nur noch mit einem Anbieter geführt, wobei beim Scheitern der Verhandlungen, dann auf den zweitbesten Anbieter zurückgegriffen werden kann. Zweck der Abschlußverhandlung ist es, alle getroffenen Vereinbarungen in den bereits vorverhandelten Vertragsunterlagen (Vertrag und Anlagen) einzubringen und den Vertrag Blatt für Blatt unterschriftsreif zu machen. Bei Projekten mit hoher Komplexität ist es deshalb sinnvoll, daß die betreffenden Fachleute (Ingenieure, Manager und Juristen) des Kunden und des Auftragnehmers zeitweise in getrennten Räumen die Vertragsbestandteile, für die sie zuständig sind, verhandeln und besiegeln. »Erst wenn in allen Punkten Einigkeit besteht, also auch die Lesung stattgefunden hat, ist der Zeitpunkt für die endgültige Einigung in den wenigen, aber entscheidenden Streitpunkten gekommen. Hierzu wird gegebenenfalls auch der Preis gehören«.[21] Die Besieglung erfolgt durch Paraphierung der einzelnen Seiten. Dadurch wird das Vertragsdokument bis zur Unterschrift durch die offiziellen Vertreter der Vertragsparteien unterschriftsreif gemacht. In vielen Fällen ist die Unterschrift ein feierlicher Akt, der dementsprechend gewürdigt wird und manchmal auch in der Öffentlichkeit stattfindet. Hierzu nochmals ein Zitat von Meins: »Ob nun mit großer Unterschriftszeremonie oder kurzerhand mit der Unterschrift durch beide Verhandlungsführer – wenigstens ein Umtrunk, wenn nicht ein Festessen, sollte folgen. Die Vertragspartner versichern sich damit der geschäftlichen Freundschaft und beugen dem psychologischen Phänomen der Abschlußreue vor«.[22]

Vertragsimplementation

Die beidseitige Unterzeichnung des Projektvertrages durch den Auftraggeber und den Auftragnehmer ist prinzipiell die Voraussetzung für die Aufnahme der Projektarbeiten durch den Auftragnehmer. In der Praxis verläuft dieser Vorgang jedoch nicht immer so reibungslos ab. In vielen, wenn nicht sogar in den meisten Fällen kommt es aus den verschiedensten Gründen nicht sofort zur Vertragsunterzeichnung. Oftmals sind es die Vertragsverhandlungen, die sich noch über einen längeren Zeitraum hinziehen, bevor man sich endgültig einigen kann, denn das Angebot, meistens Grundlage für die Auftragsvergabe, ist für den Auftraggeber in vielen Fällen nicht in allen Punkten eindeutig genug. Trotzdem müssen die Projektarbeiten aufgrund der Terminsituation häufig unmittelbar nach der Angebotsauswertung (s. a. Kapitel XIV.4) eingeleitet werden. In diesen Fällen behilft sich der Auftraggeber sehr oft durch eine Absichtserklärung *(Letter of Intent)*, durch die der Zeitraum zwischen Projektbeginn und endgültigem Vertragsabschluß überbrückt werden kann. Der Letter of Intent (LoI), der dem Auftragnehmer als eigenständiges Dokument oder in Brief- oder Telexform zugestellt werden kann, ist eine einseitig, nämlich vom Auftraggeber, abgegebene Absichtserklärung, die den Auftraggeber jedoch nicht zum Vertragsabschluß verpflichtet. Der LoI muß jedoch auf detaillierte Unterlagen, die das abzudeckende Aufgabenspektrum (Leistungsbeschreibung, Ergebnisse, Zeitplan, usw.) und das damit in Verbindung stehende vorläufige Auftragsvolumen *(Limit of Liability – LoL)* beschreiben, basieren. In der Praxis wird meistens so verfahren, daß der Auftraggeber auf der Grundlage des Angebotes die vorzuziehenden Arbeitspakete herausgliedert und sie zum Bestandteil des LoI macht. Ähnlich wird bei der Festlegung des LoL (Limit of Liability) für die vorgezogenen Aktivitäten verfahren.

Insbesondere während der Vertrags-Implementationsphase und/oder bei der Implementation des LoI ist eine enge Zusammenarbeit zwischen dem Projektleiter und dem Firmen-Vertragsmanagement sehr wichtig. Bei Großprojekten kann es sogar erforderlich werden, daß der Verantwortliche für das Vertragsmanagement ganz oder für die Implementationsphase in das Projekt abgestellt wird. Als direkter Mitarbeiter des Projektmanagement-Teams hat er einen wesentlich engeren Kontakt zur Projektmannschaft und lernt die Projektbelange besser kennen.

Vertragsänderungen

Wie bei fast allen Dingen im Projekt ist auch der Projekt-Vertrag Änderungen unterlegen, sei es, daß der Auftraggeber um Änderungen nachsucht, oder der Auftragnehmer eine Vertragsänderung beantragt. Vertragsänderungen können zum Beispiel technische, terminliche wie auch finanzielle Aspekte betreffen (s. a. Kapitel XII.2). Will der Auftraggeber zum Beispiel das Leistungsspektrum erweitern, so führt dies zu einer entsprechenden Änderung, die in der Regel auch eine terminliche und/oder finanzielle Konsequenz (Änderung) nach sich zieht. Eine andere Situation ergibt sich, wenn der Auftragnehmer zum Beispiel aufgrund von verspäteten Gerätebeistellungen durch den Auftraggeber Änderungswünsche im Zeitplan geltend macht.

Änderungswünsche zum Vertrag sind durch eine formelle Änderungsanzeige (Änderungsantrag) anzuzeigen. Die Europäische Raumfahrtagentur ESA hat ein spezielles Formblatt zur Anzeige von Änderungswünschen entwickelt, das der Antragsteller benutzen muß, um über folgende Punkte Auskunft zu geben[23]:

– Vorgeschlagene Klassifikation der Änderung (s. a. Kapitel XII.2),
– Vorgesehenes Implementationsdatum für die Vertragsänderung,
– Änderungsbeschreibung,
– Änderungsbegründung,
– Auswirkungen der Änderung auf den Terminplan, die Kosten oder auf andere vertragliche Aspekte,
– Technische Auswirkungen und Konsequenzen der Änderung auf die Leistung des Systems oder der Teilsysteme,
– Identifikation der durch die Änderung betroffenen Arbeitspakete,
– Geschätzte Änderungskosten,
– Unterschrift des Projektleiters und des Vertragsmanagers.

Genehmigte Vertragsänderungen werden Bestandteil des Vertrages, und zwar in Form eines Zusatzes, einer Streichung oder einer Revision.

Quellen zu Kapitel XIII

1 Ebisch, Hellmuth und Gottschalk, Joachim: Preise und Preisprüfungen bei öffentlichen Aufträgen, Verlag Franz Vahlen, München, 4. Auflage, 1977, S. 57.
2 Vgl. Quelle 1, S. 117.
3 Madauss, Bernd-J.: Planung und Überwachung von Forschungs- und Entwicklungsprojekten, AIB-Fachliteratur, Gerberstr. 3b, Bad Aibling, S. VII-19.

 4 Rüstungserlaß vom 19. 2. 1982 (Rü VIII 4-Az: 78–60–40–01), Wehrdienst 841/82, 29. 3. 82.

 5 Peeters W. A. u. in't Veld J.: The Use of Alternate Contract Types in Europe As Protection Against Overruns, National Contracts Management Journal, Vol 23, Summer 1989, Issue I, S. 23.

 6 Kahn, S. G.: Partners in Risk – Cost Incentive in Development Contracts, in: ESA-Bulletin Nr. 26, S. 48.

 7 Vgl. Quelle 3, S. VII-23.

 8 NASA: Incentive Contracting Guide, NASA-Handbuch NHB 5104.3, 1. 8. 67.

 9 Department of Defense: Incentive Contracting Guide, DoD-Handbuch FM 38–34, 19. 1. 65.

10 Vgl. Quelle 3, S. VII-15 und VII-16.

11 ESA: »General Clauses and Conditions for ESA Contracts«, ESA-Dokument ESA/C/290, Rev. 2.

12 Vgl. Quelle 3, S. VII-17.

13 US-Air Force: Work Statement Preparation, AFSCM 70–5, 1. 2. 68.

14 NASA: Statement of Work Handbook, NASA-Handbuch NHB 5600.1, 6. 10. 66.

15 NASA: Statement of Work – Space Shuttle System Program Definition, RFP Nr. 10–8423, Februar 1970.

16 Meins, John: Die Vertragsverhandlung, 2. Aufl., Schäffer-Poeschel Verlag, 1993, S. 1.

17 Vgl. Quelle 16, S. 11

18 Vgl. Quelle 16, S. 15.

19 Vgl. Quelle 16, S. 49f.

20 Vgl. Quelle 16, S. 58

21 Vgl. Quelle 16,S. 64

22 Vgl. Quelle 16, S. 75

23 ESA: Project Control Requirements and Procedures for Major Procurement Actions, Phase C/D System Development and Production, ESA-Dokument PSS-33, Ausgabe I, 3. 1. 1977, S. 8–2.

Kapitel XIV:
Wettbewerb und Angebotserstellung

Unser Wirtschaftssystem beruht auf den Prinzipien der freien Marktwirtschaft, in der Angebot und Nachfrage das entscheidende Regulativ sind. Die Abwicklung von Projekten unterliegt, wie jede andere industrielle oder behördliche Aufgabe, ebenfalls den Gesetzen des Marktes und muß sich ihnen anpassen. Auch für Forschungs- und Entwicklungsprojekte gelten die gleichen Bedingungen. Aus diesen Gegebenheiten resultiert der Zwang zum Wettbewerb und die damit verbundene positive Auslese. Eine der tragenden Säulen des Wettbewerbs ist die Erstellung von Angeboten.

Immer dort, wo die Regeln der freien Marktwirtschaft durch besondere Maßnahmen verletzt werden, kommt es früher oder später unweigerlich zu unliebsamen Marktverzerrungen. Die aus politisch motivierten Gründen vorgenommenen Subventionen im EG-Bereich, deren Rechtfertigung hier nicht in Frage gestellt werden soll, sind hierfür ein gutes Beispiel. So wurden in der Vergangenheit viele Projekte ohne Berücksichtigung der Prinzipien der freien Marktwirtschaft abgewickelt, was in einigen Fällen zu regelrechten Projektkatastrophen führte. Die Vermeidung jeglichen Wettbewerbs oder wettbewerbsähnlicher Bedingungen bei Großprojekten in Milliardenhöhe führte zu enormen Terminverschleppungen, Qualitätseinbußen, unerträglichen Kostensteigerungen und zur Schaffung eines phlegmatischen Projektklimas, verbunden mit allen Anzeichen der Negativauslese.

Die Stärke unseres Wirtschaftssystems hängt jedoch in erheblichem Maße von unserer Leistungs- und Wettbewerbsfähigkeit auf den nationalen und internationalen Märkten ab. Auch bei der Realisierung von Forschungs- und Entwicklungsprojekten müssen wir uns deshalb dem nationalen und internationalen Wettbewerb stellen. Die aus dem Wettbewerb resultierenden Ergebnisse führen nicht nur zu marktgerechteren Produkten, sondern erbringen uns darüber hinaus eine größere Positivauslese im Personalbereich, was für unsere Zukunft von allergrößter Bedeutung sein wird. Talente können sich nur im Wettbewerbsklima optimal entfalten und beziehen viele notwendige Impulse zur Kreativität aus der Konkurrenzsituation. So wie die Auszeichnung des Sportlers sich nur aus den im Wettkampf erzielten Ergebnissen ableiten läßt, kann der persönliche Erfolg des Ingenieurs auch nur im Wettbewerbsklima anhand von nachweisbaren Errungenschaften klar und eindeutig herausgestellt werden.

1. Angebote – ein wichtiges Marketinginstrument

Angebotsstrategien im Projekt

Angebote stellen für die Unternehmen ein wichtiges Marketinginstrument dar. Durch sie werden zukünftige Geschäftsverbindungen eingeleitet, und sie sind das Aushängeschild einer Firma. Folgt man Majaros Gliederung des Marketing-Mix, so sind folgende Marktelemente bei der Angebotserstellung zu berücksichtigen:[1]

– Externe, unkontrollierbare Elemente:
  □ Umgebungsbedingungen,

- □ Wettbewerbsbedingungen,
- □ Institutionelle Gegebenheiten und
- □ die Rechtssituation (Gesetzgebung).
- Interne, kontrollierbare Elemente:
  - □ das Produkt,
  - □ der Preis,
  - □ die Werbung,
  - □ der persönliche Verkauf und
  - □ der Absatz.

Die externen, unkontrollierbaren Marktelemente, die von einigen wenigen Ausnahmen abgesehen nur geringfügig beeinflußbar sind, setzen dem Anbieter einen festen Rahmen. Unter den Umgebungsbedingungen sind die politischen, kulturellen und wirtschaftlichen Gegebenheiten des Landes oder der Länder, in dem man sich bewegt oder bewegen möchte und die vom Anbieter meist voll zu berücksichtigen sind, zu verstehen. Auch die Wettbewerbsbedingungen sind aufgrund bestehender Konkurrenz meistens unveränderbar und als Gegebenheit hinzunehmen. Desgleichen sind auch die institutionellen Gegebenheiten eines Landes, zum Beispiel die Abnahme technischer Produkte durch den TÜV, und die Gesetzgebung, zum Beispiel das Steuer- und Zollrecht, unveränderbare Grundvoraussetzungen für den Wettbewerber.

Interne, kontrollierbare Marktelemente sind dagegen das anzubietende Produkt und sein Preis. Werbung, persönlicher Verkauf und Absatzplanung sind weitere wichtige Marktelemente, die ein Unternehmen steuern kann.

Bei der Entwicklung von Angebotsstrategien für die Abwicklung von extern finanzierten Vorhaben fällt der Projektabteilung eines Unternehmens eine bedeutende Rolle zu. Anders als bei Massengütern ist das zu verkaufende Produkt ja noch nicht fertig, sondern nur als Idee oder Produktbeschreibung fixiert. Die Projektgruppe muß deshalb versuchen, das zukünftige Produkt unter Einbeziehung aller externen und unkontrollierbaren Marktelemente im Papierstadium dem zukünftigen Kunden anzubieten. Ziel der Projektgruppe muß es in solchen Fällen sein, daß die erstellten Planungsunterlagen im Vergleich mit der Konkurrenz einen überzeugenden Wettbewerbsvorteil bieten.

Völlig gleichrangig mit dem Produkt selbst steht in den meisten Fällen der Produktpreis im Blickpunkt des Wettbewerbs. Bei gleichem Produktangebot ist der Preis oft das entscheidende Auswahlkriterium. Die Projektgruppe ist deshalb von vornehrein in den Kosten- und Preisfindungsprozeß mit einzubinden, da die entscheidenden Parameter zur Kostenermittlung, zum Beispiel die Produktfunktion und -qualität, vom Projekt beeinflußbar sind. Bei der Angebotserstellung ist deshalb in vielen Fällen ein Abwägen zwischen den technischen Möglichkeiten und den damit in Verbindung stehenden Kosten unerläßlich (s. a. Kapitel X.4 – Kosten als Entwurfsparameter). Die Aufgabe des Projektingenieurs besteht also nicht nur in der Planung eines technisch konkurrenzfähigen Produktes, sondern in der Konzipierung eines Produktes mit dem marktgünstigsten Preis/Leistungs-Verhältnis. Hinterhuber schreibt in diesem Zusammenhang: »Der Ingenieur, der nicht in der Lage und bereit ist, ein Trade-off zwischen zusätzlicher Leistung und zusätzlichen Kosten im Hinblick auf ein bestimmtes Preisziel zu verwirklichen, übt in Wirklichkeit in unserer Zeit nur die Hälfte seines Berufes aus; der gute Ingenieur muß, mit anderen Worten, entscheiden, welche Kombination aus Leistung und Kosten das marktgerechteste Produkt ergibt.«[2]

In diesem Zusammenhang ist es wichtig, auf die Zusammenhänge zwischen den Projektkosten und der Festlegung des Verkaufspreises hinzuweisen. Auf der Basis detaillierter Projektpläne werden die zur Projektdurchführung notwendigen Mengenansätze für Personal, Material, Maschinen, usw. vom Projektteam ermittelt und mit den im Unternehmen üblichen Verrechnungssätzen (Stundensätze für Personal und Maschinen, Materialpreise und Gemeinkostenzuschläge, usw.) multipliziert (s. a. Kapitel X.2). Die Summe aller Einzelkosten ist dann zusammenzufassen und wie in Abbildung XIV-1 gezeigt, durch Zuschläge für Verwaltungsgemeinkosten sowie der angestrebten Gewinnspanne zu beaufschlagen, um zum Verkaufspreis zu gelangen. Abbildung XIV-1 verdeutlicht die starke Einflußnahme des Projektes auf die Preisbildung. Aus diesem Grunde muß ein verantwortungsvoller Projektleiter stets bemüht sein, die Herstellkosten möglichst geringzuhalten bzw. durch Vergleichsanalysen (trade-offs) mit den technischen Parametern eine kostenoptimale Lösung bei noch wettbewerbsfähigem, technischem Angebot herbeizuführen. Darüber hinaus hat die Unternehmensleitung ferner die Möglichkeit, durch Gewinnminimierung und/oder Eigenfinanzierung eventuell noch bestehende Unterschiede zum gängigen Marktpreis auszugleichen.

Die bisherigen Ausführungen machen klar, wie wichtig es ist, daß die zukünftige Projektleitung bei größeren Vorhaben bereits im Angebotsstadium eine verantwortungsvolle Rolle für das zukünftige Projekt übernimmt. In den meisten Fällen verfügt das vorgesehene Projektteam bereits über entsprechendes Know-how oder ist bereits an Vorphasen beteiligt gewesen. In jedem Fall setzt die Angebotserstellung jedoch eine gründliche Analyse der Kundenwünsche, der technischen Möglichkeiten und der Kapazitäten der eigenen Firma voraus, bevor die eigentlichen Arbeiten zur Angebotserstellung beginnen können. Aber auch die Beurteilung der Konkurrenz und der daraus ableitbaren Wettbewerbschancen sind rechtzeitig ins Kalkül zu ziehen, um die Abgabe eines von vorneherein verlorenen Angebots zu vermeiden, denn Angebote kosten Geld.

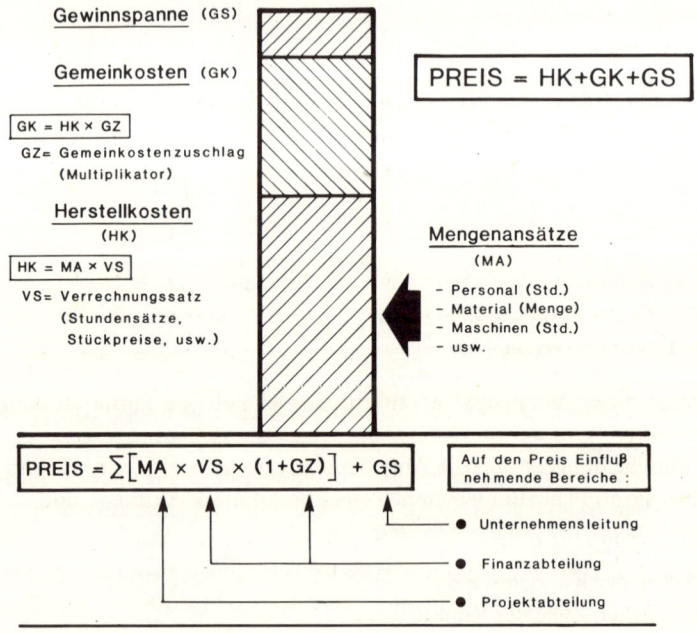

Abb. XIV-1: Gliederung des Verkaufspreises

Aus der Summe aller Fakten ist vom Projekt eine Angebotsstrategie zu formulieren, die, soweit möglich, auf die Stärken des eigenen Unternehmens und die bekannten Schwächen der Konkurrenz abgestimmt ist. In vielen Fällen hat sich die Herausstellung von Angebotsoptionen, indem dem Kunden oder Besteller neben dem Basisangebot noch zusätzliche Optionen oder Alternativen angeboten werden, als eine für beide Seiten zufriedenstellende Lösung herausgestellt. Es zeigt einerseits die Flexibilität des Anbieters und bietet dem Kunden (Auftraggeber) andererseits ein breiteres Entscheidungsspektrum. Bei großen Vorhaben ist es für den Kunden oftmals sehr schwer, sich zwischen zwei gleich guten Anbietern zu entscheiden, und er wird nach Lösungen suchen, die Entscheidung in mehrere Einzelentscheidungen aufzuteilen. Er will sich eventuell an das Problem erst langsam herantasten. In solchen Fällen hätte ein modulares Konzept des Anbieters, in dem die Projektabwicklung in Phasen angeboten wird, (s.a. Kapitel IV) sicherlich Wettbewerbsvorteile. Der Kunde sieht einen Ausweg aus der »Alles oder Nichts«-Entscheidung, und der Anbieter hat durch diese Strategie die Möglichkeit, sich eine optimale Startposition für Folgephasen auszubauen. Hierzu ein Zitat von Hinterhuber: »Strategische Entscheidungen sind dadurch gekennzeichnet, daß sie im Unterschied zu taktischen Entscheidungen nicht auf die Erreichung eines bestimmten Zieles, sondern auf die Suche einer optimalen Position gerichtet sind, von der aus spezifische, nach Wegfall bestimmter Unsicherheitselemente präzisierbare Ziele erreicht werden können.«[3]

Angebots-Vorbereitung

Die Erstellung von Angeboten ist meistens eine sehr schwierige und mit viel Aufwand verbundene Aufgabe. Insbesondere die Erstellung von Angeboten für komplexe oder neu zu entwickelnde Produkte und Leistungen, die sich noch im Planungsstadium befinden, erfordert eine gründliche Analyse der Kundenwünsche, der allgemeinen Randbedingungen, der technisch und wirtschaftlich vertretbaren Möglichkeiten sowie der personellen, maschinellen und finanziellen Voraussetzungen (Ressourcen) der eigenen Unternehmung. Selbst wenn man davon ausgehen kann, daß sämtliche der soeben genannten Informationen in irgendeiner Form griffbereit vorliegen, sollte jedes Unternehmen zuerst in einer Voranalyse – Silver bezeichnet diesen Vorgang mit *Selbstanalyse* – folgende Punkte klären[4]:

- bestehen Gewinnchancen,
- paßt das Produkt in die Firmenstrategie und
- wie hoch sind die Angebotskosten?

Auf der Grundlage dieser Voranalyse ist zu entscheiden, ob die Firma an dem Wettbewerb teilnimmt oder nicht.

Bei positiver Entscheidung ist nun die Angebotsstrategie zu entwickeln. Ammon-Wexler und Carmel bezeichnen sie als Plan zum Gewinnen eines bestimmten Auftrages und nennen folgende Punkte als Hauptelemente der Angebotsstrategie[5]:

- detaillierte Analyse der Kundenwünsche,
- Analyse der möglichen Ziele der Konkurrenz,
- Ermittlung der eigenen Möglichkeiten und
- die Festlegung eines Angebotsplanes mit den höchstmöglichen Gewinnchancen.

Im Anschluß an die Erstellung einer Angebotsstrategie sind folgende Maßnahmen von ausschlaggebender Bedeutung für das Gelingen eines gewinnträchtigen Angebots:

– Nominierung eines Angebotsleiters,
– Zusammenstellung eines Angebotsteams,
– Erstellung eines Angebotsplans und
– Bewilligung von Angebotsmitteln.

In Abbildung XIV-2 ist der detaillierte Ablauf der Angebots-Vorbereitungsphase wiedergegeben.

   Die Nominierung eines Angebotsleiters, bei dem sämtliche Fäden aus Technik und Administration zusammenlaufen sollten, hat sich in der Praxis, insbesondere bei großen und komplexen und
mit hohem Neuheitsgrad behafteten Vorhaben, als sehr zweckmäßig bewährt. Dadurch wird
gewährleistet, daß die Angebotsabwicklung, für die in der Regel stets zu wenig Zeit zur Verfügung steht, ähnlich wie die spätere Produkterstellung, mit größerer Effizienz erfolgt. Der Angebotsleiter ist der zentrale Ansprechpartner für sämtliche Angebotsaktivitäten. In vielen Firmen
gibt es eine zentrale Angebotsabteilung, die automatisch sämtliche Angebotsarbeiten koordiniert.
Es ist keine Frage, daß es sich bei dieser Einrichtung um eine sehr nützliche Regelung handelt. Die
zentrale Angebotsabteilung muß bei der Erstellung von Angeboten für große und komplexe
Vorhaben jedoch auf eine enge Zusammenarbeit mit der zukünftigen Projektabteilung bedacht
sein, da derartige Angebote zum größten Teil aus technischen Unterlagen bestehen. Oft wird die
Angebotsleitung in solchen Fällen deshalb einem Techniker übertragen, der unter Anleitung und
mit Unterstützung der zentralen Angebotsabteilung für die Angebotserstellung verantwortlich ist.
Die Angebotsabteilung übernimmt dann die Erstellung von einheitlichen Richtlinien, die der
Angebotsleiter zu befolgen hat, und in enger Zusammenarbeit mit dem Projektpersonal die
Ausarbeitung des finanziellen Angebots. Die Angebotsintegration, das heißt, die auf Routine
beruhenden Standardtätigkeiten, wie zum Beispiel die Gestaltung des Layouts, Edition, Druck,
usw. sind ein weiteres Aufgabengebiet der zentralen Angebotsabteilung. In Abbildung XIV-3 ist
diese Situation am Beispiel einer typischen Angebotsorganisation für Großprojekte wiedergegeben. Die derart installierte Angebotsleitung ist eine Organisationseinheit, die nur vorübergehend
und für ein bestimmtes Angebot eingesetzt wird. Bei der Nominierung des Angebotsleiters ist
folgender Grundsatz zu beachten: »Der beste Mann, das zukünftige Projekt zu leiten, ist oftmals
nicht der beste Mann zur Leitung der Angebotsarbeiten.«[6]

   Die Erstellung eines Angebotes für ein großes und komplexes Vorhaben setzt voraus, daß
Mitarbeiter der verschiedensten technischen und administrativen Abteilungen mit ihrem Wissen
und ihrer Erfahrung daran beteiligt werden, denn in vielen Fällen erwartet der zukünftige Kunde
in Verbindung mit dem Angebot eine klare technische Ausarbeitung, die Vorstellung einer
einwandfreien Managementkonzeption sowie eine ausgereifte Planung und darauf aufbauend ein
detailliertes Kosten- und Preisangebot. Bei größeren Angebotsaktionen, bei denen zum Beispiel
ca. zehn Mitarbeiter über einen längeren Zeitraum gemeinsam eng zusammenarbeiten, empfiehlt
sich die vorübergehende räumliche Zusammenlegung. Bietet sich zum Beispiel die Möglichkeit
ein größeres Büro oder zum Beispiel ein entbehrlicher Konferenzraum, für einige Tage oder
Wochen für die Angebotsarbeiten freizumachen, so sollte hiervon unbedingt Gebrauch gemacht
werden. Auf weitere Einzelheiten wird hierzu in XIV.3 eingegangen.

   Die Erstellung eines detaillierten Ablaufplans, in dem sämtliche Aktionen sowie die jeweiligen
Verantwortlichkeiten genau festgelegt sind, ist für die Angebotserstellung von allergrößter Bedeu-
tung. Es ist nämlich äußerst schwierig, in relativ kurzer Zeit – meistens stehen auch für komplexe
Vorhaben nur einige wenige Wochen zur Verfügung – ein mehrere hundert Seiten umfassendes

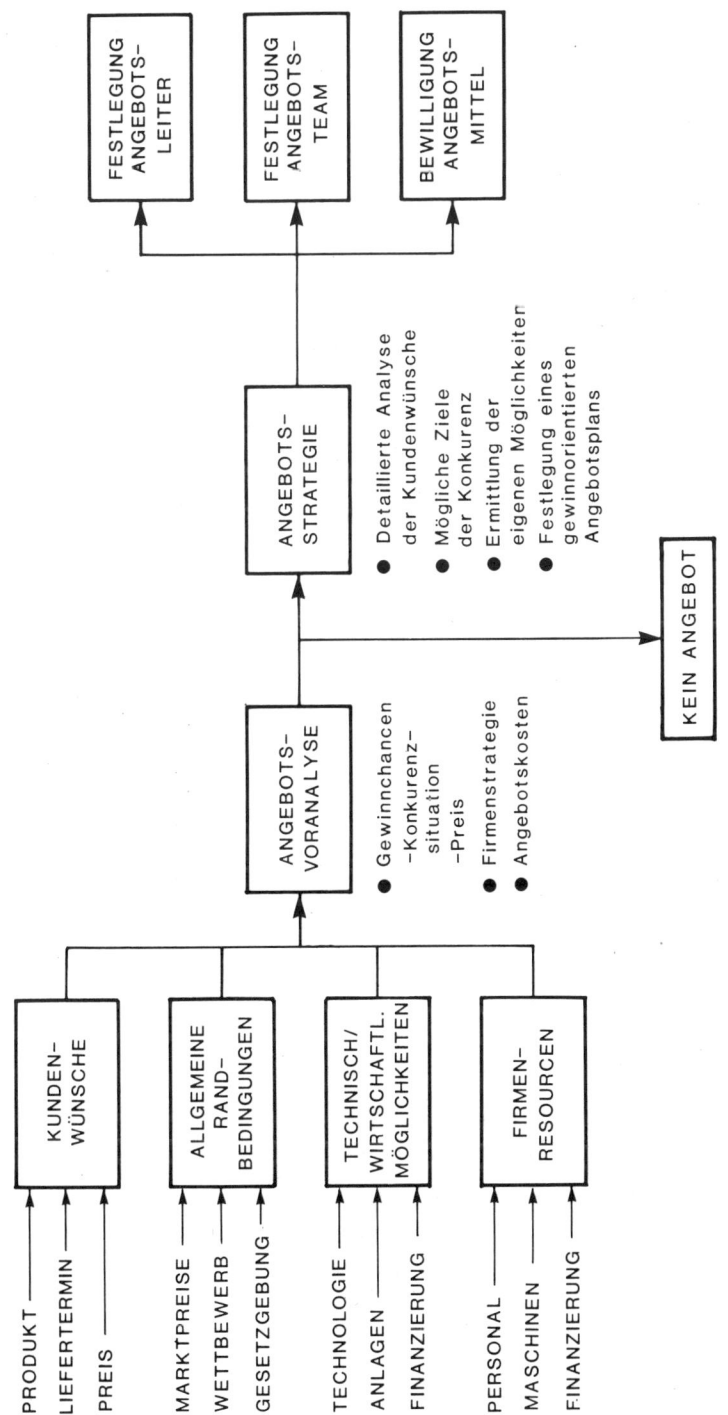

Abb. XIV-2: Angebots-Vorbereitungsphase

und brillant abgefaßtes Angebot zu erstellen. So ist es zum Beispiel äußerst wichtig, daß schon zu einem relativ frühen Zeitpunkt eine detaillierte Angebotsgliederung vorliegt und bis zur Hälfte der Gesamtzeit unbedingt die ersten Entwürfe der einzelnen Kapitel fertig sind, denn das dicke Ende kommt noch. Die Kapitel sind aufeinander abzustimmen, Widersprüche sind auszumerzen, und die dann zu erstellenden Reinschriften müssen noch editiert werden. Etwa zwanzig Prozent der Angebots-Erstellungszeit sind für die Edition, Zusammenstellung, Vervielfältigung/Druck und die Auslieferung zu reservieren (s. a. Abb. XIV-8).

Die Kosten für die Erstellung von Angeboten sind keine zu vernachlässigende Größe, und nur in den seltensten Fällen wird der Kunde bereit sein, die Angebotskosten teilweise oder ganz zu übernehmen. Es ist nicht möglich, an dieser Stelle Richtwerte für Angebotskosten zu nennen, da die aufzuwendenden Kosten für Angebote branchen- und produktspezifisch sind und die meisten Industrieunternehmen wohl auch nicht bereit sind, hierüber Auskunft zu geben. Außerdem wird eine Firma zur Erlangung einer neuen Marktposition sicherlich bereit sein, mehr Angebotsmittel bereitzustellen als für eine Routineaufgabe. In jedem Falle sind bei vielen Firmen die aufzubringenden Kosten zur Angebotserstellung keine Lappalie, sondern ein Posten, der erheblich zu Buche schlägt.

Die Reduzierung des Angebotsaufwandes, ohne daß dadurch ein Qualitätsverlust eintritt, ist deshalb sicherlich eine willkommene Maßnahme. In XIV.3 wird hierauf besonders eingegangen.

Features und Optionen

Der Anbieter versucht den potentiellen Auftraggeber durch sein Angebot auf die Vorzüge seines Produktes sowie auf die Vorteile, mit ihm zusammenzuarbeiten, hinzuweisen. Nach dieser Maxime muß er sein Angebot aufbauen. Bei der bereits erwähnten Selbstanalyse wird manch ein Unternehmen nicht selten zu dem Schluß kommen, daß es bei ehrlicher Einschätzung der Situation kaum Wettbewerbsvorteile zur Konkurrenz gibt. Es bestehen keine Technologievorsprünge, der Marktpreis läßt sich kaum unterbieten, und es sind auch sonst keine Wettbewerbsvorteile zu entdecken.

Wie kann der Anbieter unter diesen Umständen trotzdem noch erhebliche Wettbewerbsvorteile im Vergleich zur Konkurrenz für sich verbuchen? Die Herausstellung von *Features,* das heißt die Hervorhebung von Besonderheiten und die Definition von Optionen oder Alternativen zum Basisangebot sind in vielen Fällen erfolgversprechende Maßnahmen. Selbstverständlich muß es sich dabei um realistische, glaubwürdige und das Angebot verbessernde Vorschläge handeln. Ein wortreiches aber nicht durchführbares Zusatzangebot würde dem Basisangebot eher Schaden zufügen.

Die Unterstreichung der im Angebot enthaltenen *Features,* zum Beispiel die Anwendung eines neuen Managementverfahrens als ein charakteristisches Merkmal der Projektleitung, machen das Auswertungsteam des Auftraggebers auf die Vorzüge des eigenen Angebots aufmerksam. Weitere Beispiele könnten die modulare und leicht modifizierbare Bauweise des Produktes sowie Vorteile der Wartung sein. Oftmals werden diese Punkte zwar im Entwurf berücksichtigt, jedoch an keiner Stelle explizit abgesprochen. Vorzuschlagen ist, daß man schon zu Beginn der Angebotsphase einen Katalog möglicher oder vorzusehender Features aufstellt und diese in die Angebotsarbeiten mit einfließen läßt.

Jede Angebotsstrategie sollte darüber hinaus die frühzeitige Definition von Projektoptionen

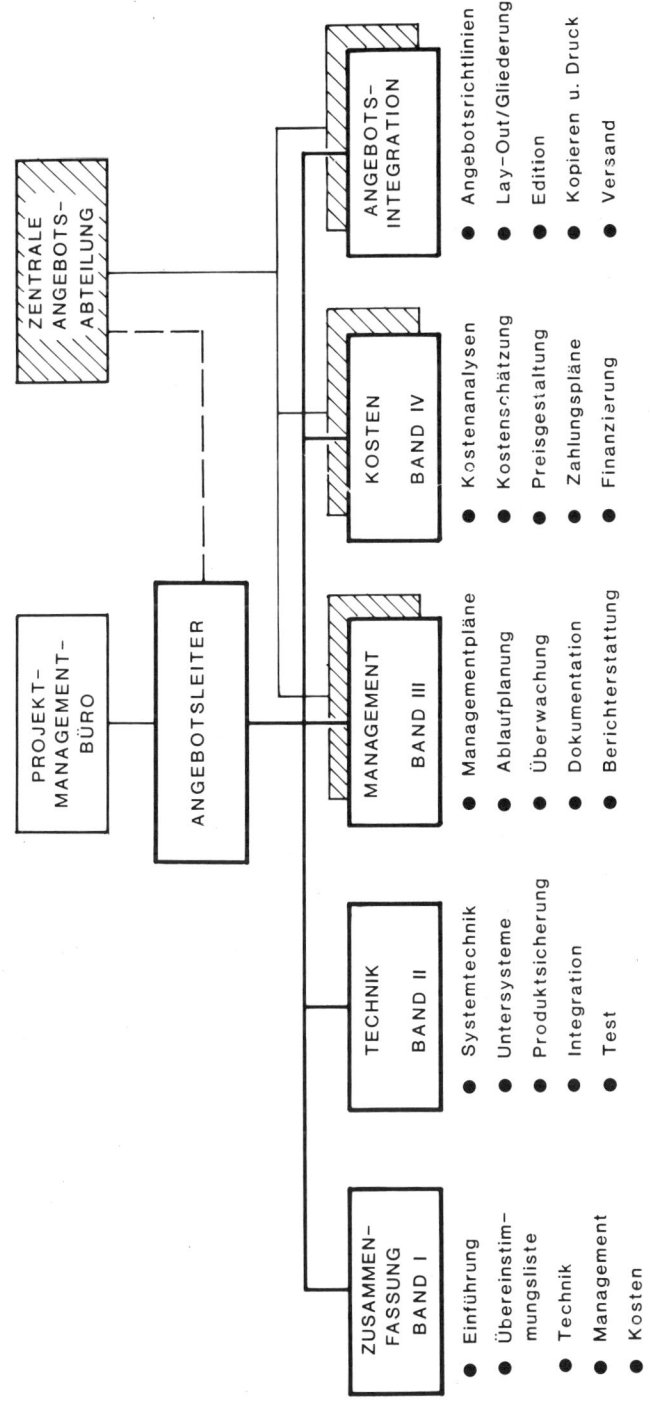

Abb. XIV-3: Zusammenspiel zwischen der zentralen Angebotsabteilung und dem Projektteam

und -alternativen einschließen. Man kann in den meisten Fällen zwar davon ausgehen, daß der Auftraggeber eine klare Vorstellung von dem zu erwerbenden Produkt hat, andererseits jedoch auf Optionen, die weitere Wünsche ermöglichen, und auf Alternativen, die eine Wahlmöglichkeit vorsehen, positiv reagiert. Das Angebot ist gewissermaßen die Fortsetzung der Auftraggeber-Gedanken. Geht der Anbieter nun auf die Gedanken des Auftraggebers genau ein, indem er zuerst ein auf die Kunden-Forderung möglichst exakt passendes Basisangebot erstellt, dies jedoch durch zusätzliche Optionen und Alternativen erweitert, was einer qualitativen Verbesserung gleichkommt, so wird der Auftraggeber dies in der Regel positiv honorieren. Natürlich haben Optionen und Alternativen auch ihren Preis. Sie können das Produkt verbessern, und in der Regel kostet es dann auch mehr. Genauso sind aber auch Vorschläge möglich, die auf eine Kostenreduktion hinzielen. Dieses Gebiet ist jedoch zu umfangreich, um es hier erschöpfend behandeln zu können; es sollte aber bei keinem Angebot vergessen werden.

Die Rolle des Auftraggebers und des Auftragnehmers

Größere industrielle oder öffentliche Projekte können nur selten vom zukünftigen Nutzer (Auftraggeber) allein durchgeführt werden. Oft fehlt dazu die Kapazität (Personal, Maschinen und Anlagen) oder die spezielle Erfahrung. In vielen Fällen kommt es deshalb zur Beauftragung eines oder mehrerer Unternehmen mit der Realisierung von Teilbereichen des Vorhabens; manchmal wird aber auch die Durchführung des gesamten Projektes einem Generalunternehmer übertragen. Oft kann das ausgewählte Unternehmen die Aufgabe jedoch nicht allein abwickeln und muß weitere Unterauftragnehmer mit einschalten, die ihrerseits wiederum auf Lieferanten angewiesen sind. In Abbildung XIV-4 ist dieser Zusammenhang und die daraus resultierende Auftraggeber-Auftragnehmerbeziehung bis zur dritten Stufe erläutert.

Die Vergabe von Aufgabenpaketen an einen Auftragnehmer erfordert vom Auftraggeber eine gründliche Vorbereitung und Planung, bevor er an externe Firmen mit der Bitte um ein Angebot herantritt. Er sollte vor allem möglichst genau wissen, was er will, und – um in der Sprache des privaten Bauherrn zu sprechen – über einen groben Bauplan verfügen.

Die Rolle des Auftraggebers läßt sich in ihrer zeitlichen Reihenfolge wie folgt zusammenfassen:

(1) Erstellung der Ausschreibungsunterlagen:
  – Definition der Projektanforderungen (Produkt, Ziele, Randbedingungen, usw.),
  – Erstellung des Pflichtenhefts (Leistungsverzeichnis),
  – Festlegung der Kostenobergrenze,
  – Festlegung von Terminvorgaben,
  – Beschreibung der Angebotsbedingungen und -richtlinien,
  – Erstellung der Angebots-Bewertungskriterien.
(2) Auswahl des Auftragnehmers:
  – Angebotsauswertung,
  – generelle Beurteilung der Bewerber (Firmenkapazität, bisherige Leistungen, usw.),
  – Sicherheiten (zum Beispiel Bankbürgschaften),
  – sonstige Gesichtspunkte (zum Beispiel politische Aspekte).
(3) Vertragsverhandlungen mit dem ausgewählten Auftragnehmer (s.a. Kapitel XIII.3).
(4) Überwachung des Auftragnehmers bei der Projektdurchführung:
  – Statusbesprechungen,

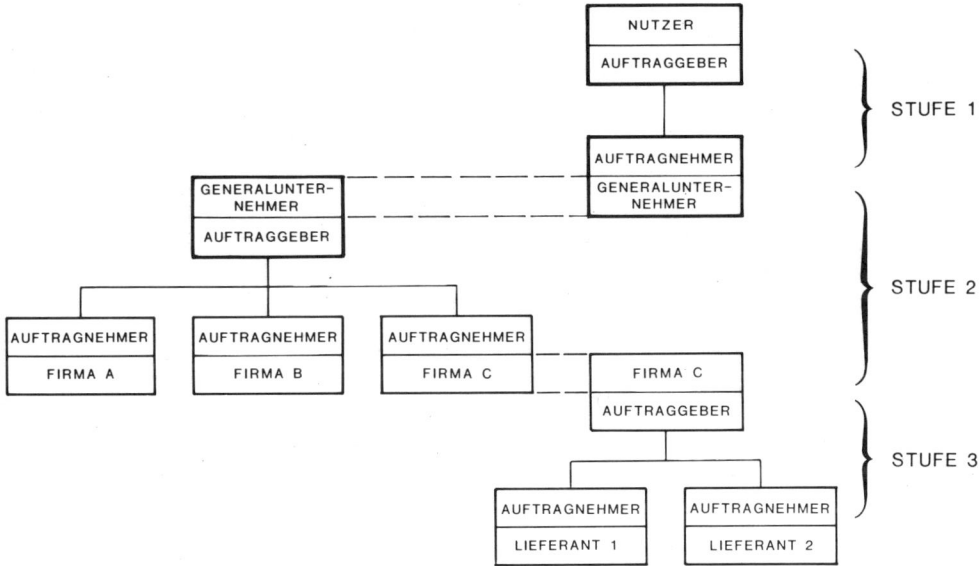

Abb. XIV-4: Dreistufige Auftraggeber-/Auftragnehmerbeziehung

- Projektreviews,
- Änderungsüberwachung.
(5) Produktabnahme:
   - Qualitätsprüfungen bei der Übernahme,
   - Abnahmetests,
   - Produktübergabe.

Die Aktionen des Auftragnehmers sind, wie in Abbildung XIV-5 gezeigt, mit den Aktivitäten des Auftraggebers eng verzahnt. Die Rolle des Auftragnehmers läßt sich in ihrer zeitlichen Reihenfolge wie folgt zusammenfassen:

(1) Angebotserstellung:
   - Auswertung der Ausschreibungsunterlagen,
   - Angebotsplanung,
   - Angebotsfertigstellung,
   - Zusammenfassung, Druck und Auslieferung.
(2) Vertragsverhandlungen mit dem Auftraggeber (s.a. Kapitel XIII.3).
(3) Projektdurchführung:
   - Konstruktion und Entwicklung,
   - Fertigung,
   - Zusammenbau und Test,
   - Qualitätskontrolle und Abnahmen.
(4) Berichterstattung an den Auftraggeber:
   - Technische Berichte,

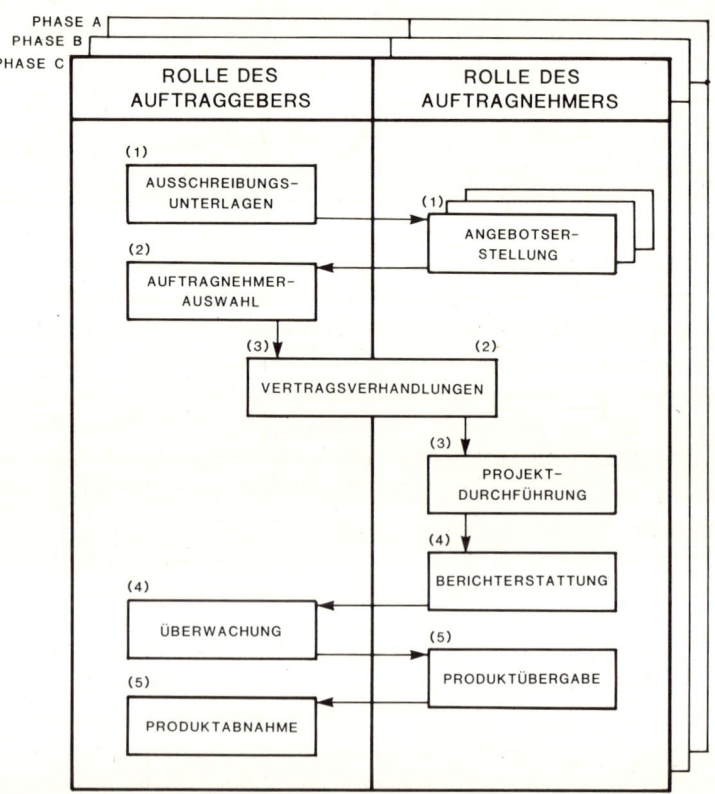

Abb. XIV-5: Verknüpfung der Auftraggeber-/Auftragnehmeraktionen

- Statusberichte,
- Kosten- und Finanzberichte.
(5) Produktübergabe:
- Verpackung und Verladung,
- Transport,
- Übergabe.

Die Beziehungen zwischen dem Auftraggeber und dem Auftragnehmer werden in der Regel
vertraglich festgelegt. Der zwischen den Vertragsparteien geschlossene Vertrag, bestehend aus dem
juristischen Hauptteil und den zusätzlichen Vertragselementen, wie zum Beispiel Spezifikationen,
Leistungsbeschreibungen, usw., regelt die Beziehungen zwischen den beiden Partnern (s.a. Kapitel XIII,2). Die Gründlichkeit und Tiefe des Vollzuges der zuvor genannten Auftraggeber- und
Auftragnehmeraktionen tragen ganz wesentlich zum Projekterfolg bei.

2. Ausschreibungsunterlagen

Aufforderung zum Wettbewerb

Der Vergabe eines Projektauftrages geht in der Regel eine Angebotsphase zur Erlangung eines marktgerechten Angebotes voraus, auf dessen Basis der Auftraggeber dann die günstigste Offerte auswählen kann. Die Angebotsphase wiederum basiert auf der Angebotsaufforderung des Auftraggebers, in der die Projektanforderungen und allgemeinen Bedingungen festgelegt sind. Der Auftraggeber muß also selbst umfangreiche Vorbereitungsarbeiten leisten, um über ausreichende Informationen zur Erstellung der Ausschreibungsunterlagen zu verfügen. Handelt es sich zum Beispiel um ein Forschungs- und Entwicklungsvorhaben, so durchläuft das Projekt in der Regel mehrere Phasen: Konzept, Definition, Entwicklung, Produktion, Betrieb und Außerdienststellung (s. a. Kapitel IV). In den Frühphasen muß der Auftraggeber sich das Wissen über das zukünftige, bisher nur auf dem Papier stehende Produkt erst langsam erarbeiten, bzw. durch Beratungsunternehmen erarbeiten lassen, sofern er selbst nicht über die notwendigen Resourcen und/oder Erfahrungen verfügt. In der Konzept- und Definitionsphase sind deshalb möglichst viele Systemstudien zur Untersuchung der wichtigsten technischen und wirtschaftlichen Einflußparameter durchzuführen.

In der Luft- und Raumfahrt ist es zum Beispiel üblich, daß öffentliche Auftraggeber die Industrie (potentielle Anbieter oder erfahrene Beratungsunternehmen) auch schon an der Bearbeitung von Konzept- und Definitionsstudien beteiligt. Das hat den Vorteil, daß einerseits ein großes Spektrum an Fachwissen in das zukünftige Projekt einfließt; andererseits hat die Industrie die Möglichkeit, sich auf die neue Aufgabe vorzubereiten, und kann entsprechende Industrieteams zur Lösung der Aufgabe bilden. Dieser Vorgang ist in Abbildung XIV-6 am Beispiel eines typischen Ablaufschemas wiedergegeben. Aus den im Beispiel angenommenen acht Industrieunternehmen A bis H erhält zum Schluß ein Unternehmen den Zuschlag für den Entwicklungsauftrag (Phase C). Da das ausgewählte Unternehmen den Auftrag für ein Großprojekt in den seltensten Fällen allein abwickeln kann, werden andere Unternehmen, zum Beispiel die in Phase A und B ausgeschiedenen Firmen jedoch als Unterauftragnehmer mitarbeiten können – ein in der europäischen Luft- und Raumfahrtindustrie übliches Verfahren.

Für jeden der in Abbildung XIV-6 gezeigten Ausschreibungsvorgänge ist vom Auftraggeber eine Angebotsaufforderung zu erstellen, die aus folgenden Elementen bestehen sollte [7, 8, 9]:

– dem Ausschreibungsbrief (Anschreiben) und
– den Anlagen zum Brief, bestehend aus:
  □ der Produktspezifikation,
  □ dem Leistungsverzeichnis,
  □ den Auswertungskriterien,
  □ den Vertragsbedingungen (ggf. Mustervertrag),
  □ den allgemeinen Ausschreibungsbedingungen und
  □ bei internationalen staatlichen Vorhaben die Bedingung zum Mittelrückfluß.

Unter Hinweis auf Abbildung XIV-6 wird vorsorglich darauf hingewiesen, daß sich die Ausschreibungspakete für ein Phase A-, B-, C- oder D-Angebot inhaltlich selbstverständlich voneinander unterscheiden. Das trifft insbesondere für das Leistungsverzeichnis zu, das für die einzelnen Phasen entsprechend der unterschiedlichen Aufgabenstellung aufzubauen ist. Viele staatliche Auftraggeber beziehen sich in der Ausschreibung auf richtungsweisende Standarddokumente des Landes oder der auftraggebenden Organisation, die sich der Anbieter im Bedarfsfall beschaffen muß.

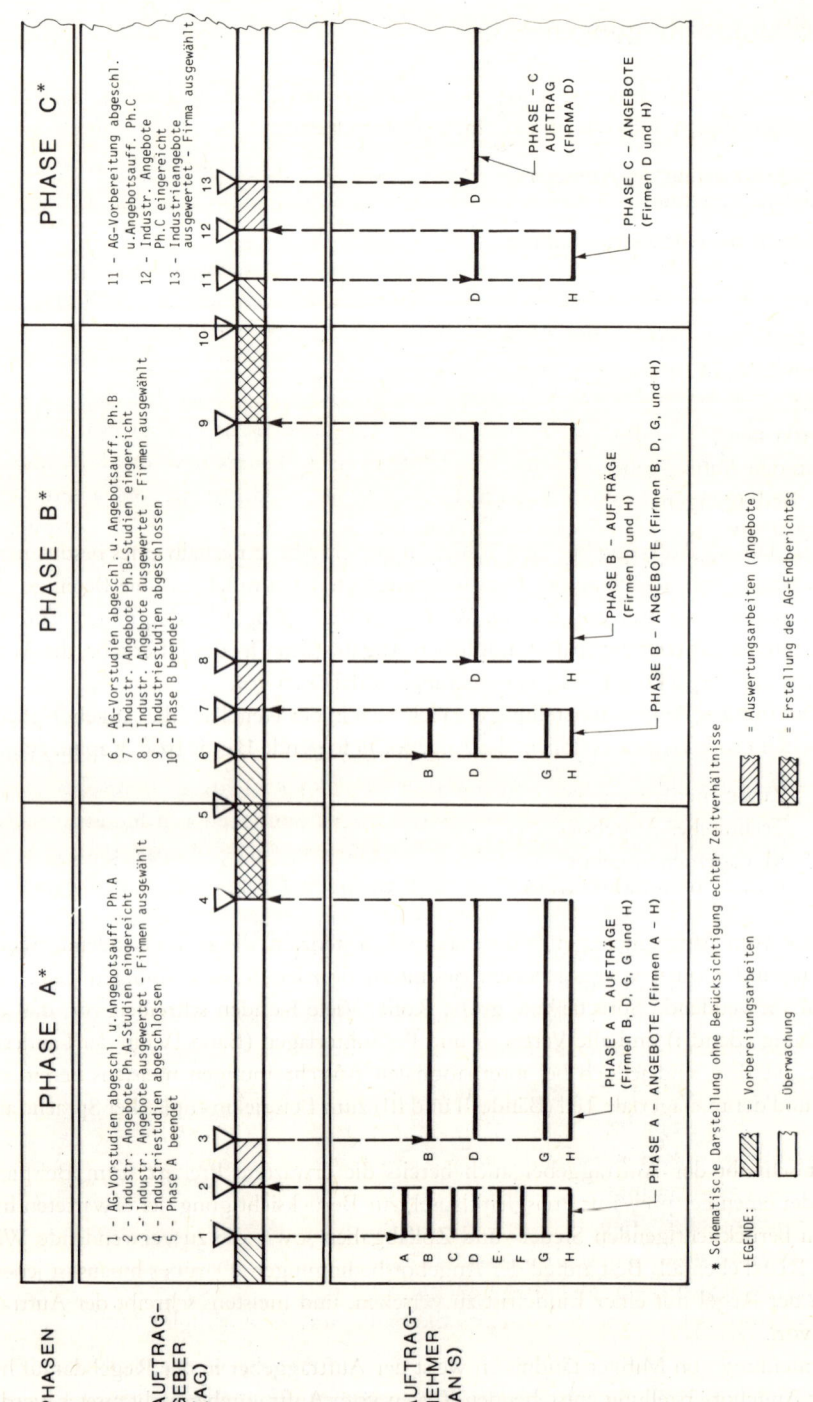

Abb. XIV-6: Phasenbezogene Ausschreibungsprozesse

Ausschreibungsbedingungen

In den Ausschreibungsbedingungen legt der Auftraggeber die Bedingungen, nach denen die Ausschreibung erfolgen soll, fest. Im einzelnen gehören hierzu:

- Beteiligungserklärung des Anbieters,
- Abgabebedingungen,
- Instruktionen zur Angebotserstellung,
- Sprache,
- Preisgestaltung,
- Steuern und Zölle,
- Währung (DM, FF, usw.),
- Bindefrist,
- Angebotskosten,
- Fragen an den Auftraggeber,
- Sonstige Bedingungen.

Es ist üblich, daß der Auftraggeber den Anbietern vorschreibt, innerhalb eines bestimmten Zeitraums anzuzeigen, daß sie sich an der Ausschreibung beteiligen möchten. Die Beteiligungserklärung ist eine Grundvoraussetzung für den Wettbewerb. Die Abgabebedingungen schreiben den Abgabetag und die Uhrzeit der spätest möglichen Abgabe, den Ort der Übergabe, die Anzahl der Kopien sowie die Verpackungs- und Versiegelungsmodalitäten vor.

Die Instruktion zur Angebotserstellung erstreckt sich in der Regel auf die Angebotsgliederung. Bei technischen Produkten ist es üblich, das Angebot in folgende Bände bzw. Kapitel zu gliedern:

Band I: Zusammenfassung
Band II: Technisches Angebot
Band III: Managementangebot
Band IV: Kosten, Preis und Vertrag.

Oftmals wird vom Auftraggeber auch die maximale Seitenzahl, die zu verwendende Schrift und der Zeilenabstand explizit vorgeschrieben. Bei internationalen Ausschreibungen spielt natürlich auch die zu verwendende Sprache eine große Rolle. Viele Kunden schreiben vor, daß die Zusammenfassung (Band I) und alle Vertrags- und Preisunterlagen (Band IV) in der Landessprache geschrieben werden, sind jedoch bei internationalen Ausschreibungen meistens bereit, daß der technische und der manageriale Teil (Bände II und III) zum Beispiel in englischer Sprache abgefaßt werden.

Sehr oft schreibt der Auftraggeber auch bereits die erwartete Preisart, zum Beispiel einen Festpreis oder einen Festpreis mit Preisgleitklausel, zur Berücksichtigung der erwarteten Inflation vor. Die zu berücksichtigenden Steuer- und Zollabgaben sowie die zu verwendende Währung sind in der Regel ebenfalls Bestandteil der Angebotsbedingungen. Darüber hinaus ist jedes Preisangebot in der Regel mit einer Bindefrist zu versehen, und meistens schreibt der Auftraggeber diese auch vor.

Zur Vermeidung von Mißverständnissen weist der Auftraggeber in der Regel darauf hin, daß die mit der Angebotserstellung entstehenden Kosten vom Auftraggeber nicht ersetzt werden.

Es ist üblich, daß der Auftraggeber den Anbietern das Recht zu Rückfragen einräumt. Oftmals sind die Ausschreibungsunterlagen in einigen Punkten nicht eindeutig und bedürfen weiterer Klärung. Normalerweise wird vom Auftraggeber deshalb ein bestimmter Zeitraum festgelegt, bis zu dem Zusatzfragen schriftlich einzureichen sind. Aus Gründen des Wettbewerbs werden sämtliche Fragen aller Anbieter und die entsprechenden Antworten des Auftraggebers an alle Anbieter verteilt, um bei allen Beteiligten den gleichen Wissensstand zu gewährleisten. Viele Auftraggeber bieten darüber hinaus eine gemeinsame Bidders-Konferenz an, bei der die Anbieter die Möglichkeit haben, weitere Fragen zu stellen, die vom Auftraggeber dann direkt beantwortet werden. Hier ist allerdings Vorsicht geboten, denn der Feind (Konkurrent) hört mit.

3. Angebotserstellung

Angebotsablauf

Die Angebotserstellung ist ganz ohne Frage Teil der Projektarbeit und kann insbesondere bei großen und sehr komplexen Projekten nicht allein von der Angebotsabteilung eines Unternehmens übernommen werden. In Abbildung XIV-3 ist das Zusammenspiel zwischen der zentralen Angebotsabteilung und des zum großen Teil aus Projektmitarbeitern bestehende Angebotsteams anschaulich dargestellt.

Der Angebotsablauf läßt sich in folgende Hauptabschnitte gliedern:

- Detaillierte Ausschreibungsauswertung,
- Angebotsorganisation und Personaleinsatz,
- Erstellung des Angebotsplans,
- Rückfragen an den Auftraggeber,
- Angebotsgliederung und Szenarien,
- Angebotserstellung beim Hauptauftragnehmer und ggf. bei den Unterauftragnehmern,
- Angebotsintegration.

Die einzelnen Aktionen sind in Abbildung XIV-7, einer Fortsetzung von Abbildung XIV-2, in Form eines Logikdiagramms wiedergegeben. In Ergänzung hierzu zeigt Abbildung XIV-8 einen typischen Terminplan zur Angebotserstellung. Eine vom Autor vorgenommene Untersuchung ergibt, daß die Vorbereitungszeit eines Angebotes ca. 18, die Angebotserstellungszeit ca. 60 und die Angebotsintegration ca. 22 Prozent der Gesamtzeit in Anspruch nehmen.[10] Anders ausgedrückt: die Zeiteinteilung für »Vorbereitung : Ausarbeitung : Zusammenstellung« verhält sich wie 1 : 3 : 1 zueinander. Die Erfahrung hat gezeigt, daß es äußerst wichtig ist, in kürzester Zeit eine wirkungsvolle Angebotsorganisation aufzubauen und sämtlichen Angebotsmitarbeitern mit Hilfe des Angebotsplans ihre Aufgaben zuzuweisen. Ein weiterer Schwerpunkt, der noch in der Vorbereitungszeit erledigt werden sollte, ist die Erstellung einer detaillierten Angebotsgliederung.

Ausschreibungsauswertung

Eine erfolgreiche Angebotsarbeit setzt voraus, daß das Angebotsteam die Ausschreibungsunterlagen des Kunden genau analysiert und auswertet. Der Auftraggeber verbindet mit der Ausschreibung eine ganz bestimmte Vorstellung, die vom Anbieter erkannt und berücksichtigt werden sollte. In der Regel wird auch das Ausschreibungsdokument von einem Team zusammengestellt und nicht immer sind die Anforderungen und Wünsche deshalb klar, deutlich und transparent

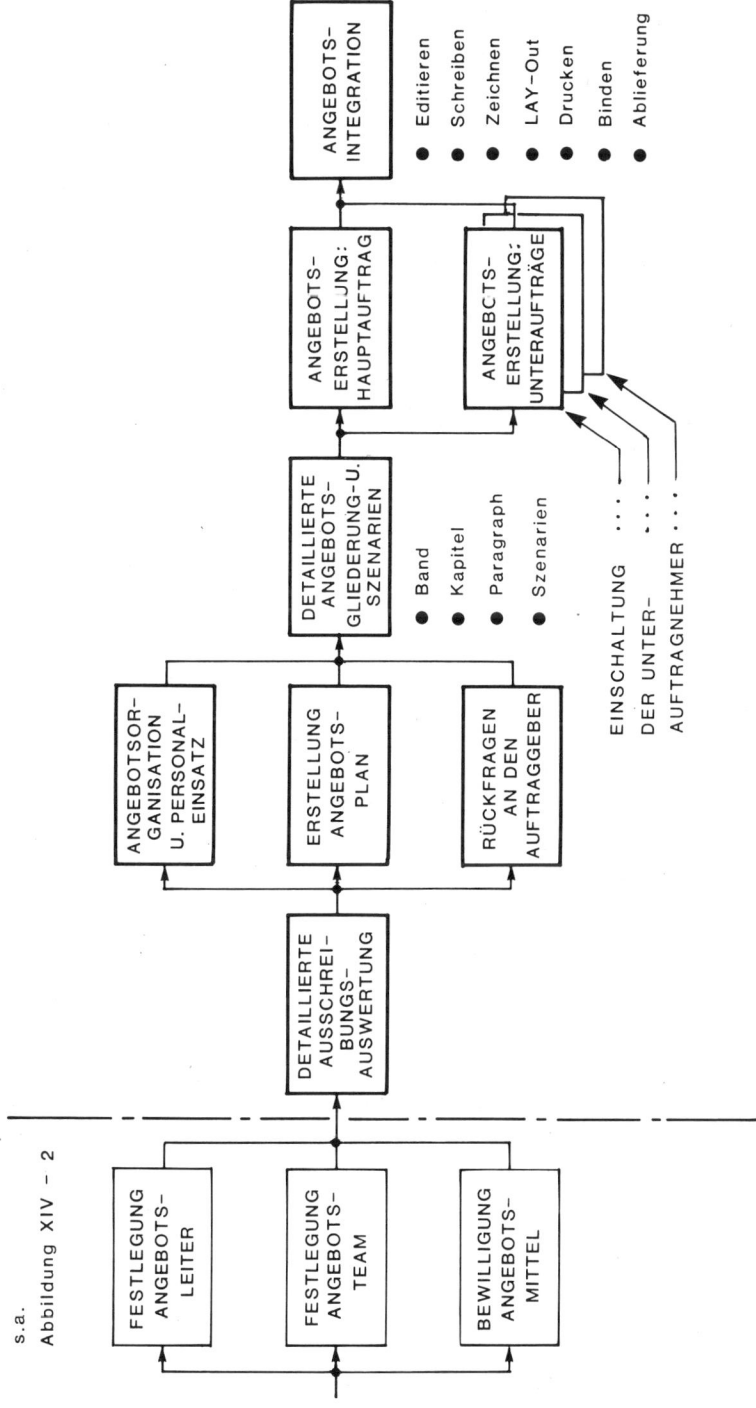

Abb. XIV-7: Typischer Angebotsablauf

genug beschrieben und aufeinander abgestimmt. Zusammengehörende Forderungen sind oftmals an verschiedenen Stellen der Ausschreibung zu finden oder nur indirekt ausgedrückt. Aus diesem Grunde empfiehlt sich unbedingt die Aufstellung einer Anforderungs- und Wunschliste durch den Anbieter, auf die er dann gezielt eingehen kann.

Die Aufstellung einer derartigen Checkliste ist jedoch auch noch aus einem anderen Grund zu empfehlen. Die Fülle der über das Ausschreibungsdokument verstreuten Forderungen und Wünsche bringt es leicht mit sich, daß man die Übersicht verliert. Angebotserstellern passiert es immer wieder, daß ganz am Schluß der Angebotserstellung noch jemand auf eine wichtige Forderung des Auftraggebers hinweist, die bisher von niemandem entdeckt wurde. Die Checkliste hat also auch hier einen ganz besonderen Sinn.

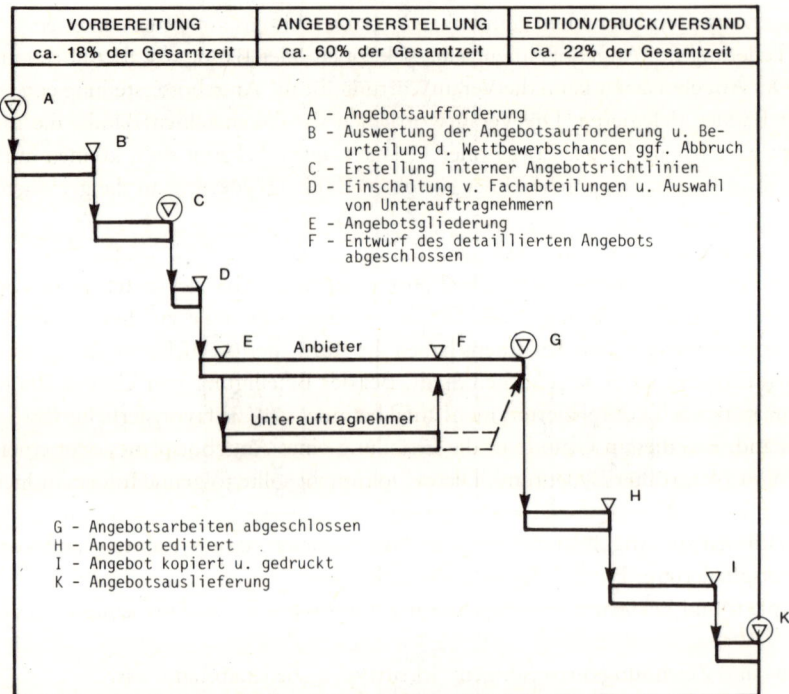

VORBEREITUNG	ANGEBOTSERSTELLUNG	EDITION/DRUCK/VERSAND
ca. 18% der Gesamtzeit	ca. 60% der Gesamtzeit	ca. 22% der Gesamtzeit

A - Angebotsaufforderung
B - Auswertung der Angebotsaufforderung u. Beurteilung d. Wettbewerbschancen ggf. Abbruch
C - Erstellung interner Angebotsrichtlinien
D - Einschaltung v. Fachabteilungen u. Auswahl von Unterauftragnehmern
E - Angebotsgliederung
F - Entwurf des detaillierten Angebots abgeschlossen

Anbieter

Unterauftragnehmer

G - Angebotsarbeiten abgeschlossen
H - Angebot editiert
I - Angebot kopiert u. gedruckt
K - Angebotsauslieferung

Abb. XIV-8: Typischer Angebotsterminplan

Angebotsplanung und -organisation

Eine der ersten Aufgaben des Angebotsleiters besteht in der Festlegung einer detaillierten Aufgabenliste und der Zuordnung individueller Zuständigkeiten. Die Angebotsarbeiten lassen sich, wie in Abbildung XIV-3 bereits gezeigt, in folgende fünf Hauptaufgaben gliedern:

– Zusammenfassung (Band I),
– Technisches Angebot (Band II),

- Managementangebot (Band III),
- Kosten − /Preis-/Vertrngsangebot (Band IV),
- Angebotsintegration (Band I bis IV).

Bei kleinen Angeboten wird man bemüht sein, die einzelnen Angebotssektionen in einem einzigen Band (Ordner) unterzubringen. Bei größeren Angeboten ist dies jedoch oft nicht mehr möglich, da die Seitenzahl zu groß ist. Ein weiterer Grund, die vier genannten Sektionen in getrennten Bänden unterzubringen, ist in der Spezialisierung der Angebotserstellungs- und Auswertungsteams zu sehen. Die Techniker sind meistens nicht an Management- und Kosteninformationen interessiert, und umgekehrt verhält es sich ähnlich, die Kosten- und Finanzexperten sind in der Regel nicht an Informationen aus der Technik interessiert. Für Vorstandsmitglieder sind die Zusammenfassung und der Managementband jedoch meistens am interessantesten.

Die Gliederung des Angebots in einzelne Sektionen oder Bände hat aber noch einen weiteren Vorteil. Der Angebotsleiter kann die Verantwortung für die Angebotserstellung entsprechend den einzelnen Bänden delegieren. Die Verantwortlichen für die einzelnen Bände, die im englischen Sprachbereich auch als *Volume Leader* oder *Volume Captain* bekannt sind, können nun die Detailaufgaben ihres Bandes entsprechend der einzelnen Kapitelgliederung an die geeigneten Experten verteilen.

Angebotsarbeiten müssen im Interesse möglichst großer Wettbewerbschancen von den fähigsten Experten des Unternehmens durchgeführt werden, und bei der Beteiligung von Unterauftragnehmern trifft diese Aussage auch für deren Angebotsanteile zu. Die im Einzelfall besten Angebotsmitarbeiter des Unternehmens haben ihr Büro aber oft nicht im gleichen Gebäude und manchmal nicht einmal in der gleichen Stadt. Bei der Beteiligung von Unterauftragnehmern ist der Fall meistens noch komplizierter; manchmal befindet sich die favorisierte Firma sogar in einem anderen Land. Aus diesem Grunde ist die Erstellung eines Angebotsplanes oder einer Angebotsrichtlinie von allergrößter Bedeutung. Dieses Dokument sollte folgende Informationen enthalten:

- Informationen zur Angebotsorganisation: Angebotsleiter, Band-/Kapitelverantwortung,
- Angebotsgliederung: Band, Kapitel, Paragraph, usw.,
- Ablaufplan- und Ecktermine: Feingliederung, 1. Entwurf, 2. Entwurf, endgültiges Manuskript, usw.,
- Schreib- und Zeichnungsanweisungen: Schrifttypen, Zeilenabstand, usw.,
- zu verwendende Begriffe und Abkürzungen,
- Szenarien: Inhaltsbeschreibungen,
- Koordination der Unterauftragnehmer-Inputs.

Die frühzeitige Erstellung von Szenarien hat gerade bei sehr großen Angeboten, an denen Mitarbeiter verschiedener Standorte beteiligt sind, eine besondere Bedeutung. Durch sie wird weitgehendst sichergestellt, daß die von den einzelnen Verfassern erstellten Angebotteile inhaltlich zueinander passen, denn zum Zeitpunkt des Eintreffens der Angebotskapitel bleibt meistens kaum noch Zeit zur Umgestaltung und Anpassung. Die Firma Procurement Associates, Inc. hat unter der Bezeichnung *STOP* eine spezielle *Szenarientechnik* entwickelt, bei der ähnlich wie bei einem Filmdrehbuch gearbeitet wird.[11] Danach wird das gesamte Angebot entsprechend der Feingliederung in Modellform Seite für Seite vorgeplant. In Abbildung XIV-9 ist eine derart vorgeplante Seite wiedergegeben. Die Erstellung von Szenarien mag einerseits bürokratisch und umständlich erscheinen, führt andererseits jedoch zu besserer Koordination und zu einem homogeneren Ange-

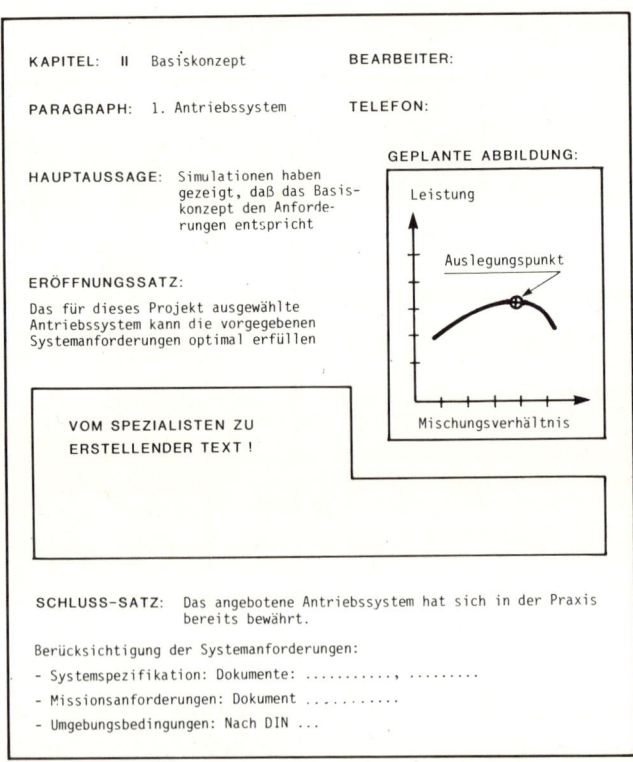

KAPITEL: II   Basiskonzept   BEARBEITER:

PARAGRAPH: 1. Antriebssystem   TELEFON:

HAUPTAUSSAGE: Simulationen haben
               gezeigt, daß das Basis-
               konzept den Anforde-
               rungen entspricht

ERÖFFNUNGSSATZ:

Das für dieses Projekt ausgewählte
Antriebssystem kann die vorgegebenen
Systemanforderungen optimal erfüllen

GEPLANTE ABBILDUNG:

Leistung

Auslegungspunkt

Mischungsverhältnis

VOM SPEZIALISTEN ZU
ERSTELLENDER TEXT !

SCHLUSS-SATZ: Das angebotene Antriebssystem hat sich in der Praxis
               bereits bewährt.

Berücksichtigung der Systemanforderungen:

- Systemspezifikation: Dokumente: ...., ...
- Missionsanforderungen: Dokument ....
- Umgebungsbedingungen: Nach DIN ...

Abb. XIV-9: Beispiel eines Angebotsszenarios

bot. Außerdem sind die Autoren nicht von der Szenarienerstellung ausgeschlossen, sondern am Erstellungsprozeß beteiligt.

Bei großer räumlicher Trennung der Angebotsmitarbeiter ist die Erstellung von Szenarien bei richtiger Durchführung auch eine kostensparende Maßnahme. An dem Beispiel in Abbildung XIV-10 ist dies im Vergleich zur konventionellen Methode leicht erkennbar. Die konventionelle Methode (Fall A) setzt eine ständige Kontaktaufnahme der Teams voraus und ist mit hohen Reise- und Telefonkosten sowie vielen Neuentwürfen verbunden. Ganz zum Schluß, beim Lesen von Korrekturen, kommt es dann regelmäßig zu Katastrophen, den sogenannten *last minute changes*. Oft muß das Angebotsteam dann noch erheblich personell verstärkt werden, und es muß an sämtlichen Wochenenden gearbeitet werden. Mit der modularen Szenarien-Methode (Fall B) wird dagegen ein planvolleres Vorgehen eingeleitet. Eine relativ kleine Gruppe des Angebotsteams erstellt die Szenarien, die dann in einem größeren Raum, vorzugsweise in einem vorübergehend eigens dazu vorgesehenen Angebotszentrum, an Tafeln, dem *Storyboard,* aufzuhängen sind. Im nächsten Schritt erfolgt dann die Szenarienkorrektur. Alle am Angebot beteiligten Mitarbeiter haben nun Gelegenheit, die Szenarien im Vergleich zueinander kritisch zu analysieren. Dabei geht es vor allem darum, daß die Nahtstellen und Bezugnahmen aufeinander abgestimmt werden. Nach erfolgter Szenarienkorrektur können die Teams nun an ihre Standorte zurückkehren und ihre Kapitel vervollständigen. Die dann vorzunehmende Korrekturlesung führt erfahrungsgemäß kaum noch zu einem Chaos, da es nicht mehr so oft zur Neuabfassung ganzer Kapitel kommt,

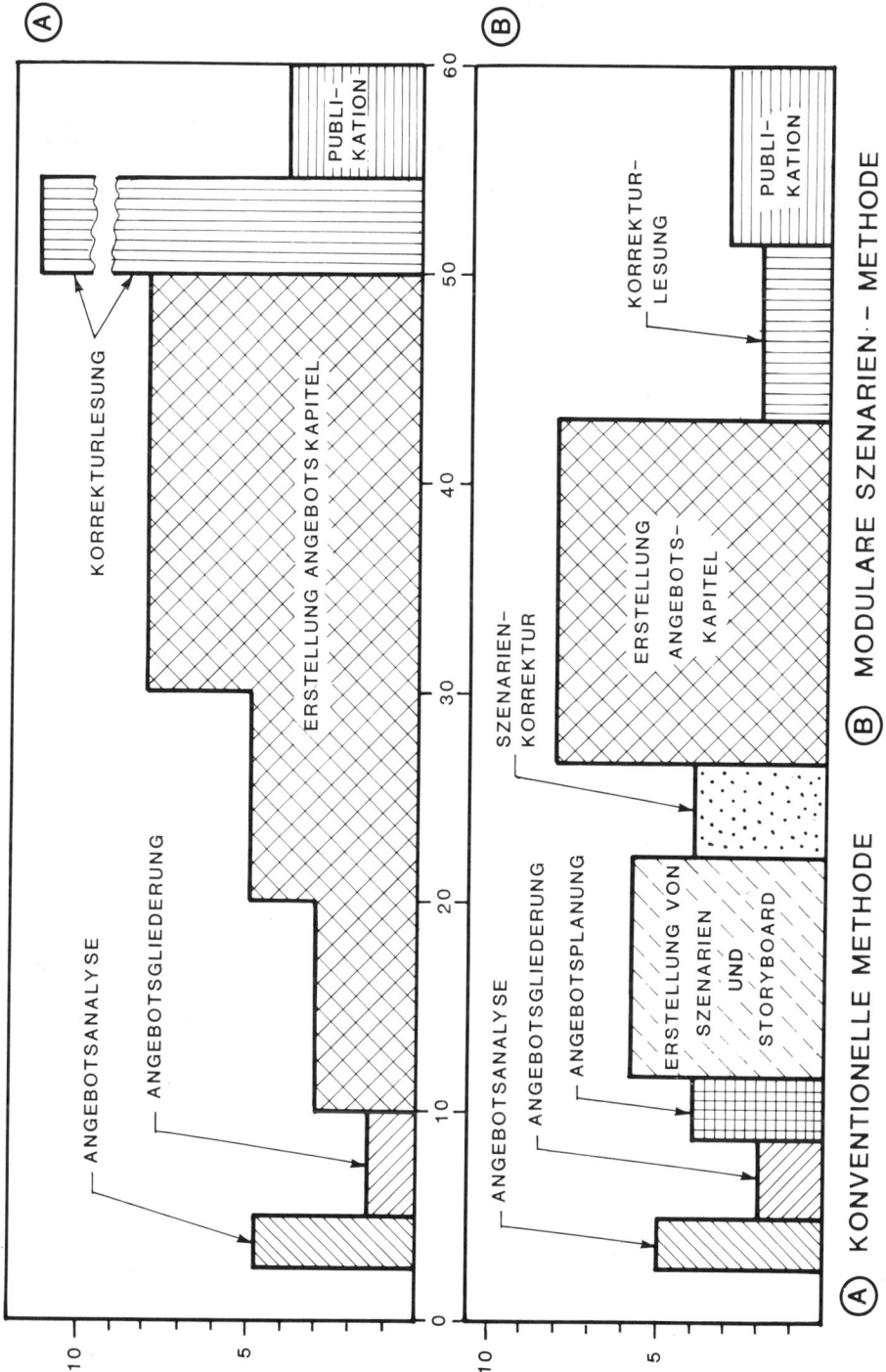

Abb. XIV-10: Kostenersparnis durch die Erstellung von Angebotsszenarien

sondern im wesentlichen nur noch um textliche Korrekturen und um Feinabstimmungen geht. Die Einführung dieser neuen Methode ist jedoch nicht so leicht und stößt nicht immer auf Akzeptanz bei den Mitarbeitern. Am besten gelingt es, wenn ein Angebotsexperte, der diese Methode kennt, vorübergehend hinzugezogen wird.

Angebotserstellung

Angebote sind ein Verkaufsinstrument und insofern auch eine Selbstdarstellung des Anbieters. Die oft gerade von Technikern gestellte Frage, ob Angebote denn so umfangreich, ausführlich und letztlich auch teuer sein müssen, läßt sich pauschal nicht mit ja oder nein beantworten. Gerade dann, wenn man sich um internationale Aufträge bemüht, sind derartige Fragestellungen nur einer einzigen Prämisse zu unterstellen, und die lautet: *Es ist alles Erforderliche zu unternehmen, um den Auftrag zu erlangen – die Konkurrenz schläft nicht.* Die daraus resultierende Antwort ist dann meistens klar, es muß das den Umständen entsprechend Mögliche an Angebotsaufwand investiert werden.

Unabhängig von der Bedeutung, die das Angebot für die Erlangung eines Auftrages hat, stellt es im Falle eines Zuschlags andererseits auch eine ideale Unterlage für die zukünftige Projektdurchführung dar. Immer wieder wird gerne auf die Ausführungen des Angebots zurückgegriffen, da sie eine ideale Zusammenstellung des Know-hows der Firma zum gegenwärtigen Zeitpunkt darstellen. Das Angebot stellt oft für einen langen Zeitraum die Planungsbasis dar. Auch verlorene Angebote haben für das Unternehmen noch eine große Bedeutung, denn sie sind ja als Wettbewerbsmeßlatte zu sehen. Hat der Auftraggeber eine gründliche und nach Punkten bemessene Bewertung vorgenommen und die Ergebnisse veröffentlicht (s.a. XIV.4), so treten die Schwachstellen des eigenen Angebotes klar zutage und dadurch wird ein wichtiger Input für zukünftige Angebotsarbeiten geliefert. Mit dem Hinweis auf eine objektive Angebotsbewertung soll an dieser Stelle nicht der Eindruck erweckt werden, daß Angebotsauswertungen stets nach objektiven Gesichtspunkten vorgenommen werden. Im Geschäftsleben spielen selbstverständlich auch subjektive Bewertungen oft eine große Rolle, die dann zum Beispiel mit dem Begriff »Politik« umschrieben werden. Trotzdem läßt sich aus verlorenen Angeboten viel lernen und man sollte bei einer Niederlage nicht alles auf die angeblich politische Entscheidung schieben, das hilft nicht weiter.

Die Erstellung von Angeboten ist im Geiste einer positiven und überzeugenden Abfassung vorzunehmen. Kritik am Auftraggeber, auch dann, wenn sie gerechtfertigt ist, ist kein Mittel, einen Auftrag zu gewinnen. Es sollte deshalb folgender Grundsatz befolgt werden: »Machen Sie Ihr Angebot zu einem *Winning Proposal,* indem die Forderungen des Bestellers oder Auftraggebers positiv beantwortet werden.«[12] Dieser Grundsatz sollte auch dann befolgt werden, wenn die Beantwortung oder Erfüllung der Auftraggeberanforderungen schwerfällt, da Kritik auch in anderer Form, zum Beispiel durch zusätzliche Vorschläge (Alternativen und Optionen) zum Ausdruck gebracht werden kann. Pessimistisch und negativ gemeinte Aussagen sollten deshalb in entsprechende positive Erklärungen umgewandelt werden. Der Auftraggeber wird Positiv-Antworten in jedem Fall besser bewerten und die angebotenen Lösungen, die gegebenenfalls durchaus mit Mehrkosten verbunden sein können, als Vorschlag gerne entgegen nehmen. Ein erfahrener Auftraggeber kennt die Probleme, die mit der Projektabwicklung verbunden sind und hat in der Regel Sympathien für einen Partner mit Ideen.

Jeder Angebots-Band sollte in seinem Aufbau logisch gegliedert und ohne Hinzunahme von Zusatzdokumenten in sich verständlich und leicht lesbar sein. Abbildungen und Tabellen sind nach dem Motto »*Ein gutes Bild drückt so viel aus wie tausend Worte*« eine sehr nützliche und in vielen Fällen auch erforderliche Ergänzung zum Text, vor allem dann, wenn eine komplizierte Situation erklärt werden soll. Zu vermeiden ist jedoch eine zu starke Anhäufung von Abbildungen und Tabellen sowie die Verwendung von sehr komplizierten und schwer verständlichen Graphiken.

Nachfolgend sind typische Gliederungsvorschläge für die Angebotsbände *Zusammenfassung, Technik, Management* und *Kosten/Preis/Vertrag* wiedergegeben.

Band I: Zusammenfassung
(1) Vorwort und Einführung
(2) Übereinstimmungsliste (Anforderung/Erfüllung)
(3) Produktvorstellung und Systembeschreibung (Übersicht)
(4) Entwicklungsplanung und Termine (Übersicht)
(5) Managementpläne und Organisation des Industrieteams (Übersicht)

Band II: Technik
(1) Systemanforderungen und Entwurfsstrategie
(2) Systementwurf
(3) Untersystementwurf
(4) Fertigungskonzept
(5) Zusammenbau, Integration und Test
(6) Anlagen und Versuchseinrichtungen

Band III: Management
(1) Managementstrategien
(2) Vorstellung des Industrieteams und Aufgabenteilung
(3) Organisation und Schlüsselpersonal des Hauptauftragnehmers
(4) Organisation und Schlüsselpersonal der Unterauftragnehmer
(5) Managementprozeduren

Band IV: Kosten
(1) Kommerzielle Bedingungen
(2) Preisdefinitionen
(3) Preis- und Kostenübersicht
(4) Verwendete Schätzmethoden
(5) Zahlungspläne und Finanzierung
(6) Vertragliches und Leistungsverzeichnis.

Darüber hinaus ist es immer wieder erforderlich, umfangreiche Listen, wie zum Beispiel Kostentabellen, detaillierte Terminlisten und ein detailliertes Leistungsverzeichnis, das oft auch einzelne Arbeitspaketbeschreibungen enthält, beizustellen. Um unliebsame Unterbrechungen in den Angebotstexten zu verhindern, empfiehlt es sich, diese Angebotsteile in speziellen Anlagen zu den einzelnen Bänden unterzubringen.

Die im Band I erwähnte *Übereinstimmungsliste* (compliance list) ist ein wichtiges Instrument zur Darstellung der Vollständigkeit des abgelieferten Angebotes. Der Anbieter hat die Möglichkeit, dort die wichtigsten Angebotsforderungen im Vergleich mit seinen Antworten noch einmal in übersichtlicher Form zu demonstrieren, indem er die entsprechenden Bezugsquellen aufführt.

In Ergänzung zu dem Angebotspaket, in diesem Beispiel aus den Bänden I bis IV bestehend, wird vom Anbieter in der Regel ein Begleitbrief erstellt, der die offizielle Angebotsübergabe darstellt. Es ist zu empfehlen, daß in diesem Brief auf die Hauptaussagen des Angebotes, zum

Beispiel auf die Vorzüge der vorgeschlagenen technischen Lösung oder den Möglichkeiten zur Kostenersparnis, usw. kurz eingegangen wird.

Bedeutung der Angebotsintegration

Die Qualität eines Angebotes hängt nicht nur vom Inhalt allein, sondern auch von der äußeren Gestaltung ab. Die Schreib- und Zeichnungsqualität, das Angebots-Lay-Out, das Editieren und der Druck sind ebenfalls ausschlaggebende Qualitätsmerkmale. Hier empfiehlt sich unbedingt die Einschaltung von Spezialisten.

Der Integrationsmanager hat darüber hinaus die schwierige Aufgabe, unter meist allergrößtem Termindruck die Verpackungs- und Ablieferungsarbeiten zu überwachen, und den letzten beißen bekanntlich die Hunde. Wie eingangs bereits erwähnt, nehmen es viele Auftraggeber aus Wettbewerbsgründen mit der Zeit sehr genau. Eine Minute Verspätung bedeutet Nicht-Annahme. Muß nun zum Beispiel ein Angebot, bestehend aus vier Bänden und einigen Anlagen, in dreißigfacher Ausführung in ein anderes Land oder sogar in einen anderen Kontinent verfrachtet werden, so ist unbedingt ausreichend Zeit für den Transport und die Zollformalitäten vorzusehen. Oft haben die Autoren aber bereits sämtliche Terminreserven verbraucht. Aus diesem Grunde ist unbedingt zu empfehlen, die Angebotsintegration von Spezialisten, die nicht gleichzeitig mit Angebotsarbeiten betraut sind, durchführen zu lassen. Um das Risiko einer zu späten Ablieferung durch unvorhergesehene Pannen zu verringern, empfiehlt sich bei besonders wichtigen Angeboten die Entsendung eines Sonderkuriers, der auf einem Zweitweg, zum Beispiel mit einem zweiten Flugzeug, dem Auftraggeber notfalls rechtzeitig ein Reserve-Angebotsexemplar überbringen kann.

4. Angebotsbewertung

Bewertungskriterien und -maßstäbe

Um die Bewertung von Angeboten zu objektivieren, müssen vom Auftraggeber Bewertungskriterien und quantifizierbare Maßstäbe geschaffen werden. Der Auftraggeber schützt sich dadurch selbst vor ungewollter, für ihn schädlicher Manipulation, denn er kann im Hinblick auf eine problematische Projektabwicklung kein Interesse daran haben, einen weniger qualifizierten Anbieter auszuwählen. Außerdem vermeidet er dadurch eventuelle Vorwürfe durch Anbieter, die nicht gewonnen haben. Auch im Interesse ungewollter Wettbewerbsverzerrungen ist ein quantifizierbares Auswahlverfahren unbedingt zu empfehlen. Kahn schreibt in diesem Zusammenhang: »A proper and correct evaluation of offers is fundamental to good and professional procurement.«[13]

Für die Industrie ist ein ehrliches Auswahlsystem ein wichtiger Maßstab, das keine falschen Hoffnungen erweckt. Trotz manchmal aufkommender Kritik an den bestehenden Verfahren, sollte deshalb die Methodik der quantifizierbaren Angebotsbewertung grundsätzlich bejaht werden.

Die Europäische Weltraumorganisation ESA hat in ihren Richtlinien zur Angebotsbewertung eine Bewertungsskala von 0 bis 100 Punkten festgelegt, die nachfolgend wiedergegeben ist[14]:

Punkte	Bewertung
100	Perfekte Ausarbeitung
90	Ausgezeichnete Ausarbeitung
75	Sehr gute Ausarbeitung
60	Gute Ausarbeitung
50	Ausreichende Ausarbeitung
40	Gerade noch annehmbare Ausarbeitung
0	Wertlose Ausarbeitung

Im aktuellen Fall wird so vorgegangen, daß der Auftraggeber einen Katalog der zu bewertenden Kriterien aufstellt, mit der zum Beispiel jeder Hauptpunkt des Angebotes bewertet und das Ergebnis mit einem Punktesystem, zum Beispiel 0 bis 100, bewertet wird. Der Kriterienkatalog wird dem Anbieter in der Regel im Zusammenhang mit den Ausschreibungsunterlagen zugestellt. Nachfolgend ist ein typischer Kriterienkatalog wiedergegeben [15]:

Technik (Band II):
- Berücksichtigung der vorgegebenen Zielsetzung,
- Beachtung äußerer Randbedingungen,
- Übereinstimmung des Entwurfsvorschlages mit den Systemanforderungen,
- Gründlichkeit, Ausführlichkeit und Glaubwürdigkeit der durchgeführten Entwurfsanalysen,
- Identifikation, Klarheit und Vollständigkeit der Nahtstellen,
- Geplante Entwurfsreserven (z. B. Gewicht) und Flexibilität des Systementwurfs,
- Qualität der Entwurfsoptionen,
- Gründlichkeit, Ausführlichkeit und Glaubwürdigkeit der vorgeschlagenen Planung.

Management (Band III):
- Klarheit, Konsistenz und Glaubwürdigkeit der vorgeschlagenen Industrieorganisation,
- Klarheit und Glaubwürdigkeit der Projektstruktur,
- Verteilung der Verantwortlichkeiten zwischen den beteiligten Firmen und Abteilungen,
- Vorgeschlagenes Schlüsselpersonal,
- Erfahrungsnachweis des vorgeschlagenen Teams bei der Durchführung ähnlicher Projekte,
- Anwendbarkeit der vorgeschlagenen Managementprozeduren.

Kosten/Preis/Vertrag (Band IV):
- Interpretation der vorgegebenen Projektanforderungen,
- Ausführlichkeit, Gründlichkeit und Glaubwürdigkeit des Kosten-/Preisangebotes,
- Qualität der angebotenen Optionen (Kosten),
- Erklärungen zu den Vertragsbedingungen.

Der Band I (Zusammenfassung) wird in der Regel nicht allein, sondern nur im Zusammenhang mit den Bänden II bis IV bewertet.

Gewichtung der Ergebnisse

Der zweite wichtige Schritt zur Angebotsbewertung ist die Gewichtung der einzelnen Bewertungsergebnisse, da nicht jeder Punkt in seiner Bedeutung gleichrangig ist. Meistens wird der technische Teil höher bewertet, als zum Beispiel der Managementteil. So wird bei Forschungs- und Entwicklungsprojekten, die nach Selbstkostenerstattungspreis-Regeln abgewickelt werden, oft eine Verteilung mit der Gewichtung von 40:30:30 für die Bereiche Technik, Management und Kosten vorgenommen, die dann in Einzelbereiche unterteilt werden.[16] Hierzu ein Beispiel aus dem Managementbereich:

Kriterien	Gewichtung
(1) Klarheit, Konsistenz und Glaubwürdigkeit der vorgeschlagenen Industrieorganisation . .	5
(2) Klarheit und Glaubwürdigkeit der Projektstruktur	3
(3) Verteilung der Verantwortlichkeiten zwischen den beteiligten Firmen und Abteilungen.	3
(4) Vorgeschlagenes Schlüsselpersonal	8
(5) Nachweis der Erfahrung des vorgeschlagenen Teams bei der Durchführung ähnlicher Projekte	8
(6) Anwendbarkeit der vorgeschlagenen Managementprozeduren	3
MANAGEMENT (Band III)	30

Die vorgenommene Gewichtung sagt aus, daß die Punkte 4 und 5 besonders wichtig sind. Es entspricht der allgemeinen Erfahrung, daß die Qualität und die Erfahrung des Schlüsselpersonals für die Realisierung eines Projektes bedeutungsvoller ist als zum Beispiel die Qualität der Managementprozeduren (Punkt 6). Die oben genannte Bewertung der Hauptbereiche 40:30:30 setzt sich für Festpreisangebote mit einem vorgegebenen Richtpreis jedoch anders zusammen. Silver gibt hierzu folgendes Beispiel: 60:40:0 für Technik, Management und Kosten.[4] Die Kosten sind in diesem Fall natürlich kein Bewertungskriterium, sondern eine Vorgabe. Bewertet wird allein die angebotene Technik und das Management.

Die Ermittlung der Gesamtbewertung errechnet sich aus den Einzelbewertungen, die dann mit den jeweiligen Gewichtungsfaktoren multipliziert werden:

Einzelbewertung	×	Gewichtung	=	Gesamtbewertung
(80)	×	(8)	=	(640)

Das Bewertungsteam

Die nicht leichte Aufgabe der Bewertung eines Angebotes ist mit großer Verantwortung verbunden. Das Bewertungsteam muß zwei Grundbedingungen erfüllen:

– Es muß über Fachkompetenz verfügen und
– bei seiner Entscheidung unabhängig sein.

Aus diesem Grunde ist es erforderlich, daß das Bewertungsteam sorgfältig ausgewählt wird. Es muß aus Experten der verschiedensten Fachbereiche bestehen und für die Zeit der Bewertung von äußerer Beeinflussung, zum Beispiel durch den direkten Vorgesetzten, frei sein. Die Europäische Weltraumagentur ESA schreibt in ihrer Richtlinie zur Angebotsbewertung unter anderem vor, daß für jede Angebotsbewertungsaktion folgende Punkte unbedingt zu beachten sind[17]:

- Schaffung eines Bewertungsausschusses, der normalerweise nicht mehr als sechs Mitglieder haben sollte.
- Der Vorsitz des Bewertungsausschusses ist von einer Führungskraft der ESA, zum Beispiel einem Hauptabteilungsleiter, zu übernehmen.
- Kein Mitglied des Bewertungsausschusses darf bei seiner Bewertungsarbeit unter dem Einfluß seines unmittelbar Vorgesetzten stehen oder ihm gegenüber über seine Bewertungsarbeit Rechenschaft ablegen müssen.
- Entscheidungen des Bewertungsausschusses erfolgen nach den Prinzipien des Mehrheitsbeschlusses.
- Der Bewertungsausschuß hat folgende Aufgaben durchzuführen:
  □ Freigabe der Ausschreibungsprozeduren,
  □ Festlegung der Bewertungskriterien,
  □ Festlegung der Gewichtung für die einzelnen Bewertungskriterien,
  □ Festlegung der individuellen Bewertungsgruppen.

Bei der Festlegung der individuellen Bewertungsgruppen muß der Bewertungsausschuß darauf achten, daß die Mitglieder der Gruppe über die erforderliche Qualifikation verfügen und mit dem Projekt vertraut sind. Auch die Mitglieder der individuellen Bewertungsgruppen dürfen während der Bewertungsarbeit nicht unter dem Einfluß ihres unmittelbaren Vorgesetzten stehen oder ihm gegenüber im Zusammenhang mit der Bewertungsarbeit berichtspflichtig sein. Der Bewertungsausschuß muß aus jeder individuellen Bewertungsgruppe ein Mitglied zum Sprecher der Gruppe benennen. Das gemeinsame Ergebnis der Bewertungsgruppe kommt durch Mehrheitsbeschluß zustande. In Abbildung XIV-11 ist das Prinzip des Angebots-Bewertungssystem der ESA wiedergegeben.

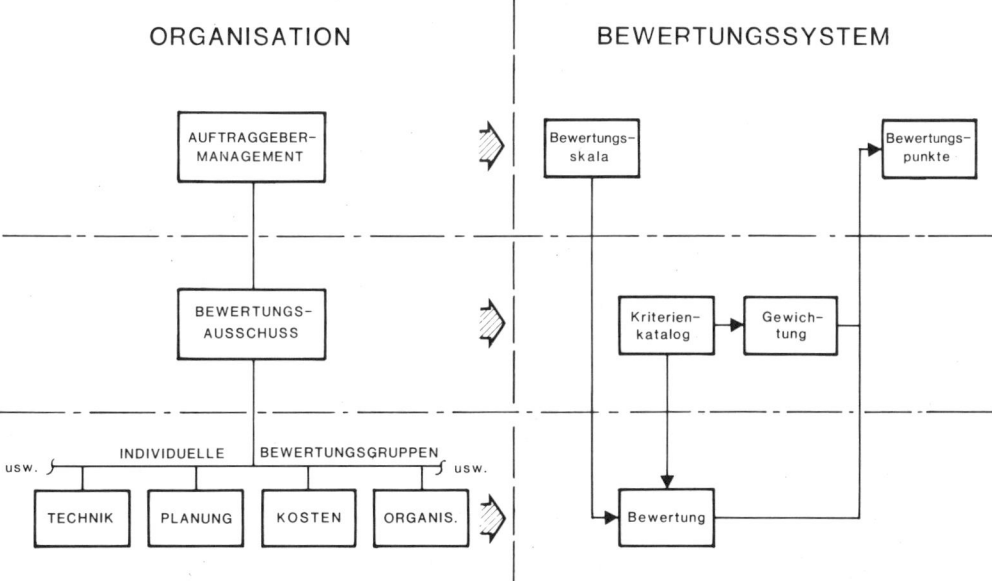

Abb. XIV-11: Angebots-Bewertungssystem der ESA

Kahn faßt die wichtigsten Gründe für den formellen Auswertungsprozeß wie folgt zusammen:[13]

- um sicherzustellen, daß das beste Produkt beschafft wird;
- um eine faire und ehrliche Auswahl zu treffen;
- um eine beweisbare Basis für die involvierten Entscheidungsträger zu schaffen;
- um schriftliche Unterlagen zur Verfügung zu haben mit deren Hilfe jederzeit nachgewiesen werden kann, daß ein fairer Auswahlprozeß stattgefunden hat.

5. Gewinnchancen

Gewinnen oder nicht gewinnen, das ist hier die Frage

Burmeister, Direktor der Firma RCA PRICE Systems, schreibt: »80 bis 90 Prozent der von uns erstellten Angebote werden verloren. Nennen Sie mir irgendeine Aktivität Ihres Hauses, bei der Sie sich mit einer neunzigprozentigen Fehlerrate zufrieden geben würden; ich kenne keine. In den meisten Fällen bieten wir an, um zu verlieren.«[18] Es stimmt, würde man seine Gewinnchancen besser kennen, so würde man natürlich nur dann anbieten, wenn eine relativ große Wahrscheinlichkeit, das heißt, eine Wahrscheinlichkeit größer als 10 bis 20 Prozent, zum Erfolg zu kommen, erkennbar ist. Andererseits ist klar, daß es keine hundertprozentige Gewinnchance geben kann, denn dann würde es keinen Wettbewerb mehr geben. Es geht also um eine qualitative Verbesserung der Selbstanalyse, das heißt um eine genauere Aussage der Gewinnchancen.[4]

Sehr oft wird die Entscheidung zur Beteiligung oder Nicht-Beteiligung ohne eine gründliche Analyse der Gewinnchancen getroffen. Das hat im wesentlichen zwei Gründe:

- Wunschvorstellungen werden allzuoft als Tatsachen angesehen, und
- es fehlen sichere Analyseverfahren.

Es ist verständlich, daß die technischen Abteilungen einer Firma leicht davon zu überzeugen sind, an einem Wettbewerb teilzunehmen, bei dem es um ein Produkt geht, für das das eigene Haus im Prinzip ideale Voraussetzungen mitbringt. Es entsteht das Gefühl, daß man hier ja gar nicht verlieren kann, da man so etwas ähnliches ja bereits entwickelt und gebaut hat. Oft wird dieses Gefühl zusätzlich durch Aussagen der Marketing-Experten, die angeblich über erstklassige Kontakte zum Auftraggeber verfügen und zum Ausdruck bringen *wir haben die besten Chancen,* noch weiter verstärkt. Wie kann die Geschäftsleitung da noch negativ entscheiden? Aber trotzdem passiert es dann immer wieder, daß ein angeblich sicheres Angebot daneben geht. Burmeister hat die typischen Kommentare nach dem Verlust eines als sicher geltenden Angebotes wie folgt zusammengefaßt[18]:

- Die (Konkurrenz) haben den Auftraggeber beeinflußt!
- Diesmal werden sie (Konkurrenz) Kopf und Kragen verlieren!
- Technisch waren wir die besten!
- Wir hätten den Preis wahrscheinlich noch reduzieren können!
- Sie (die Konkurrenz) wurden schon vorher ausgewählt!

In diesen Kommentaren steckt bereits ein Teil des erforderlichen Analyseprozesses, der vor der teuren Angebotserstellung hätte stattfinden müssen. So kann man folgende Fragen dagegenstellen: Hätten auch wir den Auftraggeber beeinflussen können? Hätten wir bei dem Preis auch Kopf und Kragen riskiert? Wenn wir technisch die besten waren, waren wir dann vielleicht zu gut und deshalb zu teuer? Wenn wir den Preis reduzieren konnten, warum taten wir es nicht? Warum wußten wir es nicht vorher, daß sie schon ausgewählt waren?

Die Gewinnchancen für den Projektzuschlag dürfen nicht einseitig, zum Beispiel bezogen auf das technische Angebot, betrachtet werden. Der Anbieter steht mit allen Faktoren im Wettbewerb zu seinen Konkurrenten. Das heißt, er muß sowohl in der Technik, wie auch im Management, über einen absehbaren Wettbewerbsvorsprung verfügen und die Kosten müssen stimmen.

Schwierigkeiten bei der GO-NOGO-Entscheidung

Angebote bergen ein zweifaches Risiko in sich: einmal das Risiko des Nichtgewinnens und damit die unnötige Ausgabe von Angebotsmitteln, und zweitens, im Falle des Gewinnens, die Hereinnahme eines Projektes zu einem zu niedrigen Preis. Beide Risiken stehen in unmittelbarem Zusammenhang zueinander. Burmeister sagt sehr treffend: »An einem Auftrag, den man nicht hat, kann man auch kein Geld verlieren.«[19]

Aus diesem Grunde muß die Analyse der Gewinnchancen, die letztlich in die GO-NOGO-Entscheidung mündet, so früh wie möglich einsetzen. Von vielen Angebotsexperten wird deshalb immer wieder empfohlen, so früh wie möglich intensiven Kontakt zum Auftraggeber zu halten, um besser Bescheid zu wissen, was der Kunde eigentlich haben möchte und genauer auf dessen Wünsche einzugehen. Silver weist darauf hin, daß Informationen über die Planungen des Auftraggebers und auch die ihm zur Verfügung stehenden Budgets ja meistens kein Geheimnis sind, sondern oftmals durch Veröffentlichungen bekanntgegeben werden.[4] Eine frühzeitige Machbarkeitsanalyse verbunden mit ersten Kostenabschätzungen, die zum Beispiel auf der Basis von Kostenschätzmodellen erfolgen (s.a. Kapitel X), geben deshalb oft schon Aufschluß darüber, ob sich ein Angebot lohnt. Bei Forschungs- und Entwicklungsprojekten der öffentlichen Hand ergibt sich meistens die Möglichkeit, bereits an den Frühphasen des Projektes mitzuarbeiten (s.a. Abbildung XIV-6). Dadurch erhält der Bewerber automatisch Detailwissen über das Projekt und ist besser in der Lage, seine Gewinnchancen abzuschätzen. Laine sagt in diesem Zusammenhang: »Wenn Sie nicht bereits bei der Konzeptphase dabei waren, sollten Sie sich nicht weiter bemühen, für die Folgephasen anzubieten.«[20] Silver empfiehlt darüber hinaus, Einfluß auf die Gestaltung der Ausschreibungsunterlagen zu nehmen und schlägt folgende Checkliste für eine GO-NOGO-Entscheidung vor[4]:

— Verfügt die Firma über entsprechendes Know-how in allen Bereichen?
— Wurden ausreichende Vorarbeiten zusammen mit dem Auftraggeber durchgeführt, die die Ausschreibungsunterlagen beeinflußt haben?
— Wurden technische Voruntersuchungen und Angebots-Vorbereitungsarbeiten plangerecht durchgeführt?
— Betrachtet der Auftraggeber den Anbieter als einen der möglichen Gewinner?
— Wurden ausreichende Mittel für ein gutes Angebot vorgesehen?
— Birgt der Auftrag kein zu großes Risiko, und/oder führt er zu lukrativen Folgeaufträgen?

– Wurden Personal, Anlagen und Managementvoraussetzungen für einen erfolgreichen Wettbewerb bereitgestellt?
– Sind glaubwürdige Strategievorteile erkennbar?

Silver ist der Meinung, wenn diese Fragen nicht zu fast hundert Prozent mit ja beantwortet werden
können, sollte man nicht anbieten.

Es ist aus Wettbewerbsgründen außerdem zu empfehlen, wie Silver ausführt, den Angebotspro-
zeß nicht erst mit dem Erhalt der Ausschreibungsunterlagen zu beginnen, sondern erheblich
früher.[4] Viele US-Firmen erstellen deshalb bereits längere Zeit vor dem erwarteten Erhalt der
offiziellen Ausschreibungsunterlagen auf der Basis ihrer Kenntnisse des Auftraggebers und des
zukünftigen Projektes (Vorphasenergebnisse) ein Ersatz-Ausschreibungspaket (dummy request for
proposal), gegen das sie dann ein vorläufiges Angebot (strawman) schreiben. Nach dem offiziellen
Erhalt der Ausschreibung werden die bereits erstellten Unterlagen dann entsprechend angepaßt.
Das Ersatz-Ausschreibungspaket entspricht bei sorgfältiger Auftraggeberanalyse in den meisten
Fällen, so Silver, zu ca. 90 Prozent dem echten Ausschreibungspaket.[4] In Abbildung XIV-12 ist
in Ergänzung hierzu eine Erfahrungskurve für den Angebotsaufwand vor und nach der offiziellen
Ausschreibung mehrerer US-Firmen wiedergegeben (Silver, 1981).

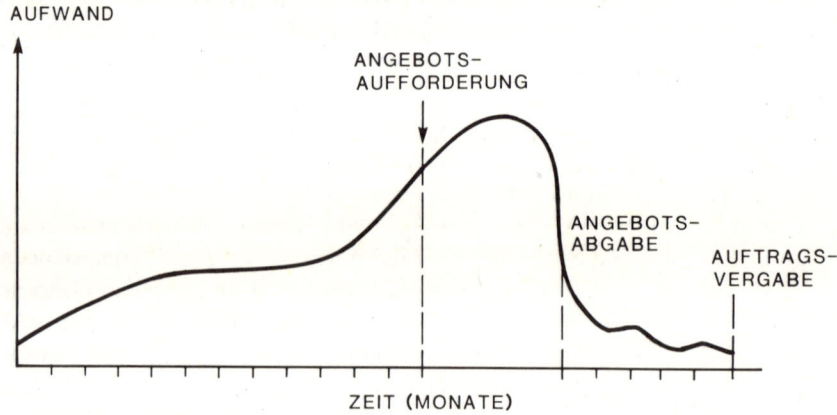

Abb. XIV-12: Angebotsaufwand vor und nach Erhalt der Angebotsaufforderung – Erfahrungskurve mehrerer US-Firmen

Quellen zu Kapitel XIV

1 Majaro, Simon: International Marketing – A Strategic Approach to World's Markets, George Allen and
  Unwin, London, 1978, S. 30.
2 Hinterhuber, Hans H.: Strategische Unternehmensführung, Walter de Gruyter, Berlin/New York, 1980,
  S. 185, S. 24.
3 Vgl. Quelle 2, S. 24.
4 Silver, Hyman: Proposal Preparation and Source Selection, State of the Art Seminars, Rome, Munich,
  Stockholm, 1981.
5 Ammon-Wexler, J. und Carmel, Catherine: How to create a Winning Proposal, S. 2–5.
6 Madauss, Bernd-J.: Planung und Überwachung von Forschungs- und Entwicklungsprojekten, AIB-
  Fachliteratur, Gerberstr. 3b, Bad Aibling, 1978/81, S. VII-6.

7 ESA (ESRO): Manual of Competitive Tendering Procedures in the European Space Research Organisation, 15. März 1974, S. 4.

8 Madauss, Bernd-J.: Ergebnisbericht des ersten Praxisseminars: Planung und Überwachung von Forschungs- und Entwicklungsprojekten; MBB-Bildungsprogramm, MBB-Bericht, S. 4.

9 Kahn, Stephan: Advanced Technology Projects and International Procurement: the case of the European Space Agency, 2 Public Procurement Law Review, Sweet & Maxwell, Andover, 1993, s. 19.

10 Vgl. Quelle 6, S. VII-7.

11 STOP-Technique, Procurement Associates, Inc., Covina, Cal. USA.

12 Madauss, Bernd-J.: Erstellung von Angeboten – spezielle Angebotstechniken, MBB-Bericht UR-589/82, Teil 2.

13 Vgl. Quelle 9, S. 24.

14 Vgl. Quelle 7, S. 12.

15 Vgl. Quelle 6, S. VII-9.

16 Vgl. Quelle 6, S. VII-10.

17 Vgl. Quelle 7, S. 19.

18 Burmeister, Mark: Bidding to lose, RCA Corporation, 1982, S. 1.

19 Vgl. Quelle 18, S. 5.

20 Laine, Morton J.: Configuration Management, in: Space & Aeronautics, Vol. 46, Nr. 6, November 1966, S. 76.

Kapitel XV:
Projektpersonal

1. Motivation – ein Schlüssel zum Erfolg
   Erfolg, Anerkennung . . ., Entwicklungsmöglichkeiten
   Projektmanagement: Motivation und Karriereweg

2. Projektmanager und ihre Mannschaften – woher kommen sie, und wer bildet sie aus?
   Mangel an Projektmanagement-Spezialisten
   Bedeutung der Projektmanagement-Schulung
   Projektmanagement-Schulung
   Anregungen für ein Projektmanagement-Schulungskonzept

3. Führung im Projektmanagement
   Führungsanspruch des Projektleiters
   Führungsstil im Projekt

4. Personalauf- und -abbau im Projekt
   Überwindung von Personalengpässen
   Wohin mit dem Projektpersonal nach dem Projektende?

Nicht selten ist in der Vergangenheit der Eindruck entstanden, daß Projektmanagement im wesentlichen eine Verfahrensfrage aber nicht ein Personal- oder Führungsproblem sei. Da es fast überall an fähigen und vor allem erfahrenen Projektleitern und Projektmannschaften fehlte, war man mehr und mehr der Meinung, man müsse ausschließlich neuere und vor allem modernere Verfahren anwenden, und dann würde es schon gehen. Oft genug sorgten vom Ausland übernommene Schlagworte, ohne die Bedeutung der darin angesprochenen Methode zu kennen, für vorübergehende Verwirrung, ohne daß die eigentlichen Managementprobleme gelöst wurden.

Die Methoden und Verfahren zur Abwicklung von Projekten sind in den vergangenen zwanzig bis dreißig Jahren enorm verbessert worden. Kontinuierlich bemühte man sich, die Prozeduren, die man den Projektleitern an die Hand gab, im Interesse größerer Managementeffizienz zu verfeinern. Oft genug führte dies jedoch nicht zum gewünschten Erfolg, sondern zur totalen Überforderung der kaum geschulten Projektverantwortlichen. Viele Manager griffen deshalb verzweifelt wieder auf weniger wirkungsvolle, dafür aber einfache und leicht überschaubare Methoden zurück. Der oft erkennbare Methoden-Overkill, verbunden mit mangelnder Schulung des Projektpersonals führte deshalb nicht selten zu einer ablehnenden oder sogar feindseligen Haltung gegenüber den Verfahrensverbesserern. So konnten sich viele anspruchsvolle, im Prinzip sehr brauchbare Prozeduren, wie zum Beispiel die Netzplantechnik, nicht ihrem Nutzen entsprechend weit genug verbreiten. Ein wesentlicher Grund dafür dürfte sein, daß die Erfinder neuer Methoden oft weit außerhalb der Projekte standen und die unter Zeitdruck arbeitenden Projektverantwortlichen bei der Handhabung der Methoden weitgehendst allein ließen. Es ist eine immer wiederkehrende Erfahrung, daß es zweierlei ist, Methoden zu erfinden und dieselben dann auch anzuwenden. Projektleiter und ihre engsten Mitarbeiter, die mit den Problemen der täglichen Projektarbeit beschäftigt sind, stehen ständig vor Aufgaben, die mit mehr oder weniger schwerwiegenden technischen und/oder administrativen Entscheidungen verbunden sind, für die sie in vielen Fällen jedoch keine adäquate Ausbildung mitbringen. Das unterstreicht die Forderung nach einfachen und praxisgerechten Methoden; s.a. II.9.

Es ist aber nicht allein mit Methoden und Prozeduren getan. Genau wie bei allen anderen Managementaufgaben spielt auch beim Projektmanagement die personelle Qualifikation des Leiters, das heißt, seine Führungsqualifikation, sein Integrationsvermögen, kurz seine Persönlichkeit eine ausschlaggebende Rolle. Angesichts der enormen Schwierigkeiten, ein komplexes Projekt abzuwickeln, ist es natürlich erforderlich, daß Projektleiter und ihre Teams in den einschlägigen Projektmanagement-Prozeduren geschult werden. Man sollte sich jedoch darüber im klaren sein, daß allein die Teilnahme an Schulungskursen nicht ausreicht, um Projektleiter zu werden. Wie jede Art von Management, ist auch Projektmanagement in erster Linie eine Führungsaufgabe. Darüberhinaus sind jedoch folgende zusätzliche Eigenschaften für zukünftige Projektleiter und ihre Teams von großem Nutzen: Flexibilität, logisches Denken, Kreativität, Phantasie, Einsatzbereitschaft, Bereitschaft zur Teamarbeit und die Fähigkeit, gedankliche Analogien herstellen zu können.

1. Motivation – ein Schlüssel zum Erfolg

Erfolg Anerkennung . . ., Entwicklungsmöglichkeiten

Herzberg faßt die sechs wichtigsten Motivationsfaktoren, die zur Zufriedenheit im Berufsleben führen, wie folgt zusammen[1]:

- Erfolg,
- Anerkennung,
- Selbständige Arbeit,
- Verantwortung,
- Fortkommen,
- Entwicklungsmöglichkeiten.

In der industriellen, wohl aber auch in der behördlichen Praxis kommt es jedoch leider immer wieder zu Frustrationen und Resignationen hochqualifizierter und relativ gut bezahlter Mitarbeiter, da sie in ihrem Unternehmen kaum eine Chance vorfinden, auch nur annähernd in den Genuß der von Herzberg genannten Motivationsfaktoren zu kommen. Höhn macht auf das allseits bekannte Problem der *inneren Kündigung* aufmerksam und verweist in diesem Zusammenhang auf folgendes Fehlverhalten vieler Vorgesetzter:

- bis ins einzelne gehende Richtlinien, die keinerlei Gestaltungsspielraum lassen;
- fehlende Informationen mit entsprechender Belastung des Vertrauensverhältnisses;
- Vorgabe von Solls, ohne den Mitarbeiter vorher dazu zu hören;
- Kontrolle mit demotivierendem Effekt, d.h. fehlende konstruktive Kritik, statt dessen verletzender Tadel;
- fehlende Anerkennung für vollbrachte Leistungen;
- Desinteresse des Vorgesetzten an den Ideen des Mitarbeiters;
- Verärgerung des Vorgesetzten über Ideen des Mitarbeiters, die nicht seine eigenen sind;
- Übernahme der Ideen des Mitarbeiters durch den Vorgesetzten, der sie anderen gegenüber als seine eigenen ausgibt.«[2]

Die Motivation im Betrieb ist jedoch, wie Barthel schreibt, ein Schlüssel zum Erfolg «Mit der erzielten Motivation seiner Mitarbeiter wird ein Unternehmen in die Lage versetzt, viele bisher ungenutzt gebliebene menschliche Resourcen nutzbringend zu erschließen.«[3]

Wohl fast jeder Mitarbeiter eines Unternehmens hat sich zu irgendeinem Zeitpunkt Gedanken über sein Fortkommen gemacht und damit Überlegungen des Aufstiegs verbunden. Aufstieg, das heißt Aufstieg innerhalb der Hierarchie. Die Hierarchie läßt aber nur ein mühsames Erklimmen in Richtung nach oben zu, und dort werden die freien Plätze mit zunehmender Steigung immer seltener. Bei einem durchschnittlichen Verhältnis Vorgesetzte/Mitarbeiter von zum Beispiel $\frac{1}{5}$ (Kontrollspanne) kann man sich leicht ausrechnen, wieviel bzw. wie wenig Steigerungsmöglichkeiten es entlang der Hierarchiestufen gibt (s.a. Abbildung V-7). Insbesondere bei Betrieben mit geringer Expansion und Fluktuation ist es für so manch einen fähigen Mitarbeiter sehr schwierig und vor allem langwierig, die Aufstiegsleiter zu erklimmen. Aber erst der Aufstieg nach oben beschert in vielen Firmen den ersehnten Erfolg, Anerkennung, selbständige Arbeit, Verantwortung, weiteres Fortkommen und Entwicklungsmöglichkeiten, schließlich aber auch ein höheres Einkommen.

Mit dem in vielen Unternehmen stark ausgeprägten Hierarchiedenken verbindet sich dann meistens auch ein sehr starker Zentralismus. »Bei uns läuft alles über Herrn Maiers Tisch« lautete eine Karikatur, womit ausgedrückt wird, daß die Mitarbeiter von Herrn Maier keinerlei Verantwortung oder Entscheidungsbefugnis haben, sondern alles von Herrn Maier persönlich entschieden wird. Die Mitarbeiter sind mit oder ohne Diplom unmündige Hilfsarbeiter. Dies drückt die Verhältnisse in vielen Unternehmen sehr treffend aus.

Nun ist die Schaffung von Hierarchien andererseits durchaus eine sehr nützliche und natürlich auch notwendige Maßnahme der Betriebsführung. Die Abschaffung von Hierarchien würde es schlichtweg unmöglich machen, ein Unternehmen zu führen. Es kommt vielmehr darauf an, die Aufgaben, Verantwortlichkeiten, usw. zwischen oben und unten besser und adäquater zu verteilen. Die stets komplexer werdenden Aufgaben der heutigen Zeit verlangen in viel stärkerem Maße als früher dezentrale Lösungen und die damit verbundenen dezentralen Verantwortlichkeiten und Entscheidungsvollmachten (s. a. Kapitel V.2). Bernhard zitiert ein von Pascale und Athos beschriebenes wichtiges Führungselement (The Art of Japanese Management) wie folgt: »Die Organisationsstrukturen werden eher breit, dezentral angelegt, mit wenig zentralen Funktionen und mit wenig hierarchischen Stufen, um einen möglichst direkten Informationsfluß in beide Richtungen zu ermöglichen. Zur Integration der selbständig arbeitenden operativen Einheiten dienen Matrixbeziehungen für Planung, Überwachung und Unterstützung.«[4]

Projektmanagement: Motivation und Karriereweg

Die von Terry definierten sieben Dezentralisierungsstufen (s. a. Kapitel V.2) sehen als kleinste Dezentralisierungsstufe die matrixorientierte Projektorganisation vor. Terry schreibt hierzu: »Die Matrixorganisation, die auch als Gitterwerkorganisation bekannt ist, hat sich als brauchbare Antwort zur Lösung ständig komplexer und größer werdender Vorhaben (Projekte), für dessen Realisierung flexiblere und vor allem systemtechnisch orientierte Organisationsstrukturen zwingend erforderlich sind, bewährt.«[5] Das Projekt stellt eine kleine, in sich geschlossene, voll operationsfähige Einheit dar, in der fähige Mitarbeiter eines Großunternehmens sich am ehesten verwirklichen und der Vermassung entrinnen können. Die Eigentümlichkeit des Projektlebens, nämlich begrenzte Autonomie, ausgeprägte Zielorientierung, usw. sind für viele Mitarbeiter eine Quelle der Motivation. Heintel u. Krainz drücken das so aus: »Projektgruppen werden daher oft zu Oasen der Motivation in sonst öden Hierarchien.«[6] Projektarbeit zielt auf die von Pascale und Athos angesprochene breit und dezentral angelegte Organisationsstruktur im Unternehmen hin. Für Projektmitarbeiter ist die vertikale oben–unten-Beziehung oftmals weniger bedeutungsvoll als die horizontale bzw. laterale und abteilungsübergreifende links-rechts- Beziehung.

Die Arbeit im Projekt kommt in vielerlei Beziehung der Arbeit im Kleinbetrieb, in dem man seine direkten Mitarbeiter noch persönlich kennt, gleich (Situation der Dorfgemeinschaft). Vor allem dann, wenn das Projektteam (Ingenieure, Kaufleute, Juristen, usw.) in einem gemeinsamen Bürokomplex untergebracht ist, kommt es am ehesten zu einer echten Teamarbeit. Die gemeinsame Zielsetzung und das tägliche Zusammenleben, gewissermaßen Tür an Tür, führen fast automatisch dazu, daß gemeinsam am gleichen Strang gezogen wird. Im Projekt, gewissermaßen an der Basis des Geschehens, sind Detailkenntnis und Sachverstand eine unbedingte Voraussetzung. Viele unternehmerische Entscheidungen werden und können nur hier getroffen werden. Es ist keine Frage, daß Projektmitarbeit am besten dazu geeignet ist, Mitarbeiter zu motivieren. Hier läßt sich Erfolg eindeutig messen, Anerkennung am ehesten erreichen, ist selbständiges Arbeiten Voraussetzung und Verantwortung alltäglich. Erfolgreich abgeschlossene Projekte sichern darüberhinaus das Fortkommen und die Entwicklungsmöglichkeiten der Projektmitarbeiter. Martin schreibt in diesem Zusammenhang: »Projekterfahrung ist eine exzellente Voraussetzung für die persönliche Karriere«, und er fährt fort: ».... · der Projektleiter lernt so zu denken wie ein Firmenchef... gibt es eine bessere Situation des on-the-job Trainings?«[7]

Selbstverständlich hängen die Möglichkeiten der Personalentwicklung im Rahmen des Projektmanagements sehr stark von dem Stellenwert, den das Projektmanagement im Unternehmen hat, ab. Es kann jedoch davon ausgegangen werden, daß das Projektmanagement in Zukunft enorm an Bedeutung hinzugewinnen wird und damit die Chancen vieler fähiger Nachwuchskräfte, im Rahmen des Projektmanagements den persönlichen Erfolg zu planen, wachsen. Empfehlenswert ist jedoch, daß die Unternehmen das Projektmanagement zukünftig, neben der Realisierung neuer Vorhaben, mehr als bisher auch als Nachwuchsschule, *training-on-the-job*, ansehen.

2. Projektmanager und ihre Mannschaften – woher kommen sie, und wer bildet sie aus?

Mangel an Projektmanagement-Spezialisten

Die Ausbildung von Projektpersonal ist bisher immer noch nicht im ausreichenden Maße vorangetrieben worden. Es fehlt an qualifizierten Projektleitern, Controllern, Systemingenieuren, usw., kurz: Projektpersonal ist Mangelware. Hansen schreibt hierzu: »Im Bereich großer öffentlicher Ausschreibungen müssen die Anbieter oft Projektteile anbieten, bei denen sie nicht von vorneherein über... die ausreichende Anzahl von Spezialisten verfügen.«[8] Die gründliche Ausbildung von Projektleitern und Projektmitarbeitern muß deshalb zukünftig vorrangig betrieben werden, denn viele Managementfehler resultieren direkt aus der mangelhaften Besetzung von Projektpositionen und der unzureichenden Managementausbildung der mit Projektleitungsaufgaben beauftragten Techniker. Die Gesellschaft für Projektmanagement (GPM) stellt hierzu 1981 fest, was auch heute nach über zehn Jahren noch Gültigkeit hat: »Eine Auswertung von 250 Stellenanzeigen in der Frankfurter Allgemeinen Zeitung im Jahre 1981 für Projektmanagement-Personal sowie zahlreiche Gespräche mit Projektverantwortlichen aus der Industrie haben ergeben, daß folgende Aufgaben im Vordergrund stehen:

- Planung, Durchführung, Überwachung und Kontrolle der Projektaktivitäten,
- Ausfüllen der Koordinationsfunktion in technischer, terminlicher und wirtschaftlicher Hinsicht,
- Planung und Disposition von Ressourcen,
- Systemanalyse,
- laufende Kontakte und Kommunikation mit innerbetrieblichen und außerbetrieblichen Instanzen,
- Angebotserstellung und Angebotsbewertung,
- Vertragsverhandlungen,

– Führen von Projektmitarbeitern,
– Ausbildung von Mitarbeitern.

Die Erfüllung dieser Projektmanagement-Aufgaben erfordert ein umfangreiches spezifisches Fachwissen, entsprechende praktische Erfahrung und bestimmte persönliche Verhaltensweisen.[9]

In Anlehnung an die in Abbildung V-3 gezeigte Projekt-Organisationsstruktur lassen sich die Verantwortlichkeiten und Aufgaben der Projektmitarbeiter in folgende Gruppen zusammenfassen:

(1) *Planung und Überwachung (Project Control):*
 – Projektadministration: Informationsmanagement, Vertragsadministration, Post/Ablage, usw.,
 – Terminüberwachung: PSP, AP-Beschreibungen, Terminpläne, Statuskontrollen, usw.,
 – Kostenüberwachung: Manpower- und Kostenpläne, Zahlungspläne, Arbeitsfreigabe, Manpower und Kostenkontrolle, usw.,
 – Konfigurations- und Dokumentationskontrolle: Dokumentationsgliederung, Spezifikationsgliederung, Freigabe, Änderungsdienst, Statuskontrolle, usw.,
 – Berichterstattung.
(2) *Produktsichernng (Product Assurance):*
 – Zuverlässigkeit: Analysen, Überwachung, usw.,
 – Qualitätssicherung (QS): QS-Überwachung (Konstruktion/Entwicklung), Bauteileidentifikation und -auswahl, Inspektion, Reinheitskontrolle, Materialkontrolle, usw.,
 – Sicherheitskontrolle,
 – Teile- und Materialüberwachung: Spezifizierung, Kontrolle, usw.,
 – Berichterstattung.
(3) *Systemtechnik (System Engineering):*
 – Systemanalysen,
 – Systementwurf,
 – Systemspezifizierung,
 – Systemtechnische Planung: Konstruktionsüberwachung, Reviews, technische Dokumentation, usw.,
 – Systemtechnische Integration,
 – Berichterstattung.
(4) *Unterauftragnehmerkontrolle (Subcontractor Control):*
 – Auswertung/Auswahl von Unterauftragnehmern,
 – Einführung von Projektrichtlinien bei den Unterauftragnehmern,
 – Erstellung von Leistungsverzeichnissen,
 – Unterauftragnehmerkoordination: Termine, Kosten, Nahtstellen, Besprechungen, usw.,
 – Statuskontrollen,
 – Maßnahmenkontrollen.
(5) *Fertigungssteuerung (Production Control):*
 – Fertigungsengineering: Methoden, Prozesse, Werkzeuge und Vorrichtungen, Make-or-Buy, usw.,
 – Fertigungsunterstützung: Materialbereitstellung, Lagerhaltung, Transporte, usw.,
 – Fertigungsüberwachung: Qualität, Toleranzen, Sicherheit, Änderungen, usw.,
 – Berichterstattung.
(6) *Integration und Test (Integration and Test):*

- Integrationsplanung: Prozeduren, Anlagenplanung, usw.,
- Integrationsdurchführung,
- Testplanung: Prozeduren (Funktions-, Umgebungs- und Abnahmetests), Anlagenplanung, usw.,
- Testdurchführungen,
- Integrations- und Testdokumentation: Spezifizierung, Auswertung, Protokolle, usw.,
- Berichterstattung.

(7) *Operationeller Betrieb (Operation):*
- Betriebsanforderungen,
- Wartungsanforderungen,
- Betriebs- und Wartungsplanung,
- Personaltraining,
- Logistik,
- Ersatzteile,
- Berichterstattung.

Die Verantwortlichkeiten und Aufgaben des Projektleiters bestehen in der Leitung und Überwachung der Spezialistenteams eines Projektes.

Zusammenfassend läßt sich sagen, daß ein besonders gravierender Personalmangel bei der Besetzung der Schlüsselpositionen Projektleitung, Planung und Überwachung, Produktsicherung und Systemtechnik besteht.

Bedeutung der Projektmanagement-Schulung

Schlüsselpositionen im Projekt müssen rechtzeitig und richtig besetzt werden, will man verhindern, daß es zu schwerwiegenden Pannen im Projekt kommt. »Aber woher nehmen und nicht stehlen« sagt ein deutsches Sprichwort! Das Projektpersonal muß auf die zukünftigen Aufgaben durch Schulung oder training-on-the-job gründlich vorbereitet werden. Viele Projektmitarbeiter werden jedoch buchstäblich ins Wasser geworfen, ohne Vorbereitung und ohne Schulung. Nach einigen Jahren verfügen sie dann natürlich über ganz spezielle Erfahrungen, oftmals aber leider ohne den erforderlichen theoretischen Hintergrund. Der Alltag, die Routine gewährt ihnen meistens kaum die nötige Zeit, um sich umfassend mit dem sehr komplexen Thema Projektmanagement vertraut zu machen. Sie sind gezwungen, sich weiter durchzuwursteln. Dabei ist gerade die interdisziplinäre und breitbandige Sachkenntnis der Management-Gesamtthematik eine Voraussetzung für methodisches und effizientes Vorgehen im Projekt.

Der Manager eines technischen Projektes unserer Zeit benötigt neben einem Ingenieur-Grundstudium dringend eine erweiterte interdisziplinäre Ausbildung, um die ihm gestellten Aufgaben besser als bisher bewältigen zu können. Systemtechnik, Planung und Überwachung, Organisation, Vertragsmanagement und Personalführung spielen für ihn im Alltagsleben oftmals eine größere Rolle als detailliertes Fachwissen. Ganz sicher führt der Karriereweg zum Projektleiter oder Projektmitarbeiter jedoch nicht allein durch ein Studium zum Ziel, da praktische Erfahrungen im Betrieb und die Persönlichkeitsstruktur eine ebenso wichtige Rolle spielen, wie die Methodenschulung. Ein gangbarer Weg für zukünftige Projektleiter technischer Produkte, vielleicht der erfolgversprechendste, ist die auf ein Ingenieurstudium aufbauende praktische Erfahrung, verbunden mit einem Management-Aufbaustudium. In den USA beschreiten viele Projektingenieure folgenden Weg:

- Ingenieurstudium (BS oder MS),
- Fünf bis zehn Jahre praktische Erfahrung als Entwicklungsingenieur, Produktionsingenieur, usw.,
- Absolvierung eines Zweitstudiums, zum Beispiel Business Administration (BA oder MBA).

In vielen US-Firmen werden im Rahmen des betrieblichen Bildungswesens diesbezügliche Universitätslehrgänge oder betriebliche Schulungen, die von Universitäten anerkannt werden, angeboten. Die im Rahmen der MBA-Lehrgänge abgehaltenen Kurse beschränken sich nicht allein auf betriebswirtschaftliche Fächer sondern sehen auch Fächer, wie zum Beispiel Qualitätskontrolle und Systemtechnik vor.

Projektmanagement-Schulung

In der Bundesrepublik Deutschland existiert zur Zeit keine Bildungseinrichtung für das Fach Projektmanagement, das heißt Schulung, an denen Ingenieure, Betriebswirte oder Kaufleute die Methoden und Verfahren des Projektmanagements gründlich erlernen können. In diesem Zusammenhang muß man sich allerdings auch die Frage stellen, inwieweit Projektmanagement denn überhaupt durch Lehrveranstaltungen erlernbar ist. Diese Frage ist für die Konzipierung einer Lehrveranstaltung äußerst wichtig. In der Tat verhält es sich so, daß Projektmanagement zwar zu einem großen Teil erlernt werden kann, andererseits jedoch eine beträchtliche Portion Engagement und Talent vorausgesetzt werden muß.

Bei dem erlernbaren Teil handelt es sich im wesentlichen um eine gründliche Methodenlehre sowie Schulungen in Personalführung und Teamarbeit. Die Themen dieses Buches (Kapitel IV bis XIV), zum Beispiel Planung und Überwachung, Systemtechnik, Vertragsmanagement, usw., stehen bei der Methodenlehre im Vordergrund. Eventuelle Schulungen zur Personalführung und Teamarbeit unterscheiden sich im Prinzip jedoch nicht von ähnlichen Schulungen in anderen, das heißt Nicht-Projektbereichen, da sie nicht als projektspezifisch anzusehen sind.

Engagement und Talent sind für die Karriereplanung zukünftiger Projektmitarbeiter jedoch zwei ausschlaggebende Faktoren. Das Engagement, eine Grundvoraussetzung für die Mitarbeit im Projekt, bedarf hier keiner weiteren Erklärung. Wie aber steht es mit dem Talent? Projektarbeit setzt im Vergleich zu Aufgaben in der Linie ganz besondere, fast möchte man sagen angeborene Fähigkeiten und Eigenschaften voraus, nämlich eine stark ausgeprägte Denkflexibilität, das heißt schnelles Einstellen auf neue Situationen, Neigungen zum Blick für das Ganze, eine ganz bestimmte – jedoch nicht übertriebene und damit schädliche – Risikobereitschaft und Abenteuerlust, Kontakt- und Begeisterungsfähigkeit, Ideenreichtum und Kreativität, Kooperations- und Teamgeist, Entschluß- und Entscheidungsbereitschaft und die Fähigkeit, Menschen zu überzeugen und zu führen. Insbesondere für Projektleiter sind charismatische Eigenschaften von großem Vorteil. Auf einen Nenner gebracht sollten zukünftige Projektmitarbeiter, aber insbesondere Projektleiter, neben einer gründlichen Methodenkenntnis wenigstens teilweise das Wesen einer Unternehmerpersönlichkeit mitbringen, denn Projektmitarbeiter stehen im Prinzip immer an der Front, und Projektleiter müssen sich, um erfolgreich zu sein, wie Kleinunternehmer bewähren. Das Spiel der Kräfte (Markt, Technologie, Machbarkeit, Termine, Kosten, usw.) ist im Projekt viel direkter als an anderen Stellen eines Unternehmens spürbar.

Training-on-the-job ist neben den verschiedenen Wegen der Schulung für firmeninternes Projektpersonal ein weiteres wichtiges Instrument. Es ist sicherlich äußerst leichtsinnig, einen Entwicklungsingenieur ohne jegliche Managementerfahrung übergangslos mit der Führung eines großen und komplexen Vorhabens zu betrauen. Vielmehr sollte man auch hier in Stufen vorgehen. Martin beschreibt den möglichen Weg eines Ingenieurs wie folgt[10]:

- Entwicklungsingenieur
- *Gruppen*leiter Entwicklung
- Systemtechnik
- Abteilungsleiter Systemtechnik
- Manager Konfigurationskontrolle im Projekt
- Leiter Systemtechnik eines mittleren Projektes
- Projektleiter eines mittleren Projektes
- Projektleiter eines Großprojektes.

Zusammenfassend kann folgende Aussage gemacht werden:
- Projektmitarbeiter und vor allem Projektleiter bedürfen in jedem Falle einer gründlichen Projektmanagement-Schulung.
- Die Schulung allein reicht jedoch noch nicht aus um im Projektteam erfolgreich sein zu können; zukünftige Projektmitarbeiter müssen auch über ein entsprechendes Engagement und Talent verfügen.
- Training-on-the-job ist eine weitere wichtige Maßnahme für eine Projektmanagement-Karriere.

Welche Schlüsse lassen sich hieraus nun für eine Projektmanagement-Schulung ziehen, denn Schulung ist, wie bereits erwähnt, sehr wichtig?

Ein mögliches Modell zur Schulung von Projektmitarbeitern könnte so aussehen, daß die verschiedenen Fachrichtungen der Hoch- und Fachschulen im Rahmen ihrer Ausbildungspläne ein spezielles Lehrprogramm zum Thema Projektmanagement anbieten, um den Studenten das für die Praxis notwendige Projektmanagement-Grundwissen zu vermitteln (s.a. Abbildung XV-1).

Ein solches Programm sollte folgende Projektmanagement-Schwerpunkte enthalten:

- Definition von Projektzielen,
- Der Lebenszyklus eines Projektes,
- Entscheidungstheorien,
- Projektorganisation und Führungsverhalten,
- Planung und Überwachung,
- Kostenschätzung und Angebote,
- Systemtechnik und Konfigurationskontrolle,
- Produktsicherung und Qualitätskontrolle,
- Vertragsmanagement und Änderungskontrolle,
- Dokumentationskontrolle und Berichtswesen.

Es ist sicherlich von Vorteil, wenn den zukünftigen Ingenieuren, Betriebswirten, Kaufleuten, Juristen, usw. ein einheitliches Grundprogramm angeboten wird, was andererseits jedoch nicht ausschließt, daß die einzelnen Fakultäten bestimmte Bereiche weiter vertiefen. Darüber hinaus ist eine diesbezügliche interdisziplinäre Zusammenarbeit im Bereich der Hoch- und Fachschulen für den Projektmanagement-Gedanken (eine Vorbereitung auf die Praxis) sicherlich von großem Nutzen. Die in einem solchen Programm einzubringenden Fallstudien mit Beispielen aus der

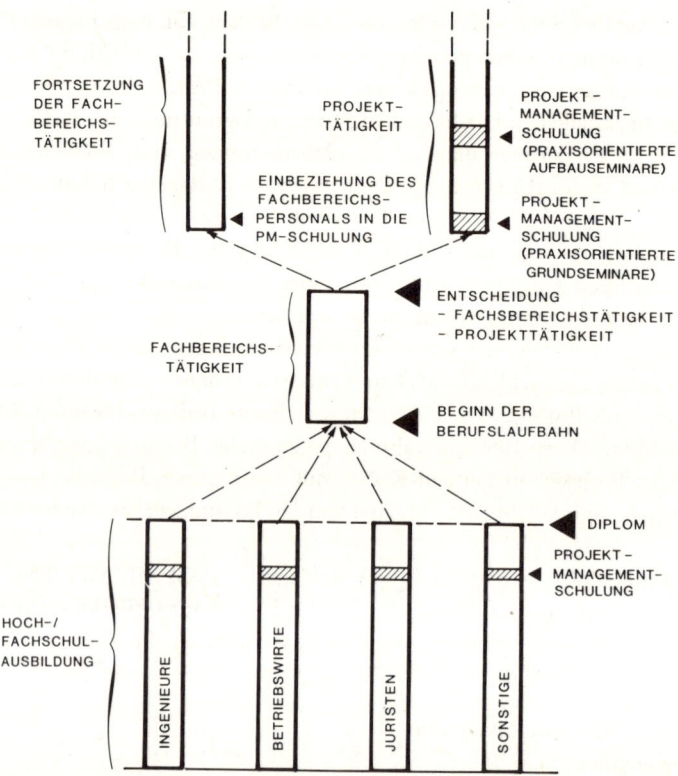

Abb. XV-1: Möglichkeit der Projektmanagement-Schulung

Praxis müssen von den Studenten der einzelnen Fakultäten in Teamarbeit gelöst werden. Durch die Einbeziehung von Lehrbeauftragten aus der Industrie kann der Praxisbezug sichergestellt werden.

Nur selten beginnt die Berufslaufbahn eines Hoch- oder Fachschulabsolventen im Projekt. Dies resultiert im wesentlichen aus den Projektmanagement-Anforderungen. Um eine Projekttätigkeit wahrnehmen zu können, sollte der Projektmitarbeiter über einen größeren Erfahrungsschatz, den er im Rahmen einer mehrjährigen Fachbereichstätigkeit erworben hat, (zum Beispiel fünf bis zehn Jahre) verfügen (s.a. Abbildung XV-1). Ein Mangel an Facharbeitstätigkeit stellt sich in der Projektmanagement-Praxis immer wieder als Handicap heraus. Beim Projektmanagement handelt es sich um eine mit vielen inner- und oft auch außerbetrieblichen Nahtstellen verbundene Steuerungsfunktion, für die der Projektmitarbeiter auf gründliche praktische Erfahrungen aus der Linie zurückgreifen können sollte. Diese Erfahrungen geben ihm das für die Projektarbeit notwendige Urteilsvermögen, sowie die erforderliche Sicherheit, Entscheidungen zu treffen. Dies trifft für Ingenieure, Betriebswirte, Kaufleute und Juristen in gleichem Maße zu. In diesem Zusammenhang kann auch das job-rotations-Prinzip eine bedeutende Rolle spielen. Zusammenfassend: Es ist nicht sinnvoll, und zwar für beide Seiten, Unternehmen wie den Mitarbeitern, ohne ausreichende Fachbereichstätigkeit eine Projektaufgabe zu übernehmen. Tatsächlich rekrutieren Unternehmen ihren Projektmanagement-Nachwuchs zum größten Teil aus der Linie und nicht direkt von der Hoch- und Fachschule.

Der Einstieg in eine Projekttätigkeit sollte nach Möglichkeit von begleitenden Projektmanagement-Schulungsmaßnahmen (Grundseminare) begleitet sein (s.a. Abbildung XV-1). Bei diesen Seminaren muß es sich aber um eine stark praxisorientierte Projektmanagement-Schulung handeln, die auf die vorgeschlagenen Hoch- und Fach-Schulprogramme aufbaut. Die praxisorientierten Grundseminare sollten darüberhinaus durch Aufbauseminare, in denen weiteres Projektmanagement-Spezialwissen vermittelt wird, ergänzt werden. Es ist darüber hinaus zu empfehlen, daß zur Verbesserung der Kommunikation auch das Fachabteilungspersonal eine Projektmanagement-Grundschulung erhält. In der Bundesrepublik Deutschland werden die wenigsten Projektmitarbeiter gründlich vorbereitet und vor Aufnahme einer Projekttätigkeit geschult. Aber auch die Unternehmen, die eine Schulungsmaßnahme für notwendig erachten, können sich meistens nur für ein Projektmanagement-Seminar von einigen wenigen Tagen entschließen. Andererseits gibt es in der Bundesrepublik Deutschland auch kaum ein entsprechendes Ausbildungsangebot. Firmen greifen deshalb oft zur Selbsthilfe. Die Firma Messerschmitt-Bölkow-Blohm in München (heute DASA) bot ihren Mitarbeitern 1980 im Rahmen des zentralen Bildungsprogramms zum Beispiel einen zweiwöchigen Projektmanagement-Kursus mit hausinternen Referenten an, der divisional noch durch zusätzliche Speziallehrgänge ergänzt werden konnte; ein durchaus nachahmenswerter Weg.

Die 1979 gegründete Gesellschaft für Projektmanagement (GPM), München, führt seit 1980 Projektmanagement-Seminare durch und entschloß sich 1982 zur Gründung einer Projektmanagement-Akademie. Die GPM definierte die Anforderungen an die Aus- und Fortbildung im Projektmanagement wie folgt[9]:

– effiziente Nutzung der Ausbildungszeit,
– hohe Praxisbezogenheit,
– nicht nur Kennenlernen des »Handwerkzeugs« eines Projektmanagers, sondern auch Übung und routinemäßige Beherrschung,
– Einsatz aktiver Lehrmethoden zur Sicherstellung der aktiven Mitarbeit der Teilnehmer und des Know-how-Transfers,
– Fördern effizienter Gruppenarbeit,
– Koordination und Motivation von Arbeitsgruppen.

Für das Akademie-Programm rekrutierte die GPM einen Referentenpool, der sich aus ausgewählten Fachleuten der Praxis und dem Hochschulbereich zusammensetzte. Dabei wurde auf die Streuung der Branchen und Tätigkeitsfelder, eine ausgewogene Stoffbearbeitung in den Seminaren sowie die Möglichkeit, in den Einzelthemen wirklich den »Fachmann« einzusetzen, größter Wert gelegt. Die GPM schreibt hierzu: »Die Teilnehmer sollten eine technische oder betriebswirtschaftliche Ausbildung haben und bereits ca. drei bis fünf Jahre in der Praxis tätig gewesen sein. Besonders geeignet sind die Veranstaltungen für Teilnehmer, die von ihren Firmen auf die Übernahme von Projektmanagement-Aufgaben vorbereitet werden sollen.«[11] Die Lernziele der fünftägigen Seminarmodule sind wie folgt[12]:

Modul 1: Grundlagen des Projektmanagements, Projektvorbereitungsphase:
– Verständnis und Vertrautheit mit Projekt- und Systemdenken;
– Kenntnis der Projektvorbereitungsaufgaben und Training in einer mehrstufigen Fallstudie;
– Verständnis und Fähigkeit zur Aufstellung von Projektstruktur-, Organisations- und Ablaufplänen;
– Vertrautheit mit Bewertungs- und Risikoanalyseverfahren;

– Kenntnis organisatorischer Einbettung des Projektmanagements in die Organisation eines Unternehmens;
– Know-how-Transfer für die tägliche Projektmanagement-Arbeit.

Modul 2: Projektplanungstechniken und Instrumente:
– Vertiefung der Kenntnisse in Projektstrukturierung;
– Vertrautheit durch praktisches Training mit Methoden der Ablauf- und Zeitplanung sowie zur Kosten- und Finanzmittelplanung;
– Kenntnis von Verfahren zur Präzisierung technischer Projektleistungsziele;
– Einblick in Projektinformations- und Berichtswesen;
– Know-how-Transfer für die tägliche Projekt-Management-Arbeit.

Modul 3: Projektsteuerung:
– Kenntnis der Anforderungen, aber auch der Grenzen der Projektsteuerung;
– Umfassende Kenntnis der Zusammenhänge zwischen Projektplanung und Projektsteuerung, insbesondere der möglichen Kontrollverfahren und -prozeduren, sowohl für die Termin- als auch für die Kostenkontrolle inklusive Anwendungsbeispielen;
– Einblick in die Aufgaben und Verfahren der Qualitätskontrolle und Qualitätssicherung;
– Basiswissen über den Umgang mit projektbezogenen Informations- und Dokumentationssystemen;
– Zu allen Einzelthemen werden speziell zugeschnittene Fallstudien durchgeführt, um den Teilnehmern die Problematik näher zu bringen. Die Teilnehmer können bei der Definition der Randbedingungen mitwirken, wodurch gewährleistet wird, daß die Fallstudien genau auf den Bedarf der Teilnehmer abgestimmt werden können.
– Die am Kursende durchzuführende Gesamtfallstudie gibt den Teilnehmern zusätzlich die Möglichkeit, die Anwendbarkeit des Behandelten am aktuellen Beispiel zu erproben und zeigt deutlich Vor- und Nachteile bestimmter Verfahren in Abhängigkeit von der Aufgabenstellung, Größe und Dauer eines Projektes.
– Know-how-Transfer für die tägliche Projekt-Management-Arbeit.

Modul 4: Zusammenarbeit im und am Projekt:
– Erkennen und Trainieren kooperativen Verhaltens in Projektteams;
– Erarbeiten entscheidungsverständlicher Darstellungen von Arbeitsergebnissen, Berichten, Protokollen;
– Konflikte in Projektteams erkennen und Lösungsmöglichkeiten trainieren;
– Erkenntnisse zur Team- und Konferenzmoderation;
– Grenzen und Möglichkeiten des Projektmanagements erkennen und nutzen;
– Know-how-Transfer für die tägliche Projekt-Management-Arbeit.

Obwohl in dem GPM-Akademieprogramm für Projektmanagement die Themen Systemtechnik, Produktsicherung, Vertragsmanagement und Angebotserstellung nicht oder zumindest nicht ausführlich genug behandelt wurden, kann das 1980 von der GPM entwickelte Schulungsprogramm für Projektmanagement-Personal in jedem Fall als ein Schritt in die richtige Richtung angesehen werden, denn in ein bis zwei Tagen läßt sich das so komplexe und umfangreiche Thema »Projektmanagement« mit dem besten Willen nicht gründlich genug behandeln. Ein- bis zweitägige Seminare zum Thema Projektmanagement können nur den Zweck einer Informations- und Orientierungshilfe haben. Unter dieser Prämisse sind natürlich auch Kurzseminare sehr nützlich.
    Allerdings läßt sich heute, ca. 10 Jahre nach dem GPM-Vorstoß feststellen, daß das mehrwö-

chige Akademie-Programm, obwohl es gut durchdacht und nützlich war, von der Industrie und den Behörden nicht angenommen wurde. Sicherlich auch deshalb, weil man nicht bereit war, den dafür notwendigen Aufwand (Zeit und Geld) auf sich zu nehmen. Die GPM bietet deshalb genau wie die meisten Veranstalter zwei bis drei Tageskurse zu Themen des Projektmanagements mit Erfolg an.

Anregungen für ein Projektmanagement-Schulungskonzept

Projektmanagement ist eine interdisziplinäre Tätigkeit und verlangt deshalb auch den Einsatz interdisziplinärer Teams. Dieser Tatsache sollte zukünftig mehr als bisher an Hoch- und Fachschulen und bei Industrie und Behörden Rechnung getragen werden. Da die Entscheidung darüber, wer in einem Projektteam mitarbeiten kann oder will, sich jedoch erst im Rahmen einer industriellen oder behördlichen Tätigkeit herausstellt (s.a. Abbildung XV-1), erscheint es, wie bereits erwähnt, sinnvoll, Projektmanagement-Wissen auf zwei Ebenen zu vermitteln (s.a. Abbildung XV-2), nämlich

– durch eine Projektmanagement-Grundausbildung an Hoch- und Fachschulen und
– eine vertiefende und praxisorientierte Projektmanagement-Ausbildung für industrielle und
  behördliche Mitarbeiter, die eine Projektmanagement-Karriere anstreben.

Die an Hoch- und Fachschulen vermittelte Grundausbildung wäre am sinnvollsten, wenn sie interdisziplinär, das heißt fakultätsübergreifend, erfolgte. Dazu könnte man sich ein Matrixkonzept ähnlich der industriellen Matrix-Organisation vorstellen. Hier wäre es wünschenswert, wenn eine deutsche Universität oder Hochschule einen entsprechenden Vorstoß wagen würde, um fachübergreifende PM-Vorlesungen im Rahmen verschiedener Fakultäten anzubieten. Darüber hinaus müßten die einzelnen Fakultäten den für sie besonders relevanten Stoff ggf. noch in zusätzlichen, das heißt fakultätsspezifischen Schulungen erweitern (s.a. Abbildung XV-2). Es ist zum Beispiel sicherlich sinnvoll, den Ingenieurstudenten vertiefende Vorlesungen zum Thema Systemtechnik anzubieten, da dieses Thema für sie eine besondere Relevanz hat (s.a. Kapitel VII.4).

Die praxisvertiefenden Schulungen bei Industrie und Behörden, die sich ganz gezielt an zukünftige Projektmitarbeiter richten, sollten sinnvollerweise auf die Ausbildung an den Hoch- und Fachschulen abgestimmt werden bzw. darauf aufbauen. Aus diesem Grunde müssen Hoch- und Fachschulen sowie Industrie und Behörden auf dem Gebiet der Projektmanagement-Aus- und Fortbildung viel enger als bisher zusammenarbeiten. Das zuvor erwähnte Schulungs-Modell der GPM, das erfahrene Referenten aus Theorie und Praxis vorsieht, kann in diesem Zusammenhang als ein gutes Beispiel gelten, obwohl es zeitlich stark gekürzt werden muß. Es ist sicherlich auch nützlich, regelmäßig Praktiker aus der Industrie als Lehrbeauftragte zu den Projektmanagement-Lehrveranstaltungen im Hoch- und Fachschulbereich hinzuzuziehen und andererseits Hoch- und Fachschuldozenten regelmäßig als Gastreferenten an den Industrieseminaren teilnehmen zu lassen. Wie in Abbildung XV-2 angedeutet, sollten die praxisorientierten Grundseminare zur Verhinderung von allzu großen Ausfallzeiten der Mitarbeiter, entsprechend dem GPM-Modell, in einzelne Seminar-Module aufgeteilt werden. Dies trifft auch für die praxisorientierten Aufbauseminare, die dem Zweck der Vermittlung von Projektmanagement-Spezialkenntnissen dienen, zu. Hier werden vor allem die neuesten Erkenntnisse auf dem Gebiet des Projektmanagements, zum Beispiel Beiträge zum Thema Lebenszykluskosten, Trendanalysen im Projekt, usw., vermittelt.

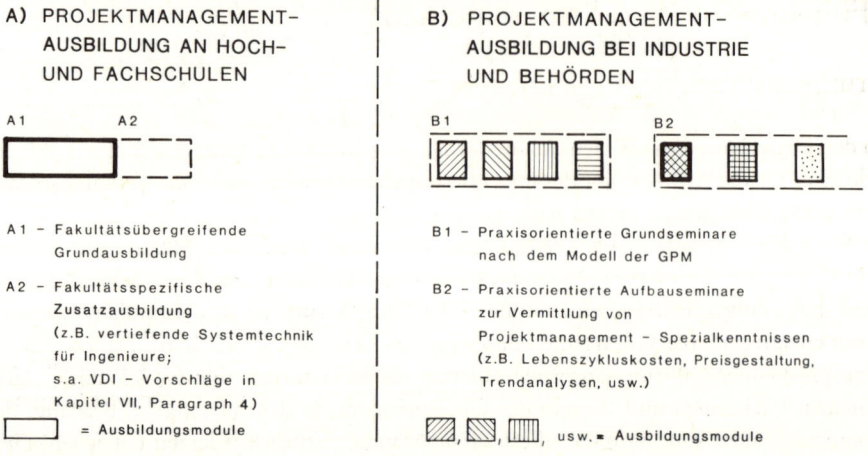

Abb. XV-2: Mögliche Projektmanagement-Ausbildung an Hoch- und Fachschulen und in den Betrieben

Aufgrund der ständig wachsenden Bedeutung des Projektmanagements für unsere Wirtschaft sollten die Hoch- und Fachschulen, die Betriebe und die Behörden sich der Wichtigkeit der Projektmanagement-Nachwuchsschulung bewußt werden und dementsprechend handeln. Das Potential zur Schulung ist in Deutschland sicherlich vorhanden. Nur muß der Projektmanagement-Schulung dringend eine entsprechende Priorität eingeräumt werden und die genannten Institutionen, das heißt die Schulen und Unternehmen, müssen gemeinsame Schulungs- und Seminarkonzepte erarbeiten. Der Gesellschaft für Projektmanagement (GPM) fällt hier eine Führungsrolle zu. In diesem Zusammenhang ist erwähnenswert, daß die GPM in Deutschland seit über zehn Jahren eine sehr aktive Rolle spielt, indem sie interessante PM-Seminare anbietet und die Jahrestagung (Forum) zum Treffpunkt für PM-Fachleute geworden ist.

Die sich bietenden Möglichkeiten sind sicherlich noch lange nicht voll ausgeschöpft. In den USA findet auf dem Gebiet des Projektmanagements zwischen den Universitäten und der Industrie ein wesentlich größerer Erfahrungsaustausch statt als bei uns in Deutschland. Seit einiger Zeit geht man dort dazu über, firmeninterne Bildungsveranstaltungen, wie zum Beispiel Projektmanagement-Kurse, in enger Zusammenarbeit mit den Universitäten durchzuführen, so daß die Teilnehmer die Chance haben, den belegten Kurs nach bestandener Prüfung in ein Hochschul-Aufbaustudium mit einzubringen. Viele Ingenieure erwerben dort, unter Einbeziehung firmeninterner Kurse, einen zusätzlichen akademischen Grad, zum Beispiel den des Master of Business Administration (MBA). Die Kurse werden den Teilnehmern durch ihre Firmen meistens kostenlos angeboten, sie müssen dafür jedoch einen Teil ihrer Freizeit zur Verfügung stellen. Es kann an dieser Stelle nicht beurteilt werden, ob ähnliche Modelle auch für die Bundesrepublik Deutschland möglich und sinnvoll sind; eine engere Zusammenarbeit zwischen den deutschen Hoch- und Fachschulen sowie den Betrieben und Behörden bei der zukünftigen Gestaltung ihrer Lehrprogramme für Projektmanagement ist aber sicherlich für alle Beteiligten von großem Nutzen.

Im Anhang 6 ist ein vom Autor entwickeltes mehrwöchiges Modell zur Fortbildung für Projektmanager und ihre Mitarbeiter wiedergegeben, das dazu geeignet ist, auch in kleine 2- bis 3-Tageseminare aufgeteilt zu werden.

3. Führung im Projektmanagement

Führungsanspruch des Projektleiters

Nach den Organisationsprinzipien des modernen Projektmanagements (s. a. Kapitel V.1) trägt der Projektleiter für die Abwicklung des ihm übertragenen Projektes die volle Verantwortung. Nach diesem Verständnis gibt es keinen Mitregenten, zum Beispiel einen gleichrangigen Verantwortlichen für die Projektkosten. Wie in Abbildung V-3 gezeigt wird, ist er Alleinregent. Bei größeren Projekten steht ihm jedoch ein kompetentes Team zur Verfügung, um die einzelnen Sachprobleme effizient und fachlich richtig lösen zu können. Der Projektleiter ist aber darauf angewiesen, daß er auch mit entsprechenden Vollmachten und Kompetenzen ausgestattet wird. Daraus kann er dann den entsprechenden Führungsanspruch ableiten. Es ist natürlich selbstverständlich, daß er die allgemeinen Richtlinien und Regeln des Unternehmens, in dem er tätig ist, beachtet, denn das Firmenmanagement kann ihm das übertragene Mandat natürlich jederzeit entziehen. Die Praxis hat gezeigt, daß Projektleitungen, denen die volle Projektverantwortung einschließlich der notwendigen Vollmachten und Kompetenzen übertragen wurde, weit bessere Ergebnisse aufzeigen konnten, als Projektleitungen, die nur teilbeauftragt und/oder -autorisiert waren. Die Führung eines Projektes muß an einem zentralen Punkt, nämlich beim Projektleiter, zusammenlaufen.

Die Entschlossenheit zur Führung, das heißt der Anspruch des Projektleiters zur Leitung der Gesamtaufgabe, wirkt sich auf das Projektgeschehen in der Regel sehr positiv aus. Dabei sei vorausgesetzt, daß der Projektleiter über einen die Teamarbeit fördernden Führungsstil verfügt (s. a. nachfolgenden Abschnitt), denn Führungsentschlossenheit und Teamarbeit schließen einander nicht aus. »Auch eine gute Mannschaft braucht des Kapitäns Signale!« Mit dieser Überschrift versuchte ein Journalist die Bedeutung der Führung eines Teams zu umschreiben. [13] Die Teamleitung spielt im Projektmanagement eine besonders große Rolle. Martin schreibt hierzu: »Führung ist im Projekt schwieriger als in einer normalen Organisation, denn bei einem Projekt handelt es sich von Haus aus um eine freiere Arbeitsform, bei der es darüber hinaus häufiger zu Änderungen kommt... Im Projekt sind viele Mitarbeiter (anfangs) Fremde (häufiger Personalwechsel), viele Dinge sind anders und ändern sich schneller, und die Zukunft ist nicht immer klar. Führung ist hier eine größere und viel komplexere Herausforderung.«[14]

Führungsstil im Projekt

Projektmanagement ist eine sehr interessante und motivierende, in der Regel aber auch eine äußerst schwierige und sehr harte Tätigkeit, wenn man zum Beispiel an das Problem der Termin- und Kosteneinhaltung denkt. Martin sagt hierzu sehr treffend: ».... Projektmanagement ist besonders hart und kann für den Projektmanager eine enorme physische und geistige Belastung bedeuten.«[15] Für die Mitarbeiter im Projekt trifft diese Aussage ebenfalls zu. Viele Projektentscheidungen müssen sehr zügig getroffen werden und stellen Kompromißlösungen dar. Die in der Literatur stark favorisierte Gruppenentscheidung (demokratischer Führungsstil) ist im Projekt nur bedingt durchführbar. Überhaupt scheint es sich hierbei um ein Mißverständnis zu handeln. Es kann aus sachlichen Gründen nicht angestrebt werden, stets Gruppenentscheidungen herbeizuführen, bei denen der Vorgesetzte (Projektleiter) nur als Integrator oder Koordinator in Erscheinung tritt. Zu Projektentscheidungen kommt es im Projekt fast täglich. Allerdings muß man sich darüber im klaren sein, daß diese Entscheidungen verschiedenen Managementebenen zuzuordnen sind und in ihrer Bedeutung und Sachbezogenheit stark variieren. Sachentscheidungen sollten prinzipiell nicht durch eine Gruppe, sondern nur von demjenigen getroffen werden, der über die entsprechende Sachkenntnis verfügt und darüber hinaus für die Aufgabe verantwortlich ist. Aber auch selbst dann, wenn er eine Entscheidung alleinverantwortlich getroffen hat, handelt es sich im Prinzip keineswegs um eine autoritäre, sondern um eine sachbezogene Entscheidung, für die der Betreffende auch persönlich bürgt. Selbstverständlich sollte er sich vorher mit seinen Mitarbeitern beraten, er muß dann aber alleinverantwortlich entscheiden, denn es handelt sich um seine Verantwortung. Es ist Aufgabe der Managementplanung, für jedes Projekt die Entscheidungsbefugnisse vorher genau festzulegen (s.a. Kapitel VI).

Der Führungsstil im Projekt hängt von mehreren spezifischen Merkmalen ab, die Grochla wie folgt zusammenfaßt[16]:

(1) *Aufgabenmerkmale:*
  - Es liegt eine zeitlich befristete Aufgabe mit relativ präziser Zielfestlegung und zumeist hohem Dringlichkeitsgrad vor.
  - Die Projekt-Aufgabe ist relativ umfangreich, oft hoch komplex und relativ unstrukturiert.
  - Die Projekt-Aufgabe ist meist mit relativer Neuartigkeit und tendenziell hohem Risikograd (d.h. auch mit i.d.R. großer Gesamtbedeutung) für die Unternehmung verbunden.

(2) *Personenmerkmale:*
  - Die Projekt-Situation ist gekennzeichnet durch die Mitarbeit zahlreicher spezialisierter Experten.
  - Je nach Ausprägung der Projekt-Organisation (als Reine-Projektorganisation, als Matrix-Projektorganisation oder als Einfluß-Projekt-Management) besitzt der Projekt-Leiter unterschiedliche Entscheidungskompetenzen (s.a. Abbildung V-9).
  - Die Mitarbeit im Projekt erfordert gute Kommunikations- und Kooperationsfähigkeit sowie ein hohes Maß an Konfliktaustragungsfähigkeit und Rollenflexibilität seitens der Projekt-Mitarbeiter.

(3) *Organisatorische Merkmale:*
  - Ein Projekt erfordert den Einsatz unterschiedlicher Ressourcen aus den verschiedensten Unternehmensteilbereichen.
  - Eine Projekt-Organisation bringt ein tendenziell instabiles Element in das auf Dauer angelegte organisatorische System.
  - Ein Projekt wirft das Problem der disziplinarischen Unterstellung auf.
  - Im Projekt-Verlauf ergeben sich Eingliederungs und Motivationsprobleme sowie die Problematik der »Back-Home-Situation«.
  - Der Projekt-Ablauf vollzieht sich in Phasen (z. B. Projektidee, Projektplanung, Projektrealisation, Projektbetreuung und -kontrolle).

Grochla faßt dann zusammen: »Eine überschwengliche Propagierung des partizipativen und mitarbeiterorientierten Führungsstils als *alleinseligmachende* Variante des Führungsverhaltens im Projektmanagement wird der aufgezeigten Problematik sicher nicht gerecht. Ein der spezifischen Situation angepaßtes, aufgabenorientiertes und auch autoritäres Verhalten ist der Problemlösung im Projektmanagement sicherlich ebenso förderlich.«[17] Unterschiede im Projektmanagement Führungsstil kann man insbesondere in Verbindung mit den einzelnen Projektphasen feststellen. Hierzu nochmals Grochla: »Ideal wäre ein nach Phasen differenzierter Führungsstil.«[17] In der

Frühphasen des Projektes, Konzept und Definition (s. a. Kapitel IV.3) werden vorwiegend studien-orientierte Spezialistenteams eingesetzt, während in den Folgephasen, Entwicklung, Produktion und Betrieb hauptsächlich hardwareorientierte Entwicklungsteams beschäftigt werden. Der Aufgaben- und Personalwechsel entlang der einzelnen Phasen hat eine Auswirkung auf den Führungs-stil. Grochla zieht hieraus den in der Praxis leicht nachprüfbaren Schluß, daß für die Frühphasen eines Projektes eher ein partizipatives, offenes und mitarbeiterorientiertes Führungsverhalten er-folgversprechend ist, während in den genannten Folgephasen aufgrund einer ausgeprägten Ziel-orientierung (Technik-, Kosten- und Termingrenzen) ein mehr aufgabenorientierter und autoritär erscheinender Führungsstil in Frage kommt.[17]

Blake und Mouton haben in ihrem Buch »The Managerial Grid« den Führungsstil *(leadership style)* in zwei Variable zerlegt, a) den personenorientierten (vertikal) und b) den aufgabenorientier-ten (horizontal) Führungsstil und diese, versehen mit einer Skala, in einem Matrix-Diagramm (Verhaltensgitter) dargestellt (s. a. Abbildung XV-3).[18] Blake und Mouton beschreiben die fünf Haupt-Führungsstile wie folgt:

Geringes Aufgaben- und Personeninteresse (1,1)
 − Führungstyp: Der desinteressierte Typ
 − Stil: unzulänglicher Führungsstil
Geringes Aufgaben- und hohes Personeninteresse (1,9)
 − Führungstyp: Der Missionars-Typ
 − Stil: personenorientierter Führungsstil
Hohes Aufgaben- und geringes Personeninteresse (9,1)
 − Führungstyp: Der autokratische Typ
 − Stil: aufgabenorientierter Führungsstil
Ausreichendes Aufgaben- und Personeninteresse (5,5)
 − Führungstyp: Der kompromißbereite Typ
 − Stil: ausbalancierter Führungsstil
Hohes Aufgaben- und Personeninteresse (9,9)
 − Führungstyp: Der Geschäftsführer-Typ
 − Stil: bestmöglicher Führungsstil.

Projektmanagement ist einerseits eine stark aufgabenorientierte, andererseits jedoch gleichzeitig auch eine sehr stark personenbezogene Funktion. Das in Abbildung XV-3 gezeigte Verhaltensgit-ter ist dazu geeignet, die Unterschiede der Projektmanagement-Führungsstile für die einzelnen Projektphasen zu diskutieren. Es ist sicherlich einleuchtend, daß der Führungsstil in der Konzept-phase (Phase A) zum Beispiel ein anderer ist als in der Produktionsphase (Phase D); Grochla unterscheidet in diesem Zusammenhang, wie bereits erwähnt, zwischen dem partizipativen und autoritären Führungsstil.[17] Dies läßt sich am Beispiel der Aufgabenbeschreibung für die einzel-nen Projektphasen (s. a. Kapitel IV.3) auch leicht erklären. Die Aufgaben, Mitarbeiter, Umge-bungsbedingungen, usw. sind für jede Phase eben gänzlich anders. Beobachtet man das Verhalten in typischen Phase A-Teams und im Vergleich dazu dann in Phase D-Teams, so fällt dieser Unterschied, durch eine Forschungsatmosphäre einerseits und eine Werkstatt- bzw. Baustellenat-mosphäre andererseits, deutlich auf. In Phase D ist vor allem die produktorientierte Komponente sehr stark ausgeprägt, während in Phase A die personalorientierte Komponente stärker hervortritt. Der Führungsstil von Projektmanagern sollte jedoch, wie in Abbildung XV-3 gezeigt, in allen Phasen zwischen den Bereichen 5,5 bis 9,9 liegen, denn der Projektleiter muß sich in vielen Fällen wie ein Geschäftsführer (Geschäftsführer des Projektes) verhalten (s. a. Abbildung II-1). Differen-

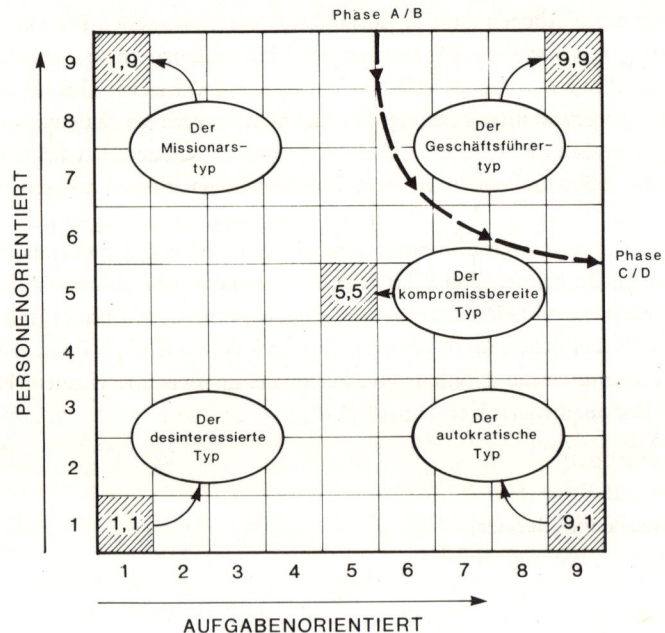

Abb. XV-3: Einordnung des Projektmanagement-Führungsstils in das von Blake und Mouton definierte Verhaltensgitter

ziert man zwischen den Phasen A, B, C und D, so ist eine stufenweise Veränderung der Verhaltensweise vom stärker personalorientierten zum stärker produktorientierten Management festzustellen (s. a. Abbildung XV-3).

4. Personalauf- und -abbau im Projekt

Überwindung von Personalengpässen

Qualifiziertes Projektmanagement-Personal ist meistens sehr knapp und die wenigen zur Verfügung stehenden Mitarbeiter sind dann, wenn sie am dringendsten benötigt werden, oftmals gerade an einem anderen wichtigen Projekt beschäftigt. Viele Firmen können dieses Problem nur mit großen Schwierigkeiten lösen. Es liegt nun einmal in der Projekt-Natur begründet, daß der Personaleinsatz nicht über einen längeren Zeitraum gleichmäßig, sondern in relativ kurzen Perioden stark schwankt. So kann es dann passieren, daß die vom Firmenmanagement im Hinblick auf einen möglichst kontinuierlichen Auftragsbestand hereingenommenen Projekte vorübergehende Personalengpässe nach sich ziehen. Im Bereich des Projektmanagement-Schlüsselpersonals (Projektleiter, Systemtechniker, usw.) ist dies ein besonders gravierendes Problem, denn für diese Mitarbeiter gibt es aufgrund ihrer besonderen Qualifikation oftmals keinen ausreichenden Ersatz. Von den betroffenen Mitarbeitern hört man dann immer wieder »Ich kann mich doch nicht zerreißen«. Der von Außenstehenden oft vorgebrachte Vorschlag »hier müssen Prioritäten gesetzt werden« hilft wenig, wenn die betroffenen Projekte aufgrund eines engen Terminplans mit gleicher Priorität abzuwickeln sind. Vorschläge wie »mehr Personal einstellen oder ausbilden« oder »weniger Projekte hereinnehmen« lösen das Problem ebenfalls nicht, da im ersten Fall das Schreckgespenst Überkapazität droht (Projekte haben ja per Definition ein Ende) und im zweiten Fall jedem Unternehmer die Sicherung des Auftragsbestandes ein wichtiges Anliegen ist; s. a. XVII.2. Wie können Unternehmen das Problem von Personalengpässen überwinden? Hansen zeigt vier Alternativen der Personalbedarfsdeckung auf:[19]

– durch eigenes Personal,
– durch Leihpersonal,
– durch freie Mitarbeiter (Berater),
– durch Aufgabenvergabe nach außen.

Unternehmen sind in der Regel stets bemüht, Personalengpässe im Projekt durch eigene Mitarbeiter zu überbrücken. Dies führt zu den bekannten Überstunden- und Wochenendarbeitsregelungen. Damit lassen sich kurzfristig geringe und zeitbegrenzte Projekt-Mehraufgaben, das heißt Auslastungsspitzen, abbauen. Ganz anders stellt sich jedoch die Situation dar, wenn zur gleichen Zeit an parallel laufenden Projekten vorübergehend mehr Projektmanagement-Spezialisten benötigt werden, als im Betrieb vorhanden sind und eine Doppelbesetzung auch trotz Überstunden nicht möglich ist. In solchen Fällen läßt sich das Projektziel oftmals nur durch den Einsatz von zusätzlichem Leihpersonal bzw. freien Mitarbeitern erreichen, was arbeitsrechtlich jedoch nicht ganz unproblematisch ist (s. a. Hansen[20]). Ferner bietet sich zur Überbrückung von Personalengpässen noch die Aufgabenvergabe nach außen an. Hansen führt hierzu aus: »Von den drei externen Alternativen zur Deckung des Personalbedarfs bleibt nur eine übrig, die generell genutzt werden kann, die Aufgabenvergabe nach außen.«[21] Die Aufgabenvergabe nach außen durch einen Werkvertrag, scheint in vielerlei Hinsicht dazu geeignet zu sein, das im Projektgeschehen permanent auftretende Problem von Personalengpässen zu überwinden. In diesem Zusammenhang kann man sich gut vorstellen, daß branchenähnliche Firmen sich ›wo immer möglich‹ gegenseitig unterstützen. Hansen führt hierzu aus: »Es mag für manche erstaunlich sein, daß Konkurrenzunternehmen in vielen Fällen sehr eng zusammenarbeiten ... Wechselweise kann ein Unternehmen als Auftraggeber oder als Auftragnehmer auftreten.«[22]

Wohin mit dem Projektpersonal nach dem Projektende?

Die Frage »Wohin mit dem Projektpersonal nach dem Projektende« ist zwar wichtig, wird in vielen Fällen jedoch als zu kritisch angesehen. Da jedes Projekt, auch wenn es sich um ein Mammutprojekt handelt, einmal beendet sein wird, muß natürlich auch das Ende und der damit verbundene Personalabbau rechtzeitig eingeplant werden. Insbesondere bei Großvorhaben bedeutet das Auslaufen eines Projektes für den Projektleiter und sein Team Abschiednahme von einer

Phase ihres beruflichen Lebens und in vielen Fällen auch von der gewohnten Umgebung und dem bekannten Team. Aus betriebswirtschaftlicher Sicht ist dies jedoch eine zwingende Notwendigkeit.

Es ist aber ebenfalls notwendig, das Ende eines Projektes mit dem Anfang des oder der anderen Projekte möglichst stufenlos zu verknüpfen. In vielen Fällen gelingt es den Unternehmensleitungen ja auch, einen nahtlosen Übergang herzustellen. Eine ideale Situation ergibt sich dann, wenn dabei auch das Projektteam ganz oder zumindest im Kern erhalten bleibt. Oftmals bemühen die betroffenen Projektleitungen sich in der Übergangsphase selbst darum, aufkommende Finanzierungslücken durch eine vorübergehende Hereinnahme von Teilaufgaben eines anderen Projektes, zum Beispiel Studien, usw., zu überbrücken. Dabei kann es sich sowohl um unternehmensinterne, aber auch um unternehmensexterne Aufgaben handeln. Die zuvor beschriebene Aufgabenvergabe nach außen durch eine Firma mit Personalengpässen, paßt in dieses Denkmodell und wird von der Industrie auch realisiert.

Es darf jedoch nicht übersehen werden, daß es nicht immer zu einer geschmeidigen Übergangslösung kommt und ein erfolgreiches Projektteam aufgelöst werden muß. Der Projektleiter und die Teammitglieder stehen dann als Einzelpersonen für neue Aufgaben zur Verfügung, was zu Härten führen kann. In diesen Fällen kommt es ganz besonders auf das Geschick der Unternehmensleitung bei der Neubesetzung an. Während die an das betreffende Projekt abgestellten Mitarbeiter (Matrixorganisation) in ihre Stammabteilungen zurückkehren können, beginnt nun das Aufteilen der restlichen Mitarbeiter. Martin führt in diesem Zusammenhang aus: »Die Neueinsetzung von Mitarbeitern bei Projektbeendigung ist eine herausfordernde und wichtige Aufgabe.[23] Dabei sollte nicht vergessen werden, den Projektmitarbeitern für ihren Einsatz zu danken. Hierzu nochmals Martin: »Nach Beendigung eines Projektes, ganz gleich ob es erfolgreich abgeschlossen werden konnte oder nicht, muß der Einsatz des Personals entsprechend honoriert werden und zwar schriftlich, wie auch in Worten.«[23] Bei der NASA und zum Teil auch bei der ESA ist es zum Beispiel üblich, daß die maßgeblichen Projektmitarbeiter nach Abschluß des Vorhabens für ihre Leistungen ausgezeichnet werden, was sicherlich eine nachahmenswerte Maßnahme ist.

Quellen zu Kapitel XV

1 Herzberg, Frederick: Work and the Nature of Man, Staples Press, 1968, S. 95.
2 Handelsblatt vom 17. 1. 1983.
3 Handelsblatt vom 8./9. 10. 1982.
4 Bernhard, Alfred: Japanese Management – eine Kurzdiagnose, in: Management-Zeitschrift io (51)1982 Nr. 3, S. 106.
5 Terry, George R.: Principles of Management, Richard D. Irwin, Inc., Homewood, Illinois, 1977 S. 268–274.
6 Heintel, Peter u. Krainz Ewald E.: Projektmanagement – Eine Antwort auf die Hierarchiekrise?, Gabler Verlag, Wiesbaden, 2. Aufl., 1990, S. 91
7 Martin, Charles C.: Project Management – How to make it work, AMACOM, 1967, S. 57, 68.
8 Hansen, Nils E.: Die Überwindung von Personalengpässen in deutschen Unternehmen bei hochqualifizierten Trägern von zeitlich befristeten Aufgaben, Dissertation, AIB-Fachliteratur, Gerberstr. 3b, Bad Aibling, 1980, S. 35.
9 Broschüre der Gesellschaft für Projektmanagement (GPM) – Akademie für Projektmanagement, München, Juni 1982, S. 4: GPM, Reitmorstr. 50, München.
10 Vgl. Quelle 7, S. 59.
11 Vgl. Quelle 9, S. 8.

12 Vgl. Quelle 9, S. 10 bis 16.

13 Autor unbekannt (1982).

14 Vgl. Quelle 7, S. 44.

15 Vgl. Quelle 7, S. 48.

16 Grochla, Erwin: »Projektmanagement und Führungsstil«, ZfU Management-Seminar, Zürich, 1980, S. 12.

17 Vgl. Quelle 16, S. 17 und 18.

18 Blake, Robert R. und Mouton, Jane Srygley: »The Managerial Grid«, Gulf Publishing Company, Houston, Texas 1964.

19 Vgl. Quelle 8, S. 6.

20 Vgl. Quelle 8, S. 14.

21 Vgl. Quelle 8, S. 44.

22 Vgl. Quelle 8, S. 47/49.

23 Vgl. Quelle 7, S. 265, 267.

Kapitel XVI:
Internationales Projektmanagement

Die Ideen und praktischen Methoden des Projektmanagements sind bei der Abwicklung internationaler bzw. multinationaler Vorhaben nicht mehr wegzudenken; s.a. Kapitel II.8. Das hängt sicherlich damit zusammen, daß sowohl von der Industrie als auch von der öffentlichen Hand in zunehmendem Maße internationale Gemeinschaftsprojekte realisiert werden. Es ist davon auszugehen, daß diese Entwicklung sich im Laufe der Zeit noch erheblich verstärken wird, da ein zunehmendes internationales Interesse an Gemeinschaftsvorhaben besteht und vor allem die stets knapper werdenden Mittel zur Internationalisierung zwingen. Die im Zusammenhang mit dem Schengener Abkommen ab 1993 vollzogene Öffnung vieler Ländergrenzen innerhalb der EG, wird diesen Prozeß sicherlich noch erheblich beschleunigen.

Internationales Projektmanagement führt jedoch auch zu einer Reihe von Erschwernissen, die der Projektleitung ein erhöhtes Maß an Managementkönnen abverlangt; s.a. Kapitel III. 6. Projektmanagement ist ja von vornherein eine schwierige und mehrdimensionale Aufgabe, die am ehesten mit der Funktion eines Geschäftsführers zu vergleichen ist. Internationales Projektmanagement bedeutet eine Erweiterung der mehrdimensionalen Aufgabe und erhöht somit den Schwierigkeitsgrad. Insbesondere politische Faktoren können internationale Vorhaben beeinträchtigen und gefährden, schreibt Herten und führt ferner aus: »Er (der politische Faktor) ist im internationalen Management stets als eine starke, allzuoft unberechenbare Einflußgröße zu beachten.«[1] Es ist deshalb ratsam, daß Mitarbeiter, die für eine Projektleitungsfunktion eines internationalen Vorhabens vorgesehen sind, vorher bereits ein nationales Projekt erfolgreich abgewickelt haben.

1. Trend zur Internationalisierung

Multinationale, staatliche Gemeinschaftsprojekte – Beispiele aus der Raumfahrt

Die heutige Zeit begleitet ein ständig zunehmender Trend zu mehr Internationalisierung. Ein wesentlicher Grund hierfür dürfte, im Bereich der Industrie, das Bestreben nach Vergrößerung der Marktpotentiale sein. Majaro führt dazu aus: »..., daß der Internationalisierungsprozeß einer Firma neue Wege für eine geplante Vergrößerung und mehr Prosperität ebnen kann, dies muß aber auf klaren Überlegungen und quantifizierbaren Marketinganalysen basieren.«[2]

Die Erschließung von internationalen Märkten verlangt vom Management jedoch besondere Aufmerksamkeit, da neben den üblichen Markt-Einflußgrößen zusätzliche Erschwernisse hinzukommen können, die erhebliche strategische Überlegungen voraussetzen. Majaro sagt dazu richtig: »Internationalisierung ist genau wie Firmenfusion, Akquisition und Diversifikation eine Angelegenheit der Firmenstrategie.«[3]

In vielen Fällen führen nationale bzw. internationale Firmenvergrößerungen zu den von Raidt erwähnten notwendigen größeren Einheiten: »Der technische Fortschritt erzwingt größere Einheiten;....«[4] Bölkow drückte das so aus: »Wenn man nur genügend intelligente Menschen zusammenarbeiten läßt, erreicht deren Intelligenz eine kritische Masse, die automatisch zu einer

Kettenreaktion kreativer Leistungen führt« (s.a. II.4).[5] Die angestrebte Vergrößerung von Marktpotentialen leitet häufig bereits die Fusion von Unternehmen, auch über die Landesgrenzen hinweg, ein. »Die Fusion ist vorweggenommenes natürliches Wachstum«, sagt Raidt und fährt fort: »Sie ist ein künstlicher Eingriff – leider oft ohne Kunstgriff –, eine ›synthetische‹ Expansion«.[6]

Internationale Zusammenarbeit vollzieht sich aber auch im Rahmen von Gemeinschaftsprojekten, die von internationalen Arbeitsgemeinschaften oder Konsortien abgewickelt werden. Aus derartigen Gemeinschaftsvorhaben kann es dann leicht zur Verschmelzung von Firmen kommen. Hierzu nochmals Raidt: »Wenn z.B. mehrere Unternehmen in sogenannten Arbeitsgemeinschaften einen Staudamm bauen, eine Trägerrakete oder ein Raumfahrzeug entwickeln, liegt eine sogenannte ›Projektfusion‹ vor, die, ihrem Wesen nach temporär und partiell angelegt, eventuell zu einer Totalfusion führen kann.«[7]

Gemeinsames Interesse und der Zwang zur Kostenteilung führen die Regierungen mehr und mehr zu multinationalen Gemeinschaftsaufgaben, deren Leitung dann einer internationalen Projektmannschaft unterstellt wird; s.a. II. 8. In vielen Fällen sorgen etablierte internationale Organisationen wie z.B. die ESA, EUTELSAT, INTELSAT, NATO, usw. für die Installation handlungsfähiger Projektmannschaften auf der Seite des internationalen Auftraggebers. In anderen Fällen wird eine gemeinsame multinationale Projektleitung eigens für den Zweck der Abwicklung eines einzigen internationalen Großvorhabens von den zuständigen Regierungen eingesetzt. Ein Beispiel hierfür war die in München ansässige Project Management Organisation (PMO) für das deutsch-französische Gemeinschaftsprojekt des ersten deutsch-französischen, direktsendenden Fernsehsatelliten TV-SAT/TDF 1, deren gemeinsame Gründungsmitglieder die DFVLR aus der Bundesrepublik Deutschland und die CNES aus Frankreich waren. Die personelle Besetzung wurde paritätisch vorgenommen.

Die europäische Raumfahrtorganisation ESA, Paris, hat 1989 dreizehn Mitgliedsländer und ist für die Entwicklung der europäischen Weltraumstation COLUMBUS, diverser wissenschaftlicher Forschungssatelliten sowie der von Frankreich eingebrachten internationalen Programme ARIANE V und HERMES zuständig. Die von mehreren europäischen Postbehörden gegründete Satellitenorganisation EUTELSAT ist dagegen für die Beschaffung und den Start von Nachrichten- und TV-Satelliten verantwortlich und hat eine neue Satellitengeneration mit mittlerer Sendeleistung unter der Bezeichnung »EUTELSAT II« entwickelt. Die 1971 gegründete und in Washington, D. C. ansässige internationale Organisation für die Entwicklung, den Bau und den Betrieb von kommerziell verwendbaren Nachrichtensatelliten, INTELSAT, hat 1988 den Auftrag zur Entwicklung ihres neuesten Systems, des INTELSAT VII, an die Firma Ford Aerospace (heute: Space Systems Loral) vergeben.

Industrielle Abwicklung multinationaler Gemeinschaftsprojekte

Ähnlich wie bei der multinationalen staatlichen Zusammenarbeit ist es in den meisten Fällen auch für die Industrie von enormer Bedeutung, über die nationalen Landesgrenzen hinausgehende Kooperationen einzugehen. Einmal, um bei internationalen Ausschreibungen auf die Projektanforderungen internationaler Organisationen mit entsprechenden konstruktiven Vorschlägen zu reagieren, und zum anderen, um eigenfinanzierte bi- oder multinationale Projekte ebenfalls erfolgreich abwickeln zu können.

Viele Kundenmärkte sind von vornherein international ausgerichtet, was international angelegte, industrielle Kooperationen oder auch die Internationalisierung von Firmen zur Folge hat.

Die Abwicklung multinationaler Projektvorhaben durch industrielle Kooperationen setzt in jedem Fall die Implementation einer gemeinsamen, zentralen Projektleitung voraus, sofern man eine effiziente und profitable Projektdurchführung anstrebt. Ein gutes Beispiel hierfür sind die im Rahmen der ESA-Vorhaben von der europäischen Raumfahrtindustrie gegründeten Raumfahrtkonsortien COSMOS, MESH und STAR, die in der Vergangenheit konkurrierend zueinander viele ESA-Vorhaben abwickelten. Dabei war ausschlaggebend, daß die Projekte jeweils durch eine im konkreten Fall festgelegte Leitfirma geführt wurden. Die Leitfirma wechselte dabei natürlich. Am Beispiel des zuvor erwähnten COSMOS-Konsortiums sei dies hier näher erläutert. Zu diesem Konsortium gehören folgende sieben Firmen:

- AEROSPATIALE, Frankreich
- ETCA, Belgien
- CASA, Spanien
- MBB, Bundesrepublik Deutschland
- MSS, England
- SAT, Frankreich
- SELENIA, Italien.

Die Leitung des Konsortiums unterliegt dem Konsortialausschuß (Board of Management, BOM), der sich aus je einem Vertreter der Geschäftsführung der beteiligten Firmen (bzw. des zuständigen Unternehmensbereichs) zusammensetzt. Abwechselnd wird für einen bestimmten Zeitraum ein Sprecher des Konsortiums ernannt, bei dem für den festgelegten Zeitraum alle Fäden der Konsortialführung zusammenlaufen.

Der Konsortialausschuß entscheidet im Rahmen der gleichmäßigen (z.B. vierteljährlich) abzuhaltenden Ausschußsitzungen, welches der zuvor genannten Unternehmen als Leitfirma für ein zukünftiges Projekt auserkoren wird. Die vom Konsortialausschuß bestimmte Leitfirma übernimmt dann innerhalb des Konsortiums die Aufgaben des Hauptauftragnehmers, während die restlichen Konsorten ein Unterauftragnehmerverhältnis zum Hauptauftragnehmer einnehmen. In Abbildung XVI-1 ist dies im Detail erläutert.

Tydemann und Kelm beschreiben internationale Konsortialabmachungen der europäischen Raumfahrtindustrie zur Herstellung von Fernsehsatelliten am Beispiel des MESH-Konsortiums.[8] Internationale Zusammenarbeit im Rahmen eines Konsortiums mit einer ausgewählten Leitfirma nimmt an Bedeutung ständig zu. Die Einschaltung eines Konsortiums ist immer dann sinnvoll, wenn eine einzelne Leitfirma (Hauptauftragnehmer) das volle Risiko nicht übernehmen kann und die Gründung einer übergeordneten Managementfirma nicht möglich ist.

2. Internationale Zusammenarbeit bei der Projektabwicklung

Die sich ständig vergrößernden Vorhaben im Bereich Forschung, Entwicklung und Beschaffung ziehen eine kontinuierlich fortschreitende Internationalisierung nach sich. Die konstruktive internationale Zusammenarbeit bei der Abwicklung derartiger Vorhaben ist deshalb von vorrangiger Bedeutung.

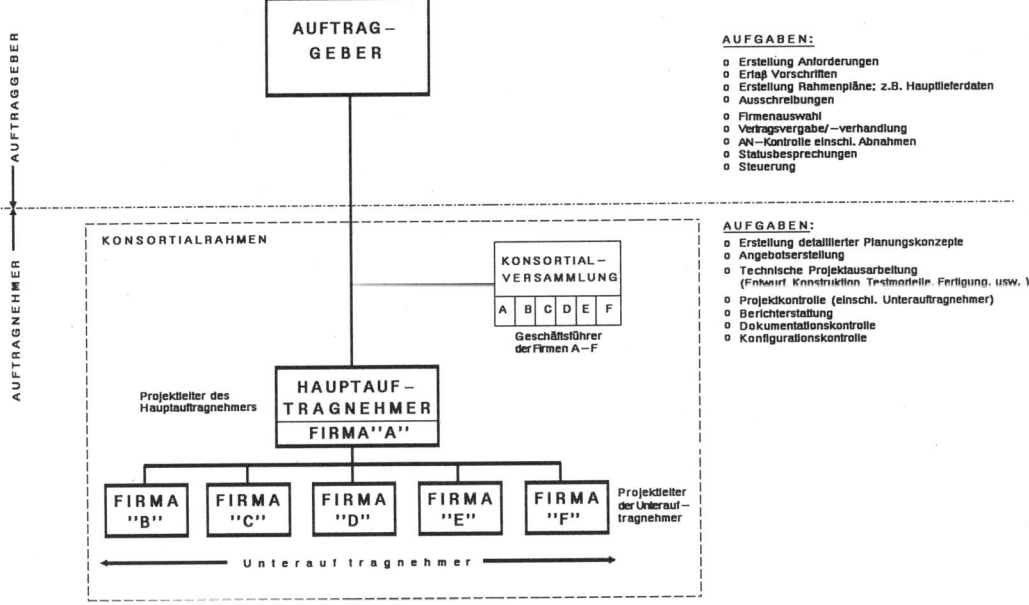

Abb. XVI-1: Projektorganisation im Konsortium

Internationale Zusammenarbeit (einschließlich der Sonderform bilateraler Zusammenarbeit) gewinnt zunehmend an Bedeutung und zwingt zu verbesserten Managementformen, z.B. die Schaffung internationaler Projektteams.

Eine Lösung zur industriellen Abwicklung internationaler Projekte ist durch die Schaffung internationaler Projektteams, z.B. im Rahmen von Managementfirmen gegeben. Praktische Beispiele hierzu sind die in München ansässigen Managementfirmen:

- PANAVIA zur Abwicklung des Tornado-Projekts und
- EUROSATELLITE zur Abwicklung des Satellitenprojekts TV-SAT/TDF 1.

Internationale Projektteams

Zusammenarbeit bei der Abwicklung internationaler Projekte setzt in vielen Fällen auch die Schaffung internationaler Projektteams voraus. Häufig ist dies bereits eine Grundforderung, die aus dem Proporzdenken (Mittelrückfluß) resultiert.

Insbesondere im Rahmen internationaler Organisationen (z.B. ESA und NATO), aber auch bei Industrieunternehmen werden Projektleitungsteams mit internationaler Besetzung geschaffen. Für bilaterale Vorhaben trifft dies in gleicher Form, jedoch eingeschränkt auf nur zwei Nationen zu; Beispiele sind die Raumfahrtprojekte SYMPHONIE und TV-SAT/TDF 1.

Mit der zu erwartenden Zunahme von internationalen Projekten wird auch die Aufstellung internationaler Projektteams an Bedeutung zunehmen. Die nach dem zweiten Weltkrieg in Westeuropa vielfach durchgeführten internationalen Projektkooperationen haben für alle sichtbar gezeigt, daß die Bildung internationaler Projektteams durchführbar und vor allem auch sinnvoll ist. Trotz einiger Fehlschläge (Beispiel: ELDO, s. a. III.6) ist in der Summe ein positiver Trend beim Einsatz internationaler Projektteams festzustellen, was auch als ein Beitrag zur Völkerverständigung angesehen werden kann.

Eine Sonderform internationaler Projektteams ist das integrierte Projektteam (IPT) bzw. die integrierte Projektgruppe (IPG), dessen bzw. deren Mitglieder sich aus den an einem bestimmten internationalen Gemeinschaftsvorhaben beteiligten Firmen/Organisationen rekrutieren und dann der Managementfirma unterstellt werden.

Gemeinschaftsvorhaben (nationale oder internationale), für die aus bestimmten Gründen (z.B. Wettbewerbshindernisse) an der Spitze keine einzelne Firma als Hauptauftragnehmer (System- oder Leitfirma) eingesetzt werden kann, griffen bzw. greifen auch heute noch häufig auf weniger zufriedenstellende Managementkonzepte, wie z.B. Arbeitsgemeinschaften (ARGE), zurück. Dies kann aber gerade bei komplexen Systemaufgaben (Luft- und Raumfahrt, Reaktorprojekte, usw.), aufgrund der fehlenden Leitfirma, bei der die Systemverantwortung liegen sollte, zu erheblichen Schwierigkeiten bei der Projektabwicklung führen (s. a. III.5).

Die Schaffung eines integrierten Projektteams (IPT) kann hier unter gewissen Voraussetzungen Abhilfe schaffen. Nämlich dann, wenn sich die an einem Gemeinschaftsvorhaben beteiligten Firmen darauf einigen, die System-Projektleitung und -verantwortung einem durch sie selbst geschaffenen, übergeordneten integrierten Projektteam zu übertragen, dem sie sich dann gemeinschaftlich unterstellen. Das IPT sollte dann einer übergeordneten, gemeinsam gegründeten Managementfirma unterstellt werden, um dem IPT einen möglichst neutralen (System-) Charakter zu geben. In Abbildung XVI-2 sind die prinzipiellen Zusammenhänge dargestellt.

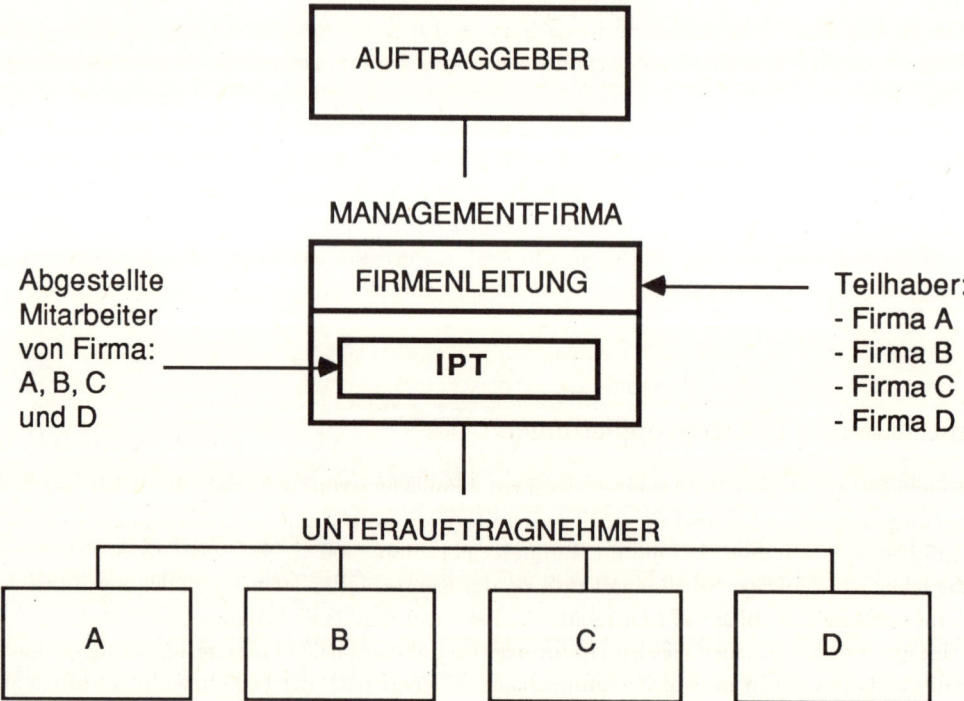

Abb. XVI-2: Integriertes Projektteam

Die Belegschaft der Managementfirma kann dabei relativ klein sein (Firmenleitung), da das Projektteam aus den vorübergehend abgestellten Belegschaftsmitgliedern der Mutter-Firmen besteht.

Obwohl die IPT-Lösung im Vergleich zur Hauptauftragnehmer-Lösung (s. Abb. XVI-1) keinen Idealzustand darstellt, so ist sie doch akzeptierbar.

Um bei internationalen Projekten sinnvoll zusammenarbeiten zu können, ist vorher eine eindeutige Absprache über die vorzunehmende Arbeitsteilung (wer macht was) vorzunehmen. Nicht selten führt diese Forderung jedoch zu erheblichen Konflikten zwischen den betreffenden Partnern, da Arbeitsteilung (work sharing) auch Kompromißbereitschaft gegenüber den Partnern, die bei anderen Vorhaben durchaus als Konkurrenten auftreten können, voraussetzt. Insbesondere bei sogenannten High-Tech-Projekten bedeutet Arbeitsteilung oftmals die Preisgabe von Strategievorteilen. Hierin liegt die eigentliche Problematik der Arbeitsverteilung bei internationalen Projekten, aus der naturgemäß erhebliche Zwistigkeiten bei der Zusammenarbeit resultieren können.

Weitere Bedeutung erlangt dieses Thema dadurch, daß durch die Arbeitsteilung manageriale und technische Schnittstellen geschaffen werden, die sorgfältig zu überwachen sind. In der Vergangenheit kam es bei der Abwicklung internationaler Projekte leider mehrmals zu Schnittstellen, die ihrerseits dann zu verhängnisvollen Systemfehlern führten (Beispiel: Europarakete, 1962 bis 1972; s. a. III.6). Das heißt, bei der Arbeitsteilung muß unbedingt darauf geachtet werden, daß klare Verantwortungsbereiche erhalten bleiben und komplizierte Schnittstellen vermieden werden; s. a. VII.2. Dies ist ein systemtechnischer Grundsatz!

Die Arbeitsteilung hat schließlich auch einen erheblichen Einfluß auf den finanziellen Mittelrückfluß internationaler Gelder an die internationalen Institutionen und Firmen der einzelnen Mitgliedsländer. Diesem Thema wurde in Forschung und Lehre bisher kaum Beachtung geschenkt. Vor allem wohl deshalb, weil es sich um ein Querschnittsthema der Gebiete Management (Firmenstrategie), Systemtechnik (Schnittstellenlösung) und Finanzierung (Mittelrückfluß) handelt.

Die bei internationalen Projekten vorzunehmende Arbeitsteilung ist als eine äußerst wichtige Managementaufgabe anzusehen, die möglichst frühzeitig, d.h. in den frühen Projektphasen, einzuleiten bzw. durchzuführen ist. Häufig geschieht dies im engen Zusammenhang mit einer Wettbewerbsphase, bei der von den internationalen Auftraggebern (z.B. einer internationalen Organisation) entsprechende Auflagen (Quoten) zur Arbeitsverteilung vorgeschrieben werden (s.a. XVI.3).

Internationale Firmengruppierungen

Industrielle, internationale Zusammenarbeit zur Abwicklung multinationaler Vorhaben setzt häufig eine gemeinsame Übernahme des Projektrisikos voraus. Die beteiligten Firmen gehen deshalb häufig eine gemeinsame Haftung im Rahmen eines internationalen Konsortiums ein. Hauptauftraggeber ist in solchen Fällen eine Leitfirma des Konsortiums, deren Projektleitung durch den Konsortialausschuß (Board of Management) überwacht wird (s.a. Abbildung XVI-1).

Internationale Vorhaben werden fast immer von internationalen Firmengruppierungen durchgeführt, und es taucht in dem Zusammenhang die Frage nach der Leit- bzw. Systemfirma auf. Unproblematisch ist die Zusammenarbeit mit einem ausgewählten Hauptauftragnehmer und einer Reihe von Unterauftragnehmern. Dieses Konzept ist in jedem Fall zu favorisieren. Aber nicht immer kommt es zu solchen Einigungen. Viel häufiger ist der Fall, daß die an einem Hauptauftrag interessierten Firmen sich nicht einigen können und im schlimmsten Fall nur eine lose Arbeitsgemeinschaft (ARGE) bilden.

In der letzten Zeit hat sich nun gezeigt, daß durch die Gründung von Managementfirmen das Problem der Vorherrschaft einigermaßen zufriedenstellend gelöst werden kann, denn durch die Beteiligung der Managementfirma partizipieren die zukünftigen Unterauftragnehmer der Managementfirma gleichzeitig an der Systemleitung (s. Abbildung XVI-2). Die Gründung internationaler Managementfirmen kann erheblich dazu beitragen, internationale Projekte, bei denen ein Hauptauftragnehmerkonzept nicht in Frage kommt, trotzdem reibungslos abzuwickeln. Es darf jedoch nicht übersehen werden, daß es sich um eine Hilfslösung handelt und die Qualität einer Hauptauftragnehmerlösung im Rahmen eines Konsortiums (s. Abbildung XVI-1) hierdurch nicht ersetzt werden kann.

Wie in Kapitel V.3 ausgeführt, sind verschiedene Formen der Kooperation möglich. Die VDI-Gesellschaft ›Entwicklung-Konstruktion-Vertrieb‹ unterscheidet zwischen zwei Formen der projektbezogenen Kooperationen:

a) dem Kontrakt-Modell
   (Kennzeichnendes Merkmal: gegenseitiger Austausch von Leistungen) und
b) dem Korporations-Modell
   (Kennzeichnendes Merkmal: über gegenseitigen Austausch von Leistungen hinausgehende Zusammenarbeit für einen gemeinsamen Zweck).[9]

Beim Kontrakt-Modell spricht man nach deutscher Rechtsordnung auch von einem Austauschvertrag, zweiseitigen Vertrag, gegenseitigen Vertrag oder synallagmatischen Vertrag.[9] Die bekanntesten Kooperationsmodelle sind:

a) die Generalunternehmerschaft,
b) das offene Konsortium,
c) das stille Konsortium,
d) Gemeinschaftsunternehmer (Joint Ventures).

3. Besonderheiten und Erschwernisse bei der Abwicklung internationaler Projekte

Die Abwicklung von Projekten ist in der Regel durch eine Vielzahl von Problemen gekennzeichnet, da es schwer ist, ein gesetztes Ziel im fest vorgegebenen Termin- und Kostenrahmen zu erreichen. Insbesondere trifft diese Aussage für innovative Forschungs- und Entwicklungsprojekte zu. Die damit verbundenen Managementkrisen, wie sie in Kapitel III beschrieben sind, müssen durch geeignete Maßnahmen, wie z.B. durch eine klare Projektorganisation und ausführliche Projekt-Planungsmaßnahmen, überwunden werden.

Durch die Internationalisierung von Projekten wird aber erneut eine erhebliche Erschwernis hinzugefügt. Oder anders ausgedrückt: die ohnehin schon schwierige Managementaufgabe der Projektabwicklung wird nun noch durch die erschwerenden Parameter der Internationalisierung überlagert. Majaro gibt im Zusammenhang mit den internationalen Marketing-Problemen die wesentlichen Unterschiede zwischen den Nationen wie folgt an[10]:

- Sprachunterschiede,
- Kulturelle Barrieren,
- Verbraucherverhalten,
- Unterschiedliche Zielgruppen,
- Sozioökonomische Randbedingungen,
- Marketing-Randbedingungen,
- Informationsquellen,
- Finanzielle Probleme.

Mit diesen Problemen muß sich jeder, der sich auf internationalem Parkett bewegt, zwangsläufig befassen.

Für die Abwicklung internationaler Projekte können außerdem die in II.2 beschriebene Faktoren eine besondere Rolle spielen. Nachfolgend sind nun einige besonders wichtige Projektaspekte mit internationaler Dimension und deren Lösungsansätze wegen ihrer Bedeutung herausgestellt.

Geographische Mittelverteilung

Die Mitgliedsländer staatlicher internationaler Organisationen sind in der Regel darauf bedacht, die für ein internationales Gemeinschaftsvorhaben aufgebrachten Finanzmittel zugunsten ihrer nationalen Industrie in angemessener Zeit möglichst hundertprozentig zurückzubekommen (s. a. II.8). Die internationalen Behörden sind deshalb dazu verpflichtet, die Auswahl von geeigneten Industrieteams für die Projektabwicklung nicht allein von der angebotenen Qualität der Produkte und den günstigsten Preisen abhängig zu machen, sondern darüber hinaus von der für jedes Vorhaben optimalsten Rückflußquote pro Mitgliedsland. Die vorgesehenen Rückflußquoten sind in den meisten Fällen allerdings mit einer entsprechenden Bandbreite, z. B. von 10 Prozent, versehen.

Die sich bewerbenden Industriekonsortien müssen deshalb bei jedem Wettbewerb nachweisen, wie sie die vorgeschriebenen Rückflußquoten einhalten. Ist dies aus ganz bestimmten Gründen, wie z. B. aufgrund fehlender bzw. wettbewerbsfähiger Angebote, nicht möglich, so ist vom anbietenden Konsortium nachzuweisen, daß ein entsprechender Ausgleich zu einem späteren Zeitpunkt, z. B. in den Folgephasen des Projektes oder im Ausgleich mit einem Parallel- oder Folgeprojekt, zu erzielen ist.

Vandenkerkhove, langjähriger Programmdirektor der ESA, weist bereits 1970 darauf hin, daß die geographische Verteilung ohne Zweifel ein Problem darstellt, das unter gewissen Voraussetzungen jedoch zufriedenstellend gelöst werden kann, z. B. durch die Einführung von Bandbreiten sowie durch Ausgleichsmaßnahmen innerhalb der ESA-Programmpalette.[11]

»Tatsächlich ist unser Ziel nur, daß jedes Land nicht weniger als 70 Prozent der Gesamtsumme der geleisteten Einzahlungen unmittelbar zurückerhält; dies gibt der ESA dann die Flexibilität bei der Auswahl der jeweils besten Firma«, sagt Vandenkerkhove treffend. Leider wird dieser Grundsatz von den zuständigen Stellen nicht immer eingehalten. Oft führen pedantische Forderungen zur exakten Einhaltung der Rückflußquoten zu schlechten Lösungsansätzen. Abbildung XVI-3 zeigt die Entwicklung der Rückflußquoten in den ersten zehn Jahren der ESA-Geschichte.[12]

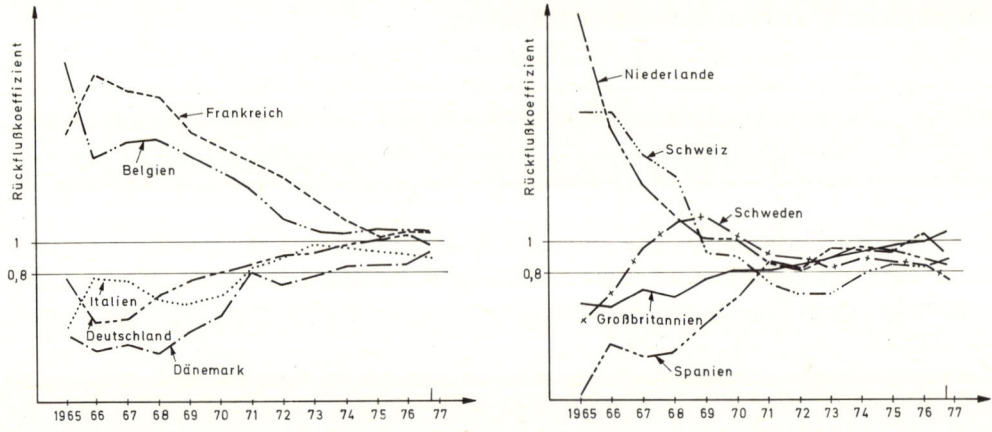

Abb. XVI-3: Geographische Mittelverteilung der ESA

Durch eine geschickte Auftragsvergabe hat sich der Rückflußquotient für alle beteiligten Länder in diesem Zeitraum um den Nominalwert eingependelt. Dies war vor allem dadurch möglich, daß den jeweiligen Hauptauftragnehmern zur Auflage gemacht wurde, ihr Industrieteam so aufzubauen, daß der geforderte Mittelrückfluß möglichst optimal erreichbar war.

Das Problem der geographischen Verteilung wird mit fortschreitender Internationalisierung von Projekten an Bedeutung gewinnen. In anderen Worten, die Abwicklung internationaler Projekte unter Wettbewerbsbedingungen setzt vom Anbieter voraus, daß er seine Wettbewerbsfähigkeit nicht allein durch ein hohes Produktniveau und einem gleichzeitig möglichst niedrigen Kostenangebot erreicht, sondern darüber hinaus die Erfüllung einer möglichst günstigen geographischen Verteilung aller beteiligten Länder bedacht ist. Insbesondere der Hauptauftragnehmer eines anbietenden Konsortiums muß deshalb daran denken, diese Forderung in sein Angebot mit aufzunehmen.

So ist im Heft 1/93 der Zeitschrift Luft- und Raumfahrt auf Seite 13 zu lesen, daß als Ausgleich bei zu großen Unterschreitungen des Rückflußkoeffizienten der ESA bereits Sondermaßnahmen eingeführt wurden. Weiter heißt es dort: »Die ESA – Minister bestätigen nun für einen Zeitraum 1991 bis 1993 die bisher schon geltende Untergrenze von 0,95, setzen sie aber für den nächsten Dreijahresabschnitt von 1993 bis 1996 etwas höher auf 0,96 an. Es besteht aber Einvernehmen darüber, daß nach wie vor für alle Länder ein möglichst nahe am Idealwert 1 liegender Gesamtrückflußkoeffizient angestrebt werden soll.«

Währungsprobleme

Ausführungen hierzu sind in Kapitel II.8 wiedergegeben.

Offset- und Kompensationsabmachungen

In vielen Fällen ist internationale Projektvergabe mit einer Offset- bzw. Kompensationsauflage verbunden. So wird vom Auftraggeber z.B. erwartet, daß das anbietende Unternehmen bzw. Konsortium damit einverstanden ist, einen Teil der Zahlungen in Form von Produkten, die dann im eigenen Land abzusetzen sind, entgegenzunehmen. Dies stellt meistens eine erhebliche Erschwernis für die Projektleitung dar. Eine andere schwer zu erfüllende Forderung ist zum Beispiel die Auflage, daß das anbietende Unternehmen die heimische Industrie des Auftraggeberlandes in das Projekt mit einbindet. Auch dieses Ansinnen kann zu erheblichen Problemen führen, da kompetente Firmen gefunden werden müssen, die auch bereit sind, sich den auferlegten Wettbewerbsbedingungen zu unterwerfen.

Kompensationsabmachungen bergen für Industrieunternehmen vor allem das Risiko, die entgegengenommene Ware im eigenen Land nicht zum erwarteten Preis absetzen zu können. Vor allem, wenn es sich um Waren minderer Qualität und/oder schwer abzusetzende Güter handelt. Es darf außerdem nicht übersehen werden, daß für die Handhabung von Kompensationsware ein entsprechender Koordinationsaufwand erforderlich ist. Die Entscheidung darüber, ob entsprechende Bedingungen von einem Unternehmen anzunehmen sind oder nicht, hängt deshalb zum erheblichen Maße von der Höhe der Kompensationsanforderung ab (prozentualer Anteil am Gesamtumsatz) und ist andererseits von der Beschaffenheit, Qualität und Absatzlage der Ware abhängig.

Abmachungen zur Beteiligung der einheimischen Industrie sind ebenfalls problematisch, da der Anbieter kompetente, aber auch wettbewerbsfähige Lieferanten bzw. Partner im Auftraggeberland finden muß, was speziell in Entwicklungsländern äußerst problematisch sein kann. Insbesondere auch deshalb, weil die besondere Notlage der anbietenden Firma oft ausgenutzt wird. Auch hier kommt es stark auf die geforderte Quote an: ein niedriger Prozentsatz, z.B. zehn Prozent, ist natürlich noch relativ leicht zu erfüllen. Bei vielen Projekten bietet sich allerdings ein entsprechendes work sharing an, bei dem zum Beispiel weniger komplexe Bauvorhaben durch im Lande ansässige Firmen erledigt werden und nur die komplexeren Produkte vom Auftragnehmer geliefert werden.

Präqualifikation

Die Abwicklung von Projekten hängt oft davon ab, ob das betreffende Unternehmen die vom Kunden geforderte Präqualifikation erfüllt oder nicht, denn von vielen internationalen Kunden wird im Rahmen der Ausschreibung eine Präqualifikation der Anbieter vorausgesetzt. »Ohne eine derartige Präqualifikation zu erbringen, ist eine Beteiligung an der Ausschreibung und die Prüfung eines Angebots durch den Kunden in aller Regel nicht möglich«.[13] Im Rahmen der Präqualifikation werden üblicherweise folgende Unterlagen verlangt:

— Name und Größe des Anbieters;
— Firmensatzung;
— Leistungsprogramm (Übersicht);
— veröffentlichte Bilanzen/Abschlüsse;
— Personaldaten/Lebensläufe der Geschäftsleitungsmitglieder;
— Personaldaten/Lebensläufe der Projektmitarbeiter;

- Projektbeschreibung;
- Projektpartner;
- Projektorganisation;
- lokaler Vertreter (resident).

Das anbietende Unternehmen muß dafür sorgen, daß die erforderliche Präqualifikation rechtzeitig vorgenommen wird.

Projektfinanzierung

Die Finanzierung ist häufig ein weiteres Problem für die Abwicklung internationaler Vorhaben. »Im Großanlagenbau ergibt sich nahezu als Regel die Situation, daß die Ausarbeitung eines Finanzkonzeptes, die Kapitalaufbringung und -absicherung als eine zusätzlich von den Anbietern zu erbringende und zum Auftragserhalt notwendige Angebotsleistung verstanden wird.«[14] In anderen Worten: der Anbieter muß neben seinem Produkt oft auch gleich die Finanzierung mitbringen. Hierzu müssen Banken gefunden werden, die auch bereit sind, das jeweilige Projektrisiko mit zu übernehmen. Heintzeler führt aus: »Hier besteht die Besonderheit darin, daß sämtliche Risiken technischer, wirtschaftlicher und politischer Natur sehr viel eingehender analysiert werden als bei einer herkömmlichen Kreditentscheidung. Die Grundlage für eine solche Analyse bildet die sogenannte ›Feasibility Study‹.«[15] Heintzeler führt ferner folgende wichtige Finanzquellen auf[16]:

- Internationale Bankkredite,
- Kredite und Garantien im Rahmen internationaler Exportfinanzierungsprogramme,
- Kredite oder Garantien von internationalen Instituten wie Weltbank, Europäische Investitionsbank und andere regionale oder nationale Entwicklungsbanken, usw.,
- Nationale und internationale Kapitalmärkte,
- Kredite und öffentliche Darlehen in Landeswährung, in denen sich das Projekt befindet.

4. Internationales Projektmanagement am Beispiel von Europas erstem Privat-TV-Satellitensystem mit mittlerer Sendeleistung »ASTRA«[17, 18, 19, 20, 21]

ASTRA-Satelliten über Europa

Am 1. März 1985 wurde die Privatgesellschaft »Société Européenne des Satellites« (SES) von elf europäischen Aktionären mit dem Ziel, ein Satellitenfernsehsystem für europäische Zuschauer zu betreiben, in Luxemburg gegründet; inzwischen hat sich die Zahl der Teilhaber auf sechzehn erhöht. Die SES ist eine in Luxembourg ansässige private Gesellschaft, die das europaweit ausstrahlende ASTRA-Fernsehsatellitensystem betreibt. Mit ASTRA 1A wurde am 11. Dezember 1988 der erste Satellit der SES in die Umlaufbahn geschossen. ASTRA 1B folgte am 2. März 1992 und strahlt seine Programme von der gleichen Orbitalposition (19.2° Ost) aus. Am 12. Mai 1993 wurde nun auch ASTRA 1C erfolgreich gestartet, der dritte Fernsehsatellit der SES, der am 01. Juli 1993 seine Sendung aus dem Weltenall (19.2° Ost) aufgenommen hat. Das ASTRA-System erlaubt nun den Empfang von bis zu 50 Fernseh- und einer noch größeren Anzahl von Radioprogrammen mittels kleiner, kostengünstiger individueller Parabolantennen. Kein anderes europäisches Satellitensystem bietet im Vergleich zu ASTRA eine ähnlich große Programmanzahl und -vielfalt.

Die Société Européenne des Satellites ist eine Aktiengesellschaft nach Luxembourger Recht, mit einem Stammkapital von fünf Milliarden luxembourgischen Franken (ca. 120 Mio. ECU). Die Aktien sind im Besitz von nationalen und internationalen Institutionen und Privatunternehmen. Die Gesellschaft hat bis 1993 ca. 15 Milliarden luxembourgische Franken (350 Mio. ECU) in die Bodenkontrollstation in Betzdorf, in die drei Satelliten sowie in die Anlaufkosten des Unternehmens investiert. Davon entfielen allein 1,5 Milliarden Franken (35 Mio. ECU) auf die Bodenkontrollstation und benachbarte Einrichtungen, um den Betrieb der Satelliten und der Gesellschaft zu gewährleisten.

Das ASTRA-Satellitensystem, bestehend aus insgesamt sechs Satelliten (ASTRA 1A bis 1F), von denen sich drei noch im Bau befinden, ist für die europaweite Ausstrahlung von Fernseh- und Radioprogrammen in optimaler Empfangsqualität konzipiert. Die Signale werden von den Fernseh- und Hörfunkstudios zu einer Uplink-Station übertragen und von hier aus zu den 36000 km über dem Äquator positionierten ASTRA-Satelliten gesendet. Von den Satelliten werden die Signale wieder zurückgestrahlt und über ganz Europa verteilt. Die SES betreibt das ASTRA-Satellitensystem mittels einer Konzession des luxembourgischen Staates für die Verbreitung von Rundfunkprogrammen über Satelliten.

Heute beschäftigt das Unternehmen für den Betrieb der Satelliten, die Beschaffung neuer Systeme, die Vermarktung des ASTRA Systems und in der Verwaltung über 100 hochqualifizierte Mitarbeiter aus 15 verschiedenen Nationen. Dem Generaldirektor der SES stehen erfahrene Führungskräfte der Bereiche Verwaltung, Technik, Marketing und Finanzen sowie zahlreiche Spezialisten, die mit ihrer Sachkenntnis das Rückgrat der Gesellschaft bilden, zur Seite.

Das SES-Vorhaben stand von Anfang an unter einem starken Zeitdruck, was unter anderem auch dazu führte, 1985 einen sich bereits im Bau befindlichen amerikanischen Satelliten der europäischen Konkurrenz vorzuziehen. An das SES-Management (auch Projektmanagement) wurden besonders hohe Anforderungen gestellt, galt es doch ein privatwirtschaftliches Unternehmen ohne teure Umwege in die richtigen Bahnen zu lenken. Durch Fehlplanungen hervorgerufene Termin- und Kostenüberschreitungen hätten für die Inhaber des Unternehmens eine Gewinneinbuße bedeutet. Hauptelemente des Gesamtvorhabens waren der Satellit, die Trägerrakete sowie die Errichtung der Bodenkontrollstation in Luxembourg.

Bei dem SES-Vorhaben handelte es sich um ein internationales Projekt unter Beteiligung einer Vielzahl von Firmen aus Europa, den USA und Kanada, die im Rahmen der Projektabwicklung direkt (Hauptauftragnehmer) oder indirekt (Unterauftragnehmer/Lieferant) durch SES gesteuert werden.

Hauptpunkte dieses Abschnittes sind die Behandlung der organisatorischen Verflechtungen aller Beteiligten an diesem Vorhaben, Fragen der Projektkommunikation, das Vertragsmanagement und die Schnittstellenkontrolle. Es wird darüber hinaus auf die Ausgewogenheit der eingesetzten Management-Verfahren und -Methoden für dieses Vorhaben eingegangen, denn ein Zuviel an Managementaufwand verschlingt unnötige Mittel, während andererseits ein zu geringer Managementaufwand das unternehmerische Risiko erheblich erhöhen kann.

Projektanforderungen für ASTRA 1A

Die an die SES-Projektleitung gestellten Anforderungen für ASTRA 1A, dem Vorreiter der ASTRA-Satellitenflotte, lassen sich wie folgt zusammenfassen:

- Auswahl und Implementation eines wirtschaftlichen Satellitensystems mittlerer Leistung, das für den Fernsehdirektempfang geeignet ist.
- Beschaffung eines leistungsfähigen Satellitenträgers.
- Installation einer Satellitenkontrollstation im Großherzogtum Luxembourg.

Das ASTRA-Satellitensystem wurde so konzipiert, daß zum frühestmöglichen Zeitpunkt ein Satellit mit sechzehn TV-Kanälen mittlerer Leistung zur Verfügung steht, der ganz Westeuropa mit Fernsehprogrammen versorgen kann. Nach einem längeren Auswahlprozeß wurde im September 1985 zwischen SES und der amerikanischen Firma RCA ein entsprechender Liefervertrag abgeschlossen. Der von RCA gekaufte Satellit aus der Serie RCA 4000 ist für den Direktempfang von sechzehn Fernsehprogrammen entweder durch Kopfstationen, die die Programme dann per Kabel weiterverteilen, oder durch Privatantennen mit einem Durchmesser der Parabolantenne von ca. 60 bis 90 cm, in ganz Westeuropa geeignet. Der für SES ausgewählte RCA-Satellit mit dem Namen ASTRA 1A wurde bezüglich des Preis-Leistungsverhältnisses und hinsichtlich des Liefertermins vom Hersteller zu sehr günstigen Bedingungen angeboten. Die Betriebsaufnahme war ursprünglich auf Frühjahr 1987 festgelegt. Der ARIANE-Fehlstart (Flug Nr. 18) im Mai 1986 führte dann jedoch zu einer fast zweijährigen Verzögerung.

Unmittelbar nach Erwerb des ersten Satelliten war die Beschaffung eines leistungsfähigen Satellitenträgers, der den Transport von ASTRA 1A in eine geostationäre, d.h. erdsynchrone Umlaufbahn garantiert, zu veranlassen. Ende 1985 lagen zwei gute Angebote vor: ein Angebot der NASA zum Transport des Satelliten mit dem Shuttle und ein Angebot von ARIANESPACE zum Start mit der Trägerrakete ARIANE 4. Nach zähen Verhandlungen wurde im November 1985 ein entsprechender Vertrag zwischen SES und ARIANESPACE geschlossen.

Die wohl wichtigsten Entscheidungen waren nun unter Dach und Fach. Ein weiterer wichtiger Schritt war die Einleitung zur Errichtung der Satellitenkontrollstation in Luxembourg. Dabei ging es um so wichtige Fragen, wie Standortbestimmung, Auswahl luxemburgischer Firmen zur Errichtung der vorgesehenen Gebäude und Koordination der Arbeiten zur elektrischen Installation der Kontrollstation. Nachdem im Frühjahr 1986 alle notwendigen Maßnahmen zur Abwicklung der Satellitenkontrollstation am Boden eingeleitet waren, ging es dann darum, daß die diversen Baupläne auch eingehalten wurden.

Projektorganisation für ASTRA 1A

Um das anspruchsvolle Projekt »ASTRA 1A« zum Erfolg zu führen, mußte 1985 eine wirkungsvolle Organisation implementiert werden. Für die Aktionäre gab es den Aufsichtsrat, der in regelmäßigen Abständen mit dem Firmenmanagement tagte, um wichtige Beschlüsse zu fassen. Dem Aufsichtsrat (Board) stand der Finanzausschuß (Finance Committee) beratend zur Seite.

Dem Generaldirektor der Firma unterstanden folgende Funktionsträger:

- Wirtschaftsdirektor,
- Direktor für Finanzen und Administration,

– Direktor für Technik und der
– Assistent des Generaldirektors (heute Generalsekretär).

Zur Abwicklung der Projektarbeiten (Satellit, Trägerrakete, Bodenstation) wurde die in Abbildung XVI-4 gezeigte Organisation implementiert. Dem Project Manager war damit die nötige Vollmacht zur administrativen Projektabwicklung übertragen worden, was sich durch den direkten Kontakt zu den Kontraktoren für den Satelliten, die Trägerrakete und die Bodenstation auf die Projektabwicklung äußerst günstig auswirkte.

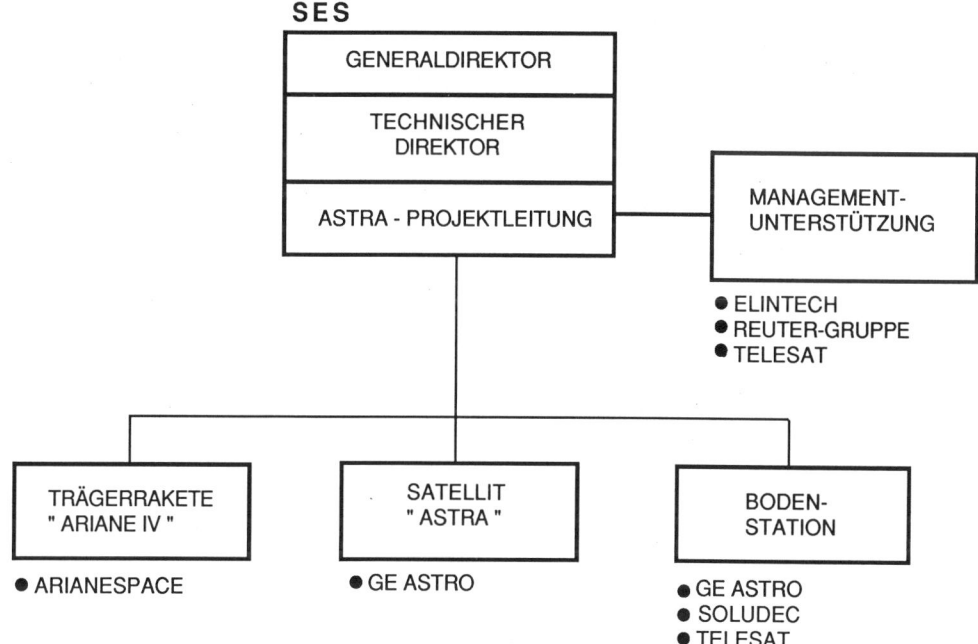

Abb. XVI-4: ASTRA Projektorganisation

SES wurde als Auftragnehmerorganisation, die von A bis Z für ein gesamtes Programm zuständig ist, eingerichtet. Alle Funktionen für die Steuerung der Aktivitäten zum Bau des Satelliten, der Trägerrakete und der Satellitenkontrollstation wurden im SES-Projektbüro in Luxembourg zentral eingeleitet und überwacht. Darüber hinaus wurden zusätzlich eine Reihe von wichtigen Managementfunktionen auf qualifizierte Beraterfirmen übertragen. Diese Vorgehensweise hat sich als sehr brauchbar zur Lösung akuter Probleme erwiesen. Da das SES-Projektbüro in Luxembourg in kürzester Zeit wichtige Managementfunktionen wahrnehmen mußte, dafür aber nicht immer gleich mit dem entsprechenden Personal ausgestattet war, wurde hier durch den Einsatz entsprechender Experten von Beraterfirmen Abhilfe geschaffen.

Anfang 1986 waren folgende Beratungsfirmen mit wichtigen Managementaufgaben betraut:

– *TELESAT, Ottawa, Kanada*
  ❑ Technische Bauüberwachung des Satelliten,
  ❑ Unterstützung bei der Schnittstellenkontrolle Satellit/Trägerrakete,
  ❑ Technische Unterstützung bei der Errichtung der Satellitenkontrollstation,

□ Startunterstützung.
- *ELINTECH, München, Bundesrepublik Deutschland*
□ Technische Unterstützung zur Erstellung der Bodenstationsanforderungen und -spezifikationen,
□ Unterstützung bei der Auswahl des Hauptauftragnehmers für die Gebäude der Satellitenkontrollstation,
□ Unterstützung beim Baustellenmanagement,
□ Personalrekrutierung für die Satellitenkontrollstation.
- *REUTER/SCHMIT/SECOTECHNIQUE, Luxembourg*
□ Architekturberatung,
□ Technische Einrichtung (Klima, Elektro usw.),
□ Statik.

Die Projektorganisation für das SES-Vorhaben wurde in voller Übereinstimmung mit der vorgenommenen Projektvergabe vorgenommen. Die Projektleitung von SES achtete im Interesse einer effizienten Projektabwicklung von vornherein auf die Vergabe von schlüsselfertigen Aufträgen, d.h. die Vergabe von sogenannten turn-key contracts. Mit Hilfe der zuvor genannten Beratungsfirmen wurden Ausschreibungen vorbereitet und durch ein entsprechendes Auswahlverfahren die geeignetsten Firmen zur Abwicklung der Projektarbeiten ausgewählt.

ASTRA Projektmanagement

Die Firma SES ist ein im harten Wettbewerb stehendes Privatunternehmen des Medienbereichs und deshalb auf schnelle Entscheidungswege angewiesen. Dies trifft insbesondere auch für die Projektabwicklung zu, denn das ASTRA-Vorhaben ist sehr gut mit einem Baustellenprojekt zu vergleichen, bei dem es besonders auf schnelle Entscheidungen ankommt. Und so sieht das Aufgabengebiet der ASTRA-Projektleitung aus:

»Satelliten werden geplant und beschafft, Starts müssen eingeplant und genau vorbereitet werden und am Boden sind entsprechende Empfangs-, Sende- und Kontrollanlagen auf- bzw. auszubauen.«

Für die Durchführung von Projekten ist die Technische Direktion (TD) der SES zuständig. Vier Hauptabteilungen der Technischen Direktion haben mit der Projektdurchführung zu tun. Für die Projektleitung ist das Business Management Office (BMO) zuständig. Das Prinzip der Matrixorganisation kommt hier voll zur Geltung.
Die im BMO integrierte Projektleitung ist für folgende Hauptaufgaben verantwortlich:

- Vertragsabwicklung (Vertragsverhandlungen, Pflichtenheft, Vertragsänderungen),
- Terminplanung und -verfolgung,
- Budgetierung und Kostenkontrolle,
- Dokumentationskontrolle,
- Berichterstattung.

Aufgaben der Systemtechnik und Qualitätskontrolle werden je nach Zuständigkeit durch die verbleibenden drei TD-Hauptabteilungen in Abstimmung mit der Projektleitung abgedeckt.

Die Projektleitung ist mit den notwendigen Zuständigkeiten und Vollmachten zur Projekt-durchführung ausgestattet. Dies betrifft vor allem folgende Aspekte:

– Durchführung der Budgetplanung,
– Mittelfreigabe und Rechnungsprüfung,
– Verabschiedung der Pflichtenhefte,
– Überwachung der Projektkosten,
– Zentrale Ansprechstelle gegenüber den Vertragspartnern.

Projektmanagement-Systeme. Die bei SES verwendeten Projektmanagementsysteme zur Durchführung von Projekten lassen sich prinzipiell in folgende vier Hauptbereiche gliedern:

– Programmplanung,
– Beschaffungsprozeß,
– Auftragsabwicklung,
– Berichterstattung.

Programmplanung. Die Realisierung der Projektleitung setzt bereits im Vorbereitungsstadium zukünftiger Vorhaben an. Neue Projekte, die durch die technischen Abteilungen angedacht und geplant werden, werden deshalb so früh wie möglich mit der Projektleitung abgestimmt. Dabei geht es im einzelnen um folgende Aufgaben:

– Projektstrukturierung und Budgetierung,
– Festlegung der Hauptmeilensteine und Ecktermine,
– Vorbereitung von Pflichtenheften.

Die Projektstrukturierung erfolgt in iterativen Schritten in enger Kooperation mit den involvierten Projektingenieuren der technischen Abteilungen. Ausgehend von den in der Vergangenheit gemachten Erfahrungen werden erste Kostenschätzungen vorgenommen um darauf aufbauend Budgetvorschläge machen zu können.

In diesem Zusammenhang werden dann auch die Hauptmeilensteine, zum Beispiel die Lieferdaten von Dokumenten und Geräten und die Projekt-Reviews, definiert und die dazugehörenden Ecktermine festgelegt.

Um eine möglicherweise nachfolgende Beschaffung und die sich daran anschließende Auftragsabwicklung möglichst optimal zu gestalten, ist neben der Erstellung von Spezifikationen so früh wie möglich ein Pflichtenheft vorzubereiten, worauf im nachfolgenden Punkt noch genauer eingegangen wird.

Es ist von großer Wichtigkeit, daß der Vorbereitungsprozess (Project Start-up) gründlich und unter Einbeziehung von internen Projekt-Reviews durchgeführt wird. In den Reviews werden die Projektvorschläge (Technik, Termine, Kosten) vorgestellt, diskutiert und meistens auch inhaltlich noch verbessert. Sehr oft führen »Trade-offs« und »Sensivity-Analysen«, d.h. Vergleiche zwischen den technischen Anforderungen und Kosten, sowie die Auswirkungen aufgrund von Parameter-änderungen, zu besseren und kostenoptimaleren Lösungsvorschlägen.

Beschaffungsprozeß. Die Firma SES ist ein privates Satelliten-Betreiberunternehmen und muß die zum Satellitenbetrieb notwendigen Anlagen (Satelliten, Trägerraketen und Bodeneinrichtungen) durch weltweite Ausschreibungen bei entsprechenden Firmen nach marktwirtschaftlichen Gesichtspunkten erwerben. Um hierfür eine gute Ausgangsposition zu haben wird bei SES, wo immer möglich und insbesondere für Großprojekte, auf Wettbewerb gesetzt. Dazu bedarf es einiger wichtiger Vorbereitungen und Maßnahmen die nachfolgend zusammengefaßt sind:

- Vorbereitung und Zustellung der Ausschreibungsunterlagen,
- Erstellung von Bewertungsrichtlinien,
- Zusammenstellung des Bewertungsteams,
- Bewertung und Auswahl des günstigsten Angebots,
- Vertragsverhandlungen und Vertragsabschluß.

Die gründliche Ausarbeitung der Ausschreibungsunterlagen ist ein wichtiger Schritt für alle nachfolgenden Beschaffungsprozesse, denn sie bauen hierauf auf. SES schenkt diesem Punkt deshalb stets besondere Beachtung. Die Ausschreibungsunterlagen enthalten in der Regel folgende Elemente (s. a. XIV.2):

- Anschreiben
- Anlagen zum Anschreiben:
    (1) Angebotsrichtlinie,
    (2) Pflichtenheft (Statement of Work),
    (3) Technische Spezifikation,
    (4) Qualitätsrichtlinien,
    (5) Testplan,
    (6) Mustervertrag.

(1) Die *Angebotsrichtlinie* gibt Auskunft über die wesentlichsten Forderungen der SES hinsichtlich der Angebotserstellung wie zum Beispiel über den Abgabetermin, Anzahl der gewünschten Kopien, Sprachen, Angebotsgliederung, Preisbindung, Währung usw.. Alle nachfolgenden Anlagen, nämlich (2) bis (6), sind die Grundlage für den zukünftigen Vertrag und auf sie ist im Angebot Bezug zu nehmen.

(2) *Das Pflichtenheft* beschreibt die gewünschten Lieferungen und Leistungen und enthält deshalb bereits entsprechende Tabellen mit Angaben über die Lieferquantität, Zeitpunkt der Lieferung und Lieferbedingungen.

(3–5) Strikt getrennt vom Pflichtenheft ist die *technische Spezifikation*. In ihr sind die technischen Parameter des Systems beschrieben. Ergänzt wird sie durch eine verbindliche Qualitätsrichtlinie und den Testplan. Diese drei Dokumente stehen in unmittelbarem Zusammenhang mit den Kosten und Terminen des Vorhabens. Extreme Anforderungen an die Technik haben ihren Preis. Jede Art von Überspezifikation kann deshalb zu Überraschungen führen. SES hat deshalb stets Wert darauf gelegt die technischen Anforderungen nicht zu hoch zu schrauben und verfährt nach dem »Good Enough«-Prinzip.

(6) Jeder Ausschreibungsunterlage ist ein *Mustervertrag* beigefügt, den der Anbieter in seiner Angebotskalkulation mit einbeziehen muß, denn auf der Basis dieses Vertrages werden später dann die Vertragsverhandlungen geführt.

Um eine korrekte und faire Bewertung der Angebote vornehmen zu können, sind bestimmte Regeln einzuhalten. Wichtig ist, daß noch vor dem Erhalt der Angebote verbindliche Bewertungskriterien festgelegt werden anhand dessen eine objektive Bewertung möglich ist. Nach den Prinzipien der Nutzwertanalysen führt die SES dann auf der Basis der vorher festgelegten Bewertungskriterien und deren Gewichtung eine quantitative Bewertung durch.

Die Richtlinie gibt dem Bewertungsteam die notwendigen Vorgaben für eine systematische Bewertung der Angebote.

Die Zusammenstellung eines kompetenten Bewertungsteams ist eine weitere wichtige Maßnahme. Aufgrund der relativ geringen Mitarbeiterzahl geht SES häufig dazu über, kurzfristig Experten als Berater einzustellen, die dem Stammteam zur Seite stehen.

Nach Abschluß der Angebotsbewertung ist vom Bewertungsteam eine Aussage über die Qualität der Angebote abzugeben. Dies erfolgt in der Regel in quantitativer Form; siehe Abbildung XVI-5. Die hier gezeigte Darstellung ist bereits eine Zusammenfassung einzelner Bewertungen. Die vorher festgelegte Bewertungsskala ist wie folgt (s.a. XIV.4):

-    0% Wertlos
-   40% Gerade noch annehmbar
-   60% Gute Ausarbeitung
-   75% Sehr gute Ausarbeitung
-   90% Ausgezeichnete Ausarbeitung
- 100% Perfekte Ausarbeitung.

In diesem Zusammenhang gilt die Regel, daß jede Einzelbewertung unter 40% dazu führt, daß das Angebot insgesamt abzulehnen ist, es sei denn der festgestellte Mangel läßt sich durch spezielle Maßnahmen beheben.

Auf der Grundlage der Punktbewertung wird in der Regel entschieden, welche Firma oder auch Firmen in die Endrunde kommt bzw. kommen und zu entsprechenden Vertragsverhandlungen eingeladen werden. Dabei wird in allen Fällen eine schlüsselfertige Auftragsvergabe (turn key) angestrebt.

In den Vertragsverhandlungen (s.a. XIII.3) werden auf der Grundlage der Ausschreibungs- und Angebotsunterlagen Einzelheiten der Vertragsgestaltung sowie weitere Möglichkeiten zur Verbesserung der Offerte, einschließlich eventueller Preisnachlässe, besprochen. Der Vertragsabschluß setzt eine genaue Überarbeitung der Vertragsunterlagen, bestehend aus dem gemeinsam verabschiedeten Vertrag sowie seiner Anlagen (Pflichtenheft, technische Spezifikation, usw.), voraus. Nach endgültiger Verabschiedung aller Vertragsbestandteile kann dann die Paraphierung der einzelnen Seiten sowie die beidseitige Vertragsunterzeichnung erfolgen.

In diesem Zusammenhang sollte nicht unerwähnt bleiben, daß in besonders dringenden Fällen vor Abschluß der Vertragsverhandlungen auf das Verfahren zur Ausstellung einer Absichtserklärung (letter of intent) zurückgegriffen wird.

Auftragsabwicklung. Die Auftragsabwicklung ist eine Hauptaufgabe des Projektmanagements. Im Vordergrund stehen dabei das Vertragsmanagement, die Projektüberwachung und die Durchführung von Projektreviews.

(1) *Vertragsmanagement.* Ziel der SES ist es, daß der Vertrag möglichst exakt eingehalten wird. Das heißt, es ist darauf zu achten, daß die Auftragnehmer und/oder Lieferanten auch genau die Produkte liefern, die vorher vereinbart wurden. Diese Forderung gilt gleichermaßen für die Hardware, Software, Dienstleistungen und Dokumente. Deshalb ist die gründliche Vertragsgestaltung (Vertrag und Anlagen zum Vertrag) so bedeutungsvoll. Abweichungen von der Vertragsgrundlage (Contract Baseline) sind deshalb so früh wie möglich zu identifizieren um deren Auswirkungen auf das Projektziel schnell zu erkennen, um gegebenenfalls sofort gegensteuern zu können.

(2) *Projektüberwachung.* Die Projektüberwachung ist ein Zentralthema der Projektleitung und ist übergeordnet in die Bereiche Planung und Statuskontrolle zu gliedern. Ferner ist eine Gliederung

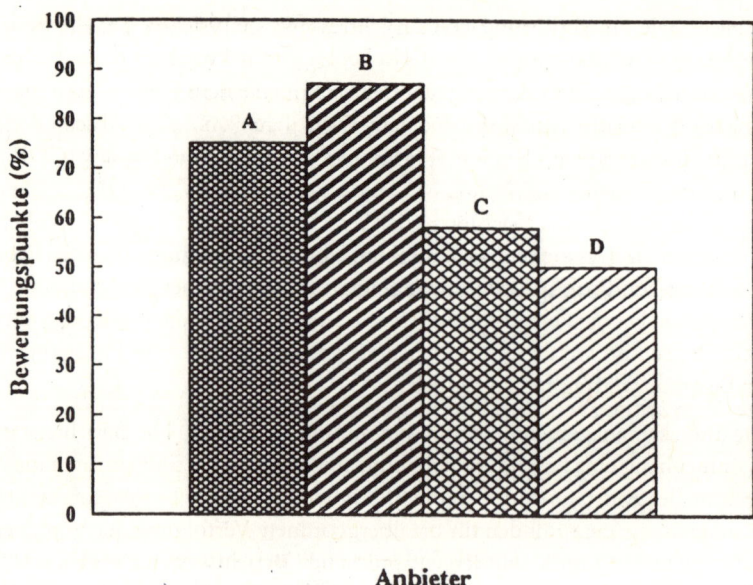

Anbieter

Abb. XVI-5: Quantitative Angebotsbewertung

in die Bereiche Projektstrukturierung, Terminverfolgung und Kostenkontrolle notwendig. Außerdem gehört zur Projektüberwachung die Dokumentations- und Konfigurationskontrolle.

Da die SES als Betreibergesellschaft für Fernsehsatelliten die zum Betrieb notwendigen technischen Geräte im Weltraum und am Boden nicht selbst produziert sondern von entsprechenden Industrieunternehmen beschafft, findet der Überwachungsprozess der Projekte primär bereits bei den Vertragsfirmen statt. Seitens SES werden deshalb bereits bei den Vertragsverhandlungen Vorkehrungen getroffen, die sicherstellen, daß die Unternehmen ein entsprechendes Überwachungssystem einführen. Die Resultate der Fortschritts- und Kostenüberwachung sind der SES dann in regelmäßigen Abständen (meist monatlich) im Rahmen der Monatsberichte mitzuteilen.

Auf der Basis des vertraglich vereinbarten Terminplans und der zugehörigen Meilensteine wird monatlich ein Terminstandsbericht erstellt. Der Kostenbericht ist in den meisten Fällen eine Zusammenfassung der Zahlungsmeilensteine, deren Abschluß sowie die erfolgte Zahlung. Nachfolgend ist die Gliederung eines typischen Monatsberichtes wiedergegeben:

− Überblick,
− Projektorganisation,
− Qualitätssicherung,
− Vertragsstatus,
− Finanzstatus,
− Terminstatus,
− Aktionskontrolle.

Die einzelnen Projektstandsberichte, die Grundlage der regelmäßig durchgeführten Projektbesprechungen sind, werden durch das Business Management Office (BMO), die zuständige Organisation für Projektmanagement, zu integrierten Gesamtberichten für das SES-Management zusammengefaßt.

(3) *Projektreviews*. Die Durchführung von Projektreviews stellt sicher, daß die Bestellung und die letztlich gelieferte Ware übereinstimmen. Es ist bei Hightech-Projekten deshalb üblich, daß die Entwicklungsarbeiten wegen ihrer Komplexität in zwei Stufen einem Review (Revision) unterzogen werden, nämlich zum Entwurfsbeginn einem vorläufigen und zum Abschluß einem kritischen Review: Preliminary Design Review (PDR) und Critical Design Review (CDR); s.a. Abb. IV-7.

Reviews dienen bei komplexen Vorhaben vor allem auch der Abstimmung von Schnittstellen zwischen den einzelnen Teilsystemen eines Projektes, aber auch zwischen mehreren Projekten; s.a. VII.3. Die Abhaltung von Projektreviews setzt eine gründliche Vorbereitung und die Teilnahme von Fachleuten voraus. Da die Personaldecke von SES relativ dünn, die Forderung nach Spezialisten meisten jedoch groß ist, werden häufig entsprechende Fachberater aus Europa oder den USA kurzfristig per Beratungsvertrag hinzugezogen.

Berichterstattung. Projektmanagement lebt von und mit Informationen. Die Berichterstattung spielt in diesem Zusammenhang eine besonders bedeutungsvolle Rolle. Da sind zunächst die regelmäßigen Projektberichte der Auftragnehmer an die SES. Hierüber wurde bereits kurz berichtet.

Um das Firmenmanagement mit den für die übergeordnete Verfolgung der Vorhaben notwendigen Informationen zu versorgen, wurden entsprechende Berichtssysteme entwickelt. Eine übersichtliche und schnelle Informationsaufbereitung an das Firmenmanagement ist sehr wichtig, da oftmals kurzfristig wichtige Projektentscheidungen zu treffen sind.

SES hat 1991 nach den in XI.2 geschilderten Berichts- und Informationssystemen ein Berichtssystem mit der Bezeichnung »Monthly Project Control Report (MPCR)« eingeführt. Dieser Bericht, der für jedes Projekt Informationen über die Termin- und Kostensituation sowie verbale Beschreibungen über das Projektziel und momentane Probleme wiedergibt, ist ein wichtiges Managementinstrument bei SES. Der Bericht (MPCR) wird monatlich im Rahmen eines Reviews aller Projekte durch das BMO präsentiert.

In Ergänzung zum MPCR wurde für das TOP-Management ein weiterer Bericht eingeführt, der detailliert Aufschluß über den finanziellen Status aller Projekte, einschließlich deren Zahlungspläne, gibt. Dieser Bericht, mit der Bezeichnung »Project Expenditure Control Report (PECR)«, informiert die Entscheidungsträger über folgende finanzielle Details der Projekte und wird über E-Mail an die empfangsberechtigten Manager bereitgestellt:

– Genehmigtes Budget,
– Status der Budget-Freigabe,
– Obligo-Status,
– Status der Abrechnung,
– Mittelabfluß.

Mit den beiden Berichterstattungssystemen, dem MPCR und dem PECR, wird das SES-Management regelmäßig und optimal über den Status aller ASTRA-Projekte informiert.

Multinationale Zusammenarbeit

Die Firma SES ist in mehrfacher Hinsicht ein multinationales Unternehmen. Zum einen kommen die Eigentümer aus den verschiedensten Europäischen Ländern und den USA und zum anderen haben fast alle Geschäftsverbindungen multinationalen Charakter. Dies trifft sowohl für die SES-

Kunden wie auch für die Auftragnehmer und Lieferanten der SES zu. Dadurch ergibt sich zwangsweise natürlich eine monitäre wie auch juristische Vielfalt bei der Vertragsabwicklung von Projekten. Eine weitere Besonderheit ist die multinationale Teamzusammensetzung.

Multinationale Zusammenarbeit ist prinzipiell jedoch nicht neu und sowohl auf der internationalen wie auch der europäischen Bühne gang und gäbe, wenn man an die vielen internationalen Organisationen wie zum Beispiel die UN, EG, OECD und ESA denkt. Aber auch international ausgerichtete Unternehmen wie zum Beispiel IBM, Unilever und Mobil Oil haben multinationalen Charakter.

Die Besonderheit der Firma SES ist wohl auch durch den Standort Luxembourg begründet. Luxembourg als kleines Land ist alleine nicht in der Lage, entsprechendes Fachpersonal für die Abwicklung großer Hightech-Projekte bereitzustellen. Die Firma SES war deshalb gezwungen, von Anfang an auf Fachspezialisten aus den europäischen Nachbarländern, aber auch anderen Ländern wie USA, Kanada und Brasilien zurückzugreifen. Der von SES eingeschlagene Weg der Internationalisierung ist erfolgreich, weil man folgende Grundregeln strikt einhält:

(1) *Rekrutierung von Spezialisten nach ihrem Können, aber unabhängig von ihrer Nationalität.* Das bedeutet im Einzelfall, daß zuerst eine Stellenbeschreibung zu erstellen ist, die Stelle dann offiziell ausgeschrieben wird und der beste Kandidat die Stelle dann auch erhält.

(2) *Personelle Besetzung von Managementpositionen unabhängig von ihrer Nationalität.* Obwohl der Anteil luxembourgischer Mitarbeiter aus leicht erklärlichen Gründen im Verhältnis zu allen anderen Nationalitäten der größte ist, so erfolgt die Besetzung der Managementpositionen unabhängig von jeglicher Proporzvorgabe. Ausschlaggebend ist allein die Befähigung zur Durchführung der Managementfunktionen.

(3) *Benutzung nur einer offiziellen Sprache.* Abgesehen von wenigen Ausnahmen ist Englisch die offizielle Sprache sämtlicher SES Korrespondenz, in der der interne Schriftverkehr und alle Verträge abgewickelt werden. Das ist eine wichtige Maßnahme um firmenintern, aber auch mit allen SES-Partnern eine gute Kommunikation zu gewährleisten.

(4) *Weltweite Projekt-Ausschreibungen.* Bei der Beschaffung neuer Systeme kommen die Gesetze des freien Marktes völlig zur Geltung. Wann immer möglich geht dem Beschaffungsprozeß eine internationale Ausschreibung voraus. So zum Beispiel bei der Auswahl der Firma für die Satellitenstarts, die von der europäischen Firma Arianespace, zwei bis drei US-Firmen, einem russischen sowie von einem chinesischen Unternehmen angeboten werden. Entscheidungen hängen dabei allein von sachlichen Faktoren wie der Zuverlässigkeit der Trägerrakete, der Verfügbarkeit und dem Preis ab. Diese Grundregel wird auch bei der Beschaffung der Fernsehsatelliten den Bodenanlagen aber auch bei der Beschaffung von Software und Studien eingehalten.

Return on Investment (ROI)

Im Zusammenhang mit der Berechnung der Lebenszykluskosten (LZK) eines Projektes (s.a. Kapitel X.4) ist eine ROI-Betrachtung von besonderer Bedeutung. Für ein privatwirtschaftliches Projektvorhaben wie das ASTRA Satellitensystem ist bei Projektbeginn eine ROI-Betrachtung nach folgendem Muster durchzuführen:

(A) Vorzunehmende Investitionen (Kapital);
- Kauf des Satelliten,
- Start des Satelliten (Trägerrakete),
- Errichtung der Bodenstation,
- Versicherungsbeiträge,
- Projektbüro (Personal-/Mietkosten),
- Betrieb des Satelliten (Betriebskosten für mindestens 10 Jahre),
- Sonstige Anlagen,
- Kapitaldienst (Verzinsung).

(B) Einnahmen durch Kanalmiete (Gewinn);
- Anzahl der Kanäle × Jahresmiete pro Kanal × Betriebsjahre (z. B. 10 Jahre).

(C) ROI-Kennzahl = Gewinn (B)/Kapital (A). [22]

Ausgewogenheit der Managementmethoden

Von vornherein war man sich bei SES darüber im klaren, daß man mit einem Minimum an Personal in der Projektleitung auskommen mußte. Das ergab sich bereits aus dem Gebot an äußerster Sparsamkeit, die von den Aktionären von Anfang an gefordert wurde. Andererseits war allen Beteiligten auch klar, daß ein zu geringer Managementaufwand zu einem erheblichen unternehmerischen Risiko führen konnte. Also, auf das richtige Maß kam es an! Die Lösung mit der SES-Kernmannschaft und den zusätzlichen Beratern wurde als gut und gangbarer Weg befunden. Mit der Unterstützung durch Berater war eine funktionsfähige Besetzung des Projektbüros mit ausreichenden Fachkräften und Spezialisten möglich. Durch den vorübergehenden Einsatz von Beratungspersonal war vor allem auch der Personalauf- und -abbau unproblematisch. Außerdem gelang es der SES-Führung vor allem aufgrund einer gut durchdachten Politik der Auftragsvergabe (turn-key-contract procedure), das eigene Team relativ klein zu halten und dabei trotzdem effizient zu bleiben.

1990 wurde das ASTRA-Satellitensystem, das bis dahin nur aus zwei Satelliten bestand, nämlich ASTRA 1A und 1B, um zwei weitere Satelliten (ASTRA 1C und 1D) erweitert (Der Start von ASTRA 1C fand im Mai 1993 statt). Die Bestellung von ASTRA 1C und 1D erfolgte auf der Grundlage einer internationalen Ausschreibung an der zwanzig internationale und unabhängige Experten aus Europa und den USA im Rahmen eines kurzfristigen Beratervertrages teilnahmen; s. hierzu auch ASTRA Projektmanagement-Beschaffungsprozeß. Die 1990 mit Hilfe der internationalen Experten erstellten Beschaffungsunterlagen wurden auch als Grundlage für die Bestellung von ASTRA 1E (1992) und 1F (1993) hinzugezogen, wodurch die ASTRA-Satellitenflotte auf sechs TV-Satelliten erweitert werden konnte.

Quellen zu Kapitel XVI

1 Herten, Heinz-Josef: »Internationales Projektmanagement, Dissertation«, Rheinisch-Westfälische Technische Hochschule Aachen, 1987, S. 45 f.

2 Majaro, Simon: »International Marketing – A Strategic Approach to World Markets«, George Allen & Unwin, London, 1978, S. 13.

3 Lit. 2, S. 14.

4 Raidt, Fritz: »Die ›Ungleichung‹ Fusion«, Verlag für Wissenschaft, Wirtschaft und Technik, Bad Harzburg, 1972, S. 174.

5 »MBB die Vielzweckschmiede der Nation«, in GEO, April 1982, S. 86 und 99.

6 Lit. 4, S. 169.

7 Lit. 4, S. 53.

8 Tydemann, John und Kelm, Ellen Jahes: »New Media in Europe«, MacGraw-Hill, London, 1986, S. 98.

9 VDI Gesellschaft ›Entwicklung, Konstruktion, Vertrieb‹: Projektkooperation beim internationalen Vertrieb von Maschinen und Anlagen, VDI Verlag, Düsseldorf, 1991, S. 30 f.

10 Lit. 2, S. 70 ff.

11 Vandenkerkhove, J. A.: »The Experience of ESRO in Managing International Space Projects, 3rd Orbital International Laboratory Symposium«, Konstanz, 5–6 October 1970 (Proceedings).

12 Palacios, J.: »Quelques aspects de la Politique Industrielle de l'ESA«, ESA-Bulletin No. 12.

13 Lit. 9, S. 15

14 Lit. 1, S. 301.

15 Heintzeler, Frank: »Internationale Projektfinanzierungen – aus der Sicht der Banken«, aus: Dülfer, Eberhard, »Projektmanagement International«, C. E. Poeschel Verlag, Stuttgart 1982, S. 166.

16 Lit. 15, S. 171.

17 Madauss, Bernd-J.: »Internationales Projektmanagement am Beispiel von Europas erstem Privat-TV-Satelliten mit mittlerer Leistung ASTRA«, GPM, Beiträge zur Jahrestagung 1986, S. 229.

18 Madauss, Bernd-J.: »Management of Europe's First Commercial Medium Power Satellite«, SSCAG Meeting, Houston, Texas (at NASA, SFC), 1986.

19 Erfolgreicher ASTRA-Start: Beginn der Ära des »Euro-TVs«, Info-Dienst Neue Medien, Dezember 1988, S. 16.

20 ASTRA Users Guide, SES Luxembourg, 1988.

21 Madauss, Bernd-J. und Kirchen, Inge: Projektmanagement zur Realisierung des Fernseh-Satelliten-Vorhabens »ASTRA«, Projektmanagement-Forum 92 – GPM Dokumentation, S. 289; GPM, München.

22 Radke, Magnus: »Die Große Betriebswirtschaftliche Formelsammlung«, verlag moderne industrie/VDI-Verlag, 6. Auflage, 1982, S. 142.

Kapitel XVII:
Projektmanagement – Implementation im Betrieb

1. Projektmanagement, ja! Veränderung, nein?
   Situationsanalyse
   Konsequenz: Projektmanagement!
   Veränderung durch Organisationsentwicklung

2. Ein Platz für Projektleiter und ihre Teams!
   Projektmanagement – eine dezentrale Business Unit
   Projektleiter am Ort des Geschehens
   Heimathafen für Projektleiter

3. Projektleiter »Was« und »Wie« sie sein sollen
   Aufgaben, Verantwortung und Vollmachten
   Ausbildung zum Projektleiter
   Umgang mit Projektmitarbeitern
   Ethik im Projektmanagement

4. Projektmanagement – Implementationsplan
   Projektmanagement – Strategie
   Einführungsmaßnahmen
   Begleitende Personalentwicklung
   Motivationsmaßnahmen

Es ist nicht immer leicht die Methoden des Projektmanagements, auch wenn sie gut und erprobt sind, in der Praxis konsequent anzuwenden; meist stehen dem Vorhaben viele Hindernisse im Wege. Dies trifft im besonderen Maße für die dauerhafte Implementation des Projektmanagementgedankens in Unternehmen zu, weil dies zu methodischen und organisatorischen Konsequenzen und somit zur Unruhe im Betrieb führt; s.a. III.4. Zu Recht sagt Litke deshalb: »Projektmanagement in einem Unternehmen einführen heißt: Veränderungsprozesse anstoßen!«[1]; s.a. II.1. Durch die beherzte Einführung von Projektmanagement wird jedoch die Projektabwicklung verbessert, was bei Firmen mit Projektaufgaben zur Erhöhung der Effizienz führt.

Der konsequente Einsatz von Projektmanagement führt bei Unternehmen, die mit der Bearbeitung von Projekten beschäftigt sind, deshalb zu mehr Effizienz, weil die technisch-/wirtschaftliche Kompetenz näher an den Ort des Geschehens gelegt wird. In anderen Worten: Projektleiter und ihre Teams, die ihr Aufgabegebiet verstehen, bereit sind volle Verantwortung zu übernehmen und vom Firmenmanagement mit ausreichender Vollmacht ausgestattet sind, verstehen sich als Unternehmer auf Zeit. Daraus läßt sich ableiten, daß Rationalisierung im Projektbereich vor allem aus dem Potential motivierter Projekmitarbeiter resultiert!; s.a. XV.1.

Obwohl man heute zwar prinzipiell recht gut versteht was zu tun notwendig ist um Projekte im Unternehmen rationell abwickeln zu können, so geht es konkret jedoch darum Wege vorzubereiten um den Projektgedanken und die damit verbundenen Maßnahmen auch wirkungsvoll und mit aller Konsequenz in die Unternehmen einzuführen. Projektleiter und ihre Teams brauchen deshalb, auch dann wenn sie nur kurzfristig als Projektleiter oder- mitarbeiter tätig sind, erstens eine fachliche Betreuung und zweitens eine organisatorische Einbettung, was im Organisationsplan der Unternehmen dementsprechend zu berücksichtigen ist. Platz schreibt: »Bei der Diskussion über den Einsatz des Projektmanagements (PM) fällt immer wieder die Diskrepanz zwischen dem Stand der Methodenentwicklung und dem praktischen Einsatz der Methoden auf«.[2] Er begründet dies damit, daß außer acht gelassen wird, daß PM so zu gestalten ist, daß es einfach und situationsgerecht in bestehende Organisationen implementiert werden kann.

Die Verhaltensnormen der Firmenmitarbeiter und speziell des Projektpersonals spielen bei der Projektmanagement-Einführung im Betrieb ebenfalls eine wichtige Rolle, denn Projektmangement ist nicht nur eine Frage der Methodik sondern auch eine Frage des Führungsverhaltens bei der insbesondere auch ethische Gesichtspunkte eine wichtige Rolle spielen. Hierzu folgendes Zitat von Kirchner:»Ethisches Führen ist kreatives Führen. Es bietet dem Führenden und den Geführten eine neue Wert-Sicht. So wird die Interaktion wertvoll«.[3]

In diesem Kapitel wird auf die Hindernisse zur konsequenten PM-Einführung, die zukünftige Bedeutung von Projektmanagement für die Betriebe und die Volkswirtschaft und auf die Wege zur dauerhaften PM-Einführung ausführlich eingegangen. Besondere Schwerpunkte dieses Kapitels sind die Aspekte Ethik im Projektmangement mit Blickrichtung auf die Reibungsflächen die sich durch die PM-Einführung im Unternehmen ergeben können, sowie die begleitende Personalentwicklung.

An dieser Stelle wird vorsorglich darauf hingewiesen, daß die Begriffe Projektmanagement (PM) und Projektleitung (PL) mit gleicher Bedeutung verwendet werden.

1. Projektmangement – ja! Veränderung – nein?

Situationsanalyse

Betrachtet man heute, Anfang bis Mitte der Neunziger Jahre, die Situation der deutschen Industrie im Hinblick auf das Thema Projektmanagement, so kann man mit Recht sagen: Projektmanagement ist in! Aber, bei genauerem Hinsehen läßt sich dann oft sehr schnell feststellen, daß es mit der systematischen Einführung des Projektmanagements leider nicht allzu gut bestellt ist. In vielen Fällen geht der Schritt zur Projektmanagement-Einführung nicht sehr weit. Der Begriff Projektmangement wird ohne gründliche Prüfung seiner Inhalte übernommen und was noch schlimmer ist, Projektmanagement muß oftmals als Patentlösung für ungelöste und problembeladene Fälle herhalten und es wird meist auch nicht sorgfällig untersucht, ob sich durch Projektmangement überhaupt Verbesserungen der betrieblichen Situation erzielen lassen. Das aber führt leicht dazu, daß man über kurz oder lang, spätestens aber bei den ersten sich anzeigenden Problemen und Schwierigkeiten, auch die Bemühungen zur Einführung des Projektmanagements, versehen mit einer Vielzahl von Negativ-Statements, allzu schnell wieder an den Nagel hängt.

»Projekt-Management« ist, wie bereits deutlich aus der Wortkombination »Projekt« und »Management«hervorgetht, natürlich immer aber auch nur dort wo Porjekte abzuwickeln sind das absolute Patentrezept. Nur, es ist dabei festzuhalten, daß dies die konsequente Anwendung ganz bestimmter Managementmethoden voraussetzt und vor allem, und dies ist wohl der allerwichtigste Punkt, durch die beherzte organisatorische Eingliederung muß für Projektmanager und ihre Teams ein Heimathafen geschaffen werden. Es ist ganz sicher auch ein fataler Trugschluß anzunehmen, daß man das Problem der Projektmanagement-Einführung durch irgendwie geartete Softwarelösungen beheben kann. Software, auch dann wenn es sich um ein Produkt der ersten Wahl handelt, löst ja keine Probleme. Projektmanagement ist in erster Linie eine Führungsaufgabe, und nur wenn es auch als solches verstanden wird, können Verbesserungen bei der Projektabwicklung erzielt werden und mit Hilfe von brauchbaren Softwarelösungen (s.a. Kapitel XVIII) ist dann natürlich auch eine Effizienzsteigerung möglich.

Konsequenz: Projektmanagement

Zum Projekt gehört auch das Management von Projekten und umgekehrt setzt das Management von Projekten auch Projekte voraus. Diese Feststellung ist zwar trivial, aber trotzdem von einiger Bedeutung, da häufig der Versuch unternommen wird, auch in solchen Bereichen Projektmanagement-Methoden einzusetzen wo weit und breit keine Projekte in Sicht sind. Die Firmen sollten deshalb erst einmal feststellen ob überhaupt echte Projektaufgaben vorliegen. In diesem Zusammenhang wird auf Anhang 1 dieses Buches hingewiesen in dem eine genaue Definition des Begriffs Projekt wiedergegeben ist.

Firmen die ständig vor dem Problem stehen, Projektaufgaben lösen zu müssen, haben prinzipiell keine andere Wahl als die Einführung von Projektmanagement zügig voranzutreiben. Ist diese Entscheidung erst einmal gefallen, so ist dann darüber nachzudenken wie man am besten vorgeht. In vielen Fällen wird im Zusammenhang mit der Entscheidung zur Einführung von Projektmanagement davon ausgegangen, daß die Umsetzung (d.h. Schulung, Softwarekauf und Implementation) sehr schnell, das heißt in nur wenigen Wochen möglich ist. Dies erweist sich aber als ein großes und verhängnisvolles Mißverständnis. Es beginnt mit den Organisationsmaßnahmen die wohl immer ein gewißes Pensum an Zeit in Anspruch nehmen und auch nicht von allen Firmenmitgliedern als notwendig angesehen werden. Nämlich erst dann, wenn die organisatorische Einbindung zufriedenstellend gelöst ist sollte über Methodenlehre- und Schulung nachgedacht werden.

Mehr denn je ist heute wichtig, daß Projektleiter und ihre Mitarbeiter genau wie ihre Fachbereichskollegen in ihrer Bedeutung anerkannt, und zusätzlich zu den erteilten Aufgaben und Verantwortlichkeiten auch mit entsprechenden Vollmachten ausgestattet werden.

Veränderungen durch Organisationsentwicklung

Die Einführung von Projektmanagement führt zu organisatorischen Veränderungen, und ist deshalb am besten im Rahmen einer Organisationsentwicklungs (OE)-Maßnahme zu lösen. Hierzu Heintel und Krainz: »Die Einführung von Projektmanagement ist immer auch ein Anfang von Organisationsentwicklung; das muß man wissen, damit man dann nicht überrascht wird«. [4]

Organisatorische Veränderungen im Unternehmen die im Hinblick auf die bevorstehende Einführung von Projektmanagement vorgesehen sind, müssen behutsam und unter Einbeziehung aller maßgeblichen Mitarbeiter erfolgen. Dies ist ein Muß, will man nicht riskieren, daß es zu ungewollten Problemen und unnötigen Turbulenzen im Unternehmen kommt, da Projektmanagement (PM) von den traditionell verankerten Funktionsträgern eines Unternehmens als Störfaktor angesehen wird und es leicht zu einer organisatorischen Instabilität kommen kann; s.a. II.1. Alle Veränderungen der Aufbau- und Ablauforganisation im Unternehmen die im Hinblick auf die PM-Einführung geplant sind sollten deshalb mit Fingerspitzengefühl und am besten im Rahmen einer OE-Maßnahme vorgenommen werden.

Oftmals ist es sinnvoll den Weg über einen Stufenplan einzuschlagen bei dem dann verschiedene PM-Organisationsformen praktiziert werden (s.a. Abb. V-9), bevor man sich für ein endgültiges Konzept entschließt. Ein Unternehmen das eine Vielzahl von Projekten gleichzeitig, das heißt parallel zueinander durchführt, wird früher oder später sicherlich auf eine Variante der Matrixorganisation stoßen und diese dann einführen (s.a. Abb. V-11). Dabei ist allerdings zu berücksichtigen, daß die meisten Unternehmen vor dem Problem stehen, daß die Projekte in ihrer Größe, Komplexität und im zeitlichen Ablauf nicht miteinander vergleichbar sind. Das heißt, die Managementmethoden sowie die organisatorische Einbettung unterscheiden sich voneinander. Dabei hat sich als generelle Leitlinie herausgestellt, daß man in solchen Fällen ganz bewußt eine Trennung zwischen kleinen, mittelgroßen und großen Projekten vornehmen sollte. Die Dimension (was ist ein Klein- oder Großprojekt) hängt natürlich ganz erheblich von der Firmengröße ab. Das Großprojekt einer Kleinfirma kann bei einem Großunternehmen deshalb durchaus zu den Kleinprojekten gerechnet werden. In Abb. XVII-1 sind zwei Beispiele für zwei Unternehmen unterschiedlicher Größe und den dazugehörenden Aufgaben zur Projektgröße wiedergegeben. An der gezeigten Grenzwerten geht auch eindeutig der Bereich für mittelgroße Projekte hervor.

Bei Kleinprojekten wird man meist so verfahren, daß mehrere Projekte von einer Person gleichzeitig abgewickelt werden bzw. je nach Lage der Dinge Mitarbeiter aus dem Fachbereich neben ihrer Fachbereichsaufgabe gleichzeitg, das heißt parallel dazu, auch noch eine oder mehrere Projektaufgaben wahrnehmen. Das dies nicht immer leicht zu realisieren ist braucht hier nicht weiter erwähnt zu werden, aber andererseits schreibt die Begrenztheit der Mittel diese Vorgehens

Firma/Umsatz/Laufzeit	Kleinprojekt	Großprojekt
A Großunternehmen – Gesamtumsatz – Laufzeit	$\leq$ 1 MDM max. 1 Jahr	$\geq$ 5 MDM min. 2 Jahre
B Kleinunternehmen – Gesamtumsatz – Laufzeit	$\leq$ 100 TDM max. 3 Monate	$\geq$ 500 TDM min. 1 Jahr

Abb. XVII-1: Definitionsbeispiele für Klein- und Großprojekte

weise oftmals strikt vor. Nur über eine Tatsache muß man sich vollkommen im Klaren sein, zum Nulltarif ist auch in den Fällen begrenzter Mittel kein Projekt zu führen. Auch bei der Abwicklung von Kleinprojekten sind entsprechende Mittel (Stunden oder Geld) für die Projektleitungsaufgabe vorzusehen. In der Regel werden aus dem Gesamtauftrag die PM-Anteile entsprechend eines Schlüssels (prozentualer Erfahrungswert) berechnet und dem PM-Team zur Verfügung gestellt. Es ist wichtig, daß eine dementsprechende Mittelbereitstellung für die PM-Aufgabe vorgenommen wird, da sonst dem Billig-PM Tür und Tor geöffnet sind, was letztlich meistens dazu führt, daß die PM-Aufgabe gar nicht oder nur äußerst mangelhaft wahrgenommen wird, woraus dann die bekannten Managementkrisen resultieren. Auch bei Kleinprojekten ist das Problem von Managementkrisen ernst zu nehmen. Ein schlecht geführtes Kleinprojekt für sich allein führt zwar mit Sicherheit nicht zum Problem, aber die gehäufte Vielzahl von Fehlern stellt in ihrer Summe dann das Problem dar. Darüberhinaus ist es sinnvoll, daß die Leiter von Kleinprojekten im jeweiligen Fachbereich aus dem sie kommen bleiben, da sie ja gleichzeitig auch Fachbereichsarbeiten durchführen.

Wenden wir uns nun den Großprojekten eines Unternehmens zu. Großprojekte stellen in ihrem finanziellen Volumen oftmals eine sehr ernst zunehmende Größenordnung dar. Manch ein Großprojekt, insbesondere dann wenn es im Rahmen eines Industrieteams durchgeführt wird, hat eine finanzielle Größenordnung, die die finanziellen Dimensionen der Leitfirma in den Schatten stellt. Da liegt es dann ganz klar auf der Hand, daß die Qualität der Projektführung zum einen für das Gelingen des Projektes, darüberhinaus aber auch für den Nutzen des mit der Projektführung betrauten Unternehmens von großer Bedeutung ist. In einem solchen Fall muß die Projektleitung über qualifiziertes Personal, bevorzugt mit langjähriger Erfahrung, und über entsprechende Führungsvollmachten verfügen. Hier bietet sich die Matrixorganisation, bei der die PM's und die eng mit ihnen zusammen arbeitenden PM-Teammitglieder in eine spezielle Projektorganisation versetzt werden, als äußerst brauchbar an; s.a. Abb. V-11.

Die so geschaffene Organisationseinheit für Projektmanagement bekommt ein größeres Gewicht gegenüber den Fachbereichen und es entsteht dadurch ein Kompetenz-Gleichgewicht zwischen Fach- und Projektbereich; s.Abb. V-10. Die Projektleitungen sind dadurch besser in die Lage versetzt, sachgerecht zu handeln, da sie als verlängerter Arm der Geschäftsleitung operieren können (s.Abb. II-1), was dem Bild eines Geschäftsführers entspricht.

Hat man nun zwischen den zwei Formen der organisatorischen Eingliederung von Projekten entschieden, nämlich zwischen den Kleinprojekten die immer dort angesiedelt werden sollten wo die verantwortlichen Mitarbeiter (Projektleiter) beheimatet sind, und den Großprojekten wofür die Matrix am besten geeignet ist, so bleiben nun noch die mittelgroßen Projekte übrig. Dies aber ist der schwierigste Fall. Hier muß man sich von Fall zu Fall im Prinzip für die eine oder andere

Lösung entscheiden. Denkbar ist aber auch, daß Mini-Matrixlösungen gefunden werden. Das bedeutet, zum Beispiel, daß innerhalb eines Fachbereichs eine Projektabteilung etabliert wird, die nach dem Matrix-Prinzip alle Projekte zentral abwickelt. Die zentrale Zusammenfassung von Spezialistenaufgaben wie das Projektmanagement trägt ganz erheblich zur Effizienz bei der Projektabwicklung bei.

Bei der Projektarbeit stößt man neben den für jedes Vorhaben spezifischen Aufgaben auch auf Tätigkeiten die am besten einer zentralen Projekt-Leitstelle übertragen werden, um alle geplanten und/oder laufenden Projekte eines Unternehmens sorgfältig aufeinander abstimmen zu können. Hierzu gibt es folgende Gründe:

(1) Die Festlegung und Bereitstellung von Resourcen muß zentral steuerbar sein;
(2) Die daraus resultierende Prioritäten-Regelung erfordert eine zentrale Vorgehensweise;
(3) Die verwendeten Mangagementmethoden und- prozeduren eines Unternehmens sollten für alle Projekte möglichst einheitlich gestaltet sein um dadurch zu erreichen, daß:
   a) das Berichtsystem an die Geschäftsleitung vereinheitlicht werden kann,
   b) die Methoden und Prozeduren soweit vereinheitlicht sind, daß jederzeit ein betriebsnotwendiger Personalaustausch vorgenommen werden kann, und
   c) ein firmenübergreifendes und für alle Mitarbeiter akzeptables, einheitliches PM-Schulungsprogramm problemlos eingeführt werden kann.

Die zentrale PM-Leitstelle (bzw. Projektleitstelle) ist vorzugsweise im Programmbereich anzusiedeln oder der Geschäftsleitung direkt zu unterstellten (s.a. V-11). Es ist notwendig diese Position, die zum Teil Dienstleistungscharakter hat, andererseits aber auch aktive Steuerungsaufgaben wahrnehmen muss, auch mit entsprechenden Vollmachten auszustatten. Diese Stelle, für die es sehr unterschiedliche Bezeichnungen gibt (zentrale Projektüberwachung, Projekt Operations, Business Management, u.a.), stellt das Bindeglied zwischen den dezentral operierenden Projektleitungen und den prinzipiell zentral ausgerichteten Fachbereichen und der Geschäftsleitung dar. Das unterstreicht die Bedeutung zur Schaffung und Stärkung einer zentralen Projektleitstelle, die vorzugsweise im Programmbereich anzusiedeln ist. Die Aufgaben, Verantwortungen und Vollmachten der zentralen Projektleitstelle könnten wie folgt sein (s.Abb. XVII-2):

2. Ein Platz für Projektmanager und ihre Teams!

Projektmanagement – eine dezentrale Business Unit

Projekte bestimmen mehr und mehr das Geschäft (Business) heutiger Unternehmen. Inbesondere für Firmen mit High-Tech-Charakter stellt Projektmanagement eine brauchbare Alternative der Betriebsführung dar. Die Geschäftsleitungen vieler Unternehmen haben dies zwar noch nicht erkannt, sind aber mehr und mehr dazu bereit den Projektmanagement-Gedanken bei ihren Überlegungen mit einzubeziehen. Dabei wird sehr oft völlig übersehen welcher Motivationsgewinn durch die konsequente Einführung von Projektmanagement möglich ist; s.a. XV.1.

Saynisch sagt hierzu sehr treffend: »Projekte‹ werden die Arbeits- und Handlungsform der Zukunft darstellen, wohl auch auf globaler Ebene der Weltproblematik – und das ›Prinzip

A) Aufgaben	B) Verantwortung	C) Vollmachten
(1) Erstellung von Management-Standards	(1) Initiierung und Aktualisierung von PM-Standards	(1) Abstimmung mit GL und PL's und Implementation der PM-Standards
(2) Schulung von Projektpersonal	(2) Schulungsmaßnahmen sicherstellen	(2) Leitung der PM-Schulungsmaßnahmen
(3) Steuerung der Auslastungsplanung	(3) Identifikation von Engpässen und Prioritätserfordernissen	(3) Einberufung und Leitung der Prioritätenrunde
(4) Planungs-Unterstützung	(4) Bereitstellung von Planungskapazität	(4) Einsatzsteuerung des Planungspersonals
(5) Zentrale Projekt-Berichterstattung	(5) Regelmäßige Erstellung von Projektberichten an die GL	(5) Informationsbeschaffung und Koordination der Review-Sitzungen

Abb. XVII-2: Aufgaben, Verantwortung und Vollmachten der zentralen Projektleitstelle

Projektmanagement« ist die adäquate Organisationsform dazu«. [5] Schenkt man dieser Aussage den entsprechenden Glauben, so ist konzequentes Handeln notwendig und damit haben viele Unternehmen ein Problem. Vor allem deshalb weil sie es oft völlig falsch anfangen.

Es ist notwendig, daß wir Projekte wie eine eigenständige Geschäftseinheit bzw. Business Unit (BU) betrachten und wie ein profit center führen. Dieser Gedanke zieht sich wie ein roter Faden durch alle Kapitel dieses Buches und stellt auch die mehrjährige Erfahrung des Autors dar. Dadurch wird konkret erreicht, daß die Projektleiter wie Geschäftsführer (Geschäftsführer der Business Unit) handeln und wie ein profit center durch die GL bzw. deren Vertreter überwacht werden. Durch diese Maßnahme werden Projekte besser geführt und die Projektleiter zu selbständig handelnden Mitarbeitern angehalten und erzogen; was letzlich dann auch zu mehr Motivation führt; s. a. XV.1.

Projekte müssen so geführt werden, daß das gesetzte Ziel (Produkt) erreicht und der Termin- und Kostenrahmen eingehalten wird. Hierzu Zijl: »Die größte Herausforderung des Projektmanagements liegt in der Konfliktbewältigung zwischen Kosten- und Terminzielen einerseits, sowie Sach- und Qualitätszielen anderseits«. [6]

Eine der schwerwiegensten Probleme im Projektmanagement stellt wohl die Lösung von Prioritätskonflikten dar und manch ein PL resigniert weil er das Problem nicht lösen kann. Und in der Tat handelt es sich hier meistens um ein nur schwer zu lösendes Problem bei dem die Projektleiter von der GL oft allein gelassen werden, bzw. die PL's es versäumen die GL rechtzeitig zu involvieren.

Gibt man den PL's das Mandat zur Führung einer BU, so muß sichergestellt sein, daß sie durch Schulung auf ihre Aufgabe gut vorbereitet sind, daß das Unternehmen die entsprechenden Werkzeuge (Prozeduren und Software) zur Verfügung stellt, und die zur Projektdurchführung notwendigen Resourcen (Personal, Maschinen, Material, usw.) vorhanden sind. Genau an dieser Stelle tritt aber der Dauerkonflikt auf! Resourcen sind oft Mangelware, das heißt sie stehen prinzipiell zwar zur Verfügung aber oftmals zu einem zu späten Zeitpunkt und dann beginnt das Gerangel, denn die Projektleiter sitzen in der Klemme.

Wo liegen nun die Ursachen? Wer handelt hier nicht richtig? Die PL's, die GL? Bei genauer Analyse der Angelegenheit kann man leicht feststellen, daß der Prioritätenkonflikt oftmals durch die Hereinnahme von Projekten mit kurzfristigen Terminen resultiert für die nicht im gleichen Tempo Resourcen bereitgestellt werden können. Man muß dafür Verständnis haben, daß die GL bestrebt ist einen möglichst hohen Auftragsbestand zu sichern, und deshalb oftmals gezwungen ist kurzfristige Termine zu akzeptieren. Insbesondere dann, wenn die Auftragsbücher nicht allzu voll sind und eine langfristige Personalauslastung nicht garantiert ist.

Gleichzeitig bereitet es oftmals große Schwierigkeiten entsprechende Resourcen (Mitarbeiter, Maschinen, Material, usw.) zeitgerecht bereitzustellen. Hier einige typische Probleme:

– Die Mitarbeiter sind an andere, noch nicht abgeschlossene Projekte, gebunden;
– Neue Mitarbeiter können nur eingestellt werden, wenn eine langfristige Personalauslastung gewährleistet ist;
– Die Mitarbeiter (vor allem jüngere Kollegen) müssen auf neue Tätigkeiten durch entsprechende Schulungen vorbereitet werden;
– Die vorhandenen Maschinen sind ausgelastet und eine Neuinvestition ist nicht vorgesehen;
– Materialien/Bauteile mit langen Lieferzeiten (long lead items) bereiten Planungsprobleme, insbesondere dann wenn es auch noch zu Verzögerungen kommt.

Aus der hier geschilderten Situation ist klar erkennbar, daß die Engpässe vorprogrammiert sind, und ein Ausweg nur in enger Zusammenarbeit zwischen PL's und GL gefunden werden kann. Abb. XVII-3 zeigt den zuvor geschilderten Fall an einem Beispiel bei dem es um die Auslastungsplannung der Abteilungen »I« und »II« geht. Durch die Hereinnahme der Projekte »A« und »B«, deren Termineinhaltung vorgeschrieben ist, wird Abteilung »I« stark überlastet, während Abteilung »II«, sofern keine Probleme durch Krankheit, usw. auftreten, die zusätzlichen Aufgaben neben den bisherigen Aufgaben durch Überstunden erledigen kann. Bei Abteilung »I« wird es zwangläufig zu Problemen kommen:

a) zum Prioritätsgerangel zwischen Projekt »A« und »B« und
b) auch zwischen den neuen und den noch zu beendeden Projekten.

Was soll nun geschehen? Es muß im Interesse der Projekte verhindert werden, daß der Aufgaben-Überhang »die Bugwelle« nicht einfach dazu führt die Termine zu verschieben. In der Praxis geschieht das meistens im Dunkeln. Nur wenn die Projektleiter, wie hier gefordert, zu selbstbewußten Leitern von BU's eingesetzt sind, kann die Sache zusammen mit den betroffenen Fachbereichen und der GL beherzt angegangen, das heißt beleuchtet werden. Welche Möglichkeiten bleiben nun bei dem in Abb. XVII-3 gezeigten Beispiel? Hier eine Auswahl möglicher Maßnahmen:

– Weitere Überstunden, einschließlich Wochenendarbeiten; Problem: begrenzte Möglichkeit, Genehmigungen erforderlich.
– Neueinstellung, ggf. mit befristeten Verträgen; Problem: Verzug durch Einarbeitung.
– Hereinnahme von Leiharbeitskräften; Problem: Arbeitnehmerüberlassungsgesetz (s.a. XV.4).
– Prüfung ob Terminverschiebung möglich ist; Problem: Verärgerung des Kunden.
– Erhöhung der Motivation; Problem: begrenzte Steigerungsmöglichkeit.
– Erfolgsprämie; Problem: Verteilungsmodus.

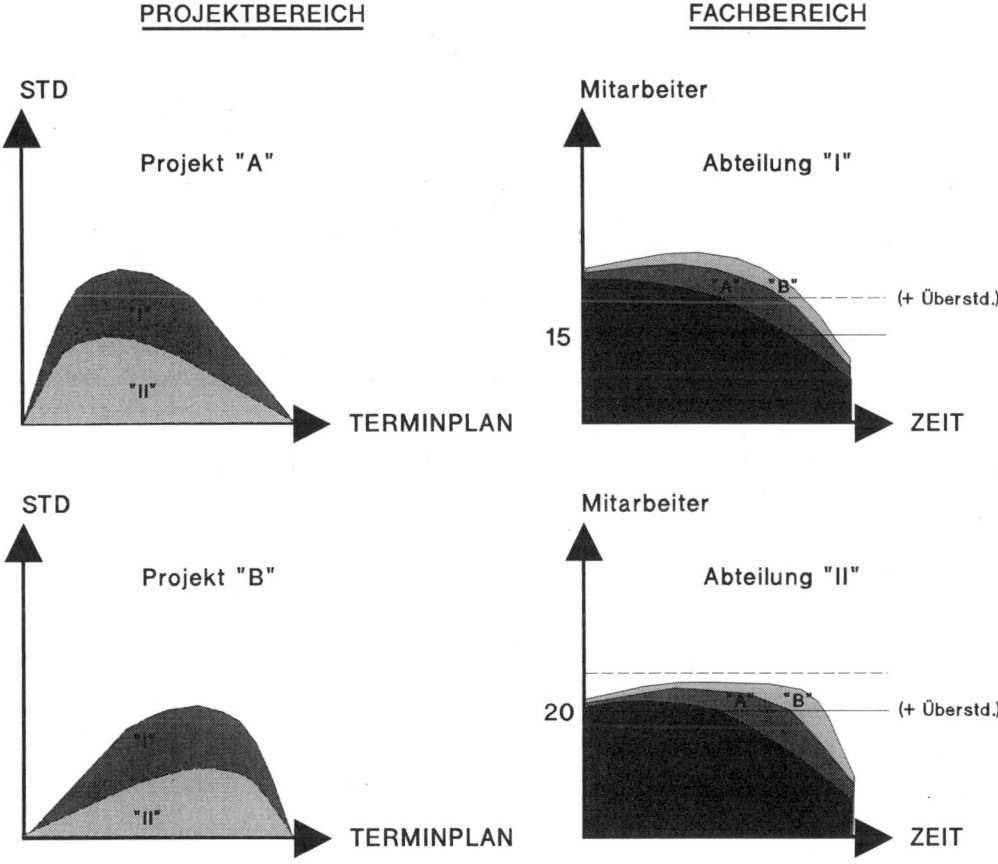

Abb. XVII-3: Prioritätsproblematik

Transparenz und Information sind wichtige Stützen des Managers, denn in der in Abb. XVII-3 geschilderten Situation muß abgewogen werden was im Interesse des Unternehmens und nicht allein im Interesse eines einzelnen Projektes oder einer Abteilung zu tun ist. Deshalb müssen alle Beteiligten an einen Tisch um die Aspekte der zentral operierenden GL mit den dezentral handelnden Projektleitungen und in Abstimmung mit den Fachbereichen einen akzeptablen Ausweg zu finden. Dies entspricht auch den Aussagen Terry's im Hinblick auf die Vorteile der Zentralisierung (GL) und Dezentralisierung (Projekte) im Unternehmen (s.a. Abb.II-2). Beide Kraftpole sind notwendig und wichtig, denn die PL's sind bzw. sollten Juniorpartner der GL, sein.

Wie kann der Prozess zur Klärung von Prioritäten nun am besten funktionieren, denn die PL's und vor allem die GL haben in der Regel ja das Problem, daß ihre eigenen Termine ebenfalls mit Prioritäten versehen sind und wenn das System zur Prioritätenregelung nicht professionell gelöst wird ist der Erfolg fraglich. Die Lösung zu diesen Problemen kann wie folgt aussehen:

(1) Zuerst ist festzuhalten, daß es Prioritäten auf verschiedenen Ebenen gibt. Nicht jede Priorität ist gleich wichtig und muß der GL vorgelegt werden!
(2) Es muß ein Mechanismus geschaffen werden durch den Prioritätskonflikte und ihre Auswirkungen feststellbar und bewertbar sind!

(3) Abgesehen von ad-hoc Problemen, muß ein Forum geschaffen werden, daß die Prioritätsfest-
legung vornimmt.

In Anlehnung an ein bei MBB (heute DASA) entwickeltes Verfahren zur Prioritätenregelung wird
hier ein Konzept zur Prioritätenfestlegung vorgestellt: [7]

(1) Einführung einer regelmäßigen Prioritätenrunde zur Behandlung von Top-Prioritätskonflik-
ten die auf unterer Ebene nicht gelöst werden können. (z. B. wöchentlich oder 14-täglich, ggf.
ad-hoc). Hierbei ist anzunehmen daß die Prioritätenrunde selbstverständlich auch im Rahmen
einer regelmäßig stattfindenden Planungsbesprechung vorgenommen werden kann.
(2) Festlegung der ständigen Mitglieder der Prioritätenrunde: GL, zweite Managementebene des
Unternehmens, zentrale Planung, betroffene Projekte und Fachbereiche.
(3) Wöchentliche Erstellung eines einseitigen A4-Kurzberichts (höchstens zwei Seiten) der Abtei-
lungs- und Projektleiter an die zweite Managementebene (s. a. Abb. V-11) mit folgenden
Inhalt:
   a) Projektstatus/Wichtige Ereignisse/Aktionen,
   b) Wesentliche Probleme,
      – Problembereiche,
      – eingeleitete Maßnahmen,
   c) Ausblick auf die folgende Woche,
      – geplante Aktivitäten,
      – Erledigung von Meilensteinen,
   d) Reisen und Besprechungen,
   e) Notwendige Unterstützung.

Die Einführung eines derartigen Systems, bei dem die PL's die Möglichkeit haben, Probleme die
sie nicht mehr allein lösen können, denn das müssen sie zuerst versuchen, zusammen mit der GL
einvernehmlich zu beheben, schafft eine neue Qualität des Managements im Unternehmen und
bei den Projekten. Es ist hier anzumerken, daß bei größeren Unternehmen mit mehreren Hiera-
chieebenen die Projektleiter Prioritätsprobleme nicht notwendigerweise mit der GL sondern mit
einer anderen autorisierten Stelle, z. B. der technischen Direktion, klären können.

Abschließend sei an dieser Stelle nochmals auf die Bedeutung kompetenter und bevollmächtig-
ter Projektleiter (Juniorpartner des Firmenmanagements) verwiesen, denn das ist die Voraussetzung für gutes Projektmanagement im Unternehmen und entspricht dem Trend der Zeit. Hierzu
ergänzend folgendes Zitat von Heintel und Krainz: »Projektmanagement bringt kaum Vorteile,
wenn sein Verhältnis zur Hierarchie nicht geklärt ist, immer wieder umdefiniert wird, so daß es
sich ständig darin aufreibt oder zu viel Energie gebunden wird. Eine klare Organisation hält den
Projektgruppen den Rücken frei«. [8]

Projektleiter am Ort des Geschehens

»Großunternehmen sind nicht mehr durch die Spitze (allein) koordinierbar«. [9] Eine sehr treffende
Aussage die aber sicherlich nicht allein für Großunternehmen gilt. Durch Projektmanagement
kommt man direkt an den Ort des Geschehens (s. a. II.4), was den von Terry beschriebenen

Dezentralisierungsstufen (s.a. Abb. V-8) entspricht. Dadurch sind Projektleiter viel mächtiger als sie gemeinhin annehmen. Denn was immer sie tun, beeinflußen oder entscheiden hat nicht nur technische sondern vor allem auch wirtschaftliche Konsequenzen für das Projekt und somit auch für das Unternehmen für das sie tätig sind. An dieser Stelle nochmals ein Zitat von Heintel und Krainz: »Projektmanagement ist die zu Organisation geronnene Einsicht, daß bestimmte anstehende Problemlösungen Voraussetzungen brauchen, die nur in Kleingruppen gegeben sind«.[10] Was sind nun die Vorteile solcher Kleingruppen mit dem Charakter einer Dorfgemeinschaft? Heintel und Krainz meinen: »Kleingruppen sind, ..., der Ort überschaubarer direkter Kommunikation und Kontrolle«.[11] Sie geben die Größe der Kleingruppe mit sieben bis fünfzehn Mitgliedern an,[12] was die Teamstärke größerer Projektvorhaben entspricht. Hier nun einige wichtige Faktoren die den Vorteil einer Kleingruppe ausmachen:

- detailliertes Wissen,
- große Flexibilitat,
- kurze Kommunikationswege,
- schnelle Entscheidungen,
- gute Kenntnis (Einschätzung) der Mitarbeiter untereinander,
- gute Voraussetzung zur Teambildung.

Die wie Business Units geführten Projektgruppen, deren Projektleiter der verlängerte Arm des Unternehmens sind (s.a. Abb.II-1), müssen einerseits im Rahmen ihrer Kompetenz autonom handeln dürfen, anderseits jedoch organisatorisch im Unternehmen fest eingebunden sein und die Projektergebnisse an die GL (bzw. deren Vertreter) regelmäßig berichten. Schrempp führt hierzu aus: »Dezentrale Verantwortung führt zu anderen, höheren Anforderungen an das Controlling, das damit zu einem der wichtigsten Steuerungsinstrumente des Top-Managements wird.«[13]

Die organisatorische Einbindung stellt eine besondere Problematik dar und ist Gegenstand des nachfolgenden Abschnitts. Die Berichterstattung an das Top-Management sollte entsprechend den in XI.2 geschilderten Verfahren erfolgen und Informationen wie sie in Anhang 4 geschildert sind enthalten. Dabei ist wichtig, daß die Projektinformation nicht allein über Berichte an das Top-Managment gelangen, sondern auch in Form von Projekt-Reviews, da es neben der Übermittlung von meßbaren Fakten (Leistungsstand, Termine und Kosten), außerdem eine ganze Anzahl von nicht meßbaren und zu interpretierenden Aussagen zum Projekt gibt. Hinzu kommt das für den Projektleiter das feed back vom Top-Management wichtig.

Heimathafen für Projektleiter

Das Streben nach Zugehörigkeit und Heimat ist ein legitimes und völlig normales Anliegen aller Menschen. Nur erhebt sich dabei die Frage wo dieser Heimathafen für Projektleitungen sein soll. Das genau ist die Schwierigkeit mit der sich Firmen und Behörden herumschlagen und oftmals keine zufriedenstellende Lösung dafür haben. Schwarz meint dazu: »Quer zu den konventionellen Säulen der Arbeitsteilung wurde z.B. die Projektmanagementstruktur geschaffen: Der erklärte Auftrag ist es, in einem bestimmten Zeitrahmen eine (scheinbar!) abgrenzbare Aufgabe zu erledigen«.[14]

Bei der Lösung dieser Frage beginnt man am besten mit dem Projektmanagement-Auftrag. Sieht man die Projektleiter als verlängerten Arm der GL (s.a. Abb.II-1), so ist es klar, daß sie im Auftrag der GL tätig sind. Nun ist es in der Realität aber meistens so, daß ein projektorientiertes Unternehmen in der Regel nicht nur Groß- sondern auch Mittelgroße und Kleinprojekte abwickelt. Dadurch wird die Situation komplizierter. Unter Umgehung einer ausführlichen Diskussion der verschiedenen Organisationsmöglichkeiten (s.a. Abb. V-9) wird am Beispiel der Matrixorganisation (s.a. Abb. V-11) zu diesem wichtigen Punkt Stellung genommen. Abb.XVII-1 in der für verschiedene Unternehmenstypen zwei unterschiedliche Definitionen für Groß-, Mittelgroße und Kleinprojekte vorgenommen wurde, soll für alle weiteren Betrachtungen in Zusammenarbeit mit Abb. V-11 Pate stehen. Es ist sicherlich sinnvoll, daß die Großprojekte wegen ihre Bedeutung für das jeweilige Unternehmen in einem eingeständigen Bereich (s. Abb. V-11 – linke Seite) zusammengefaßt werden, denn Großprojekte nehmen oftmals einen erheblichen Anteil des Gesamtumsatzes ein. Der Autor kann in diesem Zusammenhang auf frühere Erfahrungen verweisen und nennt hierzu folgendes Beispiel eines Unternehmens:

– Anzahl aller Projekte: ca 300 (Umsatz 100 %)
  (einschließlich Großprojekte)
– Anzahl aller Großprojekte: 20 (Umsatz 80 %).

Dieses Beispiel zeigt deutlich, daß für die 20 Großprojekte (s.a. Abb. XVII-1) eine andere Organisationsform gefunden werden muß als für den Rest; auf die Zwischengröße (mittelgroß) soll hier nicht näher eingegangen werden.

Der Heimathafen der Großprojekte ist nun klar, denn es gibt ja einen Bereich in dem die Großprojekte zusammengefaßt sind, dem Projekt- bzw. Programmbereich (s.a. Abb. V-11 – linke Seite). Hier entsteht dann auch das notwendige Projektmanagement-Klima. Der Vollständigkeit halber sei darauf hingewiesen, daß die Programmleitung natürlich nicht zwangsläufig der GL unterstellt sein muß, denn Abb. V-11 ist ja nur eine vereinfachte Darstellung. In vielen Fällen untersteht die übergeordnete Projektleitung, die in einigen Fällen auch mit Programmleitung (Summe mehrerer Projekte) bezeichnet wird, auch dem Entwicklungs- oder Engineering-Bereich.

Soweit so gut. Was passiert nun aber mit den Kleinprojekten? Wo ist deren Heimathafen? Es ist keine Frage, Kleinprojekte müssen dort geführt werden wo sie auch abgewickelt werden, nämlich im Fachbereich. Eine Ausnahme hierzu sind projektbegleitende Studien der Großprojekte, die selbstverständlich im Zusammenhang mit den Großvorhaben erledigt werden.

Die Leiter von Kleinprojekten bleiben also weiterhin im jeweiligen Fachbereich beheimatet, allerdings sollte auch dort im Kleinen eine Zusammenlegung von PM-Funktionen angestrebt werden, sofern häufig Projektarbeiten zu erledigen sind. So kann es z.B. durchaus sinnvoll sein, Projektaufgaben (Kleinvorhaben) nicht den ohnehin meist schon überlasteten Fachleuten, die in der Regel über keine oder nur geringe PM-Erfahrung verfügen, zu übertragen, sondern mehrere Projekte durch eine Person die hierzu besonders geeignet und erfahren ist zur Abwicklung mehrerer Kleinprojekte freizustellen. So entsteht dann eine Mini-Matrixorganisation (Abb. V-11 im Kleinformat), was folgende Vorteile haben kann:

– der eingesetzte (multi) PL ist ein Profi,
– nur eine Person (bzw. nur wenige Personen) des Fachbereiches befaßt (befassen) sich mit PL,

– die Berichterstattung an das Firmenmanagement (über den Abteilungsleiter) kommt aus einer Hand, und
– es gibt für den Abteilungsleiter nur eine zentrale Ansprechstelle.

Voraussetzung hierzu ist allerdings (übrigens genau wie für Großprojekte), daß die richtige Person gefunden wird! Denn von den Personen hängt, wie überall, alles stark ab.

Hierzu Scholz: »Projektmanagement steht und fällt mit den involvierten Personen«.[15] Haben die Projektteams für Großprojekte nun ihren Heimathafen im Projekt- bzw. Programmbereich gefunden und die Leiter von Kleinvorhaben in den jeweiligen Fachbereichen, so sind sie trotzdem Berufskollegen mit prinzipiell gleichen Aufgaben und Problemen. Aus diesem Grunde ist es wichtig, daß die betroffenen Unternehmen dafür Sorge tragen, daß zwischen den einzelnen Projektinseln (Klein-, Mittel-, Goßprojekte) ein ständiger lateraler Kontakt gehalten wird. Dabei geht es vor allem um folgende Maßnahmen:

– Anwendung gleicher, d.h. einheitlicher Standards (Prozeduren, Richtlinien, Formate, usw.), was vor allem zur Rationalisierung von Projektarbeiten beiträgt aber auch kommunikationsfördernd ist.
– Gemeinsame Auslastungsplannung und Prioritätenregelung, um auf sich anbahnende Probleme (z.B. ständige oder vorübergehende Resourcenknappheit) rechtzeitig und richtig zum Wohle des Unternehmens reagiern zu können; s.a. Abb. XVII-3.
– Regelmäßiger Erfahrungsaustausch im Rahmen von post-project-reviews, das heißt man sollte sich trotz Termindruck regelmäßig (z.B. einmal im Jahr) zu Abschlußgesprächen (ein Tag) abgelaufener Projekte zusammen finden, um die gemachten Erfahrungen (lessons learned) miteinander auszutauschen. Dies ist vor allem auch deshalb wichtig weil manch ein Leiter von Kleinprojekten oftmals früher als erwartet in die Situation versetzt wird, ein mittelgroßes oder großes Projekt leiten zu müssen. Umgekehrt ist es auch für Leiter von Großvorhaben nützlich von Kleinprojekten zu lernen (z.B. die Anwendung einfacher Lösungen), manchmal auch gerade deshalb um wieder mehr Realitätsbezug zu den kleinen Dingen des Lebens zu bekommen.
– Gemeinsame Projektleiter- und Mitarbeiterschulung ist eine Grundvoraussetzung für effizientes Projektmanagement im Betrieb; s.a. Abb. XVII-2.

Um die hier genannten Maßnahmen wirkungsvoll durchführen zu können ist die Schaffung der zuvor bereits erwähnten zentralen PM-Leitstelle (zentrale Projektüberwachung) einzuführen; s.a. Abb. XVII-2. Mit Bezug auf Abb. V-11 bedeutet das, daß diese Stelle vorzugsweise im Programmbereich angesiedelt wird (linke Seite) um sowohl die dort ebenfalls angesiedelten Großprojekte zu betreuen gleichzeitig aber auch alle im Fachbereich angesiedelten Projektinseln.

Die Frage nach dem Heimathafen für Projektleiter und ihre Teams stellt sich nun etwas anders dar: Disziplinarisch gehören sie ohne Zweifel unterschiedlichen Bereichen an (Fach-/Programmbereich), sind aber fachlich durch eine unsichtbare Klammer miteinander eng verbunden, und es ist klar, daß die Projektleitstelle hier einen wichtigen Platz einnimmt.

3. Projektleiter: »Was« und »Wie« sie sein sollen

Aufgaben, Verantwortungen und Vollmachten

Zijl stellt fest: »Projektmanagement ist eine Führungsdisziplin, welche in allen Wirtschafssektoren und für alle Projektarten angewandt wird«.[16] Projektleiter müssen in erster Linie leiten können und wollen, das ist eines der wesentlichsten Merkmale des PM-Jobs. Hierzu ein Zitat von Scholz: »Primär muß sich das Projektmanagement als Mitarbeiterführung verstehen, ...«[17] Die hier getroffenen Aussagen treffen in der Tat für alle Projekte und Projektarten zu, ganz gleich in welchem Bereich sie abgewickelt werden und wie groß und komplex sie auch sein mögen. Die meisten Projektpannen entstehen durch Führungslosigkeit und beginnen meist schon bei der Plannung, die nicht beherzt genug vorgenommen wird.

Die Aufgabe des Projektleiters ist das Projekt zu leiten, was ja bereits mit der Bezeichung »Projektleiter« zum Ausdruck gebracht wird. Projektleiter müssen durch Leitung sicherstellen, daß das einmal gesetzte Projektziel im vorgebenen Termin- und Kostenrahmen abgewickelt wird, denn das ist ihre Aufgabe. Die Projektaufgabe ist dann in Fach- und Führungsaufgaben zerlegbar, denn zum einen sollte der Projektleiter ein Fachmann sein der über gute Kenntnisse der Projektmanagementmethoden verfügt und zum anderen muß er auch darüber Bescheid wissen wie man Mitarbeiter mit Erfolg führt.

Projektleiter übernehmen bei der Durchführung ihrer Aufgaben ein hohes Maß an Verantwortung, denn wird das Projektziel nicht oder nur teilweise erreicht oder kommt es zu Termin- und/oder Kostenüberschreitungen, so kann dem Unternehmen für das sie tätig sind Schaden zugefügt werden. Sie haben die Verantwortung mögliche Schäden vom Unternehmen abzuwenden bzw. zu minimieren. Darüber hinaus sind sie aber auch für die ihnen unterstellten bzw. von anderen Abteilungen vorübergehend abgestellten Mitarbeiter verantwortlich (direkte bzw. indirekte Personalverantwortung). Thom definiert Verantwortung folgendermaßen: »Verantwortung äußert sich durch die Pflicht und die Bereitschaft, für ein Tun oder Lassen mit seiner Person einzustehen bzw. für die Erfüllung der Aufgabe persönliche Rechenschaft ablegen«.[18] Nur wer auch über ein gewisses Maß an Vollmachten (Kompetenzen) verfügt, ist in der Lage Aufgaben wahrzunehmen und Verantwortung auszuüben. »Aufgabe, Verantwortung und Kompetenz jedes Mitarbeiters müssen einander entsprechen. Sie bilden eine untrennbare Einheit.«[19] Wie sehen nun die Vollmachten der Projektleiter aus, bzw. welche Vollmachten stehen dem Projektleiter eigentlich zu? Zur Beantwortung dieser Frage ist es notwendig, daß man sich die Zielsetzung zur PM-Einführung nochmals in Erinnerung ruft, ja vor Augen hält. Projektleiter sollen ja die GL oder Bereichsleiter die der GL unterstehen entlasten, indem sie die Projektaufgaben, die ihrem Wesen nach prinizipiell Querschnittsthemen darstellen, übernehmen. Sie sind ja der verlägerte Arm der GL, der Bereichsleitung oder auch des Leiters einer Abteilung; s.a. Abb. II-1. Die PL-Aufgaben, die für die verantwortlichen Leiter von Unternehmen, Unternehmensbereichen, Abteilungen, usw. eine zusätzliche Bürde zu den schon bestehenden Aufgabenhäufungen darstellen, müssen über den »verlängerten Arm« an erfahrene Projektleiter deligiert werden und in dem Zusammenhang auch mit Vollmacht versehen werden. Zu diesen Vollmachten zählen unter anderem:

— Budgetverantwortung im Rahmen der von der GL freigegebenen Mittel: d.h. projektseitige Mittelfreigabe und -Verfolgung.

- Terminüberwachung: d.h. Abhaltung von Statusbesprechungen mit den eingeschalteten Fachbereichen.
- Durchführung von Projekt-Reviews: d.h. Feststellung ob die zugesagte Leistung auch erreicht wurde; hierzu gehören Entwicklungs-Reviews (s.a. Abb. IV-7) aber auch Abnahmeprüfungen.
- Mitsprache bei der Beschaffung von speziellen Bauteilen und Materialien für das Projekt durch den Einkauf: d.h. Vertretung der Projektinteressen und projektseitiges Vetorecht sofern das Projektziel gefährdet ist.
- Mitsprache bei der Personalrekrutierung für das Projekt: d.h. projektseitige Mitsprache und Vetorecht.

Ausbildung zum Projektleiter

Wie wird man Projektleiter? Hierzu gibt es keine einzig allgemein gültige Antwort, sondern bekanntlich führen viele Wege nach Rom. Martin zeichnet z.B. einen achtstufigen Weg eines Entwicklungingenieurs zum Projektleiter eines Großprojektes auf:[20]

- Entwicklungsingenieur,
- Gruppenleiter Entwicklung,
- Systemtechnik,
- Abteilungsleiter Systemtechnik,
- Manager Konfigurationskontrolle,
- Leiter Systemtechnik,
- Leiter eines mittelgroßen Projektes,
- Leiter eines Großprojektes.

Das ist natürlich nur eines der vielen Wege zum PL. Oftmals geht es sogar viel schneller, was allerdings auch Gefahren birgt. Ein PL der die von Martin genannten Stufen durchläuft bringt durch training on the job gute Voraussetzungen mit.

Nun ist natürlich klar, das zukünftige PL's sich ihr Wissen nicht nur in der Praxis nach dem Prinzip ›trail and error‹ aneignen sollten, sondern gründlich geschult werden müssen. Firmen die diesen Punkt auch ernst nehmen, müssen darauf bedacht sein ihren PL's eine gründliche Schulung angedeihen zu lassen. Dabei handelt es sich um eine lohnende Investition in die Zukunft. Allerdings sollte man sich darüber im klaren sein wie eine solche Schulung am besten durchzuführen ist. In XV.2 wird auf Schulungskonzepte der Gesellschaft für Projektmanagement und die Möglichkeit der Vermittlung von PM-Grundwissen an Fach- und Hochschulen eingegangen (Anregungen für ein PM-Schulungskonzept) und in Anhang 6 ist ein komplettes PM-Ausbildungsprogramm skizziert, das sowohl als mehrwöchiger Schulungsblock, aber auch in Einzelkursen gehalten werden kann.

In der Praxis sieht es aber meist so aus, daß Mitarbeiter zu Projektleiter ernannt werden ohne gründlich darauf vorbereitet zu sein. Zuerst fehlt die Notwendigkeit und dann die Zeit dazu. In Verbindung mit dem von Martin zuvor beschriebenen achtstufigen Berufsweg vom Entwicklungsingenieur zum Leiter eines Großprojektes (eine Musterkarriere eines PL's) wäre eine begleitende Schulung (s. Anhang 6) unbedingt notwendig.

Wie soll man das Problem der Schulung von PL-Nachwuchskräften (oder – Mitarbeitern) nun am besten lösen? Will man die Sache richtig angehen, so muß ein Karrierekonzept für PL's und PL-Mitarbeiter her. Es beginnt bereits bei der Rekrutierung von potentiellen Kandidaten, die schon in ihrem Wesen für Projektaufgaben geeignet sein müssen. Zu diesen Wesenszügen gehören vor allem:

– Pioniergeist,
– Abwägbare Risikobereitschaft,
– Teamfähigkeit,
– Dynamik,
– Gelassenheit,
– Flexibilität,
– Standfestigkeit.

Im nächsten Schritt sind nun die Ziele von PL-Kandidaten zu entwerfen und dabei ist zu bemerken, daß nicht alle PL-Mitarbeiter nun unbedingt zum Ziel haben können Leiter eines Großprojektes zu werden. Groß ist in diesem Zusammenhang ja auch nicht immer das Erstrebenswerteste, denn Leiter von Großprojekten haben häufig, wie man sich ja leicht vorstellen kann, auch die größten Sorgen und Probleme. Oftmals sind gerade die kleinen und mittelgroßen Projekte von besonderem Interesse, wenn man z.B. an Studienvorhaben und Technologieuntersuchungen denkt. Firmen die PM-Nachwuchs dringend benötigen, und davon gibt es ja genügend, sollten die Ausbildung von Projektleitern und ihren Teams nach dem in Anhang 6 (Abb. A.6–1) geschilderten Prinzip vornehmen. Zuerst geht es dabei um die Vermittlung von PM-Grundwissen. Die Kursmodule S. 01 bis S. 21 vermitteln den theoretischen Hintergrund und die Kursmodule P.01 bis P.18 ergänzend dazu die eng damit verknüpften Praxisfälle. Dabei muß von Fall zu Fall entschieden werden ob alle Module in Frage kommen oder nur ein unbedingt notwendiger Teil. Wie in Abb. XV-2 gezeigt, sind die praxisorientierten Grundseminare (B1), ggf. durch entsprechende Aufbauseminare (B2) zu ergänzen. Die Kurszeiten (Anzahl der Lehreinheiten) hängt unter anderem auch davon ab, ob die Teilnehmer bereits über eine PM-Vorbildung und -Praxis verfügen (z.B., Hochschullehrgänge (Abb. XV-2) oder PL-Aufgaben in der Praxis) oder mit der PM-Thematik bisher noch nicht in Berührung gekommen sind.

Umgang mit Projektmitarbeitern

Wenn bis jetzt vorwiegend der Projektleiter im Vordergrund der Betrachtungen stand, so darf doch nicht vergessen werden, daß es nicht allein auf den PL sondern auch auf seine Mitarbeiter ankommt. Sie sind für den Erfolg eines Porjektes ebenso von Bedeutung wie der PL selbst. Bei Kleinprojekten geht es dabei natürlich ohnehin nicht um Mitarbeiter die dem PL direkt (d.h. disziplinarisch) unterstellt sind, sondern um Mitarbeiter die aus anderen Bereichen, Abteilungen, Gruppen, usw. kommen, und per Projektauftrag an dem jeweiligen Vorhaben mitarbeiten. Anders bei Großvorhaben. Hier verfügt der PL meist über ein mehr oder weniger großes PL-Team von Mitarbeitern die ihm ganz oder teilweise diziplinarisch unterstellt sind (s.a. Abb. V-3). Aber auch hier arbeiten weitere Teams aus dem Fachbereich per Projektauftrag mit. Was nun den Umgang mit Projektmitarbeitern betrifft so ist unabhängig von den zuvor geschilderten Formen der Zusammenarbeit zu berücksichtigen, daß die Ziele und Motivation der Projektmitarbeiter für

den Projekterfolg von ausschlaggebender Bedeutung sind. Gelingt es dem PL nicht die Projektbeteiligten zu motivieren und die Projektziele mit den Zielen der Projektmitarbeiter (zumindestens
teilweise) in Einklang zu bringen, so kommt es nicht zu dem erforderlichen Schwung und Elan
den Projektmannschaften benötigen um die meist nicht vorhersehbaren Probleme leichter überwinden zu können. Motivierte Mitarbeiter deren persönliche Ziele in Verbindung mit den Projektzielen in Erfüllung gehen sind leichter bereit Unannehmlichkeiten auf sich zu nehmen als
Mitarbeiter die nicht motiviert sind und deren eigene Zielsetzung von der Projektzielsetzung
völlig abweicht.

In XV.1 sind die Motivationsfaktoren wie sie Herzberg definiert zusammenfaßt. Beim anheuern
von Projektmitarbeitern sollte man deshalb unbedingt darauf achten, daß diese Faktoren berücksichtigt werden. Wie kann das am einfachsten geschehen? Für fast alle Menschen sind Erfolg,
Anerkennung und selbstständige Arbeit wohl die drei wichtigsten Motivationsfaktoren. Deshalb
sollte man beim Umgang mit Projektmitarbeitern unbedingt darauf achten, daß ihr Einsatz im
Zusammenhang mit meßbaren Erfolgen vorgenommen wird. Dies wiederum hat zur Konsequenz, daß der Mitarbeiter auch eine echte Chance bekommen muß um sich durch klare Zielsetzungen und eindeutig definierter Vollmachten zu beweisen. Wenn diese Dinge geklärt sind (selbst
dann wenn es sich um hochgesteckte Aufgaben und Ziele handelt) ist ein wichtiger Schritt getan,
denn dann wird Erfolg meßbar.

Anerkennung (Lob) ist ein starker Motivationsfaktor. Das kennt man bereits aus der Kindererzie-
hung. Projektmitarbeiter sollte man natürlich nicht mit infantilen Lobeshymnen abfertigen.
Anerkennung muß begründet sein und auf tatsächlich erbrachte Leistung beruhen sonst gerät es
zur Lächerlichkeit. Anerkennung (recognition) ist ein Motivationsfaktor den wir im deutschsprachigen Raum nur mit großer Zurückhaltung und unter Vorbehalte anwenden. Dabei ist es im
Grunde genommen sehr einfach jemandem für gute Leistungen (und Einsatz) eine Anerkennung
auszusprechen und dafür zu danken ohne in eine übertriebene Lobhudelei zu verfallen. Wichtig ist,
daß wir Anerkennung nicht nur im stillen Kämmerlein praktizieren sondern öffentlich. In US-
Firmen ist es z.B. üblich, besondere Leistungen dadurch hervorzuheben indem die Betroffenen
zum Mitarbeiter des Monats ernannt werden. Es versteht sich von selbst, daß mit diesem Verfahren
kein Schwindel getrieben werden darf. Auch die NASA zeichnet ihre Projekt-Mitarbeiter nach
erfolgreich abgeschloßener Arbeit mit entsprechenden Awords (Auszeichnungen) aus. Iacocca
schreibt (idem er zitiert):»Wenn Sie jemand loben wollen, dann tun Sie es schriftlich ....«[21]

Nun muß in der alltäglichen Praxis natürlich nicht bei jeder Gelegenheit eine Auszeichnungsur-
kunde überreicht werden. In vielen Fällen ist ein »Dankeschön« oder der Hinweis darauf wer für
den Erfolg verantwortlich war, völlig ausreichend. Ein weiterer wichtiger Motivationsfaktor ist
selbständiges arbeiten. Mehr oder weniger braucht das jeder Mensch. Nicht zuletzt streben Menschen mit einem sicherem Arbeitsplatz in die Selbstständigkeit weil sie unabhängig und frei, kurz
selbstständig, sein wollen auch wenn es sich hierbei oft um einen Trugschluß handelt. Diesem
Punkt muß Rechnung getragen werden, besonders in der Projektarbeit.

Bei der Rekrutierung von Projektmitarbeitern ist darauf zu achten, daß folgende Aspekte
berücksichtigt werden:

a) Schulung der Mitarbeiter und

b) Teamzusammensetzung.

Zuerst zur Schulung. Es wird vorausgesetzt, daß die Projektmitarbeiter im Hinblick auf ihr
Fachgebiet über eine ausreichende Ausbildung und über die für die jeweilige Aufgabe notwendi-

gen praktischen Erfahrungen verfügen. Im Hinblick auf die PM-Ausbildung ist den PM-Mitarbeitern im Prinzip die gleiche Ausbildung angedeihen zu lassen wie den Projektleitern; s.a. Anhang 6 (Abb.A.6–1).

Die Zusammenstellung von Projektteams ist eine schwierige Aufgabe. Dies trifft insbesondere für Mitarbeiter zu die täglich eng zusammen arbeiten müssen, denn es kommt ja nicht allein darauf an, daß jeder für sich allein zufriedenstellende Leistungen erbringt, sondern auf das Teamergebnis. Es ist auch nicht damit getan mehrere Experten, deren Wissen für das Projekt wichtig ist, ohne Prüfung ob sie (die Experten) sich mögen und akzeptieren, zu einem Team zusammenzulegen. Das kann absolut schief gehen. »Iacocca sagt: Leute, die in einer Mannschaft zusammenspielen, müssen einander mögen. Sie müssen sich wirklich schätzen«.[22] Anders ausgedrückt: Menschen die sich im wahrsten Sinne des Wortes nicht riechen können sollten nach Möglichkeit auch nicht zwangsweise in ein Team verschmolzen werden.

Ethik im Projektmanagement

Rush sagt sehr treffend »What an organisation will be tomorrow depends on how well it manages people's ideas today«.[23] Wer Managementaufgaben wahrnimmt sollte sich deshalb stets vor Augen halten, daß er im Umgang mit Menschen den ethischen Aspekt nicht ausklammern darf. Hierzu Kirchner: »Die Ignoranz von Meinungen ist unsittlich und unchristlich «[24], denn er definiert Ethik wie folgt:»Ethik ist die Lehre vom sittlichen Wollen und Handeln«.[25] Sittliches Wollen und Handeln bietet die beste Garantie erfolgreiche und verantwortungsbewußte Projektteams zusammenzustellen und diese dann bis zum Projektabschluß als stabile Organisationseinheit zu erhalten. Hamann führt im Hinblick auf die ethische Verantwortung der Projektleiter aus: »Die besondere Kraft und Fähigkeit des Projektmanagements müssen gekoppelt werden mit ethischer Verantwortung, die sich aus den gesellschaftlichen Werten und aus moralischen Pflichten ableiten.«[26]

Die ethische Verantwortung der Projektleiter und ihrer Teams ist als ein wichtiger gesellschaftspolitischer Faktor anzusehen da die betroffenen Personen oftmals über eine große Machtfülle verfügen. Ihre ethische Verantwortung kann entscheidend für das Wohl und Wehe vieler Menschen sein. Hamann mahnt deshalb »Projektmanagement darf sich nicht darauf beschränken, rein technokratisch das eigene Handwerkzeug zu nutzen und ohne Bewertung, gleichsam gedankenlos Projektziele durchzusetzen. Ohne Projektbewertung und ohne ein Abschätzen der Folgen des eigenen Handelns degradiert sich der Projektmanager zu einem Werkzeug und wird seiner Aufgabe nicht gerecht«.[26]

Wenn der Titel für diesen Abschnitt, mit ›Ethik im Projektmanagement‹ gewählt wurde, so wird nicht unterstellt, daß Ethik im Projektmanagement eine andere Ethik ist als die Ethik im Firmenmanagement oder in anderen menschlichen Bereichen. Es geht in diesem Zusammenhang ganz generell aber speziell auch besonders im Projektmangement um sittliche Normen und Verhaltensweisen. Kirchner hat in seinem Buch ›Dialektik und Ethik‹ zu wesentlichen Aspekten der menschlichen Verhaltensweisen im Hinblick auf ihre ethischen Wertmaßstäbe Stellung genommen. Projektmanagement ist davon genauso betroffen wie jeder andere Bereich unseres gesellschaftlichen Zusammenlebens. Nachfolgend sind einige richtungsweisende Kernsätze von Kirchner wiedergegeben die für die Arbeit im Projektmanagement von besonderer Bedeutung sind und besonders von den Führungskräften im Projektmanagement berücksichtigt werden sollten[27]:

– »Wer Menschen führen will, möge gelernt haben, sich selbst zu führen«.[S. 52]
– »Der Lust auf Macht erliegen besonders jene Menschen, deren Selbstwertgefühl difizitär ist«.[S. 55]
– »Wahre Führungsfähigkeit ist zwingend an die sittliche Persönlichkeitsbildung der Führenden gebunden«.[S. 56]
– »Wer Führender werden will, möge akzeptieren, der Kontrolle durch die Geführten letzlich nicht ausweichen zu können«.[S. 70]
– »Die meisten Führenden in der Gegenwart definieren ihren Selbstwert durch ihre fachliche Kompetenz«.[S. 63]
– »Wer aber die fachliche Kompetenz allein zur Basis seiner unternehmerischen Strategie wählt, wird dauerhaft nicht stabil bleiben«.[S. 70]
– »Die Zuwendung ist das bedeutenste Phänomen in zwischenmenschlichen Erleben. Sie ist deshalb so bedeutend, weil von der Art und Weise und vom Maß der Zuwendung das seelische Gedeihen eines Menschen geprägt wird«.[S. 76]
– »Die sittliche Kompetenz als Führungsqualität verhindert den egoistischen Mißbrauch der Geführten«.[S. 93]
– »Im Zuhören öffnet sich das Tor zur inneren Begegnung mit dem Partner«.[S. 102]
– »Auf der Basis der Toleranz begegnen sich Kommunikationspartner in Würde«.[S. 107]
– »Nur wer sich für den Partner und sein Anliegen wirklich interessiert, kann dauerhaftes Vertrauen gewinnen und übertragen«.[S. 110]
– »Es kann nur derjenige positive Gefühle austauschen, der sie in seiner Wesensmitte hat«.[S. 133]
– »Glaubwürdig ist nur der, der tut, was er verkündet«.[S. 134]
– »Wo das Gespräch stirbt, stirbt allmählich jede Partnerschaft«.[S. 156]
– »Die ausgestreckte, geöffnete Hand schlägt eine Brücke zum Partner«.[S. 189]
– »Wer seine Partner überzeugen will, möge Gefühle in ihnen positiv ansprechen«.[S. 192]

4. Projektmanagement – Implementationsplan

Projektmanagement-Strategie

Der Einführung von Projektmanagement sollte eine klare und eindeutige Strategie zugrunde liegen. Folgt man dagegen nur einem Modetrend und hängt sich dabei den Mantel des Fortschritts um, so kommt es früher oder später dann zu Rückschlägen und unweigerlich zu Enttäuschungen auf allen Ebenen.

Der Beschluß zur Einführung von Projektmanagement zieht erhebliche organisatorische Konsequenzen nach sich und sollte deshalb gut durchdacht und geplant werden und vor allem einer übergeordneten Strategie folgen. Die strategischen Ziele zur Einführung von Projektmanagement können zum Beispiel wie folgt definiert sein:

(1) Erreichung einer größeren Effizienz bei der Abwicklung von Projekten; d.h. Ergebnisverbesserung durch genauere Zieleinhaltung und größere Termin- und Kostentreue.

(2) Erhöhung der Mitarbeitermotivation; d.h. Ergebnisverbesserung durch projektorientierte Vergabe von Aufgaben, Zuständigkeiten und Vollmachten an ergebnisorientierte Mitarbeiter (Entrepreneur).

(3) Schaffung einer größeren Kundennähe; d.h. Image-Steigerung durch bessere Einhaltung und schnellere Reaktion auf Kundenwünsche.

Durch die Festlegung klarer und eindeutiger strategischer Ziele ist die Marschrute für die weitere Vorgehensweise unmißverständlich festgelegt. Alle weiteren Schritte lassen sich hieran messen und Projektmanagement wird nicht zur Eintagsfliege. Es ist aber wichtig, daß man die richtigen Schritte zur PM-Einführung wählt. Aber was sind nun die richtigen Schritte? Brauchen wir neue Mitarbeiter?, neue Methoden?, neue Software? Es ist mit Sicherheit ein komplexer Vorgang der aber primär bei den Mitarbeitern ansetzt, denn Projektmanagement ist nicht nur eine Methode sondern vor allem auch eine Managementphilosophie die die Firmenkultur mit Sicherheit verändert und dabei den Menschen (Mitarbeiter) mit seinen Ideen in den Mittelpunkt stellt. Hierzu Rush: »All management activities can be reduced to two basic functions: the management of «things and ideas». Most managers focus on things rather than on ideas. However, all things begin as ideas. Therefore, the leader interested in progress should focus on managing ideas«.[28] Die Einführung von Projektmanagement ist heute immer noch ein Experimentierfeld und deshalb sollten Ideen höchst willkommen sein. Allerdings ist dabei zu empfehlen, daß gesicherte Erkenntnisse berücksichtigt werden. Allgemein läßt sich jedoch feststellen, daß die PM-Prozeduren über die man heute verfügt, wesentlich ausgereifter sind als die Prozeduren zur Projektorganisation.

Im Mittelpunkt der PM-Einführung steht zweifelsfrei der Mensch (Mitarbeiter) und besonders der engagierte Mitarbeiter der Entrepreneur. Stein sagt zur Bedeutung des Entrepreneurs im mittleren Management folgendes: »Gefragt ist heute der ›Entrepreneur of Middle Management‹, der etwas bewegen kann und will. Diese Spezies wurde in den Vereinigten Staaten bereits Ende der siebziger Jahre ›entdeckt‹ und die Erkenntnis gewonnen, daß Unternehmen mit solchen mittleren Führungskräften wesentlich leistungsfähiger sein können, sofern Strukturen gegeben sind, in denen diese ihr unternehmerisches Potential auch voll entfalten können«.[29] Projektleiter gehören zwar nicht automatisch zum mittleren Management eines Unternehmens, aber sie durchlaufen einen lehrreichen Prozeß der sie zum Aufstieg im Unternehmen bestens vorbereitet.

Zusammenfassend kann man sagen, die Aufgaben eines Projektleiters sind im verkleinerten Maßstab mit den Aufgaben eines Firmenchefs zu vergleichen und sie üben auf Mitarbeiter mit Entrepreneur-Eigenschaften eine Anziehungskraft aus. Mitarbeiter mit diesen Neigungen und Eigenschaften fühlen sich zu PM-Aufgaben hingezogen und das ist eine doppelte Chance, einmal für die Mitarbeiter und zweitens für die betreffenden Unternehmen. PM kann als Brutstätte für zukünftige Führungskräfte dienen, gleichzeitig aber auch als Filter zur Auswahl geeigneter Nachwuchs-Manager. Außerdem führt Projektmanagement, wie bereits mehrfach erwähnt, bei richter Handhabung zu mehr Motivation. Das sind durchaus sehr ernst zu nehmende Argumente mit großer strategischer Bedeutung, denn Firmen mit Projektaufgaben sind auf engagierte Mitarbeiter mit Entrepreneur-Charakter dringend angewiesen. Dieser Mitarbeitertyp stellt ein wichtiges Kapital derartiger Unternehmen dar. Firmen die sich in dieser Lage befinden müssen sich klar und eindeutig für die PM-Implementation entscheiden wenn sie im Wettbewebsprozeß bestehen wollen. Dieser Entscheidungsprozeß muß aber vor allem rechtzeitig erfolgen. Iacocca weist auf die Bedeutung rechtzeitiger Entscheidungen mit folgenden Worten hin: »... weil selbst die richige Entscheidung falsch ist, wenn sie zu spät erfolgt«.[30]

Einführungsmaßnahmen

Platz meint zu Recht: »PM einführen ist ein Projekt«.[31] Nachdem entschieden wurde PM einzuführen, muß die Aktion auch zügig vollzogen werden. Allerdings muß der Vorgehensweise ein Plan zugrunde liegen. Mit der PM-Software anzufangen ist, wie bereits mehrfach erwähnt, völlig falsch.

Zuallererst muß sichergestellt sein, daß der Beschluß zur PM-Einführung durch die dafür maßgebliche Stelle veranlaßt wurde. In der Regel ist das die GL oder ein damit beauftrager Bereichsleiter, denn die Projektleiter sollen ja wie in Abb. II-1 gezeigt als verlängerter Arm der GL handeln. Allzu oft wird der Beschluß zur PM-Einführung aber von einer Stelle im Unternehmen veranlaßt, die selbst nicht über genügend Vollmachten verfügt. Das führt dann leicht zu unlösbaren Konfkliklten. In anderen Fällen wird der PM-Gedanke von Mitarbeitern der unteren Führungsebene eingebracht, was meist zu noch größeren Problemen bei der Durchsetzung führt.

Das Projekt zur PM-Einführung muß von Anfang an auf einer soliden Basis stehen. Es muß von dort auch dementsprechend unterstützt werden. PM braucht eine starke Lobby und die sollte am bestens von der GL kommen, denn PM ist der Beginn einer neuen Unternehmenskultur.

Ist der Einstieg zur PM-Epoche geklärt, so kann mit dem Vorhaben »PM-Einführung« ernsthaft begonnen werden. Zuerst muß ein Implementationsplan erstellt werden der aus folgenden Elementen bestehen sollte:

1. Bestandsaufnahme
   - Identifikation von Projektvorhaben im Unternehmen
     - derzeitige
     - zukünftige
   - Projektklassifizierung und -typisierung
     - Größe (klein, mittelgroß, groß)
     - Kunden
     - Branche (Elektronik, Maschinenbau, usw.)
     - Phase (Entwicklung, Beschaffung, usw.)
   - Bereichszuordnung
     - Marketing
     - Entwicklung
     - Produktion

2. Organisationsentwicklung
   - Untersuchung verschiedener Organisationskonzepte; s.a. Abb. V-9 und V-11.
   - Organisatorische Einbringung in das Unternehmen
     - Großvorhaben
     - mittelgroße Vorhaben
     - Kleinvorhaben
     - Projektleitstelle
   - PL-Schlüsselpersonal
     - vorhanden
     - PL-Potential
     - Nachwuchskräfte

3. Entwicklung und Implementation von PM-Verfahren
  – PM-Systeme (Termine, Kosten, Leistung, usw.)
    • Auswahl (vorgehensweise)
    • Prüfung (firmenbezogen)
  – Richtlinien/Prozeduren und Handbücher
    • Erstellung
    • Review
    • Freigabe
  – Implementation
    • Pilotprojekte auswählen
    • Anwendung der PM-Systeme bei Pilotvorhaben
    • Bewertung der PM-Systeme, einschließlich Brauchbarkeit der Richtlinien/Prozeduren
      und Handbücher
    • Modifikation/Verbesserung der PM-Systeme
    • Generelle Einführung der PM-Systeme

4. PM-Software (s.a. Kap. XVIII)
  – Systemanforderungen
    • Terminüberwachung
    • Kostenüberwachung
    • Leistungsüberwachung
    • Dokumentations- u. Konfigurationskontrolle
    • Action-Item-Kontrolle
  – Systemauswahl
    • Marktspiegel (s. Abb. IX-14)
    • Leistungsvergleich
    • Systemverträglichkeit
    • Ausbaufähigkeit
  – Implementation
    • Testphase (Pilotphase)
    • Auswertung
    • Installation & Test

5. Rekrutierung von PM-Personal
  – Personalanforderungen
    • Projektleiter
    • Sonstige PM-Mitarbeiter
  – Ausschreibungen
    • firmenintern
    • extern
  – Kandidatenauswahl
    • Kriterien
    • Interviews
    • Auswahl

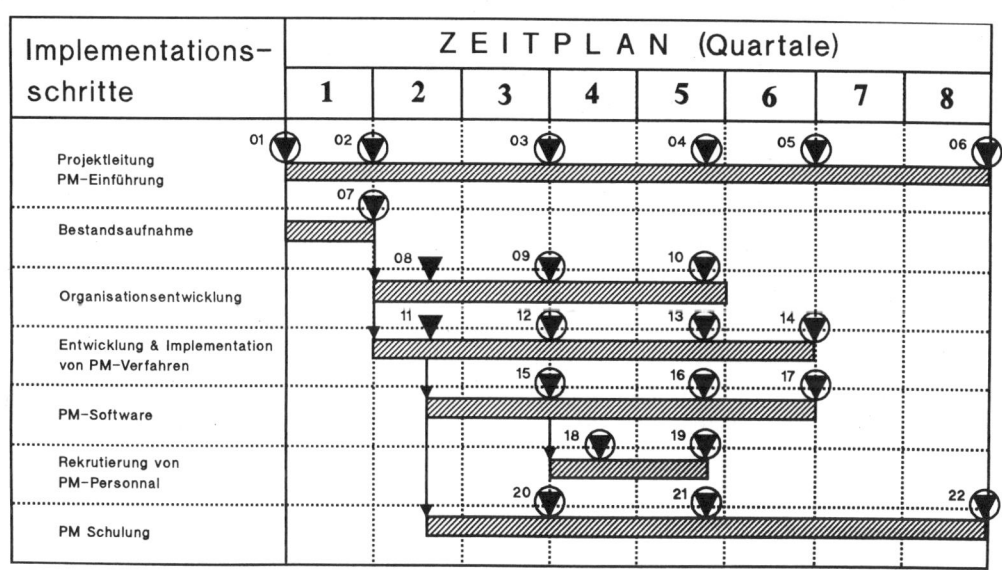

Implementations-schritte	ZEITPLAN (Quartale)							
	1	2	3	4	5	6	7	8

Abb. XVII-4: PM-Implementationsplan

Meilensteindefinition	Dokumentation	Zeitpunkt (Monate)	Meilensteindefinition	Dokumentation	Zeitpunkt (Monate)
01. Kick-off Meeting	Hand-out	(0)	13. PM-Konzept eingeführt	3. Review	(14)
02. Anforderungsfestlegung	1. Review	(3)	14. PM-Handbuch fertig	4. Review	(18)
03. Konzeptformulierung	2. Review	(9)	15. PM-Software spezifiziert	2. Review	(9)
04. Implementationsabschluß I	3. Review	(14)	16. PM-Software ausgewählt	3. Review	(14)
05. Implementationsabschluß II	4. Review	(18)	(Pilotfall liegt vor)		
06. Projektabschluß	5. Review	(24)	17. PM-Software eingeführt	4. Review	(18)
07. Bestandsaufnahme abgeschlossen	1. Review	(3)	18. PM-Personalanforderungen	Bericht	(11)
08. Org.-Konzepte vorhanden	Bericht	(5)	abgeschlossen		
09. Org.-Konzepte entwickelt	2. Review	(9)	19. PM-Personalauswahl abgeschlossen	3. Review	(14)
10. Org.-Konzepte eingeführt	3. Review	(14)	20. PM-Schulungskonzept vorhanden	2. Review	(9)
11. PM-Konzept vorhanden	Bericht	(5)	21. PM-Schulungsunterlagen vorhanden	3. Review	(14)
12. PM-Konzept entwickelt	2. Review	(9)	22. PM-Schulung abgeschlossen	5. Review	(24)

6. PM-Schulungsmaßnahmen
   – Schulungskonzept (s.a. Anhang 6)
   – Schlungsunterlagen
      • Hand-Outs
      • Teach-Ware
   – Seminare & Training

7. Begleitende PM-Lobby
   – PM-Zielsetzung bekanntmachen
   – Firmeninterne Campagne
   – Informationsveranstaltungen

Abb. XVII-4 zeigt den zeitlichen Ablauf der PM-Implementation. Die gewählte Implementationszeit, einschließlich gründlicher Schulung, von 24 Monaten kann als typisch und notwendig für ein Technologieunternehmen von 1000 bis 2000 Mitarbeitern angesehen werden. Kürzere

Zeitansätze sind meistens nicht realistisch, da zu bedenken ist, daß die neuen Konzepte geplant, entwickelt, erprobt und implementiert aber auch akzeptiert werden müssen. Deshalb muß der Implementationsplan ausreichend Zeit für Überprüfungen (Reviews) und Schulung vorsehen. Jay sagt hierzu passend: »Will man etwas Dauerhaftes schaffen, so ist der Zeitfaktor von allergrößter Bedeutung«.[32] Parallel dazu sind aber bereits die zuvor genannten Pilotfälle möglich bzw. notwendig um zu prüfen ob die vorgesehenen Veränderungen auch funktionieren.

Platz weist darauf hin, daß Projektmanagement langfristig stabil organisiert werden muß.[33] In der Tat passiert es oft, daß die einmal eingeführten Richtlinien nicht befolgt, die PM-Systeme nicht gepflegt und die Mitarbeiter nicht kontinuierlich geschult werden. Deshalb sind im Rahmen der PM-Implementierung zwei Maßnahmen von besonderer Bedeutung:

(1) Die feste organisatorische Verankerung einer übergeordneten Projektleitung sowie eine darin eingebettete Projektleitstelle (bzw. PM-Leitstelle) im Unternehmen (s. Abb. XVII-5) und
(2) die Herausgabe einer gut ausgearbeiteten PM-Dokumentation, bestehend aus folgenden Elementen:
    – PM-Handbuch und
    – PM-Richtlinien/Prozeduren.

Die in Abb. XVII-5 gezeigte Verankerung der übergeordneten Projektleitung und die PM-Leitstelle ist in Verbindung mit der in Abb. V-11 gezeigten Matrixorganisation zu sehen. Durch die Schaffung dieser beiden Stellen, die bei kleineren Firmen auch in Personalunion wahrgenommen werden können beginnt die von Platz erwähnte PM-Stabilität. Der Leitfaden nach dem PM-Aufgaben durchzuführen sind ist in der PM-Dokumentation verankert. Das Handbuch ist die Dienstanweisung jedes Projektleiters. Damit das PM-Handbuch (HB) auch wirklich angewendet wird, muß es in seinem Aufbau einfach und vor allem realistisch sein. Wünsche haben hier nichts verloren. Anhang 4 zu diesem Buch mag hier als Anleitung dienen. Man sollte darauf bedacht sein, die Ausführungen so einfach wie möglich zu gestalten und alle notwendigen Formulare und Formate mit in das HB aufnehmen. Der Text muß Anweisungscharakter haben, sonst wird er

nicht befolgt. Nachfolgend ist eine komplette Gliederung des PM-Handbuches wiedergegeben:
1.   Vorwort
2.   Organisationsgrundsätze (s.a. Kap. V)
      2.1   Aufgaben, Verantwortungen und Vollmachten des PL's,
      2.2   Organisatorische Eingliederung der Projektleitung in das Unternehmen
            – Großprojekt
            – Mittelgroßes Projekt
            – Kleinprojekt
      2.3   Projektorganisation
            – Projektfunktionen
            – Schnittstellen zum Fachbereich
            – Andere Organisationsschnittstellen
      2.4   Arbeitsplatzbeschreibungen
            – Projektleiter
            – Projektmitarbeiter (nur für Großprojekte)
      2.5   Kooperationsvorhaben
3.   Projektpersonal (s.a. Kap. XV)

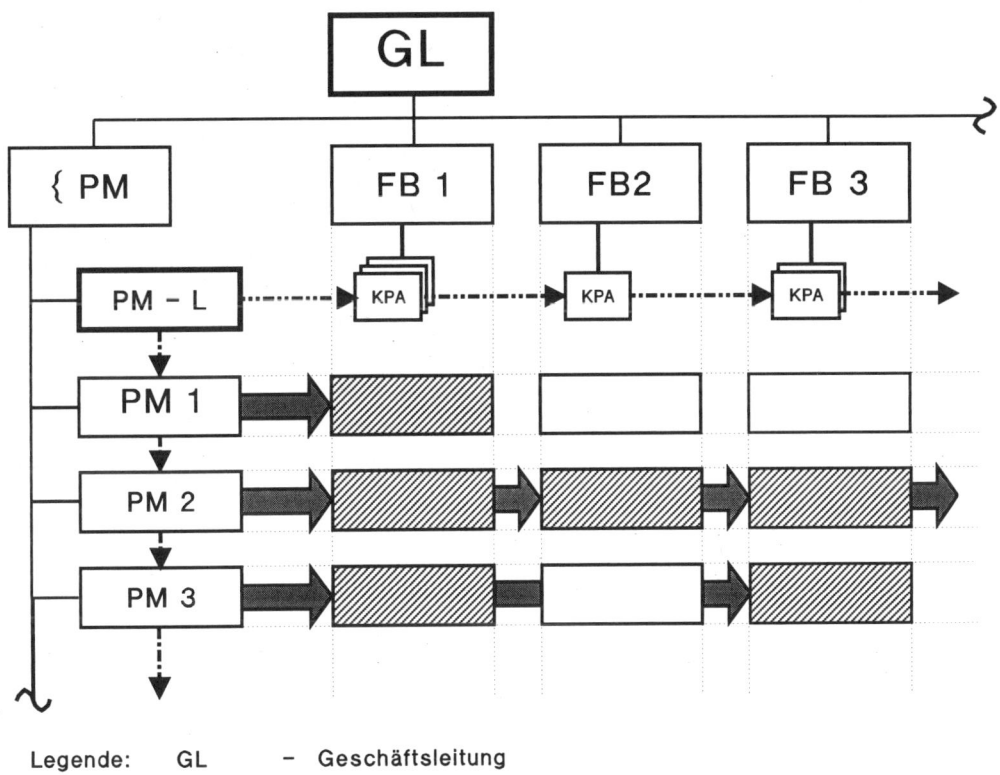

Abb. XVII-5: Verankerung der zentralen Projektleitung sowie der PM-Leitstelle

3.1 Qualifikationsanforderungen
3.2 Schulungsmaßnahmen
3.3 Einsatz und Betreuung
4. Plannung und Überwachung
4.1 Phasenplannung (s.a. Kap. IV)
4.2 Projektstrukturierung (s.a. Kap. IX.3)
4.3 Ablaufplannung (s.a. Kap.IX.3)
4.4 Kostenplannung (s.a. Kap. IX.3 u. X.2)
5. Dokumentations- und Konfigurationskontrolle (s.a. Kap. XII)
5.1 Dokumentationsanforderungen
– Kunde
– Firmenintern
5.2 Dokumentationskontrolle (Status)

5.3   Konfigurationsüberwachung (Änderungen)

6.   Berichterstattung an die GL und/oder den Kunden (s. a. Kap. XI.2)

6.1   Berichtsstruktur

6.2   Informationsinhalte und -Formate

6.3   Berichtshäufigkeit

6.4   Review-Gespräche

7.   Projektbesprechungen (s. a. Kap. XI.3)

7.1   Häufigkeit und Zeitaufwand

7.2   Besprechungsinhalte und -Protokoll

7.3   Teilnehmer

8.   Angebot und Wettbewerb (s. a. Kap. XIV)

8.1   PM-Involvierung

8.2   Angebotsaufforderung

8.3   Angebotserstellung

9.   Vertragliche Aspekte (s. a. Kap. XIII)

9.1   Vertragsarten

9.2   Vertragsstruktur

9.3   Anlagen zum Vertrag

9.4   Vertragsverhandlungen.

Obwohl die hier wiedergegebene Gliederung des PM-Handbuches auf einen größeren Inhalt hinweist, sollte man darauf bedacht sein ihn so kurz und straff wie möglich zu halten. Detailausführungen zur Plannung, usw. mit prozedualem Charakter sind wegzulassen, denn sie gehören in die noch zu erstellenden Richtlinien. Zu jedem der 9 Kapitel des PM Handbuches gehören detailliert ausgearbeitete Richtlinien. Dem Leser wird spätestens jetzt klar das es sich bei der PM-Einführung tatsächlich, wie Platz richtig sagt, um ein Projekt handelt.[31] Aber schreckt man vor diesem Aufwand zurück, so bleibt alles beim Alten bzw. die dringend notwendigen Maßnahmen werden nur halbherzig und dann meist auch nur unvollständig eingeführt. Das Resultat ist dann oftmals ein mehr oder weniger großer Mißerfolg. Aber, die richtige, d. h. maßgeschneiderte PM-Einführung muß man als Investition in die Zukunft ansehen. Hierzu ein Zitat von Eiff: »Organisatorische Gestaltungsmaßnahmen haben Investitionscharakter; sie bewirken Produktionssteigerungen in den Arbeits-, Informations- und Entscheidungsprozessen«.[34]

Die PM-Einführung muß generalstabsmäßig geplant und durchgesetzt werden. Bei der Einführung passieren aber oft Fehler von denen Platz die wesentlichen festhält. »Typische Fehler der PM-Einführung (PME) sind z. B.:

–   Die PME wird »nebenbei« betrieben;
–   PM wird verordnet, nicht erarbeitet;
–   Es werden keine klaren Ziele verfolgt;
–   Die Betroffenen werden nicht beteiligt;
–   Das Modell wird im stillen Kämmerlein entwickelt;
–   Widerstände werden nicht vermieden;
–   Vorhandene Widerstände werden übersehen;
–   Das Management steht nicht hinter dem neuen Konzept;
–   Alibihandlungen wie Toolkauf oder Standardschulungen.«[35]

Zur Vermeidung vieler Fehler sollte man, wie bereits erwähnt, die PM-Einführung als eigenständiges Projekt im Unternehmen abwickeln. Die wichtigsten Maßnahmen hierzu sind:

(1) Ausarbeitung eines Implementationsplans (s. Abb. XVII-4),
(2) Budgetermittlung und -freigabe,
(3) Ernennung eines PM's,
(4) Regelmäßige Durchführung von Reviews.

Begleitende Personalentwicklung

PM-Personalentwicklung soll hier nicht nur als Schulung im Sinne von Lehrveranstaltungen verstanden werden, sondern ganz generell als Vorbereitung auf die neuen Aufgaben durch eine breitbandige Personalentwicklung. Wie bereits mehrfach erwähnt ist PM in erster Linie eine Führungsaufgabe und das oftmals unter erschwerten Bedingungen. Schulung bzw. Vorbereitung auf PM betrifft dabei nicht nur die Projektmitarbeiter sondern alle Mitarbeiter eines Unternehmens die mit Projekten in Berührung kommen. Sie alle müssen ja Bescheid wissen worum es geht und worauf es ankommt. Denn nicht allein die PM's sollen zur Verbesserung des Geschäftsergebnisses durch PM beitragen. Gefordert sind alle betroffenen Leiter und Mitarbeiter des Unternehmens. Die Mitarbeiter aus den Fachbereichen genauso wie die PM-Fachleute, denn mit Blick nach außen auf die Kunden gerichtet sind alle Mitarbeiter wichtig. Projektmanagement muß, angefangen bei der GL von der ganzen Belegschaft getragen werden. Folglich müssen auch alle betroffenen Mitarbeiter (Projekt- wie Fachbereichspersonal aber auch die GL) systematisch auf diese neue Aufgabe vorbereitet werden. Projektmanagement muß von allen Beteiligten erlernt werden.

In diesem Buch ist an verschiedenen Stellen bereits über PM-Schlunungskonzepte berichtet worden,; s.a. Kap. XV.2 und Anhang 6. Dem ist kaum was hinzufügen. In Verbindung mit Abb.XVII-4 wird jedoch auf die Einzelmaßnahmen verwiesen die ein Unternehmen ergreifen sollte um alle betroffenen Mitarbeiter ausreichend auf Projektmanagement vorzubereiten und wie bereits erwähnt die obere Führungsschicht ist davon nicht ausgenommen.
PM-orientierte Personalentwicklung sieht folgende Einzelschritte vor:

(1) Informationsveranstaltungen,
(2) PM-Seminare,
(3) PM-Workshops,
(4) Training on the job,
(5) Coaching,
(6) Erfahrungsaustausch.

In Abb. XVII-6 ist das Schema zur PM-Personalentwicklung wiedergegeben. Während der zweijährigen PM-Implementationszeit (s. Abb. XVII-4) sind die sechs Personal-Entwicklungsmaßnahmen als Bestandteil der PM-Implementation und unter der Leitung des zuständigen PM's für die PM-Einführung durchzuführen. Nach erfolgreicher PM-Implementation sollte dann der Altag zurückkehren, denn es beginnt die Normalität. Es ist aber wichtig, daß die PM-Personalentwicklung fortgesetzt wird, allerdings im reduzierten Umfang. Die Leitung der PM-Personalentwicklung untersteht ab diesem Zeitpunkt allerdings der im Rahmen der PM-Implementierung eingesetzten PM-Leitstelle (s.a. Abb. XVII-5).

Personal Entwicklungs-maßnahme	Veranstaltungs-leitung	Betroffene Teilnehmer			Kommentare
		Projekt Miarb.	Fachber. Mitarb.	GL	

1. Informations-
   veranstaltungen
   – PM-Ziele
   – Maßnahmen
   – Probleme
   – Vorteile
	o GL
	o PM-Trainer
	   – interne
	   – externe
	o Gastredner
		*	*		Während der zweijährigen Imple-mentationszeit sind regelmäßig Informationsveranstaltungen durchzuführen; z.B. vierteljähr-lich.

2. PM-Seminare
   – PM-Systeme
   – Organisation & Per-sonal
– Kooperation
– Führungsverhalten
	o PM-Trainer
	   – interne
	   – externe
	o Erfahrene PM's
	o PM-Leitstelle
		*	*	(*)	Es ist ein PM-Seminarprogramm auszuarbeiten (s. . Anhang 6), um die betroffenen Projekt- und Fachbereichsmitarbeiter systema-tisch zu schulen; Maximale Kurs-dauer ca. 2 Wochen pro Klasse

4. Training on the job – Training-Programm – Mitarbeit im Proj.	o Erfahrene PM's o PM-Leitstelle	*			Durch job rotation sind im näch-sten Schritt zukünftige PM-Kan-didaten durch Mitarbeiter im Projekt an alle Tätigkeiten heran-zuführen; ca. 1 Jahr.

5. Coaching
   – Mitarbeit im Projekt
   – Individ. Betreuung
	o Erfahrene PM's
	o PM-Leitstelle
		*			Die ausgewählten PM-Kader soll-ten nun durch coaching auf ihre zukünftige Aufgabe systematisch vorbereitet werden.

6. Erfahrungsaustausch	o PM-Leitstelle	*	*	*	Regelmäßig (z.B monatlich) sind eintägige Erfahrungenaustausch-Veranstaltungen durchzuführen.

* ständige Teilnahme, (*) Teilnahme an Übersichtsthemen

Abb. XVII-6: Schema zur PM-Personalentwicklung

Motivationsmaßnahmen

In XV.1 sind die sechs Motivationsfaktoren wie sie Herzberg definiert hat wiedergegeben. Eine wichtige Maßnahme zur Motivation ist deshalb die Beachtung der von Herzberg genannten Faktoren. Iacocca nennt folgenden Punkt der nach seiner Meinung ebenfalls zu mehr Motivation führt: »Die einzige Möglichkeit Menschen zu motivieren ist die Kommunikation«.[36] In der Tat bewirkt gute Kommunikation ebenfalls einem Zuwachs an Motivation. Mitarbeiter wollen infor-miert und unterrichtet sein um handlungsfähig zu bleiben. Informationen, insbesondere wichtige Informationen, werden so zum Privileg und wer informiert wird ist privilegiert und dadurch besser auf Entscheidungen und selbständiges Handeln vorbereitet. Rush schreibt: »Giving deci-sion-making power is one of the most effective means of communicating thurst«.[37]

Nachfolgend sind die wichtigsten motivationsfördernden Maßnahmen zusammengefaßt:

– Vergabe eindeutiger, klarer und lösbarer Zielvorgaben (PM als verlängerter Arm der GL; s. Abb. II-1).
– Sicherstellung vertikaler und lateraler Kommunikation,
– Erteilung von Vollmachten,
– Anerkennung (recognition) für erbrachte Leistungen und Erfolge und
– Planung beruflicher Entwicklungsmöglichkeiten.

Es ist Aufgabe der übergeordneten Projektleitung (s. a. Abb. XVII-5) durch die Einhaltung der zuvor genannten Maßnahmen ein motivationsförderndes Klima zu schaffen. »The leader or manager is responsible for creating a positive work environment«. [37]

Quellen zu Kapitel XVII

1 Litke, Hans-D.: Projektmanagement: Methoden, Techniken, Verhaltensweisen, Carl Hanser Verlag, München/Wien, 1991, S. 171

2 Platz, Jochen: Projektmanagement erfolgreich einführen, Projektmanagement 2/92, Verlag TÜV Rheinland, S. 5

3 Kirchner, Baldur: Dialektik und Ethik, Gabler Verlag, Wiesbaden, 1991, S. 212

4 Heintel, Peter u. Krainz Ewald E.: Projektmanagement – Eine Antwort auf die Hierarchie?, Gabler Verlag, Wiesbaden, 2 April 1992, S. 42.

5 Saynisch, Manfred: Die Zukunft des Projektmanagements (Editorial), Projekt Managment 2/92, GPM, München, S. 4.

6 Zijl, van Nico: Projektmanagement heute, Die Orientierung, Nr. 92, Schweizerische Volksbank, S. 6.

7 Madauss, Bernd: 14-tägige Besprechungsrunde zur Identifikation von Problemen und Prioritäten, MBB-KX04–096/88 (firmenintern).

8 Vgl. Quelle 4, S. 29.

9 Vgl. Quelle 4, S. 21.

10 Vgl. Quelle 4, S. 101.

11 Vgl. Quelle 4, S. 72

12 Vgl. Quelle 4, S. 98.

13 Schrempp, Jürgen E.: Top Manager's Address-Controlling in High-Tech-Unternehmen, Controller Magazin, Management Service Verlag, Gauting/München, 4/93, S. 178.

14 Schwarz, Reinhard: »Geheimauftrag«: Nahtstellenmanagement, SZ Nr. 66, 20/21 März 1993, S. 75.

15 Scholz, Christian: Projektmanagement ist Mitarbeiterführung, IO Management Zeitschrift 60 (1991), Nr. 1, S. 72.

16 Vgl. Quelle 6, S. 6.

17 Vgl. Quelle 15, S. 73

18 Thom, Norbert: Was bedeutet »Verantwortung tragen« in einer Institution? Verbands-Management, 2/90, S. 8.

19 »Organisationsbrevier«, 6, Aufl. Bern, 1974, S. 9.

20 Martin, Charles C.: Project Management – How to make it work, AMACOM, 1967, S. 59.

21 Iacocca, Lee: Iacocca – Eine amerikanische Karriere, Econ Verlag, Düsseldorf/Wien, 1988, S. 84.

22 Vgl. Quelle 21, S. 85.

23 Rush, Myron: Management – A Biblical Approach, Victor Books, a division of SP Publications, Inc. Wheaton Illinois 60187, 1985, S. 20

24 Vgl. Quelle 3, S. 161.

25 Vg. Quelle 3, S. 141.

26 Hamann, Michael: Ethics des Projektmanagements, Zeitschrift Projekt-Management, Heft 3/92, Verlag TÜV Rheinland, Köln, S. 2

27 Vgl. Quelle 3, Seitenzahl wie im Text angegeben.

28 Vgl. Quelle 23, S. 30.

29 Stein, Dieter: Das Mittel-Management – die gefesselte Leistungsreserve, Blick durch die Wirtschaft, Juli 1988, Nr. 127, S. 7.

30 Vgl. Quelle 21, S. 78.

31 Vgl. Quelle 2, S. 7.

32 Jay, Antony: Management and Machiavelli, Econ Taschenbuch Verlag, Düsseldorf, 1985, S. 156.

33 Vgl. Quelle 2, S. 9.

34 Eiff, von Wilfried: Organisation – Erfolgsfaktor der Unternehmensführung, Verlag moderne Industrie, Landsberg/Lech, 1991, S. 11.

35 Vgl. Quelle 2, S. 13.

36 Vgl. Quelle 21, S. 81.

37 Vgl. Quelle 23, S. 46.

Kapitel XVIII:
Beschaffung und Implementation von Projektmanagement-Software

(Dieses Kapitel ist unter maßgeblicher Beteiligung von Frau Inge Kirchen, Mitarbeiterin der Firma Société Européenne des Satellites, Luxembourg, entstanden).

Projektmanager und ihre Teams können zur Erfüllung ihrer komplexen Aufgabenstellungen auf die Unterstützung durch intelligente Rechnerprogramme kaum noch verzichten. Insbesondere die kontinuierlich steigende Notwendigkeit zu mehr Managementeffizienz, die im Zusammenhang mit der Forderung zu mehr Termin- und Kostentreue zu sehen ist, zwingt zu vermehrten Einsatz von unterstützender Projektmanagement-Software (PM-SW). Dies trifft besonders für komplexe und innovative Systemvorhaben aus dem FuE-Bereich zu.

Die vom Projektmanager zu bewältigenden Aufgaben sind umfangreich und von komplexer Natur. Ständig, d.h. vom Projektbeginn bis zum Projektende, sind die sehr eng miteinander verbundenen Projektparameter »Leistung«, »Termine« und »Kosten« genauestens aufeinander abzustimmen, um alle notwendigen Entscheidungen auf der Basis klar strukturierter Projektdaten gründlich vorbereiten und rasch treffen zu können. Da liegt es nahe entsprechende Software zur Bewältigung der oft großen Datenmengen heranzuziehen, um erforderliche Projektanalysen gründlich und vor allem schnell durchführen zu können; s.a. Abb. IX–21.

Bei den Projektleitungen in den Betrieben und Behörden ist man jedoch oftmals unschlüssig wie bei der Beschaffung von PM-SW vorzugehen ist. Auch stellen sich oft eine Reihe von schwierigen Fragen die beim Beschaffungsprozess zu berücksichtigen sind. So zum Beispiel die Frage nach der Integrationsmöglichkeit von Termin- und Kostenstatus innerhalb eines Softwarepaketes. Ferner die Forderung nach Vernetzbarkeit einzelner Programmpakete bei der parallelen Durchführung von mehreren Projekten eines Unternehmens sowie die daraus resultierende Anforderung nach einer funktionierenden Auslastungsplanung. Die Schnittstelle zu anderen betrieblichen Programmen, wie zum Beispiel zu den Programsystemen im kaufmännischen Bereich spielen in diesem Zusammenhang ebenfalls eine wichtige Rolle. Diese oft recht komplexen Fragestellungen machen die Entscheidung zur Beschaffung von Softwarepaketen für das Projektmanagement schwierig und deshalb kommt es oft zu einer isoliert betrachteten kostengünstigen Insellösung, deren Wirtschaftlichkeit im Gesamtrahmen des Unternehmens jedoch anzuzweifeln ist.

In diesem Zusammenhang wird auf einen häufig gemachten Fehler verwiesen, nämlich anzunehmen daß schlechtes Projektmanagement, wie zum Beispiel eine unzureichende Projektplanung und -überwachung, durch entsprechende Software zu verbessern wäre. Hier erlebt man oft herbe Enttäuschungen, denn unzureichende oder nicht vorhandene Planungen werden durch den Einsatz von Softwarepaketen nicht besser oftmals sogar noch schlimmer. In dem Zusammenhang gilt noch immer: rubbish in, rubbish out.

Die Beschaffung von PM-SW für ein Unternehmen ist unter strategischen Gesichtspunkten zu sehen, wobei folgende Faktoren von besonderer Bedeutung sind:

- Einbaufähigkeit in die schon bestehende Softwarelandschaft.
- Software-Schnittstellenlösungen zu anderen Betriebssystemen des Unternehmens.
- Integrationsfähigkeit von Termin- und Kostenüberwachung.
- Vernetzbarkeit der SW zur Lösung von Multi-Projektmanagementaufgaben.

- Bedienerfreundlichkeit der PM-SW.
- Ausbau- und Erweiterungsfähigkeit des Softwarepaketes.

In diesem Kapitel soll dem Leser eine praktische Anleitung zur Lösung der schwierigen Aufgabe »Auswahl, Beschaffung und Implementation von PM-SW« an die Hand gegeben werden. Dabei kann selbstverständlich nicht die Empfehlung zum Kauf einer ganz bestimmten Software im Vordergrund stehen, sondern das Aufzeigen von praktischen Schritten zur Bewältigung der Programmbeschaffung unter den zuvorgenannten maßgeblichen Gesichtspunkten. Die Ausarbeitung der Projektmanagment-Anforderungen muß dabei zwangsweise im Vordergrung stehen, um bei der Beschaffung der PM-SW nicht an den Bedürfnissen der Projektleitungen vorbeizuplanen. Dieses Kapitel ist auch nicht als Ergänzung zu bereits bestehenden Marktübersichten gängiger PM-SW zu verstehen, sondern soll dem Praktiker einfache Wege zur Beschaffung von Software für das Projektmanagement aufzeigen.

1. Einsatz von Projektmanagement-Software

Anforderungen an das Projektmanagement

Projekte sind als einmalig durchzuführende Vorhaben definiert, und durch ihre zeitliche Befristung, besondere Komplexität und interdisziplinäre Aufgabenstellung gekennzeichnet; s.a. Anhang 1. Für die erfolgreiche Durchführung von Projekten ist es notwendig,daß der Projektmanager und sein Team innerhalb des Unternehmens eine möglichst autonome Einheit bilden, die für den Erfolg des Vorhabens voll verantwortlich ist. Eine unabdingbare Voraussetzung hierfür ist die klare Verlegung von Entscheidungsvollmachten für das Projekt in die Hände der entsprechenden Projektleitungen. Das bestätigt Gareis so: »Erst wenn die Entscheidungskompetenz von der Linie in die Projekte delegiert wird, ist eine effiziente Projektarbeit möglich«.[1]. Ist diese Voraussetzung nun geschaffen, so liegt die Planung und Überwachung in der vollen Verantwortung der Projektleitung, um im Rahmen der vorher festgelegten Kosten- und Termingrenzen für das Projekt, alle freien Projektparameter die voneinander abhängig sind, in integrierter Betrachtungsweise zu überwachen; s.a. IX.5. Die Vernachlässigung eines oder mehrerer Parameter kann zum Mißerfolg des Projektes führen. Daher ist es für die Projektleitung unerläßlich Methoden und Werkzeuge zur Hilfe zu haben, die sie in der Bewältigung ihrer komplexen Aufgabe unterstützen. Neben der gezielten Kommunikation innerhalb des Projektteams aber auch nach außen zum Kunden (z.B. durch Berichte, Besprechungen und Reviews) ist die Verwendung von effizienten Projektmanagementmethoden zur Planung und Kontrolle sowie zur Entscheidungsfindung unerläßlich. Aufgrund der Schnelligkeit und der gleichzeitigen Möglichkeit zur Bewältigung großer Datenmengen ist die EDV als ein wichtiges Werkzeug zur Unterstützung des Projektmanagements zu sehen.

Jedes Projekt durchläuft einen Lebenszyklus (s.a. Kapitel IV) dessen Länge von Art und Umfang des Projektes abhängt. Der Lebenszyklus kann in mehrere Projektphasen gegliedert werden; s.a. Abb. IV–7. Ab einer gewissen Größenordnung ist für jede dieser Phasen der Einsatz spezieller Software zu empfehlen. In den ersten beiden Phasen des Projektes, die sich im Verhältnis zu den teureren Folgephasen mit relative geringem Aufwand planen und überwachen lassen, ist der Einsatz von PM-SW nur in sehr geringem Umfang erforderlich. Allerdings sollte man bedenken, daß in den beiden Frühphasen das zukünftige Projekt konzipiert und geplant wird, denn das ist ja der Zweck der Frühphasen, und deshalb werden die aufwendigeren Plannungssysteme für die Entwicklungsphase natürlich auch bereits in den zwei Frühphasen eingesetzt. Nachfolgend wird der Einsatz von PM-SW während der einzelenen Projektphasen beschrieben.

- Konzeptphase; s. a. Abb. IV–9.

  In dieser Phase wird die Durchführbarkeit des Projektes untersucht. Es werden Studien zur Realisierung des Systems und deren Verträglichkeit mit der Umgebung durchgeführt. Auch beginnt hier eine erste grobe Schätzung von Terminen und Kosten sowie die Erstellung des Managementkonzeptes. In dieser frühen Phase ist bereits der Einsatz von Plannungs- und Kalkulationsprogrammen sowie graphischer Programme zu empfehlen und in einigen Fällen sogar unerläßlich. In einigen Fällen sind aber auch schon spezielle Softwarepakete zur Erstellung von ausführlichen Ablauf- und Kostenplänen, sowie parametrische Kostenschätzmodelle (s. a. X.3), für das Projektmanagement von Nutzen.

- Definitionsphase; s. a. Abb. IV–10.

  Mit der Definitionsphase beginnt die detaillierte Planung des Projektes. Das Projekt wird technisch gegliedert, definiert und in seinem Ablauf geplant. Es geht darum verbindliche Termin- und Kostenpläne und ausgereifte Managementkonzepte zu erstellen. Je nach Art und Größe des Projektes müssen Planungsinstrumente für die Erstellung der Projektstrukturpläne, Terminpläne (Meilensteinpläne/Netzpläne) und Kostenpläne verwendet werden. Auf den Einsatz entsprechender PM-SW kann bei den meisten Projekten jetzt nicht mehr verzichtet werden.

- Entwurfs-, Entwicklungs- und Fertigungsphase; s. a. Abb. IV–11 und IV–12.

  In dieser Phase, die oft auch als Realisierungsphase bezeichnet wird, geht es um die Durchführung von Projektaufgaben entsprechend der Spezifikation und im Rahmen der vorgegebenen Termin- und Kostengrenzen. Wurde in der Definitionsphase die PM-SW zur Planung und Strukturierung des Projektes eingesetzt, so kommt sie jetzt als Werkzeug zur Projektsteuerung und -überwachung zum Einsatz. Nicht nur der kontinuierliche Vergleich der Soll- und Ist-Werte steht hier im Vordergrund, sondern auch die frühzeitige Visualisierung von möglichen Verzögerungen und / oder Verteuerungen sowie die Möglichkeit von Analysen und what-if-Betrachtungen. Diese Möglichkeiten können jedoch nur ausgeschöpft werden, wenn die Informationen der Software immer auf dem neusten Stand gehalten werden. Diese Projektdaten (Liefertermine, Besprechungstermine, Kosten etc.) können bei sehr kleinen Projekten leicht in tabellarischer Form mit einem Kalkulationsprogramm bewältigt werden. Diese Form der Termin- und Kostenkontrolle ist dann sehr einfach auf dem neuesten Stand zu halten, sie hat jedoch den Nachteil, daß die Visualisierung der Daten nur sehr schwierig durchzuführen ist. Dies macht sich jedoch erst bei einer erhöhten Verschachtelung der Daten wirklich bemerkbar. Sobald das Projektvorhaben eine gewisse Größe erreicht hat, müssen viele Informationen bewältigt werden. Darunter sind nicht nur reine Termin- und Kostendaten zu verstehen, sondern auch die Bearbeitung der Projektdokumente, Actions-Items, und der Aufbau von projektbezogenen Informationssystemen für eine interne oder externe Berichterstattung. Auf komfortable PM-SW sollte man in diesen Fällen nicht verzichten.

- Betriebsphase; s. a. Abb. IV–12.

  Der innovative FuE-Anteil des Projektes ist abgeschlossen. Die jetzt gestellten Anforderungen liegen im Bereich Wartung und Betrieb sowie in der eventuellen Fehlerbehebung des Produktes. PM-SW ist in dieser Phase nur noch begrenzt einsetzbar.

- Aussonderungsphase; s. a. Abb. IV–12.

Nur in ganz seltenen Fällen ist die Aussonderungsphase zugleich Bestandteil des Projektablaufes. Meist liegt die Verantwortung der Aussonderung in der Hand des Käufers bzw. Betreibers. Bei Systemen wie z. B. bei einem Kernkraftwerk kann jedoch die Aussonderung oder in diesem Fall die Stillegung mit großem Aufwand und Kosten verbunden sein. Die Abwicklung derartiger Aufgaben kann durchaus Projektcharakter haben. Deshalb kann auch in dieser Phase der Einsatz von PM-SW z. B. für die Ablaufplanung und Kostenüberwachung von Nutzen sein.

Eine selten wahrgenommene, jedoch mit relativ geringem Aufwand durchzuführende Arbeit ist das Erstellen eines Erfahrungsberichtes (lessons learned), in dem über den Projektverlauf, den daraus gewonnenen Erkenntnissen und über die Beschreibung von Fehlern und deren mögliche Vermeidung berichtet wird. Die verwendete PM-SW kann für die Erstellung dieses Berichtes sehr wertvoll sein, da alle Ursprungsdaten sowie Termin- und Kostenüberschreitungen gespeichert sind. Mögliche Verbesserungen bei zukünftigen Projekten können aus historischen Projektdaten nutzbringend verwendet werden. Junge und interessierte Projektleiter werden sich sicherlich solcher Gratisinformationen und -hilfen zum Nutzen des Unternehmens bedienen.

Manch ein »alter Hase« im Projektgeschäft mag aus vielerlei Gründen aber nicht gewillt sein, diese zusätzliche Arbeit durchführen. Mögliche Gründe hierfür sind in nachfolgenden Beispielen beschrieben:

• Das Projekt ist erfolgreich abgeschlossen und man meint, über genügend Erfahrung zu verfügen und braucht deshalb keinen Erfahrungsbericht zu schreiben.
• Das Projekt ist schlecht verlaufen und man meint die Gründe dafür genau zu kennen (z. B. externe Schuldige), also kann der Bericht keine neuen Erkenntnisse für Folgeprojekte bieten.
• Man ist zwar geneigt, einen Erfahrungsbericht zu erstellen, aber es fehlen die notwendige Zeit und es stehen auch keine Mittel zur Verfügung.

Man sollte jedoch diese wertvollen Projekterkenntnisse nicht brachliegen lassen, denn auch hier gilt: Wer die Vergangenheit nicht kennt, ist dazu verdammt bekannte Fehler zu wiederholen.

Wann ist der Einsatz von Projektmanagement-Software sinnvoll?

In jeder Phase eines Projektes sind vom Projektmanagement eine Vielzahl von technischen und administrativen Daten, die meistens in Abhängigkeit zueinander stehen, zu verarbeiten. Diese Datenmenge kann sich durch die parallele Durchführung von mehreren Projekten noch verfielfachen. Sinnvoll ausgewählte Software kann das Projektmanagement bei der Verarbeitung, Überwachung und Analyse dieser Daten unterstützen.

Die Verwendung von PM-SW läßt sich vor allem auf den Einsatz von Netzplan-Programmen, wie sie Ende der fünfziger Jahre für militärische Großprojekte der USA und für die NASA verwendet wurde, zurückführen. Hierzu Hayek: »Die Entwicklungsgeschichte der Projektmanagement-Software ist mit der Netzplantechnik eng verbunden«.[2]

Der Software-Markt bietet heute eine Vielzahl von Programmpaketen für die Unterstützung der Projektarbeit an. Aus zeitlichen Gründen ist es den Projektmanagern meist jedoch nicht möglich, sich mit diesem Angebot umfassend auseinanderzusetzen und zu analysieren, welche Software ihren Anforderungen am besten entspricht. Wenn der Einsatz von Software dann dringend erforderlich wird, kommt es beim Kauf oft zu übereilten Aktionen. Eine Programmpaket muß her – egal wie und von wem!

Meist wird dann ein Programm gekauft, mit dem ein Kollege schon mal gearbeitet hat, was man bei anderen gesehen hat oder was preislich am günstigsten erscheint. Das dies zu Fehlinvestitionen führen kann, ist leicht einsehbar. Nachfolgend sind mehrere Beispiele genannt die zu Problemen bei der Software-Beschaffung führen können:

- Die Projektmitarbeiter schätzen die Projektmanagementaufgaben unterschiedlich ein. Eine für den einzelnen als sinnvoll und nützlich angesehene Software, wird von den Kollegen oftmals ganz anders bewertet.
- Eine zu schnelle Einführung von Softwarepaketen, ohne vorherige Vorbereitung des Projektmanagement-Teams führt oft zu einem Fehlschlag, da es dann meist an dem genauen Einsatzprofil fehlt. Fragen, wie zum Beispiel »Wer verwendet die Software«, »Wer ist dafür zuständig, daß die Software auf dem neusten Stand gehalten wird« und »Wann und welche Informationen sollen von der Software geliefert werden« müssen im Vorfeld diskutiert und akzeptiert sein.
- Eine Software, die bei einem anderen Unternehmen erfolgreich verwendet wird, muß nicht zwangsläufig für alle Unternehmen gleich gut einsetzbar sein.
- Mit dem Erwerb der Software ist das Thema noch lange nicht abgeschlossen. Training des Projektteams und eine umfangreiche Einarbeitungs- und Testphase (eventuell anhand eines Pilotprojektes) sind unerläßlich um eine sinnvolle Nutzung der Software zu gewährleisten. Oft wird gerade hier versucht Zeit und Geld zu sparen. Damit geht man jedoch das Risiko ein, daß die Software mehr zu einer Belastung als zu einer Entlastung des Projektteams führt.
- Der Preis für die Software ist nicht allein als Maßstab für den Nutzen des Programms anzusehen. Eine teure und umfangreiche PM-SW, mag für einige wenige Großprojekte angemessen sein, aber Vorsicht ist geboten, denn es werden oftmals aufwendige Netzplantechnik-, Termin- und Kostenkontrollmodule sowie Überwachungsmodule angeboten, die in der Regel dann sehr arbeitsintensiv sind. Das können sich aber nur Großprojekte leisten. Die Eingabe der Daten und deren Analysen sind zu komplex um dies nebenbei bewältigen zu können. Der teure Kauf einer solchen Software führt oft zum brachliegen der meisten Module wenn nicht gar der ganzen Software. Für kleine und mittlere Projekte empfiehlt sich daher die Beschaffung einer einfacheren Version, deren Bedienung mit geringem Aufwand durchzuführen ist. Es muß jedoch darauf hingewiesen werden, daß man bei einigen Programmen schon sehr früh auf Einsatzbegrenzungen stößt. Unterdimensionierte Programme laufen Gefahr als unzureichende Lösung frühzeitig wieder ausrangiert zu werden.

Aus den geschilderten Beispielen erkennt man bereits wie schwierig die Entscheidung für die Verantwortlichen ist, eine maßgeschneiderte Software zu erwerben. Diese Aussage trifft insbesondere auch im Hinblick auf die schon zuvor beschriebenen unterschiedlichen Einschätzungen und Anforderungen bezüglich Nutzen, Aufwand und Kosten zu.

Nicht selten wird in einem Unternehmen eine Gruppe oder Person beauftragt, eine entsprechende PM-SW auszuwählen. Die Gruppe oder Person macht sich nun an die Arbeit, um aus der großen Vielzahl der Angebote die ideale SW für das Unternehmen, oft anhand eines umfangreichen aber wenig aussagekräftigen Kriterien-Kataloges, auszuwählen. Aber das Endergebnis ist dann oft enttäuschend, die SW wird aus den verschiedensten Gründen nicht angenommen. Zu kompliziert sagen die einen, nicht passend die anderen. Hierzu gibt es viele Beispiele. So war es auch bei einem großen Deutschen Unternehmen, bei dem mit erheblicher Sorgfalt ein den Wünschen der Projektleiter entsprechendes SW-Paket ausgesucht wurde[3]. Selbst ein mit der Einführung der SW ausgehändigtes Benutzerhandbuch, das speziell für dieses Unternehmen erstellt wurde, konnte nicht das Mißglücken der Einführung verhindern. Warum war dies geschehen? Es lag mit Sicherheit nicht an dem guten Willen und der Fähigkeiten der beauftragten Gruppe. Vielmehr wurden die Bediener zuwenig in den Auswahlprozess mit einbezogen, lautete die Selbstauskunft des Unternehmens. Das gewählte Produkt war den Kriterien entsprechend das Beste, aber nicht bedienerfreundlich genug und scheiterte somit an der Akzeptanz. Das nach dem zweiten Anlauf eingeführte Produkt stieß trotz geringerer Leistung dann aufgrund der frühzeitigen Einbeziehung der Bediener, die vor allem auf Bedienerfreundlichkeit achteten, auf eine bessere Resonanz.

Thesenbewertung Projektmanagement-Software

Im Rahmen von 12 internationalen Konferenzen, veranstaltet von INTERNET, GPM und/oder PMI (mit Software-Ausstellungen) wurden die Teilnehmer zur Situation und Entwicklung von PM-SW befragt, um folgende Thesen zu bewerten:[4]

These 1:
Die Bedeutung der PM-SW wird überschätzt!
Nein: 34%
Neutral: 15%
Ja: 51%

These 2:
In erfolgreichen Projekten wurde meist intensiv PM-SW eingesetzt!
Nein: 50%
Neutral: 26%
Ja: 24%

These 3:
Projektmanager brauchen auch »weiche Daten«, die sich kaum in Informationssysteme speichern lassen!
Nein: 3%
Neutral: 3%
Ja: 94%

These 4:
Wir wissen nicht, welche Informationen der Projektmanager wirklich braucht!
Nein: 53%
Neutral: 23%
Ja: 24%

These 5:
Die Verbreitung des Personel Computer (PC) wird das Denken in Kleinprojekten fördern!
Nein: 22%
Neutral: 16%
Ja: 62%

These 6:
Netzplantechnik-Software gewinnt neu an Bedeutung (Renaissance), da sie für PC's entwickelt und angeboten wird!

Nein: 9%
Neutral: 18%
Ja: 73%

These 7:
PC's werden im PM nur eine Akzeptanz erreichen, wenn sie im Online-Betrieb mit einem Host-Computer gekoppelt werden!
Nein: 65%
Neutral: 8%
Ja: 27%

Ein sehr wichtiger Punkt wurde mit der 3ten These »Projektmanager brauchen auch »weiche Daten«, die sich kaum in Informationssysteme speichern lassen« angesprochen. Die überwiegende Zustimmung dieser These zeigt, daß viele Projektmanager »weiche Daten« also Gefühle, Erfahrungen etc. als sehr wichtig ansehen. Dies entspricht auch der Meinung der Autoren. Langjährige Erfahrung, Gespräche, Situationseinschätzungen lassen sich nicht immer in Daten festhalten. Es wird hier wiederum deutlich, daß Software nur die »Fleißarbeit« abnehmen kann. Berechnungen können durchgeführt und Statistiken und Tendenzen aufgezeigt werden, die dann zur Entscheidungsfindung beitragen, dem Projektleiter aber nicht die Entscheidung abnehmen können. Software ist ein Werkzeug das Rationalisierung bewirkt, aber nicht die Kunst des Projektleiters übernehmen kann.

Dies wiederum soll nicht bedeuten, daß die »weichen Daten« die wichtigste Rolle spielen. Im heutigen Termin- und Kostenzwang ist eine genaue Kontrolle dieser Daten (besonders bei großen Projekten) unerläßlich und entsprechende Software ist ein Muß zu deren Bewältigung.

Die Umfrage macht auch deutlich, daß bei den Projektverantwortlichen die Meinungen zur Verwendung, Einsatzfähigkeit und Akzeptanz für PM-SW noch nicht einheitlich sind. Bevor die Entscheidung für den Kauf einer ganz bestimmten PM-SW getroffen wird, sollte man sich deshalb den Nutzen vom Software-Kauf genau vor Augen führen. Der Software-Nutzen kann generell folgendermaßen betrachtet werden:

— Software ermöglicht die Bewältigung großer Datenmengen.
— Mit Software können komplexe und komplizierte Rechenvorgänge exakt und fehlerfrei durchgeführt werden.
— Software bietet eine Vielzahl von Darstellungsmöglichkeiten der eingegebenen Daten (Grafiken, Textdarstellungen etc.).
— Software kann nach gegebenen Kriterien Daten analysieren und bewerten.
— Durch Ändern der eingegebenen Daten lassen sich einfach und verhältnismäßig schnell »what-if«-Betrachtungen durchführen.

Es ist richtig, daß PM-SW zur Erfassung, Verarbeitung und Darstellung von größeren Datenmengen durchaus vorteilhaft ist. Hier liegt also der große Vorteil der Software aber auch Ihre Begrenzung, denn Software wird oft ein erhöhter, aber nicht erkennbarer Nutzen zugeschrieben. So kann PM-SW zwar zur Unterstützung der Projektarbeit herangezogen werden, jedoch nicht die eigentliche Durchführung ohne aktive Einschaltung des Menschen übernehmen. Oft wird der Fehler begangen, das die richtige Software als Garant für erfolgreiches Projektmanagement angesehen wird. Sie kann jedoch nur die Qualität des Projektmanagements verbessern, nicht jedoch die Aufgaben der Projektleitung wie Problemerkennung, Problemanalyse und Problemlösung eigenständig durchführen.

In diesem Zusammenhang sei kurz auf die Verwendung von Expertensystemen eingegangen. In der Übersetzung der von »Oxford University Press« veröffentlichten Originalausgabe des »Dictionary of Computing« wird der Begriff Expertensystem folgendermaßen definiert: »Computerprogramme für kommerzielle Anwendungen, die Programmierverfahren der künstlichen Intelligenz verwenden, insbesondere Verfahren die für Problemlösungen entwickelt wurden. Knowledge-Engineering bildet eine Teildisziplin der künstlichen Intelligenz, die sich mit der Erstellung von Expertensystemen beschäftigt. Expertensysteme wurden für die medizinische Diagnose, elektronische Fehlerdiagnose, Suche nach Bodenschätzen, Computersystemkonfigurationen etc. gebaut«.[5] Diese Systeme beruhen auf eingegebenes Wissen und der daraus resultierenden Vorgehensweise bei der Problemlösung von Experten. Sie können daher auch nur das eingegebene Wissen wiederspiegeln. Es ist daher fraglich ob Expertensysteme im Projektmanagement, wie oft vermutet, von allzu großen Nutzen sind, denn Projektmanagement ist eine sehr praktische und vielen Änderungen unterliegende Aufgabe bei denen der Mensch mit seiner intuitiven Handlungsweise eine große Rolle spielt. Schnorrenberg kommt zum Schluß, daß es zur Zeit sehr schwer ist festzustellen, welche der angebotenen PM-Expertensysteme auch wirklich die Bezeichnung »Expertensystem« verdienen oder nur den Namen tragen. Er fährt dann fort: »Sicher ist dabei nur, daß ein Software-Produkt unter dem Zauberwort «Expertensystem» größere Absatzchancen hat«.[6]

Geschichtliche Entwicklung der Projektmanagement-Software

Die Entwicklung der PM-SW ist, wie bereits erwähnt, eng mit der Netzplantechnik (NPT) verknüpft. Sowohl die US-Navy wie auch die Firma DuPont entwickelten unabhängig voneinander zwei NPT-Verfahren die später als PERT (Program Evaluation and Review Technique) und CPM (Critical Path Method) in die Managementgeschichte eingehen sollten. Beide Methoden waren für das moderne Projektmanagement wie wir es heute kennen bahnbrechend; s. a. IX.1. Mit der Schaffung dieser wirkungsvollen Werkzeuge, war es nur noch ein kleiner Schritt zum Einsatz von Elektronischen Datenverarbeitungsanlagen (EDV), da die Bearbeitung der großen Datenmenge zur Festlegung der mannigfaltigen Termine und zur Bestimmung des kritischen Pfades bei Großprojekten ohne Rechner nicht mehr möglich war. Die Lieferanten von Großrechneranlagen, zum Beispiel IBM, Siemens und ICL spielten eine Vorreiterrolle. IBM brachte 1965 das weltweit bekannt gewordene Program PERT-COST II auf den Markt, gefolgt von Siemens mit SINET und ICL mit dem Program ICL 2000.

In Deutschland war das Thema NPT lange Zeit ein Lieblingskind der Deutschen Gesellschaft für Operations Reserarch (DGOR), Arbeitsgruppe NPT. Aber auch die Industrie, vornehmlich natürlich die Großindustrie mit Schwerpunkt Entwicklung, nahm sich dieser Thematik mit Vehemenz an. Dornier entwickelte das vom Verteidigungsministerium finanzierte und später weit verbreitete PPS (Projektplanungssystem), die Firma Krupp tratt mit KRUPP-NET auf den Markt und die Firma Bölkow KG entwickelte BÖ-PERT aus dem dann später das EDV-Programm GRAPPA der Firma Messerschmitt-Bölkow-Blohm (MBB) entstand. GRAPPA war in Deutschland und vieleicht sogar in West-Europa die erste Software für den interaktiven Betrieb von Planungsprogrammen und bot bereits Anfang der siebziger Jahre die Möglichkeit zur integrierten Termin- und Kostenüberwachung. Die MBB Mitarbeiter Fangmeier und Hopf erhielten 1972 auf der INTERNET-Jahrestagung in Stockholm für die Vorstellung des GRAPPA-Programms den ersten Preis.

Schon sehr früh erkannte man, daß die NPT-Entwicklungen nicht allzu gut geeignet waren, eine Verbindung zwischen der Termin- und Kostenplanung und deren Kontrolle herzustellen. PERT-COST II konnte zum Beispiel nicht den gewünschten Erfolg erzielen. Das Verfahren war zu kompliziert. Man darf an dieser Stelle auch nicht vergessen, hier prallten Technik (Plannung) und Betriebswirtschaft (Kosten) direkt aufeinander. Aktivitäten des Netzplanes sind eine technische und nicht betriebswirtschaftliche Größe. Aus der Sicht des Kaufmannes ist der Netzplan auch nicht vollständig genug um als Grundlage für die Kostenplanung und -kontrolle dienen zu können.

Was aber war zu tun um auf einen gemeinsamen Nenner zu kommen? Der Lösungsansatz lag in der Definition einer neuen Größe, nämlich in der Festlegung von Arbeitspaketen; s.a. Abb. IX–6. Ein aus dem Projektstrukturplan abzuleitendes Arbeitspaket bildete nun die Platform für beide Seiten, einmal für die Terminplannung durch die Technik und die Kostenplannung der Projektkaufleute; s.a. Abb. XVIII–1.

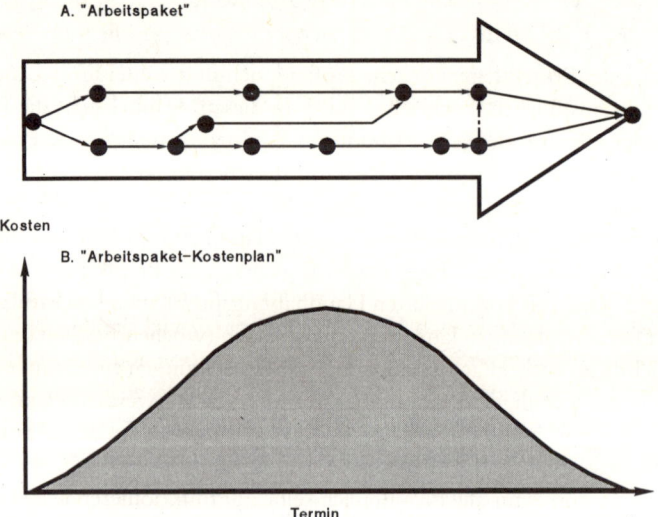

Abbildung XVIII-1: Termin-Kostenrelation

Die Entwicklung von PM-SW war damit jedoch noch nicht abgeschlossen. Es war nun klar, daß vor allem auch der Überwachungsprozeß (Control) mit einzubeziehen war. Vor allem die Frage nach den Werten die nach Ablauf bestimmter Projektabschnitte geschaffen wurden, war und ist für viele Projektmitarbeiter von großem Interesse. Die in der Mitte der sechziger Jahre von der US Air Force vorangetriebenen Entwicklungen, die zur Einführung des Earned-Value-Konzeptes führten, sind hier als bahnbrechendes Instrument zu erwähnen.[8] Mit diesem Verfahren gab es nun einen Weg die Parameter »Leistung«, »Termine« und »Kosten« integriert zu betrachten. Die Umsetzung des Earned-Value-Konzeptes in entsprechende Software war nur noch ein logischer Schritt. Boing-Software hat hierbei eine führende Rolle übernommen.

Performance Measurement, eine andere Bezeichnung für das Earned Value Konzept (s.a. IX.5), hat Furore gemacht. Die hierfür notwendige Software ist immer noch Mangelware und nicht einfach zu haben aber ein notwendiger Schritt in eine verbesserte PM-SW Welt.

Daneben wird der Projektleiter noch durch eine Vielzahl von unangenehmen Arbeiten und Problemen gequält, was durch den richtigen und in seiner Qualität verbesserten Einsatz von

Software-Programmen erleichtert werden könnte. Ein Beispiel hierzu sind sehr simple aber wirkungsvolle Software-Programme zur Dokumentations- und Konfigurationskontrolle oder ein Program zur Aktionskontrolle.

Das Hauptanliegen des Projektmanagers (bzw. Projektleiters) ist die Verknüpfung einzelner Projektparameter miteinander. Nicht nur die Beurteilung der Termine, Kosten oder Technik für sich allein löst das Problem, sondern die Abstimmung der einzelnen Faktoren aufeinander. Die zur Zeit gängigen Software-Pakete lassen, bis auf wenige Außnahmen, diesen sehr wichtigen Faktor außer Betracht, wobei sich jedoch eine positive Tendenz erkennen läßt.

2. Anforderungen an die Projektmanagement-Software

Das Aufgabengebiet des Projektleiters ist sehr umfangreich und vielseitig, wie dies in den vorherigen Kapiteln bereits ausführlich beschrieben wird. In diesem Kapitel steht die Beschaffung von PM-SW, insbesondere für die Bereiche Plannung und Überwachung sowie Projektdokumentation und -konfiguration im Vordergrund. Dabei soll ausgehend von den praktischen Anforderungen des Projektmanagers die Möglichkeit der Unterstützung mittels Software untersucht werden.

An erster Stelle steht als allgemeines Kriterium die Handhabung und Flexibilität der PM-SW. Dies ist schon allein durch die zeitlich begrentzte Möglichkeit der Projektverantwortlichen vorgegeben, die sich nicht lange mit komplizierten Handhabungsproblemen beschäftigen können. Sind die Intervalle zur Datenanpassung in längeren Zeitabständen (wöchentlich, 14tägig) notwendig, so muß durch übersichtliche und einfache Handhabungsbeschreibungen eine immer wiederkehrende Einarbeitungszeit in das jeweilige Softwareprogramm vermieden werden. Flexibilität wird durch das Projektverhalten schon in sich gefordert und eine sich ständig ändernde Situation muß von dem Programm (Software) deshalb einfach und formlos möglich sein.

Am besten wäre es wenn es für alle PM-Bereiche eine gut funktionierende PM-SW gäbe, die zu einem SW-System (Termine, Kosten, Leistung, Dokumentation, usw.) integrierbar wäre, um die Arbeit des PMs und seiner Mitarbeiter entscheidend zu erleichtern. Natürlich sollte es sich dabei, wie bereits erwähnt, um Softwarepakete handeln die möglichst universell einsetzbar und gleichzeitig aber einfach zu bedienen sind. Die Wunschliste ließe sich beliebig fortsetzen, ein weiterer Wunsch wäre z.B. die Vernetzbarkeit zu anderen Systemen des Unternehmens. Damit ist aber bereits ein Widerspruch zum Ausdruck gebracht worden, denn die Benutzeroberfläche wird ja in dem Maße komplizierter wie die Anforderungen erhöht werden. Am Anfang ist die Wunschliste meist sehr groß und während der Machbarkeitsprüfung stellt sich dann schnell heraus, daß Zeit und Geld nicht reichen. Folglich beschränkt man sich dann erst einmal auf die wesentlichsten Punkte. In der Regel geht man dann doch wieder modular vor. Man beginnt z.B. mit dem SW-Modul für die Terminplanung und fügt dann später das Kosten-Modul hinzu; d.h. man beschafft stand-alone SW-Pakete die dann später vernetzt werden. Dabei ist klar, daß die Module dann zueinander passen müßen.

Nachfolgend werden die SW-Anforderungen der wichtigsten PM-Module beschrieben:

PSP Modul (1)
Wird ein neues Projekt in Angriff genommen, so werden an den Planer erhöhte Anforderungen

gestellt, denn er kann nur bedingt auf frühere Erfahrungen zurückgreifen. Es wird oftmals nicht in ausreichendem Maße berücksichtigt, daß Neuland-Projekte aufgrund fehlenden Know-Hows besonders gründlich geplant werden müssen; s. a. IX.2.

Der Projektstrukturplan (PSP) steht am Anfang eines Projektes. Er ist daher in hohem Maße von Änderungen und Modifikationen betroffen. Der Projektleiter wird in dieser Phase die Unterstützung von geeigneter SW begrüßen. Sie darf jedoch nicht kompliziert sein, sondern muß den PL durch einfache Methoden bei der Erstellung und Modifikation des PSP unterstützen.

Die PSP Software muß in der Lage sein die PSP-Struktur an Hand des Nummernschlüssels sowohl graphisch (s. Abb. IX–6) wie auch tabellarisch (s. Abb. A.4–1) wiederzugeben. Darüber hinaus ist es wünschenswert wenn die PSP-SW über die Fähigkeit verfügt Arbeitspaketbeschreibungen (s. a. Abb. IX–7 und Abb. A.4–2) in Verbindung mit dem PSP zu erstellen.

Die Aufgabenbeschreibung der einzelnen Arbeitspakete ist meist eine mühsame Handarbeit. Die PSP-SW sollte hier einheitliche Formate vorgeben oder die Möglichkeit zu deren Erstellung bieten. Dadurch können wichtige Informationsinhalte schon gespeichert werden und müssen nur noch abgerufen werden. Dies erleichert den Projektmitarbeitern die Erstellung der Arbeitspakete, sie bietet eine einheitliche Darstellung und ist bei einmaliger Erfassung jederzeit für jeden Projektmitarbeiter verständlich. Es sollte darauf geachtet werden, daß für die Beschreibung der Arbeitspakete genügend Eingabelänge zu Verfügung steht. Die Software sollte die Möglichkeit bieten Arbeitspakete getrennt vom Projekt in einer Bibliothek auflisten zu können, um Sie für spätere Projekte verwenden zu können.

Für die grafische Darstellung wäre wahrscheinlich ein einfaches Graphik-Programm am schnellsten und ausreichend, ist aber nur bedingt einsetzbar, da es nicht die Möglichkeit der tabellarischen Darstellung und der AP-Beschreibungen bietet. Dieses Modul sollte jedoch im Idealfall ein Graphik-Programm als Vorlage haben. Da die grafische Gestaltung des PSP sehr einfach ist und nur eine begrenzte Zahl von Symbolen und Zeichen benötigt ist, müßte eine sehr simple Menueführung ausreichend sein. Wichtig ist eine flexible Änderungsfähigkeit des einmal erstellten PSP. Einfügen, Löschen oder die Umgestaltung muß ohne allzugroßen Aufwand durchführbar sein.

Die Tabelle sollte fast wie ein Kalkulationsprogramm arbeiten, indem z. B. das Einfügen von einer neuen Ebene eine automatische Anpassung der anderen Ebenen bietet. Für die Arbeitspaket-Beschreibungen ist eine einfache Textverarbeitungsstruktur ausreichend, die jedoch eine direkte Verbindung zum Graphik- und Kalkulationsbereich haben sollte. Es zeigt sich, daß sich schon bei einem einzigen Modul eine facettenreiche Anforderung an das PM-SW-Paket ergibt. Graphik-, Kalkulations- und Textverarbeitungseinsatz mit gegenseitiger Beeinflußbarkeit und Anpassung sind ebenfalls sehr nützlich.

Terminplan-Modul (2)

Die Terminplannung ist mit dem PSP eng verknüpft. Die Arbeitspakete stellen die Basis für den Planungsprozess dar. Zuerst müssen die Aktivitäten identifiziert und dann in ihren zeitlichen Abläufen dargestellt werden. Hierzu bieten sich Netzpläne und Balkendiagramme an; s. a. IX.3. Dort wurde bereits ausführlich auf die Erstellung von Netz- und Balkenplänen eingegangen. Nun geht es darum, daß dies mit Hilfe von SW geschieht. Netzplan-SW gehört, wie bereits erwähnt zu den ersten PM-SW-Paketen und wurde ursprünglich im Zusammenhang mit Großrechenanlagen verwendet. In der Praxis hat sich aber der Balkenplan und vor allem der vernetzte Balkenplan durchgesetzt. Plannungs-SW muß vor allem auch Balkenpläne erstellen können. Im Idealfall wird beides, der Netzplan und der darauf aufbauende Balkenplan erstellt. Der Netzplan zur detaillierten Analyse, z. B. des kritischen Pfades, und der Balkenplan zur Presentation. Eine weitere Forderung ist die optisch gut sichtbare Kennzeichnung von Meilensteinen, durch die der Netz- und Balkenplan miteinander verknüpft sind; s. Abb. IX–13 und Abb. A.4–3.

Im Gegensatz zum PSP-Modul bedarf es hier einer weitaus größeren Graphik-Benutzeroberfläche. Die Symbolvielfalt ist weitaus größer und zusätzliche Anforderungen wie die der einfachen Terminstandskontrolle sind gefordert.

Gute Planungsprogramme bieten die Möglichkeit zur Multi-Projektplanung. Das heißt, werden mehrere Projekte gleichzeitig geplant und überwacht, so sind Schnittstellen zwischen den einzelnen Projekten festzulegen um die gegenseitige Einflußnahme der Projekte aufeinander mittels SW abstimmen zu können. Wird die Anlagenplanung mit dem gleichen SW-Paket durchgeführt, so ergeben sich weitere Verknüpfungspunkte. Der wesentliche Vorteil der Planungsverknüpfung resultiert aus der planerisch integrierten Betrachtungsweise aller Projekte. Es muß an dieser Stelle jedoch darauf verwiesen werden, daß das Ziel einer integrierten Planungsüberwachung nur dann erreicht werden kann, wenn ein entsprechendes Planungssystem implementiert wurde und wenn alle involvierten Parteien bereit sind durch ihren Beitrag das System am Leben zu erhalten.

Kosten-Modul (3)

Die Gesamt-Projektkosten sind entsprechend dem PSP zu gliedern, so daß die geplanten Kosten in jeder PSP-Ebene pro PSP-Element und auf der untersten Ebene pro Arbeitspaket klar und eindeutig definiert sind. Eine weitere Unterteilung nach Kostenarten (Personal, Material etc.) und Zeitintervallen (s.a. Abb. IX–18) ist angefangen vom Arbeitspaket (unterste PSP-Ebene) sowie zusammengefaßt, auf allen PSP-Ebenen vorzunehmen. Daraus ergibt sich die SW-Anforderung für den PSP (Kostensummierung) in Verbindung mit dem Kosten-Modul. Hierdurch ist gewährleistet, daß für jedes Arbeitspaket Kostendetails (s. Abb. A.4–4) vorliegen und auf allen PSP-Ebenen entsprechende Summierungen vorgenommen werden können. Das Kosten-Modul ist der Budgetrahmen und Grundlage für die Kostenüberwachung (Soll-/Ist-Vergleich). Ein Kosten-Modul dieser Art für sich alleine, wäre schon bei kleineren und mittleren Projekten durch ein einfaches Kalkulationsprogramm (z. B. LOTUS, EXCEL, usw.) realisierbar. Der Wunsch, dies mit dem PSP und dem AP zu verknüpfen und in einer PM-SW zu integrieren, ist aus PM-Sicht nicht von der Hand zu weisen. Eine weitaus schwierigere und im Vorfeld genau zu bedenkende Anforderung ist die Verknüpfung des Kosten-Moduls mit dem bestehenden Buchhaltungssystem in dem Unternehmen. Handelt es sich um kein reines projektbezogenes Unternehmen, so muß oft eine zusätzliche projektbezogene Kontierungsmöglichkeit geschaffen werden. Dies ist meist aber das kleinere Problem, denn weitaus komplizierter ist der einwandfreie Datentransfer zwischen Buchhaltungssystem und PM-SW.

Um eine integrierte Termin-Kostenüberwachung durchführen zu können (s.a. Abb. A.4–5) muß über das PSP-Modul (1) eine Verbindung zwischen dem Terminplan-Modul (2) und dem Kosten-Modul (3) geschaffen werden. Erst dann ist es möglich eine SW-gesteuerte Earned Value-Analyse durchzuführen.

Kosten werden auf der Basis von Mengenansätzen, d.h. von Resourcen wie z.B. Personal (Stunden), Material (Mengen), usw. und in Verbindung mit den vorher festgelegten Verrechnungssätzen (s.a. Abb. XIV–1) ermittelt. Die eingesetzen Resourcen (Mengenansätze) sind gewissermaßen der Grundbaustein für den Kostenansatz der Arbeitspakete eines Projektes; s.a. Abb. IX–18. Die für ein Projekt eingeplanten und bereitgestellten Resourcen können aber nicht mehrfach verwendet werden und führen unter Umständen zu einer Verknappung für Folgeprojekte. D.h., werden vorhandene Resourcen mehrfach beansprucht, so muß eine gezielte Resourcen-

Steuerung vorgenommen werden. Im Personalbereich spricht man aus der Sicht der Abteilungen auch von Auslastungsplannung; s.a. Abb. XVII–3. Nun ist klar, daß durch die Vernetzung der Kosten-Module verschiedener Projekte untereinander, aber gleichzeitig in Verbindung mit den für die Resourcen zuständigen Abteilungen, eine firmenübergreifende Resourcenplannung möglich ist. Aber auch hierfür gilt, daß das System nur dann funktionieren kann, wenn alle beteiligten Stellen ihren Beitrag dazu leisten.

Dokumentations-Modul (4)

Das Dokumentationssystem ist so früh wie möglich einzurichten. Es sollte eine eindeutige Zuordnung zum PSP erfolgen, was am besten durch die Kopplung des Dokumentationsschlüssel an den PSP-Code möglich ist; s.a. Abb. IX–9 und XII–2. Dadurch ist die Identifikation und Sortierung von Dokumenten nach folgenden Kriterien möglich:

– Projektzugehörigkeit,
– Dokumentenart (Pläne, Spezifikationen, Prozeduren, Handbücher, usw.),
– Ersteller des Dokumentes (Firma, Verfasser, usw.),
– PSP-Zuordnung (System, Teilsystem, Baugruppe, Komponent, usw.),
– Erstellungsdatum,
– Nummerierung des Dokumentes.

Die zu beschaffende SW muß in der Lage sein, entsprechende Listen zur Dokumentationsverwaltung von Projektarchiven zu erstellen. Dies wird im Rahmen der bekannten PM-SW meistens nicht angeboten, kann aber mit Datenbankprogrammen einfach und stand-alone eingeführt werden.

Action Item-Modul (5)

Die Aktionskontrolle (AI-Kontrolle) ist ein wichtiges PM-Instrument; s.a. IX.4. Bei größeren Projekten kommt man nicht daran vorbei die AI-Kontrolle mit Hilfe einer entsprechenden SW durchzuführen. Sortiert werden die Aktionen nach folgenden Kriterien:

– Projekt,
– Aktionsnehmer,
– Fertigstellungstermin.

Die zu beschaffene SW muß in der Lage sein die offenen und geschlossenen Aktionen nach dem Fertigungsstellungsdatum und dem Aktionsnehmer zu sortieren. Wie auch bei dem Dokumentations-Modul wird hierbei eine Datenbanksoftware oder ein Kalkulationsprogramm separat gehandhabt werden müssen.

Kostenschätz-Modul (6)

Anders wie bei dem zuvor beschriebenen Kosten-Modul zur Erfassung der Plankosten eines Projektes, geht es bei dem Kostenschätz-Modul um ein rechnergestütztes parametrisches Kosten-Schätzverfahren wie es in X.3 am beispiel der GE-PRICE-Modelle beschrieben ist. Die verschiedenen Kosten-Schätzverfahren sind im Detail zwar nach unterschiedlichen Prinzipien aufgebaut, in ihrer Wirkungsweise aber ähnlich. Man unterscheidet prinzipiell nach den data empty – Modellen (z.B. PRICE), die universell einsetzbar sind, und den data full – Modellen, das sind spezielle Schätzmodelle mit produktspezifischen Erfahrungsdaten. Alle Modelle basieren prinzipiell auf Abhängigkeiten oder Beziehungen (relationships) zwischen Stunden, Mengen und/oder Kosten und technischen Produktparametern wie z.B. Gewicht, Leistung, Komplexität, Technologiestand, usw.; s.a. Abb. X–7.

Informations-Modul (7)

Informationsverarbeitung und -weitergabe hat im Projektmanagement einen sehr hohen Stellenwert; s.a. XI.1. Wer nicht schnell genug reagiert hat das Spiel bereits verloren. Je größer das Projekt nun gerät, um so schwieriger wird es brauchbare Informationen wie man sie für die Steuerung eines Projektes benötigt, aus dem Informationsdickicht schnell und unkompliziert herauszufiltern. Beim Apollo-Programm führte diese Forderung zur Entwicklung des NASA-Informationssystems MICS (Management Information and Control System); s.a. XI.2. Spitschka führt hierzu aus:»Das Ziel eines Management-Informations-Systems ist, daß der Manager, ..., die zur Durchführung seiner Aufgaben notwendigen Informationen systematisch erhält; mit dem richtigen Inhalt, zur richtigen Zeit, in der zweckmäßigen Form«.[9]

Informationsaufbereitung, -verarbeitung, und -weitergabe muß auf allen Ebenen und in allen Richtungen gut funktionieren; d.h. von unten nach oben (Berichterstattung) aber auch von oben nach unten (Informationen und Entscheidungen). Informationsaustausch muß aber auch lateral zwischen den verschiedensten Mitarbeitern und Abteilungen komplikationslos, d.h. rasch und unbürokratisch funktionieren, ohne daß dadurch die Entscheidungsstrukturen verletzt werden.

Eine große Anzahl von Informationen (die sogenannten weichen Daten) lassen sich allerdings nicht gut genug strukturieren und sind interpretationsbedürftig. Deshalb sind ja regelmäßige Projektbesprechungen und Reviews (XI.3) von so großer Bedeutung für den Projektablauf. Hierzu Szyperski:»Je weniger eine Aufgabe strukturiert ist, je mehr Kreativität ihre Lösung erfordert und je stärker die Kommunikation der Aufgabenträger auf persönlichen Kontakt beruht, desto weniger lassen sich Computer einsetzen«.[10]

Nun aber zurück zu den quantifizierbaren und gut strukturierbaren Informationen, wie sie in den Modulen (1) bis (6) beschrieben wurden. Diese Projektinformationen dienen in erster Linie dem PM zur Steuerung des Projektes. Gleichzeitig stellen sie die Basis für das Berichtssystem an die GL oder zum Kunden dar; was jedoch eine Verdichtung und / oder kundengefällige Umstrukturierung voraussetzt. Diese Berichte sind die Grundlage für Projektbesprechungen und -Reviews.

Die Aufbereitung von Projektinformationen (Termine, Kosten, Dokumentation, usw.) ist mit Aufwand verbunden und muß rationell durchgeführt werden. Deshalb sollte man die Handhabung von Daten im Projekt weitgehenst dem Computer überlassen. Diese Aussage trifft insbesondere für Großprojekte zu, hat aber auch für Kleinprojekte einige Bedeutung, wenn man sich z.B. entschließt alle Projekte, auch die Kleinprojekte eines Unternehmens damit zu erfassen, was ein Beitrag zur Rationalisierung sein kann.

Im Informations-Modul sollten alle wichtigen Daten des Projektes (s. Module (1) bis (6)) in zusammengefaßter Form enthalten sein; s.a. Abb. XI–1. Das sind zum ersten der PSP(Modul 1), sowie die Termin- und Kosteninformationen (Module (2) und (3)). Diese Informationen stellen die Grundlage für eine integrierte Projektbewertung (Termine, Kosten, Leistung) dar. Die zusammengefaßte Information des Dokumentationsstatus, Modul (4), und der Aktionskontrolle, Modul (5), sind eine nützliche Ergänzung des Informations-Moduls. Modul (6) ist prinzipiell zwar eine stand-alone Modul, die Ergebnisse können jedoch ebenfalls in Modul (7) zusammengefaßt wiedergegeben werden.

Das Informations-Modul ist ein wichtiges Managementinstrument und sollte in keinem Projekt fehlen, auch dann, wenn es noch keine SW zum vollautomatischen Datentransfer der Informationen der Module (1) bis (6) zu Modul (7) gibt. In vielen Fällen sind die SW-Schnittstellen zwischen den stand-alone Modulen nicht festgelegt und es muß noch eine manuelle Übertragung vorgenommen werden. Das ist zwar kein Idealfall, aber trotzdem sollte auf den Einsatz eines Informa-

tions-Moduls in keinem Projekt verzichtet werden. In Abb. XVIII–2 ist die prinzipielle Strukturierung eines Informations-Moduls wiedergegeben.

3. Software Auswahl

Wer die Wahl hat, hat die Qual!

Der Einsatz der elektronischen Datenverarbeitung (EDV) oder zeitgemäßer ausgedrückt, die
Anwendung von Software (SW), soll die Arbeit des Menschen erleichtern. Bei der Durchführung
von Projekten fallen in der Regel eine Vielzahl von Sachdaten an, die der Projektleiter und die
beteiligten Teammitglieder möglichst effizient handhaben müssen. Für Großprojekte trifft diese
Aussage in besonders starken Maße zu. Deshalb ist es logisch, daß zur Bewältigung der Datenmengen entsprechende Hilfsmittel eingesetzt werden.

Die Praxis lehrt uns allerdings, daß der Einsatz von Hilfsmitteln wie z. B. PM-SW nicht immer
ganz einfach ist. Dabei treten nämlich zwei entscheidende Probleme auf: Einmal, daß die ange-
dachte SW-Lösung nicht gut genug funktioniert, weil das SW-Paket falsch ausgewählt wurde, zu
umfangreich oder zu kompliziert ist oder sonstige Mängel aufweist. Das zweite Problem besteht
nun darin, daß die Anwender das SW-Programm nicht kennen und mangels gründlicher Einweisung nicht richtig bedienen können. Daraus ergibt sich im Umkehrschluß, die einzusetzende PM-
SW muß, sofern sie den PM-Mitarbeitern bei ihrer schwierigen Arbeit Unterstützung und
Erleichterung bringen und gleichzeitig zur Effizienzsteigerung beitragen soll, leistungsfähig aber
gleichzeitig einfach und unkompliziert sein.

Diese Anforderungen stellen an die SW-Hersteller hohe Ansprüche. Nämlich, Produkte zu
entwickeln, die gleichzeitig eine Vielzahl verschiedenster Anforderungen bewältigen können,
deren Handhabung sich aber den Zeit- und Qualifikationsmangel der Bediener orientieren muß.
Die Forderung nach Komplexität und gleichzeitiger Bedienerfreundlichkeit entspricht genau dem
heutigen Trend und zeigt sich insbesondere für PM-SW als Muß. Leistungsfähigkeit gepaart mit
Einfachheit zahlen sich aus. Leistungsfähigkeit bedeutet in diesem Fall, daß der geplagte PM besser
als bisher seine Aufgaben erfüllen kann, und Einfachheit zwingt zu mehr Bedienerfreundlichkeit –
eine Notwendigkeit für überbeanspruchte PM's! Deren Materie ist bereits kompliziert genug, als
das sie sich noch mit komplizierten SW-Lösungen herumschlagen könnten, und dabei wertvolle
Zeit vergeuden.

Aber nicht alle SW-Hersteller haben dies erkannt. Manchmal hat man den Eindruck, daß die
Hersteller von PM-SW mit der Materie »Projektmanagement« keine allzugroßen praktischen
Erfahrungen haben. Selbstverständlich hat diese Einstellung dann einen Einfluß auf die SW-
Entwicklung.

Andererseits ist aber auch feststellbar, daß Anwender von PM-SW oftmals nicht bereit sind, den
notwendigen Preis zu zahlen. Wer Ansprüche hat muß auch bereit sein, dafür das notwendige
Geld auszugeben. Hierzu läßt sich sagen: No money, no hunny! Anders ausgedrückt, was gut ist
hat auch seinen Preis!

Geht man nun noch einen Schritt weiter, nämlich um festzustellen, wer letztendlich die Rechnung für PM-SW begleicht und wie die Entscheidungsprozesse in den Unternehmen verlaufen, so
wird jedem schnell klar, warum man häufig zu unwirtschaftlichen Billiglösungen greift. Zur

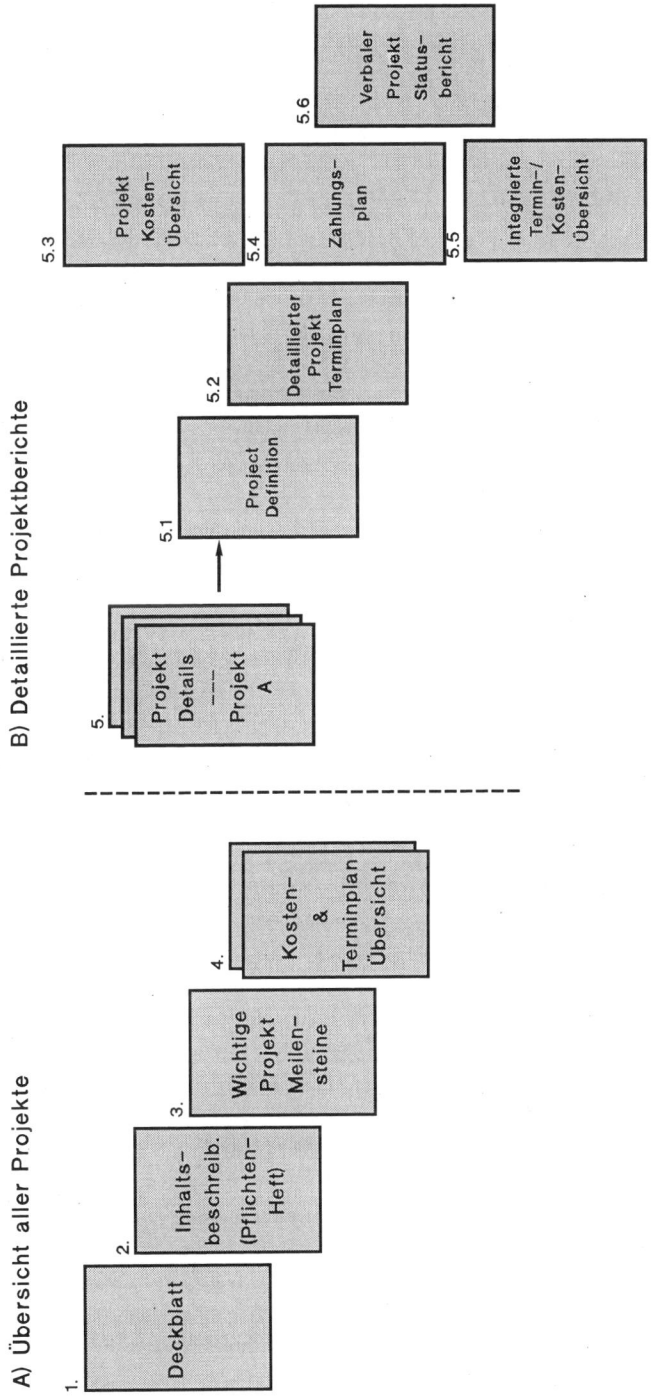

Abbildung XVIII-2: Strukturierung des Informations-Moduls

ausführlichen Beschreibung der Situation ist ein Rückblick auf die Firmen- und Projektorganisation notwendig.

An verschiedenen Stellen dieses Buches wird auf die Notwendigkeit zur Dezentralisierung als Gegengewicht zu der zunehmenden Zentralsierung heutiger Unternehmen (speziell Großunternehmen) hingewiesen; s. a. V.2 und XVII.2. In Abb. V–8 sind die von Terry definierten sieben Dezentralisierungsstufen an einem Beispiel wiedergegeben. Die Matrixorganisation stellt dabei die unterste Stufe (Stufe 7) dar und in ihr ist das Projektmanagement (Stufe 6) bereits enthalten. Dezentralisierung durch Projektmanagement im Rahmen der Matrixorganisation (s. a. Abb. V–11 und XVII–5) führt zwangsläufig zu mehr Autonomie, eine Autonomie, die zur effizienten Projektabwicklung gewollt und deshalb auch zu bejahen ist. Aber, diese Autonomie darf selbstverständlich nicht den Rahmen des Unternehmens sprengen! Es muß sich um gesteuerte, d. h. kontrollierbare Autonomie handeln. Die erteilten Vollmachten zur begrenzten Selbständigkeit sind als integraler Bestandteil des Unternehmens zu verstehen. PM's als verlängerter Arm der Geschäftsleitung (Abb. II–1) müssen an der langen Leine geführt werden, über die sie jederzeit wieder eingefangen werden können.

So sehr Unternehmen die Dezentralisierungsbestrebungen einerseits energisch unterstützen sollten (notwendige Autonomie der PM's), so müssen sie andererseits dafür Sorge tragen, daß die Firmenleitung über wichtige Projektinformationen (Technik, Termine, Kosten, Risiko, usw.) informiert ist, um sachgerecht entscheiden zu können. Das heißt, wichtige Projektinformationen müssen schnell aufbereitet und an die Geschäftsleitung weitergeleitet werden. Die Geschäftsleitung muß deshalb daran interessiert sein, über ein entsprechendes Management-Informations-System (MIS) zu verfügen.

An dieser Stelle sind nun die Berührungspunkte zwischen Projekt und Geschäftsleitung klar erkennbar. Was im ersten Fall (Projektsicht) als Insellösung zu akzeptieren wäre, PM's können und sollen ja völlig autonom operieren, ist im Gesamtzusammenhang (Firmensicht) nur noch als integrale Lösung zu betrachten. Deshalb sollte man die Auswahl der zu beschaffenden PM-SW auch nicht allein nach Projekt-Gesichtspunkten vornehmen, sondern unter Einbeziehung der Firmenbelange. Das aber ist das Problem! Ein Problem, das zwar lösbar ist, aber die Einschaltung aller Interessenten und deren Bereitschaft zur Kooperation vorraussetzt. Hier hilft nur gemeinsames Vorgehen! Überläßt man die Beschaffung von PM-SW den einzelnen Projekten, so hat man hinterher das Problem, daß die einzelnen SW-Pakete untereinander nicht kompatibel sind und deshalb auch eine Datenintegration wie sie die Geschäftsleitung wünscht nur schwer möglich ist. Diese Situation führt auch zu den bereits erwähnten Billiglösungen, weil Projektleiter nicht über die notwendigen Investitionsmittel zur Beschaffung qualitativ hochwerter PM-SW verfügen. Die Firmenleitung, die in der Regel leichter über die Mittel zur Beschaffung einer einheitlichen PM-SW für das Unternehmen verfügt, muß jedoch dafür Sorge tragen, daß die ausgesuchte PM-SW bei den PM's genügend Akzeptanz findet.

Hieraus folgt, daß die Beschaffung von PM-SW nicht einer einzigen Interessengruppe überlassen werden darf, sondern eine gemeinsame und koordinierte Vorgehensweise von Geschäftsleitung, Projektmanagement, sowie anderer Betroffener (Finanzabteilung, EDV, usw.) notwendig ist. Am besten geht man so vor, daß man das Thema PM-SW im Rahmen der PM-Einführung (s. a. Abb. XVII–4) als eigenständige Aufgabe abwickelt. Dabei geht es als erstes darum, die Ziele (PM-SW) sorgfältig zu definieren. Anders ausgedrückt, die Anforderungen der verschiedenen Interessengruppen (Geschäftsleitung, Projekte [groß / klein], EDV, usw.) sind klar und eindeutig festzulegen. Die Firmenleitung ist erstens an zusammengefaßte Projektstandsberichte (MIS) interessiert (s. a. Abb. XI–1) und zweitens an Auslastungs- und Prioritätsaussagen (s. a. Abb. XVII–3).

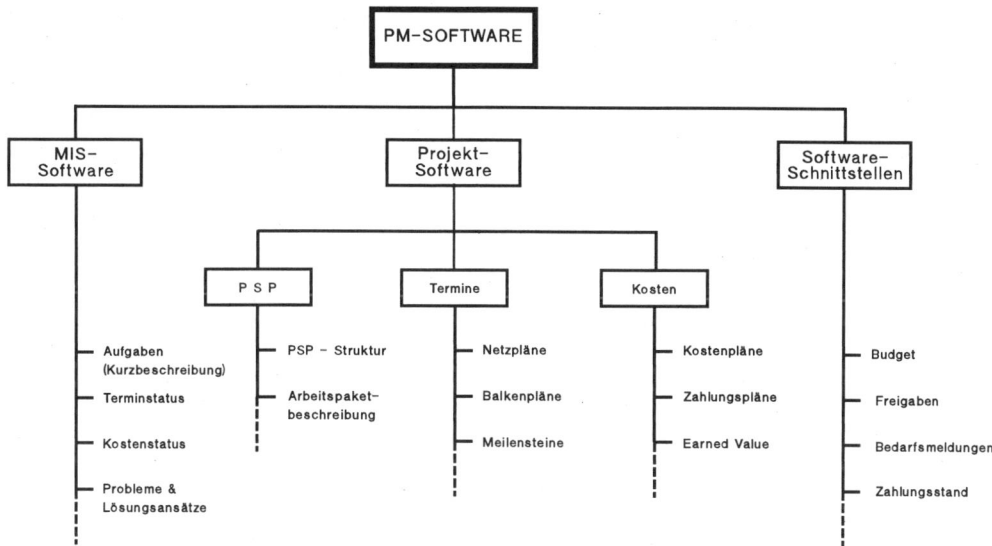

Abbildung XVIII-3: Geforderte PM-SW

Die Projektleitungen dagegen müssen vor allem die detaillierte Termin- und Kostenplanung in den Griff bekommen und dazu sind SW-Pakete, die einfach zu handhaben sind zu besorgen. Um den In- und Export von Kosteninformationen zur Finanzabteilung zu gewährleisten, sind entsprechende Schnittstellen zu den Kostenprogrammen der Finanzabteilung vorzusehen. In Abb. XVIII–3 ist die SW-Situation bildlich dargestellt.

Auswahlkriterien

Jeder fundierte Auswahlprozess setzt die Festlegung von aussagefähigen Kriterien voraus, anhand derer dann die Güte von auszuwählenden Produkten vorgenommen werden kann. Auswahlkriterien schaffen einen Maßstab für vorzunehmende Vergleiche. Leider ist es in der Praxis ja meist nicht so, daß Produkte leicht miteinander zu vergleichen sind. Bei Software-Produkten trifft dies im besonderen Maße zu. Da gibt es beim Produkt »A« z. B. den einen oder anderen bestechenden Vorteil aber gleichzeitig genügend Nachteile und beim Produkt »B« verhält es sich genau umgekehrt und beim Produkt »C« liegt der Fall wieder ganz anders.

Bei der Festlegung von Bewertungskriterien (Kriterienkatalog) sind zwei Punkte strikt zu beachten:

a) bei den Kriterien sollte es sich um harte, d. h. bewertbare Auswahlkriterien handeln und
b) die Kriterien sind entsprechend ihrer Bedeutung zu gewichten.

1980 veröffentlichte das Project Management-Institut (PMI), die Dachorganisation für Projektmanagement in den USA, eine Untersuchung über die zum Untersuchungszeitpunkt vorhandene

Planungs-Software in den USA. [11] Die Veröffentlichung hält die Charakteristik von fast 50 SW-Paketen fest und analysiert folgende Punkte:

A. Programmbeschreibung (Name, Lieferant, usw.),

B. Generelle Informationen zur Terminplanung,

C. Resourcenplanung,

D. Kosteninformationen,

E. Fortschrittskontrolle,

F. Berichterstattung,

G. Hardware-Anforderungen,

H. SW-Verfügbarkeit und Preis.

Dworatschek und Hayek veröffentlichten 1992 im Rahmen der GPM-Schriftenreihe für den deutschen Sprachraum die 3. Auflage des Marktspiegels Projektmanagement-Software, in dem ein sehr detaillierter Leistungskatalog für PM-SW wiedergegeben ist. [12] Dieser Leistungskatalog ist sicherlich zu umfangreich um ihn direkt als Kriterienkatalog für eine Kaufentscheidung zu verwenden, stellt aber eine ideale SW-Prüfliste dar, denn wer sich mit diesem Thema befaßt und eine professionelle Aussage treffen will, sollte auch gründlich sein. Allerdings hängt die Kaufentscheidung, wie eingangs bereits erwähnt, durchaus auch von subjektiven Faktoren und äußeren Eindrücken ab und nicht nur allein von objektiven Merkmalen.

Firmen- bzw. Projektleiter, die vor dem Problem zur Beschaffung von PM-SW stehen, sind gut beraten, wenn sie unter Einbeziehung aller vorhandenen Erkenntnisse (z. B. den zuvor genannten Marktspiegel für PM-Software) einen für sie maßgeschneiderten Kriterienkatalog erstellen, bzw. durch entsprechende Berater erstellen lassen und dann anhand dieses Kataloges die Auswahl treffen. In Abb. XVIII–4 ist ein von den Autoren erstellter Kriterienkatalog zur Beschaffung von PM-SW zur integrierten Termin- und Kostenüberwachung wiedergegeben; s. a. XVIII.2, Module 1, 2 und 3. Dabei ist zu beachten, daß (wie eingangs bereits erwähnt) die Kriterien entsprechend ihrer Bedeutung zu gewichten sind. Die Gewichtung ist der ausschlaggebende Faktor zur Beurteilung der PM-SW und für jedes Unternehmen individuell festzulegen. Die in Abb. XVIII–4 vorgeschlagenen Kriterien und ihre Gewichtung können natürlich entsprechend der jeweiligen Situation verändert, erweitert bzw. teilweise gekürzt werden. Dabei ist darauf zu achten, daß die Summe aller Gewichtungspunkte die vorgegebene Zahl von 100 Punkten ausmacht. Der hierauf aufbauende quantitative Bewertungsprozess verschiedener SW-Produkte wird im nachfolgenden Absatz beschrieben; s. a. Abb. XVIII–5.

Auswahlprozess

Der Auswahlprozess für Software ist eine sehr schwierige und wichtige Aufgabe, die von vielen Mitarbeitern unterschätzt wird. Es ist nicht nur eine Frage der Leistungsmerkmale und der Kosten die bei der Beschaffung berücksichtigt werden müssen, sondern andere wichtige Punkte wie z. B. Bedienerfreundlichkeit, Implementierbarkeit und Akzeptanz bei den Mitarbeitern kann ausschlaggebend für den Erfolg oder Mißerfolg des ausgewählten Software-Produktes sein. Es sollte daher unter allen Umständen vermieden werden, daß man über die Köpfe der Mitarbeiter hinweg, die später damit umzugehen haben, Kaufentscheidungen trifft. Die Softwareauswahl, also auch die Auswahl von PM-SW, ist ein in sich geschlossenes Projekt was daher genau zu definieren und zeitlich sowie finanziell genau festzulegen ist.

Kriterium	Gewichtung
1. Basis-Leistungsmerkmale	**50**
1.1 PSP-Modul	10
– PSP-Darstellung	
● Tabellarisch (Abb. A.4-1)	
● Graphisch (Abb. IX-6)	
– AP-Beschreibung (Abb. A.4-2)	
1.2 Terminplan-Modul	20
– Netzplanfähigkeit	
● CPM	
● PERT	
● MPM	
● Sonstige	
– Netzplankapazität	
– Balkenplandarstellung (Abb. A.4-3)	
– Meilensteindefinition (Abb. IX-13)	
– Statusermittlung (Abb. IX-25	
1.3 Kosten-Modul	20
– AP-Kostenplan (Abb. IX-18	
– PSP-bezogene Verdichtung	
– Zahlungsplan	
– Kostenhochrechnung (Abb. IX-33)	
– Leistungsermittlung (Abb. A.4-5)	
– Soll/Ist-Vergleich (Abb. IX-29)	
2. Zusätzliche Leistungsmerkmale	**20**
2.1 Multi-Projektplanung	5
– Vernetzung zu anderen Projekten	
– Vernetzung mit der Anlagenplanung	
2.2 Resourcenplanung- und Kontrolle	5
– Kapazitätsplanung	
– Auslastungsoptimierung	
– Vernetzung zur Betriebsabrechnung	
2.3 Berichterstattung (Informations-Modul)	10
– Datenverdichtung	
● Termine	
● Kosten	
● Resourcen	
– Presentation	
3. Produktunterstützung	**20**
3.1 Planungsunterstützung	5
– Implementationsplan	
– SW/HW-Schnittstellen	
– Andere Schnittstellen	
– Generelle Schnittstellen	
3.2 Implementationsunterstützung	5
– Handbücher	
– Individuelle Beratung	
– Demo-SW	

Abb. XVIII-4: Kriterienkatalog zur Auswahl von PM-SW

Kriterium	Gewichtung

3.3 Schulung
   – Schulungsunterlagen
   – Kurs-Qualität
   – Erfahrung des Trainer
	5

3.4 SW-Pflege
   – Up-dates
   – Wartung
   – Hilfestellung bei SW-Problemen
	5

4. **Bedienerfreundlichkeit**	**10**
Gesamt-Gewichtung	**100**

Abb. XVIII-4: Kriterienkatalog zur Auswahl von PM-SW (Fortsetzung)

Eine der schwierigsten Aufgaben für den Menschen ist die genaue Beschreibung der Wünsche und Anforderungen die man an ein System, eine Prozedur oder an seine Mitmenschen etc. stellt. Selbst im Glauben alle Anforderungen genau zu kennen stellt sich doch heraus, daß deren schriftliche Formulierung und deren Vollständigkeit zu einem Problem wird. Oft setzten sich Anforderungen aus verschiedensten Erlebnissen und Erfahrungen, zusammen. Hinzu kommt, daß die Anforderungen je nach Laune und momentaner Situation wechseln können. Was gestern noch extrem wichtig war ist heute vernachlässigbar und umgekehrt. Dadurch schwankt das Anforderungsprofil enorm und verschiebt sich entsprechend des jeweiligen Einflußes, der von außen ausgeübt wird.

Bei der SW kann dies Phänomen ebenfalls sehr stark auftreten. Ein Programm das bis zu einem gewissen Zeitpunkt als zufriedenstellend angegeben wurde ist plötzlich, durch eine Anforderung von außen, also durch äußeren Druck, der oftmals zwar nur kurz aber stark auftritt aus dem Akzeptanzrahmen herausgefallen. Durch ungefilterten Anforderungsdruck kommt es häufig leider zu unüberlegten Kurzschlußentscheidungen die sich später durch neu festgelegte Rahmenbedingungen wieder als völlig unzureichend erweisen. Bevor man also die gegebene Software-Situation auf den Kopf stellt sollte man vorher verschiedene Fragen gründlich klären:

a. *Ist die Anforderung schon anderweitig erprobt und als nützlich bewertet worden?*
Diese Frage mag vielleicht nicht immer sinnvoll sein da viele Anforderungen als gegeben und somit als »durchzuführen« festgelegt sind. Sie gibt aber Aufschluß auf die Handhabung der neuen Zieldefinition. Ein neues Projektkosten-Kontrollschema sollte vielleicht vorher mit einer schon vorhanden SW, auch wenn sie vielleicht etwas arbeitsaufwendiger ist, erprobt werden. Nach erfolgreicher Erprobung stellt sich die Frage nach einer PM-SW die diese Funktion mit übernimmt.

b. *Ist es nicht möglich daß die zusätzliche Anforderung mittels einer eigenen SW die gut mit den bestehenden zusammen arbeitet, erfüllt wird?*
Jeder der schon viel mit Software gearbeitet hat weiß, daß es die Universallösung nicht gibt. Eine SW mag in einem Bereich allen Anforderungen genüge tun, hat aber garantiert dafür ihre Schwächen in anderen Bereichen.

c. *Ist man mit der bestehenden PM-SW ansonsten zufrieden oder gibt es eine Reihe von Punkten die verbesserungswürdig wären?*

Dies ist eine sehr wichtige Frage, da nicht nur die Auswahl einer neuen PM-SW Kosten und einen enormen Aufwand darstellen, sondern auch eine Reihe zusätzlicher Parameter wie z. B.:
– die Einarbeitung der Mitarbeiter in ein neues System,
– das Implementier- und Akzeptanzproblem der neuen SW, usw.,
sind zu beachten. Außerdem sei jeder davor gewarnt anzunehmen es gäbe »die optimale SW Lösung« für eine Firma. Der Kauf einer neuen Software mag eine Vielzahl von alten Problemen lösen. Es werden aber mit Sicherheit neue Unzulänglichkeiten hinzutreten.

Hat sich das Unternehmen zur Einführung von PM-SW entschlossen, so kann die Prozedur der SW Auswahl beginnen und ist auch als sinnvoll anzusehen. Nachfolgend wird versucht, einige Hilfestellungen für das Finden und Bewerten von Auswahlkriterien zu geben.

a. Sammlung erster Produktinformation
Mit der Sammlung von Produktinformation sollte nicht erst nach Auswahl der Kriterien angefangen werden. Man wird nämlich sehr schnell feststellen, daß alleine durch die grobe Betrachtung der Informationsunterlagen von Konferenzen, Messen etc. schon eine Reihe von guten Kriterien herausgelesen werden können. In Broschüren wird dies besonders deutlich, da jede Firma nur die jeweiligen Pluspunkte ihres Produktes in den Fordergrund stellt. Eine weitere sehr interessante Quelle von Informationen über SW ist die Suche nach dem Gespräch mit Nutzern von Software-paketen. Diese Kontakte können besonders gut auf Konferenzen oder Seminaren getroffen werden. Es sollte aber immer eine kritische Einschätzung dieser Informationen erfolgen, da es sich hier vielleicht um Nutzer mit einem ganz anderem Anforderungsprofil handeln kann. Sehr interessant sind auch Vorführungen der Firmen über neue SW-Ausgaben (Releases) vor einem größeren Publikum. Bei solchen Vorführungen wird garantiert über die Schwachstellen der alten Ausgaben berichtet.

b. Feststellung des SW Leistungsprofils
Alle zuvor gesammelten Informationen führen zu einer Liste von Leistungsmerkmalen der betreffenden Software. Hierbei sind nicht nur die Zusammenstellung der technischen Daten von relevanz sondern auch sämtliche Informationen über Bedienerfreundlichkeit, Servicebereitschaft der SW-Firma, etc. Technische Daten können sehr gut aus den SW-Broschüren oder noch besser aus dem Projektmanagement-Software-Marktspiegel von Dworatscheck und Hayek entnommen werden[12]. Dieser Marktspiegel gibt einen detaillierten Überblick über das Leistungsprofil fast aller auf dem Markt befindlichen PM-SW. Zusätzliche Informationen können auch durch einen Fragekatalog an die betreffenden Firmen erworben werden. Dies hat den Vorteil, daß man eine einheitliche Basis für den späteren Produktvergleich geschaffen hat.

c. Anforderungen der späteren Bediener
Eine der wichtigsten Schritte zur Auswahl von PM-SW ist die frühe und kontinuierliche Einbeziehung der Bediener. Eine noch so aufwendige Auswahl unter Einbeziehung aller technischen Parameter und Umgebungsbedingungen kann letzendlich an den Bedienern scheitern. Ist schon der Anwender in den Auswahlprozess einbezogen so kann er später nicht durch Argumente »Uns hat man ja nicht gefragt«, »Die haben die falsche SW ausgewählt« oder »Die Software entspricht nicht einmal unseren Minimalanforderungen« das Projekt zum Scheitern bringen. Die Einbeziehung des Anwenders sollte daher schon von Anfang an im Vordergrund stehen. Wichtig sind vor allem folgende Schritte:
– Ist die Entscheidung zur Einführung einer neuen firmeneinheitlichen PM-SW vom Firmen-

Kriterium	Gewichtung	SW 1		SW 2	
		Punkte	Ergebnis	Punkte	Ergebnis
1.	10	85	850	70	700
2.	25	60	1,500	80	2,000
3.	15	70	1,050	70	1,050
n.					
Total	100	–	7,450	–	8,150

Abb. XVIII-5: Quantitativer Produktvergleich

management gefällt worden, so sollte der damit beauftragte Verantwortliche alle betreffenden Personen über diese Entscheidung informieren.

– Um ein firmenspezifisches Anforderungsprofil zu ermitteln sollten die Anwender um eine kurze Beschreibung ihrer PM-Tätigkeiten in Bezug auf Plannung und Steuerung mittels Softwareunterstützung gebeten werden.

– Mittels eines Fragekataloges kann man weitere Ideen, Informationen und eine ausreichende Einbeziehung der Anwender erreichen.

– Beim konkreten Produktvergleich und der Auswahlentscheidung sollten zumindestens die wichtigsten Anwender einbezogen werden. Dies kann z.B. durch eine Präsentation der in Betracht kommenden SW in der Firma erreicht werden.

d. Aufstellung der Auswahlkriterien

Alle gesammelten Informationen müssen nun gefiltert und zu einem logisch aufgebauten Kriterienkatalog zusammengefaßt werden; s.a. Abb. XVIII–4. Dieser Katalog bildet die Grundlage für die Bewertung der angebotenen Software. Er wird von Unternehmen zu Unternehmen unterschiedlich sein, da er unterschiedliche Schwerpunkte und Anforderungen der Unternehmen wiederspiegelt. Auf der Basis dieses Katalogs kann die SW entsprechend der einzelnen Kriterien bewertet werden, was dann zum Produktvergleich führt; s. a. Abb. XVIII–5. Die Gesamtpunktzahl errechnet sich aus der Addition aller pro Kriterium ermittelten Einzelpunkte, und die wiederum sind das Ergebnis aus der Multiplikation der Einzelbewertung (0–100) mit der jeweiligen Gewichtung; s.a. Kap. XIV.4.

Kosten sollten bei dieser Bewertung noch nicht berücksichtigt werden. Erst nach Abschluß des technischen Vergleiches empfiehlt es sich Preis-Leistungsvergleiche durchzuführen. Mittels dieser Tabelle werden die am besten geeigneten SW-Lösungen ermittelt, was eine Grundvoraussetzung für alle Folgeschritte ist.

e. Produktvergleich und Auswahlentscheidungen

Nach Festlegung des Anforderungsprofils und dem Vergleich der Leistungsdaten der einzelnen Softwarepakete gilt es nun diese gegeneinander abzuwägen und mit Hilfe der ermittelten Punkte die Auswahlentscheidung zu treffen. Selbstverständlich sind darüber hinaus ggf. auch noch weitere, nicht zu quantifizierende Faktoren, mit einzubeziehen. Letzlich entscheiden dann natürlich auch der Preis und die generellen Lieferbedingungen über den Kauf der PM-SW. Der durch Zahlen belegte Produktvergleich (Abb. XVIII–5) ist ein unbestechliches Instrument zur Entscheidungsfindung.

An dieser Stelle darf nicht unerwähnt bleiben, daß es bei der SW-Auswahl natürlich auch auf die

Verhältnismäßigkeit der Mittel ankommt. Ein Unternehmen, das sich entschlossen hat, nur geringe Mittel für PM-SW auszugeben, wird nicht bereit sein größere Mittel für den Auswahlprozess bereitzustellen. Bei der Suche nach sogenannter Billig-SW empfiehlt sich die Probiermethode, d.h. trial and error!

4. SW-Implementation

Implementationsprobleme

Die Einführung neuer SW hat stets eine Änderung der Betriebsabläufe zur Folge. Aus diesem Grunde ist jede SW-Einführung auch gleichzeitig eine organisatorische Maßnahme und deshalb oftmals auch mit Problemen behaftet. PM-SW macht hier keine Ausnahme, denn es ist nicht allein damit getan, daß man das SW-Paket beschafft und dann technisch auf die dafür notwendige HW installiert, sondern die Firmenmitarbeiter müssen mit der neuen PM-SW auch richtig umgehen. Obwohl das bisher gesagte zwar selbstverständlich ist, wird jedoch oft der Fehler begangen die Implementationschwierigkeiten zu verharmlosen und daran scheitert die Implementation von PM-SW weitaus öfter als an anderen Mängeln.

PM-SW muß als ein Bestandteil der PM-Einführung verstanden werden und deshalb in Übereinstimmung mit dem PM-Implementationsplan des Unternehmens (s.a. Abb. XVII–4) eingeführt werden. Trotzdem können sich bei der Einführung von PM-SW noch eine Reihe von Problemen ergeben. Drei typische Probleme werden nachfolgend beschrieben:

– System-Unverträglichkeit

Es ist von vornherein darauf zu achten, daß die ausgewählte PM-SW mit allen anderen SW-Konzepten des Unternehmens kompatibel ist und selbstverständlich auch keine HW-Unverträglichkeiten nach sich zieht. Hayek weist in diesem Zusammenhang auf die fließende Grenze zwischen System- und Anwender-Software hin und erwähnt, daß Programme die früher zur Anwender-Software zählen, heute zu einem unverzichtbaren Bestandteil der System-Software geworden sind.[13]

– Mangelnde Bedienerfreundlichkeit

Hier handelt es sich um ein gravierendes Problem, das bereits mehrfach angesprochen wurde. Die Bedienung der SW durch die Projektmitarbeiter sollte so einfach wie möglich sein, was jedoch nicht automatisch bedeutet, daß es sich um eine einfache und mit wenig Möglichkeiten versehene PM-SW handeln muß. Hier ist der Implementationsprozeß angesprochen. Die Vielseitigkeit der PM-SW, die ja zu mehr Komplexität und dadurch zur schwierigeren Handhabung führen kann, muß dazu genutzt werden, daß in der Implementationsphase durch SW-Fachleute maßgeschneiderte und einfache Anwenderlösungen geschaffen werden. So ist es z.B. ein Unterschied ob ein Projektleiter über seinen PC oder vernetzten Bildschirm Ergebnisse abfragen möchte oder ob der verantwortliche Planer oder Projektkaufmann gerade eine Analyse durchführen will. Es ist wichtig, daß die jeweilige Arbeitsplatzsituationen genau erfaßt und bei der Auslegung der PM-SW berücksichtigt wird.

– Fehlende Akzeptanz

PM-SW wird aus einer Reihe von Gründen nicht akzeptiert und abgelehnt. Neben den objektiven Gründen erfolgt die Ablehnung, oftmals auch aus sehr subjektiven und sogar fadenscheinigen Anlässen. Aber auch ojektive, sachliche Gründe sind oft ein Akzeptanz–Hindernis. Die häufigsten Gründe sind:

- Man ist gegen alles Neue – Es hat doch bisher alles gut funktioniert!
- Es ist unbequem sich an neue Methoden und Verfahren zu gewöhnen – Die bisherigen Methoden kennt man!
- Das Neue (z. B. neue, einheitliche PM-SW) schafft organisatorische Unruhe und Aufregung – Man mag die eingefahrenen Gewohnheiten nicht verlassen!
- Die Verfeinerung der PM-Methoden durch verbesserte PM-SW führt zu mehr Transparenz was ebenfalls häufig auf Ablehnung stößt – Angst vor zuviel Transparenz (der gläserne Mensch)!
- Die neue PM-SW ist nicht bedienerfreundlich, kompliziert und umständlich – Es entsteht innerer Widerstand und Ablehnung!
- Das ausgewählte PM-Konzept, einschließlich der PM-SW ist falsch ausgelegt; z. B. zu groß und/oder mit der Firmenkultur nicht in Einklang zu bringen – Es paßt nicht in die Firmenlandschaft und wird unterlaufen!

Die hier genannten Beispiele die zu fehlender Akzeptanz führen repräsentieren nur einen kleinen Ausschnitt möglicher Akzeptanzprobleme, an die bei der Auswahl, Beschaffung und Implementation von PM-SW gedacht werden muß. Um Akzeptanzprobleme im Ansatz zu vermeiden, muß man schon mit Beginn der PM-Einführung durch gute und umfangreiche Information und vorbereitende Schulung Ängste und Sorgen bei den Mitarbeitern abbauen. Am besten ist es, wenn eine frühzeitige und möglichst umfassende Einbindung aller Betroffenen in den Auswahlprozess für die PM-SW stattfindet. Das führt zur aktiven Beteiligung und sachgerechten Beeinflussung der Kaufentscheidung und dadurch dann auch zu der notwendigen Akzeptanz.

Implementationsplan

Die Einführung der ausgewählten PM-SW muß planvoll und im Rahmen der Gesamt-PM-Einführung erfolgen. Allerdings sollte nicht vergessen werden, daß die Einführung von Software und somit auch die Einführung von PM-SW mit vielen Problemen gekoppelt ist. Hayek drückt das so aus: »Die Entscheidung für eine bestimmte PM-SW bleibt trotz systematischer Auswahl wie der Sprung ins kalte Wasser« und er fährt fort: »Ein Strategieplan zur Einführung und Nutzung von PM-SW wird empfohlen«. [14] Die Strategie zur Einführung von PM-SW muß mit der übergeordneten Strategie zur PM-Einführung (s. a. XVII.4) eng verknüpft sein, denn es geht ja primär nicht um die isolierte Einführung von PM-SW, sondern um die Einführung von PM und im Anschluß daran dann um die Einführung von PM-SW. Eine Grundvoraussetzung zur Akzeptanz von PM-SW ist die Akzeptanz von PM im Unternehmen. PM-SW ist Mittel zum Zweck und stimmt der erste Schritt nicht, so funktioniert auch der zweite nicht ohne Probleme.

Nach erfolgreicher SW-Auswahl (s. Abb. XVIII-5) sind folgende Einführungsschritte notwendig:

- Präsentation der neu erworbenen PM-SW gegenüber den SW-Anwendern und dem Firmenmanagement.
- Erarbeitung von Richtlinien zur Handhabung der PM-SW im Betrieb.
- Ausarbeitung eines ausführlichen Schulungskonzeptes für die PM-SW.

– Bereitstellung von weiterführender Bedienerunterstützung.

Die hier genannten SW-Implemenationsschritte müssen mit dem übergeordneten PM-Implementationsplan (Abb. XVII–4) so eng wie möglich abgestimmt sein. Die Einführung und Implementation neuer SW bringt immer Anfangsschwierigkeiten mit sich, die aber von allen Beteiligten mit einer positiven Einstellung gelöst werden sollten.

Quellen zu Kapitel XVIII

1 Gareis, Roland: Lean Management und Projekte, Projektmanagement 2/93, Verlag TÜV Rheinland, S. 8.
2 Hayek, Asad: Projektmanagement-Software, Verlag TÜV Rheinland, 1993, S. 73.
3 Erfahrungsbericht liegt den Autoren vor.
4 Dworatschek, Sebastian und Hayek Asad: Marktspiegel Projektmanagement-Software, Verlag TÜV Rheinland, 3. Auflage, 1992, S. 31.
5 Oxford University Press: Computer Lexikon, SYBEX-Verlag GmbH, Düsseldorf, 1991, S. 155.
6 Schnorrenberg, Uwe: Expertensysteme im Projektmanagement, Projektmanagement, 3/92, Verlag TÜV Rheinland, S. 40.
7 NASA: PERT & Cost Correlation Technique (PACCT), SC-006–003–1A, 1966.
8 AFSC: Cost/Schedule Control System Criteria (C/SCSC), 1966.
9 Spitscka, Horst: Praktisches Lehrbuch der Organisation, 4. Auflage, 1988, S. 210.
10 Szyperski, Norbert: Das elektronische Büro, Bild der Wissenschaft 1–1984, S. 79.
11 PMI: Survey of CPM Scheduling Software Packages and Related Project Control Programs, PMI, P.O. Box 43, Drexel Hill, Pennsylvania 19026, USA, January 1980.
12 Vgl. Quelle 4.
13 Vgl. Quelle 2, S. 13
14 Vgl. Quelle 2, S. 371 f.

Anhang

Anhang 1
Projekt–Begriffsdefinition

Projekte sind Vorhaben mit definiertem Anfang und Abschluß, die durch die Merkmale zeitliche Befristung, Einmaligkeit, Komplexität und Neuartigkeit gekennzeichnet sind und wegen ihres interdisziplinären Querschnittcharakters eine vorübergehende organisatorische Veränderung und damit verbunden auch eine Neufestlegung der Aufgabenbereiche im Betrieb bewirken können (in Anlehnung an [1], S. 9); kurz: *ein Projekt ist ein außergewöhnliches Vorhaben*.

1. Ein Projekt – was ist das?

1.1 Notwendigkeit zur Definition des Projekt-Begriffes

Die Fragen »Was ist eigentlich ein Projekt« und »Wie läßt sich ein Projekt am besten definieren« sind von großem Interesse, weil beide Fragen in engstem Zusammenhang mit der Anwendung der Methoden und Verfahren des Projektmanagements stehen. Erwartet man bei der Durchführung von schwierigen behördlichen und industriellen Aufgaben wirkungsvolle Hilfe durch Projektmanagement, so kann sich ein entsprechender Erfolg nur dann einstellen, wenn es sich dabei auch tatsächlich um Projekte handelt, denn was bei der Durchführung von Projekten Wirkung zeigt, ist bei der Abwicklung von Nicht-Projektaufgaben unter Umständen nutzlos oder gar störend. Um derart unliebsame Auswirkungen bereits im Vorfeld zu vermeiden, ist es lohnend, vor der Einführung von Projektmanagementmethoden erst einmal zu prüfen, ob überhaupt Projektaufgaben vorliegen. Dies ist insbesondere auch im Zusammenhang mit dem allgemein feststellbaren Trend zur Einführung von Modebegriffen zu sehen. Dieser Entwicklung ist energisch entgegenzuwirken, um Enttäuschungen zu vermeiden. Ein erster wichtiger Schritt ist deshalb die Feststellung, ob im konkreten Fall Projektaufgaben vorliegen oder nicht.

Die Definition des Projektbegriffes scheint im ersten Moment einfach, aber bei genauer Betrachtung läßt sich dann leicht feststellen, daß viele der verwendeten Definitionen auch für Nicht-Projektaufgaben anwendbar sind. Dülfer schreibt in diesem Zusammenhang ([2], S. 4): »Der Projektbegriff gehört zu jenen Termini, die jedermann versteht und genau zu kennen glaubt, deren präzise merkmalsmäßige Festlegung jedoch unerwartete Schwierigkeiten erkennen läßt«.

1.2 Besonderheiten eines Projektes

Bei der Definition des Begriffes »Projekt« kommt man nicht darum herum, mit aller Klarheit die Besonderheiten die ein Projekt kennzeichnen zu bestimmen, um einen eindeutigen Unterschied zu Nicht-Projektaufgaben herauszuschälen. Rüsberg hat bereits 1977 mit nachfolgender Beschreibung den Versuch unternommen, die Eigenschaften, für den deutschsprachigen Raum festzulegen ([3], S. 20):

»Unter dem Begriff Projekt sollen ungewöhnliche Vorhaben verstanden werden, die durch

– einmalige (azyklische) Abläufe,
– definierbare Anfangs- und Endzeitpunkte,

- Aufgabenstellung und Zielsetzung,
- die Beteiligung mehrerer oder zahlreicher Menschen, Arbeitsgruppen, Unternehmen oder Institutionen, und
- Komplexität

gekennzeichnet sind«.

Eine von allen Autoren angewendete Charakterisierung von Projekten ist vor allem die zeitliche Begrenzung durch Anfang und Ende. Untersucht man den Lebenszyklus eines Projektes, so stellt man fest, daß jedes Projekt, ganz gleich um welche Projektart es sich handeln mag (Forschung, Organisation, Anlagenbau, usw.), einen ganz bestimmten sich immer wieder gleichenden Zyklus durchläuft. Der Lebenszyklus eines Projektes beginnt mit dem Planungs- und Vorbereitungsprozeß (Planungsphase), um dann die eigentliche Projektaufgabe (Realisierungsphase) planvoll durchführen zu können, und die Projektergebnisse stellen dann den Projektabschluß dar.

Projekte sind Vorhaben mit definiertem Anfang und Abschluß; s. a. IV.2. Obwohl diese Definition trivial und absolut zutreffend ist, sind Anfang und Ende in der Praxis aber nicht immer klar erkennbar. Manch ein Vorhaben beginnt diffus und endet dementsprechend. Die Bedeutung, ein Projekt so gründlich wie möglich von A bis Z zu erfassen, kann jedoch nicht klar genug unterstrichen werden. Es ist von allergrößter Wichtigkeit, sämtliche Elemente eines Vorhabens klar und deutlich zu erfassen, um eine korrekte Investitionsbetrachtung vornehmen zu können. Oft werden für ein zukünftiges Projekt schon sehr früh richtungsweisende Studien durchgeführt, die zum Zeitpunkt des offiziellen Projektbeginns manchmal bereits fast wieder vergessen sind. Sie gehören aber finanziell, und was noch wichtiger ist, vom Gesichtspunkt der Meinungsbildung her eindeutig zum zukünftigen Projekt. Das Projektende hat fast noch eine viel wichtigere Bedeutung für die Beurteilung der Projektgeschehnisse. Ist das Projektende, nach dem Motto »Ende offen« nicht klar erfaßbar, so sind auch die Projektkosten aller Einzelaufgaben nicht eindeutig zu ermitteln.

Erst mit dem eindeutigen Projektende kann man endgültig eine Antwort auf die Frage »hat sich das Projekt gelohnt« geben, denn nun ist man sicher, daß das Projekt nicht durch weitere Kosten belastet wird, und einer Gewinn- und Verlustrechnung steht nichts mehr im Wege.

1.3 Geschichtlicher Rückblick

Die Durchführung von Projekten ist nicht nur eine Erscheinung der Neuzeit. Aus der Geschichte sind uns bereits große Projekte, wie zum Beispiel der Bau der Pyramiden oder die Chinesische Mauer bekannt. In der jüngeren Geschichte stellen der Panama- und Suezkanal vergleichbar gigantische Vorhaben dar. Aber auch die Errichtung des Eiffelturms zur Weltausstellung in Paris kann in die Reihe großer Projekte der Weltgeschichte mit aufgenommen werden. Sehr oft wurden derartige Vorhaben auch im Rahmen militärischer Zielsetzungen realisiert, zum Beispiel der Aufbau großer Kriegsflotten in den verschiedenen geschichtlichen Epochen. Die Realisierung all dieser Vorhaben setzte ohne Zweifel ein wirkungsvolles Management voraus.

Webb schreibt in seinem Buch Space Age Management ([4], S. 35), daß die Realisierung sehr großer Vorhaben während des 2. Weltkrieges die Regierungsstellen der USA vor besonders schwierige Probleme stellte: »Wir mußten im Rahmen der allgemeinen Aufrüstung sehr große und komplexe Spezialaktivitäten einleiten, um komplizierte und eilige Arbeiten erledigen zu können, was mit den existierenden und eingeführten Organisationsmethoden jedoch nicht möglich war.« Insbesondere das 1941 begonnene Manhatten Engineering District Project, die Entwicklung der ersten Atombombe, erforderte aufgrund der enormen Verflechtung von Wissenschaftlern und Ingenieuren aus Universitäten, Industrie und Regierung völlig neue Organisationsstrukturen. Webb führt ferner aus, daß die Durchführung der schwierigen Aufgaben von keiner der damals existierenden staatlichen Stellen optimal möglich war. Die angestrebte Lösung war eine selbständige Spezialorganisation oder eine autonome Organisation im Rahmen einer bereits bestehenden Regierungsstelle.

1.4 Systemtechnik und Management zur Durchführung von Projekten

Die Realisierung industrieller und öffentlicher Projekte in unserer Zeit zielt vorwiegend auf systemtechnische Lösungen hin. Auch bei Vorhaben, bei denen die Begriffe System oder Systemtechnik nicht explizit verwendet werden, ist aus der Zielsetzung oft leicht zu erkennen, daß es sich im Prinzip doch um die Realisierung von Systemen handelt. Systemtechnik und Projektmanagement sind eng miteinander verknüpft. Die Errichtung einer Fabrikhalle, eines Kraftwerkes oder einer öffentlichen Einrichtung, wie zum Beispiel ein modernes Schwimmbad, setzen heute mehr denn je systemtechnische Denkansätze voraus. Hierzu Kappel und Schwarz ([5], S. 27): »Es ist kaum zu übersehen, daß das systemare Denken nicht nur die Wissenschaft, sondern darüber hinaus auch »das tägliche Leben in gewissem Sinne verändert hat«.

Die Realisierung von Projekten hängt heute in weit größerem Maße von externen Einflußfaktoren ab, als dies noch vor einigen Jahren der Fall war. Technologische Projekte, die in der Regel als offene Systeme angesehen werden können, müssen bereits im Planungsstadium mit ihrer Umwelt, das heißt mit externen Systemen, sorgfältig vernetzt werden, um nicht als plötzlicher Störfaktor in Erscheinung zu treten. Das heißt, im Frühstadium eines Projektes (zum Beispiel in der Konzeptphase) sind bereits Verträglichkeitsstudien durchzuführen, um die Wechselwirkungen (Input-/Outputgrößen) des zu schaffenden Systems mit der Umwelt oder anderen technischen Systemen genauestens zu analysieren. Dabei spielen nicht allein technische und wirtschaftliche Faktoren eine Rolle, sondern mehr und mehr auch politische, ökologische und soziologische Parameter. Die Entwicklung und Implementation von Mikroprozessoren ist hierfür ein anschauliches Beispiel. Henning schreibt in diesem Zusammenhang ([6], S. 164): »Das systemtechnische Arbeiten am Projekt kennt heute neben der technischen die ökonomische, politische, soziologische und ökologische Dimension.« Die ungewollten Input-Output-Faktoren, zum Beispiel die sich einstellenden Arbeitsplatzveränderungen bei der Einführung von Mikroprozessoren in der Industrie und bei den Behörden, müssen mit gleicher Akribie untersucht werden wie die gewollten Wechselwirkungen.

Die Realisierung eines Projektes beginnt mit der Projektzielsetzung, die durch einen Anforderungskatalog manifestiert wird bzw. werden sollte. Zu diesem Zeitpunkt ist das zukünftige System in seiner Konfiguration noch nicht festgelegt, sondern es sind nur die Anforderungen, die an das zukünftige System gestellt werden, bekannt. Im Rahmen der Konzeptphase wird das zukünftige System unter Einbeziehung der vorgegebenen Randbedingungen formuliert. Das Ergebnis der Konzeptphase ist in der Konzeptdokumentation, bestehend aus vorläufigen Planungsunterlagen und einer vorläufigen Systemspezifikation, festzuhalten. Die Herausgabe der Systemspezifikation (erste/vorläufige Ausgabe) ist ein wichtiger Meilenstein in der Projektgeschichte. In ihr wird das zukünftige System verankert, und es wird ein wichtiger Bezugspunkt für alle nachfolgenden Tätigkeiten geschaffen.

Die Entwicklungen des Managements von Projekten sind richtungsweisend bei der Lösung komplexer Systemaufgaben und gleichzeitig Wegbereiter neuer Management- und Organisationskonzepte bei den Behörden und der Industrie. Die Luft- und Raumfahrt nimmt in diesem Prozeß häufig die Rolle des Wegbereiters ein, so zum Beispiel bei der Entwicklung des oft zitierten Konzepts der Matrixorganisation [7]. Die Luft- und Raumfahrt war von je her eine Branche mit hohem Innovationsgrad. Extreme Projekt- und Systemziele fordern immer wieder zu technologischen und administrativen Pionierleistungen heraus. Technologisch insbesondere deshalb, weil das Kunststück zu vollbringen ist, Geräte herzustellen, die über lange Zeiträume hinweg fehlerfrei funktionieren müssen, ohne daß sie in diesen Zeiträumen gewartet oder ausgetauscht werden können. Bei modernen Nachrichtensatelliten geht man zum Beispiel davon aus, daß sie über eine Zeitspanne von mehr als zehn Jahren unter Weltraumbedingungen wartungsfrei voll funktionsfähig bleiben. Auf der anderen Seite müssen derartige Spitzenleistungen unter sehr strengen Gewichts- und Raumbegrenzungen erbracht werden, da die zur Verfügung stehenden Transportgeräte nur eine begrenzte Nutzlastkapazität haben.

Der Einsatz neuzeitlicher Projektmanagement-Methoden in Verbindung mit den Erkenntnissen der Systemtechnik ist in allen Bereichen unserer Gesellschaft, wo es zum Beispiel um öffentliche Bauvorhaben, Industrieprojekte oder Aufgaben in sozialen Bereichen geht, zu empfehlen.

2. Literaturanalyse

2.1 Literaturzusammenstellung

Ein Blick in die Projektmanagement-Literatur zeigt, daß bereits mehrfach Ansätze zur Definition des Projektbegriffs vorgenommen wurden. Die herausgestellten Merkmale sind zum großen Teil deckungsgleich, was die Bestimmung typischer Projektmerkmale unterstreicht. Es wurden jedoch auch Merkmale herangezogen, die zwar projekttypisch sein können, jedoch auch für Nicht-Projektaufgaben kennzeichnend sind.

Im folgenden Abschnitt wird zuerst anhand vorhandener Literatur untersucht, wie der Projektbegriff in den gängigen Werken definiert wurde. Der Autor hat hierzu die aus seiner Sicht maßgeblichsten Publikationen herangezogen. Wenden wir uns nun den diversen Begriffsbestimmungen verschiedener Quellen zu.

(1) Duden 1980 ([8], S. 2050):
Zuerst ein Blick in den Duden. Der Duden ist in diesem Zusammenhang zwar nicht als fachlich kompetentes Werk anzusehen, wird aber wegen seiner großen Verbreitung miteinbezogen. Dort sind die Zwillingsbegriffe Programm und Projekt wie folgt definiert:

Programm:
a) vorgesehener Ablauf;
b) die nach einem Plan genau festgelegten Einzelheiten eines Vorhabens.

Projekt:
a) [großangelegte] geplante oder bereits begonnene Untersuchung;
b) [großangelegtes] Vorhaben:
  – ein bautechnisches Projekt;
  – ein interessantes, kühnes, phantastisches Projekt;

- die Autobahnbrücke ist ein gigantisches Projekt;
- ein Projekt zur Erschließung der Sonnenenergie;
- ein Projekt vorbereiten, realisieren, verwerfen;
- sich mit einem Projekt der Raumfahrt beschäftigen, tragen.

Im Duden wird neben dem Begriff »Projekt« auch der Zwillingsbegriff »Programm« beschrieben. Beide Begriff werden ja häufig nebeneinander und völlig gleichwertig zueinander verwendet. Manchmal sogar in gemischter Form in ein und demselben Dokument.

(2) Nasa, 1963 ([9], S. 75, 76, 91):
Hier nun die Begriffsbestimmung der NASA, die dem Apollo-Terminologiehandbuch entnommen ist:

- Project – A scheduled undertaking, within a program, which may involve the research and development, design, construction and operation of a system and associated hardware, or hardware only, to accomplish a scientific or technical objective.
- Programm – A related series of undertakings designated to accomplish a broad scientific or technical goal.
  Attainment of such long range goals may be accomplished by implementation of specific projects.
- space Flight Project – a task within the real program of space flight which leads to the accomplishment of mission objectives, e.g. collection of scientific data, transportation of cargo and personel between two terminals, and satisfaction of commercial requirements.

(3) Nasa, 1965 ([10], S. 9):
Im NASA-Handbuch für Programmplanung sind die Programm-Projektebenen festgelegt:
»Manned space flight schedules will be segregated into appropriate levels based on a program work breakdown structure and in accordance with the existing organization«.

Overall Manned Space Flight Program
- Level 1: Individual Flight Programs
- Level 2: Projects
- Level 3: Primary Systems
- Level 4: Subordinate Systems

(4) NASA, 1967 ([11], S. 2–7):
Im NASA-Managementhandbuch für das Apollo-Programm sind die Programmebenen entsprechend ihrer Managementbedeutung beschrieben:
- Level 0: Policy Level
- Level 1: Program-wide management in the Apollo Program Office
- Level 2: Management at the NASA Field Center level.
- Level 3: Management at the Prime Contractor level.

(5) Rüsberg, 1971 ([3], S. 20):
»Unter dem Begriff Projekt sollen ungewöhnliche Vorhaben verstanden werden, die durch

- einmalige (azyklische) Abläufe,
- definierbare Anfangs- und Endzeitpunkte,

– Aufgabenstellung und Zielsetzung,
– die Beteiligung mehrerer oder zahlreicher Menschen, Arbeitsgruppen, Unternehmen oder Institutionen, und
– Komplexität gekennzeichnet sind«.

(6) Dreger, 1975 ([12], S. 2):
»Beim Projekt handelt es sich um einen Maßnahmenkomplex, der dadurch gekennzeichnet ist, daß er eine endliche Ausdehnung hat, nur einmal durchgeführt wird, einen definierten Startpunkt und ein definiertes Ziel hat. Ein Projekt ist ferner dadurch gekennzeichnet, daß es ein definitiv vorgegebenes Ziel haben muß, das auch in seiner Erfüllung kontrolliert werden kann. Es wird »one-way-through« abgewickelt.«

»Ein Projekt ist immer eine selbstständige bzw. zumindest lokalisierbare Aufgabe, kann aber auch ein Teil einer übergeordnetenAufgabe sein. Hier scheint die definitionsmäßige Nahtstelle zwischen Projekt und Programm zu liegen.«

(7) Archibald, 1976 ([13], S. 18 und 25):
Archibald definiert die Begriffe Programm, Projekt und Aufgabe wie folgt:
- Programm: A long-term undertaking which is usually made up of more than one project. Sometimes used synommously with »project«.
- Project: A complex effort, usually less than 3 years in duration, made up of interrelated tasks performed by various organizations, with a well-defined objective, schedule and budget.
- Task: A short-term effort (usually 3 to 6 months) performed by one organization, which may combine with other tasks to from a project.

»A project, as defined here, is a complex, unique effort that cuts across organizational lines, has a definite start and finish point, and has specific schedule, cost, and technical objectives. A project, therefore, has important functional department handling repetitive work on essentially a never ending basis.«

(8) Dülfer, 1982 ([2], S. 7):
Von Dülfer werden unter Einbeziehung diverser Quellen folgende Projektmerkmale genannt und kritisch untersucht; die anwendbaren Merkmale sind mit einem Pluszeichen versehen:
- Zielvorgabe; die Zielvorgabe wird als konstitutives Merkmal des Projektbegriffs angesehen (+).
- Zeitliche Determination; ein unstrittiges Projektmerkmal (+).
- Einmaligkeit; obwohl relativierbar, kann dieses Merkmal als zutreffend angesehen werden (+).
- Neuartigkeit; nicht konstitutiv für den Projektbegriff.
- Komplexität; hat keine konstitutive Bedeutung als Projektmerkmal, kann jedoch als Kriterium zur Differenzierung herangezogen werden (+).
- Aufgabenbezogenes Budget; läßt sich zur Projektdefinition kaum heranziehen.
- Rechtlich-organisatorische Zuordnung; dieses Merkmal spielt bei der Differenzierung verschiedener Projekttypen offensichtlich eine relevante Rolle (+).

(9) Groth, Erbslöh, Hugelshofer und Strombach, 1983 ([14], S. 10):
Obengenannte Autoren verwenden folgende Kurzformel:
»Projekt ist ein temporäres (zeitlich begrenztes) Vorhaben«.

(10) Reschke und Svoboda, 1983 ([15], S. 6):
»Ein Projekt ist eine Aufgabe die durch folgende Merkmale besonders gekennzeichnet ist:

- Vorhandensein eines Satzes von Projektzielen (unabhängig von der Schärfe oder Unschärfe ihrer Formulierung).
- Zeitliche Befristung, mit einem relativ großem Abstand zwischen definiertem Anfangs- und Endzeitpunkt (Aufgabe mit relativ langem Wiederholzyklus).
- Interdisziplinärer Charakter der Aufgabenstellung, der eine besondere, über die bestehende Abteilungsgliederung hinausragende Koordination erfordert (fachabteilungsübergreifende Kombination von Spezialisten).
- Relative Neuartigkeit, die ein Projekt von anderen Aufgaben unterscheidbar macht (keine Routineaufgabe) und ein relatives Risiko der Zielerreichung in sich birgt.
- Finanzieller Rahmen für die im Zusammenhang mit der Projektbearbeitung anfallenden Kosten und Investitionen (Projektbudget).«

(11) Rosenau, 1984 ([16], S. 2, 5):
Rosenau definiert zuerst den Begriff Projekt:
- Projects are one-of-a-kind undertakings that originate when something has to be done. Projects are temporary undertakings with a specific objective that are accomplished of appropriate resources.
- As a general rule, if, for example, an amplifier is different from one another, then building each is a project. If each amplifier is virtually identical, you have a production line for and are not engaged in a project per se.
- There ar many ways to charcterize projects. »Hardware project« and »software project« are common terms, depending on whether the final result is a tangible product (hardware) or a computer program accompanied by a report or some other form of documentation (software).
- Thus, the product or endresult of a project is a second characteristic.
- A project is not an ongoing activity, but rather an undertaking that ends with a specific accomplishment.

Im zweiten Schritt erfolgt dann eine Definition des Begriffs Programm:
- »Program« is sometimes used synoymously with »project«. Thus, the expression »program management« may be used interchangeabbly with »project management«. However, programs are not normally considered to be a collection of interrelated projects. Some organizations use task management as well.
- Program management, project management, and task-management as well.
- Program management, project management, and taskmanagement are generally identical. But programs are usually larger than projects and projects are usually larger than tasks.

(12) Platz und Schmelzer, 1986 ([17], S. 2):
Hier nun die Begriffsbestimmung nach Platz und Schmelzer:
»FuE-Projekte sind durch bestimmte Merkmale gekennzeichnet:
- Zielvereinbarung,
- Zeitliche Befristung,
- Begrenzte Ressourcen,
- Einmaligkeit,
- Komplexität,
- Größe,
- Neuartigkeit,

– Unsicherheit und Risiko,
– Dynamik,
– Interdisziplinäre Zusammenarbeit.«
Die ersten drei sind laut Autoren begriffsbestimmende Projektmerkmale.

(13) Burghardt; 1988 ([18], S. 16ff.):
Betrachten wir nun die Hauptkriterien eines Projektes, wie sie Burghardt definiert:
– Eindeutigkeit der Aufgabenstellung,
– definierte Dauer mit festem Endtermin,
– abgestimmtes Kostenvolumen und
– klare Verantwortungen.
Burghardt srpricht ferner von der Trinität, »Produkt-Projekt-Prozeß« und führt aus »das Produkt wird als Erzeugnis oder Ertrag eines Tätigkeitsvorhabens verstanden; es ist das Resultat der Entwicklungs- und Projektierungsanstrengungen und damit der »Output« der Entwicklung bzw. einer Projektierung«.

Er fährt dann fort: »Ein Projekt ist demgegenüber das zielorientierte Vorhaben zur Herstellung dieses Produktes im vorgenannten Sinne. Ein Projekt ist notwendigerweise immer in seinem zeitlichen Ablauf klar umgrenzt, d.h. es hat einen Anfangs- und Endtermin. Die Einmaligkeit in den Rahmenbedingungen eines Vorhabens ist wohl das entscheidende Merkmal eines Projekts«.

(14) Schelle, 1989 ([19], S. 5ff.):
Schelle greift die von Dülfer ([2], S. 7) beschriebenen Projektmerkmale auf und bestätigt sie im wesentlichen. Die Begriffe
– Zielvorgabe,
– zeitliche Determination,
– Einmaligkeit,
– Komplexität und
– rechtlich-organisatorische Zuordnung
sind demnach konstitutive Merkmale, während die Merkmale
– Neuartigkeit und
– aufgabenbezogenes Budget
keine Relevanz zur Begriffsdifferenzierung haben.

(15) PMI, 1989 ([20], S. 4–3):
PMI, die amerikanische Fachorganisation für Projektmanagement, definiert ein Projekt wie folgt:
»Any undertaking with a defined starting point and defined objectives by which completion is identified. In practice, most projects depend on finite or limtied resources by which the objectives are to be accomplished.«

(16) DIN 69901 ([21]):
Der DIN-Ausschuß für Projektmanagement hat den Begriff Projekt wie folgt definiert:
»Ein Vorhaben, das im wesentlichen durch Einmaligkeit der Bedingungen in ihrer Gesamtheit gekennzeichnet ist, wie z.B. Zielvorgabe,
– zeitliche, finanzielle, personelle oder andere Begrenzungen,
– Abgrenzung gegenüber anderen Vorhaben und
– Projektspezifische Organisationen.«

A) Projektmerkmale	B) Definitionshinweise (Paragraph 2.1)											
	2	5	6	7	8	9	10	11	12	13	15	16
a. Einmaliger (azyklischer) Ablauf/ Einmaligkeit	×	×	×		×	×		×	×	×		
b. Zeitliche Befristung und klarer Anfangs- und Endzeitpunkt	×	×	×	×	×	×	×	×	×	×	×	×
c. Eindeutige Aufgabenstellung, Verantwortung und Zielsetzung (Endprodukt)	×	×	×	×	×		×	×	×	×	×	×
d. Komplexität		×		×	×				×			
e. Beteiligung vieler Menschen, Arbeitsgruppen, Firmen, usw.		×										
f. Interdisziplinärer Charakter der Aufgabenstellung							×		×			
g. Relative Neuartigkeit							×		×			
h. Finanzieller Rahmen und begrenzte Ressourcen					×		×		×	×	×	×
i. Größe									×			
k. Unsicherheit/Risiko									×			
l. Dynamik									×			
m. Abgrenzung gegenüber anderen Vorhaben												×
n. Projektspezifische Organisation					×							×

Der hier wiedergegebene Literaturauszug stellt sicherlich einen repräsentativen Querschnitt aller bisherigen Definitionen dar. Im nachfolgenden Abschnitt 2.2 wird deshalb der Versuch unternommen, alle übereinstimmenden Projektmerkmale zu identifizieren. Danach wird dann im Abschnitt 2.3 eine kritische Überprüfung der getroffenen Aussagen vorgenommen und im Abschnitt 2.4 erfolgt abschließend eine Betrachtung über die Begriffe »Projekt« und »Programm«.

2.2 Übereinstimmende Projektmerkmale

Aus den zwölf in 2.1 zusammengefaßten sechzehn Definitionshinweisen konnten dreizehn typische Projektmerkmale herausgestellt werden; siehe Tabelle. Die Definitionshinweise (1), (3) und (4) enthalten keine allgemeingültigen und vergleichbaren Projektmerkmale. Definitionshinweise (8) und (14) sind prinzipiell deckungsgleich, weshalb nur Definitionshinweis (8) verwendet wurde. Die ermittelte Deckungsgleichheit der verwendeten Definitionen für ein Projekt, führt zu folgender Rangfolge der Projektmerkmale (siehe Klammerwerte).

a) Zeitliche Befristung / klarer Anfangs- und Endzeitpunkt (12/12)

b) Eindeutige Aufgabenstellung, Verantwortung und Zielsetzung (11/12)

c) Einmaliger (azyklischer) Ablauf / Einmaligkeit (8/12)

d) Finanzieller Rahmen und begrenzte Ressourcen (6/12)

e) Komplexität (4/12)

f) Interdisziplinärer Charakter der Aufgabenstellung (2/12)

g) Relative Neuartigkeit (2/12)

h) Projektspezifische Organisation (2/12)

i) Beteiligung vieler Menschen, Arbeitsgruppen, Firmen, usw. (1/12)

k) Größe (1/12)

l) Unsicherheit und Risiko (1/12)

m) Dynamik (1/12)

n) Abgrenzung gegen über anderen Vorhaben (1/12)

Aus dieser Aufstellung ist klar ersichtlich, daß nur die ersten drei Projektmerkmale eine genügend große Übereinstimmung aufzeigen; d.h. sie werden von mindestens zwei Drittel (8/12) der zwölf verwendungsfähigen Definitionshinweise benutzt. Die verbleibenden Projektmerkmale liegen im Bereich bis zu fünfzig Prozent (6/12).

Geht man davon aus, daß es sich bei den verwendeten Quellen um kompetente Aussagen handelt, so hat die hier vorgenommene mengenmäßige Querschnittsaussage ein entsprechendes Gewicht.

2.3 Kritische Prüfung der Aussagen

Bei kritischer Prüfung der Aussagen läßt sich jedoch feststellen, daß eigentlich nur zwei, nämlich Merkmal (i) und (iii), eindeutige Projektmerkmale sind, denn Merkmal (ii) ist prinzipiell auch auf Nicht-Projektaufgaben anwendbar.

Die zeitliche Befristung ist ein unbestechliches Projektmerkmal, um Projekte eindeutig von Routineaufgaben unterscheiden zu können. Die Abwicklung einer FuE-Aufgabe ist hierfür das beste Beispiel. Aber auch die Einmaligkeit der Aufgabe ist ein typisches Projektkennzeichen. Die Aufgabe gab es vorher nicht und wird es danach in exakt der gleichen Form nicht wieder geben, denn sonst wäre es ja eine Routineaufgabe und kein Projekt. Darüber hinaus sind aber weitere Merkmale wie zum Beispiel die Komplexität ebenfalls projekttypisch, da sie im Zusammenhang mit Projektaufgaben vermehrt feststellbar sind. Der Autor unternimmt an dieser Stelle nun den Versuch, die am Anfang dieses Artikels stehende Definition im Detail zu begründen.

□ *Projekte sind Vorhaben mit definiertem Anfang und Abschluß, ...*

Bis hierher ist die Aussage unstrittig und wird von allen Quellen bestätigt.

□ *... die durch die Merkmale zeitliche Befristung, Einmaligkeit, Komplexität und Neuartigkeit gekennzeichnet sind. ...*

Bei den zusätzlichen Merkmalen ist nur noch die zeitliche Befristung unstrittig, während die Einmaligkeit, Komplexität und Neuartigkeit nur noch zum Teil als typisches Merkmal anerkannt werden.

Der Autor dieses Buches ist jedoch der Meinung, daß die Merkmale Einmaligkeit, Komplexität und Neuartigkeit zwar nicht nur allein im Zusammenhang mit Projekten zu sehen sind, für Projekte (insbesondere im FuE-Bereich) aber durchaus als typisch angesehen werden können.

Die Einmaligkeit ist für Projekte markant, denn sie beschreibt den prototyp-ähnlichen Projekt-charakter sehr gut. Projekte sind Maßanzüge und somit durchaus einmalig. Auch Anlagenpro-jekte, bei denen Standardbauteile Verwendung finden, sind in vielfacher Hinsicht, z.B. wegen ihres Standortes, einmalige Vorhaben.

Komplexität tritt selbstverständlich nicht nur im Zusammenhang mit Projekten auf. Trotzdem ist Komplexität eine typische Projekterscheinung und zwar sowohl in technischer wie auch managerialer Hinsicht. Die technische Komplexität resultiert nicht selten aus der komplexen Aufgabenstellung mit hohem Innovationsgrad, die oftmals nur mit Hilfe der Systemtechnik lösbar ist (s.a. 1.4). Am Beispiel der deutsch-amerikanischen Sonnensonde HELLIOS läßt sich technische Komplexität gut erläutern ([22], S. II–2):

– Extremes Missionsziel: Annäherung an die Sonne bis auf 0,3 Astronomische Einheiten (AE), was zu starken thermodynamischen Beanspruchungen führte;
– 10 physikalisch sehr unterschiedliche Experimente, deren gegenseitige Verträglichkeit (gegen-seitige Nichtbeeinflussung) zu gewährleisten war;
– Große magnetische Reinheitsforderung;
– Fehlerfreies Zusammenspiel mehrerer technisch unterschiedlicher Systeme (z.B. Mechanische Strukturen, Lagerregelungskomponenten, Datenübertragungseinrichtungen, Energieversor-gungsanlagen, Wärmekontrolleinheiten);
– Maximale Kommunikationsdistanz 2 AE.

In enger Verbindung mit der technischen ist die manageriale Projektkomplexität zu sehen, wenn es z.B. darum geht, eine Vielzahl von technisch komplexen Schnittstellen zu definieren, festzulegen und zu überwachen. Die Einbeziehung einer Vielzahl von Unternehmen führt in dem Zu-sammenhang zu weiterer Managementkomplexität. Am Apollo-Programm waren zeitweilig bis zu 275000 Personen und mehr als 4000 industrielle Auftragnehmer und Lieferanten beteiligt ([11], S. 1–5).

Auch das Merkmal Neuartigkeit ist nicht nur für Projekte anwendbar, aber gleichzeitig auch projekttypisch. Ein FuE-Vorhaben ist per Definition eine neuartige Aufgabe. Es wird häufig Neuland beschritten und insbesondere gerade dann, wenn es sich um sehr komplexe Aufgaben handelt. Kurz: Wenn wir Neuland beschreiten, was bei Projekten meistens der Fall ist, so kann von Neuartigkeit des Vorhabens gesprochen werden, und dies ist dann auch ein typisches Projektmerk-mal.

□ ... *und wegen ihres interdisziplinären Querschnittcharakters eine vorübergehende organisatorische Verän-derung und damit verbunden auch eine Neufestlegung der Aufgabenbereiche im Betrieb bewirken können.*

Projekte haben in den allermeisten Fällen einen interdisziplinären Querschnittcharakter. Hierzu Vollrath [23]: »Projekte werden immer dann ins Leben gerufen, wenn ein größeres Vorhaben den normalen betrieblichen Ablauf sprengt. Fast immer sind in solchen Fällen mehrere Abteilungen eines Unternehmens betroffen, die innerhalb einer Projektorganisation interdisziplinär zu-sammenarbeiten«.

Beabsichtigt ein Unternehmen oder eine Behörde die Durchführung einer Projektaufgabe, so ist zu entscheiden, wer für die Durchführung verantwortlich zu machen ist. Unter der Annahme, daß die betreffende Firma oder Behörde gleichzeitig mehrere Projektaufgaben realisiert, ergibt sich die Notwendigkeit zur Aufgabendelegation an eine hierfür geeignete Organisation. Bei interdisziplinären Projektaufgaben bietet sich als vernünftigste Lösung die Einschaltung einer Projektgruppe an. Der Projektleiter muß seine Aufgaben entsprechend den vorgegebenen Zielen durchführen und stellt gewissermaßen den verlängerten Arm der Firmenleitung dar.

2.4 Projekt oder Programm

Wie eingangs bereits erwähnt, werden die Begriffe Projekt und Programm oftmals alternierend zueinander verwendet. Die Definition im Duden ([8], S. 2050) unterscheidet nicht klar genug, um die Begriffe eindeutig verwenden zu können. Hier wird allerdings auch schon auf die Verwendung des Begriffs Programm für vorgesehene Abläufe hingewiesen. In der Tat findet der Begriff »Programm« ja weite Verwendung bei Abläufen, insbesondere im Software-Bereich, bei Programmsprachen, usw.

Wenden wir uns jedoch wieder dem Programmbegriff im Sinne von Projekt zu. Die NASA definierte 1968 den Begriff »Programm« im Rahmen des Apollo-Vorhabens ([9], S. 76) als eine Zusammenfassung zusammengehörender Unternehmungen bzw. spezifischer Projekte. Dieser Zusammenhang ist noch präziser im NASA-Handbuch für die Programmplanung ([10], S. 9) beschrieben. Hier wurde eine klare Hierarchie festgelegt, nach der das bemannte Raumflugprogramm Apollo wie folgt gegliedert wurde (Auszug):

— Ebene 1: Individuelle Flugprogramme
— Ebene 2: Einzelne Projekte:
      — Saturn-Rakete
      — Mondlandefahrzeug
      — Bodeneinrichtungen
      — usw.
— Ebene 3: Hauptsysteme:
      — Raketenstufen
      — Kommunikationszentrum
      — Testeinrichtungen
      — usw.
— Ebene 4: Teilsysteme
      — Triebwerke
      — Tanks
      — Bordrechner
      — usw.

Der Programmbegriff wurde hier eindeutig als Sammelbegriff für einzelne Projekte verwendet; sicherlich eine sinnvolle Vorgehensweise.

Auch Rosenau ([16], S. 3) weist auf die häufige Vermischung der Begriffe Programm und Projekt hin und sagt schließlich »However, programs are normally considered to be a collection of interrelated projects«.

Archibald ([13], S. 18) definiert ein Programm wie folgt: »A long term undertaking which is usually made up of more than one project«.

Zur Vermeidung von Mißverständnissen wird an dieser Stelle deshalb vorgeschlagen, den Begriff Programm nach Möglichkeit nicht alternierend mit dem Begriff Projekt zu verwenden, sondern nur als Sammelbegriff für mehrere Projekte anzuwenden.

3. Schlußbetrachtung

Die vom Autor am Anfang dieses Anhangs gestellte Begriffsdefinition für ein Projekt ist, wie aus der im Abschnitt 2.1 wiedergegebenen Literaturauswahl hervorgeht, nur in einigen Punkten mit den Definitionen anderer Autoren deckungsgleich. Die ersten beiden Projektmerkmale, nämlich »Zeitliche Befristung« und »Einmaligkeit« lassen sich durch die untersuchten Quellen (Abschnitt 2.1) eindeutig bestätigen. Diese beiden Merkmale sind für Projekte unstrittig (Abschnitt 2.2).

Die zusätzlich verwendeten Merkmale »Komplexität« und »Neuartigkeit« werden dagegen von vielen Autoren nicht als begriffsbestimmende Merkmale angesehen (Abschnitt 2.2). In diesem Beitrag wurde deshalb ausführlich begründet, warum die Verwendung dieser Projektmerkmale vom Autor als projekttypisch mit aufgenommen wurde (Abschnitt 2.3). Dies bezieht sich auch auf die Feststellung, daß Projekte durch einen interdisziplinären Querschnittscharakter gekennzeichnet sind, was in der Folge dann oft zu organisatorischen Veränderungen führt.

Die Schlußaussage » . . . ein Projekt ist ein außergewöhnliches Vorhaben« faßt den Projektbegriff in kurzer und prägnanter Form zusammen.

Quellen zu Anhang 1

1 Madauss, Bernd J.: Handbuch Projektmanagement, Schäffer-Poeschel Verlag, 5. Auflage Stuttgart 1993
2 Dülfer, Eberhard: Projektmanagement INTERNATIONAL, C.E. Poeschel Verlag, Stuttgart 1982
3 Rüsberg, Karl-Heinz: Die Praxis des Projekt-Management, Verlag Moderne Industrie, München 1971
4 Webb, James F.: Space Age Management, McGraw-Hill Book Company, New York, N.Y., 1969
5 Kappel, Rolf und Schwarz, Ingo A: Systemforschung 1970–1980, Vandenhoeck & Ruprecht, Göttingen, 1981
6 Henning, Th.: Kann die Kraftwerksplanung mit Hilfe der Systemtechnik verbessert werden? VGB Kraftwerkstechnik 60, März 1980
7 Milliken, J. Gordon and Morrison, Edward J.: Aerospace Management Techniques: Commercial and Governmental Applications, Denver Institute – University of Denver Colorade, 1971
8 Duden, Band 5, Bibliographisches Institut Mannheim/Wien/Zürich, Dudenverlag, Ausgabe 1980
9 NASA: APOLLO Terminology, NASA SP-6001, 1963
10 NASA Handbuch NHB 2330.1: Program Scheduling and Review Handbook, 1965
11 NASA Handbuch: NASA-APOLLO Program Management, 1967
12 Dreger, Wolfgang: Projekt-Management, Bauverlag GmbH, Wiesbaden und Berlin, 1975
13 Archibald, Russel D.: Managing, High-Technology Programs and Projects, John Wiley & Sons, Inc., New York, London, Sydney, Toronto, 1976
14 Groth, Rainer, Ersblöh, Fritz Dieter, Hugeslhofer, Hans-Jacob, Strombach, Manfred E.: Projektmanagement in Mittelbetrieben, Deutscher Instituts-Verlag, Köln, 1983
15 Reschke, Hasso und Svoboda, Michael: Projektmanagement-konzeptionelle Grundlagen, Beiträge der Artikelreihe in Frankfurter Zeitung Blick durch die Wirtschaft (GPM-Verlag, 1983)
16 Rosenau, Jr. Milton: Project Management for Engineers, Lifetime Learning Publications, Belmont, Cal., 1984
17 Platz, Jochen und Schmelzer, Hermann J.: Projektmanagement in der industriellen Forschung und Entwicklung, Springer-Verlag, Berlin, Heidelberg, New York, London, Paris, Tokyo, 1986
18 Burghardt, Manfred: Projektmanagement, (Leitfaden für die Planung, Überwachung und Steuerung von Entwicklungsprojekten), Siemens AG, 1988
19 Schelle, Heinz: Zur Lehre vom Projektmanagement, aus: Reschke, Schelle, Schnopp, Handbuch Projektmanagement, Band 1, Verlag TÜV Rheinland, Köln 1989

20 Project Management Institute (PMI): Project Management – body of Knowledge (PMBOK), January 1989.

21 Projektdefinition nach DIN 69901

22 Madauss, Bernd-J.: Planung und Überwachung von Forschungs- und Entwicklungsprojekten, AIB Fachliteratur, Bad Abiling, 1978/82

23 Vollrath, Klaus: Die Chance es besser zu machen. Projektmanagement, in: Management + Seminar, 3/81

Anhang 2
Verwendete Begriffe

Die in diesem Buch verwendeten Begriffe und ihre Bedeutung sind an dieser Stelle zusammengefaßt.

Absichtserklärung (Letter of Intent – LOI). Verbindliche Absichtserklärung des Auftraggebers/ Kunden zur Durchführung eines Vorhabens im Vorgriff auf den noch abzuschließenden Vertrag. In der Regel stellt die Absichtserklärung eine Vorabermächtigung mit einer finanziellen Obergrenze ($\rightarrow$ Limit of Liability – LOL) dar, die dem Auftraggeber die rechtzeitige Einleitung terminkritischer Aktivitäten ermöglicht, bevor die Vertragsverhandlungen vollständig abgeschlossen sind.

Arbeitspaket (Work Package). Die unterste Ebene im Projektstrukturplan ($\rightarrow$ Projektstrukturplan – PSP), für die klar und eindeutig umrissene Arbeiten und entsprechende Zuständigkeiten festzulegen sind. Im Gegensatz zu den endproduktorientierten Projektstrukturplan-Elementen (Hardware- oder Funktionsergebnisse), handelt es sich bei den Arbeitspaketen um Aufgaben wie z. B. Konstruktion, Fertigung, Test, Management, usw. ($\rightarrow$ Projektstrukturplan)

Auftraggeber (Customer). Der Besteller eines Produktes oder Vorhabens (Behörden, Ämter, Industrieunternehmen, usw.). Dieser Begriff wird vorzugsweise bei der Auftragsvergabe von Forschungs- und Entwicklungsprojekten verwendet. Die Auftragsvergabe erfolgt an den bzw. die Auftragnehmer. Bindeglied zwischen Auftraggeber und Auftragnehmer ($\rightarrow$ Auftragnehmer) ist der Projektvertrag ($\rightarrow$ Vertrag).

Auftragnehmer (Contractor). Dasjenige privat-wirtschaftliche oder öffentliche Unternehmen, das mit dem Auftraggeber ($\rightarrow$ Auftraggeber) einen Projektvertrag zur Realisierung eines Projektes abschließt. Hauptbestandteile des Vertrages sind die Projekt- oder Systemspezifikation, das Leistungsverzeichnis einschließlich eines genauen Lieferverzeichnisses ($\rightarrow$ Leistungsverzeichnis), sowie der Termin- und Kostenrahmen. Der Auftraggeber tritt bei Projekten, an denen mehrere Unternehmen beteiligt sind, gegenüber eventuellen Unterauftragnehmern gleichzeitig als Auftraggeber auf. Aus diesem Grunde wird häufig zwischen Hauptauftraggeber (Prime Contractor) und Unterauftragnehmer (Subcontractor) unterschieden. Zwischen Konsortialpartnern ist auch der Begriff Mitauftragnehmer (Co-Contractor) üblich. Ist Auftragsbestandteil eine schlüsselfertige Anlage, so wird der Hauptauftragnehmer oft auch als Turn Key Contractor bzw. Generalunternehmer bezeichnet, wodurch die besondere Verantwortung des Hauptauftragnehmers bis zur schlüsselfertigen Projektübergabe ausgedrückt werden soll.

Availability (Verfügbarkeit). Die tatsächliche operationelle Betriebszeit (nutzbare Einsatzzeit) eines Systems, Gerätes, usw. nach Abzug aller Ausfallzeiten. Die Verfügbarkeit (V) ist wie folgt definiert:

$$V = \frac{\text{Operationelle Betriebszeit (nutzbare Einsatzzeit) des Systems}}{\text{Gesamtbetriebszeit des Systems}}$$

Baseline. Fester und dokumentarisch eindeutig definierter Bezugspunkt im Projektablauf, anhand dessen Abweichungen und Änderungen gemessen werden können. Baseline-Dokumente, die richtungsweisend für den Projektablauf sind, werden zu ganz bestimmten Zeitpunkten im Projektablauf, z. B. nach Abschluß der Definitionsphase, erstellt.

Baseline Cost Estimate. Erste detaillierte Kostenschätzung für ein Projekt, die auch als Bezugspunkt für spätere Abweichungsanalysen (Soll/Ist-Vergleich) herangezogen wird.

Bidders-Konferenz. Eine bei internationalen Ausschreibungen übliche Fragestunde, die der Auftraggeber einberuft, um den Anbietern Gelegenheit zu geben, strittige bzw. unklare Punkte der Ausschreibung in direktem Kontakt mit dem Kunden abzuklären. Dabei ist zu beachten, daß alle gestellten Fragen und Antworten, also auch der beteiligten Konkurrenz, bekannt werden.

Bottom-up-Approach. Bei der Bearbeitung von technischen, planerischen oder finanziellen Projektparametern kann grundsätzlich nach zwei Denkrichtungen vorgegangen werden, einmal nach der detaillierten Vorgehensweise, dem Bottom-up-Approach, oder nach der globalen Vorgehensweise dem Top-down-Approach. Das erstere Verfahren (Bottom-up-Approach) geht von der Erstellung detaillierter Unterlagen, die dann nach oben hin verdichtet werden, aus, während nach der zweiten Methode (Top-down-Approach) aus der Vogelperspektive heraus zuerst die oberen Ebenen des Systems betrachtet werden, um diese dann schrittweise nach unten hin zu verfeinern. Im Projekt haben beide Denkrichtungen eine gleichrangige Bedeutung. Der Top-down-Approach ist jedoch in den Frühphasen des Projektes von besonderer Wichtigkeit, während der Bottom-up-Approach insbesondere für die detaillierte Planung der Entwicklungs- und Fertigungsphase von Bedeutung ist. Am Beispiel der Projekt-Kostenschätzung läßt sich dies besonders deutlich veranschaulichen. Zum Projektbeginn stehen dem Kostenschätzer in der Regel noch nicht genügend technische und planerische Details zur Verfügung, um eine Kostenschätzung nach den Prinzipien des Bottom-up-Approaches (Mengenansätze × Kosten) vornehmen zu können. Er kann deshalb nur nach den Prinzipien des Top-down-Approaches (Parametrische Kostenschätzung) verfahren (→ Kostenschätzung), während erst mit zunehmender Projektdefinition (Festlegung der einzelnen Baugruppen, usw.) eine detaillierte und verbindliche Kostenschätzung (Bottom-up-Approach) möglich ist.

Best and final. Übliche Bezeichnung für (allerletzte) gewährte Preisnachlässe im Rahmen von Vertragsverhandlungen.

Ceiling Price. Finanzielle Höchstbegrenzung eines Auftrages; z.B. bei Selbstkostenerstattungspreisen (*SKE*) oder SKE-Verträgen mit Prämienregelung.

Configuration Control → Konfigurationskontrolle.

Contractor → Auftragnehmer.

Cost Driver (Kostenverursacher). Die kontrollierbaren Entwurfs- oder Planungscharakteristiken (Parameter) eines Systems, die einen direkten Einfluß auf die Systemkosten haben → Cost Estimation Relationship; s.a. X.5.

Cost Estimation Relationship *CER* (Kostenschätzbeziehung). Eine mathematische Gleichung, in der die Kosten in Beziehung zu einem oder mehreren variablen Parametern stehen. Bei den Parametern kann es sich sowohl um technische wie auch um administrative Einflußgrößen handeln. Im ersten Fall, bei den sogenannten Non-to-noncost-Relationships, handelt es sich um technische Kosten-Einflußgrößen wie z.B. das Gewicht, die Komplexität oder der Zeitplan, und im zweiten Fall, bei den sogenannten Cost-to-cost-Relationships, geht es um administrative Kosten-Einflußgrößen wie z.B. die Stundensätze oder die Stückkosten, die für den jeweiligen Kostenschätzprozeß Pate stehen. Nachfolgend ist ein typisches CER-Beispiel wiedergegeben:

$$K = a + b \cdot p^x$$

K = Kosten; a und b = Konstanten; p = Parameter (Gewicht, usw.); x = Exponent.

Cost Plus Fixed Fee *CPFF* (Kostenerstattungspreis mit Festgewinn) → Selbstkostenpreis/Selbstkostenerstattungspreis.

Cost Plus Incentive Fee *CPIF.* Ein Kostenerstattungspreis, bei dem der Gewinn im Zusammenhang mit der erbrachten Leistung des Auftraggebers bemessen wird. Über eine entsprechende Gleichung wird der auszuschüttende Gewinn im Verhältnis zum Nominalgewinn bestimmt. Viele CPIF-Regelungen sehen bei maximaler Leistungserbringung (z. B. Qualität höher als spezifiziert und frühzeitiger Planerfüllung) eine Gewinnverdoppelung und bei minimaler Leistungserbringung (z. B. Qualität an der unteren Grenze des spezifizierten Wertes und verspätete Planerfüllung) einen Gewinnverlust vor.

Cost Reimbursement (Kostenerstattung) → Selbstkostenpreis/ Selbstkostenerstattungspreis.

Cost to Completion *CTC* (Endkostenrechnung). Regelmäßige oder von der Projektleitung speziell angeordnete Durchführung einer Endkostenrechnung, bei der zu einem gegebenen Stichtag im Detail folgende Feststellungen getroffen werden:

(1) Vertragliche Deckung (Vertragswert plus genehmigte Aufstockung),
(2) Terminstand (abgeschlossene Tätigkeiten),
(3) Aufgelaufene Kosten (Summe der Ist-Kosten),
(4) Verbleibende Aufgaben (offene Tätigkeiten,
(5) Erforderliche Restkosten bis zum Projektabschluß unter Berücksichtigung von Punkt (4),
(6) Ermittlung der Endkosten (3) + (5) und
(7) Vergleich zwischen der vertraglichen Deckung (1) und den ermittelten Endkosten (6) CTC-Analysen sind ein wichtiges Projektmanagement-Instrument.

Customer → Auftraggeber.

Deliverable Items List *DIL*. Bezeichnung für die den Verträgen beigefügte Lieferliste für Hardware, Software und Dokumente.

Design to Cost *DTC*. Ein Managementkonzept, bei dem zum Projektbeginn feste Kostenziele vorgegeben werden, die bei der Entwicklung zu berücksichtigen sind; s.a. X.4. Die Kosten werden als Entwurfsparameter betrachtet und zwingen zu regelmäßigen Vergleichen (trade-offs) von Leistung, Kosten und Terminen (→ Trade-off).

Document/Data Requirements Description *DRD*. Detaillierte Inhaltsbeschreibung der in der DRL (→Document/ Data Requirements List – DRL) definierten Dokumente; s.a. XII.1. Die DRD enthält folgende Detailinformationen: (a) Titel, (b) Dokumentennummer, (c) Verwendungszweck, (d) Referenzdokumente (e) detaillierte Inhaltsbeschreibung (ggf. einschließlich Diagramme).

Document/ Data Requirements List *DRL*. Auflistung der für die Projektabwicklung erforderlichen Dokumente, z. B. Pläne, Spezifikationen, Prozeduren, usw.; s.a. XII.1. Die DRL ist bei FuE-Projekten häufig Bestandteil des Leistungsverzeichnisses und definiert den zu erstellenden Dokumentationsumfang. Die DRL enthält u.a. folgende Detailinfomationen: (a) Titel, (b) Dokumentnummer, (c) Ersteller, (d) Fertigstellungstermin, (e) Freigabemodus.

Endkostenrechnung → Cost to Completion.

Endprodukt. Fertiggestelltes Produkt, das am Ende seines Entwicklungs- und/ oder Herstellungsprozesses als geschlossene Einheit für weitere Verwendungszwecke zur Verfügung steht. Dabei kann es sich um ein Hardware-, Software- oder Dokumentationsprodukt handeln. Beispiele sind: Technische Bauteile oder Geräte, Rechnerprogramme oder Dokumente. Der Aufbau des Projektstrukturplanes ist nach Möglichkeit so vorzunehmen, daß in den verschiedenen Ebenen die zu erstellenden Endprodukte identifiziert werden können (→ Projektstrukturplan); s.a. IX.3.

End to End Responsibility. Gesamtverantwortung eines Vorhabens vom Beginn bis zum Abschluß. Der Besteller oder Auftraggeber eines Projektes hat oft nicht nur die Verantwortung für den Beschaffungsprozeß, sondern darüber hinaus auch die Verantwortung für den Betrieb und die Aussonderung eines Systems, das heißt vom Anfang bis zum Ende des Vorhabens.

Eskalationsklausel → Preisgleitklausel.

Entwicklungsphase → Phasen/ Phasenplanung

Entwurfsparameter. Vom Entwickler zu berücksichtigende Vorgaben, wie z.B. das Anforderungsprofil (Gewicht, Leistung, usw.), die Qualität, Zuverlässigkeit, das Kostenziel (→ Design to Cost *DTC), usw.*

Federführer. Eine oft verwendete Bezeichnung für die zur Abwicklung eines Projektes durch eine Firmengruppe eingesetzte Leitfirma. Der Federführer ist in der Regel jedoch nur als Leitfirma im Sinne eines gemeinsamen Sprechers gegenüber dem Auftraggeber zu verstehen und nicht als ein mit Steuerungsvollmachten ausgestatteter und vertraglich abgesicherter Hauptauftragnehmer (→ Auftragnehmer).

Feed back. Informationsrückfluß bei einem Regelkreis; hier systemtechnischer Regelkreis.

Fertigungsphase → Phasen/ Phasenplanung.

Festpreis. Fester, nicht mehr zu variierender Preis für eine definierte Ware oder Dienstleistung; wird auch als absoluter Festpreis bzw. Firm Fixed Price bezeichnet.

Festpreis mit Preisgleitklausel (Fixed Price with Escalation). Festpreis basierend auf einer ganz bestimmten Preisbasis, z.B. dem Lohnniveau eines bestimmten Jahres, der durch eine spezielle Gleichung an das Lohn- und Materialkostenniveau eines späteren Jahres angepaßt wird.

Firm Fixed Price *FFP* → Festpreis.

Fitness for Use. Geeignet für den Gebrauch; das heißt, das Produkt entspricht hinsichtlich der Qualität und Zuverlässigkeit den spezifizierten Gebrauchsanforderungen.

Fixed Price with Escalation → Festpreis mit Preisgleitklausel.

Fly Away Price. Preis für die Zelle, allgemeine Ausrüstung, Avionik und Triebwerk(e) eines Flugzeuges.

Folgekosten. Die dem Betreiber eines Systems nach der Beschaffung entstehenden Kosten für den Betrieb einschließlich Wartung und Aussonderung (→ Lebenszykluskosten *LZK).*

Gemeinkosten. Sammelbegriff für die in einem Unternehmen anfallenden Kosten für die allgemeine Verwaltung, Verkauf, usw., mit denen die Herstellkosten (→ Herstellkosten *HK)* eines Produktes im Umlageverfahren anteilmäßig zu beaufschlagen sind, um so die Verkaufskosten festlegen zu können (→ Verkaufskosten).

Generalunternehmer → Auftragnehmer.

Gerätestückpreis. Fly Away price zuzüglich Mehrwertsteuer, Zölle und dem Produktionsvorlauf ohne zugehörige Dokumentation (→ Fly Away Price).

Gerätesystempreis. Gerätestückpreis zuzüglich Systemzuschlag für techn. Beratung des Nutzers, Dokumentation, usw. (→ Gerätestückpreis).

Gewinnspanne. Differenz zwischen Verkaufspreis und Verkaufskosten. Bei öffentlich finanzierten Projekten sind die Verkaufskosten (→ Verkaufskosten) mit einer festen Gewinnspanne (z.B. fünf Prozent) zu beaufschlagen; Verkaufskosten plus Gewinnspanne = Verkaufspreis (→ Verkaufspreis). Bei der Zugrundelegung von vorgegebenen Marktpreisen kann es aufgrund zu hoher Verkaufskosten zu einer sehr geringen bzw. auch zu einer negativen Gewinnspanne kommen. Das Unternehmen muß dann entscheiden, ob ein Gewinnverzicht oder ein Verlust im Interesse anderer Ziele hingenommen werden kann.

Haupt-Auftragnehmer → Auftragnehmer.

Herstellkosten *HK*. Die für die Herstellung eines Produkts (Entwicklung, Fertigung, usw.) entstehenden direkten Kosten, ohne Gemeinkosten- und Gewinnzuschlag.

Independent Parametric Cost Estimate *IPCE*. Ein auf physikalische Leistungsparameter (z. B. Gewicht, Geschwindigkeit, usw.) beruhendes und unabhängiges Kosten-Schätzverfahren zur Prüfung der Glaubwürdigkeit von Kostenschätzungen → Cost Estimation Relationship.

Industrieorganisation. Die Zusammensetzung des industriellen Teams bei einem Projekt, an dem mehrere Firmen gleichzeitig beteiligt sind; z. B. Hauptauftragnehmer und Unter-Auftragnehmer (→ Auftragnehmer).

Instandhaltung (Maintenance). Wartung, Inspektion und Instandsetzung eines, sich in Betrieb befindlichen, technischen Produktes, um dessen reibungslosen Einsatz nach Qualitäts- und Wirtschaftsgesichtspunkten zu gewährleisten.

Interface Control (Nahtstellen- bzw. Schnittstellenkontrolle). Überwachung der zwischen zwei Systemen, Teilsystemen, Geräten, usw. definierten technischen und/ oder administrativen Nahtstellen (z. B. mechanische Passung, Steckkontakte, Wärmeübergänge, Lieferdaten, usw.).

Joint Working Group. Gemeinsame Arbeitsgruppen zwischen zwei Organisationen, z. B. zwischen Unternehmen oder staatlichen Behörden, die zwar für die Zielsetzung eines Gemeinschaftsprojektes zu gleichen Teilen verantwortlich sind, aber in keinem Unterstellungsverhältnis zueinander stehen. Es ist z. B. möglich, daß bei bi- oder mulitlateralen Projekten die jeweils zuständigen nationalen Behörden übergeordnete Gemeinschaftsaufgaben durch eine gemeinsame Arbeitsgruppe lösen.

Key Personnel (Schlüsselpersonal). Dasjenige Projektpersonal, das zur Besetzung der Schlüsselpositionen benötigt wird; z. B. der Projektleiter und die ihm direkt unterstehenden Mitarbeiter der zweiten Managementebene (Project Control, Produktsicherung, Systemtechnik, usw.). Viele Auftraggeber messen der Auswahl des Schlüsselpersonals große Bedeutung bei, da der Projekterfolg mit der Qualifikation des Projektpersonals (Ausbildung und praktische Erfahrung) in einem engen Zusammenhang steht. Oftmals kann der Auftragnehmer das Schlüsselpersonal nicht ohne Zustimmung des Auftraggebers austauschen.

Komplexität. Der Begriff Komplexität wird im Zusammenhang mit neuzeitlichen Produkten immer häufiger verwendet, ohne daß eine klare Definition vorliegt; es ist zu einem Modewort geworden. Für die vorliegende Arbeit wird Komplexität (Projektkomplexität) wie folgt definiert:

Geringere Komplexität
- Normale Technologie: Einfache mechanische Bauteile und/ oder Standard-Elektrobauteile.
- Nur wenig Managementnahtstellen: Keine Unterauftragnehmer, die Fertigung wird innerhalb einer Firma vorgenommen.

Mittlere Komplexität
- Anspruchsvolle Technologie: Komplizierte mechanische und elektrische Bauteile.
- Systemtechnische Anforderungen: hohe Systemanforderungen (Funktion, Zuverlässigkeit, Umwelt, usw.).
- Kritische Managementnahtstellen: Beteiligung mehrerer Firmen an einem Projekt und/ oder externe Fertigung.

Große Komplexität
- Sehr anspruchsvolle Technologie: Sehr komplizierte mechanische und elektrische Bauteile.
- Systemtechnische Anforderungen: Sehr hohe Systemanforderung (Funktion, Zuverlässigkeit, Umwelt usw.).
- Große Anzahl kritischer Managementnahtstellen: Beteiligung vieler, ggf. auch internationaler Firmen an einem Projekt und/ oder Vergabe kritischer Arbeitspakete an Unterauftragnehmer (Entwurf, Fertigung, usw.).

Die Firma RCA hat im Zusammenhang mit dem Kostenschätzmodell PRICE (RCA-Entwicklung) die Komplexität eines technischen Produktes (Fertigungskomplexität) derart normiert, daß jedem Industriegerät (Fernseher, Pkw, Satellit, usw.) eine Komplexität (0 bis 10000) zugeordnet werden kann; s.a. X.3.

Konfigurationskontrolle (Configuration Control). Ein Verfahren zur Überwachung (Erfassung und Änderung) der technischen Daten (Anforderungen, Spezifizierungen, Entwurfsdaten, usw.) eines Produktes. Änderung der technischen Basisdaten, die zu bestimmten Meilensteinen im Projektablauf eingefroren werden, sind durch die Konfigurationskontrolle strikt zu überwachen, um Auswirkungen auf das Projekt (Termine, Kosten, Nahtstellen, usw.) zu erfassen, um Problemen durch das Konfigurationsmanagement rechtzeitig entgegenzuwirken.

Konsortium. Industrielle Gruppierung von Firmen, die sich durch Abschluß eines Konsortialvertrages zu einer, entsprechend dem Inhalt des Konsortialvertrages, gemeinsam haftenden Gruppe zusammengeschlossen haben.

Kontrollspanne. Das durch den Leiter einer Organisationseinheit abzudeckende Aufgabenspektrum für das er die alleinige Verantwortung trägt. Dies schließt die Führungsverantwortung der ihm unterstellten Mitarbeiter mit ein.

Konzeptphase → Phasen/ Phasenplanung.

Kostenanalyse. Projektorientierte Nachkalkulation von abgeschlossenen Projekten, um brauchbare Erfahrungswerte zur Bildung von Kostenschätzbeziehungen (→ Cost Estimation Relationship *CER*) zu erhalten. Der Analyseprozeß schließt die Beurteilung der Ist-Kosten hinsichtlich der Realitätsbezogenheit mit ein, um Fehler aufgrund von eventuellen Fehlbuchungen oder falscher Zuordnungen zu vermeiden.

Kostenart. Untergliederung der Kosten nach der Aufwandsart, z.B. Material(-kosten), Personal(-kosten), Reise(-kosten), usw.

Kosteneinflußgrößen. Faktoren, die auf die Kosten eines Systems einen direkten Einfluß haben; z.B. Gewicht, Leistung, Zuverlässigkeit, Komplexität, Preisbasis, usw. → Cost Estimation Relationship.

Kostenerstattung → Selbstkostenpreis/ Selbstkostenerstattungspreis.

Kostenkategorie → Kostenart.

Kostenplan. Zusammenfassung der erforderlichen Kosten zur Durchführung eines Projektes. In der Regel enthält der Kostenplan für jedes Arbeitspaket eine nach Kostenarten und Zeitintervallen (Monate, Quartale, usw.) detaillierte Kostenaufstellung. Anhand des Projektstrukturplans ist eine Kostenverdichtung möglich.

Kostenschätzbeziehung → Cost Estimation Relationship.

Kostenschätzmethodik. Kostenschätzprozedur zur Ermittlung von Kosten, a) nach der detaillierten (*bottom-up*) oder b) nach der parametrischen (*top-down*) Schätzmethode → Bottom-up-Approach.

Kostenschätzmodell. Ein mathematisches Verfahren zur Ermittlung von Produktkosten in Abhängigkeit von vielen kostenbeeinflussenden Parametern. Der Begriff Kostenschätzmodell wird immer dann verwendet, wenn eine Vielzahl von Kostenschätzbeziehungen (→ Cost Estimation Relationship) zu einem Gesamtmodell zusammengefaßt werden; s.a. X.3.

Kostenschätzung. Vorhersage der Kosten für die Durchführung von Tätigkeiten oder für die Beschaffung von Zukaufteilen.

Kostenträger. Budgetstelle für die Kostenübernahme. Üblicherweise wird diese Bezeichnung im Zusammenhang mit der Projektkontierung verwendet.

Kostenverursacher → Cost Driver.

Kunde → Auftraggeber.

Lastenheft → Leistungsverzeichnis.

Lebenszykluskosten *LZK* (Life Cycle Cost *LCC*). Die gesamten Kosten eines Projektes, d.h. die Kosten für die Konzeptformulierung, Definition, Entwicklung, Produktion, Inbetriebnahme und Außerdienststellung; s.a. X.4.

Leistungsüberwachung (Performance Control). Überwachung der erbrachten Leistung im Vergleich mit dem Termin- und Kostenplan. In der englischsprachigen Literatur wird zwischen den beiden Begriffen *Task Performance Control* und *Technical Performance Control* unterschieden. Im ersten Fall wird der Erfüllungsstand der geplanten Aufgaben gemessen (Vergleich geplante und abgeschlossene Aufgaben) und im zweiten Fall die erzielte technische Leistung (Vergleich technische Vorgabe und Erfüllungsstand); s.a. IX.5.

Leistungsverzeichnis (Statement of Work *SOW*). Beschreibung der zu erfüllenden Ziele, Hauptaufgaben und Lieferungen eines Auftragnehmers im Rahmen einer vertraglichen Regelung. Weitere Bezeichnungen sind: Lastenheft, Pflichtenheft und *Work Statement*; s.a. XIII.2.

Letter of Intent *LOI* → Absichtserklärung.

Life Cycle Cost *LCC* → Lebenszykluskosten.

Limit of Liability *LOL*. Finanzielle Vorabfreigabe im Vorgriff auf noch ausstehende Verhandlungen, die jedoch auf einen ganz bestimmten Betrag limitiert ist.

Linienorganisation. Traditionelle Organisationsform eines Unternehmens bei der die Hierarchieebenen in einer vertikalen Linie liegen.

Maintenance → Instandhaltung.

Make-or-buy. Managementprozedur zur Entscheidung über den Kauf oder die Entwicklung und/ oder Bau eines Gerätes, Bauteils, usw.

Managementplanung. Planung der Managementvorgänge eines Projekts. Üblicherweise werden bei Großprojekten für die Haupt-Managementfunktionen (Project-Control, Produktsicherung, Systemtechnik, usw.) einzelne Managementpläne erstellt; s.a. VI.1.

Matrixorganisation. Organisationskonzept eines Unternehmens bei dem neben der traditionellen vertikalen Linienorganisation (→ Linienorganisation) in der horizontalen Ebene zusätzliche Projektfunktionen fest installiert sind; s.a. V.2.

Meantime between Failure *MTBF.* Ein Begriff aus der Zuverlässigkeitstheorie, mit dem die mittlere störungsfreie Betriebszeit eines Gerätes, Systems, usw. zwischen zwei Fehlern ausgedrückt wird → Availability (Verfügbarkeit); s.a. VIII.2.

Mehrstufige Projektorganisation. Industrielle (äußere) Projektorganisation unter Einbeziehung von Auftraggeber, Haupt-Auftragnehmer, Mit-Auftragnehmer, Unter-Auftragnehmer, Lieferanten, usw. in das Organisationskonzept (→ Organisationsstruktur); s.a. V.3.

Meilenstein. Kontrollfähiges Ereignis im Projektablauf. Üblicherweise sind die Meilensteine eines Projektes fester Bestandteil der Termin- und Ablaufplanung und in den Netz- und/ oder Balkenplänen fest verankert.

Mirror Imaged Management Concept (Spiegelbildliches Managementkonzept). Ein Organisationskonzept, bei dem die beteiligten Partner (Auftraggeber, Haupt-Auftraggeber, usw.) identische Projektfunktionen definiert haben, so daß alle Partner über eine spiegelbildliche innere Projektorganisation verfügen; → Organisationstruktur. Hauptvorteil: Die beteiligten Firmen verfügen über Ansprechpartner, mit ähnlicher Verantwortung und Vollmacht; s.a.V.3.

Mittelabflußplan. Planungsunterlage zur Festlegung des finanziellen Mittelbedarfs.

Mittelrückfluß. Bei international finanzierten Projekten, Definition der monetären Rückflußmenge an die finanzierenden Länder. Maßstab ist das Verhältnis Einzahlung/ Mittelrückfluß.

Nahtstellenkontrolle →Interface Control.

Non-Recurring Cost. Bezeichnung für einmalig anfallende Kosten im Projekt; z.B. Konstruktion und Entwicklung (→Recurring Cost).

Organisationsstruktur (Organigramm). Allgemeine Bezeichnung für aufbauorganisatorische Strukturen. Die Organisation für ein Projekt läßt sich nach der äußeren und inneren Struktur gliedern. Die äußere Organisationsstruktur gliedert das industrielle Organisationskonzept (Auftraggeber, Haupt-Auftragnehmer, Unter-Auftragnehmer, usw.) und die innere Organisationsstruktur die Funktionen der beteiligten Projektteams (Projektleitung, Project Control, Systemtechnik, usw.).

Performance Control → Leistungsüberwachung.

Pflichtenheft → Leistungsverzeichnis.

Phasen/ Phasenplanung (Phased Project Planning *PPP*). Ein wichtiges Planungskonzept des modernen Projektmanagements; s.a. IV.3. Jedes Projekt durchläuft einen projektspezifischen Lebenszyklus, der sich in folgende Phasen gliedern läßt:

– Konzept
– Definition
– Forschung und Entwicklung
– Produktion
– Betrieb
– Aussonderung.

Die einzelnen Phasen schließen mit einem konkreten Ergebnis (Endprodukt) ab.

Plan/Planung. Allgemeiner Begriff für planerische Vorgänge, z.B. Terminplan (-planung), Kostenplan (-planung), Managementplan (-planung), usw.

Planung und Überwachung. Eine Hauptfunktion des Projektmanagements, in der die Teilfunktion Termin- und Ablaufplanung und -kontrolle, Kostenplanung und -kontrolle und Leistungskontrolle zu einer integralen Gesamtaufgabe zusammengefaßt sind. International gebräuchliche Bezeichnungen sind *Project Control* und *Project Operations*. In Deutschland hat sich der Begriff Project Controling eingeprägt der inhaltlich jedoch dem Begriff Project Control entspricht; s.a. IX.1.

Preisgleitklausel. Eine Formel zur Inflationsanpassung unter Verwendung eines jährlich festgelegten Gehalts- und Materialindizes; für die Bundesrepublik Deutschland erfolgt die Festlegung durch das Statistische Bundesamt in Wiesbaden.

Product Assurance (Produktsicherung bzw. Qualitätssicherung). Eine Hauptfunktion des Projektmanagements, durch die die Teilfunktionen, Zuverlässigkeit, Qualitätskontrolle, Verfügbarkeit, Wartung, Sicherheit, usw. zu einer integralen Gesamtaufgabe zusammengefaßt werden.

Produktplattform. Klassifizierung von Produkten nach ihrem Einsatzgebiet (stationär, fahrbar, usw.); dies ist im Zusammenhang mit dem Kostenschätzmodell RCA-PRICE zu sehen; s. a. X.3.

Programm. In seiner ersten Bedeutung wird dieser Begriff in Wortkombinationen, wie z.B. EDV-Programm, verwendet. Zweitens wird dieser Begriff aber auch im Sinne von Projekt (→ Projekt) verwendet, bzw. als Summenbegriff für mehrere Projekte. Das Apollo-Programm der NASA beinhaltete z.B. mehrere Projekte: Trägerrakete, Mondlandegerät, usw.; s. a. Anhang 1.

Project Control → Planung und Überwachung.

Project Controling → Planung und Überwachung.

Project Operations → Planung und Überwachung.

Projekt (Project). Ein Vorhaben mit definiertem Beginn und Abschluß, das sich im Gegensatz zu den regelmäßig wiederkehrenden Arbeitsabläufen eines Unternehmens, durch folgende Merkmale beschreiben läßt: Einmaliger und zeitlich begrenzter Lebenszyklus und relativ hohe technologische und/oder manageriale Komplexität und Neuartigkeit; s. a. Anhang 1.

Projektbüro (Project Office). Ein oft benutzter Begriff für die Gesamtprojektleitung, bestehend aus dem Projektleiter und seinen unmittelbaren Mitarbeitern (Ingenieure, Wirtschaftler, Juristen, usw.), die, sofern möglich, als integriertes Team in einem gemeinsamen Bürokomplex unterzubringen sind.

.Projektkomplexität → Komplexität.

Projektlebenszyklus → Lebenszykluskosten.

Projektleitung/-leiter → Projektmanagement.

Projektmanagement/-manager (Project Management/Manager). Projektleitungsfunktion bzw. der Projektleiter. Die Projektleitung ist das oberste Leitungsorgan zur Fürhung (Planung und Steuerung) eines Projektes. Verantwortung und Vollmacht für das Gesamtvorhaben lieben bei der Projektleitung. Die Projektleitung besteht bei größeren Projekten nicht allein aus dem Projektleiter, sondern aus einem Projektleitungsteam, durch das die Funktionen Systemtechnik, Produktsicherung, Project Control, usw. wahrgenommen werden (→ Projektbüro).

Projektorganisation. Organisationsdiagramm, in dem die Funktionen, Verantwortlichkeiten und Vollmachten der Projektmitarbeiter festgelegt sind.

Projektphase → Phasen/ Phasenplanung.

Projektstrukturplan (PSP) (Work Breakdown Structure). Ein Gliederungskonzept zur Strukturierung der gesamten Projektaufgabe in sinnvolle und kontrollfähige Endprodukte; s. a. IX.3. Ein weit verbreitetes Verfahren ist die mehrstufige und systemorientierte Gliederung (d. h. System, Teilsystem, Teil-Teilsystem, usw.) der Hardware-, Software- und Funktionselemente bis zu einer Ebene, die für die Identifikation von Arbeitspaketen (→ Arbeitspaket) geeignet ist.

Projektüberwachung (Project Control) → Planung und Überwachung.

Qualitätssicherung → Product Assurance.

Quality Assurance → Product Assurance.

Recurring Cost. Bezeichnung für wiederholt anfallende Kosten im Projekt; z.B. die serienabhängigen Fertigungs- und Testkosten in der Produktion (→ Non-Recurring Cost).

Reliability (Zuverlässigkeit). Quantitativer Ausdruck der zu erwartenden Zuverlässigkeit eines

Systems, Gerätes, usw. in Abhängigkeit von der Zeit. Aus der Zuverlässigkeit läßt sich u.a. die Verfügbarkeit des Systems ableiten; s.a. VIII.2.

Return on Investment (ROI). Effektiver Nutzen einer getätigten Investition.

Review. Überprüfungsverfahren für bestimmte Projektabschnitte, um den erbrachten Leistungsstand (z.B. Entwurfsstatus, Teststatus, usw.) exakt zu erfassen; s.a. VII.3.

Royal cut. Letzte prozentuale Kostenreduktion aller am Projekt beteiligten Firmen die üblicherweise von der Geschäftsleitung vorgenommen wird.

Safety (Sicherheit). Technische Sicherheit eines Systems, Gerätes, usw. (Explosion, Strahlung, usw.), die mit der Zuverlässigkeit ($\rightarrow$ Reliability) in einem engen Zusammenhang steht.

Selbstkostenpreis/ Selbstkostenerstattungspreis *SKE* (Cost Reimbursement). Eine Preisart, bei der die angemessenen Kosten des Auftragnehmers aufgrund einer Nachweiserbringung vom Auftraggeber erstattet werden.

Short list. Eine verkürzte Rangliste für Anbieter die in die engere Wahl gekommen sind.

Sicherheit (Safety) $\rightarrow$ Safety.

Schätzmethodik $\rightarrow$ Kostenschätzmethodik.

Schätzgenauigkeit. Eine Aussage über die Qualität der Schätzung (hier: Kostenschätzung) aufgrund einer detaillierten Analyse der Schätzkonditionen (Zeit des Schätzers, Definitionsstand, Qualität der Schätzprozedur, usw.); s.a. X.2

Schlüsselpersonal $\rightarrow$ Key Personnel.

Schnittstellenkontrolle $\rightarrow$ Interface Control.

Spezifikation (Specification). Wichtiges technisches Projektdokument zur Beschreibung der Leistungsanforderungen an das System, Teilsystem, Gerät, usw. Spezifikationen sind die Basisunterlage (technische Zielvorgabe) für den Entwicklungs- und Produktionsprozeß; s.a. VII.2.

Schnittstellenkontrolle $\rightarrow$ Interface Control.

Statement of Work *SOW* $\rightarrow$ Leistungsverzeichnis.

Systemintegration (System Integration). Integrationsprozeß von Teilsystemen zu einem Gesamtsystem. Dieser Begriff bezieht sich sowohl auf die Integration von Hardwareelementen zu einem Gesamtsystem wie auch auf den planerischen Integrationsprozeß während der Entwurfsphase, d.h. auf der Basis von Entwurfsunterlagen.

Systemprojektleitung (System Project Management). Ein weit verbreiteter Begriff für die Leitungsfunktion von technologischen Projekten mit starkem Systemcharakter, der inhaltlich jedoch dem Begriff Projektmanagement ähnlich ist ($\rightarrow$ Projektmanagement).

Systemspezifikation (Systems Specification). Die übergeordnete Spezifikation des Systems ($\rightarrow$ Spezifikation); s.a. VII.2.

Systemtechnik (System Engineering *SE*). Eine Haupt-Managementfunktion des Projektmanagements ($\rightarrow$ Projektmanagement). Durch diese Funktion werden die systemtechnischen Aspekte, z.B. Projektspezifizierung, Nahtstellenkontrolle, usw. wahrgenommen. Der Begriff Systemtechnik wird jedoch auch als Methode zur Bearbeitung von systemtechnischen Prozessen verstanden; s.a. VII.4.

Systemüberprüfung (Systems Review) Überprüfung der Systemaspekte ($\rightarrow$ Review).

Task Performance Control $\rightarrow$ Leistungsüberwachung.

Technical Performance Control $\rightarrow$ Leistungsüberwachung.

Top-down-Approach $\rightarrow$ Bottom-up-Approach.

Trade-off. Vergleichsanalyse von Alternativkonzepten mit dem Ziel, das technisch und/ oder wirtschaftlich optimale Konzept auszuwählen.

Turn Key Contractor → Auftragnehmer.

Unter-Auftragnehmer (Subcontractor) → Auftragnehmer.

Up-dating. Eine Projektunterlage, z.B. den Terminplan eines Projektes, durch Hinzufügung neuester und aktueller Daten zu aktualisieren.

Verfügbarkeit (Availability) → Availability.

Verkaufskosten. Die Summe aus Herstellkosten (→ Herstellkosten-HK) plus dem Gemeinkosten-Zuschlag (→ Gemeinkosten).

Verkaufspreis. Verkaufskosten plus Gewinnspanne (→ Gewinnspanne).

Vertrag. Legale Vereinbarung zwischen zwei oder mehreren Vertragspartnern über Lieferungen, Leistungen, Rechte und Pflichten gegeneinander; s.a. XIII.1.

Work Breakdown Structure *WBS* → Projektstrukturplan.

Work Package → Arbeitspaket und Projektstrukturplan.

Work Sharing. Industrielle Arbeits- bzw. Aufgabenteilung; ein Begriff, der bei Gemeinschaftsprojekten die Verteilung der Projektanteile zum Inhalt hat. Das »Work Sharing« ist oft mit großen Problemen behaftet, da die prozentual festgelegten Projektanteile in ihrer Bedeutung nicht immer gleichwertig sind.

Work Statement → Leistungsverzeichnis.

Worst Case Analysis. Ein Analyseverfahren zur Feststellung des ungünstigsten Falls, d.h. es ist festzustellen, welche Situation sich unter der Voraussetzung, daß alle Faktoren eines Projekts als negativ vorauszusetzen sind, einstellen wird.

Zuverlässigkeit → Reliability.

Anhang 3
Abkürzungsverzeichnis

AE	Arbeitseinheiten pro Zeichnung
AFSC	Air Force Systems Command
AFSCM	Air Force Systems Command Manual
AG	Auftraggeber
AI	Action Item
AIRBUS	Europäisches Großraumpassagierflugzeug
AKM	Arbeitskreis Management
AN	Auftragnehmer
AP	Arbeitspaket (s. a. WP)
ARGE	Arbeitsgemeinschaft
ARIANE	Europäische Trägerrakete der Arianespace (Vorgänger: Trägerrakete EUROPA III)
ASAT	Arbeitsgemeinschaft Satellitenträger
ASTRA	Erstes direktsendendes Satelliten-Fernsehsystem Luxembourgs
ATP	Authority to Proceed (Arbeitsfreigabe)
AV	Arbeitsvorbereitung
AW	Arbeitswert
AZ	Zeichnungsanzahl
BBC	Brown, Boveri & Cie AG
BCE	Baseline Cost Estimate
BMBW	Bundesministerium für Bildung und Wissenschaft (heute BMFT)
BMFT	Bundesministerium für Forschung und Technologie
BMVg	Bundesministerium der Verteidigung
BOM	Board of Management
BS	Bachelor of Sciene
CCB	Change Control Board
CDR	Critical Design Review
CER	Cost Estimation Relationship
CIF	Cost Insurance Freight
CNES	Centre National d'Etudes Spatiales
COS-B	Forschungssatellit der ESA
CPFF	Cost Plus Fixed Fee
CPIF	Cost Plus Incentive Fee
CPM	Critical Path Method
CST	Centre Spatial de Toulouse
C/SCSC	Cost/Schedule Control System Criteria
CTC	Cost to Completion
DASA	Deutsche Aerospace AG
DCAA	Defence Contract Audit Agency
DGLR	Deutsche Gesellschaft für Luft- und Raumfahrt e. V.

DGOR	Deutsche Gesellschaft für Operations Research e. V.
DFVLR–BPT	Deutsche Forschungs- und Versuchsanstalt für Luft- und Raumfahrt e. V. – Bereich für Projektträgerschaften
DIL	Deliverable Items List
DIN	Deutsche Industrienorm
DOD	Department of Defence
DRD	Data/Document Requirements Description
DRL	Data/Document Requirement List
DSARC	Defence System Acquisition Review Council
DTC	Design to Cost
EDV	Elektronische Datenverarbeitung
EK	Entwicklungskomplexität
ELDO	European Space Vehicle Launcher Development Organisation (später ESA)
EQ	Equipment
ERNO	ERNO-Raumfahrttechnik GmbH (heute DASA)
ESA	European Space Agency (Nachfolgeorganisation von ELDO und ESRO)
ESOC	European Space Operations Centre (Unterorganisation der ESA)
ESRIN	European Space Research and Information Centre (Unterorganisation der ESA)
ESRO	European Space Research Organisation (später ESA)
ESTEC	European Space Technology Centre (Unterorganisation der ESA)
EPT	Entwicklungsterminplan
EUROPA I	Trägerraketen der ELDO
EUROPA II	
EUROPA III	
EUTELSAT	Internationale Postorganisation für Satellitenkommunikation
EXOSAT	Forschungssatellit der ESA
FACI	First Article Configuration Inspection
FAME	Forecasts and Appraisals for Management Evaluation
FuE	Forschung und Entwicklung
FFP	Firm-Fixed Price
FK	Fertigungskosten
FK	Fertigungskomplexität (manufacturing complexity)
FM	Flugmodell
FMECA	Failure Modes Effects and Criticality Analysis
FOB	Free on Board
FP	Fixed Price
F-14	Kampfflugzeuge der US-Luftwaffe
F-15	
F-16	
F-18	
GE	General Electric
GEM	George E. Mueller
GFW	Gesellschaft für Weltraumforschung e. V. (heute DFVLR-BPT)

GK	Gemeinkosten
GL	Geschäftsleitung
GPM	Gesellschaft für Projektmanagement e. V.
GS	Gewinnspanne
GSFC	Goddard Space Flight Center (eine Unterorganisation der NASA)
GZ	Gemeinkostenzuschlag
HELIOS	Deutsch-Amerikanisches Sonnensondenprojekt
HEOS	Forschungssatellit der ESA
HF	Hochfrequenz
HK	Herstellkosten
Hz	Hertz
HW	Hardware
IA	Industriearchitekt
IABG	Industrieanlagen Betriebsgesellschaft
ICD	Interface Control Document
IK	Ist-Kosten
INTELSAT	International Telecommunications Satellite Organisation
INTERNET	Internationale Organisation für Projektmanagement und Netzplantechnik (Dachorganisation nationaler Projektmanagement-Organisationen)
IPCE	Independent Parametric Cost Estimate
IPT	Integrated Project Team
ISPA	International Society of Parametric Analysts
JFM	Junkers Flugzeug- und Motorenwerke AG (heute DASA)
KA	Kosten pro Arbeitseinheit
KISS	Keep it simple stupid (Kurzwort für Einfachheit)
Kg	Kilogramm
Km/h	Kilometer pro Stunde
KS	Kraftwerk-Strukturplan
Lbs	Pound
LCC	Life Cycle Cost (s.a. LZK)
LMSC	Lockheed Missiles & Space Corporation
LoI	Letter of Intent
LoL	Limit of Liability
LZK	Lebenszykluskosten (s.a. LCC)
MA	Mengenansatz
MAROTS	Nachrichten-Satellitengeneration der ESA
MBA	Master of Business Administration
MBB	Messerschmitt-Bölkow-Blohm GmbH (heute DASA)
MDM	Millionen DM
MDT	Mean-Down-Time
MGR	Manager
MICS	Management Information and Control System

MIL-STD	Normung des US-Verteidigungsministeriums (DOD)
MIS	Management Informations System
MO	Matrixorganisation
MRCA	Multi-Role Combat Aircraft (s.a. Tornado)
MTBF	Mean-Time-Between-Failure
NASA	National Aeronautics and Space Administration
NAMMA	NATO MRCA Development and Production Management Agency
NATO	North Atlantic Treaty Organisation
OBG	Olympia-Baugesellschaft
PA	Product Assurance (s.a. PS)
PACCT	PERT & Cost Correlation Technique
PANAVIA	Trilaterale Managementfirma für das Projekt Tornado (s.a. Tornado)
PC	Personal Computer
PC	Project Control
PDR	Preliminary Design Review
PERT	Program Evaluation and Review Technique
PK	Plankosten
PL	Produktplattform
PL	Projektleitung
PM	Projektmanagement
PMI	Project Management Institute
PO	Project Operation
PPP	Phased Project Planning
PROJACS	Planungsprogramm der Firma IBM
PRICE	Programmed Review of Information for Costing and Evaluation
PPS	Projekt-Planungs-System (Fa. Dornier System)
PS	Produktsicherung (s.a. PA)
PSP	Projektstrukturplan (s.a. WBS)
QM	Qualifikationsmodell
QS	Qualitätssicherung
RCA	Radio Corporation of America
RMS	Resource Management System
ROI	Return on Investment
ROM	Rough-Order-Of-Magnitude
SCR	System Concept Review
SE	Systems Engineering (s.a. ST)
SES	Société Européenne des Satellites
SETIS	Société Européenne d'Etude et d'Integration des Systems Spatiaux
SG	Systemgewicht
SINET	Planungsprogramm der Firma Siemens AG
SKE	Selbstkostenerstattungspreis

SNR	Schneller natriumgekühlter Reaktor
SOW	Statement of Work (auch Work Statement genannt)
SPACELAB	Bemanntes Raumlabor der ESA
SPR	System Production Review
SR	System Requirement
SS	Subsystem (Untersystem)
SSCAG	Space Systems Cost Analysis Group
SSR	System Specification Review
Stck	Stück
ST	Systemtechnik (s.a. SE)
STOP	Sequential Thematic Organization of Publications
SW	Software
TBD	To be defined
TDM	Tausend DM
THTR	Thorium-Hochtemperatur-Reaktor
TORNADO	Trinationales Kampfflugzeug der Länder Deutschland, England und Italien (s.a. MRCA)
TRANSALL	Deutsch-Französischer Militärtransporter
TPC	Technical Performance Control oder Task Performance Control
TÜV	Technischer Überwachungsverein
TV-SAT/ TDF-1	Deutsch-Französischer Fernsehsatellit für den Direktempfang
TV	Television (Fernsehen)
UHF	Ultra High Frequency (Ultrahohe Frequenz)
US	United States
USA	United States of America
USAF	United States Air Force
VDI	Verein Deutscher Ingenieure
VHF	Very High Frequency (sehr hohe Frequenz)
VS	Verrechnungssatz (Stundensatz, usw.)
W	Watt (Leistungseinheit)
WBS	Work Breakdown Structure (s.a. PSP)
WP	Work Package (s.a. AP)

Anhang 4
Richtlinien zur Planung und Überwachung unter Verwendung der Arbeitswertanalyse

1. Einleitung

Vor allem bei FuE-Projekten kommt es wegen des hohen Innovationsgrades und der damit verbundenen Komplexität immer wieder zu erheblichen Termin- und Kostenüberzügen. Da aber auch FuE-Projekte immer häufiger im Rahmen von Festpreisverträgen oder unter ähnlich strengen Bedingungen abzuwickeln sind, ist die Notwendigkeit zur strikteren Einhaltung von Sollvorgaben (Leistung, Termine und Kosten) im Hinblick auf das Gesamtergebnis von zunehmender Bedeutung. Hervorgerufen durch das wettbewerbsbedingte Diktat von Weltmarktpreisen und die damit gekoppelten Kostenobergrenzen für FuE-Vorhaben kommt der Straffung der Projektüberwachung deshalb ein besonders hoher Stellenwert zu.

Die Vorgabe von Festpreisen an das Projekt setzt aber voraus, daß die vom Projektbüro zu verwaltenden Mittel an die beteiligten firmeninternen Fachbereiche und den im Bedarfsfall hinzugezogenen Unterauftragnehmern und Lieferanten ebenfalls unter Festpreisbedingungen weitergegeben werden.

Eine wirkungsvolle Maßnahme zur Verbesserung und Straffung der Projektüberwachung ist die Einführung der Arbeitswertanalyse (earned value analysis) (s.a. Kapitel IX, 1 und IX, 5). Diese Methode ist in den USA auch unter dem Begriff Performance Measurement System-PMS (Leistungs-Bemessungssystem) bekannt geworden.

Die Hauptvoraussetzung zur Durchführung einer Arbeitswertanalyse sind wie folgt:

- Projektstrukturplan-Erstellung
- Arbeitspaketplanung (-beschreibung)
- Terminplanung
- Kostenplanung
- Arbeitsfreigabe
- Änderungskontrolle
- Leistungsmessung: »performance measurement« zur Feststellung des geschaffenen Arbeitswertes »earned value«;
- Varianzanalyse
- Situationsanalyse
- Berichterstattung.

Anhang 4 ist in Verbindung mit Kapitel IX zu lesen.

2. Erforderliche Maßnahmen

Nachfolgend sind die für ein wirkungsvolles und effizientes Projektmanagement erforderlichen Maßnahmen zur Straffung der Projektüberwachung durch Einführung einer Arbeitswertanalyse sowie deren Implementation zusammengefaßt. Dabei ist besonders zu beachten, daß die Basis-

Planungsunterlagen während der gesamten Projektlaufzeit (von der Angebotsphase bis zum Projektabschluß) im Hinblick auf mögliche Veränderungen (Streichungen und/oder Ergänzungen) streng überwacht werden müssen.

Hauptelemente der Arbeitswertanalyse

1) Projektstrukturplan (PSP)

Im ersten Schritt ist für jedes größere Projekt ein PSP und für kleinere Vorhaben eine PSP-ähnliche Aufgabengliederung zu erstellen. Dies kann in Diagramm- und/oder Listenform erfolgen (s. Abbildung A. 4-1). Aus der Strukturierung des PSP müssen eindeutig die Verantwortlichkeiten für die firmeninternen und externen (Unterauftragnehmer) Arbeitspakete hervorgehen. Soweit möglich sind vorhandene Standardstrukturen zu verwenden; s. a. Abb. IX-3.

2) Arbeitspaketbeschreibungen

Auf der untersten PSP-Ebene sind im zweiten Schritt Arbeitspakete (AP's) zu definieren. Für alle definierten AP's sind dann detaillierte Arbeitspaketbeschreibungen mit folgendem Inhalt zu erstellen:
- Kennzeichnungsfeld
  - PSP-Referenznummer
  - AP-Titel
  - AP-Verantwortlichkeit
  - AP-Terminschranken (Anfang/Ende)
- Aufgabenbeschreibung
  - Ziele
  - Aufgaben
- Mögliche Leistungsausschlüsse
- Anzuwendende Dokumente (Spezifikationen, usw.)
- PSP-Inputs (Vorgaben); Beistellungen, usw. (s. a. nachfolgenden Pkt. 3, Terminplanung)
  - Hardware/Lieferdatum/Lieferant
  - Software/Lieferdatum/Lieferant
  - Dokumentation/Lieferdatum/Lieferant
- AP-Ergebnisse/Meilensteine (Outputs) (s. a. nachfolgenden Pkt. 3, Terminplanung)
  - Hardware/Lieferdatum/Empfänger
  - Software/Lieferdatum/Empfänger
  - Dokumentation/Lieferdatum/Empfänger
  - Dienstleistung

Ein Standard-Format für Arbeitspaketbeschreibungen ist in Abbildung A. 4-2 wiedergegeben.

3) Terminplanung

Für jedes Projekt ist grundsätzlich ein Terminplan zu erstellen, in der alle für die Projektabwicklung notwendigen Aktivitäten und Meilensteine klar und eindeutig identifiziert sind. Die Planung ist bei größeren Projekten in Anlehnung an den PSP zu gliedern. Für Großprojekte ist grundsätzlich ein übergeordneter Gesamtplan »Master Bar Chart«, der die Hauptmeilensteine des Vorhabens einschließlich möglicher Zahlungsmeilensteine zeigt, notwendig. Unterstützend hierzu sind Teilsystempläne zu erstellen, aus denen die Ablauflogik, einzelne Aktivitäten, deren Abhängigkeiten zueinander und Meilensteine für die einzelnen Arbeitspakete klar erkennbar sind (s.a. Abbildung A. 4–3).

Alle Terminpläne sind darüber hinaus so aufzubauen, daß neben den Hauptmeilensteinen (z.B. Design Reviews) auch die Planungsinputs (Zulieferungen) und -outputs (Ergebnisse) klar erkennbar sind (s.a. vorstehenden Pkt. 2, Arbeitspaketbeschreibung).

4) Personal- und Kostenplanung

Die pro Arbeitspaket geschätzten Mengen (Personal, Material und andere Resourcen) und Kosten sind in einem Personal- und Kostenplanungsbogen zu erfassen und in Übereinstimmung mit der Terminplanung zeitlich (Monate/Quartale) zu verteilen, um darauf aufbauend eine integrierte Termin-/Kostenüberwachung zu ermöglichen; ein Beispiel ist in Abbildung A. 4–4 wiedergegeben. Dadurch ist sichergestellt, daß den definierten Meilensteinen eines Arbeitspaketes Mengen bzw. Kosten zugeordnet werden können. Die während der Angebotsphase erstellten Personal- und Kostenpläne sind im Falle von Änderungen die sich z.B. aufgrund von Preisverhandlungen ergeben, auf den jeweils neuesten Stand zu bringen (s.a. nachfolgenden Pkt. 6, Änderungskontrolle).

5) Arbeitsfreigabe

Abgeleitet aus den Arbeitspaketbeschreibungen und in Verbindung mit der Termin- und Kostenplanung sind von der Projektleitung nach Auftragserteilung durch den Auftraggeber detaillierte Arbeitsfreigaben zu veranlassen.

Für die fachlich richtige Ausstellung der Arbeitsaufträge ist der eingesetzte Project Controller zuständig.

Es ist auf eine präzise Formulierung der Inhalte der Arbeitsaufträge zu achten, d.h. auf eine genaue Festlegung der Aufgabenbeschreibung. Die Aufgabenbeschreibung der Arbeitsaufträge muß mit den entsprechenden Passagen der übergeordneten Arbeitspaketbeschreibung identisch sein, d.h. die Texte aus der Arbeitspaketbeschreibung sind zu übernehmen und ggf. zu erweitern.

Jedem Projektauftrag ist ein detaillierter Ablaufplan mit *kontrollfähigen Meilensteinen* bzw. ein Auszug des betreffenden Teilsystemplans beizufügen. Zu den definierten Meilensteinen sind die zeitlich zugeordneten Mengen/Kosten (Gesamtbetrag) aus dem Personal- und Kostenplan hinzuzufügen.

Eine abschließende Durchsprache der Arbeitsaufträge zwischen der Projektleitung und dem AP-Verantwortlichen im Hinblick auf die tatsächliche Machbarkeit im Rahmen der Termin- und Kostenvorgaben ist unbedingt erforderlich; z.B. im Rahmen von wöchentlichen Projektstandsbesprechungen. Bei der anschließenden Unterzeichnung der Arbeitsaufträge durch den Projektleiter und den AP-Verantwortlichen müssen die Vorgaben durch den Empfänger als verbindlich anerkannt werden.

6) Änderungskontrolle

Änderungen der Projektleistung, -kosten und/oder -termine sind mit Beginn der Antragstellung bis zum Zeitpunkt der Implementation (bzw. Ablehnung) zu erfassen und den technischen, finanziellen und terminlichen Basisvorgaben zuzuordnen; dies betrifft alle Punkte von (1) bis (5) und gilt für extern (d.h. von einem Auftraggeber genehmigte Änderungen) wie auch für firmenintern eingeleitete Änderungen. Zur Einleitung sind dann dementsprechende Änderungs-Arbeitsaufträge zu verwenden.

EBENE	PSP-NO.	PSP-ELEMENT	VERANTW. ABTEILUNG
0	0	Gesamtvorhaben	PL
1	1	Projektleitung	PL
2	11	Projektbüro	PL
2	12	Projektkontrolle	PK
2	13	Systemtechnik	ST
2	14	Produktsicherung	PS
1	2	Produktentwicklung	ST
2	21	Mech. Komponenten	FM
3	211	Konstruktion	FMK
3	212	Musterbau	FMM
3	213	Zusammenbau	FMZ
2	22	Elektr. Komponenten	FE
3	221	Energieversorgung	FEE
4	2211	Entwicklung	FEE1
4	2212	Laborversuche	FEE2
4	2213	Funktionstests	FEE3
3	222	Meßgeräte	FEG
4	2221	Beschaffung	FEG1
4	2222	Eingangskontrolle	FEG2
2	23	Antrieb	FA
3	231	Beschaffung	FAB
3	232	Abnahmetests	FAA
2	24	Zusammenbau & Test	FT
3	241	Zusammenbau	FTZ
3	242	Abnahmetests	FTA
1	3	Probebetrieb	PA
2	31	Betriebsplanung	PA1
2	32	Betrieb	PA2
2	33	Abnahme	PA3
1	4	Anlagenbereitstellung	AB
2	41	Anlagenplanung	AB1
2	42	Bereitstellung	AB2
2	43	Wartung	AB3

Anmerkung: Die jeweils unterste PSP-Ebene ist die Arbeitspaketebene (s.a. Abb. IX-6).
Die Abteilungsbezeichnungen sind nur als Beispiel zu sehen.

Abb. A.4-1: Projektstrukturplan

1. Kennzeichnungsfeld

1.1 PSP-Referenznummer: 2.1.2
1.2 AP-Titel: Mech. Komponenten-Musterbau
1.3 AP-Verantwortung: FMM - Herr Maier
1.4 AP-Terminschranke: 01.05.89 - 31.11.89

2. Aufgabenbeschreibung

2.1 Ziel:
    Auf der Basis der Konstruktionsunterlagen (s. AP No. 2.1.1) ist ein
    Funktionsmuster der Gesamtanlage zu erstellen, um erstens die einzelnen
    mechanischen Komponenten allein auf ihre Funktionstüchtigkeit hin zu prüfen
    und zweitens dann das Zusammenspiel aller Komponenten zu testen; die zu
    verwendende Testprozedur ist im Testplan beschrieben.

2.2 Aufgaben:
    Im einzelnen ergeben sich hieraus folgende Aufgaben:
    a.   Vorbereitungsarbeiten (Arbeitsplanung)
    b.   Anlagenvorbereitung
    c.   Materialbeschaffung
    d.   Erstellung der einzelnen Komponenten
    e.   Funktionsprüfung

3. Leistungsausschlüsse

    Keine

4. Anzuwendende Dokumente

    a.   Technische Spezifikation No. ....
    b.   Bauvorschrift No. ....

5. Zulieferungen/Beistellungen

    a.   Zeichnungssatz / Abt. FMK / 15.04.89
    b.   Gelenke / Fa. XYZ / 30.05.89
    c.   Fertigungsanlage / Abt. ABC / 01.05.89

6. AP-Ergebnis

Produkt	Datum	Empfänger
a. Ein Satz aller einzelnen Komponenten entspr. Zeichnung No.	15.11.89	Abt. FMZ
b. Ersatzteile	15.11.89	Abt. FMZ
c. Abschlußbericht	30.11.89	Projektleitung

Abb. A.4-2: Arbeitspaketbeschreibung

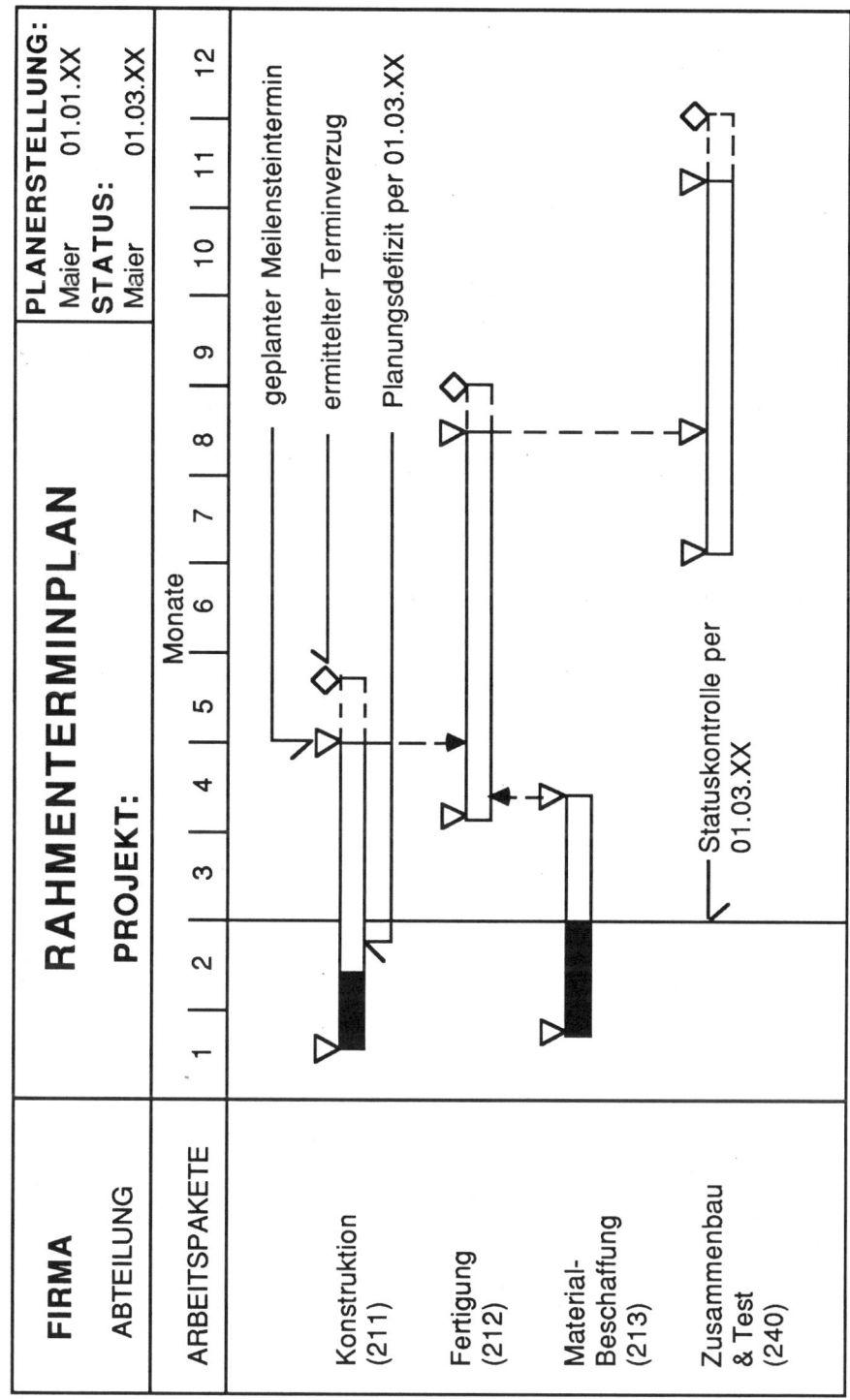

Abb. A.4-3: Terminplan

FIRMA   **PERSONAL-/KOSTENPLAN**   **PLANERSTELLUNG**

ABTEILUNG   PROJEKT: PSP-No.:   Maier   01.07.XX

ZEITACHSE / KOSTENELEMENTE	MONATE						QUARTALE		GESAMT-KOSTEN (TDM)	%
	1	2	3	4	5	6	III	IV		
I.a Personal (Std.)										
- Abt. ABC	200	300	300	400	400	300	600	300	2.800	
- Abt. DEF	--	100	100	200	200	300	900	600	2.400	
	200	400	400	600	600	600	1.500	900	5.200	
I.b Personalkosten (TDM)										
- Abt. ABC (100 DM/Std)	20	30	30	40	40	30	60	30	280	
- Abt. DEF (150 DM/Std)	--	15	15	30	30	45	135	90	360	
	20	45	45	70	70	75	195	120	640	70
II. Materialkosten (TDM)	50	--	--	30	10	--	--	10	100	11
III Reisekosten (TDM)	10	5	5	15	10	5	30	10	90	10
IV . Sonstige Kosten (TDM)	5	5	5	5	5	10	30	15	80	9
Gesamtkosten (TDM)	85	55	55	120	95	90	255	155	910	100

Abb. A.4-4: Personal- und Kostenplan

7) Leistungsmessung (performance measurement)

Die in Verbindung mit den Arbeitsaufträgen vereinbarten Terminvorgaben, Mengenansätze (Stunden/Mengen) und Kosten sind ohne ausreichende Begründung für eventuelle Abweichungen genau einzuhalten. Die Kontrolle zur korrekten Einhaltung dieser Vorgaben obliegt auf Arbeitspaketebene dem AP-Verantwortlichen. Sie ist regelmäßig (wöchentlich oder monatlich) vorzunehmen und muß sich an den vorher festgelegten Meilensteinen orientieren; d.h. der AP-Verantwortliche muß wenige Tage nach Abschluß der festgesetzten Berichtsperiode den Terminplan und die darin enthaltenen Meilensteine und im Zusammenhang damit die angefallenen Kosten (Stunden/Mengen) im Vergleich zum Terminplan kontrollieren. Aus der integrierten Betrachtungsweise zwischen der Termin- und Kostensituation läßt sich dann eine Leistungsmessung (Arbeitswertanalyse) durchführen (s.a. Abbildung A. 4–5).

Größere Abweichungen von den Sollvorgaben sind bereits im Ansatz auf Arbeitspaketebene zu identifizieren, auf ihre Auswirkungen hin zu prüfen und der jeweiligen Projektleitung mitzuteilen, um ggf. unverzüglich geeignete Korrekturmaßnahmen einleiten zu können. Auf Projektebene ist der Projektleiter für einen übergeordneten Soll/Ist-Vergleich zuständig.

8) Varianzanalyse

Bei der Varianzanalyse kommt es vor allem darauf an, die Abweichungen von den Sollvorgaben exakt zu analysieren; d.h. vor allem die Begründung für Überschreitungen. Aber auch Unterschreitungen können ein Hinweis für sich anbahnende Probleme (z.B. schädliche Terminverzögerungen) sein.

Varianzanalysen sind in jedem Fall immer dann durchzuführen, wenn bei einem oder mehreren der nachfolgenden Parameter die Sollvorgaben überschritten wurden:

– Terminvorgaben;
– Kostenvorgaben;
– Leistungsvorgaben.

9) Situationsanalyse

Die festgestellte Statussituation (Ist-Stand) ist durch die Projektleitung im Vergleich zur Sollvorgabe und unter Berücksichtigung der drei Parameter »Termine, Kosten, Leistung« und ihre Wechselwirkung sowie ihre Auswirkungen auf das Endergebnis vorzunehmen; s.a. Kapitel IX, 5. Hieraus sind dann ggf. die notwendigen Entscheidungen seitens der Projektleitung abzuleiten. Die Verwendung von Indices kann hierzu hilfreich sein.

10) Berichterstattung

Die Berichterstattung kann grundsätzlich in zwei Kategorien unterteilt werden: Berichte, die an die Firmenleitung gehen, und bei Projekten mit einem externen Kunden Berichte, die an den Auftraggeber zu richten sind. Berichte an die Firmenleitung müssen dem durch die Firma festgelegten Berichtssystem entsprechen, und Kundenberichte sind häufig den speziellen Kundenwünschen anzupassen (s.a. Kapitel XI-2).

Die der Berichterstattung zugrunde liegenden Statusangaben (Termine, Kosten, Leistung) sind bei den regelmäßig (z.B. wöchentlich) abzuhaltenden Statusbesprechungen zu ermitteln.

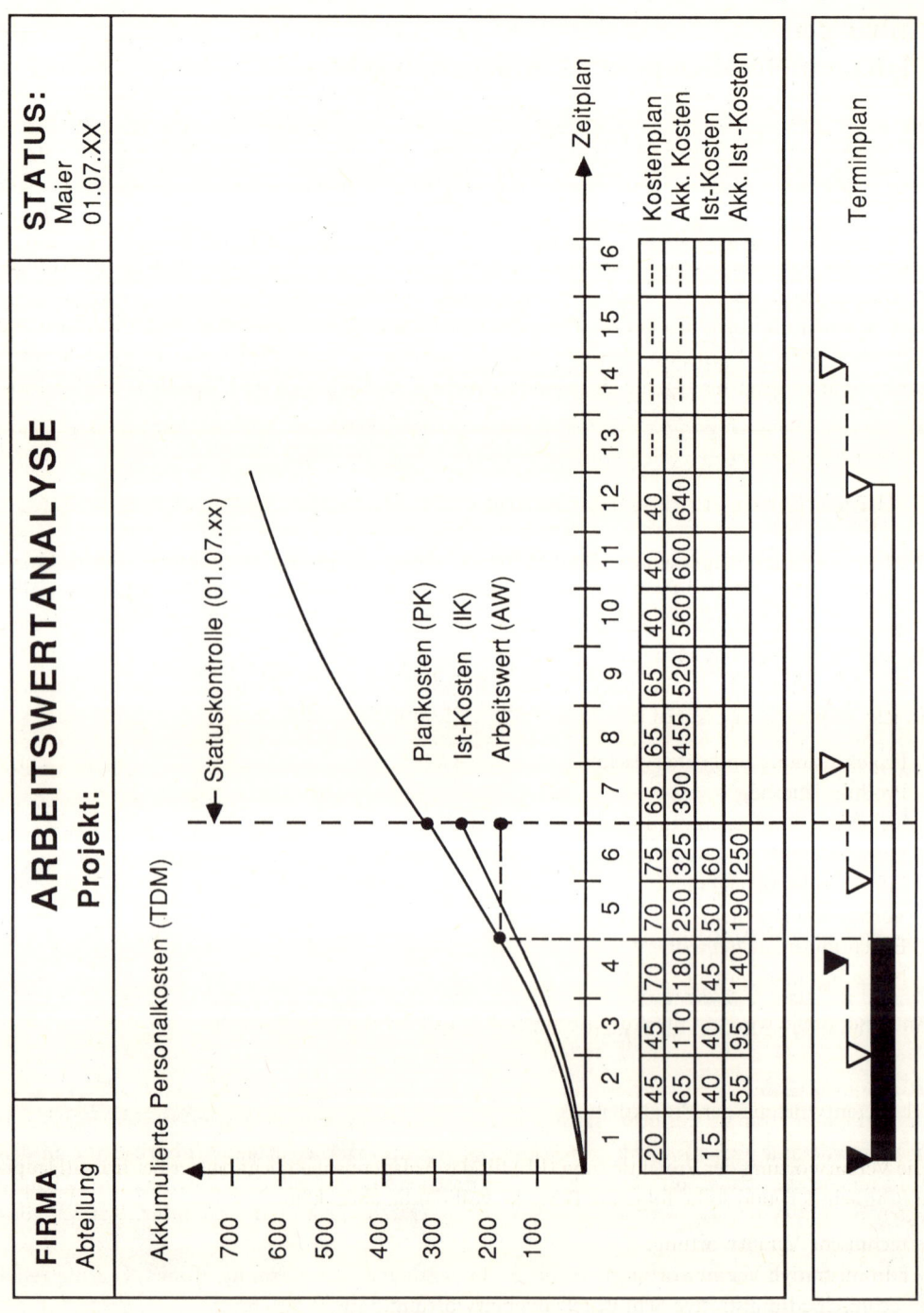

Abb. A.4-5: Arbeitswertanalyse

Anhang 5
Managementkonzept eines Anlagenprojektes

0. Einleitung

Die Realisierung eines komplexen Anlagenprojektes setzt den Einsatz wirkungsvoller und erprobter Managementverfahren voraus. Das vorliegende Dokument beschreibt ein Managementkonzept für ein Großprojekt das auf der Basis von in der Praxis erprobter Managementmethoden und -verfahren für Großprojekte erstellt wurde. Es werden vierzehn Projektmanagement-Schwerpunkte (Paragraph 1 bis 14), die als besonders wichtig einzuschätzen sind, detailliert beschrieben.

1. Projektleitung und -Organisation

Die Implementation eines wirkungsvollen Projektmanagements und die funktionsgerechte Organisation der Projektbüros ist eine Grundvoraussetzung für die effiziente Projektabwicklung. Für Projekte des Anlagenbaues oder aus den Bereichen Forschung und Entwicklung (FuE) trifft diese Aussage in besonderem Maße zu.

Für Anlageprojekte ist eine übergeordnete Projektleitung (PL) einzurichten, um das Anlagenprojekt zu planen, zu steuern und zu leiten. Die PL muß folgende Funktionen wahrnehmen:

– Projektplanung und -überwachung
– Produktsicherung
– Sicherheit und Genehmigungen
– Systemtechnik
– Informationsmanagement
– Vertragsmanagement
– Errichtungsmanagement
– Nutzungsmanagement.

An dieser Stelle wird auf die Ausführungen in V.1 dieses Buches verwiesen.

1.1 Verantwortung der Projektleitung

Die Verantwortung der Projektleitung (PL) für das Anlagenprojekt liegt bei der Leitfirma (Hauptauftragnehmer) und sollte folgende Bereiche vollständig abdecken:

– technische Verantwortung;
– administrative Verantwortung;
– technisch/administrative Schnittstellenverantwortung.

Die integrierte technisch-administrative Projektverantwortung, einschließlich der Schnittstellenabdeckung, ist im Interesse eines wirkungsvollen Projektmanagements unbedingt notwendig und hat sich in der Praxis auch als erforderlich erwiesen. Bei einer Verantwortungstrennung kommt es dagegen oft zu Fehlentscheidungen, weil technische Maßnahmen unweigerlich administrative (Termine, Kosten, usw.) Maßnahmen nach sich ziehen. Die Schnittstellenverantwortung muß ebenfalls unbedingt im vollen Verantwortungsbereich der Projektleitung liegen. In diesem Zusammenhang sind die Europäischen Raumfahrtprojekte Helios und Europa III (heute Ariane) als gute Beispiele besonders hervorzuheben. [3, 18] In beiden Fällen wurde ein starkes Auftraggeber-Managementkonzept vorgelegt, um die volle Projektverantwortung bei der PL anzusiedeln. Nachfolgend ist eine detaillierte Verantwortungsübersicht für ein typisches Anlagenprojekt wiedergegeben:

- Technische Verantwortung:
  - Festlegung Projektanforderungen.
  - Trade-Off-Analysen.
  - Systementwurf.
  - Systemspezifizierung.
  - Technische Projektplanung und -überwachung.
  - Technische Änderungskontrolle.

- Administrative Verantwortung:
  - Management und Organisation.
  - Personelle Besetzung des Projektbüros.
  - Firmenauswahl.
  - Industrielle Vertragsvergabe.
  - Finanz-/Kostenplanung und -überwachung.
  - Termin-/Ablaufplanung und -überwachung.
  - Administrative Änderungskontrolle.

- Technisch-/administrative Schnittstellenverantwortung:
  - Technische Schnittstellendefinition.
  - Administrative Schnittstellen.
  - Schnittstellenüberwachung.
  - Schnittstellen-Änderungskontrolle.

1.2 Vollmacht der Projektleitung

Die Projektleitung (PL) für Anlagenprojekte ist unbedingt mit entsprechenden Vollmachten, die zur Leitung eines Projektes dieser Größenordnung erforderlich sind, auszustatten. Um die in 1.1 beschriebene Verantwortung wahrnehmen zu können, sind dem Projektleiter und seinem Team deshalb folgende Vollmachten einzuräumen:

- Technische Vollmachten:
  - Auswahl und Implementation des Systemkonzeptes und der Systemspezifizierung.
  - Systemrelevante Entscheidungen, insbesondere bei Änderungen.
  - Festlegung der Hauptmeilensteine des Anlagenprojektes.
  - Genehmigung sämtlicher technischer Unterlagen der Systemebene.

- Administrative Vollmachten:
  - Auswahl und Implementation des Management – und Organisationskonzeptes.
  - Auswahl des Schlüsselpersonals.
  - Beurteilung, Akzeptanz/Ablehnung des Schlüsselpersonals.

- Implementation eines Firmen–Auswahlverfahrens.
- Führung von Vertragsverhandlungen.
- Implementation eines Status- und Finanzkontrollsystems.
- Genehmigung sämtlicher administrativer Unterlagen der Systemebene (d.h. Verträge, Organisations- und Managementpläne, usw.).

• Schnittstellenvollmachten:
- Implementation einer Schnittstellen-Kontrollprozedur.
- Genehmigung sämtlicher Schnittstellenunterlagen der Systemebene.

Auch in diesem Fall ist besonders auf die praktischen Erfahrungen der Projekte Helios /3/ und Europa III (Ariane) /18/ zu verweisen.

1.3 Organisationskonzept der Projektleitung

Die Organisation der Projektleitung (PL) ist nach den Gesichtspunkten eines optimalen Projektablaufes vorzunehmen. Dabei kommt es darauf an, die notwendigen Projektaufgaben (-funktionen) der PL so zu strukturieren, daß die Gesamtverantwortung der PL (s. a. 1.1) in sinnvolle Teil-Verantwortungsbereiche aufgegliedert werden kann. Da die PL-Verantwortung, wie in 1.1 definiert, sowohl umfangreiche technische wie auch administrative Aufgaben abdeckt, ist eine Gliederung nach Projekt-Fachdisziplinen sinnvoll. Das heißt dem Projektleiter werden Spezialisten der verschiedenen Wissensgebiete zugeordnet. Das Verantwortungsspektrum der PL ist in folgende Teilbereiche gegliedert:

• Projektplanung und -überwachung:
- Projektstrukturplan und Arbeitspakete.
- Termin- und Ablaufplanung.
- Finanz- und Kostenplanung.
- Action Item-Überwachung.
- Termin- und Ablaufüberwachung.
- Finanz- und Kostenüberwachung.
- Leistungsbewertung.

• Produktsicherheit:
- Zuverlässigkeit.
- Qualität.
- Betriebssicherheit.
- Verfügbarkeit.
- Wartung.

• Sicherheit und Genehmigung:
- Sicherheitskonzept.
- Strahlenschutzkonzept.
- Behördenkontakte.
- Sicherheitsbericht.
- Genehmigungsverfahren.

• Systemtechnik:
- Systemoptimierung (trade-offs) und -entwurf.

- Systemspezifizierung.
- Teilsystem-Spezifizierung.
- System- und Teilsystemplanung.
- Technische Schnittstellenkontrolle.

- Informationsmanagement:
  - Datenmanagement (Telex, Telefax, Datenbank, usw.).
  - Besprechungskoordination.
  - Informations- und Berichtswesen.
  - Dokumentations- und Konfigurationskontrolle.
  - Review-Koordination.

- Vertragsmanagement:
  - Vertragsgestaltung.
  - Pflichtenhefte.
  - Vertragsänderung.
  - Unterauftragnehmerkontrolle.

- Errichtungsmanagement:
  - Standortplanung.
  - Errichtungsplanung.
  - Fertigungs- und Testanlage.
  - Baustellenleitung und -inspektion.
  - Abnahmen.

- Nutzungsmanagement:
- Kontakthaltung zu Nutzern.
- Nutzeranforderungen.
- Nutzungsplan.
- Betriebskonzept.
- Implementation, Training und Schulung.

Der Projektleiter ist der Vorgesetzte der zuvor genannten Teilbereichs-Manager und für die übergeordnete Leitung zuständig. Die Teilbereichs-Manager des Anlagenprojektes sind gegenüber dem Projektleiter der Gesamtanlage berichtspflichtig. Sie gehören, neben dem Projektleiter, zum Schlüsselpersonal des Anlagenvorhabens. Die Rekrutierung des Schlüsselpersonals ist durch den Projektleiter vorzunehmen.

1.4 Eingliederung der Anlagen – PL in die Firmenorganisation

Die Anlagen-PL ist dem Vorstandsbereich Projekte/Programme zugeordnet. Der Projektleiter untersteht dem, für den Bereich Projekte und Programme zuständigen Vorstandsmitglied und ist diesem berichtspflichtig. Es ist unbedingt erforderlich, daß die Mitarbeiter der PL auch dann, wenn sie anderen Firmen/Instituten angehören, für die Zeit ihrer Tätigkeit bei der PL an diese abgestellt werden. Darüber hinaus muß gegebenenfalls entsprechendes Fachpersonal von Industrie- und Beratungsfirmen zur Abwicklung von Projektleitungsaufgaben mit eingeschaltet werden. Es sollte jedoch darauf geachtet werden, daß das in 1.3 genannte Schlüsselpersonal nach Möglichkeit aus dem Hause der Leitfirma rekrutiert wird. Das PL-Team ist vorzugsweise in einem geschlossenen

Gebäudekomplex unterzubringen (Projektbüro), um die Kommunikation im Projektteam zu verbessern. Darüber hinaus ist vorgesehen, entsprechende Informationssysteme (Telex, Telefax, usw.) in dem Projektbüro zu installieren (s.a. Paragraph 5).

Zur Unterstützung der PL (z.B. zur Durchführung spezieller Studien, Untersuchungen, usw.) sind außerdem die Resourcen der Fachbereiche des Unternehmens und gegebenenfalls entsprechende Stellen eines Industriearchitekten (IA) mit einzuschalten (s.a. Paragraph 2.1). Die Einschaltung von Fachbereichen erfolgt vorzugsweise im Rahmen der Matrixorganisation (Vergabe von Arbeitspaketen an die Fachbereiche) und die Beauftragung des IA ist im Rahmen eines Unterstützungsvertrages zu regeln. In beiden Fällen sind die vorgesehenen Aktivitäten rechtzeitig zu planen.

1.5 Management-Schnittstellen zu Ministerien, Ämtern und Behörden

Zentrale Ansprechstelle für das Anlagenprojekt im Unternehmen ist die PL. Die PL des Projektes hat die Verantwortung für die Wahrnehmung der Management-Schnittstelle zu den Ministerien, Ämtern (Landesämter), Behörden (Genehmigungsbehörden, TÜV, usw.). Die PL wird aus diesem Grunde für den Schnittstellenkontakt entsprechende Mitarbeiter benennen, und diese mit einer angemessenen Verantwortung und Vollmacht ausstatten. In Abbildung X-1 sind die möglichen Management-Schnittstellen zu Ministerien, Ämtern und Behörden gezeigt, wie sie bei Anlagenprojekten der öffentlichen Hand üblich sind.

1.6 Weisungsrecht der PL gegenüber der Industrie

Ein wirkungsvolles Projektmanagement ist nur dann gewährleistet, wenn die PL über ein entsprechendes Weisungsrecht gegenüber den industriellen Vertragspartnern, das heißt den Unterauftragnehmern und dem Industriearchitekten (IA), s.a. 2, verfügt. Aus diesem Grunde sind folgende industriepolitischen Maßnahmen erforderlich:

(1) die Auswahl der Industriepartner muß nach den Regeln des freien Wettbewerbs erfolgen, und

(2) in den Industrieverträgen sind entsprechende Vorbehalte, die das Weisungsrecht der Leitfirma garantieren, zu berücksichtigen.

1.7 Implementation der Anlagen-PL

Die Implementation der PL hat schrittweise und in Anlehnung an die jeweilige Projektphase (s.a. 4) zu erfolgen. In anderen Worten, beginnend mit der Entwicklungsphase ist die PL offiziell zu implementieren und dann schrittweise so weit aufzubauen, daß die Leitfirma zum Beginn der Errichtungsphase über ein entsprechendes Projektteam verfügt. Hierfür ist ein entsprechender Personal-Rekrutierungsplan zu erstellen, aus dem der Personalaufbau in Verbindung mit den Hauptmeilensteinen des Projektes hervorgeht.

Die Qualifikations-Anforderungen an das PL-Personal, d.h. an das Schlüsselpersonal (Projektleiter und die Teilbereichsspezialisten) und die Projekt-Sachbearbeiter sind durch Stellenbeschreibung genau festzulegen.

1.8 Projektkommission

Zur Überwachung und Rechenschaftsablegung wird bei größeren Gemeinschaftsprojekten oftmals eine Projektkommission eingesetzt; die die Aktivitäten der PL in regelmäßigen Abständen überwacht und die PL andererseits bei der Lösung von schwerwiegenden Problemen unterstützt.

2. Industrielle Organisation und Schlüsselpersonal

Industrielle und staatliche Großvorhaben setzen den gleichzeitigen Einsatz vieler staatlicher und industrieller Unternehmen voraus, da die speziellen Erfahrungen und Kapazitäten eines einzigen Unternehmens oftmals weit überfordert sind. Die gemeinsame Zusammenarbeit von Institutionen und Firmen setzt ein funktionsfähiges Organisationskonzept und die Bereitstellung von erfahrenem Schlüsselpersonal voraus. Im Interesse einer optimalen Abwicklung derartiger Projekte wird deshalb eine in der Praxis erprobte Prozedur zur industriellen Organisation und personellen Besetzung der Schlüsselpositionen vorgeschlagen, deren Einzelheiten in den nachfolgenden Abschnitten beschrieben sind. Siehe hierzu auch Kapitel V dieses Buches.

2.1 Inter-Industrielle Projektorganisation

Eine typische Projektorganisation für ein Großvorhaben ist in Abbildung V-15 am Beispiel des Apollo-Programms wiedergegeben. Die NASA ist der Auftraggeber (AG) für das Apollo-Projekt und die einzige zentrale Ansprechstelle für sämtliche Projektbelange im Umgang mit Leitfirma, behördlichen Institutionen und der Industrie. Innerhalb der Leitfirma wurde die volle Verantwortung für das Projekt der Projektleitung übertragen (s. a. Paragraph 1).

Im Interesse einer effizienten Projektabwicklung ist zu verhindern, daß der Kunde (Behörden, Ämter, usw.), unter Umgehung der Leitfirma, in der Angelegenheit des betreffenden Projektes direkte Kontakte zu den Unterauftragnehmern aufnimmt. Die PL der Leitfirma ist in jedem Fall von jeglichem, diesbezüglichem Schriftverkehr zu informieren und hat außerdem das Recht, nicht autorisierte Anweisungen anderer jederzeit rückgängig zu machen, sofern keine Rücksprache mit der PL getroffen wurde.

Es ist sinnvoll, daß für die Abwicklung eines Anlagen-Vorhabens ein Industriearchitekt (IA) zur Unterstützung der PL eingeschaltet wird. Der IA soll vor allem Aufgaben aus den Bereichen Systemtechnik, Schnittstellenkontrolle, Training und Schulung, und spezielle Aufgaben im Bereich Projektmanagement übernehmen.

Die Leitfirma sollte zur Lösung ihrer Aufgaben, wann immer notwendig, externe freiberufliche Berater (Experten) bzw. Beratungsfirmen kurz-, mittel- oder langfristig einschalten. Hierdurch soll vor allem folgendes erreicht werden:

– Zugewinn von Know-How aus anderen Projekten (lessons learned),
– Überbrückung von Personalengpässen, z.B. zur Abwicklung temporärer Arbeiten (Design Review Coordination usw.) und
– Einholung externer Gutachten.

2.2 Auftragnehmer-Projektleitung

Es ist für Anlagenprojekte von ausschlaggebender Bedeutung, daß auch die Auftragnehmer (industrieller Haupt- und Unterauftragnehmer, sowie der Industriearchitekt (IA) und die mit einzubeziehenden Forschungseinrichtungen) spiegelbildlich zum Auftraggeber eine entsprechende Projektleitung einrichten. Aus Gründen besserer Kommunikation zwischen den einzelnen Partnern wird in diesem Zusammenhang festgelegt, daß die interne Projektorganisation der beteiligten Firmen so weit wie möglich identisch zur internen Projektorganisation der PL aufzubauen ist; s.a. Abb. V-15 und V-16.

2.3 PL-Weisungsrecht

Das Weisungsrecht der PL der Leitfirma ist im Sinne von 1.6 zu regeln. Verbindliche Ansprechpartner der verschiedenen Projektleitungen (IA, AN und UAN) ist der jeweilige Projektleiter. Die Vollmachten aller Projektleiter sind so festzulegen, daß das Weisungsrecht sämtliche technischen (Spezifikation, Entwurf, usw.), administrativen (Kosten, Vertrag, usw.) sowie schnittstellenrelevanten Aspekte abdeckt.

2.4 PL-Überwachungsfunktion

Die PL ist für die Überwachung sowie die damit zusammenhängende Steuerung des Gesamtvorhabens zuständig. Die Überwachung der Arbeiten bei den Auftragnehmern (IA, AN und UAN) ist durch folgende Maßnahmen zu gewährleisten:

(1) Berichterstattung der Unterauftragnehmer an die PL (s.a. Paragraph 4 und 5);
(2) Durchführung von Audits durch die PL (z.B. Quality Control Audits, usw.) und
(3) Abhaltung von System- und Teilsystem-Reviews bei den AN's sowie deren Unterauftragnehmer (s.a. 7). System-Reviews werden durch die PL geleitet und Teilsystem-Reviews durch die jeweiligen AN's. Die PL ist als Beobachter zu den Teilsystem-Reviews hinzuzuziehen.

2.5 Qualifikation der Industriefirmen

Die zur Lösung des Anlagen-Vorhabens heranzuziehenden Industriefirmen (IA, AN und UAN) müssen über eine entsprechende Qualifikation und ausreichendes Industrie-Know-How verfügen und in ihren Angeboten hierüber einen entsprechenden Nachweis erbringen. In beiden Fällen ist das jeweilige Unternehmen als Ganzes, sowie das für das Projekt vorgesehene Schlüsselpersonal (s.a. Paragraph 1.3) im Einzelnen darzustellen. Dieser Punkt ist in den Ausschreibungsunterlagen speziell anzusprechen.

2.6 Industrielles Ausschreibungsverfahren

Die Leitfirma sollte wenn immer möglich ein Ausschreibungsverfahren implementieren, das dem Auftraggeber (Kunden) gestattet, nach objektiven Gesichtspunkten eine Auftragnehmerauswahl (IA und AN's) vorzunehmen. Damit ist auch die Absicht verbunden, daß die AN's ihrerseits die Unterauftragnehmer nach ähnlichen Kriterien auswählen.

3. Projektstrukturierung

Die systematische Strukturierung von Projekten (besonders sehr großer Vorhaben) in kleinere, für das Management übersichtliche kontrollfähige und verständliche Teilbereiche ist eine Grundvoraussetzung für eine erfolgreiche Projektabwicklung. Für Projekte sollte deshalb eine Gliederung vorgesehen werden, die das gesamte Vorhaben in überschaubare Teilbereiche aufteilt, die dann ihrerseits weiter untergliedert werden können; s.a. IX.3 dieses Buches.

3.1 PSP als zentrales Managementinstrument

»Der Projektstrukturplan (PSP) eines Projektes ist ein wichtiges zentrales Managementinstrument, da sich sämtliche technischen und administrativen Projektdaten über den PSP zusammenführen lassen«. Für viele Projekte ist der PSP als Hauptstrukturierungsinstrument folgender Managementsysteme vorgesehen:

– Finanz- und Kostenstruktur (Nummerschlüssel).
– Terminplanzuordnung.
– Spezifikationsbaum.
– Dokumentationsbaum.

Die Zuordnung der einzelnen Managementsysteme erfolgt durch die Einbeziehung des PSP-Nummernschlüssels.

3.2 Festlegung der PSP-Ebenen für ein Anlagenprojekt

Die oberen Ebenen des PSP's sind im technischen Bereich nach einheitlichen Gesichtspunkten festgelegt. Die einzelnen Ebenen sind wie folgt definiert:

– Ebene 1: Projektbereiche
– Ebene 2: Haupt-Systeme
– Ebene 3: Teilsysteme und Einzelfunktionen
– Ebene 4: Hardware/Software
– Ebene 5: Arbeitspaketebene.

Es ist eine wichtige Erfahrung aus der Praxis, daß eine zu große Detaillierung des PSP, das heißt Festlegung von zu vielen Ebenen, zu erheblichen Schwierigkeiten in der Projektabwicklung führen kann.

Der erste Gliederungsblock des PSP's definiert die System- und Funktionsbereiche des Projektes. Im zweiten Kennzeichnungsblock werden dann die Hardware-Elemente des Projektes definiert. Der Arbeitspaket-Code, der sich aus der Kennzeichnungsstruktur für die Standardarbeitspakete und dem Firmencode zusammensetzt, ist als dritter Kennzeichnungsblock anzusehen, der im Nicht-Hardwarebereich direkt der übergeordneten PSP-Struktur und im Hardwarebereich der Hardwaregliederung zuzuordnen ist.

3.3 PSP-Entwicklung und -Änderungsüberwachung

Der PSP für Großprojekte läßt sich nur schrittweise und in Übereinstimmung mit dem Phasenfortschritt bis zur tiefsten Ebene entwickeln; s.a. Abb. IX-1. Im einzelnen ist folgende Vorgehensweise vorgesehen:

(1) schrittweise Einfrierung der ersten drei PSP-Ebenen zum Beginn der Entwicklungsphase.
(2) endgültige Ausarbeitung der Hardware-Software-Elemente.
(3) frühzeitige Festlegung von standardisierten Arbeitspaketen.

Der PSP für Anlagenprojekte ist während der Entwicklungsphase in seiner Basiskonfiguration einzufrieren und Änderungen der PSP-Konfiguration sind von diesem Zeitpunkt an ständig zu überwachen.

3.4 PSP und Organisationsstruktur

Bei der Erstellung eines PSP gilt folgender Grundsatz: »Der PSP darf nicht als Organigramm verwendet werden«.

Dies bedeutet, daß der PSP als Aufgabengliederungsstruktur anzusehen ist, während gleichzeitig ein Organisationsdiagramm erstellt wird aus dem die Verantwortung für die einzelnen PSP-Elemente und/oder Arbeitspakete abgeleitet werden kann; s.a. Abb. IX-8. In diesem Zusammenhang sei ein weiterer Grundsatz genannt: »Es ist sicherzustellen, daß für jedes PSP-Element oder Arbeitspaket eine verantwortliche Stelle, aber nur eine Stelle, im Organisationsplan identifiziert werden kann. Es ist jedoch möglich, daß eine Organisationseinheit zur gleichen Zeit für mehrere PSP-Elemente oder Arbeitspakete zuständig ist«.

3.5 Entwicklung einer PSP-Prozedur

Von der PL ist eine PSP-Prozedur zu entwickeln, um zu gewährleisten, daß alle Projektmitarbeiter der Leitfirma sowie der industriellen und behördlichen Partner nach einheitlichen Richtlinien arbeiten. Die PSP-Prozedur sollte mindestens folgende Punkte beinhalten:

– Ausführungen zum Nummersystem;
– Integration verschiedener Nummernblöcke;
– Erstellung von PSP-Inhaltsverzeichnissen (WBS-Dictionary) und Arbeitspaketbeschreibungen;
– PSP-Implementation und Änderungskontrolle.

4. Projektplanung und -Überwachung/Project Control

Der Planungs- und Überwachungsprozess ist für jedes Projekt von außerordentlicher Bedeutung. Für Anlagenprojekte ist ein Planungskonzept vorteilhaft, das unter Bezugnahme auf den Projektstrukturplan (s.a. Paragraph 3) folgende Planungsinstrumente beinhalten:

● Definition der Projektphase.
● Termin- und Ablaufplanung.
● Kostenplanung.

Die Überwachungskonzepte und die daraus resultierenden Maßnahmen für das vorliegende Projekt lassen sich wie folgt zusammenfassen:

- Statuskontrol.le (Terminstand).
- Action Item–Kontrolle.
- Kostenkontrolle.
- Performance Measurement.

An dieser Stelle wird auch auf Kapitel IX und Anhang 4 dieses Buches verwiesen.

4.1 Definition von Projektphasen

Die Projektabwicklung nach sequentiell hintereinander verlaufenden Phasen trennt die zeitlich unterschiedlichen Tätigkeiten eines Projektes (Konzeptstudien, Definitionsarbeiten, Entwicklungsarbeiten, Errichtungstätigkeiten und Betrieb) durch fest definierte Abschlußpunkte (Hauptmeilensteine) der einzelnen Phasen und schafft die Basis zur Festlegung sinnvoller Entscheidungspunkte. Das Phasenkonzept sieht vor, daß nach Abschluß der einzelnen Phasen ganz bestimmte, vorher definierte und außerdem meßbare Endergebnisse vorliegen bevor es zur Einleitung der Folgephase kommt. Das heißt zum Beispiel, die Entwicklungsphase kann, mit Ausnahme von einigen wenigen besonders terminkritischen Aktivitäten erst dann begonnen werden, wenn die Definitionsphase vollständig abgeschlossen ist.

Die sequentielle Vorgehensweise sichert folgerichtiges Vorgehen und schließt die Verschleppung von Systemfehlern in die teuren Realisierungsphasen (Errichtung und Betrieb) durch Beseitigung in den Frühphasen weitgehendst aus. Für das vorliegende Projekt wurden die folgenden fünf Haupt-Projektphasen definiert:

- A–Konzeptphase
- B–Definitionsphase
- C–Entwicklungsphase
- D–Errichtungsphase und
- E–Betriebsphase.

In diesem Zusammenhang wird auf IV.2 dieses Buches verwiesen.

4.2 Termin- und Ablaufplanung

Die Termin- und Ablaufplanung ist für jedes Projekt ein sehr wichtiges Managementinstrument. Aus diesem Grund muß schon zu einem sehr frühen Zeitpunkt, d.h. vor Beginn der jeweiligen Projektphase, eine gründliche und fundierte Planung, aus der die einzelnen Tätigkeiten und Meilensteine zu entnehmen sind, aufgestellt werden. Bei Großprojekten ist es darüberhinaus erforderlich, daß die Planung, angelehnt an den PSP (s.a. Paragraph 3.2) nach verschiedenen Planungsebenen gegliedert wird.

Zur Termin- und Ablaufplanung werden vorzugsweise Balken- sowie vernetzte Balkenpläne verwendet. Darüber hinaus werden die definierten Meilensteine in den Balkenplänen mit aufgenommen. Die Festlegung und Definition von Projektmeilensteinen erfolgt nach folgenden Ebenen:

- Ebene 1: Meilensteine, die durch den Kunden freizugeben und zu überwachen sind;
- Ebene 2: Meilensteine, die durch die Leitfirma (AN) freizugeben und zu überwachen sind;
- Ebene 3: Meilensteine, die durch die UAN's freizugeben und zu überwachen sind.

Die Meilensteine sind durch entsprechende Meilensteinlisten, in denen die Definition und das geplante Datum festgelegt sind, zu kontrollieren.

Es sind folgende Planungsunterlagen zu erstellen:

(1) Projektebene (Ebene 1):
   - Meilenstein-Rahmenplan (MRP); Der MRP ist von der PL zu erstellen und zu überwachen.
   - Meilensteinliste (Ebene 1)
(2) Haupt-Systemebene (Ebene 2):
   - Vernetzte Balkenpläne: Die vernetzten Balkenpläne der Ebene 2 sind durch den IA zu erstellen und zu überwachen.
   - Meilensteinliste Ebene 2
(3) Systemebene (Ebene 3):
   - Vernetzte Balkenpläne: Die vernetzten Balkenpläne der Ebene 3 sind durch die AN's zu erstellen und zu überwachen.
   - Meilenliste Ebene 3

4.3 Kostenplanung

Die Kostenplanung steht in enger Verbindung mit dem PSP, der Arbeitspaketbeschreibung und der Termin- und Ablaufplanung. In anderen Worten, die Kostenpläne sind auf die PSP-Kodierung und die Planungsunterlagen abzustimmen.

Die Kostenplanung ist in mehreren Schritten zu vollziehen. Während der Planungsphase (Projektdefinition) sind durch die PL, Kostenanalysen durchzuführen, um für die Hauptbereiche des Projektes (z. B. Ebenen 1, 2 und teilweise Ebene 3) entsprechende Zielkosten zu entwickeln. Für die Ermittlung der Zielkosten sind unterschiedliche Schätzverfahren anzuwenden, nämlich:

- parametrische und rechnergestützte Kostenschätzmodelle,
- Verhältnisrechnungen (Analogien zu anderen Projekten) und/oder
- detaillierte Aufwandschätzungen.

In diesem Zusammenhang wird auch auf X.2 verwiesen. Begleitend zu diesen Schätzungen sind Untersuchungen der Schätzgenauigkeit sowie Sensitivitätsanalysen durchzuführen, um die Kosten beeinflussenden Faktoren (cost drivers) klar und eindeutig herauszustellen. Existierende Kosten-Datenbanken (Erfahrungswerte) sind, wo immer vorhanden, unbedingt mitzuverwenden. Wo immer möglich, sollten Kostenschätzmodelle zur unabhängigen Schätzung mit herangezogen werden, um die Aussagekraft der Kostenschätzung zu erhöhen; s.a. X.3. In diesem Zusammenhang ist zu erwähnen, daß sich die Kostenanalyse auch auf die Betriebsphase, beziehen muß.

Im Zusammenhang mit den industriellen Angeboten sind von den industriellen Partnern (AN's) verbindliche und detaillierte Kostenangebote abzugeben, die dann, nach einer durchzuführenden Verhandlung, in ein endgültiges Kosten- beziehungsweise Preisangebot umzuwandeln sind (s.a. Paragraph 11). Auch in dieser Phase ist es sinnvoll Kostenschätzmodelle zu unabhängigen Vergleichsschätzungen mit heranzuziehen. Die detaillierten und verbindlichen finanziellen Angebote der Industrie sind auf der Basis von Arbeitspaketbeschreibungen und in Verbindung mit der Zeit- und Ablaufplanung zu erstellen. Die AN's müssen ihr Kostenangebot auf verbindliche Unterauftragnehmer- und Lieferantenangebote abstützen.

Es ist davon auszugehen, daß sowohl Fest- wie auch Selbstkostenerstattungspreise zur Anwendung kommen können. Dort, wo es zu Selbstkostenerstattungspreis-Angeboten kommt, sind die Kostenangebote einerseits pro Arbeitspaket nach den entsprechenden Kostenkategorien, sowie nach der zeitlichen Zuordnung aufzugliedern. Typische Kostenkategorien sind:

— Personalkosten
— Materialkosten
— Anlagenkosten
— Mietkosten
— Reisekosten
— usw.

Die Kostenverdichtung bis zur Projektebene ist in Übereinstimmung mit dem PSP vorzunehmen. In Ergänzung zu den zuvor genannten Angeboten muß jeder AN einen detaillierten Mittelabflußplan einreichen.

4.4 Statuskontrolle

Eine wesentliche Komponente der Projektüberwachung ist die regelmäßige Statuskontrolle des Projektes. Auf der Basis der in Paragraph 4.2 definierten Pläne ist der Projektstand monatlich zu erfassen und mit den vorgegebenen Planwerten zu vergleichen (Soll/Ist-Analyse). Abweichungen von den Planwerten sind durch die jeweils zuständigen Firmen/Organisationen zu analysieren und erforderlichenfalls zur Abstellung von Verzögerungen in geeignete Korrekturmaßnahmen umzuwandeln. In Abbildung IX-19 ist der Überwachungsregelkreis gezeigt.

Lassen sich eventuell festgestellte Terminverzögerungen nicht vermeiden so sind diese an die nächsthöhere Managementebene zu berichten. Auf der nächsthöheren Managementebene ist dann eine übergeordnete Planungsanalyse durchzuführen.

Unvermeidbare Terminverschiebungen des Projektes sind nach den in Paragraph 5 beschriebenen Regeln an die PL zu berichten. Die PL wird dann auf der Basis des MRPs eine übergeordnete Projektanalyse für das Gesamtvorhaben durchführen. Es ist selbstverständlich, daß der Informationsfluß zwischen den angesprochenen Managementebenen in Gang gehalten werden muß und daß Projektberichte und -besprechungen das Hauptbindeglied zwischen den Partnern sind (s. a. Paragraph 5). Die Prozedur der Statuskontrolle ist im Projektmanagement-Handbuch detailliert auszuarbeiten.

4.5 Action Item-Kontrolle

In Ergänzung zur routinemäßigen Statuskontrolle im Projekt hat sich die Action-Item (AI)-Kontrolle (auch als Aktionskontrolle bekannt) als wirkungsvolles Managementinstrument bewährt. Bei ad-hoc auftretenden Problemen stellt das AI-Verfahren ein ideales Management-System dar. Das AI-System ist leicht zu installieren und setzt von keinem der Projektmitarbeiter besondere Vorkenntnisse in speziellen Planungstechniken voraus. Ein institutionalisiertes AI-Kontrollsystem sollte deshalb bei keinem Projekt fehlen. Insbesondere bei Großprojekten, ist es eine unbedingte Notwendigkeit. Aus diesem Grunde sollte die PL in jedem Falle ein AI-Kontroll-System einführen. Die Definition von Aktionen muß aber nach bestimmten Regeln ablaufen; s. a. IX.4 (Action-Item-Kontrolle).

4.6 Kostenkontrolle

Neben der Statuskontrolle (einschließlich der ergänzenden AI-Kontrolle) ist die Kostenkontrolle ein Schlüsselinstrument der Projektüberwachung. Dabei stehen folgende Verfahren im Vordergrund:

- Kontrolle der Mittelabfluß- und/oder Zahlungspläne;
- Kontrolle des Stunden- und Kostenanfalls (nur SKE-Verträge);
- Obligo-Kontrolle (gebundene Mittel);
- Soll-/Ist-Vergleich (Abweichungsanalyse) und
- Kostenhochrechnungen (cost-to-completion – CTC).

Die Kontrolle des Mittelabflusses und der Zahlungsvorgänge ist auf der Basis von vorher erstellten Planungsunterlagen vorzunehmen. In einem engen Zusammenhang hiermit ist das Freigabeverfahren für Projektbereiche bzw. -abschnitte und die Statuskontrolle zu sehen. Die Zahlungspläne und die Mittelabflußpläne stehen über die entsprechenden Meilensteine in einem direkten Zusammenhang mit der Projektplanung (Ablauf und Termine) und dem Arbeitsfortschritt.

In Bereichen, für die SKE-Vereinbarungen zu treffen sind, ist die PL nach den Regeln des deutschen Preisrechtes dazu verpflichtet, den Stunden- und Kostenanfall der jeweiligen Unternehmen zu kontrollieren. Auch hier sind Soll-/Ist-Abweichungen im Zusammenhang mit der Projektplanung zu analysieren.

Die Obligo-Kontrolle ist ein wichtiges Kontrollinstrument der Industriefirma zur Schaffung einer Übersicht über die gebundenen Mittel für vorgenommene Bestellungen. Die PL, die an eine stets aktualisierte Obligo-Übersicht interessiert ist, wird darauf hinwirken, daß die ANs ebenfalls ein entsprechendes Kontrollsystem implementieren; s. a. IX.4 (Kostenüberwachung).

4.7 Leistungsmessung

Die regelmäßigen Status- und Kostenkontrollen (s. Paragraph 4.4 und 4.6) geben für sich allein gesehen, dem Projektleiter noch keine ausreichende Information zur Projektsteuerung. Vielmehr kommt es auf die gleichzeitige Integration von Termin-, Kosten- und Leistungsstatus an. Unter Bezugnahme auf Erfahrungen aus der Praxis ist an dieser Stelle darauf hinzuweisen, daß die integrierte Leistungsanalyse sich nur auf die System- und Teilsystemebene des Projektes beziehen sollte, um eine allzu große Datenflut zu vermeiden. Es ist sicherlich von Vorteil, wenn die Projektsituation, wie in Abbildung IX-34 gezeigt, durch entsprechende Indicies für die Parameter Termine, Kosten und Leistung dargestellt wird. Kostenhochrechnungen (Cost-to-Completion) sind in regelmäßigen Abständen im Zusammenhang mit einer Leistungsmessung durchzuführen, um die wahrscheinlichen Endkosten des Projektes auf der Basis des aktuellen Standes der Termin- und Kostensituation vornehmen zu können. In diesem Zusammenhang kommt der Trendanalyse eine besondere Bedeutung zu; s. a. Anhang 4 (Abb. A.4–5).

5. Informationsmanagement

Die Projektmanagement-Aufgaben sind in ganz besonderem Maße auf ein gut funktionierendes Informationssystem angewiesen. Informationen müssen vor allem zielgerichtet und schnell zwischen den Projektbeteiligten ausgetauscht werden. In Anbetracht der Größe und Komplexität von Anlagenvorhaben ist der rechtzeitigen Implementation eines Informationssystems allergrößte Bedeutung beizumessen; s.a. Kapitel XI. Folgende Medien stehen zur Informationsweitergabe zur Verfügung:

- Besprechungen
- Berichtswesen
- Telefon
- Telefax (Fernkopierer)
- Telekonferenz.

5.1 Informationssystem im Projekt

Der Aufbau und die Installation von Projekt-Informationssystemen ist den speziellen Bedürfnissen eines jeden Projektes anzupassen. Zuerst ist in Übereinstimmung mit der implementierten Projektorganisation (einschließlich der industriellen Organisation) der Informationsbedarf festzulegen. Es ist deshalb zu untersuchen wer (Organisationsbereich, Personenkreis, usw.) welche Informationen (Inhalte), wann (Zeitpunkt) an wen (Empfänger) übermitteln muß.

Für das vorliegende Projekt wird ein Informationssystem vorgeschlagen, das den speziellen Bedürfnissen dieses Vorhabens entspricht. Es ist vorgesehen, daß das Projektmanagement-Informationssystem nicht nur allein am Standort der Leitfirma implementiert wird, sondern die ausgewählten Industriepartner mit einschließt. Die vorgeschlagene Prozedur baut auf den Erfahrungen der Luft- und Raumfahrt auf. Die Hauptelemente des Informationssystems sind:

- Auftragnehmerberichtswesen (5.2);
- Informationsweitergabe (5.3);
- Konferenzen und Protokolle (5.4).

5.2 Berichtswesen

Die Effizienz des Projektmanagements läßt sich durch ein gut funktionierendes Berichtswesen erheblich steigern. Das Berichtswesen, ein wichtiger Bestandteil des Informationssystems, ist so aufzubauen, daß zu regelmäßigen und vorher festgesetzten Zeitpunkten, z.B. zum 10. jeden Monats, die Industriepartner einen integrierten Statusbericht an die PL schicken, in dem über die wichtigsten Projektparameter berichtet wird. Dieser Bericht sollte über folgende Bereiche informieren (s.a. XI.2):

(1) Projektorganisation
   - Änderungen und deren Begründungen (Schlüsselpersonal usw.);
   - Genehmigungsstatus und Implementationsstatus
(2) Konfigurationsbeschreibung (System)

    – Technische Änderungen und deren Begründungen (Änderungsantrag)
    – Genehmigungs- und Implementationsstatus;
(3) Zusammenfassung der wichtigsten Ereignisse;
(4) Kritische Ereignisse;
(5) Aktionsübersicht (Liste);
(6) Projektstrukturplan
    – Änderungen
    – Begründungen;
(7) Zeit- und Ablaufplan
    – Statusbericht (Soll/Ist)
    – Vorgenommene Korrekturmaßnahmen
    – Änderungen
    – Begründungen;
(8) Kosten-/Finanzplanung
    – Kostenbericht (Soll/Ist)
    – Änderungsbericht
    – Begründungen.

Der Berichtszyklus sollte auf monatlicher Basis festgelegt werden.

5.3 Informationsverteilung

Die Weitergabe von Projekt-Informationen (Verteilung) ist eindeutig zu regeln, denn es ist zu verhindern, daß es einerseits durch wahllose Verteilung zu einer Informationsschwemme kommt aber andererseits Projektmitarbeiter nicht ausreichend informiert werden.

    Aus diesem Grunde erfolgt die Informationsverteilung für das vorliegende Projekt, in Anlehnung an die festgelegte Projektorganisation. Regelmäßig zu erstellende Statusberichte haben z.B. fast immer einen festen Verteiler.

5.4 Besprechungen und Protokolle

Regelmäßig und ad-hoc angesetzte Besprechungen sind ein wichtiges Informationsinstrument im Projekt. Der Hauptvorteil liegt im schnellen Informationsaustausch, der sofortigen Reaktionsmöglichkeit und dem persönlichen Kontakt aller Besprechungsteilnehmer. Erkennbare Probleme können sofort analysiert und durch schnelle Einleitung von geeigneten Korrekturmaßnahmen sofort behoben werden.

    In diesem Zusammenhang wird auf die Bedeutung von Statusbesprechungen verwiesen, denn sie stellen eine besonders wichtige und effiziente Projektbeschreibungsform dar. Es ist wichtig, daß die Statusbesprechungen regelmäßig abgehalten und gründlich vorbereitet werden. Dabei sind vor allem folgende Maßnahmen besonders zu erwähnen:

– Aufstellung einer Tagesordnung (Agenda);
– Abhaltung von Vor- und Nachbesprechungen, sowie
– die Erstellung eines Ergebnisprotokolls.

Projektbesprechungen dienen keinem Selbstzweck, sondern haben eine ganz bestimmte Aufgabe zu erfüllen, eine Aufgabe, die im Zusammenhang mit der Tagesordnung klar und eindeutig definiert sein muß. Folglich sollten Projektbesprechungen dann auch nicht ohne ein Ergebnisprotokoll abgeschlossen werden. Gemeint ist jedoch nicht ein Wortprotokoll, sondern ein Protokoll, in dem die Besprechungsergebnisse und einzuleitenden Maßnahmen und Aktionen zusammengefaßt sind. Es ist von großem Vorteil, wenn das Besprechungsprotokoll noch während der Besprechung erstellt und den Beteiligten sofort vorgelesen wird (ggf. handschriftlich), um Korrekturen an Ort und Stelle einzufügen und das Protokoll unmittelbar verabschieden zu können. Insbesondere bei Besprechungen mit anderen Unternehmen, Auftraggebern, usw. können so die Besprechungsergebnisse sogleich festgelegt und durch die Protokollunterzeichnung von den jeweiligen Besprechungsleitern eine gewisse Verbindlichkeit erlangen. Dieses Verfahren wird von der PL für das vorliegende Vorhaben eingeführt.

5.5 Einführung von Telekonferenzen

Durch die Einführung von Telekonferenzen lassen sich Reisezeit- und -kosten einsparen. Die Telekonferenz stellt deshalb eine interessante Alternative im Projekt dar. Insbesondere bei der Durchführung von Statusbesprechungen (Statusabfrage) sind Telekonferenzen im Interesse einer Zeit- und Kostenersparnis zu empfehlen. Es ist zweckmäßig, wenn die Gesprächsteilnehmer sich ihre Berichte oder Präsentationsunterlagen schon einige Tage vorher (z.B. per Telefax) zuschicken und während der Besprechung Tageslichtfolien hiervon in beiden Konferenzräumen simultan auf Tageslichtprojektoren projizieren; s.a. XI.4.

6. Konfigurations- und Dokumentationsmanagement

Die Qualität des implementierten Konfigurations- und Dokumentationsmanagements ist für eine erfolgreiche Projektabwicklung von allergrößter Bedeutung. Dabei kommt es vor allem darauf an, daß die erforderliche Projektdokumentation schon zu einem sehr frühen Zeitpunkt klar und eindeutig identifiziert wird. Die für die Projektabwicklung erforderlichen Pläne, Spezifikationen und Prozeduren (Dokumentenarten) müssen für jede PSP-Ebene in Form eines Dokumentationsbaumes eindeutig identifiziert und inhaltlich durch eine Anforderungsbeschreibung (Dokumentations-Anforderungsbeschreibung) definiert werden; s.a. XII.1 (Dokumentationsanforderungen).

Wichtig ist jedoch auch die regelmäßige Erfassung und Überwachung des Dokumentationsstatus; d.h. die PL muß in regelmäßigen Abständen über den Fertigstellungs-, Änderungs- und Freigabestatus aller identifizierten Dokumente informiert werden. Änderungen der technischen Konfiguration sind sofort und vollständig zu erfassen und auf ihre finanzielle Auswirkung hin zu prüfen. Erst dann kann eine technische Änderung implementiert werden; s.a. XI.2.

6.1 Dokumentations-Identifikation

Für die Durchführung von Projekten ist die Identifikation der erforderlichen Dokumentationsanforderungen sehr wichtig. Dokumentationsanforderungen (Data Requirements) müssen zu einem frühen Zeitpunkt im Projekt definiert werden. Es sind die erforderlichen Dokumente (zum Beispiel Spezifikationen, Pläne, Prozeduren, Handbücher usw.), ihr Anwendungszweck (zum Beispiel **System**spezifikationen, **Test**plan, **Management**-Handbuch usw.), der Zeitpunkt der

Fertigstellung (entsprechend dem Projektablaufplan), sowie die Dokumentationsinhalte (Kurzbeschreibung) festzulegen.

Zur Schaffung einer Dokumentationsübersicht ist es üblich, die gesamte Dokumentation eines Projektes in einem Dokumentationsbaum darzustellen; s.a. Abb. XII–1. In diesem Zusammenhang ist es wichtig, folgende Dokumentationsgrundsätze besonders deutlich herauszustellen:

(1) Neben der Pflichtdokumentation, die so weit wie möglich vorauszuplanen ist, werden in jedem Projekt selbstverständlich auch Dokumente erstellt, die nicht zur Pflichtdokumentation gehören. Dies sind zum Beispiel zusätzliche Analysen und technische Berichte, deren Notwendigkeit sich erst später herausstellt.

(2) Der Schriftverkehr im Projekt (Brief, Telex, Telefax) ist nicht Bestandteil der Projektdokumentation, sondern muß im Rahmen der üblichen Korrespondenzregelung behandelt werden.

6.2 Dokumentations-Erstellungsprozedur

Es ist vorgesehen, daß die Projektdokumentation nach einheitlichen Richtlinien erstellt wird. Diese Forderung ist nicht allein für den Bereich der PL der Leitfirma vorgesehen, sondern schließt die Dokumentationssysteme des IAs und der ANs mit ein. Konkret sind folgende Maßnahmen vorgesehen:

- Anwendung eines einheitlichen Nummernsystems;
- Verwendung einheitlicher Deckblattformate;
- Festlegung von Standard-Verteilerlisten.

Das einzuführende einheitliche Nummernsystem muß folgende Bedingungen erfüllen:

(1) Identifikation der Dokumentenart;
(2) Zuordnung des jeweiligen Dokuments zum Projektstrukturplan (PSP);
(3) Identifikation des Dokumentationserstellers;
(4) Festlegung einer fortlaufenden Nummer (1 bis n) zur einmaligen Kennzeichnung eines Dokuments;
(5) Kennzeichnung des Ausgabe- und Revisionsindexes.

In diesem Zusammenhang wird auch auf Abbildung XII-2 verwiesen.

6.3 Dokumentationsüberwachung

Die Dokumentationsüberwachung ist eine wichtige Projektmanagement-Funktion, da der Projektleiter und sein Team zu jedem Zeitpunkt darüber informiert sein müssen:

Welche Dokumente noch zu erstellen sind (Anforderungen)
- wann
- durch wen

– Inhalt
– usw.

In welchem Status sich die bereits erstellten Dokumente, befinden

– freigegeben,
– zurückgezogen oder
– geändert.

Zentrales Instrument der Dokumentationskontrolle ist die Dokumentations-Kontrolliste. Die Dokumentations-Kontrolliste ist in regelmäßigen, mindestens monatlichen Zeitabständen auf dem neuesten Stand zu halten.

6.4 Konfigurationskontrolle

Eng verzahnt mit der Dokumentation ist das Konfigurationsmanagement. Die Baukonfiguration eines technologischen Projektes ist von Anfang an, das heißt, bereits in der Konzept- und Definitionsphase, erheblichen Änderungen unterworfen. Sinn der Konfigurationskontrolle ist es, die rechtzeitige Einfrierung sowie die Änderungen des technischen Systems im Sinne einer kosteneffizienten Projektsteuerung zu überwachen. Die Einfrierung des technischen Systems muß schrittweise und in Übereinstimmung mit der Phasenplanung erfolgen.

Änderungen der jeweils eingefrorenen Konfiguration, die vor ihrer Implementation hinsichtlich ihrer terminlichen und finanziellen Auswirkung hin zu überprüfen sind, unterliegen einem Überwachungsprozess durch den Änderungs-Kontrollausschuß – Change Control Board (CCB) – der in regelmäßigen Zeitabständen (z.B. wöchentlich) ggf. aber auch ad-hoc zusammentrifft, um eingereichte Konfigurations-Änderungsanträge zu begutachten und diese dann freizugeben bzw. abzulehnen.

Eine wichtige Maßnahme für das Konfigurationsmanagement ist die Festlegung von Änderungsklassen; s.a. XII.2 (Konfigurations-Überwachung). Für das vorliegende Vorhaben werden folgende Änderungsklassen eingeführt:

– Klasse A: Konzeptänderungen (Projektbereiche)
– Klasse B: Funktionsänderungen (Haupt-System)
– Klasse C: Ausführungsänderungen (Änderungen, die keinen Einfluß auf die o.g. Änderungen
             der Klasse A und B haben).

Änderungen der Klasse A sind durch das Management der Leitfirma freizugeben, Änderungen der Klasse B durch die AN's und Änderungen der Klasse C durch die jeweiligen UAN's. Stellt sich jedoch heraus, daß eine beantragte Änderung der Klasse C Auswirkungen auf das System hat, so ist die Klasse C in B zu ändern. Analog ist in Fällen zu verfahren, bei denen Änderungen der Klasse B Auswirkungen auf die Projektbereiche haben.

Bauabweichungen, die z.B. aufgrund von Materialengpässen usw. beantragt werden, bzw. die durch die Qualitätskontrolle aufgrund einer Inspektion festgestellt wurden, sind immer dann, wenn sie keine feststellbaren Produktverschlechterungen bewirken (d.h. keine Beeinträchtigung von form, fit and function) durch eine Schnellfreigabe (Regelung durch deviation und waivers) zu genehmigen.

7. Review-Koordination

Es hat sich in der Praxis bewährt, den Projektstand an ganz bestimmten Meilensteinen dadurch abzusichern, daß detaillierte Projektüberprüfungen (Reviews) durchgeführt werden; s.a. Abb. IV.7 und Kapitel VII.3. Typische Reviews sind:

A Anforderungs-Reviews (AFR) am Ende der Konzeptphase,
B Spezifikations-Reviews (SPR) am Ende der Definitionsphase,
C Vorläufige Entwurfs-Reviews (VER) zum Beginn der Entwicklungsphase,
D Kritische Entwurfs-Reviews (KER) zum Beginn der Prototypenentwicklung,
E Abnahme-Reviews (ANR), bzw. First Article Configuration Inspection – FACI, zum Abschluß der Prototypenentwicklung, und
F Produktions-Review (PRR) zum Beginn der Produktions- bzw. Errichtungsphase.

In diesem Zusammenhang wird auf Abbildung IV-7 verwiesen. Sinn eines jeden Reviews ist es, die bis dahin erstellten Projektergebnisse (Dokumente, Hardware und/oder Software) auf ihren Inhalt hin kritisch zu prüfen.

Die Koordination der Reviews, die auf verschiedenen Projektebenen stattfinden kann (System-Teilsystemebene usw.), sollte durch die jeweilige Projektleitung erfolgen. Hierzu sind entsprechende Ablaufpläne, Checklisten und Review-Prozeduren zu erstellen; s.a. VII.3.

7.1 Reviewplan

Für das vorliegende Vorhaben werden die zuvor genannten Review-Meilensteine eingeführt. Die Review-Meilensteine sind in die jeweiligen Termin- und Ablaufpläne der Leitfirma, der AN's und UAN's so zu integrieren (zu vernetzen), das die Abhängigkeiten der Projektaktivitäten mit den Reviews eindeutig und unmißverständlich erkennbar sind.

Die Review-Meilensteine stellen den Abschluß ganz bestimmter Entwicklungsschritte dar. So ist der AFR zum Beispiel an das Ende der Konzeptphase zu setzen und der KER zum Beispiel an's Ende der Entwurfsarbeiten für den Prototypen. Durch die Reviews werden ganz bestimmte Projektabschnitte abgeschlossen und in ihrer Konfiguration eingefroren. Der jeweilige Termin der einzelnen Reviews ist nur im Zusammenhang mit dem Gesamt-Ablaufplan für das vorliegende Vorhaben zu bestimmen. Terminverschiebungen des Gesamt-Ablaufplans führen deshalb selbstverständlich auch zur Verschiebung der Review-Termine.

7.2 Review-Koordination

Die einzelnen Reviews müssen im Detail geplant, geleitet und die Ergebnisse ausgewertet werden. Aus diesem Grunde ist es notwendig, im Rahmen des Informationsmanagements einen Review-Koordinator zu bestimmen, der für die Koordination der Review-Aktivitäten zuständig ist. Die Haupttätigkeiten des Review-Koordinators sind:

(1) Zusammenstellung der Review-Teams;
(2) Festlegung der Review-Verantwortungen einschließlich der Reviewvorsitzenden;
(3) Erstellung der Review-Zeitpläne;

(4) Definition der Review-Eingabedaten;

(5) Definition der Review-Ausgabedaten;

(6) Überwachung der Review-Vorbereitungs- und Folgeaktionen.

Die Zusammensetzung der Review-Teams ist grundsätzlich nach folgenden Gesichtspunkten vorzunehmen:

— Permanente Review-Teammitglieder:
  - der Projektleiter, der in der Regel auch den Vorsitz übernimmt, bzw. einen Vertreter ernennt;
  - die Leiter der dem PL unterstellten Organisationseinheiten, bzw. die von ihnen ernannten Stellvertreter;
  - der Review-Koordinator;
— Unterstützende Review-Teammitglieder:
  - Experten spezieller Fachrichtungen, z.B. aus den Bereichen Entwurf, Wartung, Zuverlässigkeit, usw.;
  - Beobachter, z.B. industrielle oder behördliche Beisitzer.

Die Review-Pläne sind den Projektmitarbeitern so früh wie möglich mitzuteilen. Ein bis zwei Monate vor Durchführung eines Reviews (AFR, SPR, usw.) ist ein detaillierter Review-Plan, aus dem die vorgesehenen Review-Inputdaten, die Review-Teamzusammensetzung und der genaue Zeitplan zu entnehmen sind, vorzulegen.

Die Inputdaten müssen dem Review-Team ca. zwei Wochen vor Beginn des Reviews vorliegen, um eine entsprechende Vor-Auswertung noch vor dem Review vornehmen zu können; s.a. VII.3. Die Durchführung der Reviews sollte, wo immer möglich, zur Klärung detaillierter Sachfragen, durch Einzelbesprechungen (splinter meetings) ergänzt werden. Zu Beginn des Reviews sind die zugestellten Inputdaten auf Vollständigkeit und dann im Detail auf technische Richtigkeit zu prüfen. Jedes Review ist mit der Aufstellung und Verabschiedung eines Maßnahmenkatalogs abzuschließen. Die im Maßnahmenkatalog veröffentlichten Aktionen sind so schnell wie möglich durch die im Maßnahmenkatalog benannten Personen und/oder Organisationen zu erledigen, um das entsprechende Review vollständig abschließen zu können. Der Nacharbeitszeitraum sollte den geplanten Zeitraum von einem Monat nicht überschreiten, da es sonst aufgrund der Vernetzung der Review-Meilensteine mit den Projekt-Terminplänen, unweigerlich zu Terminverzögerungen kommt; s.a. VII. 3.

8. Systemtechnik

Die Systemtechnik (ST) ist ein Zentralthema des Projektmanagements technischer Vorhaben. Das ST-Team ist unter Berücksichtigung aller Teilaspekte für den Systementwurf die System- und Teilsystemspezifizierung und die Abstimmung aller fachspezifischen Parameter im Interesse eines optimalen Systementwurfs verantwortlich. Der Entwurf neuzeitlicher Systeme bei denen eine Vielzahl fachspezifischer Einzeldisziplinen eng miteinander verzahnt sind, setzt im Interesse systemoptimaler Lösungen systemtechnische Ganzheitsbetrachtungen zwingend voraus.

Das ST-Team wird mit Bezug auf vergleichbare Projekte im Mittelpunkt der Projektaufgaben stehen und das personalstärkste Team sein. Der Leiter der ST muß einerseits über Experten, die ausschließlich die Systemaspekte vertreten, gleichzeitig aber auch über fachorientierte Experten verfügen um den Dialog mit den industriellen Partnern aufrecht halten zu können. Siehe hierzu auch Kapitel VII.

8.1 Systementwurf

Die systemtechnische Abteilung der PL ist für den Gesamtentwurf des Systems verantwortlich. Diese Aufgabe bezieht sich insbesondere auf die Festlegung der physikalischen und technischen Hauptparameter des Gesamtsystems. Dabei sind die Systemanforderungen (Leistungsanforderungen an das System), die Randbedingungen (Standort, Umwelt, Sicherheit, usw.) und die technologischen Machbarkeitsgrenzen so aufeinander abzustimmen, daß ein physikalisch/technisch und wirtschaftlich optimaler Systementwurf entsteht.

Der vorläufige Systementwurf für das vorliegende Projekt muß während der Definitionsphase (Phase B) weitgehendst abgeschlossen sein. Das heißt, die Hauptparameter des Systems müssen zu diesem Zeitpunkt determiniert und im Rahmen einer Systemspezifikation (s.a. Paragraph 8.2) festgehalten werden. Allerdings ist der Optimierungsprozeß des Gesamtsystems noch nicht voll abgeschlossen und die Systemspezifikation läßt sich erst am Ende der Definitionsphase einfrieren.

Während der Entwicklungsphase (Phase C) sind weitere Systemanalysen durchzuführen, die sich vor allem auf folgende Aufgaben beziehen:

- Technische Verträglichkeitsanalysen des Systems und der Teilsysteme:
  - mechanische Konfiguration,
  - elektrische Nahtstellen,
  - Montagebedingungen,
  - usw.

- Zuverlässigkeitsanalysen:
  - MTBF-Forderungen,
  - Redundanzkonzepte,
  - Bauteileauswahl.

- Wirtschaftlichkeitsanalysen:
  - Lebenszykluskosten (LZK),
  - Kostenoptimierungen,
  - usw.

- Sicherheitsanalysen:
  - Umweltanforderungen,
  - Standortfragen,
  - Sicherheitskonzepte,
  - usw.

Zur Abstimmung der o.g. Faktoren im Sinne eines technisch/wirtschaftlich optimalen Systementwurfs sind im Rahmen der Definitions- und Entwicklungsphase durch eine Reihe von System- und Teilsystem-Vergleichsanalysen (trade-offs) durchzuführen, bei denen die verschiedenen Fachleute, z.B. Physiker, Techniker, Wirtschaftler, usw. mit einbezogen werden.

8.2 Spezifizierungsprozesse

Die Systemspezifikation ist das technische Haupt-Bezugsdokument jedes Anlagenvorhabens. Wie in 8.1 beschrieben, ist die erste aber noch vorläufige Ausgabe der Systemspezifikation während der Definitionsphase (Phase B) freizugeben. In Anlehnung an MIL – STD-490 ist die Spezifikation wie folgt zu gliedern:

(1) Übersicht
(2) Referenzdokumente
(3) Anforderungen
(4) (a) Generelle Beschreibung
　　 (b) Qualitätskontrollen
(5) Errichtungsvorschriften
(6) Anmerkungen
(7) ggf. Anlagen beifügen.

Die Systemspezifikation ist als übergeordnete und das ganze System betreffende Spezifikation anzusehen, während es sich bei den Spezifikationen der zweiten Ebene um Teilsystem-Spezifikationen handelt, die zur Unterstützung der Systemspezifikation vorgesehen sind.

8.3 Systemmanagement

Das Systemmanagement von Anlagenprojekten steht im Zentrum des Projektmanagements. Die Aufgabe der Systemtechnik (ST) ist in mehrere Komplexe zu gliedern. Zum einen sind die Haupt-Systemaspekte (Entwurf, Spezifizierung, usw.) wahrzunehmen, und dann die damit eng im Zusammenhang stehenden Systemaspekte. Der Entwurf und die Spezifizierung des Systems, der Teil-Systeme und Geräte obliegt zwar den AN's, sie sind aber durch die zuständigen ST-Sachbearbeiter der PL der Leitfirma auf Verträglichkeit mit dem System (Systemspezifikation) zu prüfen.

Während der Entwicklungsphase (Phase C) sind sämtliche Spezifikationen einzufrieren. Die Änderungskontrolle obliegt dem Konfigurationsmanagement (s.a. Paragraph 6.4) und die Überwachung der technischen Leistungsdaten (technical performance control) erfolgt im Zusammenhang mit dem in Paragraph 4.7. beschriebenen Performance Measurement.

9. Produktsicherung

Die Zuverlässigkeit, Sicherheit und Verfügbarkeit sind wichtige Kriterien moderner Produkte. Sie stehen in einem unmittelbaren Zusammenhang mit der Qualität des Systems und dessen Komponenten und Bauteile.

Die Zuverlässigkeit eines Systems ist sowohl wirtschaftlich (Verfügbarkeit) wie auch im Hinblick auf die Produzenthaftung (Sicherheit) ein ausschlaggebender Faktor bei der Systemgestaltung, denn die Erreichung hoher Zuverlässigkeitswerte, sei es durch Redudanzen oder eine spezielle Materialauswahl, kostet andererseits viel Geld. Es ist wichtig, daß die maßgeblichen Einflußfaktoren der Produktsicherung (PS) schon im Frühstadium eines Projektes volle Berücksichtigung finden. Die PS-Experten müssen gewissermaßen als dynamische, das heißt einflußnehmende Fachleute mit in den Systemoptimierungsprozess mit eingeschaltet werden. Die rechtzeitige Berücksichtigung der behördlichen Auflagen (TÜV, usw.) ist in diesem Zusammenhang selbstverständlich; s. a. Kapitel VIII.

9.1 Zuverlässigkeit des Systems

Eine hohe Zuverlässigkeit des Systems ist in zweifacher Hinsicht von Bedeutung. Einmal im Zusammenhang mit der Systemsicherheit (s. a. Paragraph 9.3). Im ersten Fall sind die zu berücksichtigenden Sicherheitsauflagen der entsprechenden Behörden in das Zuverlässigkeitskonzept mit aufzunehmen, und im zweiten Fall die Forderungen, die sich aus einer wirtschaftlich vertretbaren Verfügbarkeit ergeben, zu berücksichtigen.

Die Erreichung einer hohen System-Zuverlässigkeit für das vorliegende Projekt kann, unter Berücksichtigung der Umweltbedingungen (Temperatur, Vibrationen, usw.), im wesentlichen durch zwei Maßnahmen erreicht werden:

– Verwendung langlebiger Bauteile und
– durch Redundanz.

Beide Maßnahmen müssen jedoch im Zusammenhang mit den dafür erforderlichen Kosten gesehen werden. Die Steigerung der Einzelzuverlässigkeit von Bauteilen (Erhöhung der Lebenszeit) ist mit erheblichen Kosten verbunden.

In vielen Fällen wird man deshalb redundate Ersatzgeräte (passive Redudanz) bereitstellen bzw. redudante Baueinheiten (aktive Redundanz) in die jeweiligen Geräte einbauen. Abgeleitet aus den Zuverlässigkeitsanforderungen (required total reliability of the system) muß das PS-Team unter Einbeziehung wirtschaftlicher Randbedingungen, das optimale Zuverlässigkeitskonzept erarbeiten.

9.2 System-Sicherheit

Die Vorgaben zur Systemsicherheit in der Errichtungs- und Betriebsphase lassen sich im Prinzip aus den gültigen Sicherheitsvorschriften des Bundes und/oder der Länder ableiten, werden bei Großvorhaben meistens jedoch noch durch zusätzliche spezielle Auflagen überlagert.

Aufgabe des PS-Teams ist es, die verschiedenen behördlichen Sicherheitsauflagen in eine Sicherheitsspezifikation zusammenzufassen und darauf aufbauend ein Sicherheitskonzept zu erarbeiten. Das erstellte Sicherheitskonzept ist, wie in 9.1 beschrieben, unter anderem auch ein wichtiger Inputparameter für die Festlegung der Zuverlässigkeitsanforderungen. Die im Sicherheitskonzept formulierten Vorschriften beziehen sich auf die Entwicklungs-, Errichtungs- und Betriebsphase gleichermaßen. Der Berücksichtigung der Sicherheitsaspekte während der Entwicklungsphase fällt aber eine besondere Bedeutung zu, da die Einflußnahme auf das Projekt zu diesem Zeitpunkt am größten ist.

9.3 System-Verfügbarkeit

Ein wichtiger PS-Aspekt ist die Verfügbarkeit des Systems bzw. der Teilsysteme. Die Verfügbarkeit ist ein bedeutender Wirtschaftsfaktor, da häufige System-/Teilsystemausfälle die Lebenszykluskosten erhöhen. Die Verfügbarkeit (V) ist wie folgt definiert (s. a. XIII.2):

$$V = \frac{MTBF}{MTBF + MDT}$$

MTBF = mittlerer Ausfallabstand (mean-time-between-failure)

MDT = mittlere Ausfallzeit (mean-down-time)

Da der mittlere Ausfallabstand MTBF einerseits im direkten Zusammenhang mit der Zuverlässigkeit (R) steht (MTBF = f(R)) und die Lebenszykluskosten (LZK) eines Vorhabens wiederum in einem direkten Zusammenhang mit dem MTBF-Wert steht (LZK = f(MTBF, MDT, usw.), so ergibt sich ein interessanter Optimierungsprozess der LZK in Abhängigkeit von der Zuverlässigkeit (R); s.a. VIII.2 und X.4. Die Verbesserung der Zuverlässigkeitswerte für das System beeinflußt die LZK aufgrund höherer MTBF-Werte im Betriebskostenbereich günstig, erfordert andererseits einen höheren Entwicklungs- und Errichtungsaufwand, was die LZK negativ beeinflußt.

9.4 Qualitäts-Kontrollprogramme

Die Erreichung hoher Zuverlässigkeitswerte hängt in starkem Maße von der Qualität der verwendeten Bauteile ab. Aus diesem Grunde ist schon in den frühen Projektphasen ein entsprechendes Qualitätskontrollprogramm zu erstellen. Hauptpunkte des Qualitäts-Kontrollprogramms sind:

– Formulierung der Qualitätsanforderungen;
– Definition von entsprechenden Entwurfsmaßnahmen;
– Beschreibung der Inspektions- und Stichprobenverfahren;
– Aufstellung von Testprogrammen.

Bei der praktischen Durchführung von Qualitäts-Kontrollen (Inspektionen, Stichproben usw.), die in Übereinstimmung mit den für das vorliegende Projekt festgelegten Qualitäts-Kontrollanforderungen erfolgen müssen, ist auf die bei den Industriefirmen (AN's, UAN's und Lieferanten) eingeführten Abteilungen zurückzugreifen.

10. Schnittstellenhandhabung

Bei technisch komplexen und großen Projekten spielt das Schnittstellenmanagement eine besonders wichtige Rolle, da zu jedem Zeitpunkt sicherzustellen ist, daß die definierten Schnittstellen (Interfaces) auch wirklich zueinander passen. Hervorgerufen durch eine in einem Teilbereich aufgetretene Änderung, ohne daß die Gegenseite (d.h. der gegenüberliegende Teilbereich mit der passenden Schnittstelle) davon unterrichtet wurde, kommt es leicht zu Schnittstellenunverträglichkeiten; s.a. VII.2 (Bedeutung der Nahtstellenspezifikation).

Für das vorliegende Projekt, für das eine Vielzahl von technischen Schnittstellen (auch als Nahtstellen bekannt) zu erwarten sind, soll ein wirkungsvolles Schnittstellenmanagement dafür sorgen, daß die Deckungsgleichheit der Schnittstellen zu jedem Zeitpunkt gewährleistet ist. Die Schnittstellenspezifikation ist eine spezielle Spezifikation zur Unterstützung der System- bzw. Teilsystemspezifikation(en) zur exakten Festlegung der Schnittstellen. In ihr werden die Schnittstellen zwischen den Einzelspezifikationen festgehalten und kontrolliert. Die Schnittstellen lassen sich nach folgenden Bereichen gliedern:

- mechanisch
- elektrisch
- elektronisch
- Software.

Die Schnittstellenspezifikationen der System-Ebene werden von der PL kontrolliert. Innerhalb der PL untersteht die Schnittstellenkontrolle dem ST-Team. Den AN's obliegt die Schnittstellenkontrolle der Teilsystem-Ebene.

11. Vertragsmanagement

Für das vorliegende Anlagenprojekt wird ein projektspezifisches Vertragsmanagement vorgeschlagen, um die projektrelevanten Belange im direkten Dialog mit der Projektleitung betreuen zu können; s.a. Kapitel XIII.

11.1 Vertrags- und Preisarten

Wo immer möglich beabsichtigt die Leitfirma, Festpreisverträge abzuschließen. Dabei wird davon ausgegangen, daß bei Vertragsabschlüssen über einen längeren Zeitraum Festpreisverträge nur im Zusammenhang mit einer Preisgleitklausel abgeschlossen werden können. Für besonders kritische Projektbereiche können auch Selbstkostenerstattungspreise (SKE's) zur Anwendung kommen. Die endgültige Festlegung des zur Anwendung kommenden Preistyps hängt von einer Reihe von Voraussetzungen, zum Beispiel dem Stand der Technologie oder der Kostenschätzgenauigkeit ab. In Kapitel XIII.1 sind die gängigen Vertrags- bzw. Preistypen sowie deren Anwendungskriterien zusammengefaßt.

Die Entscheidung darüber, welche Preistypen für das vorliegende Projekt zur Anwendung kommen sollen, ist im Zusammenhang mit der jeweiligen Projektphase und einer Abschätzung des technischen Risikos des zur Diskussion stehenden Projektbereiches, vorzunehmen. Der Selbstkostenerstattungspreis (SKE) mit Prämienregelung (Cost Plus Incentive Fee – CPIF) stellt für FuE-Vorhaben mit erheblichen Risikobereichen eine brauchbare Alternative zur Festpreisregelung dar. Der SKE mit Prämienregelung ist so anzulegen, daß der Auftragnehmer aufgrund einer Prämienaussetzung zur Verbesserung seiner Leistungen angeregt wird. Die Prämienregelung kann sich auf die drei folgenden Parameter beziehen:

- Kostenminderung (s.a. Abbildung XIII-2),
- Terminplanverbesserung,
- technische Leistungserhöhung.

Das heißt der Auftraggeber beteiligt den Auftragnehmer an Kosteneinsparungen durch Erhöhung des Normalgewinns und schlägt weitere Gewinnverbesserungen aufgrund frühzeitiger Terminplanerfüllung (Projektfertigstellung, Lieferdaten, Entwicklungsmeilensteine, usw.) vor. Die Vergabe von technischen Leistungsprämien (Erhöhung des Nominalgewinns) bezieht sich auf Parameter wie zum Beispiel:

- Gewicht (Reduzierung)
- Geschwindigkeit (Erhöhung)

– Volumen (Reduzierung)
– Zuverlässigkeit (Erhöhung)
– Qualität (Verbesserung)
  usw.

Die Anwendung einer Prämienregelung sieht für schlechtere Leistungserbringung eine Gewinn-minderung (Pönale) vor.

11.2 Standardverträge

Für das vorliegende Projekt sollen Standardverträge zum Einsatz kommen. Dies betrifft sowohl den Hauptteil des Vertrags, wie auch den Anlagenteil. Der Haupt- und Anlagenteil des Vertrags ist wie folgt zu gliedern (s. a. XIII.2):

Hauptteil des Vertrags:
(1) Allgemeines (anzuwendende Regeln, Sprache, usw.)
(2) Spezielle Garantien
(3) Gesetzliche Vorkehrungen (anzuwendendes Gesetz, Rücktrittsrecht, usw.)
(4) Generelle finanzielle Vorkehrungen (Preis, Steuern, usw.)
(5) Projektdurchführung (generelle Konditionen, Aufgabenübertragung, Unterauftragnehmer, usw.)
(6) Projektabnahme
(7) Sonstige Konditionen (Patente, Lizenzen, usw.)
(8) Ggf. weitere Ergänzungen

Anlagen zum Vertrag:
(1) Preis- und Kosteninformationen
(2) Systemspezifikation (s. a. Paragraph 8.2)
(3) Leistungsverzeichnis/Pflichtenheft (s. a. Paragraph 11.3)
(4) Sonstige spezielle Anlagen.

Der modulare und einheitliche Vertragsaufbau aller Verträge führt zu einer einheitlichen Vorge-hensweise bei der Vertragserstellung und zu einer besseren Übersicht über die einzelnen Vorgänge. Der modulare Aufbau gestattet darüber hinaus, daß die jeweiligen Spezialisten, Juristen, Techni-ker, Finanzexperten, usw. nicht ständig gleichzeitig an Vertragsvorbereitungsarbeiten beteiligt sein müssen, sondern vorerst nur an dem sie betreffenden Modul beschäftigt sind. Erst bei der Zu-sammenfassung der Vertragsunterlagen sind dann gemeinsame Gespräche und Verhandlungen notwendig.

11.3 Leistungsverzeichnis (Pflichtenheft)

Auch die Leistungsverzeichnisse eines Projektes (Statement of Work – SOW) sind, wo immer möglich, modular aufzubauen, um die speziellen Aufgabengebiete der Einzelspezialisten (Techni-ker, Terminplaner, Dokumentationssachbearbeiter, usw.) für einen gewissen Zeitraum voneinan-der zu entkoppeln. Für das vorliegende Projekt wird folgende einheitliche Gliederung des Lei-stungsverzeichnisses vorgeschlagen:

- Hauptteil
  (1) Vorwort
  (2) Projektziele
  (3) Anforderungen
  (4) Aufgaben
    - Projektleitung
    - Entwicklung
    - Produktion
    - Test
    - Produktsicherung
    - usw.
  (5) Dokumentation
  (6) Lieferungen
    - Dokumentation
    - Hardware
    - Software
- Anlagen
  (1) Anzuwendende Dokumente (Liste).
  (2) Dokumentationsanforderungen (Liste).
  (3) Dokumentationsanforderungsbeschreibungen.
  (4) Hardwarelieferungen (Liste-Artikel, Empfänger, Lieferdatum).
  (5) Softwarelieferungen (Liste-Programm, Empfänger, Lieferdatum)
  (6) Beistellungen durch den Auftraggeber (Liste-Artikel/Programm, Lieferdatum)
  (7) Projektstrukturplan; s.a. Paragraph 3
  (8) Terminplan; s.a. Paragraph 4.2.

Bei der Erstellung der Leistungsverzeichnisse sollten die in XIII.2 wiedergegebenen Richtlinien strikt befolgt werden.

11.4 Vertragsmanagement (VM) im Projekt

Das Vertragsmanagement (VM) ist in die PL voll zu integrieren. Das heißt, für die Zeit der Projektabwicklung des Vorhabens, ist der VM-Mitarbeiter an die PL abzustellen, und er untersteht dem Leiter der PL. Es ist vorgesehen, daß die AN's im Rahmen der allgemeinen Managementrichtlinien eine analoge Organisationsmaßnahme zur Integration des Vertragsmanagements treffen.

12. Fertigungs- und Testanlagen

Jede realistische Projektplanung muß die Verfügbarkeit von Fertigungs- und Testanlagen mit einbeziehen. Oft stellt die Verfügbarkeit, bzw. Nicht-Verfügbarkeit einer Anlage ein entscheidendes Kriterium für die Machbarkeit und/oder Termineinhaltung eines Projektes dar.

Deshalb ist es wichtig, daß schon sehr früh im Projektablauf (d.h. schon während der Konzept- und Definitionsphase) eine Aufstellung von vorhandenen Anlagen (Fertigungs- und Testanlagen), sowie deren Spezifikation (Kapazität), vorgenommen wird. Die Errichtung neuer Anlagen bzw. der Ausbau vorhandener Anlagen ist meist sehr kostspielig, so daß, wo immer möglich, auf vorhandene Anlagen zurückgegriffen werden sollte. Oftmals führt dies schon in den Projekt-Frühpausen zu entsprechenden Systemoptimierungen, bei denen die Anlagenverfügbarkeit für den Systementwurf mitverantwortlich ist.

12.1 Bedarf für das vorliegende Projekt

Schon zu einem sehr frühen Zeitpunkt ist der benötigte Anlagenbedarf für das vorliegende Projekt zu definieren, um diese Information mit in die Gesamt-Projektplanung (s. a. Paragraph 4.2) aufzunehmen. Der Anlagenbedarf ist im Detail, das heißt, für jeden Systembereich und die einzelnen Phasen

- Entwicklung (C),
- Produktion/Errichtung (D) und
- Betrieb/Nutzung (E).

zu ermitteln. Die vorgesehenen Anlagen sind im einzelnen zu spezifizieren. Dabei ist die Standortfrage, der Einsatzzeitpunkt und die technische Anforderung an die betreffenden Anlagen genauestens festzulegen.

12.2 Anlagenverfügbarkeit

Im Rahmen der Abwicklung der Projektfrühphasen (Phasen A und Phasen B) ist festzustellen, ob die geforderten Anlagen (s. a. Paragraph 12.1) im Hinblick auf die technische Spezifikation des Standortes und den Zeitplan (einschließlich entsprechender Terminreserven) vollständig zur Verfügung stehen, oder ob ein Teil der erforderlichen Anlagen erst zu errichten sind. Dabei ist auch zu bedenken, daß entsprechende Alternativkonzepte auszuarbeiten sind. Die Errichtung neuer Anlagen ist in die Gesamt-Terminplanung des Projektes (s. a. Paragraph 4.2) zu integrieren.

13. Errichtungsmanagement

Die Produktions-/ Errichtungsphase (Phase D) des vorliegenden Projektes kann erst nach Beendigung der Entwicklungsphase und dem abgeschlossenen Genehmigungsverfahren begonnen werden. Dem Leiter der Organisationseinheit Errichtungsmanagement (EM), der ebenfalls der PL untersteht, obliegt das Baustellenmanagement während der Errichtungsphase.
Seine Hauptaufgaben sind wie folgt definiert:

- Standortplanung,
- Errichtungsplanung,
- Fertigungs- und Testanlagen,
- Baustellenleitung und -inspektion,
- Abnahmen.

Bei der Ausführung seiner Aufgaben stehen ihm die Ergebnisse der in den Vorphasen (Phase A bis C) eingerichteten Projektfunktionen zur Verfügung. Das EM-Team ist mit Aufnahme der Phase

B-Arbeiten langsam aufzubauen, um schon bei der in den Vorphasen vorzunehmenden Systemgestaltung die Belange der Errichtungsphase mit einzubringen. Das EM-Team ist vor Beginn der Errichtungsphase personell erheblich zu verstärken.

14. Nutzungsmanagement

Um die Interessen der zukünftigen Nutzer des vorliegenden Vorhabens genügend berücksichtigen zu können, wird das Nutzungsmanagement (NM) von Anfang an fest in die PL installiert. Es ist vorgesehen, daß zum Projektanfang (Phasen A und B) ein relativ kleines NM-Team die Nutzerinteressen wahrnimmt und diese bei der Systemauslegung einbringt. Im Rahmen der Arbeiten zur Phase C (Entwicklung) ist das NM-Team zu erweitern, um die nach Abschluß der Errichtungsphase (Phase D) beginnende Nutzungsphase (Phase E) ausreichend vorbereiten zu können. Die Hauptaufgaben des NM's sind wie folgt:

- Kontakthaltung zu potentiellen Nutzern,
- Einbringung von Nutzeranforderungen,
- Ausarbeitung eines Nutzungsplans (Betriebskonzept),
- Ausarbeitung eines Betriebskonzepts,
- Implementation der Nutzungsphase einschließlich Training und Schulung.

Zur Durchführung der Aufgaben des NM's stehen dem NM-Team die Ergebnisse der in den Vorphasen (Phasen A bis C) implementierten Projektfunktionen zur Verfügung. Der Leiter der Organisationseinheit VM untersteht dem Projektleiter der Leitfirma.

Anhang 6
Modell eines Fortbildungskurses für Projektmanagement

In Anlehnung an Kapitel IV bis XV dieses Buches wurde vom Autor 1986 das Modell eines Fortbildungsplans für Projektmanagement entwickelt, dessen Aufbau in groben Zügen hier wiedergegeben ist. Der hieraus abgeleitete mehrwöchige Fortbildungskurs für Projektmanagement (PM) beinhaltet einen theoretischen und praktischen Exkursionsteil, dessen Einzelthemen sich, wie in Abbildung A 6–1 gezeigt, gegenseitig ergänzen [1].

Der theoretische Seminarteil, der auf der Basis dieses Buches aufgebaut ist, deckt alle Einzelthemen des modernen Projektmanagements ab. Es ist dabei daran gedacht, den Kurs neben speziellen Seminarunterlagen (Handouts) auf der Basis des Buches abzuhalten.

In Ergänzung hierzu können Kursteilnehmer die 1986 auf der Basis dieses Buches erstellte Teachware der Firma Hi/Tec als Lernunterstützung hinzuziehen [2]. Die Schüler können so den erlernten Stoff in Einzelarbeiten vertiefen.

Für den praktischen Teil ist die Abwicklung eines durchgehenden Projektes mit dem Titel »Stadtschnellbahn« vorgesehen, eine Fallstudie, die vom Autor entwickelt wurde [3]. Dieses Projektbeispiel enthält eine Reihe sehr unterschiedlicher Projektaspekte aus den Bereichen Mechanik, Elektronik, Hoch- und Tiefbau, Systemtechnik, usw., die leicht auf die Bedürfnisse der Teilnehmer abzustellen sind.

In regelmäßigen Intervallen sollten Exkursionen bei Firmen mit typischen Projektmanagementaufgaben durchgeführt werden.

In dem nachstehenden Fortbildungsplan, ist der zeitlich/inhaltliche Ablauf sowie die logische Verknüpfung, graphisch wiedergegeben. Die Studienzeiten sind den Lehrplanentwürfen individuell anzupassen. Der Fortbildungsplan ist in folgende drei Hauptabschnitte gegliedert:

A) Grundfächer
B) Vertiefungsfächer
C) Industriepraktikum.

Zu den jeweiligen Unterrichtsblöcken sind entsprechende Lehrgangsunterlagen (Handouts) zu erstellen.

1. Seminarelemente und deren Titel

1.1 Theoretischer Teil (s. Tabelle 1)
    S. 01 – Kurzübersicht/Lehrstoff/Lehrkörper
    S. 02 – Grundlagen interkultureller Kommunikation (Beispiel internationale Projekte)
    S. 03 – PM-Einführung/-Grundsätze
    S. 04 – Lebenszyklus eines Projektes
    S. 05 – Projektplanung (Leistung, Termin und Kosten)
    S. 06 – Netzplantechnik
    S. 07 – Rechnungswesen

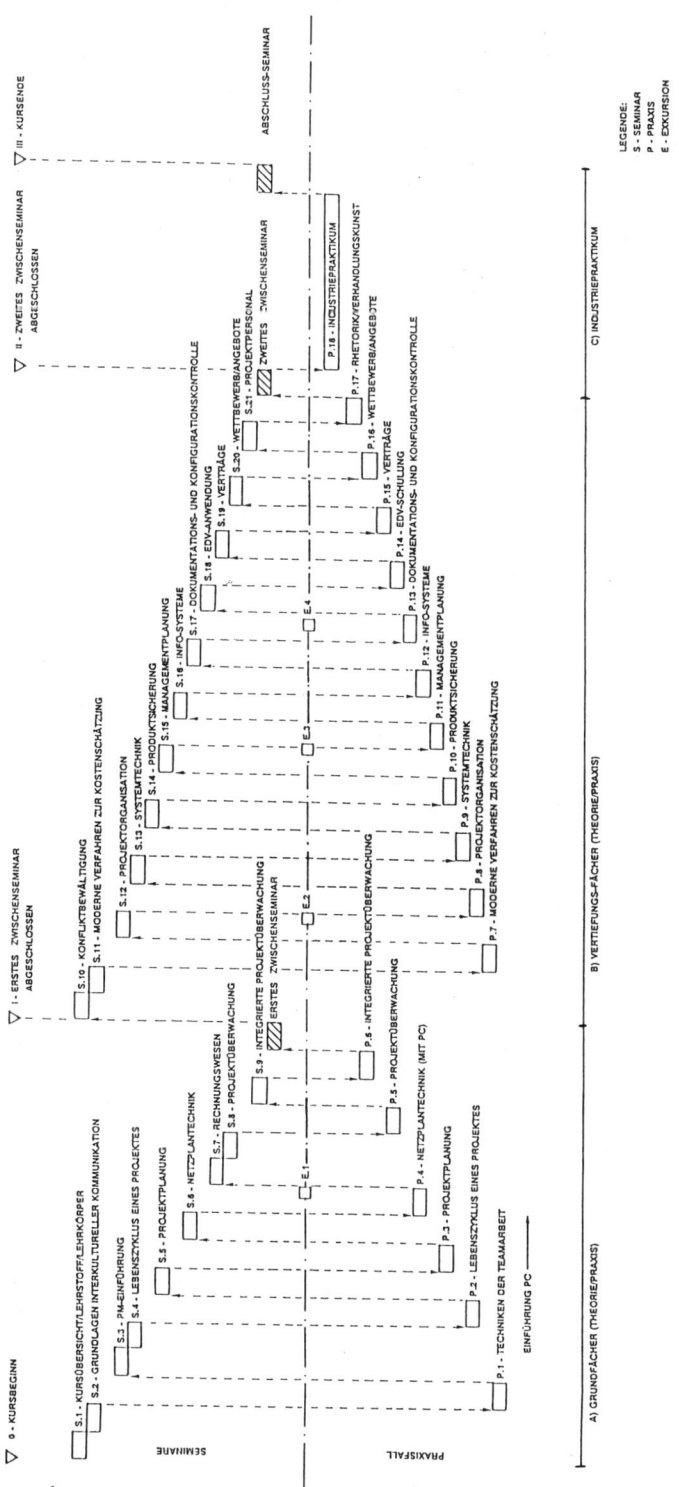

Abb. A.6-1: Fortbildungsplan

S. 08 – Projektüberwachung
S. 09 – Integrierte Projektüberwachung
S. 10 – Konfliktbewältigung
S. 11 – Moderne Verfahren zur Kostenschätzung
S. 12 – Projektorganisation
S. 13 – Systemtechnik
S. 14 – Qualitätssicherung (QS)
S. 15 – Managementplanung
S. 16 – Informations-Systeme
S. 17 – Dokumentations- und Konfigurationskontrolle
S. 18 – PM-Software
S. 19 – Vertragsmanagement
S. 20 – Wettbewerb/Angebote
S. 21 – Projektpersonal.

1.2 Praxisfälle (s. Tabelle 2)
P. 01 – Techniken und Teamarbeit
P. 02 – Lebenszyklus eines Projektes
P. 03 – Projektplanung
P. 04 – Netzplantechnik
P. 05 – Projektüberwachung
P. 06 – Integrierte Projektüberwachung
P. 07 – Moderne Verfahren zur Kostenschätzung
P. 08 – Projektorganisation
P. 09 – Systemtechnik
P. 10 – Qualitätssicherung (QS)
P. 11 – Managementplanung
P. 12 – Informations-Systeme
P. 13 – Dokumentations- und Konfigurationskontrolle
P. 14 – Software-Schulung
P. 15 – Vertragsmanagement
P. 16 – Wettbewerb/Angebote
P. 17 – Rhetorik/Verhandlungstechniken
P. 18 – Industriepraktikum.

1.3 Exkursionsbeispiele (s. Tabelle 3)
E. 01 – S/W-Haus für PM-Systeme
E. 02 – S/W-Haus für Kostenschätzmodelle
E. 03 – Großunternehmen (internationale Projekte)
E. 04 – PM-Beratungsfirma.

2. Projekt–Fallstudie »Stadtschnellbahn«

Auf der Basis eines Schnellbahnprojektes wurde vom Autor 1978 der Grundstein für eine Fallstudie gelegt, die im Rahmen mehrerer Seminare getestet wurde. Die Unterlagen dieser Fallstudie kamen seitdem in verschiedener Form bei Praxisseminaren zum Einsatz.

Aufbauend auf den vorhandenen Unterlagen wurde vom Autor ein durchgehendes Projekt erstellt. In der Anfangsphase sind mehrere einfache Kleinprojekte durchzuführen, die dann zusammengefaßt werden. Im Zusammenhang mit den erlernten Fähigkeiten werden die Einzelprojekte größer und komplexer, um dann zum Schluß in das Stadtschnellbahn-Projekt integriert zu werden.

Das Projekt erlaubt den Kursteilnehmern einen breitbandigen Einstieg in die Praxis eines Projektes. Es werden der Tief- und Hochbau (Fahrtrasse), Infrastruktur, Fahrzeuge, Elektrifizierung, Steuerung, usw. behandelt.

Nachfolgend ist eine Pressenotiz des ersten Praxisseminars wiedergegeben sowie der ausführliche Ergebnisbericht des Seminars (Auszug aus MBB/INTERN 7/8, 1978).

»PROJEKTLEITER IM HÄRTETEST«‹

»Ottobrunn (sb). Siebzehn Teilnehmer eines vom Unternehmensbereich Raumfahrt der Firma MBB organisierten Praxisseminars probten kürzlich drei Tage lang den harten Wettbewerb. Austragungsort war das in Feldkirchen-Westerham gelegene IHK--Bildungszentrum. Ziel dieser Wochenendveranstaltung war die Vermittlung von Projektmanagementerfahrung in allen Management-Rollen bis hin zum Projektleiter.‹

Das theoretische Rüstzeug hatten sich die Teilnehmer zuvor in einem zwanzigstündigen Seminar unter dem Titel »Planung und Überwachung von Forschungs- und Entwicklungsprojekten« angeeignet, das von Bernd Madauss (RW 11) geleitet wurde. Es ist in einem 300 Seiten starken Handbuch zusammengefaßt.‹

Die Übungen für Projektmanagement wurden von Seminarteilnehmern im Rahmen eines Rollenspiels absolviert. Seminarleiter B. Madauss, in der Rolle des Mr. Traffic, Vertreter des Verkehrsministeriums eines imaginären Staates, X-Land, hatte die Teilnehmer aufgefordert, für die Hauptstadt seines Landes ein neues Verkehrssystem anzubieten. Die Gruppe hatte sich in drei Anbieterkonsortien aufgeteilt, die die klangvollen Namen **Interconsult, Euroconsult** und **Multiconsult** trugen, und je einen Projektleiter bestimmt. Mit den erprobten Mitteln erfahrener Industriearchitekten begann nun der Wettbewerb um den Zuschlag des Auftraggebers.‹

Aus lerntechnischen Gründen präsentierte ein Projekt-Team in einzelnen Schritten seine Pläne und den finanziellen Rahmen, während die übrigen Teams vorübergehend gemeinsam mit Mr. Traffic den Auftraggeber spielten. So wurden nach und nach alle Angebote gemeinschaftlich angehört und nach einem Punktesystem bewertet. Am Ende stand der Sieger des Wettbewerbs, die Gruppe **Multiconsult**, fest.‹

Das Ergebnis der drei Seminartage, die von allen Teilnehmern viel Arbeit und Konzentration verlangt hatten, kann als hervorragend bezeichnet werden. Es sind drei komplette Angebote auf Flip-Charts erarbeitet worden, das fachliche Wissen aller Beteiligten hat sich durch die Teamarbeit wesentlich vertieft und zu einem positiven Gefühl gegenüber der eigenen Leistung und den Team-Kollegen geführt.«

Nach der Erfahrung der Teilnehmer sollten derartige Seminare unbedingt fortgesetzt werden.

3. Lehrplanentwürfe

In Verbindung mit dem Fortbildungsplan sind hier die Lehrplanentwürfe wiedergegeben. Die Lehrplanentwürfe sind in Übereinstimmung mit dem Fortbildungsplan in folgende drei Hauptgruppen aufgeteilt:

☐ Seminare: Blöcke S. 01 bis S. 21
☐ Praxisfälle: Blöcke P. 01 bis P. 18
☐ Exkursionen: Blöcke E. 01 bis E. 04

In den nachfolgenden Tabellen sind die Einzelentwürfe enthalten.

Für jeden Lehrgangsblock sollte ein Dozent verantwortlich zeichnen. Der verantwortliche Dozent ist für die Erstellung eines detaillierten Stundenplans unter Einbeziehung weiterer begleitender Fachexperten verantwortlich. Dieser Stundenplan ist dann mit dem Seminarbetreuer des Programms abzustimmen.

Die Leitung der Lehrgangsblöcke P. 02 bis P. 16 ist übergeordnet dem Trainings-Management zu übertragen, um das Simulationsprojekt »Stadtschnellbahn« als eigenständiges, homogenes Projekt verfolgen zu können. Zusammen mit den für die Seminarblöcke (S. 03 bis S. 21) Verantwortlichen wird die Projektbearbeitung abgestimmt und integriert. Insbesonders in diesem Teil soll die praktische Erfahrung von bereits durchgeführten Projekten den Teilnehmern zugute kommen.

Tab. 1: Seminarablaufplan des theoretischen Teils
Lerninhalt, Lernziel, Lernmethode, Erfolgskontrolle

Block S. 01
- *Lerninhalt:*
  Kursübersicht, Vorstellung des Lehrstoffes und des Lehrkörpers
- *Lernziel:*
  Die Teilnehmer sollen einen Überblick über den Verlauf des Schulungsprogrammes und die Hauptmeilensteine erhalten.
- *Lehrmethoden:*
  Vortrag/Diskussion
- *Erfolgskontrolle:*
  Entfällt

Block S. 02
- *Lerninhalt:*
  Grundlagen der Kommunikation
  – Das Kommunikationsmodell
  – Unterschiedliche Wertvorstellungen
  – Die Technik des Zuhörens
- *Lernziel:*
  Die Kursteilnehmer sollen die Grundlagen der Kommunikation kennenlernen.
- *Lehrmethoden:*
  Vortrag, Übung, Gruppenarbeit/Rollenspiel
- *Erfolgskontrolle:*
  Bewertung der Übungsergebnisse

Block S. 03

- *Lerninhalt:*

PM-Einführungsseminar

Was ist Projektmanagement (PM)?

- Warum PM?
- Geschichte des PMs
- PM und Systemtechnik
- PM, eine bedeutende Zukunftsaufgabe
- Definitionen im PM
- PM-Einsatz:
  * in der Industrie
  * Im Bauwesen
  * bei Behörden, usw.

Benutzung von diversen Praxisbeispielen zur Erläuterung der Lerninhalte

- *Lernziel:*

Die Teilnehmer sollen die Bedeutung und den Nutzen des PMs für die Wirtschaft kennenlernen, sollen darüber hinaus aber auch den Nutzen für ihr eigenes Fachgebiet erkennen.

- *Lehrmethoden:*

Vortrag/Lehrgespräch/Einzelarbeit

- *Erfolgskontrolle:*

Auswertung der Einzelarbeit

(*s. dazu Kap. II und III*)

Block S. 04

- *Lerninhalt:*

Lebenszyklus eines Projektes

- Projektziele
- Projektablauf von A bis Z
- Phasenkonzepte
- Wichtige Meilensteine im Projekt
- Projektentscheidungen
- Kosten der einzelnen Phasen

- *Lernziel:*

Die Teilnehmer sollen die Festlegung von Projektzielen, den typischen Ablauf von Projekten und die Festlegung von Projektphasen sowie der wichtigsten Meilensteine kennenlernen.

- *Lehrmethoden:*

Vortrag/Gruppenarbeit/Einzelarbeit

- *Erfolgskontrolle:* Auswertung der Einzelarbeit

(*s. dazu Kap. IV*)

Block S. 05

- *Lerninhalt:*

Projektplanung

- Projektstrukturplan (PSP)
- Arbeitspakete

- Terminplan
- Kosten-/Einsatzmittelplanung
- Kapazitätsplanung

● *Lernziel:*

Die Teilnehmer sollen die gängigen Methoden und Verfahren zur Projektplanung (einschließlich der Mengen und Kosten) kennenlernen.

● *Lehrmethoden:*

Vortrag/Gruppenarbeit/Einzelarbeit

● *Erfolgskontrolle:*

Auswertung der Einzelarbeit

(s. dazu Kap. IX, 1 bis 3)

Block S. 06

● *Lerninhalt:*

Netzplantechnik
- Die verschiedenen NP-Methoden (PERT, CPM, usw.)
- Vorgangsknoten-Netzpläne
- Vorgangspfeil-Netzpläne
- Zeitschätzung
- Berechnung des kritischen Pfades
- Übersicht der Software-Anwendung

s.a. Blöcke S. 05 und P. 03 (Terminplanung)

● *Lernziel:*

Die Kursteilnehmer sollen detailliert die Anwendung der Netzplantechnik für die Projektarbeit erlernen.

● *Lehrmethoden:*

Vortrag/Gruppenarbeit/Einzelarbeit

● *Erfolgskontrolle:*

Auswertung der Einzelarbeit

(s. dazu Groh/Gutsch: Netzplantechnik, 1982)

Block S. 07

● *Lerninhalt:*

Rechnungswesen
- Grundlagen der Kostenrechnung
- Herstellkosten/Gemeinkosten/Gewinnspanne
- Schnittstelle Projekt/Rechnungswesen
- Kostenverfolgung

● *Lernziel:*

Die Kursteilnehmer sollen die Grundprinzipien des Rechnungswesens sowie die Schnittstellen zum Projekt kennenlernen.

● *Lehrmethoden:*

Vortrag/Lehrgespräch/Einzelarbeit

● *Erfolgskontrolle:*

Auswertung der Einzelarbeit

Block S. 08

- *Lerninhalt:*
  Projektüberwachung
  – Arbeitsfreigabe
  – Fortschrittskontrolle
  – Action Item-Kontrolle
  – Kostenüberwachung
  s.a. Blöcke S. 05 bis S. 07
- *Lernziel:*
  Die Kursteilnehmer sollen die gängigen Verfahren und Methoden zur Projektüberwachung kennenlernen.
- *Lehrmethoden:*
  Vortrag/Lehrgespräch/Einzelarbeit
- *Erfolgskontrolle:*
  Auswertung der Einzelarbeit
  (s. dazu Kap. IX, 4)

Block S. 09

- *Lerninhalt:*
  Integrierte Projektüberwachung
  – Das Leistungsdreieck
  – Technische Leistungskontrolle
  – Feststellung des Arbeitswertes
  – Cost to Completion (CTC)
  – Trendanalysen
- *Lernziel:*
  Die Kursteilnehmer sollen in die Lage versetzt werden, die Projektparameter Technik/Termine/Kosten in integrierter Form zu analysieren und überwachen.
- *Lehrmethoden:*
  Vortrag/Lehrgespräch/Einzelarbeit
- *Erfolgskontrolle:*
  Auswertung der Einzelarbeit
  (s. dazu Kap. IX, 5, 6)

Block S. 10

- *Lerninhalt:*
  Konfliktbewältigung
  – Konfliktdimension
  – Konfliktanalyse
  – Konfliktlösung
- *Lernziel:*
  Die Kursteilnehmer sollen lernen, wie man Konflikte im Projekt schnell und effektiv bewältigen kann.
- *Lehrmethoden:*
  Vortrag/Übung/Gruppenarbeit

- *Erfolgskontrolle:*
  Bewertung der Übungsergebnisse

Block S. 11

- *Lerninhalt:*
  Moderne Verfahren zur Kostenschätzung
  - Bedeutung der Kostenanalyse
  - Kostenschätzmethoden
  - Kostenschätzmodelle
  - Design-to-Cost (DTC)
  - Lebenszykluskosten (LZK)
  - Verfahren zur Kostenreduzierung
- *Lernziel:*
  Die Teilnehmer sollen die verschiedenen Schätzmethoden und -prozeduren kennenlernen.
- *Lehrmethoden:*
  Vortrag/Gruppenarbeit/Einzelarbeit
- *Erfolgskontrolle:*
  Auswertung der Einzelarbeit
  (s. dazu Kap.X)

Block S. 12

- *Lerninhalt:*
  Projektorganisation
  - Managementfunktionen
  - Teamstärke
  - Schlüsselpersonal
  - Matrix-Organisation
  - Industrielle Zusammenarbeit
  - Arbeitsgemeinschaften (ARGE)
  - Konsortien
  - Managementfirmen
- *Lernziel:*
  Die Kursteilnehmer sollen die Grundsätze zur Organisation eines Projektes erlernen.
- *Lehrmethoden:*
  Vortrag/Gruppenarbeit/Einzelarbeit
- *Erfolgskontrolle:*
  Auswertung der Einzelarbeit
  (s. dazu Kap. V)

Block S. 13

- *Lerninhalt:*
  Systemtechnik
  - Systemtechnischer Regelkreis
  - Systemspezifikation
  - Review-Konzepte
  - Systemtechnik-Management

- *Lernziel:*

Die Kursteilnehmer sollen die Grundsätze der Systemtechnik (die nicht nur im Bereich der Technik eine Rolle spielt) kennen- und anwenden lernen.

- *Lehrmethoden:*

Vortrag/Gruppenarbeit/Einzelarbeit

- *Erfolgskontrolle:*

Bewertung der Einzelarbeit

(s. dazu Kap. VII)

Block S. 14

- *Lerninhalt:*

Qualitätssicherung (QS)

- Aufgabe und Funktion
- Qualität und Wirtschaftlichkeit
- Verfügbarkeit
- Produzentenhaftung

- *Lernziel:*

Die Kursteilnehmer sollen die Grundsätze der Qualitätssicherung kennenlernen.

- *Lehrmethoden:*

Vortrag/Gruppenarbeit/Einzelarbeit

- *Erfolgskontrolle:*

Bewertung der Einzelarbeit

(s. dazu Kap. VIII)

Block S. 15

- *Lerninhalt:*

Managementplanung

- Notwendige Managementpläne
- Implementation der Managementpläne
- Managementplan-Inhalte
- Managementplan-Checklisten

- *Lernziel:*

Die Teilnehmer sollen die Techniken zur Erstellung von Managementplänen erlernen.

- *Lehrmethoden:*

Vortrag/Gruppenarbeit/Einzelarbeit

- *Erfolgskontrolle:*

Bewertung der Einzelarbeit

(s. dazu Kap. VI)

Block S. 16

- *Lerninhalt:*

Informations-Systeme

- Informationsarten
- Berichterstattung
- Projektbesprechungen
- Neuzeitliche Informations-Systeme

- *Lernziel:*
Die Teilnehmer sollen die gebräuchlichen Informationssysteme im Projekt kennenlernen.
- *Lehrmethoden:*
Vortrag/Gruppenarbeit/Einzelarbeit
- *Erfolgskontrolle:*
Auswertung der Einzelarbeit
  (s. dazu Kap. XI)

Block S. 17

- *Lerninhalt:*
Dokumentations- und Konfigurationskontrolle
  - Dokumentationsarten
  - Dokumentationsanforderungen
  - Nummernsysteme
  - Freigabe und Status
  - Konfigurationsbasis
  - Änderungskontrolle

- *Lernziel:*
Die Kursteilnehmer sollen die gängigen Verfahren der Dokumentations- und Konfigurations-
kontrolle im Projekt kennenlernen.
- *Lehrmethoden:*
Vortrag/Gruppenarbeit/Einzelarbeit
- *Erfolgskontrolle:*
Bewertung der Einzelarbeit
  (s. dazu Kap. XII)

Block S. 18

- *Lerninhalt:*
PM-Software
  - Projektseitige Anforderungen
  - Marktgängige Programme
  - Software-Schnittstellen Projekt/Firma
  - Software-Grundkurs
  - PC Software
    (s. dazu Dworatschek, S. und Hayek, A.: Marktspiegel Projektmanagement-Software, Verlag
    TÜV, Rheinland, 1993)

- *Lernziel:*
Die Kursteilnehmer sollen als Grundlage für den Praxiskurs P. 14 (Software-Schulung) die
hierzu notwendigen theoretischen Voraussetzungen erlernen.
- *Lehrmethoden:*
Vortrag/Gruppenarbeit/Einzelarbeit
- *Erfolgskontrolle:*
Bewertung der Einzelarbeit

Block S. 19

- *Lerninhalt:*
Vertragsmanagement
  - Vertragsarten und Preisgestaltung
  - Selbstkostenerstattung mit Prämienregelung
  - Leistungsprämien
  - Vertragsaufbau
  - Leistungsverzeichnis
- *Lernziel:*
Die Kursteilnehmer sollen Grundkenntnisse des Vertragsmanagements erwerben.
- *Lehrmethoden:*
Vortrag/Gruppenarbeit/Einzelarbeit
- *Erfolgskontrolle:*
Bewertung der Einzelarbeit
(s. dazu Kap. XIII)

Block S. 20

- *Lerninhalt:*
Wettbewerb und Angebot
  - Die Rolle des Auftraggebers
  - Die Rolle des Auftragnehmers
  - Ausschreibungsunterlagen
  - Angebotsstrategien
  - Angebotserstellung
  - Angebotsbewertung
- *Lernziel:*
Die Kursteilnehmer sollen die Grundprinzipien der verschiedenen Rollen von Auftraggeber und Auftragnehmer bei der Abwicklung von Projektbeauftragungen kennenlernen.
- *Lehrmethoden:*
Vortrag/Gruppenarbeit/Einzelarbeit
- *Erfolgskontrolle:*
Bewertung der Einzelarbeit
(s. dazu Kap. XIV)

Block S. 21

- *Lerninhalt:*
Projektpersonal
  - Motivation
  - Projektleiter und ihre Teams
  - Schlüsselpersonal
  - PM-Schulung
  - Führungsstil im Projekt
  - Personalauf- und -abbau im Projekt
- *Lernziel:*
Die Kursteilnehmer sollen die Bedeutung des personellen Einsatzes und der Personalführung im Projekt kennenlernen.

- *Lehrmethoden:*
  Vortrag/Gruppenarbeit/Einzelarbeit
- *Erfolgskontrolle:*
  Bewertung der Rollenspielergebnisse und Einzelarbeit
  (s. dazu Kap. XV)

Tab. 2: Seminarablaufplan des Praktikumsteils
Lerninhalt, Lernziel, Lernmethoden, Erfolgskontrolle

Block P. 01
- *Lerninhalt:*
  Techniken der Teamarbeit
  - Zielbeschreibungen
  - Aufgabendefinition
  - Visualisierungstechniken
  - Rollenspiele/Rollenwechsel
- *Lernziel:*
  Die Kursteilnehmer sollen auf der Basis praktischer Beispiele die Techniken der Teamarbeit kennenlernen. Dies ist insbesondere im Hinblick auf den später durchzuführenden Praxisfall »Stadtschnellbahn« eine wichtige Voraussetzung für die Kursteilnehmer.
- *Lehrmethoden:*
  Vortrag/Gruppenarbeit/Einzelarbeit
- *Erfolgskontrolle:*
  Bewertung der Übungsergebnisse

Block P. 02
- *Lerninhalt:*
  Lebenszyklus eines Projektes
- *Lernziel:*
  Die Kursteilnehmer sollen auf der Basis des Praxisfalles »Stadtschnellbahn« das gelernte Wissen aus Block S. 04 in die Praxis umsetzen
- *Lehrmethoden:*
  Vortrag (Vorstellung des Projektes »Stadtschnellbahn«)/Fallstudie
- *Erfolgskontrolle:*
  Bewertung der erstellten Arbeitsunterlagen und Befragung der Kursteilnehmer

Block P. 03
- *Lerninhalt:*
  Projektplanung
- *Lernziel:*
  Die Kursteilnehmer sollen auf der Basis des Praxisfalles »Stadtschnellbahn« das gelernte Wissen aus Block S. 05 in die Praxis umsetzen.
- *Lehrmethoden:*
  Fallstudie

- *Erfolgskontrolle:*
Bewertung der erstellten Arbeitsunterlagen und Befragung der Kursteilnehmer.

Block P. 04

- *Lerninhalt:*
Netzplantechnik
- *Lernziel:*
Die Kursteilnehmer sollen auf der Basis des Praxisfalles »Stadtschnellbahn« das gelernte Wissen aus Block S. 06 in die Praxis umsetzen.
- *Lehrmethoden:*
Fallstudie
- *Erfolgskontrolle:*
Bewertung der erstellten Arbeitsunterlagen und Befragung der Kursteilnehmer.

Block P. 05

- *Lerninhalt:*
Projektüberwachung
- *Lernziel:*
Die Kursteilnehmer sollen auf der Basis des Praxisfalles »Stadtschnellbahn« das gelernte Wissen aus den Blöcken S. 07 und S. 08 in die Praxis umsetzen.
- *Lehrmethoden:*
Fallstudie
- *Erfolgskontrolle:*
Bewertung der erstellten Arbeitsunterlagen und Befragung der Kursteilnehmer.

Block P. 06

- *Lerninhalt:*
Integrierte Projektüberwachung
- *Lernziel:*
Die Kursteilnehmer sollen auf der Basis des Praxisfalles »Stadtschnellbahn« das gelernte Wissen aus Block S. 09 in die Praxis umsetzen.
- *Lehrmethoden:*
Fallstudie
- *Erfolgskontrolle:*
Bewertung der erstellten Arbeitsunterlagen und Befragung der Kursteilnehmer.

Block P. 07

- *Lerninhalt:*
Moderne Verfahren zur Kostenschätzung.
- *Lernziel:*
Die Teilnehmer sollen auf der Basis des Praxisfalles »Stadtschnellbahn« das gelernte Wissen aus Block S. 11 in die Praxis umsetzen.
- *Lehrmethoden:*
Fallstudie
- *Erfolgskontrolle:*
Bewertung der erstellten Arbeitsunterlagen und Befragung der Kursteilnehmer.

Block P. 08

- *Lerninhalt:*

Projektorganisation

- *Lernziel:*

Die Teilnehmer sollen auf der Basis des Praxisfalles »Stadtschnellbahn« das gelernte Wissen aus Block S. 12 in die Praxis umsetzen.

- *Lehrmethoden:*

Fallstudie

- *Erfolgskontrolle:*

Bewertung der erstellten Arbeitsunterlagen und Befragung der Kursteilnehmer.

Block P. 09

- *Lerninhalt:*

Systemtechnik

- *Lernziel:*

Die Kursteilnehmer sollen auf der Basis des Praxisfalles »Stadtschnellbahn« das gelernte Wissen aus Block S. 13 in die Praxis umsetzen.

- *Lehrmethoden:*

Fallstudie

- *Erfolgskontrolle:*

Bewertung der erstellten Arbeitsunterlagen und Befragung der Teilnehmer.

Block P. 10

- *Lerninhalt:*

Qualitätssicherung (QS)

- *Lernziel:*

Die Kursteilnehmer sollen auf der Basis des Praxisfalles »Stadtschnellbahn« das gelernte Wissen aus Block S. 14 in die Praxis umsetzen.

- *Lehrmethoden:*

Fallstudie

- *Erfolgskontrolle:*

Bewertung der erstellten Arbeitsunterlagen und Befragung der Teilnehmer.

Block P. 11

- *Lerninhalt:*

Managementplanung

- *Lernziel:*

Die Kursteilnehmer sollen auf der Basis des Praxisfalles »Stadtschnellbahn« das gelernte Wissen aus Block S. 15 in die Praxis umsetzen.

- *Lehrmethoden:*

Fallstudie

- *Erfolgskontrolle:*

Bewertung der erstellten Arbeitsunterlagen und Befragung der Kursteilnehmer.

Block P. 12

- *Lerninhalt:*

Informations-Systeme

- *Lernziel:*

  Die Kursteilnehmer sollen auf der Basis des Praxisfalles »Stadtschnellbahn« das gelernte Wissen aus Block S. 16 in die Praxis umsetzen.

- *Lehrmethoden:*

  Fallstudie

- *Erfolgskontrolle:*

  Bewertung der erstellten Arbeitsunterlagen und Befragung der Kursteilnehmer.

Block P. 13

- *Lerninhalt:*

  Dokumentations- und Konfigurationskontrolle

- *Lernziel:*

  Die Kursteilnehmer sollen auf der Basis des Praxisfalles »Stadtschnellbahn« das gelernte Wissen aus Block S. 17 in die Praxis umsetzen.

- *Lehrmethoden:*

  Fallstudie

- *Erfolgskontrolle:*

  Bewertung der erstellten Arbeitsunterlagen und Befragung der Kursteilnehmer.

Block P. 14

- *Lerninhalt:*

  Software-Schulung

  – Einweisung in Betriebsprogramme

  – PC-Anwendungsprogramme: Planung, Kontrolle, Dokumentation, Graphik, usw.

- *Lernziel:*

  Die Kursteilnehmer sollen die Anwendung von Projektmanagement-Software-Programmen (s. a. Block S. 18) beherrschen lernen.

- *Lehrmethoden:*

  Gruppenarbeit/Fallstudien

- *Erfolgskontrolle:*

  Bewertung der Fallstudien

Block P. 15

- *Lerninhalt:*

  Vertragsmanagement

- *Lernziel:*

  Die Kursteilnehmer sollen auf der Basis des Praxisfalles »Stadtschnellbahn« das gelernte Wissen aus Block S. 19 in die Praxis umsetzen.

- *Lehrmethoden:*

  Fallstudie

- *Erfolgskontrolle:*

  Bewertung der erstellten Arbeitsunterlagen und Befragung der Kursteilnehmer.

Block P. 16

- *Lerninhalt:*

  Wettbewerb und Angebote

- *Lernziel:*
Die Kursteilnehmer sollen auf der Basis des Praxisfalles »Stadtschnellbahn« das gelernte Wissen aus Block S. 20 in die Praxis umsetzen.
- *Lehrmethoden:*
Fallstudie
- *Erfolgskontrolle:*
Bewertung der erstellten Arbeitsunterlagen und Befragung der Kursteilnehmer.

Block P. 17

- *Lerninhalt:*
Rhetorik/Verhandlungstechniken
  - Frei reden
  - Präsentationen
  - Auftreten vor Publikum
  - Verhandlungsführung
  - Schulung von Mitarbeitern
- *Lernziel:*
Die Kursteilnehmer sollen die gängigen Praktiken der Rhetorik und Verhandlungstechnik sowie die Prinzipien der Mitarbeiterschulung kennenlernen.
- *Lehrmethoden:*
Vortrag/Rollenspiel
- *Erfolgskontrolle:*
Bewertung der Rollenspielergebnisse.

Block P. 18

- *Lerninhalt:*
Industriepraktikum
  - Absolvierung eines Praktikums in einem für den einzelnen Kursteilnehmer entsprechenden Industriezweig
- *Lernziel:*
Praktische Anwendung des in Theorie- und Praxis-Fallstudien erlernten Wissens (Blöcke S. 01 bis S. 21 und P. 01 bis P. 17) in der Industrie.
- *Lehrmethoden:*
Mitarbeit im Team
- *Erfolgskontrolle:*
Beurteilung der Kursteilnehmer durch den industriellen Betreuer unter Einbeziehung des verantwortlichen Leiters des entsprechenden Industrieunternehmens.

Tab. 3: Seminarablaufplan des Exkursionsteils (Beispiele)
Firma, Institut, Programm

Block E. 01

S/W-Haus (PM-Systeme)

- *Lernziel:*
Kennenlernen von gängigen Software-Programmen für Groß- und Kleinprojekte (s. a. Block P. 04)

Block E. 02

S/W-Haus (Kostenmodelle)

- *Lernziel:*

  Kennenlernen und Erprobung eines rechnergestützten Kostenschätzmodelles in der Praxis (s.a. P. 07)

Block E. 03

Großfirma (internationales PM)

- *Lernziel:*

  Kennenlernen der systemtechnischen Aspekte im Projektmanagement anhand praktischer Beispiele

Block E. 04

Management–Beratungsfirma

- *Lernziel:*

  Kennenlernen von Managementverfahren in der Beratungspraxis

Quellen zum Anhang

1 Madauss, Bernd-J.: Fortbildungsplan »Projektmanagement«, 1986 (unveröffentlicht)
2 Projektmanagement Teachware der Firma Hi/Tec, Darmstadt, 1986
3 Madauss Bernd-J.: Projektmanagement-Fallstudie, 1978/1980 (unveröffentlicht)

Anhang 7
Personenverzeichnis

Anhang 8
Stichwortverzeichnis